JN429077

조선의서지
朝鮮醫書誌

朝鮮醫書誌

조선 의서지

저자 미키 사카에
역자 오준호

일러두기

- 본서는 미키 사카에(三木榮)의 《朝鮮医書誌》増修版(学術図書刊行会, 1973)을 우리말로 완역한 것이다.
- 번역문에서 "원서"는 《조선의서지》를 가리키고, "본서"나 "이 책"은 문맥상의 해제 대상서나 해제 대상 판본을 가리키며, "원문"은 해당 부분에서 다루고 있는 사료를 가리킨다. 또 "필자"는 원서를 지은 미키 사카에를 가리키고, "저자"나 "찬자"는 문맥에 나오는 해제서의 지은이를 가리킨다.
- 원서에서는 각 고서를 해제할 때 소제목을 사용하지 않고 문단 앞에 "○"나 "△"를 두어 내용의 층차를 구분하였다. 번역 과정에서는 독자의 편의를 위하여 '기본정보', '개요', '형태서지', '내용서지', '인물전기', '고찰', '설명', '참고' 등 소제목을 두어 내용을 구분하고 원서에 있던 기호는 삭제하였다. 또 드물게 설명의 순서가 뒤섞인 경우에는 부득이 순서를 바로잡고 역자주를 통해 이를 밝혔다. 문단은 원서를 그대로 따랐으나 내용 구분이 필요하다고 판단되는 경우 문단을 나누었다.
- 본문에서는 독자의 편의를 위하여 다음과 같은 기호를 사용하였다.
    - 《서명》, 〈편명 · 작품명〉
    - 판독할 수 없는 글자 ▥, 누락된 글자 ▦, 음역이 아닌 경우의 원문 [ ]
    - "1차인용", '2차인용', 「3차인용」
- 원서에서 "해당 부분", "해당 조문", "앞에서", "뒤에서" 등 특정 위치를 가리킨 경우 해당 부분의 장절을 명시하였다.
- 원서에는 '医', '図'와 같이 일본식 한자를 사용하였으나 사료 인용 시 정확성을 보장하고 책의 가독성을 고려하여 '醫', '圖'와 같이 고서에서 통용하는 글자로 수정하여 표기하였다.
- 원서의 인명(人名) · 지명(地名) · 관명(官名) · 장소명 등 고유명사는 한국식 한자 발음으로 번역하였다. 다만 일본 고유명사의 경우에는 현대 일본식 발음을 찾아 번역하였고 상고할 수 없는 경우에는 한자의 일본식 음을 기준으로 적었다. 그러나 '圖書', '內閣', '文庫' 등과 같이 우리말로 통용되는 부분은 우리말 한자 발음을 우선하였다.

- 원서에는 다양한 형식으로 연도를 표기하였으나 독자의 편의를 위해 "선조 14년신사1581"과 같이 형식을 통일하였다. 다만 사료의 경우에는 원문의 표기에 따라 번역하였고, 연도가 중복되는 경우에는 간략히 표시하였다.

- 원서에서는 한국을 '반도(半島)', 중국을 '대륙(大陸)'이라고 표기하였는데 문맥에 따라 의미의 왜곡이 없도록 '조선', '한국', '중국'으로 번역하였고, 지리적인 의미가 담겨있을 때만 '반도', '대륙'이라고 번역하였다.

- 원서의 할주(割註)는 〈 할주 〉와 같이 기호로 묶고 작은 글씨로 처리하였다. 다만 제목에 붙어 있는 경우, 설명이나 정보를 길게 덧붙인 경우, 참고 사항을 부연한 경우 등 본문의 가독성을 저해한다고 판단될 때만 부득이 각주(㊀㊁㊂)로 처리하였다. 또한 역자가 추가한 주석의 경우 각주(123)로 붙이고 번호를 달리하여 구분하였다.

- 원서에는 "[부도55]참조"와 같은 두주(頭註)가 있으나 편집의 편의를 위해 할주(割註)로 처리하였다.

- 원서에서 본문 중에 사료를 삽입해 놓은 경우에는 가독성을 고려하여 행을 나누고 사료 부분을 인용문 단락으로 묶어 본문과 사료를 구분하였다. 또 "◎《의문정요醫門精要》 발문(跋文)"과 같이 해당 사료의 명칭을 덧붙였다.

- 원서에서 직접 혹은 간접 인용한 사료는 중역(重譯)의 오류를 피하고자 최대한 출전을 찾아 지면이 허락하는 한도 내에서 전재(全載)하고 우리말로 번역하였다. 단 책의 간기(刊記), 목차, 목록 등 우리말 번역이 불필요하다고 여겨질 때는 번역을 생략하였다. 또 미키 사카에가 사료를 인용하면서 해석을 돕기 위해 추가한 주석이 있는 경우, 되도록 우리말 번역에 반영하고 해당 주석은 삭제하였다.

- 원서에 제시한 사료 혹은 자료에 오탈자가 있는 경우, 내용이 누락된 경우, 표점이 잘못된 경우 등 오류가 있을 때는 일일이 밝히지 않고 바로잡았다.

- 원서는 제국주의시대를 살았던 일본인의 관점에서 서술된 책이기 때문에 오늘날 우리와 다른 사관(史觀)에 바탕을 두고 서술된 부분이 있다. 독자께서 이를 참작하시리라 여기고 번역 과정에서 이런 부분을 따로 고려하지 않았다.

목차

부도번호

제1부 조선 고유 의서

부도번호 **제2부 중국 의서의 조선 판본**

부도번호

제3부 의약 관련 조선 서적

부도번호 **제4부 조선 의서의 중국 판본**

부도번호 **제5부 조선 의서의 일본 판본과 관련서**

부도번호 **제6부 조선 의서 목록류**

부록

부도 附圖

서문

이 《조선의서지》는 저자가 쇼와(昭和) 3년1928 봄 조선으로 건너가 쇼와 19년1944 봄 일본으로 돌아올 때까지 조선 의학사를 연구하면서 근거 자료로 수집한 조선 의서 및 의학 관련서에 대해 서지학적으로 해설한 것이다. 앞서 발표한 《조선의적고朝鮮醫籍考》(쇼와 7년(1932) 11월에서 10년(1935) 1월까지 매월 《중외의사신보中外醫事新報》에 실었다) 및 《조선의적고보유朝鮮醫籍考補遺》 제1부에서 제6부(제1부・제2부는 《중외의사신보》 쇼와 10년 11월・12월호, 제3부는 같은 곳 쇼와 11년 12월호, 제4부는 같은 곳 쇼와 13년 7월호, 제5부는 《일본의사학잡지日本醫史學雜誌》 쇼와 17년 2월・3월호, 제6부는 같은 곳 쇼와 19년 1월・2월호에 실려 있다)에서는 해제의 순서가 뒤죽박죽인데다 빠지거나 잘못된 부분마저 발견되어 이 책들을 이용하는 학자들에게 유감스러운 마음이 적지 않았던 터에 그 이후에 새로 보게 된 책까지 있었다. 때문에 이들을 한데 모아 책 제목을 《조선의서지》라고 하고 근본적인 개정(改訂)을 가하였다(쇼와 31년(1956) 등사하여 간행하였다). 이번에 다시 중간(重刊)하게 되면서 새롭게 알게 된 사실을 약간 추가하여 더욱 만전을 기해 증수판(增修版)으로 세상에 내놓는다.

이 책에 게재된 조선 의서 및 의학 관련서는 대체로 다음과 같이 분류하고 해설하였다. 그리고 책 말미에 도판을 덧붙여 참고 자료로 삼도록 하였다.

제1부 조선 고유 의서

제2부 중국 의서의 조선 판본

제3부 의약 관련 조선 서적

제4부 조선 의서의 중국 판본

제5부 조선 의서의 일본 판본과 관련서

제6부 조선 의서 목록류

이상의 해제 형식에 대해서는 범례에서 설명하였다. 수록된 책은 조선 말기까지이다.

부록으로 〈《조선왕조실록》에 실려 있는 의서류〉·〈《대전회통大典會通》에 보이는 의서〉·〈일본에 전해진 조선 의서의 옛 판본에 대하여〉·〈업적을 중심으로 본 한중일 의학 대조 연표〉·〈한중일 의학 교류사 조감鳥瞰〉 등 다섯 가지의 글을 실어 근거 자료로 삼도록 하였다.

이 책에서 다룬 것은 조선 의학을 중심으로 한 책과 그 관련서이다. 관련서의 범위를 많이 넓힌다면 사서(史書)·문집(文集)·기록서(記錄書) 등의 여러 가지가 있어 일일이 열거할 수 없을 정도이다. 그 가운데에는 의학사 연구에 기초를 형성하는 중요한 자료(예를 들어 《조선왕조실록》·《고려사》 등)도 많이 포함되어 있다. 그러나 이들 책은 본래 목적이 의학이 아니기 때문에 생략하였다(필자가 저술한 《조선의학사》의 부록으로 실려있는 〈조선의학연구도서朝鮮醫學硏究圖書〉를 보라). 또 조선에는 필사된 의서가 간행된 의서보다 훨씬 많지만 이 책 저 책에서 조금씩 초록하여 필사자 자신이 기억하기 위한 목적으로 만든 책이라거나, 중국 의서의 전사본(傳寫本) 같은 책이 대부분이기 때문에 거의 모두가 하나의 의서로서 게재할 가치가 없는 것들이다. 그러나 가끔은 서문과 발문을 갖추고 학자의 손에서 만들어져 내용이 탁월한 책도 있다. 따라서 본고에서는 내력이 확실하다고 생각되는 필사본(물론 여기에는 간본이 없다)을 다루었다. 그리고 실린 책들은 대부분 필자가 살펴본 것들이며, 일실(佚失)되었다 하더라도 근거가 확실한 책에 기재된 것들이다.

필자가 조사한 범위 내에서 현재까지 전해져 실존하는 조선 의서는 매우 적다. 노력하기는 했지만 본고에 실린 책들이 이들을 모두 망라했다고 하는 자부심은 조금도 없다(특히 조선 의원이 저술한 필사본이 민간 각지에 상당히 많을 것이다). 앞으로 새로 발견된다면 차례차례 추가하고 오류도 바로잡아 만전을 기하고 싶다. 그러나 한 개인이 이 세상을 살아가는 동안에 이룰 수 있는 일에는 대개 다 해내지 못하는 것도 있기 마련이다. 한국에서 성장한 학자가 나와서 이 과업을 완성하기 위해 힘써주기를 간절히 바라는 바이다.

이 책이 나올 수 있었던 것은 모두 여러 선생님, 여러 선배, 여러 도서관의 도움과 가르침 덕분이다. 아래 존함을 적어 진심으로 감사의 뜻을 표하는 바이다. 이 책의 원고를 집필하기 시작한 지 20년이 지났다. 고인이 되신 분도 적지 않다. 게다가 태평양전쟁 이후 일본과 조선은 다른 나라가 되었고, 더욱이 6.25 전쟁이라는 대단히 슬픈 일이 발생하였다. 애도와 추모에 오랜 시간이 필요한 때도 있다. 신의 은총이 모든 이에게 함께 하기를.

고 오구라 신페이(小倉進平) 선생님, 고 모리 준자부로(森潤三郎) 선생님, 고 아소오 타케카메(麻生武龜) 선생님, 고 김돈희(金敦熙) 선생님, 고 이마무라 도모(今村鞆) 선생님, 고 이능화(李能和) 선생님, 고 오쿠다이라 타케히코(奥平武彦) 선배, 고 마에마 교오사쿠(前間恭作) 선생님, 고 후지타 료사쿠(藤田亮策) 선생님, 고 후지즈카 치카시(藤塚鄰) 선생님, 고 다보하시 기요시(田保橋潔) 선배, 스에마츠 야스카즈(末松保和) 선배, 장지태(張之兌) 선배, 이마세키 미츠오(今關光夫) 선배, 정인보(鄭寅普) 선배, 고 이나바 이와키치(稻葉巖吉) 선생님, 고 최남선(崔南善) 선생님, 고 야마가 세이노스케(山鹿誠之助) 선생님, 고 키츠이 세에고로(橘井清五郎) 선생님, 후쿠이 타모츠(福井保) 선배, 고 이와이 히로사토(巖井大慧) 선생님, 고 하야노 타츠조오(早野龍三) 선생님, 고 이시도야 츠토무(石戸谷勉) 선배, 고 나기라 타쓰미(柳樂達見) 선배, 고 아유카이 후사노신(鮎貝房之進) 선생님, 우와토코 카즈오(上床一男) 선배, 세키노 신키치(關野眞吉) 선배, 사쿠라이 요시유키(櫻井義之) 선배, 오오츠카 토오(大塚鐙) 선배, 이태호(李泰浩) 선배, 이병도(李丙燾) 선생님, 고 송석하(宋錫夏) 선배, 고 이인영(李仁榮) 선배, 고 황의돈(黃義敦) 선배, 고 카무라 이쿠이치(中村郁一) 선생님, 고 후지카와 유(富士川游) 선생님, 고 후지나미 고이치(藤浪剛一) 선생님, 고 야마자키 타스쿠(山崎佐) 선생님, 오카니시 타메토(岡西爲人) 선배, 다가와 고조(田川孝三) 선배 등.

궁내성(宮內省) 도서료(圖書寮), 내각문고(內閣文庫), 경성제대(京城帝大) 도서관, 이왕가장서각(李王家藏書閣), 조선총독부(朝鮮總督府) 중추원(中樞院), 조선총독부 도서관, 경성(京城) 한남서림(翰南書林), 교토제대(京都帝大) 도서관, 도쿄제대(東京帝大) 도서관, 토오요오문고(東洋文庫), 세이카도오문고(靜嘉堂文庫), 호사문고(蓬左文庫), 제국도서관, 다케다 쿄우서옥(武田杏雨書屋), 오사카부립도서관, 만주동아의학연구소(滿州東亞醫學研究所) 등. 〈이름 순서 없음. 후에 조금 보충함〉

끝으로 덧붙여 아이들을 기르고 생계를 지키며 이 연구를 도운 아내 시즈에(シヅエ)의 노고에 감사한다. 쇼와 25년1950 12월에 쓰다. 〈쇼와 47년(1972) 9월에 보충하여 쓰다〉

증수판 增修版 서문

초판(初版)은 등사판으로 인쇄 부수도 120부로 한정하였다. 이 책은 조선이 중심이기는 하지만 중국·일본의 의학 역사 연구에도 필수적인 기초 서적이기 때문에 책이 희소하다고 아쉬워하며 재판을 요구하는 학자들이 많았다. 이번에 우연히 남오사카인쇄센터 기획부의 눈에 띄어 재판(再版)을 재촉받게 되었다. 이 때문에 나는 늙은 나이를 생각지 않고서 밤낮으로 개정한 끝에 완전히 새로운 모습으로 여기에 공개할 수 있게 되었다. 학문을 사랑하여 얻는 신불(神佛)의 가호라는 것이 이러한 것인가 여겨져서 스스로 기쁨을 금할 수 없다.

쇼와 47년1972 섣달에 미키 사카에(三木榮) 쓰다.

범례

- 이 책은 대략 제1부 〈조선 고유 의서〉, 제2부 〈중국 의서의 조선 판본〉, 제3부 〈의약 관련 조선 서적〉, 제4부 〈조선 의서의 중국 판본〉, 제5부 〈조선 의서의 일본 판본과 관련서〉, 제6부 〈조선 의서 목록류〉로 분류하고, 해당하는 책을 각각 배치하였다 (해제는 초판 때의 기록에 따랐으며, 그 이후의 개정은 차례에 따라 보충하기만 하였다).
- 실린 책의 순서는 대체로 저술된 연대순으로 하였다 (주로 제1부, 제6부, 제5부 가운데 한일 의약 관련 문답서). 그러나 〈중국 의서의 조선 판본〉 (제2부), 〈조선 의서의 일본 판본과 관련서〉 (제5부 중) 는 간행 연대에 근거하였으며, 간행 연대가 적혀 있지 않은 책은 판식(版式)의 모습이나 근거 자료로부터 시대를 추정하여 실었다. 하지만 이름이 같은 책 (제2부 중) 이나 종류가 같은 책 (제3부) 은 설명의 편의를 위해 함께 묶어 정리하였다.
- 이 책에 수록된 책은 융희(隆熙) 연간 (융희 원년은 메이지明治 40년, 서기 1907년에 해당함) 이전에 저술되거나 간행된 것이며, 그 이후의 것은 다루지 않았다.
- 이 책의 해제 형식은 대략 아래 순서에 따른다. 그러나 서적의 성격에 따라 형태를 바꾸거나 간략하게 한 경우가 종종 있다.
  - 서명(書名), 권수(卷數) 및 책수(冊數), 저자명, 소장자명 혹은 소장처명 (필자 조사 당시의 명칭, 고치지 않음), 일실(佚失) 여부 (일실 여부는 저자의 현재 견해에 지나지 않는다)
  - 간행 연도, 간기(刊記), 책에 적힌 것 등

- 체재(體裁) : 활자본(活字本)・목판본(木版本)・필사본(筆寫本), 관판(官版)・지방판, 책 전체 크기, 반곽(半郭)의 가로세로 길이, 광곽・계선(界線)・판심(版心)의 형태, 행자수(行字數), 지수(紙數), 장서인(藏書印) 등
- 서문, 발문 등
- 대략적인 본문 내용, 목록, 인용서 등
- 간략한 저자 전기
- 고찰 : 해제서에 대한 필자의 비판 고증

- 〈부록〉에는 이 책의 주제와 관련된 필자의 논고 5종을 수록하였다.
- 이 책에는 도판(圖版)을 덧붙여 근거 자료로 삼도록 하였다.
- 책 말미에 서명 색인과 인명 색인을 실었다.

부기(附記)

이 책은 졸저 《조선의학사 및 질병사朝鮮醫學史及疾病史》의 기초 자료에 관한 서지학적 연구이다. 따라서 이 책에서 언급할 수 없는 관련 사항이 《조선의학사 및 질병사》에 다수 포함되어 있다. 함께 참조하시기 바란다.

《조선의학사 및 질병사》에 덧붙여진 〈인용문헌引用文獻〉 속에 본고에 실은 책의 제목을 열거하였으며, 또 이와 함께 조선 의학사 연구에 필요한 일반서도 다량 수록하였다. 때문에 이를 "조선의학연구도서(朝鮮醫學研究圖書)"라고 이름 붙인 것이다. 이 또한 함께 참조하시기 바란다.

朝鮮醫書誌

제1부

조선 고유 의서

001. 백제신집방 百濟新集方

[일실]

개요

《의심방醫心方》과 《의략초醫略鈔》 속의 인용문을 통해 이 책의 존재를 알 수 있다. 《의심방》 중 2곳, 《의략초》 중 1곳에 유문(遺文)이 보인다.〈[부도70] 참조〉 적은 분량의 문장에서 이 책의 대강을 엿보는 것은 힘든 일이지만, 유문을 통해 유추해 보자면 백제에서 경험하고 효과가 있다고 인정된 의방(醫方)을 모은 책, 즉 민간의 처방서 같은 것으로 보인다. 이 책을 통해 백제에 의서가 존재했다는 사실을 알게 되었는데, 이는 꿈에도 생각하지 않았던 일이어서 가슴 설레었던 기억이 있다. 아래에 그 유문을 제시하고자 한다.

내용서지

◎ 《의심방》 권15 〈치폐옹방 제13 治肺癰方第一三〉

百濟新集方。治肺癰方。黃耆一兩，以水三升，煮取一升，分二服。葛氏方同之。

> 《백제신집방》. 폐옹(肺癰)을 치료하는 처방. 황기 1냥을 물 3되에 넣고 1되가 되도록 달여 2번에 나누어 복용한다. 《갈씨방》도 같다.

◎ 《의심방》 권16 〈치정창방 제1 治疔瘡方第一〉

百濟新集方。治丁腫毒氣已入心，欲困死方。取菊葉合莖，擣絞取汁三升，頓服之。

《백제신집방》. 정종(丁腫)의 독기가 이미 심장으로 들어가 괴로워 죽을 것 같은 경우를 치료하는 처방. 국화 잎과 줄기를 짓찧어 짜서 즙을 3되 낸 후 모두 복용한다.

◎ 《의략초》 〈치정창방 제2 治丁創方二〉[㊀]

百濟新集方云，取菊葉合莖，搗絞取汁三升，頓服之。

《백제신집방》에서 말하였다. 국화 잎과 줄기를 짓찧어 짜서 즙을 3되 낸 후 모두 복용한다.

㊀ 위의 《의심방》 문장과 같다.

002. 신라법사방 新羅法師方

[일실]

개요

《의심방醫心方》 본문에 인용된 4가지 조문을 통해 이 책의 존재를 알 수 있다. (〔부도 71〕 참조) 《의심방》은 현존하는 가장 오래된 일본 의서로서, 그 안에 일실된 다수의 수(隋)·당(唐) 옛 의서의 방론(方論)을 담고 있어 '절세(絶世)의 홍보(鴻寶)'라고 불리고 있다. 여기에서 이렇게 조선의 옛 의서 2종을 발견하니 그 감회가 더 깊다. 여기에 수록된 기사에 근거하여 이 책의 내용을 상상해 보자면, 불교 신앙에 의지한 치료법 (예를 들면 불경을 읊조리고 복약하는 방법 혹은 법사의 비밀 처방, 또 이와 연관된 일반 약방) 을 기재한 것인 듯하다. 아래 그 유문(遺文) 4조를 모두 적어둔다.

내용서지

◎ 《의심방》 권2 〈복약용의服藥用意〉

新羅法師方云, 凡服藥呪曰, 南无東方藥師瑠琉光佛, 藥王藥上菩薩, 耆婆醫王, 雪山童子, 惠施阿竭, 以療病者, 邪氣消除, 善神扶助[1], 五藏平和, 六府調順, 七十万脈, 自然通張, 四體强健, 壽命延長, 行住坐臥, 諸天衛護, 莎訶。向東誦一遍, 乃服藥

《신라법사방》에서 말하였다. 약을 복용할 때 다음 주문을 읊는다. "동방에 계신 약사유리광불·약왕보살·약상보살·기바의왕·설산동자에게 귀의하오니 신령한 약〔阿竭陀〕을 베풀어 병자를 치료하시어 사기(邪氣)가 소멸하게 하옵시고, 보살(菩薩)의 도움으로 오장이 화평하고 육부가 조화로우며 70만 맥이 자연스레 소통되어 온몸이 건강하고 오래도록 살도록 언제 어디서나 제천(諸天)께서 보우하여 주소서. 사바하." (동쪽을 향해 한 번 외운 후에 약을 복용한다)

◎ 《의심방》 권10 〈치적취방 제1 治積聚方第一〉

新羅法師方, 續隨子 一名耐冬花 去上皮, 以酒一合和, 而服之二七粒, 量人老少用之。

《신라법사방》. 속수자(내동화라고도 한다)에서 겉껍질을 제거하고 술 1홉에 섞어 14알을 복용한다. 나이에 따라 가감하여 쓴다.

◎ 《의심방》 권28 〈용약석 제26 用藥石第廿六〉

新羅法師流觀秘密要術方云, 大唐國滄州景城縣法林寺法師惠忠傳曰, 法藏驗記曰, 如來爲利衆儲此方, 衆生不覺不願, 是以无周知, 龍樹馬鳴難說佛敎之日, 纔悟此藥, 卽傳沙門, 沙門悉不傳, 因无有世間。利王王西天笠國之時, 東婆臺人名阿蘇, 高尺有二寸, 乘風飛來, 獻十二大願三秀秘蜜[2]要術方, 王龔視儲旨, 藥師如來敎喩儲也。王好時治術, 乃得驗, 歷數之外, 更美廣運。封十六大國, 御百万妃, 妃各爲芳約, 悅一適勝, 莫兩心奸。魏魏乎德, 蕩蕩乎仁。千金莫傳。

新羅法師秘密方云, 八月中旬, 取露蜂房, 置平物迫一宿, 宿後取內生絹袋, 懸竿陰干, 十旬限後爲妙藥。夫望覆合時, 割取錢六枚許, 內淸埴瓮, 煎過黑灰成白灰, 卽半分內溫酒呑, 半分內溫酒呑[3], 半分內手, 以唾泥塗屢, 自本迄末塗了, 俄乾, 乾了覆合任心。服累四旬, 漸皎驗, 終十旬調體了, 迄終身无損有益, 福復[4]万倍, 氣力七倍, 所求皆得, 无病長命, 盛夏招冷, 隆冬追溫, 防邪氣不遭殃。所謂增益之積, 屢縱廣各百八十銖, 强如鐵鎚, 長大三寸, 屎自成香縮之器。男女神靜心敏, 耳聰目明, 口鼻氣香。若求强者內溫酒常呑, 求長者塗末, 求大者塗周。服中禁忌, 大哀, 大悅, 大驚, 大怨, 大坂, 汗本, 洪流, 危高, 五辛, 薰冷, 生菜, 醉酒。 今案, 旣有强陰之方, 豫可儲委頓之術。

《신라법사유관비밀요술방》에서 말하였다. 대당국 창주(滄州) 경성현(景城縣) 법림사(法林寺)의 법사 혜충(惠忠)에 대한 전기에 이런 내용이 있다. 법장험기(法藏驗記)에 말하였다. 여래가 중생을 이롭게 하기 위하여 이 처방을 남겼으나

---

1 《의심방》에는 "善神" 옆에 "補處"라고 가필되어 있다. 보처(補處)는 부처를 좌우에서 모시는 보살(菩薩)로, 한생을 마치면 부처가 된다는 뜻을 가진 일생보처(一生補處)의 줄임말이다.

중생이 이해하지도 못하고 굳이 원하지도 않았기에 널리 알려지지 않았다. 용수(龍樹)와 마명(馬鳴)이 불교를 한창 설법하던 때가 되어서야 겨우 이 약에 대해 깨달을 수 있게 되어 즉시 사문들에게 전달하였으나 사문들은 부끄러워하며 전달하지 않았기 때문에 세간에서 사라지게 되었다. 이왕(利王)이 서천축국(西天竺國)을 다스릴 때 키가 1자 2치인 아소(阿蘇)라는 이름의 동파대(東婆臺) 사람이 바람을 타고 날아와서 《십이대원삼수비밀요술방十二大願三秀秘密要術方》을 헌납하였다. 왕이 책에 담긴 뜻을 받들어 살펴보니 약사여래의 가르침이 담긴 것이었다. 왕이 이 치료 방법을 좋아하더니 마침내 효과가 있었고 여러 차례 사용할수록 더욱 좋아지기에 널리 운용하였다. 왕은 16개 대국에 제후를 봉하여 수많은 왕비를 거느렸는데 왕비마다 꽃다운 언약을 맺고 기쁨으로 충만한 채 딴마음을 품지 않게 되었다. 높도다 덕행이여, 넓도다 인자함이여. 천금을 주더라도 전하지 말라.

《신라법사유관비밀요술방》에서 말하였다. 8월 중순에 노봉방(露蜂房)을 채취해 평평한 곳에 하룻밤 두었다가 비단 주머니 속에 넣고 긴 장대에 매달아 그늘에서 말리면 100일 후에 묘약이 된다. 합방(合房)을 하려는 때에 동전 6개 정도 분량으로 위의 약을 잘라 깨끗한 질그릇에 넣고 검은 재가 흰 재가 될 때까지 달인다. 절반은 따뜻한 술에 넣어 먹고, 절반은 손에 놓고 침에 갠 것을 성기에 바르되 뿌리에서 끝까지 바르고 나서 잠시 말렸다가 다 마른 뒤 교합을 하면 마음먹은 대로 할 수 있다. 40일간 복용하면 점점 효과가 뚜렷해지고 총 100일을 채우면 몸이 조화롭게 되면서 평생 손해 없이 이득만 있으리니 복덕은 만 배가 되고 기력은 7배가 되며, 원하는 것을 모두 얻을 수 있고 병 없이 오래 살며, 더운 여름에는 시원하게 보내고 추운 겨울에는 따뜻하게 보내면서 사특한 기운을 막아 재앙을 만나지 않게 될 것이다. 이로운 약효가 쌓이면 성기의 길이와 둘레가 각각 180수(銖)가 되며 쇠몽둥이처럼 단단해지고 길이가 3치로 커지면서 자연스레 향기로운 분비물이 응축된 성기가 된다. 또한 남녀 모두 정신이 차분해지면서도 마음은 민감하게 만들며 귀와 눈이 밝아지고 입에서 향기가 나게 한다. 성기가 단단해지고 싶은 사람은 따뜻한 술에 타서 항상 먹고, 길어지고 싶은 사람은 성기 끝에 바르며, 굵어지고 싶은 사람은 성기 둘레에 바른다. 복용할 때는 아래 금기를 피해야 한다. 심한 슬픔, 큰 기쁨, 심하게 놀람, 심한 원망, 큰 낭떠러지, 미상[5], 큰 물가, 위험하게 높은 곳, 오신채, 훈제하거나 찬 음식, 날채소, 만취. (고찰. 성기를 강하게 하는 방법은 있으니 성기에서 힘을 빼는 방법도 미리 마련해 두어야 할 것 같다)

고찰

여기서는 이상의 4가지 조문을 《신라법사방》 한 책으로 간주했지만, 《의심방》에는 위와 같이 《신라법사방》이라는 서명 외에 《신라법사유관비밀요술방新羅法師流觀秘密要術方》과 《신라법사비밀방新羅法師秘密方》도 보인다. 모두 '신라법사(新羅法師)'로 시작하고 있으나 다른 책일 가능성도 있다. 《신라법사방》은 법사(法師)들 사이의 일반적인 약방서이고, 《신라법사비밀방》은 거기에서 방중술의 내용만 정리한 책인지도 모르겠다. 이 책이 성립된 것은 통일신라 시대 불교가 매우 융성했던 때인 듯하다.

또한 신라에 의서가 있었다는 사실은 《제중입효방濟衆立效方》(〔003장〕 참고)의 저자 김영석(金永錫)의 묘지석에 있는 "일찍이 송(宋)과 신라의 의서를 읽고 나서 효과가 좋고 긴요한 처방을 손수 모아 …… 〔嘗閱大宋新羅醫書, 手撰奇要, ……〕"라는 말에서도 하나의 단서를 얻을 수 있다.

---

2 蜜 : "密"의 오기로 보인다.

3 半分內溫酒呑 : 뒤의 "半分內溫酒呑"은 연문으로 보인다.

4 復 : 《의심방》에서 德으로 교감해 놓았다.

5 《의심방》에 "汚本" 혹은 "汗本"으로 되어 있으나 의미를 알 수 없어 미상으로 남겨 두었다.

003. 제중입효방 濟衆立效方

김영석(金永錫) 지음

[일실]

개요

고려 의종(毅宗) 때1147-1270의 저술이다.

내용서지

"김영석 묘지(金永錫墓誌)"〈이왕가박물관 소장, 고려 의종(毅宗) 21년(정해1167)에 만들어졌다〉를 통해 이 책의 존재를 알 수 있다. 내용은 다음과 같다.

◎ 김영석 묘지

公諱永錫, 字▥▥, 溟州人也。▥▥雄偉不常, 剛直尚儉, 不妄動於利, 不詭隨於人, 獨於朋友故舊間, 篤信相好, 出於至誠, 若有先逝者, 必爲之追餙歸路。少彊學, 善屬文, 其所著述, 皆出人意表。乾統中[一], 以祖蔭初得良醞丞同正, ……, 天德三年夏, 拜政堂文學判禮部事, 四年冬, 拜中書侍郎平章事, 癸酉春, 知禮部貢擧, 冬加判兵部事, 甲戌冬, 拜特進守大尉。是年公年六十五, 以風痺乞退, 上初不許, 公堅乞不已, 上重違其意, 遂依允。仍令致仕, 養疾于私第十有三年, 至丙戌四月八日薨, 享年七十八歲, 國家以厚禮葬之, ……, 公具▥公, 騰驤仕路, 踐歷淸要, 四補外任, 三爲東路兵馬使, 一作北路元帥, 上合宸衷, 下副民望, 所臨有聲, 一知貢擧, 所取皆名人。嘗閱大宋新羅醫書, 手撰奇要, 便於人者, 名之曰濟衆立效方,

---

[一] 乾統中 : 고려 의종조(毅宗朝).

傳於世，……。

김 공의 이름은 영석(永錫)이고 자(字)는 ▨▨이며 본관은 명주(溟州)이다. 용모가 크고 비범했으며 성격은 강직하고 검소하여 이익에 경거망동하지 않았고 남을 무턱대고 따르지 않았다. 유독 친구들 사이에는 믿음이 두텁고 서로 잘 지냈으며 매우 정성스러웠던 까닭에 먼저 세상을 뜨는 벗이 있거든 반드시 그를 위하여 장례를 성대히 치러주었다. 어려서 공부에 힘써서 글을 잘 지었으니 그가 쓴 글은 모두 사람들의 의표를 뛰어넘는 것이었다. 건통(乾統) 연간1101-1110에 할아버지의 음덕으로 처음 양온승 동정(良醞丞同正)이 되었고, …… 천덕(天德) 3년1151 여름에는 정당문학(政堂文學) 판예부사(判禮部事)가 되었고, 다음 해1152 겨울에는 중서시랑 평장사(中書侍郎平章事)가 되었으며, 계유년1153 봄에는 예부(禮部)의 지공거(知貢擧)가 되었고, 겨울에는 판병부사(判兵部事)가 더해졌으며, 갑술년1154 겨울에는 특진 수 대위(特進守大尉)가 되었다. 이 해는 공의 나이 65세로 풍비증(風痺證) 때문에 물러날 것을 청하니 주상께서는 처음에는 허락하지 않다가 공께서 굳게 청하기를 멈추지 않자 거듭 그 뜻을 거절하시다가 마침내 윤허하셨다. 그러고 나서 벼슬에서 물러나 집에서 13년 동안 병을 조리하시다 병술년1166 4월 8일에 돌아가시니 향년 78세였다. 국가에서는 예를 후하게 하여 장례를 치러주었다. …… 공은 공정함을 갖추었고 벼슬길에 올라서는 청요직을 두루 역임하였다. 4차례 지방관직을 맡아 3번은 동로병마사(東路兵馬使)가 되었고 1번은 북로원수(北路元帥)가 되었다. 위로는 주상전하의 뜻에 부합하고 아래로는 백성의 소망에 부응하니 부임하는 곳마다 명성이 자자했다. 한 번 지공거(知貢擧)가 되었을 때는 그가 뽑았던 사람들이 모두 이름이 났다. 일찍이 송(宋)과 신라의 의서를 읽고 나서 효과가 좋고 긴요한 처방을 손수 모아 사람들이 편하게 사용할 수 있도록 하였으니 《제중입효방》이라고 이름 붙여 세상에 전하였다. …….

《제중입효방》은 간행된 뒤 조선 초기까지 전해졌다. 《향약집성방鄉藥集成方》 권3 〈중풍반신불수中風半身不遂〉에 유문(遺文) 하나가 보인다.

◎ 《향약집성방》 〈중풍반신불수〉에 있는 《제중입효방》 유문

濟衆立效。治偏風手足不隨疼痛。松葉五斗許，鹽二升。○右蒸熱盛帒中，熨之，冷則更蒸，以差爲度。

《제중입효방》. 몸 한쪽에 풍사를 맞아 손발을 쓸 수 없고 아픈 것을 치료한다. 송엽(松葉) 5말 정도, 소금 2되. ○이것들을 뜨겁게 쪄서 보자기 안에 넣고 환부를 찜질하되 식으면 다시 찐다. 나을 때까지 한다.

인물전기

김영석(金永錫, 1079－1166). 명주(溟州, 강릉) 사람으로 문하시중(門下侍中) 김인존(金仁存)의 아들이다.[1] 어려서 공부에 힘써서 글을 잘 지었는데, 그가 쓴 글은 모두 사람들의 의표를 뛰어넘는 것이었다. 처음에는 음과(蔭科)로 양온서 동정(良醞署同正)의 직책을 맡았고, 뒤에 등급이 올라가 관직이 중서시랑 평장사(中書侍郎平章事)에 이르렀다. 65세에 풍비(風痺)에 걸려 관직을 사직하였고, 의종 20년 병술 1166 78세의 나이로 세상을 떠났다. 풍모가 웅위(雄偉)하고, 성격이 강직하고 검소하였으며, 이익에 휘둘리지 않았고, 사람을 따를 때 거짓이 없었다. 벗을 사귈 때 오래된 친구 사이에 믿음이 두터웠다. 그는 청요직을 두루 거쳤다. 지방 관직을 4차례 맡았는데, 3차례는 동로병마사(東路兵馬使)가 되었고 1차례는 북로원수(北路元帥)가 되었으니, 가는 곳마다 명성이 자자했다. 또 의종 7년 계유1153에는 지공거(知貢擧)가 되었는데, 이 때 뽑은 사람들이 모두 세상에 이름을 떨쳤다. 《제중입효방》을 만들어 사람들이 편하게 사용할 수 있도록 세상에 전하였다. (김영석 묘지와 《고려사》 참조)

1 자는 백효(伯孝)이다.

004. 약방 藥方 혹은 의방醫方

고려 다방(茶房) 집찬(輯撰)

[일실]

개요

다음에 나오는 《어의촬요방御醫撮要方》의 원본이다(다음 〔005장〕 참고). 《동국이상국집東國李相國集》에는 '약방(藥方)'이라고 적혀 있고, 《대동운부군옥大東韻府群玉》에는 '의방(醫方)'이라고 기재되어 있다.

005. 어의촬요방 御醫撮要方

2권

최종준(崔宗峻)이 왕명을 받들어 지음

[일실]

개요

고려 고종(高宗) 13년 병술1226 평양(平壤)에서 간행되었다.

내용서지

《동국이상국집東國李相國集》 권21에 수록된 이 책의 서문을 통해 그 존재를 알 수 있다. 내용은 다음과 같다.

◎ 《어의촬요방》 서문

新集御醫撮要方序

夫有生之所重者，身與命而已矣。雖死生壽夭皆關乎天，若因節宣失適，爲疾恙所寇，而無良方妙藥而理之，則其間豈無橫失其命者耶。是古聖賢所以著本草、千金、斗門、聖惠諸方，以營救萬生之命者也。然部秩繁浩，難於省閱，其若寢疾彌留，勢可淹延時日，則謁醫可也，搜諸書求其方，亦可也。至於暴得重病，蒼皇危急，則又何暇謁醫搜書之是爲也，不若採菁撮要，以爲備急之具也。國朝有茶房所集藥方一部，文略效神，可濟萬命，以歲久脫漏，幾於廢失矣。今樞密相公崔諱宗峻，見而惜之，思欲摹印以廣其傳，以此聞于上，上遂欣然頷可。公於是分爲二卷，又添附諸方之最要者，使人繕寫，名之曰御醫撮要，承制敕送西京留守官彫印，使流播於人間。是亦聖朝視民如赤子之仁政也，抑又士君子所以汎濟含生之意也。噫，有善不可蓋者予守也，公又命之爲序，則其可避乎。敢再拜，略書梗概耳。時丙戌四月日序。

《신집어의촬요방》 서문

태어나서 소중하게 여겨야 할 것이 있다면 몸과 생명이다. 생사나 수명이란 모두 하늘에 달린 법이지만 기운을 적절하게 조절하지 못하여 질병이 침범해 왔을 때 좋은 처방과 약재 없이 병을 다스리려 한다면 그사이에 어찌 요절하는 경우가 없겠는가. 이것이 옛 성현들께서 《본초경本草經》·《천금방千金方》·《두문斗門》·《성혜방聖惠方》 등의 의서를 지어 모든 백성의 생명을 구하고자 하신 이유이다. 그러나 이 책들은 분량이 많아 모두 찾아보기 어렵다는 문제가 있다. 병으로 몸져누운 채 증세가 오래 걸릴 것 같은 상황이라면 의원을 부를 수도 있고 여러 의서를 찾아 치료법을 찾을 수도 있을 것이다. 그러나 갑자기 중병에 걸려 정신없이 위급한 경우라면 어느 겨를에 의원을 부르고 의서를 찾아보겠는가. 각 책의 정수와 요지를 모아서 위급함에 대비하는 의서를 만드는 것만 못 할 것이다. 조정의 다방(茶房)에서 편찬한 《약방藥方》 1부는 글이 간략하면서도 신효하여 온 백성을 구제할 만하나 오랜 세월에 낡아서 거의 못 쓸 지경이 되었다. 이번에 추밀원 재상 최종준(崔宗峻) 공께서 이 책을 보고 애석해하면서 새로 찍어 널리 퍼뜨리자고 주상께 아뢰니 주상께서는 기쁘게 허락하셨다. 최 공께서는 이 책을 2권으로 나누고 또 여러 의서 중에서 가장 요긴한 내용을 덧붙인 후 사람을 시켜 정서하게 하고 《어의촬요방》이라고 이름 붙였다. 그리고 왕명을 받들어 서경(西京)의 유수관(留守官)에게 보내어 인출하고 세간에 반포하게 하였다. 이는 성상께서 백성을 갓난아기처럼 보살피는 인자함이며 한편으로는 위정자들이 중생을 널리 구제해야 한다는 뜻이기도 하다. 아, 잘한 일을 덮어두어서는 안 된다는 것이 나의 신념이기도 하거니와 최 공께서 서문을 쓰도록 명하셨으니 이를 피해서야 되겠는가. 삼가 두 번 절하고 나서 일의 대강을 간략히 적었다. 병술년1226 4월에 서문을 쓰다.

인물전기

최종준(崔宗峻). 본관은 창원이다. 고려 신종(神宗) 4년 신유1201 괴과(魁科)에 발탁되었고 관직을 두루 거쳐 문하시중(門下侍中)에까지 올랐다. 고종(高宗) 33년 병오1246에 세상을 떠났다.

이규보(李奎報). 자(字)는 춘향(春鄕)이며, 백운거사(白雲居士)라고 불렸다. 고려 명종(明宗) 20년 경술1190 등과하여 관직이 평장대학사(平章大學士)에 이르렀다. 문장으로 당대에 이름을 떨쳐 그의 손을 거친 당시의 공문서가 많다. 《동국이상국집》을 남겼다.

고찰

이규보의 서문은 《어의촬요방》의 성립에 대해 전해준다. 즉, 고려 왕정에는 다방(茶房)에서 찬집한 《약방藥方》이라는 책 1부가 전해지고 있었는데, 간략하면서도 매우 효과가 좋았으나 오랜 세월에 낡아서 쓰지 못하게 되었다고 한다. 최종준은 이것을 애석하게 여겨 새로 찍어 널리 퍼뜨리고자 고종에게 허락을 받았다. 그는 이 책을 2권으로 나눈 다음 여러 의서에서 가장 긴요한 내용을 덧붙인 후 사람을 시켜 정서하게 하고 《어의촬요방》이라고 이름 붙였다. 그리고 왕명을 받들어 이를 평양의 유수관(留守官)에게 보내 간행하여 반포하도록 하였다. 고종 13년 병술1226 4월에 있었던 일이다.

이 책은 일실되었지만 조선 초기 《향약집성방》 본문 가운데 그 유문(遺文) 12조가 실려 있어 이 책의 내용을 어렴풋이 엿보는 데 도움을 준다. 또한 《고사촬요》 만력 13년 간본 〈팔도책판〉에 진주판(晉州版) 《어의방御醫方》이 보인다는 점에 주목해야 한다. 이 《어의방》은 《어의촬요방》을 줄여서 적은 것이라고 여겨진다. 만약 그렇다면 조선에 들어와서도 진주에서 출판되어 적어도 조선 초기까지 이 책이 사용되었다고 볼 수 있다.

006. 향약고방 鄉藥古方

[일실]

개요

《향약집성방鄉藥集成方》의 본문 중에 유문(遺文)으로 실려 있는 4개 처방을 통해 이 책의 존재를 알 수 있다. 아마도 고려 또는 신라 시대부터 전해져 온 향약(鄉藥)〈당약(唐藥)에 대비되는 말로 조선에서 생산된 약재〉을 이용한 민간 치료법이 있었을 것이다. 왕실에서 사용되었던 《약방藥方》·《어의촬요방御醫撮要方》〈〔004장〕과 〔005장〕 참조〉과는 대비되는 민간 처방서로, 양자가 함께 고려 전기 한반도의 치료법을 형성했다고 생각한다.

007. 향약구급방 鄕藥救急方

상·중·하 3권

[전존]

판본

(1) 초판(初版) : 고려 고종(高宗) 때 대장도감(大藏都監)에서 간행. ⟨대략 1236-1251년 사이인 듯하다⟩ 〔일실〕

(2) 중판(重版) : 조선 태종 17년 정유1417 경상도 의흥(義興)에서 간행. 〔전존〕 ⟨궁내성(宮內省) 도서료(圖書寮) 소장. 필자는 이 소장본의 정교한 모사본을 소장하고 있다⟩

(3) 다른 중판(重版) : 세종 9년 정미1427 충청도에서 간행. 〔일실〕

여기서는 궁내성 도서료에 소장되어 있는 태종 17년 간본(2)을 기준으로 해제한다. ⟨〔부도01〕·〔부도02〕 참조⟩

형태서지

상·중·하 3권 1책. **|판식版式|** 목판본, 원장(原裝), 세로 30.5 × 가로 20.5㎝, 반곽 20.5 × 18.0㎝, 11행 23자⟨균일하지 않음⟩. **|판심版心|** "救急" 및 장차(張次)가 적혀 있다. **|지수紙數|** 목록 1매, 본문 50매⟨〈방중향약목초부方中鄕藥目草部〉 6장 포함⟩, 발문 및 간기 2매. **|인기印記|** 책 첫머리에 "多紀氏藏書印"과 "帝國博物館圖書"가 있다. **|기타|** 앞뒤 표지 안쪽면에는 조선 사람의 묵서(墨書)가 있다. 묵서의 내용은 생략한다.

내용서지

◎ 《향약구급방》 발문(跋文)[⊟]

跋文

鄕藥救急方, 其效甚有神驗, 利於東民大矣。所載諸藥, 皆東人易知易得之物, 而合藥服法, 亦所嘗經驗者也。若京師大都, 則醫師有之, 蓋在窮鄕僻郡者, 忽遇蒼卒, 病勢甚緊, 良醫難致, 當此時, 苟有是方, 則不待扁緩, 人皆可能救之矣。是則事易功倍, 利莫甚焉。昔大藏都監刊行是書, 歲久板朽, 舊本罕見。今義興監郡崔侯自河, 思欲重刊以廣其惠, 乃出私藏善本, 告諸監司李公之剛, 而監司卽命鋟梓于崔之任縣, 以遂其志, 乃以閏五月始役, 至七月十二日斷手焉。噫, 崔侯本以仁厚素聞, 今又開是書以廣其傳, 而俾壽國脉, 則其仁之及於民也深矣。宜書本末以傳諸後。皇明永樂丁酉七月日。朝奉大夫安東儒學敎授官尹祥謹跋。

발문

《향약구급방》은 매우 효과가 좋아 우리 백성에게 준 이득이 크다. 사용된 약재는 모두 우리나라 사람들이 쉽게 알고 쉽게 얻을 수 있는 것들이며, 조제하고 복용하는 방법도 일찍이 경험한 것들이다. 수도나 도시에는 의사가 있지만, 궁벽한 시골이나 외진 고을에서는 위급한 상황이 닥치거나 병세가 무척 급박할 때 좋은 의사를 불러들이기 어려울 것이니 그럴 때 이 책이 있다면 편작(扁鵲)이나 의완(醫緩)과 같은 명의를 기다리지 않고도 사람들 모두 환자를 구해낼 수 있을 것이다. 이렇게 된다면 일이 쉽게 해결되고 효과는 배가 될 것이니 이보다 더한 이익은 없을 것이다. 옛날 대장도감(大藏都監)에서 이 책을 간행하였으나 세월이 오래되어 책판은 썩었고 옛 간본은 찾아보기 힘들다. 지금 의흥(義興)의 감군(監郡)인 최자하(崔自河)가 이 책을 다시 간행하여 책의 혜택을 넓히고자 자신이 간직하고 있던 좋은 판본을 내어놓고 감사(監司) 이지강(李之剛)에게 아뢰었더니 감사는 최자하가 부임해 있는 현에 판각을 명하여 그 뜻을 이루게 하였다. 이렇게 윤5월에 작업을 시작하여 7월 12일에 판각을 마쳤다. 아, 최자하는 본래 어질고 후덕하기로 소문이 났는데 지금 또 이 책을 다시 찍고 널리 전파하여 나라의 명맥을 길이 보전하였으니 그의 어진 마음이 백성들에게까지 매우 깊이 미쳤으리라. 대략 일의 본말을 적어 후세에 남긴다. 황명 영락 정유년1417 7월

⊟ 이 발문은 《별동집別洞集》에도 있다. 그러나 내용이 조금 다르다.

일. 조봉대부(朝奉大夫) 안동 유학교수관(安東儒學教授官) 윤상(尹祥) 삼가 발문을 쓰다.

◎ 《향약구급방》 각수 및 교정자

刻手, 義城通引 金柰, 義興記官 朴仁, 安東學生 權白, 都色戶長 朴乙祥。

校正, 成均幼學 蔣淳, 成均幼學 朴暄。縣監奉直郎 兼勸農兵馬團練判官 崔自河。奉列大夫 經歷所經歷 鄭包。嘉靖大夫 慶尙道都觀察黜陟使 兼監倉安集轉輸 勸農管學事提調 刑獄兵馬公事[1] 朴習。

각수(刻手). 의성 통인 김나(金柰), 의흥 기관 박인(朴仁), 안동 학생 권백(權白), 도색 호장 박을상(朴乙祥).

교정(校正). 성균관 유학 장순(蔣淳), 성균관 유학 박훤(朴暄), 현감 봉직랑 겸 권농병마단련판관 최자하(崔自河), 봉렬대부 경력소 경력 정포(鄭包), 가정대부 경상도 도관찰출척사 박습(朴習).

본문내용

목차는 다음과 같다.

◎ 《향약구급방》 목차

上卷目 十八

食毒一, 肉毒二, 菌毒三, 百藥毒四, 螫毒五, 骨鯁六, 食噎七, 卒死八, 自縊九, 熱渴十, 落水十一, 中酒十二, 斷酒十三, 墮折十四, 金瘡十五, 喉痺十六, 重舌十七, 齒蚶十八 ㊂

中卷目 二十五

丁瘡一, 癰疽二, 腸癰三, 凍瘡四, 惡瘡五, 漆瘡六, 湯火瘡七, 丹毒癮瘮八, 代指瘡九, 瘭疽十, 附骨疽十一, 癬疥瘑瘡十二, 箭鏃木竹籤刺十三, 痔漏腸風十四,

---

1 "兼監倉"부터 "營田事"까지 26자는 감사(監司)의 역할을 설명하는 관용구이므로 번역에서 생략하였다. (《세종실록》 세종 5년 12월 7일 기사 참고)

心腸痛十五，冷熱痢十六，大小便不通十七，淋疾十八，消渴十九，小便下血二十，陰㿉陰瘡二十一，鼻衄二十二，眼病二十三，耳病二十四，口唇病二十五㊂

下卷目 十二

婦人雜方一，小兒雜方二，小兒誤呑諸物三，水腫四，中風五，癲狂六，瘧疾七，頭痛八，雜方九，服藥法十，藥性相反十一，古傳錄驗方十二㊃㊄

附錄. 方中鄕藥目草部㊅

권말의 〈방중향약목초부方中鄕藥目草部〉는 170여 종의 향약에 대해서 간단히 설명한 글로, 본문에 사용된 약재에 관한 지식을 덧붙인 것이다. 아래에 한두 가지 예를 제시한다(이것의 전문은 졸저 《조선의학사》 pp.91-96에 있다).

◎ 《향약구급방》 〈방중향약목초부〉 일부

菖蒲。俗云松衣亇。味辛，溫。五月五日十二月採根，陰乾，露根不用。

창포. 세속에서 '송의마'라고 한다. 맛이 맵고 성질이 따뜻하다. 5월 5일과 12월에 뿌리를 채취하여 그늘에 말려 쓴다. 뿌리가 땅 밖으로 드러난 것은 사용하지 않는다.

柴胡。俗云山叱水乃立，又椒菜。味苦，微寒，无毒。七八月採根，日乾。療傷寒。

시호. 세속에서 '묏미나리'라고 부르고, 또 '초채(椒菜)'라고도 한다. 맛이 쓰고 성질이 조금 차며 독이 없다. 7·8월에 뿌리를 채취하여 볕에 말려 쓴다. 상한(傷寒)을 치료한다.

㊁ 이상 제25쪽까지.

㊂ 이상 제67쪽까지.

㊃ 이것은 이 책 이전에 속방(俗方)의 존재를 의미하는 것이다.

㊄ 이상 제88쪽까지.

㊅ 이상 제100쪽까지.

人蔘。味甘，微寒溫，无毒。二四八月採根，以竹刀去土，日乾，无令見風。

인삼. 맛이 달고 성질이 조금 차면서 따뜻하며 독이 없다. 2·4·8월에 뿌리를 채취하여 대나무칼로 흙을 제거한 후 볕에 말려 쓰되 바람을 쐬지 않는다.

고찰

이 간본에 있는 윤상(尹祥)의 발문 가운데 "옛날 대장도감(大藏都監)에서 이 책을 간행하였으나 세월이 오래되어 책판은 썩었고 옛 간본은 찾아보기 힘들다.〔昔大藏都監刊行是書，歲久版朽，舊本罕見〕"라고 한 부분이 있다. 이 대장도감이라는 것은 고려 고종(高宗) 시기 제2차 대장경(大藏經) 개간 때 설립된 관아(官衙)이다. 그러므로 이 간본은 조선 초기에 인출되었지만 고려 중기의 옛 모습을 충분히 전해주고 있다. 고려의 의서들이 산실되어 완본(完本)이 존재하지 않는 현시점에서, 이 책은 단순한 구급방서이지만 보물로 여겨져야만 한다. 더구나 필자가 아는 범위에서는 현존하는 조선 의서 가운데 가장 오래된 판본이다.

또 이 책은 조선 고유 의서로서 중요하다. 뿐만 아니라 책 말미에 덧붙여진 〈방중향약목초부〉는 당시 고유했던 본초학의 한 단면을 전해준다. 게다가 기입된 본초 향명(鄕名), 즉 속명(俗名)은 어학자에게도 좋은 자료가 될 것이다〈오구라(小倉) 씨의 《조선어학사朝鮮語學史》〉.

《조선왕조실록》에 따르면, 이 책은 조선 태종(太宗) 때 간본 외에도 세종 9년 정미 1427에 충청도에서 간행된 것이 있다.〈일실되었다〉 그 내용은 아래와 같다. 이 책은 조선 초기 지방에서 상당히 널리 이용되었다.〈《조선의학사》와 《조선질병사》에서 전모를 상세히 설명하였다〉

◎ 《세종실록》 세종 9년 정미 1427 9월 11일의 기사

前判羅州牧事黃子厚啓，鄕藥救急方印出，分於外方，以廣救生之路。遂命送于忠清道刊行。

전 판나주목사 황자후(黃子厚)가 "《향약구급방》을 인출하고 지방에 반포하여 생명을 구제하는 길을 넓히소서."라고 아뢰자 마침내 책을 충청도로 보내어 간행하도록 명하였다.

궁내성 도서료의 키츠이 세에고로(橘井淸五郎) 씨는 〈조선판향약구급방韓版鄕藥救急方〉이라는 논고에서 상세한 서지학적 연구를 진행하여 본 책의 전모를 명백히 밝혔다〈《서지학書誌學》 6권 6호〉.

008. 향약혜민경험방 鄕藥惠民經驗方

[일실]

개요

이 책은 《향약집성방鄕藥集成方》 본문 가운데 여러 차례 인용되어 있어 그 존재를 알 수 있다. 또 《조선왕조실록》에서도 이 책의 이름을 볼 수 있다.

◎ 《태조실록》 태조 2년 계유1393 1월 29일의 기사

全羅道按廉使金希善, 報都評議使司曰, 外方無通曉醫藥者, 乞於各道遣醫學敎授一員, 每於界首官, 置一醫院, 選聚兩班子弟, 以爲生徒, 擇其識字謹厚者, 定爲敎導, 令習鄕藥惠民經驗方, 敎授官周行講勸, 定屬採藥丁夫, 以時採取藥材, 依方劑造, 有得病者, 隨卽救療。

> 전라도 안렴사 김희선(金希善)이 도평의사사에 보고하였다. "지방에는 의약(醫藥)을 잘 아는 사람이 없습니다. 바라건대 각 도에 의학교수(醫學敎授) 1명을 보내 큰 고을에 의학원(醫學院)을 하나씩 설치한 후 양반의 자제들을 선발하여 생도(生徒)로 삼으소서. 그리고 그 가운데 글을 알고 신중한 사람을 뽑아 교도(敎導)로 정한 후 그들에게 《향약혜민경험방》을 익히게 하는 한편 교수관(敎授官)은 돌아다니면서 가르치게 하소서. 또 약을 채취하는 장정을 배정하여 계절에 따라 약재를 채취하게 하는 한편 의서에 따라 약을 짓게 한다면 병에 걸린 사람이 있을 때 즉시 치료할 수 있을 것입니다."

고찰

훗날 《향약제생집성방鄕藥濟生集成方》의 편찬에 크게 기여하는 김희선(金希善)

(전기는 〔012장〕 참고)은 태조 2년 계유1393에, 각 도에 의학교수(醫學敎授) 1명을 파견하게 하고 큰 고을마다 의학원(醫學院)을 하나씩 설치한 다음 양반 자제들을 선발하여 《향약혜민경험방》을 익히게 한 뒤 환자 치료를 담당하게 하라고 청하였다. 각 도에 교수를 보내고 의학원을 설치하는 일은 실현되었고 또 태조 6년 정축1397 8월에는 중앙에 제생원(濟生院)을 설립함으로써, 두 기관이 함께 충실히 구료할 수 있도록 도모하였다. 이 책은 실제로 이를 유도하는 역할을 하였다. 송(宋) 대 화제혜민(和劑惠民)의 취지로 편찬된 《태평혜민화제국방太平惠民和劑局方》이 관용(官用) 의서로서 원(元) 대까지 중요하게 사용된 것을 본떠 고려 혜민국(惠民局)에서 향약을 가지고 이 책을 편찬한 듯하다. 이 당시 《향약구급방鄕藥救急方》이나 《향약간이방鄕藥簡易方》 같은 책도 있었지만 관용 향약 의서인 이 책이 가장 적합하게 여겨져 채택된 것이다. 참고로, 필자의 추측이지만 이 책이 만들어진 것은 공민왕(恭愍王) 때1351-1374로 보인다.

009. 진맥도결 診脈圖訣

정도전(鄭道傳) 지음

[일실]

개요

고려 공양왕(恭讓王) 원년 홍무洪武 22년, 기사1226 지음.

《도은집陶隱集》(이숭인(李崇仁) 저)과 《동문선東文選》 권105에 이 책의 〈지誌〉가 실려 있다.

◎ 《도은집》 〈진맥도지診脈圖誌〉

診脈圖誌

醫書未易讀，醫術未易工，予持此論久矣。世之醫家者流，讀未能句其書，則曰吾於術工也者，盖有之，予病此輩亦久矣。國家設十學科，作成人材，醫其一也。提調官三峯鄭藝文，以爲醫當切脉無差，然後處方有效，考諸家之說，爲圖以疏其凡，爲訣以盡其曲，題曰診脉圖，俾予誌其下方，予於醫頗嘗折肱焉。今此書，詳而不至於繁，簡而不至於略，學者觀之，當有得於肯綮之間矣。若由是而無書不讀，無術不工，則在其人矣，勉旃勉旃。洪武歲在己巳秋七月旣望，陶隱道人李崇仁識。

진맥도지

"의서는 읽기가 쉽지 않고 의술은 능숙하기가 쉽지 않다."라고 나는 오래 전부터 생각해 왔다. 그런데 세상의 의원 중에는 의서를 읽을 때 구두를 떼지도 못하면서 "나는 의술에 능하다."고 말하는 자들이 있기 마련이니 내가 이런 자들을 못마땅히 여긴 것 또한 오래되었다. 국가에서 십학(十學)의 분야를 마련하여 인재를 기르고 있으니 의학도 그중에 하나이다. 제조관(提調官)인 삼봉(三峯) 정 예문(鄭藝文)[1]은 "의원이란 진맥에 착오가 없어야 하니 그 후에야 처방이 유효하다."라고 여겨 여러 의가들의 학설을 참고한 뒤 그림을 그려 맥 전체를 나타내고 가결(歌訣)을 지어 맥의 각론을 상세히 하였다. 그리고 표제를 《진맥도》라고 하고는 나에게 아래쪽에 한마디 적게 하였으니 내가 의학에 대해서 예전에 제법 경험이 있었기 때문이었다. 지금 이 책을 살펴보건대 자세하면서도 번잡하지 않고 간단하면서도 소략하지 않으니 의학을 배우려는 자가 살펴본다면 마음속에 깨달음이 있을 것이다. 이 책이 계기가 되어 읽지 않은 책이 없게 되고 익히지 않는 의술이 없어지게 되는 것은 각자에게 달린 일이니 힘쓰고 힘쓸지어다. 홍무(洪武) 기사년1389 가을 7월 16일에 도은도인(陶隱道人) 이숭인(李崇仁)이 적다.

인물전기

정도전(鄭道傳). 자는 종지(宗之), 호는 삼봉(三峯), 본관은 봉화(奉化)이다. 고려 공민왕(恭愍王) 때 문과에 급제하였다. 임신년1392 이성계를 추대해 조선을 개국한 공로로 봉화백(奉化伯)에 봉작되었고, 관직은 판삼사사 겸 판삼군부사(判三司事兼判三軍府事)에 이르렀다. 무인년1398 태조의 아들 방석(芳碩)을 좇아 태종을 해치려고 모의하다가 주살되었다. 이색(李穡, 1328－1396)의 제자로서 문필로 이름이 났으며 감여(堪輿)[2]에 달통했다. 《삼봉집三峰集》·《심기이편心氣理編》·《경제문감經濟文鑑》 등을 저술하였다.

고찰

이성계의 조선 개국을 도운 책략가 정도전은 여기(餘技)로 의술에 통달하여 전의시(典醫寺)의 제조를 맡았을 때 그림으로 맥(脈)의 개요를 보여주고 요결로 그것을 설명하여 《진맥도결》을 저술하였다. 전존본에 대해서는 듣지 못하였다.

---

1 정 예문(鄭藝文) : 곧 정도전(鄭道傳)이다.

2 감여(堪輿) : 풍수지리 학설

010. 삼화자향약방 三和子鄕藥方

[일실]

개요

이 책은 《향약집성방鄕藥集成方》·《향약제생집성방鄕藥濟生集成方》·《향약간이방鄕藥簡易方》의 최초 원본에 해당한다. 권근(權近)의 《향약제생집성방》 서문〈《양촌집陽村集》 권17〉을 통해 이 사실을 알 수 있다. 이 책의 유문(遺文)은 《향약집성방》의 본문 중에 140여 조 가량 상당히 많이 인용되어 있다. 이들을 모아보면 불완전하나마 《삼화자향약방》이라는 책을 복원할 수 있다〈필자는 이를 복원하였다〉. 고려 말기의 의서로서 중요하게 여겨진 책이다.〈관련 사항은 다음의 서적 3종을 참고하라〉

인물전기

'삼화자(三和子)'는 누군가의 호(號)라고 할 수 있지만, 그에 대해서는 알려진 것이 없다.

011. 향약간이방 鄕藥簡易方

서찬(徐贊) · 권중화(權仲和) 지음

[일실]

개요

《향약제생집성방鄕藥濟生集成方》의 서문(《양촌집陽村集》 권17)을 통해 알 수 있듯이, 《삼화자향약방三和子鄕藥方》은 매우 간단하고 요긴했으나 지나치게 간략하다는 단점이 있어 권중화(權仲和)가 서찬(徐贊)에게 명하여 《향약간이방》을 저술하게 하였다. 이 책에서 《향약제생집성방》이 만들어지고, 후에 다시 《향약집성방鄕藥集成方》으로 집대성되어 간 것이다. 이 책은 물론 일실되었으나 다행히 《향약집성방》 본문 가운데 50여 처방이 인용되어 있으므로(필자가 이것을 집록하였다) 이를 바탕으로 대강을 엿볼 수 있다(고려 말기에 이 책이 만들어져 간행된 듯하다).

인물전기

서찬(徐贊). 그의 삶에 대해 알려진 사실이 많지 않다.

권중화(權仲和, 1322－1408). 자는 용부(容夫),[1] 호는 동고(東皐)이고, 본관은 안동(安東)이다. 고려 공민왕 때 중용되었지만 고려 말에 먼 곳으로 유배되었다. 그러나 태조 이성계 때 예순이 넘어 쌓아 둔 공덕〔宿德〕으로 문하부판사(門下府判事)에 올랐으며 예천백(醴泉伯)에 봉해졌다. 노년에도 몸이 쇠약하지 않았으며 의약(醫藥) · 지리(地理) · 복서(卜筮)에도 정통하였다. 87세에 세상을 떠났다.[2] 이 책뿐만

1 용부(容夫) : 원서에는 '용보(容甫)'로 되어 있으나 관련 자료를 근거로 수정하였다.

아니라 《향약제생집성방》(〔012장〕 참고) 편찬에도 많은 힘을 쏟았다.

---

2 《태종실록》에 나오는 권중화의 졸기(卒記)에 근거한 내용이다.

012. 향약제생집성방 鄕藥濟生集成方

30권

권중화(權仲和) · 김희선(金希善) · 조준(趙浚) · 김사형(金士衡) 등 지음

[전존][1]

개요

태조 7년 무인1398에 시작되어 다음 해인 기묘년에 완성된 뒤 판각되었다. 이는 《양촌집陽村集》 권17과 권22에 보이는 서문과 발문을 통해 알 수 있다. 《향약집성방鄕藥集成方》의 모체가 된 책으로 《향약집성방》 가운데 20곳에 인용되고 있어 그 편린만 남아 있다. 《향약집성방》이 크게 유행하면서 자연스럽게 이용되지 않고 사라져 버렸다.

내용서지

◎ 《향약제생집성방》 서문[2]

〈《양촌집》은 권근(權近)의 시문집으로 모두 40권이다. 이 서문은 권17에 보인다〉[3]

鄕藥濟生集成方序

醫藥以濟札瘥，仁政之一端也。昔神農氏使岐伯嘗草木，典醫療疾，周禮有醫師掌醫之政令，聚藥以共醫事。厥後善醫者兪扁和緩之徒，現於典記者多矣，然其書皆不傳。自唐以來，其方世增，方愈多而術益踈，蓋古之上醫，唯用一物以攻一疾，後

1 원서에서는 일실되었다고 하였으나 현재 낙질로 전해지고 있으므로 수정하였다.

2 원서에는 일부 내용만 있지만 역자가 보충하여 실었다.

3 《동문선東文選》 권91에도 보인다.

世之醫，多其物以幸有功，故唐之名醫許胤宗，有獵不知兎，廣絡原野之譏，眞善喩也。然則合衆藥而治一病，不若用一物之爲切中也，但難精於知病而用藥耳。

吾東方遠中國，藥物之不産玆土者，人固患得之之難也，而國俗往往能以一草而療一病，其效甚驗。嘗有三和子鄕藥方，頗爲簡要，論者猶病其畧。曩日今判門下權公 仲和 命徐贊者，尤加蒐輯，著簡易方，其書尙未盛行于世。

恭惟我主上殿下仁聖之資，受命開國，博施濟衆之念，靡所不至，每慮窮民病莫得醫，深用惻然。左政丞平壤伯趙公 浚，右政丞上洛伯金公 士衡，上體聖心，請於中國置濟生院，給之奴婢，採取鄕藥，劑和廣施，以便於民，中樞金公 希善 悉掌其事。諸道亦置醫學院，分遣教授，施藥如之，俾其永賴。又患其方有所未備，乃與權公特命官藥局官，更考諸方，又採東人經驗者，分門類編，名之曰鄕藥濟生集成方，附以牛馬醫方，而金中樞觀察江原，募工鋟梓，以廣其傳，皆易得之物，已驗之術也。苟精於此，則可能一病用一物，何待夫不産而難得者哉。

且五方皆有性，十里不同風，平居之時，食飮嗜慾酸鹹寒暖之異宜，則對病之藥，亦應異劑，不必苟同於中國也。况遠土之物，求之未得，而病已深，或用價而得之，陳腐蠹敗，其氣已泄，不若土物氣完而可貴也。故用鄕藥而治病，必力省而效速矣。此方之成，其惠斯民，爲如何哉。

傳曰，上醫醫國，方今明良相逢，肇開景運，以拯生民塗炭之苦，以建萬世盤石之基，夙夜孜孜，盡心於治，益圖所以活民生而壽國脉者，仁民之政，裕國之道，本末兼擧，大小畢備，以至醫藥療疾之事，亦拳拳焉。調護元氣，培養邦本，如此其至，其醫國也大矣。仁被一時，澤流萬世者，豈易量也哉。洪武三十一年蒼龍戊寅夏六月下澣。

《향약제생집성방》 서문

의술과 약재로 죽을병에서 백성을 구제하는 것은 어진 정치의 한 방편이다. 옛날에 신농씨는 기백에게 초목을 맛보고 의술을 맡아 질병을 치료하게 하였고, 주례에는 "의사(醫師)를 두어 의료 행정을 주관하게 하고 약재를 갖추어 치료에 이바지하도록 한다."고 하였다. 그 후 유부(兪跗)·편작(扁鵲)·의화(醫和)·의완(醫緩)과 같은 명의들이 기록에 많이 나오지만 그들의 책은 모두 전하지 않는다. 당(唐) 이후로 의서가 대대로 많아졌으나 의서가 많아질수록 의술은 점점 보잘것없어졌다. 옛날의 명의들은 오직 하나의 약재를 가지고 하나의 질병을 치료하였는데 후세의 의원들은 여러 약재를 가지고 효과 있기를 바라고 있다. 이 때문에 당(唐)의 명의 허윤종(許胤宗)은 사냥을 할 때 토끼의 습성을 알지 못한 채

들판에 넓게 그물을 치는 격이라고 비웃은 적이 있으니 정말로 딱 맞는 비유이다. 그러니 여러 약재를 합하여 하나의 질병을 치료하는 것은 하나의 약재를 사용해 적중하는 것만 못하다고 할 수 있다. 다만 병을 제대로 알고 약재를 사용하는 데 정통하기가 어려울 따름이다.

우리나라는 중국과 멀리 떨어져 있어서 중국의 약재가 이 땅에서 나지 않기 때문에 사람들이 약재를 구하기 어렵다고 걱정한다. 그러나 세간에서 종종 한 가지 풀로 하나의 병을 치료했고 매우 효험이 있었다. 옛날에 《삼화자향약방三和子鄕藥方》이 있어 꽤나 간단하고 요긴했으나 사람들은 오히려 그 간략함을 단점으로 평가하였다. 일전에 판문하(判門下) 권중화(權仲和) 공께서 서찬(徐贊)에게 편찬을 명한 책에 추가로 수집한 것을 더하여 《향약간이방鄕藥簡易方》을 저술했으나 아쉽게도 그 책은 세상에 성행하지 못하였다.

삼가 생각건대 우리 주상전하께서는 인자한 성군의 자질을 가지신 분으로 천명을 받아 나라를 세우신 후 널리 은혜를 베풀어 백성을 구제하고자 하는 생각이 닿지 않는 곳이 없으셨으니 궁핍한 백성이 병들어도 치료받지 못하는 것을 늘 염려하시며 매우 측은해하셨다. 좌정승 평양백 조준(趙浚) 공과 우정승 상락백 김사형(金士衡) 공이 성상의 마음을 본받아 도성에 제생원(濟生院)을 세운 후 노비를 주어 향약을 채취하게 하고 약을 널리 베풀어 백성들을 편안하게 하기를 청하였고, 동지중추 김희선(金希善) 공은 그 사업을 총괄하였다. 각 도에는 마찬가지로 의학원(醫學院)을 세우고 의학교수를 파견하여 제생원과 같이 약재를 베풀어 영원토록 그 혜택을 입도록 하였다. 그리고 《향약간이방》에 미비한 곳이 있을까 걱정하여 권중화(權仲和) 공과 함께 관약국(官藥局)의 관리에게 특별히 명하여 여러 의서를 다시 살펴보도록 하고 우리나라 사람들의 경험까지 채록하여 목차에 따라 비슷한 내용을 묶은 다음 《향약제생집성방》이라고 이름 붙이고 뒤에 《우마의방牛馬醫方》을 덧붙였다. 이것을 김희선 공이 강원도 관찰사로 있을 때 각수를 모아 책을 찍어 널리 배포하였으니 모두 쉽게 얻을 수 있는 약재들이면서 이미 경험한 치료법이었다. 이 책에 제대로 정통한다면 하나의 병을 하나의 약재로 치료할 수 있을 것이니 우리나라에서 나지 않아 구하기 어려운 약재를 기다릴 일이 있겠는가.

한편 각 지방은 모두 각각의 특성이 있어 십 리만 떨어져도 풍속이 다른 법이니 평소에 음식이나 좋아하는 것이나 입맛이나 체감온도가 다른 것은 당연하다. 그렇다면 병에 맞는 약도 당연히 다르게 지어야 하며 굳이 중국과 같을 필요가 없다. 하물며 먼 곳의 약재를 구하다 얻지 못하는 동안 병이 벌써 깊어지거나,

혹은 값을 치르고 구했다 하더라도 썩거나 좀먹어 약성이 이미 줄었다면, 약성이 온전하고 상태가 좋은 향약(鄕藥)만 못할 것이다. 그러므로 향약으로 병을 치료하면 반드시 약재 구하는 노력은 줄어들고 효과는 빠를 것이다. 이 책이 만들어졌으니 혜택을 보는 백성이 얼마나 많겠는가.

《국어國語》에서 "최고의 의원은 국가를 치료한다."고 하였다. 지금 밝은 성군과 어진 정승이 서로 만나 비로소 원대한 국운(國運)을 열어 도탄의 고통에서 백성을 건지고 반석의 기초 위에 만대의 기틀을 세운 후 밤낮없이 힘쓰면서 나라의 안정에 전념함으로써 백성을 살리고 국운을 장구하게 하는 방법을 열심히 도모하고 있도다. 그리고 백성을 아끼는 정치와 나라를 풍요롭게 하는 정책이 짝을 맞추어 함께 실현되면서 크고 작은 일들이 모두 갖추어진 끝에 의약으로 병을 고치는 사업까지도 참으로 정성스럽게 진행되고 있도다. 나라의 원기를 잘 보호하고 나라의 근본을 잘 기르는 것이 이토록 지극해지니 국가를 치료한다는 것은 위대한 일이다. 어진 정치가 한 시대를 뒤덮고 은택이 만세토록 흘러갈 것을 어찌 쉽사리 헤아리지 못하겠는가. 홍무 31년 무인1398 여름 6월 하순.

◎ 《향약제생집성방》 발문[4]

鄕藥濟生集成方跋

右濟生院鄕藥集成方, 爲惠斯民作者也。初左政丞平壤伯趙公 浚, 右政丞上洛伯金公 士衡, 爕理之暇, 惻慮窮民病莫能醫, 欲以廣濟, 同知中樞金公 希善, 與之協力, 置濟生院, 蓄藥以施。又與醴泉伯權相 仲和, 將其嘗所撰著鄕藥之方, 更加裒集, 勒成全書, 將以頒諸中外, 傳諸永遠, 俾觀者皆知隨處而有藥, 隨病而可醫, 又慮牛馬之病誤藥致死, 爲集其醫方, 其仁民愛物之心, 深且切如此哉。建文紀元之歲, 其書旣成, 而金中樞觀察江原, 命工鋟梓, 以壽厥傳。吁, 以平壤、上洛之仁厚, 總其事, 醴泉之精博, 纂其書, 而金公又能勉力, 終始其功, 四公所以嘉惠東民者, 當與此書, 並流萬世, 而無窮期矣。幹是院事者, 西原君韓公 尙敬, 順興君安公 敬良, 金君 元冏, 許君 衡, 李君 悰, 房君 士良, 皆有勞於此者也, 故幷著之卷尾云。蒼龍己卯夏五上旬有日。

향약제생집성방 발문

이 《제생원향약집성방》은 백성들에게 혜택을 주고자 만들어졌다. 최초에는 좌

4 《양촌집》 권22와 《동문선》 권103에 수록되어 있다.

정승 평양백 조준(趙浚) 공과 우정승 상락백 김사형(金士衡) 공이 정무를 보던 여가에 궁핍한 백성들이 병에 걸려도 치료받지 못하는 것을 측은히 걱정하여 널리 구제코자 동지중추 김희선(金希善) 공과 힘을 합쳐 제생원(濟生院)을 세우고는 약을 비축하고 시료하였다. 그러고 나서 예천백 권중화(權仲和) 공과 함께 예전에 그가 저술하였던 《향약간이방鄕藥簡易方》에 수집한 내용을 더 보태어 하나의 책으로 편찬한 후 도성 안팎에 반포하여 영원토록 전해지게 함으로써 이 책을 보는 사람들이 지역에 따라 약을 구하고 병에 따라 치료할 줄 알게 만들었다. 또한 우마(牛馬)가 병들었을 때 약을 잘못 써서 죽게 하는 것을 염려하여 그에 대한 의론과 처방을 모으기도 하였으니 백성을 사랑하고 만물을 아끼는 마음이 이처럼 깊고도 절실하였다. 건문(建文) 원년1399에 이 책이 완성되자 김희선 공이 강원도 관찰사로 있을 때 각수들을 시켜 출간함으로써 오래 전해질 수 있도록 하였다. 아, 평양백과 상락백의 인자한 마음으로 그 사업을 총괄할 수 있었고, 예천백의 정박(精博)한 지식으로 이 책을 편찬할 수 있었으며, 김공 또한 힘을 쏟아 처음부터 끝까지 사업을 완수하였으니 네 분께서 우리나라 백성에게 베푼 혜택은 이 책과 함께 만세토록 무궁할 것이다. 제생원의 사업을 주관하는 이는 서원군 한상경(韓尙敬) 공·순흥군 안경량(安敬良) 공·김원경(金元冏) 군·허형(許衡) 군·이종(李悰) 군·방사량(房士良) 군으로 모두 이 사업에 이바지하였다. 그러므로 책 말미에 함께 기록해 둔다. 창룡(蒼龍) 기묘1399 여름 5월 상순.

인물전기

권중화(權仲和, 1322－1408). 그의 전기는 〔011장〕에서 설명하였다.

김희선(金希善, ?－1408). 태종 8년무자1408 2월에 세상을 떠났고 원정(元靖)이라는 시호를 받았다. 개국 초기 의학 행정에 관여한 일인자로 의학에도 박통하였다. 태종 2년 전라도 안렴사(按廉使)를 지낼 때 각 도에 의학원(醫學院)을 설치하였다. 태종 5년 10월 명(明)에 사행(使行) 하였고, 태종 6년에는 제생원(濟生院)을 설치하였으며, 태종 7년에는 《향약제생집성방》 편찬에 힘을 기울였다. 태종 8년 5월 강원도 관찰사를 지낼 때 그곳에서 《향약제생집성방》에 《우마의방牛馬醫方》을 덧붙여 간행하였다. 후에 호조 판서에 이르렀다.

조준(趙浚, 1346－1405). 자는 명중(明仲), 호는 우재(吁齋)·송당(松堂), 본관은 평양(平壤)이다. 고려에서 관직을 하다 조선에 이르러 좌정승·영의정부사의 자리에 올랐다. 그는 도량이 넓고 성품이 강명정대(剛明正大)하였으며 풍채가 훤하였다. 4명의 왕을 섬기고 조선 개국에 공이 있었다. 제생원(濟生院)을 설치하고 《향약제생집성방》을 편집하는 데에도 힘을 쏟았다.[5]

방사량(房士良, 생몰 미상). 자는 평보(平甫), 호는 낙국(洛國), 본관은 안동(安東)이다. 조준과 함께 조선 개국에 공이 있었고 관직은 좌의정에 이르렀다.

고찰

위의 양촌(陽村) 권근(權近)의 서문과 발문을 통해 이 책이 만들어졌다는 사실을 알 수 있다. 옛날에 《삼화자향약방三和子鄕藥方》이 있어 매우 간단하고 요긴했으나 그 간략함을 단점으로 삼는 경우가 있었다. 이에 권중화는 서찬(徐贊)에게 명하여 《향약간이방鄕藥簡易方》을 저술하게 하였다. 이성계가 조선을 개국한 후 태조 2년 계유1393에 김희선의 건의에 따라 각 도에 의학원(醫學院)을 설립한 뒤 의학교수를 보내어 제자를 교육하고 향약을 채취하며 약을 지어 널리 시료하였다. 태조 6년 정축1397에 중앙 기관으로서 제생원(濟生院)을 설치하고 이것을 확충하려고 하였다. 이에 《향약간이방》으로는 충분하다 할 수 없어서, 권중화는 조준·김사형·김희선과 힘을 합하고 약국(藥局)의 관리에게 명하여 여러 의서를 다시 살펴보도록 하고 또 조선 사람들이 경험한 처방까지 모아 목차를 세우고 분류하여 《향약제생집성방》을 완성하였다. 그런 다음 여기에 《우마의방牛馬醫方》(《신편집성마의방우의방新編集成馬醫方牛醫方》)을 덧붙였다. 중추부사 김희선이 강원도 관찰사로 있을 때 그곳에서 장인들을 모아 이것을 책으로 인출하여 널리 전하기에 이르렀다. 이 일에서 조준과 김사형은 이를 총괄하였으며, 권중화는 이 책을 편찬하였고, 김희선은 처음부터 끝까지 힘을 쏟았다. 그리고 그 외에 한상경(韓尙敬)·안경량(安敬良)·김원경(金元冏)·허형(許衡)·이종(李悰)·방사량(房士良)도 모두 이 책이 만들어지는 데

5 《태종실록》에 조준의 졸기(卒記)가 보인다.

크게 기여하였다.

한편, 《향약제생집성방》의 "제생(濟生)"은 태조 6년 8월에 설치된 제생원에서 그 명칭을 딴 것이다. 이 책 발문의 첫머리에 '제생원향약집성방' 이라고 한 것에서 여실히 알 수 있다. 이 《향약제생집성방》이 세종 5년 계묘1423에 증보되어 《향약집성방鄕藥集成方》으로 크게 완성된다. (이 책에 대한 더욱 상세한 사항은 〔016장〕《향약집성방》 해제를 참고하라)

◎ 《향약제생집성방》 계통도

《삼화자향약방三和子鄕藥方》

↓

《향약간이방鄕藥簡易方》

↓

《향약제생집성방鄕藥濟生集成方》

↓

《향약집성방鄕藥集成方》

013. 동인경험방 東人經驗方

[일실]

개요

《향약집성방鄕藥集成方》에 인용된 6가지 처방을 통해 이 책의 존재를 알 수 있다. 동인(東人), 즉 조선 사람이 경험한 여러 처방을 수집하여 책으로 만들어 간행하였던 것 같다. 아마도 조선 개국 전후의 경험방으로, 《향약제생집성방鄕藥濟生集成方》 권근(權近)의 서문과 《향약집성방》 권채(權採)의 서문에 보이는 "東人經驗者"라는 문구에 해당하는 책인 듯하다. 《신편집성마의방新編集成馬醫方》에도 마의방(馬醫方)으로서 "東人經驗方"이 보이는데, 궤를 같이하고 있겠지만 이것은 수의방(獸醫方)으로 이 책과는 본질적으로 다르다고 생각한다.

014. 본조경험방 本朝經驗方

[일실]

개요

《향약집성방鄕藥集成方》·《창진집瘡疹集》·《구급이해방救急易解方》·《촌가구급방村家救急方》·《의림촬요醫林撮要》(각각 〔016장〕·〔023장〕·〔033장〕·〔040장〕·〔059장〕 참고)의 인용서로서 이 책의 이름이 보인다. 아마도 태조에서 세종 때까지 약방(藥房) 등에서 경험한 치료법을 한데 모아 만든 책이라고 생각한다. 또는 조선 개국 전후의 《동인경험방東人經驗方》(〔013장〕 참고)과 같은 맥락에서, 그 책을 이은 경험방이라고 여겨진다. 그리고 또 《의림촬요醫林撮要》 가운데 보이는 《본조선상용경험방本朝選常用經驗方》이 이 책의 정확한 제목이 아닐까 싶다. 《향약집성방》 등에 인용된 이 책의 유문(遺文)을 모아보면 이 책의 내용을 대략 알 수 있을 것이다.

참고로, 일본의 타키 모토야스(多紀元簡)가 편찬한 《관취방요보觀聚方要補》 10권과 《구급선방救急選方》 2권은 고금의 처방들을 모아놓은 책으로, 이 가운데 같은 이름의 《본조경험방本朝經驗方》이 3~4조 인용되어 있다. 이것은 물론 중국 책이 아니라 일본의 경험방서들이다(제5부 〔038장〕 참조).

015. 향약채취월령 鄕藥採取月令

1권

유효통(兪孝通) · 노중례(盧重禮) · 박윤덕(朴允德) 지음

[전존]

개요

세종 13년 선덕宣德 6년, 신해1431 에 간행되었다. 현재 간본은 보이지 않고 필사본이 전한다. 지수(紙數)는 모두 10매이다.

내용서지

◎ 《향약채취월령》 발문[1]

本艸序例云, 凡採藥時月, 皆是建寅歲首, 則從漢大初[2]後所記也。其根物多以二月八月採者, 謂春初津潤始萌, 未衝枝葉, 勢力淳濃, 至秋枝葉乾枯, 津潤歸流於下。今卽事驗之, 春寧宜早, 秋寧宜晩, 華實莖葉, 乃各隨其成熟爾, 歲月亦有早晏, 不必都依本文也。

又云, 採藥陰乾者, 皆多惡, 至如鹿茸, 經稱陰乾, 皆悉爛壞, 今火乾易得且良。凡草禾苗根, 九月已前採者, 悉宜日乾, 十月已後採者, 陰乾乃好。

醫藥濟人, 上古至神, 仁政之一端也。昔神農氏嘗百草之味, 救萬民之疾, 乃著本草, 以貽後世, 周置醫師, 掌醫之政令, 聚毒藥以供醫事, 自爾有天下國家者, 未始不以是爲重, 下則有若梁陶弘景, 因神農舊經而倍之, 唐蘇恭李績[3]之徒, 又走而廣焉, 逮乎宋朝, 累命儒臣論選, 則有經史證類備急本草, 又有唐愼微之證類, 寇宗奭

1 원서에는 일부 내용만 있지만 역자가 보충하여 실었다.

之衍義，其書始備。

臣嘗卽是以觀，則收採諸藥，自各有時，時苟失矣，藥安能得其性乎，以是治疾，欲望十全之效，難矣哉，

吾東方僻處海隅，方者罕傳，見聞未廣，雖多良藥，率意而採，不以其時，或至誤用似是而非者。惟我主上殿下，萬機之暇，特留宸念，每有奉使上國者，必使國醫隨之，因禮部以奏就大醫院而質正焉。天子亦特賜藥材，使得有以辨驗眞忘[4]。殿下於是，命集賢殿直提學 臣 兪孝通，及典醫監正 臣 盧重禮，副正 臣 朴允德，偏考土産藥材，凡數百餘種，首注鄕名，次以味若性[5]，春秋採取之早晩，陰陽乾暴之善惡，悉據本草諸書，換剔無遺，修成鄕藥採取月令一篇，精加校正，印出頒行，欲使万民靡不周知，得免疾痛而[6]于壽域。吁，仁心仁政同符，上古其至哉。

宣德六年十二月日，資憲大夫 藝文館提學 集賢殿提學 同知經筵 春秋館事 兼成均司成 世子右賓客 臣 尹淮，拜手稽首敬拔.

《본초경집주本草經集注》 서례(序例)에 이런 내용이 있습니다. “약재를 채취하는 월령(月令)은 모두 음력 정월〔建寅〕을 새해의 시작으로 삼으니 한(漢) 태초(太初)[7] 이후의 기록 방식을 따른 것이다. 뿌리를 쓰는 약재를 대개 2월과 8월에 채취하는 이유는 초봄에 진액이 돌긴 하지만 가지와 잎까지 올라가기 전이라 뿌리에 약력이 농축되었기 때문이고, 가을에는 가지와 잎이 마르면서 진액이 뿌리로 되돌아가기 때문이다. 지금까지의 경험으로는 봄에는 빠를수록 좋고 가을에는 늦을수록 좋지만, 꽃이든 열매든 줄기든 잎이든 각각 완숙할 때 채취하면 그만이다. 절기란 빠르기도 하고 늦기도 하는 법이니 반드시 모두 본문대로 할 필요는 없을 것이다.”

또 이런 내용도 있습니다. “약재를 캐서 그늘에서 말리면 대부분 약재에 좋지 않다. 녹용 같은 경우에 《본초경》에서 말한 것처럼 그늘에서 말리면 모두 썩어 못쓰게 되니 지금은 불에 말리는 편이 쉽고 좋다. 풀・곡식・싹・뿌리의 경우 9월 이전에 캔 것은 모두 볕에 말려야 하고, 10월 이후에 캔 것은 그늘에 말려도 좋다.”[8]

의약(醫藥)으로 백성을 구제하는 것은 상고 시대에 성인들께서 인정(仁政)을 베풀었던 한 가지 방법이었습니다. 옛날에 신농씨는 온갖 약재를 맛보아 백성들을 질병에서 구해낸 후 《본초경》을 저술하여 후세에 남겼습니다. 주(周)에서는 의사(醫師)를 두어 의료를 관장하게 하고 여러 약재를 모았다가 치료에 사용토록 하였습니다. 이처럼 하늘 아래 국가가 있고 난 뒤로 의약을 중요하게 여기지 않은 적이 없었습니다. 그 뒤로 양(梁)의 도홍경(陶弘景) 같은 이는 신농씨의 옛 경전을 증보하였고, 당(唐)의 소공(蘇恭)·이세적(李世勣) 같은 이들은 이를 더욱 확장하였습니다. 송(宋)에 이르러서는 국가에서 여러 차례 학자들에게 연구하고 편찬하게 하여 《경사증류비급본초經史證類備急本草》가 생겨났고, 또 당신미(唐愼微)의 《증류본초證類本草》와 구종석(寇宗奭)의 《연의본초衍義本草》까지 저술되면서 본초에 대한 책들이 비로소 완비되었습니다.

신이 예전에 이 책들을 살펴보니 여러 약재를 채취할 때 각각 적합한 시기가 있었으므로 그 시기를 놓친다면 약재가 어떻게 약성을 발휘할 수 있겠습니까. 이런 약재들로 병을 치료하면서 완전히 낫는 효과를 바라는 것은 아마 어려울 것입니다.

우리나라는 바다 끄트머리에 있기 때문에 방서가 잘 전해지지 않아 견문이 넓지 못합니다. 또한 좋은 약재가 많지만 적합한 시기에 채취하지 않고 마음대로 채취하고 있으며 간혹 비슷하지만 다른 약재를 잘못 사용하기도 합니다. 우리 주상전하께서는 정무가 바쁜 중에도 특별히 관심을 두시어 중국에 사행이 있을 때마다 반드시 어의를 함께 보내셨고, 중국 예부(禮部)에 주청하여 태의원으로 가서 약재에 대해 질정(質正)할 수 있게 하셨습니다. 중국 천자께서도 특별히 약재를 내리시어 진품과 가짜를 변별할 수 있도록 하셨습니다. 전하께서 이때에 집현전 직제학 유효통(兪孝通)과 전의감 정 노중례(盧重禮)와 전의감 부정 박윤덕(朴允德)에게 명하여 우리 땅에서 나는 약재를 두루 살피게 하셨습니다. 그들은 명을 받들어 총 수백여 종에 대하여 먼저 향명(鄕名)을 달고 다음으로 약의 성미·채취 시기·건조 요령을 달되 모두 본초 서적들에 근거하여 빠짐없이 고치고 간추려서 마침내 《향약채취월령鄕藥採取月令》을 만든 후 자세한 교정을 거쳐 간행하고 반포하였습니다. 이는 주상께서 모든 백성이 두루 숙지하여 질병의 고통에서 벗어남으로써 장수의 영역으로 함께 올라가게 하고자 하신 것입니다. 아, 어진 마음과 어진 정치가 서로 부합하셨으니 상고 시대가 다시 오지 않겠습니까.

선덕 6년 세종13, 신해1431 12월 일. 자헌대부 예문관제학 집현전제학 동지경연 춘추관사 겸 성균사성 세자우빈객 신(臣) 윤회(尹淮)는 절하고 머리를 조아리며 삼가 발문을 적습니다.

---

2 大初 : 《본초경집주本草經集注》를 근거로 태초(太初)로 보고 번역하였다.

3 李績 : 문맥상 '이세적(李世勣)'으로 보고 번역하였다.

4 眞忘 : 문맥상 '眞妄'으로 보고 번역하였다.

○ 발문(“宣德三年閏四月 日, 崇政大夫卞良敬拔”). 현재 전해지는 필사본에는 내용이 누락되어 있다.

본문내용

발문에서 말한 것처럼 춘하추동 12개월에 따라 채취해야 할 백여 종의 향약(鄕藥)을 열거하고, 약 이름에 향명(鄕名)을 붙인 다음 약의 기미(氣味)·채취 시기·가공 방법을 간단하게 기록한 한 권의 책이다. 아래에 한두 가지 예를 제시한다.

◎ 《향약채취월령》 본문 일부

正月。萎蕤, 鄕名豆應仇羅, 本朝古防己是也。

> 정월. 위유(萎蕤). 향명은 둥글래. 우리나라에서 예전에 방기(防己)로 사용했던 것이다.

二月。桔梗, 鄕名都乙羅叱。

> 2월. 길경(桔梗). 향명은 돌랏.

인물전기

유효통(兪孝通). 자는 행원(行源), 본관은 기계(杞溪)이다. 태종 8년 무자1408 식년 문과(式年文科)에 급제하였고 집현전 직제학(集賢殿直提學)을 지냈다. 문장에 능하였고 우스갯소리를 잘하였다. 이 책 이외에 노중례·박윤덕 등과 함께 《향약집성

---

5 以味若性 : 문맥상 '以味藥性' 혹은 '以味苦性'으로 보고 번역하였다.

6 《향약채취월령》에 글자가 누락되어 빈칸으로 되어 있다. 문맥상 '躋'나 '登' 같은 글자가 있었으리라 추측한다.

7 태초(太初) : 전한(前漢) 무제(武帝) 때의 연호로 BC104-BC101이다. 이때 태초력(太初曆)이 만들어졌다.

8 이 부분은 《대관본초大觀本草》와 《정화본초政和本草》에 있는 《개보본초開寶本草》 주석에 나오는 내용이다.

방鄕藥集成方》을 편찬하는 데에도 참여하였다.

노중례(盧重禮, ?－1452). 세종 대 제일의 의학자로 세종 초기부터 의관(醫官)을 지냈으며 전의감 정(典醫監正)에 이르렀다. 세종 5년 계묘1423과 12년 명(明)으로 사행을 떠났을 때 조선에서 나는 약재와 나지 않는 약재 등에 대해 질정하여 향약(鄕藥)을 부흥시키는 데 크게 기여하였다. 《향약집성방》과 《의방유취醫方類聚》의 편찬에도 참여하였고, 또 《태산요록胎産要錄》을 지었다. 세종 27년 을축1445 첨지중추원사(僉知中樞院事)에 올랐다. 문종 2년 임신1452 3월에 세상을 떠났다.

박윤덕(朴允德). 태종 17년 정유1417에 전의감 주부(典醫注簿), 세종 13년 신해1431에서 15년까지 전의감 부정(典醫副正)을 지냈다. 《향약집성방》 편찬에 참여하였다.

고찰

이 책은 《향약집성방》 본초부(本草部) 편수(編修)를 위한 준비 사업이었다. 그러나 채취월령을 한 책으로 반포하는 일도 시의적절했기 때문에 단행본으로 간행되었다. 세종 13년 12월에 이 책이 완성되었고, 세종 15년 6월에 《향약집성방》이 집대성되었다. 윤회(尹淮)의 발문과 권채(權採)의 《향약집성방》 서문(〔016장〕참고)을 보면 그간의 사정이 분명해진다. 즉, 《향약채취월령》은 《향약집성방》 본초부인 향약본초(鄕藥本草)에서 향명(鄕名)과 채취 시기 등을 뽑아낸 것이다. 현존하는 《향약집성방》은 성종 대 판본이 가장 오래된 것이므로 이 《향약채취월령》의 향명과 현존하는 《향약집성방》의 향명은 조금 다르다. 이러한 점에서 가치를 가진다.

이 책의 간본(刊本)은 망실된 듯하나 다행히 일본에 필사본으로 전해지고 있다. 알려진 바로는 고 시라이 미츠타로오(白井光太郞) 씨가 "享保壬寅"이라는 지(識)가 있는 필사본을 소장하였다고 한다. 이 책은 시라이 씨가 책 뒤에 기록한 바와 같이 본문이 서로 착간되고 오자도 있어 완본은 아니지만 그 대강을 전하기에는 충분하다. 고 오카다 노부토시(岡田信利) 씨가 시라이 씨 책을 다시 전사하여 한국 학자들에게 전하였다. 또 《히라이데씨장서목록平出氏藏書目錄》에 이 책의 필사본이 있으며, 이 필사본은 현재 다케다 쿄우서옥(武田杏雨書屋)에 수장되어 있다. 시라이 씨 책에는 페이지가 뒤섞인 부분이 있어서 시라이 씨가 그것을 개수(改修)하였지만 여전히 오류가 보인다. 다케다 쿄우서옥 소장본은 이러한 의미에서 좋은 필사본이라 여겨지지만 서문과 발문이 없다. 간세이(寬政) 4년 임자1792에 교정하여 필사한 것이다.

016. 향약집성방 鄕藥集成方

85권

유효통(俞孝通)·노중례(盧重禮)·박윤덕(朴允德) 지음

[전존]

개요

매우 중요한 조선 의서이기 때문에 상세하게 해제한다.

판본

(1) 세종 대 초간본(初刊本) 〈이 간본은 망실되었다〉

(2) 만력(萬曆) 이전 소자(小字) 목판본

(가) 제국도서관 소장본

(나) 다케다 쿄우서옥(武田杏雨書屋) 소장본

(다) 경성대학 도서관 소장본

(라) 이인영(李仁榮) 씨 소장본

(3) 숭정(崇禎) 〈훈련도감〉 소자 활자본

(가) 하야노(早野) 씨 소장본

(나) 가나자와(金澤) 씨 소장본

(다) 경남(慶南) 및 함남(咸南) 모씨(某氏) 소장본, 홍택주(洪宅柱) 씨 소장본 〈필자는 보지 못하였다〉

(라) 영본(零本) 〈경성대학 도서관, 이나바(稻葉) 씨·스에마츠(末松) 씨·미키(三木) 등등〉

(마) 미키(三木) 소장 복사 완본

이상이 필자가 알고 있는 현존하는 《향약집성방》이다.

(1) 세종 대 초간본(初刊本)

세종 15년 계축1433 6월에 유효통·노중례·박윤덕 등이 《향약집성방》 85권을 지어 올렸고 권채(權採)가 여기에 서문을 지었으며 같은 해 6월 전라도와 강원도 두 도에 명하여 나누어 찍게 하였다고 《세종실록》에 분명하게 기록되어 있다. 그러나 전라도와 강원도에서 나누어 찍은 책은 산일(散佚)된 듯하다. 전존본이 있는지 모르겠다.

(2) 만력(萬曆) 이전 소자(小字) 목판본

성종 9년 무술1478에 만들어진 간본으로 성종판(成宗版)이라고도 한다.

◎ 《성종실록》 성종 9년 무술1478 10월 기사[1]

> 司宰監副正金悌臣等五人輪對。左副承旨李瓊仝啓曰，往者赴京人員，得以私貿藥材，故唐藥散在私家者頗多，今則法嚴，唐藥鮮少。國家雖令貿換，然藥材不產燕京，非徒貿易之難，藥品不善。臣謂我國與中原，風氣不同，人性亦異，中原之藥，不合於我國之人性者，有矣。今典校署有鄉藥集成方版本，其書以鄉藥爲主，請印此書，廣布中外，使人知用鄉藥，則不賴上國而有餘矣。傳曰，果如卿言。我國風土，與中國不同，故雖服唐藥，無效矣。瓊仝曰，舊法諸邑採鄉藥者，父子相繼爲之，故世知藥草，今皆編之軍額。請諭諸道監司，不論貢案有無，隨其地產，令採雜藥以送，廣驗其效何如。傳曰，可。且印鄉藥集成方，頒賜之。

> 사재감 부정 김제신(金悌臣) 등 5인이 윤대(輪對)하였다. 좌부승지 이경동(李瓊仝)이 아뢰었다. "전에는 북경에 가는 사람들이 사사로이 약재를 살 수 있었기 때문에 사가(私家)에 흩어져 있는 당약(唐藥)이 꽤 많았습니다. 그러나 지금은 법이 엄하여 당약이 거의 없습니다. 국가에서 비록 무역을 해오라고 하고 있으나 약재가 북경에서 나지 않아 무역하기가 어려울 뿐만 아니라 약재의 품질도 좋지 못합니다. 신이 생각건대 우리나라는 풍토나 기후가 중국과 같지 않고 사람의 체질도 달라서 중국의 약이 우리나라 사람의 체질에 맞지 않는 경우가 있을 것입니다. 지금 전교서(典校署)에 《향약집성방》의 판목이 있는데 이 책은 향약(鄉藥)을 위주로 하고 있습니다. 청컨대 이 책을 간행하고 도성과 지방에 널리

[1] 원서에는 일부 내용만 있지만 역자가 보충하여 실었다.

배포하여 사람들에게 향약 쓰는 방법을 알게 한다면 중국에 의지하지 않고도 약재가 넉넉해질 것입니다." 주상께서 전교하였다. "과연 경의 말과 같다. 우리나라는 중국과 풍토가 같지 않기 때문에 비록 당약을 먹을지라도 효력이 없을 수 있다." 이경동이 말하였다. "옛 법전에 여러 고을에서 향약을 채취하는 일은 부자(父子)가 이어서 하게 했기 때문에 대대로 약초를 잘 알았으나 현재는 그들이 모두 군액(軍額)에 편입되었습니다. 청컨대 각 도의 감사(監司)에게 일러 공안(貢案)에 있고 없음을 상관하지 말고 그 지역에서 생산되는 것에 따라 각종 약재를 채취하여 올려보내게 함으로써 그 효과를 넓히는 것이 어떻겠습니까" 주상께서 전교하였다. "좋다. 그리고 《향약집성방》을 간행하여 반사(頒賜)하도록 하라."

필자가 정확히 알고 있는 간행 사실은 앞에 나온 세종 15년과 뒤에 나올 인조 11년 간행본 외에 이 《성종실록》에 근거한 것뿐이다. 다만 이 기사 가운데 "전교서(典校署)에 보관된 판목"이라고 한 것이 (1)세종 대 초간본인지 판단할 수 없다. 그러나 현존하는 책은 시대가 가까울수록 많다는 일반적인 사실로부터 현존하는 옛 간본을 '만력 이전 소자 목판본'이라는 가칭 아래 모두 포괄하고 '성종판'으로 간주하였다. 이는 장차 새로운 사실이 알려지면 수정될 것이지만, 지금은 편의상 이에 따른다.

(가) 제국도서관(帝國圖書館) 소장본

〈본초부本草部〉 권77에서 권85까지 4책이 있으며, 이 외에는 일실되었다.

| 판식版式 | 목판본 (소자 활자본과 유사한 목판본이다), 반곽 세로 약 20 × 가로 14.5㎝, 12행 22자, 사주쌍변, **| 판심版心 |** 흑구. 판심에 '集成方'·권차(卷次)·장차(張次)가 적혀 있다. 사용된 종이는 얇은 한지이다. **| 지수紙數 |** 목록 11매, 권77 23매, 권78 30매, 권79 32매, 권80 28매, 권81 40매, 권82 30매, 권83 32매, 권84 35매, 권85 23매. 4책으로 제본되어 있다. **| 인기印記 |** 책 첫머리마다 "崇蘭館藏"·"多紀氏藏書印"·"淺草文庫"·"東京圖書館藏"·"榊原家藏"·"故榊原芳埜納本", 권말에 "榊原家藏"이 있다.

이 간본은 다음에 나올 (나)다케다 쿄우서옥 소장본 및 (다)경성대학 도서관 소장본과 판식이 같다. 양수경(楊守敬)의 《유진보留眞譜》에 실려 있는 것도 이와 판식이 같다. (〔부도69〕 참조) 이 간본은 《향약집성방》 〈본초부〉에 해당하는 권77에서 권

85까지로, 그 내용은 (3)숭정 소자 활자본과 같다. 그러나 제1책 앞에 '鄕藥本草目錄'이라는 제목 아래 본초목록 11매가 있다는 점에 주의해야 한다. 이것은 (3)숭정 소자 활자본에는 없다. 《성종실록》 9년 11월 기사에 "《향약본초鄕藥本草》를 간행하여 널리 배포하였다."라는 기록에 해당하는 간본인지 분명하지 않지만, 같은 취지에서 간행된 것은 아니었을까 한다. 즉, 《향약본초》를 새로 판각하기보다는 《향약집성방》 〈본초부〉의 책판을 그대로 사용하고 여기에 붙일 목록을 추가하여 하나의 책으로 만들면 일이 쉬워진다.

◎ 《성종실록》 성종 9년 무술1478 11월 25일 기사[2]

禮曹啓, ……在前撰集鄕藥本草, 諸藥採取乾正之法, 未盡載錄。非唯未盡載錄, 隨後見出興用藥材, 亦不添錄。故各官貢藥, 任意採取, 失其本性, 治病無效, 甚爲未便。幷詳悉撰集, 開刊廣布。從之。

예조(禮曹)에서 아뢰었다. "…… 전에 찬집(撰集)한 《향약본초》에는 여러 약재를 채취하거나 건조하거나 다듬는 방법이 다 실려 있지 않습니다. 다 실려 있지 않을 뿐만 아니라 그 후에 발견되어 많이 쓰이는 약재도 추가되지 않았습니다. 그래서 각 고을에서 바치는 약재를 제멋대로 채취하여 본래의 약성을 잃었기 때문에 병 치료에도 효험이 없으니 매우 불편합니다. 그러니 미비한 것을 모두 상세하게 찬집(撰集)한 뒤 간행하여 널리 배포하소서." 주상께서 그대로 따랐다.

별도로 《성종실록》 19년 9월 기사에 "《향약집성방》에 실린 약 가운데 일상에 절실한 약재를 수록하고 한글로 번역하여 인쇄했다."라고 하였으니 이것도 일종의 《향약본초》에 해당한다. 물론 이것은 《향약집성방》의 향약본초를 간단하고 쉽게 만든 다른 종류의 언해서(諺解書)로 보인다. 필자가 아직 이 간본과 그 서명을 본 것은 아니므로 앞으로 연구되기를 바란다.

◎ 《성종실록》 성종 19년 무신1488 9월 20일 기사[3]

傳曰, 予本不解藥方, 今因大妃違豫, 粗識大槪。大抵唐藥民間得之爲難, 如鄕藥

2 원서에는 존재하지 않지만 역자가 추가하였다.

3 원서에는 존재하지 않지만 역자가 추가하였다.

集成方所載藥, 欲令齊民皆能辨識而用之, 宜令老醫, 抄其切於常用者, 譯以諺文, 用鑄字, 印布民間。

전교하였다. "나는 본래 약재나 의서를 잘 알지 못했으나 지금은 대비께서 편찮으시기 때문에 대강이나마 조금 알게 되었다. 대체로 중국 약재는 민간에서 얻기 어려우므로 《향약집성방》에 실려 있는 약재를 백성들이 다 분별하고 알아서 쓸 수 있도록 하고자 하니 노련한 의원을 시켜 일상에서 쓰기에 절실한 약재를 수록하고 한글로 번역한 다음 활자로 간행하여 민간까지 배포되도록 하라."

(나) 다케다 쿄우서옥 소장본

권1에서 권76까지 존재하며, 그 뒤는 일실되었다. 〈〔부도05〕 참조〉

앞의 간본과 같다. 목록과 권1에서 권5까지 누락된 부분〈2책〉은 필사하여 채워 넣었고, 권6부터 권76까지는 목판본이다. 이하는 남아 있지 않다. 서문과 발문도 남아 있지 않다. 40책으로 제본되어 있다.

(다) 경성대학 도서관 소장본

현재 3책이 남아 있다. 〈〔부도06〕·〔부도07〕 참조〉

권47·48·49가 1책, 권81·82가 1책, 권84·85가 1책으로 되어 있다. 발문은 없다. 이 간본도 앞의 두 간본과 같은 판식을 가지고 있으나 군데군데 보각(補刻)된 곳이 있다. 〈〔부도07〕 참조〉 이것은 글자체가 달라 후대의 판본이라는 것을 단번에 알 수 있다. 즉, 이른바 (2)성종판(成宗版)을 바탕으로 한 후출중간본(後出重刊本)이다. 뒤에서 설명할 (3)숭정 소자 활자본 간행 이전에는 《향약집성방》 간본이 이와 같은 방식으로 존재하였음을 알 수 있다. 《미암일기眉巖日記》나 《고사촬요》만력萬曆 후기 간본에 나오는 《향약집성방》이 여기에 해당하는 듯하다.

(라) 이인영(李仁榮) 씨 소장본

현재 4책이 전한다.

권37에서 권39, 권46에서 권48, 권47에서 권49[4], 권79에서 권80, 이렇게 4책으로 된 영본(零本)이다.

(3) 숭정(崇禎)〈훈련도감〉 소자 활자본

〈〔부도03〕·〔부도04〕 참조〉

이 간본의 말미에 있는 숭정 6년 12월 최명길(崔鳴吉)의 발문(跋文)은 간행 정황을 전해준다.

◎《향약집성방》 발문[5]

藥有君臣佐使，古也，而亦有以俗方單劑，取效尤速，要之，藥當其病而已。我國負山環海，產藥甚夥，而甿俗朴陋，不曉採取之法，至於上國珍産，又無由以致之。世宗大王，始命醫官，攷正藥名，撰輯方書，名曰鄕藥集成方，總八十五卷，幷刊行於世，蓋將以東方之藥，已東人之疾。厥後中原，新方書益出，醫道益廣，每年節使之回燕市，珍材流出於本國甚多，按證處方，悉以新方爲主，而鄕方遂廢不用矣。遼路旣梗，使船稍稀，往往多致淪溺，卽方書雖存，無異宋人之遺契，業醫者患之。

今領議政尹公昉爲內局提調，建請再刊鄕方，而以財匱爲憂。適完豊府院君李公曙，提調訓鍊都監，而都監方有印局，遂以此事見託，李公喜而從之。時鄕方廢且百餘年，塵塵收拾，卷帙不全，購求完本，得諸耽羅，又得補遺一卷，刊成一帙。自此病家有賴，而祖宗濟活生靈之意，復行於聖朝，玆非幸歟。鳴吉方忝內局提調，故略書其顚末，書諸卷尾以識之。

崇禎六年癸酉十二月 日，崔鳴吉謹跋。

약에 군신좌사(君臣佐使)의 법칙이 있은 지 오래지만 민간의 단방들이 효과가 빠른 경우도 있으니 중요한 것은 약재가 그 병에 맞는가일 뿐입니다. 우리나라는 산이 많고 바다로 둘러싸여 생산되는 약재가 매우 많으나 백성들이 순박하여 약재를 캐는 방법에 밝지 못하고 중국의 진귀한 약재들은 구할 방도가 없었습니다. 세종대왕께서 마침내 의관들에게 명하여 약재명을 고증하고 바로잡은 뒤에 의서를 찬집하여《향약집성방》이라고 이름하고 총 85권을 세상에 간행하게 하시었으니 우리나라의 약재로 우리나라 사람들의 질병을 치료하고자 하셨던 것입니다. 그 후 중국에서는 새로운 의서들이 더 많이 나오고 의학 이론이 더욱 확장되었습니다. 매년 사신들이 연경에서 돌아올 때 우리나라로 가져온 진귀한 약재들이 매우 많아졌고, 증상을 살펴 처방할 때 다들 새로운 의서를 위주로 사용하게

---

4 권47에서 권49 : 문맥상 "권57에서 권59" 혹은 "권67에서 권69"를 의미하는 것으로 보인다.

5 원서에는 일부 내용만 있지만 역자가 보충하여 실었다.

되면서 《향약집성방》은 방치된 채 쓰지 않게 되었습니다. 그런데 중국으로 가는 육로가 어려워짐에 따라 중국에 가는 배가 점점 드물어지고 종종 침몰하기까지 하면서 의서가 있더라도 쓸모없는 물건과 다름이 없게 되자 의원들은 이를 근심하였습니다.

지금 영의정 윤방(尹昉) 공께서 내의원 제조가 되었을 때 《향약집성방》 재간행을 주청하였으나 재정이 문제였습니다. 그때 완풍부원군 이서(李曙) 공께서 훈련도감의 제조로 있으면서 훈련도감 내에 인쇄국을 두기 시작했는데 마침내 재간행하는 일을 부탁하니 이 공께서 기뻐하며 승낙했습니다. 당시에 이미 《향약집성방》은 방치된 지 백여 년이 되었기에 근근이 모으긴 했으나 빠진 권이 있다가 완질을 찾은 끝에 제주에서 얻을 수 있었고, 다른 곳에서 보유 1권까지 구하여 완질로 간행할 수 있었습니다. 이때부터 병자들이 의지할 책이 생겨 조종(祖宗)께서 백성을 살리고자 하였던 뜻을 본조에 다시 시행할 수 있었으니 다행스러운 일이 아니겠습니까. 소신 최명길이 내의원 제조 자리를 차지하고 있는 까닭에 일의 전말을 간략하게 짓고 책의 말미에 적습니다.

숭정 6년1633 계유 12월 일. 최명길은 삼가 발문을 적습니다.

이것으로 숭정 6년 윤방(尹昉)·이서(李曙) 등이 훈련도감에서 간행한 것임을 분명히 알 수 있다.

(가) 하야노(早野) 씨 소장본

30책, 이 가운데 2책이 필사로 보충되었다.

한국에 전해지고 있는 가장 대표적인 숭정 소자 활자본이다. 훈련도감자 가운데 소자(小字)만 사용하여 간행되었다. 〈 이와 같은 판식으로 간행된 것으로 이듬해 마찬가지로 이서(李曙)가 간행한 《마경대전馬經大全》 4책이 있다 〉

❙판식版式❙ 책크기 세로 30 × 가로 19㎝, 반곽 20.5 × 14.0㎝, 15행 18자, 사주쌍변. **❙판심版心❙** 상하어미. "集成方卷……"이라고 적혀 있다. **❙지수紙數❙** 서문 2매, 침구목록(鍼灸目錄) 21매, 향약집성방목록(鄕藥集成方目錄) 21매, 매 권의 지수는 대략 20여 매, 발문 1매.

책 첫머리에 "宣德八年六月 日, ……, 臣權採謹序"라는 원서(原序)와 책 말미에 "崇禎

六年癸酉十二月 日, 崔鳴吉謹跋"이라는 중간(重刊) 발문이 있다. (앞에서 설명하였다)

하야노 씨는 이 간본을 귀중하게 간직하고 있었다. 보통 통행본이 개장(改裝)될 때 위·아래·오른쪽 가장자리를 재단하여 축소되고 훼손된 것과는 달리, 거의 간행 당시 모습 그대로이며 재질도 양호한 선본(善本)이다. 필자의 소장본을 바탕으로 누락된 2책을 필사해 넣어 완본으로 만들었다.

(나) 가나자와(金澤) 씨 소장본

필자가 보지는 못했으나 가나자와 쇼자부로(金澤庄三郎) 씨 환갑 기념으로 자가 출판된 《타쿠소쿠안장서육십일종濯足庵藏書六十一種》 쇼와昭和 8년 3월 간행 6번째 항목에 실려 있다.

이시도야 츠토무(石戶谷勉) 씨는 다음과 같이 말하였다. "가나자와 씨가 총독부시정오년기념공진회(總督府始政五年記念共進會) 경복궁 궁정 모임 판매대에서 고 오카다 노부토시(岡田信利) 씨와 만났을 때 우연히 이 책을 구매하고 매우 기뻐하였다. 이를 계기로 《향약집성방》이 조선의 중요한 의서라는 점을 널리 세상 사람들에게 알릴 수 있었으니 인연 깊은 물건이다."

(다) 경남(慶南) 및 함남(咸南)의 모씨(某氏) 소장본, 홍택주(洪宅柱) 씨 소장본

경남 및 함남의 모씨, 또 경성(京城)의 홍택주 씨가 이 간본을 소장하고 있다고 한다. 그러나 필자가 아직 조사하지 못하여 자세한 것은 후일을 기약한다.

(라) 영본(零本)

경성대학 도서관은 27책 (이 중 3책은 중복이다) 을 소장하고 있고, 이나바(稻葉) 씨·스에마츠(末松) 씨·필자도 각기 2~3책을 소장하고 있다. 그 외에 조선 책 애호가들은 대부분 견본으로 가지고 있다.

(마) 미키(三木) 소장 복사 완본

30책 완본. 이 책은 앞의 하야노(早野) 씨 소장본과 동일하다고 해도 좋을 정도로 주의 깊게 원본을 모방하여 양질의 한지에 필사한 것이다. 어느 명가에서 방출한 책으로 아내의 지갑 덕분에 손에 넣을 수 있었다.

본문내용[6]

숭정 소자 활자본 《향약집성방》을 기준으로 내용을 살펴보면 다음과 같다.

◎ 《향약집성방》 목차

鄕藥集成方目錄

凡九百五十九門, 病源 九百三十一首, 方 都計一萬七百六道, 鍼灸法 都計一千四百七十九道

第1卷~第4卷 : 風門

第5卷~第8卷 : 傷寒門

第9卷 : 熱病門、暑門、濕門

第10卷 : 積熱門、瘧病門

第11卷 : 脚氣門

第12卷 : 腰痛門、霍亂門 上

第13卷 : 霍亂門 下、眩暈門

第14卷 : 諸虛門

第15卷 : 驚悸門、虛勞門

第16卷 : 勞瘵門、三痟門

第17卷 : 水病門

第18卷 : 黃病門

第19卷 : 大小便病門 上

第20卷 : 大小便病門 下、諸淋門 上

第21卷 : 諸淋門 下、諸疝門

第22卷 : 積聚門

第23卷 : 心痛門

第24卷 : 諸咳門 上

第25卷 : 諸咳門 下、諸氣門、痰飮門

第26卷 : 嘔吐門

第27卷 : 脾胃門、蠱毒門

第28卷 : 鼻衄門、吐血 上

6 이해를 돕기 위해 해당 내용의 위치를 원서와 다르게 조정하였다.

第29卷：吐血 下、頭痛門
第30卷：髮病門、眼病門 上
第31卷：眼病門 中
第32卷：眼病門 下
第33卷：耳病門、鼻病門
第34卷：口舌病門、齒病門 上
第35卷：齒病門 下
第36卷：咽喉病門
第37卷：諸痢門 上
第38卷：諸痢門 下
第39卷：痔漏門
第40卷：諸癰疽門 上
第41卷：諸癰疽門 下
第42卷：一切毒腫、一切丹毒
第43卷：瘰癧、諸瘡、一切癬
第44卷：瘑瘡、一切疥、一切惡瘡
第45卷：漆瘡、陰瘡 등
第46卷：瘿瘤、黑痣 등
第47卷：面皯皰、酒皶、打撲損傷 등
第48卷：金瘡、凍瘡、湯火瘡 등
第49卷：灸瘡、狐臭、骨鯁、誤呑諸物、犬咬 등
第50卷：野獸傷、蝮蛇螫 등
第51卷：諸蟲咬、諸藥中毒、飮酒中毒、斷酒
第52卷：諸飮食中毒
第53卷：卒死、凍死、溺死、自縊、救荒辟穀、怪疾、藥性相反、物性相反
第54卷～56卷：婦人諸病門
第57卷：求嗣門、胎敎門
第58卷～60卷：姙娠諸病門
第61卷：胎産門、産難門 上
第62卷：産難門 下
第63卷～66卷：産後諸病門
第67卷：育兒法

第68卷～75卷：小兒諸病門〔補遺〕神仙方序、神仙去三尸九蟲法[一]
第76卷：本草指南總論、諸品藥石炮製法度
第77卷：本草石部 三品
第78卷：本草草部 上品
第79卷：本草草部 中品、下品
第80卷：本草木部 三品
第81卷：本草人部、獸部 三品
第82卷：本草禽部 三品、 蟲魚部 上品
第83卷：本草蟲魚部 中品、下品
第84卷：本草果部 三品、米穀部 三品
第85卷：本草菜部 三品

다음으로, 내용을 알 수 있는 단서로서 《향약집성방》의 인용서목을 적는다.

◎《향약집성방》 인용서목

⊙조선 고유 의서

《三和子鄕藥方》,《鄕藥簡易方》,《鄕藥濟生集成方》,《濟衆立效方》,《御醫撮要方》,《鄕藥救急方》,《鄕藥古方》,《鄕藥惠民經驗方》,《東人經驗方》,《本朝經驗方》

⊙중국 의서

《聖惠方》,《聖濟總錄》,《千金方》,《千金翼方》,《經驗良方》,《三因方》,《百一選方》,《得效方》,《直指方》,《澹寮方》,《肘後方》,《簡要濟衆方》,《袖珍方》,《拔粹方》,《煙霞聖效方》,《永類鈐方》,《崔元亮海上方》,《古今錄驗方》,《嚴氏濟生方》,《御藥院方》,《瑞竹堂方》,《食醫心鑑》,《兵部手集》,《斗門方》,《廣利方》,《醫林方》,《勝金方》,《良濟備急》,《孫尙救急》,《百要方》,《廣濟方》,《范汪方》,《玉山韓光方》,《湯洗方》,《姚氏方》,《深師方》,《鬼遺方》,《杜壬方》,《乘閑方》,《塞上方》,《梅師方》,《錢相公篋中方》,《經驗方》,《經驗後方》,《經驗秘方》,《本事方》,《葛氏方》,《陳室中方》,《靈苑方》,《新效方》,《必效方》,《簡易方》,《王氏簡易方》,《朱氏集驗方》,《張子和方》,《小品方》,《玉龍歌》,《劉禹錫傳信方》,《東垣試效方》,《東

[一] 보유(補遺)는 숭정 중간 때 추가되었다.

垣用藥眞珠囊》,《川玉集》,《簡奇方》,《良濟方》,《張文仲方》,《王氏博濟方》,《楊氏家藏方》,《聞驗方》,《初虞世方》,《唐韋宙獨行方》,《十全博救方》,《修月魯般經》,《神效名方》,《徐云效驗方》,《蘇學士方》,《張氏六門方》,《和劑局方》,《金匱鉤玄》,《金匱方》,《張仲景方》,《通眞子傷寒》,《傷寒明理論》,《南陽活人書》,《傷寒指掌圖》,《傷寒類要》,《傷寒類書》,《養老奉親書》,《居家必用》,《山居四要》,《三元延壽書》,《太平廣記》,《事林廣記》,《沈存仲筆談》,《事文類聚》,《外臺延年方》,《外臺秘要方》,《醫經》,《巢氏病源論》,《醫方集成》,《宣明論》,《醫方大成論》,《脾胃論》,《衛生寶鑑》,《衛生十全方》,《衛生續十全方》,《資生經》,《纂圖脈》,《導引方》,《明堂經》,《五藏論》,《龍血河圖》,《新鑄銅人經》,《外科精要》,《瘡科精義》,《洗冤錄》,《修眞神仙方》,《修身秘旨》,《道書八帝聖化經》,《夏禹神仙經》,《抱朴子》,《婦人大全良方》,《産育保慶集》,《産寶諸方》,《養生必用方》,《楊氏産乳》,《胎産救急方》,《善救方》,《産經》,《王嶽産書》,《錢氏小兒方》,《子母秘錄》,《催生極效直秘方》,《生氣方》,《省翁活幼》,《素問藥證》,《保童秘要》,《全嬰方》,《姚和衆方》,《譚氏小兒方》,《證類本草》,《孟詵本草》,《日華子本草》,《陶隱居本草》,《雷公本草》,《蕭炳本草》,《陳藏器本草》,《圖經本草》,《本草衍義》,《藥訣》,《藥性論》,《大淸諸草木狀》,《海藥》,《博物志》,《名醫別錄》,《蜀本草》,《唐本草》 등

《향약집성방》 85권은 대략 앞에서 제시한 권차대로 편찬되어 있으며, 인용된 서적도 위에서 제시한 것과 같다. 그중에서도 조선 고유 의서는 특수하기 때문에 아래 "《향약집성방》 성립계통도"에서 따로 제시하였다. 이 가운데 최초의 남본(藍本)에 해당하는 《삼화자향약방》이 가장 많이 인용되어 그 인용문이 140여 조에 이른다.

중국 의서는 당·송·원·명 초의 것들로 (〔017장〕에서 해제할 《의방유취醫方類聚》의 인용서와 큰 차이가 없다) 현재 망실된 것도 적지 않다. 이들에 대한 해제는 생략한다 (제5부 〔034장〕 참조).

그리고 각 권 각 항에는 첫머리에 기재된 각종 병증을 설명하기 위해 모두(冒頭)에 '논(論)'을 두었는데, 이는 대부분 《태평성혜방太平聖惠方》에 근거한 것이다. 그 외에 《인재직지방仁齋直指方》·《성제총록聖濟總錄》·《의방집성醫方集成》·《부인대전양방婦人大全良方》 등을 인용하였고, 《향약제생집성방》도 사용하였다. '논(論)' 다음의 치료법에는 먼저 출전을 적고 다양한 처방을 열거한 뒤 침구법 (아래 "편찬 및 간행 순서"와 제2부 〔034장〕 참조) 을 실었다. 이 내용들은 조선 의학서를 수집하여

날줄로 삼고, 당시까지 전래된 중국 의서를 망라하여 씨줄로 삼았다. 또 문관과 의관이 다년간에 걸쳐 이 책의 편찬에 참여하였고, 더욱이 만전을 기하기 위해 의관을 명(明)에 파견하여 태의원(太醫院)에 나아가 향약(鄉藥)과 당약(唐藥) 사이에 잘못된 명칭을 바로잡아 〈향약본초〉를 마련하는 등 매우 고심하여 만들어졌다.

이렇게 《향약집성방》의 내용은 고려 후기와 조선 전기의 의학을 알려주는 보고(寶庫)이며, 한국 본초학 역사상 가장 중요한 자료이다.

인물전기[7]

유효통(兪孝通)·노중례(盧重禮)·박윤덕(朴允德) 등의 전기는 〔015장〕에서 설명하였다.

설명 《향약집성방》의 남본(藍本) 및 관련된 조선 의서

《향약집성방》이라는 책은 하루아침에 완성되지 않았다. 많은 지류가 합쳐져 큰 강이 만들어지듯이, 고려 의서와 조선 초기 의서에 당(唐)·송(宋)·원(元)·명(明) 초의 중국 의서들이 합쳐지고, 또 의관(醫官) 등이 경험하고 고정(考正)한 향약학(鄉藥學)을 채용한 뒤 이것을 취사하고 안배하여 집성(集成)한 책이다. 여기에서는 이 책의 남본(藍本) 및 이 책과 밀접한 관련이 있는 조선 의서에 대해 간단히 설명한다.

⊙ 《삼화자향약방三和子鄉藥方》

《양촌집陽村集》에 있는 《향약제생집성방》 서문을 통해 이 책이 《향약간이방》·《향약제생집성방》, 나아가 《향약집성방》의 최초 남본에 해당한다는 사실을 알 수 있다.

⊙ 《향약간이방鄉藥簡易方》

《삼화자향약방》이 간략하여 권중화(權仲和)가 서찬(徐贊)에게 명하여 추가로 수

7 이해를 돕기 위해 해당 내용의 위치를 원서와 다르게 조정하였다.

집한 내용을 더하여 저술하게 한 책이다.

⊙《향약제생집성방鄕藥濟生集成方》 30권

태조 7년무인1398에 저술되기 시작하여 이듬해 완성된 뒤 간행되었다. 이는《양촌집》 권17 및 권22에 보이는 서문과 발문을 통해 알 수 있다. 앞서《삼화자향약방》과《향약간이방》이 있었지만 이것을 충분하지 않다고 여겨 제생원(濟生院)의 조준(趙浚)·김사형(金士衡)·권중화(權仲和)·김희선(金希善) 등이 서로 힘을 모아 여러 처방을 고찰하고 동인(東人)이 경험한 처방을 모은 뒤 주제에 따라 분류하여 이 책을 저술하였다.《향약집성방》 권채의 서문을 통해《향약제생집성방》에 병증 338가지와 처방 2,803가지가 담겨 있었음을 알 수 있다. 이것이 세종 15년계축1433에 이르러 병증 959가지와 처방 10,706가지가 되었고, 여기에 침구법·향약본초·포제법이 덧붙여져《향약집성방》 85권으로 집대성되었다.

다음으로 앞의 3종의 책 이외에 직접적인 남본은 아니지만《향약집성방》 편찬에 밀접하게 관련된 고려 의서에 대해 언급하고자 한다(이 책들의 해제는 해당 부분에 있기 때문에 생략한다). 이 책들은 거의 모두 일실되었지만《향약집성방》을 통해 그 존재와 대강의 내용을 알 수 있다. 그러므로《향약집성방》은 고려 의학을 연구하는 데 빼놓을 수 없는 중요한 자료가 될 수 있다.

⊙《제중입효방濟衆立效方》〔일실〕

⊙《어의촬요방御醫撮要方》〔일실〕

⊙《향약구급방鄕藥救急方》〔전존〕

⊙《향약고방鄕藥古方》〔일실〕

⊙《동인경험방東人經驗方》〔일실〕

⊙《향약혜민방鄕藥惠民方》 혹은《향약혜민경험방鄕藥惠民經驗方》〔일실〕

또《향약집성방》 편찬에 관련된 책들이다.

⊙《신편집성마의방우의방新編集成馬醫方牛醫方》〔전존〕

⊙《향약채취월령鄕藥採取月令》〔전존〕

⊙《본조경험방本朝經驗方》〔일실〕

설명 편찬 및 간행 순서

설명을 위해 먼저 《향약집성방》 숭정 소자 활자본 권수(卷首)에 실려 있고 《세종실록》〈세종 15년(계축1433) 6월 2일 기사〉에도 실려 있는 권채(權採)의 서문을 제시한다.[8]

◎ 《향약집성방》 서문[9]

自農黃而下，代有醫官，以掌萬民之疾，而名醫之診病用藥，皆隨氣施巧，初非拘以一法，蓋百里不同俗，千里不同風，草木之生，各有所宜，人之食飮嗜欲，亦有所習。此古昔聖人，嘗百草之味，順四方之性，而治之者也。

惟我國，天作一區，據有大東，山海寶藏之興，草木藥材之產，凡可以養民生而療民疾者，蓋亦無不備焉。但自古醫學疎廢，採取不時，忽其近而求之遠，人病則必索中國難得之藥，是奚啻如七年之病，求三年之艾而已哉。於是藥不能得，而疾已不可爲也。惟民間故老，能以一草療一病，其效甚神者，豈非宜土之性藥與病値而然也。夫不遠千里，求伸無名之指者，人之常情也，況不出國中，而可以療疾者乎，人患不知耳。

昔判門下臣權仲和，嘗加採輯，著鄕藥簡易方，其後又與平壤伯臣趙浚等，命官藥局，更考諸方，又取東人經驗者，分門類編，鋟梓以行。自是藥易求而病易治，人皆便之。然方書之出於中國者尙少，藥名之異於中國者頗多，故業其術者，未免有不備之嘆。

恭惟我主上殿下，特留宸慮，命揀醫官，每隨使如京，廣求方書，且因申奏，就太醫院，考正藥名之謬。宣德辛亥秋，乃命集賢殿直提學臣兪孝通，典醫監正臣盧重禮，副正臣朴允德等，更取鄕藥方，編會諸書，搜檢無遺，分類增添，歲餘而訖。於是舊證三百三十八，而今爲九百五十九，舊方二千八百三，而今爲一萬七百六，且附以鍼灸法一千四百七十六條，鄕藥本草及炮製法，合爲八十五卷以進，名曰鄕藥集成方，刊行廣傳，命臣採序之。

臣採切念，君上之道，莫大於仁，而仁道至大，亦有幾多般乎。今我主上殿下，以盛德興至治，守位發政，全體此道之大，至如藥醫濟民之事，拳拳若此，可見仁政本末

8 원서에는 권채의 서문 뒤에 저자의 일역(日譯)이 덧붙여져 있으나 내용이 중복되므로 일역은 생략하였다.

9 원서에는 일부 내용만 있지만 역자가 보충하여 실었다.

巨細，兼盡而無遺矣。且古之人主，有或躬自調藥，或剪鬚和藥，惠及一人者，後世猶稱之，豈若一修醫書，廣示方論，加惠兆民，施澤萬世哉。其規模設施，實相萬也。自今伊始，因此方書，飮餌得效，起呻吟變札瘥，以致登壽域，召和氣於無窮者，寧不知聖朝仁心仁政之所自歟。

宣德八年六月 日，通政大夫 成均館大司成 直修文殿知製教 臣權採謹序。

신농(神農)과 황제(黃帝)로부터 시대마다 의관(醫官)이 백성의 질병을 관장하긴 했으나 명의들은 병을 진단하고 약을 사용할 때 모두 환자의 상태에 따라 의술을 펼쳤으니 애초부터 한 가지 방법에 얽매이지 않았습니다. 이는 아마도 백 리마다 풍속이 다르고 천 리마다 기후가 다른 법이므로 초목이 자라나는 데에 각기 알맞은 곳이 있고 사람들이 먹거나 좋아하는 것에 익숙한 것이 있기 때문일 것입니다. 이것이 옛날 성인이 백 가지 약초를 맛보고 지역의 특성에 따라 치료한 이유입니다.

우리나라는 하늘이 땅을 만들 때 동쪽에 자리 잡게 되어 산과 바다에서 나는 귀한 물산들과 초목에서 산출되는 약재들까지 있으니 백성의 생명을 길러주고 질병을 치료할 만한 모든 산물이 갖추어지지 않음이 없을 것입니다. 다만 예로부터 의학이 천시되어 적합하지 않은 시기에 약재를 채취하기도 하고 근처의 약재를 소홀히 한 채 먼 곳의 약재를 찾으면서 사람이 병 들 때에는 구하기 어려운 중국의 약재를 기필코 구하려 하니 이것이 어찌 병에 걸린 지 7년이나 되었으면서 겨우 3년 된 쑥을 찾는 것과 같을 뿐이겠습니까. 이렇게 해도 약재를 구하지 못하면 질병은 이미 어찌할 수 없는 상황이 됩니다. 생각해보니 민간의 노인들이 한 가지 풀로 한 가지 병을 치료하면서 효과가 신기하게 좋은 이유는 그 지역에 알맞은 약재를 그 지역에서 걸린 병에 써서 그러한 것이 아니겠습니까. 그다지 아프거나 불편하지 않더라도 무명지를 펴기 위해 천 리를 멀게 여기지 않는 마음은 인지상정인데, 하물며 나라 안을 벗어나지 않고도 질병을 치료하는 방법이 있다면 어떻겠습니까. 아마 사람들은 그 방법을 알지 못할까 근심할 것입니다.

예전에 판문하(判門下) 권중화(權仲和)가 그 전 책에 수집한 내용을 추가하여 《향약간이방鄕藥簡易方》을 저술하였고, 그 뒤에 평양백(平壤伯) 조준(趙浚) 등과 함께 관약국(官藥局)에 명하여 온갖 방서들을 다시 살피도록 하고 우리나라 사람들의 경험까지 모은 다음 목차에 따라 비슷한 내용을 묶어 간행하였습니다. 이때부터 쉽게 약을 구해서 쉽게 병을 치료하였으니 사람들이 모두 편리하게 여겼습니다. 그러나 중국에서 조선으로 가져오는 의서는 여전히 적었고 중국과 다른 약재명이 많았기 때문에 의원들은 부족하다는 아쉬움에서 벗어날 수 없었

> 습니다.
>
> 우리 주상전하께서 이를 특별히 유념하시고는 의관을 선발하여 매번 연경으로 가는 사행을 따라가게 하면서 널리 의서를 구하라 명하셨고, 한편으로는 명(明)의 태의원에 가서 약재명의 오류를 고증받을 수 있도록 주청(奏請)하셨습니다. 선덕 신해년1431 가을에는 집현전 직제학 유효통(兪孝通)과 전의감 정 노중례(盧重禮)와 전의감 부정 박윤덕(朴允德) 등에게 명하여 다시 한번 향약 의서를 모으고 다른 책도 두루 모아 빠짐없이 조사한 뒤 각 문에 따라 덧붙이게 하셨고, 한 해가 지나 그 일을 마치게 되었습니다. 그래서 이전에 338개였던 병증이 지금은 959개가 되었고, 이전에 2,803개였던 처방이 지금은 10,706개가 되었으며, 또한 침구법 1,476조와 향약본초 및 포제법을 덧붙여 모두 85권으로 만들어 진상하니 《향약집성방》이라고 이름하면서 간행하여 널리 전하라 하시고는 소신 권채(權採)에게 명하여 서문을 짓게 하셨습니다.
>
> 소신 권채가 가만히 생각건대 군주의 도리는 인(仁)보다 큰 것이 없다고 하지만 인(仁)의 도리는 지극히 크니 도대체 얼마나 많은 종류가 있겠습니까. 지금 우리 주상전하께서는 융성한 덕으로 훌륭한 정치를 일으켜 맡은 역할에서 정사(政事)를 펼치고 계시니 지극히 큰 인의 도리를 완전히 체득한 것인데 의약으로 백성을 구제하는 일에 있어서까지 이처럼 힘쓰시니 인정(仁政)의 본말과 대소사까지 모두 남김없이 다한 것이라 할 수 있습니다. 그리고 옛 임금 중에 친히 약을 조제하거나 수염을 잘라 약에 타서 단 한 사람에게 은혜를 끼친 분도 후세에 칭송하는 법이니 의서를 제대로 편찬하여 치료법을 널리 퍼뜨림으로써 모든 백성에게 혜택을 더하고 만세에 은택을 베푸신 일을 어떻게 같다고 말할 수 있겠습니까. 그 규모나 효과는 실로 만 배일 것입니다. 이제부터 이 책에 수록된 약을 먹고 효력을 얻게 하여 앓던 사람을 일으키고 죽을 사람을 회생시켜 백성들을 장수의 세계로 올라가게 한다면 무궁토록 평온함을 불러들일 것이니 이 모든 일들이 전하의 어진 마음과 어진 정치에서 비롯되었다는 것을 어떻게 모르겠습니까.
>
> 선덕 8년1433 6월 일. 통정대부 성균관 대사성 직 수문전 지제교 소신 권채(權採)는 삼가 서문을 씁니다.

이상의 서문을 통해 《향약집성방》 성립에 대해서 분명히 알 수 있지만, 거듭 검토하고 고려해야 할 점이 있다. 즉, 최초에 권중화가 《향약간이방》을 저술하였고, 다음으로 그는 조준 등과 함께 관약국(官藥局)에 명하여 온갖 방서들을 다시 살피도록 하고 동인(東人)의 경험까지 모아 각 문으로 엮어 간행하였다. 그다음에 다시 이 책이 미비하여 세종은 유효통·노중례·박윤덕 등에게 명하여 《향약집성방》을 편집하게 하였다. 이 과정에서 《향약간이방》과 《향약집성방》 사이에 위치하고 있는 권중화·조준 등이 간행했다고 하는 책이 무엇일까라는 것이다. 필자가 다년간 이것을 알아내려고 고심하였는데, 우연히 《양촌집》 권17과 권23에 있는 《향약제생집성방》의 서문과 발문을 보고 이 책이 《향약제생집성방》이라는 사실을 확인할 수 있었다. 이 서문과 발문은 〔012장〕에 실어 놓았는데, 이에 근거하면 이 책의 성립 과정이 자세하고 분명해진다. 전부터 《삼화자향약방》이 있어 꽤나 간단하고 요긴했으나 오히려 그 간략함을 단점으로 여기는 사람이 있었다. 이에 권중화가 서찬에게 명하여 새로 수집한 내용을 덧붙여 《향약간이방》을 저술하였으나 이 책은 아쉽게도 세상에 널리 퍼지지 못하였다. 태조(太祖)가 조선을 개국할 때 이르러 조준·김사형이 성상의 마음을 본받아 도성에 제생원(濟生院)을 세운 태조 6년 8월 후 노비를 주어 향약을 채취하게 하고 약을 널리 베풀어 백성들을 편안하게 하기를 청하였다. 김희선이 주로 이 일을 관장하였다. 각 도에는 마찬가지로 의학원(醫學院)을 세우고 의학교수를 파견하여 제생원과 같이 약재를 베풀도록 하였다.[㉢] 그리고 《향약간이방》으로는 미비한 것이 있어 조준·김사형·권중화·김희선이 서로 협력하여 관약국(官藥局)의 관리에게 명하여 여러 의서를 다시 살펴보도록 하고 동인(東人)의 경험 (고려 때의 고유 의서, 특히 《동인경험방東人經驗方》을 가리키는 것 같다) 까지 채록한 뒤 목차에 따라 비슷한 내용을 묶어 《향약제생집성방》 30권을 저술하였다.[10]

이상을 통해 《향약집성방》의 전신으로 《향약제생집성방》이 있었음이 명확해졌다. 참고로 《향약제생집성방》의 '제생(濟生)'은 제생원(濟生院)에서 그 명칭을 따온 것이고, 다음에 만들어진 《향약집성방》은 세종의 명으로 편찬되는 과정에서 '제생'이라는 두 글자가 빠진 것으로 보인다.

이렇게 《향약집성방》이 만들어졌지만, 권채가 서문에 "침구법, 향약본초 및 포제법을 덧붙였다."라고 적은 것에 대해서는 설명이 더 필요하다.

㉢ 《태조실록》에 따르면, 태조 2년 정월 김희선의 건의에 따라 각 도에 의학원을 설치하여 의학교수를 파견하였고, 또 태조 6년 8월에는 의학교수관의 능력을 점검하였다고 한다. 따라서 각 도에 의학원을 설치한 뒤에 이들의 중앙기관으로서 제생원을 설치한 것이다.

10 〔012장〕 참조

〈침구법〉은 《침구자생경鍼灸資生經》에서 경혈의 명칭, 혈위, 점혈, 자침 깊이, 뜸의 장수, 치료의 금기 등을 인용해왔다고 하여 《향약집성방》 목록 앞에 "鍼灸目錄(出資生經)"이라는 표제가 삽입되어 있다. 본문 중의 각종 질병 치료에 있어서 일반 약방 이외에 침구법 1,476조문을 적어 놓았는데, 이 침구법을 시술하는 데 쓰이는 경혈을 일일이 설명하는 번거로움을 피하고자 책 첫머리에 쓰인 것처럼 "침구목록(鍼灸目錄)"이라는 제목으로 추가된 내용이다(숭정 소자 활자본에는 21매로 이루어져 있다). 참고로 《침구자생경》은 당시의 제일가는 침구서로 송(宋)의 왕집중(王執中)이 지었으며 7권으로 이루어져 있다(제2부 〔034장〕 참조). 권1은 여러 경혈을 모두 실었고, 권2에서 권7까지는 제반 병증에 대한 침구법이 편으로 나누어져 있다. 즉, 《향약집성방》의 '침구목록'은 《침구자생경》 권1을 그대로 실은 것이다.

〈향약본초〉는 《향약집성방》 권76에서 권85까지 10권 분량의 본초 부분으로, 송(宋)의 《증류본초證類本草》를 바탕으로 만들어졌다. 동물·식물·광물 등 한반도에서 나는 약재 630여종을 두루 정리해 놓았는데, 먼저 향명(鄕名)을 두주(頭註)로 적은 뒤 약성을 기록하고 효능을 서술한 다음 여러 본초서의 설명을 싣고 약의 채취 시기를 덧붙였으며, 간간이 조선만의 특수한 사실들도 써넣었다. '향(鄕)'은 중국과 상대되는 말로 조선을 가리키고, '향약(鄕藥)'이란 조선에서 생산되는 약재이며(중국의 약재는 당약(唐藥)이라고 한다) '향약본초'란 조선의 본초서를 말한다. 권76은 〈향약본초〉의 총론에 해당하는데, 먼저 '지남총론(指南總論)'에서 논처방법(論處方法)·논합화법(論合和法)·논복약법(論服藥法)·용약분량례(用藥分兩例)·용약신초례(用藥身梢例)·용약환산례(用藥丸散例)·용약주세폭건(用藥酒洗暴乾)이라는 제목 아래 약 쓰는 법을 논하였다. 다음으로 '제품약석포제법도(諸品藥石炮製法度)'라는 항목이 있는데, 고 나카오 만조(中尾万三) 씨에 따르면 생약의 제법을 기술한 것으로 다른 본초서에서는 볼 수 없다고 한다.(《본초本草》 제7호) 향약을 온전하게 실제로 사용하기 위해 유용한 내용이다. 여기에는 석부(石部) 18종, 초부(草部) 87종, 목부(木部) 32종, 인부(人部) 3종, 수부(獸部) 12종, 금부(禽部) 3종, 충어부(蟲魚部) 27종, 과부(菓部) 8종, 미곡부(米穀部) 9종, 채부(菜部) 8종이 실려 있다. 이하 권77에서 권85까지가 각론이다.

이상을 정리하여 《향약집성방》의 성립 계통을 이해하기 쉽도록 그림으로 정리하면 다음과 같다.

◎ 《향약집성방》 성립 계통도

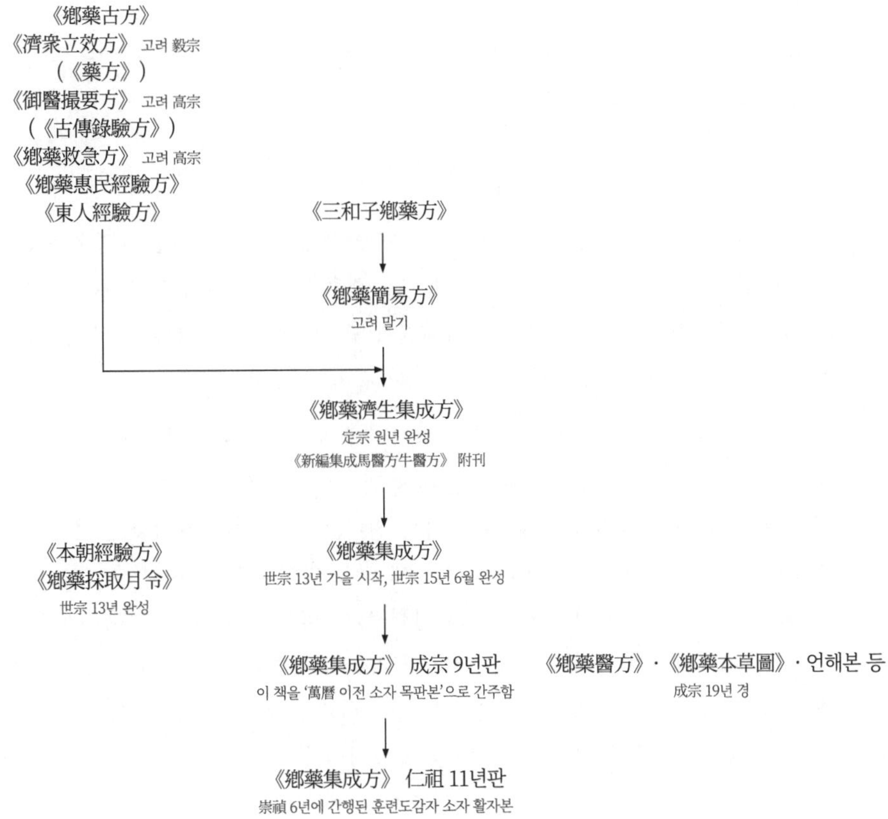

설명 《향약집성방》을 통해 본 조선 고유 의학의 성쇠

여기에서는 어떻게 해서 《향약집성방》이 성립되었고 조선 고유 의학이 수립되었는지, 그리고 그 후 조선 500년간 이 책이 어떤 역할을 했는지에 대해 사료에 근거하여 전체 경과를 설명하고자 한다.

태조 이성계가 조선을 세우고 제반 정무가 쇄신되었으며, 정종·태종·세종을 거치면서 드디어 문화 발전의 길을 걷게 되었다. 의학에서도 고려 의학을 바탕으로 새로운 의학이 수립되었다. 이렇게 자국 의학이 발전함에 따라 치료 재료인 약재의 수급이 중요하게 되었는데, 먼 대륙에서 약재(당약(唐藥))를 구하기보다는 가까운 자국에서 약재(향약(鄕藥))를 채취하여 활용하는 것만 한 해결책이 없었다(여기에는 국부의 유출을 막으려는 뜻도 있었다). 이런 까닭에 《향약제생집성방》에 이어 《향약집성방》을 편찬하여 이 문제를 일부 해소했던 것이다.

조선을 개국하자마자 일찌감치 향약(鄕藥)을 널리 사용하기 시작했다. 즉, 《태조실록》에 다음과 같이 적혀 있다.

◎ 《태조실록》 태조 2년 계유1393 1월 29일 기사

全羅道按廉使金希善, 報都評議使司曰, 外方無通曉醫藥者, 乞於各道遣醫學教授一員, 每於界首官, 置一醫院, 選聚兩班子弟, 以爲生徒, 擇其識字謹厚者, 定爲教導, 令習鄕藥惠民經驗方, 教授官周行講勸, 定屬採藥丁夫, 以時採取藥材, 依方劑造, 有得病者, 隨卽救療。

전라도안렴사 김희선(金希善)이 도평의사사에 보고하였다. "지방에는 의약(醫藥)을 잘 아는 사람이 없습니다. 바라건대 각 도에 의학교수(醫學教授) 1명을 보내 큰 고을에 의학원(醫學院)을 하나씩 설치한 후 양반의 자제들을 선발하여 생도(生徒)로 삼으소서. 그리고 그 가운데 글을 알고 신중한 사람을 뽑아 교도(教導)로 정한 후 그들에게 《향약혜민경험방》을 익히게 하는 한편 교수관(教授官)은 돌아다니면서 가르치게 하소서. 또 약을 채취하는 장정을 배정하고 계절에 따라 약재를 채취하게 하는 한편 의서에 따라 약을 짓게 한다면 병에 걸린 사람이 있을 때 즉시 치료할 수 있을 것입니다."

◎ 《태조실록》 태조 6년 정축1397 8월 23일 기사

置濟生院, 令各道, 每歲輸納鄕藥材, 如惠民局例。

제생원(濟生院)을 설치하고 각 도에서 매년 향약(鄕藥)을 실어다 바치기를 혜민국(惠民局)의 전례와 같게 하였다.

이렇게 《향약간이방》에 미비한 점이 있을까 우려하여 여러 의서를 다시 살펴보고 동인(東人)의 경험까지 채록하여 정종 원년 기묘1399 5월에 이르러 《향약제생집성방》 30권을 편찬하였다. 또 지방 서민에게 향약 처방을 보급하기 위해 고려 때 만들어진 《향약구급방》이 태종 7년 정해1407 7월에 경상도에서, 세종 9년 정미1427 9월에 충청도에서 중간되었다.

세종 대에 들어서서 향약 진흥책을 적극적으로 시행하였다. 《세종실록》에 다음과

같이 적혀 있다.

◎《세종실록》 세종 5년 계묘1423 3월 22일 기사

大護軍金乙玄，司宰副正盧仲禮，前敎授官朴堧等，入朝質疑，本國所産藥材六十二種內，與中國所産不同、丹蔘、漏蘆、柴胡、防己、木通、紫莞、葳靈仙、白斂、厚朴、芎藭、通草、藁本、獨活、京三陵等十四種，以唐藥比較，新得眞者六種。命與中國所産不同鄕藥， 丹蔘、防己、厚朴、紫莞、芎藭、通草、獨活、京三陵，今後勿用。

대호군 김을현(金乙玄)·사재감 부정 노중례(盧仲禮)·전 교수관 박연(朴堧)이 조정에 들어와서 결과를 보고하였다. "우리나라에서 생산되는 약재 62종 중에서 중국에서 생산되는 것과 실물이 다른 것은 단삼·누로·시호·방기·목통·자완·위령선·백렴·후박·궁궁·통초·고본·독활·경삼릉 14종이며, 그중에 중국 약재와 비교했을 때 약효가 뛰어난 진품 6종을 새롭게 발견했습니다." 중국에서 생산되는 것과 실물이 다른 향약(鄕藥)인 단삼·방기·후박·자완·궁궁·통초·독활·경삼릉은 지금부터 쓰지 못하게 명하였다.

◎《세종실록》 세종 7년 을사1425 7월 11일 기사[11]

禮曹啓，濟州所産藥材，若夏月所採，則溽熱過海，必致着霾。請依方隨月採取，春及秋冬所採乾曬，隨卽進上，夏月所採，題封點火，待霾雨後進上。從之。

예조에서 아뢰었다. "제주에서 생산되는 약재를 만약 여름에 채취하면 더울 때에 바다를 건너게 되어 반드시 곰팡이가 슬 것입니다. 의서에 나온 대로 월령에 맞게 채취하되, 봄·가을·겨울에 채취한 것은 건조하여 즉시 진상하고, 여름에 채취한 것은 이름을 적고 봉하여 온돌방에서 말렸다가 장마가 그친 뒤를 기다려서 진상하도록 청합니다." 주상께서 그대로 따랐다.

◎《세종실록》 세종 7년 을사1425 8월 28일 기사

傳旨內藥房代言，自今若龍腦、麝香、朱砂、蘇合油等藥材，雖有求者，勿啓。以其非國所産且稀貴也。

11 원서에는 일부 내용만 있지만 역자가 보충하여 실었다.

> 내약방 대언(內藥房代言)에게 전교하였다. "이제부터 용뇌·사향·주사·소합유 같은 약재는 비록 구하는 자가 있더라도 아뢰지 말라. 그 약재들은 우리나라의 산물이 아닌 데다가 희귀하기 때문이다."

이렇게 향약의 진위를 고찰하여 바로잡고 수입 약재가 들어오는 것을 막았다.

세종 12년 3월 《세종실록》에는 "상정소(詳定所)에서 십학(十學)의 취재(取才) 때 평가할 서적과 기예(技藝)의 항목에 대하여 아뢴 기록"이 있는데, 그 항목 가운데 《향약집성방》·《우마의방》이 있다. 여기서 《향약집성방》은 《향약제생집성방》을 가리키는데, 당시 의학 취재 강서(講書)로 채택되어 사용되었다는 점은 주목할 만하다.

◎ 《세종실록》 세종 12년 경술1430 3월 18일 기사[12]

詳定所啓諸學取才經書諸藝數目, ……, 醫學直指脈、纂圖脈、直指方、和劑方、傷寒類書、和劑指南、醫方集成、御藥院方、濟生方、濟生拔粹方、雙鍾處士活人書、衍義本草、鄕藥集成方、鍼灸經、補註銅人經、難經、素問括、聖濟總錄、危氏得效方、竇氏全嬰、婦人大全、瑞竹堂方、百一選方、千金翼方、牛馬醫方。……

> 상정소(詳定所)에서 십학(十學)의 취재(取才) 때 평가할 서적과 기예(技藝)의 항목에 대하여 아뢰었다. …… 의학(醫學)은 《직지맥》·《찬도맥》·《직지방》·《화제방》·《상한유서》·《화제지남》·《의방집성》·《어약원방》·《제생방》·《제생발수방》·《쌍종처사활인서》·《연의본초》·《향약집성방》·《침구경》·《보주동인경》·《난경》·《소문괄》·《성제총록》·《위씨득효방》·《두씨전영》·《부인대전》·《서죽당방》·《백일선방》·《천금익방》·《우마의방》으로 한다. ……

같은 해 4월 《세종실록》에 다음과 같이 적혀 있다.

---

12 원서에는 내용이 요약되어 있으나 역자가 원문을 인용하여 실었다.

◎ 《세종실록》 세종 12년 경술1430 4월 20일 기사

節日使押物盧重禮回還啓, 臣等狀于禮部云, 小邦僻在海隅, 本乏良醫, 幸出幾般草藥, 未知眞假。今將齎到本國所産, 相似藥名, 開坐具呈, 伏乞照詳, 許令明醫辨驗眞假。禮部奏差, 太醫院醫士周永中·高文中等, 到館辨驗, 得堪中藥材一十味, 赤石脂、厚朴、獨活、百部、香薷、前胡、麝香、百花蛇、烏蛇、海馬。不識藥材一十味, 王不留行、丹蔘、紫莞、枳殼、練子、覆盆子、食茱萸、景天、萆薢、安息香。

절일사 압물 노중례(盧重禮)가 돌아와서 아뢰었다. "신들이 명(明)의 예부(禮部)에 다음과 같이 장계(狀啓)를 올렸습니다. '우리나라는 바닷가 귀퉁이에 있어 본래 뛰어난 의원이 없고 다행히 몇 가지 약초가 나지만 그 품질이 어떤지 알지 못합니다. 지금 우리나라에서 나는 약재를 가지고 와서 비슷한 약재명을 붙이고 문서에 나열하여 올리오니 부디 은혜롭게 살피시어 명철한 의원에게 품질을 평가하여 주소서.' 예부에서 보낸 태의원 의사 주영중(周永中)과 고문중(高文中) 등이 사신단의 처소에 이르러 평가한 결과, 쓸만한 약재는 10가지로 적석지·후박·독활·백부·향유·전호·사향·백화사·오사·해마였고, 알 수 없는 약재 10가지는 왕불류행·단삼·자완·지각·연자·복분자·식수유·경천·비해·안식향이라고 하였습니다."

위와 같이 한반도에서 나는 약재를 활용하는 데 차근차근 열심히 힘을 기울인 끝에 세종 13년 신해1431 12월에 《향약본초鄕藥本草》 편수를 위한 준비 사업의 한 성과로서 《향약채취월령鄕藥採取月令》 1권이 간행되었다. 한편 같은 해 가을부터 유효통·노중례·박윤덕 등에게 명하여 《향약제생집성방鄕藥濟生集成方》을 한층 증보하고 수정하게 하였다. 그리하여 1년이 지난 세종 15년 계축1433 6월에 《향약집성방》이 편찬되어 진상되었고, 그해 8월에 전라도와 강원도 두 도에서 나눠어 간행되었다. 이 책으로 향약의학은 큰 성과를 보게 되었다.

계속해서 조선은 향약 발전에 더욱 힘썼다. 다음 《세종실록》 기사와 같이 《향약집성방》의 이용을 도모하였다.

◎ 《세종실록》 세종 24년 임술1442 2월 25일 기사

禮曹啓, 咸吉道新設各官, 送補註銅人經、鄕藥集成方、本草、和劑等醫方, 以訓生徒。從之。

> 예조에서 아뢰었다. "함길도(함경도)의 새로 설치한 각 고을에 《보주동인경》·《향약집성방》·《본초》·《화제》 등의 의서를 보내어 생도들에게 가르치게 하소서." 주상께서 그대로 따랐다.

또 다음 《세종실록》 기사와 같이 약재의 채취 방법을 엄격히 하였다.

◎ 《세종실록》 세종 30년 무진1448 1월 8일 기사[13]

諭諸道監司, 凡諸鄕藥, 外方無知之人, 或採取不以其時, 乾曝不如其法, 遂使藥味失性, 治療無效, 甚不可也。自今須要採之以時, 乾曝如法。且於上供時, 某官某人某月所採某藥, 幷錄以聞。

> 각 도의 감사(監司)에게 유시(諭示)하였다. "모든 향약(鄕藥)에 대하여 지방의 무지한 사람들이 때에 맞지 않게 채취하거나 정해진 방법에 맞지 않게 말림으로써 결국 약재의 성미를 잃고 치료에도 효과가 없게 되는 일은 심히 옳지 못하다. 지금부터는 반드시 때에 맞추어 채취하고 정해진 방법에 맞게 말리라. 또한 상납할 때에는 아무 고을 아무개가 몇 월에 채취한 무슨 약임을 전부 기록하여 아뢰라."

같은 해 2월 《세종실록》의 기사와 같이 감초를 심어 키우게 하였고, 이어 문종 때에도 이를 각 도에 나누어 심게 하였다 (《세종실록》 〈지리지地理志〉·《경상도지리지慶尙道地理志》 등의 〈토공土貢〉·〈종양약재種養藥材〉를 함께 보라).

◎ 《세종실록》 세종 30년 무진1448 2월 1일 기사

諭全羅、咸吉道監司, 培植倭人所獻甘草。

> 전라도·함길도(함경도) 감사(監司)에게 유시(諭示)하여 일본인이 헌납한 감초를 심어 키우게 하였다.

《단종실록》과 《세조실록》에는 다음과 같이 기록되어 있다.

---

13 원서에는 내용이 요약되어 있으나 역자가 원문을 인용하여 실었다.

◎ 《단종실록》 단종 즉위년 임신1452 5월 25일 기사[14]

行副司正任元濬, 條陳醫學便宜。 一, 令二三文臣, 分掌醫敎, 擇英敏之輩, 讀方經, 又令內醫等讀之, 四孟月試才, 以憑黜陟。一, 諸道左右界首官, 設醫局, 劑藥發賣。一, 裁省唐藥, 用新鄕藥施惠。一, 復立鍼灸專門之法, 使之習慣, 鍼藥竝用。

행 부사정 임원준이 의학의 운영 방안을 조목조목 진달하였다. — 두세 문신에게 의학 교육을 나누어 맡기고 영민한 자들을 골라 의서와 경서를 읽게 하고 내의(內醫)들에게도 읽게 한 다음 각 계절의 첫 달에 시험하여 이를 근거로 출척(黜陟)하소서. — 각 도의 큰 도읍 수령에게 의국(醫局)을 설치하게 하고 약을 제조하여 팔게 하소서. — 당약(唐藥)을 덜 쓰고 새로운 향약(鄕藥)을 쓸 수 있도록 혜택을 베푸소서. — 침구를 전문으로 하는 의원에 대한 규정을 다시 만들고 그들이 침구를 연마하게 함으로써 침과 약을 치료에 모두 쓸 수 있게 하소서.

◎ 《단종실록》 단종 2년 갑술1454 2월 5일 기사[15]

先是咸吉道都節制使啓, 本道無業醫者, 又無方書, 故人多橫罹夭札。今新設諸鎭, 尤遠京都, 邊將軍民等, 救藥無由。請送方書及其道不産鄕藥與唐藥。下禮曹議之。禮曹報議政府以啓曰, 和劑方、拯急遺方、鄕藥集成方, 各印五件, 幷藥材下送。從之。

이보다 앞서 함길도(함경도) 도절제사가 아뢰었다. "저희 도(道)에는 의술을 업으로 하는 자가 없고 또 의서도 없기 때문에 사람들이 병으로 요절하는 경우가 많습니다. 지금 여러 진(鎭)을 새로 설치하여 도성에서 더욱 멀리 떨어지게 되면서 변장(邊將)과 군민(軍民)들이 약을 구할 길이 없사옵니다. 청컨대 의서와 저희 함길도에서 생산되지 않는 향약(鄕藥)과 당약(唐藥)을 보내 주소서." 주상께서 이를 예조(禮曹)에 내려서 의논하게 하였다. 예조에서 의정부에 보고하여 아뢰었다. "《화제방》·《증급유방》·《향약집성방》을 각각 5부씩 인출하여 약재와 함께 내려보내소서." 주상께서 그대로 따랐다.

14 원서에는 내용이 요약되어 있으나 역자가 원문을 인용하여 실었다.

15 원서에는 내용이 요약되어 있으나 역자가 원문을 인용하여 실었다.

◎ 《세조실록》 세조 2년 병자1456 8월 26일 기사[16]

典醫監提調左參贊姜孟卿啓曰, 醫業必須遍觀諸方, 參考同異, 以時溫習, 所業精熟, 用藥診候, 不致錯誤。今方書稀少, 習讀官十五人, 共看數冊, 讀既不能專精, 又不能以時溫繹。請內醫院所藏諸方書, 及三醫司醫書, 量給習讀廳, 唐本方書未易多得, 本國刊行, 如和劑方、得效方、永類鈐方、鄉藥集成方、衍義本草、銅人經、加減十三方、服藥須知、傷寒指掌圖等冊, 令所在邑隨宜印送, 藏之本廳。從之。

전의감 제조 좌참찬 강맹경(姜孟卿)이 아뢰었다. "의술은 반드시 여러 의서를 두루 보고 차이를 비교하여 수시로 익혀야만 정밀해지고, 그 후에야 약을 쓰고 증상을 진찰하는 일에 착오가 생기지 않습니다. 지금 의서가 희소하여 습독관(習讀官) 15인이 몇 가지 책을 돌려가며 보고 있으니 집중하여 자세하게 읽을 수 없을뿐더러 수시로 익히거나 연구하지 못합니다. 청컨대 내의원에 소장된 여러 방서와 삼의사(三醫司)의 의서를 습독청(習讀廳)에 내려주소서. 또 중국의 의서는 많은 부수를 구하기가 쉽지 않으니 우리나라에서 간행하소서. 이를 위해 《화제방》·《득효방》·《영류검방》·《향약집성방》·《연의본초》·《동인경》·《가감십삼방》·《복약수지》·《상한지장도》 등의 책을 소장하고 있는 고을에서 상황에 맞게 간행하게 한 후 그것을 가져와 본 습독청에 비치하게 하소서." 주상께서 그대로 따랐다.

이 기사에 나오는 《향약집성방》은 세종 15년에 전라도와 강원도 두 도에서 목판으로 간행되었던 책으로 보인다. 이상은 《향약집성방》이 실제로 어떻게 사용되었는지 보여주는 기록들이다.

이렇게 향약을 발전시키기 위해 노력하였으나, 중국에 의존하고 대국에 사대하는 세태를 타고 밀려드는 명(明) 의학의 강한 영향을 피할 수는 없었다. 이렇게 오로지 향약 의서만을 쓰는 길은 막혀갔다.

그런데도 향약을 사용하기 위한 노력은 계속되었다. 《성종실록》에 다음과 같이 기록되어 있다.

---

16 원서에는 내용이 요약되어 있으나 역자가 원문을 인용하여 실었다.

◎ 《성종실록》 성종 3년 임진1472 2월 6일 기사[17]

黃海道觀察使李芮啓，臣今因下諭，每巡行，招古老人，訪問惡病根因，兼以所見，條錄以聞。……。禮曹據此啓，惡病救療節目商議，條錄以聞。……道內產出治病切用藍漆、苦蔘等鄉藥材，給付醫員救療，今後鄉藥材，須令多數採取用之，針灸沐浴等事，亦令隨證爲之。……。從之。

황해도 관찰사 이예(李芮)가 아뢰었다. "신이 이제 주상의 명령에 따라 순행할 때마다 나이 많은 노인을 불러 고질병의 원인을 물은 내용과 또한 소신의 소견을 조목조목 기록하여 아뢰니다. ……." 예조(禮曹)에서 이것을 근거하여 아뢰었다. "고질병 치료에 대한 지침을 상의한 후 조목조목 기록하여 아뢰니다. …… 각 도에서 생산되어 치료에 요긴하게 쓰이는 남칠(藍漆)·고삼(苦蔘) 등의 향약재를 의원에게 지급하여 치료하게 하고 지금 이후로는 반드시 향약재를 많이 채취하여 쓰게 하며 침구와 목욕 같은 치료법도 증상에 따라서 쓸 수 있게 하소서. ……." 주상께서 그대로 따랐다.

◎ 《성종실록》 성종 5년 갑오1474 4월 3일 기사[18]

禮曹啓本，今承傳敎，輪臺[19]者有言，治病專賴藥力，今鄉藥採取失時，乾曝亦不依法，故治病無效。願諸道審藥，必擇秩高術精者，差遣檢察，諸邑貢物藥材，必依月令採取。其商議以啓。臣等參詳，舊有鄉藥採取月令，而不錄乾曝之方。請令內醫院提調，搜檢本草諸書，備錄頒行諸道，又擇精通醫書人，差審藥諸邑，藥材採取乾正，一依本法，監司巡行時，嚴加考察何如。從之。

예조(禮曹)에서 계본(啓本)으로 아뢰었다. "이번에 전교(傳敎)를 받으니 '윤대(輪對)하는 자가 말하기를 「치료는 전적으로 약재의 힘에 달려있으나 지금의 향약(鄉藥)은 제 시기에 채취하지 않고 건조하는 것도 정해진 방법에 따르지 않으므로 병 치료에 효과가 없습니다. 바라건대 각 도의 심약(審藥)은 반드시 경험이 많고 지식이 풍부한 자로 선임한 뒤 파견하여 검사하게 하고, 각 읍에서 공물로 바치는 약재는 반드시 제 월령(月令)에 따라 채취하도록 하게 하소서.」 하였으니 거기에 대하여 검토하고 아뢰라.'고 하셨습니다. 신들이 자세히 조사해 보니 옛날에 《향약채취월령》이 있었으나 건조하는 방법은 기록되어 있지 않았습

17 원서에는 내용이 요약되어 있으나 역자가 원문을 인용하여 실었다.

18 원서에는 내용이 요약되어 있으나 역자가 원문을 인용하여 실었다.

니다. 바라건대 내의원 제조(內醫院提調)에게 명하시어 여러 본초 서적을 살펴 건조하는 방법까지 수록한 후 각 도에 반포하도록 하소서. 또 의서에 정통한 사람을 선임하여 각 읍에 심약(審藥)으로 파견하고 약재의 채취와 건조가 한결같이 정해진 방법을 따르게 하는 한편 감사(監司)가 순행할 때 이를 엄격하게 살피도록 하심이 어떠하겠습니까?" 주상께서 그대로 따랐다.

◎ 《성종실록》 성종 9년 무술1478 10월 29일 기사[20]

司宰監副正金悌臣等五人輪對。左副承旨李瓊仝啓曰，往者赴京人員，得以私貿藥材，故唐藥散在私家者頗多，今則法嚴，唐藥鮮少。國家雖令貿換，然藥材不産燕京，非徒貿易之難，藥品不善。臣謂我國與中原，風氣不同，人性亦異，中原之藥，不合於我國之人性者，有矣。今典校署有鄕藥集成方版本，其書以鄕藥爲主，請印此書，廣布中外，使人知用鄕藥，則不賴上國而有餘矣。傳曰，果如卿言。我國風土，與中國不同，故雖服唐藥，無效矣。瓊仝曰，舊法諸邑採鄕藥者，父子相繼爲之，故世知藥草，今皆編之軍額。請諭諸道監司，不論貢案有無，隨其地産，令採雜藥以送，廣驗其效何如。傳曰，可。且印鄕藥集成方，頒賜之。

사재감 부정 김제신(金悌臣) 등 5인이 윤대(輪對)하였다. 좌부승지 이경동(李瓊仝)이 아뢰었다. "전에는 북경에 가는 사람들이 사사로이 약재를 살 수 있었기 때문에 사가(私家)에 흩어져 있는 당약(唐藥)이 꽤 많았습니다. 그러나 지금은 법이 엄하여 당약이 거의 없습니다. 국가에서 비록 무역을 해오라고 하고 있으나 약재가 북경에서 나지 않아 무역하기가 어려울 뿐만 아니라 약재의 품질도 좋지 못합니다. 신이 생각건대 우리나라는 풍토나 기후가 중국과 같지 않고 사람의 체질도 달라서 중국의 약이 우리나라 사람의 체질에 맞지 않는 경우가 있을 것입니다. 지금 전교서(典校署)에 《향약집성방》의 판목이 있는데 이 책은 향약(鄕藥)을 위주로 하고 있습니다. 청컨대 이 책을 간행하고 도성과 지방에 널리 배포하여 사람들에게 향약 쓰는 방법을 알게 한다면 중국에 의지하지 않고도 약재가 넉넉해질 것입니다." 주상께서 전교하였다. "과연 경의 말과 같다. 우리나라는 중국과 풍토가 같지 않기 때문에 비록 당약을 먹을지라도 효력이 없을 수 있다." 이경동이 말하였다. "옛 법전에 여러 고을에서 향약을 채취하는 일은

---

19 "輪對"의 오기로 보고 번역하였다.

20 원서에는 내용이 요약되어 있으나 역자가 원문을 인용하여 실었다.

> 부자(父子)가 이어서 하게 했기 때문에 대대로 약초를 잘 알았으나 현재는 그들이 모두 군액(軍額)에 편입되었습니다. 청컨대 각 도의 감사(監司)에게 일러 공안(貢案)에 있고 없음을 상관하지 말고 그 지역에서 생산되는 것에 따라 각종 약재를 채취하여 올려보내게 함으로써 그 효과를 넓히는 것이 어떻겠습니까" 주상께서 전교하였다. "좋다. 그리고 《향약집성방》을 간행하여 반사(頒賜)하도록 하라."

이 기사를 통해 이때 《향약집성방》이 중간되었음을 알 수 있다. 이 중간본은 세종대 간본과 달리 새로 판각된 것으로 보인다. 그리고 이때 이후부터 인조 2년 갑자1624 까지 알려진 간행 사실이 없기 때문에 필자는 현재 전해지는 (2)소자 목판본을 이때의 판본으로 간주하고 이른바 '성종판'이라고 가칭한 것이다.

◎ 《성종실록》 성종 9년 무술1478 11월 25일 기사

禮曹啓, 頃承傳教, 惠民、濟生, 醫藥爲重, 今唐藥漸貴, 又於賣買之際, 眞僞相雜, 或以陳腐劑造, 治病無效。大抵人物之生, 各有水土之宜, 以鄕藥而爲醫, 亦自有餘, 但未興用耳。其鄕藥興用條件, 商議以啓。臣等謹議啓。一, 前此內用藥材, 則典醫監, 典賣藥材, 則惠民署, 大小朝官施與藥材, 則濟生院, 各有所掌。自罷濟生院, 鄕藥不興用。近者設內醫院, 專掌內用諸藥, 典醫監只劑賜給藥, 事甚輕歇。請將惠民署所掌諸事, 移屬典醫監, 惠民署稱爲濟生署, 依前例專主鄕藥施與。一, 鄕藥集成方, 多數印出廣布, 使之興用, 四孟朔醫員試才時, 兼試此方。一, 病人若來問證候, 醫員用鄕藥方, 命藥治療, 醫女依舊屬濟生署。一, 本草所載鄕藥, 旣已用之矣。然田野之民, 有以單方治療得效者, 訪于諸道, 雖不載本草, 療病得效之藥, 添入鄕藥本草之後。一, 各道採藥人, 大官五戶、小官三戶差定, 除雜徭, 專委隨月採取, 令父子相承, 以爲世業。一, 在前撰集鄕藥本草, 諸藥採取乾正之法, 未盡載錄。非唯未盡載錄, 隨後見出興用藥材亦不添錄。故各官貢藥, 任意採取, 失其本性, 治病無效, 甚爲未便。幷詳悉撰集, 開刊廣布。從之。

> 예조(禮曹)에서 아뢰었다. "지난번에 전교(傳教)를 받으니 '혜민서(惠民署)와 제생원(濟生院)은 의약(醫藥)이 중요한데 요새 중국 약재가 차츰 귀해지면서 사고 팔 때 진짜와 가짜가 서로 섞이기도 하고 더러는 오래 묵거나 썩은 약재로 약을 짓기도 하니 병을 치료할 때 효과가 없다. 사람과 사물이 생겨날 때는 각각 그에 알맞은 풍토가 있는 법이니 향약(鄕藥)으로써 치료하더라도 충분할 테지만 다만 많이 쓰지 않을 뿐이다. 그런 향약을 많이 쓸 수 있도록 조목을 상의하여

아뢰라.' 하시었습니다. 이에 신(臣)들은 삼가 상의하여 아룁니다. — 예전에 궐내에서 사용하는 약재는 전의감(典醫監)에서 담당하고, 전매(典賣)하는 약재는 혜민서(惠民署)에서 담당하며, 여러 관원에게 나누어 주는 약재는 제생원(濟生院)에서 담당하여 각각 맡은 바가 있었습니다. 그러나 제생원을 없애고부터는 향약을 많이 쓰지 않았습니다. 요즈음에는 내의원(內醫院)을 설치하여 궐내에서 사용하는 모든 약재를 전담하게 하고, 전의감에서는 다만 내려주는 약으로만 제조하니 일이 매우 소홀하게 되었습니다. 청컨대 앞으로는 혜민서에서 담당하던 일들을 전의감에 이속(移屬)시키고, 혜민서를 제생서(濟生署)라고 지칭한 후 전례에 따라서 오직 향약의 공급을 전담하게 하소서. — 《향약집성방》을 많이 간행하고 널리 배포하여 향약을 많이 쓰도록 하고, 각 계절의 첫 달에 의원을 취재(取才)할 때 이 책도 함께 시험하게 하소서. — 만약 병든 사람이 와서 증상을 물으면 의원은 향약 처방으로 약재를 일러주어 치료하도록 하고, 의녀는 옛날대로 제생서에 속하게 하소서. — 본초서에 기재된 향약은 이미 쓰고 있으나 시골의 백성들은 단방(單方)으로 치료하여 효험을 얻은 약재를 알고 있으니 각 도에 탐방하면서 비록 본초서에 실려 있지 않더라도 병을 치료하여 효험을 본 약을 《향약본초》의 뒷부분에 추가하게 하소서. — 각 도에 약재를 채취하는 사람으로 큰 관서는 5가구, 작은 관서는 3가구를 임명한 후 각종 요역을 면제시켜 전적으로 월령에 따라 약재를 채취하게 하고 부자끼리 이어받아 가업으로 삼게 하소서. — 전에 찬집(撰集)한 《향약본초》에는 여러 약재를 채취하거나 건조하거나 다듬는 방법이 다 실려 있지 않습니다. 다 실려 있지 않을 뿐만 아니라 그 후에 발견되어 많이 쓰이는 약재도 추가되지 않았습니다. 그래서 각 고을에서 바치는 약재를 제멋대로 채취하여 본래의 약성을 잃었기 때문에 병 치료에도 효험이 없으니 매우 불편합니다. 그러니 미비한 것을 모두 상세하게 찬집(撰集)한 뒤 간행하여 널리 배포하소서." 주상께서 그대로 따랐다.

◎ 《성종실록》 성종 10년 기해1479 2월 13일 기사[21]

兵曹參判金順命啓曰, 世祖朝, 嘗撰救急方, 其藥材出於中國者, 民不易得, 請撰鄕藥醫方, 廣布民間。上曰, 我國民性, 異於中國, 鄕藥之效, 無乃尤速乎。承旨李瓊仝啓曰, 鄕藥集成方, 曾已撰集, 近者好用和劑, 是以不行。且東人本草, 止錄其

---

21 원서에는 일부 내용만 있지만 역자가 보충하여 실었다.

22 《향약집성방》이 만들어졌으나 이미 성종 때에 《화제국방和劑局方》의 유행으로 잘 사용되지 않았

名，不圖其形，人不得知，請更依唐本撰集。上曰，然。

병조 참판 김순명(金順命)이 아뢰었다. "세조께서 예전에 《구급방》을 찬집(撰集)하였으나 수록된 약재 중에서 중국에서 나는 것은 백성들이 쉽게 얻을 수 없으니 청컨대 향약(鄕藥)으로 된 의서를 찬집하여 민간에 배포하소서." 주상께서 말하였다. "우리나라 백성의 체질은 중국과 다르니 향약의 효험이 아마도 더욱 빠르지 않겠는가." 승지 이경동(李瓊仝)이 아뢰었다. "《향약집성방》이 전에 찬집되었으나 요즘에는 《화제국방》을 즐겨 쓰기 때문에 성행하지 못하고 있습니다.[22] 또 우리나라 사람이 찬집한 본초서에는 그 이름만을 적고 그림을 그려놓지 않아 사람들이 제대로 알 수 없으니 청컨대 중국 본초서를 따라 다시 찬집하게 하소서." 주상께서 말하였다. "그리하라."

◎ 《성종실록》 성종 19년 무신1488 9월 20일 기사[23]

傳曰，予本不解藥方，今因大妃違豫，粗識大概。大抵唐藥民間得之爲難，如鄕藥集成方所載藥，欲令齊民皆能辨識而用之，宜令老醫，抄其切於常用者，譯以諺文，用鑄字，印布民間。

전교하였다. "나는 본래 약재나 의서를 잘 알지 못했으나 지금은 대비께서 편찮으시기 때문에 대강이나마 조금 알게 되었다. 대체로 중국 약재는 민간에서 얻기 어려우므로 《향약집성방》에 실려 있는 약재를 백성들이 다 분별하고 알아서 쓸 수 있도록 하고자 하니 노련한 의원을 시켜 일상에서 쓰기에 절실한 약재를 수록하고 한글로 번역한 다음 활자로 간행하여 민간까지 배포되도록 하라."

앞의 성종 9년과 성종 10년 《성종실록》 기사를 살펴보면, 민간에서 향약을 쉽게 이해하고 널리 이용하도록 《향약본초鄕藥本草》에 수재되지 않은 다른 상용 약재도 그곳에 함께 기록하고, 또한 이들 본초를 그림으로 그려 책을 찬집하였다. 하지만 필자는 아직 《향약본초》를 증보한 책을 보지 못하였고, 삽화가 있는 조선 고유의 본초서도 접한 적이 없다. 이어 성종 19년 《성종실록》 기사에서 말한 "일상에서 쓰기에 절실한 향약을 수록하고 한글로 번역한 본초서"라고 할 만한 책 (이 책은 앞의

다는 점을 알 수 있다.

23 원서에는 일부 내용만 있지만 역자가 보충하여 실었다.

책과 서로 관련이 있다고 생각한다〉도 찾지 못하였다. 앞으로의 조사〈다음의《향약의방鄕藥醫方》참조〉에서 이 책들이 나타나기를 바란다.

조선 문화는 성종 시기에 절정에 이르렀고 연산군(燕山君) 이후 쇠퇴의 길로 들어섰다. 의학에서도 동일한 길을 걸어《향약집성방》을 중심으로 조선 고유 의학은 성종 대에 이르러서 걸음을 멈추었고 중종 대에 이르러서는 민간의 의방(醫方)으로서 존속하는 데 머물고 말았다. 이를 대신하여 중국 의학이 전 의학계를 풍미하였다. 한반도는 역사적으로나 지리적으로 주변 대국으로부터 강한 영향을 받아왔다. 받아들인 문화는 변형되었지만, 어쩌면 단순히 대륙 문화를 주류로 하고 그것을 모방하는 것처럼 보이기도 한다. 그러나 조선에는 고유의 문화가 엄연히 존재해왔다. 의학에서도 마찬가지로 조선 초기에 이처럼 고유 의학이 발흥하였다. 그러나 성종 후기에 중국과의 국교가 원활해지면서 중국을 극단적으로 의존하게 되어 조선 고유 의학은 쇠퇴하고 더욱 쇠잔하여 그 뒤로 4백 년이 흘러 조선 말기까지 이르게 된 것이다.

선조 대에 임진·정유 두 전란이 터졌고, 다음 인조 대에 전후 복구의 한 가지로 향약을 부흥시키기 위해 인조 11년계유1633에《향약집성방》을 훈련도감에서 중간하였다. 이 중간본 뒷부분에 있는 최명길의 발문은 이상의 정황을 간단하게나마 잘 이야기해주고 있다.[24]〈최명길의 전기는 제3부〔004장〕에서 설명하였다〉

그러나 이 중간본으로 향약이 부흥했는가 하면 단지 보존했을 뿐이었으니,《향약집성방》의 중간은 전란 이후 있었던 한 가지 좋은 일에 그치고 말았다. 인조 이후 향약 의서가 사용되기는 하였으나 그것은 단지 약재 채취에 활용되는 데 불과하였고, 또 의서 중에서도 단지 속방(俗方)으로 실리는 것에 그쳤다. 오히려《향약집성방》같은 책은 오래되어 이해하기 불편한 것, 현재의 의서와 동떨어진 것으로 여겨져 자연스럽게 소원해져 갔다. 이에《향약집성방》은《동의보감東醫寶鑑》이나《의학정전醫學正傳》·《만병회춘萬病回春》·《의학입문醫學入門》등의 새로운 의서와 나란히 설 수 없게 되었고, 시대의 변화에 따라 연기처럼 사라지게 되었다.

정조 이후로《향약집성방》은 드물게 전해지거나 거의 단절되어 각종 의서나 서적

---

24 원서에는 최명길의 발문 일부가 있으나, 앞서 (3)숭정 소자 활자본을 설명할 때 이미 전재하였으므로 생략한다.

목록에서도 그 이름이 실리는 경우가 매우 드물다. 김휴(金烋)의 《해동문헌총록海東文獻總錄》과 《규장각서고책목奎章閣西庫冊目》에 그 서명이 보일 뿐이다. 경성대학 규장각 도서에는 《향약집성방》이 포함되어 있지 않다. 이처럼 이 책은 현재 드물게 전해져 구하기 어렵기 때문에 학자들이 연구할 때 안타까워했다. 그러나 다행히 쇼와(昭和) 17년 임오1942 경성 행림서원이 현대 활판으로 간행하여 세상에 널리 배포하였다. 행림서원의 주인인 이태호(李泰浩) 씨의 뜻이 훌륭하다고 하겠다.

◎ 《해동문헌총록》 의약류(醫藥類) 《신증향약집성방》[25]

新增鄉藥集成方 七十五卷, 補遺十卷。

我廟以權仲和所著鄉藥簡易方, 及趙浚所撰鄉藥集成方, 治法藥名, 猶有未備者, 命揀醫官, 每隨使如京, 廣求方書, 且因申奏, 就大醫院, 考正藥名之謬, 仍命直提學兪孝通、典醫監正盧重禮等, 更聚鄉藥方, 且徧閱諸書, 舊證三百三十八, 而增爲九百五十九, 舊方二千八百三, 而增爲一萬七百六, 且附以針灸法一千四百七十六條, 鄉藥本草及炮製法, 合爲八十五卷以進, 名曰鄉藥集成方, 遂鋟梓廣傳。權採序曰, ……。 兪孝通, 字▦▦, 能文章, 太宗朝登第, 英廟丁未又擢重試, 官至集賢殿直提學。盧重禮。

《신증향약집성방》 75권, 보유(補遺) 10권.

우리 조선에서 권중화(權仲和)가 지은 《향약간이방》과 조준(趙浚)이 지은 《향약제생집성방》은 치료법과 약재명이 아직도 미비한 점이 있었기 때문에 전하께서 "의관을 선발하여 매번 연경으로 가는 사행을 따라 널리 의서를 구하라." 명하시고, 한편으로는 명(明) 태의원에 나아가 약재명의 오류를 고증하도록 주청(奏請)하셨다. 이후 집현전 직제학 유효통(兪孝通)과 전의감 정(正) 노중례(盧重禮) 등에게 명하여 다시금 향약 의서를 모으고 다른 책까지 두루 살피게 하셨다. 이전에 338개였던 병증이 959개로 늘어나고, 이전에 2,803개였던 처방이 10,706개로 늘었으며, 또한 침구법 1,476가지와 향약으로 쓸 수 있는 본초와 그 포제법까지 덧붙여 모두 85권으로 만들어 진상하니 《향약집성방》이라고 이름하고 드디어 간행하여 널리 전파하였다. 권채의 서문에서 말하였다. …….[26] 유효통. 자(字)는 ▦▦이고 문장에 능하였다.[27] 태종 조에 급제하였고 세종 9년 정미1427에 다시 중시(重試)에 뽑혔으며 관직은 집현전 직제학에 이르렀다. 노중례[28]

25 원서에는 존재하지 않지만 역자가 추가하였다.

◎ 《오주연문장전산고五洲衍文長箋散稿》 신증향약집성방에 대한 변증설[29]

新增鄕藥集成方辨證說

我東醫家經方之目，本邦所纂述者無多，入于國朝，最初療病之書，有新增鄕藥集成方，而今無流行者，故爲辨其顚末。按金烋海東文獻錄，……。權採序。此是我東醫書中，必爲精密，而金烋聞韶人，而張旅軒顯光門生，則此書應閱覽而作緣起者也。內醫院及各處史庫，必有所藏，然未得一見，可歎。若遍求於八道古家及鄕校，則可得而似不至於絶種矣。余或見京鄕人士則問之，而始未聞有耳。奎章閣西庫冊目，有鄕藥集成方三十卷。

《신증향약집성방新增鄕藥集成方》에 대한 고증

우리나라 의서 목록 가운데 우리나라에서 저술된 책은 많지 않다. 조선이 들어서고 나서 가장 먼저 만들어진 질병 치료서로서 《신증향약집성방》이 있었으나 지금 전해지지 않으므로 그 전말을 고증하고자 한다. 김휴(金烋)의 《해동문헌총록》을 살펴보면, …….[30] 권채(權採)가 서문을 지었다. 이 책은 우리나라 의서 중에 필시 정밀한 책일 것이다. 김휴는 문소(聞韶) 사람으로 여헌(旅軒) 장현광(張顯光)의 문인이었으니 이 책을 당연히 직접 보고 나서 글을 썼을 것이다. 내의원(內醫院)이나 각지에 있는 사고(史庫)에 소장된 것이 있을 듯한데 하나도 볼 수 없으니 안타깝다. 전국의 오래된 가문이나 향교(鄕校)에 두루 수소문한다면 구할 수 있을 듯하며 아마도 완전히 사라지지는 않았을 것이다. 내가 각지에 있는 사람들을 만날 때 물어보았으나 애초에 가지고 있다는 말을 듣지 못했다. 규장각 《서고책목西庫冊目》에 '《향약집성방》 30권'이란 기록이 있다.

26 이하 내용은 《향약집성방》 서문 내용을 추가로 적은 것이므로 생략한다.

27 《해동문헌총록》에 글자가 누락되어 빈칸으로 되어 있다. 유효통의 자(字)는 행원(行源)이다.

28 노중례에 대한 인물 설명은 《해동문헌총록》에 본래 없다.

29 원서에는 존재하지 않지만 역자가 추가하였다.

30 생략된 부분은 《해동문헌총록》의 내용과 동일하므로 생략하였다.

016부록. 향약의방 鄕藥醫方

[일실]

개요

성종 23년 임자1492 반포된 《대전속록大典續錄》〈예전禮典〉 장려(奬勵) 조에 다음과 같이 적혀 있다. 이를 통해 《향약집성방鄕藥集成方》과 별개로 《향약방鄕藥方》이라는 책이 존재하였다는 것을 알 수 있다. 이 책은 앞 장의 "《향약집성방》을 통해 본 조선 고유 의학의 성쇠"에서 제시한 성종 9년·10년·19년 기사에 보이는 '향약의방(鄕藥醫方)' 혹은 '개수향약본초(改修鄕藥本草)'와 같은 부류인 듯하다. (졸저 《조선의학사》 pp.161하단-162상단에 실려 있는 증보향약본초(增補鄕藥本草)·향약의방(鄕藥醫方)·개수향약본초병도(改修鄕藥本草竝圖)·언해간이향약본초(諺解簡易鄕藥本草) (모두 가제이다)를 함께 참고하라.)

◎ 《대전속록》〈예전〉 장려

外方醫生, 教授訓導兼掌教訓。觀察使考講, 有醫方精通人, 則戶內完護, 頑不通曉者, 充軍。不能檢擧守令, 及不用心教訓教授訓導, 憑考褒貶。其所讀醫書, 鄕藥方、和劑方、得效方、鄕藥集成方、救急方, 觀察使隨宜印出分給。

> 지방의 의학생도는 교수(教授)와 훈도(訓導)가 함께 맡아 교육한다. 관찰사가 고강(考講)한 후 의서에 정통한 자는 그 집의 부역을 모두 면해주고, 둔하여 깨치지 못한 자는 군역에 넣는다. 제대로 관리하지 못한 수령과 교육에 힘쓰지 않은 교수·훈도는 평가하여 포폄한다. 읽어야 하는 의서는 《향약방》·《화제방》·《득효방》·《향약집성방》·《구급방》이니 관찰사는 필요할 때 인출하여 나누어준다.

017. 의방유취 醫方類聚

266권

세종 때 문관 · 의관이 왕명을 받들어 지음

[전존]

개요

세종이 문관과 의관에게 명하여 고금의 의서를 내용에 따라 분류하고 모아 《의방유취》를 편찬하였다. 세조 대에 이를 교감(校勘)하였으며, 성종 대에 이르러 간행하였다. 이 책은 모두 266권 264책으로 권마다 1책을 이루고 있는데, 현존하는 의서로는 동서고금에 비할 것이 없을 만큼 방대하다. 조선에서는 이 책이 일찍이 망실되었지만 공교롭게도 임진왜란 때 원간본(原刊本)이 일본으로 건너가 지금까지 전해지고 있다. 이 책에는 당(唐) · 송(宋) · 원(元) · 명(明) 초의 많은 의서가 내용에 따라 분류되어 원문 그대로 수록되어 있다. 이 때문에 에도(江戶) 후기에 일본의 의학자가 고증(考證)에 있어서 없어서는 안 될 보전(寶典)이라고 여기고 목활자로 다시 간행하였다. 그리고 메이지(明治) 병자년 조일수호조규(朝日修好條規) 때에 메이지 정부가 조선 정부에 이 재간본을 증정하여 조선의 의관 등이 크게 기뻐했다는 흥미로운 사실도 있다. 이렇게 이 책은 조선 의학 역사에서 특별히 기록할 만한 것이고, 또 이 책의 원간본〈궁내성(宮內省) 도서료(圖書寮)에 소장되어 있다〉은 서지학적으로도 귀중하며, 게다가 한일 문화 교류사에서도 매우 큰 공적을 남겼다. 지금부터 이들에 대해서 차근차근 서술할 생각이다.

형태서지

현존하는 원간본은 궁내성(宮內省) 도서료(圖書寮)에 소장되어 있는 1부뿐이다. 확실히 국보라고 말할 수 있다. 이 판본을 기준으로 해제한다. 〈[부도08] · [부도09] 참조〉

현재 250권 252책〈266권 264책 가운데 결권이 있다〉이 전한다. 원장(原裝) 그대로 보존되어 있는데, 용지는 조금 얇은 한지이고 인쇄에 사용된 활자는 실록활자로 강화본(江華本) 《세종실록》과 유사하다〈이인영(李仁榮)에 따르면 을해자이다〉.

|판식版式| 세로 30.5×가로 19.0㎝, 반곽 22.0×약 16㎝, 사주단변, 유계, 9행 17자, 주쌍행. **|판심版心|** 백구, 상하어미. 어미 사이에 "類聚……"·권차(卷次)·장차(張次)가 적혀 있다. **|지수紙數|** 매 책 100여 매. **|인기印記|** 책 첫머리마다 "醫學圖書"·"躋壽殿書籍記"·"多紀氏藏書印"·"淺草文庫"·"大學東校典籍局之印"·"帝國博物館圖書"·"宮內省圖書印"이 있다.

서문, 발문, 간기는 없다〈지금은 전하지 않으나 원래는 제1책에 수록되었던 듯하다〉.

내용서지

범례 9조문과 인용제서(引用諸書)는 10매에 걸쳐 제1책 첫머리에 실려 있다.

◎《의방유취》 범례

一, 諸方以世代先後, 分門編入, 不分細目, 如風門金匱方畢書後, 繼書諸方風門。

一, 一門內一藥重出, 而治証藥材服法無加減, 則於初見處, 書某方同, 大同小異, 則其異者分附, 小同大異, 則全方附錄。

一, 諸方論去其重復, 不書某方同, 或文同而首尾稍異, 則略擧首語而書云云, 連書其尾語。

一, 諸門內論及藥畢書後, 繼書食治禁忌導引。

一, 一藥證治兼諸病者, 不分書各門, 但依本方所載之門書之。

一, 如金匱方礬石湯, 本在風門, 其證雖曰治脚氣衝心, 今依本方書於風門, 餘倣此。

一, 凡藥再見者, 於初見方附之, 若得效方、玉機微義等, 首尾相連之書, 則又於本方, 只書藥名, 注云方見某方。

一, 諸方本文加圈者, 空一字書之。今附錄者, 首附方名, 上加圈別之, 藥材下今附註, 亦皆圈之。

一，一藥內他方附錄時，首書者備擧方名，繼書則略擧。如首書巢氏病源，則繼書巢源之類。

— 모든 방서는 시대 순서로 문(門)을 나누어 편입시키고 세목을 나누지는 않았다. 예를 들어 풍문(風門)의 경우 《금궤방》을 다 적은 뒤에 나머지 책의 풍문을 이어 적었다.

— 하나의 문(門) 속에 같은 처방이 중복되어 나올 때 주치증·약재·복용법에 차이가 없으면 처음 나온 곳에 '어떤 책도 같다'고 적고, 약간 차이가 있으면 그 차이 나는 부분만 붙였으며, 차이가 크면 처방 전부를 덧붙여 적었다.

— 각 방서의 의론은 중복된 부분을 제거하였고 '어떤 책도 같다'고 적지 않았다. 간혹 문장이 같으나 앞뒤가 약간 다른 경우는 간략하게 앞 구절을 제시한 뒤 '운운(云云)'이라고 적고 이어서 끝의 구절을 적었다.

— 각 문(門) 안에는 의론과 처방을 모두 적은 뒤에 식치(食治)·금기(禁忌)·도인(導引)을 이어 적었다.

— 한 처방의 주치증이 여러 병증에 겹치는 경우에는 각 문(門)에 나누어 적지 않고 원래 방서에 실려 있던 문에 따라 적었다.

— 예를 들어 《금궤방》의 반석탕(礬石湯)은 본래 풍문(風門)에 있는데, 그 주치증에 "각기(脚氣)가 가슴으로 치미는 경우를 치료한다"고 적혀 있더라도 여기서는 원래 방서를 따라 풍문에 적었다. 나머지도 이와 같다.

— 처방이 중복되어 나오는 경우에는 처음 나오는 방서에 내용을 붙였다. 《득효방》·《옥기미의》처럼 앞뒤로 연달아 등장하는 처방을 적을 때 해당 방서에는 처방명만 적고, "처방은 어떤 방서에 나온다"고 주석을 달았다.

— 각 방서의 본문에 권점이 달려있던 경우에는 한 글자를 비우고 썼다. 이번에 덧붙여 수록한 부분은 첫머리에 방서의 이름을 적고 그 앞에 권점을 달아 구별하였고, 약재 밑에 이번에 주석을 단 경우에도 모두 권점을 찍었다.

— 한 처방 안에서 다른 방서의 내용을 덧붙여 수록하는 경우, 처음 적을 때는 방서 이름 전체를 제시하였고 뒤에 다시 적을 때는 약칭을 제시하였다. 예를 들어 처음 적을 때 소씨병원(巢氏病源)이라고 하였다면 뒤에 다시 적을 때는 소원(巢源)이라고 한 경우이다.

전체 내용을 살피기 편리하도록 총목(總目)을 싣는다. 지수(紙數)는 모두 37매이다.

◎ 《의방유취》 총목

總論, 五藏門, 諸風門, 諸寒門, 諸暑門, 諸濕門, 傷寒門, 眼門, 齒門, 咽喉門, 口舌門, 耳門, 鼻門, 頭面門, 毛髮門, 身體門, 四肢門, 血病門, 諸氣門, 諸疝門, 陰癩門, 諸痺門, 心腹痛門, 腰脚門, 脚氣門, 脾胃門, 三焦門, 翻胃門, 嘔吐門, 膈噎門, 霍亂門, 沙證門, 眩暈門, 宿食門, 積聚門, 咳逆門, 咳嗽門, 聲音門, 諸瘧門, 消渴門, 水腫門, 脹滿門, 黃疸門, 諸淋門, 赤白濁門, 大小便門, 諸痢門, 泄瀉門, 諸虛門, 勞瘵門, 痼冷門, 積熱門, 火門, 虛煩門, 驚悸門, 健忘門, 諸汗門, 癲癇門, 中惡門, 解毒門, 酒病門, 蠱毒門, 諸蟲門, 辟蟲門, 蟲傷門, 獸傷門, 癮疹門, 疥癬門, 諸臭門, 癰疽門, 丁瘡門, 丹毒門, 瘰癧門, 諸瘻門, 癭瘤門, 痔漏門, 便毒門, 金瘡門, 諸刺門, 折傷門, 諸瘡門, 膏藥門, 湯火傷門, 漆瘡門, 怪疾門, 救急門, 雜病門, 諸湯門, 諸香門, 養性門, 婦人門(調經, 通治, 諸風, 諸虛, 勞瘵, 傷寒, 咳嗽, 嘔吐, 霍亂, 血病, 積聚, 頭痛, 心腹痛, 腰脚, 脚氣, 大小便, 諸淋, 諸痢, 痔漏, 乳癰, 水腫, 陰腫, 求嗣, 胎敎, 姙娠, 坐月, 難産, 胞衣不下, 産後), 小兒門(總論, 浴兒, 臍病, 變蒸, 口舌, 頭面, 眼, 耳, 鼻, 齒, 咽喉, 龜背, 手脚, 行遲, 難乳, 心腹痛, 脾胃, 嘔吐, 霍亂, 吐衄, 咳嗽, 諸瘧, 黃疸, 宿食, 積聚, 腫脹, 癰疽, 湯火傷, 丹毒, 癮疹, 大小便, 諸淋, 諸痢, 諸痔, 癩疝, 諸蟲, 諸疳, 驚癎, 啼, 中惡, 尸疰, 鬾病, 諸風, 痙痓, 傷寒, 瘆痘, 諸熱, 諸汗, 落床, 誤呑物, 雜病)

하나의 문(門)을 서술할 때, 각 문에는 의론을 앞에 두고 처방을 뒤에 두었다. 의서의 편찬 연대 순서대로 그 처방을 정렬하고 조금도 옛글을 개정(改訂)하지 않은 채 원문 그대로 편입하였다. 뒤의 책이 앞의 책과 동일한 내용일 경우에는 앞의 책 아래에 어떤 책과 같다고 적고, 또 문장이 같은데 글자가 다른 것은 그 아래 주석을 다는 방식을 취하였다. (앞의 '범례' 참조)

이 책의 "인용제서(引用諸書)" 중에는, 후술하겠지만 이른바 "의방유취 채집본(採輯本)"이라고 하는 30여 종의 복원본이 만들어질 정도로 당(唐)·송(宋)·원(元)의 옛 책을 많이 담고 있기 때문에 번거로움을 마다하지 않고 모든 인용 서명을 제시한다.

◎ 《의방유취》 인용제서[一]

《黃帝內經素問》, 《靈樞》, 《運氣》, 《遺篇》, 《明堂灸經》, 《鍼經》, 《鍼灸經》, 《難經》, 《難經本義》, 《傷寒論》, 《傷寒論注解》, 《五藏論》, 《金匱方》, 《王叔和脈訣》, 《王氏脈經》, 《龍樹菩薩眼論》, 《巢氏病源》, 《千金方》, 《千金翼方》, 《千金月令》, 《海上仙方》, 《福壽論》, 《五臟六腑圖》, 《食醫心鑑》, 《産寶》, 《小兒藥證》, 《聖惠方》, 《四時纂要》, 《銅人經》, 《和劑局方》, 《簡要濟衆方》, 《王嶽産書》, 《修眞秘訣》, 《小兒藥證直訣》, 《寶丹要訣》, 《大全本草》, 《三因方》, 《衛生十全方》, 《神巧萬全方》, 《通眞子傷寒括要》, 《南陽活人書》, 《無求子活人書》, 《傷寒活人書》, 《傷寒百問歌》, 《傷寒百證歌》, 《助道方》, 《是齋醫方》, 《瑣碎錄》, 《資生經》, 《易簡方》, 《玉函經》, 《黎居士簡易方》, 《黎居士決脈精要》, 《斷病提綱》, 《王氏易簡方》, 《仁齋直指方》, 《直指小兒方》, 《直指脈訣》, 《傷寒類書》, 《外科精要》, 《胎産救急方》, 《朱氏集驗方》, 《李晞范脈訣》, 《嚴氏濟生方》, 《嚴氏濟生續方》, 《管見大全良方》, 《婦人大全良方》, 《修月魯般經》, 《傷寒明理論》, 《儒門事親》, 《治病百法》, 《三法六門》, 《十形三療》, 《治法雜論》, 《雜記九門》, 《傷寒直格》, 《素問玄機原病式》, 《保童秘要》, 《宣明論》, 《東垣試效方》, 《東垣內外傷辨》, 《蘭室秘藏》, 《湯液本草》, 《脾胃論》, 《御藥院方》, 《得效方》, 《澹軒方》, 《傷寒指掌圖》, 《葛氏肘後方》, 《澹寮方》, 《子午流注》, 《鍼經指南》, 《玉龍歌》, 《衛生寶鑑》, 《延壽書》, 《聖濟總錄》, 《居家必用》, 《必用全書》, 《必用之書》, 《拔粹方》, 《瑞竹堂方》, 《小兒痘疹方》, 《王氏集驗方》, 《醫方大成》, 《醫方集成》, 《南北經驗方》, 《袖珍方》, 《省翁活幼口議》, 《永類鈐方》, 《瘡科通玄論》, 《經驗秘方》, 《眼科龍木總論》, 《醫經溯洄集》, 《川玉集》, 《格致餘論》, 《局方發揮》, 《經驗良方》, 《醫林方》, 《煙霞聖效方》, 《壽親養老書》, 《十四經發揮》, 《纂圖脈訣》, 《施圓端效方》, 《吳氏集驗方》, 《神效名方》, 《事林廣記》, 《山居四要》, 《新效方》, 《鍼灸廣愛書括》, 《外科集驗方》, 《理傷續斷方》, 《小兒瘡疹方》, 《追勞方》, 《急救仙方》, 《秘傳外科方》, 《徐氏胎産方》, 《仙傳濟陰方》, 《外科精義》, 《瘡科精義》, 《玉機微義》, 《勸善書》, 《臞仙活人心》, 《運化玄樞》, 《壽域神方》, 《神隱》, 《金丹大成》, 《衛生易簡方》, 《金匱鉤玄》, 《御醫撮要》, 《備預百要方》, 《簡奇方》, 《醫經小學》, 《小學醫經》

[一] 총 153종이다.

인물전기

편찬 관계자 약전(略傳) 〈찬출 관계자의 이름은 《실록》에 보인다〉

안평대군(安平大君) 이용(李瑢, 1418－1453). 자는 청지(淸之), 호는 비해당(匪懈堂)·매죽헌(梅竹軒)·낭간거사(琅玕居士)이다. 세종의 셋째 아들로 계유정난1653 때 사사되었다. 당시 36세였다. 학문을 좋아하고 시문에 뛰어났으며 그림을 잘 그렸다. 특히 조선 제일의 명필로 숭례문〈현재 서울의 남대문〉의 편액(扁額)을 썼다.

김예몽(金禮蒙). 자는 경보(敬甫)이고, 본관은 광산(光山)이다. 세종 14년 임자1432 식년 문과에 급제한 뒤 집현전 저작랑(集賢殿著作郞)을 거쳐 고관(考官)을 지냈고 사신으로 일본과 명(明)에 다녀오기도 하였다. 관직은 공조 판서에 이르렀다. 예종 1년 기축1469 64세의 나이로 세상을 떠났다.

유성원(柳誠源, ?－1456). 자는 태초(太初), 호는 낭간(琅玕), 본관은 문화(文化)이다. 세종 26년 갑자1444 식년 문과에 급제하였고 세종 29년 정묘1447 문과 중시에 합격하였다. 집현전에 선발되어 유명해졌다. 관직은 사성(司成)에 이르렀다. 단종 때 사육신의 한 사람이다.

김문(金汶, ?－1448). 자는 윤보(潤甫)[1], 호는 서헌(西軒), 본관은 언양(彦陽)이다. 세종 2년 경자1420 식년 문과에 급제하였다. 관직은 집현전 직제학(集賢殿直提學)에 이르렀다. 매우 총명하였으며 특히 사학(史學)에 정통하였다.

신석조(辛碩祖, 1407－1459). 자는 찬지(贊之)[2], 호는 연빙당(淵氷堂)[3], 본관은 영산(靈山)이다. 세종 8년 병오1426 식년 문과에 급제하였다. 관직은 제학(提學)·이조 판서에 이르렀다.[4]

이예(李芮, 1419－1480). 자는 가성(可成), 호는 눌재(訥齋), 본관은 양성(陽城)이다. 세종 23년 신유1441 식년 문과에 급제하였고 세종 29년 정묘1447 문과 중시에 합격

1 윤보(潤甫) : 원서에는 '자미(子湄)'로 되어 있으나 현대 연구를 근거로 수정하였다.

2 찬지(贊之) : 원서에는 '문현(文顯)'으로 되어 있으나 현대 연구를 근거로 수정하였다.

3 연빙당(淵氷堂) : 원서에는 '연수당(淵水堂)'으로 되어 있으나 현대 연구를 근거로 수정하였다.

4 현대 연구에 따르면 직제학을 지냈고 말년에 이조 참판에 이르렀다.

하였다. 관직은 형조 판서에 이르렀다. 자질이 뛰어나고 박학다식하였다.

김수온(金守溫, 1410-1481). 자는 문량(文良), 호는 괴애(乖崖), 본관은 영동(永同)이다. 세종 23년신유1441 식년 문과에 급제하였고 세조 3년정축1457 문과 중시에 합격하였다. 관직은 영중추부사(領中樞府事)에 이르렀고, 영산부원군(永山府院君)에 봉해졌다. 시문에 뛰어났다.

전순의(全循義, 생몰 미상). 의관(醫官)으로 《식료찬요食療纂要》를 편찬하였다. 〔026장〕을 참고하라.

최규(崔閨)·김유철(金有哲). 이들도 세종 대의 의관이다. 이들의 삶에 대해 알려진 사실이 많지 않다.

이사철(李思哲, 1405-1456). 자는 성지(誠之), 본관은 전주(全州)이다. 세종 14년임자1432 식년 문과에 급제하였다. 《선원록璿源錄》·《종친록宗親錄》을 개수한 공으로 발탁되었고 관직은 좌의정에 이르렀다. 키가 크고 술을 잘 마셨다.[5]

이사순(李師純, ?-1455). 본관은 성산(星山)이다. 영의정 이직(李稷)의 아들이다.

노중례(盧仲禮, ?-1452). 곧 노중례(盧重禮)이다. (〔015장〕에서 설명하였다.)

양성지(梁誠之, 1415-1482). 자는 순부(純夫), 호는 눌재(訥齋) 또는 송파(松坡)[6], 본관은 남원(南原)이다. 태종 15년을미1415에 태어났고, 세종 23년신유1441 식년 문과에 급제하였다. 여섯 왕[7]을 섬겼고 관직은 이조 판서에 이르렀다. 홍문관 대제학을 지냈고 남원군(南原君)에 봉해졌다. 성종 13년임인1482에 세상을 떠났다. 왕의 일을 보좌하고 정책을 건의한 일이 매우 많았다. 《남원군주의南原君奏議》·다섯 왕의 《실록實錄》·《고려사절요高麗史節要》 등 셀 수 없이 많은 저작이 있다.[8]

한계희(韓繼禧, 1423-1482). 전기는 제2부 〔029장〕 《신응경神應經》 해제에서 설명

---

5 《세조실록》에 이사철의 졸기(卒記)가 보인다.

6 송파(松坡) : 현대 연구를 근거로 추가하였다.

7 여섯 왕 : 원서에는 '다섯 왕〔五世〕'으로 되어 있으나, 세종부터 성종까지 여섯 왕을 섬겼으므로 수정하였다.

8 《성종실록》에 양성지의 졸기(卒記)가 보인다.

하였다.

임원준(任元濬, 1423－1500). 전기는 〔023장〕《창진집瘡疹集》 해제에서 설명하였다.

권찬(權攢, 1430－1487). 자는 취지(聚之), 본관은 안동(安東)이다. 권훤(權煊)[9]의 아들이다. 세조 7년 신사1461 사마시에 합격하여 처음 의서습독관(醫書習讀官)에 임명되었고 의서를 두루 연구하여 의업(醫業)에 정통하였다. 남이(南怡)의 모반 때에 공을 세워 현복군(玄福君)에 봉해졌다. 성종 때 계속 진급하여 공조 판서에 이르렀다. 의업에 있는 사람은 육경(六卿)에 합당하지 않다며 대간이 그를 탄핵하였으나 성종은 듣지 않았다. 비록 노비가 약(藥)을 묻더라도 반드시 마음을 다해 알려주었으니 이렇게 의술로 구제하여 살린 이가 많았다.[10] 성종 18년 정미1487에 세상을 떠났다.[11]

설명 편찬 및 간행의 순서 [日]

처음에 필자는 이 책의 존재만 알고 있었다. 다음과 같은 일본 측 기록을 통해서였다.

하타 고우잔(畑黄山)의 《의학원학범醫學院學範》 권3, 타키 모토카타(多紀元堅)의 《시환독아서時還讀我書》 권하(卷下)에는 각각 다음과 같이 적혀 있다.

◎ 《의학원학범》 일부

> 醫方類聚, 朝鮮祖宗命文官醫官撰集, 自千金、外臺、聖惠、聖濟, 以下至永類鈐方等, 類纂以編之, 錯綜未及衷。

> 《의방유취》. 조선의 조종(祖宗)이 문관과 의관에게 명하여 편찬하였다. 《천금방千金方》·《외대비요外臺秘要》·《태평성혜방太平聖惠方》·《성제총록聖濟總錄》

---

9 권훤(權煊) : 원서에는 '성훤(成烜)'으로 되어 있으나, 《성종실록》을 근거로 수정하였다.

10 비록 ~ 많았다 : 원서의 내용이 불완전하여 《성종실록》을 근거로 수정하였다.

11 《성종실록》에 권찬의 졸기(卒記)가 보인다.

[日] 필자는 이 책에 대해 처음에는 전혀 알지 못하다가 점차 전모를 파악하게 되었다. 그 연구 경위를 여기에 적는다.

에서부터 《영류검방永類鈐方》 등에 이르기까지 의서를 분류하고 모아 편찬하였는데 여러 가지가 뒤섞여 만족스럽지는 못하였다.

◎ 《시환독아서》 일부

醫方類聚ハ朝鮮ノ醫書ナリ、嚮ニ仙臺ノ醫工藤平助ノ家ニ藏シ、傳言フ加藤淸正ノ掠歸スルトコロト。先教諭重貲ヲ以テ購得テ深ク寶重シ玉ヘリ。其書凡二百六十六卷每卷一大冊ヲナシ、分テ九十五門(婦人小兒ハ更ニ子目ヲ分テリ)、引用スルノ書一百五十三部ニシテ、其今ニ佚スルモノ四十餘部ニ及ベリ。每門論ヲ先ニシ方ヲ後ニシ、書ノ時代先後ニヨリテ次第ニ臚列シ、敢テ舊文ヲ改訂セズ後書ノ前書ニ同キハ前書ノ下ニ某書同トアゲ、其大略同シ文字ノ異アルハ其下ニ注ス。體例極テ謹整ニシテヨク原書ノ舊面ヲ存シ。其所引ハ初明ニ限レリ、蓋明初ニ成リテ、恐クハ永樂大典ニ仿タルモノカ、洵ニ罕覯ノ秘帙大有用ノ鉅觀ナリ。東醫寶鑑ニ我朝先王命醫臣所撰トバカリニテ、其何ノ朝ニ成ルコトヲイハス。然ルニ頃日、朝鮮ノ金安國ノ慕齋集卷一ノ零本ヲ購タリ、其中ノ梁文襄公神道碑銘ニ校進醫方類聚ト見タリ。梁名誠之字純夫號訥齋成化十八年卒ストアリ、コレヲ觀テ其時世ノ約略ヲ知ルコトヲ得タリ。類聚所引ノ佚書唐宋元ノ舊帙甚多シ、余嘗テ同人ト商リ淸臣ノ大典採輯ノ擧ニ仿ヒ錄出シテ三十餘部トナセリ、皆不可無ノ好書ナリ。

《의방유취》는 조선의 의서로서 전에 센다이(仙臺)의 의사 쿠도 헤이스케(工藤平助)의 집에 소장되어 있었는데, 전해지는 말로는 카토 기요마사(加藤清正)가 빼앗아 돌아왔다고 한다. 선대 교유(教諭)가 큰 재물을 주고 취득해서 매우 귀중하게 여겼다. 그 책은 모두 266권으로 권마다 하나의 큰 책(冊)으로 되어 있고, 95문(門) (부인·소아는 다시 세목으로 나뉜다)으로 나뉘었다. 인용된 서적 153종 중에는 지금은 실전된 것이 40여 종에 이른다. 문마다 의론을 앞에 두고 처방을 뒤에 두었고 책의 시대 순서에 따라 선후를 배열하였다. 감히 옛글을 고치지 않고 후대 책이 앞의 책과 같은 것은 앞의 책의 아래에 어떤 책과 같다고 적고 내용이 대략 같고 글자가 다른 것은 그 아래 주를 달았다. 체계가 매우 가지런하고 원서의 옛 모습을 잘 보존하였다. 인용된 것은 명 초까지인데, 명 초에 완성되어 아마도 《영락대전永樂大典》을 모방한 듯하다. 참으로 만나기 힘든 신비로운 책이며 몹시 유용한 대작이다. 《동의보감》에 "우리 조선의 선왕께서 문관과 의관에게 명하여 지었다."라 말하였을 뿐 어느 왕 대에 만들어졌는지는 말하지 않았다. 그런데 요사이 조선 김안국의 《모재집慕齋集》 권1 영본(零本)을 구하여 그

안의 〈양문양공신도비명〉에 "《의방유취》를 교정하여 진상하였다."고 하였다. 양(梁) 공의 이름은 성지(誠之), 자는 순부(純夫), 호는 눌재(訥齋)로 성화(成化) 18년에 죽었는데, 이것을 보면 그 시기를 대략 알 수 있다. 《의방유취》의 인용서 중에는 실전된 당·송·원의 옛 책이 매우 많은데, 내 일찍이 문하생과 상의하여 청나라에서 《영락대전》을 찬집한 예에 따라 《의방유취》 채집본(採輯本) 30여 종을 만들었으니 모두 없어서는 안 될 좋은 책이다.

앞의 하타(畑黃)의 기록은 참고할 가치가 적지만, 뒤의 타키 모토카타(多紀元堅)의 설명은 실물을 조사한 뒤라고 해도 시대적 상황이나 일본에서 처음 쓰인 기사(記事)라는 점을 고려한다면 매우 탁월한 것이라고 말할 수 있다. 현재 전해지는 조선 의서들과 조선 도서 목록 가운데에도 《의방유취》의 서명을 기재하고 있는 경우가 전혀 없다고 해도 좋을 정도이고, 《동의보감》에서도 단순히 "《의방유취》·《향약집성방》. 이상은 우리 조선의 조종(祖宗)께서 문관과 의관에게 명하여 찬집하였다.〔醫方類聚、鄕藥集成方, 以上本國祖宗朝命, 文官醫官撰集〕"라고 보일 뿐 그 이상의 것은 알 수 없다.

더욱 그 편찬 사정을 정확하게 알려면 《조선왕조실록》을 하나하나 추적하는 것밖에 의지할 방법이 없다. 필자는 다행히 오구라 신페이(小倉進平, 1882－1944) 박사로부터 이에 관해 실마리가 되는 기사를 들을 수 있었다. 그 내용은 아래와 같다.

◎ 《세종실록》 세종 27년 을축1445 10월 기사

命集賢殿副校理金禮蒙、著作郎柳誠源、司直閔普和等, 裒集諸方, 分門類聚, 合爲一書。後又命集賢殿直提學金汶、辛碩祖、副校理李芮、承文院校理金守溫, 聚醫官全循義、崔閏、金有智等, 編集之, 令安平大君瑢、都承旨李思哲、右副承旨李師純、僉知中樞院事盧仲禮監之, 歷三歲而成, 凡三百六十五卷, 賜名曰醫方類聚。

집현전 부교리 김예몽(金禮蒙)·저작랑 유성원(柳誠源)·사직 민보화(閔普和) 등에게 명하여 여러 책을 수집하여 목차에 따라 비슷한 내용을 묶은 뒤 합하여 한 책을 만들게 하였다. 그 뒤에 다시 집현전 직제학 김문(金汶)·신석조(辛碩祖)·부교리 이예(李芮)·승문원 교리 김수온(金守溫)에게 명하여 의관(醫官)인 전순의(全循義)·최윤(崔閏)·김유지(金有智) 등을 모아서 책을 편집하게 하고 안평대군 이용(李瑢)·도승지 이사철(李思哲)·우부승지 이사순(李師

純)·첨지중추원사 노중례(盧仲禮)로 하여금 감독하게 하였다. 3년에 걸쳐 완성하였으니 모두 365권이었고, 《의방유취》라는 이름을 받았다.

이 기사로부터 세종 25년에 세종의 명에 의해 문신과 의관이 《의방유취》 편찬에 착수하였고 3년이 지난 27년 10월에 완성하였다는 사실을 알 수 있었다〈《세종실록》에는 365권이라고 하였으나 간행된 실제 권수는 아니므로 이하로는 현전본의 266권을 따르기로 한다〉.

그 후 필자가 궁내성(宮內省) 도서료(圖書寮)에 방문하여 책을 열람하고 있을 때 마침 제실박물관(帝室博物館)으로부터 도서료로 이관된 원간본 《의방유취》를 우연히 볼 수 있는 기적과도 같은 기쁜 기회를 얻을 수 있었다. 현존하는 이 책이 언제 간행된 것인지 추적하는 데에도 매우 많은 노력이 필요했다.〈당시 총독부의 《조선사朝鮮史》는 이 시기에 해당하는 권책이 아직 간행되지 않았다〉 그러나 이 노력도 헛되지 않았다. 다음과 같은 사실을 알았기 때문이다.

◎ 《세조실록》 세조 4년 무인1458 4월 기사[三]

禮曹啓, 世宗大王朝所撰醫方類抄, 備載諸方, 但卷秩浩穰, 卒難刊行, 姑將簡要方書, 分門講習。從之。

예조에서 아뢰었다. "세종대왕 때 편찬한 《의방유초醫方類抄》에는 여러 서적을 많이 수록하였으나 권수가 매우 많아 갑자기 간행하기는 어려우니 우선 요점만 간추린 책을 가지고 목차별로 따라 익히게 하소서." 주상께서 그대로 따랐다.

◎ 《세조실록》 세조 5년 기묘1459 9월 1일 기사

御書示左承旨李克堪曰, 治平要覽、醫方類聚, 皆世宗時撰集之書, 不可不印。然治平更校之, 則誤處多, 若類聚, 則不必如是之多誤矣。且切用, 非治平之所及。予欲先校類聚印出, 治平則徐徐更校, 如何。……。

주상께서 좌승지 이극감(李克堪)에게 어서(御書)로 유시하였다. "《치평요람》과 《의방유취》는 모두 세종 때에 편찬한 책이므로 인출(印出)하지 않을 수가 없다. 그런데 《치평요람》을 다시 교열해 보니 그릇된 곳이 많았으나 《의방유취》는 그처럼 그릇된 곳이 많지는 않을 것이다. 더군다나 당장의 절실함으로 따지자면

[三] 세조 때는 즉위년을 원년으로 한 《실록》을 따른다.

《치평요람》이 미칠 수준이 아니다. 나는 《의방유취》를 먼저 교정하여 인출하고 《치평요람》은 천천히 다시 교정했으면 하는데 어떻겠는가. ……."

◎ 《세조실록》 세조 5년 기묘1459 9월 4일 기사

左承旨李克堪上書曰, ……, 醫方類聚亦醫書之大全, 切於日要, 固非治平之所及也。然以斤兩之多少, 藥性之寒溫, 若少有錯誤, 則害人甚大, 其校正之功, 當倍著力, 不可容易。 然其校正, 不必儒士。臣觀醫書習讀諸人, 皆通曉文理, 熟知方書, 可令此輩校正, 乞選通儒知醫方者一人, 監領如近日兵要校正之例, 互相檢察, 施其賞罰, 則不必別立書局, 別廩飮啖, 而功亦易就。 ……。御書答之曰, 甚當。非卿不能如是, 委卿布置。

좌승지 이극감(李克堪)이 상서(上書)하였다. "《의방유취》는 의서를 크게 모은 책이므로 일상생활에 절실함에 있어서는 당연히 《치평요람》이 미칠 수준이 아닙니다. 그러나 용량의 많고 적음과 약성(藥性)의 한온(寒溫)에 있어서 만약 조금이라도 틀린 점이 생기면 사람에게 매우 큰 해가 될 것이니 그것을 교정하는 일에 갑절이나 힘을 써야만 하고 쉽사리 해서도 안 됩니다. 그러나 교정을 유학자가 할 필요는 없습니다. 소신이 살펴보건대 의서를 익히는 사람들은 모두 문리를 통달하여 의서를 숙지하고 있으니 이들에게 교정하도록 하고, 뛰어난 유학자면서 의서를 잘 아는 한 사람을 뽑아서 최근에 《병요》를 교정한 전례처럼 총괄하게 한 후 서로가 검토하게 하여 상벌을 준다면 별도로 서국(書局)을 세우거나 별도로 녹봉을 주어 먹일 필요 없이도 일을 쉽게 이룰 것입니다. ……" 주상께서 어서(御書)로 답하였다. "매우 마땅한 말이다. 경(卿)이 아니면 이런 생각을 할 수 없으니 경의 안배에 맡긴다."

그러나 위의 기사처럼 간행이 필요하다고 언급되고 있지만 아무래도 권질이 많고 교정도 매우 어려워 결국 양성지가 감령(監領)이 되어 교정을 맡았다(이 일은 《눌재집訥齋集》과 《모재집慕齋集》에도 보인다).

◎ 《세조실록》 세조 5년 기묘1459 11월 30일 기사

命行大護軍梁誠之, 校正醫方類聚。

행 대호군 양성지(梁誠之)에게 명하여 《의방유취》를 교정하게 하였다.

교정이 잘 진척되지 않아 교정 참여자가 처벌되기도 하였다. 그러나 일은 계속 진행되었다.

◎《세조실록》 세조 9년 계미1463 11월 8일 기사

> 御丕顯閣。永順君溥，……等入侍。設酌，論兵書纂註，醫書類聚等事。

> 주상께서 비현합(丕顯閣)에 나아갔을 때 영순군 이부(李溥)와 …… 등이 입시(入侍)하였다. 술자리를 베풀고 《병서찬주》와 《의서유취》 등의 일을 의논하였다.

◎《세조실록》 세조 10년 갑신1464 1월 11일 기사

> 傳于吏曹，孫昭等十人罷職，柳瑤等七人罷職，仍削前仕，韓致良等四十六人削前仕，安克祥等十一人奪告身。以校正醫方類聚，多致錯誤故也。

> 이조(吏曹)에 주상의 뜻을 전하여 손소(孫昭) 등 10인은 파직시키고, 유요(柳瑤) 등 7인은 파직시키면서 관직 기록을 삭제하며, 한치량(韓致良) 등 46인은 관직 기록을 삭제하고, 안극상(安克祥) 등 11인은 고신(告身, 임명장)을 빼앗았다. 《의방유취》를 교정한 일에 많은 오류가 생겼기 때문이다.

◎《세조실록》 세조 10년 갑신1464 9월 8일 기사

> 御忠順堂，召吏兵曹令注擬。以梁誠之爲吏曹判書，韓繼美西原君，崔永潾行司憲掌令，註武經及撰醫書類聚人，竝加一資，堂上官代加子壻弟姪。

> 주상께서 충순당(忠順堂)에 나아갔을 때 이조와 병조를 불러 후보자를 올리도록 하였다. 양성지(梁誠之)를 이조 판서로, 한계미(韓繼美)를 서원군으로, 최영린(崔永潾)을 행 사헌장령으로 삼았다. 《무경》에 주석을 달고 《의서유취》를 편찬한 사람들에게는 모두 자급을 하나 더했고, 당상관(堂上官)은 아들·사위·아우·조카에게 대신 자급을 더하였다.

교정은 세조 말 즈음에 대체로 끝났다. 그러나 위의 기사에서도 출간된 연도를 분명히 알 수 없었다. 필자는《세조실록》의 내용을 더 살폈고 그리하여 오랜 세월이 지난 성종 8년에 이르러 간행되었다는 사실을 간신히 알아낼 수 있었다.

◎ 《성종실록》 성종 8년 정유1477 5월 20일 기사[12]

> 西平君韓繼禧、左參贊任元濬、行護軍權攢，印進醫書類聚三十帙，啓曰，此書印出至三年功訖。其監印官柳滑久滯醫官，白受禧以典校署別提，已考滿，請授滑顯官，受禧祿職。傳曰可。仍命賜繼禧等虎皮各一張。

> 서평군 한계희(韓繼禧)·좌참찬 임원준(任元濬)·행 호군 권찬(權攢)이 《의서유취》 30질을 인출하여 올리며 아뢰었다. "이 책의 인출이 3년 만에 끝났습니다. 감인관 유서(柳滑)는 의관(醫官)으로 오래 정체되어 있고, 백수희(白受禧)는 전교서 별제로 이미 임기가 다 되었습니다. 청컨대 유서에게는 좋은 벼슬을 제수하고, 백수희에게는 녹(祿)과 관직을 주소서." 주상께서 "좋다."고 하였다. 그 후에 한계희 등에게 각각 호피(虎皮) 한 장씩을 내려 주도록 명하였다.

이상을 모아 요약하면, 《의방유취醫方類聚》(《실록》에는 간간이 《의서유취醫書類聚》로 표기되었다)는 세종 27년에 먼저 편찬되었다. 세조 5년부터 반포를 위하여 교정을 시작하였고 많은 어려움을 겪었지만 대략 세조 10년 즈음에 작업이 완료되었다. 그 뒤 성종 8년에 이르러서 30부가 비로소 인출되었다. 이때 대업이 완수된 것이다.

설명 의학적 가치, '의방유취 채집본(採輯本)'

《의방유취》 266권은 권마다 장차(張次)가 백 여장에 달하는 실로 방대한 책이다. 당(唐)·송(宋)·원(元)·명(明) 초까지의 의서 153종을 전혀 개정(改訂)하지 않은 채 체계적으로 가지런하게 각 병증문에 내용에 따라 분류해 놓고 있어 이 책 하나만으로 당·송·원·명 초 의서를 모두 이해할 수 있다고 해도 과언이 아니다. 이 의서 153종 가운데에는 현재 실전된 의서 40여 종도 있으므로 《의방유취》를 바탕으로 이 일서(佚書)를 복원할 수 있다. 이에 타키 모토카타(多紀元堅)는 그의 문하생과 함께 이들 일서의 내용을 《의방유취》 본문에서 베낀 다음 복원하여 이른바 "의방유취 채집본" 30여 종을 만들었다. 아래에 그 주된 것을 제시한다〈이 부분은 제5부 〔034장〕 《의방유취》 채집본 해제를 함께 참고하라〉.

12 원서에는 일부 내용만 있지만 역자가 보충하여 실었다.

◎ 일본의 의방유취 채집본

《주씨집험방朱氏集驗方》, 10권 10책, 송(宋) 주좌(朱佐) 지음
《경험비방經驗秘方》, 8권 8책, 원(元) 작자 미상
《경험양방經驗良方》, 15권, 원(元) 작자 미상
《왕씨집험방王氏集驗方》, 5권 5책, 원(元) 왕동야(王東野) 지음
《시원단효방施圓端效方》, 3권 2책
《연하성효방煙霞聖效方》, 2권 2책
《담헌방澹軒方》, 1권 1책
《의림방醫林方》, 1권 1책
《수월노반경修月魯般經》, 1권 1책, 원(元) 작자 미상
《수월노반경후록修月魯般經後錄》, 1권 1책, 원(元) 작자 미상
《기바오장론耆婆五藏論》, 1권 1책, 당(唐) 작자 미상
《상한괄요시傷寒括要詩》, 3권 1책, 송(宋) 유원빈(劉元賓) 지음
《천옥집川玉集》, 1권 4책, 송(宋) 작자 미상
《천금월령千金月令》, 2권 1책
《간요제중방簡要濟衆方》, 1권 1책, 송(宋) 주응(周應) 등 지음
《신교만전방神巧萬全方》, 12권 6책, 송(宋) 유원빈(劉元賓) 지음
《이간귀일易簡歸一》, 1권 1책, 송(宋) 서약허(徐若虛) 지음
《위생십전방衛生十全方》, 1권 1책, 송(宋) 하덕무(夏德懋) 지음
《오씨집험방吳氏集驗方》, 1권 1책, 송(宋) 오득부(吳得夫) 지음
《관견대전양방管見大全良方》, 5권 3책, 송(宋) 진자명(陳自明) 지음
《산보産寶》, 3권 1책, 송(宋) 잠은(昝殷) 지음
《산서産書》, 1권 1책, 송(宋) 왕악(王嶽) 지음
《제생속방濟生續方》, 8권, 송(宋) 엄용화(嚴用和) 지음
《용수보살안론龍樹菩薩眼論》, 1권 1책
《창과통현론瘡科通玄論》, 1권 1책, 명(明) 양득춘(楊得春) 지음
《소아약증小兒藥證》, 1권 1책, 송(宋) 유경유(劉景裕) 지음
《보동비요保童秘要》, 2권 2책, 금(金) 유완소(劉完素) 지음

설명 일본 유입 및 그 후의 전존 경과

임진왜란 때 엄청난 서적이 일본에 유입되었다. 여기서 특기할 만한 것은 우키다 히데이에(宇喜多秀家)가 들여온 책인데, 이들은 마나세 쇼오린(曲直瀨正琳)에게 전해져 '요안인장서(養安院藏書)'의 근간이 되었다. 이 밖에 출정했던 제후들이 경쟁적으로 서적을 구해 왔는데, 《의방유취》는 카토 기요마사(加藤清正)가 가지고 돌아왔다고 전해지고 있다. 여기에 확증은 없지만 타키 모토카타(多紀元堅)의 《시환독아서時還讀我書》 권하(卷下)에 적혀 있는 내용 때문이다.[13]

그의 기록을 받아들인다면 그 후에 어떤 과정을 통해서 카토 기요마사에서 쿠도 헤이스케(工藤平助) 가문으로 이 책이 전해졌을까. 조사가 짧아 필자는 아직 이에 대해 알지 못한다. 그러나 전술한 쿠도 씨에서 타키 씨에게 전해진 데 대해서는 상세한 연구가 있다. 모리 준자부로(森潤三郎)가 그의 저서 《타키씨의 사적多紀氏の事蹟》 중에 인용해 놓은 《애봉수간艾峰手簡》(요시다 코톤(吉田篁墩)이 미토(水戶)의 타치하라 스이켄(立原翠軒)에게 보낸 서간집으로, 같은 미토의 코미야마 후우켄(小宮山楓軒)이 필사한 것이다)의 텐메이(天明) 4년 5월 14일과 그 뒤인 6월 2일 기록에 다음과 같이 적혀있다.

◎《애봉수간》 텐메이 4년 5월 14일 기록

> 此程奈須玄眞と申醫官之家にて仙臺の家人工藤平助に遇申候, 渠家朝鮮ノ《醫方類聚》四百三十冊 欠十餘卷 を藏有之, 依て此事申遣候而褒賞申候處, 平助申候は, 此書私篋の蝕蠹に供し候はんよりは濟壽館[14]へ寄納可申と存候由申候, 依之早早多紀へ申談, 則右之書近近日を擇み多紀へもらひ申筈に相決し候, 仍奇書と申大部のもの, 安長悅御察被下候, 一段の奇事と可申候

> 일전에 나스 겐신(奈須玄眞)이라고 하는 의관(醫官)의 집에서 센다이(仙臺)의 가인(家人) 쿠도 헤이스케(工藤平助)를 만났습니다. 그 집안에 조선의 《의방유취》 430책(10여권 일실됨)이 소장되어 있습니다. 때문에 이 일을 말씀드려 포상하는 바입니다. 쿠도 헤이스케는 이 책을 개인이 소장하여 책벌레에게 먹히기를 기다리기보다는 제수관(躋壽館)에 맡겨야 한다고 생각한다 했습니다. 그래서 곧바로 타키(多紀) 가문에게 보내자고 상담했더니 머지않아 날을 잡아서 위의

13 원서에는 《시환독아서》 내용 일부가 인용되어 있으나 앞의 "편찬 및 간행의 순서"에서 전재하였으므로 여기서는 생략하였다.

> 책을 타키 가문이 맡아야 한다고 결정했습니다. 매우 기이한 거질의 서적입니다. 타키 모토야스(多紀元簡)께서는 기뻐하며 헤아려 주셨습니다. 대단히 기이한 일이라 할 것입니다.

◎ 《애봉수간》 텐메이 4년 6월 2일 기록

醫方類聚いよいよ先ごろ中多紀へ送來候, 喜不大方候, 乍去前後闕卷にて知れかね申候, 播州に所持之人在之候よし, 搜し見可申つもりに候

> 《의방유취》가 마침내 일전에 타키 가문에게 보내졌습니다. 매우 기쁘기는 하지만, 그러면서도 앞뒤의 결권에 대해서는 잘 모르겠습니다. 반슈우(播州)에 그것을 지닌 사람이 있다고 하니, 찾아보아야 할 것입니다.

위의 기사로 《의방유취》가 쿠도 헤이스케로부터 타키 가문에 전해진 경위가 명료해진다. 요시다 코톤은 학문을 좋아했고, 쿠도 헤이스케는 의로운 마음을 가졌으며, 타키 모토야스는 힘써 연구하였으니 모두 한 가지씩 미덕을 갖추었다. 여기서 "《의방유취》 430책"이라고 한 것은 오류인 듯하다. 빠진 권을 반슈(播州) 사람이 가진 이유 등이 필자의 관심을 끌었지만 이것을 조사할 수 있는 방법이 없었다. 이렇게 해서 《의방유취》는 제수관(躋壽館)에 들어가게 되었다. 이를 더욱 명확하게 적은 기록으로 모토야스(元簡)가 자필로 쓴 《잇슈우도오가장서목聿修堂架藏書目》 2책〈교토대학 도서관 후지카와문고(富士川文庫) 소장〉이 있다. 이 서목 속에 다음과 같이 적혀 있다.

◎ 《잇슈우도오가장서목》의 《의방유취》

醫方類聚, 二百六十二卷。朝鮮刻本, 不著撰人姓氏, 欠第一、第四、第五、第百十六、第百二十、第百四十八、第百四十九、第百五十五、第百五十六、第百八十九、第二百九、第二百二十, 凡十二卷, 案東醫寶鑑云, 本朝祖宗時命諸醫官所撰。

> 《의방유취》 262권. 조선 간본. 편찬자 이름은 적혀 있지 않다. 결권은 권1·4·5·116·120·148·149·155·156·189·209·220으로 총 12권이다. 《동의보감》

---

14 원서에는 "濟壽館"으로 되어 있으나 "躋壽館"의 오기로 보고 번역하였다.

을 살펴보니 "우리 조선의 조종(祖宗)께서 당시 의관들에게 명하여 편찬하였다." 라고 적혀 있다.

이렇게 타키(多紀) 가문에 들어간 《의방유취》는 세상에 나왔으며, 타키 모토야스(多紀元簡)의 아들 타키 모토카타(多紀元堅)에 의해 더욱 그 중요성이 소개되어 '의방유취 채집본'이 만들어지고 고증의학(考證醫學)에서 주역을 맡게 되었다. 그 후 키타무라 나오히로(喜多村直寬)의 노력으로 복간되었고〈제5부 〔033장〕 참고〉, 그런 다음 반대로 이 복간본이 조선에 전해지게 되었다.

타키 가문에 전해진 원간본(原刊本)이 그 후에 어떻게 되었는지는 권수(卷首)마다 찍혀 있는 인기(印記)를 통해 알 수 있다〈"醫學圖書"·"躋壽殿書籍記"·"多紀氏藏書印"은 이것을 보여준다〉. 에도막부 붕괴와 함께 타키 가문을 떠나 대학동교(大學東校)[四] 전적국(典籍局)에 수장되었고, 이어 관립(官立) 아사쿠사문고(淺草文庫)[五]에 인계되었다가 우에노(上野)의 제실박물관(帝室博物館)에 들어갔고, 쇼와(昭和)에 이르러 궁내성(宮內省) 도서료(圖書寮)에 수장되었다.

⊙ 사에키문고(佐伯文庫)의 《의방유취》 필사본 : 이나바 이와키치(稻葉巖吉) 씨가 소장한 《사이키코오리츠사이서목佐伯紅栗齋書目》에 관심을 두었을 때, 내용 중에 "의방유취 44책〔醫方類聚, 四十四本〕"이라는 기록을 볼 수 있었다. 이 《의방유취》는 도서료 소장본과 관계없는 별개의 것으로, 분고국(豊後國) 사이키(佐伯) 번주(藩主) 모리 이즈모노카미 타카스에(毛利出雲守高標)의 소장서였다가 손자인 모리 이세노카미 타카스에(毛利伊勢守高標)가 분세이(文政) 10년 막부(幕府)에 바친 수만 권의 서적 속에 포함되었던 책이다. 필자는 오랫동안 이 책이 현존하는지 아닌지 모르고 있었다가 다행히도 근래에 내각문고(內閣文庫)의 후쿠이 타모츠(福井保) 씨로부터 이 책이 내각문고에 현존하는데, 제1책 첫머리에 "高標"라는 장서인(藏書

[四] 메이지 2년 5월 쇼헤이자카(昌平坂)에 있는 카이세이조(開成所)(번서조사소蕃書調查所가 이름을 바꾼 곳)를 대학교(大學校)라고 이름 붙이고 그 부속으로 의학교(醫學校)를 두었다. 12월에 대학교를 대학(大學)으로 개칭하고, 카이세이조를 대학남교(大學南校)로, 의학교를 대학동교(大學東校)로 지칭하였다.

[五] 아사쿠사(淺草) 미쿠라야부적(御倉屋敷跡)에 있었다. 메이지 7년 7월에 설립되어 14년 5월 폐관되었다.

印)이 있고 제1책이 제6권에 해당하며, "사이키(佐伯)의 의원 츠다 토오사이(津田道齋)가 쓰다〔佐伯醫員津田道齋著〕"라고 적혀있다〈어쩌면 이 사람이 필사하였기 때문에 이렇게 기록했는지 모른다〉는 사실을 알게 되었다.〈참고로, 또한 이 문고에 쇼헤이자카학문소(昌平坂學問所) 소장본이었던 에도시대 필사본 181책도 보인다고 한다〉

⊙ 일본 분큐(文久) 재간(再刊) 목활자본 《의방유취》: 이에 대해서는 제5부〔033장〕에서 해제하였다.〈〔부도72〕·〔부도73〕 참조〉

⊙ 1965년 경희대학교 의과대학 간본 : 일본 분큐 목활자본을 바탕으로 필사한 석판본〈1페이지에 3장(張)을 수록하였다〉으로 10책의 거질이다. 새로 엮은 '총목색인(總目索引)'과 '인용문헌색인(引用文獻索引)' 등이 별도의 1책으로 덧붙여진 채 간행되어 책을 펼쳐 연구하는 데 편리하다.

018. 산서 産書

[일실]

개요

필자는 아직 보지 못한 책이다. 그러나 세종 12년경술1430 12월 《세종실록》에 "의원(醫員)과 의녀(醫女)에게 《산서産書》를 풀이하게 하라."고 한 기사와, 세조 8년임오1462 2월 《세조실록》 '의서습독관의 장권(獎勸) 조목'에서 습독서의 하나로 꼽고 있는 것을 통해 이 책의 이름을 알 수 있다. 게다가 세조 10년갑신1464 정월 《세조실록》에서 의원(醫員)을 제수(除授)하기 위한 취재(取才) 때 강독해야 할 의서의 하나가 되었고, 또 성종 9년무술1478 2월 《성종실록》 '의녀(醫女)의 장권(獎勸)과 고과(考課)의 조목'에서도 강독할 책의 하나로 이름이 보인다. 이렇게 이 책은 반복적으로 의원과 의녀의 필독서로 채택되어 사용되었다.

고찰

이 책은 조선 의관의 저술로 생각되나 누가 지었는지는 특정할 수 없다. 노중례(盧重禮)의 《태산요록胎産要錄》과 함께 산과서(産科書)로써 중요하게 사용되었는데, 중종 38년계묘1543 7월 《중종실록》에 "《산서》와 《태산집》을 인출하여 얻기 어려운 폐단이 없게 하라."고 하였으므로 이 두 책은 이보다 이전, 아마도 세종이나 세조대에 초판이 인출된 것 같다.

덧붙이자면, 노중례가 지은 《태산요록》의 인용서 가운데 《산서》와 함께 《산서집록産書集錄》이라는 책이 보인다. 《산서》는 이 책에 해당하고 《산서집록》은 이와 유사

한 책이라고 생각한다. (〔020장〕《산서해록産書該錄》 해제 참조)

◎ 《세종실록》 세종 12년 경술1430 12월 15일 기사[1]

傳旨禮曹, 自今醫員四孟朔取才, 及醫女每月考講, 竝講産書。

예조에 전교하였다. "이제부터 매 계절의 첫 달에 시행하는 의원의 취재(取才) 때와 매월 의녀의 고강(考講) 때에는 모두 《산서》를 풀이하게 하라."

◎ 《세조실록》 세조 8년 임오1462 2월 14일 기사

禮曹啓醫書習讀官勸懲條件, 一, 習讀人數少, 請以三十人爲定額, 三館及生員、進士內年二十五歲以下聰敏者, 議政府、吏曹、禮曹、典醫提調等共擇定。一, 每十日一次, 藥房承旨、內醫院堂上會闕內, 直指、纂圖背講, 二書皆略以上, 瘡疹集、産書、張子華方[2]臨文, 二書皆略, 其餘諸方抽籤一書略者, 不計都目加資, 東西班敍用。一, 內醫院官員中直以下, 每三朔習讀, 出身東西班受職人, 每月季禮曹堂上、典醫提調各一員共考講。一, 不通最多, 懶慢現著者, 收告身著笠仍仕, 待其勤謹習讀通曉諸方, 還許敍用。一, 習讀人等每月季, 考療病及誤用藥材多少, 禮曹堂上、典醫提調、承旨, 共磨勘啓達陞黜。從之。

예조(禮曹)에서 의서습독관(醫書習讀官)의 장권(奬勸) 조목을 아뢰었다. "— 습독관의 수가 적으니 청컨대 30인으로 정원을 삼은 후 삼관(三館)[3] 및 생원·진사 가운데 25세 이하면서 총명한 자를 의정부·이조·예조·전의감 제조들이 함께 뽑아 정하게 하소서. — 10일마다 한 차례씩 약방 승지·내의원 당상(堂上)이 궐내(闕內)에 모였을 때 《직지》와 《찬도》를 보지 않고 풀이하여 두 책 모두 '약(略)' 이상인 자와, 《창진집》·《산서》·《장자화방》을 보면서 풀이하여 두 책 모두 '약' 이상인 자와, 그 나머지 의서 중에서 하나를 뽑아 풀이하게 하여 '약' 이상인 자에 대해서는 도목(都目, 정기 평가)과 상관없이 자급을 더한 다음 문·무관에 등용하소서. — 내의원의 관원 중에서 직(直) 이하의 관원은 3개월마다 습독(習讀)하게 하고, 과거 출신으로 문·무관의 관직을 받은 사람은 매달 말에 예조의 당상·전의감 제조 각각 1원이 함께 있는 자리에서 고강(考講) 받게 하소서. — '불통(不通)'이 너무 많아서 눈에 띄게 태만한 자는 고신(告身, 임명장)을 거두고 삿갓을 씌워서 계속 근무시키되, 부지런히 습독하여 여러 의서를 두루

1 이하 사료들은 원서에 존재하지 않지만 역자가 추가하였다.

잘 알게 되면 다시 등용하기를 허락하소서. — 습독관들은 매달 말에 병을 치료한 것과 약재를 잘못 사용한 것의 많고 적음을 고과 받은 후 예조의 당상(堂上)과 전의감 제조와 승지(承旨)가 함께 결정하고 아뢰게 하여 승진(陞進)시키거나 출척(黜陟)시키소서." 주상께서 그대로 따랐다.

◎ 《세조실록》 세조 10년 갑신1464 정월 2일 기사

禮曹啓, 新定醫員取才時, 所講醫書, 正從三品講素問, 正從四品張子和方, 正從五品小兒藥證直訣、瘡疹集, 正從六品傷寒類書、外科精要, 正從七品婦人大全、産書, 正從八品直指方, 正從九品以下至生徒, 銅人經, 唯大全本草、脈經則皆講之。

예조에서 아뢰었다. "의원 취재(取才) 때의 강서(講書)를 새로 정하소서. 정·종3품은 《소문》을 풀이하게 하고, 정·종4품은 《장자화방》을 풀이하게 하고, 정·종5품은 《소아약증직결》·《창진집》을 풀이하게 하고, 정·종6품은 《상한유서》·《외과정요》를 풀이하게 하고, 정·종7품은 《부인대전》·《산서》를 풀이하게 하고, 정·종8품은 《직지방》을 풀이하게 하고, 정·종9품 이하부터 생도(生徒)까지는 《동인경》을 풀이하게 하되, 《대전본초》·《맥경》만큼은 모두가 풀이하게 하소서."

◎ 《세조실록》 세조 10년 갑신1464 5월 15일 기사

禮曹啓, 醫員取才時、素問、張子和方、小兒藥證直決、瘡疹集、傷寒類書、外科精要、婦人大全、産書、直指方、銅人經、大全本草臨講, 纂圖脉經背講, 三十歲以下人, 幷銅人經背講。從之。

예조에서 아뢰었다. "의원 취재(取才) 시에 《소문》·《장자화방》·《소아약증직결》·《창진집》·《상한유서》·《외과정요》·《부인대전》·《산서》·《직지방》·《동인경》·《대전본초》는 책을 보고 풀이하게 하고, 《찬도맥경》은 책을 보지 않고 풀이하게 하되, 30세 이하의 사람들은 공통으로 《동인경》을 보지 않고 풀이하게 하소서." 주상께서 그대로 따랐다.

---

2 張子華方 : "張子和方"의 오기로 보인다.

3 삼관(三館) : 홍문관(弘文館)·예문관(藝文館)·교서관(校書館)을 뜻한다.

◎ 《성종실록》 성종 9년 무술1478 2월 16일 기사

禮曹啓醫女勸課條, 一, 藝文館員及有名文臣二員兼差教授, 輪次教誨。一, 醫女所讀書, 直指脈、銅人經、加減十三方、和劑婦人門、産書。一, 醫女分三等, 一曰內醫二人, 每朔給料, 二曰看病醫二十人, 以前月講畫多者, 四人給料, 三曰初學醫。一, 提調每月上旬講書, 中旬胗脈、命藥, 下旬點穴, 歲抄醫司提調令講方書、胗脈、命藥、點穴, 通考一年講畫升降。其中不通多者奪奉足, 初年奪一名, 次年奪二名, 三年還本役。一, 初學醫勿定看病, 俾專學業。一, 年滿四十而不通一方, 無他技者, 還本役。一, 每年各司婢子一名揀擇充數。從之。

예조(禮曹)에서 의녀(醫女)의 장권(奬勸)과 고과(考課)에 대한 조목을 아뢰었다. "— 예문관(藝文館) 관원 및 명망 있는 문신 2원에게 교수(敎授)를 겸직시키고 번갈아 가르치게 하소서. — 의녀가 읽을 서책은 《직지맥》·《동인경》·《가감십삼방》·《태평혜민화제국방》의 부인문(婦人門)·《산서》로 하소서. — 의녀를 3등급으로 나누되, 첫째는 내의녀(內醫女) 2인을 두어 매달 급료를 주고, 둘째는 간병의녀(看病醫女) 20인을 두어 지난달에 강서(講書)가 많은 자 4인에게 급료를 주며, 셋째는 초학의녀(初學醫女)라 하소서. — 제조(提調)는 매월 상순에 서책을 고강하고, 중순에는 진맥(胗脈)과 처방을 고강하며, 하순에는 점혈(點穴)을 고강하고, 6월과 12월에 각 의사(醫司)의 제조(提調)가 서책·진맥·처방·점혈을 고강하도록 한 뒤 1년 동안 고강에서 받은 점수를 통틀어 등급을 매기소서. 그중에서 불통(不通)을 많이 받은 자는 봉족(奉足)[4]을 박탈하되 첫해는 1명을 박탈하고 다음 해는 2명을 박탈하고 3년째는 본역(本役)으로 돌려보내소서. — 초학의는 간병(看病)에 배정하지 말고 오로지 학업에 전념하게 하소서. — 나이 40세가 되어서도 서책·진맥·처방·점혈 중 한 방면이라도 불통하고 다른 기술도 없는 자는 본역으로 돌려보내소서. — 매년 각 관청의 계집종 1명을 간택하여 의녀의 수를 채우소서." 주상께서 그대로 따랐다.

4 봉족(奉足) : 보조자(補助者)라는 뜻으로 조선에서 평민이 부담하는 국역(國役)의 하나이다. 평민이나 천민이 출역(出役)하였을 때 출역치 않은 여정(餘丁) 한두 사람을 정정(正丁)의 집에 주어 집안 일을 도와 주게 하는 일을 뜻한다.

◎ 《중종실록》 중종 38년 계묘1543 7월 16일 기사

傳曰, 銅人經、直指脈, 各印二十二件, 二十件分置于兩醫司, 二件下送于慶尙、全羅等道, 開刊流布。產書、胎產集, 則各二件印出, 使無難得之弊。蓋因禮曹之啓也。

전교하였다. "《동인경》·《직지맥》은 각각 22부씩 인출한 후 20건은 양의사(兩醫司)에 나누어 보관하고, 2건은 경상도와 전라도에 내려보내 판각한 뒤 배포하게 하라. 《산서》·《태산집》은 각각 2부씩 인출하여 구하기 어려운 폐단이 없게 하라." 이 전교는 예조에서 아뢴 일 때문이었다.

019. 언해산서 諺解産書

[일실]

개요

《고사촬요》만력 초기 간본〈팔도책판〉 속에 있는 전주판(全州版)을 통해 이 책의 존재를 알 수 있다. 《산서産書》의 언해서로서, 대중에게 보급하여 그들이 쉽게 이해할 수 있도록 종종 간행되었던 언해의서(諺解醫書)의 하나이다. 필자는 보지 못하였다.

020. 산서해록 産書該錄

[일실]

개요

《요안인장서목록養安院藏書目錄》에 "산서해록 2책〔産書該錄, 二本〕", 《사이키모리 후헌납서목佐伯毛利侯獻納書目》(도서료(圖書寮) 소장)에 "산서해록 1책〔産書該錄, 一〕"이라고 하였다. 이를 통해 이 책의 존재를 알 수 있다. 이 책은 위의 《산서産書》, 아니 오히려 《산서집록産書集錄》(《태산요록胎産要錄》 가운데 인용되었다)과 동일한 책이 아닐까 하고 생각한다.

덧붙이면, 《고사촬요》 만력 13년 간본〈팔도책판〉에 밀양판(密陽版) 《산요서産要書》가 보인다. 이 《산요서》 및 앞의 《산서》·《산서집록》·《산서해록》과 뒤에 나올 《태산요록胎産要錄》·《태산집요胎産集要》(이 책은 소아서(小兒書)를 포함한다)는 책 이름이 다르지만 서로 관련된 책이라고 생각되며, 이 가운데에 동일한 책인 경우도 있을지 모른다.

021. 태산요록 胎産要錄

상 · 하 2권

노중례(盧重禮) 지음

[전존]

판본

(1) 초간(初刊) 활자본

《세종실록》에 아래와 같이 기록되어 있다.

◎ 《세종실록》 세종 16년 갑인1434 3월 기사

> 命判典醫監事盧重禮, 編胎産要錄, 上卷詳論胞胎教養之法, 下卷具載嬰兒將護之術, 令鑄字所模印頒行。

> 판전의감사 노중례(盧重禮)에게 명하여 《태산요록》을 편찬하게 하였다. 상권에는 아이를 배었을 때 가르치고 기르는 방법에 대하여 상세히 논하였고, 하권에는 갓난아이를 건강하게 보호하는 방법을 모두 실었다. 주자소(鑄字所)에서 그대로 본떠서 인출한 뒤 반포하게 하였다.

이로써 이 책이 세종 16년에 활자본으로 간행되었음을 분명히 알 수 있다. 그러나 이 활자본은 물론 일실되었다. (이 활자본은 아마도 갑인자에 앞선 경자자일 것이다)

(2) 중간(重刊) 목판본

(필자 소장) (〔부도10〕 참조)

형태서지

상 · 하 2권 1책. **ㅣ판식版式ㅣ** 목판본, 세로 24 × 가로 14cm, 반곽 약 18 × 11.0cm, 8행 18자, 사주쌍변. **ㅣ판심版心ㅣ** 상하어미, 흑구, "要錄 ……" · 권차(卷次) · 장차(張次)

가 적혀 있다. **▎지수紙數▎** 목록 4, 상권 27, 하권 40매 이상 (책 말미의 몇 쪽이 일실되어 불분명하다). 서문과 발문은 빠져있다.

이 간본은 체재와 판식을 볼 때 만력(萬曆) 연간 이전에 인출된 것 같다.

본문내용

이 간본은 상・하 2권으로 이루어져 있다. 상권은 태산문(胎産門), 하권은 영아장호문(嬰兒將護門)이다. 그 목차는 다음과 같다.

◎ 중간 목판본 목차

卷上 胎産門 : 胎教論 附惡阻, 轉女爲男法, 養胎謹愼法, 妊娠逐月十二經脈養胎將息愼護法, 食忌論, 胎殺避忌産前將護, 十一月産圖, 滑胎例, 妊娠難産, 楊子建産論, 推婦人行年法, 産寶諸方, 産婦依色及首指幷起日法, 推日遊神法, 日曆法, 體玄子借地法, 禁草法, 禁水法, 入月預備藥物, 將護産婦, 産後食忌幷調護法, 産後避忌

卷下 嬰兒將護門 : 擧兒法, 拭口法 附拭眼, 治不啼法, 斷臍法, 初生洗兒法, 與甘草汁法, 與朱蜜牛黃法, 藏胞衣法, 擇乳母法, 乳兒法, 乳母忌愼法, 三朝浴兒法, 裹臍法, 衣兒幷護養法, 刺泡法, 治重舌法, 治重齶重斷法, 初生兒防撮口着噤及鵝口重聘法, 小兒始哺法, 治小兒穀道無穴法, 通便法, 治不成肌肉法, 小兒變蒸, 小兒客忤幷雜忌, 小兒食忌, 小兒受氣法, 剃頭法, 小兒行遲

◎ 중간 목판본 인용서

《聖惠方》, 《千金方》, 《聖濟總錄》, 《婦人大全良方》, 《活幼口議》, 《胎産救急方》, 《王嶽産書》, 《直指方》, 《朱氏集驗方》, 《經驗良方》, 《格致餘論》, 《澹寮方》, 《備急大全》, 《得效方》, 《錢氏小兒方》, 《産書》, 《産書集錄》 등

위의 여러 서적에서 인용하고 안배하여 앞의 목차에 따라 서술한 책이다.

《산서産書》 (〔018장〕 참고) 와 같은 책은 아마도 임신과 분만 시의 치료법만을 기술하였다고 생각되는 데 반해, 이 책은 신생아 및 영유아를 기르고 치료하는 방법을 함께 설명하였다. 2권에 불과한 책이지만 번잡하지 않고 적확하게 요약하여 실제

사용하기에 알맞다.

인물전기

노중례(盧重禮). 그의 전기는 〔016장〕《향약채취월령》 해제에서 설명하였다.

고찰

이 책은 조선 초기 산서(產書)와 육아서(育兒書)로서 중요하다. 게다가 필자가 과문한 탓인지 모르지만 현존하는 판본은 필자 소장본뿐이므로 소중히 여길 만한 간본이다. 덧붙여 중종 38년 계묘1543 7월 《중종실록》에 《태산집胎產集》 간행에 대한 일이 적혀 있는데 필자 소장본이 이에 해당하는 간본이 아닌가 한다.

◎ 《중종실록》 101권, 중종 38년 계묘1543 7월 기사[1]

傳曰, 銅人經、直指脈, 各印二十二件, 二十件分置于兩醫司, 二件下送于慶尙、全羅等道, 開刊流布。產書、胎產集, 則各二件印出, 使無難得之弊。蓋因禮曹之啓也。

> 전교하였다. "《동인경》·《직지맥》은 각각 22부씩 인출한 후 20건은 양의사(兩醫司)에 나누어 보관하고, 2건은 경상도와 전라도에 내려보내 판각한 뒤 배포하게 하라. 《산서》·《태산집》은 각각 2부씩 인출하여 구하기 어려운 폐단이 없게 하라." 이 전교는 예조에서 아뢴 일 때문이었다.

의성서원(醫聖書院)에 이 책이 한 질 있다고 《하청우기河淸寓記》에 실려 있지만, 이는 아마 일실된 듯하다. 교토대학(京都大學) 후지카와문고(富士川文庫) 중에 이 책의 일본 필사본이 있는데, 내용은 필자 소장본과 동일하다.

참고로 이 책은 만력(萬曆) 36년 무신1608 내의원에서 간행한 허준(許浚)의 《언해태

---

1 원서에는 존재하지 않지만 역자가 추가하였다.

산집요諺解胎産集要》의 남본(藍本) 〈그러나 내용은 전혀 다르다〉에 해당한다.

◎ 《언해두창집요》 발문 일부[2]

…… 往在辛丑之春，下教于臣曰，平時有胎産集、瘡疹集、救急方，刊行于世，亂後皆無矣，爾宜搜摭醫方，以成三書。予欲親覽焉，且出內藏古今醫書，令其檢討以資撰集。……。

> …… 지난 신축년1601 봄에 성상께서 소신에게 말씀하시길 "평화롭던 때에 《태산집》·《창진집》·《구급방》이 간행되었으나 전란 후에 모두 없어졌다. 너는 의학서를 모으고 찾아서 3가지 책을 완성하라. 내가 직접 보고자 한다. 그리고 궁궐에 소장되어 있는 고금의 의학서를 내어 줄 터이니 검토하여 편찬에 자료로 활용하라."라고 하교하셨습니다. …….

2 원서에는 존재하지 않지만 역자가 추가하였다.

021부록. 태산집요 胎産集要

개요

성종 3년 임진1472 3월 '의학(醫學)의 장권(奬勸) 조목'이 마련되었을 때의 《성종실록》 기사와, 성종 16년 을사1485에 반포된 《경국대전》(을사대전) '의과(醫科) 취재(取才) 조목'에 《태산집요》가 보인다. 이 《태산집요》는 《태산요록》과 동일한 책인 것 같다.[1]

◎ 《성종실록》 성종 3년 임진1472 3월 14일 기사[2]

> 禮曹同醫司提調, 磨錬醫學勸勵條件以啓, ……, 一, 四孟朔取才時, 抽出諸方書講之, 因此泛覽, 未能精熟。今春孟朔, 則纂圖脈、瘡疹集、直指方, 夏孟朔, 則救急方、婦人大全、得效方, 秋孟朔, 則胎産集要、銅人經、和劑方, 冬孟朔, 則本草、資生經、十四經發揮, 分屬取才。……。從之。

> 예조에서 의사(醫司)의 제조(提調)와 함께 의학(醫學)의 장권(奬勸) 조목을 마련하여 아뢰었다. "…… — 매 계절의 첫 달에 취재(取才)할 때 너무 여러 가지 방서에서 뽑아 풀이하게 하므로 대강 훑어보기만 하고 정밀하게 익히지 못하고 있습니다. 올해 1월에는 《찬도맥》·《창진집》·《직지방》으로, 4월에는 《구급방》·《부인대전》·《득효방》으로, 7월에는 《태산집요》·《동인경》·《화제방》으로, 10월에는 《본초》·《자생경》·《십사경발휘》로 나누어 취재하게 하소서. ……." 주상께서 그대로 따랐다.

---

1 필자의 추정과는 달리 최근 연구에서 《태산요록》과 《태산집요》는 다른 책이라는 점이 확인되었다 (박훈평, 2016).

2 원서에는 존재하지 않지만 역자가 추가하였다.

022. 침구택일편집 鍼灸擇日編集

1권

전순의(全循義) · 김의손(金義孫) 공저

[전존]

개요

이 책은 조선에서 간행되지 않은 듯하나 이상하게도 조선의 옛 필사본이 일본의 타키(多紀) 가문에 들어갔고, 이것이 중국에 전해져 나가걸(羅嘉杰)이 광서(光緖) 16년 경인1890 7월에 상해(上海)에서 초본을 그대로 복각한 간본이 현존한다. 이를 통해 이 책의 존재를 알 수 있다. 이 책은 경송본(景宋本) 《비급구법備急灸法》 1권과 합책되어 간행되었다. 이 복각본을 기준으로 해제한다. 〈[부도68] 참조〉

형태서지

1권 1책. **❙판식版式❙** 목판본, 반곽 세로 21.0 × 가로 14.5㎝, 사주쌍변, 10행 20자. **❙지수紙數❙** 서문 2매, 본문 27매.

내용서지

◎ 《침구택일편집》 서문

醫之道有二焉, 曰藥餌也, 鍼灸也。而療病簡易之法, 莫妙於鍼灸, 要在精於心, 應於手耳。苟能審榮衛辨筋骸, 明孔穴之部, 定尺寸之分, 則雖沈疴痼疾, 何憂乎弗瘳。古人云, 知藥而不知鍼, 知鍼而不知灸, 不足爲上醫, 信乎鍼灸之爲重也。

然鍼灸之法，雜出於諸方，擇日之際，或迷於吉凶，業斯術者，嘗病焉。內醫院醫官護軍臣全循義，司直臣金義孫，攻乎此者也，搜摭群書，裒集一編，人神太乙之所主，天醫雜忌之所在，條分類析，纖悉無遺，書成以進，命臣序之。

臣竊念，鍼灸有刦病之功，而又有立效之能，信斯術之爲重也。然人受天地之中，稟陰陽之氣，甲膽乙肝，臟腑自分於十干，春井夏滎，經絡皆通於四時，則時日支干，與人身而運焉，吉凶悔吝，隨人事而應焉。故鍼經云，得時鍼之，必除其病，失時刺之，難愈其病，則鍼灸之道，尤莫重於擇日也。是書之廣布，蓋欲使人辨吉凶於遏眼之頃，療膏肓於投手之餘，共免夭札之患，同躋仁壽之域。凡囿於聖化者，可不知聖朝仁心仁政之所自歟。

正統十二年正月初六日，奉訓郎 集賢殿副校理 知製敎 兼 春秋館記注官 世子左司經，臣金禮蒙謹序。

의술에는 두 가지가 있을 뿐이니 한 가지는 약이고 다른 한 가지는 침구입니다. 그렇지만 병을 치료하는 간단한 방법으로는 침구보다 오묘한 것이 없으니 요점은 마음을 집중하여 손을 움직이는 것일 뿐입니다. 영위(榮衛)를 살피고 근골을 분별하면서 혈의 위치를 분간하고 길이의 구분점을 확정할 줄 안다면 위중하거나 오래된 고질병이라도 어찌 치료하지 못할까 근심하겠습니까. 옛사람이 '약은 알아도 침에 대해서 모르거나, 침은 알아도 뜸에 대해서 모른다면 훌륭한 의사가 되기 부족하다'고 하였으니 침구법이 중요함을 알 수 있습니다.

그러나 침구법은 여러 의서에 산재하여 있는 데다가 택일(擇日)을 할 때 더러 길일·흉일에 착오가 생길 수 있기 때문에 의원들은 예전부터 이를 근심해 왔습니다. 내의원 의관 호군 신 전순의(全循義)와 사직 신 김의손(金義孫)은 이 문제에 천착한 끝에 여러 의서를 모아 한 권으로 엮었으니 인신(人神)과 태을(太乙)이 주관하는 부위과 천의(天醫)와 잡기(雜忌)가 수록된 부분을 체계에 따라 나누고 유형별로 갈라서 사소한 것 하나도 빠짐이 없도록 하였습니다. 책이 완성되어 진상하자 주상께서는 신에게 서문을 쓰도록 명하셨습니다.

신이 조심스레 생각해보건대 침구법은 병을 물리치는 효과가 있는 데다가 즉시 효과를 보여줄 수 있는 능력 또한 지녔으니 의술 중에서도 참으로 중요합니다. 그런데 사람이란 천지 사이에서 태어나 음양의 기운을 받기 때문에 갑담(甲膽)·을간(乙肝)처럼 오장육부가 자연히 천간(天干)에 배속되어 있고, 춘정(春井)·하형(夏滎)처럼 경락이 모두 사계절과 통해 있습니다. 그러니 일시와 간지는 사람의 몸과 더불어 운행하고 길흉과 재앙은 사람의 행동에 따라 발생하는 법입니다. 그렇기 때문에 《침경鍼經》에서 "적합한 때에 맞추어 침을 놓으면 필시 병이 없어질 테지만, 적합하지 않은 때에 침을 놓으면 병이 낫기 어렵다."고 하였으니 침구법에서 택일보다 중요한 것은 없습니다. 성상께서 이 책을 널리 반포하시는 이유는 아마도 백성들이 눈앞이 깜깜해지는 위급한 순간에 길흉을 분별할 수 있게 해주고 침을 놓을 때 고치기 어려운 병을 치료하여 모두가 요절의 근심에서 벗어난 채 함께 장수의 영역으로 올라가기 위해서일 것입니다. 성상의 교화 속에서 노니는 모든 사람이 주상전하의 어진 마음과 어진 정치가 어디에서 비롯되었는지 모를 수 있겠습니까.

정통 12년정묘1447 정월 초6일. 봉훈랑 집현전 부교리 지제교 겸 춘추관 기주관 세자 좌사경 신 김예몽(金禮蒙)이 삼가 서문을 씁니다.

◎ 《침구택일편집》 광서(光緒) 연간 복각본 지어(識語)[1]

宋團練使張公渙所著鷄峯普濟方，惜已無傳，幸備急灸法，猶得留遺東海。按其圖說，以療沈痾，當無有弗瘉者。但日有旦暮明晦，序有四時榮枯，人身一小周天，安得不愼。其所事期，無背於古，無戻於今，準而行之，斯技也，而進乎道矣。余旣將備急灸法，壽諸梨棗，嗣復獲明醫院官全循義、金義孫等編集鍼灸擇日一卷，考覈群書，詳明賅括。蓋多紀氏舊鈔本卷，首有多紀氏藏書印。嘗攷多紀元堅、多紀元昕，皆爲日本侍醫，敎諭鑒賞，自異凡庸。原本霉腐蟲蝕，字跡間有漫漶，乃屬友人于小宋，茂才悉心校勘，別錄副本，與備急灸法，彙爲一集。俾人人知所循守，則救疾之良，孰有踰於此者乎。

光緖庚寅秋七月，少畊羅嘉杰附識.

송(宋)의 단련사(團練使) 장환(張渙) 공께서 지은 《계봉보제방鷄峯普濟方》은 애석하게도 전하지 않으나 다행히 《비급구법備急灸法》이 의외로 일본에 남아있었으니 이 책의 그림과 설명을 살펴 병을 치료한다면 낫지 않는 경우가 없을 것이다. 다만 날에도 조석(朝夕)에 따라 밝음과 어둠이 있고 계절에도 사시(四時)에 따라 잎의 무성함과 앙상함이 있는 법이니 천지의 순환을 물려받은 인체에 대해서 어찌 조심하지 않을 수 있겠는가. 주기를 따지는 방법은 옛날에도 틀림이 없었고 현재에도 어긋남이 없으니 이 방법을 준행한다면 의술을 통해 도(道)에 나아가는 것이리라. 내가 일전에 《비급구법》을 판각한 이후에 명(明) 태의원(太

1 원서에는 일부 내용만 있지만 역자가 보충하여 실었다.

醫院) 의관[2] 전순의(全循義)와 김의손(金義孫) 등이 편집한 《침구택일편집鍼灸擇日編集》 한 권을 더 구하여 온갖 서적과 비교해보니 요약한 내용이 상세하고 분명하였다. 이 책은 타키(多紀) 씨가 오래전에 초록한 책으로 책머리에 타키 씨의 장서인이 찍혀 있었다. 그때 기록을 찾아보았더니 타키 모토카타(多紀元堅)와 타키 모토아키(多紀元昕)는 모두 일본의 시의(侍醫)를 지낸 이들로 생각이나 식견이 평범하지 않은 사람들이었다. 그때 구한 원본은 썩고 좀먹어 글자가 여기저기 흐릿하고 분간이 되지 않았다. 그래서 벗 우소송(于小宋)에게 부탁하였더니 그가 뛰어난 재능으로 마음을 다해 교감하고 별도의 사본으로 적어주었기에 《비급구법》과 함께 한 책으로 묶었다. 모든 사람에게 따르고 지켜야 할 것을 알게 한다면 병에서 구해내는 훌륭한 방법으로 이보다 나은 것이 무엇이겠는가.

광서 경인년1890 가을 7월, 소경(少畊) 나가걸(羅嘉杰) 덧붙여 쓰다.

◎ 《침구택일편집》 광서 연간 복각본 발문[3]

鍼灸之法，近世絶少眞傳，苟能得其竅領，按圖而婷琓之，則療疾誠召回生起死之功。然第知鍼灸，而昧於擇日趨避，似猶有未盡善者。

羅少耕觀察，旣將宋本備急灸法，付諸梓人，復得勝國鍼灸擇日編集，以附麗之，乃知盈天地間物必有耦。此二書先後淪落海外，歷數百年，至今日而竝呈其秘，於以見韜晦顯耀，自有其時，一經行世，將各循途守轍，注灸允洽其宜，俾壽而臧痼疾，因之立效其惠濟群生，是亦仁術之一端矣。

光緒庚寅初秋，金壇于希璟小宋，校錄幷跋。

침구법은 오늘날 진정한 명맥이 끊어져 가고 있으나 그 원리를 깨달은 후 동인도(銅人圖)를 살펴 능숙해질 수 있다면 질병을 치료할 때 참으로 기사회생의 효과를 나타낼 수 있을 것이다. 그러나 만일 침구법만 알고 택일(擇日)하는 방법을 모른다면 오히려 침구의 좋은 효과를 다 발휘하지 못한 것과 같다.

관찰(觀察)[4]인 나소경(羅少耕, 나가걸)이 전에 송본(宋本) 《비급구법》을 가지고

---

2 명(明) 태의원(太醫院) 의관 : 이 책을 복간하였던 나가걸은 자신이 일본에서 발견한 《비급구법》과 《침구택일편집》 두 서적이 모두 중국에서 저술되었다가 실전된 의서라고 믿었으며, 이로 인해 조선의 내의원 의관인 전순의와 김의손도 명(明) 태의원(太醫院) 의관으로 소개하고 있다.

3 원서에는 내용이 생략되어 있지만 역자가 추가하였다.

각수에게 맡긴 후에 이전 왕조에서 간행한 《침구택일편집》까지 구하여 그 책에 덧붙였으니 천지에 가득한 사물마다 반드시 짝이 있음을 비로소 알 수 있었다. 이 두 책은 지금까지 바다 건너에서 수백 년을 떠돌다가 지금 모두 그 비밀스러운 모습을 드러내었으니 이로써 감추어졌던 것이 세상에 밝게 드러나게 된 것이며 이때부터 하나의 경전처럼 세상에 유행하게 되었다. 앞으로 각 책에 실린 규범에 따라 침구법을 올바르게 사용한다면 장수하게 되면서 고질병을 제거할 수 있을 것이며 그 결과 많은 생명을 구제하는 일에 즉시 효과가 나타날 것이니 이 또한 어진 의술의 한 가지 방법일 것이다.

광서 경인년1890 초가을에 금단(金壇)의 희경(希璟) 우소송(于小宋)이 교감하고 아울러 발문을 적다.

본문내용

침과 뜸을 쓸 때 길흉을 살펴 기일(忌日)을 가리는 방법을 기록한 책이다. 인용서는 다음과 같다.[5]

◎ 《침구택일편집》 인용서목

《孫眞人備急千金方》, 《黃帝明堂灸經》, 《補註銅人腧穴鍼灸圖經》, 《太平聖惠方》, 《竇漢卿編集鍼經指南》, 《新刊銅人鍼灸經》, 《鍼灸廣愛書括》, 《事林廣記》, 《齊人千金月令》, 《元龜集》, 《龍木總論》, 《資生經》, 《素問靈樞經》, 《巢氏病源論》, 《易簡方》, 《龍樹菩薩眼論》

인물전기

전순의(全循義, 생몰 미상). 그의 전기는 〔026장〕《식료찬요》 해제에서 설명하였다.

4 관찰(觀察) : 청(淸)의 관직인 대도원(對道員)의 별칭이다.

5 《침구택일편집》의 인용서·구성·내용 등은 《의방유취》와 밀접한 관련을 맺고 있다(오준호, 2011).

김의손(金義孫). 그의 삶에 대해 알려진 사실이 많지 않다.

김예몽(金禮蒙). 그의 전기는 〔017장〕《의방유취》 해제에서 설명하였다.

고찰

김예몽의 서문을 통해 알 수 있듯, 세종 29년정묘1447에 전순의·김의손이 이 책을 편찬하였는데 그 당시 간행되었는지는 분명하지 않지만 옛 필사본 하나가 일본에 전래되어 타키(多紀) 가문이 소유하게 되었다. 이 책이 다시 중국에 전해져 나가걸이 소장하였고, 나가걸이 우소송(于小宋)에게 부탁하여 교감하였다. 그런 뒤 광서(光緖) 16년경인1890에 상해에서 복각되어 간행되었다. 이 간본은 인쇄 상태가 아주 좋고 글자체도 조선인이 쓴 듯하다.[6] 조선 의서의 옛 필사본은 도무지 볼 수 없으므로 그 한 예라는 점에서도 흥미롭다.

그러나 나가걸은 이 책을 명(明) 의관의 저작이라고 보았고 사관(謝觀)도 《중국의학원류론中國醫學源流論》에서 똑같이 명(明) 사람의 저술로 소개하였다. 이처럼 중국인들조차 조선의 책을 중국의 책이라고 하는 큰 오류를 저질렀다. 이 일 한 가지만으로도 조선 의학 연구의 필요성을 통감할 수 있다.

덧붙여, 《요안인장서목록養安院藏書目錄》에 "《침구택일》 2책〔鍼灸擇日, 二本〕"이라고 실려 있다. 간본인지 필사본인지 알 수 없다.

---

6 복각본 지어에서 나가걸은 우소송이 교감한 뒤 "별도의 사본으로 적어 주었다.〔別錄副本〕"고 하였다. 따라서 글자체는 우소송의 것으로 보인다.

023. 창진집 瘡疹集 창진방 瘡疹方 3권

임원준(任元濬)이 왕명을 받들어 지음

[전존]

개요

《잇슈우도오가장의서목聿修堂架藏醫書目》에 "창진집. 조선 간본을 초록한 것. 조선 임원준이 왕명을 받들어 지음〔瘡疹集, 抄朝鮮本, 朝鮮任元濬奉敎撰〕"이라고 한 것에서 이 책이 임원준(任元濬)의 저서임을 알 수 있다.

세조 8년 임오1462 2월 《세조실록》에 예조가 '의서습독관의 장권(奬勸) 조목'을 아뢸 때 습독 의서의 하나로 《창진방》이 보인다. 이어 세조 10년 갑신1464 정월 및 성종 2년 신묘1471 5월 《실록》에도 새로 정한 의원 취재 강서(講書)의 하나로 《창진집》이 들어 있다.[1] 또 《경국대전》(을사대전)에도 의과 시험 및 취재 강서로 수록되어 있다. 이처럼 《창진집》은 조선 전기에 두창서(痘瘡書)로써 중요하게 사용되었다. 이 책은 세조 전반기에 저술된 것 같다.(《실록》에 따르면 세조는 즉위년을 원년으로 하였다)

◎ 《성종실록》 성종 2년 신묘1471 5월 25일 기사[2]

> 禮曹啓，……。 一，醫員春等，素問、本草、直指方、纂圖脈、外科精要、瘡疹集，秋等，張子和方、得效方、婦人大全、傷寒類書、資生經、和劑方，考講取才。……。

예조에서 아뢰었다. "……. — 의원은 봄 분기에 《소문》·《본초》·《직지방》·

---

1 제1부 〔018장〕 《산서産書》의 사료(세조 8년 2월, 세조 10년 정월, 세조 10년 5월 기사), 제1부 〔021장〕 《태산집요胎産集要》의 사료(성종 16년 3월 기사)를 참고하라.

2 원서에는 존재하지 않지만 역자가 추가하였다.

《찬도맥》·《외과정요》·《창진집》을, 가을 분기에는 《장자화방》·《득효방》·《부인대전》·《상한유서》·《자생경》·《화제방》을 고강(考講)하여 취재(取才)하게 하소서. ……"

형태서지

필자는 오랫동안 이 책의 실물을 보지 못하다가 쇼와(昭和) 47년 임자1972 겨울 산도고전적입찰전관(三都古典籍入札展觀)[3]에서 기쁘게도 이 책의 옛 간본 하나를 볼 수 있었다. 형태는 다음과 같다.

창진집(瘡疹集).[4] 3권 3책. **❙판식版式❙** 활자본 〈을해자. 성종 후기에 인출되었을까?〉 9행 17자, 반곽 세로 22.5 × 가로 15.5㎝, 사주단변, 유계. **❙판심版心❙** 흑구, 상하어미, "瘡疹集"·권차(卷次)·장차(張次)가 적혀 있다. **❙지수紙數❙** 총목 1매, 목록 19매, 권상 69매, 권중 71매, 권하 56매. 개장본(改裝本). 앞과 뒤의 지면 탈락 때문인지 서문·발문·저자명이 없다. **❙인기印記❙** 전의감(典醫監) 인장〈큰 사각형 모양〉이 있고〈"典醫監上"이라는 묵서(墨書)도 있다〉 그 외에 2～3가지 인장이 찍혀 있다.

내용서지

◎ 《창진집》 서문[5]

瘡疹集序

夫人受天地中和之氣以生, 何嘗疾病之與。有由四氣外感七情中, 煎損眞元, 而不能節宣, 於是乎疾病作焉。若夫疹疾則異於是, 兆於人生始胎之時, 自幼而長而老, 未有能免者, 所謂百歲瘡是也。然斯疾也, 恒發於嬰孩口言手指, 又非大人之比,

---

3 산도고전적입찰전관(三都古典籍入札展觀) : "三都古典連合會創立十周年記念 古典籍下見展觀大入札會"를 가리키는 것 같다.

4 해제본의 표제(標題)를 의미하는 듯하다.

5 원서에는 존재하지 않지만 역자가 추가하였다.

俄頃之間，傳變多端，臨證投劑，不可與諸疾同科，雖名醫老師，往往難於措手，以致橫夭者，亦多矣。

恭惟我世宗大王，以天縱之聖好生之德，合乎天地，嘗命內醫，搜摭諸方，凡屬瘡疹者，合爲一帙，名曰瘡疹集，印頒中外，顧其書，猶頗闕誤，我殿下特留宸慮，淸讌之間，取閱此書，而病其未備，遂命 臣元濬 及吏曹參議 臣 李 克堪，俾之刪定，遇有難會，略爲附註，始自發出至于減瘢，凡爲劑有九，爲卷三，方論藥證，無不具載，而其規模節目，悉稟睿裁，又命僉知中樞 臣 李 禮孫，就加讎校，書成，命 臣 序之。

臣 竊惟，經曰，元后作民父母，蓋父母之於子，無所不愛，故亦無所不用其情，自昔聖帝明王之爲政，爲之衣食以濟其飢寒，又爲之醫藥以救其疾苦，繇羲軒而下，聖人繼作，莫不以此爲重，無非所以父母斯民之意也。我主上殿下，繼天立極，神功盛德，敻越千古，凡仁民之政，靡不畢擧，而猶慮一夫之或罹夭扎，拳拳以是書爲急，其所以上祖羲軒，下述先王，加惠黎烝，施澤萬世者，嗚呼至哉。

天順元年，蒼龍丁丑四月下澣，朝散大夫 守直藝文館知製教 兼春秋館記注官 臣 任 元濬 拜手稽首謹序。

창진집 서문

사람은 하늘과 땅 사이의 조화로운 기운을 받아 태어나는데 어째서 질병에 걸리겠습니까. 사시(四時)나 외감(外感)이나 칠정(七情) 때문에 원기가 소모될 때 기운을 제대로 조절하지 못하면 바로 여기서 질병이 생겨납니다. 창진(瘡疹)은 이와 다릅니다. 사람이 생겨나 처음 잉태될 때부터 시작하여 어린아이부터 어른・노인에 이르기까지 이 병에서 벗어날 수 없기 때문에 "백세창(百歲瘡)"이라고 하는 것입니다. 그러나 이 병은 대체로 이제 막 말하거나 손가락질 하는 갓난아이 때에 발병하는 데다가 어른과 비교할 수 없이 순식간에 여러 증상으로 진행되므로 증상에 따라 약을 투여할 때 다른 질병과 같은 방법으로 대응해서는 안 됩니다. 그래서 명의나 노숙한 의원이라 하더라도 손을 쓰지 못하여 요절하게 되는 경우가 많습니다.

우리 세종대왕께서는 하늘이 내리신 성심(聖心)과 백성을 살리기 좋아하시는 덕행으로 천지의 뜻에 부합하신 분이신데 예전에 내의(內醫)들에게 명하여 여러 의서를 모으고 창진(瘡疹)과 관련된 모든 내용을 합하여 한 책으로 만든 뒤 《창진집》이라고 이름하시고 인출하여 도성과 지방에 반포하신 적이 있습니다. 이 책을 살펴보면 빠지거나 잘못된 부분이 많아서 우리 전하께서는 특별히 관심을 가지시고 한가히 보내는 여가 중에 이 책을 가져다 살펴보시고는 미비한 점을 아쉬워하셨습니다. 그래서 소신 임원준과 이조 참의 신 이극감(李克堪)에게 명하여 내용을 산정(刪定)하고 이해하기 어려운 부분이 나오면 간략하게 주석을 붙이게 하셨습니다. 이렇게 창진이 돋을 때부터 반흔이 없어질 때까지 치료 처방을 9가지로 분류하고 총 3권으로 만들었으니 이론과 처방이 빠짐없이 두루 갖추어지게 되었습니다. 전하께서 책의 체재와 조목을 모두 재가하신 후 첨지중추신 이예손에게 교감을 명하셨고 책이 완성되자 소신에게 서문을 지으라 명하셨습니다.

소신이 가만히 생각해보건대 《서경書經》 〈주서(周書)·태서(泰誓)〉에서 "천자는 백성의 부모가 된다."라고 하였으니 이 말은 아마도 부모가 자식을 사랑하지 않음이 없는 법이므로 정성을 다하지 않는 경우도 없다는 의미일 것입니다. 예로부터 어진 황제와 지혜로운 왕들이 나라를 다스리실 때 옷과 음식으로 주리고 추운 백성을 구제하고 의술과 약으로 병들고 고통받는 백성을 구제하였습니다. 복희씨(伏羲氏)와 헌원씨(軒轅氏) 이후로 성인들이 줄곧 나타났을 때마다 이 2가지를 중요하게 여기셨으니 백성에게 부모가 되겠다는 마음 때문이었을 것입니다. 우리 주상전하께서는 천명을 이어 왕위에 오르시고 신령하고 충만한 공덕은 멀리 천고를 뛰어넘으신 분으로 백성을 아끼는 정치를 펼 때 하지 않으신 덕행이 없으셨으니 또한 한 사람이라도 혹여 질병으로 죽을까 염려하시어 부지런히 힘써 시급히 이 책을 만드셨습니다. 이것은 상고로는 복희씨와 헌원씨를 본받고 가까이는 선왕의 뜻을 계승했다고 할 수 있습니다. 백성에게 은혜를 베풀고 만세에 은택을 끼친 업적이 아아 정말로 위대합니다.

천순 원년1457 창룡(蒼龍) 정축년 4월 하순. 조산대부(朝散大夫) 수직 예문관 지제교 겸 춘추관 기주관 소신 임원준은 절하고 머리를 조아리며 삼가 서문을 씁니다.

본문내용

◎ 《창진집》 목차

〔제1책〕 總目, 目錄, 卷上 : 諸家論 (聖惠方論, 和劑指南論, 錢氏小兒藥證直訣論, 直指小兒方論, 三因方論, 朱氏集驗方論, 無求子活人書論, 張子和方論, 東垣試効方論, 澹寮方論, 拔粹方論, 聖濟總錄論, 陳氏小兒痘疹方論, 省翁活幼口議論, 永類鈐方論, 醫林方論, 經驗

良方論, 施圓端効方論, 瘡疹方論, 玉機微義論) ⊟

〔제2책〕 卷中 : 豫防之劑, 發出之劑, 和解之劑, 救陷之劑, 消毒之劑, 護眼之劑

〔제3책〕 卷下 : 催乾之劑, 滅瘢之劑, 通治之劑, 禁忌[6]

권중·권하에서 위의 여러 책 외에도 송(宋) 초에서 명(明) 초까지 다수의 의서를 인용하였고 조선 초기 《본조경험방本朝經驗方》도 덧붙여 두창(痘瘡)의 증상과 치료법을 설명하였다. 참으로 적절하게 편찬되었고 전문서로서 실로 내용이 탁월하다.

인물전기

임원준(任元濬, 1423－1500). 자는 자심(子深), 호는 사우당(四友堂), 본관은 풍천(豊川)이다. 세조 2년 병자1456 문과에 급제하였고 관직은 좌찬성(左贊成)[7]에 이르렀다. 성종 때에 좌리공신(佐理功臣)이 되어 서하군(西河君)에 봉해졌다. 매우 총명하였으며 적절한 정책을 상당히 많이 건의하였다. 의약에 정통하였고 의학의 발전과 의학 교육의 향상에 힘썼다. 당시 의학계의 거두였다.[8] (《조선의학사》 p.153 참고)

고찰

덧붙여, 중종 13년 무인1518 4월 《중종실록》에 김안국(金安國)이 풀이한 《창진방》·《벽온방辟瘟方》 등을 인출하여 전국에 반포하였다고 하였고[9], 또 《고사촬요》선조 초기 간본〈팔도책판〉에도 광주판(光州版)과 경주판(慶州版)이 보인다 (이 판목은 《동경잡

⊟ 이상의 책들에서 주로 방론(方論)을 인용하였다.

6 말미에 "본조경험방(本朝經驗方)"이라는 제명 아래 몇가지 치험례가 있다.

7 좌찬성(左贊成) : 《연산군일기燕山君日記》 임원준의 졸기(卒記)에는 의정부 좌우참찬(左右參贊)의 기록만 있다.

8 《연산군일기》에 임원준의 졸기(卒記)가 보인다.

9 〔024장〕 《언해창진방諺解瘡疹方》 해제를 참고하라.

기東京雜記》〈서적書籍〉에 보이는 것과 동일하다〉. 《요안인장서목록養安院藏書目錄》에도 "창진집 3책〔瘡疹集, 三本〕"이라고 적혀 있다.

이 책은 임진왜란 이후 망실되었을 뿐만 아니라 두창(痘瘡) 의학이 진보함에 따라 담긴 내용도 낡은 지식이 되었다. 이에 선조 41년무신1608 허준(許浚)이 이를 개정하여 《두창집요痘瘡集要》를 저술하고 한글 풀이를 덧붙였으며 내의원에서 이 책을 간행하였다. 이후로 《창진집》 대신 《두창집요》가 사용되었다. 그러나 《두창집요》는 당시 전래되었던 새로운 명(明)의 의서를 인용하여 개정되었기 때문에 조선 초기 《창진집》의 모습은 담겨있지 않다.

024. 언해창진방 諺解瘡疹方

김안국(金安國) 한글 풀이[諺解]

[일실]

개요

《중종실록》 기사를 통해 김안국(金安國)이 한글로 풀이한 《창진방瘡疹方》이 존재했다는 사실을 알 수 있다. 당시에 인출하여 전국에 반포하였으나 필자는 아직 보지 못하였다. 이 《창진방》은 임원준의 《창진집瘡疹集》을 베끼고 한글로 풀이한 책일까?

◎ 《중종실록》 중종 13년 무인1518 4월 1일 기사[1]

同知中樞府事金安國啓曰, 臣爲慶尙道觀察使, 觀其道人心風俗, 頹弊乃極。今者上方有志於轉移風俗, 故臣欲體至意, 變革頑風, 而竊思其要, 取古人之書, 可以善俗者, 詳加諺解, 頒道內以敎之。此等書冊, 臣有志修撰, 而第緣事務煩劇, 未遑詳悉, 錯誤必多。今方別設撰集廳, 印出文籍, 此等書, 使之更加讎校, 印頒八道, 則於淬勵風化, 庶有小益也。……, 如辟瘟方, 則瘟疫之疾, 易於傳染, 人多死傷, 故在世宗朝, 重惜人命, 飜以俚語, 印頒中外, 今則稀罕, 故臣亦加諺解以刊。至如瘡疹方, 曾已翻譯開刊, 而不頒布于中外, 人之夭札者, 多以此疾, 故臣往慶尙道時賫去, 刊印於本道, 已頒布矣。願依成宗朝廣頒救急簡易方例, 多印廣布。傳曰, 卿在其道, 盡心於學校, 轉移風俗之事, 予聞之嘉美。又復撰此等書以敎之, 此書皆有關於風敎, 其下撰集廳, 開刊廣布。

동지중추부사 김안국(金安國)이 아뢰었다. "신이 경상도 관찰사로 있을 때 그곳의 인심과 풍속을 보니 매우 쇠락하고 피폐했습니다. 지금 주상께서 풍속의 변화

---

1 원서에는 존재하지 않지만 역자가 추가하였다.

에 뜻을 두시므로 소신은 그 지극하신 의도를 본받아 피폐한 풍속을 혁신하고자 합니다. 가만히 그 요령을 생각해보니 옛 서적 중에서 풍속을 바로잡을 수 있는 것을 뽑아 거기에 한글 풀이를 붙인 후 도내에 배포하여 가르치는 것이었습니다. 소신이 그런 책들을 편찬하고는 있었으나 공무가 과중하여 미처 자세히 살피지 못하였으므로 착오가 필시 많을 것입니다. 지금 별도로 찬집청(撰集廳)을 설치하여 책을 인출하고 있으니 이 책들을 다시 교정한 뒤 인출하여 팔도에 배포하면 풍속을 혁신하는 데 조금이나마 도움이 될 것입니다. ...... 《벽온방》의 경우 온역(瘟疫)이라는 병은 전염되기 쉽고 죽거나 몸을 상하는 일도 많기 때문에 세종 때 생명을 중히 여기고 아끼는 뜻에서 한글로 번역한 뒤 인출하여 도성과 팔도에 배포한 책입니다. 그러나 지금은 희귀해졌기 때문에 소신이 다시 한글 풀이를 붙여 간행하였습니다. 《창진방》의 경우 예전에 한글로 풀이하여 간행하였으나 도성과 팔도에 반포하지 않았습니다. 요절하는 사람들이 대부분 이 병으로 죽기 때문에 소신이 경상도로 갈 적에 이 책을 가지고 가서 그곳에서 간행하고 배포하였습니다. 바라건대 성종 때 《구급간이방》을 널리 배포하던 전례를 따라 많이 간행하고 널리 배포하소서." 주상께서 전교하였다. "그대가 경상도에 있을 적에 교육에 마음을 다한다는 얘기와 풍속을 좋게 변화시켰다는 얘기를 듣고 내가 가상히 여겼다. 또 아울러 이러한 책들을 다시 편찬하여 가르친다고도 하고 이 책들은 모두 풍속의 교화에 관계되는 것이기도 하니 찬집청에 보낸 후 간행하여 널리 배포하게 하라."

025. 구급방 救急方

세조(世祖)의 명으로 편찬됨

[일실]

개요

세조 12년 병술1466 6월 팔도에 《구급방救急方》을 각기 2부씩 나누어 주었다고 하였고, 또 성종 10년 기해1479 2월 세조 대에 왕명으로 편찬한 《구급방》에 실린 약재 가운데 중국에서 나는 것은 백성들이 얻기 어려우므로 향약으로 된 의서를 찬집할 필요가 있다고 《실록》에 나와 있다. 따라서 《구급방》은 세조 대에 만들어져 세조 12년 6월에 간행된 듯하다. 《고사촬요》 만력 13년 간본〈팔도책판〉에 청주판(淸州版)과 평양판(平壤版)의 책판이 있다. 이것은 아마도 세조 12년에 팔도에 나누어 준 《구급방》을 복각하여 만들어진 것으로 보인다. 그러나 이들 판본이 일실되었는지 필자로서는 알 수 없다. 하지만 다행히 허준(許浚)이 한글로 풀이한 《구급방》(〔063장〕 참고)이 현존하고 있으므로 내용을 분명히 알 수 있다.[1] (〔부도16〕 참조)

◎ 《세조실록》 세조 12년 병술1466 6월 12일 기사[2]

賜八道救急方各二件。

팔도에 《구급방》을 각기 2부씩 하사하였다.

---

1 원서에서 필자는 《구급방》(〔025장〕)과 한글로 풀이 된 《구급방》(〔063장〕)을 해제하면서 전자는 세조 대에 만들어진 책이고 후자는 허준이 전자에 한글 풀이를 덧붙인 책이라고 설명하였다. 그러나 현대 연구 결과 양자는 모두 허준의 《언해구급방》과 무관한 별도의 서적으로, 후자는 지방에서 전자를 복각하여 만든 지방 복각본일 가능성이 높다고 보고 있다. 이에 대해서는 〔063장〕의 역자주를 참고하라.

2 이하 사료들은 원서에 존재하지 않지만 역자가 추가하였다.

◎ 《성종실록》 성종 10년 기해1479 2월 13일 기사

兵曹參判金順命啓曰, 世祖朝, 嘗撰救急方, 其藥材出於中國者, 民不易得, 請撰鄕藥醫方, 廣布民間。上曰, 我國民性, 異於中國, 鄕藥之效, 無乃尤速乎。承旨李瓊仝啓曰, 鄕藥集成方, 曾已撰集, 近者好用和劑, 是以不行。且東人本草, 止錄其名, 不圖其形, 人不得知, 請更依唐本撰集。上曰, 然。

병조 참판 김순명(金順命)이 아뢰었다. "세조께서 예전에 《구급방》을 찬집(撰集)하였으나 수록된 약재 중에서 중국에서 나는 것은 백성들이 쉽게 얻을 수 없으니 청컨대 향약(鄕藥)으로 된 의서를 찬집하여 민간에 배포하소서." 주상께서 말하였다. "우리나라 백성의 체질은 중국과 다르니 향약의 효험이 아마도 더욱 빠르지 않겠는가." 승지 이경동(李瓊仝)이 아뢰었다. "《향약집성방》이 전에 찬집되었으나 요즘에는 《화제국방》을 즐겨 쓰기 때문에 성행하지 못하고 있습니다. 또 우리나라 사람이 찬집한 본초서에는 그 이름만을 적고 그림을 그려놓지 않아 사람들이 제대로 알 수 없으니 청컨대 중국 본초서를 따라 다시 찬집하게 하소서." 주상께서 말하였다. "그리하라."

026. 식료찬요 食療纂要 언해 諺解

전순의(全循義) 지음

[전존][1]

개요

《해동문헌총록海東文獻總錄》에 그 서명과 함께 전순의(全循義)가 지었다고 나온다. 《고사촬요》만력 13년 간본〈팔도책판〉에 양양판(襄陽版)과 상주판(尙州版)이 있는 것을 볼 수 있다. 또 하타 고우잔(畑黄山)의 《의학원학범醫學院學範》에도 서명이 실려 있다.[2] 그러나 필자는 아직 《식료찬요》를 보지 못하였다. 최세진(崔世珍)은 《훈몽자회訓蒙字會》에서 이 책을 인용하였다.

인물전기

전순의(全循義, 생몰 미상). 세종 대에서 세조 대까지 이름난 의관으로 《실록》에 따르면 세종 대에 내의원 의관을 지냈고, 단종 대에 전의감 청지기(典醫監廳直)[3]로 강등되었으며, 세조 대에 호군(護軍)[4]이 되었다. 《세조실록》 기사를 통해 세조 대

1 원서에서는 일실되었다고 하였으나 양양판(襄陽版)과 상주판(尙州版)의 존재가 발굴되었으므로 (신승운, 2008) 수정하였다.

2 제6부 〔005장〕 참조

3 문종의 죽음으로 강등되었다. 《단종실록》 단종 즉위년(임신1452) 5월 기사에 전의감 청지기(典醫監廳直)로 정하였다고 하였다.

4 원서에서 세종 대에 호군이었다고 하였으나 《세조실록》 세조 1년(을해1455) 12월 기사에 '상호군(上護軍)', 세조 3년(정축1457) 3월 기사에 '대호군(大護軍)'으로 기록되어 있으므로 수정하였다.

에는 상당히 고령에 이르렀음을 알 수 있다.

◎ 《세조실록》 세조 5년 기묘1459 11월 12일 기사

召任元濬, 傳曰, 全循義病且衰老, 精於醫術者絶無, 不獲已起復。今見汝形容憔悴, 大節雖不可虧, 守節捐命, 亦非細事, 汝其食肉。

> 임원준을 불러서 전교(傳敎)하였다. "전순의가 병들고 노쇠하여 의술에 정통한 사람이 전혀 없으므로 부득이 그대를 기복(起復)[5]시켰다. 지금 그대의 용모가 초췌한 것을 보건대 상례를 어겨서는 안 되겠지만 상례를 지키기 위하여 건강을 잃는 것 또한 작은 일은 아니니 그대는 고기를 먹도록 하라."

전순의는 임원준(任元濬)의 선배로 모두 당시 저명한 의학자였다. 그는 또 세종 27년 을축1445 에 만들어진 《의방유취醫方類聚》의 편찬자 가운데 한 명이며, 세종 29년 정묘1447 에 《침구택일편집鍼灸擇日編集》을 저술하였다.[6]

---

5 기복(起復) : 위급한 일이 있을 때 상(喪)을 당해 휴직 중인 관리를 불러 직무를 보게 하던 제도이다.

6 《침구택일편집鍼灸擇日編集》은 김의손(金義孫)과의 공저이다.

027. 식료찬요 食療撰要

손순효(孫舜孝) 지음

[일실]

개요

《성종실록》 권202에서 성종 18년정미1487 4월 우찬성(右贊成) 손순효(孫舜孝)가 《식료찬요食療撰要》를 올렸다고 하였다.[1]

◎ 《성종실록》 성종 18년정미1487 4월 27일 기사[2]

右贊成孫舜孝進食療撰要。醫員全循義所撰。舜孝曾爲慶尙道監司，令刊於尙州。傳曰，此書便於觀覽，予甚嘉之。

> 우찬성 손순효(孫舜孝)가 《식료찬요》를 올렸다. 의원 전순의가 편찬한 책이다. 손순효가 전에 경상도 감사가 되었을 때 상주(尙州)에서 간행하게 한 것이다. 주상께서 전교하였다. "이 책은 보기에 편리하니 내가 매우 기쁘도다."

인물전기

손순효(孫舜孝, 1427－1497). 자는 경보(敬甫), 호는 칠휴거사(七休居士), 본관은 평해(平海)이다. 세종 9년정미1427에 태어나 연산군 3년정사1497에 세상을 떠났다.

1 원서에는 〔026장〕의 《식료찬요食療纂要》와 〔027장〕의 《식료찬요食療撰要》를 별도의 책으로 보고 장을 나누었다. 그러나 《성종실록》를 보면 손순효가 전순의의 책을 상주에서 복간 혹은 중간하였음을 알 수 있다. 따라서 《성종실록》의 "食療撰要"는 "食療纂要"의 오기(誤記)로 보이며, 〔026장〕에서 언급된 《고사촬요》 〈팔도책판〉의 상주판(尙州版)이 이를 가리키는 듯하다.

2 원서에는 내용이 요약되어 있으나 역자가 원문을 인용하여 실었다.

단종 1년 계유1453에 증광 문과에 급제하여 관직이 우찬성(右贊成)에 이르렀다. 어려서 총명하고 지혜로워 십학(十學)에 통달하였고, 커서는 성리학에 정통했다.[3]

3 《연산군일기》 연산군 3년(정사1497) 3월 21일 기사에 손순효의 졸기(卒記)가 실려 있다.

028. 식물찬요 食物纂要

성세창(成世昌) 지음

[일실]

개요

어숙권(魚叔權)의 《패관잡기稗官雜記》를 통해 이 책의 존재를 알 수 있다. 내용은 다음과 같다.

◎ 《패관잡기》 권2 일부

前右相成公嘗撰食物纂要。嘉靖丙午余朝京, 得食物本草一部, 大明盧和之所著也。甚辨博且簡切, 若纂要者, 殆可以廢矣。

> 전 우의정 성세창(成世昌) 공께서 일찍이 《식물찬요》를 편찬했다. 가정(嘉靖) 병오년1546에 내가 연경(燕京)에 가서 《식물본초》 1종을 얻었으니 명(明)의 노화(盧和)가 지은 책이다. 그 내용이 매우 광범위하면서도 간결하여 《식물찬요》 같은 것은 거의 폐기할 정도다.

인물전기

성세창(成世昌, 1481－1548). 호는 돈재(遯齋), 본관은 창녕(昌寧)이다. 허백당(虛白堂) 성현(成俔)의 아들이다. 중종 2년정묘1507 증광 문과에 급제하였고, 관직은 좌의정과 대제학에 이르렀다. 《돈재집遯齋集》을 남겼다.

029. 의문정요 醫門精要

50권

허종(許琮) 지음

[일실]

개요

신용개(申用漑)의 《이요정집二樂亭集》 권8에 있는 〈의문정요발醫門精要跋〉을 통해 이 책에 대해 대략 알 수 있다(다가와 고조(田川孝三) 씨가 알려주셨다).

이 발문(跋文)에 적혀 있는 내용은 다음과 같다. 성종 24년계축1493에 허종(許琮)이 명을 받고 《의방유취醫方類聚》 266권에서 번잡한 내용을 제거하고 핵심만 간추려 책을 만들었고, 성종은 《의문정요》라는 이름을 내렸다. 이후 허종이 죽자 권건(權健)과 김심(金諶)에게 교열하도록 하였으나 성종까지 붕어하고 말았다. 연산군 대에 내의원에서 이를 교정하여 50권 87문으로 만들었다. 연산군 10년갑자1504에 마침내 간행하여 널리 배포하였다.

◎ 《이요정집》 권8 〈의문정요발〉[1]

右醫門精要者，原醫方類聚，而刪繁就簡者也。類聚書凡二百六十六卷，我世宗大王，始開纂輯，歷世祖成宗數聖而書成，備集群方該論衆證，實醫家之鉅誨指南也。然帙多印少，中外罕覩，爲醫者亦病於貫穿。我成宗大王，奉養兩殿，誠孝天至，凡所以壽而康之者，無所不用其極，醫方藥經，徧覽深惟，仁民濟世之念，遂及於纖遐，慮類聚之浩穰，思所以約而要之，庶醫者易慣其術，而人得以徧覩也。乃於弘治六年之癸丑，命內醫院都提調臣許琮，芟其繁而精要之，令簡而易印，約而易習，其增削簡繁，摠自睿裁，賜方名醫門精要。編才訖而琮逝，更命兵曹參判

1 원서에는 존재하지 않지만 역자가 추가하였다.

臣權健，吏曹參議臣金諶，詳加讎校。未底于成，而成宗陟遐，停校有年。我主上殿下，遹追先志，遂命內醫院校定，其編爲五十卷，分門爲八十有七，仍命臣用漑爲跋。

臣竊惟人受陰陽五行之氣以爲身，有血脈經絡營衛以固其體，而寒暑盪於外，喜怒攻於內，氣一失攝，病生毫釐。古之聖賢，心在壽人，念醫療之術，辨其藥餌之宜，纂其要而廣其方，於是醫家者得業而述之，是故身一而病百，病百而藥千，醫愈下而方愈多。自神農黃帝作方書內經以後，醫經世增，至漢時，纂者已一十八家，爲卷凡四百九十有餘，後之述者更倍，世無扁倉之良，其名于世者，亦不過循方而定藥，百治而一瘉，猶不能徧熟其書，而眩於施爲，況庸下乎。此醫門精要之所以撮要者也。書旣簡而易印，則將廣布遠宣，人無有不覩，醫無有不慣，庶見疲癃殘疾，皆得以爲全人，而民無扎瘥之夭，世躋仁壽之域。聖上繼述孝思之餘恩，擧一國後世，而咸蒙其休者，其亦由是而益遠矣。

維弘治十七年甲子四月日，嘉善大夫 禮曹參判 臣申用漑，拜手稽首謹跋。

이 《의문정요》는 《의방유취》를 바탕으로 호번한 것을 삭제하고 간추린 것입니다. 《의방유취》는 모두 266권으로 우리 세종대왕께서 처음 찬집을 시작하고 세조와 성종 등 여러 성군을 거쳐 책이 완성되었습니다. 여러 방서의 각종 의론과 병증들을 모았으니 실로 의가의 큰 가르침이요 기준이라고 할 수 있을 것입니다. 그러나 권질이 많고 인출본은 적어 도성 안팎에서 찾아보기 어려웠고 의원들도 내용을 모두 파악하기 힘들어하였습니다. 우리 성종대왕께서는 양전(兩殿, 대왕대비와 대비)을 봉양하실 때 효성이 지극하여 두 분이 건강하고 장수할 수 있는 일이라면 정성을 다하지 않음이 없으셨으니 의학과 약재에 대한 책들을 두루 살펴보며 깊이 이해하셨습니다. 백성을 구제하려는 일념으로 바쁘신 정무 중에도 《의방유취》의 방대함을 걱정하시면서 이 책을 요약하여 의원들이 의술을 쉽게 통달하게 하고 사람들이 두루 읽을 수 있게 하는 방법을 고민하셨습니다. 그러다가 홍치(弘治) 6년 계축1493에 내의원 도제조 신 허종(許琮)에게 명하여 번잡한 것을 정리하고 핵심만 간추리게 한 후 분량이 적어 쉽게 인출할 수 있으면서 요약되어 익히기 쉽게 만들도록 하셨습니다. 그는 빠진 내용을 채우고 번잡한 문장을 간략히 하고 나서 내용 전체에 대해 주상의 재가를 받은 후에 《의문정요》라는 서명을 하사받았습니다. 편찬이 막 끝났을 때 신 허종이 서거하자 다시 병조 참판 신 권건(權健)과 이조 참의 신 김심(金諶)에게 명하여 상세히 교열하도록 하셨으나 책이 미처 완성되기 전에 성종께서 승하하시어 몇 해 동안 교정이 중지되었습니다. 우리 주상전하께서는 선왕의 뜻을 이어 마침내 내의원에 교정을 명하신 후 책을 50권 87문(門)으로 만들게 하시고 소신 신용개(申用漑)에게 명하여 발문을 짓게 하셨습니다.

신이 가만히 생각해보니 사람은 음양오행(陰陽五行)의 기운을 받아 육신을 얻었고 혈맥(血脈)·경락(經絡)·영위(營衛)가 있기 때문에 그 육신을 굳건히 할 수 있는 법입니다. 그러나 추위나 더위 같은 육음(六淫)이 몸 밖에서 침범하고, 기쁨이나 분노와 같은 칠정(七情)이 몸 안에서 공격하여 한 번이라도 정기(正氣)가 균형을 잃으면 사소한 일로 병이 생기게 됩니다. 옛 성현들께서는 사람들을 오래 살게 하는데 마음을 둔 분들로 치료하는 방법을 고민하고 어떤 약이 적당한지 판별한 뒤에 요점을 모아 편찬하고 의서들을 늘리셨기에 그다음 의학자들이 연구하여 계승할 수 있었습니다. 이런 까닭으로 몸 하나에 병은 백 가지일 수 있고 백 가지 병에 약은 천 가지일 수 있게 되었으니 의학이 후대로 내려올수록 의서가 더욱 많아졌습니다. 신농(神農)께서 《본초경》을 만들고 황제(黃帝)께서 《내경》을 지은 후로 의서가 대대로 증가하였으니 한(漢) 때에는 편찬자가 이미 18가지 학파에 책은 모두 약 490권이었습니다.[2] 그 이후에 그들을 계승한 사람은 몇 배나 늘었으나 세상에 편작(扁鵲)이나 창공(倉公)과 같이 훌륭한 의원은 없었습니다. 세상에 이름을 떨치는 자라 하더라도 그저 의서에 적힌 대로 약을 정하여 백 번 중에 한 번 성공하는 정도에 불과할 뿐 오히려 책을 두루 익히지 못한 채 의술에 어두웠으니 하물며 서투른 의원은 어떠하였겠습니까. 이것이 《의문정요》를 통해 의학의 요점을 정리한 이유입니다. 책이 분량이 적어 인출하기 쉬우므로 이제는 널리 배포하고 멀리까지 보급함으로써 이 책을 보지 못하는 사람이 없고 익히지 못하는 의원이 없게 될 것이며 결국 병에 걸린 사람이 모두 나을 수 있게 되어 백성이 병으로 요절하지 않은 채 온 세상 사람들이 장수의 땅으로 올라가게 될 것입니다. 성상께서는 선왕의 효심을 계승하셔서 온 나라와 후대까지 그 아름다운 혜택을 모두 받게 하셨고 이 책 때문에 그 혜택이 더더욱 오래 갈 수 있을 것입니다.

홍치 17년갑자1504 4월 일. 가선대부 예조 참판 소신 신용개(申用漑)는 절하고 머리를 조아리며 삼가 발문을 적습니다.

---

2 《한서漢書》〈예문지藝文志〉에서 "醫經七家, 二百一十六卷 …… 經方十一家, 二百七十四卷"라고 한 부분을 가리킨다. 의경과 경방을 합하면 18가지 학파에 책은 490권이 된다.

고찰

간행되었다고 생각되지만 필자는 아직 보지 못하였고, 《해동문헌총록海東文獻總錄》에 이 책의 이름이 보인다고 하나 《해동문헌총록》의 본문을 보지 않았기 때문에 더 이상 말할 수 없다. 당시 의학계의 거두인 허종이 《의방유취》에서 요점을 발췌하여 정리한 책이므로 중국 의서가 원 출전이라 하더라도 조선 실정에 맞게 바뀐 내용일 것이라고 생각한다. 중요한 책이므로 나타나기를 고대한다.

◎ 《해동문헌총록》 의약류(醫藥類) 《의문정요》[3]

醫門精要

我成宗慮類聚書帙多印少, 人不得徧覩, 命內醫院都提調許琮, 芟繁就簡, 令易印而廣其布, 易習而其得要, 賜名醫門精要。至弘治十七年, 書始成, 其爲卷凡五十, 其爲門凡八十有七。……。[4]

《의문정요》

우리 성종께서 《의방유취》가 권질이 많고 간행된 것이 적어 사람들이 책을 두루 볼 수 없음을 염려하시고는, 내의원 도제조 허종(許琮)에게 명하여 번잡한 것을 정리하고 핵심만 간추려 쉽게 인쇄하여 널리 보급할 수 있으면서도 쉽게 익혀 그 핵심을 얻을 수 있는 책을 만들게 하시고 《의문정요》라는 이름을 내리셨다. 홍치(弘治) 17년1504에 비로소 책이 완성되었으니 권수는 모두 50권이며 목차는 모두 87문(門)이다. …….

인물전기

허종(許琮, 1434－1494). 자는 종지(宗之), 호는 상우당(尙友堂), 본관은 양천(陽川)이다. 세조 3년정축1457 별시 문과에 급제하여 관직이 우의정에 이르렀고, 양천부원군(陽川府院君)에 봉해졌다. 풍채가 우람하고 기개가 높았으며 문무의 재능을 겸비하였다. 특히 의술에 밝아 내의원 제조를 지내기도 하였다. 《언해간이방諺解簡

---

3 원서에는 존재하지 않지만 역자가 추가하였다.

4 이하 내용은 《의문정요》의 발문이므로 생략한다.

易方》〈〔030장〕 참고〉의 편찬에도 참여하였다. 당시에 의학계의 거두였다. 성종 25년 갑인1494에 세상을 떠났다.[5]

권건(權健, 1458－1501). 《의문정요》 교정 당시 병조 판서였다. 《구급이해방救急易解方》〈〔030장〕 참고〉에도 발문을 썼다.[6]

김심(金諶, 1445－1502). 자는 군량(君諒), 본관은 연안(延安)이다. 성종 5년갑오1474 식년 문과에 급제하여 이조 참의를 지냈고 연산군 대에 대사헌(大司憲)이 되었다. 연산군 8년임술1502에 세상을 떠났다.[7]

---

5 《성종실록》 성종 25년(갑인1494) 2월 14일 기사에 허종의 졸기(卒記)가 보인다.

6 자는 숙강(叔强)·태보(殆甫), 본관은 안동(安東)이다. 권근(權近)의 증손이다. 《연산군일기》 연산군 7년(신유1501) 9월 15일 기사에 권건의 졸기(卒記)가 보인다.

7 《연산군일기》 연산군 8년(임술1502) 2월 19일 기사에 김심의 졸기(卒記)가 보인다.

030. 구급간이방 救急簡易方

9권 9책

윤호(尹壕) · 임원준(任元濬) · 허종(許琮) 등 지음

[전존]

개요

아래 《성종실록》 기사에 따르면 이 책은 성종 20년 기유1489에 편찬되어 간행된 것으로 보인다.

◎ 《성종실록》 성종 20년 기유1489 5월 30일 기사[1]

內醫院提調領敦寧尹壕等，進新撰救急簡易方九卷。傳曰，宜多印遍頒中外諸邑，且令閭閻小民，皆得印出。壕等啓曰，諸邑難以遍頒。請令諸道監司，開刊于本道，界首官印行。傳曰，可。

내의원 제조 영돈녕부사 윤호(尹壕) 등이 《신찬구급간이방》 9권을 바쳤다. 이에 주상께서 전교하였다. "많이 인출하여 도성과 지방 모든 고을에 두루 반포함이 마땅하다. 또한 민간의 백성들도 모두 인출된 책을 볼 수 있도록 하라." 윤호 등이 아뢰었다. "모든 고을에 두루 반포하기는 어려우니 각 도의 감사(監司)로 하여금 해당 도에서 개간(開刊)한 후 큰 고을의 수령들이 찍어서 반포하게 하소서." 주상께서 전교하였다. "그렇게 하라."

◎ 《성종실록》 성종 20년 기유1489 9월 21일 기사

內醫院進新撰救急簡易方。賜提調尹壕、任元濬、許琮， 各馬裝一部、鑪口一、蓑衣一，朴安性、權健、醫員堂上宋欽、車得驂，各馬裝一部、蓑衣一，郎廳尹師

1 원서에는 일부 내용만 있지만 역자가 보충하여 실었다.

夏以下，鹿皮一張。

> 내의원에서 《신찬구급간이방》을 올렸다. 주상께서 제조인 윤호(尹壕)・임원준(任元濬)・허종(許琮)에게는 각각 마장(馬粧) 1부와 노구(鑪口) 1개와 도롱이 1개를, 박안성(朴安性)・권건(權健)과 의원 중 당상관인 송흠(宋欽)・차득참(車得驂)에게는 각각 마장 1부와 도롱이 1개를, 낭청인 윤사하(尹師夏) 이하에게는 녹비(鹿皮) 1장을 내려 주었다.

판본

당시 모든 도의 감사(監司)에게 명하여 간행하였기 때문에 당시에 여러 종류의 간본이 존재했을 것이다. 《고사촬요》 만력 13년 간본 〈팔도책판〉에는 원주(原州)・전주(全州)・남원(南原)・합천(陜川)・곤양(昆陽) 각지에 이 책의 책판이 있다고 실려 있다. 또 해주판(海州版) 《간이방簡易方》도 이 책을 가리킨다고 생각한다.

이처럼 각지에서 간행되었음에도 불구하고 현재 전해지고 있는 판본은 적다. 필자가 과문해서인지는 모르겠으나 황의돈(黃義敦) 씨가 소장한 권3・4・6・7의 4책, 스에마츠 야스카즈(末松保和) 씨가 경북에서 보았다는 권7 1책, 이인영(李仁榮) 씨가 소장한 권6 1책이 있는데, 모두 영본(零本)에 지나지 않는다. 이들 간본의 판식은 다음과 같이 동일하다.

| 판식版式 | 목판본, 반곽 세로 21.0 × 가로 15.5㎝, 8행 17자, 한글이 포함되어 있다. 사주단변. **| 판심版心 |** 백구. **| 지수紙數 |** 매 책 약 100여 매.

이 책은 모두 9권으로 세조 대의 《구급방救急方》보다 자세하다. 구급방서로서 완비되어 있어 책 하나가 있으면 향촌에서도 충분히 치료할 수 있도록 편성되어 있다.

인물전기

윤호(尹壕, 1424－1496). 자는 숙보(叔保), 본관은 파평(坡平)이다. 성종 3년 임진 1472 식년 문과에 급제하였고 성종 25년 갑인 1494 우의정에 이르렀다.

임원준(任元濬)・허종(許琮). 전기는 〔023장〕과 〔029장〕에서 각각 설명하였다.

송흠(宋欽, ?－1497). 내의(內醫). 성종 22년신해1491 중추부(中樞府) 관직에 이르렀다.[2] 당시 의학계의 일인자였다.

차득참(車得驂, 생몰 미상). 내의로, 당상관에 이르렀다.

2 성종 19년 첨지중추부사에, 성종 22년에는 동지중추부사에 제수되었다.

031. 의방요록 醫方要錄

3권

허저(許羝) 지음

[일실]

개요

《성종실록》에 다음과 같이 적혀 있다. 필자는 보지 못하였다. 《실록》 이외의 문헌에서는 이 책의 이름을 보지 못한 듯하다.

◎ 《성종실록》 성종 24년 계축1493 2월 15일 기사

> 內醫院主簿許羝撰進醫方要錄三卷。傳曰，甚便於觀覽，令內醫院校正印之。

> 내의원 주부 허저(許羝)가 《의방요록》 3권을 지어서 바쳤다. 이에 주상께서 전교하였다. "이 책은 보기에 매우 편리하다. 내의원으로 하여금 교정하여 인출하게 하라."

인물전기

허저(許羝, 생몰 미상). 본관은 양천(陽川)이다. 관직은 현감(縣監)에 이르렀다.[1]

---

1 내의원의 주부(主簿)·판관(判官) 등을 역임하였다.

032. 신선태을자금단방 神仙太乙紫金丹方

1권

이종준(李宗準) 지음

[전존][1]

개요

이 책의 말미에 "皇明弘治丁巳端陽節, 慵齋病叟李宗準仲鈞, 經驗刊施"라고 적혀 있다. 즉, 연산군 3년 정사1497에 이종준(李宗準)이 자기의 경험에 따라 태을자금단방(太乙紫金丹方)을 해석하고 여기에 한글 풀이를 붙여 이 책을 간행하였다.

형태서지

필자는 간본(刊本)을 보지는 못하였으나[2] 일본 에도시대 필사본이 적지 않게 전해진다. 여기에서는 그중 교토대학 후지카와문고(富士川文庫) 소장본을 기준으로 해제한다.

| 판식版式 | 필사본 1책. 세로 23.5 × 가로 16㎝, 10행 15자, 무계. **| 지수紙數 |** 도상 1매, 본문 20매. **| 인기印記 |** 책 첫머리에 "多紀氏藏書印" 외에 2개의 인장이 있다.

---

1 원서에서는 일실되었다고 하였으나 현재 성암고서박물관에 수장되어 있으므로 수정하였다.

2 《서지학보書誌學報》 6호(1991)의 부록으로 간본 1책이 영인되어 학계에 소개된 바 있다.

내용서지

◎ 《신선태을자금단방》 발문[3]

今按，此藥神效，不可枚數，姑擧一二。僕初劑此，內弟進士權叔均，患掌上有風腫數年，請試服之立消。康興海伯珍來索之，脇下暴腫，一夕如杯盂，鷄鳴磨服，洞下四五度，未朝而盡消。有孫萬戶者，年幾八十，卒中風，語澁心癡，康試與服之，卽愈。予適到郡，孫來幷謝余。尹永川壽泉妾，得腹瘕，累月諸醫拱手，尹來懇余，試與之立愈。孽族南美終者，遍身湯灼，縣吏金堅兒子，火燒指臂，並幾死，依方磨搽，有頃皆黃水流出，乃愈。老吏全春者，中風口噤，全身不遂三年，余試餉之，雖未永愈，語音乃通，喜甚乃引聲爲歌，起而學步。記官金戒章者，發背大如鉢，邊厚而色黑，乃服兩粒，立消，翌日來謁予以謝。孽族權寅妻，往隣舍路上，卒中惡而絶，權以曾從予所得與服之，卽甦。其餘患痃癖瘡腫瘕瘧，得我而愈者甚多。信乎在家出入，不可無此藥也。玆不可不傳，且公卿間坌集而求，難以一一酬應，乃書顚末，幷圖山茨菰，入梓流布云。

皇明弘治丁巳端陽節，慵齋病叟李 宗準 仲鈞，經驗刊施。

이제 책을 살펴보건대 이 약의 신비한 효과를 일일이 셀 수 없으나 우선 몇 가지만 열거한다. 내가 처음 이 약을 만들었을 때 처남인 진사 권숙균(權叔均)이 수년 동안 손바닥에 풍종(風腫)을 앓고 있었는데 부탁을 듣고 복용시켜 보았더니 금세 사라졌다. 흥해백(興海伯)인 강백진(康伯珍)이 나를 찾아와서 살펴보니 옆구리 밑에 갑자기 종기가 생겨 하룻저녁에 술잔만큼 커져 있었다. 이에 이른 새벽에 이 약을 갈아 복용시키자 4~5차례 죽죽 설사하더니 아침이 되기 전에 종기가 완전히 사라졌다. 또 80세 정도 된 손 만호(孫萬戶)는 갑자기 중풍에 걸려서 말을 잘 못하고 정신도 온전치 못했는데 강백진이 이 약을 주어 복용시켜 보았더니 금세 나았고, 내가 마침 그 마을에 갔을 적에 손 만호가 와서 나에게 고마워하였다. 영천(永川)의 수령 윤수천(尹壽泉)의 첩이 배에 덩어리가 생겼을 때 여러 달 동안 의원들이 손을 쓰지 못하자 윤수천이 내게 와서 간청하기에 이 약을 주었더니 금세 나았다. 서얼인 남미종(南美終)은 뜨거운 물에 온몸을 데었고, 아전인 김견(金堅)의 아이는 손가락에서 팔뚝까지 불에 데어 둘 다 거의 죽게 되었으나 책에 적힌 대로 이 약을 갈아서 발라주자 얼마 있다가 모두 진물이

---

3 원서에는 존재하지 않지만 역자가 추가하였다.

흘러나오고 나서 좋아졌다. 늙은 아전인 전춘(全春)은 중풍으로 입을 악다물고 온몸을 움직이지 못한 지 3년째였는데 내가 이 약을 먹여보았더니 완전히 낫지는 않았지만 말소리가 제대로 나오게 되었고 매우 기뻐하면서 소리 내어 노래를 부르면서 일어나 걷기 연습을 하게 되었다. 기관(記官)인 김계장(金戒章)은 사발만큼 큰 배종(背腫)이 생겼는데 가장자리가 두텁고 색이 검었다. 그래서 이 약 2알을 복용시키자 금세 사그라들었고 다음날 나를 찾아와 고마워했다. 서얼인 권인(權寅)의 아내는 이웃집에 가던 길에 갑작스러운 중악(中惡)으로 기절하였는데 권인이 예전에 내게서 얻은 약을 복용시키자 곧 깨어났다. 그밖에 현벽(痃癖)이나 창종(瘡腫)이나 징가(癥瘕)나 학질(瘧疾)을 앓는 사람 중에서 나의 약을 얻어서 나은 자가 매우 많았다. 아아 집에서든 밖에서든 이 약을 챙기지 않을 수 없도다. 그래서 기록으로 전하지 않을 수 없기도 하고, 또 고관들이 모여들어 요청할 적에 일일이 응대하기도 어려우니 이 책의 경위를 적고 아울러 산자고(山茨菰)의 모양을 그린 후 판각해서 유포한다.

명(明) 홍치(弘治) 정사년1497 단양절(端陽節)에 병 든 늙은이 용재(慵齋) 이종준(李宗準) 중균(仲鈞)이 경험한 것을 간행하여 배포한다.

본문내용

책 첫머리 1매에는 앞뒤로 산자고(山茨菰)의 도상이, 장묘(長苗)·개화(開花)·잔화(殘花)·결자(結子)·엽고(葉枯)의 순서로 있다. 다음으로 태을자금단(太乙紫金丹)의 원료로 산자고(山茨菰)〈'菰'는 '菇', '茨菰'는 '慈姑'로도 적혀 있다〉·천금자(千金子)〈일명 오배자(五倍子)〉·홍아대극(紅牙大戟)·사향(麝香)에 대해서 일반적인 성질과 형태를 제시하고, 여기에 조선 사람들이 이해하기 쉽도록 개인적인 견해를 상세하게 붙였다〈이종준이 덧붙인 개인적인 견해를 통해 그의 박식함을 알 수 있다. 분량은 적지만 본초학자가 간과할 수 없는 내용이라고 생각한다〉. 다음으로 아래와 같은 병증에 대하여 태을자금단의 효능을 밝히고, 아울러 자기 경험례를 말하였다. 끝으로 이 약의 신비로운 효과 때문에 전하지 않을 수 없고 또 사람들의 요구에 일일이 응하기 어려워 간행하였다고 적혀 있다.

◎ 《신선태을자금단방》 효능[4]

一切藥毒、蠱毒、瘴氣、幷狐狸鼠莽惡菌毒、河豘毒、喫死牛馬駝騾等肉毒、一切飮食毒。

癰疽、發背、疔腫、一切無名惡瘡未破之時。

諸風癮瘮、赤腫、諸瘤，小兒急慢驚風、八疳、五痢、脾病黃腫。

陰陽二毒，傷寒心悶、狂言、亂語、胸膈壅滯，邪毒未發，及四時溫疫、感冒風寒、頭風、寒熱、悶亂、鼓脹、浮腫、急喉閉、纏喉風。

諸般瘧疾不問新久。

男子婦人急中，及顚邪、喝叫、亂走、鬼胎、鬼氣、神迷、語譫。

牙疼。

自縊溺水死，心頭微溫者，及夢魘驚死、鬼迷死，未隔宿者。

蛇犬蜈蚣，一切惡蟲所傷者。

湯燙火燒者。

登高墜下，打撲傷損。

年深日近頭疼大陽疼。

諸般癎疾，及卒中風、中氣、中惡，胸腹卒疼，口喎斜，昏眼掣眨，夜多睡涎[5]，言語蹇澁，口噤車差，牙關緊急，筋脈掣縮，骨節風腫，手脚疼痛，行止艱辛，應是風氣。

인물전기

이종준(李宗準, 1458－1499). 자는 중균(仲鈞), 호는 용재(慵齋), 본관은 경주(慶州)이다. 성종 16년 을사1485 별시 문과에 급제하였고, 삼사(三司)를 역임하였으며, 호당(湖堂)에 뽑혔고, 의정부 사인(舍人)에 이르렀다. 연산군 4년 무오1498 무오사화 때 김종직(金宗直)의 문인이라는 이유로 화를 입었다. 시문(詩文)에 능통하였고 서화(書畵)를 잘하였다.

---

4 원서에는 효능 부분이 축약되어 있으나 의미가 왜곡되지 않도록 해당 필사본을 참고하여 완결된 문장으로 보완하였다.

5 《신선태을자금단방》에 "바믜자거든절로춤흘리며"라고 하였다.

고찰

태을자금단(太乙紫金丹)은 송(宋) 대부터 존재했던 신선추독환(神仙追毒丸)·성수단(聖授丹)·신선해독만병원(神仙解毒萬病元)·옥추단(玉樞丹)·자금정(紫金錠) 등과 대동소이한 처방이다. 이종준은 태을자금단에 이들과 유사하게 뛰어난 효과가 있음을 인식하고 조선 사람에게 두루 알리고자 하였다.

그리고 이후 명(明)의 이천(李梴)이 《의학입문醫學入門》에서 만병해독단(萬病解毒丹)을 또 자금정(紫金錠)이라고 칭하고 이 처방을 상세하게 실었으며, 조선에서도 허준(許浚)이 《동의보감》에서 이를 인용하여 실었다. 또 내국(內局)에서 편찬한 《납약증치방臘藥症治方》, 강명길(康命吉)의 《제중신편濟衆新編》, 황도연(黃度淵)의 《의종손익醫宗損益》에서도 내국의 약으로 게재하였다. 즉, 조선에서는 만력(萬曆) 연간 이후에 내국에 비치하는 납약(臘藥)에 포함되어 늘 사용하는 약이 되었던 것이다. 참고로 홍만선(洪萬選)의 《산림경제山林經濟》 원본〈필자 소장본〉에는 이 《태을자금단방》이 원문 그대로 전재되어 있다.

덧붙인다. 타키 모토타네(多紀元胤)의 《의적고醫籍考》에 "작자 미상의 《태을자금단방》 1권. 보지 못하였다. …… 《담생당서목》에 보인다.〔亡名氏, 太乙紫金丹方一卷, 未見, ……, 見于淡生堂書目〕"라고 하였다. 《담생당서목澹生堂書目》은 명나라 기승한(祁承爜)의 장서목록인데 이종준이 이 책을 바탕으로 본서를 엮은 것인지 지금으로서는 상세히 알 수 없다.

《요안인장서목록養安院藏書目錄》에 "자금단방 1책〔紫金丹方, 一本〕"이라는 기록이 보이며, 일본에 에도시대의 전사본이 간간이 남아 있다〈교토대학 후지카와문고에 타키(多紀) 씨가 소장했던 필사본, 사이키(佐伯) 옹이 가지고 있었던 모리(森) 씨 소장본, 필자가 가지고 있는 기타야마 쇼(北山彰) 씨 소장본 등〉.

033. 구급이해방 救急易解方

1권

윤필상(尹弼商)·김흥수(金興壽) 등 지음

[전존]

개요

연산군 5년 기미1499 찬집되었다.

판본

알려진 간본 2종을 해제한다.

(1) 을해자 활자본

〈서울 행림서원(杏林書院) 주인 소장본〉〈〔부도11〕 참조〉

1권 1책. **|판식版式|** 활자본〈세조 을해자와 유사하다〉, 반곽 세로 22.0×가로 15.5㎝. 사주단변, 유계, 9행 17자. **|판심版心|** 상하어미, 흑구. **|지수紙數|** 목록 3매, 본문 44매.

책의 앞뒤가 떨어져 나가 서문과 발문은 보이지 않는다〈다음의 후지카와문고 소장본에는 있다〉. 한글 풀이가 붙어있지도 않다. 이 간본은 체재로 미루어 보아 연산군 5년 기미1499 초간본이거나 그렇지 않더라도 그에 가까운 간본이라고 생각한다.

(2) 가정계미곤양간본(嘉靖癸未昆陽刊本)

〈교토대학 후지카와문고(富士川文庫) 소장본〉

지방에서 중간(重刊)한 간본이다. 권말에 다음과 같은 간기가 있다.

◎ 《구급이해방》 중간기(重刊記)

嘉靖癸未冬，昆陽郡開刊。[□]

郡守，朝奉大夫 晉州鎭管兵馬 同僉節制使 兼春秋館編修官 駒城 李弘幹。

訓導，承仕郎 商山 金允良。

校正，幼學 沈毅剛、河應龜。

都色記官，文得善。

刻手，僧陸祖、性均。

1권 1책 **|판식版式|** 목판본, 반곽 세로 약 21 × 가로 16.0㎝. 9행 17자. **|지수紙數|** 서문 2매, 목록 3매, 본문 49매, 발문 1매, 간기 1매. **|인기印記|** 책 첫머리에 "多紀氏藏書印"이 있다.

◎ 《구급이해방》 서문[1] [2]

自神農氏之有天下，以迄于今，代各有名醫，其書汗漫，方有萬殊，而藥不可數計，雖良醫，固不能盡識，況凡夫愚婦之目不知書者乎。世之枕方囊藥，溘死而不自知者相望，豈不哀哉。

聖上孝奉兩殿，子惠萬民，要皆躋之仁壽之域，念醫藥爲救死濟生之資，特軫睿思。嘗一日教內醫院都提調 臣 尹弼商・提調 臣 貴達・副提調 臣 鄭眉壽，及內醫 臣 金興壽，撮諸方中病之最急・藥之易得者，編成別方，飜以諺字，以進，旣乃賜名曰救急易解方，命 臣 序之。

臣 俯伏承命，謹拜手颺言曰，醫乃仁術也，仁者天地生物之心也。天地以生物爲心，故覆載之間，洪纖高下飛潛動植，凡有血氣者，莫不遂其性。聖人體天地之心以爲心，故疲癃殘疾之不能自存者，亦皆生育於深仁厚澤之中。此書之作，其天地生物之心之發見乎。

今且印而進之，廣行流布，內自宮壼，外及閭巷，雖婦人小子，皆得目其書，而曉其方，對證用藥，不勞尋醫之遠，而手有拯急活命之訣，四境之內，其有不遂其生

□ 따로 "兵曹判書李敬希"라고 후대에 가필되어 있다.

1 원서에는 일부 내용만 있지만 역자가 보충하여 실었다.

2 《구급이해방》 서문은 《허백정문집虛白亭文集》 권2에도 수록되어 있다.

者乎。

弘治十二年三月日，正憲大夫 議政府左參贊 兼知義禁府事 春秋館事 成均館事 弘文館大提學 藝文館大提學 同知經筵事 臣 洪貴達，拜手稽首謹序。

신농씨(神農氏)가 천하를 다스린 이후 지금까지 각 시대마다 명의가 있었기 때문에 의서의 분량이 매우 많고 처방은 종류가 너무 다양하며 약재 또한 헤아릴 수 없이 많아졌습니다. 그러므로 아무리 뛰어난 의사라도 이를 다 알 수 없는 법이니 하물며 눈이 있어도 책을 읽지 못하는 보통 사람들은 어떠했겠습니까. 세상에서 의서를 베고 자거나 약재를 가지고 다닌다고 하는 의원이라도 갑자기 죽은 이를 보면 어쩔 줄 모른 채 서로 바라보고 있으니 어찌 안타깝지 않겠습니까.

성상께서 대비마마와 대왕대비마마를 효심으로 봉양하시고 만백성을 자식처럼 아끼시는 것은 분명히 다 함께 장수의 영역으로 올라가게 하기 위함일 것입니다. 그래서 의약이야말로 죽음에서 생명을 구제하는 수단이라고 생각하시고는 각별히 깊은 뜻을 기울이셨습니다. 하루는 내의원 도제조 신 윤필상(尹弼商)・제조 소신 홍귀달(洪貴達)・부제조 신 정미수(鄭眉壽)와 내의 신 김흥수(金興壽)에게 명하여 여러 의서 중에서 가장 위급한 증상과 그에 따라 쉽게 구할 수 있는 약재를 뽑아서 새로운 책으로 엮고 한글로 번역하라고 하셨습니다. 책을 진상하자 《구급이해방》이란 이름을 내려 주시며 소신에게 서문을 쓰도록 명하셨습니다.

소신은 엎드려 명을 받들고 삼가 절을 올리며 아뢰었습니다. "의술은 인술(仁術)이며 인(仁)이란 천지가 만물을 살아나게 하려는 마음입니다. 천지는 만물을 살아나게 하려는 것으로 마음을 삼기 때문에 천지 사이에 살고 있는 거대한 것과 미세한 것, 큰 것과 작은 것, 날짐승과 물고기, 동물과 식물 등 혈기를 가진 모든 생명이란 천지의 본성을 따르지 않는 경우가 없는 법입니다. 성인께서는 천지의 마음을 체득하시어 자기의 마음으로 삼았기 때문에 아프고 병들어 스스로 생존하기 어려운 사람들도 모두 깊은 인자하심과 두터운 은택 속에서 살아갈 수 있는 법입니다. 그러니 이 책을 지은 뜻도 천지가 뭇 생명을 살아나게 하려는 마음이 발현된 것 아니겠습니까?"

이제 이 책을 간행하여 진상한 후 널리 유포하려고 합니다. 안으로는 궁궐에서부터 밖으로는 시골 마을까지 부녀자나 아이들이라도 다들 이 책을 보면 치료 방법을 깨우치고 증상에 맞게 약재를 쓸 수 있게 되어 멀리 의사를 찾아다니는 수고 없이도 위급한 이를 구하고 생명을 살리는 묘결(妙訣)을 손에 얻은 셈이니 이 세상에 정해진 생명을 누리지 못하는 사람이 있겠습니까.

홍치(弘治) 12년 기미1499 3월 일. 정헌대부 의정부 좌참찬 겸 지의금부사 춘추관사 성균관사 홍문관 대제학 예문관 대제학 동지경연사 소신 홍귀달은 절하고 머리를 조아리며 삼가 서문을 씁니다.

◎ 《구급이해방》 발문

弘治十一年秋，命內醫院，撰易解方，且譯以諺字，令校書館印之，將廣布，仍命臣爲跋。臣竊惟我盛朝列聖繼作，皆以至仁厚德，涵養生類，慮民生之札瘥也，則醫藥治療之方，代有其書，集成、類聚、救急諸方是已。然或病其浩穰，或傷於簡易，或只取鄉土所產，俱不若此書廣選而約取之，略而不失其要，開卷瞭然，可以對證投餌，雖窮鄉僻邑匹夫匹婦之微，無不受其賜者，其至仁厚德，同符列聖，而功利之及人者，尤博，吁盛矣哉。嘉善大夫 兵曹參判 兼同知春秋館事 臣權健，拜手稽首謹跋。

홍치(弘治) 11년 무오1498 가을에 성상께서 내의원에 명하여 《이해방》을 찬집하고 한글로 번역한 후 교서관에서 인출하도록 하셨습니다. 그리고 책을 널리 유포하려고 할 때 소신에게 발문을 쓰게 명하셨습니다. 소신이 가만히 생각해보니 우리나라에 성왕들께서 연이어 나타나시어 모두 깊은 인자함과 두터운 덕행으로 모든 생명을 기르실 적에 백성들이 질병에 걸릴까 걱정하시고는 의약으로 치료하는 방법을 대대로 책으로 만들었으니 《향약집성방》·《의방유취》·《구급방》 등이 그러한 예입니다. 그러나 어떤 것은 너무 방대하여 걱정이거나, 어떤 것은 너무 간략하여 문제이거나, 어떤 것은 우리나라에서 나는 약재만을 싣고 있었으므로 모두 이 책만 같지 못할 것입니다. 이 책은 널리 뽑되 핵심을 모았고 간결하지만 요점을 놓치지 않았으니 책을 펼치면 명료하게 알 수 있어 병증에 따라 바로 약을 투여할 수 있기 때문입니다. 그러니 궁벽한 시골에서 사는 평범한 사람들이라도 그 혜택을 받지 못할 일이 없을 것입니다. 이처럼 깊은 인자함과 두터운 덕행은 여러 성왕과 부합할 만한데다가 사람들에게 미치는 혜택의 범위는 더욱 넓을 것이니 아아 위대한 일입니다. 가선대부 병조 참판 겸 동지춘추관사 신 권건(權健)은 절하고 머리를 조아리며 삼가 발문을 씁니다.

본문내용

간본(1)·(2) 모두 한글 풀이가 붙어있지 않다. 목차를 게재한다.

◎《구급이해방》 목차

一中風, 二中寒, 三傷寒, 四傷風, 五中暑, 六中濕, 七眼疾, 八齒病, 九咽喉口舌, 十耳病, 十一鼻病, 十二頭面, 十三毛髮, 十四血病, 十五諸氣, 十六癩疝, 十七心痛, 十八腹痛, 十九脇痛, 二十腰脚, 二十一脾胃, 二十二嘔吐, 二十三膈噎, 二十四眩暈, 二十五積聚, 二十六咳逆, 二十七咳嗽, 二十八聲音不出, 二十九瘧疾, 三十痟渴, 三十一浮腫, 三十二脹滿, 三十三黃疸, 三十四淋疾, 三十五大小便, 三十六瀉痢, 三十七諸虛 附痼冷, 三十八虛煩驚悸 附健忘, 三十九諸汗, 四十癲癎, 四十一中惡 附卒死, 四十二酒病, 四十三蟲毒, 四十四癮疹, 四十五疥癬, 四十六癰疽 附丹毒丁腫, 四十七瘰瘯, 四十八癭瘤, 四十九痔疾 附脫肛, 五十便毒, 五十一打撲傷損, 五十二諸瘡, 五十三湯火瘡, 五十四漆瘡, 五十五金瘡, 五十六箭鏃諸刺, 五十七蟲傷, 五十八獸傷, 五十九凍死, 六十骨鯁, 六十一脫陽陰縮, 六十二溺水死, 六十三自縊, 六十四失欠頷事蹉候, 六十五眯目, 六十六解毒, 六十七歷節風, 六十八癜風, 六十九婦人調經, 七十乳癰, 七十一姙娠, 七十二難產 附胞衣不下, 七十三產後, 七十四小兒驚癎 附泄瀉, 七十五小兒啼, 七十六瘡疹

인물전기

윤필상(尹弼商, 1427－1504)·홍귀달(洪貴達, 1438－1504)·정미수(鄭眉壽, 1456－1512). 모두 역사적으로 잘 알려진 인물이므로 설명은 생략한다.

김흥수(金興壽, 생몰 미상). 내의(內醫)이다. 성종 때의 명의(名醫) 김흥수(金興守, 생몰 미상)와 동일 인물이거나 형제라고 생각한다.

고찰

서문과 발문을 통해 알 수 있듯이, 연산군 4년무오1498 가을 내의원에서 윤필상·홍귀달·정미수 및 내의 김흥수가 임금의 명에 따라 편찬하고 여기에 한글 풀이를 붙여 이듬해 연산군 5년 3월에 교서관(校書館)에서 인출하고 반포한 책이다. 세종대의 《향약집성방鄕藥集成方》·《의방유취醫方類聚》가 지나치게 양이 많고, 세종대의 《구급방救急方》은 간략할 뿐만 아니라 향약 처방을 위주로 하고 있어 모두 위급한 증상에 편리하게 사용할 수 없다는 단점을 보충하기 위해 이 책을 편찬하였다. 적은 분량이지만 향약이 점차 사라지고 당약(唐藥)에 의존하는 분위기가 막 형성된 시기에 쓰여진 저작이기에 관심을 끈다.

필자는 한글 풀이가 덧붙여진 간본을 보지 못하였으나 연산군 5년 기미1499 교서관 초간본에는 한글 풀이가 있었다고 한다. 《고사촬요》 만력 초기 간본 〈팔도책판〉에 《구급간이방》(〔030장〕 참고)의 곤양판(昆陽版)이 보이지만, 《구급이해방》은 실리지 않았다.

034. 임신최요방 妊娠最要方

1권

[전존]

개요

이 책의 일본 전사본 가운데 하나(다케다 쿄우서옥(武田杏雨書屋) 켄켄사이(乾乾齋) 소장본)[1]에 다음과 같이 적혀 있다. 이를 통해 연산군 9년 계해1503에 이 책이 간행되었음을 알 수 있다.

◎ 《임신최요방》 내사기(內賜記)

> 弘治十六年五月日, 內賜內資寺主簿柳緝, 妊娠最要方, 命除謝恩。同副承旨 臣 權〔着名〕

> 홍치(弘治) 16년 계해1503 5월 일. 내자시 주부 유집(柳緝)에게 《임신최요방》을 내리니 답례하지 말라. 동부승지 신 권(權)〔착명(着名)〕

간본으로 전해지고 있는 것은 스에마츠 야스카즈(末松保和) 씨 소장본이 있다.[2] 서지는 다음과 같다.

1 다케다 쿄우서옥 장서목록에 다음과 같이 2건이 기록되어 있다. ① 姙娠最要方一卷. (乾4625) 朝鮮 闕名撰 抄本 有醫書庫圖記 一帙一冊 ② 姙娠最要方一卷. (三14) 朝鮮 闕名撰 昭和Ⅲ年堺三木氏據京城帝國大學末松保和藏乙亥活字本鈔 一帙一冊

2 국립중앙도서관에 스에마츠 야스카즈 소장본을 필사한 미키 사카에의 필사본이 있다. (古7729-3)

형태서지

1권 1책. **❙판식版式❙** 활자본(을해자), 세로 28.5×가로 18.0㎝, 반곽 23.0×15.5㎝, 9행 17자, 사주단변. **❙판심版心❙** 상하어미, 흑구, "姙娠方"이라고 적혀 있다. **❙지수紙數❙** 목록 1매, 본문 12매.

본문내용

목차는 아래와 같다. 임신했을 때의 음식과 섭생에 대해 기술한 책으로, 부녀자를 위한 소책자이다.

◎《임신최요방》 목차

姙娠可食, 姙娠無忌, 禁忌內無毒可食, 姙娠食忌, 凡食物相反

고찰

《요안인장서목록養安院藏書目錄》 가운데에도 이 책의 이름이 보인다.

035. 악병치료방 惡病治療方 악질치료방惡疾治療方

[일실]

개요

《의림촬요醫林撮要》(〔059장〕 참고)에 이 책이 인용되었다. 필자는 《의림촬요》를 정밀하게 조사하지 못하여 확실히 말할 수 없지만, 타키 모토타네(多紀元胤)가 필사한 《의림촬요초醫林撮要抄》를 살펴본 결과 〈중풍문中風門〉·〈상한문傷寒門〉·〈온역문溫疫門〉 가운데 나오는 이 책의 기록으로 보건대 나병(癩病)의 치료서가 아니라 성종 초기 황해도에서 발생하여 유행한 악질(惡疾)(필자는 이 악질을 유행성뇌척수염이라고 비정하였다. 《조선질병사》를 참고하라)의 치료서라고 생각한다.

036. 하중추방 河中樞方

[일실]

개요

이 책 역시 《의림촬요醫林撮要》 가운데 그 이름이 보인다. 《하씨방河氏方》도 동일한 책이라고 생각한다. 하 중추(河中樞)가 어떤 사람인지 자세히 알 수 없다. 연산군 · 중종 대 의원(醫員)인 하종해(河宗海, 생몰 미상)가 아닌가 한다. 그는 성종 대 활동했던 허종(許琮)의 문하생으로 중종 대에는 명의로 이름났다.

037. 벽온방 辟瘟方 · 언해벽온방 諺解辟瘟方과 속벽온방 續辟瘟方

[일실]

개요

《간이벽온방簡易辟瘟方》(〔038장〕 참고. 중종 20년 편찬되어 간행되었다) 이전에 《벽온방》이라는 책이 있었다는 사실은 《조선왕조실록》에 보인다. 중종 13년 무인1518 4월 1일 기사에 동지중추부사 김안국(金安國)이 한글로 풀이한 《여씨향약呂氏鄕約》·《정속正俗》·《이륜행실二倫行實》·《농서農書》·《잠서蠶書》·《벽온방辟瘟方》·《창진방瘡疹方》 등의 책을 팔도에 인출·반포할 것을 청하니 찬집청(撰集廳)으로 하여금 인출하게 하였다고 적혀 있다.[1] 또 《증보문헌비고增補文獻備考》 권242에도 거의 비슷한 내용이 실려 있다. 따라서 이 무렵 한글로 풀이된 《벽온방辟瘟方》(본문의 《벽온방》은 더 이전부터 존재했다)이 이미 세상에 유포되었을 것이다.

또한 중종 20년 을유1525 정월 18일과 23일 《중종실록》 기사에, 《벽온방》에 수록되지 않은 역병(疫病) 치료 방법을 《의방유취》에서 초록(抄錄)하고[2] 한글로 풀이한 뒤 《속벽온방》이라 이름 붙여 인출한 다음 약재와 함께 평안도에 내려보내라고 하였다. 그리고 같은 달 25일에 《간이벽온방簡易辟瘟方》 1편(〔038장〕 참고)이 완성되었고 한글 풀이가 덧붙여진 후 인출되어 반포되었다(《간이벽온방》 김희수(金希壽)의 서문에 나온다).

---

1 제1부 〔024장〕 《언해창진방》 해제의 관련 기사를 참고하라.

2 원서의 해당 내용은 《중종실록》의 내용을 조금 잘못 풀이한 것이다. 아래 《실록》 원문을 참고하라.

◎ 《중종실록》 중종 20년 을유1525 1월 18일 기사[3]

傳曰, 偶覽醫方類聚, 辟瘟方外, 治疫之方亦多。其抄錄下送于平安道, 俾知此法, 而試用何如。且令印出, 頒諸中外。

주상께서 전교하였다. "우연히 《의방유취》를 보니 온병(瘟病)을 물리치는 방법 외에 역병(疫病)을 고치는 방법도 많았다. 이것을 초록한 후 평안도에 내려보내어 이 방법을 알려주고 써 보게 하는 것이 어떠한가? 그리고 이것을 인출하여 도성과 지방에 반포하게 하라."

◎ 《중종실록》 중종 20년 을유1525 1월 23일 기사[4]

下新抄辟瘟方于政院曰, 此方書, 藥名甚多, 依前例, 諺解印出可也。但待印出, 則似乎遲緩, 姑傳寫, 竝辟瘟藥, 下送于咸鏡平安等道。且印出辟瘟方, 宜令色承旨, 略序首尾於篇末, 使後世知某時所著。前有辟瘟方, 此則可名以續辟瘟方也。

주상께서 새로 초록(抄錄)한 《벽온방》을 승정원에 내리며 전교하였다. "이 책에는 약재명이 매우 많으니 전례에 따라 한글로 풀이하여 인출하는 편이 좋겠다. 다만 인출하기를 기다리면 늦을 듯하니 우선 베껴서 온병(瘟病)을 물리치는 약과 함께 함경도·평안도에 내려보내라. 또한 《벽온방》을 인출할 때에 담당 승지(承旨)는 책 말미에 전말을 간략하게 써서 후세 사람들이 어느 때 누가 지은 것인지를 알게 하라. 전에 《벽온방》이 이미 있었으니 이것은 《속벽온방》이라 이름 지어야 하겠다."

이로부터 추측해보면 다음과 같다. 중종 13년 이전에 이미 《벽온방》이라는 책이 있었고, 중종 13년에 이것의 언해서가 간행되었다. 중종 20년에 여역(癘疫)이 크게 유행하여 새로이 《속벽온방》과 《간이벽온방》을 만들어 간행하였다. 그런데 앞뒤 사정으로 미루어 보면 《속벽온방》은 곧 《간이벽온방》과 같은 책이라고 할 수 있을 것이다.

---

3 원서에는 존재하지 않지만 역자가 추가하였다.

4 원서에는 존재하지 않지만 역자가 추가하였다.

038. 간이벽온방 簡易辟瘟方

1권

김순몽(金順蒙) · 유영정(劉永貞) · 박세거(朴世擧) 지음

[전존]

판본

(1) 중종 20년 을유1525 초간본(初刊本)

(2) 선조 11년 무인1578 중간본(重刊本)

(3) 광해군 5년 계축1613 중간본(重刊本)

위의 3가지 간본 이외에도 필요에 따라 간행되었을 것이며, 특히 지방에서 판각되었을 것이다. 《고사촬요》 만력 초기 간본〈팔도책판〉에 《벽온방》의 전주판(全州版) · 광양판(光陽版) · 진주판(晉州版)이 실려 있다. 이 책판 중에 〔038장〕에서 살펴본 최초의 《벽온방》과 한글로 풀이된 《벽온방》이 포함되어 있는지 가늠할 수 없지만 《간이벽온방》만을 지칭할 가능성이 크다고 생각한다. 필자가 처음 본 중간본부터 (3)-(1)-(2) 순으로 해제한다.

(3) 광해군 5년 중간본

(경성대학 도서관 소장본)

형태서지

1권 1책. **|판식版式|** 활자본 (훈련도감자), 세로 32 × 가로 20㎝, 반곽 23 × 17㎝, 9행 17자. **|지수紙數|** 총 25매.

내용서지

◎ 《간이벽온방》 서문

歲甲申秋，關西路癘疫大作，傳染爲災，民多夭札，至乙酉春不熄，上夙夜憂惕。凡祈告之典，靡有不擧，又分遣醫官，齎藥餌以救之，尙慮未周，特命行副護軍 臣 金順蒙、禮賓寺主簿 臣 劉永貞、前內醫院正 臣 朴世擧，抄諸方治瘟之法，纂爲一篇，名曰簡易辟瘟方，飜以方言，印頒中外，使人人易曉，雖窮村僻巷，皆得依方救活。苟非聖上好生之德如傷之仁，何以及此，吁其至矣。

嘉靖四年乙酉正月二十五日，通政大夫 承政院都承旨 兼 經筵參贊官 春秋館修撰官 藝文館直提學 尙瑞院正 臣 金希壽，奉敎謹書。

갑신년1524 가을 평안도 지방에 여역(癘疫)이 크게 돌 때 전염이 극심하여 많은 백성이 요절하였고 을유년1525 봄이 되어서도 그치지 않자 성상께서는 밤낮으로 근심하셨습니다. 하늘에 기원하는 모든 의례를 행하는 한편 의관을 파견하고 약재를 보내 구료하고자 하셨습니다. 그런데도 혜택이 두루 미치지 못할까 걱정하시면서 부호군 신 김순몽(金順蒙), 예빈시 주부 신 유영정, 전 내의원 정 신 박세거(朴世擧)에게 특별히 명하기를 여러 방서의 온역(瘟疫) 치료법을 뽑아 책 하나로 엮도록 하시고 《간이벽온방》이라고 이름하셨습니다. 그런 뒤 우리말로 번역하고 중앙과 지방에 인출하여 배포함으로써 사람마다 쉽게 이해하도록 하였으니 후미진 동네라도 모두 책에 따라 치료할 수 있을 것입니다. 성상의 살리기 좋아하시는 덕행과 백성을 아픈 사람처럼 여기시는 인자함이 아니라면 어떻게 이렇게 할 수 있었겠습니까. 아, 지극한 경지입니다.

가정 4년 을유1525 정월 25일. 통정대부 승정원 도승지 겸 경연 참찬관 춘추관 수찬관 예문관 직제학 상서원 정 신 김희수(金希壽)는 교지를 받들어 삼가 씁니다.

본문내용

처음에 병의 증후를 기록하고 이어 치료 방법을 기술하였다. 아래에 본문 일부를 적어둔다.

◎ 《간이벽온방》 본문 일부[1 2]

疫癘病候

---

1 원서에는 일부 내용만 있지만 역자가 보충하여 실었다.

2 한글 풀이〔諺解〕는 생략하였다.

其病與時氣溫熱等病相類，皆由一歲之內，節氣不和，寒暑乖候，或有暴風疾雨霧露不散，則民多疾疫，病無長少，率皆相似，如有鬼癘之氣，故云疫癘病。病氣轉相染易，乃至滅門，延及外人，故須預服藥，及爲法術以防之。

疫之所興，或溝渠不泄其穢惡，薰蒸而成者，或地多死氣，鬱發而成者，或官吏枉抑，怨讟而成者，世謂獄溫、傷溫、墓溫、廟溫、社溫、山溫、海溫、家溫、竈溫、歲溫、天溫、地溫等，不可不究古法，用屠蘇酒、務成子螢火元、李子建殺鬼煎、老君神明散，皆辟法。惟劉根別傳，令於州治大歲六合處，穿地深三尺，闊亦如之，取淨沙三斛實之，以醇酒三升，沃其上，俾使君祝之，此亦消除疫氣之良術，所謂大歲六合者，歲泄氣之所在，故以壓禳。……。

역려병의 증상

역려병(疫癘病)은 시기(時氣)・온열(溫熱) 등의 병과 비슷하니 모두 한 해의 절기가 조화롭지 못하여 추위와 더위가 때에 맞지 않거나, 혹은 폭풍・폭우나 안개와 이슬이 걷히지 않는 날이 있을 때 많은 사람이 걸리게 된다. 어른 아이 할 것 없이 모두 증상이 비슷하고 역병 귀신의 기운이 있는 듯하므로 '역려병'이라고 하였다. 병의 기세가 서로 쉽게 전염되기 때문에 멸문시키는 것은 물론 외부 사람들에게까지 미치므로 반드시 미리 약을 복용하고 법술(法術)을 써서 막아야 한다.

역병(疫病)이 일어나는 이유는 시궁창의 더러운 기운이 빠져나가지 못하다가 그 기운이 훈증되어 생긴 경우, 죽음의 기운이 많은 땅에서 뭉쳐있던 기운이 터져 나와 생긴 경우, 관리가 억압하여 억울한 원한으로 생긴 경우가 있다. 그래서 세속에서 옥온(獄溫)・상온(傷溫)・묘온(墓溫)・묘온(廟溫)・사온(社溫)・산온(山溫)・해온(海溫)・가온(家溫)・조온(竈溫)・세온(歲溫)・천온(天溫)・지온(地溫) 등으로 부른다. 옛 치료법을 연구하지 않을 수 없으니 도소주(屠蘇酒)와 무성자의 형화원(螢火元)과 이자건의 살귀전(殺鬼煎)과 노군의 신명산(神明散)이 모두 이를 물리치는 방법이다. 특히 유근(劉根)이 따로 전한 방법은 다음과 같다. 그 주(州)의 태세육합처(大歲六合處)에 땅을 3자 깊이로 파고 너비 또한 그렇게 한 뒤 깨끗한 모래 3곡(斛)을 채우고 좋은 술 3말을 그 위에 뿌린 다음 사군(使君)에게 축원하게 한다. 이 역시 역기(疫氣)를 없애는 좋은 방법이다. 태세육합(大歲六合)이라는 것은 그해에 새는 기운이 있는 곳이므로 이 방법으로 재앙을 물리친다. …….

치료 방법 부분에는 온역(瘟疫)에 대한 치료 처방과 예방법이 44가지 조문에 걸쳐 실려 있다. 치료 처방은 비교적 적절하지만, 전염되지 않도록 하는 예방법은 거의 모두 예로부터 전해진 것들로서 사기(邪氣)・귀매(鬼魅)를 쫓는 처방과 주문・부적의 종류이다.

이상 각 조문 다음에는 저마다 한글 풀이〔諺解〕가 덧붙여져 있다.

판본고찰

중종 19년갑신1524 가을에 평안도에 여역(癘疫)〈온역(瘟疫)〉이 크게 유행하였고 이듬해 중종 20년 봄까지 종식되지 않아 많은 백성이 죽었다. 이 때문에 중종은 이것을 근심하여 제사를 지내고, 또 의관을 파견하며 약재를 보냈다. 덧붙여 특별히 김순몽・유영정・박세거에게 명하여 여러 방서에서 온역 치료법을 뽑아 책 하나로 엮도록 하고 《간이벽온방》이라 이름 붙였다. 또 사람들이 알기 쉽도록 하기 위해 한글 풀이를 붙여 간행・반포하였다. 여기까지가 서문에 기술된 내용이다. 본문 기록으로부터 추측해보면 이 온역(瘟疫) 혹은 여역(癘疫)은 지금의 고열(高熱)을 주요 증상으로 하는 전염병으로 이른바 티푸스 종류〈아마도 발진 티푸스 종류인 듯하다〉의 질환에 해당하는 것 같다〈온역(瘟疫)에 대해서는 《조선질병사》 pp.28-29를 참고하라〉.

이 경성대학 도서관 소장본은 광해군 5년계축1613에 중간된 판본으로, 전년부터 유행하던 여역이 당해에 들어서 더욱 치성하자 중종 20년 편찬된 이 책을 서둘러 간행한 것이다. 그리고 곧바로 허준이 새로 편찬한 《신찬벽온방新纂辟瘟方》을 인출하여 반포하였다. 이는 광해군 5년 2월에 쓰인 《신찬벽온방》의 서문을 통해 알 수 있다.

◎ 《신찬벽온방》 서문 일부

……, 醫局舊有簡易辟瘟方, 命印累百本, 頒布各道, ……。

…… 전부터 의국(醫局)에 있던 《간이벽온방》을 수백 권 찍어 각 도에 반포하라 명하시고 …….

(1) 중종 20년 초간본

관판(官版). 일실되었을까?

(2) 선조 11년(?) 중간본

〈 도서료(圖書寮) 소장본. 《우마양저염역병치료방牛馬羊猪染疫病治療方》과 합책되어 있다 〉〈〔부도12〕 참조 〉

이 간본은 중종 20년 다음의 관판(官版)인 듯하다.

형태서지

1권 1책〈《우마양저염역병치료방》과 합책되어 있다 〉. **|판식版式|** 활자본〈 을해자 〉, 위 · 아래 · 오른쪽 가장자리를 재단하였다. 반곽 세로 23.0×가로 약 16㎝, 9행 17자. **|지수紙數|** 총 25매. **|인기印記|** 책 첫머리에 "養松" · "佐伯侯毛利高標字培松藏書畫之印"이 있다.

내용서지

서문 및 본문 내용은 앞에 제시한 간본(3)과 같다.

판본고찰

이 간본과 (3)중간본을 비교했을 때 판식은 같지만 활자의 모양에서 차이가 있다. 그러므로 이 간본은 (3)중간본보다 이전 판본으로, 초판으로 인정할 수는 없지만 그것에 가까운 것으로 보인다. 그리고 이 간본은 《우마양저염역병치료방》과 합책되어 있고 판식과 활자가 서로 동일하므로 처음부터 하나의 책이었을 것이다. 따라서 《우마양저염역병치료방》이 초간된 중종 36년 신축1541 이후로 여역 · 우역이 다시 유행하였던 선조 11년 경에 간행된 것 같다.〈 제3부 〔004장〕《우마양저염역병치료방》 참조 〉

참고로 《요안인장서목록養安院藏書目錄》에 보이는 "간이벽온방 1책〔簡易辟瘟方, 一本〕"은 간본(1)과 같은 판본이라고 생각한다.

인물전기

김순몽(金順蒙, 생몰 미상). 의원(醫員). 성종 대에 허종(許琮)의 문하로 치종(治腫)에 뛰어난 명의로 알려졌다. 중종 11년 병자1516 내의원 제조를 지냈다.

유영정(劉永貞, 생몰 미상). 중종 대에 활동했던 의관이다.

박세거(朴世擧, 생몰 미상). 중종 대부터 명종 대에 걸쳐 활동했던 의원이다. 이 책 외에 다음에 나오는 《분문온역이해방分門瘟疫易解方》 편찬에도 참여하였다. 명의였다.

039. 분문온역이해방 分門瘟疫易解方

1권

김안국(金安國) 등 지음

[전존]

개요

중종 37년 임인1542 저술되어 간행되었다.

형태서지

필자는 이 책의 완본(完本)을 보지 못하였다. 황의돈(黃義敦) 씨는 이 간본의 낱장 3매를 가지고 있다. 견본(見本)일 뿐이지만 참고할 가치가 있다.

|판식版式| 활자본〈을해자. 을해자는 세조 원년 새로 주조된 활자로 강희안(姜希顔)의 필체를 본떴다〉, 반곽 세로 23.5×가로 18.5㎝, 10행 18자, 사주단변. **|판심版心|** "易解方"이라고 적혀 있다.

내용서지

◎《분문온역이해방》 서문[一]

分門瘟疫易解方序

[一]《모재집慕齋集》 권11에 실려 있다. 이마무라 도모(今村鞆) 씨가 알려 주었다. "錄諸藥鄕名"부터 "繼之以"까지는 황의돈 씨가 지닌 낱장에 해당한다.

我聖上之三十七年, 適値歲氣流運, 癘疫熾發, 遍于諸道, 聖上惻念, 命分遣醫員, 考方劑藥救療, 猶慮窮村僻鄉, 醫或未及遍歷, 民之罹病者, 未解治救之方, 多致橫札之患, 舊存辟瘟兩方抄錄, 尙漏禳辟, 療治又復混雜, 且無藥名採法, 蒙愚之民, 尤所難解, 雖有其方, 不能濟急, 乃命因舊方加抄簡要易解之方, 分爲門類, 幷錄諸藥鄕名採收之法, 彙成新方, 刊刻中外, 務令廣布, 俾民人家有而人解, 病之未發, 預辟之, 已發, 旋救之, 期無札瘥, 以納仁壽之域。

臣 安國實承睿旨而摠之, 轉下醫司, 行護軍 臣 朴世擧, 行司猛 臣 洪沈, 率內醫院正 臣 文世璉, 直長 臣 柳之蕃, 典醫監前僉正 臣 李倜, 前直長 臣 鄭樞, 惠民署前直長 臣 洪世河等, 掌而裒集, 旁搜諸書, 方取易施, 藥取易備, 於舊抄六十餘方, 添入四十餘方, 分爲四門, 首鎭禳, 次不相傳染, 次服藥, 次勞復, 繼之以藥名採法, 皆翻解諺文。於是救癘之方, 秩然分曉, 雖愚夫愚婦, 可盡解識而易用。遂繕寫以進, 賜名曰分門瘟疫易解方。

臣 竊惟, 天地運化, 唯以生物爲心, 帝王承天莅位, 其所施設, 孰非仁民愛物之政, 制爲醫藥, 救活物命, 所係尤切, 況諸病之中, 癘疫之作, 薰染轉熾, 淫于一家一鄕, 以至被于遠邇, 橫夭滅門者相踵, 爲毒最亟, 言之慘痛, 聖上軫念至此, 眞能體天地生物之心, 而吾東方百萬億蒼生, 永受其賜於萬世, 保命遂性, 熙熙樂生, 休和充洽, 殃沴自消, 皇天降騭, 靈祚無窮, 嗚呼至矣。內而若書局若醫司, 外而若監司若守令, 苟能體聖上至仁之政, 盡心鋟梓, 期永流布, 則活人之善, 亦應感動於天, 而與蒙其垂祐矣。

嘉靖二十一年蒼龍壬寅五月下澣, 崇政大夫 行禮曹判書 兼 知經筵春秋館成均館事 弘文館大提學 藝文館大提學 五衛都摠府都摠管 臣金安國, 拜手稽首謹序。

분문온역이해방 서문

우리 성상의 즉위 37년1542은 마침 화평하지 못한 기후였습니다. 그때 여역(癘疫)이 치성하여 팔도에 퍼지자 성상께서 측은한 마음으로 의원을 파견하고 방서를 살펴 약을 지어 구료하도록 명하셨습니다. 그러고 나서도 궁벽한 시골에 의원의 손길이 두루 미치지 못하고 병든 백성이 의서를 이해하지 못해 횡사하는 우환이 많을까 염려하시다가 옛부터 있던 벽온(辟瘟)에 대한 두 방서[三]를 초록하게 하셨습니다. 그렇지만 오히려 양법(禳法)[1]은 누락되고 치료법은 더더욱 뒤섞여있는 데다가 약재명이나 채취법도 없었기 때문에 우매한 백성이 더 이해하기 어려워 그 방서에 실려 있다 하더라도 위급할 때 생명을 구하지 못할 지경이었습니다. 그래서 전하께서는 옛 방서에 따르되 간단하면서도 쉽게 이해할 수 있는 처방을 추가해 넣고 목차에 따라 내용을 정리하면서 약재들의 우리말 이름과 채취법도 기록하여 새로운 방서로 만들도록 명하셨습니다. 그리고 이 책을 중앙과 지방에서 판각하게 하고 힘써 널리 배포하게 하셨습니다. 이는 백성들이 집에 두고 사람마다 이해하도록 하여 아직 병이 생기지 않았을 때는 미리 예방하고 병이 생겼을 때는 곧바로 치료하게 하고자 함으로써 병으로 죽는 일이 없게 하여 백성들이 모두 장수의 영역으로 들어가도록 만드신 것입니다.

소신 김안국은 진심으로 성상의 뜻을 이어 이 일을 총괄하여 의사(醫司)[2]로 명을 하달한 후 행 호군 신 박세거(朴世擧), 행 사맹 신 홍침(洪沈)에게 내의원 정 신 문세련(文世璉), 직장 신 유지번(柳之蕃), 전 전의감 첨정 신 이척(李倜), 전 직장 신 정추(鄭樞), 전 혜민서 직장 신 홍세하(洪世河) 등을 인솔하여 편찬을 관장하도록 하였습니다. 각종 서적을 수집하여 쓰기 쉬운 처방과 구비하기 쉬운 약재를 취하되 전에 채록해 두었던 60여 처방에 새로 40여 처방을 추가하여 넣고 이것을 4가지 문(門)으로 나누어 〈진양鎭禳〉, 〈불상전염不相傳染〉, 〈복약服藥〉, 〈노복勞復〉의 순서로 구성한 후 약재명과 채취법을 붙여 놓고 모든 내용을 한글로 풀었습니다. 이것으로 역병을 치료하는 책이 가지런히 분명해져서 비록 우매한 백성이라도 내용 전부를 이해하고 쉽게 사용할 정도가 되었습니다. 마침내 원고를 만들어 올리자 전하께서 《분문온역이해방》이라는 이름을 내리셨습니다.

소신이 가만히 생각건대 천지의 조화란 만물을 살아나게 하는 것으로 마음을 삼을 뿐이고 제왕께서는 하늘의 뜻에 따라 왕위에 오르는 법이니 제왕께서 행하는 일은 무엇인들 백성을 사랑하고 만물을 아끼는 일이 아니겠습니까. 그중에서도 의약(醫藥)을 제정하여 백성의 생명을 구하는 문제는 매우 절실합니다. 더욱이 모든 병 가운데 역병이 발생하여 전염이 극심해지면 한 집안 한 마을을 전염시키는 것은 물론 먼 곳까지 피해를 입히게 되어 사람들이 요절하고 가문이 사라지는 일이 끊이지 않게 되니 그 해악이 아주 극심하여 말을 하면서도 침통합니다. 성상의 근심이 여기까지 미치시니 참으로 성상께서는 천지가 만물을 살리는 마음을 체득하신 분이십니다. 우리 동방의 모든 백성이 영원히 만세토록 그 은택을 받아 생명을 보존할 것이고, 천성을 좇아 즐겁게 살아갈 것이며, 평온이 충만하여 재앙이 절로 사라질 것이고, 천지신명이 음덕(陰德)을 내리시어 국운(國運)이 무궁할 것이니 정말 지극한 경지이십니다. 궐내에서는 서국(書局)과 의사(醫司)가, 지방에서는 감사(監司)와 수령(守令)들이 성상의 지극히 인자하신 행동을 본받은 다음 마음을 다해 책을 만들어 영원토록 배포한다면 사람을 살리는 좋은 일이 반드시 하늘을 감동시켜 백성에게 복이 미칠 것입니다.

가정 21년 창룡(蒼龍) 임인년1542 5월 하순. 숭정대부 행 예조 판서 겸 지경연 춘추관 성균관사 홍문관 대제학 예문관 대제학 오위도총부 도총관 소신 김안국은 절하고 머리를 조아리며 서문을 씁니다.

본문내용

온역(티푸스 질환군에 해당한다)의 치료법 백여 가지를 〈진양鎭禳〉·〈불상전염不相傳染〉·〈복약服藥〉·〈노복勞復〉 4개의 문(門)에 나누어 싣고, 이어 약재명 및 그 채취법(《향약채취월령鄕藥採取月令》과 같은 체재로 기록되어 있다)을 적었다. 또 각 조문에는 한글 풀이를 붙였다.

인물전기

김안국(金安國, 1478－1543). 자는 국경(國卿), 호는 모재(慕齋), 본관은 의성(義城)이다. 성종 9년무술1478에 태어나 연산군 9년계해1503에 별시 문과에 급제하였고, 경상도 감사(慶尙道監司)가 되어 이름을 날렸으며, 대제학(大提學) 우찬성(右贊成)에 이르렀다. 중종 38년계묘1543에 세상을 떠났다. 김굉필(金宏弼)의 문인으로 학문이 고명했으며 지조가 있었다. 동생 김정국(金正國, 1485－1541)과 함께 유림(儒林)의 종주였다. 《동몽선습童蒙先習》·《이륜행실도언해二倫行實圖諺解》 및 《모재집慕齋集》을 저술하였다.[3]

박세거(朴世擧, 생몰 미상). 〔039장〕에서 설명하였다.

홍침(洪沈, 생몰 미상)·문세연(文世璉, 생몰 미상)·이척(李倜, 생몰 미상)·정

目 벽온에 대한 두 방서 : 《벽온방辟瘟方》과 《간이벽온방簡易辟瘟方》을 가리키는 것 같다.

1 양법(禳法) : 기도, 주문, 부적 등을 동원한 치료법이다.

2 의사(醫司) : 조선시대 의약을 담당하던 관청을 가리킨다. 주로 내의원(內醫院), 전의감(典醫監), 혜민서(惠民署)를 뜻한다.

3 《중종실록》 중종 38년(계묘1543) 1월 4일 기사에 김안국(金安國)의 졸기(卒記)가 있다.

추(鄭樞, 생몰 미상)・홍세하(洪世河, 생몰 미상). 서문에서 이들의 이름이 연달아 언급되었지만 알려진 행적은 없다.

유지번(柳之蕃, 생몰 미상). 〔042장〕에서 설명하였다.

고찰

중종 37년 임인1542 2월 함경도・강원도, 3월 경상도・함경도, 7월 전라도, 12월 함경육진(咸鏡六鎭) 각 지방에 여역(癘疫)이 창궐하였다고 《중종실록》 권97과 권98에 기록되어 있다. 앞의 서문 첫머리에도 중종 37년에 여역이 여러 도에 창궐하였다고 기록되어 있다. 이에 김안국은 명을 받고 몸소 이를 맡아 여러 의관을 시켜 각종 의서를 모아 전에 채록해 두었던 60여 처방 (내려오던 《벽온방辟瘟方》과 《속벽온방續辟瘟方》에 실려 있는 내용을 가리킨다. 《속벽온방》은 중종 20년(을유1525) 편찬된 《간이벽온방簡易辟瘟方》과 같은 책이라고 생각한다) 에 새로 40여 처방을 추가하고 이들을 4개의 문(門)으로 나누었다. 여기에 이전 책에 실려 있지 않았던 약재명과 채취법을 추가하고 각 조문에 한글 풀이를 달아 한 책으로 만들었다. 이것이 《분문온역이해방》이다.

이 책의 이름은 김휴(金烋)의 《해동문헌총록海東文獻總錄》에 실려 있었지만 눈에 들어오지 않았다. 그런데 황의돈 씨와 이마무라 도모 씨의 고견으로 그 대략을 알 수 있었다 (이상을 정리한 "《벽온방辟瘟方》 서적 간행 계통 약도"는 〔067장〕 《신찬벽온방新纂辟瘟方》 해제에 있다).

040. 촌가구급방 村家救急方

1권

김정국(金正國) 지음

[전존]

판본

(1) 중종 33년 무술1538 6월 남원(南原) 초간본(初刊本)

(2) 선조 5년 임신1572 8월 진주(晉州) 재간본(再刊本)

《촌가구급방》이라는 이름은 이토우 토우가이(伊藤東涯, 1670－1736)의 《소술잡초紹述雜抄》 권45 〈삼한기략三韓紀略〉 속 '문적휘(文籍彙)', 하타 고우잔(畑黃山)의 《의학원학범醫學院學範》, 《요안인장서목록養安院藏書目錄》, 코지마 호소(小島寶素)의 《하청우기河淸寓記》 등에 보인다. 또 《본초강목계몽本草綱目啓蒙》에도 각 부분에 이 책이 인용되어 있다. 일찍이 오구라 신페이(小倉進平) 씨도 〈《본초강목계몽》에 인용된 조선 동물・식물・광물명〉(《청구학총靑丘學叢》 제10호)이라는 논문에서 이 책에 대해 고증하고 일실된 책이라고 하였다. 이렇게 에도시대에 이 책의 이름이 몇 차례 나타나는데도 불구하고 실전되었는지 그 모습이 보이지 않았다. 그러나 다행히 이인영(李仁榮) 씨가 자신의 소장서를 원본으로 하여 필사본 1책을 만들어 쇼와(昭和) 10년 을해1935 늦가을 전쟁이 한창일 때에 조선에서 필자에게 보내왔다. 그의 깊은 배려 덕분에 아래 해제를 쓸 수 있었다.

형태서지

1권 1책. **ㅣ판식版式ㅣ** 목판본, 반곽 세로 19.5～21.0×가로 16.0㎝, 사주단변, 유계, 10행 19～22자(균일하지 않음). **ㅣ판심版心ㅣ** 흑구 혹은 백구. **ㅣ지수紙數ㅣ** 〈본초지부本草

之部〉 5매, 본문 48매, 지(識) 1매 (안타깝게도 이인영 씨 소장본은 앞의 3장이 떨어져 나가 〈본초지부〉의 전반부가 소실되었다)

내용서지

◎ 《촌가구급방》 지(識) (권말에 있다)

夫醫方之作, 積案盈箱, 無非爲人除疾患而救橫命也, 則良醫雖遠, 考方書, 亦可得以救其萬一。余負累居村, 患無已病之醫, 多求得醫方藥書, 遇有病人來問, 則認其證, 閱其書, 得其藥, 喜其藥病之相適, 方且命之。旋復思之, 則曰湯、曰散、曰圓、曰丹者, 皆醫局所劑, 而有非窮村之民所能得者。因廢書而歎曰, 庖丁之手無刃, 則不如得一棒而斃, 養由之手無弓, 則不如操短兵而接, 方書之劑無材, 則不如得鄕藥而救。於是, 盡棄全方之書, 只取其民間所易得者, 兼採其出於父老之聞見而有效者, 編集一卷, 曰村家救急方。置諸几案之上, 居村數十年之間, 因病投藥, 不出廛里之外, 有求必得, 頗皆有效, 所活亦多, 唯慮是編之不得廣布民間也。嘉靖戊戌春, 被召還朝, 同年夏, 承湖南之命, 入界信宿, 而到南原, 首以是編付通判李君希平, 使之更加讎校, 鋟諸梓, 以廣其布云。

嘉靖戊戌夏六月, 聞韶金正國識。

무릇 의서들이 만들어져 책상에 쌓이고 상자를 가득 채울 정도로 많은 것은 사람들의 질병을 치료하여 횡사에서 구하기 위함이 분명하니 훌륭한 의사가 멀리 있더라도 의서를 참고한다면 만일의 위험을 막을 수 있을 것이다. 나는 죄를 짓고 시골에서 살게 되었는데 병을 치료하는 의사가 없을까 걱정되어 의방서와 본초서를 많이 구해 두었다. 어쩌다가 환자가 처방을 물으러 오면 증상을 확인하고 의서를 살펴 약재명을 알고 난 후에 약재와 병증이 서로 맞는 것을 기뻐하며 그제야 환자에게 처방을 알려주었다. 그런데 돌이켜 생각해보니 탕(湯)이나 산(散)이나 원(元)이나 단(丹)들은 모두 의국(醫局)에서나 만들 수 있는 약이지 궁벽한 시골의 백성들이 구할 수 있는 약이 아니었다. 그래서 책을 치우고 탄식하며 말하였다. "백정인 포정(庖丁)의 손에 칼이 없다면 몽둥이로 때려죽이는 것만 못하고 활을 잘 쏘는 양유(養由)의 손에 활이 없다면 단도를 쥐고 붙어서 싸우는 것만 못한 법이니 의서에 있는 처방을 조제할 약재가 없다면 향약(鄕藥)으로 치료하는 것만 못하겠구나." 이에 기성 처방이 담겨 있는 의서를 다 버린 다음, 민간에서 쉽게 구할 수 있는 약재가 수록된 내용만 고르고 아울러 노인들이 듣거나 본 것 중에서 효험이 있는 것들을 수집하여 한 책으로 엮고 나서 《촌가구급방》이라고 했다. 이 책을 책상 위에 올려놓고 시골에서 수십 년을 보내는 동안 환자에게 약을 줄 때 시장과 마을 밖으로 나가지 않고도 약재를 반드시 찾을 수 있었고 모두 효험이 있어 사람을 살린 경우도 많았으나 이 책이 민간에 널리 유포되지 못하는 점이 늘 안타까웠다. 나는 가정(嘉靖) 무술년1538 봄에 조정으로 돌아오라는 부름을 받았고 같은 해 여름에 호남관찰사의 명을 받들었다. 부임지로 들어가 며칠 밤을 묵고 남원에 이르렀을 때 맨 먼저 이 책을 통판(通判) 이희평(李希平)에게 주어서 그에게 다시 교감하게 한 후 판각하여 널리 유포시키도록 하였다.

가정 무술년1538 여름 6월. 문소(聞韶) 김정국(金正國) 쓰다.

본문내용

책 첫머리에 〈본초지부本草之部〉가 있는데, 본문에 나오는 약재 2백여 종에 대한 향명이 기재되어 있다. 본문은 대방과(大方科)·부인문(婦人門)·소아문(小兒門)으로 크게 나뉜다. 대방과에는 모두 일상에서 마주치는 성인의 병증 약 78가지에 대한 치료법을 적었고, 부인문에는 부인의 병증 24가지, 소아문에는 소아의 병증 24가지에 대한 치료법을 설명하였다. 책 말미에는 익수(溺水)·자액(自縊)·실흠함거차후(失欠頷車蹉候)·파상풍(破傷風)·괴질(怪疾)·육독(肉毒)의 치법을 덧붙였다.

인용서는 명(明) 초기까지의 여러 중국 의서이다. 출전이 기재되지 않은 조문은 조선의 경험 치료법으로서 본문 곳곳에 삽입되어 있다.

인물전기

김정국(金正國, 1485－1541). 자는 국필(國弼), 호는 사재(思齋), 본관은 의성(義城)〈문소(聞韶)〉이다. 모재(慕齋) 김안국(金安國)의 동생이다. 중종 4년기사1509 별시 문과에 장원으로 급제하였고, 관직을 두루 거쳐 황해도 관찰사가 되었다. 기묘사화로 관직을 잃고 고양(高陽)으로 내려가자 많은 선비가 배움을 청했고 그들과 강론하기를 그치지 않았다. 중종 33년무술1538 복직되어 전라도 관찰사가 되었고, 그 후 예조 참판에 이르렀다. 김굉필(金宏弼)에게 학문을 배웠고 글을 잘 썼다. 정사(政事)에 능해 상황에 따른 대처가 시의적절했다. 형 김안국과 함께 당대에 중용되었다. 몇 가지 저술이 있다.[1] 중종 36년신축1541 57세의 나이로 세상을 떠났다.

고찰

지(識)에서 알 수 있듯이, 궁촌의 백성들이 질병 치료에 쉽게 이용할 수 있도록 편찬한 책이다. 김정국이 고양(高陽)의 망동(芒洞)에 살 때 이 책을 만들었고, 호남 관찰사가 되었을 때 남원에서 통판(通判) 이희평(李希平)이라는 사람에게 교정하여 간행하도록 하였다. 이 책은 단순히 분량 적은 치료서에 지나지 않지만 한국 고유의 치료법을 담고 있다. 또 〈본초지부〉에 있는 본초의 향명(鄕名)은 어학 연구에 있어서도 중요하다. 때문에 중종 시기 조선 고유 의서로서 이러한 점에 있어서 가치가 크다.

《하청우기》에 "嘉靖戊戌夏六月, 聞韶金正國國弼識。隆慶六年壬申八月列署。"라는 설명과 함께 의성서원(醫聖書院) 소장본이 적혀 있다. 《고사촬요》선조 초기 간본〈팔도책판〉에 남원판(南原版)과 진주판(晉州版)이 실려 있는데 후자에 해당하는 것이 아닌가 한다. 초간본은 역시 중종 33년무술1538의 남원판이고, 재간본이 이 융경(隆慶) 6년 즉 선조 5년임신1572의 진주판이라고 생각한다. "隆慶六年壬申八月"이라는 연기(年記) 다음에 교정자·각수·간행자의 관직과 성명 목록이 권말 한 장에 기록된 간본이 의성서원(타카시나(高階) 씨)에 있었다. 그런데 이인영 씨 소장본은 남원판인지 진주판인지 알 수 없다. 융경(隆慶) 6년 간본에서 관직과 성명 목록이 있는 한 장이 떨어져 나간 것인지도 모른다. 이것은 융경 간본이 나타나면 절로 밝혀질 것이다. 덧붙여, 앞의 《고사촬요》〈팔도책판〉 남원 부분에 《촌가구급간이방村家救急簡易方》이라는 책이 있다. 이 책은 《촌가구급방》과 별개로 윤호(尹壕) 등의 《구급간이방救急簡易方》(〔030장〕 참고)을 가리키는 것이 아닐까 한다(제6부 〔001장〕 참고).

---

1 김정국의 저서로는 시문집인 《사재집思齋集》 외에 《성리대전절요性理大全節要》·《역대수수승통지도歷代授受承統之圖》·《기묘당적己卯黨籍》·《사재척언思齋摭言》 등이 있다.

041. 황달학질치료방 黃疸瘧疾治療方

[일실]

개요

《명종실록》 기사를 통해 이 책의 존재를 알 수 있다. 《명종실록》을 근거로 추측하건대 이 책은 명종 초기에 간행된 것으로 보인다. 아마도 명종 3년 무신1548부터 각 도에 치성했던 여역(癘疫)을 막기 위해 만들어졌을 것이다(《조선질병사》 pp.31-32. 참조).

◎ 《명종실록》 명종 5년 경술1550 11월 10일 기사

以黃疸瘧疾治療方, 下于政院曰, 見此方文, 治法簡要。各道州府郡縣僉使萬戶處, 已命依啓印頒矣。然窮村僻巷人, 不得徧觀, 令監司及州府巨邑, 印給境內人民, 則其於治療之方, 多有裨益矣。

주상께서 《황달학질치료방》을 승정원에 내리면서 일렀다. "이 책을 보니 치료법이 간단명료하다. 각 도 모든 고을의 첨사(僉使)와 만호(萬戶)에게는 아뢴 바에 따라 인출(印出)하여 반포하도록 명하였다. 그러나 궁벽한 시골의 백성들은 두루 구해 보지 못할 것이니 감사(監司) 및 주(州)·부(府)처럼 큰 고을 수령들에게 인출하여 그 지역 백성들에게 나누어 주게 한다면 치료에 유익한 점이 많을 것이다."

고찰

'황달학질(黃疸瘧疾)'(〔042장〕《달학이해방疸瘧易解方》의 '달학(疸瘧)'도 이와 유사하다)은 의학에서 정식으로 사용되던 용어가 아니고 이때 만들어진 병명인 듯하다. 즉 말라리아

〔瘧〕와 같이 주기적으로 고열이 나타나면서 몸에 황달(黃疸)까지 생기는 악성 전염병(여역(癘疫))이었던 것 같다. 당시 유행한 여역이 이런 증상을 보였던 것이다.

'황달학질'을 현대의 지식으로 고찰하면 견강부회(牽强附會)의 잘못을 면할 수 없을지 모르지만, 필자는 재귀열(再歸熱, relapsing fever)이 황달학질에 가장 부합하지 않나 생각한다. 이 책이 일실되어 확정하기는 힘들지만 만약 나타난다면 본 질환의 전모는 곧바로 드러나리라 생각한다. 앞으로 연구되기를 바란다.

《고사촬요》선조 초기 간본〈팔도책판〉에 "평양. 황달학방〔平壤, 黃疸瘧方〕"이라고 적혀 있다. 이것이 《실록》에 언급된 명종 초기 간본(활자본일까?)의 지방판 가운데 하나에 해당하는 것 같다.

042. 달학이해방 疸瘧易解方 언해諺解

2권

유지번(柳之蕃) · 김윤은(金允誾) 지음

[일실]

개요

이 책의 이름은 《해동문헌총록海東文獻總錄》·《요안인장서목록養安院藏書目錄》·《잇슈우도오가장의서목聿修堂架藏醫書目》에 보인다. 이 책은 《황달학질치료방黃疸瘧疾治療方》(〔041장〕 참고)과 동일한 책이거나, 다른 책이라도 계통이 같은 책이라고 생각한다. '황달학질(黃疸瘧疾)'이 줄어서 '달학(疸瘧)'이 된 것으로 보인다.

◎ 《해동문헌총록》 의약류(醫藥類) 《달학이해방》[1]

> 疸瘧易解方
>
> 嘉靖庚戌夏，疸瘧疾作，交相染易，至冬不息，中外皆然，明廟乃命行大夫護軍柳之蕃、內醫院主簿金允誾等，參考諸方，抄其治疸治瘧之法，輯爲一篇，名曰疸瘧易解方。又命禮曹判書鄭士龍、兵曹判書安玹等，就加讎校，飜以諺語，印頒之，使婦人小子，皆得檢方治療。
>
> 黃疸論，諸疸通治方，諸瘧論，諸瘧通治方，又兩症通用方，與令驗易效之方，附卷末。
>
> 李夢亮書其後曰，古昔聖人，劑爲醫藥，以濟民生，其至仁大矣。顧惟遐絶之鄕、窮僻之巷，雖有是病，而不知何藥之可療、何方之可據，竟至夭札相繼，而莫之能救，則聖人博施之仁，於是乎病矣。▦▦▦▦▦▦▦▦之仁，其視古昔聖人，殆與之同符，而爲效之博，則抑有加焉。嗚呼至哉。

1 원서에는 존재하지 않지만 역자가 추가하였다.

《달학이해방》

가정 경술년1550 여름에 달학(疸瘧)이라는 병이 생겨나 서로 섞여 전염되다가 겨울이 되어도 그치지 않았으니 도성 안팎이 모두 그러하였다. 이에 명종께서 가의대부 행 호군 유지번(柳之蕃)과 내의원 주부 김윤은(金允誾) 등에게 명하여 여러 의서를 참고하여 황달과 학질 치료법을 베낀 뒤 한 책으로 편집하게 하시고 《달학이해방疸瘧易解方》이라고 이름 붙이셨다. 그러고 나서 예조 판서 정사룡(鄭士龍)과 병조 판서 안현(安玹) 등에게 명하여 한 번 더 교감하고 한글로 번역한 뒤 인출하고 반포하여 아녀자나 아이들까지 처방을 찾아 치료할 수 있도록 하라고 하셨다.

책은 황달에 대한 설명과 온갖 황달을 두루 치료하는 처방, 학질에 대한 설명과 온갖 학질을 두루 치료하는 처방으로 구성되어 있다. 그리고 황달과 학질에 상관없이 두루 쓸 수 있는 처방과 효험이 있고 효과가 빠른 처방을 책 말미에 붙였다.

이몽량(李夢亮)이 책 뒤에 다음과 같이 적었다. "옛날 성인께서 의약을 제정하셔서 백성을 살리셨으니 그 지극히 인자하신 마음이 위대합니다. 가만히 생각해보니 먼 지방이나 외딴 마을에서는 이런 병이 있더라도 어떤 약으로 치료해야 하는지 어떤 책을 봐야 하는지 알지 못하여 결국 사람들이 계속 요절하더라도 구제할 수 없게 됩니다. 이 문제는 성인께서 인자한 마음이 위대하셨더라고 애통해하시던 부분입니다. 우리 성상의 인자하신 마음은 옛날 성인들의 마음과 비교해볼 때 거의 부합할 만하며 널리 효과를 보았다는 점에서는 아마 더한 점이 있으니 아아 대단하십니다."

인물전기

유지번(柳之蕃, 생몰 미상)·김윤은(金允誾, 생몰 미상). 모두 중종·인종·명종 대에 걸쳐 의관(醫官)을 지낸 이 시기의 대표적인 의인(醫人)이다. 《실록》에 그들의 이름이 여기저기 등장한다.

043. 보구록 普救錄

[일실]

개요

《요안인장서목록養安院藏書目錄》에 "보구록 1책〔普救錄, 一本〕"이라는 기록을 통해 이 책의 존재를 알 수 있으나 일실된 것 같다. 필자는 이 책에 대해 현재 아무런 지식도 가지고 있지 않다.

044. 양생대요 養生大要

[일실]

개요

《고사촬요》 선조 초기 간본 〈팔도책판〉에 곡성판(谷城版)이 보이며, 《요안인장서목록養安院藏書目錄》에도 "양생대요 1책〔養生大要, 一本〕"이라고 실려 있다. 이 책은 조선의 저술인지 중국의 저술인지 분명하지 않지만 지금은 임시로 여기에 수록해 둔다.

045. 경험방 經驗方

046. 활인신방 活人新方

박영(朴英) 지음

[모두 일실]

인물전기

박영(朴英, 1471－1540). 자는 자실(子實), 호는 송당(松堂)이다. 성종 2년 신묘1471에 태어나 성종 23년 임자1492 무과에 급제하였다.[1] 그 후 정붕(鄭鵬)에게 사사하여 학문을 배웠다. 천문·지리·성명·산수에 밝았을 뿐 아니라 특히 의술에 정통하여 치료한 사람이 많았다. 중종 기묘사화 때 형벌을 받은 뒤[2] 의서를 널리 읽고 《경험방經驗方》과 《활인신방活人新方》을 저술하였다. 중종 35년 경자1540 70의 나이로 세상을 떠났다.[3]

박영이 저술했다는 위의 《경험방》과 《활인신방》 두 책은 그의 전기에서 살펴볼 수 있으나 아직 근거할 만한 다른 자료를 찾을 수 없다.

---

1 원서에는 "중종 대 신해 무과에 급제하였다"고 하였다. 그러나 중종 대에는 신해년이 없으므로 《연려실기술燃藜室記述》에 근거하여 수정하였다.

2 현대 연구에 따르면 그는 당시 성절사(聖節使)로 명(明)에 다녀와 기묘사화(己卯士禍)를 모면하였다. 김해부사로 있을 때 김억제(金億濟)의 모함으로 형을 받았으나 무고로 풀려났다.

3 그의 전기와 저술 목록은 《연려실기술》에 보인다.

047. 양생설 養生說

이찬(李潔)[1] 지음

[일실]

개요

《퇴계집退溪集》 권43 〈서허감찰소장양생설후書許監察所藏養生說後〉를 통해 이 책의 존재를 알 수 있다. 이 '서후(書後)'는 수곡(守谷) 이찬(李潔)이 지은 간단한 수신양생의 글(8폭에 쓰였다고 하니 그 분량을 미루어 알 수 있다) 뒤에 퇴계(退溪) 이황(李滉)이 명종 8년 계축1553에 허 감찰(許監察)의 부탁을 받고 적은 것이다(필자가 어렴풋이 들은 바에 따르면 명(明)의 《구선활인심법臞仙活人心法》에 보이는 일종의 정좌법(靜坐法, 양생체조도)이 퇴계의 유저(遺著) 가운데 있다고 한다).

◎ 《퇴계집》 권43 〈서허감찰소장양생설후〉[2]

> 不願天仙作地仙，古人爲余道此言也。衰病思歸，久未得焉。聞守谷李公養靜江皐，而心慕之，一日前監察許君某，示余以守谷所書養生說八幅，讀其文玩其字，有感於修養之事，益知晦菴拳拳於伯陽之書之意。噫，守谷能作地仙，而余獨不能耶。識數字書尾而歸之。明日將歸山。嘉靖癸丑，淸涼山人書。

"하늘의 신선이 되기를 바라지 말고 땅의 신선이 되라."는 말은 옛 성현께서 나를 위하여 하신 말씀이다. 나는 쇠약하고 병들어 고향으로 돌아가고 싶었으나 오래도록 그렇게 하지 못하였다. 수곡(守谷) 이찬(李潔) 공께서 강가에서 조용히 수양하셨다는 얘기를 듣고 마음으로 흠모하고 있다가 하루는 전 감찰(監察) 허

1 원서에서는 허수곡(許守谷)이 지었다고 하였으나 《퇴계집》을 근거로 수정하였다. 수곡(守谷)은 이찬(李潔)의 호이다. 이하 같다.

2 원서에는 존재하지 않지만 역자가 추가하였다.

3 회암(晦庵) : 주희(朱熹, 주자)의 호이다.

군이 수곡께서 쓰신 〈양생설養生說〉 8폭을 나에게 보여 주었다. 그 글을 읽고 글자를 감상하고 나니 수곡께서 수양하셨던 일에 감동받았고 회암(晦庵)[3]께서 위백양(魏伯陽)이 지은 《참동계參同契》를 아꼈다는 뜻을 더욱 잘 알게 되었다. 아, 수곡께서는 땅의 신선이 되셨는데 나만 그러지 못하고 있는 것인가. 몇 자를 글 말미에 적어 돌려보낸다. 내일은 산으로 돌아가리라. 가정(嘉靖) 계축년 1553. 청량산인(淸涼山人) 쓰다.

인물전기

이찬(李澯, 1498-1554). 본관은 고성(固城), 자는 자정(子淨), 호는 수곡(守谷)이다. 조선 전기의 문신으로 한성부 우윤, 강원도 관찰사, 동지중추부사를 역임하였다.[4]

4 원서에서는 "허수곡(許守谷). 그의 삶에 대해 알려진 사실이 많지 않다."라고 하였으나 오류이므로 수정하였다.

048. 위생방 衛生方

박운(朴雲) 지음

[일실]

개요

김휴(金烋)의 《해동문헌총록海東文獻總錄》에 이 책에 대해 실려 있다. 필자는 보지 못하였다.

◎ 《해동문헌총록》 의약류(醫藥類) 《위생방》[1]

衛生方

朴雲所撰。

《위생방》

박운이 지었다.

인물전기

박운(朴雲, 1493-1562). 자는 택지(澤之), 호는 용암(龍巖), 본관은 밀양(密陽)이다. 성종 24년 계축1493에 태어났고, 중종 14년 기묘1519에 진사시에 합격하였다. 어릴 적에 송당(松堂) 박영(朴英)에게 수학하였고, 만년에 퇴계(退溪) 이황(李滉)의 문하에서 공부하여 학문이 점점 진보하였다. 명종 17년 임술1562에 세상을 떠났다.

1 원서에는 존재하지 않지만 역자가 추가하였다.

049. 치종비방 治腫秘方

1권

임언국(任彦國) 지음

[전존]

개요

명종 14년 기미 1559 금산(錦山)에서 간행되었다. 궁내성(宮內省) 도서료(圖書寮) 소장본을 기준으로 해제한다. 〈〔부도13〕 참조〉〈필자도 이 소장본을 복사하여 소장하고 있다〉

형태서지

이 책은 《구급양방救急良方》〈〔050장〕 참고〉과 1책으로 합본되어 있다. 두 책은 판식이 같고 또 한 사람이 같은 시기에 쓴 서문과 발문이 있으므로 합책되어 동시에 간행되었다는 사실을 알 수 있다. 편의상 두 책을 나누어 해제한다.

1권. **▎판식版式▎** 목판본, 위・아래・오른쪽 가장자리를 재단하였다. 반곽 세로 21 × 가로 16㎝, 9행 16자. **▎지수紙數▎** 서문 2매, 본문 8매. **▎인기印記▎** 책 첫머리에 "吉家氏藏", 말미에 "昌平坂學問所"가 있다.

내용서지

◎ 《치종비방》 서문 〈책 첫머리에 있다〉

諸病之中, 唯腫難治, 人得此病, 其免者幸矣。任君彦國, 世居井邑, 天性至孝, 其母患腫, 百藥無效, 幸於靈隱寺遇一老髡, 傳受鍼法, 以治母病。其後, 自得其妙,遇病輒施，莫不立效，不止治腫而已。嘗過隣境，有一人死而將歛，遂鍼之，有頃復蘇，人以此益奇之。朝廷聞之，驛召于京，有司供廩，居數歲，全活者幾萬餘人矣。自上特賜衣服，超授禮賓寺主簿，聖眷方隆，不幸而逝，惜哉。察病於未發之前，回生於已死之後，雖謂之扁鵲無讓，世以未傳其妙爲恨。余於今春巡過井邑，求得遺方，乃其所撰治腫法也。人雖云亡，此方一出，世之學者，亦可因方以求其妙，獨恨諸病治方未盡載也。遂囑錦山郡守李君億祥，鋟諸梓以廣其傳，庶使人人得免夭札，而同躋仁壽之域耳。嘉靖三十八年己未正月下澣，嘉善大夫全羅道觀察使兼兵馬水軍節度使安瑋序。

온갖 병 가운데 유독 종기(腫氣)는 치료하기 어려우니 이 병에 걸리는 사람은 죽음을 피하는 것만도 다행일 것이다. 임언국(任彦國) 군은 대대로 정읍(井邑)에 살았으며 천성이 지극히 효성스러웠다. 그의 어머니가 종기를 앓았을 때 온갖 약이 소용없었으나 다행히도 영은사(靈隱寺)에서 어떤 노승을 만나 침법을 전수받은 후 그 침술로 어머니의 병을 치료하였다. 그 후에 스스로 그 묘법을 터득하고 나서는 병자를 만나 시술할 때마다 즉시 낫지 않는 경우가 없었으며 종기 치료에 그칠 뿐이 아니었다. 어느 날 인근 지역을 지날 때 어떤 사람이 죽어서 막 염(殮)을 하려 하였는데 그가 마침내 침을 놓자 조금 있다가 다시 살아났으니 사람들이 이 일 때문에 더욱 대단하게 여겼다. 조정에서 이 사실을 듣고 서둘러 도성으로 불러들여 벼슬을 내리고 녹봉을 주자 몇 년간 살려낸 자가 수만 명이었다. 그래서 주상께서는 특별히 의복을 하사하기도 하고 자급을 뛰어넘어 예빈시 주부에 제수하기도 하셨다. 그러나 주상전하의 총애가 한참 두터웠을 때 불행히도 세상을 떠났으니 참으로 애석한 일이다. 병이 생겨나기 전에 병을 살펴 치료하였고 이미 죽은 이후라도 소생시킨 일은 편작(扁鵲)과 같다고 하더라도 손색이 없으니 세상에 그 묘법이 전해지지 못한 것이 한스러울 뿐이다. 내가 올봄에 순행 차 정읍에 들렀을 때 그가 남긴 비방을 구해서 얻었으니 바로 그가 지은 치종법(治腫法)이었다. 사람은 비록 지금 없어도 이 방서가 일단 나왔기 때문에 세상의 학자들이 이 책을 토대로 그의 묘법을 구할 수 있을 테지만 모든 병에 대한 치료법이 다 실리지 않은 점은 유독 안타깝다. 이제 금산 군수인 이억상(李億祥) 군에게 부탁하여 판각하게 한 후 널리 유포하니 어떤 사람이든 병에 걸려 비명횡사하는 것을 피하여 다 같이 장수의 영역으로 올라가게 되기를 바란다. 가정 38년 기미 1559 정월 하순에 가선대부 전라도관찰사 겸 병마수군절도사 안위(安瑋)가 서문을 쓰다.

본문내용

화정(火丁)・석정(石丁)・수정(水丁)・마정(痲丁)・누정(縷丁)의 오정(五丁)에 대한 증상과 치료법〈절개법 등〉을 설명하고, 염탕침인법(鹽湯沈引法)・토란고(土卵膏)・천금누로탕(千金漏蘆湯)・섬회(蟾灰)・염탕목욕법(鹽湯沐浴法)과 같이 스스로 창안한 치료법을 기술한 뒤, 말미에 난치(難治)인 배종(背腫)의 치료법을 제시하였다. 이 치종법(治腫法)은 간단하지만 이전에 없던 분야를 개척한 것으로 탁월한 관혈요법(觀血療法)을 여기에서 찾을 수 있다〈〔051장〕《치종지남治腫指南》을 함께 참조하라〉.

인물전기

임언국(任彦國). 그의 전기는 앞에 소개한 서문을 통해 알 수 있다.

고찰

《고사촬요》선조 초기 간본〈팔도책판〉 금산(錦山) 부분에 나오는 《치종비방》이 이 간본을 가리킨다.

참고로 일본 사토 카타사다(佐藤方定)가 지은 《기혼奇魂》의 자법(刺法) 부분에 다음과 같이 이 책이 인용되어 있다. 《치종지남治腫指南》〈〔051장〕 참고〉을 포함한 평가라고 해도 식견이 좁다.

◎ 《기혼》 일부

> 朝鮮國の治腫方と云書を見るに疫より始めて万病より血取わざを記たり， 是はかの皇國に近き國なれば自ら似て此術の宜てこそ，……。

> 조선의 《치종방》이라는 책을 보니 역병(疫病)부터 온갖 병에 피를 낸다고 기록되어 있으니, 이 말은 조선이 일본과 가까운 나라라고 한다면 원래부터 닮아서 이 기술은 확실히 …….

050. 구급양방 救急良方

1권

내의원(內醫院) 편찬

[전존]

개요

《치종비방治腫秘方》(〔049장〕 참고)과 1책으로 합본 되어 간행되었다(궁내성(宮內省) 도서료(圖書寮) 소장본).

형태서지

| 판식版式 | 《치종비방》과 같다. **| 지수紙數 |** 본문 4매, 발문 1매.

내용서지

◎ 《구급양방》 발문(책 말미에 있다)

右救急良方，乃今左相，俾內院諸公，講求諸方而撰出者也。以余出按湖南，慮其遇疾而不得良醫也，因證考方，因方命藥，至簡而要，至效而神，若和扁之在傍矣。不敢私祕，竝附于治腫方之左，欲與人共之。

時己未孟春，竹溪安瑋跋。

이 《구급양방》은 지금의 좌의정[1]께서 내의원 의관들을 시켜 여러 방서를 연구하고 편찬한 것이다. 내가 호남의 관찰사로 가면서 병에 걸렸을 때 유능한 의원이 없을 것을 염려하였다. 증상이 있을 때 이 책을 찾아볼 수 있고, 이 책을 찾아보고 나서는 약을 정할 수 있었으니 매우 간요하고 아주 신효하여 화타와 편작이 곁에 있는 듯하였다. 사사로이 감추지 말아야 하는 책이니 《치종방》 뒤에 덧붙여 사람들과 함께 쓰려고 한다.

기미년1559 1월. 죽계(竹溪) 안위(安瑋)가 발문을 쓰다.

본문내용

◎ 《구급양방》 목차

傷風寒三日以前, 心腹脇痛之劑, 疝氣上衝之劑, 腰膝酸痛之劑, 喘嗽之劑, 腹脹之劑, 勞熱困倦之劑, 食滯不下之劑, 霍亂吐下之劑, 落傷之劑, 大便秘澁之劑, 小便不通之劑, 丁腫、肉毒、痢疾之劑, 中暑之劑

이상 각 증상에 대해 간단하고 적확하게 치료법을 서술하였다.

고찰

《치종비방》과 《구급양방》이 1책으로 합본된 간본은 도서료(圖書寮) 소장본 외에 교토대학 후지카와문고(富士川文庫)에서도 찾을 수 있다. 이 간본에는 "養安院藏書" 및 "森氏開万冊府之記"라는 인기(印記)가 있다. 《요안인장서목록養安院藏書目錄》에 "치종비방 1책, 구급양방 1책〔治腫秘方, 一本, 救急良方, 一本〕"이라는 기록이 이 간본에 해당하는 듯하다.

또 같은 후지카와문고에 타키 모토야스(多紀元簡)가 필사한 "《치종비방》 부(附) 《구급양방》" 1책도 있다. 이 책 말미에 다음과 같이 적혀 있다.

◎ 《치종비방》·《구급양방》 타키 모토야스 필사기

右朝鮮刻本, 養安院越公所藏, 甲辰閏月鈔而得之, 十六日校且句, 時病大頭瘟在于牀焉,

---

1 당시 좌의정은 안현(安玹, 1501－1560)으로 발문을 쓴 안위의 동생이다.

簡識。

이것은 조선 간본으로 요안인(養安院) 오치 운무(越智雲夢) 공의 소장본을 갑진년 윤월에 베껴 놓은 것이다. (16일에 교정하고 구두하였다. 당시 대두온(大頭瘟)에 걸려 병상에 있었다.) 야스(簡) 쓰다.

051. 치종지남 治腫指南

2권

[전존]

개요

야마가 세이노스케(山鹿誠之助) 씨가 이 책〈교토대학 도서관 후지카와문고(富士川文庫) 소장본〉의 존재를 알려주셨다.〈〔부도75〕 참조〉 이에 필자는 더욱 이 책을 자세히 조사하였다.

형태서지

《치종지남》, 2권 1책. **❙판식版式❙** 대형 필사본, 도상(圖象) 30개. 16행 20자. **❙지수紙數❙** 목차 2매, 상권 27매, 하권 31매, 지어(識語) 반 매.

요안인(養安院)에 소장되어 있던 조선 목판본을 타키 모토야스(多紀元簡)가 필사한 것으로, 책 말미에 다음과 같은 그의 지어(識語)가 있다.

◎ 《치종지남》 타키 모토야스 지어

> 右治腫指南二卷, 養安院越公藏朝鮮槧本, 云是文祿中所俘來, 最絕世之異編也。公家又有朝鮮任彥國所著治腫秘方一卷, 今此書不錄撰者姓名, 而攷諸秘方, 知亦成任氏之手焉, 彥國嘉靖間人, 授[1]鍼法一老髡, 尤長於治腫, 蓋與尋常鍼醫之術, 大不同矣。天明乙巳夏見之懷仙閣上, 遂借歸而影鈔, 以藏弆于家云。是歲十月之望, 丹波元簡識。

이 《치종지남》 2권은 요안인(養安院) 제5대 오치 운무(越智雲夢) 공이 소장하고 있던 조선 목판본이다. 분로쿠(文祿) 연간1592-1595에 빼앗아왔다고 하며 세상

> 에서 가장 빼어난 책이다. 그의 가문에는 조선 임언국이 지은 《치종비방》 1권도 있다. 지금 이 책에 저자의 이름이 없으나 《치종비방》을 살펴보니 역시 임언국이 지은 것을 알 수 있다. 임언국은 가정(嘉靖) 연간1522-1566 사람으로 어떤 노승으로부터 침술을 전수받았으며 치종(治腫)에 특히 뛰어났다고 하니 아마 일반 침의보다 의술이 크게 뛰어났던 것 같다. 덴메이(天明) 을사년1785 여름에 회선각(懷仙閣)에서 이 책을 보고 마침내 빌려 돌아와 베낀 뒤 집안에 보관해 두었다. 을사년1785 10월 보름. 탄바 모토야스 쓰다.

《잇슈우도오가장의서목聿修堂架藏醫書目》에 "치종지남 2권 1책, 조선 간본을 베낀 것이다. 저자가 적혀 있지 않다. 생각건대 임언국이 지은 것 같다.〔治腫指南, 二卷一冊, 抄朝鮮刻本, 不著撰人明氏, 案此亦任彦國所撰〕"라고 하였고, 《요안인장서목록養安院藏書目錄》에 "치종지남 1책〔治腫指南, 一本〕"이라고 하였다. 앞의 타키 모토야스의 지어는 이 두 목록의 기록과 부합한다.

본문내용

목차를 싣는다.

◎ 《치종지남》 목차

⊙卷之一

背腫圖, 長腫形圖鍼破法, 圓腫形鍼破圖, 已膿腫形圖鍼破法, 腫中陷裏形圖, 內腫圖, 陰腫圖, 項髮際腫圖, 鼓脹圖, 胸腹痛圖, 腰痛圖, 浮腫圖, 哮喘圖, 疔瘇圖, 食傷圖, 上氣證圖, 項筋不仁圖, 耳痛圖, 咳嗽圖, 淋疾圖, 背寒圖, 膝臏腫圖, 疝氣痛圖, 腰背傴僂圖, 狐疝痛圖, 面腫圖, 咳喘氣逆圖, 脚氣圖, 腹部下鍼圖, 臂肘曲急圖, 眼胞八穴圖, 眼瞼胞虛腫圖, 背腧刺鍼圖 ⊟

⊙卷之二

〈證治九十五〉 背腫, 內腫, 陰腫, 項髮際腫, 鼓脹, 浮腫, 胸腹痛, 腰痛, 脇痛, 食傷,

---

1 授 : 원문에 '授'로 되어 있으나 문맥상 '受'인 듯하다.

⊟ 도상이 30여 가지 있다.

上氣, 咳嗽, 哮喘, 耳痛, 疔腫, 淋疾, 㿗疝, 狐疝, 諸疝, 外腎腫, 項筋不仁, 腰背傴僂, 面腫, 眼疾, 唇腫, 喉腫, 重舌, 雙蛾, 脚氣, 懸癰墜腫, 偏頭痛, 肩臂酸痛, 齒痛, 頭痛, 齒齲, 髀脛酸痛, 臂腫, 附骨疽, 丹毒, 乳腫, 瘰癧, 瘻, 瘤贅, 痰核, 頭瘡, 兪鍼, 漏瘡, 肉毒, 濕腫, 腋腫, 鼠瘻, 縷疔, 便毒, 口目, 痔疾, 面瘡附口舌瘡, 徧身瘡, 丁瘡, 耳瘡, 鼻瘜, 月蝕瘡, 濕瘡, 癬瘡, 手掌瘡, 舌緩涎出, 轉筋, 臂痛, 手腫, 膝脛腫, 中暑, 腹中冷塊, 走注風, 落傷, 四肢不仁, 中風治熱法, 角弓反張, 半身不遂, 牙關緊急, 啞不能言, 吐血, 瘟疫, 白癩, 諸痢, 瘧疾, 癲癇, 癲狂, 邪熱, 臍瘡, 燥證, 傷寒發熱附諸熱, 杖瘡, 火瘡, 竹木刺傷, 治瘢痕, 背寒

〈治法綱要九〉[二]

〈用藥法十七〉 土卵膏法, 黃獱肉法, 豆腐附法, 馬兜鈴用法, 山梅子根用法, 楡白皮用法, 雉內金用法, 伏龍肝用法, 雞卵膏用法, 用梧桐枝法, 白朮灸法, 用蟾灰法, 塩湯沈引法, 塩湯沐浴法, 竹筒附法, 丹知附法, 用黑狗皮法[三]

고찰

타키 모토야스도 지어에 적었듯이 이 책의 내용은 이전 외과 치종서와 전혀 다르므로 임언국이 스스로 개발한 치법에 근거한 것이라고 생각한다. 종기뿐만 아니라 모든 질환에 침도(鍼刀)를 이용한 관혈(觀血)적인 수술을 응용하였다. 또 각종 외용약을 사용하는 방법에서도 새로운 혁신을 찾아볼 수 있다. 《치종비방治腫秘方》(〔049장〕 참고)보다 이 책의 방법이 상세하고 치법의 범위도 넓다. 따라서 아마도 임언국 혹은 그의 제자가 이 책을 기술한 것 같다. 아무튼 두 책 모두 당시로서 조선은 물론 동아시아 외과학(外科學)에서 독특하고 걸출한 업적이라고 평가할 수 있다.

다케다 쿄우서옥(武田杏雨書屋)에는 "분세이 6년 8월, 신도(進藤) 씨 소장본을 필사하였다. 카토 세츠사이(加藤節齋)〔文政六年八月, 以進藤氏本寫之, 加藤節齋〕"라는 기록이 들어있는 책이 소장되어 있다. 이 책에 다음과 같은 지어(識語)가 있다.

[二] 9가지 조문으로 나누어 기술하였다.

[三] 모두 17가지 방법이다.

◎ 《치종지남》 다케다 쿄우서옥 소장본 지어

治腫指南二卷，不題作者，又無序跋之可以徵，則不知出誰何氏，而其爲韓人則無疑矣。意者所題禁方一家言書中之一種耳。這本原係浪速蒹葭堂木氏所儲， 而朝鮮國本也，蒹葭堂納之官庫云。戊辰夏五月，春屋昇君平父誌。

> 《치종지남》 2권은 저자가 적혀있지 않고 또 책에 대해 알려주는 서문과 발문도 없으므로 누가 지은 책인지 알 수 없으나 조선 사람이 지었다는 점은 의심의 여지가 없다. 아마 적혀 있는 비방은 어떤 의가(醫家)의 말과 글 가운데 하나일 것이다. 이 책은 본래 나니와(浪速)의 켄카도오(蒹葭堂) 키무라 코오쿄오(木村孔恭) 씨가 가지고 있던 조선 간본으로 그가 관고(官庫)에 헌납하였다고 한다. 무진년 여름 5월. 슌오쿠슈 쿤페에(春屋昇君平)가 쓰다.

이를 통해 《치종지남》의 현전본에 요안인(養安院) 소장본과 켄카도오(蒹葭堂) 소장본 2가지가 있다는 사실을 알 수 있다.

《치종지남》이 괄목할 만한 큰 업적이라는 점은 《조선의학사》〈활인본 pp.387-390〉에서 자세하게 다루었다. 해당 조문을 참고하라.

052. 이생록 頤生錄

정유인(鄭惟仁) 지음

[전존][1]

개요

김휴(金烋)의 《해동문헌총록海東文獻總錄》을 통해 이 책의 존재를 알 수 있다. 필자는 아직 보지 못하였으므로 앞으로 연구되기를 바란다.

◎ 《해동문헌총록》 의약류(醫藥類) 《이생록》[2]

> 頤生錄
>
> 鄭惟仁抄出古養生方, 可法可戒者, 各以類聚, 凡六十餘條, 間附己說, 合成一卷, 名曰頤生錄。
>
> 鄭惟仁自序曰, 愚嘗念積損而身必病, 積養而身必康, 理之固然也。世之人持其身於金石之堅而日用云, 爲小事大事, 動輒犯害, 厥初所損甚微, 而漸至於積, 則身其不病乎。居安思危, 防於未萌, 知保養之道, 而無所不攝, 爲一分之養, 而得一分之效, 遂之於積, 則身其不康乎。然損旣積而後成病, 故人不知以小損爲有害, 養旣積而後見效, 故人不知而小養爲有益, 可勝歎哉。
>
> 余稟質素弱, 年纔加冠得重病, 偏閱古昔醫身之方, 爰得頤養之術, 則莫少思慮以養心神, 戒色慾以養精元, 適飮食以養脾胃而已。此實攝生之綱, 而風寒暑濕, 則察時而避之, 起居勞逸, 則觀吾氣而節之, 而至摩擦之要, 櫛嚥之妙。他如禁忌小節, 雖不能盡依其法, 而明知積損則成病, 積養則致康, 故庶欲去其損而得其養矣。至於藥餌之事, 不使燥熱之材, 及致其害, 而以和平之劑, 時時善服, 則斯亦善養也。又況吾之一性, 務以寬爲体, 以剛爲用, 遇得喪憂樂喜怒之事, 而略不動心。惟我天君隨所處而恒

1 원서에서는 일실되었다고 하였으나 현재 한독의약박물관(일산266)에 수장되어 있으므로 수정하였다.

2 원서에는 존재하지 않지만 역자가 추가하였다.

自安，則心安而氣亦安，在吾儒尤先養而尤當著力處也。愚之做功於斯，今逾三十載，常以謹爲兼養之本，不可謂無一效云云。倘後日留意養生者，不以余言爲無所見，而時或考覽，則亦豈無俫毫之釐也。

鄭惟仁字德老，文翼公光弼之孫。中廟朝登第，官至奉常寺正。

《이생록》

정유인이 옛날 양생방(養生方)에서 베껴낸 것으로 본받을 것과 경계할 것을 각각 종류별로 모아 모두 60여 조를 만들고 중간에 자기의 생각을 덧붙여 1권으로 만든 뒤 《이생록》이라고 이름 붙였다.

정유인(鄭惟仁)이 자서(自序)에서 말하였다. 내가 전부터 생각건대 손상이 축적되면 몸이 반드시 병들고 보양(保養)이 축적되면 몸이 반드시 건강해지는 법이니 이치가 참으로 그러하다. 세상 사람들은 단단한 금석으로부터 그들의 몸을 지키면서 날마다 산다고 말하지만 이런저런 일로 걸핏하면 몸을 다치니 처음에는 손상이 매우 작으나 점점 축적되면 몸이 어찌 병들지 않겠는가. 편안할 때도 위험을 생각하고 싹트지 않았을 때 예방하는 일은 보양하는 방법을 알아 조섭(調攝)하지 않는 부분이 없는 것이니, 약간의 보양을 하면서 그만큼의 효과를 얻다가 결국에 보양이 축적된다면 몸이 어찌 건강하지 않겠는가. 하지만 손상이 축적된 후에야 병이 되기 때문에 사람들은 조그만 손상이 해롭다는 점을 알지 못하고, 보양이 축적된 후에야 효과가 나타나기 때문에 사람들은 조그만 보양이 유익하다는 점을 알지 못하니 어찌 탄식하지 않겠는가.

나는 타고난 체질이 본래 허약하여 겨우 스무 살 나이에 큰 병을 얻게 되었다. 이에 옛날 의서를 두루 살펴보고 나서 이양(頤養, 보양)하는 방법을 얻었다. 그 방법이란 걱정을 줄여 정신을 기르고, 색욕을 경계하여 정기를 기르며, 음식을 적절히 먹어 비위(脾胃)를 기르는 것일 뿐이다. 이것이 참으로 섭생(攝生)하는 핵심이고 그에 더하여 풍(風)·한(寒)·서(暑)·습(濕)을 절기에 따라 피하고 일상생활이나 일과 휴식을 자신의 기운을 살펴 조절한 뒤에야 안마·빗질·음식의 오묘한 효과에 도달할 수 있을 것이다. 그 밖의 금기나 세세한 규칙을 모두 지키지는 못하더라도 손상이 축적될 때 병이 들고 보양이 축적될 때 건강해진다는 사실을 분명히 안다면 손상은 피하려 하고 보양은 얻으려 할 것이다. 약을 먹을 때는 조열(燥熱)한 성질의 약재로 해가 생기게 해서는 안 되며 화평(和平)한 성질의 약재를 때때로 잘 복용하는 것이 역시 좋은 보양법이다. 또한 자신의 한결같은 성품에 있어서 너그러움을 체(體)로 삼고 강직함을 용(用)으로 삼는다면야 희로애락이 있는 상황을 만나더라도 어느 정도 마음이 흔들리지 않을 것이다. 내 마음이 가는 곳에 항상 만족한다면 마음이 편해지고 기운도 편안해지는 법이니, 우리 선비들은 더욱 보양을 우선하고 여기에 더욱 힘을 쏟아야 한다. 내가 이 일에 공을 들인지 지금 30년이 넘었고 항상 모든 일을 조심하는 것을 보양의 근본으로 삼았으니 아무 효과도 없었다고 할 수 없을 것이다. 만약 나중에 양생에 뜻을 둔 이가 내 말을 살펴볼 가치가 없다고 생각하지 않고 가끔 살펴보게 된다면 또한 어찌 작은 보탬도 없다고 하겠는가.

정유인의 자는 덕로(德老)이고 문익공 정광필(鄭光弼)의 손자다. 중종 때 급제하여 벼슬이 봉상시 정(奉常寺正)에 이르렀다.

인물전기

정유인(鄭惟仁, 1504-1553). 자는 덕로(德老), 본관은 동래(東萊)이다. 중종 38년 계묘1543 식년 문과에 급제하였고 관직은 봉상시 정(奉常寺正)에 이르렀다.

053. 중조질문방 中朝質問方

054. 중조전습방 中朝傳習方

[모두 일실]

개요

《의림촬요醫林撮要》〈〔059장〕 참고〉의 인용서 가운데 《중조질문방》과 《중조전습방》의 이름이 보인다. 명(明)의 의관(醫官)에게 치료 처방에 대해 질문하고 또 전수받은 것을 모은 책으로, 아마도 중종 대에 만들어졌다고 생각한다.

055. 정북창방 鄭北窓方 정북창소제방鄭北窓所製方

정렴(鄭磏) 지음

[일실]

개요

《의림촬요醫林撮要》 인용서 가운데 이 책의 이름이 보인다. 북창(北窓)은 정렴의 호이다. 그의 경험방을 모은 책인 듯하다.

인물전기

정렴(鄭磏, 1506－1549). 자는 사결(士潔), 호는 북창(北窓), 본관은 온양(溫陽)이다. 중종 32년 정유1537 사마시에 합격하였다. 음악에 정통하여 장악원 주부에 제수되었다. 또 천문과 의술에 밝아 관상감·혜민서 교수를 겸임했다. 포천 현감에 부임하였으나 곧 물러났다. 산골에서 병을 치료하며 약재를 캐고 안개를 먹으며 인간 세상에 뜻을 두지 않다가 명종 4년 기유1549 44세에 세상을 떠났다. 그는 정신 수양으로 높은 경지에 이르렀고 유불도(儒佛道) 3교를 관통하였으며 천문(天文)·지리(地理)·의약(醫藥)·복서(卜筮)·율려(律呂)·한어(漢語)에 정통하였다. 또 많은 이들의 질병을 치료하였다. 동생 정작(鄭碏)도 유의(儒醫)로 명성을 얻었다. 홍주(洪州)에서 간행된 《진주낭珍珠囊》과 《맥결비요脈訣秘要》(제2부 〔047장〕 참고)는 그가 연경에서 가져온 책을 토대로 만들어진 것이다.

056. 제산치방 諸疝治方

[일실]

개요

《요안인장서목록養安院藏書目錄》에 "《제산치방》 1책〔諸疝治方, 一本〕"이라고 실려 있다. 산(疝)은 통증을 동반한 하복부의 각종 급성 질병을 가리킨다. 조선 의원의 저술이라고 생각한다.

057. 치포이험 治疱易驗 · 치포방 治疱方

[일실]

개요

필자는 이 두 책을 모두 보지 못하였다. 《고사촬요》 만력 13년 간본〈팔도책판〉에 평양판(平壤版) 《치포이험》이 실려 있고, 《요안인장서목록養安院藏書目錄》에는 《치포방》이 보인다. 이 둘은 같은 책이라고 생각한다.

고찰

《동의보감》 잡병편 권8 〈제창諸瘡〉 조문에 천포창(天疱瘡) (양매창(楊梅瘡), 즉 매독이다) 에 관해 설명하였는데, 인용서 가운데 《치포방》이 있다. 따라서 《치포방》(《치포이험》) 은 포창(疱瘡) (두창(痘瘡)) 의 치료서가 아니라 당시 점점 크게 유행하던 천포창(天疱瘡)을 치료하기 위한 전문서였던 것 같다. 또 이 책은 조선 의원의 저술이라고 생각한다. 만약 이 책이 발견된다면 조선에 있었던 매독의 전파 과정과 그 증상 등을 파악하는 데 유력한 자료를 제공해 줄 것이다. (《조선질병사》 활인본 pp.79-83 참조)

◎ 《동의보감》의 《치포방》 인용 내용[1]

六六丸。治天疱楊梅瘡。輕粉一錢三分, 黃丹八分, 朱砂、雄黃各五分, 乳香、麝香各三分。右爲末, 糯米糊和匀, 分作六丸, 每日茶淸下一丸。 治疱方

1 원서에는 존재하지 않지만 역자가 추가하였다.

육육환. 천포창이나 양매창을 치료한다. 경분 1돈 3푼, 황단 8푼, 주사·우황 각 5푼, 유향·사향 각 3푼. 이 약들을 가루 내고 찹쌀풀로 반죽한 후 6알로 나누어 환을 빚고 매일 찻물에 1알씩 먹는다. 《치포방》

天疱丸。治同上。輕粉一錢半, 朱砂、雄黃、陳石灰各半錢。右爲末, 陳米飯和丸菉豆大, 每三丸, 茶淸呑下。 治疱方

천포환. 위와 같은 경우를 치료한다. 경분 1돈 반, 주사·웅황·묵은 석회 각 반 돈. 이 약들을 가루 내고 묵은쌀로 한 밥에 반죽하여 녹두대로 환을 만든다. 3알씩 찻물에 먹는다. 《치포방》

熏鼻方。治天疱瘡爛, 及諸惡瘡。白礬、乳香各一兩, 輕粉五錢, 麝香半錢。右爲末, 每取少許, 糝付之。 治疱方

훈비방. 천포창으로 살이 짓무른 것이나 여러 가지 악창을 치료한다. 백반·유향 각 1냥, 경분 5돈, 사향 반 돈. 이 약들을 가루 내어 약간씩 뿌리거나 바른다. 《치포방》

058. 의림촬요 醫林撮要

8권

정경선(鄭敬先) 지음, 양예수(楊禮壽) 교정

[일실]

059. 의림촬요 醫林撮要

13권

정경선(鄭敬先) 지음, 양예수(楊禮壽) 교정, 후인(後人) 보정(補訂)

[전존]

개요

위 2책 가운데 8권본의 존재는 《동의보감》 내경편(內景篇) 첫머리에 있는 〈역대의방歷代醫方〉, 그리고 하타 류안(畑柳安)의 《의학원학범醫學院學範》에 기록된 "醫林撮要(內醫鄭敬先所撰, 楊禮壽校訂)"이라는 기록을 통해 알 수 있다〈간본(1)〉. 13권본의 존재는 《고사촬요》숙종 1년 간본〈서책인지수書冊印紙數〉에 보이는 "醫林撮要(紙二十八卷)"에 해당한다고 추정되는 내각문고(內閣文庫) 소장본을 통해 알 수 있다〈간본(2)〉.

판본

(1) 8권본 (정경선 지음, 양예수 교정)

8권. 일실되었는지 필자는 보지 못하였다. 명종~선조 초기에 저술되어 간행된 듯하다.

정경선(鄭敬先). 내의(內醫)라고 한다. 그의 삶에 대해 알려진 사실이 많지 않다.

양예수(楊禮壽). 뒤에서 설명한다.

(2) 13권본 (홍농후인퇴사옹찬弘農後人退思翁撰)

〈 내각문고(內閣文庫) 소장본 〉[1]

권 첫머리마다 "弘農後人退思翁撰"이라고 적혀 있다. 〈〔부도14〕 참조〉

형태서지

13권 13책. **| 판식版式 |** 활자본〈 갑인자 〉, 위・아래・오른쪽 가장자리를 재단하고 개장(改裝)하였다. 반곽 세로 25.0×가로 16.5㎝, 사주쌍변, 유계, 10행 18자, 주쌍행. **| 지수紙數 |** 〈의학성씨醫學姓氏〉 31매, 권1 : 목차 1매・본문 55매, 권2 : 목차 5매・본문 75매, 권3 : 목차 5매・본문 77매, 권4 : 목차 5매・본문 78매, 권5 : 목차 5매・본문 78매, 권6 : 목차 5매・본문 81매, 권7 : 목차 5매・본문 81매, 권8 : 목차 6매・본문 77매, 권9 : 목차 5매・본문 85매, 권10 : 목차 6매・본문 83매, 권11 : 목차 5매・본문 86매, 권12 : 목차 5매・본문 77매, 권13 : 목차 6매・본문 76매.

내용서지

서문과 발문은 없다.

본문내용

〈역대의학성씨歷代醫學姓氏〉 : 《의학입문醫學入門》의 〈역대의학성씨歷代醫學姓氏〉와 같이 상고성현(上古聖賢), 유의(儒醫), 명의(明醫), 세의(世醫), 덕의(德醫), 선선도술(仙禪道術)의 순서로 기록되어 있고, 뒤에 본국명의(本國明醫)를 덧붙였다. 이 부분에 양예수(楊禮壽)와 허준(許浚)의 간략한 전기가 실려 있다. 즉, 양예수에 대해서는 "자는 경보, 호는 퇴사옹, 본관은 홍농이다. 의술로 세간에서 명성을 얻었고 《의림촬요》 8권을 지었다.〔字敬甫, 號退思翁, 弘農人, 以醫術聞於世, 撰醫林撮要八卷〕"라고 하였다.

본문내용 : 약 121개의 문(門) 또는 방(方)으로 나뉘어 있다. 각 문(門)의 처음에는 의론을 기록하고 이어 여러 가지 병증과 처방을 제시하였다. 목차는 다음과 같다.

---

1 현재 일본국립공문서관(子259-0001)에 소장중이다.

◎ 《의림촬요》 목차

卷一：中風門(附類中風、預防中風)，痛風門(附五痺、臂痛)，傷寒門(附中寒)

卷二：瘟疫門(附蝦蟆瘟、大頭、天行)，斑疹門(附癮疹)，內傷門(附脾胃、傷飮食、酒惡、注夏)，暑證門(附暑風)，濕證門，腫脹門(附水腫、脹滿)，燥證門

卷三：火熱門，鬱證門，痞滿門，噎膈門(附反胃)，嘔吐門，呑酸門(附吐酸、嘈雜、噯氣)，咳逆門，積聚門(附結塊)，氣證門(附氣中)，痰飮門

卷四：咳嗽門(附哮喘)，聲音門，瘧疾門，霍亂門(附轉筋)，泄瀉門，痢疾門，脫肛門

卷五：虛損門，便濁門(附遺精、夢泄、小便數)，勞極門，怔忡驚悸健忘門(附心恙、虛煩)，癲狂癇證門，痓證門，厥證門，邪祟門(附中惡、五絶)

卷六：三消門，脚氣門，痿證門(附鶴膝風)，痲木門(附痺)，疝證門(附脫陽、陰縮)，眩暈門，頭痛門(附眉骨痛、頭髮)，諸蟲門(附辟蝨)，胃脘痛門(附脾疼)，腹痛門

卷七：腰痛門(附腎着)，脅痛門，耳病門(附百蟲入耳方、耳凍方)，鼻病門(附酒皻)，面病門(附肉刺、粉刺、疣痣、瘢痕)，眼目門(附眯目、被物打)，口舌病門(附唇病)，牙齒門(附失欠脫頷)

卷八：喉痺門(附纏喉風、骨鯁)， 血證門(附吐血、衄血、咯血、唾血、咳血、溺血、下血、腸風、臟毒、結陰)，痔漏門，汗證門(附盜汗)，淋閉門(附關格、孕婦轉胞、小便不禁)，秘結門(附脾約)，黃疸門

卷九：諸毒咬傷門(附毒蟲咬毒、禽獸傷毒)，傷損門，湯火傷，金瘡，箭鏃入骨方，竹木鍼刺入肉方，杖瘡，癰疽門(附取剩骨法)，附骨疽方，臀癰方，內疽方，肺癰方，心癰方，肝癰方，腎癰方，胃脘癰方，腸癰方，乳梗方，嬭巖方，便毒方(附魚口瘡)，瘰癧方

卷十：結核方，癭瘤方，疔腫方，囊癰方，丹毒方，癮疹方，諸惡瘡方，諸癬方(鵝掌癬)，疳瘡(附浸淫瘡)，天疱瘡(附楊梅瘡)，臁瘡(附甲疽瘡)，凍瘡(附脚跟皸瘡、脚指縫爛瘡)，頭瘡(附走皮趨瘡)，熱瘡，頤頦瘡，金絲瘡，人面瘡，漆瘡，陰蝕瘡(附陰痒、妬精瘡)，蝸瘡，反花瘡，月蝕瘡(附白癩瘡)，漏瘡，癜風(附赤白汗斑)，疥瘡，腎臟風瘡(附陰汗濕癢)，癩風門，破傷風門(附破傷濕)，腋氣門(附七孔臭)，染髮方，怪疾

卷十一：婦人門，經候門(附崩漏帶下)，求嗣方，胎前門(上，附轉女爲男法)

卷十二：胎前門(下)，產後門(附乳汁不通、雜病)，小兒門(上)

卷十三：小兒門(下)，痘瘡(附孕婦痘瘡)，雜方，諸法

인용서는 다음과 같다. 주요한 것은 굵은 글씨로 표시하였다.

◎ 《의림촬요》 주요 인용서

《聖惠方》, **《和劑局方》**, 《千金方》, 《證類本草》, **《婦人良方》**, 《濟衆方》, 《御藥院方》, 《永類鈐方》, 《衛生寶鑑》, 《必用方》, **《玉機微義》**, **《得效方》**, 《活人心法》, 《東垣十書》, 《纂圖脈》, 《袖珍方》, 《醫方集略》, **《醫學正傳》**, **《古今醫鑑》**, 《萬病回春》, 《醫學入門》, 《青囊集》, 《救急方》, **《鄉藥集成方》**, 《醫方類聚》, 《簡易辟瘟方》, 《本國退思翁所製方》 등

또 각 부분에 다수의 한국 고유 의서를 인용하였다. 〈 제5부 〔035장〕 《의림촬요초醫林撮要抄》 참조 〉

고찰

위 간본의 〈역대의학성씨〉에 양예수의 전기가 있고, 본문 인용서 가운데에도 《본국퇴사옹소제방本國退思翁所製方》이라는 서명이 있다. 이로 보아 양예수가 죽고 왜란과 호란이 끝난 뒤에 후인이 보정(補訂)하고 개찬(改撰)하여 이 책을 만든 듯하다. 그리고 책이 완성되어 간행된 것은 인조·효종 대에서 늦어도 현종 대가 아닐까 생각한다.

참고로 덧붙인다. 경성대학 도서관에 소장된 《운각책도록芸閣冊都錄》에서 "《의림촬요》 5권〔醫林撮要伍卷〕"이라고 하였고, 또 《서고장서록書庫藏書錄》에서 "《의림촬요》 13책, 조선 정경선 지음〔醫林撮要十三冊, 本朝鄭敬先著〕"이라고 하였다. 여기 적힌 《의림촬요》의 전존 여부는 분명하지 않다. 또한 간본(1)·(2) 어느 것에 해당하는지도 확실히 알 수 없다.

인물전기

양예수(楊禮壽, ?－1597). 자는 경보(敬甫), 호는 퇴사옹(退思翁), 본관은 홍농(弘農)이다. 박학다식하였고 의서에 정통하였다. 생사가 달린 병에 대해 1개월 전에 처방을 내려도 백에 하나 틀림이 없었다고 한다. 명종 대에서 선조 중기에 이르기까지 활동했던 저명한 의관으로 관직은 지중추부사(知中樞府事)에 이르렀다. 《동의

보감》의 서문 가운데 "태의 양예수(太醫楊禮壽)"라는 이름이 보인다. 이를 통해 그가 선조 29년병신1596 경 최초《동의보감》편찬에 참여하였고, 정유재란 이후에 세상을 떠났다는 사실을 미루어 짐작할 수 있다.

060. 찬도방론맥결집성 纂圖方論脈訣集成 4권

고양생(高陽生) 편집(編輯), 허준(許浚) 교정(校正)

[전존]

개요

《찬도맥결纂圖脈訣》의 편자는 육조(六朝) 시대의 고양생(高陽生)이라고 기록되어 있다〈육조라고 해도 현전본은 북송·금 시기에 지어져 간행된 듯하다〉. 선조 14년 신사1581에 허준이 이 《찬도맥결》의 전래본을 대대적으로 교정하였는데, 이것이 《찬도방론맥결집성》이다〈이 책은 허준의 원저작은 아니지만 여기에 실어둔다〉. 이 당시 간행되었다고 생각되지만 일실되었는지 실물은 보지 못하였다. 필자가 알고 있는 간본은 다음에 설명할 만력(萬曆) 40년에 인출된 것이다.

판본

(1) 만력 40년 간본

형태서지

이 책의 초간본은 활자본이었다고 추정되지만〈즉 유포된 중간본의 판식이 활자본을 토대로 복각된 것으로 보인다〉 필자는 이를 확인할 수 없었다. 유포된 중간본은 대략 동일한 판식이지만, 그렇다 하더라도 장(張) 별로 이종 판본〈보각판(補刻版)이다. 이것도 시대를 달리하여 각지에서 판각되었기 때문에 차이가 있다〉이 보인다. 따라서 비교적 본래 모습에 가깝다고 여겨지는 판본을 중심으로 체재와 내용을 기술한다.〈〔부도15〕 참조〉

책 말미에 다음과 같은 간기(刊記)가 있다.

◎ 《찬도방론맥결집성》 간기

萬曆四十年閏十一月 日，內醫院奉敎開刊。
監校官，通訓大夫 行內醫院僉正 臣 李希憲。
通訓大夫 行內醫院直長 臣 尹知微。

4권 4책. **|판식版式|** 목판본(활자본을 복각한 듯하다), 세로 35×가로 23㎝, 반곽 22.5×16.5㎝. 10행 18자. **|지수紙數|** 제1권 42매, 제2권 63매, 제3권 64매, 제4권 57매, 발문 3매.

내용서지

◎ 《찬도방론맥결집성》 발문(跋文)[1]

脈之有書，尙矣。粤自軒岐始開源而內經作，扁鵲挹其流以述難經，淳于意張仲景，又從而闡明之，俱有方論。至晉太醫令王叔和，集經方要妙，撰脈經十卷，辨表裏，明吉凶，極爲精盡。六朝時有高陽生者，剽竊而作歌訣，取便誦習，然詞旨鄙淺，多失本眞，先賢已有嘆惜而明辨之者。

我國初，醫術鹵莽，未見脈經全書，只以脈訣著於講典，爲診候者之蹊逕，雖未能探賾索隱，而歌句簡捷，易於領悟，但字多舛錯，註甚雜糅，學者病之。聖上宵旰勵治之餘，念及方技，一日敎臣曰，纂圖脈訣，文註謬誤，汝宜校正，且爲小跋，以誌其後，予欲改刊親覽焉。臣性本庸愚，學未款啓，聞命祗慄夙夜靡遑，謹據諸本，正其一二，姓名難辨者，著註以明之，詞意有紊者，爲圈以斷之，湯丸之名，以陰易陽，豕亥之訛，改贋爲眞，總若干處，皆付標以進。

竊以醫國醫人，其理實同。人之脈者，經絡是也，國之脈者，紀綱是也。紀綱不立，則邪正渾殽，禮法陵夷，而社稷及於危亡。經絡不通，則表裏壅遏，陰陽汩亂，而性命幾乎絶滅矣。夫撥亂而反正，轉危而致安，要在乎察病源識時務，調和經絡，整頓紀綱而已。蓋脈者，天眞委和之氣，有生生不息之妙，爰自精血乍凝，先天一氣，已寓於渾沌之中，蠢然能動，及其脫胎之後，穀神胃氣參合而充，於是陰陽升降之理，血氣動靜之機，悉具焉。故人折一肢瞽一目，不能害生，而脈不可須臾失，則脈

1 원서에는 일부 내용만 있지만 역자가 보충하여 실었다.

之於身，豈不大矣，而日不可不察也，明矣。然而醫家以切脈爲難事，自古及今，鮮有入神臻妙者，良由脈道玄微，蘊奧難明耳，苟能精思妙悟，默識心通，自得於手，而應之於心，則三指之下尺寸之中，玄機畢露，衆妙俱呈，何必飮上池之水，託異人之夢而爲奇哉。今是書若於萬機之暇，時賜覽觀，審脈度之盈虛，調元氣於泰和，非徒聖壽無疆而風化流布，亦足以拯濟黎元，使咸躋于壽域。如是，則聖上仁民愛物之盛心，與天地同其廣大，而醫道救世之方，亦不可謂無少補矣。

萬曆九年辛巳五月 日，通訓大夫 行內醫院僉正 臣許浚，拜手稽首謹跋。

맥과 관련된 책은 오래전부터 있었습니다. 옛날 헌원(軒轅)과 기백(岐伯)에서 시작되어 《내경內經》이 만들어지고, 편작(扁鵲)이 그 학맥을 이어 《난경難經》을 저술하였으며, 순우의(淳于意)와 장중경(張仲景) 또한 그들을 따라 의미를 밝혔으니 이로써 의서와 의론이 모두 갖추어졌습니다. 진(晉)의 태의령(太醫令) 왕숙화(王叔和)는 경방(經方)에서 중요한 것을 모아 《맥경脈經》 10권을 찬집하였으니 표리를 변별하고 길흉을 분명히 한 점에서 매우 정밀하였습니다. 육조(六朝) 때 고양생(高陽生)은 맥경을 가져다가 가결(歌訣)로 만들어 암송하고 익히기 편하도록 하였으나 문장이 천박하고 본래의 뜻을 많이 잃었습니다. 그래서 선현들께서 한탄하며 이를 분명히 구별해 놓았습니다.

우리나라 건국 초기에는 의술이 거칠어 《맥경》 전체를 보지는 못하였고 단지 《맥결脈訣》을 취재 과목에 넣어 진단의 방법으로 삼았습니다. 깊은 이치까지 탐구할 수는 없으나 가결의 문구가 간략하여 쉽게 이해할 수 있었기 때문입니다. 다만 틀린 글자가 많고 주석이 매우 뒤섞여있어 이 책을 공부하는 이들이 병폐로 여겼습니다. 성상께서는 바쁘게 밤낮으로 정무를 보시는 여가에 의술까지 마음을 쓰시다가 하루는 신에게 명하시어 "《찬도맥결纂圖脈訣》은 문장과 주석에 오류가 많으니 그대가 교정하여 바로잡으라. 또 짧게 발문을 지어 책 말미에 남기라. 나는 이 책을 다시 간행한 후 직접 열람하고자 한다."라고 하셨습니다. 소신은 본성이 우둔하고 학식이 얕지만 명을 듣고 나서는 경외하는 마음에 밤낮으로 쉬지 않은 채 신중하게 여러 판본에 근거하여 몇 부분을 교정하였고, 판별하기 어려운 인명은 주석을 달아 밝혔으며, 글의 뜻이 애매한 경우에는 권점을 달아 구문을 나누었고, 탕이나 환의 명칭은 양각(陽刻)을 음각(陰刻)으로 바꾸었으며, 잘못된 글자는 올바른 글자로 고쳤습니다. 그러고 나서 수정한 몇몇 곳에 모두 첨지를 붙여 진상하였습니다.

가만히 생각해보니 국가를 치료하는 일과 사람을 치료하는 일은 그 이치가 실상 같습니다. 사람의 맥은 경락(經絡)이고, 국가의 맥은 기강(紀綱)입니다. 국가의 기강이 서지 않으면 옳은 것과 그른 것이 마구 섞이고 예법(禮法)이 쇠퇴하여 결국 사직(社稷)이 위험에 빠지게 됩니다. 사람의 경락이 통하지 않으면 표리가 막히고 음양이 뒤섞여 아마 생명이 끊어질 것입니다. 혼란을 다스려 정상으로 되돌리고 위급함을 변화시켜 편안하게 만드는 일의 요점은 병의 원인을 살펴 경락을 조화롭게 하고 그때의 할 일을 알아 기강을 바로잡는 데 있을 뿐입니다. 맥이란 것은 하늘에서 받은 기운이니 생기가 넘쳐 쉬지 않는 오묘함이 담겨 있습니다. 그래서 남자의 정(精)과 여자의 혈(血)이 만나는 순간부터 선천(先天)의 기운이 이미 혼돈 속에 깃들어 꿈틀꿈틀 움직이고, 출생한 뒤에는 음식의 기운이 위기(胃氣)에 부합되어 채우게 되는 법이니 음양이 오르내리는 이치와 혈기가 움직이는 기능이 사람에게 모두 갖추어져 있습니다. 그러므로 사람이 팔다리 하나가 부러지거나 한쪽 눈이 멀어도 생명에는 해를 끼치지 않지만 맥은 잠시라도 쉬어서는 안 되는 법이니 몸에서 맥이 어찌 중요하지 않을 것이며 하루라도 살피지 않으면 안 되는 것이 분명합니다. 그러나 의원들이 맥을 짚는 것을 어려운 일로 여기고 있으니 예로부터 지금까지 진맥에서 신묘한 경지에 이른 이가 드문 까닭은 분명 맥의 이치가 은미하여 심오한 의미를 밝히기가 어렵기 때문일 것입니다. 심오한 의미를 깊이 고민하다가 어느 순간 조용히 깨닫고 마음으로 이해한 후 손으로 짚을 때마다 마음에 전해진다면 세 손가락을 척촌(尺寸)맥 사이에 내려놓았을 때 현묘한 생명의 이치가 다 드러나고 모든 오묘함이 전부 나타날 것이니 어찌 반드시 상지수(上池水)[2]를 마시거나 기인이 나오는 꿈에 의탁해야만 비범해진단 말입니까. 지금 이 책은 성상께서 바쁜 정무를 돌보시는 사이에 틈틈이 열람하실 책이니 맥의 성쇠를 살펴 원기(元氣)를 천지의 기운과 조화시킨다면 성상의 만수무강과 교화의 전파뿐만 아니라 백성을 구제하여 다 함께 장수의 영역으로 올라가게 하기에 충분할 것입니다. 이렇게 되면 백성들은 성상께서 백성을 사랑하고 만물을 아끼는 도타운 마음이 천지와 같이 넓고 크다고 여길 것이며 의학으로 세상을 구제하는 일에도 조금의 도움이 없다고는 하지 못할 것입니다.

만력 9년 신사년1601 5월 일. 통훈대부 행 내의원 첨정 신 허준은 절하고 머리를 조아리며 삼가 발문을 적습니다.

---

2 상지수 : 댓가지에 맺힌 이슬방울을 말한다. 신인(神人) 장상군(長桑君)이 일찍이 자기 품속에 간직했던 약을 편작에게 주면서 "이 약을 상지수(上池水)로 30일 동안 복용하고 나면 눈이 밝아져서 의당 귀물(鬼物)을 환히 보게 될 것이다."라고 말하였다. 《사기史記》 권105 〈편작창공열전扁鵲倉公列傳〉

본문내용

◎《찬도방론맥결집성》 목차

一, 診脉入式
一, 五臟六腑, 心臟, 肝臟, 腎臟, 肺臟, 脾臟
一, 左右手診脉
一, 二十四脉總論, 七表, 八裏, 九道
一, 診雜病生死候及暴病候, 形脉相反, 診四時病五行相克脉, 診四時虛實, 論傷寒
一, 諸病生死脉, 仲景日數脉不時則生惡瘡, 察色觀病人生死脉, 五臟察色脉
一, 診姙婦漏胎候, 診姙婦心腹急痛候, 診姙婦倒仆損傷, 診産難生死脉, 診姙婦傷寒
一, 小兒生死候

서진(西晉) 왕숙화(王叔和)의 《맥경脈經》을 바탕으로 하고, 중세 이전의 저명한 의가인 희범자(晞范子)·장결고(張潔古)·지선생(池先生)·통진자(通眞子) 등의 맥론(脈論)을 모아 집성했다는 고양생(高陽生)의 《찬도맥결纂圖脈訣》을 허준이 교정한 것이다.

인물전기

허준(許浚, 1539－1615). 자는 청원(淸源)이다. 중종 34년 기해1539에 태어나[3] 의관으로 선조의 총애를 많이 받았고 진급을 거듭하여 보국숭록대부(輔國崇祿大夫)라는 최고의 지위에 올랐다. 광해군 7년 을묘1615에 세상을 떠났다. 조선의 편작(扁鵲)·창공(倉公)이라고 불렸다. 일본과 중국에서도 간행된 해동 제일의 명저 《동의보감》 이외에 《언해구급방諺解救急方》·《언해태산집요諺解胎産集要》·《두창집요痘瘡集要》·《신찬벽온방新纂辟瘟方》·《벽역신방辟疫神方》 등을 저술하였다.

3 원서에는 허준의 출생일을 명종 원년(병오1546)이라고 하였으나 현대 연구 결과를 근거로 수정하였다.

고찰

《찬도맥결》에는 "六朝高陽生編"이라고 적혀 있다. 그러나 이 책의 인용문에 송(宋)〈희범자(晞范子) 이경(李駉), 통진자(通眞子) 유원빈(劉元賓)〉 및 금(金)〈결고(潔古) 장원소(張元素)〉 시대의 맥 이론이 실려 있기 때문에 고양생을 육조 시대 사람으로 여긴다고 하더라도 현전본은 북송·금 시대에 편찬되었을 것이다.

조선 초기부터 이 책은 의학 취재 강서(講書)로 채택되었고〈《세종실록》 세종 12년 3월 기사〉[4] 《경국대전》〈을사대전〉에서는 의과시(醫科試) 및 의학(醫學)·침구의(鍼灸醫) 취재 강서가 되었다. 그러나 시간이 지나면서 잘못된 글자가 많아지고 주석도 뒤섞이게 되었다. 이에 허준은 선조의 명에 따라 주석을 추가하고 교정하였다. 이 교정본 출현 이후에는 모두 이 책을 기준으로 삼았고 이를 종종 중간하여 사용하였다.

덧붙여 《누판고鏤板考》에는 혜민서(惠民署)에 이 책의 판목이 있다고 하였다. 이 판목은 유포된 중간본 가운데 하나를 인쇄하는 데 사용되었을 것이다.

---

4 제1부 〔016장〕 인용 사료(세종 12년 3월 18일 기사)를 참고하라.

061. 침구요결 鍼灸要訣

1권

유성룡(柳成龍) 지음

[전존]

개요

선조 33년 경자1600에 저술되어 간행되었고, 이후 300년이 지나 광무 5년 신축1901[1]에 중간되었다. 먼저 광무 5년에 간행되어 유포된 판본〈간본(1)〉을 해제하고, 후에 이인영(李仁榮) 씨가 소장하고 있는 초간본〈간본(2)〉을 설명한다.

판본

(1) 광무(光武) 5년 중간본

형태서지

1권 1책. ❙판식版式❙ 목판본, 반곽 세로 23 × 가로 17㎝, 11행 23자〈본문은 대부분 도표로 되어 있다〉. ❙지수紙數❙ 모두 57매.

---

1 원서에는 광무 5년(신축1901)으로 되어 있으나, 중간지(重刊識) 작성 시기는 다이쇼(大正) 14년(을축1925)으로 되어 있다.

내용서지

◎ 《침구요결》 서(序)[2]

近取諸身，百物皆備，自五臟六腑，十二經絡，三百六十五穴，上與天地陰陽之運，脗合無間，非心通造化之妙，而洞觀三才者，其孰能知之。醫之道，其至矣乎。近世中原，有醫學入門書，乃深於素難而折衷諸家者也。然其用藥治病之方，曲折多端，變化無窮，讀者或得此而失彼，或窺外而遺內，雖疲精憊神，而未易得其藩籬，況堂奧乎。

余自少多病，得此書，累年披閱，未嘗不欣然而喜，亦未嘗不怳然而惑。盖吾見未至，而運用之機，不入於吾手故也。歲月荏苒，已迫遲暮，而舊病依然苦，未得力於斯，所謂書自書我自我，亦何益之有。前年屛居河村，縱有疾恙，無醫藥可治，更觀書中鍼灸篇，分經主治，歷歷詳載，其取驗或視，下藥尤捷。鄕里之人，粗解操鍼者，按方求穴，自可療病，而無煩於烹粉。顧其爲說，猶患雜出，老年精力，難於參考。乃於暇日，類聚各經，而分穴處治法鍼灸，書之穴下，使見者一覽了然，無待於求索，又將以諺譯翻出，雖使愚婦見之，亦可解也。

老子曰，天地之氣，其猶槖籥乎，虛而不詘，動而愈出。人身一槖籥也，榮衛脈絡，流布運行，無一刻停息。人或七情不節於內，六氣侵襲於外，運者滯行者壅，氣血失軌，或過或不及，而病生焉。鍼灸者，所以瀉其過而補其不足也。苟得其宜，一二穴足以見效，不得其宜，多鍼多灸，適足以爲害，所謂差毫釐而謬千里也。東坡云，鍼端如毫芒，氣出如車軸，余幷擧之，以戒世之不明經絡而喜施鍼熨者云。

萬曆庚子陽月望前二日，西厓道人書于河村曲肱齋。

사람의 몸을 가까이 살펴보면 만물이 다 갖추어져 있다. 오장육부부터 12경락과 365혈까지 천지와 음양의 운행과 딱 들어맞아 간극이 없으니 조화의 오묘함을 마음으로 깨달아 만물을 꿰뚫어 보는 자가 아니라면 누가 그것을 알 수 있겠는가? 의학의 이치란 몹시도 지극하구나! 근세 중국에 《의학입문醫學入門》이라는 책이 있으니 《소문素問》·《난경難經》의 깊은 뜻을 바탕으로 여러 의가의 설을 절충해 놓았다. 그러나 약을 쓰고 병을 치료하는 처방은 의미가 복잡하고 변화가 무궁하기 때문에 독자가 간혹 이 부분은 이해했으나 저 부분을 이해하지 못하기도 하고, 혹은 겉뜻은 알아차렸으나 속뜻을 놓치기도 한다. 정신이 지칠 때까지 읽는다 한들 울타리까지 가기도 쉽지 않으니 방 속까지 어떻게 가겠는가.

2 원서에는 일부 내용만 있지만 역자가 보충하여 실었다.

나는 어릴 때부터 병을 자주 앓았는데 이 책을 얻고 여러 해 동안 읽으면서 흔연히 기뻐하지 않은 적이 없었고 또한 멍하니 헷갈리지 않은 적도 없었다. 아마도 나의 식견이 깊지 못하여 운용의 원리를 내 손에 쥐지 못했기 때문이리라. 세월이 흘러 늘그막이 되고 나서도 오래된 병으로 여전히 고통스러웠으나 치료에 힘을 쓰지 못하였다. 이른바 "책 따로 나 따로"이니 무슨 유익이 있었겠는가. 작년에 관직에서 물러나 하촌(河村, 하회마을)에 머물게 된 후 질병이 있어도 치료할 수 있는 의원과 약재가 없어 다시 《의학입문》의 〈침구편鍼灸篇〉을 보았더니 경맥에 따라 경혈의 주치(主治)가 하나하나 상세하게 실려 있었다. 그에 따라 치료하여 효과를 보기도 하였으니 약을 먹을 때보다 더욱 좋았다. 침구법을 조금 아는 시골 사람이라면 책을 보고 경혈을 찾아 스스로 병을 치료할 수 있으니 번거롭게 약을 달일 필요가 없었다. 그러나 그 설명이 여기저기 나오는 문제가 있어서 노쇠한 몸으로는 매번 찾아보기 힘들었다. 그래서 한가한 날에 각 경혈을 분류하고 경혈의 위치, 주치 증상, 침구법으로 나누어 경혈 아래 적어서 보는 이들이 일목요연하게 이해하고 여기저기 찾지 않아도 되도록 하였다. 그리고 앞으로 한글로 번역하여 한문을 배우지 못한 이들이 보더라도 이해할 수 있도록 하려고 한다.

노자(老子)는 "천지의 기운이란 아마 풀무와 같지 않겠는가? 비었지만 찌그러지지 않고 움직일수록 더욱 바람이 나온다."고 하였다. 사람의 몸도 하나의 풀무이니 영위(榮衛)와 경맥이 흐르고 움직이면서 한 순간도 멈추지 않는다. 사람이 안에서 칠정(七情)을 절제하지 못하거나 밖에서 육기(六氣)의 침입을 받으면 운행이 막히게 되어 기혈(氣血)이 궤도를 이탈하기 때문에 혹은 넘치거나 혹은 모자라게 되면서 병이 생겨날 뿐이다. 침과 뜸은 넘치는 기혈을 배출시키고 모자란 기혈을 보충해준다. 치료에 적절한 혈자리를 찾으면 한 두 혈자리로도 충분히 효과를 볼 수 있고, 적절한 혈자리를 찾지 못하면 침이나 뜸을 많이 쓰게 되어 결국 해를 입힐 수 있으니 "털끝의 차이가 천리의 차이를 만든다."는 말과 같다. 소동파(蘇東坡)는 "침 끝은 매우 미세하지만 기(氣)는 굴대처럼 빠져나간다."고 하였으니 나도 이 말을 인용하여 경락을 잘 알지 못한 채 침과 뜸을 쉽게 쓰는 세상 사람들에게 경계로 삼고자 한다.

만력(萬曆) 경자년1600 10월 13일. 서애도인(西厓道人)이 하촌(河村) 곡굉재(曲肱齋)에서 쓰다.

◎ 《침구요결》 중간지(重刊識)[3]

自古醫之道有三, 曰藥曰鍼曰灸, 而該方之紛然幷行于世者, 指不可勝屈, 然或浩汗而難悉, 或疎漏而未詳, 雖多年醫學者, 亦不能得其要領, 況可使人人而易曉耶。惟我先祖西崖先生, 早負經世之望, 常以濟衆爲心, 奉使中華之日, 得醫學入門全書, 燮理陰陽之暇, 講明經術之餘, 費精抄錄, 別成三冊, 卽醫學辯症指南及鍼灸要訣也。其分穴下鍼, 對症施灸, 節節有條, 井井不紊, 使覽者一目瞭然, 大君子博達之學、仁愛之德, 槪可見焉。

顧當日鋟梓之意, 必在於廣其布而壽其傳也, 何後之人不能體行, 遂使該版之藏于閣者, 幾於遺失無餘也。私竊慨歎之不已, 一日偶閱家中舊篋, 得先生手寫鍼灸本草, 尙幸此書不泯, 復出於三百年之後, 而獨恨夫辨症指南之未得同時幷現也。此則不容不更, 竢後日搜得而爲, 先以已搜之要訣, 卽付影版印布, 不但爲醫學家要覽也, 亦復家家備置, 因是訣而用是法, 則不須診醫, 而自可療病矣。此書之有功於斯民者, 不其大歟。玆敢不揆僭越, 略敍顚末如右。

歲在靑牛仲春, 不肖孫伍榮謹識。

예로부터 의학에는 3가지 방법이 있으니 약과 침과 뜸이 그것이며, 이에 대해 다양하게 세상에 전해진 의서들은 헤아릴 수 없을 정도로 많다. 그러나 어떤 책은 방대하여 전부 읽기 어렵고, 또 어떤 책은 소략하여 자세하지 못하므로 비록 여러 해 동안 의학을 공부한 사람이라도 그 요점을 깨닫지 못할 정도이니 하물며 사람마다 쉽게 깨닫게 할 수 있겠는가. 우리 선조 서애(西崖) 선생께서는 일찍부터 세상을 경영코자 하는 희망을 품고 항상 백성을 구제하는 데 마음을 두시다가 중국에 사신으로 갔을 때 《의학입문》 전질을 구해 오신 후 음양의 이치를 토론하고 경학(經學)을 공부하시던 여가에 정성을 들여 초록하면서 별도의 3책을 만드셨으니 곧 《의학변증지남》과 《침구요결》이다. 경혈에 따라 침을 놓고 증상에 맞춰 뜸을 뜨는 방법을 하나하나 조목별로 나누고 깔끔하게 정리하여 읽는 사람이 한눈에 이해할 수 있도록 하였으니 위대한 군자의 넓은 학식과 인자한 덕행을 대략 볼 수 있을 것이다.

당시에 책을 찍고자 하신 뜻을 생각해보면 필시 널리 유포시켜 오래도록 전하고자 하셨을 것이니 어느 후손이 몸소 실천하지 않을 수 있겠는가. 그래서 장판각에 보관된 이 책의 목판을 모아보았으나 유실되어 거의 남은 것이 없었기에

---

3 원서에는 일부 내용만 있지만 역자가 보충하여 실었다.

나는 속에서 탄식이 끊이지 않았다. 어느 날 우연히 집안의 오래된 궤짝을 살피다가 서애 선생께서 손으로 쓰신 《침구요결》의 초고를 찾았다. 천만다행인 점은 이 책이 없어지지 않고 3백년 뒤에 다시 나왔다는 사실이고, 오직 안타까운 점은 《의학변증지남》이 함께 나타나지 않았다는 사실이다. 이것은 어쩔 수 없으니 훗날 찾아 출간하기를 기약하고, 우선은 찾아낸 《침구요결》을 즉시 석판에 영인하여 인쇄하고 배포한다. 이 책은 의학자들의 요람(要覽)이 될 뿐만 아니라 또한 집마다 비치한 후 해당 요결에 따라 해당 치료법을 사용하면 반드시 의원에게 진단받지 않더라도 스스로 병을 치료할 수 있을 것이다. 그렇게 된다면 이 책이 우리 백성에게 미치는 공이 참으로 크지 않겠는가? 이에 감히 외람됨을 무릅쓰고 위와 같이 전말을 간략히 적는다.

을축년1925 2월. 불초한 후손 유오영(柳伍榮) 삼가 쓰다.

본문내용

◎《침구요결》 목차

天地人物氣候相應說, 天地人物氣候相應圖, 正面經絡諸穴起止圖, 十二經穴名, 背部經絡諸穴起止圖, 臟腑內觀圖, 臟腑條分, 十二經穴法・治法・鍼灸直橫圖, 督任脈穴圖, 十五絡論, 奇經八脈圖, 治病奇穴, 明堂尺寸法, 點穴法, 調養法, 煉臍法, 附 回春煉臍法。

《의학입문醫學入門》의 〈침구편鍼灸篇〉을 계통적으로 분류하고 도표로 표현하여 한눈에 이해할 수 있도록 편집한 책이다.

(2) 초간본

(이인영 씨 소장본)

최근 이인영 씨가 알려주셔서 《침구요결》 초간본 (즉, 중간지(重刊識)에서 "장판각에 보관된 이 책의 목판〔該版之藏于閣者〕"이라고 한 것이다) 의 존재를 알게 되었다. 아래에 그가 필자에게 준 해제를 싣는다.

선조~광해군 연간의 목판본으로 유성룡의 저작이다. 몇 장이 결락되었으며 첫 부분에 만력 경자년1600에 쓴 자서가 있다. 형태는 다음과 같다. **| 판식版式 |** 목판본,

사주단변, 유계, 11행 19자〈서문과 도표는 7행이다. 도표는 1행당 2~3줄이다〉, 반곽 세로 22.5~26.0×가로 17.5~20.0cm. **|판심版心|** 상하어미, 어미 사이에 "鍼經要訣"이라는 4글자가 있다. **|지수紙數|** 책 첫머리와 말미에 각 1장씩 누락되어 있다〈현전본은 총 35장이다〉.[4]

인물전기

유성룡(柳成龍, 1542－1607). 자는 이현(而見), 호는 서애(西厓), 본관은 풍산(豊山)이다. 중종 37년 임인1542에 태어나 퇴계(退溪) 이황(李滉)에게 수학하였고, 명종 21년 병인1566 별시 문과에 급제하였다. 일찍이 명(明)에 사신으로 다녀왔고[5], 또 임진왜란 때 왕을 호종(扈從)하고 유악(帷幄)에 참여한 큰 공으로 풍원부원군(豊原府院君)에 봉해졌으며[6], 영의정을 지냈다. 선조 40년 정미1607에 세상을 떠났다. 시호는 문충(文忠)이다. 《징비록懲毖錄》·《서애집西厓集》 등의 저술을 남겼다〈재상으로서 의서를 찬술한 일은 여기(餘技)로 이루어진 것이다〉.[7]

---

4 이인영의 《청분실서목淸芬室書目》을 토대로 원서의 내용을 수정하였다.

5 선조 2년(기사1569) 감찰로서 성절사(聖節使)의 서장관(書狀官)이 되어 명나라에 갔다가 이듬해 돌아왔다.

6 선조 23년(경인1590) 우의정으로 승진하였고, 광국공신(光國功臣) 3등에 녹훈되어 풍원부원군(豊原府院君)에 봉해졌다.

7 《선조실록》 선조 40년(정미1607) 5월 13일 기사에 유성룡의 졸기(卒記)가 있다.

062. 의학변증지남 醫學辯症指南

유성룡(柳成龍) 지음

[일실]

개요

《침구요결鍼灸要訣》 중간지(重刊識)〈[061장] 참고〉를 통해 이 책이 존재하였다는 사실을 알 수 있다. 역시 《의학입문醫學入門》을 베껴 개편(改編)한 책이다. 그러나 그의 자손이 찾을 수 없다고 하였으므로 아마도 일실된 것 같다.

063. 구급방 救急方

2권

세조(世祖)의 명으로 편찬됨, 허준(許浚) 한글 풀이[諺解]

[전존]

개요

세조 때 만들어진 《구급방救急方》(〔025장〕 참고)을 허준(許浚)이 한글로 풀이한 책이다. 선조 34년신축1601[1] 저술되었고, 그 무렵 간행된 것으로 보인다(〔고찰〕 참조).[2] 필자가 살펴본 호사문고(蓬左文庫) 소장본을 기준으로 해제한다.(〔부도16〕 참조)

형태서지

상·하 2권 2책. **| 판식版式 |** 목판본. 표지는 개장되었다. 세로 34 × 가로 21㎝, 반곽 약 21 × 15.5㎝, 사주단변, 유계, 주쌍행, 8행 17자(첫 페이지만 9행으로 되어 있다), 한글(한글은 소자쌍행으로 되어 있다). **| 지수紙數 |** 목차 3매, 상권 89매, 하권 96매. **| 인기印記 |** 권 첫머리마다 "尾府內庫圖書"라는 붉은 인장과 "總持寺什物"이라는 검은 인장이

---

1 원서에는 선조 35년(임인1602)이라고 하였으나 저술 연도가 신축년이므로 선조 34년(신축1601)으로 수정하였다.

2 원서에서 필자는 《구급방》(〔025장〕)과 한글로 풀이 된 《구급방》(〔063장〕)을 해제하면서 전자는 세조 대에 만들어진 책이고 후자는 전자에 허준이 한글 풀이를 덧붙인 책이라고 설명하였다. 그러나 현대 연구 결과 양자는 모두 허준의 《언해구급방》과 무관한 별도의 서적으로, 후자는 지방에서 전자를 복각하여 만든 지방 복각본일 가능성이 높다고 보고 있다(정순덕, 2004;2009). 〔063장〕의 본래 표제는 '諺解救急方'이다. 그러나 호사문고 소장본 서명이 '諺解' 없이 '救急方'이라고만 되어있고 허준 언해서와의 혼동을 피하기 위하여 역자가 표제를 '救急方'으로 수정하였다. 허준의 《언해구급방》은 그 필사본이 영인되어 《한국의학대계韓國醫學大系》 속에 수록되어 있다.

있다. 그리고 권 말미마다 "亨□□珍秘"·"春菴損欽所衆"·"將翁書軒"이 있다. **|기타|** 권 말미마다 "當山十八世眞空和尙寄進"이라는 글이 적혀 있다. 서문·발문·간기는 없어졌다.

본문내용

◎ 《구급방》 목차

上卷 : 一中風, 二中寒(凍瘡凍死附), 三中暑, 四中氣, 五中忤中惡鬼氣, 六鬼魘暖鬼打, 七卒死, 八卒心痛(卒腹痛附), 九霍亂吐瀉(沙證附), 十尸厥, 十一纏喉風喉閉(喉腫舌腫失音附), 十二骨硬, 十三脫陽陰縮, 十四吐血下血(九竅血齒間出血附), 十五大小便不通, 十六溺水, 十七自縊, 十八失欠頷車蹉候, 十九金瘡

下卷 : 二十箭鏃金刃入肉及骨不出(竹木刺附), 二十一湯火傷, 二十二馬咬馬踏馬汗馬骨馬踢, 二十三打撲傷損, 二十四車馬墜傷(從高墜下壓傷附), 二十五眯目(墜睛及被物打附), 二十六諸蟲入耳, 二十七菜毒(鉤吻毒附), 二十八菌毒, 二十九中砒霜毒(諸藥毒幷食毒附), 三十魚肉毒(河口毒蟹毒附), 三十一虎咬(熊猪傷幷猫咬鼠咬附), 三十二猘犬咬(凡犬咬附), 三十三諸蟲傷, 三十四孕婦逆生難産, 三十五胎衣不下惡血湊心, 三十六血暈

각 조문에는 한문 다음에 한글 풀이가 교대로 삽입되어 있다.

이 책의 인용서는 다음과 같다.

◎ 《구급방》 인용서

《직지방直指方》·《경험비방經驗秘方》·《천금방千金方》·《위생이간방衛生易簡方》·《간이방簡易方》·《경험양방經驗良方》·《갈씨비급방葛氏備急方》·《화제방和劑方》·《성혜방聖惠方》·《성제총록聖濟總錄》·《백일선방百一選方》·《득효방得效方》·《위생보감衛生寶鑑》·《위생십전방衛生十全方》·《수역신방壽域神方》·《관견대전양방管見大全良方》·《담료방澹寮方》·《비급대전양방備急大全良方》·《주후방肘後方》·《의방집성醫方集成》·《주씨집험방朱氏集驗方》·《간요제중방簡要濟衆方》·《경험구급방經驗救急方》·《거가필용居家必用》·《본초本草》·《광제방廣濟方》·《연년방延年方》·《부인양방婦人良方》, 《향약구급방

鄕藥救急方》·《삼화자방三和子方》·《향약집성방鄕藥集成方》·《의방유취醫方類聚》·《본조경험방本朝經驗方》·《산서産書》

중국 의서는 명 초기 이전, 조선 의서는 세종 대까지의 것이다.

고찰

세조 대에 《구급방》이 찬술된 것은 〔025장〕《구급방》 해제에서 설명하였다. 그러나 이 책의 현전본에 대해서는 듣지 못하였다가 지금 다행히 호사문고에서 한글 풀이가 있는 《구급방》을 볼 수 있었다. 이후에 또 다케다 쿄우서옥(武田杏雨書屋)에서 이와 동일한 간본을 만났는데, "萩府藏書"라는 큰 사각형 모양 인장이 있었고 중국에서 건너온 탓에 중국의 장서인이 있었다. 이 《구급방》의 인용서는 모두 명(明) 초기 이전(가장 연대가 늦은 인용서는 명(明) 태조(太祖)의 16번째 아들 구선(臞仙)이 편찬한 《수역신방壽域神方》이다)의 것이고, 조선 의서도 세종 대의 것(가장 연대가 늦은 인용서는 《산서産書》·《본조경험방本朝經驗方》이다)까지이므로 세조 대에 본문 내용이 쓰였다고 보면 틀림없을 것이다. 그러나 허준이 한글 풀이를 붙였고, 허준 당시에 교정된 듯하지만 원문도 그대로 보존되어 있다. 따라서 세조 대의 《구급방》은 일실되었으나 이 책의 존재로 그 본래 모습을 알 수 있다.[3]

허준이 《언해두창집요諺解痘瘡集要》 발문(〔064장〕 참고)에서 선조 34년 신축1601에 《구급방》을 다시 만들었다고 말한 것이 이 간본을 가리킨다고 생각한다. 인출 시기는 분명히 알 수 없지만 《언해두창집요》·《언해태산집요諺解胎産集要》(〔065장〕 참고)와 비슷하거나 그 이전일 것이라고 생각한다.

《해동문헌총록海東文獻總錄》에 "諺解救急方, 許浚"이라는 설명이 있는데, 필자는 아직 살펴보지 못하였다.

3 앞서 설명한 바와 같이 허준의 《언해구급방》은 이와 별개의 서적이므로 필자의 고찰 내용은 이를 참작하여 살펴보아야 한다.

◎ 《해동문헌총록》 의약류(醫藥類) 《언해구급방》[4]

諺解救急方 凡上下二卷

許浚奉教撰。類錄諸證，各書治法，并附鍼灸禳吸等諸法，廣輯俗方。遂條飜譯，雖未知文字者，亦皆可考而治之，其有資於救急，可謂緊矣。

《언해구급방》 모두 상·하 2권

허준(許浚)이 교지를 받들어 지었다. 여러 증상을 분류한 후 각각 치법을 적었으며 아울러 침구(鍼灸)·양법(禳法) 등의 방법과 널리 모은 속방(俗方)을 덧붙였다. 조문마다 한글로 번역하여 한문을 알지 못하는 이라도 모두 찾아보고 치료할 수 있으니 위급한 목숨을 구할 때 도움이 된다는 면에서 요긴한 책이라고 할 수 있다.

4 원서에는 존재하지 않지만 역자가 추가하였다.

064. 언해두창집요 諺解痘瘡集要

2권

허준(許浚) 지음

[전존]

개요

선조 34년 신축1601 만들어져 선조 41년 무신1608 내의원에서 간행되었다. 오구라 신페이(小倉進平) 씨 소장본을 기준으로 해제한다.

형태서지

상・하 2권 2책. **|판식版式|** 목판본, 세로 33 × 가로 21㎝, 반곽 23.5 × 19.0㎝, 11행 20자.

내용서지

책 말미에 다음과 같은 간기(刊記)가 있다.

◎ 《언해두창집요》 간기

> 萬曆三十六年正月 日，內醫院開刊。
> 監校官，通訓大夫 行內醫院直長 臣 李希憲。
> 通訓大夫 行內醫院奉事 臣 李佫。

◎ 《언해두창집요》 발문(跋文)[1]

臣謹按，古人有言曰，寧醫十丈夫，莫醫一婦人，寧醫十婦人，莫醫一小兒。蓋嬰孩之病，難察脈，難問證，最難於用藥故也。小兒之疾，痘瘡最酷然，而箕封舊俗，以藥爲第一禁忌，或値癘氣流行，毒疫盛發，則連村闔境，黃口無噍類，我東方生齒不繁，職由於此，誠可痛心。

祖宗朝，雖有瘡疹集，刊行于世，民不屑焉，殆虛文耳。昔歲，王子染痘證，勢不順而拘於俗忌，未敢下藥，醫官之輩，袖手待盡。自上痛念非命，悔不用藥，歲在庚寅之冬，王子又染此疾。聖上追憶往事，特命 臣 施藥救療。于時寒威正肅，毒熱被鬱，險惡之證，疊見層出，中外之人，莫不指藥爲咎。及其病勢漸危，衆口洶洶，而聖斷愈確，責用益急。臣 仰稟聖旨，俯索靈丹，幾乎奄忽，三投藥而三起之，斯須之間，惡證屛散，精神蘇爽，不多日而平復焉。向者之咎藥者，驚服吐舌，黎民之喪子者，恨欲噬臍，染痘之家，聞風競走，得刀圭些子，則輒能廻生，十用十活，其效若神。厥後王子王女染痘，俱用藥獲安，閭閻之全活者，莫知其數。

往在辛丑之春，下敎于 臣 曰，平時有胎產集、瘡疹集、救急方，刊行于世，亂後皆無矣，爾宜搜摭醫方，以成三書。予欲親覽焉，且出內藏古今醫書，令其檢討以資撰集。臣 聞命祗慄，夙夜靡遑，纔閱歲，而三書告畢，投進之日，又爲下敎曰，近歲痘疫未熄，痘瘡集要爲最切，爾略記其創藥之由，以跋其尾，予欲開刊傳布焉。臣 不敢告辭，謹陳梗槩于左。

夫人之在於胚胎，穢惡之毒，蘊于命門，遇火運司天之歲，內外相感，則發爲疙瘡，凡有血氣之屬，莫不皆然，自少至老，必生一次，故又名曰百歲瘡。爲人而不經此患，則技藝不治，婚嫁不售，隣里親戚，皆不齒爲成人，若或染着，則其父母惟事祈禱，未敢施一藥以救之，吉凶生死，付之神鬼。三韓以後，明君哲輔，何代無之，而亦未嘗出一言以革其沈痼之弊者，何哉。

盖天下之事，否泰有時，時至而運亨，則天將假手於人，必有聖人起而正之。今上獨斷宸衷，決意救民，始自宮壺，先試於鍾愛之血屬，神方一播，萬姓咸化，使擧國赤子，得免夭札，皆躋于壽域，非聖人而能若是乎。先醫云，活千人必有報，況一國之內，八道之衆，因藥而復甦者，庸有極乎是。宜積陰德於當時，延國祚於永世矣。

1 원서에는 일부 내용만 있지만 역자가 보충하여 실었다.

但此書荒拙，誠有愧於古人，而臣以不才叨承聖命，罄竭心肝，蒐獵今古，採掇精髓，辨形色之善惡，分證候之輕重，披卷相對，皎若水鏡，患病之家，得此一本，恐不無救急涓埃之助矣。其中猪尾膏龍腦膏子，乃百發百中之藥，起死廻生，捷於影響，雖司命，莫之神也。

然而自上猶慮其未至，且命臣諺解方藥，曲盡其妙，使深閨婦女，咸得以看證檢方，自在用工尤見。聖上活幼愛民之念，愈久而愈篤，與上帝好生之德，若合符契，其深恩厚澤，垂千萬世而無窮極也，必矣，豈不美哉。豈不盛哉。

時辛丑八月 日，御醫 正憲大夫 知中樞府事臣許浚，頓首稽首謹識。

소신이 삼가 살펴보니 옛사람의 말 중에 "성인 남자 열 명을 고치는 것이 성인 여자 한 명을 치료하기보다 쉬우며, 성인 여자 열 명을 고치는 것이 어린아이 한 명을 치료하기보다 쉽다."라는 말이 있었습니다. 아마도 갓난아이의 병은 맥을 잡거나 증상을 묻기 힘들어 약 쓰기가 가장 어렵기 때문일 것입니다. 아이의 병 가운데에 두창이 가장 혹독하지만 우리나라의 낡은 풍속에는 약 쓰는 것을 제일의 금기로 여기고 있습니다. 그러다가 전염병이 돌거나 역병이 치성하게 되면 마을마다 경계를 봉쇄하여 아이들이 살아나지 못하게 됩니다. 우리나라 인구가 많지 않은 이유가 바로 여기에 있으니 참으로 비통할 따름입니다.

조종(祖宗)께서 《창진집瘡疹集》을 세상에 간행하셨지만 백성들이 보지 아니하여 거의 쓸모없는 글이나 다름없었습니다. 지난해에 왕자가 두창에 전염되었을 때 병세가 순탄치 않았음에도 낡은 풍습에 얽매여 감히 약을 쓰지 못한 채 의관들은 수수방관하면서 죽음을 기다릴 수밖에 없었습니다. 성상께서는 왕자가 비명에 돌아가신 것을 가슴 아파하면서 약을 쓰지 않은 것을 후회하고 계시던 중에 경인년1590 겨울에 다른 왕자가 또 이 병에 전염되셨습니다. 성상께서 지난 일을 기억하시고 소신에게 특별히 명하시어 약을 써서 치료하게 하셨습니다. 당시에는 한파가 맹위를 떨칠 때라 열독이 한 곳에 몰려 극심한 증상이 동시다발적으로 발생했고 궁궐 안팎의 사람들 모두가 약 때문에 그리되었다 하였습니다. 병세가 점점 악화되자 사람들의 비난이 시끌시끌했지만 성상의 결단은 더욱 확고해지고 빨리 조치를 취하게 하셨습니다. 소신이 성상의 뜻을 받들어 영약을 찾았고 거의 죽음의 문턱에 이르렀을 때 세 번 약을 먹이자 세 번 발진이 돋으면서 짧은 시간 동안 극심한 증상이 사라지고 정신이 맑게 돌아오더니 며칠 지나지 않아 평소대로 회복했습니다. 지난날에 약 때문이라고 탓하던 사람들은 놀라 감탄하면서 혀를 내둘렀고 자식을 잃은 백성들은 한탄하면서 후회하였습니다. 두창을 앓고 있는 집에서 소문을 듣고 달려와 소량의 약이라도 얻어 가면 아이가 곧바로

회생하여 열이면 열 모두 살아나니 그 효과가 귀신같았습니다. 그 후로 왕자와 공주가 두창에 걸렸을 때도 모두 약을 써서 회복되었으며 백성 중에서 목숨을 구한 경우는 다 셀 수 없을 정도였습니다.

지난 신축년1601 봄에 성상께서 소신에게 "평화롭던 때에 《태산집胎産集》·《창진집瘡疹集》·《구급방救急方》이 간행되었으나 전란 후에 모두 없어졌다. 너는 의서를 모으고 찾아서 3가지 책을 완성하라. 내가 직접 보고자 한다. 그리고 궁궐에 소장되어 있는 고금의 의서를 내어 줄 터이니 검토하여 책을 편찬할 때 자료로 활용하라."라고 하교하셨습니다. 소신이 명을 듣고 삼가 두려워하는 마음으로 밤이나 낮이나 잠시도 시간을 허비하지 않은 끝에 1년여 만에 3가지 책을 완성하였습니다. 책을 진상하던 날에 성상께서는 또 "근 몇 년 동안 두창이 잠잠해지지 않아 《두창집요痘瘡集要》가 가장 절실하니 너는 왕자를 치료할 때 약을 만들었던 전말을 간단히 적어 책 뒤에 발문으로 쓰도록 하여라. 내가 간행하여 널리 보급하고자 하노라."라고 하교하셨습니다. 소신은 감히 사양하지 못하고 삼가 그 대략을 아래에 적습니다.

무릇 사람이 태중에 있을 때 더러운 독기가 명문(命門)에 쌓였다가 화운(火運)이 봄·여름에 치성한 해를 만나면 몸과 기후가 서로 감응하여 두창이 생기는 법이니 혈기가 있는 모든 생물이란 그렇지 않은 경우가 없습니다. 어려서부터 노인이 될 때까지 반드시 한 번 생기므로 백세창이라 부르기도 합니다. 사람이면서 이 병을 겪지 않으면 기예도 닦지 못하고 시집도 보내지 못하며 이웃이나 친척들도 성인으로 인정하지 않습니다. 그러다가 혹 감염되면 그 부모는 오직 기도만 일삼으면서 약을 써서 구하려는 생각은 감히 엄두도 못 내고 길흉과 생사를 귀신에게 맡깁니다. 삼한시대 이래로 훌륭한 임금과 명철한 신하가 어찌 대대로 없었겠느냐마는 한번 말씀하셔서 이 오래된 폐단을 혁파한 분이 없었던 것은 어떤 까닭이겠습니까?

대개 세상의 일에는 풀리거나 막히는 때가 있는데 그 때 운이 형통하면 하늘이 사람의 손을 빌리고자 필시 성인이 나타나게 하여 바로잡게 하시는 법입니다. 지금 성상께서는 열성 중에 처음으로 마음을 결단하시고 백성을 구하리라 결의를 다지신 후 대궐에서부터 가장 먼저 총애하는 피붙이에게 시험하셨습니다. 신효한 처방이 일단 널리 퍼지자 만백성이 모두 감화되어 온 나라의 아이들이 요절을 면하고 장수의 영역으로 올라가게 되었으니 성인이 아니시라면 어찌 이처럼 할 수 있겠습니까? 선대의 의학자는 "많은 사람의 목숨을 살리면 반드시 보답이 있을 것이다."라고 말하였습니다. 하물며 온 나라와 팔도의 백성들이 이 약 때문에 회복되고 소생되었다면 이보다 더한 일이 있지 않겠습니까? 이 당시에 음덕을 쌓으셨으니 영원토록 나라의 복이 지속될 것입니다.

다만 이 책들은 거칠고 졸렬하여 참으로 옛사람들에게 부끄러운 점이 있었습니다. 그러나 소신이 부족한 재주로나마 성상의 명을 받들고 나서 정성을 다하여 고금의 의서를 섭렵하고 그 정수를 골라 엮음으로써 아이의 형색이 좋은지 나쁜지 변별하고 증상의 경중을 분별하도록 하였으니 책을 펼쳐 글과 아이를 서로 비교해보면 수면이나 거울처럼 환히 드러날 것입니다. 환자의 집에서 이 책 하나를 얻으면 아마도 급한 병을 구제할 때 분명히 작으나마 도움이 될 것입니다. 그중에 저미고(猪尾膏)와 용뇌고자(龍腦膏子)는 백발백중의 약이니 기사회생하게 만드는 효과가 그림자나 소리보다 빨라서 비록 목숨을 관장하는 귀신이라도 이보다 더 신묘하지는 못할 것입니다.

그러고 나서도 성상께선 오히려 이 책이 널리 퍼지지 못할까 근심하시면서 다시 소신에게 명하여 "처방과 약재를 한글로 풀어 그 오묘함을 낱낱이 드러나게 함으로써 집안 깊숙한 규방의 부녀자라도 모두 증상을 보고 처방을 찾을 수 있도록 하면 자연스레 처방의 효과가 더욱 잘 드러날 것이다."고 하셨습니다. 아이를 살리시고 백성을 아끼시는 성상의 마음이 시간이 지날수록 더욱 도타워지시니 상제(上帝)의 살리기 좋아하시는 덕행과 정확히 부합합니다. 그 깊은 은혜와 두터운 혜택이 만세에 드리워져 무궁무진할 것이 틀림없으리니 어찌 아름답지 않으며 어찌 성대하지 않겠습니까.

신축년1601 8월 모일에 어의 정헌대부 지중추부사 소신 허준이 머리를 조아리며 삼가 적습니다.

본문내용

상권에는 두창의 원인, 예방법, 증후(발열삼일(發熱三日)·출두삼일(出痘三日)·기창삼일(起脹三日)·관농삼일(貫膿三日)·수엽삼일(收靨三日)), 그에 대한 해독법, 경중역순(輕重逆順)의 증후를 변별하는 방법, 그리고 부가적인 증후(성음(聲音)·인후통(咽喉痛)·요복통(腰腹痛)·경축(驚搐)·구토(嘔吐)·설사(泄瀉))에 대해서 설명하였다.

하권에는 상권에 이어 두창 때 발생할 수 있는 여러 증상(담천(痰喘)·번갈(煩渴)·복창(腹脹)·반란(斑爛)·한전(寒戰)·변비(便秘)·도엽(倒靨)·호안(護眼)·멸반(滅瘢) 등)에 대한 치료법을 기술하고, 그 뒤에 음식(飮食)·금기(禁忌)·욕법(浴法)·양법(禳法)·두창잡증(痘瘡雜證)을 기록하였으며, 잉부두창(孕婦痘瘡)·반진(斑疹)을 부록으로 실었다.

이 책의 주요 인용서는 《의학입문醫學入門》·《고금의감古今醫鑑》·《만병회춘萬病回春》·《전씨소아직결錢氏小兒直訣》·《세의득효방世醫得效方》이다.

인물전기

허준(許浚). 전기는 〔060장〕에서 설명하였다.

고찰

앞의 발문을 통해 이 책이 만들어진 과정을 알 수 있다. 임원준(任元濬)의 《창진집瘡疹集》을 계승한 책이지만 내용은 전혀 다르다. 허준은 당시 전래된 명(明)의 최신 의서를 참고하고 자신의 체험을 섞어 저술하였다. 이 책은 조선의 두진학(痘疹學)을 중국의 경지까지 도달시켰고, 또 이후 두과(痘科) 의서의 기준이 되었다.

필자가 가지고 있는 《고사촬요》숙종 1년 간본의 필사본〈서책인지수書冊印紙數〉에 "《두창집요》. 종이 3권 14장, 안동.〔痘瘡集要, 紙三卷十四張, 安東〕"이라고 하였다. 그러므로 내의원 개간본(앞의 간기 참고) 이후에 안동의 지방판이 존재했을 것으로 보인다. 오구라(小倉) 씨 소장본은 이 내의원 개간본을 복각한 안동판(安東版)인 듯하다. 또 《교남책록嶠南冊錄》(영조·정조 대에 성대중(成大中)이 저술하였다)에 실려 있는 "《두창집요》. 안동, 백지 3속 16장, 판목이 닳음〔痘瘡集要, 安東, 白紙三束十六張, 刓〕"이라는 기록도 《고사촬요》와 같으나 이때 이미 책판이 닳아 있었음을 알 수 있다. 또 같은 《교남책록》에 "《두창집痘瘡集》. 상주, 백지 1속 5장〔痘瘡集, 尙州, 白紙一束五張〕"이라고 하였다. 생각건대 이것은 《두창집요》가 아니라 《두창경험방痘瘡經驗方》(〔078장〕 참고)을 가리키는 것이 아닐까 한다.

065. 언해태산집요 諺解胎産集要

1권

허준(許浚) 지음

[전존]

개요

선조 41년 무신1608 내의원에서 간행하였다. 경성대학 규장각 소장본을 기준으로 해제한다. 〈〔부도17〕 참조〉

형태서지

1권 1책. **| 판식版式 |** 목판본, 세로 36.5 × 가로 23.0㎝, 반곽 25.5 × 15.5㎝, 사주쌍변, 유계, 11행 20자. **| 지수紙數 |** 총 81매. 발문은 없음.

내용서지

권말의 간기(刊記)는 다음과 같다〈〔064장〕《언해두창집요》의 간기와 동일하다〉.[1]

◎ 《언해태산집요》 간기

> 萬曆三十六年正月　日，內醫院開刊。
> 監校官，通訓大夫 行內醫院直長 臣 李希憲。
> 通訓大夫 行內醫院奉事 臣 李佫。

1 이해를 돕기 위해 해당 내용의 위치를 원서와 다르게 조정하였다.

본문내용

◎ 《언해태산집요》 목차

求嗣, 孕胎, 胎脈, 驗胎, 辨男女法, 轉女爲男法, 惡阻, 禁忌, 將理, 通治, 安胎, 欲產候, 保產, 半產, 察色驗胎生死, 下死胎, 下胞衣

⊙ 產前諸證 : 子癎, 子煩, 子腫, 子淋, 子痢, 子瘧, 子嗽, 子懸, 感寒, 不語, 兒在腹中哭, 腹中鍾鳴

⊙ 產後諸證 : 兒枕痛, 血暈, 血崩, 衄血, 喘息, 咳逆, 不語, 發熱, 乳懸, 陰脫, 過月不產, 不乳汁

臨產預備藥物, 貼產圖法, 附初生小兒救急

이 책의 인용서적은 《의학입문醫學入門》·《의학정전醫學正傳》·《고금의감古今醫鑑》·《종행선방種杏仙方》·《소문素問》·《맥경脈經》·《부인대전양방婦人大全良方》·《본사방本事方》·《득효방得效方》 등이며, 이 가운데 주로 《의학입문》과 《의학정전》을 사용하였다.

고찰

《두창집요痘瘡集要》 발문〈〔064장〕 참고〉을 통해 임진왜란 종전 뒤인 선조 34년신축1601에 《언해구급방諺解救急方》과 《언해두창집요諺解痘瘡集要》가 찬출(撰出)되었을 때 이 책도 편찬되었다는 사실을 알 수 있다. 세종 16년갑인1434에 노중례(盧重禮)가 저술한 《태산요록胎產要錄》〈《태산집胎產集》〉을 근간으로 삼고 여기에 당시 명(明) 대 의서의 내용을 덧붙여 근본적으로 새로 저술한 책이다. 이후에 허준이 저술한 《동의보감》〈〔066장〕 참고〉 권10 부인문(婦人門)의 남본(藍本)이 되기도 하였다.

066. 동의보감 東醫寶鑑

25권

허준(許浚) 지음

[전존]

개요

조선에서 간행된 이 책의 간행본은 제2차 세계대전 이전까지 대략 4종이 있다.

판본

(1) 초간 활자본(初刊活字本)

〈경성대학 도서관 및 이왕가장서각(李王家藏書閣) 소장〉〈[부도18] 참조〉

형태서지

25권 25책. **|판식版式|** 활자본〈훈련도감자〉, 세로 36.5 × 가로 21.5㎝, 반곽 약 27 × 18.0㎝. 사주쌍변, 유계, 10행 21자, 주쌍행〈훈련도감자 소자를 사용〉.

내용서지

간기(刊記)는 다음과 같다.〈경성대학 도서관 소장본은 만력(萬曆) 42년(갑인1614) 2월 태백산사고에 내려진 내사본(內賜本)이다〉

◎《동의보감》초간본 간기

萬曆四十一年十一月 日, 內醫院奉教刊行。
監校官, 通訓大夫 行內醫院直長 臣 李希憲。
通訓大夫 行內醫院副奉事 臣 尹知微。

(2) 《누판고鏤板考》 소재 목판본 : 전주판(全州版)과 대구판(大邱版)

초간 활자본(1)의 지방 복각판에 해당한다. 뒤의 내용 참조.

(3) 순조 14년갑술1814 갑술 내의원교정 영영개간본(甲戌內醫院校正嶺營改刊本)

(4) 순조 14년갑술1814 갑술 내의원교정 완영중간본(甲戌內醫院校正完營重刊本)

간본(3)·(4)는 간기로 구별되나 체재가 서로 같기 때문에 개괄해서 판식을 설명하기로 한다. 현전본은 대개 이 두 판본이다. 간본(4)는 간본(3)에 근거하여 중간된 듯하다. (〔부도19〕·〔부도20〕 참조)

형태서지

25권 25책. **|판식版式|** 목판본, 세로 34×가로 22㎝, 반곽 25×18㎝, 10행 21자, 주쌍행. **|지수紙數|** 매 권 60여 매. 초간 활자본을 복각(覆刻)하여 개간(改刊)·중간(重刊)한 형태이다.

내용서지

◎ 《동의보감》 서문[1]

醫者雅言軒岐, 軒岐上窮天紀, 下極人理, 宜不屑乎記述, 而猶且說問著難, 垂法後世, 則醫之有書, 厥惟遠哉。上自倉越, 下逮劉張朱李, 百家繼起, 論說紛然, 剽竊緖餘, 爭立門戶, 書益多而術益晦, 其與靈樞本旨不相逕庭者, 鮮矣。世之庸醫, 不解窮理, 或倍經訓而好自用, 或泥故常而不知變, 眩於裁擇, 失其關鍵, 求以活人而殺人者, 多矣。

我宣宗大王, 以理身之法, 推濟衆之仁, 留心醫學, 軫念民瘼。嘗於丙申年間, 召太醫臣許浚敎曰, 近見中朝方書, 皆是抄集庸瑣, 不足觀爾, 宜裒聚諸方, 輯成一書。且人之疾病, 皆生於不善調攝, 修養爲先, 藥石次之, 諸方浩繁, 務擇其要。窮

1 원서에는 일부 내용만 있지만 역자가 보충하여 실었다.

村僻巷無醫藥，而夭折者多，我國鄕藥多產，而人不能知爾，宜分類並書鄕名，使民易知。浚退與儒醫鄭碏、太醫楊禮壽、金應鐸、李命源、鄭禮男等，設局撰集，略成肯綮，値丁酉之亂，諸醫星散，事遂寢。厥後，先王又敎許浚，獨爲撰成，仍出內藏方書五百卷，以資考據，撰未半而龍馭賓天，至聖上卽位之三年庚戌，浚始卒業而投進，目之曰東醫寶鑑，書凡二十五卷。

上覽而嘉之，下敎曰，陽平君許浚，曾在先祖，特承撰集醫方之命，積年覃思，至於竄謫流離之中，不廢其功，今乃編帙以進。仍念先王命撰之書，告成於寡昧嗣服之後，予不勝悲感。其賜浚太僕馬一匹，以酬其勞，速令內醫院設廳鋟梓，廣布中外。且命提調 臣 廷龜撰序文弁之卷首。

臣 竊念太和一散，六氣不調，癃殘扎瘥，迭爲民災，則爲之醫藥，以濟其夭死，是實帝王仁政之先務。然術非書則不載，書非擇則不精，採不博則理不明，傳不廣則惠不布。是書也，該括古今，折衷群言，採本窮源，挈綱提要，詳而不至於蔓，約而無所不包。始自內景外形，分爲雜病諸方，以至脈訣症論、藥性治法、攝養要義、鍼石諸規，靡不畢具，井井不紊，卽病者，雖千百其候，而補瀉緩急，泛應曲當，蓋不必遠稽古籍，近搜旁門，惟當按類尋方，層見疊出，對證投劑，如符左契，信醫家之寶鑑，濟世之良法也。

是皆先王指授之妙筭，而我聖上繼述之盛意，則其仁民愛物之德，利用厚生之道，前後一揆而中和位育之治，亶在於是。語曰，仁人之用心，其利博哉。豈不信然矣乎。

萬曆三十九年辛亥孟夏，崇祿大夫 行吏曹判書 兼弘文館大提學 藝文館大提學 知經筵春秋館成均館事 世子左賓客 臣 李廷龜，奉敎謹序。

의원들은 헌원(軒轅)과 기백(岐伯)을 자주 말합니다. 헌원과 기백은 위로는 하늘의 법도를 통달하고 아래로는 세상의 이치를 모두 깨달았으니 글로써 기술하는 것을 달갑게 여기지 않았을 것입니다. 그런데도 물음에 답하고 의문점을 기록하여 후세에 법을 드리웠으니 의가(醫家)에 책이 나온 지 오래될 수 있었습니다. 위로는 창공(倉公)·편작(扁鵲)으로부터 아래로는 유완소·장종정·주진형·이고에 이르기까지 많은 의가들이 연이어 나타날 때 분분하게 논설을 펴고 남겨진 실마리를 표절하면서 다투어 문호를 세웠으나 책이 많아질수록 의술은 더욱 조악해져 《영추靈樞》의 속뜻과 어긋나는 경우가 많았습니다. 세상의 용렬한 의사들은 이치를 제대로 연구하지 않기 때문에 어떤 사람은 경전의 뜻을 어겨 제멋대로 하고 어떤 사람은 관습에 빠져 융통성을 발휘하지 못합니다. 그 결과 판단을 명확하게 내리지 못하고 요점을 잃은 채 사람을 살리려고 하다가 죽이는 경우가 많습니다.

우리 선조대왕께서는 자신을 다스리는 법도를 백성을 구제하는 인자한 마음으로 확장시키신 분으로 의학에 마음을 두시고 백성의 병을 걱정하셨습니다. 병신년 1596에 태의(太醫) 신 허준을 불러 하교(下教)하시기를 "근래에 중국의 의서를 보니 모두 조잡한 것을 초록하고 모은 것이어서 별로 볼만한 것이 없으니 여러 의서을 모아 책을 편찬해야겠다. 그리고 사람의 질병은 모두 섭생을 잘 조절하지 못한 데서 생기는 것이니 양생이 우선이고 약이나 침은 그 다음이다. 여러 의서의 번다한 내용 중에 요점을 가리는 데 힘쓰라. 궁벽한 고을에는 치료할 의원과 약이 없어 요절하는 자가 많다. 우리나라에서는 향약재가 많이 산출되지만 사람들이 제대로 알지 못하고 있으니 종류별로 나누고 한글 이름을 함께 적어 백성들이 쉽게 알 수 있도록 하라."고 하셨습니다. 허준이 물러 나와 유의(儒醫) 정작(鄭碏) · 태의 양예수(楊禮壽) · 김응탁(金應鐸) · 이명원(李命源) · 정예남(鄭禮男)과 함께 관청을 설치하고 책을 편찬하여 대략 중요한 골격을 이루었는데 정유재란을 만나 각 의원들이 뿔뿔이 흩어지게 되어 편찬하던 일이 마침내 중단되었습니다. 그 후 선조대왕께서 다시 허준에게 하교하여 혼자라도 책을 편찬하게 하시면서 대궐에서 소장하고 있던 책 오백 권을 고증할 자료로 내어주셨는데 편찬 작업이 절반도 끝나기 전에 선조대왕께서 승하하셨습니다. 성상(聖上)께서 즉위한 지 3년이 된 경술년1610에 허준이 비로소 편찬을 마치고 진상하면서 《동의보감》이라고 이름을 붙였으니 모두 25권입니다.

성상께서 읽어보시고 가상히 여겨 하교하시기를 "양평군 허준은 일찍이 선조대왕 때에 의서를 지으라는 명을 특별히 받들어 여러 해를 고심하다가 귀양을 갔을 때도 그 일을 그만두지 않고 이제 책을 편찬하여 진상하였다. 선왕께서 편찬을 명한 책이 어리석은 내가 왕위를 이어받은 후에 완성되었다고 생각하니 나는 슬프고 감격스러운 마음을 이기지 못하겠다. 허준에게 태복마(太僕馬) 한 필을 하사하여 그 공로를 치하한 다음 서둘러 내의원에 관청을 설치하고 간행하게 하여 온 나라에 널리 반포하도록 하라."고 하셨습니다. 한편 제조(提調)인 소신 이정귀(李廷龜)에게 명하여 서문을 짓고 책머리에 싣게 하셨습니다.

소신이 생각건대 천지의 기운이 한 번 흩어져 날씨의 조화가 깨지면 사람들이 병들고 약해지면서 돌아가며 백성의 재앙이 되는 법이니 의원과 약을 제공하여 요절하는 백성을 구제하는 일은 실로 제왕이 어진 정치를 베풀 때 우선 해야 할 일입니다. 그러나 의술은 책이 아니면 그 내용을 기록할 수 없고, 책을 잘

선택하지 않으면 의술이 정밀해지지 못하며, 넓게 채록하지 않으면 이치가 명확해지지 않고, 널리 전파하지 않으면 은택이 확산되지 않습니다. 이 책은 고금의 의서를 포괄하고 여러 의학자의 말을 절충하면서 근원을 연구하고 큰 강령을 제시하고 있으니 상세하면서도 번잡하지 않고 요약하면서도 포함하지 않는 바가 없다고 할 만합니다. 내경과 외형으로부터 시작하여 잡병의 여러 방면으로 나누었으며 맥결(脈訣)·증론(症論)·약성(藥性)·치법(治法)·섭양요의(攝養要義)·침석(鍼石)의 여러 방법에 이르기까지 갖추지 않은 내용이 없으면서도 정연하여 혼란스럽지 않습니다. 또한 환자를 볼 때 증상이 천백 가지로 다양하더라도 보하고 사하고 천천히 하고 빨리하는 치료법을 넓게 응용하여서 빠짐없이 적용할 수 있으니 멀게는 옛 서적을 살피거나 가까이는 여러 조문을 찾을 필요 없이 여러 분류에 따라 처방을 찾아도 중첩해서 나타납니다. 어떤 증상에 대해 약을 쓸 때 부절(符節)처럼 딱 맞으니 참으로 의학자의 보감(寶鑑)이요 세상을 구제하는 훌륭한 방법입니다.

이 모든 것은 선왕께서 가르쳐 전수해 주신 오묘한 지혜와 우리 성상께서 이어받은 훌륭한 뜻 덕분입니다. 백성을 사랑하고 만물을 아끼는 덕행과 삶을 편리하고 윤택하게 하려는 이념이 예나 지금이나 한결같으시니 천지가 조화롭게 되고 만물이 화육(化育)되는 정치가 진실로 지금 일어나고 있습니다. 옛말에 "어진 사람이 마음을 쓰면 그 이로움이 넓도다."라고 하였으니 참으로 그 말이 맞지 않겠습니까.

만력 39년 신해년1611 초여름에 숭록대부 행 이조 판서 겸 홍문관 대제학 예문관 대제학 지경연춘추관성균관사 세자 좌빈객 이정귀는 하교를 받들어 삼가 서문을 짓습니다.

본문내용

◎ 《동의보감》 총목

⊙ 內景篇

卷一：身形, 精, 氣, 神

卷二：血, 夢, 聲音, 言語, 津液, 痰飮

卷三：五臟六腑, 肝, 心, 脾, 肺, 腎, 膽腑, 胃腑, 小腸腑, 大腸腑, 膀胱腑, 三焦腑, 胞, 蟲

卷四：小便，大便

⊙ 外形篇

卷一：頭，面，眼

卷二：耳，鼻，口舌，牙齒，咽喉，頸項，背

卷三：胸，乳，腹，臍，腰，脇，皮，肉，脈，筋，骨

卷四：手，足，毛髮，前陰，後陰

⊙ 雜病篇

卷一：天地運氣，審病，辨證，診脈，用藥，吐，汗，下

卷二：風，寒(上)

卷三：寒(下)，暑，濕，燥，火

卷四：內傷，虛勞

卷五：霍亂，嘔吐，咳嗽

卷六：積聚，浮腫，脹滿，消渴，黃疸

卷七：痎瘧，瘟疫，邪祟，癰疽(上)

卷八：癰疽(下)，諸瘡

卷九：諸傷，解毒，救急，怪疾，雜方

卷十：婦人

卷十一：小兒

⊙ 湯液篇

卷一：湯液序例，水部，土附，穀部，人部，禽部，獸部

卷二：魚部，蟲部，果部，菜部，草部(上)

卷三：草部(下)，木部，玉部，石部，金部

⊙ 鍼灸篇

卷一：鍼灸

주요 인용서는 《의학입문醫學入門》·《단계심법丹溪心法》·《내경內經》·《의학정전醫學正傳》·《만병회춘萬病回春》·《고금의감古今醫鑑》·《득효방得效方》·《성제총록聖濟總錄》·《동인경銅人經》·《직지방直指方》·《동원십서東垣十書》·《본초本草》〈《증류본초證類本草》〉이며, 간혹 조선의 의서를 실었다.

인물전기

허준(許浚). 전기는 〔060장〕에서 설명하였다.

이정귀(李廷龜, 1564－1635). 자는 성징(聖徵), 호는 월사(月沙), 본관은 연안(延安)이다. 선조 23년 경인1590 증광 문과에 급제하여 인조 대에 좌의정에 이르렀다. 문장을 잘 지어 중국인도 감탄하였다고 한다. 인조 13년 을해1635 72세의 나이로 세상을 떠났다. 저서로 시문(詩文)[2] 25권 등이 있다.

⊙ 서문 가운데 보이는 협력자들

정작(鄭碏, 1533－1603). 자는 군경(君敬), 호는 고옥(古玉), 본관은 온양(溫陽)이다. 북창(北窓) 정렴(鄭𥖝)의 동생이다. 중년에 부인과 사별한 뒤 다시 혼인하지 않고 홀로 30년을 지내면서 관상에 통달하여 신기한 행적을 많이 남겼다. 술 마시며 시 짓기를 즐겼고 초서(草書)와 예서(隸書)를 잘 썼다. 또 의서에 조예가 깊어 환자를 매우 잘 치료하였다. 《동의보감》 서문에서 그를 유의(儒醫)라고 하였는데 그에 걸맞은 사람인 듯하다. 선조 36년 계묘1603 7월에 71세의 나이로 세상을 떠났다.

양예수(楊禮壽, ?－1597). 전기는 〔059장〕에서 설명하였다.

김응탁(金應鐸, 생몰 미상)・이명원(李命源, 생몰 미상). 모두 태의(太醫)〈내의원 의관〉이다. 이들의 삶에 대해 알려진 사실이 많지 않다.

정예남(鄭禮男, 생몰 미상). 자는 선여(善餘), 본관은 기성(箕城)이다.[3] 선조 15년 임오1582 식년 의과에 급제하였다. 이때부터 광해군 때까지 내의(內醫)를 지냈고 통정대부에 이르렀으며 공신(功臣)에 책봉되었다.

설명 책의 구성

조선 초기 《향약집성방鄕藥集成方》은 한국 의서로서 으뜸이었지만 선조 대에 와서

2 시문집으로 그의 문인인 최유해(崔有海)가 간행한 《월사집月沙集》 77권 22책이 전한다.

3 현대 연구에 따르면 자는 자화(子和), 호는 서주(西疇), 본관은 온양(溫陽)이다.

는 시대와 너무 동떨어지게 되었다. 또 그 뒤로 금·원 의학을 융합하여 새로 정립된 명(明) 의학이 수입되면서 이전 시대의 의론과 치법은 더는 당시 상황에 적합하지 않게 되었다. 이렇게 조선에서는 새롭고 완비된 의서가 필요해졌고, 이에 《동의보감》이 출현하게 되었다. 당시는 임진왜란·정유재란이라는 두 차례의 전쟁 직후로, 집필에 참고하기 위해 제공되었던 의서가 산실(散失)되었음에도 불구하고 앞 시대 의학에 대한 해박한 지식을 토대로 새로 유입된 의서를 해석하였을 뿐만 아니라 전혀 새로운 의도 아래 완비된 내용을 만들어낼 수 있었던 것은 허준이 있었기에 가능한 일이었다. 허준은 실사구시(實事求是) 정신에 입각하여 억측을 물리치고 실용적인 방법을 채택하였으며 정확성을 기했다. 그 의도는 〈내경편〉 권1 첫머리에 실려 있는 〈집례集例〉에 드러나 있는데, 그가 도교 신봉자였기 때문인지 모르겠지만 의학에서 가장 중요한 의미는 정(精)·기(氣)·신(神)에 있다며 이를 중시하였다. 또 정·기·신을 시작으로 장부의 생리적 기능, 그리고 이와 직접적으로 관련된 병증을 모아 다른 의서에서 볼 수 없었던 〈내경편〉을 신설하고 이것을 강조하였다. 즉, 의학의 본의를 조섭과 수양에서 구하고, 약석(藥石)을 복용하는 치료법을 차선책으로 한다는 생각으로 책 전체를 기술하였다. 이어 〈외형편〉에는 몸의 표면에 있는 여러 기관에 대하여 병인·병증·치법을 실었고, 〈잡병편〉에서는 〈내경편〉과 〈외형편〉에 수록되지 못한 여러 가지 질환 및 치료법을 상세하게 설명하였다. 〈침구편〉에는 침구와 관련된 학설과 기법을 한데 모아 한 권에 담았고, 〈탕액편〉에는 향약뿐만 아니라 당시 사용되던 당약(唐藥)을 함께 수록하였다. 책 전체적으로 조리가 분명하고 자세하며 실용적으로 기술되어 당시 시대 상황과도 부합하였다. 이렇게 조선의 의학인 동의(東醫)가 크게 수립된 것이다 〈《조선학보朝鮮學報》 제16집 〈조선의 도교의학朝鮮の道教醫學〉 참조〉.

설명 책의 성립 및 간행 경위

(1) 초간 활자본

선조 29년 병신1596 선조는 태의(太醫) 허준에게 명하여 완비된 조선 의서를 만들도록 하였다. 허준은 유의 정작, 태의 양예수 등과 함께 편수국(編修局)을 설치하고 집필에 들어갔으나 정유재란이 발발하고 의원들이 흩어져 편찬은 중단될 수밖에 없었다. 그러나 전란 이후 선조는 다시 허준 한 사람에게 명하여 궁궐에 소장되어 있던 의서 500권을 내어 자료로 삼게 하고 편찬을 계속하도록 하였다. 이에 허준은 열심히 편찬에 매진했으나 이 일이 아직 중반에 이르지 않았을 때 선조가 승하하였다. 광해군 2년경술1610에 이르러 마침내 수년간 노력의 결과로 책을 완성할 수 있었다. 책의 이름을 《동의보감》이라고 붙이고 광해군 5년계축1613에 내의원에서 간행하여 도성과 각 지방에 널리 반포하였다(이상은 이정귀의 서문을 통해 알 수 있다). 그러나 이 책의 간행은 쉽게 진행되지 않았다. 그 사정은 《광해군일기》에 다음과 같이 적혀 있다.

◎ 《광해군일기》 광해 3년 11월 21일 기사

內醫院官員以提調意啓曰, 以東醫寶鑑分送下三道, 使之刊刻事, 曾已啓下, 移文各道, 日月已久。而卷秩甚多, 功役不貲, 故各處頉報及狀啓, 前後非一, 然猶申飭各道, 整備材料, 歲後卽爲分刊矣。因念此書與他冊有異, 小註分行, 字數細密, 刊刻甚難。藥名病方, 小有差誤, 則關係性命, 旣無本冊, 只以寫出一件飜刻, 更無憑准之路。今若付之外方, 則非但玩愒稽遲, 完畢無期, 抑恐舛錯訛謬, 終爲無用一本。臣等爲是之慮, 更爲商量, 則自本院, 別爲設局, 以活字印出, 醫官監校, 如頃日醫書印出時例, 則事必易就, 而又無訛誤之慮矣。第以該司物力爲難, 竊計一朔該用料布, 則米太竝十八石, 木二十餘疋, 不過一年之役, 通計不至大段, 而只令該司獨辦, 則亦恐不易。下三道業已措備材料, 量出應入木布, 各自輸送, 以助京局, 則彼此公私, 俱爲便益。臣等百爾思之, 此計最優。敢此仰稟。傳曰, 依啓。

내의원 관원이 제조의 뜻으로 아뢰었다. "《동의보감》을 하삼도(下三道, 충청도·전라도·경상도)에 나누어 보내서 간행하게 할 일을 이미 계하하여 각 도에 공문을 발송한 지 벌써 오래되었습니다. 그러나 책 수가 매우 많고 필요한 공력이 적지 않기 때문에 곳곳에서 철회해달라는 탈보(頉報)나 장계가 올라온 것이 요즈음 한둘이 아닙니다. 그런데도 각 도에 필요한 재료를 준비해서 해가 바뀌면 즉시 나누어 간행하게 하라고 하였습니다. 생각건대 이 책은 다른 책과 달리 두 줄로 소주(小註)를 써놓아서 글자가 작기 때문에 판각하기가 매우 어렵습니다. 약재명과 처방은 조금이라도 착오가 있으면 사람의 목숨이 왔다갔다 하지만 애초에 원본이 없고 필사본 한 부로 번각(飜刻)하고 있어 다시 내용을 확인할 방법이 없습니다. 이제 각 지방에 맡겨 두면 시일이 지연되어 일을 마칠 기약이 없을 뿐만 아니라 착오와 오류가 생겨서 결국 쓸모없는 책이 되어 버릴까 염려스럽습니다. 신들이 이것을 염려하여 다시 생각해보니 내의원에 별도로 인쇄국(印

> 刷局)을 설치하여 활자로 인출한 다음 예전에 의서를 인출해 낼 때처럼 의관이 감독하고 교열한다면 반드시 일의 성취가 빠르고 착오가 생길 염려도 없을 것입니다. 내의원의 예산으로 어렵기는 하나 한 달에 쓰이는 요포(料布, 수고비)를 곰곰이 계산해 보면 쌀과 콩이 모두 18섬이고 무명이 20여 필인데 그 공정이 1년 치 일에 지나지 않으므로 필요한 총 요포가 많지는 않습니다. 그러나 내의원으로 하여금 혼자 마련하게 한다면 그 또한 쉬운 일이 아닐 것입니다. 하삼도에서 앞서 재원을 마련해 놓았으니 이 일에 들어갈 무명을 헤아려서 각각 보내어 내의원의 인쇄국을 돕게 한다면 이쪽이나 저쪽이나 다 편리하고 이로울 것입니다. 신들이 백방으로 생각해보아도 이 계획이 가장 좋습니다. 감히 우러러 아뢰니다." 주상께서 말하였다. "아뢴 대로 하라."

처음에 하삼도(下三道)(강원도・전라도・경상도)[4]에서 간행하도록 명하였지만 두 줄로 소주(小註)를 써 놓아 글자 수가 많고 잘못이 생길 우려가 있어 내의원에서 삼도의 자원을 가지고 인쇄하였다. 이것이 훈련도감자로 인쇄한 초간 활자본이다.

(2) 《누판고》 소재 목판본

《누판고》에 다음과 같이 실려 있다.

◎ 《누판고》 권1 〈어정御定〉[5]

> 東醫寶鑑二十五卷。宣祖丙申, 太醫許浚等奉教撰。出內藏方書五百卷, 以資考据, 首內景, 次外形, 次雜病。諸方以至脈訣、証論、藥性、治法、攝養要義、鍼石諸規, 採摭繁富, 條理井然。其內景篇中形[6]氣神三類, 經鄭碏是正, 故尤精密可喜。近有燕肆刻本, 杜陽縣事凌魚序之。
>
> 湖南觀察營藏 刓, 印紙三十八牒十六張一片。
> 嶺南觀察營藏 刓, 印紙四十九牒十七張。

> 《동의보감》 25권. 선조 병신년1596에 태의 허준(許浚) 등이 명을 받아 찬집하였다. 궁궐 내에 소장되어 있던 서적 오백 권을 꺼내 검토할 자료로 삼았으며 가장 먼저 〈내경편〉을 두고 이어 〈외형편〉과 〈잡병편〉을 두었다. 여러 처방뿐만 아니

4 하삼도(下三道)는 보통 충청도・전라도・경상도를 가리킨다.

5 원서에는 일부 내용만 있지만 역자가 보충하여 실었다.

라 맥결·증론·약성·치법·양생법·침구법에 이르기까지 모은 내용이 풍부하고 조리가 정연하다. 〈내경편〉 중에 정(精)·기(氣)·신(神) 3가지 문(門)은 정작(鄭碏)의 교정을 거쳤기 때문에 더욱 정밀하고 볼만하다. 근래 중국 연경의 서점에서 출간한 판본도 있으니 두양현사(杜陽縣事) 능어(凌魚)가 서문을 썼다.

호남관찰영 소장판(판목이 닳음). 인지(印紙)는 38첩(牒) 16장(張) 1편(片).
영남관찰영 소장판(판목이 닳음). 인지는 49첩 17장.

이것으로 《누판고》가 편찬된 정조 대에 호남관찰영과 영남관찰영, 즉 전주와 대구에 오래되어 닳은 책판이 존재했음을 알 수 있다. 이들은 초간 활자본을 복각한 지방판일 것이다. 현전하는 유포본 가운데 판식은 대체로 같지만 부분적으로 차이가 있고 또 다양하게 보각(補刻)된 곳이 있으며 게다가 다음에 살펴볼 순조 대의 개간본·중간본과도 다른 판본이 간간이 보인다. 이들이 《누판고》에 실린 판본(그 이전 판본)이 아닌가 한다.[7]

(3)·(4) 순조 대 개간본(改刊本)과 중간본(重刊本)

《동의보감》 권말에 다음의 간기(刊記)가 있는 것이 이에 해당한다. 갑술은 순조 14년 갑술1814 이다.

◎ 《동의보감》 영영 개간본 간기

歲甲戌仲冬, 內醫院校正, 嶺營改刊。

◎ 《동의보감》 완영 중간본 간기

歲甲戌仲冬, 內醫院校正, 完營重刊。

위와 같이 《동의보감》은 순조 대에 대구와 전주에서 개간(改刊)·중간(重刊)되었다.

---

6 《누판고》에는 '形'으로 되어 있으나 문맥상 '精'인 듯하다.

7 초간본 이후 《동의보감》 간행 상황에 대해 보다 자세한 연구가 진행되었다(박훈평, 2015; 이정현 오준호, 2018).

설명 《동의보감》의 일본 판본 및 중국 판본

제5부〔028장〕과 제4부〔001장〕에서 설명한다.

설명 《동의보감》 간행 계통도

《동의보감》의 간행은 앞에서 서술한 대로인데, 그 내용이 우수하기 때문에 일본으로 건너가 관판(官版)으로 만들어졌고, 중국으로도 건너가 종종 간행되었다. 조선에서 간행된 판본과 국외에서 간행된 판본을 한눈에 이해할 수 있도록 다음과 같이 계통도를 만들어 싣는다.

◎ 《동의보감》 간행 계통도

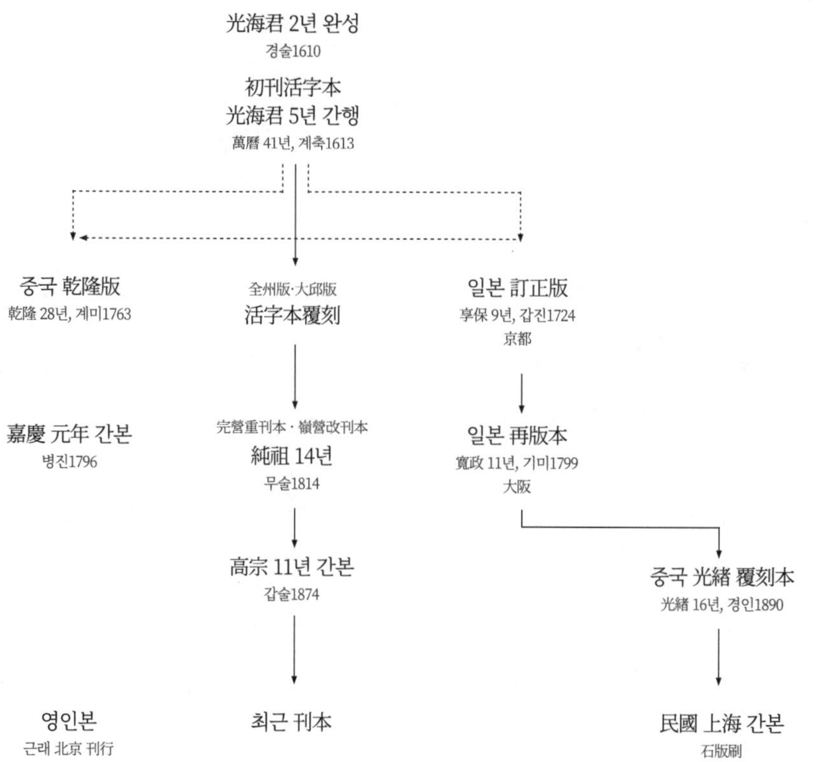

설명 《동의보감》이 조선 후기 의학에 미친 영향

이 책이 출현하고 나서 조선 의학은 통합되어 확립되었다. 이후로 《동의보감》 이전에 쓰인 의서는 사용되지 않았고 후대 의가들은 모두 이 책을 으뜸으로 존중하여 의론과 처방 거의 모두를 이 책에서 조술(祖述)하였다. 또 이 책을 원전(原典)으로 삼아 여러 의서가 편찬되었다. 이들에 대해 차례차례 설명하겠지만, 이들 가운데 중요한 책으로 정조 대에 편찬된 《제중신편濟衆新編》과 고종 대에 만들어진 《의종손익醫宗損益》을 들 수 있다. 양자는 당시 의학을 대표하는 의서이지만 이들도 단순히 《동의보감》을 발췌한 책에 지나지 않는다. 나머지는 미루어 알 수 있을 것이다.

067. 신찬벽온방 新纂辟瘟方

1권

허준(許浚) 지음

[전존]

개요

경성대학 도서관 소장본을 기준으로 해제한다.

형태서지

1권 1책. **|판식版式|** 활자본(훈련도감자), 세로 33 × 가로 21㎝, 반곽 24 × 17㎝, 10행 18자. **|지수紙數|** 총 20매. **|인기印記|** 권수(卷首)에 "宣賜之記"라는 큰 인장이 있다.

내용서지[1]

표지 안쪽 면에 다음과 같은 글이 들어 있다.

◎ 《신찬벽온방》 내사기

萬曆四十一年九月 日, 內賜新纂辟瘟方一件五臺山上, 左承旨 臣 李〔着名〕。

만력 41년1613 9월 일. 《신찬벽온방》 1부를 오대산에 내사하시다. 좌승지 신 이〔착명(着名)〕.[2]

1 이해를 돕기 위해 해당 내용의 위치를 원서와 다르게 조정하였다.

2 이덕형(李德泂, 1566－1645)이다.

권말에 다음과 같은 간기(刊記)가 있다. 〈〔부도21〕 참조〉

◎ 《신찬벽온방》 간기

萬曆十一年二月，內醫院奉教開刊。
監校官，通訓大夫 行內醫院直長 臣 李希憲。
通訓大夫 行內醫院直長 臣 尹知微。

만력 41년1613 2월 내의원에서 하교를 받들어 간행하다.
감교관. 통훈대부 행 내의원 직장 신 이희헌.
통훈대부 행 내의원 직장 신 윤지미.

◎ 《신찬벽온방》 서문[3]

萬曆壬子，關北疫癘，始自六鎭，傳熾于南，死者以千數，自秋徂冬，迄于癸丑春，八路無不然。上甚憂之，以爲天時不齊，沴氣爲灾，是固在予，予曷敢不力，分遣侍臣，賫香祝祭禱之，冠蓋絡屬，藥醫交道，又命有司吊死恤其家，凡祈禳之方，治療之法，靡不畢擧。

醫局舊有簡易辟瘟方，命印累百本，頒布各道，而尙慮其粗率，乃於筵中，上語及民灾，愍然不怡，大臣及該官，請令內局老醫，博採諸方，更諭中外。上遂命陽平君 臣 許浚，撰定以進，俾廣其傳。噫，天心仁愛，人君一念之誠，足以召和致祥，我聖上眷眷如傷之澤，至於此極。臣 知是書之布域中，疲病之民，欣欣咸有更生之望，壽域春臺之治，只在於一轉移之間，豈不韙哉。書成命 臣，略記其事于卷面。

時萬曆四十一年二月下澣，崇祿大夫 行 禮曹判書 兼 弘文館大提學 藝文館大提學 知春秋館成均館事 世子右賓客 同知經筵事 臣 李廷龜，奉教謹序。

만력 40년 임자1612에 관북 지방의 역려(疫癘)가 6진(六鎭)을 시작으로 점점 남쪽까지 퍼져 사망자가 수천에 이르렀고 가을부터 겨울을 거쳐 이듬해1613 봄에 이르러서는 팔도에 퍼지지 않은 곳이 없게 되었습니다. 성상께서는 매우 걱정하시며 하늘의 기운이 고르지 못하여 악한 기운이 재난을 초래하였다고 여기시고는 이 일은 진정 나에게 달려있으니 내 어찌 힘쓰지 않겠느냐고 하셨습니다. 그러고 나서 측근들을 각지에 파견하면서 향과 축문을 가지고 가서 제사를 지내게 하셨기 때문에 관리들이 연이어 가고 약재와 의원이 보내질 수 있었으며,

---

3 원서에는 일부 내용만 있지만 역자가 보충하여 실었다.

유사(有司)에게 명하여 사망자를 조문하고 그 집안을 구휼하게 하셨으니 기도하고 치료하는 모든 방법을 쓰지 않은 것이 없었습니다.

그리고 전부터 의국(醫局)에 있던 《간이벽온방》을 수백 권 찍어 각 도에 반포하라 명하시긴 했지만 한편으로 그 소략함을 걱정하셨습니다. 경연 도중 백성들이 당한 재앙을 언급하시면서 슬퍼하시자 대신과 관료들이 '내의원의 노련한 의원들에게 명하여 각종 의서를 널리 채록한 다음 다시 한번 도성 안팎에 보내소서'하고 주청하였습니다. 성상께서는 마침내 양평군 신 허준(許浚)에게 명하여 이 책을 편찬하여 올리고 널리 전하게 하셨습니다. 아! 항상 자애로운 하늘의 마음과 간절한 주상전하의 마음이 만나 조화롭고 상서로운 기운을 부를만하니 백성이 상할까 걱정하시는 우리 성상의 은택이 이렇게 지극한 경지에 이르렀도다. 소신은 이 책이 온 나라에 반포되면 병고를 겪는 백성들이 기뻐하면서 모두 다시 살아날 희망을 품을 것을 알고 있습니다. 무병장수하는 태평성대가 오직 성상께서 한 번 움직이는 데 달려있으니 어찌 훌륭하시지 않겠습니까. 책이 만들어지자 소신에게 그간의 사정을 책 앞에 간략히 기록하라고 명하셨기에 명을 받듭니다.

만력 41년계축, 1613 2월 하순. 숭록대부 행 예조 판서 겸 홍문관 대제학 예문관 대제학 지춘추관성균관사 세자 우빈객 동지경연사 소신 이정귀는 명을 받들어 삼가 서문을 씁니다.

본문내용

아래 표제에 따라 벽온방(辟瘟方)을 서술하였다. 기술된 내용은 정연하며, 자세하고 체계적으로 편집되어 있다.

◎ 《신찬벽온방》 목차[4]

火運之歲多疫癘, 運氣之變成疫, 四時失節亦爲疫, 疫雜鬼厲, 瘟疫各有所因, 瘟病有溫有熱, 瘟疫脉, 瘟疫形證

瘟疫治法(葛根解肌湯、調中湯、蒼朮白虎湯、甘桔湯、加味敗毒散、大柴胡湯、五積散、五苓散)

4 원서에는 일부 내용만 있지만 역자가 보충하여 실었다.

瘟疫表證宜汗(九味羌活湯、十神湯、聖散子、香蘇散、十味芎蘇散、柴胡升麻湯、淸熱解肌湯、單方三)

瘟疫半表裏證宜和解(小柴胡湯、竹葉石膏湯、淸熱解毒散、犀角地黃湯)

瘟疫裏證宜下(茵蔯丸、黑奴丸、九味淸心元、三黃石膏湯、單方十)

瘟疫發黃(茵蔯瀉黃湯、退黃散、瓜蔕散)

瘟疫通治(五瘟丹、如意丹、人中黃丸、神授太乙散)

大頭瘟(普濟消毒飮子、旣濟解毒湯、芩連消毒飮、牛蒡芩連湯、漏蘆散、二黃湯、殭黃丸、加味殭黃丸、二聖救苦丸、淸凉救苦散、嚏法、通氣散)

瘴疫(升麻蒼朮湯、三仙湯、太無神朮散、加味柴胡湯)

瘟疫禳法

瘟疫辟法(屠蘇飮、老君神明散、務成子螢火丸、太倉公辟瘟丹、李子建殺鬼元、神聖辟瘟丹、七物虎頭元、太乙流金散、單方十五)

不傳染法(雄黃丸、蒸衣法) ㊀

鍼法, 不治證, 禁忌

인용서는 《의학입문醫學入門》·《의학정전醫學正傳》·《만병회춘萬病回春》·《세의득효방世醫得效方》·《외과정의外科精義》·《단계심법丹溪心法》·《내경內經》·《증류본초證類本草》·《사문유취事文類聚》·《동의보감》 등이다.

인물전기

허준(許浚)·이정귀(李廷龜). 이들의 전기는 〔060장〕과 〔066장〕에서 각각 설명하였다.

㊀ 온역양법(瘟疫禳法)·온역벽법(瘟疫辟法)·불전염법(不傳染法) 3조문에는 벽온법(辟瘟法), 즉 귀려(鬼癘)를 물리치고 예방하는 데 관계된 여러 종류의 복약법과 부적·주문·기도 등을 기록하였다.

고찰

광해군 4년 임자1612 함경도 북쪽 국경지대에서 시작된 역려(疫癘)가 남쪽으로 퍼져 죽은 자가 많았고, 가을에서 겨울을 거쳐 이듬해 광해군 5년 계축1613 봄에 이르러 팔도에 유행하였다. 주상은 이를 걱정하여 시신(侍臣)을 보내 제사를 지내고 약과 의원이 끊이지 않게 하였다. 또 유사(有司)에게 명하여 죽은 자를 조문하고 그 집에서 기도법과 치료법을 시행하였다. 그리고 급한 상황이므로 먼저 옛날부터 의국에 있던 《간이벽온방簡易辟瘟方》 중종 20년, 을유1525 초간을 수백 부 인출하여 (광해군 5년(계축1613) 정월일까) 각 도에 반포하고, 혹시 이 책이 소략할까 염려하여 허준에게 명하여 《신찬벽온방》을 편찬하게 하고 그해 2월 하순에 내의원에서 개간하여 반포하였다.

본문의 기록을 통해 추정해 보면 이 책에 실려 있는 온역(溫疫)은 유행성감기(influenza)나 발진티푸스(typhus fever)의 일종으로 고열을 주 증상으로 하는 유행성 전염병이라고 생각한다 (《조선질병사》를 참고하라). 그리고 불치증(不治症) 조문에 장출혈(腸出血)도 보이기 때문에 장티푸스도 포함되었을 것이다. 이 책은 앞의 《간이벽온방》에 비해 정확하다. 또 허준이 지은 책이므로 더욱 감회가 깊다.

부록 《벽온방辟瘟方》 관련 서적 간행 계통 약도

조선에 있었던 역병(疫病), 즉 온역(溫疫)에 관련된 단행본은 병이 대유행할 때 인출·반포되는 경우가 일반적이다. 기준이 되는 책은 중앙 관서에서 의관을 시켜 편집·간행하게 하고 (이것은 활자본으로 만들어졌다), 널리 유포하기 위하여 이를 다시 병이 유행하는 각 도에서 복각하는 것이 (이것은 목판본으로 만들어졌다) 관례였다. 아래에 필자가 알고 있는 이들 간본(刊本)의 계통을 도표로 만들어 싣는다.

◎ 《벽온방》 관련 서적 간행 계통도

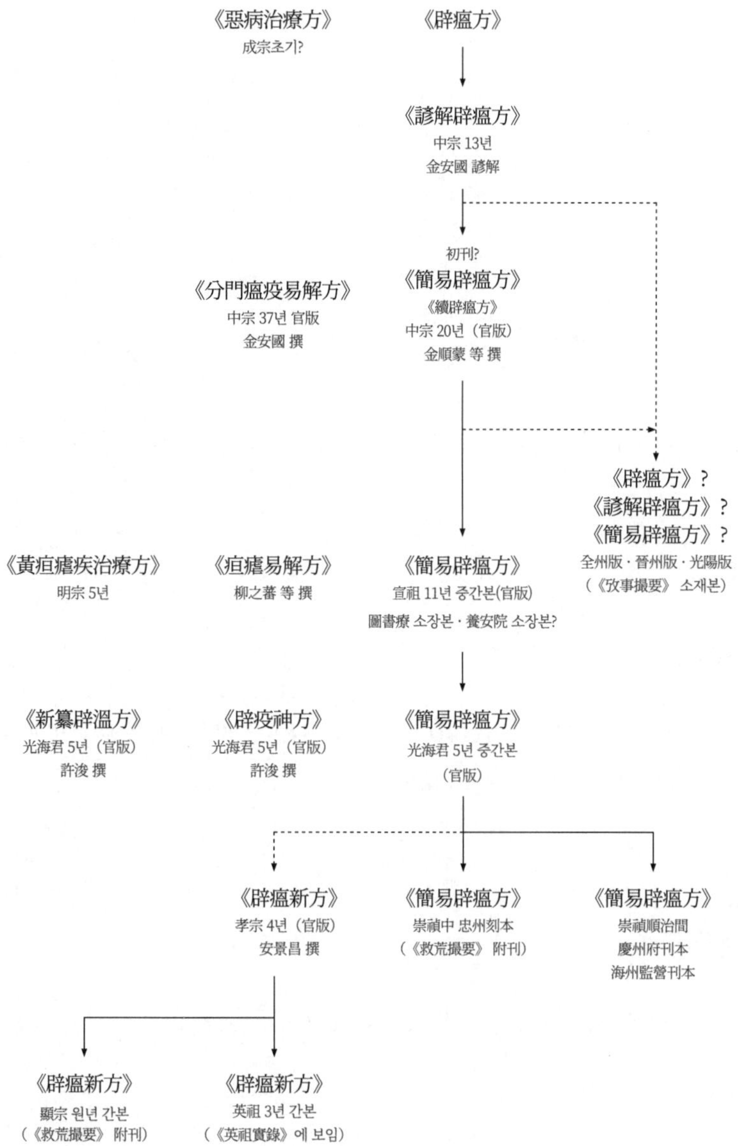

068. 벽역신방 辟疫神方

1권

허준(許浚) 지음

[전존]

개요

광해군 5년 계축1613 12월 내의원 간행. 경성대학 도서관 소장본 가운데 하나를 골라 해제한다.

형태서지

1권 1책. **|판식版式|** 활자본〈훈련도감자〉, 세로 34.0 × 가로 20.5㎝, 반곽 25 × 17㎝, 10행 19자. **|지수紙數|** 8매. 서문 없음.

내용서지

아래와 같은 내사기(內賜記)가 있다. 〈〔부도22〕 참고〉

◎ 《벽역신방》 내사기

萬曆四十二年四月 日, 內賜辟疫神方一件校書館上, 左承旨 臣 李〔着名〕。

> 만력(萬曆) 42년 갑인1614 4월 일. 《벽역신방》 1부를 교서관에 내사하시다. 좌승지 신 이〔착명(着名)〕.[1]

---

1 이덕형(李德泂, 1566-1645)이다.

본문내용

◎ 《벽역신방》 목차[2]

唐毒疫, 火運之歲多熱疾, 毒疫卽疹也, 毒疫專屬心火, 毒疫換形, 毒疫善暴死, 毒疫形證, 毒疫治法, 毒疫預防, 毒疫鍼法

藥方 : 十神湯、九味羌活湯、淸熱解毒散、大柴胡湯、涼膈散、調胃承氣湯、防風通聖散、荊防敗毒散、人參白虎湯、竹葉石膏湯、三豆飮、芎芷香蘇散、月經水、臘雪水、人糞汁 一名野人乾、猪糞汁、地龍汁、消梨、西瓜

한글 풀이는 없다. 이 가운데 2~3가지를 발췌해 둔다.

◎ 《벽역신방》 본문 예시[3]

〈唐毒疫〉 臣歷考古今方書, 無唐毒疫之病名, 又無治唐毒疫之方法, 盖罕世之酷疾也。今年自春徂夏, 疫癘盛行, 自夏以後, 毒疫並起, 人多死亡, 盖癸年屬火運故也。其爲病酷悍暴烈, 實異於尋常瘟疫, 閭閻苦之, 號爲唐毒疫, 盖病之惡者, 謂之唐, 如唐瘡、唐瘡之類, 是也。

〈毒疫, 卽疹也〉 熱毒之疾有三等。一曰痘, 其形最大, 起脹回漿, 貫膿作靨, 皆有次第。二曰癍, 有色痕而無頭粒, 如蚤咬之痕, 日久自消。三曰疹, 有頭粒, 或如粟米, 遍滿一身, 隨出隨沒, 或沒而又出, 或頭戴白漿, 潰而作瘡。……。

〈毒疫換形〉 凡人患毒疫之後, 頭髮盡脫, 皮膚之粟, 皆乾枯剝退, 如換軀殼, 皆熱毒之所化也。五行之中, 惟火變物, 盖天地間含靈之物, 經夏至大暑之節, 則莫不去舊生新, 變易形色, 如禽獸毨羽毛蟲蛇蛻殼之類, 是也。

〈毒疫形證〉 始患之證, 頭痛身疼, 惡寒壯熱, 頭面身體, 赤腫痒痛, 遍身痦癗, 精神昏憒, 煩躁譫語, 甚則發躁狂妄, 或咽喉腫痛閉塞。……。

〈당독역〉 소신이 고금의 의서를 두루 살펴보았으나 당독역(唐毒疫)이라는 병명은 없고 또 당독역을 치료하는 방법도 없으니 아마도 세상에서 보기 드문 모진 질병이기 때문인 듯합니다. 올해(광해군 5년 계축1613) 봄부터 여름까지 역병이

2 원서에는 일부 내용만 있지만 역자가 보충하여 실었다.

3 원서에는 일부 내용만 있지만 역자가 보충하여 실었다.

크게 유행하다가 여름 이후에는 독역(毒疫)이 함께 생겨 많은 사람이 목숨을 잃었으니 아마도 계년(癸年) 계축1613이 화운(火運)에 속하기 때문일 것입니다. 그 병이 혹독하고 맹렬하여 실로 평소 보던 온역(瘟疫)과 달랐으니 백성들이 괴로워하며 당독역이라고 불렀습니다. 대체로 지독한 병에 '당(唐)'을 붙이곤 하는데 당학(唐瘧)㊀이나 당창(唐瘡)㊁이 바로 그런 예입니다.

〈독역(毒疫)이란 바로 진(疹)을 이르는 것이다〉 열독으로 인한 병에는 3가지가 있다. 첫째는 '두(痘)'이다. 외형이 가장 크며 부풀어 오르면서 물집이 생기고 고름이 잡힌 다음 딱지가 앉는데 누구든지 이러한 증상이 순서대로 나타난다. 둘째는 '반(瘢)'이다. 색이 변한 자국이 생기지만 작게 돌출된 꼭지가 없어 마치 벼룩이 깨문 자국 같고 오래 지나면 저절로 없어진다. 셋째는 '진(疹)'이다. 작게 돌출된 꼭지가 있으며 어떤 것은 좁쌀만 하기도 하다. 온몸에 가득 퍼진 채 돋았다가 없어졌다 하고 간혹 없어졌다가 다시 돋기도 한다. 어떤 것은 꼭지 부분에 하얀 진물이 들어 있기도 하며 터지면 창(瘡)이 생긴다. …….

〈독역은 몸을 변형시킨다〉 사람이 독역을 앓은 뒤에는 머리털이 다 빠지고 피부에 생긴 좁쌀 같은 것이 허물을 벗듯이 모두 말라서 벗겨지니 이것은 모두 열독이 변화시킨 것이다. 오행 가운데 오직 화(火)만이 만물을 변화시킬 수 있다. 천지 사이에 영기(靈氣)를 품은 것은 하지를 지나 대서에 이르면 낡은 것을 버리고 새것이 돋아나 형색을 변형시키지 않는 것이 없으니, 예를 들어 들짐승이나 날짐승이 털이나 깃을 갈고 벌레나 뱀이 허물을 벗는 것이 바로 이러한 것이다.㊂

〈독역의 형증〉 처음 이 병을 앓을 때의 증상은 머리가 아프고 몸이 쑤시며 오한과 고열이 나고 머리와 얼굴과 몸이 붉게 부어올라 가렵고 아프며 온몸에 부스럼이 생겨 갈라지고 정신이 혼미해지면서 번조가 생기며 헛소리를 지껄인다. 심한 경우에는 조증이나 광증이 생기며 간혹 목구멍이 부어 아프고 꽉 막히기도 한다. …….

참고한 책은 《내경內經》·《상한론傷寒論》·《의학입문醫學入門》·《동의보감》 등이지만, 의론은 허준의 독창적인 것이다.

㊀ 수입된 악성 말라리아, 재귀열(再歸熱)일까?

㊁ 매독(梅毒)

㊂ 이곳에는 성홍열(猩紅熱)의 낙설(落屑) 증상으로 보이는 내용을 기술하였다.

고찰

광해군 4년 임자1612 함경도에서 역려가 발생하였고, 이듬해까지 유행하여 사그라지지 않았다. 더욱이 여름부터는 당독역까지 함께 발생하여 많은 사람이 죽었다. 이에 허준은 《신찬벽온방新纂辟瘟方》에 이어 《벽역신방》을 저술하였고 그해 12월 내의원에서 이 책을 간행하여 반포하였다.

이 당독역(唐毒疫)은 허준이 언급한 바와 같이 세상에 드문 혹독한 전염병으로서 고금의 의서에 기록되어 있지 않았고 따라서 치료법도 없었다. 이 증상은 처음에 머리가 아프며 몸이 쑤시고, 오한과 고열이 나며, 머리·얼굴·몸에 붉은 발진이 생기고, 의식이 혼미해져 헛소리하며, 목구멍이 붓고 아프며 꽉 막히기도 하였다. 또 독역(毒疫)이 형태를 바꾸어 피부의 낙설(落屑)을 초래하였다고 하였다. 그러므로 당독역이라는 질환은 성홍열(猩紅熱, Scarlatina)이 분명하다(《조선학보朝鮮學報》 제48집 〈허준의 전염병학許浚の傳染病學〉에서 필자가 설명하였다).

《지봉유설芝峯類說》〈인사부人事部〉 질병 부분에도 당독역에 대해 다음과 같이 기록되어 있다.

◎ 《지봉유설》 당독역 관련 기록[2]

格致叢書曰, 痘瘡始於漢光武時, 馬援南征, 染得虜疫。又本國醫方曰, 天疱瘡, 正德年後, 始自中朝傳染而來, 中朝亦舊無此疾, 出自西域云。然則病之出於後世者, 亦多矣。近自癸丑甲寅年間, 有一種時熱, 証甚酷暴, 死亡甚衆, 人謂唐毒疫, 乃前所未有之証也, 醫者以爲獄瘟。

《격치총서格致叢書》에 "두창(痘瘡)이란 말은 후한(後漢) 광무(光武) 때부터 시작되었으니 마원(馬援)이 남쪽으로 정벌을 나갔다가 오랑캐의 역병에 전염된 것이다."라고 하였다. 또 우리나라 의서에 "천포창(天疱瘡)은 정덕(正德) 연간 이후에 처음 중국에서 전염되어 온 것으로 중국에도 애당초 이 병이 있었던 것이 아니라 서역(西域)으로부터 전염되었다고 한다."라고 하였다. 그렇다면 후세에 새로 나타난 병도 많을 것이다. 근래에 계축·갑인년 정도부터 어떤 열병(熱病)이 유행하였는데 그 증세가 매우 혹독하여 사망한 자가 매우 많았다. 사람

---

2 원서에는 일부 내용만 있지만 역자가 보충하여 실었다.

들은 이것을 당독역(唐毒疫)이라 부르니 이전에 없었던 병이다. 의원들은 이것을 옥온(獄瘟)이라고 한다.

◎《마과회통麻科會通》 당독역 관련 기록[3]

許浚曰, 疹, 東俗謂之紅疫, 亦稱毒疫。其爲病酷悍暴烈, 實異於尋常瘟疫, 閭閻苦之, 號爲唐毒疫。蓋病之惡者, 謂之唐, 如唐瘧唐瘡之類是也。 案, 陽平以正疹爲唐毒疫, 而今俗以斑疹爲唐毒疫。 ○疹有頭粒, 或如粟米, 遍滿一身, 隨出隨沒, 或沒而又出, 或頭戴白漿, 潰而作瘡。 案, 白漿者, 非正疹。

허준이 말하였다. 진(疹)은 우리나라에서 홍역(紅疫)이라고 하거나 독역(毒疫)이라고 불렀다. 그 병이 혹독하고 맹렬하여 실로 평소 보던 온역(瘟疫)과 달랐으니 백성들이 괴로워하면서 당독역(唐毒疫)이라고 불렀다. 아마도 병 가운데 지독한 것에 '당(唐)'을 붙인 것 같으니 당학(唐瘧)이나 당창(唐瘡) 같은 경우가 그런 예이다. 고찰. 양평군 허준은 정진(正疹)을 당독역이라고 하였으나 지금 사람들은 반진(斑疹)을 당독역이라고 여긴다. ○진(疹)은 꼭지가 있으며 간혹 좁쌀 만하기도 하다. 온몸에 가득 퍼지며 돋았다가 없어졌다 하고 간혹 없어졌다가 다시 돋기도 한다. 간혹 꼭지 부분에 하얀 진물이 들어 있기도 하니 그것이 터져 창(瘡)이 된다. 고찰. 하얀 진물이 있는 것은 정진(正疹)이 아니다.

설명 조선 의서의 간기(刊記) 및 감교관(監校官)

위에서 열거한 허준 저작은 《언해두창집요》, 《언해태산집요》, 《찬도방론맥결집성》, 《신찬벽온방》, 《동의보감》, 《벽역신방》으로, 각각 만력(萬曆) 36년 정월부터 만력 41년 12월 사이에 내의원에서 개간(開刊)되었고, 감교관(監校官)으로 이희헌(李希憲)·이격(李格)·윤지미(尹知微)의 이름이 실려 있다. 또 만력 43년 2월 내의원에서 간행된 《소문素問》에도 같은 모양의 간기(刊記)가 붙어 있다. 〈〔부도51〕 참고〉 이 책들은 모두 전란 후에 간행되어 훈련도감자로 인출되었다. 이처럼 간기가 있는 조선 간본은 비교적 적기 때문에 여기에 적어 자료로 제공하기로 한다. 이어

3 원서에는 존재하지 않지만 역자가 추가하였다.

감교관을 맡았던 의관들의 전기를 간략히 싣는다.

이희헌(李希憲, 1569－1651). 무자년에 태어났다. 본관은 완산(完山)이다.[4] 선조 33년경자1600 의과(醫科)에 급제하였다(시험은 이듬해 신축년으로 연기되었다). 통훈대부, 내의원 직장, 사옹원 주부를 지냈고, 광해군 때 수의(首醫)에 이르렀다.

이격(李佫, 생몰 미상). 본관은 성주(星州)이다. 선조 21년무자1588 의과에 급제하였다. 내의원 봉사, 사도시 주부를 역임하였으며, 숭정대부에 이르렀다.

윤지미(尹知微, 생몰 미상). 본관은 파평(坡平)이다. 선조 39년병오1606 의과에 급제하였다. 광해군 4년임자1612에서 광해군 5년까지 통훈대부로 내의원 직장의 관직에 있었고, 그 후 내의원 정에 이르렀다. 인조 2년갑자1624 부경사(赴京使)를 수행하여 명(明)의 문인 왕응린(王應遴)과 의약에 관해 문답을 나누었다(제4부 〔005장〕《답조선의문答朝鮮醫問》 참고).

4 《의과방목醫科榜目》에 따르면, 생년은 선조 2년(기사1569), 자(字)는 가정(可正), 본관은 우계(羽溪), 거주지는 한성이다.

069. 이양편 二養編

상 · 하 2편 9권

병은(病隱) 조탁(趙倬)[1] 지음

[전존]

개요

광해군 9년 정사1617의 저작이다. 간기(刊記)는 없으나 저술되고 나서 뒤이어 간행된 듯하다.[2] 이왕가장서각(李王家藏書閣) 소장본을 기준으로 해제한다.

형태서지

상 · 하 2편 9권 ⟨ 상편 6권, 하편 3권. 의학과 관련된 내용은 하편 3권에 있다 ⟩ **| 판식版式 |** 목판본, 세로 33.0 × 가로 21.5㎝, 반곽 24.0 × 18.5㎝. 10행 22자.

내용서지

◎《이양편》 상편(上篇) 서문[3]

余弱冠遭內艱，夙嬰疾病，常以不能怡養身體、收斂心神爲憂，病中嘗讀心經，至伊川先生所謂吾以忘生徇欲爲深恥， 便自惕然有感于心， 仍竊惟念此忘生徇欲四

---

1 책의 저자가 조탁으로 밝혀졌기에 추가하였다.

2 책은 광해군 12년(경신1620) 그의 아들 조명욱(曺明勗)이 간행하였다(이진수, 1994).

3 원서에는 내용이 생략되어 있지만 역자가 추가하였다.

字，足以爲養心養生之藥石也。夫欲者，耳目口鼻四肢之欲也，雖人所不能無，而多而不節，則不至於喪其心而滅其性者，鮮矣。嘗聞禮記曰，人者天地之心也，程子曰，人心卽天地之心也，然則吾之心，卽天地之心也。人而受天地之心爲吾心，則可不思所以操存涵養之方乎。孔子曰，身體髮膚，受之父母，曾子曰，身也者，父母之遺體，然則吾之身，卽父母之身也。子而受父母之身爲吾身，則可不思所以保護攝養之道乎。噫，心苟不能養，則失天地賦予之良性，生苟不能養，則傷父母生育之遺體，是天地父母之罪人也，可不懼哉，可不愼哉。欲盡爲人爲子之道，則養心養生工夫，所當兩進而不可缺一。

於是用一冊子，特書忘生徇欲一條，仍抄錄心經中切要之言，旣畢，又讀小學、近思錄、自警編，隨見抄錄，亦如心經，名以自省編，常目在之，而失於壬辰兵燹，心常恨焉。戊申出守臨瀛，民社之暇，取昔年所讀諸書及經傳文集，而尋繹採摭嘉言善行可合師範者，隨手箚記，而於心性之論，尤致意焉。比前所編，頗以詳備，而不有篇次，無以爲繞紀，故謹取小學篇目及大學條目，而名其篇曰立敎、明倫，曰格致、誠正、修齊、治平，是也。此非敢擬古書，只欲略倣古人進學先後之序耳。凡此六編，卽上篇也，屬養心。又有恥忘、恥徇、無恥三編，卽下篇也，屬養生，合而名之曰二養編。

或謂欲法古訓，則古訓千萬，不爲不多，又何必別輯新書乎。曰，相古先賢，如眞西山之錄心經，趙善璙之抄自警，皆集古語，爲自家要覽，況余鹵莽滅裂，旣不及古人，又積年沈痼，精神昏憒，雖好讀書，而載籍極博，未能遍閱，雖閱之而掩卷茫然，未能記誦，涉獵徒繁，難以領要，此余之所甚病而二養之所由述也。

編旣成矣，使善書者，精寫一件，明窓棐几，焚香整襟，肅然開卷，潛以讀之，讀至嘉言，卽必敬思其義，讀至善行，則必欽慕其德，及身而省，隨事而察，感發遷善，戒懼懲窒，使吾心身，有所交養，朝焉夕焉而如是，今日明日而如是。二部編簡，披歷甚約，而聖賢言行，瞭然在目，一室岑寂，離索已久，而明師良友，宛然在座，然則今此書特出於備遺忘而便省覽，雖不足有助於後生爲學之萬一，而其於老病人心與生之所養，庶有補焉。噫，心與生之養，莫非在我，合而言之，則養心卽養生，雖謂之一養，可也，分而言之，則涵養攝養，立言各異，不得不謂之二養也，若兼內外貫精粗，捴言二養之要，則其惟敬之一字乎。故先儒有言曰，心者一身之主宰也，敬者一心之主宰也，余於是亦云。

萬曆丁巳，夏山病隱，書于二養堂。

내가 스무 살 되었을 무렵 어머니께서 돌아가셨고 일찍부터 병을 달고 살았기 때문에 몸을 건강하게 가꾸지 못하거나 마음을 다잡지 못하는 것이 늘 걱정이었다. 예전에 와병 중에 《심경心經》을 읽다가 이천(伊川) 선생께서 "나는 생명을 잊고 욕심을 따르는 것을 매우 부끄럽게 여긴다."라고 하신 부분에서 문득 숙연해지면서 마음에 감동을 받았다. 그러고 나서 "생명을 잊고 욕심을 따르는 것〔忘生徇欲〕"이라는 4글자를 가만히 생각해보니 마음을 기르고 생명을 기르는 치료약으로 삼기 충분하였다. 무릇 욕심이란 것은 이목구비나 팔다리에서 하고 싶어하는 것이다. 사람이라면 욕심이 없을 수는 없지만 욕심이 많아지는데도 절제하지 않으면 마음을 잃고 본성을 훼손시키지 않는 경우가 거의 없을 것이다. 예전에 듣기를 《예기禮記》에서는 "사람은 곧 천지의 마음이다."라고 하였고, 정자(程子)께서는 "사람의 마음이 곧 천지의 마음이다."라고 하셨다. 그러므로 나의 마음은 곧 천지의 마음이라고 할 수 있다. 사람으로서 천지의 마음을 이어받아 자신의 마음으로 삼았다면 마음을 다잡고 함양하는 방법을 생각하지 않아서야 되겠는가. 또한 공자께서는 "몸과 터럭과 피부는 부모에게 받은 것이다."라고 하셨고, 증자(曾子)께서는 "몸이란 것은 부모가 남겨준 형체이다."라고 하셨다. 그러므로 나의 몸은 곧 부모의 몸이라고 할 수 있다. 자식으로서 부모의 몸을 이어받아 자신의 몸으로 삼았다면 몸을 보호하고 기르는 방법을 생각하지 않아서야 되겠는가. 아, 마음을 기르지 않는다면 천지가 나에게 준 훌륭한 본성을 잃게 될 것이고, 생명을 기르지 않는다면 부모가 낳고 길러준 몸을 훼손할 것이다. 이는 천지와 부모에게 죄인이 되는 일이니 두려워하지 않을 수 있겠는가. 또 삼가지 않을 수 있겠는가. 사람 된 도리와 자식 된 도리를 다하고자 한다면 마음을 기르고 생명을 기르려는 노력을 당연히 병행해야 하며 하나라도 빠뜨리지 말아야 한다.

이에 책자 하나에 "생명을 잊고 욕심을 따르는 것〔忘生徇欲〕" 한 구절을 잘 보이도록 써놓은 후 《심경》 속에서 요긴하고 중요한 말을 베껴 적었다. 《심경》을 끝마치고 나서 《소학》·《근사록》·《자경편》을 읽고 《심경》을 베낄 때처럼 눈길이 가는 구절을 베껴 적은 후 《자성편自省編》이라고 이름을 지었다. 항상 이 책을 눈앞에 두고 읽었으나 임진란 때 잃어버려 늘 안타까운 마음이 있었다. 무신년1608에 임영(臨瀛)[日]의 부사(府使)로 나갔을 때 업무를 보고 남은 시간 동안 예전에 읽었던 여러 책과 경전과 문집을 구하여 본보기가 될만한 훌륭한 말과 좋은 행적을 찾으면서 그때그때 기록해 두었는데 심성(心性)에 대한 이론에 특히 관심을 기울였다. 이전에 엮은 책자보다 내용이 훨씬 자세하게 갖추어지긴 했지만 일정한 편차가 없으니 목차를 잡을 수 없었다. 그리하여 《소학》의 편명과 《대학》의 조목을 조심스럽게 가져와 각 편의 명칭으로 정했으니 《소학》의 입교(立敎)·명륜(明倫)과, 《대학》의 격치(格致)·성정(誠正)·수제(修齊)·치평(治平)이 그것이다. 이는 함부로 경전을 흉내 낸 것이 아니라 단지 옛사람이 학문을 닦던 순서를 큰 틀에서 따르고자 한 것일 뿐이다. 이 여섯 편이 상편(上篇)이며 마음을 길러야 한다는 양심(養心)에 해당한다. 또 치망(恥忘)·치순(恥徇)·무치(無恥)의 세 편이 하편(下篇)이며 생명을 길러야 한다는 양생(養生)에 해당한다. 그리고 상·하편을 합하여 《이양편》이라고 이름 지었다.

어떤 사람이 "옛 교훈을 본받고자 했던 것이라면 옛 교훈이 이미 천만 가지로 매우 많은데 왜 하필 새로운 책을 따로 만드십니까"라고 하였다. 나는 이렇게 대답하였다. "옛 선현 중에 진서산(眞西山)은 《심경》을 쓰고 조선료(趙善璙)는 《자경편》을 적었으니 이들 모두 옛 구절을 모아 자신의 요람(要覽)으로 만든 것입니다. 그런데 나는 학문이 거칠고 엉성하여 옛사람에 미치지 못하는 데다가 여러 해 동안 고질병을 앓아 정신이 온전치 못합니다. 책 읽기를 좋아하더라도 책이 매우 많아 모두 읽을 수 없을 테고 설사 책을 모두 본다 하더라도 책을 덮으면 멍하여 외우지 못할 테니 책을 섭렵해도 분량만 많아질 뿐 핵심을 파악하기 어려울 것입니다. 이것이 내가 매우 안타까워하는 부분이자 《이양편》을 지은 이유입니다."

책이 완성되자 글씨를 잘 쓰는 사람에게 한 질을 깔끔하게 쓰도록 한 후 밝은 창 곁에 있는 책상 위에 향을 사르면서 옷을 정돈하고 숙연하게 책을 펼친 다음 푹 빠져서 읽었다. 책을 읽다가 훌륭한 말이 나오면 반드시 그 의미를 우러러 생각하고, 선한 행실이 나오면 반드시 그 덕행을 흠모했다. 나 자신을 되돌아보고 있었던 일을 성찰해 보았더니 감동이 일면서 선행을 하게 되고 두려움이 생기면서 잘못을 조심하게 되었기 때문에 나의 마음과 몸이 함께 길러지는 효과가 있었다. 아침에도 저녁에도 이렇게 살고, 오늘도 내일도 이렇게 살 것이다. 《이양편》의 두 편은 책을 들춰볼 때마다 매우 요약되어 있어 성현의 언행이 또렷하게 눈에 들어오기 때문에 온 방 안이 고요하도록 홀로 책을 읽은 지 오래되었건만 마치 현명한 스승이자 좋은 벗이 생생하게 자리에 있는 듯하다. 지금 이 책은 망각을 대비하면서 읽기 편하다는 점에서 특출나기 때문에 후인들이 공부할 때 도움을 주기에는 부족할지 모르겠지만 늙고 병든 나 같은 사람이 마음과 생명을 기르기에는 아마 도움이 될 것이다. 아, 마음과 생명의 수양은 오로지 나에게 달려있는 법이다. 마음과 생명을 연결하여 말한 이유는 마음을 수양하는 것이 곧 생명을 기르는 것이니 마음 한 가지만 수양한다고 하더라도 괜찮기 때문이고, 마음과 생명을 나누어 말한 이유는 마음의 수양과 생명의 섭양에 대해 말을 펼치는 논리가 각각 달라서 두 가지로 말하지 않을 수 없었기 때문이다. 글자의 의미와 깊은 뜻을 아우르고 자세함과 간략함을 통틀어서 이양(二養)의 요점을 말한다면 오직 경(敬)이라는 한 글자가 아니겠는가. 그러므로 선대의 유학자께서 '마음은 온몸을 주재하고, 경(敬)은 온 마음을 주재한다.'고 말씀하셨고 나도 이렇게 말하는 것이다.

만력 정사년1617. 하산(夏山)의 병든 은자(隱者)가 이양당(二養堂)에서 쓰다.

◎ 《이양편》 하편(下篇) 발문(跋文)[4]

二養之說，上篇序文盡之，第觀世之人，或有天地萬物之理，事事要知，而自家一箇身，臟腑筋骨血脉之所屬，却不要知，則又何知吾之生也，與天地同其理氣乎。戕一軀命於衆欲之中，而以養生爲念者，鮮矣，或有稍解養生之方者，問其法則曰藥餌，細務曰吐納，餘論皆區區糟粕，終歸無實，故世人以養生爲虛誕說話，殊不知養生之論，本自聖賢學問中來，甚可嘆也。謹按，周易云，自求口實，而朱子釋之以養生之術，魯論記不撤薑食，而先儒明之以養生之周，此可見古聖賢亦皆養生，而其所以養者，只順理窒慾而已。噫，伊川先生忘生徇欲四字之戒，亦純是天理，信乎得聖學之心法也。

余於少時病中，欽此遺訓，爲二養大法，服膺眷眷者，四十年有餘矣，到今責於已曰，先生受氣雖薄，而三十而盛，四十五十而完，七十二而筋骨無損，余則旣不能養吾心，又不能養吾氣，三十而未盛，四十五十而未完，今生六十七，其不及七十二者，猶且五年，而齒落肉消，病日益甚，不啻筋骨之有損，則向來服膺遺訓者，不幾於學步學山之歸歟。又從而思之，余之受氣脆薄，甚於凡人，加以早嬰疾患，幾死僅穌而幸扶持，至今迫近稀年，實非宿料所及，則四十年四字工夫，亦不可謂無小補，故今以恥忘恥徇無恥，名此三篇，志恥也夫，恥忘一篇，摭醫書內景外形之論，分類撮要，反覆參考然後，所謂臟腑筋骨血脉之所屬，粗識其梗槩，若恥徇無恥二篇，則所錄以聖賢經傳先儒文集爲主，此不可與醫家道家雜書而等看之也。

萬曆戊午，病隱跋。

마음과 생명 두 가지를 기른다는 이양(二養)에 대한 설명은 상편의 서문에서 모두 말했다. 다만 세상 사람들을 살펴보면 간혹 천지 만물의 이치는 낱낱이

---

3 임영(臨瀛) : 강원도 강릉(江陵)의 옛 지명이다.

4 원서에는 일부 내용만 있지만 역자가 보충하여 실었다.

알려고 하면서 자기의 몸인 장부·근골·혈맥 같은 기관에 관해서는 도리어 알려고 하지 않는 경우가 있다. 그러니 자신이 세상에 태어나서 천지와 같은 이치로 살아야 한다는 것을 어떻게 알겠는가. 한 몸뚱이의 목숨을 많은 욕심으로 훼손하면서 생명 기르는 방법을 고민하는 사람은 거의 없을 것이다. 그래도 간혹 생명 기르는 방법을 조금이나마 이해하는 사람이 있어 그 방법을 물으면 약과 음식이라고 하고 자세한 규칙을 물으면 호흡이라고 하는 경우가 있지만 나머지 이야기는 모두 보잘것없거나 정밀하지 못하여 결국 실체가 없음을 알게 된다. 그러므로 세상 사람들이 생명 기르는 방법을 허풍으로 생각하면서 생명 기르는 방법이 본래에는 성현의 학문 속에서 왔다는 사실을 전혀 알지 못하고 있으니 참으로 한탄할 일이다. 삼가 살피건대 《주역周易》에 나오는 "스스로 입에 채울 것을 구한다〔自求口實〕"는 말에 대하여 주자(朱子)는 생명을 기르는 기술로 해석하였고, 《노논어魯論語》에는 "생강 먹는 것을 멈추지 않는다〔不撤薑食〕"고 기록되어 있으니 선대의 유학자께서 생명 기르는 방법의 범위를 밝혀 놓으셨다. 이로써 옛 성현들도 모두 생명을 기르셨고 기르는 방법이 그저 이치에 순응하고 욕심을 막는 것뿐이었다는 점을 알 수 있다. 아, 이천(伊川) 선생께서 "생명을 잊고 욕심을 따르는 것〔忘生徇欲〕" 4글자[5]로 경계하신 것도 이와 같은 하늘의 이치를 순전하게 표현한 것이니 참으로 성현의 학문에 나타난 심법(心法)을 깨달았다고 하겠다.

내가 젊어서 아플 적에 이 가르침을 흠모하여 이양(二養)의 강령으로 삼고 가슴에 소중히 품은 지 40년이 넘었거니와 지금도 자신에게 '이천 선생께서는 타고난 기운이 비록 약했으나 30세에 왕성하게 수양하여 40~50세에 수양을 완성한 덕에 72세에도 근골이 무너지지 않았지'하면서 채찍질하고 있다. 나는 이미 내 마음도 제대로 수양하지 못한데다가 내 기운도 잘 수양하지 못했으니 30세에도 왕성하게 수양하지 못했고 40~50세에도 수양을 완성하지 못했다. 지금 67년을 살았으니 이천 선생의 72세에 미치려면 아직 5년이나 남았건만 이가 빠지고 살이 마르면서 아픈 날이 더욱 많아질 뿐만 아니라 근골까지 무너지고 있으니 앞으로 가슴속에 간직해 온 가르침을 얼마나 배우고 실천할 수 있겠는가. 그런데 계속 생각해보니 나의 타고난 기운이 보통 사람들보다 매우 약한 데다가 어렸을 때 병 때문에 거의 죽다가 겨우 살아난 후 간신히 목숨을 부지하고 있지만 지금은 70세가 다 되어 가니 아무리 생각해도 가능한 일이 아니다. 40년 동안 이천 선생의 4글자를 공부한 시간이 작은 보탬도 안되었다고는 말할 수 없을 것이다. 그러므로 지금 치망(恥忘)·치순(恥徇)·무치(無恥)를 3개의 편명으로 한 것은 부끄러운 마음 때문이다. 치망 한 편은 의서에 나오는 내경(內景)과 외형(外形)의 이론을 모아서 분류하고 요점을 추렸으니 반복하여 살펴본 후에는 이른바 장부·근골·혈맥 같은 기관에 대하여 그 얼개를 대략 알 수 있을 것이다. 치순·무치 두 편은 성현의 경전과 선대 유학자의 문집을 위주로 기록하였으니 의가나 도가의 잡서들과 동등하게 여겨서는 안 될 것이다.

만력 무오년1618에 병든 은자(隱者)가 발문을 쓰다.

본문내용

의학과 관련된 하편(下篇) 3권의 목차를 게재한다.

◎《이양편》하편 목차

卷一 : 天地運氣, 內景篇(精、氣、神、五臟六腑、肝臟、心臟、脾臟、肺臟、腎臟、膽腑、胃腑、小腸腑、大腸腑、膀胱腑、三焦腑、小便、大便、 血、夢、聲音、言語、津液、痰飮、胞、蟲), 外形篇(頭、面、眼、耳、鼻、口舌、牙齒、頸項、背、胸、乳、腹、臍、腰、脇、皮、肉、筋、骨、手、足、毛、前陰、後陰、脈)

卷二 : 戒耳慾, 戒目慾, 戒口慾, 戒鼻慾, 戒四肢慾

卷三 : 養生格言, 運氣, 攝養, 治病, 雜病有因

인물전기

병은(病隱). 그의 삶에 대해 알려진 사실이 많지 않다.[6]

고찰

이 책의 이름인 "二養"은 함양(涵養)과 섭양(攝養)으로, 상편(上篇)에서는 함양(涵

---

5 온전한 문장은 "생명을 잊고 욕심을 따르는 것은 큰 수치가 된다〔忘生徇欲爲深恥〕" 7글자이다.

6 책의 저자는 조탁(趙倬, 1552－1621)이다. 그의 자는 대이(大而), 호는 이양당(二養堂)·치재(恥齋)이다. 선조 21년(무자1588) 사마시에 급제하였고, 공조·형조 참판과 한성부 좌윤·우윤을 지내으며, 사후에 영의정으로 추증되었다(이진수, 1994).

養)에 관해 서술하였고, 하편(下篇)에서는 섭양(攝養)의 방법을 설명하였다.

참고로, 《고사촬요》숙종 1년 간본과 영조 중기 간본〈서책인지수書冊印紙數〉 속에 "이양편, 지 5권 15장〔二養篇, 紙五卷十五張〕"이라고 실려 있다. 또 필자가 소장하고 있는 《고사촬요》숙종 1년 간본의 필사본에는 "영천판(永川版)"이 기재되어 있다. 따라서 영천(永川)에 이 책의 책판이 있었다는 사실을 알 수 있다.

070. 수양총서유집 壽養叢書類輯

2권

이창정(李昌庭) 지음

[전존]

개요

광해군 12년 경신1620의 저작으로, 이로부터 머지않은 때에 간행되었을 것이다〈필자 소장본〉.

형태서지

상·하 2권 2책. **|판식版式|** 목판본, 세로 34.5 × 가로 약 24cm, 반곽 24.5 × 19.3cm, 사주쌍변, 유계. 11행 20자. **|판심版心|** 하어미, "壽養叢書" 위 혹은 아래에 장차(張次)가 적혀 있다. **|지수紙數|** 상권 65매, 하권 65매, 발문 1매.

내용서지

◎《수양총서유집》 발문[1]

按壽養叢書, 卽古今修養家養生要法, 有三元延壽書, 有壽親養老書, 有食物本草, 有養生月覽, 有保生·攝生·集覽·類纂·食忌·食鑑·修眞·道引等書, 凡十二篇, 集成一帙, 命之曰叢書, 皆南極臞仙·京口山臞·河濱丈人, 及李鵬飛·陳君

1 원서에는 일부 내용만 있지만 역자가 보충하여 실었다.

直・周守中・胡文煥諸人所著也。凡攝養將息之方，各有門目，互相發揮，所謂養生之書，至是秩然咸備矣。然而編輯參差，論議多岐，重複舛訛，寓目棼眩，茫然如望洋，如食物藥物，則我國與中朝，地産不同，名稱亦殊，按名求實，十昧四五，且諸家所記，多怪誕不經，有不可爲法於世者，至於鍊氣採精等說，尤非修身俟命者之所願聞也。

玆敢考校諸書，略其繁文，去其重複，正其舛訛，芟其荒誕，就人之易知易行者，以類輯之，爲十六篇，揭諸君子論議之益於人者，冠其首，謂之總論，其次曰心志，曰身體，曰起居，曰嗜慾，曰飮食，曰天地，曰節序，曰孕育，曰服用，曰米穀，曰草木，曰禽獸，曰蟲魚，皆修養家日用不可闕者，校其重輕，以先後之，末復略於道引，而詳於醫藥，蓋欲抑妖務常，納民於壽而不失正也。觀者倘取於斯，求之日用事物之間，而不入於闊誕高遠之域，則庶乎其可也。

歲萬曆庚申仲夏，華陰散人無求翁謹跋。

《수양총서》를 살펴보니 바로 고금 수양가(修養家)의 양생 요법으로 《삼원연수참찬서》·《수친양로서》·《식물본초》·《양생월람》 같은 책과 《보생심감》·《섭생요의》·《섭생집람》·《양생유찬》·《양생식기》·《식감본초》·《수진비요》·《양생도인법》 같은 책 12가지를 1질로 모아 총서라고 이름 붙인 것이다. 이 책들은 각각 남극구선[2]·경구산구[3]·하빈장인[4]과 이붕비[5]·진군직·주수중[6]·호문환[7] 등이 지은 책이다. 섭양과 양생의 모든 방법이 각 조문으로 분류되어 서로 뜻을 드러내 주고 있으니 양생서라고 하는 책들이 이 책에 질서정연하게 모두 갖추어져 있다. 그러나 짜임이 들쭉날쭉하고 논점이 여러 갈래로 나뉘며 중복이나 오류가 있기 때문에 책을 읽어보면 혼란스러워져 아득히 먼 바다를 보는 것 같다. 음식이나 약재 같은 경우에 우리나라와 중국은 토질이나 물산이 다르고 명칭도 다르기 때문에 이름으로 실물을 찾으면 열에 네댓은 알 수 없게 된다. 또한 각 저자들의 기록이 대부분 괴이하고 일반적이지 않아 세상에 모범으로 삼지 못할 것들이 있으니 연기(鍊氣)·채정(採精) 같은 내용은 특히나 수신(修身)과 사명(俟命)을 추구하는 유학자들이 듣고자 하는 바가 아닐 것이다.

이에 감히 여러 서적을 살피면서 비교한 후 번잡한 글을 간략히 하고 중복된 내용을 제거했으며 틀린 글자를 바로잡고 허황한 부분을 잘라 냈다. 그러고 나서 사람들이 쉽게 이해하고 쉽게 따라할 수 있는 것들을 중심으로 비슷한 내용끼리 모아서 16편으로 만들었다. 편제는 우선 사람들에게 유익한 여러 군자(君子)의 논설을 뽑아 첫머리에 두고 총론(總論)이라 하였다. 그다음 심지(心志)·신체(身體)·기거(起居)·기욕(嗜慾)·음식(飮食)·천지(天地)·절서(節序)·잉육(孕育)·복용(服用)·미곡(米穀)·초목(草木)·금수(禽獸)·충어(蟲魚)를 두었으니 모두 수양가가 일상에서 빠뜨릴 수 없는 것 중에서 경중을 따져 선후를 정한 것이다. 말미에는 도인법을 요약하고 의약을 상세히 설명했으니 괴이한 것을 물리치고 일상에 힘씀으로써 백성들을 무병장수하게 하고 정도(正道)를 잃지 않게 하기 위함이다. 독자들이 만약 이 책에서 하나라도 건져 일상생활 중에 적용하되 허황되고 비현실적인 영역으로 들어가지 않는다면 괜찮지 않겠는가.

만력 경신년1620 5월. 화음산인(華陰散人) 무구옹(無求翁)이 삼가 발문을 쓰다.

본문내용

명(明)의 호문환(胡文煥)이 편찬한 《수양총서壽養叢書》는 기존의 수신·섭생·양생의 각종 서적을 모아 놓았지만 짜임이 들쭉날쭉하고 논점이 여러 갈래로 나뉘며 중복이나 오류가 있어 이해하기 어려웠다. 특히 음식이나 약재의 경우에는 조선과 중국의 물산이 같지 않고 명칭도 달라 이름으로 실물을 찾으면 4~5할은 알 수 없었다. 이에 이창정은 여러 서적을 살피고 비교하여 번잡한 글을 간략히 하고 중복된 것을 제거하며 틀린 것을 바로잡고 허황된 것을 잘라 낸 후 비슷한 내용끼리 모아 16편으로 만들었다.

◎ 《수양총서유집》 목차

上卷 : 總論, 養心志篇, 保身體篇, 愼起居篇, 省嗜慾篇, 節飮食篇, 順天地篇, 調節序篇, 孕育篇

下卷 : 服用篇, 米穀篇, 草木篇, 禽獸篇, 蟲魚篇, 導引篇, 醫藥篇

---

2 남극구선(南極臞仙) : 명(明) 대의 도가(道家) 주권(朱權, 1378-1448)이다. 자는 구선(臞仙)이며 호는 함허자(涵虛子), 단구선생(丹丘先生), 남극하령노인(南極遐齡老人), 대명기사(大明奇士)이다.

3 경구산구(京口山臞) : 명(明) 대의 의가(醫家) 저원(宁原, 1522-1566)이다. 호는 산구(山臞), 본관은 단도경구(丹徒京口)이며 《식감본초食鑑本草》를 지었다.

4 하빈장인(河濱丈人) : 《섭생요의攝生要義》의 저자이다.

5 이붕비(李鵬飛) : 《삼원연수참찬서三元延壽參贊書》의 저자이다.

6 주수중(周守中) : 《양생월람養生月覽》·《양생유찬養生類纂》의 저자이다.

7 호문환(胡文煥) : 《양생식기養生食忌》·《급구양방急救良方》의 저자이다.

인물전기[8]

이창정(李昌庭, 1573－1625). 자는 중번(仲蕃), 호는 화음(華陰) 또는 무구옹(無求翁), 본관은 연안(延安)이다. 선조 36년 계묘1603 진사시에 합격하였고, 선조 41년 무신1608 별시 문과에 급제하였다. 종종 군읍(郡邑)의 수령을 지내며 선정을 베풀었다. 인조 1년 계해1623 충청도 수군절도사가 되었고, 이듬해인 인조 2년 갑자1624 이괄(李适)의 난 때 활약하여 공을 세웠다. 인조 3년 을축1625 선위사(宣慰使)로 안변(安邊)에 가서 명나라 사신을 기다리던 중에 53세의 나이로 세상을 떠났다.

고찰

이 책의 조선 간본은 드물지만, 일본에는 이 책을 남본으로 하여 간분(寛文) 9년에 간행된 4권 4책의 《수양총서유집壽養叢書類輯》이 있다. 이 책에는 "朝鮮無救翁編"이라고 적혀 있다〈제5부 〔026장〕 참고〉.

8 이해를 돕기 위해 해당 내용의 위치를 원서와 다르게 조정하였다.

071. 침구경험방 鍼灸經驗方

1권

허임(許任) 지음

[전존]

개요

인조 22년갑신1644 전주에서 간행되었다. 필자의 소장본을 기준으로 해제한다. 〈[부도23] 참조〉

형태서지

1권 1책. **|판식版式|** 목판본, 세로 35 × 가로 23cm, 반곽 25.5 × 18.0cm, 10행 17자. **|지수紙數|** 총 83매.

내용서지

◎ 《침구경험방》 서문[1]

經曰, 邪之所湊, 其氣必虛, 何則。凡人疾病, 皆由於飮食失節, 酒色過度, 風寒暑濕, 乘虛鑠入, 經絡榮衛不行故也。治之之法, 專在於明知其部分, 必以鍼灸補虛瀉實, 各調其氣血也。觀其部分之色, 多靑則痛, 多黑則風痺, 多白則寒, 黃赤則熱, 風濕寒熱, 皆現於五色, 而寒多則筋攣骨痛, 熱多則筋緩骨消, 惡寒而身寒者,

1 원서에는 일부 내용만 있지만 역자가 보충하여 실었다.

冷也，惡寒而身熱者，熱也。且頭無冷痛，腹無熱痛。凡痛善行數變者，風也，痛在一處而皮膚赤熱者，膿兆也，或有皮膚外浮而不痒不痛者，痰也，頭目眩暈者，痰挾風也，痰入心竅，則精神昏迷，言語錯亂，脾胃不和，則不能飮食，中風，則亦言語蹇澁，痰厥，則亦頭痛嘔吐。大槩諸痛痒瘡瘍，皆屬心，諸風掉眩，皆屬肝，諸濕腫滿，皆屬脾，諸咳氣喘，皆屬肺，諸筋骨痛，皆屬腎，諸節，皆屬膽，此固醫家之大綱，察病之捷徑，而亦愚平生所用要訣也。

凡人手足，各有三陽三陰脉，合爲十二經。手之三陰，從臟走之手，手之三陽，從手走之頭，足之三陽，從頭下走之足，足之三陰，從足上走入腹。脉絡傳注，周流不息，故經脉者，通陰陽以榮於一身者也。其始從中焦，注手太陰陽明，陽明，注足陽明太陰，太陰，注手少陰太陽，太陽，走足太陽少陰，少陰，注手心主少陽，少陽，注足少陽厥陰，厥陰，復還注手太陰。其氣常以平朝爲紀，晝二十五度，夜二十五度，與漏水下百刻爲配，晝夜流行，與天同度，終而復始，行於筋骨膚腠之間，比之水行谿谷，如或有物碍滯，則水不能行，必待開疏而後，乃能流行也。觀其証勢，隨時應變，疏其滯通其塞，須法大禹開川導水之義，乃可却病。

經曰，醫者意也。或若膠滯，不知變化，則不可與論病，論病尙且不可，况望其能治乎。必得之於心，應之於手，運意轉換，各隨其經，從陽引陰，從陰引陽，左之右，右之左，以鍼以灸，則必有其效矣。經曰，能與人規矩，不能與人巧。若論陰陽，則背爲陽，腹爲陰，左爲陽，右爲陰，外爲陽，內爲陰，女子反是，背爲陰，腹爲陽，左爲陰，右爲陽，外爲陰，內爲陽也。臨病將治，必察部分經絡井滎兪經合，及臟腑募原會之穴，診其動脉，搓捻催氣然後，行其先陽後陰補瀉迎隨之法，則其驗若響應矣。

所謂補者，當刺五分之穴，則鍼入二分，停少時，次入二分，又停少時，次入一分，令患人吸而出鍼，卽以手按住鍼孔，保其眞氣，是謂補也。瀉者，當刺五分之穴，則入鍼五分，停少時，出鍼二分，又停少時，出鍼二分，又停少時，令患人呼而出鍼，引其邪氣，迎而奪之，是謂瀉也。灸亦有補瀉之法，艾火至肉，以待自滅，謂補也。艾火不待自滅，旋卽掃却，謂瀉也。自古用手之法，非不詳盡，後人未達其意，徒務量穴之分寸，不曉動脉之應手，不取對病要穴，而亂刺諸經，未祛病源，徒泄眞氣，此正古人所謂廣絡原野，冀獲一兎，其可得乎。

愚以不敏，少爲親病，從事醫家，積久用功，粗知門戶，及今衰老，仍恐正法之不傳，乃將平素聞見，粗加編次，先著察病之要，幷論轉換之機，發明補瀉之法，校正取穴之訛，又著雜論若干，且記試效要穴及當藥，合爲一卷，非敢自擬於古人著述，只爲一生苦心，不忍自棄，覽者若能加之意，則庶於救急活命，或有少補云爾。

河陽許任識。

《내경內經》에 "사기(邪氣)가 모이는 곳에는 정기(正氣)가 반드시 허하다."라고 하였으니 어떤 이치인가. 사람의 질병은 모두 음식을 절제하지 않고 먹거나 주색이 지나치거나 풍・한・서・습의 사기가 정기가 허해진 틈을 타고 침입하여 경락의 영혈(營血)과 위기(衛氣)가 운행되지 못하기 때문에 생긴다. 이것을 치료하는 방법은 오로지 발병한 부위를 분명히 아는 데 달려있으니 반드시 침이나 뜸으로 허실에 따라 보하거나 사하여 각 경락의 기혈을 조절해주어야 한다. 발병부위의 색깔을 살폈을 때 푸른색이 돌면 통증이고, 검은색이 돌면 풍비(風痹)이며, 흰색이 돌면 한증(寒症)이고, 누렇거나 붉은빛이 돌면 열증(熱症)이니 풍증・습증・한증・열증이 모두 5가지 색으로 드러난다. 또 한증이 많으면 힘줄이 당기고 뼈가 아프며, 열증이 많으면 힘줄이 늘어지고 뼈가 약해진다. 오한이 나면서 몸이 찬 경우는 냉증이고, 오한이 나지만 몸에 열이 나는 경우는 열증이다. 그리고 머리는 냉증으로 아픈 법이 없고, 배는 열증으로 아픈 법이 없다. 아픈 부위가 잘 이동하고 자주 증상이 변하는 경우는 풍증이고, 아픈 부위가 한곳에 머물러 있고 피부가 붉어지면서 화끈거리는 경우는 곪으려는 조짐이다. 간혹 피부가 부풀지만 가렵지도 아프지도 않은 경우는 담증(痰症)이오, 머리와 눈이 아찔하고 어지러운 경우는 담증에 풍증까지 겹친 것이다. 담(痰)이 심규(心竅)로 들어가면 의식이 혼미해지면서 말이 어눌해지고, 비위의 기운이 조화롭지 못하면 음식을 먹지 못한다. 중풍 역시 말이 어눌해지고, 담궐(痰厥) 역시 머리가 아프고 구토하게 된다. 대체로 아프고 가려우며 부스럼 생기는 증상은 모두 심장에 속하는 병이고, 풍증으로 몸이 떨리고 어지러운 증상들은 모두 간장에 속하는 병이며, 습증으로 붓고 창만한 증상들은 모두 비장에 속하는 병이고, 기침이나 숨이 가쁜 증상들은 모두 폐장에 속하는 병이며, 힘줄과 뼈가 아픈 증상들은 모두 신장에 속하는 병이고, 관절의 증상은 모두 담부에 속하는 병이다. 이것은 참으로 의가들의 큰 강령이자 병을 살피는 지름길로 나 역시 평생 사용한 요결이다.

사람의 손과 발에는 각각 삼양(三陽)과 삼음(三陰)의 경맥이 있어 도합 12경락이 된다. 손의 삼음경은 오장에서 손으로 향하고, 손의 삼양경은 손에서 머리로 향한다. 다리의 삼양경은 머리에서 발로 내려가고, 발의 삼음경은 발에서 위로 올라 배로 들어간다. 이렇게 경맥(經脈)과 낙맥(絡脈)의 흐름이 두루 흐르면서 끊이지 않으니 경맥이란 음과 양을 소통시켜 온몸을 길러주는 존재이다. 경락은 중초(中焦)에서 처음 시작하여 수태음경(手太陰經)·수양명경(手陽明經)으로 흐르고, 수양명경은 족양명경(足陽明經)·족태음경(足太陰經)으로 흐르며, 족태음경은 수소음경(手少陰經)·수태양경(手太陽經)으로 흐르고, 수태양경은 족태양경(足太陽經)·족소음경(足少陰經)으로 흐르며, 족소음경은 수궐음경(手厥陰經)·수소양경(手少陽經)으로 흐르고, 수소양경은 족소양경(足少陽經)·족궐음경(足厥陰經)으로 흐르며, 족궐음경은 다시 수태음경으로 흘러 돌아간다. 경락의 기운은 늘 해 뜨는 아침을 기준으로 할 때 낮에 25번 유주하고 밤에 25번 유주하니 물시계에서 하루를 100각으로 보는 것과 짝이 된다. 밤낮으로 쉬지 않고 흐르는 경락은 하늘의 운행과 같아서 끝나면 다시 시작한다. 경락이 힘줄과 뼈 사이나 피부와 주리 사이를 흘러 다니는 것은 물이 계곡을 흐르는 것과 비교할 수 있으니 장애물로 물길이 막히면 물이 흐르지 못하다가 반드시 막힌 부분을 튼 이후에야 다시 흐를 수 있는 이치와 같다. 병의 증상과 진행 상황을 살피고 상황에 따라 치법을 변화시켜 정체되거나 막힌 것을 소통시켜야 하니 우임금이 하천을 준설하고 물길을 유도한 의도를 본받는다면 병을 물리칠 수 있을 것이다.

의서에 "의(醫)는 상황에 맞게 생각하는 것이다."라고 하였다. 만약 아교로 붙인 듯이 치법을 변화시킬 줄 모른다면 함께 병을 논의할 수 없으니 병을 논의할 수도 없는데 병의 치료를 기대할 수 있겠는가? 반드시 마음으로 원리를 깨닫고 손으로 그것을 능숙히 펼치되 경락의 운행이 전환될 때마다 적합한 경락을 따라 양경(陽經)을 음경(陰經)으로 끌어주고 음경을 양경으로 끌어주며 오른쪽을 왼쪽으로 돌려주고 왼쪽을 오른쪽으로 돌려주어야 하니 이렇게 침을 놓고 뜸을 뜬다면 분명 효과가 있을 것이다. 《맹자孟子》에 "남에게 도구를 줄 수는 있지만 기술은 줄 수 없다."고 하였다. 음양으로 말하자면 등은 양이 되고 배는 음이 되며, 왼쪽은 양이 되고 오른쪽은 음이 되며, 밖은 양이 되고 속은 음이 된다. 여자는 이와 반대니 등이 음이 되고 배가 양이 되며, 왼쪽이 음이 되고 오른쪽이 양이 되며, 밖이 음이 되고 속이 양이 된다. 병을 치료할 때는 반드시 발병 부위와 관련된 경락의 정혈·형혈·수혈·경혈·합혈 및 해당 장부의 모혈·원혈·회혈을 살피고 맥동을 진찰한 뒤 비비고 꼬집어 기를 잘 돌게 한 다음 양기(陽氣)를 우선하고 음기(陰氣)를 나중에 두는 방법과 보사하고 영수하는 방법을 시행하면 그 효과가 메아리처럼 뒤따를 것이다.

'보(補)'라는 것은 5푼 찔러야 하는 경혈에 2푼 자침하고 잠시 기다렸다가 다시 2푼 밀어 넣고 또 잠시 기다렸다가 다시 1푼 밀어 넣고 나서 환자에게 숨을 들이마시게 하면서 침을 뽑고, 즉시 손으로 침 자국을 누른 채 환자의 진기를 보존하는 방법이니 이것을 보법(補法)이라고 한다. '사(瀉)'는 5푼 찔러야 하는 경혈에 5푼을 자침하고 잠시 기다렸다가 2푼 뽑아내고 또 잠시 기다렸다가 2푼 뽑아내고 또 잠시 기다렸다가 환자에게 숨을 내쉬게 하면서 침을 뽑아 환자의 사기를 유인하여 낚아채는 방법이니 이것을 사법(瀉法)이라고 한다. 뜸에도 보법과 사법이 있다. 뜸 불이 피부에 닿아 저절로 꺼지기를 기다리는 것이 보법이고, 뜸불이 저절로 꺼지기를 기다리지 않고 즉시 털어버리는 것이 사법이다. 옛날부터 수기법(手技法)이 상세하게 있었으나 후대 사람들은 그 의미를 다 깨우치지 못하여 한갓 경혈마다 자침하는 깊이만 열심히 따지기만 하고 손으로 맥동 느끼는 방법을 깨닫지 못한 채 증상에 맞는 주요 경혈을 취혈하지 못하고 각 경맥을 여기저기 찌르다가 결국 병의 근원을 제거하지도 못하고 헛되이 환자의 진기만 새어 나가게 하고 있다. 이것이 바로 옛사람이 말한 "들판에 그물을 넓게 치고 토끼 1마리가 잡히기를 기다린다."라는 것이다. 이래서야 되겠는가?

나는 재주가 뛰어나지 않으나 어렸을 때 부모님의 병환 때문에 의학에 전념하게 되었고 그 이후로 오랜 세월 노력하여 의학의 겉모습을 대충이나마 알게 되었다. 이제는 나이가 들었으니 문득 올바른 치료법이 전해지지 못할까 염려되어 평소에 보고 들은 것을 가지고 대충 편을 묶고 차례를 만들었다. 먼저 병을 살피는 핵심을 밝히고 아울러 치법을 변화시켜야 하는 조짐을 설명하였으며, 보사의 방법을 밝히고 잘못된 취혈법을 바로잡았다. 그러고 나서 이런저런 의론을 약간 적었으며 직접 써 보고 효과를 본 주요 경혈들과 적합한 약들을 기록한 후 한 권으로 묶었다. 내가 이 책을 쓴 이유는 감히 옛사람들의 저술을 따라 한 게 아니라 단지 평생의 노력을 차마 버릴 수 없었기 때문이다. 그러니 이 책을 보는 자가 마음을 쏟는다면 아마 급한 환자를 구하고 목숨을 살리는 일에 조금이나마 도움이 될 수 있을 것이다.

하양(河陽) 허임(許任) 적다.

◎《침구경험방》 발문[2]

此方卽許太醫任之所著者也。和扁以後，以醫名者，世不乏人，亦各有述，而其方古，其訣秘，自老師或病其難曉，况委巷晩出之輩乎。

許太醫素稱神術，平生所救活，指不勝屈，間多起死之效，名聲動一世，刺家之流，

2 원서에는 일부 내용만 있지만 역자가 보충하여 실었다.

推以爲宗。今此方文，乃其得乎耳存乎心，而試諸手者也，微者顯之，煩者約之，訛者正之，凡疾病之源委，治療之要妙，一開卷而便瞭然於目前，可謂簡而易，略而詳矣。

夫按証收效，莫良於藥餌，而牛溲馬勃，非素畜則難辦，金石丹砂，在僻鄉而何獲，況一服打疊，有不可期者耶。鍼焫則不然，其具易備，其效甚速，而其方尤爲指南之捷徑，苟得是方，隨証治之，則是家家戶戶，皆得遇其神手也，其所濟活，庸可量哉。是宜與世共之，以廣其傳，不可以時詘而有所靳也。

今首台北渚金相國，都提內局，不佞適忝在下風，遂將此方，屬諸湖南觀察使睦公性善，而刊行之，亦所以體聖上康濟萬姓之至意也，後之觀風者，宜有以繼之。

歲甲申四月，內醫院提調 資憲大夫 議政府右參贊 兼知經筵春秋館事 五衛都摠府都摠管 李景奭謹跋。

이 책은 태의(太醫) 허임의 저술입니다. 의화(醫和)와 편작(扁鵲) 이후로 의술로 이름을 떨친 자가 세상에 적지 않고 또 그들이 각기 저술을 남겼으나 그 책들이 오래되고 그 의미가 은밀해지면서 나이 많은 학자라도 속뜻을 깨우치기 어려워하니 시골에 젊은 후배들은 어떻겠습니까.

허 태의는 평소 신묘한 의술로 칭송받는 분입니다. 평생 그가 목숨을 구한 환자는 다 헤아리지 못할 정도이고 그중에는 죽을 사람을 살려낸 경우도 많았기 때문에 그의 명성은 세상에 자자하였고 침을 놓는 이들은 그를 으뜸으로 추존하였습니다. 지금 이 책은 그가 귀로 듣고 마음에 담아 두었다가 손수 시험해 본 것들로서 은미한 의미는 드러내고 번잡한 내용은 요약했으며 틀린 글자는 바로잡았습니다. 무릇 질병의 원인과 치료의 요점이 한 번 책을 펼치면 바로 눈앞에 일목요연하게 드러나니 참으로 간단하면서도 이해하기 쉽고 간략하면서도 빠진 내용이 없다 할 만합니다.

증상에 따라 치료할 때 약이나 음식보다 좋은 방법은 없지만 마소의 오줌처럼 흔한 약재라도 평소에 모아 두지 않으면 당장 마련하기 어려운 법입니다. 또한 금석(金石)이나 단사(丹砂) 같이 귀한 약재를 촌구석에서 어떻게 구할 수 있을 것이며, 더군다나 한 번 복용해서 완쾌된다는 기약이 없는 경우는 어떻게 되겠습니까. 침과 뜸은 그렇지 않으니 도구는 갖추기 쉽고 효과는 매우 빠릅니다. 게다가 이 책이 지름길을 가리키는 나침반이 되어 주니 이 책을 구하여 증상에 따라 치료한다면 집마다 모두 허 태의의 신묘한 솜씨를 만날 수 있을 것입니다. 이렇게 병이 낫고 살아나는 사람들을 어찌 다 셀 수 있겠습니까. 이 책은 마땅히 세상 사람들과 공유해 널리 전해야 하니 먹고살기 어려운 시절이라고 해서 미룰 일이 아닙니다.

지금 영의정이신 북저(北渚) 김류(金瑬) 대감께서 내의원 도제조를 맡고 계시고 제가 그분 밑에서 정무를 맡고 있는데 대감께서 마침내 이 책을 호남관찰사 목성선(睦性善)에게 부탁하여 간행하게 하셨습니다. 이 또한 만백성을 구제하려는 성상의 지극한 마음을 본받은 것이니 이후에 정무를 맡아보는 이들도 이 뜻을 이어나가야 할 것입니다.

갑신년 인조 22년, 1644 4월. 내의원 제조 자헌대부 의정부 우참찬 겸 지경연춘추관사 오위도총부 도총관 이경석(李景奭)이 삼가 발문을 적습니다.

본문내용

책 첫머리에 혈자리에 대한 총론을 기술하고, 이어 신체 각 부위 및 각종 질병에 대한 침구법을 적었다. 책 말미에는 침구택일 방법을 설명하였다.

◎《침구경험방》목차[3]

訛穴, 五臟總屬証, 一身所屬臟腑經, 五臟六腑屬病, 十二經抄穴, 鍼灸法, 別穴, 募穴, 原穴, 會穴, 十二經, 井榮腧經合傍通, 折量法

頭面部, 耳部, 目部, 口部, 鼻部, 咳嗽, 咽喉, 頰項, 齒部, 心胸, 腹脇, 腫脹, 積聚, 手臂, 腰背, 脚膝, 風部, 癲癎, 厥逆, 急死, 痢疾, 痔疾, 陰疝, 霍亂, 瘧疾, 虛勞, 勞瘵, 食不化, 黃疸, 瘡腫, 回骨症, 諸藥灸癰疽法, 癰疽疔瘸瘰癧等瘡八穴灸法, 瘰癧, 蠱毒, 眠睡, 內傷瘀血, 消渴, 汗部, 傷寒及瘟疫, 大小便, 身部, 嘔吐, 婦人, 小兒, 雜病, 鍼灸擇日

인물전기

허임(許任, 1570?-1645?). 본관은 하양(河陽)이다. 허준과 같은 집안이라고 생각

3 원서에는 내용이 요약되어 있으나 역자가 원문을 인용하여 실었다.

한다.[4] 선조 말기에서 광해군을 거쳐 선조 때까지 침의(鍼醫)를 지냈다. 해동 제일의 침술로 침가(鍼家)의 으뜸으로 꼽힌다. 이 책 외에 《사의경험방四醫經驗方》〈[074장] 참고〉이라는 책도 남겼는데 이 역시 세상에 널리 퍼졌다. 인조 말기에 세상을 떠났다.

이경석(李景奭, 1595-1671). 자는 상보(尙輔), 호는 백헌(白軒), 본관은 전주(全州)이다. 인조 1년 계해1623 알성 문과(謁聖文科)에 급제하였고[5] 관직을 두루 거쳐 영의정에 이르렀다. 문장으로 유명하였다.

고찰

태의(太醫) 허임이 자신이 경험한 여러 방법을 바탕으로 편찬하였다. 특히 침구학에서는 그의 보사법을 중요하게 여긴다. 인조 22년 갑신1644 내의원 도제조가 호남 관찰사에게 부탁하여 간행하였다고 한다. 필자가 소장하고 있는 《고사촬요》숙종 1년 간본의 필사본에 이 책의 전주판(全州版)이 기록되어 있다. 이는 호남에서 간행했다는 발문의 기록과 일치한다.

덧붙여 이 책의 일본 판본도 있다.〈제5부 [027장] 참고〉

4 허임의 본관은 하양이고 허준의 본관은 양평이다. 본관이 다르므로 오류이다.

5 광해군 5년(계축1613) 진사가 되었다. 광해군 9년(정사1617) 증광별시에 급제했으나, 이듬해 인목대비(仁穆大妃)의 폐비 상소에 가담하지 않아 삭적(削籍)되었다. 이후 인조 1년(계해1623) 알성 문과에 급제하였다.

072. 침구경험방언해 鍼灸經驗方諺解

[전존]

개요

〔071장〕에서 해제한 《침구경험방鍼灸經驗方》 전문을 한글로 번역한 책으로 필사본이 남아있다 (필자 소장본). 누가 한글로 풀었는지는 알 수 없다.

교토대학(京都大學) 후지카와문고(富士川文庫) 소장본 가운데 《언해침구편諺解鍼灸編》이라는 표제에 본문이 모두 한글로 되어 있는 35장 정도의 얇은 필사본이 있다. 내용은 조사하지 못하였으나 《침구경험방언해》와 비슷한 민간용 침구서인 것 같다.

073. 문견방 聞見方

[일실][1]

개요

《사의경험방四醫經驗方》(〔074장〕 참고)의 인용서 가운데 《문견방》이라는 서명이 보인다. 또 숙종 때 홍만선의 《산림경제山林經濟》에도 《문견방》이라는 서명이 나온다. 그리고 정조 때의 《광제비급廣濟秘笈》의 인용서에는 "東醫聞見方 李碩幹·蔡得己·朴濂·許任撰"이라고 하였다. 이것은 《사의경험방四醫經驗方》과 같은 저자 이름들이다. 이것은 차치하더라도, 아무튼 보고 들은 조선 의가(醫家)의 경험을 담은 의서로서 비교적 널리 유포되어 두루 알려진 《문견방》이라는 책이 인조·효종 때에 존재했다고 생각한다.

---

1 원서에는 '〔전존〕'이라고 되어 있으나 현재 전해지지 않으므로 수정하였다.

074. 사의경험방 四醫經驗方 경험방經驗方

1권

[전존]

개요

이 책 가운데 허임(許任)·채득기(蔡得己)의 이름이 나온다. 이들이 남긴 처방을 후인이 편집하여 만든 책으로 효종·현종 대에 만들어진 듯하다. 간행도 이 시기에 이루어졌다고 생각한다. ⟨필자 소장본⟩ ⟨〔부도24〕 참조⟩

형태서지

1권 1책. **Ⅰ판식版式Ⅰ** 목판본, 세로 35.5 × 가로 22.5㎝, 반곽 29.0 × 20.0㎝. 10행 30자, 주쌍행. **Ⅰ지수紙數Ⅰ** 총 49매. 서문과 발문은 없다.

본문내용

본문 권두(卷頭)에 "李碩幹、蔡得己、朴濂、許任方, 本草、東醫寶鑑、聞見方。"이라고 적혀 있다. 즉, 이 같은 의서를 바탕으로 편찬된 책이다.

책 첫머리에 한글이 포함된 ⟨약물명藥物名⟩이 있다.

이 책에는 다음과 같이 각 부(部)를 두고, 다시 이들을 세목으로 나누어 일상에서 만날 수 있는 여러 질병에 대해 간단하고 효과적이라고 생각되는 치료 처방을 기술하였다 ⟨각 치료 처방의 끝에는 출전을 나타내는 주기(注記)가 붙어있다. 이것을 발췌하면 위 네 의원이 사용했던 경험방을 알 수 있다⟩.

◎ 《사의경험방》 목차

頭部, 耳部, 目部, 鼻部, 口部, 咽喉部, 胸部, 心部, 腹部, 肩背部, 腰部, 身部, 風部, 厥逆部, 瘧疾部, 疝部, 痔疾部, 霍亂部, 咳嗽部, 飮食部, 嘔吐部, 消渴部, 汗部, 瘡腫部, 疸部, 眠睡部, 雜病部, 婦人門, 姙娠雜病, 小兒

인물전기

이석간(李碩幹, 생몰 미상). 그의 삶에 대해 알려진 사실이 많지 않다.

채득기(蔡得己, 1605－1646). '己'는 '沂'에 해당되어 채득기(蔡得沂)와 동일 인물로 보인다. 호는 우담(雩潭), 본관은 인천(仁川)이다. 경사백가(經史百家)에 통달하였고 특히 역학(易學)에 밝았다. 천문(天文)·지리(地理)·의약(醫藥)·복서(卜筮)·음율(音律)·병진(兵陣)의 여러 서적을 한 번 읽으면 모두 이해했다고 한다. 병자호란 때 상주(尙州)에 은거하였다. 후에 부름을 받고 봉림대군(후의 효종)을 따라 심양에 갔다. 효종의 총애를 받아 많은 일에 참여하였다.

박렴(朴濂, 생몰 미상). 호는 오한(悟漢)이다. 그의 삶에 대해 알려진 사실이 많지 않다.

허임(許任, 1570?－1645?). 전기는 〔071장〕《침구경험방鍼灸經驗方》 해제에서 설명하였다.

고찰

경험에서 얻은 상용 처방을 실제 필요에 따라 편찬한 책이다. 가까이에 두고 응급치료에 쓰기 편리했기 때문에 최근까지 널리 사용되었다. 간본보다는 필사본의 형태로 많이 유포되었다.

그리고 필자가 소장하고 있는 《고사촬요》숙종 1년 간본의 필사본에는 이 책의 전주판(全州版)이 실려 있다. 따라서 앞의 간본은 전주에서 간행된 판본일 것이다.

075. 삼의일험방 三意一驗方

1권

[전존]

개요

필사본으로 전해진다. 스에마츠 야스카즈(末松保和) 씨 소장본을 기준으로 해제한다.

내용서지

대형 필사본 1책. 권수(卷首)에 다음과 같이 적혀 있다.

◎《삼의일험방》 권수

三意者三醫之意也, 三醫者云, 悟漢朴濂, 鶴汀蔡得沂, 石澗李纘也。

'삼의(三意)'는 세 의원(醫員)의 의견이라는 뜻이다. 세 의원은 오한(悟漢) 박렴(朴濂), 학정(鶴汀) 채득기(蔡得沂), 석간(石澗) 이찬(李纘)이다.

본문내용

목차는 다음과 같다.

◎《삼의일험방》 목차

頭部, 面部, 耳部, 目部, 鼻部, 口部, 齒部, 咽喉部, 頷頰部, 項部, 胸部, 心部,腹部, 肩背部, 腰部, 身部, 手部, 足膝部, 風部, 厥逆部, 狂癎部, 瘧疾部, 大小便部, 痢疾部, 痔疾部, 霍亂部, 疝部, 咳嗽部, 飮食部, 嘔吐部, 消渴部, 汗部, 瘡腫部, 疸部, 中惡部, 諸傷部, 睡眠部, 內傷部, 婦人部, 乳部, 小兒雜病方, 暑症方
附 藥性歌, 藥名

편찬 방법은 《사의경험방四醫經驗方》〈〔074장〕 참고〉과 유사하다.

인물전기

박렴(朴濂, 생몰 미상). 그의 삶에 대해 알려진 사실이 많지 않다.

채득기(蔡得沂). 〔074장〕에서 설명하였다.

이찬(李纘, 1651－?). 자는 술부(述夫), 본관은 강음(江陰)이다. 효종 2년 신묘1651에 태어났다. 숙종 8년 임술1682 증광 의과에 급제하였고 관직은 주부(主簿)에 이르렀다.

고찰

이 《삼의일험방》은 《사의경험방》과 서로 유사하지만 같은 책은 아니다. 이 책을 "삼의(三醫)〈박렴·채득기·이찬〉의 일험방(一驗方)"이라고 하였지만, 이 외에 4~5종의 의서를 더 인용하고 있다. 이것은 본문 각 조문마다 있는 출전 주기(注記)를 통해 알 수 있다. 《사의경험방》은 사의(四醫)〈이석간·채득기·박렴·허임〉의 치료법 외에 《본초本草》·《동의보감》·《문견방聞見方》 등을 인용하였다. 두 경험방은 같은 취지에서 만들어졌다고 할 수 있다. 당시 이런 경험방이 종종 만들어져 유행했던 것이다. '사의(四醫)'나 '삼의(三醫)' 모두 인조 대에서 숙종 초기까지 활동했던 인물들이다. 이 두 책을 통해 대략이나마 당시 치료 방법을 알 수 있으므로 참고 자료로서 간과할 수 없다.

이 책의 권말에 실려 있는 〈약물명藥物名〉은 《사의경험방》보다 간략하고 그 내용도 다르다. 그러므로 조선 본초 물명 연구에 도움이 될 것이다.

076. 벽온신방 辟瘟新方

1권

안경창(安景昌) 지음

[전존]

개요

효종 4년 계사1653에 찬술되어 간행되었다. 경성대학 도서관 소장본을 기준으로 해제한다.

형태서지

1권 1책. **|판식版式|** 목판본, 세로 30.5 × 가로 20.5㎝, 반곽 22.0 × 17.0㎝, 10행 19자. **|지수紙數|** 총 18매.

내용서지

◎《벽온신방》 서문[1]

> 癸巳春，海西癘疫大熾，民多死亡者，上聞而憂之，分出內局藥材以濟之。筵臣趙復陽，以爲藥物不可以普濟，莫如備示其治法藥名，禮曹判書臣李厚源，請令醫官就攷辟瘟舊方，而增減之，印布中外，上從之，遂命御醫臣安景昌等，重加究閱，參以經驗，量減其材料之難辨者，務增其俗方之易試者，仍諺釋其說，名之曰辟瘟新方，令校書館刊出，班于八路諸邑，使遐裔僻村蚩氓婦子，咸得通解，按類而施方，

1 원서에는 일부 내용만 있지만 역자가 보충하여 실었다.

隨變而投劑，繼之以辟禳之法補攝之術。嗚呼，我民其庶乎有瘳矣，我聖上仁民濟衆之意，其亦至矣。

臣 竊觀周禮醫師篇云，四時皆有癘疾，而春有痟首疾，其註曰，癘者氣不和之疾也，蓋六氣和，則民自無是疾。今我聖上仁民濟衆之意，足以斡回和氣，苟然則亦安所用是方哉。臣 不勝欽頌顒望之懷，略敍顚末，而弁諸卷。

是歲秋七月旣望，嘉善大夫 行大提學 知成均館事 同知經筵春秋館事 世子右副賓客 尙瑞院正 臣 蔡裕後，拜手稽首謹序。

올해 계사1653 봄, 황해도에 역병이 크게 돌아 많은 백성이 죽자 성상께서 이를 듣고 염려하시면서 내국(內局)의 약재를 보내어 구제하라 하시었습니다. 연신(筵臣) 신 조복양(趙復陽)은 약재만으로는 널리 구제할 수 없으므로 치료법과 약재명을 알려주는 것이 낫다고 하였고, 예조 판서 신 이후원(李厚源)은 의관에게 벽온(辟瘟)에 대한 옛 의서들을 살펴보고 첨삭하게 하여 온 나라에 반포할 것을 청하였습니다. 성상께서는 그대로 따르시어 어의 신 안경창(安景昌) 등에게 명하여 거듭 의서를 찾아보고 그간의 경험을 참고한 후 구하기 어려운 약재는 짐작하여 빼고 세속에서 쉽게 써볼 수 있는 방법을 힘써 덧붙이게 한 다음 한글로 풀이하도록 하셨습니다. 이 책을 《벽온신방》이라고 이름 붙이시고 교서관에서 인출하여 팔도 각 읍에 반포하라 명하셨습니다. 이는 촌구석의 우매한 백성과 부녀자들까지 모두 이해하게 하여 증상을 찾아 처방을 쓰고 상태에 따라 약을 먹일 수 있도록 하신 것이며 액막이하고 몸조리하는 방법까지 붙여두셨습니다. 아, 우리 백성은 분명히 나을 것이니 우리 성상께서 백성을 사랑하고 구제하려는 뜻이 이처럼 지극하십니다.

소신이 《주례周禮》 〈의사편〉을 가만히 살펴보니 "사계절 모두 돌림병이 있으며 봄에는 머리가 심하게 아프다."는 구절이 있는데, 그 주석에 "돌림병은 기후가 조화롭지 못해 생긴 질병이다. 육기(六氣)가 조화로우면 사람들이 당연히 이 질병에 걸리지 않는다."라고 하였습니다. 지금 백성을 아끼고 구제하려는 성상의 뜻만으로도 조화롭지 못한 기후를 조화롭게 바꾸기에 충분하니 그렇게 된다면 이 책을 쓸 곳이 있겠습니까. 소신은 공경하고 우러르는 마음을 이기지 못한 채 간략히 자초지종을 적어 책 앞머리에 둡니다.

계사년1653 가을 7월 16일. 가선대부 행 대제학 지성균관사 동지경연춘추관사 세자 우부빈객 상서원 정 소신 채유후(蔡裕後)는 절하고 머리를 조아리며 삼가 서문을 씁니다.

본문내용

◎《벽온신방》목차

瘟疫病源[一], 瘟疫表證宜汗[二], 瘟疫半表半裏宜和解, 瘟疫裏宜下[三], 痘疫發黃, 大頭瘟, 瘟疫禳法[四], 瘟疫辟法[五], 不傳染法[六], 禁忌[七]

백성에게 보급하기 위하여 쓰기 쉬운 속방들을 수집하여 편찬했기 때문인지 허준의 《신찬벽온방新纂辟瘟方》에 비해 설명은 간략하고 수준은 낮아졌다.

인물전기

안경창(安景昌, 1604－?). 자는 자흥(子興), 본관은 순흥(順興)이다. 인조 5년정묘1627 식년시 의과에 급제하였다. 내의(內醫)를 지냈고 통정대부에 올랐으며 수의(首醫)가 되었다.

[一] "역려가 발생하는 원인은 모두 한 해동안 절기가 조화롭지 못하여 추위나 더위가 때에 맞지 않기 때문이다〔疫癘之發, 皆由一歲之內, 節氣不和, 寒暑乖候〕."라고 유래를 설명하였다.

[二] "처음 발병한 지 2~3일에 머리가 아프고 몸이 쑤시며 오한이나 발열이 있는 것은 사기(邪氣)가 겉에 있는 까닭이니 한법(汗法)을 써야 한다〔初得二三日, 頭痛身疼, 或寒或熱, 此邪氣在表, 宜汗之〕."라고 하고 이어서 처방을 기술하였다.

[三] "온역이 발병한 지 6~7일에 눈이 붉고 혀는 검으며 미쳐 날뛰고 헛소리를 하며 매우 목이 마른 것은 열독(熱毒)이 속으로 들어가 극성해진 까닭이니 하법(下法)을 써야 한다〔瘟疫六七日, 目赤舌黑, 發狂譫妄大渴, 是熱毒入裏極盛, 當下之〕."라고 하고 이어서 처방을 기술하였다.

[四] 부적의 부류를 기술하였다.

[五] 벽온에 대한 민간 속방을 기술하였다.

[六] 병자와 접촉해도 전염되지 않는 방법을 기술하였다.

[七] 식이(食餌)로서 기름진 것・밥・술・고기 등을 금하고 묽은 죽을 먹어야 하며 욕정을 삼갈 것을 기술하였다.

고찰

앞의 서문을 통해 이 책의 성립 과정을 분명히 알 수 있다. 당시 온역(瘟疫)은 발진티푸스(typhus fever)나 유행성감기(influenza)의 한 종류라고 생각한다.

또 《영조실록》에 이 책을 중간(重刊)하여 전국에 반포하였다고 기록되어 있다.

◎ 《영조실록》 영조 즉위년 갑진1724 11월 17일[2]

……, 泰億又言, 近聞月犯輿鬼星云。此星一名積尸。曩在戊寅, 此星色赤, 而癘疫大熾, 朝家至令輿尸而埋之。今冬日暖如此, 明春有癘疫之慮。曾聞宣廟朝, 有辟瘟神方, 孝廟朝, 亦嘗印布其書。蓋以諺文翻譯, 使之易知, 以大黃、松葉易得之藥, 爲之捄濟, 民多蒙惠。玉堂有此冊云, 謄送於八道, 布示民間何如。上從之。

…… 조태억(趙泰億)이 또 말하였다. "근래 들으니 달이 여귀성(輿鬼星)을 범했다 합니다. 이 별은 일명 적시(積尸)라고 하는데 지난 무인년에 이 별의 빛깔이 붉어지자 여역(癘疫)이 크게 번져 조정에서 수레에 시체를 실어다 묻으라고 하기까지 하였습니다. 지금 겨울인데도 이렇게 따뜻하니 내년 봄에 여역이 있을까 염려스럽습니다. 예전에 들으니 선조께서 《벽온신방》 편찬을 명하고 효종 때 그 책을 인출하여 반포했다고 합니다. 한글로 번역한 것은 쉽게 알 수 있게 하여 대황이나 송엽(松葉) 같이 쉽게 구할 수 있는 약재로 구제하기 위함이었으니 백성들이 은혜를 많이 입었다 합니다. 옥당(玉堂, 홍문관)에 이 책이 있다고 하니 팔도에 베껴 보내어 민간에서 두루 볼 수 있게 하심이 어떻겠습니까." 주상께서 그대로 따랐다.

◎ 《영조실록》 영조 3년 정미1727 윤3월 12일[3]

特下辟瘟新方一冊, 令五部謄書, 遍給都民, 仍命印送于八道兩都。

특별히 《벽온신방》 1부를 하사하니 한성의 오부(五部)에서 필사하여 도성 백성에게 두루 나누어 주게 하였다. 이어 인출하여 팔도와 양도(兩都, 개성과 강화)에 보내도록 명하였다.

---

2 원서에는 존재하지 않지만 역자가 추가하였다.

3 원서에는 존재하지 않지만 역자가 추가하였다.

현종 원년경자1660 무렵[4] 《구황촬요救荒撮要》에 덧붙여져 간행되기도 하였다. 마에마 교오사쿠(前間恭作) 옹은 이것을 1부 소장하고 있다. 이에 대해 적는다.

⊙ 마에마(前間) 씨 소장본 : 《구황촬요》에 합본〈해주판(海州版)인 듯하다〉. **|판식版式|** 목판본, 반곽 세로 19.5 × 가로 16㎝, 10행 17자, 한글이 있다. 서문은 없다. **|지수紙數|** 24매.

4 원서에서는 "현종 5년 무렵"이라고 하였으나 〔018장〕의 내용과 〔067장〕'《벽온방辟瘟方》 관련 서적 간행 계통 약도'의 내용을 근거로 수정하였다.

077A. 삼방 三方

송시열(宋時烈) 편찬

[일실]

개요

효종께서 전국의 명의를 불러 모아 각기 자신이 경험한 침(鍼)・구(灸)・약방(藥方)을 강론하게 하고 이것을 우암(尤庵) 송시열(宋時烈, 1607－1689)에게 편찬하게 한 뒤 《삼방》이라는 이름을 내렸다고 《간삼신편簡三新編》의 서문〈〔077C장〕 참고〉에 기록되어 있다〈그러나 진위 여부는 모른다〉.

077B. 삼방촬요 三方撮要

1권

계산방(桂山房) 편찬

[전존]

개요

《삼방三方》〈[077A장] 참고〉의 요점을 간추린 책이다. 11책의 필사본으로 "桂山房編"이라고 하였다. 우암의 수제자인 장암(丈巖) 정호(鄭澔)의 자손 집에 소장되어 있다고 한다. 필자는 보지 못하였다. 계산방(桂山房)은 당호(堂號)인 듯한데 누구를 지칭하였는지는 알 수 없다.

077C. 간삼신편 簡三新編

[전존]

개요

요즘 사람 정상원(鄭尙源)이 직접 베낀 필사본으로 내용은 볼만한 것이 없지만 그가 적은 서문은 고찰할 가치가 있다. 필사본 3책. 권수(卷首)에 "三方撮要卷之一"이라고 표제되어 있기 때문에 《삼방촬요三方撮要》에서 처방만 발췌한 책이라고 생각한다. 〈필자 소장〉

내용서지

◎ 《간삼신편》 서문

……, 曾聞, 孝宗朝與尤庵先正, 召集八域內名醫, 講論經驗鍼灸藥等百千萬言, 下名曰三方云, 而雖欲願一, 秘苑所藏, 烏可易遂也, 且挽近尤不可留意於此, 幸因崔友念齋之抄置, 借得以抄, 鍼灸之外, 只抄藥方, 以簡三新編目之, ……, 乙亥六月下瀚, 星南老夫書。

…… 일찍이 듣기로, 효종께서 우암 선생과 함께 전국의 명의들을 모아 그들이 경험한 침구·약재 등에 대해 많은 강론을 하시고 책으로 엮은 다음 《삼방三方》이란 이름을 내리셨다고 한다. 한 번이라도 보고 싶으나 궁궐 비원(秘苑)에 소장되어 있으니 어찌 쉽게 이룰 수 있겠는가. 최근 들어서 아예 이 책을 생각하지 않고 있다가 다행히 친구 최염재(崔念齋)가 베껴둔 것을 빌려 다시 베꼈는데 침구 이외에 처방만 베낀 뒤 《간삼신편》이라고 제목을 붙였다. …… 을해년 6월 하순, 성남노부(星南老夫) 적다.

078A. 두창경험방 痘瘡經驗方

1권

박진희(朴震禧) 지음

[전존]

개요

이 책의 간본 및 필사본은 다소 전해지고 있지만, 발문이 있는 간본은 드물다. 치쿠젠(筑前) 마에마 교오사쿠(前間恭作) 옹의 집에서 보게 된 판본을 기준으로 해제한다. 〈〔부도25〕 참조〉

형태서지

1권 1책, 숙종 37년 신묘1711 상주목 중간(尙州牧重刊). **|판식版式|** 목판본, 반곽 세로 20 × 가로 16㎝, 10행 17자, 한글이 포함됨. **|지수紙數|** 본문 71매, 발문 2매. **|인기印記|** "金濟謙"이 있다.

내용서지

◎ 《두창경험방》 발문[1]

凡人之病，根於中者難治，發於外者易治，此醫家之定論也。然懸疣附贅，若痔若瘍，似乎一決而可去，或終身僕於醫門，而不見驗，往往因以滅其生。素問以下，諸

1 원서에는 일부 내용만 있지만 역자가 보충하여 실었다.

家雜方，不翅盈車，而書不可盡信，有如此者，吾獨於朴公經驗方一編，竊有取焉。

惟痘瘡亦發於外者也，得其方以治之，易於消疽，失其方以治之，難於去贅。蓋其症節有序，成就有期，發而脹，膿而痂，歷四三日而吉凶判。救治之道，亦自有漸，察其形色，審其氣候，四序之用，各異其方，先三日而試之，後三日而驗之，雖燕北越南之人，皆可以一法施之。是書也，約而易曉，簡而易行，五寸之矩，足以盡天下之方，則豈向所謂盈車者匹哉。

今之國師，實祖是方，屢試而不一失，主上嘉之，嘗欲博施而濟衆，士大夫家，無不傳本以丌閣之，其慮之也深矣。吾觀嶺俗最爲忌避，聞風百里，驚竄跳匿，十家八空，或夭昏札瘥，相續於閭巷，甚可惻也。噫，朴公之方，行於京師，不及於嶺，獨不得蒙其澤，嶺民何負於朴公哉。於是求取一本，募工而剞劂之，以廣其傳，俾得家藏，而戶有朴公之秘機妙權，瞭然於一開卷，人人皆可以自治，則斯亦冥逕指南之一少助也。歐陽子稱治民如治病，治民非吾任，醫民則有不敢讓焉爾。

辛卯十二月日，駒城李世恒書于商山製錦軒。

사람의 모든 병 중에서 몸속에 뿌리 내린 증상은 고치기 어렵고 겉에 생긴 증상은 고치기 쉬운 법이라는 것이 의가의 일반적인 이론이다. 그러나 사마귀나 혹이나 치질이나 창양(瘡瘍)같은 것은 마치 한번 째면 없어질 것 같지만 평생 의원에게 다녀도 효과를 보지 못한 채 종종 이로 인해 삶을 다하는 경우도 간혹 있다. 《소문素問》 이래로 여러 사람이 쓴 의서가 수레를 채울 정도로 많지만 그 내용 전체에 확신이 드는 것은 아니다. 그런데도 내가 박 공의 《두창경험방》 한 권에서만큼은 마음에서 깨달은 점이 있었다.

생각건대 두창도 겉에 생긴 증상이다. 적합한 처방을 얻어 치료하면 옹저를 없애기보다 쉽지만 적합하지 않은 처방으로 치료하면 혹을 떼기보다 어렵다. 두창은 증상의 단계에 순서가 있고 각 단계마다 정해진 날짜가 있는 법이다. 열이 난 뒤에 부어오르고 고름이 나온 뒤에 딱지가 생기는데 각 단계마다 3~4일이 지나면 예후의 길흉이 판가름 난다. 치료의 방법도 역시 순서를 따라야 하니 환자의 형색과 상태를 자세히 살피고 날씨를 고려한 다음 4단계에 따라 처방을 다르게 사용한다면 앞 단계의 3일 동안 약을 쓴 결과가 뒤의 3일 동안 증명될 것이다. 이렇게 하면 연(燕)의 이북이건 월(越)의 이남이건 모든 사람이 같은 방법으로 치료할 수 있다. 이 책은 요약되어 쉽게 이해할 수 있고 간단하여 쉽게 따라할 수 있다. 5촌의 곱자로 이 세상을 모두 잴 수 있는 격이니 어찌 앞에서 말한 수레를 채울 정도로 많은 책과 비교를 하겠는가.

현재의 태의(太醫)께서 실제로 이 처방을 익힌 다음 여러 번 시험하여 한 번도 치료에 실패하지 않자 주상께서 많이 기뻐하셨다. 주상께서는 예전부터 널리 베풀고 백성을 구제하려는 마음으로 사대부 집안마다 모두 이 책을 전하여 서가에 놓여있게 하시려고 했으니 참으로 사려 깊은 분이시리라. 내가 지켜보니 경상도에서는 두창을 매우 기피하여 백리 밖에서 들려오는 소문을 듣고 놀라 도망쳐서 열 집 중에 여덟이 비었고 더러 병으로 죽은 자들이 거리에 줄지어 있다고 하니 매우 측은한 일이다. 아, 박 공의 책이 도성에는 보급되었으나 경상도에는 미치지 못하여 유독 그 혜택을 보지 못하고 있으니 경상도 백성이 박 공에게 무슨 잘못을 해서 그렇겠는가. 그래서 이 책 한 권을 구하여 각수를 불러 판각하고 널리 전파하여 집마다 소장하게 하였으니 집마다 박 공의 비법을 가지게 되었다. 책을 한번 펼쳐 보면 일목요연하게 알 수 있어서 사람마다 모두 스스로 치료할 수 있게 되었으니 이 또한 어두운 곳에서 길을 인도해주는 나침반처럼 작은 도움이 될 것이다. 구양수(歐陽修)는 백성을 다스릴 때 환자를 치료하는 것 같이 해야 한다고 했다. 백성을 다스리는 일은 나의 소임이 아니지만 백성을 치료하는 일만큼은 감히 사양하지 않겠노라.

신묘년1711 12월. 구성(駒城, 용인) 이세항(李世恒)이 상산(商山, 상주) 제금헌(製錦軒)에서 쓰다.

본문내용

대강의 목차는 다음과 같다.

◎《두창경험방》 목차

稀痘方, 延生第一方, 三豆飮, 辨痘證, 飮食, 禁忌, 發熱三朝(…… 藥方), 出痘三朝, 出痘終日(…… 藥方), 出痘時變證經驗, 起脹三日, 貫膿三日, 收靨三日[⊟]

저자가 여러 해에 걸쳐 실제 겪은 경험을 바탕으로 편찬되었기 때문에 다분히 독창적이고 출중한 내용을 담고 있다. 조선 중기 이후 이 책을 두창 치료법의 제일로

⊟ 각 조문에 한글 풀이가 삽입되어 있다.

여기고 이 책을 근거로 치료했던 까닭은 이 책의 진가가 그러했기 때문이다. 책의 말미에 결론에 해당하는 조문이 있다. 짧지만 저자가 주창한 의술을 잘 설명하고 있는 듯하므로 여기에 모두 실어 내용 설명을 대신한다.

◎ 《두창경험방》 본문 일부

全氏曰, 按錢氏、潔古、陳氏、丹溪說, 皆非也。余嘗依古之方書, 試於人無慮千萬, 幷無顯效, 潛心積慮十餘年, 而一日忽有所得。謂痘瘡如癘疫, 則治癘疫當主於疎瀉, 而痘瘡疎瀉, 則反致內虛而死, 謂痘瘡如癰瘇, 則治癰瘇以不膿爲善, 而痘瘡不膿, 則反爲內吸而死。蓋痘瘡雖曰本五臟之毒, 而脾爲之主也。足太陰脾經所司者, 肌肉也, 脾胃充實, 生氣滿盈, 痘瘡自順, 有何邪熱爲祟乎。乃用四君子湯·保元湯等藥以補之, 則得效者什常七分, 痘瘡之出於脾, 明矣。而似無百發百中萬擧萬全之奇效, 更爲硏究, 非急補則難得急效, 遂用欲急補, 用五石之訓。以人參安魂定魂, 以黃芪補氣, 以當歸身補血, 而以石雄黃專補脾土, 謂之四聖回天湯。痘形已發, 辨其非他證然後, 人參·當歸身·黃芪各二錢, 水一升三合, 煎至四五合, 石雄黃極細末五分和下。熱極盛黑陷甚, 則加白朮二錢, 而人參·黃芪·當歸身各三錢, 雄黃末用七分。用此藥一貼, 則寒戰者、咬呀者、紫黑者、目直視者、氣將絶者, 卽刻起脹, 無不回生, 連用以永差爲度。用此藥則什全十、百全百、千全千, 不用此藥則死, 此藥之功, 不亦大乎。九原可作, 請與丹溪、東垣, 較其是非而正之。

전유형(全有亨)이 다음과 같이 말하였다. 전을(錢乙)·결고(潔古, 유완소劉完素)·진문중(陳文中)·단계(丹溪, 주진형朱震亨)의 설명을 살펴보니 모두 틀렸다. 내가 일찍이 옛 의서에 나온 방법을 따라 수많은 사람에게 시험해 보았으나 모두 대단한 효과는 없었다. 10여 년 동안 생각에 생각을 거듭하다가 어느 날 문득 깨친 바가 있었다. 두창이 여역(癘疫)과 같다고 하는데 여역은 배출시켜 치료해야 하지만 두창에 배출시키면 도리어 속이 허해져 죽게 된다. 또 두창이 옹종과 유사하다고 하는데 옹종은 고름이 잡히지 않는 것을 좋다고 여기지만 두창에 고름이 잡히지 않으면 도리어 안으로 독기가 스며들어 가서 죽게 된다. 아마 두창이 오장에 쌓인 독기 때문에 생긴다고 하더라도 비장이 관장하기 때문일 것이다. 족태음비경(足太陰脾經)이 관장하는 것은 기육(肌肉)이다. 비위가 충실하여 생기가 가득하면 두창은 절로 순조롭게 지나가니 어떤 열사(熱邪)가 아프게 하겠는가. 그래서 사군자탕·보원탕 등의 약을 써서 보해주면 효과를 보는 경우가 열에 일곱 정도이니 두창의 증상은 비장에서 나오는 게 분명하다.

그러나 백발백중의 신기한 효과는 없는 듯하여 더 궁리해 보았더니 급히 보하지 않으면 빠른 효과를 얻기 어려웠으므로 드디어 급히 보해야 할 때는 오석(五石)을 사용해야 한다는 가르침을 얻었다. 인삼으로 혼백을 안정시키고 황기로 기를 보하며 당귀신(當歸身)으로 혈을 보하게 하고 석웅황으로 오로지 비토(脾土)를 보하게 하여 사성회천탕(四聖回天湯)이라고 하였다. 두창의 외증이 나타나면 다른 병이 아닌 것을 확인한 뒤에 인삼・당귀신・황기 각 2돈을 물 1되 3홉에 넣고 달이다가 4~5홉이 되면 아주 곱게 간 석웅황 5푼을 타서 넘긴다. 열이 무척 심하고 두창이 매우 검게 함몰된 경우에는 백출 2돈을 더하고 인삼・당귀신・황기를 각 3돈, 석웅황가루를 7푼 쓴다. 이 약을 1첩 사용하면 오한으로 떨거나, 이를 악물거나, 피부가 자흑색이거나, 초점을 잃고 한 곳을 바라보거나, 숨이 끊어지려는 경우라도 즉시 두창이 부풀어 오르며 살아날 것이니 완전히 나을 때까지 계속 써야 한다. 이 약을 쓰면 열이면 열, 백이면 백, 천이면 천 모두 나을 것이며 이 약을 쓰지 않으면 죽을 것이니 이 약의 공로가 대단하지 않은가. 죽은 사람을 다시 일으킬 수 있다면 단계(丹溪)나 동원(東垣, 이고李杲)에게 청하여 옳고 그름을 비교하고 바로잡을 일이다.

고찰

마에마 교오사쿠 옹에 의하면 《두창경험방》은 박영(朴英)〈전기는 〔046장〕에서 설명하였다〉이 저술하였다고 하였지만, 홍만선(洪萬選)〈숙종 대의 사람이다〉이 지은 《산림경제山林經濟》에 "《두창경험방》은 박진희의 저작이다〔痘瘡經驗方, 朴震禧所著〕"라고 하였고 인용된 내용도 이 책과 비슷하다. 그러므로 중종 때〈박영의 활동 시기〉의 책으로 보기 어렵다. 박진희라는 사람의 삶에 대해서는 안타깝게도 알려진 사실이 많지 않다. 하지만 저자가 박진희임은 틀림없어 보이며, 출간된 시기는 아마도 인조 후기에서 현종 대 사이인 듯하다.

덧붙여, 《고사촬요》〈숙종 초기 및 영조 대 간본〉에 실린 〈두창경험방〉은 이 책을 베낀 것이다.[2]

---

2 《고사촬요》의 《두창경험방》은 3권부록본(숙종 1년 간본)에 처음 등장하여 이후 4권본(영조 19년 간본)과 5권본(영조 중기 간본)에도 계속 수록되었다. 《두창경험방》과 내용이 완전히 같지는 않지만 직접적인 영향을 받았다(김상현, 2020).

078B. 용산요두편 龍山療痘篇

이번(李藩) 지음

〈 필자는 보지 못하였다 〉

개요

현종 13년 임자1672 이번(李藩) 〈 자는 중거(仲擧)이다 〉 이 지은 책으로 《두창경험방痘瘡經驗方》 〈 [078A장] 참고 〉 이후에 나온 두창(痘瘡) 전문서이다 〈 김두종(金斗鍾)의 기술에 따른다 〉.

079. 경험방휘편 經驗方彙編

1권

이의태(李義泰) 지음

[전존]

개요

마에마 교오사쿠(前間恭作) 옹이 이 책을 소장하고 있다.

1권 1책, 필사본. 각종 병증에 대하여 경험한 치료 처방을 모아 놓은 책이다. 마에마 옹에 따르면 이의태(李義泰)는 《사의경험방四醫經驗方》의 "사의(四醫)" 가운데 한 명인 이석간(李碩幹)의 후손이라고 한다.

역자 부기

현재 일본 토오요오문고(東洋文庫) 소장본이 공개되어 있다. 이 책의 표제는 "經驗方"이며, 《두창경험방》과 《경험방휘편》이 합본 되어 있다. 이 소장본에 따르면 《경험방휘편》의 내용은 《사의경험방》의 내용과 대동소이하며 권두제 다음에 아래와 같이 적혀 있다. 이러한 정황들로 보았을 때, 이의태(李義泰)가 《사의경험방四醫經驗方》의 최초 편집자일 가능성이 있다. 이에 대해서 앞으로 연구되기를 바란다.

◎ 《경험방휘편》 모두(冒頭)

李碩幹所撰, 蔡得己所撰, 朴濂所撰, 許任所撰, 本草抄, 東醫寶鑑抄, 聞見方抄, 李碩幹孫義泰彙集。

이석간・채득기・박렴・허임이 지은 책과 《본초》・《동의보감》・《문견방》에서 초록한 것을 이석간의 후손 이의태(李義泰)가 모으고 엮었다.

080. 이국미방 李國美方 · 전방 全方 · 윤방 尹方
081. 백의방 白醫方 · 오방 吳方 · 문생방 文生方
082. 지리산승방 智異山僧方

[모두 일실]

개요

《이국미방》·《전방》·《윤방》·《백의방》·《오방》·《문생방》·《지리산승방》은 홍만선(洪萬選)의 《산림경제山林經濟》(제3부 〔037장〕 참조)에 인용된 서적들이다. 당시 세간에 통행되었던 책들인 듯하다. 지금은 이에 대해 더 이상 설명할 수 없다. 앞으로 연구되기를 바란다.

083. 의방 醫方 가제假題[1]

창성군(昌成君) 이필(李佖) 지음

[일실]

개요

《숙종실록》에 다음과 같이 기록되어 있다.

◎ 《숙종실록》 숙종 9년 계해1683 12월 3일 기사[2]

昌城君佖進冊子。佖精於醫理, 故考取明朝學士等上神宗題本, 兼採痘後調理之方, 作一冊子, 附箚以進, 上賜優批。

창성군 이필(李佖)이 서책을 올렸다. 이필은 의학에 정통하였으므로 명(明)의 학자들이 신종(神宗)에게 올린 책의 내용을 뽑고, 아울러 두창(痘瘡) 후에 몸조리하는 방법을 채록하여 하나의 서책으로 만든 후 차자(箚子)와 함께 올렸더니 주상께서 뛰어나다고 비답을 내렸다.

인물전기

이필(李佖, 1627－1689). 왕족의 한 사람이나 수중에 《선원계보璿源系譜》 등이 없으므로 전기에 관해 앞으로 연구되기를 바란다.[3]

---

1 원서에는 없으나 본 서명이 아니므로 역자가 추가하였다.

2 원서에는 내용이 요약되어 있으나 역자가 원문을 인용하여 실었다.

3 자는 자의(子儀), 군호는 창성군(昌城君)이다. 선조의 별자(別子) 경창군(慶昌君)의 아들 네 명 가운데 막내이다. 어려서 내외상(內外喪)을 당하여 몸을 상한 후 여러 해 동안 병을 앓았고, 이를 계기로 의술을 깊이 터득하였다. 의학에 밝았으므로 조정에서 약을 의논하는 일에 늘 참여하였다. 숙종 4년(무오1678)에는 임금의 병환에 직접 입진하여 약을 의논하기도 하였다.

084. 주촌신방 舟村新方

신만(申曼) 지음

[전존]

개요

숙종 13년 정묘1687의 저술로, 필사본이 전해진다. 근래 옥천(沃川)에서 현대 활자본으로 유포되었다.

내용서지

◎ 《주촌신방》 서문[1]

古人治病，用意不同，立方甚煩。今於諸症，果難精擇其當劑，而雜試諸方，使標本失次，虛實雜辨，多致不救之境，寧不懼哉。且當急病，臨時考方，有若當局之迷，恒多不及之患，迨其病未發之時，宜熟覽古方，使心目瞭然於諸症，而預備緊入之材，然後庶可趁其症情之未危而治之也。然鄉鄙貧家，猝難博考諸方，覓用重材，終未免束手待盡，非所以濟夭之意也。今者古方湯散丸中，擇其緊妙之劑，減其難得之材，而另加鄉産之性相近者，更爲製方，雖涉僭越，庶可爲活命之一助焉。

上之十三年 肅廟朝 三月下澣，舟村申曼序。

옛사람들이 병을 치료할 때 상황에 따라 생각이 달랐기 때문에 만들어진 처방이 매우 많다. 지금 여러 증상을 마주할 때마다 과연 그에 적당한 처방을 정확하게 고르기가 어렵기 때문에 여러 처방을 이것저것 시험하느라 표치(標治)와 본치(本治)의 순서도 잃고 허증(虛證)과 실증(實證)의 판단도 섞이게 되어 결국 치료

1 원서에는 일부 내용만 있지만 역자가 보충하여 실었다.

하지 못하는 경우가 많으니 어찌 걱정스럽지 않겠는가. 또 위급한 병이 생겼을 때는 즉시 의서를 찾아보려 해도 당장의 국면에 미혹되어 병을 치료하지 못하는 경우가 늘상 많다. 병이 아직 발병하지 않았을 때는 당연히 옛 의서를 충분히 찾아보아 여러 증상이 눈앞에 또렷하게 보일 것처럼 하고 나서 미리 긴요한 약재를 준비할 테니 그렇게 한 후에는 아마 증상이 위독해지기 전에 치료할 수 있을 것이다. 그러나 궁벽한 마을이나 가난한 집안에서는 갑자기 여러 방서를 널리 찾아보거나 귀중한 약재를 구하기 어려울 것이니 결국 손을 쓰지 못한 채 죽음만 기다리는 상황에서 벗어나지 못하게 된다. 이는 의서로 사람들을 요절에서 구제하려는 의도가 아닐 것이다. 그래서 이번에 옛 의서의 처방들 가운데 요긴한 처방을 뽑고 구하기 어려운 약재를 줄인 후 약성이 비슷한 향약재를 별도로 추가하여 다시 처방을 만들었다. 비록 주제넘은 일이지만 아마 생명을 살리는 데 작은 도움은 될 것이다.

숙종 13년 정묘1687 3월 하순. 주촌(舟村) 신만(申曼)이 서문을 쓰다.

본문내용

소아편(小兒編)·부인편(婦人編)·대인편(大人編) 이렇게 3편으로 되어 있다. 소아편에서는 운기론(運氣論)·소아병총론(小兒病總論) 등 90항에 나누어 소아의 여러 병증을 자세히 설명하고 〈제2부 〔093장〕에서 해제한 《보유신편保幼新編》과 비슷한 부분이 많다〉 처방을 실었다. 부인편에는 산전(産前)·산후(産後)·구사(求嗣)에 사용할 수 있는 처방을 기술하였다. 대인편에는 상한(傷寒)·중서(中暑) 등 17항에 대해 관련 증상을 설명하고 처방을 실었다. 말미에는 약성가(藥性歌)를 두었다〈현대 활자본에 따름〉.

인물전기

신만(申曼, 1620－1669). 자는 만천(曼倩), 호는 주촌(舟村), 본관은 평산(平山)이다. 송시열(宋時烈)의 문인이다. 인조 15년 정축1637 병자호란 때 어머니와 처가 절개를 지키고 강화도에서 죽은 뒤, 뜻을 접고 벼슬 없이 살며 평생 청나라의 물건을 가까이하지 않았다. 진잠(鎭岑)에 은거하여 제자 교육에 힘썼다. 벼슬을 하지 않았으나 후에 이조 판서로 추증(追贈)되었고, 효의(孝義)라는 시호(諡號)를 받았다.

085. 백광현지사공유사 白光炫知事公遺事

부附 **경험방**經驗方 필사본 1책

[전존]

개요

백광현(白光炫)의 행적을 기술한 책으로 그의 《경험방經驗方》(16조로 《약원원지藥院院誌》에 실려 있던 것)이 덧붙어 있다.(필자 소장)

인물전기

백광현(白光炫, 1625－1697). 자는 숙미(叔微)[1], 본관은 임천(林川)이다. 인조 초기에 태어났다. 사람됨이 순박하고 신중하며 좀 모자란 사람 같을 정도로 온순하였다. 키가 크고 수염이 멋졌으며 눈은 반짝반짝 빛났다. 처음에는 말을 잘 치료하였는데 오로지 침으로 치료하였지만 의서에 바탕을 둔 치료법은 아니었다. 더욱 숙련된 뒤에는 사람의 종창(腫瘡)에 침술을 시험하여 때때로 신기한 효과를 거두다가 마침내 사람을 전문으로 치료하기에 이르렀다. 정저(疔疽)의 독(毒)이 왕성하고 뿌리가 있는 경우, 옛 의서에는 치료법이 나오지 않았으나 그는 이런 때에 반드시 대침(大鍼)으로 환부를 갈라 독기를 흝고 뿌리를 뽑아 기사회생시켰다. 그의 치료법은 지나치게 맹렬하였지만 효과가 있어 살린 사람이 많았다. 점차 환자들이 그에게 모여들었고 그 역시 의술 연구를 게을리하지 않았으며 신분과 친소를 따지지 않고 부탁하면 바로 가서 온 힘을 다해 치료에 임했다. 숙종 초기에 어의에 선발되

1 미숙(微叔)으로 된 곳도 있다.

었고 현감 등을 역임하였으며 숭록대부에 이르렀다. 숙종 23년정축1697 2월 9일 73세로 세상을 떠났다. 그의 아들 백흥령(白興齡)이 그의 의업을 계승하였고 제자로 박순(朴淳)이 있었다. 그들도 치종(治腫) 치료로 명성을 얻었다. 정(疔)・저(疽) 절개의 방법은 백광현에서 시작되어 후학들이 모두 그를 따랐지만 그에 못 미쳤다고 한다.[2]

◎ 《완암집浣巖集》〈백태의전白太醫傳〉[3]

白太醫傳

太醫白光炫者，小家子也。生於仁祖世，爲人醇謹，在鄕里恂恂若愚人。身長大好鬚髯，目炯炯有光。家素貧，常衣大布貼裏，戴破笠，施施行市隧閒，從人匄貸，人多厭之，少年或觝踢侮戱，光炫笑而不怒。初善醫馬，專用鍼療之，不本方書，久益手熟，以試人腫瘡，往往有奇效，遂專以治人爲務，以是周行閭閻，得視人腫瘡甚多，其知益精而鍼益善。凡疔疽毒盛有根者，古方無治法，而光炫遇之，必用大鍼決裂，疏毒拔根，能轉死爲生，初則用鍼過猛，或至殺人，然其效而活者且衆，故病者日集其門，而光炫亦自喜其術，爲之益力不懈，用此名聲大振，號曰神醫。肅廟初，選補御醫，有功輒加秩至崇品，而歷職爲縣監，閭里榮之，然其遇病者，無貴賤疏親，有請卽往，往必盡心極能，見其良已然後止，不以老且貴爲解，非惟爲技能所使，盖其天性然也。

余年十五時，內舅姜君病唇疔，邀白太醫視之，曰不可爲矣，恨不前二日見之，急治喪具，夜必死，至夜果然。時白太醫已篤老，而神識尙全，能知病死生，不失毫髮，其在盛時，至某家治某病而得神效起死云者，非妄語也。白太醫卒，其子興齡嗣爲業，粗有能聲，弟子有朴淳者，亦以治腫名，今世疔疽決裂之法，自白太醫始，而後學者傳爲經驗之方，然其子孫與他人學者，皆莫能及焉。人有病疽毒難治者，必歎曰世無白光炫，噫，死而已矣。

백광현 전기

태의(太醫) 백광현(白光炫)은 인조 대에 가난한 집에서 태어났다. 사람됨이 순박하고 신중하여 고향에 있을 적에는 바보 같을 정도로 온순하였다. 키가 크고

---

2 백광현(白光炫)의 이 전기는 《완암집浣巖集》〈백태의전白太醫傳〉을 바탕으로 한 것이다. 아래 전문을 싣는다. 그의 전기는 《귀록집歸鹿集》〈백지사묘표白知事墓表〉에도 보인다.

3 원서에는 존재하지 않지만 역자가 추가하였다.

수염이 멋졌으며 눈은 반짝반짝 빛났다. 집이 본디 가난하여 항상 속을 덧댄 누더기를 입고 터진 삿갓을 쓴 채 느릿느릿 시장 골목을 다니다가 사람들을 쫓아 다니며 구걸하였으므로 사람들이 대부분 싫어하였고 아이들은 간혹 밀거나 발길질하며 조롱하기도 했으나 광현은 씨익 웃을 뿐 화를 내지 않았다. 애초부터 그는 말을 치료하는 데 능하여 오로지 침으로만 치료하였지만 의서에 바탕을 두지는 않았다. 세월이 흘러 침술이 무르익은 후 사람의 종창(腫瘡)에 자신의 침술을 시험해 보았더니 종종 신기한 효과가 있었고 마침내 오로지 사람을 치료하는 데 힘쓰게 되었다. 이렇게 마을을 돌아다니며 사람의 종창을 살피게 되는 일이 매우 많아지면서 그의 지식은 더욱 정밀해지고 침술은 더욱 발전하였다. 정저(疔疽) 같이 심하게 붓고 뿌리가 박힌 경우에는 옛 의서에 치료법이 나오지 않았으나 그는 이런 때에 반드시 대침(大鍼)으로 환부를 갈라 독기를 내보내고 뿌리를 뽑음으로써 죽어가는 사람을 살릴 수 있었다. 초창기에는 침술이 너무 맹렬하여 환자를 죽게 만드는 경우도 더러 있었으나 효과를 보아 살아난 사람이 더욱 많았다. 그러므로 환자들이 날마다 그의 집 앞에 모여들었지만 광현은 기꺼이 자신의 침술을 펼치면서 더욱 노력하고 게으름을 피우지 않았다. 이 때문에 명성이 크게 퍼지고 신의(神醫)라고 불리게 되었다. 숙종 초에는 비어 있던 어의 자리에 뽑힌 후 공적을 세우면서 자급이 올라 숭품(崇品, 종1품)에 이르렀고 관직을 두루 거치다가 현감이 되자 온 마을에서 영광으로 여겼다. 그런데도 환자가 있으면 신분이나 친분에 상관없이 진료를 청할 때 즉시 왕진을 갔고 왕진을 가면 반드시 마음을 다하고 최선을 다하여 병이 제대로 나은 것을 확인한 뒤에야 치료를 멈추었다. 나이가 들고 신분이 높아졌다고 치료하는 일에 해이해지지 않았으니 단순히 침술을 써야 했기 때문이 아니라 천성이 그랬기 때문이리라.

내가 50세 때 처남인 강 군이 입술에 정저(疔疽)가 생겨 백 태의를 모셔와 상태를 보이니 "치료할 수 없습니다. 이틀 전에 보지 못한 것이 안타깝습니다. 서둘러 장례 도구를 준비하십시오. 밤에 분명 죽을 것입니다."라고 하였고 밤이 되자 과연 그렇게 되었다. 당시 백 태의는 이미 많이 늙었으나 총기는 여전히 또렷하여 환자의 생사를 알아차리는 데 털끝만큼도 틀리지 않았으니 그가 한창때 누구 집에 가서 어떤 병을 치료하였더니 신기한 효과를 얻어 죽을 사람을 살렸다는 말들은 헛소문이 아니었다. 백 태의가 죽자 그의 아들 백흥령(白興齡)이 의업을 이어 어느 정도 명성이 있었고 제자 중에 박순(朴淳)이라는 사람도 종기 치료로 이름이 났으니 지금 정저(疔疽)를 째는 치료법은 백 태의로부터 시작된 이래로 후학들이 책으로 써서 경험방을 마련한 것이다. 그러나 그의 자손과 다른 제자들은 모두 그의 침술에 미치지 못하였다. 사람들이 정저를 앓아 치료하기 어려운 경우가 생기거든 분명히 "백광현이 세상에 없으니 이제 죽을 수밖에 없구나"라고 탄식할 것이다.

◎ 《백광현지사공유사》 백광현 인물 설명 부분[4]

公諱光玹, 字叔微, 系出林川。早習弓馬之才, 入屬禁旅者, 盖爲家貧親老故也。偶因墜馬落傷, 轉輾沈重, 將至癃廢。邀致鄕醫有名者, 留置家中, 以爲療治。凡其腧穴所注, 鍼炙所施, 心自默想, 兼解奇方, 於是, 慨然有志於司命之術。常藏鍼子囊中, 每於射場有暇, 則輒出而磨之。同射戱之曰, 君將欲殺人耶。公笑曰, 若曺他日必求活於我也。聞有瘡瘍者, 輒自往治之, 如是積久, 自然神悟。見病者, 辨症候決死生, 一於形聲之間, 而無甚知者。

백 공의 이름은 광현(光玹), 자는 숙미(叔微)이며, 관향은 임천(林川)이다. 어릴 때부터 활쏘기와 말타기 등의 무예를 익혀 도성 수비군인 금려(禁旅)에 들어갔으니 이는 가난한 집안과 연로하신 부모님 때문이었다. 우연히 말에서 떨어져 다친 후로 시간이 갈수록 점점 심각해지더니 이제는 장애가 생길 지경이 되었다. 그래서 동네 의원 중에 유명한 분을 모셔와 집 안에 머물게 하면서 치료하게 하였다. 백 공은 의원이 경혈을 찾는 방법과 침과 뜸을 놓는 방식을 보고 마음속으로 깊이 생각하면서 신기한 방법까지 이해하였고 이때 망설임 없이 의술에 뜻을 두었다. 항상 주머니에 침을 넣고 다니면서 활쏘기장에서 틈이 날 때마다 침을 꺼내 날카롭게 갈았다. 동료 궁수가 "그대는 장차 그 침으로 사람을 죽이려는가?"하고 놀리면, 백 공은 웃으며 "그대들이 나중에 반드시 나에게 목숨을 구해달라고 할 것이네."라고 하였다. 종기가 난 자가 있다는 소식을 들으면 즉시 직접 가서 치료해 주었으며 이렇게 치료한 경험이 오래 쌓여 저절로 신묘한 깨달음을 얻었다. 병자를 볼 때면 늘 모습을 보고 목소리를 듣는 순간에 환자의 증상을 판별하고 생사를 결정하였으나 제대로 알아주는 이가 없었다.

---

4 원서에는 존재하지 않지만 역자가 추가하였다.

086. 고금경험활유방 古今經驗活幼方

1권

유상(柳瑺) 지음

[전존]

형태서지

두창(痘瘡) 전문서로서 36매로 이루어진 필사본 1책이다. 표지 안쪽 면에 후대 사람이 아래와 같이 기록해 놓았다. 〈 다케다 교우서옥(武田杏雨書屋) 켄켄사이(乾乾齋) 소장본을 기준으로 해제한다 〉

◎ 《고금경험활유방》 후대 가필

肅宗朝時柳相[1]所著, 詳察其症勢, 參攷於良劑, 則庶可有助活幼之方矣。

숙종 때 사람인 유 공의 저작이다. 증상을 자세히 살피고 이 책에서 좋은 처방을 고민한다면 아마 아이를 살리는 방법에 도움이 될 것이다.

본문내용

대강의 목차는 아래와 같다.

◎ 《고금경험활유방》 목차

論治痘藥性, 患痘十五日內不治死症論, 發熱三朝內決生死門, 報痘三朝決生死門, 起脹三朝內決生死門, 貫膿三朝決生死門, 結靨三朝內決生死門, 發熱三朝症治門, 報痘三朝症治門, 起脹三朝症治門, 貫膿三朝症治門, 收靨三朝症治門, 痘後餘毒

---

[1] '相'은 경칭이다.

症治, 痘瘡首尾戒忌例, 食治, 預防痘瘡集方, 預解胎毒方, 麻疹論

각 목차에 따라 먼저 증후를 싣고 그때 쓰는 처방·치료법을 설명하였다.

《두창경험방痘瘡經驗方》을 조술(祖述)한 책으로, 이에 대해 부연한 내용이 본문을 이루고 있다.

인물전기

유상(柳瑺, 1643-1723). 숙종 대의 두의(痘醫)로 내의(內醫) 및 지중추부사를 지냈다.

087. 단곡경험방 丹谷經驗方

필사본 4권

이진태(李鎭泰) 지음

[전존]

〈 필자는 보지 못하였다 〉

개요

행림서원(杏林書院) 주인 이태호(李泰浩) 씨가 필자에게 “이진태(李鎭泰)는 호가 단곡(丹谷)이고 본관은 영천(永川)이다. 숙종・영조 때 사람이다. 그가 지은 《경험방經驗方》은 영남(嶠南) 의가(醫家)의 비방이다. 이진태의 자손에게 들은 말이다.” 라고 알려주었다. 단곡 이진태의 조상은 행암(杏巖) 이윤량(李潤樑) 〈《영천이씨족보永川李氏族譜》에 따르면 명(明)에 불려가 황후의 병을 치료하였고, 내의원 판사(判事)에 이르렀다고 한다 〉이다.[1] 모봉(帽峰) 이충흡(李忠熻) 〈 명의로 당대에 이름을 떨쳤다 〉, 구한말에 활동한 봉강(鳳岡) 이희태(李羲泰) 〈《부인경험방婦人經驗方》을 저술하였다 〉가 그의 후손이다.

1 조선시대 내의원에는 판사라는 관직이 없었으므로 오류로 보인다. 묘갈(墓碣)에 따르면 내의원 봉사(奉事)를 지낸 것으로 보인다(박훈평, 2018).

088. 의문보감 醫門寶鑑

8권

주명신(周命新) 지음, 이명석(李命錫) 교정

[전존]

개요

다이쇼(大正) 7년1918 후학 이명석이 교정본을 새로 간행하면서 이 책의 존재를 알 수 있게 되었다. 원저작은 경종 4년갑진1724에 저술되었다.

내용서지

◎ 《의문보감》 자서[1]

世之攻乎醫者, 莫不有博施濟衆之志, 軒岐尙矣, 華扁以下, 仲景皇甫之賢, 生而有神術以救札瘥, 沒而有著書以詔後學, 古人之用心, 勤且摯矣, 但言不盡意, 書不盡言, 自非聞一知十之才, 有難默識而妙解, 故讀其書而學其術者, 猶不能盡傳其妙, 則向所謂博施濟衆之志, 雖能行於生前, 而未見功於身後矣。降自魏晋以及元明, 良醫輩出, 著書愈多, 而詳略不同, 精粗各異, 間或有務爲發散而忽於補益, 又或有專言用藥而不及診證。是故古人有言曰, 東垣升陽補氣, 丹溪滋陰降火, 互看而並取之, 可也, 此誠達論也。我東陽平君許公, 纂集古今醫方, 著爲東醫寶鑑, 庶幾集群賢之大成, 而顧其爲書, 峡固汗漫, 語多重複, 詳者甚詳, 略者甚略, 世以是病之。余於壯年, 有志於斯, 脫略世事, 經營數十載, 勞神費精, 遍歷古今醫書, 撮其精要, 間亦竊附己意, 作爲此編, 而先論病源, 以分其所因, 次言治法, 終之以用藥,

1 원서에는 일부 내용만 있지만 역자가 보충하여 실었다.

又以古今名醫及己所經驗者，尾附于下，使學者開卷暸然，其視病根如指掌，則雖今初學庸醫，逐證尋方，庶乎不差其銖寸，而輕重得宜，本末有序，可以救萬世夭札之命，而措斯民於春臺壽域之中矣。苟有有志者，恕其僭踰而廣其傳布，以資診治，則豈曰無補於世乎哉。

歲在甲辰季春，尙州周命新序。

세상에서 의학에 전념한 사람이라면 널리 중생을 구제하려는 뜻을 가지지 않은 이가 없는 법이다. 헌원(軒轅)과 기백(岐伯)은 오래되었으나 화타와 편작 이래로 중경과 황보밀 같은 성현들을 생각해보면 살아서는 신효한 의술로 죽을병을 치료하셨고 돌아가서는 책을 남겨 후학들에게 알려주셨으니 고인들의 마음 씀씀이가 참으로 극진하도다. 그러나 말로는 뜻을 다 표현하지 못하며 글로는 말을 다 표현하지 못하니 하나를 듣고 열을 아는 자질이 아니라면 속뜻을 깨닫기 어려운 점이 있다. 그러므로 의서를 읽고 의술을 익히는 것만으로는 속뜻을 전부 전해 받지 못하니 예전에 성현께서 널리 중생을 구제하는 뜻을 생전에 행하였더라도 돌아가신 뒤에는 소용이 없다. 후대로 내려와 위・진에서 원・명 시대까지 훌륭한 의원들이 여럿 등장하고 의서가 더욱 많아졌지만 설명의 분량이나 의미의 자세함이 각각 다르다. 혹자는 발산에 힘쓰라 하면서 보익을 소홀히 하기도 하고 혹자는 약 쓰는 방법만 말하면서 진단이나 증론을 말하지 않기도 한다. 그러므로 옛사람이 “동원(東垣)은 양기를 끌어올려 기운을 보했고, 단계(丹溪)는 음기를 길러 화를 내렸으니 서로 참고하여 모두 취하는 편이 좋다.”고 한 말은 진실로 이치에 통달한 말이다. 우리 조선에서 양평군 허준 공께서 옛 의서를 모아 《동의보감》을 저술하였으니 옛 성현의 큰 성과를 거의 모았다고 할 수 있다. 그러나 그 책을 살펴보면 분량이 정말 많고 말이 중복되었으며 자세한 곳은 매우 자세하고 간략한 곳은 너무 간략하기 때문에 세상 사람들이 단점으로 여겼다. 내가 한창때 의술에 뜻을 두고 세상을 등진 채 수십 년 동안 노력하면서 마음과 정신을 다하여 고금의 의서를 두루 살피고 요점을 추렸으며 사이사이 내 의견을 살짝 붙여 이 책을 엮었다. 각 장마다 첫머리에는 병의 원인을 논하면서 병인을 나누었고, 그다음에 치료법을 설명하였으며, 끝에는 약 쓰는 법으로 마무리하였다. 그리고 고금의 명의들과 나의 경험을 마지막에 덧붙였다. 이로써 공부하는 이가 책을 펼치면 일목요연해져 병의 원인을 쉽게 알도록 하였으니 막 배우기 시작한 서툰 의원이라도 증상을 찾아 처방을 고르면 아마 조금도 착오가 없을 것이다. 또한 각 내용의 분량이 적당하고 병증 체계에 질서가 있으니 만세토록 병든 생명을 구제하여 사람들을 장수의 영역으로 올려놓기에 충분할 것이다. 의술에 뜻을 가지고 있던 사람이 있다면 내가 주제넘게 이 책을 널리 전하는 것을 용서하기를 바라지만 진단과 치료에 쓸 수 있다는 점에서는 어찌 세상에 보탬이 없다 하겠는가.

갑진년1904 3월, 상주 사람 주명신(周命新) 쓰다.

◎ 《의문보감》 서문[2]

我明元兩陵朝時，嶠南周岐下 命新，以醫學名於世，盖許陽平 浚 後，大拇也。始爲孝其親，博學精透，備諳盧扁之秘詮，晩著醫門寶鑑一書，以詔于來人。大抵斟酌古今同異，間附自己神知，欲以壽斯民於遐境，非徒爲一家寶藏已也。近世李畏齋 命錫，亦爲孝養，講明斯術，參訂損益，欲梓是書，俾彰岐下之苦心遺芬。吾聞孝子愛人，畏齋之是擧，亶出於推己及人，共躋春臺之一片至誠，豈非仁人之言其利博也哉。上古炎皇，憂民之夭札，嘗草劑藥，濟人之瘥瘍，功及萬世後代。醫學大明，名師神技，相踵而起，運氣診察之書，足以汗牛，而土地之氣候不同，稟質之壯脆各異，男女殊科，老弱變證，故古之良方，今或不合，寔由硏究之不精，叅酌之未深也。今是書之出，迷津者無仰不之歎，失路者免長嘯之恨，宜乎名編以醫門寶鑑。故緖其言而道之。

時丁丑仲秋，鐵馬山樵丁觀燮題。

조선 숙종에서 영조 연간에 교남(嶠南, 경상도)의 기하(岐下) 주명신(周命新)이 의학으로 이름을 떨쳤으니 양평군 허준 이후의 거벽(巨擘)으로 꼽힌다. 처음에는 부모님을 봉양하기 위하여 의학을 익혔으나 널리 배우고 깊게 파고들어 편작의 비결까지 모두 알게 되고 나서 늘그막에 《의문보감》 한 책을 저술하여 후인에게 남겼다. 이 책은 고금의 의서가 서로 같은지 다른지 따져보고 사이사이 자신이 겪은 지식을 덧붙여 모든 사람을 장수하게 하고자 하였으니 한 집안의 가보로만 소장하고 있을 책이 아니었다. 근래에 외재(畏齋) 이명석(李命錫) 또한 부모님을 봉양하기 위하여 의술을 연구하면서 교정하고 첨삭한 후 이 책을 간행하여 기하(岐下, 주명신)의 노고와 유지를 빛내고자 하였다. 내가 듣건대 효자는 다른 사람의 부모도 아낀다고 하였다. 외재(畏齋, 이명석)의 이번 행동은 단지 추기급인(推己及人)하여 함께 장수하고자 하는 작은 정성에서 시작되었으니 이것이 바로 '인자한 사람의 말은 그 이로움이 넓다'는 말이 아니겠는가. 먼 옛날 신농씨

2 원서에는 내용이 생략되어 있지만 역자가 추가하였다.

(神農氏)는 사람들이 병으로 요절하는 것을 염려하여 풀을 맛보고 약을 만들어 병든 사람을 구제하셨으니 그 공이 만세 후대까지 미쳤다. 의학이 크게 발전하여 이름난 의원과 신묘한 의술이 연이어 나타나고 운기나 진단에 관한 의서도 매우 많아졌다. 그러나 지역마다 기후가 같지 않으며 타고난 체질도 다르고 남녀에 따라 방법도 다르며 노약자는 증상이 변하기도 한다. 그러므로 옛날에 좋았던 처방이 지금은 맞지 않기도 하니 이는 연구가 정밀하지 못했거나 깊이 따져보지 못했기 때문이다. 지금 이 책이 나와서 나루터를 찾아 헤매는 자에게는 하늘을 보며 탄식하지 않게 만들고, 길을 잃은 자에게는 긴 한숨에서 벗어나게 할 것이니 《의문보감》이란 이름이 참으로 걸맞도다. 그러므로 몇몇 말들을 실마리 삼아 적어보았다.

정축년1877 8월. 철마산(鐵馬山) 초부(樵夫) 정관섭 쓰다.

본문내용

《동의보감》을 조술(祖述)한 책이다. 그 기술 순서는 주명신의 자서에 적혀 있다. 실제 사용되는 처방을 위주로 편찬되었다.

인물전기

주명신(周命新, 1729-1798). 호는 기하(岐下), 본관은 상주(尙州)이다. 숙종・영조 때 의원(醫員)이다. 허준의 후학으로서 명성이 있었다.

이명석(李命錫, 1838-?). 호는 외재(畏齋), 본관은 천안(天安)이다. 고종 7년경오1870 식년시 의과에 급제하였고 의약동참(醫藥同參)과 내의(內醫)를 지냈다.[3] 주명신의 후학이다.

3 《의과방목醫科榜目》에 따르면 자는 성수(性修)이고, 내의(內醫) 및 순천감목관(順天監牧官)을 지냈다.

고찰

신간본은 이명석이 내용을 첨가하고 수정하였다. 따라서 이 책으로 주명신 당시의 옛 책 모습을 살피는 데는 주의가 필요하다.

089. 초창결 草窓訣 원기활법圓機活法

필사본 1책

윤동리(尹東里) 지음[1]

[전존]

(필자 소장)

개요

영조 원년숭정崇禎 기원 후 두 번째 을사년, 1725에 저술되었다. 필사본으로 전해진다. 필자가 볼 수 있었던 3종에 대해 해제한다.

내용서지

《초창결》이라는 제목을 가진 책 첫머리에는 다음과 같이 적혀 있다.

◎ 《초창결》 권수

古醫劉溥，吳郡人，常慕濂溪，窓前草不除，故以草窓自號，尹公亦依此。

> 옛날 의원 유부(劉溥)는 오군(吳郡) 사람으로 항상 주염계(周濂溪)가 창 앞의 풀을 뽑지 않았던 일화를 흠모하여 '초창(草窓)'을 자호로 삼았는데, 윤 공도 이것을 따른 것이다.

《원기활법圓機活法》이라는 제목을 가진 또 다른 책 첫머리에는 다음과 같이 적혀 있다.

1 원서에서는 '윤초창(尹草窓)'이라고 하였으나 수정하였다.

◎ 《원기활법》 권수

草窓先生劉溥，吳郡人，常慕濂溪窓前草不除，以草窓爲號，崇禎再乙巳著圓機活法。

초창 선생 유부(劉溥)는 오군(吳郡) 사람으로 항상 주염계(周濂溪)가 창 앞의 풀을 뽑지 않았던 일화를 흠모하여 '초창(草窓)'을 자신의 호로 삼았다. 그는 숭정 기원 후 두 번째 을사년1725에 《원기활법》을 지었다.

유부(劉溥). 자는 원박(元博), 오군(吳郡) 사람으로 명(明) 전기에 활동했다. 늘 주염계(염계(濂溪)는 송나라 주돈이(周敦頤)의 호이다)가 창 앞의 풀을 뽑지 않았던 일화를 흠모하여 초창(草窓)을 자호로 삼았다. 용약(用藥)은 오직 동원(東垣)의 방법을 위주로 하여 정기(正氣)를 지키고 공하(攻下)시키지 않았다. 어의(御醫)에 천거되었다(《의학입문醫學入門》에서 인용하였다).

이를 통해 영조 원년을사1725에 조선인 윤(尹) 씨(그의 삶에 대해 알려진 사실이 많지 않다. 유부의 호 초창(草窓)을 계승하였다)가 염계(濂溪)를 사모하고 동원의 의론을 사용한 유부를 조술(祖述)하여 운기 의서(運氣醫書)인 《원기활법》(또는 《초창결》)을 저술했다고 추측할 수 있다.[2]

본문내용

본문의 내용은 대략 두 부분으로 나뉜다. 하나는 〈운기연론運氣衍論〉이고 다른 하나는 〈용약用藥〉이다. 〈운기연론〉은 이 책의 근간을 이루고 있는데, 오운육기(五運六氣)가 병을 일으키는 원인이기 때문에 한 해 동안 생겨나는 병증이 서로 다르다고 설명하고, 운기(運氣)에 따라 같은 병이라도 성질이 다르고 약을 쓰는 방법도 다르므로 그에 맞게 약재를 가감해야 한다고 주장하였다. 〈용약〉에서는 운기로 확정된 질병의 치료법을 설명하였다. 이 책은 조선의 운기 의학 전문서로서 중요하게 여겨져야 한다고 생각한다.(《조선의학사朝鮮醫學史》 활인본 p.378 참조)

---

2 저자의 생애에 대해 자세한 연구가 수행되었다. 저자의 이름은 윤동리(尹東里, 1705－1784)이고 자는 자미(子美), 호는 초창(草窓)이다(김준태・윤창열, 1992).

090. 언해납약증치방 諺解臘藥症治方 만춘방萬春方 1권

[전존]

개요

간기(刊記)는 없지만 영조 대에 간행된 듯하다(경성대학 규장각(奎章閣) 소장본).

형태서지

1권 1책. **| 판식版式 |** 목판본, 세로 33 × 가로 22㎝, 반곽 21.5 × 17.5㎝, 10행 18자. **| 지수紙數 |** 총 37매.

본문내용

아래 37가지 처방에 대해 효능·복용법·금기를 싣고 한글 풀이를 덧붙였다(원(元)과 단(丹)은 환(丸)보다 큰 것이다).

◎《언해납약증치방》목차[1]

牛黃淸心元, 九味淸心元, 蘇合元, 至寶丹, 木香保命丹, 龍腦安神丸, 牛黃凉膈元, 加減薄荷煎元, 龍腦膏, 解毒雄黃元, 瀉靑丸, 水煮木香膏, 感應元, 神保元, 九痛元, 萬病元, 溫白元, 靈寶丹, 備急元, 捉虎丹, 好合茵陳丸, 紫金丹, 玉樞丹, 鬼哭

1 원서에는 일부 내용만 있지만 역자가 보충하여 실었다.

丹, 勝金丹, 脾寒丹, 安胎丸, 保安丸, 催生丹, 小兒淸心元, 稀痘兎紅元, 錢氏安神丸, 至聖保命丹, 抱龍丸, 牛黃抱龍丸, 臘香膏, 神聖辟瘟丹

고찰

매년 납월(12월) 내의원(약방(藥房))에서는 한 해 동안 사용할 각종 상비약을 만들었는데, 이를 납약(臘藥)이라고 불렀다. 이 책은 납약의 처방서이다. 《고사신서攷事新書》에 기재된 "납제(臘劑)"와 대동소이하다. 1책(冊)으로 이루어진 의서로 한글로 풀이되어 내국(內局)에서 간행되었다. 납약에 관한 일은 《동국세시기東國歲時記》(순조 때 인물인 홍석모(洪錫謨, 1781－1857) 지음), 《열양세시기洌陽歲時記》(정조 때 인물인 김매순(金邁淳, 1776－1840) 지음), 《경도잡기京都雜記》(정조 때 인물인 유득공(柳得恭, 1748－1807) 지음)에도 기록되어 있는데 당시 풍속을 함께 알 수 있어 흥미롭다.

091. 목과일람 目科一覽

필사본 1책

[전존]

〈 경성대학 도서관 소장 〉

개요

저자와 저술 시기는 알 수 없다.

본문내용

대략 전편과 후편으로 나뉘는데, 전편에는 총설과 내장(內障)·외장(外障) 등 45종의 안질(眼疾)에 대한 설명을 적었고, 후편에는 처방을 실었다. 주요 인용서는 《득효방得效方》·《의방유취醫方類聚》[1]·《의학강목醫學綱目》·《의학입문醫學入門》·《동의보감》이다.

1 원서에는 "《사문유취事文類聚》(?)"라고 되어 있으나 분명한 오류이므로 수정하였다. 《목과일람》에 "類聚"라고 출전을 밝힌 부분을 《의방유취》에서 확인할 수 있다.

092. 양방금단 良方金丹

필사본 2책

[전존]

(경성대학 도서관 소장)

개요

저자와 저술 시기는 알 수 없다.

본문내용

이 책은 여러 의서의 내용을 집록한 형태를 취하고 있으며 군데군데 한글로 풀이되어 있다. 말미에 부연된 〈약재속명藥材俗名〉에는 초부(草部)・목부(木部)・석부(石部)・금부(金部)・어부(魚部)・과부(果部)・채부(菜部)・수부(水部)・토부(土部)・곡부(穀部)・인부(人部)・금부(禽部)・수부(獸部)로 나뉘어 약재 이름이 한글로 적혀 있다. 이 내용은 조선 본초학 연구에도 참고가 될 것이다.

093. 본초정화 本草精華

상·하 2권 2책

[전존]

〈 경성대학 도서관 소장 〉

개요

이 책의 본초 분류 방식과 인용 문장은 모두 이시진(李時珍)의 《본초강목本草綱目》과 일치한다. 다만 곳곳에 한글 풀이를 첨가했을 뿐이다.

094. 본초유함 本草類函

필사본 22권 14책

안정복(安鼎福) 자필 원고본

[전존]

개요

안정복의 자필 일기 《일성록日省錄》에 적혀 있는 〈저술목록著述目錄〉에는 《본초유함》이라는 서명이 보이지 않지만, 이왕가장서각(李王家藏書閣)에 소장된 이 책은 그의 자필 원고본이라고 생각한다. 종이 부족을 걱정했던 저자가 폐지에 고금의 많은 의서를 자유롭게 이용하여 세밀하고 정성 들여 적고 때로는 삭제하고 때로는 첨가하며 편찬한 책이다. 그 노력에 경탄할 수밖에 없다.

본문내용

각 질환에 대해 유효한 약재명을 들고 그 약재를 사용한 치료법 등을 기록하였다. 약성 분류 방식을 따른 본초학 서적이다.[1]

인물전기

안정복(安鼎福, 1712－1791). 자는 백순(百順), 호는 순암(順菴) 또는 상헌(橡軒), 본관은 광주(廣州)이다. 숙종 38년 임진1712에 태어나 관직은 현감(縣監)에 이르렀

1 이 책의 내용은 《본초강목本草綱目》의 부방(附方)을 정리한 것이다(오준호, 2013).

다. 정조 15년 신해1791에 세상을 떠났다. 이익(李瀷)의 문인으로 학문에 뛰어났다. 《동사강목東史綱目》·《잡동산이雜同散異》 등 많은 명저를 남겼다. 실학파의 큰 학자로 추앙받는다.

095. 팔진방 八陳方

필사본 2책

[전존]

〈 이왕가장서각(李王家藏書閣) 소장 〉

개요

《경악전서景岳全書》〈 명(明) 경악(景岳) 장개빈(張介賓)의 저작이다. 그의 책이 조선에서 사용되었다 〉를 초록한 책이다.

본문내용

아래와 같이 목차를 나누었다. 약효를 군진(軍陣)의 종류에 견주어 구분하고 처방을 설명하였다.

◎ 《팔진방》 목차

新方補陣・古方補陣, 新方和陣・古方和陣, 新方攻陣・古方攻陣, 新方散陣・古方散陣, 新方寒陣・古方寒陣, 新方熱陣・古方熱陣, 新方固陣・古方固陣, 新方因陣・古方因陣

이외에 부인(婦人)・소아(小兒)・두진(痘疹)・외과(外科)에 대한 처방도 실었다.

096. 수민요결녹효방 壽民要訣錄效方

필사본 1책

[전존]

〈 필자 소장 〉

개요

저자와 저술 시기는 알 수 없다.

본문내용

대략 부인(婦人)·소아(小兒)·내경(內景)·외형(外形)·창종(瘡腫) 등의 문(門)으로 나누어 130여 병증을 세세히 구분하고 옛 의서를 인용하여 임상에 편리하도록 만든 책이다. 주요 인용서는 《유환기문遊宦紀聞》·《뇌공포자론雷公炮炙論》·《설부說郛》·《향조필기香祖筆記》·《지봉유설芝峯類說》이다.

097. 의감집요 醫鑑集要

필사본 7책

[전존]

〈 경성대학 도서관 소장 〉

개요

허준의 《동의보감》을 간추린 책이다.

098. 동의보감의 언해서 諺解書

필사본

[전존]

〈필자 소장〉

개요

《동의보감》을 발췌하여 한글로 풀이한 책이다.

《동의보감》의 곳곳을 발췌하여 새로 표제를 달거나, 혹은 여기에 한글 풀이를 덧붙였다. 책자로 세상에 전해지는 것이 적지 않다.

《동의보감》을 금과옥조로 여기는 조선에서는 《동의보감》의 권질이 많았기 때문에 일상적인 임상에서 편리하게 사용할 수 있도록 《의감집요醫鑑集要》〈[097장] 참고〉나 《동의보감》의 언해서 같은 책을 만들어 사용한 것이다.

099. 의학상한토해 醫學傷寒吐解

필사본 1책

[전존]

〈 필자 소장 〉

개요

《상한론傷寒論》에 현토를 붙인 책이다. 이 책에는 구절 마지막 한자 다음에 현토가 달려있는데, 조선 사람이 《상한론》을 암송하는 데 편리하도록 《상한론》 원문 한자와 현토만 적은 책이다.

100. 촌가구급방 村家救急方 후대에 만들어진 이본異本

필사본 1책

[전존]

〈 필자 소장 〉

개요

김정국(金正國)의 《촌가구급방》(〔040장〕 참고)과 별도로 후대에 만들어진 같은 이름의 필사본을 제시하고 민간에서 구급 의서가 유포되었다는 예로 들고자 한다.

저자 및 간행 연대는 알 수 없다. 조선 후기의 것이다.

내용서지

○ 《촌가구급방》 후대 이본 서문[1]

본문내용

향촌에서 지내는 동안 걸릴 수 있는 90여 가지의 각종 병증에 대해 치료법을 간단하게 기록하였다.

1 원서에는 일부가 짧게 인용되어 있으나 〔040장〕 《촌가구급방》 지(識)와 내용이 같다. 그곳에 전문을 옮겼으므로 여기서는 생략한다.

101. 동인도 銅人圖

4매(枚)

[전존]

〈 필자 소장 〉

개요

매우 큰 종이에 그려진 정면(正面) · 배면(背面) · 좌측면(左側面) · 우측면(右側面)의 명당침구경수혈도(明堂鍼灸經腧穴圖)이다. 예전부터 의가들이 이런 종류의 도상을 널리 사용해왔다. 그러므로 이렇게 그려진 수혈도가 많이 전해지고 있다. 목판으로 된 것도 있고, 근래에는 석판본으로 만들어진 것도 있다.

102. 급유방 及幼方

필사본 13권 6책

조정준(趙廷俊) 지음

[전존]

(필자 소장)[1]

개요

영조 25년 숭정崇禎 기원 후 두 번째 기사년, 1749에 저술되었다. 필사본으로 전해지고 간본은 보이지 않는다. (〔부도26〕 참조)

형태서지

13권. **ㅣ지수紙數ㅣ** 총 340매.

내용서지

◎ 《급유방》 서문[2]

昔者, 范希文自願爲良醫, 盖其心急於仁民愛物, 欲爲術以濟之, 故其言如此也。

---

1 원서에는 해제에 사용된 급유방의 소장처에 대해 언급되어 있지 않지만 〔부도26〕에 필자 소장본이라고 밝히고 있어 추가하였다. 《급유방及幼方》은 현재 서울특별시 종로도서관, 한독의약박물관, 서울대학교 규장각, 성균관대학교 존경각, 산청한의학박물관, 그리고 일본 다케다 쿄우서옥(武田杏雨書屋) 등에 소장되어 있다. 이 가운데 13권 4책으로 이루어진 종로도서관 소장본은 원고본으로서 가장 신뢰할 만한 필사본이다(이정현, 2018).

2 원서에는 일부 내용만 있지만 역자가 보충하여 실었다.

然希文卒爲宰相而不爲醫, 其意豈不曰功澤之及人, 醫不如宰相也耶。然希文當慶曆治平之時, 致位大臣, 而其功業之可言者, 不過杭州之賑、邠延之治數事而已, 未有良法美政, 可以濟生民於水火之中, 而爲惠於天下後世者。然則其功澤之及人者, 視古所謂兪扁諸人, 反若有遜焉。嗟乎, 希文不審於擇術而然耶, 抑希文在朝, 動爲危言所中, 不能盡爲其志之所欲爲者耶。是未可知也。

趙君廷俊老醫也, 其術精於治小兒病, 往往有神效, 所全活甚衆。旣老歎曰, 吾死孰能傳吾術者, 遂裒集古方, 附以平生所經驗者, 名之曰及幼方, 其詳在自序及凡例中, 傳之後世, 其活幼濟人之功, 庸可量哉。傳曰, 仁人之利博哉, 趙君其仁人者乎。趙君寒賤人也, 平生位不過郵丞, 行年八十, 窮不能自食, 而其所以濟人於必死, 延澤於無窮者如此, 余爲千乘相, 行乎國政, 非不專且久也, 未有匹夫匹婦被其澤者, 其有愧於趙君者多矣。然則後之君子, 急於仁民愛物如范希文, 而又能審於擇術也, 則必有不爲余而爲趙君者矣。

庚午季春, 歸鹿山人豊城趙顯命序。

예전에 범희문(范希文)[3]은 좋은 의원이 되고자 했다고 하는데 아마도 사람들을 아끼는 마음이 언제나 우선이라 의술로 그들을 구제하려고 했기 때문에 이처럼 말했을 것이다. 그러나 범희문이 결국 재상이 되고 의원이 되지 않았다고 해서 그가 '사람들에게 미치는 은택에 있어서 의원이 재상보다 못하다'고 생각했었겠는가. 그렇더라도 범희문은 경력 연간 1041-1048부터 치평 연간 1064-1067에 대신의 지위에 올랐으나 그의 공적 중 말할 만한 것은 불과 항주(杭州)를 진휼(賑恤)하고 빈주(邠州)와 연주(延州)를 잘 다스렸다는 몇 가지일 뿐, 훌륭한 법이나 좋은 정치로 백성을 도탄에서 건져 천하와 후대에 은택을 남긴 것은 없었다. 그러므로 사람들에게 미친 은택을 옛날의 유부(兪跗)와 편작(扁鵲) 같은 이들에게 견준다면 도리어 미치지 못할 따름이다. 아, 범희문이 일을 선택하는 데 심사숙고하지 않아서 그렇게 된 것인가? 아니면 범희문이 조정에 있으면서 사사건건 꼬투리를 잡혀 그가 하고자 하는 정책을 이루지 못하여 그런 것인가? 그것은 알 수 없는 일이다.

조정준(趙廷俊) 군은 나이 많은 의원으로 그의 의술은 소아를 고치는 데 정통하여 자주 신기한 효과가 있었고, 그로 인해 온전히 낫고 살게 된 경우가 아주 많았다. 그가 나이 들었을 때 탄식하며 "내가 죽으면 누가 내 의술을 전할 것인가."라고 말하고는 드디어 옛 의서를 모으고 평생의 경험을 붙인 후 '급유방'이라고 이름 붙였으니 자세한 경위는 자서(自序)와 범례에 나와 있다. 이 책을 후세에 전한다면 소아를 살리고 사람들을 구제하는 공을 어찌 헤아릴 수 있겠는가. 《좌전左傳》에 "어진 사람의 말은 그 이로움이 크지 않은가."라고 했는데 조 군이 바로 그 어진 사람이 아니겠는가. 조 군은 신분이 낮아 평생토록 벼슬이 우승(郵丞)에 지나지 않은 사람으로 팔십 평생 가난하여 넉넉히 먹고 살지 못했음에도 그가 죽을 사람을 구제하며 수많은 사람에게 은택을 준 것이 이와 같다. 나는 천승지국(千乘之國)의 재상으로 국정을 할 때 오로지 백성을 구제하는 일만 오래도록 했음에도 한 사람 한 사람이 그 은택을 입지는 못하였으니 조 군에게 많이 부끄럽다. 그러니 훗날의 군자들이여 범희문처럼 사람들 아끼는 마음을 우선하면서 동시에 일을 선택하는 것도 심사숙고한다면 나처럼 되지 않고 조 군처럼 되는 사람이 필시 있을 것이다.

경오년1750 3월. 귀록산인(歸鹿山人) 풍성(豊城) 조현명(趙顯命) 쓰다.

◎ 《급유방》 자서[4]

粤自神農始有醫藥，而黃帝氏繼之，作素問，以明天地人陰陽五行之理，爲萬歲醫家之宗。自是名醫代出，各有著述，未易悉擧，而以最著者言之，秦越人之八十一難經、張長沙之金櫃玉函經、孫眞人之千金方，皆能發揮素問玄微之旨，而至於幼科之難，未之詳言。暨夫宋之錢乙述小兒眞訣百篇，發前賢之未發，補醫家之未備，世稱活幼筌蹄、全嬰軌範。惜乎年代旣遠，眞篇散亡，傳後者惟閻孝忠收集一卷。

余於錢氏遺業，苦心鑽硏，殆過五十餘載，性本庸魯，其於玄妙旨訣，非敢自謂有得，而但窺前賢授受之源流，參古今稟賦之異同，審症施藥，間多有效。年今望八，桑楡景迫，精力衰耗，隨得隨失，遂輯取古方，略附瞽說，彙爲一書，名之曰及幼方，以爲參考備忘之資，而後之君子，倘或有取焉，則其於活幼濟衆之道，或不無小補云爾。

歲崇禎紀元後再己巳仲春上澣，橫城趙廷俊序。

아, 신농씨로부터 비로소 의약이 있었으나 황제 씨가 계승한 후 《소문素問》을 저술하여 천지인(天地人)과 음양오행(陰陽五行)의 이치를 밝힘으로써 만세토록 의학의 시초가 되었다. 이때부터 명의들이 대대로 출현하여 각각 저술을 남겼으니 이를 모두 거론하기는 어렵지만 가장 뛰어난 저술을 말한다면 진월인의 《팔십

3 북송(北宋)의 정치가 범중엄(范仲淹)을 가리킨다. 그의 자는 희문(希文), 시호는 문정(文正)이다.

4 원서에는 일부 내용만 있지만 역자가 보충하여 실었다.

일난경》·장중경의 《금궤옥함경》·손사막의 《천금방》이다. 이들은 모두 《소문》의 현묘한 뜻을 드러내었으나 소아 치료의 어려움에 대해서는 상세히 말하지 않았다. 송(宋)의 전을(錢乙)이 《소아약증직결》 100편을 지어 이전의 명의들이 말하지 않은 것을 드러내고 다른 의학자들의 미비한 점을 보충했으므로 세상에서는 '아이를 살리는 도구이며 갓난아이를 보전하는 규범'이라고 하였다. 그러나 아쉽게도 세월이 오래되어 원본은 흩어져버렸고 후대에 전해진 것은 염효충(閻孝忠)이 수집한 한 권뿐이었다.

내가 전 씨의 유업을 고민하며 연구한 지 거의 50년이 지났다. 나는 천성이 우둔하여 그의 깊은 뜻을 얻었다고 감히 자부하지는 못하지만 그저 예전의 명의들에게 이어져 내려 온 의학의 이치를 엿보고 고금과 체질의 차이를 참고한 것만으로도 증상을 살피고 약을 쓰면 그중에 효과가 있는 경우가 많았다. 내 나이가 올해 80을 바라보아 석양이 나무에 걸려 있는 것과 같으니 기력이 쇠약하여 알다가도 잊어버리곤 한다. 그래서 옛 의서를 모으고 나의 소견을 약간 붙여 하나의 책으로 엮은 다음 그 이름을 《급유방》이라고 붙여 참고할 자료로 삼았다. 훗날의 군자들이 만약 이 책에서 얻는 것이 있다면 아이를 살리고 중생을 구제하는 일에 혹여 조금이나마 보탬이 되지 않는다고는 못할 것이다.

숭정(崇禎) 기원 후 두 번째 기사년1749 2월 상순. 횡성(橫城) 조정준(趙廷俊) 쓰다.

본문내용

권1에서 동방육기론(東方六氣論)·소아론(小兒論) 이하 17항에 걸쳐 소아과(小兒科)에 대한 총론을 기술하였고, 권2에서 권12까지는 소아의 여러 병증에 대한 증후를 설명하고 치료 처방을 제시하였다. 권13에는 소아과에 필수적인 본초(本草)(〈본초발명本草發明〉)와 식치(食治)(〈식치발명食治發明〉)를 기재하였다.

권1 총론 부분에서 저자는, 조선은 대륙의 한쪽에 위치하여 풍토와 기후가 중국과 정말로 다르기 때문에 중국에서 질병을 치료하는 방법으로 조선의 질병을 치료하려고 하면 해롭다고 하였다. 또 조선에서도 남방과 북방에서 생겨나는 질병이 다르다고 논설하고, 각각 그 지역에서의 자기 경험이 중요하다는 점을 기술하였다. 권2 이하 각론에서도 병증을 설명하면서 자기의 의견을 함께 드러냈다. 또 치법을 설명할 때도 자신이 실제로 겪은 경험례를 다수 제시하였다.

이 책에는 《의학입문醫學入門》·《소아약증직결小兒藥證直訣》 등이 사용되었다. 이 책들을 이용하여 자기의 것으로 만들었다.

인물전기

조정준(趙廷俊, 1674－?). 그의 삶에 대해 알려진 사실이 많지 않다. 그러나 앞서 조현명의 서문을 통해 그 대략을 알 수 있다. 그는 낮은 신분으로 평생 아이를 살리고 환자를 구제하는 데 전념하였고, 노쇠하여 80세에 이 명저를 남겼다. 그야말로 어질고 자애로운 사람이라고 할 수 있다.

조현명(趙顯命, 1690－1752). 자는 치회(稚晦), 호는 귀록(歸鹿), 본관은 풍양(豊壤)이다. 숙종 45년 기해1719 증광 문과에 급제한 뒤 여러 관직을 역임하고 영의정에 올랐다. 시문에 능하였다. 영조 28년 임신1752에 세상을 떠났다.

고찰

저자가 자신의 견해를 설명하고 경험례도 풍부하게 싣고 있는 참으로 출중한 저술이다. 중국 모방이라는 한계를 모두 탈피하였으므로 조선 제일의 소아과 서적이라고 평가할 만하다 〈《조선의학사》에서 자세히 해제하였다. 활인본 pp.396-397〉.

103. 임신진역방 壬申疹疫方

임서봉(任瑞鳳) 지음

[일실]

개요

정약용(丁若鏞)의 《마과회통麻科會通》〈〔108장〕 참고〉에 인용서로 거론되었기 때문에 이 책의 존재를 알 수 있다. 임신(壬申)은 영조 28년 임신1752에 해당한다. 《마과회통》〈오견편吾見篇〉 연차(年次)와 《성호사설유선星湖僿說類選》 권2의 기록처럼 임신년에 진역(疹疫)이 크게 유행하였고 이듬해 계유년에는 사망자가 셀 수 없을 정도로 많았기 때문에 서명에 포함된 것이다.

◎ 《마과회통》 인용서 일부[1]

任瑞鳳，壬申方

인물전기

임서봉(任瑞鳳, 생몰 미상). 그의 삶에 대해 알려진 사실이 많지 않다.

◎ 《청성잡기青城雜記》의 임서봉 기록[2]

趙東谿集，有與某人書，人卽任瑞鳳也。瑞鳳坐逆，死於戊申亂，故滅其名也。瑞

1 원서에는 존재하지 않지만 역자가 추가하였다.

2 원서에는 존재하지 않지만 역자가 추가하였다.

鳳神醫也，嘗爲趙相顯命命藥曰，無論寒熱感泄，惟服升麻葛根湯，趙相病則服之輒愈。及其鼎貴，醫集其門，投以他藥，並無效，乃曰，無如用吾藥也。其他奇中者甚多。其子應會，坐累配南原，亦以善醫稱。

조귀명(趙龜命)의 《동계집東谿集》에 '아무개에게 보내는 편지'가 있는데 그가 바로 임서봉(任瑞鳳)이다. 임서봉이 역모에 연루되어 무신년 이인좌(李麟佐)의 난 때 죽었기 때문에 그의 이름을 지운 것이다. 임서봉은 뛰어난 의원이었다. 예전에 정승 조현명(趙顯命)을 위해 약을 지어주며 "오한, 발열, 감기, 설사에 상관없이 승마갈근탕만 복용하십시오." 하였는데 조현명이 병이 났을 때 그 약만 먹으면 곧 나았다. 그가 정승이 된 뒤에 의원들이 그의 집에 모여들어 다른 약들을 처방했지만 모두 아무런 효험이 없자 "내가 먹던 약만 못하다."고 하였다. 이 외에도 신기하게 들어맞는 것이 아주 많았다. 그의 아들 임응회(任應會)도 죄에 연루되어 남원에 귀양 갔는데 그 역시 뛰어난 의원으로 알려졌다.

고찰

이 책의 원문은 아마도 일실되었을 것이다. 따라서 그 대강은 《마과회통》의 인용문을 통해 엿볼 수밖에 없다.

104. 마진방 麻疹方

필사본 1권 1책

이헌길(李獻吉) 지음

[전존]

〈 필자 소장 〉

개요

영조 51년 을미1775 저술되었다. 필사본으로 전한다. 〈〔부도27〕 참조〉

내용서지

◎ 《마진방》 이헌길의 전기[1]

李獻吉字夢叟，別字蒙叟，系出璿潢，恭靖王別子德泉君厚生，其祖也。厚生之後，世世燀赫，而冢宰準尤著。蒙叟少聰明强記，從長川李嘉煥先生游，博覽羣書，既而見痘疹方，獨自潛心求索，然勿令人知也。

乾隆乙未春，有事至漢陽，適痲疹大起，民多夭札。蒙叟意欲救，時服衰不可，默而歸，方出郊，見肩檋背虆梩過者，俄頃以百數。蒙叟心惻然，自語曰，吾有術可救，爲禮法拘，懷之去不仁也，遂還從姻戚家，發其祕。於是凡得蒙叟之方者，危者以安，逆者以順，旬日之間，名聲大振，號呼乞憐者，日塡門塞巷，尊者僅入其室，賤者幸而至階下，或窮日而後，始見其面。然蒙叟於疹既耳順接數語，已逆揣其證形，隨授一方，謝之使去，亦無不立效者。蒙叟時出門適他家，衆男婦簇擁後先，屯如蠭以去，所至黃埃蔽天，人皆望而知李蒙叟來也。

一日爲惡少輩所謀，驅至一僻處，鎖門而絶其蹤。於是滿城晳晳，索李蒙叟所在，

---

1 원서에는 일부 내용만 있지만 역자가 보충하여 실었다.

有告者，衆乃槌其門出之。有麤悍負氣面辱之，甚者欲毆擊蒙叟，賴人解得已。然蒙叟皆溫言摧謝，亟以方授之。旣而蒙叟不自堪，乃口號治疹諸法，令人按行。於是僻鄕窮士，爭相傳寫，信如六經，雖瞢於醫者，但如其言，亦罔不效，

世稱一婦爲其夫請救，蒙叟曰，汝夫之病亟矣，但有一藥，汝不能用，婦固請而蒙叟終不言。婦度不可救，買毒藥以歸，卽砒礵，酒攪置閣上，將以殉也。出戶外泣，入而視酒，酒已罄，詢其夫，渴而飮也。趨而至李蒙叟求救，蒙叟曰，異哉，吾所爲一藥，是其所飮，度汝不能用，不以告，今其活，天也。歸視其家，病則愈矣。

蒙叟性坦率，然嘗言後十二年疹必復起，至期果驗，於痘亦多奇中。

外史氏曰，余及見蒙叟，其爲人臞顴而齇鼻，喜譚論，恒笑於前人，特慕尹鑴，嘗曰白湖成德之靜菴，靜菴未成德之白湖，蓋古論之餘也，君子以爲未然。

이헌길(李獻吉)의 자(字)는 몽수(夢叟)이고 몽수(蒙叟)라고도 한다. 왕손(王孫)으로서 공정왕(恭靖王)의 별자(別子)인 덕천군(德泉君) 이후생(李厚生)이 그의 선조이다. 이후생 이후 대대로 홍성하였으니 총재(冢宰, 이조 판서) 이준(李準)이 그중 유명하다. 몽수는 어려서부터 총명하고 기억력이 뛰어났으며 장천(長川) 이철환(李嚞煥) 선생을 따라 돌아다니며 많은 책을 두루 보았다. 그러다 《두진방痘疹方》을 보고는 홀로 생각에 잠겨 연구하였지만 남들이 이 사실을 알지 못 하게 하였다.

건륭(乾隆) 을미년 영조 51, 1715 봄에 일이 있어 한양에 갔을 때 마침 마진(麻疹)이 크게 돌아 많은 백성이 요절하였다. 몽수는 병자를 구제하려고 생각했지만 당시는 상복(喪服)을 입고 있었으므로 그러지 못하고 묵묵히 발길을 돌렸다. 막 교외로 나왔을 때 관을 메거나 소쿠리나 삽을 지고 지나가는 사람을 잠깐 사이에 백 명 남짓 보았다. 몽수는 마음이 아파 "나에게 병을 고칠 수 있는 의술이 있는데도 예법(禮法)에 구애되어 마음에 감추고 떠나간다면 측은지심이 없는 것이다."라고 스스로 말하고, 마침내 인척(姻戚)의 집으로 돌아와 감추었던 의술을 펼쳤다. 이때 몽수의 처방을 받은 모든 사람이 위태로운 자는 편안해지고 증상이 심각한 자는 완화되었으니 열흘 동안에 명성이 크게 퍼졌다. 울부짖으며 도와달라 애걸하는 자가 날마다 문을 메우고 거리를 채웠기 때문에 신분이 높은 자라야 겨우 방에 들어가고, 미천한 자는 운이 좋아야 계단 아래에 이르렀으며, 더러는 해가 다 진 뒤에야 그의 얼굴을 비로소 볼 수 있었다. 그러나 몽수는 마진 환자에 대해 몇 마디만 들으면 이미 그 몸의 상태를 거꾸로 맞출 정도였기 때문에 처방을 하나 주면서 인사하고 돌려보냈어도 즉시 효과를 보지 못하는 경우가 전혀 없었다. 몽수가 가끔 대문을 나와 다른 집으로 가면 수많은 이들이 앞뒤에 빽빽이 모인 채 마치 벌떼처럼 뭉쳐서 움직였으므로 그가 가는 곳에는 누런 먼지가 하늘을 덮어 멀리서 바라보아도 몽수가 온다는 사실을 알 수 있었다.

하루는 못 된 무리의 꾐에 빠져 어느 궁벽한 곳에 납치된 후 집안에 갇혀 종적을 알 수 없게 되었다. 그래서 온 성에 울부짖는 소리가 가득해지면서 사람들은 몽수가 있는 곳을 찾아다녔고, 누군가 그의 소재를 알려주자 무리가 곧장 그 문을 부수고 그를 끄집어냈다. 어떤 사람은 성난 기색으로 면전에서 욕을 하였고 심한 자는 몽수를 때리려고도 하였으나 사람들이 말려 그만두었다. 그러나 몽수는 모두에게 따뜻한 말로 극진히 사과하고 서둘러 처방을 적어주었다. 얼마 후 몽수는 환자를 혼자 감당하지 못하게 되자 마진을 치료하는 여러 방법을 입으로 불러 주어 사람들이 그대로 따라 하도록 하였다. 그러자 시골의 가난한 선비들이 다투어 베껴 적고 나서 마치 유학의 경전처럼 신봉했으니 비록 의학에 어두운 사람이라도 그 말대로만 하면 역시 모두 효험이 있었다.

세상에 전하는 말에 의하면, 어떤 아낙이 남편의 치료를 청하였을 때 몽수가 말하기를 "당신 남편의 병은 매우 심하오. 다만 한 가지 약이 있기는 하지만 당신은 쓰지 못할 것이오."라고 했다. 그 아낙은 굳게 청하였지만 몽수는 끝내 말하지 않았다. 남편을 살릴 수 없다는 것을 안 아낙은 독약인 비상을 사가지고 돌아가 술에 타서 선반 위에 올려놓았는데, 이는 남편을 따라 죽으려고 한 것이었다. 그 아낙이 대문 밖에 나가서 울다가 들어와 술잔을 보니 술잔은 이미 비어 있었다. 그 남편에게 물으니 목이 말라서 마셨다는 것이었다. 그녀는 황급히 몽수에게 달려가서 살려달라고 하자 몽수가 말하기를 "이상하오. 내가 전에 한 가지 약이 있다고 한 것이 바로 그가 마신 것이오. 나는 당신이 독약을 사용하지 못하리라 생각하고는 알려주지 않았던 것이오. 지금 그가 살아난 것은 하늘이 시킨 일이오. 돌아가서 남편을 살펴보면 병이 나았을 것이오."라고 하였다.

몽수는 성품이 솔직하였다. 그런데 예전부터 '12년 뒤에 마진이 필시 다시 퍼지게 될 것이다'라고 말하곤 하였다. 그때가 되어 과연 그렇게 되었으니 두진(痘疹)에 관해서라면 신기하게 적중하는 일이 아주 많았다.

외사씨(外史氏)는 말한다. "내가 몽수를 보니 광대뼈가 튀어나온 딸기코였고 이야기를 좋아하는 사람이었다. 항상 마주하는 사람에게 웃으면서 말하길 '나는 윤휴(尹鑴)를 유독 흠모하는데 그가 예전에 백호(白湖, 윤휴 자신)는 덕(德)을 이룬 정암(靜庵, 조광조)이고 정암은 덕을 이루지 못한 백호라고 말했기 때문이다.'라고 하였다. 이는 옛말의 말장난인 듯하나 군자는 그렇게 생각하지 않는다."

(발문(跋文)에는 연기(年記)와 성명 기록이 빠져 있다)[2]

본문내용

마진(痲疹)을 시통(始痛)·발반(發斑)·중출(重出)·여증(餘症)으로 나누어 설명하고 치료 처방을 제시하였다. 그 외에 마진과 함께 생길 수 있는 회충(蛔蟲)·감(疳)·창(瘡)·대소변(大小便)·설리(泄痢)·구토(嘔吐)·해천(咳喘)·광섬(狂譫) 등에 대해 서술하고 처방을 실었다.

인물전기

이헌길(李獻吉, 1738-1784). 자는 몽수(蒙叟) 또는 몽수(夢叟), 호는 완산(完山), 본관은 남양(南陽)이다. 어려서부터 총명하여 잘 외웠다. 영조 51년을미1775 한양에서 마진이 크게 유행하는 것을 보고 마음이 움직여 이를 치료하기 시작하였다. 일찍이 마진에 대해 스스로 깨닫고 경험한 것을 골라 《마진방》을 저술하였다. 조선에서 마진을 논하는 자들은 몽수 이후로 그의 학설을 조술(祖述)하고 그를 일인자로 추존하였다.

고찰

이 책은 실제 경험에서 얻어진 지식으로 만들어진 마진서(痲疹書)이다. 논설이 독창적이고 진실로 출중하다. 최근 몽수가 남긴 처방을 편찬하여 《마진비방痲疹秘方》이라는 제목으로 활자본이 나왔지만 몽수 의술의 본래 모습과 동떨어진 책이 되고 말았다.[3]

---

2 필자는 이 글을 《마진방》의 발문으로 보고 연기(年記)와 성명이 빠져 있다고 하였으나, 원래 정약용이 지은 몽수의 전기로서 발문이 아니다.

3 《마진비방痲疹秘方》은 《마과회통痲科會通》에서 몽수의 《을미신전乙未新詮》 인용부만 따로 채록한 서적이다. 목차도 《마과회통》과 같다(최진우·안상우, 2006).

105. 홍진신방 紅疹新方 정씨홍진신방鄭氏紅疹新方

정백규(鄭白圭) 지음

(필자는 보지 못하였다)

개요

정약용은 《마과회통麻科會通》 말미에 "정백규. 홍진신방〔鄭白圭, 紅疹新方〕"이라고 적고 그의 마진(痲疹) 경험방을 실었다.

106. 진역방 疹疫方　영의진방 嶺醫疹方

박상돈(朴尙敦) 지음

[전존][1]

107. 진역방 疹疫方

남기복(南紀復) 지음

[일실]

개요

이들 '진역방'은 진짜 서명이 아니라 박상돈(朴尙敦)과 남기복(南紀復) 두 사람이 진역방을 저술하였다는 《정조실록》 기록에 따른 것이다.[2]

◎ 《정조실록》 정조 10년 병오1786 5월 28일 기사

> 慶尙道觀察使鄭昌順，忠淸道觀察使金光默，進漆谷人朴尙敦、鎭川人南紀復所撰疹疫方。教曰，向來給藥求醫之擧，豈直廣惠，意在壽民。觀此兩道臣狀本，有疹疫方來呈者，不可以悲疢之時，或忽權輿之嘆。卽令廟堂，原方分送兩醫司，仍令醫司，試用當否，論理啓聞。惠民署啓言，忠淸道醫方，其所摠論，非活法，頒布京外，有難輕議。至於慶尙道醫人所論，其論症也，命藥也，專主古方痘科彙編，痲疹治法而損益之，分別虛實，指陳始終，及雜症，頗爲纖悉。雖非神奇之妙劑，足爲通行之活法。京中則不必以此架疊，而諸道熾盛處，及今頒布，可謂有益無害。卽令兩醫司，眞諺翻謄，下送八道。允之。

경상도 관찰사 정창순(鄭昌順)과 충청도 관찰사 김광묵(金光默)이 각각 칠곡 사람 박상돈(朴尙敦)과 진천 사람 남기복(南紀復)이 엮은 진역방(疹疫方)을 올

1 원서에서는 일실되었다고 하였으나 현재 필사본이 다수 전존한다(박훈평, 2018).

2 《일성록》 정조 10년 5월 29일 기사에 "漆谷醫人朴尙敦疹疫方"의 "疹疫總論"과 "鎭川醫人南紀復疹疫方"의 "疹疫總論" 내용이 실려 있다.

렸다. 주상께서 전교하였다. "지난번에 약재를 지급하고 의원을 보내 준 일이 어찌 혜택을 넓히려는 목적뿐이었겠는가. 백성을 장수하게 하는 데에 뜻을 둔 것이다. 두 관찰사의 장계(狀啓)를 보니 진역방을 가져와 바친 사람이 있다. 슬프고 힘들 때라고 하여 《시경》〈진풍秦風〉 권여(權輿)에서처럼 대우를 소홀히 한다는 탄식이 있어서는 안 될 것이다. 즉시 의정부는 원본을 양의사(兩醫司)로 나누어 보내고 각 의사(醫司)에서는 적합한 처방인지 아닌지 시험한 다음 상의하여 보고하라." 혜민서에서 아뢰었다. "충청도에서 올라온 의서는 그 내용이 제대로 된 치료법이 아니므로 도성과 지방에 반포한다는 것은 가볍게 논하기 어렵습니다. 그리고 경상도 의원의 의서는 그 증세를 논하고 약을 쓰는 것이 전적으로 옛 의서인 《두과휘편》을 위주로 하면서 마진(痲疹) 치료법을 첨삭한 것인데 허실(虛實)을 분별하고 순서를 나누어 설명하였으며 다른 증상의 경우도 상당히 자세하였습니다. 비록 신기한 처방은 아니지만 충분히 두루 사용할 수 있는 치료법입니다. 도성에는 이것을 중복하여 반포하지 않아도 되고, 각 도 중에서 진역(疹疫)이 치성한 곳에 지금 반포하면 유익은 있어도 해악은 없다고 할 만합니다. 즉시 양의사에서 한문을 한글로 번역하여 팔도에 내려보내게 하소서." 주상께서 윤허하였다.

정조 10년 병오1786 여름 4월 초부터 6월 말까지 도성에 마진(痲疹)〈성홍열(猩紅熱)과 같다. 《조선질병사》 참조〉이 크게 유행하여 당시 박상돈의 진역방을 반포하였다.〈필자는 보지 못하였다〉

108. 마과회통 麻科會通

필사본 7편(篇) 6책(册)

정약용(丁若鏞) 지음

[전존]

〈 필자 소장 〉

개요

정조 22년 무오1798에 저술되었다. 필사본으로 전해지며 간본은 없다.[1] 〈〔부도28〕 참조〉

내용서지

◎《마과회통》 서문[2]

范文正曰，吾讀書學道，要以活天下之命。不然，讀黃帝書，深究醫奧，是亦可以活人，古人立心之慈且弘，如是也。近世有李蒙叟，其人卓犖不成名，志在活人而力不能。乃取痲疹書，獨自探賾，活嬰穉以萬數，而余其一也。余旣繇李蒙叟得活，意欲酬德，乃取蒙叟書，溯其源，探其本，得中國書數十種，上下細繹，具詳條例。顧其書，皆散漫雜出，不便考檢，而痲爲病，酷迅暴烈，爭時急以判性命，非如他病可歲月謀也。於是，支分類萃，眉列掌示，使病家開卷得方，不煩搜索，凡七易稿而書始成。嗟呼，蒙叟而尙在，庶犂然會意也。

病之無醫也，久矣，諸病皆然，而痲爲甚，何則。醫之業醫，爲利也，痲蓋數十年一至，業此而安所利乎。業之無所蘄，臨之不能藥又可恥，臆之而夭人命，噫，其忍矣。使吾人知來年有兵，必家繕甲而邑完築矣，兵何嘗盡劉人哉。何痲之殺傷更

1 《여유당전서與猶堂全書》 안에 포함되어 간행되었다.

2 원서에는 일부 내용만 있지만 역자가 보충하여 실었다.

酷，而人且恬如而不懼也，則余之爲是書，不唯不負蒙叟，竊亦自附於古人也。第余素暗醫旨，不能揀擇去取，未免溲勃具收。僻鄉人士，苟或不審病情，妄信此書，輒投以峻劑毒味，未有不北轅而適粵者，此又余所大懼也。

嘉慶戊午孟冬，茗溪丁若鏞識。

범 문정(范文正)[3]은 "내가 글을 읽고 도(道)를 배우는 것은 천하의 백성을 살리기 위함이다. 그러지 못한다면 황제의 의서를 읽어서 의학의 오묘함을 깊이 연구하는 것도 사람을 살리는 방법이다."라고 하였으니 옛사람의 인자하고도 넓은 마음이 이와 같았다. 근래에 이몽수(李蒙叟)[4]란 이는 능력이 뛰어났으나 과거에 급제하지 못하였고 사람을 살리는 데 뜻을 두었으나 그럴만한 여력이 없었다. 그래서 그는 마진(痲疹)에 관한 책을 구하여 홀로 탐구한 후 어린아이 수만 명을 살렸으니 나도 그중 한 명이다. 나는 몽수로 인해 생명을 건졌기 때문에 그 은혜를 갚고자 궁리하였다. 그래서 몽수의 책을 가져다 출처를 따라가고 이치를 탐구한 후 중국의 책 수십 종을 구하여 이리저리 찾아보고 하나하나 자세히 살펴보니 그 책들의 내용이 모두 산만하고 뒤섞여있어 찾아보기에 불편했다. 그러나 마진이란 병은 진행 속도가 매우 빠르고 증상이 극렬하여 순식간에 목숨이 왔다갔다 하니 시간을 두고 궁리할 수 있는 다른 병과는 다르다. 이에 내용을 나누고 비슷한 부분을 모아 눈썹처럼 가지런하면서 손바닥을 보듯 쉽게 만들어서 환자가 책을 펼쳐 처방을 구할 때 힘들이지 않고 찾아볼 수 있도록 하였으니, 이를 위해 7차례 초고를 바꾼 뒤에야 비로소 책을 완성하였다. 아, 몽수가 아직 살아있다면 아마 뿌듯해하며 마음에 들어할 것이다.

절실한 환자에게 의원이 가지 않은 지 이미 오래되었다. 모든 병이 다 그렇지만 마진은 더욱 심하니 어째서인가. 의원이 치료를 업으로 삼는 것은 돈을 벌기 위함인데 마진은 대체로 수십 년 만에 한 번 발생하기 때문에 마진을 업으로 삼아서 무슨 이익이 되겠는가. 업으로 삼기에는 이익을 기대하지 못한다는 것도 안타까운 일이고, 환자를 마주해서 약을 쓰지 못하고 있는 것도 부끄러운 일이며, 억측으로 치료하여 마진에 걸린 사람을 요절하게 하고 있으니 아아 잔인한 일이다. 만약 우리가 내년에 전쟁이 있을 것을 안다면 필시 집마다 무기를 수선하고 도읍에서는 성을 정비할 것이니 전쟁이 어떻게 사람을 모조리 죽일 수 있겠는가. 그 어떤 마진이 더 심하게 사람을 죽인다고 할지라도 사람들이 태연히 여기면서 두려워하지 않게 된다면 내가 만든 이 책이 몽수의 기대를 저버리지 않을 뿐만 아니라 범 문정공의 뜻에도 은근히 부합될 것이다. 다만 내가 본디 의학에 어두워서 내용을 제대로 취사선택 하지 못하였으니 소오줌이나 말똥과

> 같이 쓸모없는 내용이 있을지도 모른다. 궁벽한 시골 사람이 혹여나 병의 증상을 잘 살피지 못하고 이 책만 맹신하여 강하고 독한 약재를 경솔하게 투여한다면 전혀 다른 결과를 초래하는 경우가 없지 않을 것이니 이 또한 내가 크게 걱정하는 점이다.
>
> 가경 무오년1798 10월. 초계(苕溪) 정약용(丁若鏞)이 적다.

본문내용

아래와 같이 크게 7편으로 나뉜다. 체계적으로 기술된 대단한 마진서(痲疹書)이다.

◎ 《마과회통》 총목

原證篇, 因證篇, 辨似篇, 資異篇, 我俗篇, 吾見篇, 合劑篇

저자는 당시 전래된 다수의 중국 의서와 마진 전문서, 그리고 조선에서 저술된 허준(許浚)의 《벽역신방辟疫神方》, 임서봉(任瑞鳳)의 《임신방壬申方》, 이헌길(李獻吉)의 《을미신전乙未新詮》(《마진방痲疹方》), 조정준(趙廷俊)의 《급유방及幼方》, 이경화(李景華)의 《광제비급廣濟秘笈》을 참고하고 자신의 독자적인 의견을 많이 추가한 뒤 체계적으로 편찬하였다. 특히 〈아속편我俗篇〉 및 〈오견편吾見篇〉에서 뛰어난 논술을 엿볼 수 있다.

마진(痲疹) 전문서이지만 조선 후기 최고봉에 이른 명저(名著)이다. 전 세계에 자랑할 수 있는 탁월한 서적이라고 높이 평가하고 싶다.

인물전기

정약용(丁若鏞, 1762－1836). 자는 미용(美鏞), 호는 다산(茶山)·여유당(與猶堂),

---

3 북송(北宋)의 정치가 범중엄(范仲淹)을 가리킨다. 그의 자는 희문(希文), 시호는 문정(文正)이다.

4 몽수는 이헌길(李獻吉)의 자(字)이다.

본관은 나주(羅州)이다. 영조 38년임오1762에 태어나 정조 13년기유1789 식년 문과에 급제하였고 관직은 승지(承旨)에 이르렀다. 헌종 2년병신1836에 세상을 떠났다. 순조 1년신유1801 신유사옥(辛酉邪獄)에 연루되어 강진(康津)으로 유배되었다가 19년 뒤 귀환하였다. 고금에 박통한 지식을 가지고 백성과 나라의 안녕에 뜻을 두어 평생 수백 권의 책을 저술하였는데 모두 경세제민(經世濟民)에 관한 긴요한 내용이었으니 고래로 드문 석학이었다. 의학 방면으로 이 책 외에도 《의령醫零》 1권을 지었다. 또 인두종법(人痘種法)과 우두종법(牛痘種法)에도 힘을 쏟았다.

고찰

교토대학 후지카와문고(富士川文庫)에 필자의 소장본과 같은 내용을 한 대형 필사본 10책이 있다. 그런데 이 필사본에는 〈보유補遺〉 1책이 덧붙여져 있다. 이 〈보유〉는 후인(後人) 혹은 다산(茶山) 자신이 첨부한 것으로 보인다. 섭계(葉桂)의 《임증지남의안臨證指南醫案》·《유과요략幼科要略》·《사진의안痧疹醫案》, 강관(江瓘)의 《명의유안名醫類案》, 정망이(鄭望頤)의 《종두방種痘方》, 《의종금감醫宗金鑑》 속의 〈종두심법요지種痘心法要旨〉, 《신정종두기법상실新訂種痘奇法詳悉》 등 새로 들어온 청(淸)의 의서로부터 마진(痲疹)과 종두(種痘)(우두종법도 있다)에 관한 내용을 베껴 하나로 묶은 것이다. 필사된 〈종두심법요지〉 말미에 '기시(記始)'라는 제목의 글("聖上二十四年庚申三月, 苕溪漁者記")에는 인두종법(人痘種法)이 조선에서 처음 시작된 당시의 사정이 간단하게 기술되어 있다. 이 〈보유〉 1책은 연구 자료로서 중요하다(《마과회통》의 내용에 대해서는 《조선질병사》 유행전염병 마진(痲疹)의 항목, 그리고 《조선학보朝鮮學報》 제49집 〈일선마진유행전파사日鮮痲疹流行傳播史〉를 참고하라).

◎ 《마과회통》 〈보유〉 기시(記始)[5]

記始

始李參判 基讓 氏爲義州府尹時, 得鄭氏種痘方, 歸以示余。余逢朴檢書 齊家 氏言之, 朴公又得醫宗金鑑中種痘要旨, 傳之抱川李生員 種仁 氏, 令以時苗試種。種四

5 원서에는 존재하지 않지만 역자가 추가하였다.

五傳, 遂如方書所言。李公故習於痘者, 入京城, 得兒穉與種法, 遂得行, 此東國種痘之始也。時聖上二十四年庚申三月 嘉慶五年 苕溪漁者記。

기시

처음 참판(參判) 이기양(李基讓) 씨가 의주 부윤(義州府尹)으로 부임했을 때 정망이(鄭望頤)의 《종두방》을 구한 후 돌아와서 나에게 보여주었다. 나는 검서관(檢書官) 박제가(朴齊家) 씨를 만나 이 책에 대해 말하였으며, 박 공은 다시 《의종금감》 속의 〈종두심법요지〉를 붙여 포천의 생원 이종인(李鍾仁)[6] 씨에게 전해주면서 시두(時痘)에서 추출한 종균으로 종두법을 시행하게 하였다. 이 공이 종두법을 4~5차례 시행하자 마침내 의서에서 말한 것과 같이 되었다. 이 공은 종두법을 연습한 후에 도성으로 들어가 아이들에게 종두법을 시행했고 마침내 이때부터 종두법이 세상에 유행하게 되었다. 이것이 조선에서 종두법이 시작된 경위이다. 정조 24년 가경 5년 경신년1800 3월에 초계(苕溪)의 어부[7]가 쓰다.

6 원문에는 "種仁"라고 하였으나 "鍾仁"으로 보고 번역하였다.

7 "초계의 어부〔苕溪漁者〕"는 정약용을 가리킨다. 정약용은 자신의 집앞에 흐르는 강물을 "초계(苕溪)"라고 불렀다. 《마과회통》 서문에서도 스스로 "초계(苕溪)"라고 하였다. 《마과회통》이 1798년에 지어졌으므로 2년 뒤에 쓰여진 글이다.

109. 마방통휘 麻方統彙

4권 4책

정약용(丁若鏞) 지음, 홍석주(洪奭周) 개편(改編)

[전존]

개요

순조 2년 임술1802 즈음에 만들어져 간행되었다.

형태서지

4권 4책. **| 판식版式 |** 활자본, 세로 32 × 가로 20cm, 반곽 23.5 × 15.5cm, 10행 21자. **| 지수紙數 |** 총 257매. 〈필자 소장본〉

내용서지

◎ 《마방통휘》 서문[1]

善醫者，猶用兵焉，醫之不可以無方，猶兵之不可以無法也。故素難者，金版玉弢也，本草者，勁弓利刃也，隨病而劑方者，魚麗鳥翼、八門六花之變也。若夫壁壘堅矣，卒乘飭矣，甲兵旣繕矣，號令旣申矣，有敵於此，卒然遇之，而以我之所不可知，攻我之所不及備，則其不轍亂而旗靡也者，幾希。是以爲兵者，先務審敵之形，而爲醫者，先務知病之情。

1 원서에는 일부 내용만 있지만 역자가 보충하여 실었다.

繇軒岐而後，論醫者數百家，而言痲疹者始于近世，然求其詳者，蓋絶無而僅有，然則病之不可知者，莫痲疹若也。其爲病也，來如怒潮，發如焱火，乘人之虛，害人甚速，其旣去而復來也，或十餘年，或二十餘年，其見之也罕，故其治之也爲尤難，其治之也難，故其害人也爲尤甚。嗚呼，智士仁人之所以備其豫而濟其危者，庸可忽乎。痲方統彙一書，輯古今言痲疹治者，凡數十家，爲篇凡五，爲目凡六十有三，爲方凡四百有十有六，窮其原以達其委，資其異以合其同，條分縷擘，歷歷有明驗，信乎其爲醫家之指南也。

嗟乎，大樸散而戰爭起，氣數漓而疾癘熾。痘疹之作，皆自後世始也。有能調六氣之和，反一元之眞，措斯世於雍熙之域者，使斯民無是疾可也，安用是方爲哉。雖然善用兵者，不恃敵之不吾侵，而恃吾之不可勝，故干羽旣舞，不忘猾夏之戒，弓矢旣櫜，不廢詰戒之誥，是方也，亦聖世之所不遺歟，遂爲之訂其譌謬，正其編簡，印以活字，俾廣其傳，世之言仁術者，庶或有取焉爾。

壬戌季秋下浣戊子，奉列大夫 行 弘文館副校理 知製教 兼 經筵侍讀官 春秋館記注官 實錄記注官 南學教授，豊山洪奭周序。

치료를 잘하는 것은 군사를 부리는 것과 같고, 치료에서 처방이 없어서는 안 된다는 점은 군사에서 병법이 없어서는 안 된다는 점과 같다. 그러므로 《소문素問》과 《난경難經》은 《금판金版》이나 《육도六弢》 같은 병법서라고 할 수 있고, 약재는 활과 칼 같은 무기라고 할 수 있으며, 증상에 따라 처방하는 행위는 어리(魚麗)·조익(鳥翼)·팔문(八門)·육화(六花)과 같은 진법(陣法)의 응용이라고 할 수 있다. 그런데 성벽과 누대가 견고하고 군사와 수레가 엄격하며 갑옷과 병기가 벼려져 있고 보고와 명령이 분명하더라도, 앞에서 적군을 갑자기 만났을 때 적군이 내가 알아채지 못한 지점을 이용해 내가 미처 방비하지 못한 곳을 공격한다면 아마 수레가 부서지고 깃발이 나뒹굴게 되지 않는 경우가 거의 없을 것이다. 그러므로 군사를 부리는 사람은 적의 진형 살피는 것을 우선시해야 하고, 치료를 하는 사람은 병의 상태 아는 것을 우선시해야 한다.

헌원과 기백 이후로 의학을 논한 이가 수백 명이나 마진(痲疹)을 말한 이는 최근에 비로소 나타났다. 그러나 자세한 내용을 찾아보면 아마 전혀 없거나 겨우 있는 정도일 것이다. 그러니 병중에서 잘 알 수 없는 것으로는 마진 만한 것이 없다. 마진이란 병은 성난 파도처럼 몰려와 뜨거운 불꽃처럼 발병하고 사람이 허한 틈을 타서 매우 빠르게 사람을 해치는 병이다. 사라졌더라도 다시 유행하기를 10여 년 혹은 20여 년마다 반복하니 병이 드물게 나타나기 때문에 치료하기가 더욱 어렵고, 치료하기가 어렵기 때문에 사람을 해치는 정도가 더욱 심하다.

아, 지혜롭고 인자한 사람이라면 이 병을 미리 대비하여 위험에 빠진 백성을 구하는 일에 어찌 소홀히 할 수 있겠는가. 《마방통휘》 한 책은 예로부터 지금까지 마진의 치료법에 대한 언급을 모은 것이니 모두 수십 명의 치료법을 5편(篇) 63목(目) 416처방으로 만들었다. 근원을 궁구하여 세세히 설명하였고 차이점을 비교하여 같은 내용끼리 모았으며 조목을 나누고 세목을 구분함으로써 하나하나 명확한 효험이 있으니 참으로 의가(醫家)의 지침이라고 할 만하다.

아, 질박한 대도(大道)가 없어지면 전쟁이 일어나고 절기가 어그러지면 전염병이 치성하는도다. 두창과 마진의 유행은 모두 후대에 시작되었다. 기후를 조화롭게 조절하여 자연의 섭리로 되돌려서 이 세계를 장수의 영역으로 만들 수 있는 사람이 있어야만 우리 백성들을 이 병에 걸리지 않게 만들 수 있을 것이니 어찌 이 책으로 할 수 있는 일이겠는가. 그렇다 하더라도 군사를 잘 부리는 사람은 적이 우리를 침략하지 않는다는 사실을 믿지 않고 우리가 이기지 못할 수도 있다는 사실을 믿는 법이다. 그러므로 방패와 깃을 들고 춤을 추면서도 오랑캐가 침범할 수 있다는 교훈을 잊지 않고, 활과 화살을 집어넣었더라도 검문하고 경계해야 한다는 명령을 거두지 않는다. 마찬가지로 이 책도 지금이 태평성대라 하더라도 책으로 남기지 않아서야 되겠는가. 그래서 잘못된 글자를 정정하고 책의 내용을 바로잡은 후 활자로 인쇄하여 널리 전하고자 하니 세상에서 인술(仁術, 의술)을 한다고 말하는 이들은 아마 간혹 얻을 내용이 있을 것이다.

임술년1802 9월 하순 무자일(戊子日). 봉열대부 행 홍문관 부교리 지제교 겸 경연 시독관 춘추관 기주관 실록 기주관 남학 교수 풍산(豊山) 홍석주(洪奭周) 서문을 쓰다.

본문내용

◎ 《마방통휘》 목차

原病篇 : 名義, 毒源, 運氣, 治法, 時令, 藥戒, 脈度(吉凶附), 日期, 初熱, 出疹, 出險, 形色, 收疹, 熱候, 餘毒, 婦人, 禁忌

雜證篇 : 汗, 血, 渴, 食, 咳喘, 咽喉(失音附), 嘔吐, 腹痛, 煩燥譫語狂亂驚搐, 大小便, 泄瀉, 痢疾, 疳瘵, 瘡癰(腫脹附), 蛔蟲, 中惡眼病瘧疾脣浮咬牙

辨類篇 : 斑疹總論, 傷寒發斑(癮疹通), 瘟疫發斑, 內傷發斑, 痲疹, 癮疹, 丹疹, 瘙

疹, 罩痘疹, 雲痘疹, 瘡痤疿, 水痘

旁通篇：痘毒熱, 痘虛實, 痘治法(藥戒附), 痘陷伏(寒熱附), 痘汗血渴, 痘咳喘(咳逆附), 痘咽喉(失音附), 痘嘔吐(吐瀉附), 痘煩躁譫語驚搐, 痘腹痛(腰脇附), 痘大小便(泄瀉附), 痘瘡癰(牙疳附), 痘腫脹(惡食附), 痘雜證(中風、厥冷、眼疾、咬牙、戴眼), 痘婦人, 痘蛔蟲, 附 大科諸書蛔蟲證治

湯液篇

補遺

〈원병편原病篇〉에서 마진(痲疹)의 증후와 치료법을 제시하였고, 〈잡증편雜證篇〉에서 마진으로 야기된 여러 가지 동반 증후를 설명하였으며, 〈변유편辨類篇〉에서는 유사한 증상의 감별진단을 설명하였고, 〈방통편旁通篇〉에서는 두창(痘瘡)에 관해 설명하였으며, 〈탕액편湯液篇〉에서는 마진 치료에 쓰이는 약재 및 처방을 수록하였다.

인물전기

홍석주(洪奭周, 1774－1842). 자는 성백(成伯), 호는 연천(淵泉), 본관은 풍산(豊山)이다. 정조 19년 을묘1795 춘당대 문과(春塘臺文科)에 급제하였다. 헌종 8년 임인1842 69세의 나이로 세상을 떠났다. 관직은 좌의정에 이르렀다. 연경(燕京)에 2차례 사행을 다녀왔다. 유학(儒學)은 물론 실증 학문에 널리 통달하였으며, 당시 큰 학자로 추앙받았다.

고찰

〈원병편〉·〈잡증편〉·〈변유편〉·〈방통편〉·〈탕액편〉(각각 《마과회통》의 〈원증편原證篇〉·〈인증편因證篇〉·〈변사편辨似篇〉·〈자이편資異篇〉·〈합제편合劑篇〉에 해당한다)의 내용을 두었고, 저자의 이름은 숨겨진 채 기재되어 있지 않다. 이 내용은 《마과회통》과 같다고 해도 좋을 만큼 닮았기 때문에 정약용(丁若鏞)의 원저작을 개편(改編)한 책이라고 할 수 있다. 이 책이 만들어져 간행되었을 때는 정약용이 신유사옥(辛酉邪獄)으로 귀양 갔을 즈음으로, 같은 남인(南人)인 홍석주가 《마과회통》이라는 뛰어난 저작이 세상에 나오지 못하는 것을 아쉬워하여 정약용의 이름을 숨기고 서명과 권차를 바꾼 뒤 교정하여 출간한 듯하다.

참고로 이 책에는 《마과회통》의 〈아속편我俗篇〉·〈오견편吾見篇〉과 권말에 붙어 있던 마진에 관한 여러 의가(醫家)의 가부(歌賦) 등이 제외되어 있다. 이로 인해 이 책의 학문적 가치는 줄어들고 말았다.

110. 마진휘성 麻疹彙成

필사본 1책

이원풍(李元豊) 지음

[전존]

(필자 소장)

개요

정조 22년 무오1798의 저작이다.

내용서지

◎ 《마진휘성》 서문[1]

……, 嘗聞宋嘉靖[2]間太醫院纂小兒衛生論二十卷, 必有痘疹方, 與此書暗合者, 君其求以証之焉。嘉慶三年月日, 耳溪洪良浩序。

…… 일전에 들으니 송(宋) 대 가정 연간1208-1224에 태의원에서 편찬한 《소아위생론》 20권에는 분명 두진방(痘疹方)이 있었다고 한다. 이 책과 내용이 비슷한 부분이 있을 테니 그대는 《소아위생론》을 구하여 고증해 보라. 가경 3년기미1798 이계(耳溪) 홍양호(洪良浩)가 서문을 쓰다.

○ 《마진휘성》 자서 ("嘉慶三年月日, 樂山主人李元豊述"). 내용은 생략한다.

1 이 서문은 《이계집耳溪集》 권10에도 실려 있다.

2 "嘉靖"은 "嘉定"의 오기(誤記)일까. 《이계집》에는 "嘉靖"이 "嘉定"으로 되어 있다.

본문내용

여러 중국 의서 및 조선 의서, 특히 《동의보감》 및 《급유방及幼方》에서 주로 채록하여 찬집한 마진서(痲疹書)이다.

인물전기

이원풍(李元豊, 1759－?). 자는 대유(大有), 본관은 정읍(井邑)이다. 영조 35년 기묘1759에 태어났고, 정조 1년 정유1777 역과(譯科) 한학(漢學)에 급제하였으며 관직은 의약동참·지중추부사에 이르렀다.

홍양호(洪良浩, 1724－1802). 자는 한사(漢師), 호는 이계(耳溪), 본관은 풍산(豊山)이다. 영조 28년 임신1752 정시 문과에 급제하였으며 관직은 대제학·판의금부사에 이르렀다. 일본에 사행을 다녀왔으며, 학식이 뛰어나다고 칭송받았다.

111. 홍진신방 紅疹新方

필사본 1책

[전존]

(필자 소장)

개요

권두(卷頭)에 "임술년에 양지현감 홍욱호·이원풍·안재운이 상의하여 적다〔壬戌洪陽智旭浩、李元豊、安載運相議所錄〕"[1]라고 적혀 있다. 여기서 "임술(壬戌)"은 아마도 순조 2년임술1802인 듯하다. 당시 마진(痲疹)(홍진(紅疹))이 유행하였을 때 이들이 진료하고 또 경험하여 얻은 처방을 모은 책이다.

본문내용

홍진초통(紅疹初痛)·발반(發斑)·소반(消斑)·발반후대소변폐색(發斑後大小便閉塞)·소반후열불퇴(消斑後熱不退) 등에 대한 치료 처방을 열거하고, 《임술경험방壬戌經驗方》과 《홍진예방신방紅疹豫防神方》을 덧붙였다. 또 책 뒤에 《치홍진방治紅疹方》(《경악전서景岳全書》에서 베낀 내용)·《마과휘편痲科彙編》·《홍진경험방紅疹經驗方》(주촌(舟村)) 및 《을미홍역경험방乙未紅疫經驗方》(이헌길(李獻吉))에서 초록한 내용을 싣고 있다. 즉, 마진(痲疹)에 대해서 기억해 두어야 할 점을 적은 책이다.

1 원서에는 "壬戌洪陽智、鄭浩、李元豊、安載相次所錄"이라고 되어 있으나 장서각 소장본을 참고하여 수정하였다.

인물전기

홍욱호(洪旭浩, 1740－1817). 자는 조린(照隣), 본관은 풍산(豐山)이다. 활인서 별제, 양지현감(陽智縣監), 양천현감(陽川縣監), 호조 참판 등을 지냈다.

안재운(安載運, 생몰 미상). 본관은 순흥(順興)이다. 사섬시 주부(司贍寺主簿), 금정 찰방(金井察訪), 내자시 주부(內資寺主簿) 등을 지냈다.[2]

이원풍(李元豐, 1759－?). 그의 전기는 〔110장〕에서 설명하였다.

2 원서에는 인물전기 부분에 "홍양지(洪陽智) 등에 대해서 알려진 사실이 많지 않다."고 하였으나 오류로 보고 선행 연구(박훈평, 2018)를 토대로 홍욱호와 안재운의 인물전기를 추가하였다.

112. 익감 翼鑑

필사본 1책

박지원(朴趾源) 지음

[전존]

〈 행림서원(杏林書院) 소장 〉

개요

각종 병증을 분류하고 각각의 치료 처방을 실은 처방서에 지나지 않으나 《열하일기熱河日記》의 저자 연암(燕巖) 박지원(朴趾源)과 관련된 저작이라고 한다.

내용서지

◎ 《익감》 서문[1]

翼鑑序

余抄一方醫書，名之曰翼鑑。翼者，集諸家古方而翼之者也，鑑者，照萬物之鑑者也。夫醫之爲書，上自倉越，下及劉張朱李，百家相繼，論說爭起，各立門戶，書益多術益晦，庸醫下工，初不窮理，末乃泥古，不知變而眩於自用，始欲活人而終多殺人。嗟夫，古良醫，上窮天機，下極人理，診候察病，萬擧而萬全矣，今之醫者，繁乎記述，昧乎肯綮，未窮病之根源，症之情狀，率以投藥，累進無功。

夫風寒暑濕燥火，六氣之流行者也，喜怒憂思悲恐驚，七情之常存者矣。天愆元和，人失調攝，六氣所侵，七情相感，乃作內傷虛勞痰飮，仍成沈疴怪疾等症，若非通理之人，何知是理之爲如是哉。夫中風中氣，形同病異，氣藥治風則順矣，風藥治氣則失也。傷寒內傷，俱有中滿，外則黃連瀉其邪，內則建中寬脾。瘧疾虛熱，皆有

1 원서에는 일부 내용만 있지만 역자가 보충하여 실었다.

寒熱，而治瘧之藥，勿治虛熱。自汗盜汗，俱是汗也，而自汗補其陽，盜汗滋其陰。鼓脹水腫，病形雖殊，皆以補脾制肝，惟水腫調養元氣，不宜峻利也。至於萬病千症，俱有是理，而不可盡述，畧擧其槩。

僻在窮巷，又値去年夏霖雨之餘，集成醫方一卷，其載者八十餘門，而筆之者醫家常用之方，削之者若非稀世之方，則有毒而不可輕用之物，且至貴而難得之藥也。夫抄集者，症脉與大方單方四者也。古人不云乎，兵不在多。以此調用，何病不治，以此詳察，何症不知。實者寫之，虛者補之，寒者溫之，熱者寒之，醫門之常道也，孰不知之。且有峻補者，有平補者，有峻攻者，有微利者，抑有溫而利者，有熱而瀉者，此則專在醫師之通變也。診脉則浮沈遲數，有力無力，論病則風寒暑濕，爲實爲虛，察之詳之，以用調治，則庶可使一世無死而非其命者矣。余常聞父兄之教訓，早游醫家之大方，畧拾糟粕，參考諸說，仍爲小序，以俟識者云爾。

赤鷄季冬，燕巖散人序。

《익감》 서문

내가 의서를 초록하여 책 하나를 만들고 《익감》이라 이름 붙였다. 익(翼)은 옛 의가들의 방서를 모아 덧붙였다는 뜻이고, 감(鑑)은 만물을 비추는 거울이라는 뜻이다. 의가들이 책을 지을 때 위로 창공(倉公)과 진월인(秦越人)부터 아래로 유완소(劉完素)・장종정(張從正)・주진형(朱震亨)・이동원(李東垣)에 이르기까지 많은 의가들이 서로 계승하고 논쟁을 하면서 각자 문파를 이루었으나 책이 많아질수록 의술은 더욱 모호해졌다. 그래서 의술이 서투른 의원은 애초부터 이치를 탐구하지 않다가 결국에 옛글에 얽매이게 되는 법이니 변화를 깨닫지 못하고 자신의 방법에 현혹된 채 처음에는 사람을 살리고자 하지만 결국 사람을 죽이게 된다. 아아 옛날의 훌륭한 의원은 위로 자연의 섭리를 탐구하고 아래로 사람의 이치까지 모두 파악하려 했기 때문에 증세를 진찰하고 병을 살피면 만 번에 만 번 모두 살려낼 수 있었다. 요새 의원은 말만 번드레하고 핵심적인 원리에는 어두워서 병의 원인과 증상의 상태를 궁리하지 않은 채 경솔히 약을 먹이고 있으니 누차 약을 복용시켜도 효과가 없다.

풍(風)・한(寒)・서(暑)・습(濕)・조(燥)・화(火)의 육기(六氣)는 돌아다니는 것이요, 희(喜)・노(怒)・우(憂)・사(思)・비(悲)・경(驚)・공(恐)의 칠정(七情)은 항상 존재하는 것이다. 하늘의 조화로운 기운이 어그러지거나 사람이 몸조리를 잘하지 못하거나 육기가 침범하거나 칠정이 서로 부딪히면 내상(內傷)이나 허로나 담음이 생겨 마침내 고질병이나 괴질(怪疾) 같은 병이 되는 법이니 이치에 통달한 사람이 아니라면 이러한 이치로 이러한 병이 된다는 것을 어떻게 알겠는가. 무릇 중풍(中風)과 중기(中氣)는 겉으로 드러난 증상이 같더라도 다른 병이기 때문에 기약(氣藥)으로 중풍을 치료하면 잘 낫지만 풍약(風藥)으로 중기를 치료하면 낫지 않는다. 상한(傷寒)과 내상에 모두 중만(中滿) 증상이 있지만 상한일 때는 황련탕(黃連湯)으로 사기를 배출시켜야 하고 내상일 때는 건중탕(建中湯)으로 비장을 편안하게 해주어야 한다. 학질(瘧疾)과 허열(虛熱)에 모두 한열(寒熱)이 왕래하는 증상이 있으나 학질을 치료하는 약으로 허열을 치료해서는 안 된다. 자한(自汗)과 도한(盜汗)은 모두 땀이 나는 것이지만 자한에는 양기(陽氣)를 보해야 하고 도한에는 음기(陰氣)를 길러주어야 한다. 고창(鼓脹)과 수종(水腫)은 겉으로 드러난 증상이 비록 다르지만 모두 비장을 보하여 간목(肝木)을 억제하되 수종에는 원기(元氣)를 잘 조리해야지 강한 성질의 약재로 설사시켜서는 안 된다. 나머지 수많은 병에 모두 이러한 이치가 있으나 다 적을 수 없으므로 그 얼개만 대략 거론하였다.

궁벽한 마을에 살면서 작년 여름 장마철 여가에 의서 1권을 완성했으니 80여 문(門)으로 구성하였다. 의원들이 자주 사용하는 처방은 담았고, 흔히 쓰지 않는 처방과 독이 있어 함부로 쓰지 말아야 하거나 너무 귀해서 구하기 힘든 약재가 포함된 처방은 뺐다. 각 의서에서 베낀 내용은 증(症)·맥(脈)·대방(大方)·단방(單方) 4가지이다. 옛사람이 "군사의 강함은 그 숫자가 많은 데 달려있지 않다."라고 말하지 않았던가. 이 책으로 약을 쓰면 어떤 병인들 고치지 못하겠으며, 이 책으로 환자를 상세히 살피면 어떤 증상인들 알아채지 못하겠는가. 실증은 배출시키고 허증은 보하며, 한증은 따뜻하게 하고 열증은 차게 하는 것은 의학의 일반적인 이치이니 누군들 알지 못하겠는가. 그런데 강하게 보하는 방법〔峻補〕과 평범하게 보하는 방법〔平補〕이 있고, 강하게 설사시키는 방법〔峻攻〕과 살짝 설사시키는 방법〔微利〕이 있으며, 또 따뜻한 성질의 약재로 설사시키는 방법과 뜨거운 성질의 약재로 사하시키는 방법도 있으니 이 모든 방법은 오로지 의원의 임기응변에 달려 있다. 맥을 짚을 때는 부(浮)·침(沈)·지(遲)·삭(數)에 유력(有力)·무력(無力)이 있고, 병의 원인을 논할 때는 풍(風)·한(寒)·서(暑)·습(濕)에 허증·실증이 있으니 이를 자세히 살핀 뒤에 치료한다면 온 세상 사람들이 제 수명을 다하지 못하고 죽는 일이 거의 없도록 만들 수 있을 것이다. 나는 항상 부형(父兄)의 가르침을 듣고 일찍부터 훌륭한 의원에게 배운 덕택에 의학의 거친 이론을 대략 모으고 여러 설명을 참고하여 책을 완성할 수 있었다. 이제 짧은 서문을 붙이니 식견이 높은 이의 질정을 기다린다.

정유년 12월. 연암산인(燕巖散人)이 서문을 쓰다.

반지(半紙)[2] 크기의 네모난 필사본으로, 지수(紙數)는 총 208매이다. 책 말미에 "임오년 계묘월 무인일 한밤중에 단북고사(丹北古舍)에서 마치다〔壬午癸卯戊寅夜半, 丹北古舍, 畢〕"라고 적혀 있다.

인물전기

박지원(朴趾源, 1737－1805). 자는 중미(仲美), 호는 연암(燕巖), 본관은 반남(潘南)이다. 영조 13년정사1737에 태어나 순조 5년을축1805에 세상을 떠났다. 백가(百家)의 책에 통달하여 일가를 이루었다. 조선에서 지동설을 처음으로 설파하였고, 《열하일기熱河日記》로 세상에 이름을 알렸다.

2 반지(半紙) : 일본의 종이 규격으로, 대략 세로 33×가로 24㎝ 정도 크기이다.

113. 광제비급 廣濟秘笈

4권 4책

이경화(李景華) 지음

[전존]

개요

정조 14년 경술1790 저술되어 간행되었다.

형태서지

4권 4책. **| 판식版式 |** 목판본, 세로 31 × 가로 19㎝, 반곽 23 × 16㎝, 11행 21자. **| 지수紙數 |** 총 267매. 〈필자 소장본〉

내용서지

◎ 《광제비급》 서문[1]

自古聖王之作, 必有應時之醫, 是故蒼周之興, 秦和述六氣之論, 西漢之隆, 淳于意著方脈, 我聖祖龍興之初, 鄭敬先輯鄉藥方, 以壽窮鄉之民, 醫雖方技, 有關於世治, 大矣。

歲己酉, 余出按關北, 其地右海左嶺, 嵐瘴交觸, 民多疾病, 其俗信巫而不信藥, 日事祈禳, 無救於死亡, 甚可哀也。昔周益公著陰騭方, 洪容齋撰夷堅志, 不佞雖昧

1 원서에는 일부 내용만 있지만 역자가 보충하여 실었다.

醫藥，若得一良醫著方，家喻戶傳，則其利博矣，但恨不得其人。適閱尹鳳巖贈李景華詩曰，肘後神方向誰問，成都隱士隱於醫，余遂紹介而致之，蒼顔白髮，雙瞳炯然，未嘗以醫自處，亦不避醫名，經史百家，無不硏究，尤致意於山河關防道里險夷，忠臣烈婦，綱常大節，著志立傳，以見其意，盖無所展其才，而托醫爲隱者也，鳳巖之詩，果不誣矣。乃告以余意，樂爲之用，燈鈔晷證，三閱月以成書，凡四編，上自救急，中至雜病，下及婦人小兒，單方治法，無所不備，眞濟衆之寶筏，壽民之秘笈也。余乃損俸助工，以付剞劂，廣布一路，尙亦有補於周洪二公之遺訣也歟。方今聖明光御，萬物咸覩，無一夫不被澤，無一藝不見錄，翁雖老矣，吾知其必不能終於隱也。然則是書也，奚但壽北之民，將見八路蒼生之同躋壽域，而雖謂之關世治可也。

聖上十四年庚戌仲夏下澣，德水李秉模序。

예로부터 성왕께서 나오실 때는 반드시 그 시대에 필요한 의원이 함께 있어 왔다. 그러므로 동주(東周) 때 편작(扁鵲)과 의화(醫和)가 육기에 대한 책을 저술하였고, 전한(前漢) 때 순우의(淳于意)가 진맥에 대한 책을 저술하였으며, 우리 선왕들께서 건국하신 초기에 정경선(鄭敬先)이 《향약방鄕藥方》을 편찬하여 향촌의 백성들을 장수하게 하였다. 이처럼 의술이 비록 기술이라고는 하나 세상을 다스리는 데 크게 관련되어 있다.

기유년1789에 내가 함경도의 관찰사로 나와 보니 그곳의 오른쪽에는 바다가 있고 왼쪽에는 산맥이 있어 산람(山嵐)과 장기(瘴氣)에 교대로 감촉되면서 병든 사람이 많았는데도 그곳의 풍습은 무당을 믿고 의약을 믿지 않아 날마다 기도와 굿을 일삼았기 때문에 그들을 죽음에서 구해내지 못하는 점이 매우 애석하였다. 옛날에 주필대(周必大)는 《음즐방陰騭方》을 지었고 홍매(洪邁)는 《이견지夷堅志》를 지었으니 내가 의약에 무지하더라도 뛰어난 의원이 지은 방서를 구하여 집마다 말해주고 전달해주면 그 유익이 클 것이지만 다만 그런 사람을 만나지 못한 것이 안타까울 뿐이었다. 때마침 윤봉조(尹鳳朝)가 이경화(李景華)에게 선사한 시를 보니 "소매 속의 신묘한 처방을 누구에게 물어보랴. 성도(成都)의 은자 군평(君平)이 의술에 숨은 격이구나."라는 구절이 있기에 내가 마침내 소개를 받아 그를 초대하였다. 그는 창백한 얼굴에 머리가 희었고 두 눈동자는 빛났으며 의원이라고 자처한 적은 없었으나 의술의 명성을 부인하지도 않았고 경사(經史)는 물론 제자백가에 이르기까지 연구하지 않은 책이 없었다. 특히 국경의 산천·도로·지형에 관심이 있었고 충신과 열녀에서 강상(綱常)과 대절(大節)에 이르기까지 모두 기록으로 남기고 전기(傳記)를 써서 자기 생각을 드러낸 것으로 볼 때 그는 아마도 재능을 펼칠 곳이 없어 의술에 의탁한 채 은거하는 사람인 듯했으니 윤봉조의 시가 과연 허황하지 않았도다. 이윽고 그에게 내 생각을 말하니 그는 즐거워하며 밤낮으로 책을 편집한 후 3개월 만에 책을 완성하였다. 책은 모두 4편으로 상편의 구급(救急)에서 시작하여 중편의 잡병(雜病)과 하편의 부인(婦人)과 소아(小兒)에 이르고 마지막 편인 단방 치료법까지 모든 분야를 갖추었으니 참으로 사람들을 구제할 귀한 뗏목이면서 백성을 장수케 할 비급이다. 이에 나는 녹봉을 덜어 비용을 보태고 책을 판각하게 하여 일대에 널리 퍼뜨렸으니 아마 주필대와 홍매 두 분이 남긴 책처럼 보탬이 되지 않겠는가. 바야흐로 밝은 빛과 같은 성상의 다스림이 만물에 두루 비치는 이때 혜택을 입지 않은 사람이 없고 드러나지 않은 기예가 없을 것이니 그가 비록 늙었으나 나는 그가 은자로 삶을 마치지 않으리라는 것을 알았다. 그러니 이 책은 북방 백성을 장수케 할 뿐 아니라 장차 팔도의 백성들이 모두 장수의 영역으로 함께 올라가도록 만들 것이기 때문에 세상이 잘 다스려지는 데 관련되었다고 말하더라도 괜찮을 것이다.

정조 14년 경술1790 5월 하순. 덕수(德水) 이병모(李秉模) 서문을 쓰다.

◎ 《광제비급》 발문[2]

走少也，誦短文搆小策，以求出身之計，旣又自歎曰，先輩文不過郵丞，武不過執戟，假使決科，生於西土，澤民利物，非可望也。遂棄擧子業，體范公願爲之心，學丹溪猶仕之訓，一意蒼扁，于今五十有餘年。略窺古人糟粕，施自一鄕，播及遠方，聲聞之過，固所恥之，而問者雖一日十輩，不避勞苦，殫竭酬應者，蓋欲不負初心也。

歲庚戌，靜修李公，觀察北關，適値荐飢，減價糶穀，盡心接濟之暇，更念北俗貿貿，藥不知溲渤，鍼不解砭石，夭枉札瘥，往往有之，悶而憐之，召致余子舍，要輯救濟之方，以爲廣布計，其仁人愛物之心，足以感神明而及豚魚矣。余乃樂爲之役，搜羅百氏，參以舊聞，集成此書，病者雖千百，其形治法，無所不備，庶幾簡而約，約而不至於忽，上可以副公託，下可以遂平日之心，亦一幸會耳。若使我公，推此心於廊廟之上，則非但北方陰崖之回春，亦使東土蒼生，同躋壽域矣。於是乎跋。

聖上十四年歲庚戌季夏，進士李景華跋。

---

2 원서에는 일부 내용만 있지만 역자가 보충하여 실었다.

나는 어릴 적에 짧은 글이나 외고 자잘한 과거글이나 지어보며 출세의 계획을 도모하였다. 그러나 이윽고 스스로 탄식하며 "우리 지역의 선배를 보니 문관으로는 우승(郵丞)을 넘지 못하고 무관으로는 집극(執戟)을 넘지 못하였다. 과거를 보기로 마음먹었다 한들 관서 지방에 태어났으니 백성을 이롭게 하는 정치를 하기에는 가망이 없도다."라고 생각하게 되었다. 마침내 과거 공부를 접은 후 좋은 의원이 되고자 했던 범중엄(范仲淹)의 마음을 본받고 단계(丹溪)의 '의술에 정통하여 타인을 구제하면 출사와 같은 것'이라는 가르침을 배워 창공이나 편작이 되려는 일념으로 산 지 지금까지 50여 년이다. 옛사람들이 남긴 의서를 약간 엿본 것을 가지고 한 마을에서 치료를 시작하여 먼 지역까지 이름이 펴졌으니 소문이 과장되어 참으로 부끄러웠다. 그러나 진료를 청하는 이가 하루에 10명이나 되더라도 수고로움을 마다하지 않고 죽을힘을 다해 응대한 것은 아마 초심을 져 버리지 않고 싶어서였을 것이다.

경술년1790 정수재(靜修齋) 이병모(李秉模) 공께서 함경도에 관찰사로 오셨을 때 마침 기근이 들자 세금을 줄이고 곡식을 빌려주시면서 마음을 다하여 물자로 도우시던 와중에 북방 사람들이 몽매하여 소오줌이나 말똥과 같이 흔한 약재도 모르고 폄석 같은 침구법도 알지 못한 채 요절하는 일이 종종 있다는 것까지 생각하시고 나서 매우 안타까워하셨다. 그래서 나를 거처로 불러 사람들을 구제할 수 있는 의서를 편찬하도록 요청하시고 널리 퍼뜨릴 계획을 세우셨으니 백성을 사랑하고 만물을 아끼시는 마음이 위로는 신명을 감화시키고 아래로는 미물까지 미칠만하였다. 나는 바로 그 일을 기꺼이 하겠다 한 후 여러 서적을 모으고 전에 들은 것들을 참고하여 이 책을 편찬하였다. 수천 수백 가지 병에 대해 형증(形證)과 치법(治法)이 모두 갖추어져 있으니 간단하고 요약적이지만 요약적이라고 하여 소홀한 부분이 있지는 않을 것이다. 이 책을 통하여 위로는 이 공의 부탁에 부응할 수 있었고 아래로는 평소 가져왔던 생각을 이룰 수 있었으니 하나의 큰 행운일 뿐이다. 만약 우리 이 공께서 이러한 마음을 조정까지 미치게 하실 수 있다면 험준한 북방 땅에 봄날이 올 뿐만 아니라 우리 동방의 모든 생명이 장수의 영역으로 함께 올라가게 될 것이다. 이렇게 발문을 쓴다.

정조 14년 경술1790 6월. 진사 이경화(李景華) 발문을 쓰다.

본문내용

◎ 《광제비급》 목차

卷1 : 諸中, 諸厥, 五絶, 七竅, 五發, 癰疽, 諸傷, 咽喉
卷2 : 雜病
卷3 : 婦人門, 孕婦雜病, 産後諸病, 雜病。小兒門, 痘疹
卷4 : 人蔘治驗[一]、當歸、黃柏、大豆、小豆、馬齒莧、香附子、大黃、絲瓜、冬瓜、葳靈仙、忍冬、菖蒲、蒲黃、浮萍、牡鼠屎、頭垢、人屎、人尿、食鹽、香油、生薑、葱白、大蒜、苦蔘、百草霜、艾、白礬、鼠粘子、蒼茸、蓖麻子、荊芥、蛇床子、紫蘇葉、杏仁、桃仁、井華水、百沸湯、黃土、地龍屎、伏龍肝、硫黃、麻子、亂髮、竹瀝、田螺、樑上塵、皀角、韭菜、白芷

권1~3에서는 위의 목차에 따라 세목(細目)으로 나누어 설명하고 치료 처방을 실었다. 권4에는 약재들 각각의 치험을 기재하였다.

주요 인용서는 《동의보감》·《경험방經驗方》·《의학입문醫學入門》·《본초강목本草綱目》 등이며 이 외에 다수의 중국과 조선 의서를 사용하였다. 그러나 이들을 전혀 새롭게 발전시켰으므로 책의 내용은 조선 고유의 색채를 짙게 띠고 있다. 또한 서민들을 위해 편찬되었기 때문에 당시 민간의 의술을 알기에 좋은 책이다. 권4에서는 몇몇 구하기 쉬운 향약을 활용한 치료법을 제시해 놓았다. 이 내용도 주목할 만하다.

인물전기

이경화(李景華, 1721－?). 진사(進士), 여윈 얼굴에 머리가 희었고 두 눈동자는 빛났으며 빼어난 통찰력이 있었다. 의술에 은거하여 애민(愛民)에 뜻을 두었고, 경사백가(經史百家)에 두루 정통했다〈그의 삶에 대해 알려진 사실이 많지 않다. 《사마방목司馬榜

[一] 인삼으로 치료할 수 있는 병을 기록하고 처방을 제시하였다. 이하 같다.

目》을 보라〉.

이병모(李秉模, 1742－1806). 자는 이칙(彝則), 호는 정수재(靜修齋), 본관은 덕수(德水)이다. 영조 49년 계사1773 증광 문과에 급제하였고, 정조 18년 갑인1794 좌의정이 되었으며, 정조 23년 기미1799 영의정에 이르렀다. 정미년 익산(益山)으로 귀양갔을 때 세상을 떠났다.[3]

고찰

정조 14년 경술1790 이병모가 함경도 관찰사로 부임했을 때, 그 지방에서 의약을 알지 못하여 죽는 자가 많은 것을 한탄하다가 진사 이경화에게 명하여 구제에 도움이 되는 의서를 편찬하게 하고 《광제비급》이라고 이름 붙인 뒤 스스로 녹봉을 줄여 판각하고 널리 배포하였다.

《누판고鏤板考》에 "광제비급 4권, 이경화 지음. 관북관찰영 소장. 인지 7첩 5장〔廣濟秘笈四卷, 李景華撰。關北觀察營藏。印紙七牒五張〕"이라는 기록이 이 간본에 해당한다. 또한 최근에도 민간에 상당히 널리 이용되어 활자본으로 중간되었다.

3 이 부분은 오류인 듯하다. 이병모는 순조 6년(병인1806)에 세상을 떠났다.

114. 수민묘전 壽民妙詮

4권 2책

정조(正祖) 지음

개요

이 책은 정조가 직접 지은 글을 모은 《홍재전서弘齋全書》⊟ 가운데 실려 있다.[1] 또 규장각 소장본(경성대학 도서관 소장)은 정성 들여 베낀 필사본 2책으로 사자관(寫字官)이 필사를 담당하였고(아래 서문에서 "전체를 또박또박 베껴 쓰게 하고〔令楷寫一通〕"라고 한 것에 해당하는 듯하다) 각 책의 첫머리에 "世寶"·"東宮"이라는 2가지 인장이 찍혀 있다. 정조가 세손 시절에 병으로 몸이 불편하던 영조를 간병하며 쓴 저술로 보인다. 귀중한 책이다.

내용서지

◎ 《홍재전서》 〈군서표기羣書標記〉의 《수민묘전》 부분[2]

壽民妙詮九卷 寫本

⊟ 홍재(弘齋)는 정조의 아호(雅號)이다. 《홍재전서》는 184권 100책으로 이루어져 있으며, 정조의 시문(詩文)·윤음(綸音)·교지(敎旨)·기타 편저를 수록하고 있다. 현재 훌륭한 활자본이 존재한다.

1 《홍재전서》 권8 〈서인序引〉에 《수민묘전》 서문이 실려 있고, 권179 〈군서표기羣書標記〉에 《수민묘전》에 대한 해제가 적혀 있다. 그러나 《수민묘전》 원문 자체는 《홍재전서》에 보이지 않는다.

2 원서에는 일부 내용만 있지만 역자가 보충하여 실었다.

3 황우(皇祐) 3년 편찬된 《간요제중방簡要濟衆方》을 가리킨다. 제5부 〔034장〕 참조.

醫者所以濟羣生也，故曰事親者，不可以不知醫，醫顧可賤哉。我東風俗，恥從事於方術，此固崇儒之所致，而醫亦儒術中一端，雖以宋朝治法之專尙儒術，太宗有親撰太平聖惠方，仁宗有親撰皇祐濟衆方，以及孫思邈、沈括、蘇軾，亦皆各有成書，曷嘗如東人之賤而恥之哉。予自少耽看醫書，自丙戌至丙申十載，無解帶時，其於脈訣藥性，自有所旁通者。然人稟之今古有異，東西之風氣不幷，古今醫書中，苟求其切於我東之用，莫如陽平君許浚東醫寶鑑一書，但其論理論方，相與錯雜，體例頗欠整齊，予稍更其例，撮其精華，又以湯液各方，別爲續編以附之，名曰壽民妙詮。

○ 親撰序曰，

予故不解醫，然醫人醫國，其理固一也。今夫岐扁以下，古名醫所命丸劑湯飮之愈人疾起人死者，在國則三代漢唐宋明之良法美制也。其所論病祟之六氣五勞七傷，證之虛實寒熱，脈之浮沈遲數，種種差別之存乎人者，在國則當時之弊源物情也。爲國者必先究其弊源之所在，察其物情之所宜，然後按古法之當乎今者而行之，則危可安而亂可治也。苟或昧然於弊源物情，而惟謂是良法美制也，雜試而竝用，則不惟無益，其不病國也者，幾希矣。然則醫者之所先務，居可知已。

顧今之醫者，率不致力於脈證，而徒誦其湯丸之名，臨病則不能確見其祟之在何臟何經，摸索影響，而遽試其所疑，雖欲有瘳，得乎。無論神聖工巧，卽周禮所稱下醫，亦十無一二者，良以是也。是固學醫者之過，抑爲方而敎之醫者，輒皆混脈證湯丸於一編之中，故有以歧其志貳其工，而啓其趨徑求速之弊耳，予病之久矣。

自夫丙戌以後，先大王玉候彌留，予夙宵侍側，帶不解者，蓋十一年，而無日不從事於醫藥。于時就東醫寶鑑，自身形精氣，以至婦人小兒，依其門類，鈔錄其證論脈訣，凡爲四卷，取伊川詩用時還解壽斯民之語，名之曰壽民妙詮。旣又念湯液諸方，亦不可以終闕，故隨卽鈔錄，爲別編五卷。書旣成而不復省，近始追檢亂藁，則所謂別編者已失，而妙詮則在焉。若又漫棄其工爲可惜，乃令楷寫一通，而叙其所以作之意如此。此雖出於古方，無新奇可喜之說，其於一醫者之心目，而急乎其先務，庶幾有少補焉耳。雖然吾所謂壽民，豈亶謂是哉。今財竭民窮，凋瘵滿目，而莫有以醫之，嗚呼，安得起伊川而問之也。

수민묘전 9권 필사본

의술이란 많은 생명을 구하기 위한 것이다. 그러므로 어버이를 섬기는 자라면 의술을 몰라서는 안 된다고들 말하니 의술을 천시해서야 되겠는가. 우리나라의 풍속은 각종 기술에 종사하는 것을 부끄럽게 여긴다. 이는 본래 유학을 숭상해온 결과이나 의술도 유학의 기술 가운데 하나이다. 송(宋) 조정의 통치 방법이 유학의 기술만 숭상했음에도 불구하고 태종(太宗)은 《태평성혜방太平聖惠方》을 직접 편찬했고, 인종(仁宗)은 《황우제중방皇祐濟衆方》[3]을 직접 편찬하였다. 그리고 손사막(孫思邈)·심괄(沈括)·소식(蘇軾)에 이르기까지 모두 각각 지은 의서가 있으니 어찌 우리나라 사람들이 의술을 천시하고 부끄럽게 여긴 것과 같겠는가. 나는 어려서부터 의서를 탐독해 왔고 병술년1766에서 병신년1776에 이르는 10년 동안은 선왕의 간병으로 띠를 풀고 편히 잔 적이 없었으므로 맥결(脈訣)과 약성(藥性)에 대하여 저절로 두루 알게 되었다. 그러나 사람이 타고난 체질은 고금의 차이가 있고 동서 지역에 따른 풍토도 한결같지 않다. 고금의 의서 중에서 진실로 우리나라에서 쓰기에 알맞은 책을 찾자면 양평군(陽平君) 허준(許浚)이 지은 《동의보감》만한 것이 없다. 다만 《동의보감》은 이론과 처방에 대한 서술이 서로 뒤섞여서 체계가 정리되어 있지 못한 부분이 많다. 내가 체계를 일부 수정하면서 그중에 정수를 뽑고 탕액(湯液)에 관한 각 처방을 따로 속편으로 엮어 뒤에 붙인 후 《수민묘전》이라 명명하였다.

○ 직접 지은 서문은 다음과 같다.

내가 원래 의술에 대해서는 잘 모르지만 사람을 치료하는 것이나 나라를 치료하는 것이나 그 원리는 똑같을 것이다. 기백(岐伯)이나 편작(扁鵲) 이후로 옛날 명의들이 처방하여 사람의 병을 고치고 죽을 사람을 살려낸 환약과 탕약들은, 국가에 있어서 삼대(三代)와 한(漢)·당(唐)·송(宋)·명(明) 시절의 좋은 법률이나 훌륭한 제도라고 할 수 있다. 또 그들이 말한 육기(六氣)니 오로(五勞)니 칠상(七傷)이니 하는 병의 원인과 허증·실증·한증·열증 같은 증상과 부(浮)·침(沈)·지(遲)·삭(數) 같은 맥이 사람에 따라 각각 차이가 나는 것은 국가에 있어서 폐단의 원인과 세상 물정이라고 할 수 있다. 그렇다면 나라 다스리는 자가 반드시 먼저 그 폐단의 원인이 어디에 있는지 궁리하고 지금의 물정에 맞는 것이 무엇인가를 살펴본 후에 지금에 적합한 옛 사례를 찾아서 시행하면 위태로움도 안정시킬 수 있을 것이고 어지러운 상황도 잘 다스릴 수 있을 것이다. 그러나 만약 폐단의 원인이나 물정에 어두운 상태에서 오직 이것이 좋은 법률이며 훌륭한 제도라 말하면서 이것저것 시행하거나 동시에 진행하게 되면 아무런 이익이 없을 뿐만 아니라 나라를 병들게 하지 않는 경우가 드물 것이다. 그렇다면 의원의 급선무도 알 만하지 않겠는가.

그런데 지금 의원들은 대부분 진맥이나 증론에 힘을 쏟지 않고 각종 처방의 이름만 외우고 있다가 환자를 대할 때 그 병의 원인이 어느 장부 또는 어느 경맥에 있는지 확신하지 못한 채 그림자를 잡는 것처럼 생각나는 대로 급하게 투약하고 있으니 그 병이 나을 리가 있겠는가. 망문문절(望聞問切)의 4가지 진단을 논할 수 없는 이는 바로 《주례周禮》에서 말한 하의(下醫)이니 열 명에 한둘도 구하지 못하는 까닭은 참으로 이것 때문이다. 이는 실로 의술을 배운 자의 잘못이겠지만, 한편으로는 의서를 만들고 의술을 가르치는 자들이 진맥과 증론과 처방을 전부 하나의 책 속에 섞어 놓았기 때문이다. 그래서 배우는 자의 의지와 노력이 갈피를 잡지 못하게 되어 빠른 지름길만 추구하려는 폐단을 낳게 되었으니 나는 오래전부터 그것을 병폐로 여겨 왔다.

선왕께서 옥체가 편찮아지신 병술년1766 이후부터 나는 밤낮으로 곁에서 모시면서 허리띠 한 번 풀지 않은 지 11년이니 하루도 의약을 공부하지 않은 날이 없었다. 그때 《동의보감》을 펴놓고 신(身)·형(形)·정(精)·기(氣)에서부터 부인·소아에 이르기까지 각 문(門)별로 증론(證論)과 맥결(脈訣)을 초록하였으니 모두 4권이었다. '사용하면 문득 낫게 하리니 이 백성들을 장수하게 하네[用時還解壽斯民]'라는 정이천(程伊川)의 시구(詩句)를 따 《수민묘전》이라고 이름을 지었다. 얼마 후 또 생각해 보니 탕액(湯液)에 해당하는 여러 처방도 그냥 빼 버릴 수만은 없어서 또다시 이를 초록하여 별책 5권을 만들었다. 책이 완성되고 나서는 다시 열어보지 못하고 있다가 근래에 와서야 어지러운 초고들을 뒤져 보니 별책으로 된 것은 이미 잃어버렸고 《수민묘전》만 남아 있었다. 그간의 노력을 그대로 방치하자니 아까워서 다시 전체를 또박또박 베껴 쓰게 하고 나서 이 책을 쓰게 된 동기를 이렇게 적어본다. 이는 모두 옛 의서에서 나온 것들이라 별로 신기하거나 재미있는 내용은 없으나 의술을 하는 사람의 머릿속에 급선무가 무엇인지 밝힌 점에 있어서는 아마 조금이라도 도움이 될 수 있을 것이다. 그렇지만 내가 말하는 '수민(壽民)'이 단순히 그러한 뜻만은 아닐 것이다. 지금 국가는 재정이 동이 나고 백성들은 가난하여 바싹 초췌해진 것이 눈에 가득한데도 고칠 길이 없도다. 아아 어떻게 하면 정이천을 구천에서 일으켜 그 방법을 물어볼 수 있을까.

고찰

위 글에 따르면, 정조는 의술을 천시하는 조선 풍속이 잘못되었음을 강조하고 의술도 유학(儒學)의 기술 가운데 한 가지임을 지적하였다. 또 선왕 영조가 병을 앓았던 10여 년간 허리띠를 풀지 않고 몸소 치료에 임했다고 기록하였다. 그리고 의술은 모든 생명을 구하고 부모를 모시는 방법이라고 하면서 직접 의서를 편찬하기에 이르렀다고 하였다. 이 밖에 정조가 의술에 조예가 깊었다는 사실은 《일성록日省錄》 기사를 통해 알 수 있다. 정조는 세자 혹은 자신의 병에 종종 직접 약을 의논하였는데, 《일성록》에는 그의 학식이 드러나는 이러한 장면이 실려 있다. 또 이 책 외에 어의 강명길(康命吉)에게 명하여 《제중신편濟衆新編》을 편찬하게 하고 종종 교열(校閱)하여 직접 첨삭하였다는 점으로도 알 수 있다.

그리고 또 앞의 서문을 보면, 《수민묘전》은 증론(證論)과 맥결(脈訣)만으로 4권이고, 속편은 "탕액에 해당하는 여러 처방〔湯液諸方〕"으로 5권이었는데, 정조가 이렇게 모두 9권을 편찬한 뒤에 세월이 흘러 옛 원고를 찾으려 했으나 후자의 속편 부분은 산일(散佚)되었고 단지 전자의 《수민묘전》만 있어 이에 다시 잘 베낀 필사본 하나를 만들었다고 기록되어 있다. 이 필사본이 앞에서 말한 규장각 소장본에 해당하는 것으로 보인다.

115. 통현집 通玄集

필사본 5책

강명길(康命吉) 지음

[전존]

〈 필자 소장 〉

개요

이 책은 작은 글자로 쓰인 대형 필사본으로, 책 첫머리마다 "康氏命吉"이라는 사각의 음각 인장이 찍혀 있다. 강명길 자손의 집에서 나왔으므로 강명길이 쓴 자필본이며 그가 저술한 《제중신편濟衆新編》에 앞서 쓰인 책일 것이다.

《제중신편》은 《동의보감》에서 요점을 간추리고 번잡한 내용을 제거하여 만든 책이다. 하지만 《통현집》의 경우에는 모두 《동의보감》에서 발췌하여 적는 형식을 취하고 있다.

116. 제중신편 濟衆新編

8권

강명길(康命吉) 지음

개요

정조 23년 기미1799 편찬되어 간행되었다.

형태서지

8권 5책.[1] **|판식版式|** 목판본[目] 세로 33.5 × 가로 22.0㎝, 반곽 24.5 × 18.0㎝, 10행 21자, 주쌍행. **|지수紙數|** 총 314매. (필자 소장본 기준) (〔부도29〕 참조)

◎ 《홍재전서》 〈군서표기羣書標記〉의 《제중신편》 부분[2]

> 濟衆新編九卷 刊本
>
> 予在春邸，十載侍湯，所朝夕者，脈訣藥論也。因得旁究醫理，上自素問難經，下訖歷代諸方，瀏覽殆遍。本朝醫書，惟許浚寶鑑，最稱詳核，然文繁意疊，疎漏亦多，予旣就加隱栝，發凡起例，撰成壽民妙詮九卷。復命內醫院博采諸方，芟繁取要，

1 목록 단권 1책, 본문 8권 4책으로 모두 9권 5책이다.

目 《홍재전서弘齋全書》〈군서표기羣書標記〉에 왕명을 받고 만들어진 책으로서 《제중신편》에 대한 설명이 실려 있는데, "주자소(鑄字所)에 보내어 판각한 후 반포하도록 하였다〔付鑄字所，鋟版印頒〕"라고 하였다. 이 책은 교정을 위해 처음에 활자로 인쇄되었고 많은 부수를 만들기 위해 그 후 즉시 목판에 옮겨졌을 것이다. 현재 전하는 목판본은 이것에 해당하는 듯하다.

2 원서에는 존재하지 않지만 역자가 추가하였다.

間附經驗之方，另編一部可行之書，屢易藳不輟，至予御極後二十四年，書始成，原編八卷，目錄一卷，自風寒暑濕，至藥性歌，凡七十目，每一目，先叙脈訣形證，次附合用方藥，使遐鄉窮蔀之民，一開卷瞭然。名曰濟衆新編，付鑄字所，鋟版印頒。有都提擧李秉模序。 右己未編

제중신편 9권 간행본

내가 세손으로 잠저(潛邸)에 있을 때 10년 동안 영조께 탕약을 올리면서 아침저녁으로 맥결(脈訣)과 약재에 관한 책을 보았다. 이런 까닭에 의약의 이치를 두루 연구할 수 있었으니 위로는 《소문》·《난경》부터 아래로는 역대의 여러 의서에 이르기까지 많은 책을 섭렵하였다. 우리 조선의 의서로는 오직 허준(許浚)의 《동의보감》이 가장 자세하고 좋다고 하지만 내용이 번다하고 뜻이 중복되었으며 소략하거나 빠진 것도 많았다. 내가 그 책을 정리하면서 손질하고 범례를 만들어 《수민묘전》 9권을 편찬하였다. 한편 내의원에 명하여 여러 의서를 널리 모아 번잡한 것을 삭제하고 요점을 취하되 중간에 경험방(經驗方)을 덧붙여 별도의 쓸 만한 책 한 질을 만들게 하였다. 여러 번 원고를 바꾸어 완성하지 못하다가 내가 즉위한 지 24년 되던 해에 책이 비로소 완성되었으니 본문 8권과 목록 1권이었다. 풍(風)·한(寒)·서(暑)·습(濕)으로부터 약성가(藥性歌)에 이르기까지 모두 70항목인데 항목마다 먼저 맥결과 증상을 서술하고 이어서 증상에 합당한 처방을 덧붙여서 궁벽한 시골의 백성들도 책을 한 번 펼치면 훤히 알 수 있도록 하였다. 이 책을 《제중신편》이라 이름하고 주자소(鑄字所)에 보내어 판각한 후 반포하도록 하였다. 도제거(都提擧) 이병모(李秉模)의 서문이 있다. 이 책은 기미년1799에 편찬되었다.

내용서지

◎ 《제중신편》 서문[3]

天地之大德曰生，旣生生之矣，厚生保生之道，惟食與藥，而必資於聖人之代其工，是故農嘗際於教耕，軒問並於晝井，醫之有關於贊化育，已自邃古而然也。我聖上

3 원서에는 내용이 생략되어 있지만 역자가 추가하였다.

㊁ 이병모(李秉模)의 전기는 〔136장〕에서 설명하였다.

粵在先朝侍湯之暇，深推斯民廣庇之仁，使太醫康命吉，就古今諸方，探源窮委，芟繁補漏，候陰陽而辨內外，該診息而括經驗，分門彙類，提綱挈維，雖遐鄉窮蔀之民，一開卷亦自瞭然於對證之劑。書凡八編，至是告成，命曰濟衆新編，開印內閣，廣布中外，以臣提擧內局，命序之。

臣竊念，堯舜大聖也，博施濟衆，其猶病諸，夫二帝之治，蕩乎巍乎，熙如皡如，薄海蒼生，咸囿耕鑿之樂，豈有一夫之不濟，特聖不自聖，自視欿然。故夫子言其病諸者，乃所以深讚其能事，極功之底於濟衆也。恭惟殿下政先重農，德洽惠鮮，斂福錫福，厥民用康，而猶恐夫病於廣濟，拳拳垂意於斯編者如此，殿下之心，卽堯舜之心，而厚生保生之德，其將同歸於天地生物之仁，猗歟盛哉。

傳曰，其數可陳也，其義難知也，蓋言乎六藝，而醫亦六藝之流耳，鍼石湯熨草木虫魚五苦六辛，卽所謂數也，究性命之原，辨六氣之運，表榮衛之分，導民於中和，以養生引年，卽所謂義也。數譬則俎豆之事，有司存焉，義非神而明之，孰能與也。臣嘗聞聖教，羣聖之言，萬理皆備，已言者不是多，未言者不是不足，譬如醫家槩言五味之爲其性而已，某性宜寒也，反或宜於熱，某性宜熱也，反或宜於寒，此在醫者原其性而變而通之耳，旣言其性，則本宜寒而或宜熱，本宜熱而或宜寒者，正以其性之元具此理，非於性外別有他理。大哉言乎，斯乃書外之旨，而爲醫者必以意會之，然後始可喩其旨，由數求義之妙，其於是乎在，敢並爲述。

歲巳未季秋，大匡輔國崇祿大夫 議政府左議政臣李秉模，奉敎謹序。

천지의 큰 덕은 '살리는 것'이니 태어난 생명을 잘살도록 한다는 의미일 것입니다. 배부르고 건강하게 살게 하는 방법은 오직 음식과 약으로 가능한 일이니 반드시 성인께서 그러한 노력을 대신하시는 것이 밑바탕 되어야 합니다. 그렇기 때문에 신농께서는 농사를 가르치시는 한편 약재를 맛보았고, 헌원께서는 정전법을 시행하는 한편 의학에 대해 문답하셨으니 의술이 '살리는 것'에 도움이 된 것은 오랜 옛날부터 그래왔습니다. 우리 성상께서는 선왕께 탕약을 올리던 와중에 우리 백성들까지 의술로 널리 보호하고자 하는 인자함으로 크게 확장하셨습니다. 그래서 태의 강명길(康命吉)에게 '고금의 여러 의서를 찾아가며 근원부터 말단까지 탐구한 후 번잡한 것을 제거하고 빠진 것을 보충하며 음증과 양증을 나누고 내인과 외인을 변별하며 진단법과 조식법(調息法)을 갖추고 실제 경험까지 모으되 목차에 따라 비슷한 내용끼리 묶고 요점을 이끌어냄으로써 시골구석에 사는 백성이라 하더라도 한 번 펼쳐보면 증상에 대한 처방을 일목요연하게 알 수 있게 만들라'고 명하셨습니다. 모두 8편의 책이 이제 완성되었으니 《제중신편》이라 명명하시고 규장각에서 간행하여 도성 안팎에 널리 반포하게 하셨으며 내의원 제거(提擧)를 맡고 있는 소신에게 서문을 지으라 하셨습니다.

소신이 가만히 생각해 보니 요임금과 순임금께서는 위대한 성군이었음에도 널리 베풀어 백성을 구제하는 일에는 오히려 부족할까 염려하셨다고 합니다. 두 황제의 치세는 넓고도 높으며 빛나고도 밝아서 온 천하 백성이 모두 농사짓는 즐거움 속에 있었으니 어찌 한 사람이라도 구제받지 못함이 있었겠느냐마는 요순께서는 성군이라 자부하지 않으시고 스스로 부족하다고 여기셨습니다. 그러므로 공자께서는 '오히려 부족할까 생각하셨다'는 말이 성군의 업적을 깊이 찬양하는 한편 대단히 노력한 끝에 백성을 구제하는 일에 이르셨다는 의미라고 하셨습니다. 전하께서는 농사를 중요시하는 정책을 시행함으로써 은덕이 두루 미치고 백성에게 그 복을 내려서 풍족하게 하고 계시는데도 오히려 널리 구제하는 일을 부족하다 생각하시고는 고이고이 이 책에 이처럼 관심을 보여주고 계십니다. 전하의 마음은 곧 요순의 마음과 같고 전하께서 백성을 배부르고 건강하게 살게 하는 덕행은 천지가 만물을 살리는 인(仁)과 같으니 아아 위대하시고 성대하십니다.

《예기禮記》에서 '그 수(數, 형식)를 열거할 수는 있으나 수에 담긴 의미는 알기 어렵다'고 하였습니다. 이는 육예(六藝)에 대하여 말한 것이니 의술도 육예의 하나일 뿐입니다. 침・탕약・뜸・약재・약성은 의술의 수(數, 형식)라고 할 수 있고, 생명의 근원을 연구하고 육기(六氣)의 운행을 변별하며 영혈(榮血)와 위기(衛氣)의 구분을 드러냄으로써 백성을 평화로운 세상으로 인도하여 배불리 오래 살게 하는 것은 의술의 의미라고 할 수 있습니다. 비유하자면 제사에 각 담당자가 자리하는 것이 제사의 수(數, 형식)이고 혼백이 참여하는 것은 제사의 의미이니 혼백이 굽어살피는 것이 아니라면 누가 참여할 수 있겠습니까. 소신이 예전에 성인의 가르침을 들으니 성인들의 말에는 모든 이치가 갖추어 있으나 말로 표현된 것은 적고 말로 표현되지 못한 것은 많다고 하였습니다. 비유하자면 의원이 약재의 성미를 5가지로 대략 말할 수밖에 없는 것과 같습니다. 어떤 약재의 약성은 한증에 적합하지만 반대로 열증에 적합할 때도 있으며, 어떤 약재의 약성은 열증에 적합하지만 반대로 한증에 적합할 때도 있습니다. 그러니 의원이 얼마나 약재의 약성을 연구하여 변통할 줄 아느냐에 달려 있을 뿐입니다. 위에서 말했듯이 본래 한증에 적합하지만 간혹 열증에 적합하기도 하고, 본래 열증에 적합하지만 간혹 한증에 적합하기도 하다는 말은 정확하게는 그 약재의 약성에 원래부터 두 가지 원리가 모두 있었기 때문이지 약성이 아닌 별도의 다른 원리가 있기 때문이 아닙니다. 아, 그 말이 참으로 위대합니다. 이것이 바로 말로 표현되지 못하는 깊은 의미이니 의원이라면 반드시 그 말을 마음으로 이해한 후에야 비로소 깊은 의미를 깨우칠 수 있을 것입니다. 수(數, 형식)를 통하여 의미를 찾는다는 묘미가 참으로 여기에 있으니 감히 모두 적었습니다.

기미년1799 9월. 대광보국숭록대부 의정부 좌의정 소신 이병모(李秉模)는 교지를 받들어 삼가 서문을 짓습니다. ㊂

◎ 《제중신편》 범례[4]

一, 古方雖多, 症論浩繁, 後學莫知要領。今廣取諸方, 删繁取要, 症與脈各立分類, 當用之方, 列書其下, 使覽者開卷, 瞭然在目焉。

一, 俗方之可用者, 亦爲取錄。

一, 脈症治三條, 皆取諸方書中最緊之語, 合而成文, 難以區別, 故不錄引用書名, 只於藥方下, 各標所見之書。

一, 老人之病, 異於少壯, 故別爲增補。

一, 瘟疫治法, 古方今多不驗, 故略存梗槩。

一, 藥性註解者, 方書雖多, 皆未免浩繁, 只抄萬病回春、壽世保元歌括, 又附新增八十三首。

一, 曾所製方經驗, 及間以己意論症添補者, 不避僭越, 亦爲載錄, 而皆書新增以別之。

一, 內醫院進上藥, 則皆書內局以別之。

— 옛 의서의 종류가 본디 많고 증론이 너무 호번하기 때문에 뒤에 배우는 이들이 핵심을 알아차리기 어렵다. 이에 여러 의서에서 널리 뽑고 번잡한 것을 삭제하여 요점을 취한 후 증론과 맥결을 각각 나누어 두고 해당하는 처방을 그 뒤에 나열함으로써 독자들이 책을 펼쳤을 때 일목요연하게 눈에 들어오도록 하였다.

— 민간의 처방 중에서 쓸 만한 것도 채록해 두었다.

— 맥결 · 증론 · 치료법 3가지는 모두 여러 의서에서 가장 긴요한 말들을 뽑은 다음 모아서 새로운 문장으로 썼기 때문에 인용서를 일일이 구분하기 어렵다. 그러므로 인용서를 적지 않았다. 다만 처방 아래에는 각각 인용서를 표시하였다.

— 노인의 병은 청장년의 병과 다르므로 따로 증보해 놓았다.

— 온역의 치료법으로 옛 의서에 나온 방법은 지금 대부분 효험이 없으므로

---

4 원서에는 존재하지 않지만 역자가 추가하였다.

대략만 남겨 두었다.

— 약재의 성미와 그에 대한 주석은 각종 의서에 많긴 하지만 모두 너무 분량이 많기 때문에 《만병회춘》과 《수세보원》의 약성가만을 초록하였고 새로 증보한 83수를 덧붙였다.

— 예전에 만든 처방 경험과 중간에 보충해 넣은 나의 의견은 외람되었다는 비난을 피할 수 없겠으나 모두 수록하였고 "신증(新增)"이라고 적어 구별하였다.

— 내의원에서 진상하는 약은 모두 "내국(內局)"이라고 적어 구별하였다.

◎ 《제중신편》 발문

粤在先王朝己丑, 臣命吉初入太醫院也, 今上殿下時御春邸, 進臣而俯詢醫理焉, 盖自素問難經, 以及歷代諸方, 無不鉤深剔微, 俾臣得以竭其所見聞, 旣而敎曰, 予以我大朝久在靜攝之中, 侍湯之暇, 汎覽醫書, 有以知術莫仁於醫, 而司民命者, 尤不可不致意焉, 我朝醫書, 惟許浚寶鑑, 雖稱詳悉, 然文或繁冗, 語或重疊, 證或闕漏, 而應用之方, 亦多有不錄者, 內經不云乎, 知其要者, 一言而終, 不知其要者, 流散無窮, 汝其廣取諸方, 芟其煩而取其要, 別作一方書以進。

臣性本庸愚, 學未窮源, 聞命悸恐, 夙夜靡遑, 謹聚諸方書, 一遵聖教, 芟煩取要, 編成八卷, 而每編成獻御, 則輒賜御覽, 指授筆削, 閱數十載, 書始完, 乃命內閣印頒中外, 使天下萬世, 咸囿我聖上廣濟生民之德意, 臣之與聞編役, 實不勝榮幸, 謹綴數語, 識其顚末云。

己未四月, 崇祿大夫 行知中樞府事臣康命吉, 拜手稽首謹記。

선왕이신 영조 기축년1769에 소신 강명길은 처음 태의원에 들어갔습니다. 그때 주상전하(정조)께서는 잠저(潛邸)에 계시면서 소신을 불러 의학의 이치를 하문하셨는데 《소문素問》·《난경難經》에서부터 역대 여러 의서에 이르기까지 깊고 은미한 내용이 아닌 경우가 없었으니 소신이 보고 들은 것을 남김없이 말하게 만드셨습니다. 그리고 다음과 같이 하교하셨습니다. "전하(영조)께서 병으로 오랫동안 직접 정사를 돌보지 못하셔서 내가 탕약 시중을 들던 와중에 의서를 두루 살펴보다가 의술만큼 어진 기술이 없으므로 백성의 목숨을 맡은 자라면 의술에 더욱 뜻을 두어야 한다는 사실을 깨달았다. 우리 조선의 의서로는 허준의 《동의보감》이 상세하다고 할 수 있지만 글이 간혹 번다하고 중복되었으며 병증이 빠진 것도 있고 필요하지만 수록되지 않은 처방도 많다. 《내경內經》에서 '요점을 아는 사람은 한 마디로 끝내지만, 요점을 알지 못하는 사람은 끝없이 분산된다'고 하지 않았던가. 너는 여러 의서에서 널리 모아 번잡한 것을 솎아내고 요점을 취하여 별도의 의서를 만들어 올리라."

소신은 자질이 우둔하고 학문이 얕기 때문에 왕명을 듣고 두려운 마음에 밤낮으로 쉬지 않으면서 신중하게 여러 의서를 모은 다음 오로지 성상의 가르침대로 번잡한 것을 솎아내고 요점을 취하여 모두 8권으로 엮었습니다. 각 권이 완성될 때마다 전하께 올려드리면 전하께서는 곧바로 친히 보신 후 가르침을 내려주시며 교정하셨습니다. 이렇게 수십 년 동안 친히 검토하시면서 책이 비로소 완성되자 규장각에서 인출하여 도성 안팎에 반포토록 명하셨으니 이는 만세토록 모든 백성들이 성상께서 백성들을 널리 구제하고자 한 은덕을 받게 하신 것입니다. 소신이 편찬에 참여하였으니 참으로 영광스러운 마음을 주체하지 못하면서 조심스레 몇 마디 말을 엮어 일의 전말을 적습니다.

기미년1799 4월. 숭록대부 행 지중추부사 소신 강명길(康命吉)은 절하고 머리를 조아리며 삼가 적습니다.

본문내용

◎ 《제중신편》 목차

卷之一：風, 寒, 暑, 濕, 燥, 火
卷之二：內傷, 虛勞, 身形, 精, 氣, 神, 血, 夢, 聲音, 言語, 津液, 痰飮
卷之三：五臟, 六腑, 蟲, 小便, 大便, 頭, 面, 眼, 耳, 鼻, 口舌, 牙齒, 咽喉
卷之四：頸項, 背, 胸, 乳, 腹, 臍, 腰, 脇, 皮, 脈, 手, 足, 毛髮, 前陰, 後陰, 霍亂, 嘔吐, 咳嗽
卷之五：積聚, 浮腫, 脹滿, 消渴, 黃疸, 痎瘧, 瘟疫, 邪祟, 癰疽, 諸瘡, 諸傷, 解毒, 救急, 雜方
卷之六：婦人, 胞
卷之七：小兒, 痘疹, 痲疹, 養老
卷之八：藥性歌

서문에서 말한 대로 《동의보감》으로부터 요점을 추리고 번잡한 내용을 제거하여 편집한 책으로, 《동의보감》의 발췌서(拔萃書)라고 해도 과언이 아니다. 그러나 실제 임상에서 사용하기 편리하여 《동의보감》의 단점을 보충하고도 남는다. 게다가 《동의보감》에 없는 〈양로養老〉와 〈약성가藥性歌〉(〈탕액편湯液編〉에 해당한다)를 새로 증보하였고, 또 내국(內局, 내의원)의 상용 약재(〔090장〕《납약증치방臘藥症治方》 해제를 참고하라)를 특히 분명하게 적어 치료 처방에 포함시켰다.

인물전기

강명길(康命吉, 1737-1801). 자는 군석(君錫), 본관은 승평(昇平)이다. 영조 대에 태어났으며 영조 44년 무자1768 식년 의과에 급제하여 의관(醫官)이 되었고 이듬해 내의원에 들어갔다. 정조에게 중용되어 정조 18년 갑인1794 내의원 수의(首醫)가 되었고 이후 숭록대부 행 지중추부사에 이르렀다. (〔부도66〕 참조)

고찰

이 책의 성립 과정은 발문을 통해 분명히 알 수 있다. 실제 임상에서 사용하기 편리하여 그 후에 종종 중간되었다. 지금도 의생(醫生) 사이에서 사용되며 활자본도 출간되어 널리 유포되었다. 중국에도 건너가 가경(嘉慶) 22년 정축1817에 경도(京都)의 경국당(經國堂)에서 그대로 본떠 간행하였다.

117. 유유일심 幼幼一心 유유집幼幼集

필사본 3권 1책

이정집(李廷楫) 지음, 김기헌(金紀憲) 교정

[전존]

(필자 소장)

개요

정조 대의 저술로 보인다.

내용서지

◎ 《유유일심》 서문[1][2]

康誥曰，如保赤子，心誠求之，雖不中不遠矣，此聖人治天下之道也，亦良醫治小兒之方也。幼吾幼及人幼然後，天下可運，幼人幼如吾幼然後，小兒可醫。夫醫也者，以意治疑，寄人死生，固已難矣，況小兒氣血未完，語言有未解，古人至謂之啞科者乎。醫必有道，術欲其精，心欲其仁，神與心凝，目與誠到，聽於無言，視若己憂，庶乎其不遠矣。此幼幼一心之所以作也。

漢南李公，少以醫名於世，不幸以事謫絶塞，窮愁鬱阨，積三十年，撰集醫幼方十數本，皆散逸無傳，惟是集三卷藏於公家。大抵述古而不泥，采博而能精，間多獨得妙旨，發前創後，對症論藥，一開卷瞭然，雖未諳醫理者，亦可按方而投劑，誠普渡赤子之慈航也。不佞未獲受公之學，幸而得公之書，讎其訛繕其殘，竊欲自附於公

1 원서에는 일부 내용만 있지만 역자가 보충하여 실었다.

2 변종운(卞鍾運)의 문집 《소재집歗齋集》에 같은 서문이 보이지만 내용에는 다소 출입이 있다. 해제본의 서문에는 김기헌(金紀憲)이 서문을 지은 것으로 되어 있으나, 《소재집》의 서문에는 집안의 책을 내어준 이가 김기헌이고 서문을 쓴 이는 변종운(卞鍾運)으로 되어있다.

而幼幼焉。盖李公以如保之心，施之於術，始欲幼一世之幼，乃欲並後世之幼而幼也。心固仁矣，術固精矣。後之覽此者，倘能有梓印傳布，志公志而幼後幼，其功又豈在公之下也。公諱廷楫，字濟叔，完山人，我祖妣從昆弟也。

歲辛丑春三月上浣，岑城金紀憲序。

《대학大學》에서 《서경書經》〈강고康誥〉의 '어린아이 돌보듯 하라'는 구절을 인용하면서 마음을 다해 구하면 비록 적중하지 않더라도 크게 어긋나지 않는다고 하였으니 이것이 성인께서 천하를 다스리신 이치이자 훌륭한 의원이 소아를 치료하는 방법이다. 우리 아이를 아끼는 마음을 다른 아이에게까지 미치게 한 뒤에야 천하를 움직일 수 있고, 다른 아이 아끼기를 우리 아이처럼 아낀 뒤에야 소아를 치료할 수 있다. 무릇 의술이란 깊이 생각하여 미혹되기 쉬운 병을 치료하는 것이니 사람들의 생사가 달려 있기 때문에 참으로 어려운 일이다. 하물며 소아는 기혈(氣血)이 아직 영글지 않았고 말이 통하지 않기 때문에 옛사람들이 벙어리란 뜻으로 아과(啞科)라고까지 하지 않았던가. 의원에게는 필요한 자세가 있으니 의술이 정밀해지도록 노력하고 마음이 인자해지도록 노력하는 일이다. 소아에게 마음으로 정신을 집중하면서 눈으로 정성스럽게 관찰하면 말하지 않아도 들리고 자신의 병처럼 보일 것이니 그렇게 된다면 아마 치료에 크게 어긋나지 않을 것이다. 이것이 《유유일심》을 지은 이유이다.

미남(渼南) 이 공은 젊었을 때 의술로 세상에 이름을 알렸으나 불행히 어떤 일로 변방에 유배되어 30년간 시름 속에 살았다. 그때 소아 치료서 십여 권을 저술하였으나 모두 없어져 남아 있지 않고 오직 이 책 3권만 그의 집에 소장되어 있었다. 이 책은 옛 의서를 계승하면서도 얽매이지 않았고 처방을 널리 모았으면서도 정수를 얻었다. 또 사이사이에 홀로 깨달은 오묘한 뜻이 많고 기존의 처방을 바탕으로 새로운 처방을 창안하였으며 증상에 따라 약재를 제시하였다. 그래서 책을 한 번 펼치면 눈에 명확히 들어와 비록 의학에 어두운 자라도 책을 찾아 약을 쓸 수 있으니 참으로 어린아이를 구제하는 자비로운 배와 같다. 나는 공에게 학문을 배우지는 못하였으나 다행히 그의 책을 얻고 나서 틀린 곳을 바로잡고 떨어진 곳을 채워 넣었으니 이 공께서 아이들을 아끼던 마음과 같아지고 싶어서였다. 이 공은 아이를 보살피는 마음으로 의술을 베풀다가 비로소 이 책으로 온 세상의 아이를 아끼고자 하였으니 이는 결국 후세의 아이들까지 모두 아끼고자 하는 마음일 것이다. 그의 마음은 참으로 인자하고 그의 의술은 참으로 뛰어나구나. 후세에 이 책을 보는 이가 만약 판각하여 널리 배포한다면 그의 뜻을 이어 후세의 아이들을 아끼는 일이 되리니 그 공적이 어찌 이 공의 공적보다 적을 것인가. 공의 이름은 정집(廷楫), 자는 제숙(濟叔), 본관은 완산(完山)으로 우리 할머니 쪽의 종형제이다.

신축년1841[3] 3월 상순. 잠성(岑城) 김기헌(金紀憲) 서문을 적다.

본문내용

◎ 《유유일심》 목차 일부

解毒法, 斷臍法, 洗沐法, 乳哺法, 保護法, 斷乳法, 初生看病訣壽夭辨, 觀形察色, 額脈, 三關脈, 脈, 脈之順逆, 十怪脈, 五臟主病, 五臟相乘, 病機, 死症, 初生雜病, 胎病, 撮口, 噤口, 臍風, 臍瘡, 夜啼, ……

이하 소아의 69가지 병증에 대해 간단한 설명과 치료 처방을 실었다.

인물전기

이정집(李廷楫, 1741－1822). 자는 제숙(濟叔), 호는 미남(渼南), 본관은 완산(完山)이다. 정조 대의 의관(醫官)이다.[4]

3 책의 저자는 정조 대에 활동했으나 서문의 내용으로 미루어 서문은 저자가 30년 동안 유배 생활을 마치고 세상을 떠난 뒤에야 작성된 것으로 보인다. 따라서 서문의 신축년을 1841년으로 추정하였다.

4 "李挺楫"으로 표기된 곳도 있다. 정조 10년(병오1786) 문효세자(文孝世子)가 홍역을 앓을 때 입직했다. 문효세자 사망 후 탄핵을 받아 경흥부(慶興府)에 유배되었다가 창성(昌城)으로 이배(移配)되었다. 《조선왕조실록》·《승정원일기》·《일성록》 등에 관련 기록이 보인다.

118. 의령 醫零

정약용(丁若鏞) 지음

개요

《여유당전서與猶堂全書》에 실려 있다. 정약용(丁若鏞)〈호는 다산(茶山)·여유당(與猶堂)〉이 의학에 대해 자신의 견해를 기술한 간단한 잡기(雜記)이지만 대학자의 글답게 참고할 가치가 있다. 《소문素問》에 대해 과학적 비판을 가하였고, 근시(近視)·원시(遠視)에 대해서도 원리를 설명하였다.

본문내용

목차는 다음과 같다.

◎ 《의령》 목차

六氣論, 外感論, 裏證論, 虛實論, 非風論, 劑量論, 時令論, 近視論, 人面瘡論, 雜說(8항), 製附子法, 集古(8항), 續集(5항)

119. 두아신방 痘兒神方

필사본 1책

정약용(丁若鏞) 지음?

[전존]

〈 경성대학 도서관 소장 〉

개요

이 책은 권두(卷頭)에 다산(茶山) 정약용의 저술이라고 되어 있으나 완성된 책이라고 할 정도는 아니다. 다산의 저술인지 의심스럽다.

본문내용

아래와 같이 두과(痘科)에 나타날 수 있는 여러 증상을 나열하고 치료법을 기술하였다. 또 처방 139가지와 〈이두異痘〉 등을 부기하였다.

◎ 《두아신방》 목차 일부

經驗痘方, 出見三日, 起脹三日, 貫膿三日, 收合三日, 痘後餘症, 痘後雜症, 發熱, ……

120. 단방신편 單方新編

1책[1]

정약용(丁若鏞) · 신만(申曼) 지음, 이의경(李義絅) 한글 번역

개요

융희(隆熙) 2년1226에 이의경이라는 사람이 정약용·신만 두 사람 (전기는 〔108장〕과 〔084장〕에서 각각 설명하였다)의 경험방이라고 전해지는 처방을 모아 《단방신편》이라고 이름 붙여 간행한 책이다. 각 문(門)에 나누어 모두 440~450가지 병명을 들고 그 아래 처방을 실었다. 또 전체에 한글 풀이를 달았다.

본문내용

◎ 《단방신편》 총목[2]

風門, 寒門, 暑門, 濕門, 燥門, 火門, 內傷門, 虛勞門, 霍亂門, 瘧疾門, 痰門, 嘔吐門, 咳逆門, 咳嗽門, 消渴門, 小便門, 大便門, 精門, 神門, 血門, 積聚門, 脹滿門, 浮腫門, 黃疸門, 諸蟲門, 頭部, 面部, 眼部, 耳部, 鼻部, 口舌部, 牙齒部, 頷項部, 咽喉部, 背部, 胸腹部, 乳部, 腰脇部, 皮部, 手足部, 前陰部, 後陰部, 瘡瘇門, 婦人門, 小兒門, 諸傷門, 解毒門, 救急門, 六畜病

1 원서에는 "2책(二冊)"으로 되어 있으나 오류로 보고 수정하였다.

2 원서에는 존재하지 않지만 역자가 추가하였다.

121. 제생총무 濟生總務

필사본 2책

[전존]

〈 경성대학 도서관 소장 〉

본문내용

아래 목차에 따라 내용을 설명하고 여러 병증에 대한 처방을 실었다〈 이와 같은 책은 여기에 실을 가치가 없지만 참고삼아 제시한다 〉.

◎ 《제생총무》 목차 일부

五臟六腑圖, 臟腑總論, 臟腑經絡總括, 古方詩括, 五臟六腑論, 經絡, ……

122. 인서문견록 麟西聞見錄

필사본 2책

[전존]

(필자 소장)

개요

인서(麟西)라는 사람이 평소 경험한 병증 194가지에 대하여 여러 서적의 내용을 모아 편찬한 의서이다. '인서'라는 호를 가진 사람의 생애에 대해서는 알려진 사실이 많지 않지만, 내용을 보면 이 책은 순조 연간에 편찬된 것 같다.[1] 보통 유포되어 있는 《경험방經驗方》 또는 《문견방聞見方》이라는 제목의 책들이 단순히 주변에 두었던 비망기(備忘記) 성격인 경우가 많은데, 이 책은 그중에 뛰어난 것에 속한다.

---

1 이 책은 유이태(劉以泰, 또는 劉爾泰, 1652－1715)의 저서이다. 자는 백원(伯源), 호는 신연당(新淵堂)・인서(麟西)・원학산인(猿鶴山人), 본관은 거창(居昌)이다(유이태 저, 안상우 외 역, 2010; 유철호, 2015).

123. 약성가 藥性歌

개요

《제중신편濟衆新編》정조 23년, 기미1799 권8의 〈약성가〉 및 《의종손익醫宗損益》고종 5년, 무진1868의 〈약성가〉와 별도로 한 책으로 만들어져 필사본으로 유포되었다. 약성가는 상용 약재를 뽑아 성미(性味)와 효능을 사언사구(四言四句)의 가결(歌訣) 형태로 엮고 그 아래 제법(製法) 등을 주석으로 달아서 이해하기 쉽고 기억하기 편리하게 만들어진 것을 말한다.

《제중신편》의 〈약성가〉는 《수세보원壽世保元》에서 303수를 뽑고 여기에 83수를 새로 더한 것이며, 《의종손익》의 〈약성가〉는 《수세보원》과 《제중신편》에서 각각 360수와 80수를 채록하고 여기에 73수를 새로 증보한 것이다.

흥미로운 것은 약물의 분류 방식이다. 《제중신편》의 〈약성가〉는 일정한 순서가 없는 《수세보원》의 배열 순서를 그대로 답습하였고, 《의종손익》의 〈약성가〉는 《본초강목本草綱目》의 자연 분류 방식을 좇아 배열하였다. 어떤 필사본(필자 소장본)에는 《의학입문醫學入門》의 약물 효능에 따른 약성 분류 방식을 좇았고, 다른 필사본(필자 소장본)에는 온(溫)·량(凉)·평(平)·열(熱)·냉(冷)이라는 동양 본초학 이론에 따른 기본 성질을 좇아 약물을 분류하고 배열하였다. 또 가결 아래에 주석이 붙어 있는데, 《의종손익》의 경우에는 매우 상세하다. 따라서 이것을 약성가본초학(藥性歌本草學)이라고도 할 수 있다. 이 '약성가본초학'은 조선에서 특별히 독자적으로 발달한 것이라고 생각한다.

124. 물명고 物名攷

필사본 5권 2책

유희(柳僖) 지음

개요

아유카이 후사노신(鮎貝房之進) 씨는 이 책의 전사본(傳寫本)을 소중하게 간직하고 있다. 편찬 시기는 적혀 있지 않지만, 순조 대에 편찬된 것으로 보인다.

본문내용

불교적 분류 방식을 취한 이색적인 본초서이다.

◎ 《물명고》 목차

有情類 : (一)羽蟲, (二)獸族、毛蟲(有蹄之類)、贏蟲(有爪之獸), (三)水族、鱗蟲、介蟲, (四)昆蟲
無情類 : (一)草, (二)木
不動類 : (一)土, (二)石, (三)金
下靜類 : (一)火, (二)水

인물전기

유희(柳僖, 1773－1837). 호는 방편자(方便子), 본관은 진주(晉州)이다. 정조・순조 때 사람으로 저술로는 《언문지諺文志》순조 24년, 갑신1824가 있다.

고찰

이 책은 본초학(本草學)과 어학(語學)에서 좋은 참고자료이다. 본문은 대체로 《본초강목本草綱目》 등을 인용하였지만 분류 방식은 《본초강목》의 자연 분류 방식이나 《의학입문醫學入門》의 약성 분류 방식이 아닌 불경(佛經)에 근거한 분류 방식을 채용한 점, 또 "余" 혹은 "我東"이라고 기록한 부분이 많고 자신의 설명을 삽입한 점, 또 물명 아래에 한글 풀이를 붙여 놓은 점 등을 주목할 만하다〈《조선학보朝鮮學報》 제16~20집에 전문이 수록되어 있다〉.

125A. 시종통편 時種通編

2권 1책

이종인(李鍾仁) 지음

개요

순조 17년 정축1817 편찬되어 간행되었다. 필사본으로 전해지는 것이 더 많다. (〔부도 30〕 참조)

형태서지

2권 1책. **|판식版式|** 목판본, 세로 27 × 가로 18㎝, 반곽 21.5 × 14.5㎝, 10행 22자. **|지수紙數|** 총 63매. (필자 소장본)

내용서지

◎ 《시종통편》 서문

余自少時略解痘方，歲戊午冬，始見種痘書於洞邑令朴齊家所莊，臨症指南異之。遂博搜廣考醫宗金鑑、蘭臺軌範、種痘新書，無不備載，康熙字典痘字註，亦有痘汁納鼻痘出之說，其雜出於書籍者如此。於是乎，自家而試諸鄕，自鄕而試諸邑，果痘毒輕痘粒稀，十全而百活。後又得見朱純嘏所著痘疹定論，純嘏乃豫章人也，康熙間以種痘選入太醫院，然則種痘之行于中國也，已久，我國創見之，故人頗疑信之，余乃不避謗毁，不卑雜術，苦心行之，二十餘年，所全活者不知千百計，眞保嬰神方也。大低種痘無不治之症，治法與時痘無異，而世之以種痘行者，但知種痘之法，不知治痘之方，不無百一之失。余既始此方於我東，又知其痘家要法，而不思所以救其夭壽其傳，則豈好生之誠心也哉。乃撮合諸家要語，參以己所經歷，輯成一書，名曰時種通編，一以備種痘之治法，一以示時種之本非二途云爾。

上之十七年丁丑五月初吉，李鍾仁自序。

나는 젊어서부터 두창(痘瘡, 천연두)에 관한 치료법을 대략 이해하고 있었으나 무오년1798 겨울에 현령(縣令) 박제가의 집에서 종두법(인두종법)에 대한 책을 처음 보고 나서 증상에 따른 적절한 지침이라 신기하게 여겼다. 그러고 나서 《의종금감》·《난대궤범》·《종두신서》를 두루 찾아보았더니 종두법이 실려 있지 않은 책이 없었으며, 《강희자전》의 '두(痘)'자 주석에도 두즙(痘汁)을 콧속에 넣으면 수포가 돋는다는 설명이 있었다. 이처럼 종두법은 여러 서적에 다양하게 실려 있었던 것이다. 그래서 집에서 이를 시험한 뒤 마을에서 시험하고, 마을에서 시험한 뒤 다른 읍에서 시험하였더니 과연 두창 증상이 가벼워지고 수포도 덜 빼곡하게 나면서 열이면 열 명 모두 낫고 백이면 백 명 모두 살아났다. 훗날에 주순하(朱純嘏)가 지은 《두진정론》을 보게 되었다. 주순하는 예장(豫章) 사람으로 강희(康熙) 연간에 종두법으로 태의원(太醫院)에 뽑혀 들어갔다고 하니 그렇다면 중국에서 종두법이 시행된 지 상당히 오래되었음을 알 수 있다. 우리나라에서는 종두법을 처음 보았기 때문에 사람들이 대부분 의심하였으나 나는 비난을 무릅쓰고 하찮은 의술로 낮추어 보지 않은 채 고심하며 종두법을 시행한 지 20여년 되었다. 그동안 목숨을 살려낸 자가 천 명이나 백 명 정도가 아니었으니, 진정 어린아이를 살리는 신효한 방법이다. 대체로 종두(種痘, 종두법으로 발생시킨 두창)는 낫지 못할 증상이 없고 그 치료법이 시두(時痘, 자연 발생한 두창)와 다르지 않은데도 종두법을 시행하는 세상의 의원들은 단지 종두법만 알고 시두의 치료법을 알지 못하기 때문에 백에 하나 실패가 없을 수 없다. 나는 이미 우리 조선에서 종두법을 시작했고 시두 치료의 핵심 또한 알고 있다. 그런데도 요절하는 목숨을 구제하고 책으로 남길 것을 생각하지 않는다면 어찌 살리기 좋아하는 마음을 가지고 있다고 하겠는가. 그래서 여러 의가(醫家)들의 중요한 설명을 모으고 나의 경험을 참고하여 한 권의 책으로 만든 후 《시종통편》이라 이름 붙였으니 한편으로는 종두법의 치료법을 갖추어 놓았다는 의미이고, 다른 한편으로는 시두(時痘)와 종두(種痘)가 원래부터 서로 다른 두 가지가 아님을 드러내려는 의도였을 뿐이다.

순조 17년 정축년1817 5월 1일, 이종인 자서.

◎ 《시종통편》 발문[1]

蓋聞上醫治病於未病之前，與其治之於已病之後，不若治之於未病之前故也。然人之疾病，使之輕者有之，病之危篤，使之活者有之，一世之病，皆使之治於未病者，未之聞也。今夫種痘，無時感之挾，有調補之預，直使引毒，先結項核，故痘症甚輕，痘粒甚稀，收靨之期，較時疫又速，此種痘，所以無不治之症而純吉也。若百兒之種，不無一二之險逆者，非種痘之咎，乃種痘者之不愼也。如使種痘者，先知治痘之方，次審可種之兒，重病新經者，氣血虛弱者，或使出避，或使預補，必待充實，審愼種之，或有險症，按方施治，庶幾百不一失，萬可萬全也。然則治病於未病之前，使之輕而使之活者，自有醫藥以來，唯種痘是已。

家兄始此法於我東，又慮時醫百一之失，考諸古方，參以經歷，以著此書，其書略而盡簡而要。又其特異於諸方者，無論時種痘，雖使不知者當之，亦可以開卷試藥，則治痘之法，於是乎無以加矣。若其功效之大，當愈久愈著，豈容余言也哉。

家弟種元謹跋。

듣자 하니 훌륭한 의원은 병이 들기 전에 치료한다고 하는데 이미 병든 뒤에 치료하는 것보다 병들기 전에 치료하는 것이 낫기 때문이다. 그러나 사람이 질병에 걸렸을 때 병세를 가볍게 만드는 경우도 있고 병이 위독할 때 환자를 살리는 경우도 있지만 세상의 병 가운데 병이 되기 전에 치료하는 방법은 들어보지 못했다. 지금의 종두법(種痘法)은 시기(時氣)에 감염되지 않았을 때 우선 몸을 조리한 상태에서 직접 인두(人痘)를 접촉해 미리 항핵(項核)을 맺히게 하는 방법이다. 그러므로 접종 후의 증상이 매우 가볍고 발진이 빽빽하지 않으며 딱지가 앉기까지의 날짜가 시두(時痘, 자연 발생한 두창)에 비해 꽤 빠르다. 이것이 종두(種痘, 종두법으로 발생시킨 두창)는 모두 치료할 수 있고 순전히 좋은 결과만 있을 수 있는 까닭이다. 간혹 백 명의 아이에게 접종하더라도 한두 명 정도는 증상이 심한 경우가 없을 수 없는데 이는 종두법의 잘못이 아니라 종두법을 시행하는 사람이 조심하지 않았기 때문이다. 종두법을 시행하려면 우선 시두(時痘) 치료법을 알아야 하고 다음으로 접종할 수 있는 아이인지 잘 살펴야 하는 법이다. 중병이 나은 지 얼마 지나지 않았거나 기력이 허약한 아이는 밖에 나가지 않도록 하여 감염을 피하거나 미리 원기를 보충하여 반드시 기력이 충실해진 다음에 잘 살펴 가며 조심히 접종해야 한다. 또 심한 증상이 나타났을 때 의서를

1 원서에는 내용이 생략되어 있지만 역자가 추가하였다.

찾아보고 치료하면 거의 백에 하나도 실패하지 않고 만이면 만 명 모두 나을 것이다. 그러므로 병에 걸리기 전에 병을 치료하여 증세를 가볍게 하거나 위독함에서 살려낼 수 있는 경우는 의약이 생겨난 이래로 오직 종두법만이 그러할 따름이다.

우리 형님께서 이 종두법을 조선에서 처음 시작할 때 요새 의원들이 저지를 수 있는 만일의 실수까지 염려하고는 옛 의서들을 고찰하고 그간의 경험을 참고하여 이 책을 저술하였으니 그 내용이 짧으면서도 빠진 부분이 없었고 간단하면서도 요점을 추렸다. 그리고 다른 의서에 비해 특별히 뛰어난 점은 시두(時痘)나 종두(種痘)에 상관없이 두창에 대한 지식이 없는 사람이 일을 당하더라도 책을 펼쳐 약을 쓸 수 있다는 점이니 두창 치료법에서 정말 더할 나위 없을 것이다. 이 책의 큰 효과는 분명 시간이 지날수록 점점 드러날 것이니 어찌 내 말로 다 담을 수 있겠는가.

동생 이종원(李種元)이 삼가 발문을 쓰다.

◎ 《시종통편》 범례[2]

種痘始終凡例 種痘條畧, 雖載於下, 惟恐未盡, 摠記於此, 以備要覽。

一, 學種痘者, 先看時痘, 經歷重症險症然後, 方可種痘。

一, 未滿一週之兒, 不可種, 盖兒在襁褓, 旣少風寒所侵, 亦無飮食所傷, 故芽兒出痘, 順吉者多。盖其重者, 則無食補之道, 難藥餌之治, 此其未可種者也。過八九月之兒, 則或有可種者, 然亦須十分詳審。

一, 種痘必先擇兒, 依種痘兒精神形氣論, 可種者種之, 而氣色昏暗, 眼睛無神, 聲音斷促, 新經重病者, 決不可種。

一, 痘本血毒也, 每因氣血凝滞, 以致重症, 將種之兒, 未種前或已種後, 四物湯必使服之, 而面赤體實者, 入生地, 或加紅花, 面白體虛者, 入熟芐, 其餘皆入乾芐。一二歲兒服三貼, 四五歲則五貼, 以補血活血, 則至出痘成實, 必有顯效, 不可不知。

一, 種痘後, 必先調補, 虛弱者, 老雌鷄剝去皮油, 作膏連用, 壯實者, 肥狗亦去油膓, 爛湯連食, 而至將痛時, 不可用。

---

2 원서에는 존재하지 않지만 역자가 추가하였다.

一, 痘兒始痛, 初日則痛勢不至大段, 或有臥痛者, 不必用藥。至第二日, 無論虛實, 連用酒乳膏, 無汗者, 用升葛湯, 體虛者, 用蔘蘇飮, 痛勢重者, 其夕用和中湯, 而虛者, 去芩、連、紫草茸, 入紫草、羌活、白芷、蘇葉, 以發之。痛勢輕者, 第三日夕, 通用和中湯宣發, 而加減依前爲之。

一, 見點後, 身熱不退者, 用調元化毒, 熱退者, 不必服藥。至第二日, 痘出而不快者, 通用四物快班, 若虛甚者, 當用四君快班、加減蔘蘇, 而亦當詳審, 未可遽用。第三日則痘已出齊, 輕重虛實辨別然, 若有過虛者, 自此日當用內托歸茸, 過實者, 當用淸毒活血, 而不至過虛過實, 則稍待之, 自起脹初日用之, 雖症順者, 服活血湯。

一, 痘瘡起脹, 爲大關要。淡紅淡白, 宜用內托歸茸, 初日則黃芪多入而人蔘減用, 至二日三日, 人蔘漸次加用, 至面黃時, 黃芪減用, 食補連用, 鷄汁、胖汁、鯽魚、狗膏等物, 飮之食之, 以助氣血。紅紫焦紅, 用淸毒活血, 而用糯米飮。皆當如救焚拯溺, 以漿足爲期。

一, 種痘至見點後七日, 幾盡收靨, 而若靨太速者, 必用當歸丸微利之。壯實者, 落痂後, 觀其瘢痕, 果紅赤, 月水一盃, 和酒三匙, 量兒大少, 或半盃, 或七合盃, 隨宜用之。熱未退, 間一日又用, 以熱退爲期。其餘毒俱載於下, 不必疊床。

一, 種痘藥治, 專依調治法治之, 而有別症重症, 更考發熱見點等賦。

종두법의 시종(始終)과 범례 종두법의 각 조문이 비록 뒤에 실려 있지만 미진할까 염려되어 이곳에 모아 요람으로 갖추어 둔다.

— 종두법을 배우려는 이는 먼저 시두(時痘, 자연 발생한 두창)를 직접 대하면서 중증과 사증을 경험한 뒤에 종두법을 시행해야 한다.

— 아직 돌이 안 된 아이에게는 접종하지 말아야 한다. 대체로 포대기로 싸매는 갓난아이 때는 풍한(風寒)에 침범받는 경우가 적고 음식에 손상받을 일도 없어서 두창(痘瘡) 증상이 약한 경우가 많긴 하지만 혹여라도 증상이 심해지게 되면 음식으로 기력을 보충할 방법도 없고 약으로 치료하기도 어렵게 된다. 이것이 접종하지 말아야 하는 까닭이다. 생후 8~9개월 된 아이는 접종할 수 있는 경우가 간혹 있으나 반드시 모든 부분을 상세하게 살핀 다음 접종해야 한다.

— 종두법은 반드시 먼저 아이의 상태에 따라 결정해야 하니 본문의 〈종두아정신형기론種痘兒精神形氣論〉에 따라 가능한 경우에만 접종해야 한다. 또한 낯빛이 어둡거나, 눈동자에 생기가 없거나, 목소리가 짧게 끊어지거나, 최근에

큰 병을 앓은 경우에는 절대로 접종하지 말아야 한다.

— 두창은 본래 혈(血)에 생긴 독기 때문이니 기혈(氣血)이 막힐 때마다 중증으로 변한다. 접종하려는 아이에게는 접종 전후에 반드시 사물탕(四物湯)을 복용시킨다. 얼굴이 붉고 몸이 튼실한 아이는 생지황을 넣고(더러 홍화를 추가하기도 한다), 얼굴이 창백하고 몸이 마른 아이는 숙지황을 넣고, 그 나머지는 모두 건지황을 넣는다. 1~2살 아이는 3첩을, 4~5살 아이는 5첩을 복용시켜 혈(血)을 보하면서 순환시키면 수포가 돋으면서 고름이 맺히니 필시 뛰어난 효과가 있을 것이다. 이 원리를 반드시 알아야 한다.

— 종두법을 시행한 뒤에는 반드시 몸조리와 보익을 우선해야 한다. 허약한 아이에게는 껍질과 기름기를 제거한 늙은 암탉을 고약처럼 걸쭉하게 고아서 연달아 먹이고, 튼실한 아이에게는 기름기와 내장을 제거한 통통한 개를 푹 고아서 연달아 먹게 한다. 그러다가 통증이 시작되면 먹이지 말아야 한다.

— 종두법을 시행한 아이에게 통증이 시작되면 첫날에는 통증의 기세가 대단하지 않으니 혹 앓아눕더라도 약을 쓸 필요는 없다. 2일째는 아이가 말랐건 튼실하건 간에 주유고(酒乳膏)를 연달아 쓰되 땀이 나지 않는 경우에는 승갈탕(升葛湯)을 쓰고, 몸이 허한 경우에는 삼소음(蔘蘇飮)을 쓴다. 통증이 심할 때는 그날 저녁에 화중탕(和中湯)을 쓰되 몸이 허약한 경우에는 화중탕에서 황금·황련·자초용을 빼고 자초·강활·백지·소엽을 넣어 발산시켜야 한다. 통증이 가벼울 때는 3일째 저녁에 화중탕을 통용하여 발산시키되 가감법은 앞과 마찬가지로 한다.

— 반점이 나타난〔見點〕 후에 몸의 열이 떨어지지 않는 경우에는 조원화독탕(調元化毒湯)을 쓰고, 열이 떨어진 경우에는 약을 복용할 필요가 없다. 2일째 수포가 돋긴 했으나 시원하게 돋지 않은 경우에는 사물쾌반탕(四物快班湯)을 통용하고, 아이가 매우 허약한 경우에는 사군쾌반탕(四君快班湯)·가감삼소음(加減蔘蘇飮)을 쓰되 반드시 상태를 자세히 살핀 다음에 써야지 급하게 쓰지 말아야 한다. 3일째 수포가 골고루 돋았을 때에는 증상의 경중(輕重)이나 허실(虛實)이 판가름 난다. 심한 허증이 있는 경우에는 이날부터 내탁산(內托散)·귀용탕(歸茸湯)을 써야 하고, 심한 실증이 있는 경우에는 청독활혈탕(淸毒活血湯)을 써야 하며, 허증이나 실증이 심하지 않을 때는 조금 기다렸다가 수포가 부풀어 오르는〔起脹〕 첫째 날부터 약을 쓰되 증상이 순조로운 경우라 하더라도 활혈탕(活血湯)을 복용시켜야 한다.

— 수포가 부풀어 오르는 것〔起脹〕은 매우 중요한 단계이다. 수포가 담홍(淡紅)

색이나 담백(淡白)색이면 내탁산(內托散)·귀용탕(歸茸湯)을 써야 한다. 첫째 날에는 황기를 많이 넣고 인삼을 줄여서 쓰고 2~3일째에는 인삼을 점차 늘려 쓰다가 얼굴이 누렇게 되면 황기를 줄여 쓴다. 음식으로 보하는 방법을 연달아 써야 하니 닭고기국물·숫양고기국물·붕어·개고기 등을 먹여서 기혈을 북돋아 주어야 한다. 수포가 어두운 홍색이면 청독활혈탕을 쓰면서 찹쌀로 쑨 미음을 먹여야 한다. 어떤 경우라도 불에서 구하고 물에서 건지는 것처럼 신속하게 해야 하며 고름〔漿〕이 찰 때까지 계속해야 한다.

— 종두법을 시행했을 때 반점이 나타나기〔見點〕 시작한 후로부터 7일이 되면 수포마다 거의 딱지가 앉는다〔收靨〕. 딱지가 너무 빨리 앉으면 반드시 당귀환(當歸丸)을 써서 살짝 설사를 시켜야 한다. 몸이 튼실한 경우에는 딱지가 떨어진 뒤에 흉터를 살펴보면 분명히 붉은색일 것이니 월경수(月經水) 1잔에 술 3숟가락을 섞은 후 아이의 몸집에 따라 0.5잔에서 0.7잔까지 적절하게 복용시킨다. 열이 떨어지지 않으면 열이 떨어질 때까지 하루건너 복용시킨다. 남은 독으로 생긴 증상에 대해서는 모두 본문에 수록하였으므로 굳이 반복하지 않는다.

— 종두법 이후의 약물 치료는 전적으로 본문의 〈조치법調治法〉에 따라 치료하고 다른 증상이나 중증이 있거든 추가로 〈발열發熱〉·〈현점見點〉의 논(論)이나 부(賦)를 참고하라.

본문내용

“시종(時種)”에서 ‘시(時)’는 때에 따라 유행하는 두창인 시두(時痘)를 가리키고, ‘종(種)’은 종두법으로 발생시킨 종두(種痘)를 가리킨다. 종두의 증후는 시두보다 가벼우나 시술을 받으면 평생 면역을 얻을 수 있다고 주장하며 시두 치법과 종두를 함께 설명하였다. 즉, 두창(痘瘡)의 총론·증상·치료법을 싣고, 종두를 강조하여 종두시종범례(種痘始終凡例)·종두원목(種痘源目)·종두법(種痘法)·종두예선조리론(種痘預先調理論)·종두아정신형기론(種痘兒精神形氣論) 등의 조목을 두었다.

◎ 《시종통편》 목차[3]

指南賦, 玉髓賦, 金鏡賦, 小兒百日內出痘歌, 虛實論, 表裏氣血虛實論, 虛症補氣不補血論, 氣虛血熱補瀉論, 虛實相似論, 辨虛實次第用藥法, 形色論, 氣血榮衛論, 七暈論, 五陷論, 伏陷論, 倒陷倒靨論, 胎毒蘊命門論, 空倉封倉論, 種痘源因, 種痘法, 種痘預先調理論, 種痘兒精神形氣論, 發熱論, 發熱賦, 發熱時調治法, 發熱時諸症, 見點論, 見點賦, 見點時調治法, 見點時諸症, 起脹論, 起脹賦, 起脹時調治法, 起脹時諸症, 灌漿論, 灌漿賦, 灌漿時調治法, 灌漿時諸症, 收靨論, 收靨賦, 收靨時調治法, 收靨時諸症, 附室女孕婦出痘, 附年長男女出痘, 宜食食忌幷錄, 例忌

이 가운데 하나를 참고로 발췌해 둔다.

◎ 《시종통편》 〈종두법種痘法〉

種痘法 一方, 痘痂細末, 銀管或鵝翎筒, 徐徐吹入鼻孔。一方, 貫膿兒裏衣, 移着三四日, 夜亦不脫。

凡痘種之法, 必愼選苗, 揀擇痘粒稀疎痘漿充滿結痂蒼蠟者, 於磁鍾內, 柳木作杵, 研爲細末, 用潔淨水, 春秋溫用, 夏凉用, 冬月略帶熱, 些滴二三點入於鍾內, 研匀, 不乾爲度, 用新綿純些須, 捏成棗核樣 大小量兒鼻孔爲之, 以紅絲線拴定後, 綿亦剪去, 線亦剪去, 而線則留寸許, 以防吸上 取出時, 用線取出故也。用痘痂研匀者, 置於綿圈上, 大兒稍多, 小兒稍少, 而多不過大赤豆樣, 盖太多則痛速而症重, 此亦不可不愼。種後一歲兒六個時後取出, 二三歲兒十個時後取出, 然雖小遲無妨, 摠以十二時爲限亦可。春秋一月痂可種, 夏則半月痂可種, 冬月則四五十日痂可種, 而夏則雖半月, 或不可種, 嚴冬雖過五十日, 或有種出者, 盖寒則氣聚, 熱則氣散而然也。種苗取出後, 約計五日, 五臟傳遍, 至六日發熱者或有, 七八日發熱者始多, 九日十日發熱者亦有, 盖以十二日爲限, 至十二日不痛, 則因不發熱, 而間或有五日痛者十三日痛者, 此則罕見矣。痘痂日久, 則或有出者, 或有不出者, 而出痘成實, 亦或不如新痂種出者矣。

종두법 (한 방법은 두창(痘瘡, 천연두)에 생긴 딱지〔痘痂〕를 곱게 가루 내어 은관(銀管)이나 거위의 깃대를 통해 천천히 콧구멍으로 불어 넣는 것이다. 다른 방법은 두창에 고름이 터진〔貫

---

3 원서에는 존재하지 않지만 역자가 추가하였다.

膿] 아이의 속옷을 3~4일 동안 옮겨 입힌 채 밤에도 벗기지 않는 것이다.)

종두법을 쓸 때는 반드시 종균[痘苗]을 신중하게 골라야 한다. 두창에 걸린 아이의 수포가 빽빽하지 않은 부분 중에서 고름이 가득했다가 창랍(蒼蠟)과 같이 생긴 딱지가 앉은 것을 떼서 도자기 종지 안에 넣은 후 버드나무로 만든 공이로 갈아 고운 가루로 만든다. 깨끗한 물(봄과 가을에는 따뜻한 물을 쓰고, 여름에는 시원한 물을 쓰며, 겨울에는 약간 열기가 남아있는 물을 쓴다)을 2~3방울 정도 도자기 종지 안에 떨어뜨린 다음 마르지 않을 때까지 골고루 간다. 햇솜 조금을 대추씨 모양으로 뭉치고(크기는 아이 콧구멍을 보고 결정한다) 붉은 실로 햇솜을 묶은 뒤 솜도 자르고 실도 잘라내되 실은 1치 정도 남게 하여 콧속으로 딸려 들어가지 않도록 한다(꺼낼 때 실로 꺼내기 때문이다). 곱게 간 딱지 가루를 솜뭉치 위에 두되 큰 아이는 약간 많이 놓고 어린 아이는 약간 적게 놓는다. 많이 놓더라도 큰 팥 크기를 넘지 않아야 하니 너무 많으면 통증이 빨리 나타나고 증상이 심할 수 있기 때문에 반드시 조심해야 한다. 종두법을 시술한 뒤에 1세 아이는 여섯 시진 지나 빼내고, 2~3세 아이는 10시진 지난 뒤에 빼낸다. 그러나 조금 늦어져도 무방하니 총 12시진을 넘기지 않으면 모두 괜찮다. 봄과 가을에는 1개월 된 딱지를 사용하고, 여름에는 보름 된 딱지를 사용하며, 겨울에는 40~50일 된 딱지를 사용하여 종두법을 시술해야 한다. 그러나 여름에 보름된 딱지를 써도 종균이 효과가 없거나 추운 겨울에 50일이 지난 딱지를 써도 더러 종균이 효과가 있는 경우가 있으니 아마 추우면 기운이 움츠러들고 더우면 기운이 흩어져서 그런 것 같다. 종균을 심은 뒤로 대략 5일 동안 오장을 두루 돌아다니다가 6일째 열이 나는 경우가 간혹 있고, 7~8일째 열이 나는 경우가 대부분이며, 9~10일째 열이 나는 경우도 있는데 대체로 12일이 최대이다. 12일이 되어도 통증이 없으면 결국 열이 나지 않는다. 간혹 5일째나 13일째 통증이 있는 경우도 있으나 이런 경우는 매우 드물다. 날수가 오래 지난 딱지를 사용하면 수포가 돋기도 하고 돋지 않기도 하며, 수포가 돋은 다음 고름이 맺힐 때도 역시 신선한 딱지를 종균으로 사용하는 것보다 못하다.

인물전기

이종인(李鍾仁, 1756－1823). 자는 수보(壽甫), 본관은 완산(完山)이다. 생원이다. 박제가(朴齊家)로부터 배운 인두종법(人痘種法)을 많은 사람에게 시술하여 효과를 거두자 이 책을 저술하였다. 관직은 지현(知縣, 고을 수령)에 이르렀다.[4]

고찰

편찬자 이종인은 박제가로부터 종두의 방법을 배웠고, 그 후 중국 의서에 수묘법(水苗法)(증상이 가벼운 두창 환자에게서 딱지를 얻어 코에 삽입하는 방법)이 기재된 것을 알았다. 이후 20여 년간 노력을 기울여 많은 사람에게 이 방법을 시술한 끝에 이것이 두창을 치료하는 가장 좋은 방법이라고 생각하여 순조 17년 정축 1817에 이 책을 공표한 것이다. 이 책은 조선에서 편찬된 최초의 인두종법 전문서이다.

중국에서 인두종법이 상당히 널리 시행된 것은 강희(康熙) 연간에 이르러서인데, 이것이 조선에 전해져 위와 같이 이종인 등에 의해 시술된 것이다(자세한 것은 《조선의학사》 활인본 pp.242-245 참조).

참고로 우두종법이 조선에서 시행되기 시작한 것은 고종 17년 경진 1880 말 이후의 일이다(〔139장〕《우두신설牛痘新說》 참조).

4 이규경(李圭景)은 《오주연문장전산고》에서 이종인이 지현을 지냈다고 기록하였다. 그러나 이는 오류로 보인다(박훈평, 2020).

125B. 시종통편 時種統編

필사본 1권 1책

[전존]

〈 마에마 교오사쿠(前間恭作) 소장 〉

개요

마에마(前間) 씨의 《선책명제鮮冊名題》 및 《제이재산루수서록第二在山樓蒐書錄》에 다음과 같이 해제되어 있다.

> 本冊は一卷一冊, 卷を分かたず, 寫本, 外題〈時種統編〉, 內題〈時種通論〉, 李鍾仁編・李復延參考, 《時種統編》刊本の別稿本にして著者鈔定の一本なるべし。
>
> 이 책은 1권 1책으로 권이 나뉘지 않음. 필사본. 표제(表題) "時種統編", 내제(內題) "時種通論". 이종인(李鍾仁) 편, 이복연(李復延) 참고(參考). 《시종통편時種通編》 간본의 별도 원고본으로 저자가 베낀 책인 듯.

필자는 보지 못하였으나 아마도 〔125A장〕의 《시종통편》과 대동소이한 책이라고 생각한다.

126. 해혹변의 解惑辨疑

필사본 1책

이진하(李鎭夏) 지음

[전존]

(필자 소장)

개요

이 책은 〈시재직지방해혹변의時齋直指方解惑辨疑〉·〈시재동원십서해혹변의時齋東垣十書解惑辨疑〉·〈시재의학정전해혹변의時齋醫學正傳解惑辨疑〉로 구성되어 있다. 해당 의서 중에서 중국어라서 조선 사람이 이해하기 어려운 것을 초록하여 간단하게 설명한 뒤 독음을 주석으로 붙이고 또 한글 풀이를 더하였다. 주석서의 형태로 되어 있어 조선 의가들이 앞의 중국 의서를 해석하는 데에 도움을 주는 책이다.

인물전기

이진하(李鎭夏, 1800-?). 진하는 초명(初名)이고 나중에 병하(炳夏)로 개명하였다. 자는 충보(忠甫), 본관은 태안(泰安)이다. 편명에 보이는 "시재(時齋)"는 그의 호로 보인다. 순조 27년 정해1827에 증광 의과에 급제하였고 전의감 정(典醫監正)과 의약동참(議藥同參)을 지냈다.

127. 임산주의서 臨産注意書 님산예지법

필사본 1첩(帖), 순한글

[전존]

〈 필자 소장 〉

개요

이 첩(帖)은 출산에 임하는 임산부가 마음 둘 것들, 즉 임산예지법(臨産豫知法)·해만후호신법(解娩後護身法)·해태독법(解胎毒法)·단제법(斷臍法)·진유법(進乳法)·세욕법(洗浴法)·보호법(保護法)을 간단하게 순한글 높임말로 쓴 것이다. 임신과 출산에 관하여 보통 부녀자 사이에 있었던 지식의 한 단면을 엿볼 수 있는 좋은 예이다. 양반 집안에서는 여자가 결혼할 때 이와 같은 것을 지참했다고 한다.

〔부도31〕은 그 첫 번째 한 부분을 나타낸 것이다. 이 첩은 순조 때 필사된 듯하다.

〈〔부도31〕 참조〉

128. 영운재방 纓雲齋方

이명운(李命運) 지음

(필자는 보지 못하였다)

개요

《의종손익醫宗損益》 (〔134장〕 참고) 의 인용제서(引用諸書) 목록에 "《영운재방》. 본국 의관 이명운 지음. 관직은 목사에 이르렀다.〔纓雲齋方, 本國醫官李命運, 官牧使〕"라고 적힌 것을 통해 이 책의 존재를 알 수 있다.

인물전기

이명운(李命運). 알려진 사실이 많지 않지만 《순조실록》 순조 21년 신사1821 기사에 의관(醫官)으로 등장한다. 순조 30년 경인1830 4월 왕세자가 아플 때 그 치료를 담당하였고, 5월에 왕세자가 죽자 탄핵을 당하여 유배되었다. 따라서 순조 대의 일류 의원이었다는 것을 알 수 있다.

129. 양의미 瘍醫微

필사본 3권 1책

이의춘(李宜春) 처방을 바탕으로 신기영(申耆永)이 엮음

[전존]

(필자 소장)

개요

헌종 2년 병신1836 신기영(申耆永)이 엮은 책으로 간본은 보이지 않는다.

형태서지

필사본 3권 1책. **|지수紙數|** 총 66매.

내용서지

◎《양의미》서문[1]

瘍醫微序

周禮瘍醫掌其祝藥劀殺之齊，所以養萬民之疾也，則其爲職非卑鄙也，審矣，挽近世學爲醫者，恥言疕瘍而不肯習也。士大夫家，亦不擇其術，而委諸甿隸之賤、闒茸之手，使之治焉，彼旣不知其病之有因、證之有變，而妄施砭石，輒加炮烙創，何由得其痊人，何由遂其生耶。可哀也已。

昔我王考奉命湖西，廉訪民隱，念王事之靡盬，效鞠躬之盡瘁，徒行炎熱，餐宿風

1 원서에는 일부 내용만 있지만 역자가 보충하여 실었다.

露，及其歸也，痰液稽留，瘭疽溲膏，久而彌篤，諸醫危之，遂邀連山李公宜春，得盡其術以療之。李公容觀魁梧，談論儁爽，感慨好氣義，蓋隱於醫者也，而世罕有知之者。李公未嘗切脈按氣，而一寓目，輒知其病之有因，證之有變，如長桑君之視垣也。遂隨創進藥，無不奏效，痰之稽留者和焉，疽之溲膏者合焉，凡諸證之危惡者，霍然已焉，李公之名，稍稍聞於薦紳間矣。

純廟甲戌，李公被召赴闕，有贊寧進豆之功，犆蒙牽絲，出宰魯城。於是，李公之名，藉藉一世間，而李公已老矣，不復遊都下者，餘十年而終焉。世之人，每想其人思其術，以其術之不傳，爲可恨也。唯吾家藏弆其祕方數十條，雖不足以盡李公之蘊，然亦可免靑囊火焚之歎，是不可以不傳也。余乃不揆固陋，蒐輯舊聞，略附新方，裒成一書，名之曰瘍醫微。

蓋李公方中，攻瘍一方，尤卓然神異，如莫耶干將，無物不剸，誠周禮之遺法，瘍醫之金丹也。噫，後之人，欲求李公精微之術，當以攻瘍一方爲赤幟也夫。

上之二年丙申嘉平，申耆永書于王孫谷之謂矣齋。

양의미 서문

《주례周禮》에서 양의(瘍醫, 종기 전문 의원)는 약을 바르고 피 빼내는 것을 관장한다고 하였다. 이는 백성의 질병을 다스리는 일 중의 하나이므로 비루한 직분이 아님이 분명하지만 요즘 대대로 의술을 배우는 이들은 부스럼에 대해 말하기를 수치스러워하면서 익히려고 하지 않는다. 사대부 집안에서도 양의가 되는 길을 선택하지 않고 신분이 낮고 재주가 없는 자에게 맡겨 치료하게 하고 있다. 그들은 병에 어떤 원인이 있고 증상에 어떤 변화가 있는지 알지 못한 채 아무렇게나 폄석을 휘두르면서 그냥 지지거나 째거나 한다. 그러니 어떻게 환자를 낫게 하고 어떻게 목숨을 보전할 수 있겠는가. 참으로 애석할 뿐이다.

전에 우리 아버지께서 왕명을 받아 호서 지방에서 백성들의 고통을 살피실 때 주상전하께서 부지런히 정사를 돌보시는 마음을 생각하시고 주상전하께서 직접 몸과 마음을 쓰시는 태도를 본받아 찌는 듯한 열기에도 두 다리로 걸으면서 바람과 이슬을 맞으며 먹고 자다가 결국 복귀하실 때는 가래가 끓고 표저(瘭疽)[2]가 생겨 고름이 차게 되었다. 시간이 지날수록 점점 위독해지시자 의원들이 모두 위태롭게 여겼다. 마침내 연산(連山)에 사는 이의춘(李宜春) 공을 모셔오자 이 공은 그의 의술을 모두 발휘하여 치료하였다. 이 공은 건장한 외모에 말이 시원시원하여 훌륭한 기상을 가진 사람으로 느껴졌는데 아마도 의술에 은거한 분이라 그의 참모습을 알아주는 사람이 세상에 드문 것 같았다. 이 공은 맥을 짚거나 기색을 살피지 않았으나 한 번 보자마자 병의 원인과 증상의 변화를 바로 알아채어 마치 장상군(長桑君)이 담벼락을 꿰뚫어 보는 듯했다. 그런 뒤에 환부를 가르고 약을 달여 올리면 주효하지 않은 적이 없었으니 뭉친 담연은 풀어지고 고름이 찼던 표저는 아물면서 위태롭던 모든 증상이 싹 나았다. 이 일로 이 공의 이름이 차차 관료들 사이에서 알려지게 되었다.

순조 14년 갑술1814 이 공께서 부름을 받고 대궐로 간 후에 주상전하를 회복시킨 공적으로 특별히 관직을 받아 노성(魯城)에 현감으로 부임하였다. 이때 이 공의 명성이 온 세상에 자자했으나 이 공은 이미 노쇠한 뒤라 다시는 도성 땅을 밟지 못하고 십여 년 후에 돌아가셨다. 세상 사람들이 늘 그분과 그분의 의술을 그리워하였고 그의 의술이 전해지지 못한 것을 안타까워했다. 오직 우리 집안에서는 그분의 비방 수십 가지를 보관하고 있었으니 이 공께서 쌓았던 의술을 모두 전하기에는 부족하지만 그의 의술이 흔적도 없이 사라지는 사태만은 모면할 수 있으므로 이 책을 전하지 않을 수 없었다. 그래서 나는 좁은 식견에도 불구하고 옛날에 들은 것들을 모으고 새로운 처방을 약간 덧붙여 한 책으로 엮고 나서 《양의미》라고 이름을 붙였다.

이 공의 처방 가운데 공양단(攻瘍丹)은 그중에서도 신기하게 효과가 좋아 마치 어떤 것도 다 벨 수 있는 명검인 막야(莫耶)나 간장(干將) 같았으니 참으로 《주례周禮》로부터 내려온 양의(瘍醫)의 방법이자 양의들의 신령한 약이라고 할 수 있다. 아, 후세 사람들이 이 공의 정밀한 의술을 구하고자 한다면 마땅히 종기를 치료하는 이 책을 전범으로 삼아야 할 것이다.

헌종 2년 병신1836 12월. 왕손곡(王孫谷) 위의재(謂矣齋)에서 신기영(申耆永) 쓰다.

본문내용

◎ 《양의미》 목차[3]

卷之一 : 癰疽(總論, 消膿, 促膿, 自潰, 開刀, 揷紝, 內托, 排膿, 去惡, 洗法, 生肌, 合瘡, 蟲骨,

---

2 표저(瘭疽) : 피부 질환의 하나로 초기에 붉은 반점이 생겨나 검은 색으로 변하며 아프다. 심해지면 근골을 썩게 하며 콩즙 같은 고름이 나온다.

3 원서에는 일부 내용만 있지만 역자가 보충하여 실었다.

雜證，禁忌)，內癰，瘰癧，乳癰(妳癧，妳癖，乳巖)，背疽，腦疽，疔疽

卷之二：咽喉(總論，口內諸證，喉痺，口舌瘡)，繭脣，眼瘡，耳風毒(耳中諸證)，鼻痔(鼻中諸證)，面腫(腮瘡，發鬢)，頭瘡，甲疽(代指)，臍癰(婦人臍癰)，鶴膝風，臁瘡(婦人臁瘡，互看濕瘡)，便毒，跟疽(足上諸證)，遊丹(上下眼丹，內丹)，結核，瘿瘤

卷之三：痔漏(總論，脫肛)，臟毒，懸癰，陰囊毒，陰蝕瘡(婦人陰蝕諸證)，濕瘡，疥瘡，癬瘡，牙疳瘡(互看咽喉)，黴瘡，大痲風，金瘡(刀鎗傷)，杖瘡，凍瘡，火瘡(炙瘡)，漆瘡，小兒諸證(互看濕瘡，疳瘡，赤遊丹)

인물전기

신기영(申耆永, 생몰 미상). 본관은 평산(平山)[4], 호는 위의재(謂矣齋)이다. 서문에 기술된 것 이외에 알려진 사실이 많지 않다.

이의춘(李宜春, 생몰 미상). 서문에 기술된 것 이외에 알려진 사실이 많지 않다.

이의춘은 순조 14년 갑술1814 부름을 받고 궁궐로 가서 당대에 이름을 떨쳤다고 한다. 신기영이 헌종 2년 병신1836에 그가 남긴 처방을 모아 《양의미》를 편찬하였다.

◎ 《승정원일기》 순조 14년 갑술1814 11월 25일 기사[5]

用龜曰，連山士人李宜春，以善於治腫，頗有名稱，近多經驗者云，提調、副提調，亦有所稔聞矣。分付該曹，口傳付軍職，使之入參診筵，何如。上曰，依爲之。

한용구(韓用龜)가 말하였다. "연산의 선비 이의춘(李宜春)은 종기 치료를 잘하여 자못 명성이 있고 근래 효험을 본 이가 많다고 합니다. 제조와 부제조도 익히 들었습니다. 해당 조(曹)에 분부하여 구전(口傳)[6]으로 군직(軍職)[7]에 붙여 진맥에 참석시킴이 어떻겠습니까?" 주상께서 말하였다. "그렇게 하라."

---

4 원서에는 "본관은 가평(嘉平)"이라고 하였으나, 서문에서 12월을 뜻하는 "嘉平"을 본관으로 착각한 것으로 보인다. 경기도 가평은 한자 표기가 다르다. 신흠(申欽)의 후손인 평산신씨라고 추측되므로 이를 수정하였다.

5 원서에는 존재하지 않지만 역자가 추가하였다.

6 구전(口傳) : 후보 세 명을 올려 낙점받지 않고 바로 적임자를 관원으로 임명하던 제도이다.

고찰

잘 갖추어진 옹창(癰瘡)의 치료서이다. 특히 권1의 옹저 치료법은 뛰어나다고 할 수 있다.

7 군직(軍職) : 직무가 없는 관직으로 정원 외로 관원을 임명한 후 녹봉을 주는 관례이다.

130. 약산호고종방촬요 若山好古腫方撮要

필사본 1책

강이오(姜彝五) 지음

[전존]

〈 이왕가장서각(李王家藏書閣) 소장 〉

개요

약산(若山)은 강이오(姜彝五)의 호(號)로 보인다. 따라서 이 책은 그가 활동했던 순조 후기에서 헌종 대 사이에 저술되었다고 생각한다.

본문내용

이 책은 외과 치료 서적, 즉 치종(治腫) 전문서이다. 목차는 아래와 같다.

◎《약산호고종방촬요》 목차

頭, 面, 耳(月蝕瘡, 耳聾, 耳瘡), 眼(爛弦, 眯目), 口, 脣, 舌(舌上出血), 齒, 咽喉, 眉, 顋, 鬚髮, 髮際, 對口, 乳(乳癰, 乳瘡, 懸乳), 臂, 手足(甲疽, 鵝掌, 代脂), 腰脚(脚氣, 鶴膝), 骨, 痲木, 腎(下疳), 陰囊, 疝, 下部, 痔(痔疾), 癰疽, 發背, 附骨疽, 石癰, 瘭疽, 腫毒, 惡瘡, 浸淫濕瘡, 漏瘡, 瘰癧, 痰核, 懸癰, 便毒, 疔瘡, 臁瘡, 癬瘡, 疥, 暑痱, 風疹, 杖瘡, 漆瘡, 丹毒, 蠼尿, 諸傷, 中毒, 金瘡, 諸硬

이들 각 병증마다 효과가 있는 약재를 적고 그 아래 해당 약재를 이용한 치료 방법을 설명하였다. 또 책 뒤에 약성가(藥性歌)를 덧붙였다.

인물전기[1]

강이오(姜彛五, 1788-?). 자(字)는 성순(聖淳), 호는 약산(若山)·유당(留堂), 본관은 진주(晉州)이다. 정조 12년 무신1788에 태어나 무과에 급제하였고 관직은 군수에 이르렀다. 그림을 잘 그렸다.

1 이해를 돕기 위해 해당 내용의 위치를 원서와 다르게 조정하였다.

131. 의감산정요결 醫鑑刪定要訣

3권 3책

이이두(李以斗) 지음

[전존]

개요

헌종 초에 이이두가 허준(許浚)의 《동의보감》에서 가장 중요하다고 생각되는 것을 뽑고 자기의 생각을 추가한 뒤, 본래 처방 아래 별도로 새로운 처방을 만들어 덧붙이고, 그 외의 잡방(雜方)과 속방(俗方)을 다시 그 밑에 나열한 다음 《의감산정醫鑑刪定》이라고 이름 붙인 책이다. 100년 후인 1935년에 경북 달성(達城)에서 그의 후손 이상준(李相駿)이 목판으로 간행하였다.

내용서지

◎ 《의감산정요결》 서문[1]

醫鑑刪定要訣序

醫者古聖王濟世之一術，而自夫世降，而之術亦衰矣。故韓陽平君許峻[2]爲是之憂，蒐聚群醫已驗之方，編爲醫鑑，廣示來後，此誠醫家之指南。然凡人之爲病，類萬不同，不可無對證斟酌而純用古方也。近故西坡李公諱以斗，以天挻之才，允爲文學大家，以至天文地理卜筮算術，無不曲盡精妙，又嘗涉獵醫鑑，極究是術，試無不中。於是，手抄最要者，而參以已意，或有君佐之換易者，或有重量之加減者，又或別構新方附于元方之下，其他雜方與俗方，列錄於新方之下，名曰醫鑑刪定。

1 원서에는 존재하지 않지만 역자가 추가하였다.

蓋其始則不過爲一人之私錄，而委諸塵篋者，殆近百年矣。日其嗣孫相駿氏，賫其所錄，鍾門[3]而告曰，是吾祖經濟之一事，將欲鋟繡而公于世，願吾子丁乙而弁諸卷也。不佞懼然曰，余固不嫺於是術，曷敢當是役哉。辭之固而請益勤，遂略訂三豕之錯，而隨類分門，分爲三冊。噫，世之人之有志於濟世者，不可無是書也。

甲戌羪月下澣，沙梁後人崔鍾應序。

의감산정요결 서문

의술은 옛 성왕들께서 세상을 구제하던 기술 가운데 하나였으나 시대가 내려오면서 이 의술도 쇠퇴하였다. 그래서 조선의 양평군(陽平君) 허준(許浚)은 이를 걱정하여 여러 의원이 보던 의서를 모아 《동의보감》을 편찬하고 후세에 널리 보이셨으니 이 책이야말로 진정 의학자의 지침서라고 할 수 있다. 그러나 사람이 걸리는 병은 종류가 다양하여 서로 다르기 때문에 증상을 제대로 살피지 않은 채 그대로 옛 의서를 사용할 수는 없는 법이다. 근래에 작고하신 서파(西坡) 이이두(李以斗) 공은 빼어난 재능으로 문장의 대가가 되신 분으로 천문(天文)·지리(地理)·복서(卜筮)·산술(算術)에 이르는 다른 분야까지 상세하고 심오한 식견을 가지고 계셨다. 또 예전에 《동의보감》을 섭렵하시고 의술을 깊게 연구하시고 나서는 환자를 치료할 때 낫지 않는 경우가 없었다. 이에 손수 가장 긴요한 것을 뽑아 정리하면서 자신의 의견을 추가하여 더러 군신좌사(君臣佐使)를 뒤바꾼 경우도 있고, 분량을 조정한 경우도 있으며, 본래의 처방 아래 별도로 새로운 처방을 만들어 덧붙였고, 그 밖의 잡방(雜方)과 속방(俗方)을 새로운 처방 아래 나열하여 적은 다음 《의감산정요결》이라고 이름을 붙였다.

애초에는 한 사람의 개인적인 기록에 불과하였기 때문에 먼지 쌓인 상자 안에 담긴 채 거의 백여 년이 지나게 되었다. 하루는 그의 후손 상준(相駿) 씨가 그 기록을 가지고 우리 집에 와서 "이 책은 우리 선조께서 세상에 기여하신 한 가지 업적이니 이제 출간하여 세상에 알리고 싶습니다. 선생님께서 내용을 교정해 주시고 책 앞에 서문을 써 주셨으면 합니다."라고 말하였다. 나는 걱정스러운 마음에 "나는 진정 의학에 익숙하지 않으니 어찌 함부로 이 일을 감당할 수 있겠는가."라고 하였으나 굳게 사양할수록 더욱 간절히 부탁하기에 마침내 글자를 약간 바로잡고 비슷한 내용을 목차에 따라 나누어 3책으로 엮어 주었다. 아, 세상 사람 중에 치료하는 데 뜻을 둔 사람이라면 이 책 없이는 안 될 것이다.

갑술년1934 3월 하순. 사량(沙梁, 경주) 후인 최종응(崔鍾應)이 서문을 쓰다.

인물전기

이이두(李以斗, 1807－1873). 자는 서칠(瑞七), 호는 서파(西坡)이다.[4]

2 許峻 : "許浚"의 오기(誤記)이다.

3 鍾門 : "踵門"의 오기(誤記)로 보고 번역하였다.

4 원서에는 존재하지 않지만 역자가 추가하였다.

132. 양생과 약방 養生及藥方 가제假題

필사본 1책

[전존]

(송석하(宋錫夏) 씨 소장)

개요

양생법(養生法)을 적은 책으로, 책의 뒷부분에 요리법 등이 한글로 쓰여 있다.

내용서지

아래와 같은 지어(識語)가 책에 남아 있다.

◎ 《양생과 약방》 지어(識語)

同治三年甲子六月上澣，達城後人壽山徐益輯畢，書于彦陽政堂。

동치(同治) 3년 갑자년1864 6월 상순. 달성 후인 수산(壽山) 서익(徐益)이 편찬을 마치고 언양(彦陽) 정당(政堂)에서 쓰다.

인물전기

서익(徐益, 생몰 미상). 그의 삶에 대해 알려진 사실이 많지 않다.[1]

1 지어(識語)를 통해 본관은 달성(達城)이고, 호는 수산(壽山) 임을 알 수 있다.

133. 부방편람 附方便覽

14권

황도연(黃度淵) 지음

[전존]

〈 하야노 타츠조오(早野龍三) 씨 소장 〉

개요

철종 6년 을묘1855 저작이다. 필사본으로 전한다.

내용서지

◎ 《부방편람》 서문[1]

本草繼天元玉冊，而玉冊口授無書，則本艸爲醫書之始，距風羲數千餘祀，其間神聖之普濟夭札，必有其方，意者鬼臾區所傳，秖論病之原委，而其藥皆能嘗而用之歟。炎帝御世，生齒漸繁，大樸將殘，且敎耕食穀，則人之腸胃筋骨，必將脆弱易病，而稟質與慧知，視羲已汚下，則安知後之診治者，不以溫爲熱，認凉爲寒，而生民之普罹其毒耶。於是創爲是書，以詔來裔，其爲萬世慮，至深厚也。世級漸降，百祟迭作，巧工名家，間亦不乏，術益精而方益密，自以爲擴前所未發，殊不知其所謂精密者，羲農略之，以俟夫嗣後之神而明之者，自有其人也。

歷代醫家，凡於飛潛動植金石沙札之可以需用者，靡不曲蒐旁羅，編入是書，苟能得其脉而知其祟，則或單方而立效，或互濟而奇中，其不中者，豈藥之罪耶。然而古者嘗其味而知其性，故必言某物合治某證，物下注證不得不爾也，後人膠守而不知變，且縹帙浩汗，而物名播在各部，故每當病家之討方，雖得其證而未知的用何

1 원서에는 일부 내용만 있지만 역자가 보충하여 실었다.

物, 散秩搜索, 未易周覽, 倉卒昏夜, 尤難考檢, 或得此遺彼, 或認似爲眞, 則非徒失效而又害之, 人之性命, 判在晷刻, 可不至愼也哉。

余於是書, 思所以捷於考據, 乃依寶鑑, 精氣神以至百體, 隨證而蒐方, 又取蔡薾齋鍼線, 以備寶鑑之未備, 其奇證怪祟之現於各部, 而合用之藥, 靡不備載, 於是本草之用, 不煩搜索, 而金石草木蟲魚之類, 各自效技於對證之投, 是猶尋根討株, 隨幹辨條, 而千花萬葉, 擧皆森森於目中矣。然則是編之出, 雖非素攻醫理者, 皆可按方而治, 至於窮鄕遐裔之絶無醫藥者, 亦不無單方之見效矣。其於博施之道, 未必不爲少助, 則雖不敢妄謂是書之有待於今, 而其爲寶鑑鍼線之羽翼, 則或庶幾焉爾, 雖然徒攻現證而不論原委, 必有疑似之誤矣, 是則余又有望於神而明之者如何云。

上之六年乙卯仲夏下澣, 惠庵題。

《본초경》은 《천원옥책》을 계승하였으나 《천원옥책》은 입으로만 전해지고 책으로 남아 있지 않으므로 《본초경》이 최초의 의서가 된다.[2] 복희씨로부터 수천 년 동안 성인께서 백성의 요절을 널리 구제하실 때는 필시 그들을 치료한 방법이 있었을 것이다. 생각건대 귀유구(鬼臾區)가 10대(代)에 걸쳐 입으로 암송하면서 전한 《천원옥책》에서는 병의 본말을 논했을 뿐이니 거기에 나오는 약재를 하나하나 맛보고 나서 쓸 수 있었겠는가. 신농씨께서 세상을 다스릴 때는 인구가 점점 많아지면서 태초의 질박한 이치가 점차 사라지기도 했고, 또 농사를 가르쳐 곡식을 먹게 하면서 사람의 장부와 근골이 허약해지고 쉽게 병이 들게 되었다. 결국 인간 본래의 체질과 지혜가 복희씨 때보다 떨어지게 되었으니 후대의 의원들이 약성이 온(溫)하다고 해서 열(熱)한 약재가 아니라고 여기고 약성이 양(凉)하다고 해서 한(寒)한 약재가 아니라고 여긴 채 약재를 함부로 써서 백성들이 병에 잘 걸릴 것이라는 사실을 신농씨께서 어찌 알 수 있었겠는가. 그래서 이 《본초경》을 만들어 후손들에게 내려주셨으니 만세토록 백성을 염려하는 마음이 매우 깊고 크셨기 때문이리라. 시대가 점점 내려오면서 온갖 병이 계속 생겼으나 그때마다 솜씨 좋은 명의들이 나왔기 때문에 의술은 보다 정미해지고 처방은 더욱 세밀해졌다. 그들은 자신들이 이전에 밝히지 못한 원리를 확장했다고 여겼을 뿐 정미하고 세밀하다 할 자신들의 업적이 복희씨와 신농씨가 대략만 서술함으로써 후대의 신명한 사람을 기다린 결과였으며 자신들이 바로 그 신명한 사람이라는 점을 대부분 알지 못했다.

역대의 의가들이 새・물고기・동물・식물・광물 중에 쓸 수 있는 모든 약재를 구석구석 모으고 찾아 놓았으며 그것들을 《본초경》에 편입해 놓았다. 환자의 맥을 짚고 병의 원인을 깨닫기만 한다면 단방으로 즉시 효과가 나기도 하고 또는 약재끼리 상호 보완하면서 신기하게 치료가 되기도 하니 낫지 않는 이유가 어찌 약재 탓이겠는가. 그런데 옛날에는 약재의 맛을 보고 나서 그 성미를 인지했기 때문에 어떤 약재가 어떤 증상을 치료하기에 적합하다고 분명히 말한 것이고, 약재의 아래에 달린 주치증은 부득이하게 달았을 뿐이다. 그러나 후대 사람들은 교주고슬하면서 응용할 줄 모르는 데다가 책의 분량은 너무 많고 약재의 명칭은 각 부분에 흩어져 있다. 그러므로 환자에게 맞는 처방을 찾을 때마다 증상을 제대로 진단했더라도 어떤 약재가 적합한지 모르기 때문에 이 책 저 책 찾아보지만 꼼꼼히 살피기가 쉽지 않으니 갑자기 병에 걸려 경황이 없는 경우라면 더욱 찾기 어려워진다. 또한 이 책에는 있지만 저 책에는 빠진 경우도 있고, 혹은 유사한 약재를 진품이라고 여기는 경우도 있기 때문에 효과가 없을 뿐만 아니라 도리어 해가 되기도 한다. 사람의 생명이란 순식간에 판가름 나는 법이니 매우 신중하지 않을 수 있겠는가.

나는 이 책을 만들 때 빠르게 찾아볼 방법을 고민하다가 결국 《동의보감》의 목차를 모방하여 정・기・신부터 인체의 모든 부위에 이르기까지 증상에 따라 처방을 모았고, 또한 채열선(蔡烈先)의 《본초만방침선》의 체재를 가져와서 《동의보감》의 미비한 점을 보충하였으며, 괴질이나 괴증이 각 부위에 나타나는 경우는 통용하는 약재를 각각 수록해 놓았다. 그래서 본초를 쓸 때 찾기 번거롭지 않으면서도 금석・초목・충어(蟲魚) 같은 본초들이 각각 어떤 증상에 어떤 효능이 있는지 저절로 드러날 것이다. 이는 마치 뿌리부터 더듬어 그루터기를 찾고 줄기를 지나 나뭇가지까지 구별해가면 결국 천 개의 꽃과 만 개의 잎이 모두 눈앞에 가득한 광경과 같을 것이다. 그렇다면 이 책의 출간을 통하여 평소에 의학을 전공하지 않은 사람이라도 모두 처방을 찾아 치료할 수 있고, 구석진 시골에서 의약을 접하지 못하는 사람들은 단방으로 효과를 보는 경우도 있을 것이다. 그러니 널리 혜택을 베푼다는 의학의 정신에 작은 도움은 될 것이다. 비록 이 책을 지금까지 기다려오던 명저(名著)라고는 함부로 말하지 못할 테지만 《동의보감》이나 《본초만방침선》에 도움이 되어줄 책이라는 점은 아마 분명할 것이다. 그럼에도 불구하고 드러난 증상만 치료하면서 병의 본말을 설명하지 않으면 필시 의혹을 남기는 잘못이 생길 것이다. 이 문제에 대해서는 나도 신명한 사람을 기다려 봄이 어떠하겠는가.

철종 6년 을묘년1855 5월 하순. 혜암(惠庵, 황도연) 쓰다.

---

2 《동의보감》 역대의방(歷代醫方)에 《천원옥책》이 첫 번째로, 《본초경》이 두 번째로 실려 있다.

◎《부방편람》 범례[3]

凡例

一，本草附方散在各部，對證之時，幸賴鍼線搜考，而卷帙既多，不無得魚忘筌之擧矣。謹依鍼線之發示，述爲此書，而名曰本草附方便覽。

一，鍼線所次分類間，多不合於名目，有失分門之意者，故今悉區別歸正 如精門之滋陰養血，移入於虛勞，氣門之驚氣失音，移入於聲音者，是也，使覽者，瞭然於心目，而庶無門類之紊亂。

一，藥雖一方，又有可用他症者，各門之下，隨宜懸症，而註其某門參看 如神門痰迷心竅之下，註見痰門，血門血症黃腫之下，註見黃疸之類，以備互濟之妙用。

一，鍼線之分門析類，與東醫寶鑑，頗有不同，未若習熟之便易者，故一遵寶鑑名目，或兼一二，或兼三四，如發熱風熱之均屬火門，癲癇健忘怔忡之俱歸神門，卽其類也。學者於此求之，庶可爲便而又易者也。

一，臟腑汗吐下五者，雖有寶鑑之名目，既有參互之門，則不必架疊，如心肝之可以參考於神門風門，汗吐之可以參考於津門痰門，是也。今悉闕之。

一，身形一門，乃醫家之大門，而鍼線不次，有難考據，故今采各門中可以需用於身形者，特立門戶，以備鍼線之未備。

一，製造門，乃寶鑑之所無，而所屬亦難，故今於雜方之下，又作一門，以爲便考之一助，而且不孤鍼線之至意。

一，附方所出之部，必註各方之下，以見其本原所自，而又以爲後考之便易，如金部藥之曰金，石部藥之曰石，是也。

一，百病主治篇，類附於各門之下，以爲附方之補闕，而又以爲寶鑑單方例云爾。

범례

— 《본초강목》의 부방(附方)은 각 장에 흩어져 있다. 증상으로 찾을 때는 다행히 《본초만방침선》에 따라 찾아볼 수 있긴 하지만 분량이 많아서 득어망전(得魚忘筌)[4]하는 경우가 없지 않을 것이다. 그러므로 삼가 《본초만방침선》의 방식을 따라서 이 책을 구성하고 나서 서명을 《본초부방편람》이라 하였다.

— 《본초만방침선》의 목차와 분류 중에는 제목과 맞지 않는 부분이 많아 목차를

3 원서에는 존재하지 않지만 역자가 추가하였다.

나눈 의도와 어긋난 부분이 있다. 그러므로 이제 모두 구별하여 바로잡음으로써 독자가 한눈에 알아볼 수 있게 만들었으니 다른 문에 뒤섞인 내용이 거의 없을 것이다. 예를 들어 정문(精門)의 자음양혈(滋陰養血)은 허로문(虛勞門)으로 옮기고, 기문(氣門)의 경기실음(驚氣失音)은 성음문(聲音門)으로 옮겼다.

— 하나의 처방을 다른 병증에 사용하는 경우가 있으니 각 문(門)의 끝에 통용할 수 있는 증상을 붙이고 어떤 문을 참고하라는 주석을 달아 양쪽 문에서 활용할 수 있도록 체재를 구성하였다. 예를 들어 신문(神門)의 담미심규(痰迷心竅) 아래에는 "담문(痰門)을 보라"고 주석을 달았고, 혈문(血門)의 혈증황종(血症黃腫) 아래에는 "황달문(黃疸門)을 보라"고 주석을 달았다.

— 《본초만방침선》의 분류 방식은 《동의보감》과 상당히 달라서 익숙하거나 편리하지 않다. 그러므로 이 책의 목차는 한결같이 《동의보감》의 목차를 따랐으며 더러는 몇 가지를 통합하기도 하였다. 예를 들어 《본초만방침선》의 발열(發熱)과 풍열(風熱)은 모두 화문(火門)에 배치했고, 《본초만방침선》의 전간(癲癎)과 건망(健忘)과 정충(怔忡)은 모두 신문(神門)에 배치했다. 배우는 자가 이 체계로 찾는다면 아마도 편리하고 쉬울 것이다.

— 〈오장五臟〉·〈육부六腑〉·〈한汗〉·〈토吐〉·〈하下〉 5가지는 《동의보감》에 목차로 있지만 다른 문(門)에서 참고할 수 있으므로 목차에 중복할 필요가 없다. 예를 들어 〈심心〉·〈간肝〉은 신문(神門)과 풍문(風門)에서 참고할 수 있고, 〈한汗〉·〈토吐〉는 진액문(津液門)과 담음문(痰飮門)에서 참고할 수 있으므로 이 책에서는 모두 뺐다.

— 신형문(身形門)은 의학의 핵심이나 《본초만방침선》에서는 목차로 두지 않아 참고하기 어렵다. 그러므로 이 책에서는 각 문(門) 가운데에서 신형문에 필요한 것들을 뽑아 별도로 목차를 만들어 《본초만방침선》의 미비한 점을 보충하였다.

— 제조문(製造門)은 《동의보감》에 없고 다른 목차에 넣기도 어렵다. 그러므로 이 책에서는 잡방(雜方) 다음에 별도의 문(門)을 만들어 편리하게 찾을 수 있도록 하였고 《본초만방침선》의 체계와도 어긋나지 않도록 하였다.

— 부방(附方)이 나오는 부분에는 반드시 각 처방 아래 주석을 달아 원래 출처를 표시함으로써 나중에 쉽고 편리하게 찾을 수 있도록 하였다. 예를 들어 《본초만방침선》의 금부(金部)에 나오는 약에는 '금(金)'자를 적고 석부(石部)에 나오는 약에는 '석(石)'자를 적었다.

— 《본초강목》 백병주치편(百病主治篇)은 내용에 따라 각 문(門) 아래에 나누어 붙여 부방에서 빠진 내용을 보충하였으니 《동의보감》 단방의 예와 같다고 할 수 있다.

본문내용[5]

모든 질환을 대체로 《동의보감》 목차 순서로 배열하고, 각 질환 아래에 《동의보감》의 치료 처방을 초록해 놓았다. 그리고 《본초만방침선本草萬方鍼線》에서 찾기 쉽게 처방 아래 주석을 달아 본초 지식까지 충분히 알 수 있도록 편찬하였다. 즉, 이름에 나타나듯 《본초강목》의 부방(附方)을 편리하게 열람할 수 있도록 만든 책이다.[6]

(덧붙여 《본초만방침선》은 청(淸)의 채열선(蔡列先, 호는 견재繭齋)이 이시진(李時珍)의 《본초강목》을 바탕으로 지은 책이다. 《본초강목》은 각 약재 아래에 본초와 관련된 처방을 모아 수록하고 있다. 그러나 이를 찾아보기 어렵기 때문에 채열선이 하나의 색인을 만들었다. 즉 어떤 병인지 분명해지면 어떤 처방을 사용하라 하고 거기에 《본초강목》의 어떤 권 어떤 조목을 보면 좋다는 식으로 서술하였다.)

인물전기

황도연(黃度淵, 1808－1884). 호는 혜암(惠庵)이다. 조선 후기의 매우 저명한 의원으로 《동의보감》을 조술(祖述)하였다. 한양 무교동(武橋洞)에서 일가(一家)를 이루었다. 이 책 외에 《의종손익醫宗損益》·《의방활투醫方活套》를 저술하였다. 고종 21년갑신1884에 세상을 떠났다.[7] 아들 황필수(黃泌秀, 생몰 미상)도 유의(儒醫)로 유명하였다.

---

4 물고기를 잡은 후에는 잡는 도구인 통발의 역할을 잊게 된다는 의미이다.

5 이해를 돕기 위해 해당 내용의 위치를 원서와 다르게 조정하였다.

6 "附方便覽"이라는 서명은 《본초강목》의 '부방(附方)'을 살펴보기 편하게 만들었다는 의미이다. 《본초강목》에는 각 본초 아래 관련된 처방을 수록하였는데, 이 부분의 소제목이 '부방(附方)'이다. 이 책은 《동의보감》에서 목차를 가져왔을 뿐 본문의 내용은 《본초강목》 부방(附方)의 내용이다.

7 황도연의 초명은 황도순(黃道淳)으로, 후에 황도연으로 개명하였다(오재근, 2017; 구현희, 2018).

134. 의종손익 醫宗損益 부附 약성가藥性歌

12권 6책 (부록 포함 7책)

황도연(黃度淵) 지음

[전존]

(필자 소장)

개요

고종 5년 무진1868 편찬되어 목판본으로 간행되었다. (〔부도32〕 · 〔부도33〕 참조)

내용서지

◎ 《의종손익》 자서[1]

醫宗損益自敍

書可著乎。可著者，古之人已盡言之。書可信與。可信者，後之人或追亂之。其不可著不可信者，雖言之，而無所損益于世，擧可推而知之矣。然則書果可焚而癈之，不可盡信乎哉，曰是尤甚不可者也。噫，古之人言之而未盡，則不得已而著之書，後之人從而爲之，而空言而已矣。其或不追亂古之書，而知所損益，則是亦古之適於時宜，而强合乎古者爾。故孟子於武成取二三策焉，而齊桓歎古人之糟粕徒在耳。

軒岐以來，三代聖人之書，遭秦而獨全者，唯醫藥是已。醫者宜也，宜於時而止。古今天下，其理一也，而人之病，萬不同焉，藥亦隨人之病，而不一其用，矧且地之風土南北之政相懸，人之禀質溫凉之劑各適，尤有古今之變大不齊焉。若其補瀉虛實勞佚靜躁之分，古之爲醫藥者，其始莫不宜於當世，而及其久且遠也，固不能無

1 원서에는 내용이 생략되어 있지만 역자가 추가하였다.

弊而失者，理勢使然也。其有弊而失，則亦不能無因革通變，必求其至當，此余醫宗損益之所以作也。

後世不原聖人制作之方，膠固於所遇之病與所禀之性，不宜於時，不適於用，寧至漠然而不敢爲損益，或敢爲之者，自立己意，不師古方，徒駭拂人之耳目性情，而納民于札瘥癃腿之域， 此豈三代聖王利安元元之術哉。余潛玩于素問難經及古今醫學者，積四十禩矣，迺敢刪繁補闕，爲若干卷。嗟夫，躡古人之陳迹，泥古書之成方，學者之通患，是不知夫三代聖王之所以垂範於後裔，而不適時宜者也。雖然余之輯此，不得不損益也，匪著書能言之類爾，徒以古人之糟粕，庸可幾博施濟衆乎。譬如楂梨柤橘[2]，皆可於口，而不害爲權宜者之用也，要其歸，固已合乎古人制作之本旨歟。後之人亦於此取二三策焉，則抑知所損益，而合乎古宜於時矣。

丁卯暮昏之吉，惠庵題。

의종손익 자서

책은 저술해도 되는가? 저술할 만한 내용은 옛사람이 이미 모두 말하였다. 책은 믿어도 되는가? 믿을 만한 내용을 간혹 후대 사람이 제멋대로 따르기도 한다. 저술할 만하지도 않고 믿을 만하지도 않은 내용이라면 말을 하더라도 사람들이 그 말을 덜거나 더하지 않으리란 사실을 모두 미루어 알 수 있을 것이다. 그렇다면 과연 책을 불태워 없애버리고 모두 믿지 말아야 할까? 이것은 더욱 안 될 말이다. 아, 옛사람은 말로 하다가 미진한 부분이 있을 때 어쩔 수 없이 책을 썼으니, 후대 사람이 이를 좇아 책을 썼으나 공허한 말들 뿐이다. 만약 옛 책을 제멋대로 따르지 않고 덜거나 더해야 할 것을 알아차리더라도 이 역시 옛날의 상황이 현재 상황과 들어맞아서 옛 책에 억지로 끼워 맞추는 것일 뿐이다. 그러므로 맹자(孟子)는 〈무성武成〉편에서 두세 문장만 취했고,[3] 제환공(齊桓公)은 옛사람의 찌꺼기만 남았다고 탄식한 것이다.[4]

헌원(軒轅)과 기백(岐伯) 이후 하・은・주 삼대(三代)에 걸쳐 성인께서 지은 책 중에 진(秦)까지 홀로 보전된 것은 오직 의약(醫藥)에 대한 책뿐이다. 의(醫)는 합당해야 한다는 의미이니 당시에 합당하면 그뿐이다. 옛날이나 지금이나 천하의 이치는 한결같으나 사람의 병은 만 가지로 같지 않고 약재도 사람의 병에 따라 쓰임이 한결같지 않다. 게다가 지역의 풍토와 남북의 풍속이 전혀 다르고 사람의 체질과 약재의 성미는 각각 적합함이 있으며 특히 옛날과 지금의 상황은 크게 다르다. 예를 들어 보사(補瀉)와 허실(虛實)의 기준, 노동 강도나 활동 성향의 차이에 대하여 옛날 의원들은 당시 상황에 적합하게 했겠지만 오랜 시간이 지난 현재에는 분명 폐단이 생겨 치료에 실패하는 일이 없을 수 없으니 이치상 당연한 것이다. 폐단이 생겨 치료에 실패한다면 개혁과 변화를 시도하여 반드시 가장 합당한 방법을 찾아야 한다. 이것이 내가 《의종손익》을 지은 이유이다.

후대 사람들은 성인께서 만든 처방을 연구하지 않은 채 겪어본 병증과 환자의 체질에만 집착하고 있으니 현재 상황에도 맞지 않고 약재의 쓰임에도 적합하지 않다. 차라리 막연하여 옛 의서에서 감히 덜거나 더하지 못하면 다행이지만 간혹 함부로 치료하는 자가 자기 생각을 내세우고 옛 처방을 익히지 않은 채 쓸데없이 사람들의 이목이나 감정을 놀라게 하면서 백성들을 질병의 구렁텅이로 밀어 넣고 있다. 이것이 어찌 삼대의 성인께서 백성을 편안하고 이롭게 만들던 의술이란 말인가. 내가 《소문素問》·《난경難經》 및 고금의 의서들을 연구한 지 40년이 되었건만 마침내 용기 내어 번다한 것을 줄이고 빠진 것을 보충하여 몇 권의 책을 만들었다. 아, 옛사람의 발자취를 답습하거나 옛 의서의 처방에 집착하는 것은 의학자들의 공통적인 걱정이니 이는 삼대의 성인들께서 후세에 기준을 남기셨으나 현재 상황에는 적합하지 않다는 사실을 알아차리지 못한 것이다. 그렇지만 내가 이 책을 편찬하면서 내용을 덜거나 더하지 않을 수 없었던 이유는 책을 쓰고 싶다거나 말을 잘하기 때문이 아니니 그저 옛사람이 남긴 찌꺼기만 있다면 어떻게 사람들을 널리 구제할 수 있겠는가. 비유하자면 배·귤 같은 과일은 모두 먹을 수 있어서 배고플 때 임시방편으로 쓰기에 해가 되지 않는 것과 같으니 그 처방을 쓰는 목적을 찾아보면 옛사람이 지었던 처방의 본래 뜻에 이미 부합되지 않겠는가. 나보다 후대 사람도 이 책에서 두세 문장만을 얻어야 하니 그렇게 된다면 덜거나 더할 내용을 알아차려서 옛 의서에 부합하면서도 후대의 상황에도 적합하게 응용할 수 있을 것이다.

정묘년1867 3월 1일. 혜암(惠庵, 황도연)이 서문을 쓰다.

---

2 《장자莊子》〈인간세人間世〉에 나오는 "柤梨橘柚"로 보고 번역하였다.

3 《맹자孟子》〈진심하盡心下〉에서 맹자가 한 말이다. "《서경書經》의 내용을 모두 믿는다면 《서경》이 없는 것과 다르지 않을 것이다. 나는 〈무성〉에서 두세 줄만 취할 뿐이다."

4 《장자莊子》〈천도天道〉에 나오는 제환공과 수레바퀴 깎는 장인의 일화이다. 장인은 제환공이 이미 죽은 성인의 책을 읽는 것을 보고 "그렇다면 대왕께서 읽으시는 책은 옛사람의 찌꺼기일 뿐입니다."라고 하였다.

◎ 《의종손익》 범례[5]

凡例

一，醫道不患博涉，而卷帙旣多，則汪汪然如萬斛之波，學者無所依泊而失其宗旨，言者亦不能無一失之誤矣。此所以蒐輯羣書，刪繁就簡，而不留疑竇致誤，同志欣賞。

一，寶鑑爲東醫之習熟，而名目頗詳。今次如之，以便臨症之指南。

一，人之百脈，源於臟腑，而病亦隨之。若不溯源，而徒攻其外，必有疑似之誤矣。今於外形，各書當脈所過，以備對投之一助。

一，群書之採錄於寶鑑等諸書者，必先立引用本書，而後註採錄家，不敢得魚忘筌，而近世名言及古書中新採者，本文下亦註出處，恐掠古今人已成之美也。

一，濟衆脈症治三條，率取諸書緊語，合而成文，故雖無諸書區別，亦可臨症施治，則纂輯之功，豈其少哉。今其長於存拔者，及夫創立新語，並穪濟衆，以見前人用心之勤撰述之微。

一，一書中數條並錄者，每條下各加一圈，而最後一條，註其出處者，省文也。繼引他書，亦復加圈，而始者別之也。

一，是編工於蒐輯，而且欲重 上聲 言 資重之言也，莊子所謂重言十七，是也。故雖古人所據，亦註出處，旣不嫌重複，則於古人創立語，豈無所標而混於所據也。然古人創語，今爲成法，則玆不敢强謂新增，而亦不可一例加圈，特重其圈，◎以便省覽。

一，間或自立己見，雖不無續貂之譏，非曰一得，或因時宜而立論，或因經驗而著方， 其志要不出適於用而已矣， 仍加增字以辨古今之別。知我者其曰曲陳忠告，罪我者亦惟僭越之誅乎。

一，俗方雖無可據，亦有可取，則附之門類，而註以俗方，合古偕俗，不害爲濟時者之權宜爾。

一，內醫院進上藥係，是東醫之可知，故依濟衆例，藥方上書內局二字以別之。

범례

— 의학에서는 섭렵할 책이 많음을 걱정하지 않아야 한다지만 의서는 너무 많아

---

5 원서에는 존재하지 않지만 역자가 추가하였다.

마치 망망한 대해와 같기 때문에 배우는 사람은 정박할 곳이 없어서 중요한 원리를 놓치는 경우가 있고 저자 역시 가끔 틀리는 경우가 있다. 이것이 여러 책에서 모으고 번잡한 것을 삭제하여 간략히 만들면서 의심스러운 내용 때문에 틀리게 되는 소지를 남기지 않으려는 이유이다. 동료들께서는 즐겁게 보아주시길 바란다.

— 《동의보감》은 우리나라 의원들에게 익숙하고 목차가 매우 자세하다. 이 책의 목차도 《동의보감》과 같게 하여 임상에서 기준으로 삼기에 편리하도록 하였다.

— 사람의 모든 맥은 오장육부에 근원을 두고 있으며 병 또한 이를 따른다. 그러니 병의 근원으로 거슬러 올라가지 않고 겉으로 드러난 증상만 치료한다면 치료되었다고 착각하는 잘못이 생길 것이다. 이제 〈외형편外形篇〉에 각각 해당 맥이 지나는 곳을 적어 증상에 따라 약을 쓰는 데 도움이 되도록 준비하였다.

— 책의 내용 중에 《동의보감》 등 기존 서적에서 인용하는 경우에는 반드시 먼저 원래의 서적을 양각으로 제시한 후 재인용한 서적을 작게 표시하여 득어망전(得魚忘筌)[6]하지 않도록 의도했다. 근래의 서적을 인용하거나 옛 문헌에서 처음 인용하는 경우에는 내용 끝에 역시 출처를 작게 표시했으니 원저자들이 이룬 훌륭한 업적을 빼앗을까 염려했기 때문이다.

— 《제중신편》의 맥법-증상-치료법 세 부분은 대부분 여러 서적에서 중요한 말을 뽑은 다음 취합하여 새롭게 쓴 문장이므로 인용서를 구별하여 적지 않았으나 증상을 찾아 치료할 때 문장을 새로 쓴 공로가 어찌 적겠는가. 이 책에서는 《제중신편》에서 그대로 인용한 문장과 새로 쓴 문장에 모두 "제중(濟衆)"이라고 표시하여 《제중신편》 저자가 고민을 기울인 노고와 찬술한 문장의 정미로움을 드러냈다.

— 한 책에서 여러 문장을 연달아 인용한 경우에는 한 문장마다 끝에 각각 권점을 붙인 다음 가장 마지막 문장에 작은 글씨로 출처를 표기했으니 분량을 줄이기 위함이다. 계속해서 다른 서적을 인용한 경우에도 권점을 붙여 앞 문장과 구별하였다.

— 이 책에서는 여러 책의 내용을 모으는 데 힘쓰면서 특히 옛사람의 말을 존중하고자〔重言〕 하였다. (중언(重言)은 의지할 만하고 존중할 만한 말이다. 장자(莊子)가 "중언(重言)이 열에 일곱이다."라고 한 것이 이 뜻이다) 그러므로 옛사람들이 인용한 책이라도 원출처를 작은 글씨로 표기하면서 중복을 마다하지 않았으니 옛사

람이 새로 지은 문장을 어찌 표시 없이 원출처와 뒤섞을 수 있겠는가. 그러나 옛사람이 지은 문장은 지금의 기준이 되기 때문에 이 문장을 감히 '신증(新增)'이라고 할 수도 없고 일률적으로 권점을 달 수도 없으니 특별히 권점을 중복하여 '◎' 기호를 달아 알아보기에 편리하도록 하였다.

— 중간에 간혹 나의 견해를 적긴 했으나 좋은 말 뒤에 변변치 못한 말이 나온다는 비난이 없지 않더라도 대단한 깨우침을 얻었다고 할 것도 아니다. 다만 요즘 상황에 적절하게 설명하거나 경험을 근거로 처방을 적기도 했으니 사용하기 적절하다는 의도에서는 벗어나지 않을 것이다. 그리고 내 견해에는 '증(增)'이라는 글자를 덧붙여 옛사람의 문장과 구별하였다. 나를 알아주는 사람이라면 자세히 설명했다고 할 것이고, 나를 비난하는 사람이라면 너무 주제넘다고 책망할 것이다.

— 속방(俗方)은 출처를 찾을 수 없더라도 나름 취할 만한 것도 있으니 각 문(門)에 덧붙인 후 '속방(俗方)'이라고 작은 글자로 표시하였다. 옛 처방과 속방이 함께 있어도 치료하는 이들이 임시방편으로 삼기에는 해가 되지 않을 것이다.

— 내의원(內醫院)에서 진상했던 약들은 우리나라 의원들이 알아야 한다. 그러므로 《제중신편》의 표기법을 따라 처방 앞에 '내국(內局)' 2자를 덧붙여 구별하였다.

◎ 《의종손익》의 《약성가》(손익본초) 서문[7]

序

士之有功於世也，得志澤及萬姓，不得志維持風化，若夫性命之言，經濟之文，抑又其次，而亦非俗學所可僥倖而取名者也。噫，吾家世業擧不中，寄跡京鄕，常患自治之不暇，而孤負四者之功，亦已多矣。然旣無其功，又無其心，則將何以見於世乎。

竊謂道脈之外，能助强大之形，政刑之外，有俾生成之德者，苟非醫藥之書，亦無以洩其自盡之心矣。是用寄意此中，聊欲壽世，而古書充汗，難於一貫，學者通患，於是乎，覃思累年，哲廟丙辰，撰附方便覽十四卷，聖上丁卯，成醫宗損益六卷，今又

6 물고기를 잡은 후에는 잡는 도구인 통발의 역할은 잊게 된다는 의미이다.

7 원서에는 일부 내용만 있지만 역자가 보충하여 실었다.

輯藥性一卷，是謂損益附餘。三編旣成，巨細畢擧，條理不紊，庶不爲同志致誤，而壽世之志，少可伸矣。然此又無關於士之一功，而特爲末技之需用者也，余何敢居功而取名也。記曰，醫卜百工，不與士齒，又況醫公於人，名私於己，此又不敢當，而不願聞於稱名者也。

歲戊辰暮春下澣，惠庵題。

서문

선비가 세상에 공적을 세우는 방법이 있으니 관직에 있다면 모든 백성에게 혜택을 파급시키는 것이고, 관직에 있지 않다면 풍속의 교화를 돕는 것이다. 본성에 관한 책이나 경세제민(經世濟民)에 대한 글을 공부하는 것이 차선책이긴 하지만 그 또한 보통 학자가 요행히 명성을 얻을 수 있는 분야가 아니다. 아, 우리 집안은 대대로 과거 공부를 해왔으나 급제하지 못한 채 경향 각지에 기거하면서 늘 스스로 돌볼 겨를이 없다고 걱정하다가 위의 4가지 공적을 이루지 못한지 이미 오래다. 이뤄낸 공적도 없는데 공적을 이루고 싶은 마음도 없다면 앞으로 무엇으로 세상에 드러낼 수 있겠는가.

나는 속으로 "도학(道學)을 하지 않더라도 몸이 튼튼해지도록 도울 수 있고 정치를 하지 못하더라도 살리는 덕행을 베풀 수 있으니, 의약(醫藥)에 관한 책이 아니라면 정성을 다하는 마음을 쏟을 수 없을 것이다."라고 생각했다. 그래서 이 생각을 마음에 두고 오로지 사람들을 오래 살게 하고 싶었지만 옛 의서가 너무 많아 의학의 이치를 통달하기 어렵다는 것이 배우는 이들의 공통적인 걱정이었다. 이에 몇 년 동안 심사숙고하면서 철종 병진년1856에 《부방편람》 14권을 편찬했고, 성상(聖上) 정묘년1867에 《의종손익》 6책을 완성했으며, 이제 약성가 1권까지 편찬했으니 이 책을 《손익부여》라고 부르겠다. 3가지 책을 완성함으로써 크고 작은 내용이 모두 드러나고 논리와 내용이 정리되었으니 아마도 동료들을 잘못에 이르지 않게 하여 사람들을 오래 살게 하고자 하는 뜻을 조금이나마 펼칠 수 있을 것이다. 그러나 이 책은 선비가 세워야 하는 어떤 공적과도 관련이 없고 그저 의술에 필요한 것일 뿐이니 내가 어찌 감히 공적을 자부하면서 명성을 바라겠는가. 《예기禮記》에서 "의원과 무당과 여러 기술자는 선비와 나란히 하지 못한다"[8]고 했다. 게다가 의술은 남들에게 베푸는 것이고 명성은 나에게 주어지는 것인데, 의술도 감당하지 못할뿐더러 이름이 알려지기를 원하지도 않는다.

무진년1868 3월 하순. 혜암(惠庵, 황도연)이 쓰다.

◎《의종손익》의《약성가》〈손익본초〉 범례[9]

凡例 七則

一，集本草者，古今無慮數百家，而各有長短，詳於彼者，略於此，略於彼者，詳於此，卒難歸一，而亦難合編，以其卷帙多而綱紀紊也。是以，作者苦心，學者發歎，詳略俱難，有如此夫。余於趨公之暇接賓之隙，手抄藥性一卷，以爲篋笥備忘，編章雖約，合之損益，可發蘊奧，是其名之爲損益附餘者也。

一，本草之書，率多汗漫，讀者往往欲睡欲臥，而雲林歌括，摘要爲句，便於强記。今從門類彙成一編，而此外合用者，補以濟衆，續以新增，務令捷於簡閱，而人人成誦。

一，藥有氣味經絡功用禁忌等數端，而歌是限于字句，則亦不能無忽略之差矣。今於未盡處，註必詳明，一綱一目，類斯擧矣。

一，藥目次第，稍從李氏綱目，以便査閱，而或有一二部易位者 如草木之爲先，而金石之居末，是也。，或有一二種移入者 如沙參之入蔓草，牡丹之入灌木，是也.，務得歸正。

一，此編歌括，既以雲林爲主，則一例出處，嫌於重複，但於濟衆與新增，各書一衆一增，以便撿閱。

一，金石砂札飛潛動植，苟非一鄕一國之所産，則東人習知，或爲西人黖昧，南人日用，便作北人遐僻。是又豈一已所見，强加附會，成此窺測之智也。知者明言，鄕藥之俗諺，是也，僻者別之，他産之陰刊，是也。用藥者，苟能從其性而治其病，楚材晉用而又何害。

一，用藥有法，非徒臟腑經絡、浮沈升降、病候主治而已，藥有自然之性，病有自然之候，理之所在，間不容髮，而初非一人私見，執爲成方，以爲定式者也。是以，主治雖同，而或有陰陽虛實之異，症候相似，而亦多新久輕重之別，苟非闡明其誼，無以識其梗槪，略拾綱領，發爲本草讀例。學者須先從事，一以推究，思過半矣。

---

8 《예기禮記》〈왕제王制〉에서 인용한 내용이다. 본래 내용은 다음과 같다. "기예를 가지고 윗사람을 섬기는 자는 축(祝)·사(史)·사(射)·어(御)·의(醫)·복(卜) 및 백공(百工)이다. 무릇 기예를 가지고 윗사람을 섬기는 자는 두 가지 일을 하지 않고, 관직을 옮기지 않으며, 자기 고을 밖에서는 사(士)의 대열에 끼지 못한다. 벼슬하는 자도 자기 고을을 떠나서는 사(士)의 대열에 끼지 못한다."

9 원서에는 존재하지 않지만 역자가 추가하였다.

범례 (7조)

— 본초에 대한 책은 예로부터 지금까지 무수히 많으나 각각 장단점이 있다. 이것에 상세하면 저것에 소략하고, 이것에 소략하면 저것에 상세하여 끝내 한 가지로 귀결되기 어렵다. 또 책을 합치기도 어려우니 책의 분량이 많고 체계가 복잡하기 때문이다. 이런 까닭에 본초서의 저자가 고심하여 책을 써도 독자는 한탄하게 되니 상세하건 간략하건 둘 다 이처럼 읽기 어렵게 된다. 내가 일을 하거나 손님을 만나는 틈틈이 약성가 한 권을 손수 베끼면서 비망록처럼 보관하던 책이라 내용이 간략하긴 하지만 《의종손익》과 합하면 의학의 오묘함을 드러낼 수 있을 것 같아 이것을 《손익부여》라고 이름하였다.

— 본초에 대한 책은 대부분 분량이 많아 독자를 종종 졸리게 만들지만 공운림의 《수세보원》에 나오는 가결(歌訣)은 요점을 뽑아 시구로 만들었기 때문에 외우기에 편리하다. 이 책에서는 《수세보원》의 가결을 각 문으로 분류하여 한 책으로 만들었고 그 밖에 사용하기 적합한 본초는 《제중신편》의 내용을 보태고 새로 증보한 내용을 추가함으로써 쉽고 빠르게 찾아보면서 모두가 가결을 외울 수 있도록 신경 썼다.

— 약재에는 기미・귀경・효능・금기 등 여러 특성이 있으나 가결은 글자 수가 제한되기 때문에 누락되거나 축약되는 문제가 없을 수 없다. 이 책에서는 미진한 부분에 반드시 주석을 달아 상세히 밝혔으니 약재 하나하나마다 이렇게 하였다.

— 약재의 분류는 대부분 이시진의 《본초강목》을 따라 하여 찾아보기 편리하게 하였다. 그러나 간혹 한두 부분 위치를 바꾼 경우도 있고(초목(草木)을 앞에 두고 금석(金石)을 뒤에 둔 것) 한두 약재를 이동시킨 경우도 있으니(사삼(沙蔘)을 만초(蔓草)류에 넣고, 목단(牧丹)을 관목(灌木)류에 넣은 것) 이는 잘못을 바로잡고자 한 것이다.

— 이 책의 가결은 이미 공운림의 《수세보원》을 위주로 하여 출처가 모두 같으므로 거듭 밝히지 않았다. 다만 《제중신편》 및 새로 증보한 경우에는 각각 "중(衆)"과 "증(增)"자를 써놓아 찾아보기 편리하도록 하였다.

— 금석이든 동물이든 식물이든 분명 한 고장이나 한 나라에서 나는 것이 아니기 때문에 동쪽 지방 사람이 익숙히 아는 것이라도 서쪽 지방 사람은 전혀 모를 수 있고, 남쪽 지방 사람이 매일 쓰는 것이라도 북쪽 지방 사람에게는 낯설 수 있다. 그러니 어찌 나 한 사람의 소견만 억지로 고집하면서 우물 안 개구리처럼 굴겠는가. 아는 것은 분명히 말하였으니 향약재에 한글 이름을 붙인

것이 그러한 예이고, 낯선 것은 구별해 놓았으니 다른 나라에서 나는 약재를 음각(陰刻)으로 표시한 것이 그러한 예이다. 약재를 쓰는 사람이 약성에 따라 병을 치료할 수 있다면 초나라 약재를 진나라에서 쓴다고 무슨 해가 있겠는가.

— 약재를 사용할 때는 여러 원리와 방법을 알아야 하니 장부・경락 같은 귀경, 약성의 부침(浮沈)과 승강(升降), 병증과 주치만 있는 것이 아니다. 약재에는 고유의 특성이 있고 병에는 고유한 증상이 있어서 이치가 있는 곳에는 터럭이 들어갈 틈도 없으니 애초부터 한 사람의 견해가 아니라 일관된 원리로 책을 만든 후 그것을 기준으로 삼았다. 그리고 약재의 주치증이 같아도 간혹 음양(陰陽)이나 허실(虛實)의 차이가 있기도 하고, 병의 증상이 비슷해도 신구(新久)나 경중(輕重)의 구별이 있기도 하다. 만약 기준을 분명히 밝히지 않는다면 전체를 알 수 없으므로 강령(綱領)으로 삼을만한 것을 몇 가지 모아 서두에 본초서를 읽는 전제로 삼았다. 독자들이 반드시 먼저 이 부분을 읽은 다음 꾸준히 연구한다면 대부분 깨달을 수 있을 것이다.

본문내용

◎ 《의종손익》 목차

卷1(子集) : 總論, 身形(附養老), 精, 氣, 神
卷2(丑集) : 血, 夢, 聲音, 言語, 津液, 痰飮, 五臟, 六腑, 胞, 蟲
卷3(寅集) : 小便, 大便, 頭, 面, 眼
卷4(卯集) : 耳, 鼻, 口舌, 牙齒, 咽喉, 頸項, 背, 胸, 乳, 腹, 臍, 腰, 脇
卷5(辰集) : 皮, 肉, 脈, 手, 足, 毛髮, 前陰, 後陰
卷6(巳集) : 風, 寒
卷7(午集) : 暑, 濕, 燥, 火, 內傷
卷8(未集) : 虛勞, 霍亂, 嘔吐, 咳嗽, 積聚
卷9(申集) : 浮腫, 脹滿, 消渴, 黃疸, 痎瘧, 瘟疫, 邪祟, 癰疽
卷10(酉集) : 諸瘡, 諸傷, 解毒, 救急, 雜方
卷11(戌集) : 婦人
卷12(亥集) : 小兒

위의 목차 순서는 《동의보감》을 따른 것이다. 주요 인용서는 《동의보감》·《제중신편濟衆新編》·《직지방直指方》·《단계심법丹溪心法》·《의학정전醫學正傳》·《고금의감古今醫鑑》·《만병회춘萬病回春》·《의학입문醫學入門》 등이다. 저자 자신의 의견에는 "增"이라고 표시하고 내용을 설명하였다.

고찰

이 책은 혜암(惠庵)(전기는 〔133장〕에서 설명하였다)의 대표적인 저술로 《동의보감》을 조술(祖述)한 것이다. 《동의보감》의 방대한 내용을 자유롭게 덜거나 더하여 적절한 분량의 의학 전서로 만들었으며, 사이사이 새로운 설명도 추가하여 편찬하였다. 조선 후기 가장 우수한 의서라고 생각한다.

135. 의방활투 醫方活套

1권 1책

황도연(黃度淵) 지음

개요

고종 6년 기사1869에 편찬되어 목판본으로 간행되었다.

내용서지

◎ 《의방활투》 서문[1]

惠庵心書古今三統醫方活套序

往余旣輯群書之可合時用者，以爲醫門之指南矣。行之未幾，讀者往往稱賞，特未素攻者，猶不敢爲之，汎應而滋惑焉。於是乎，坊友有要余求合璧者，余曰，嗟乎，今夫天下之事，規矩可傳，而其巧難傳，豈可以一時私見，以窮天下之萬變哉，藉令爲之，其人之不能申明，雖巧奚益，辭又不得，乃敢集諸方之尤著者，以爲活套之萬一。其藥則隨宜增減，其治則臨症先後，或十病而同一方，或一方而合群劑，初不可援例，分門次爲三統，以見補和攻之三品，別爲鍼線，使學者開卷而該兼治，此雖古人之不傳，亦可爲對投之一例，因是推究，庶其汎應而入門矣。編旣成，聊以副求讀者，謂何請質于大方家。

己巳孟秋下澣，惠庵書于游藝室。

---

1 원서에는 일부 내용만 있지만 역자가 보충하여 실었다.

혜암심서고금삼통의방활투 서문

전에 내가 여러 의서 중에서 요즘 시대에 쓸 수 있는 내용을 모아 의술의 지침으로 만든 적이 있다. 이것을 간행한 지 얼마 후에 읽은 이들이 종종 칭찬하기도 하였으나 다만 평소에 의술이 미숙한 사람들은 오히려 선불리 칭찬하지 못하고 널리 적용할수록 의문이 불거져갔다. 이 때 동네 친구가 부족한 부분을 보완해 달라고 나에게 요청하였다. 나는 "아, 세상만사에 대하여 규범은 전해 줄 수 있지만 솜씨는 전해주기 어려운 법이니 어찌 한때의 사견(私見)으로 세상의 모든 변화를 다 설명할 수 있겠는가. 만약 그렇게 할 수 있더라도 그 사람이 명확히 이해하지 못한다면 솜씨를 전해준들 무슨 도움이 되겠는가."하고 말하였으나 사양하지도 못하였다. 이에 용기 내어 여러 의서 중에 특히 뛰어난 책을 모아 약간이나마 활투(活套, 활용법)를 만들었다. 약재는 상황에 맞게 늘리거나 줄여야 하고, 치료는 증상에 따라 선후를 가려야 하며, 열 가지 병에 한 가지 처방을 쓰기도 하고, 한 가지 처방을 다른 처방들과 합하여 쓰기도 해야 한다. 애초부터 기존의 체재를 끌어다 쓸 수 없었기 때문에 목차를 나눈 뒤 삼통(三統)으로 층차를 두어 보제(補劑)·화제(和劑)·공제(攻劑) 세 종류를 배치한 다음 별도로 색인〔鍼線〕을 만들어 독자들이 책을 열면 한눈에 보면서 치료할 수 있도록 하였다. 이 책은 비록 옛사람이 전하지 않은 내용이지만 증상에 따라 처방을 쓰는 한 가지 사례는 될 수 있을 테니 이 책부터 시작하여 의술을 연구한다면 아마 널리 적용하면서 의술에 입문할 수 있을 것이다. 책이 완성되어 우선 독자들의 요구에 부응했으니 책이 어떤지는 의술이 뛰어난 사람〔大方家〕에게 질정을 요청하는 바이다.

기사년1869 7월 하순에 혜암(惠庵, 황도연)이 유예실(游藝室)에서 쓰다.

본문내용

도표 형태로 쓰인 처방서이다. 처방을 보제(補劑)〈상통(上統)〉·화제(和劑)〈중통(中統)〉·공제(攻劑)〈하통(下統)〉로 구분한 뒤 상·중·하 3단에 나누어 실은 처방집이다.

책 첫머리에는 이른바 "침선(鍼線)" 부분〈채열선(蔡列先)의 《본초만방침선本草萬方鍼線》을 따른 것이다〉을 두었는데, 각종 질병을 아래 목차와 같이 크게 구분하고 이를 다시 작은 세목(細目)으로 나눈 다음 각 세목에 해당하는 병증과 관련된 처방 이름을 싣고 그 처방 아래 번호를 덧붙였다. 예를 들면 "中風, 小續命湯, 中一"은 중풍을 치료하는 처방 가운데 하나인 소속명탕(小續命湯)이 본문의 중통(中統)〈중간 단〉 첫 번째에 나온다는 의미이다. 또 거꾸로 이 처방을 기준으로 하여 처방의 효능이 미치는 대강의 병증도 알 수 있다. 지극히 간단하면서 요점만을 취한 처방서이다.

◎ 《의방활투》 목차

風, 寒, 瘟疫, 暑, 濕, 燥, 火, 內傷, 虛勞, 霍亂, 嘔吐, 咳嗽, 積聚, 浮腫, 脹滿, 消渴, 黃疸, 瘧疾, 邪祟, 身形, 精, 氣, 神, 血, 夢, 聲音, 津液, 痰飮, 蟲, 小便, 大便, 頭, 面, 眼, 耳, 鼻, 口舌, 牙齒, 咽喉, 頸項, 背, 胸, 乳, 腹, 腰, 脇, 皮, 手, 足, 前陰, 後陰, 癰疽, 諸瘡, 救急, 婦人, 小兒, 痘疹, 痲疹

인물전기

황도연(黃度淵, 1808-1884). 전기는 〔133장〕에서 설명하였다.

136. 방약합편 方藥合編

1권 1책

황도연(黃度淵) 지음, 황필수(黃泌秀) 편찬

개요

고종 21년 갑신1884에 편찬되어 이듬해 목판본으로 간행되었다. (〔부도34〕 참조)

내용서지

◎《방약합편》원인(源因)

方藥合編源因

嗚呼, 先君子惠庵公所著方藥書甚富, 皆不留姓氏, 但令施治者, 捷於奇中, 公人而忘已者, 蓋如此也。中有活套一書, 書簡施博, 條理明暢, 人一見之, 皆可按證而治, 雖素所未攻者, 無不欲蓄一本, 病於印發不給。於是, 坊人謀鋟兼本, 來告于公, 公曰, 書固可傳, 用之在人, 不必蘙廣, 且人不讀本草, 徒法, 何足以盡活套哉, 此余之志切救世, 而亦猶恐疑似之致誤也, 坊人之請益勤, 而酬世之志, 終不可遏也。

公年已七十有七, 不可以自抄, 命子傳書, 書例倣汪忍庵本草備要、醫方集解合編之法, 先之以損益本草, 復益之以用藥綱領, 及救急禁忌等十數種, 命之曰方藥合編。役未及半, 公偶感疾曰, 吾病其不起矣, 藥不可以延生, 良醫十全, 在乎識其死生已, 竟不服藥, 以是年八月十七日下世。嗚呼慟哉。嗣子繼世, 尙不忍讀父之書, 況敢抄父之所傳乎。然坊人入梓中掇, 亦不可不念, 旣葬後二月, 拭涕卒業而歸之, 金根之誤, 在所難免, 並無款識, 蓋追先志之不欲以醫名世也。略述顚末, 以寓感慕, 嗚呼, 覽者想公婆心。

龍集二十一年甲申十二月上澣, 公之子不肖孤泣血謹書。

방약합편 원인

오호라, 선친 혜암 공께서 저술한 의서가 매우 많으나 모두 본인의 이름을 적어두지 않고 그저 의원이 환자를 빠르게 치료할 수 있도록 하였으니 의서를 사람들에게 공개하면서 자기를 내세우지 않은 이유는 아마 이와 같을 것입니다. 책들 가운데 《의방활투》라는 책이 하나 있으니 내용이 간결하면서도 널리 활용할 수 있고 조리가 분명하여 누구나 한 번 보면 모두 증상을 찾아 치료할 수 있었기 때문에 평소에 의술을 연구하지 않는 사람이라도 이 책을 간직하려 하지 않는 이가 없었으나 간행한 수량이 넉넉하지 못한 것이 흠이었습니다. 그래서 동네 분들이 합책(合冊)으로 간행하자고 상의한 후 선친께 와서 얘기하니, 선친께서는 "책은 분명 전파해야 하지만 그 책을 사용하는 일은 사람들에게 달려 있으니 서둘러 전파할 필요는 없습니다. 그리고 사람들이 본초서를 제대로 읽지 않고 그저 치료법만 따라 하려고 하니 어떻게 활투(活套, 활용법)를 충분히 쓰겠습니까. 이것이 내가 세상을 구제하려는 의지가 간절하나 한편으로는 오히려 사람들이 착각하여 잘못에 이르게 만들지 않을까 걱정하는 이유입니다."라고 말씀하셨습니다. 그러나 동네 분들의 요청이 더욱 간절해지면서 세상에 보답하라는 요청을 끝내 막을 수 없었습니다.

선친께서는 당시 연세가 이미 77세시라 직접 책을 쓰실 수 없어서 저에게 책의 내용을 전해주셨습니다. 책의 체재는 왕앙(汪昂)이 《본초비요》와 《의방집해》를 상하단으로 합하여 《본초의방합편本草醫方合編》을 엮은 방법을 본뜨되, 먼저 《손익본초》를 두고 여기에 용약례(用藥例)·약성강령(藥性綱領)·구급(救急)·금기(禁忌) 등 10여 가지를 더한 뒤 《방약합편》이라고 이름 붙이라 하셨습니다. 편찬 작업이 절반도 되지 못했을 때 선친께서 병환에 들어 "내가 병들어 앞으로 자리에서 일어나지 못할 것 같구나. 약으로는 삶을 연장할 수 없는 법이지. 훌륭한 의원이 열이면 열 모두 낫게 하는 방법은 환자가 살지 죽을지 알아차리는 데 달려 있을 뿐이다."라고 하시며 끝내 약을 드시지 않고 그해 8월 17일에 세상을 떠나셨습니다. 아아, 슬프고 슬픕니다. 자식으로서 선친의 유업을 계승했으나 아직 차마 선친의 글을 읽지도 못하는데 하물며 선친께서 전하신 바를 감히 써 내려갈 수 있겠습니까. 그렇더라도 동네 분들이 시작한 판각이 도중에 중단될 상황도 염두하지 않을 수 없었습니다. 장례를 치른 후 두 달 만에 눈물을 닦으며 편찬을 끝내고 원고를 보냈으니 글자의 오류는 피하기 어려울 것입니다. 또한 관지(款識, 도장)가 없는 이유는 의술로 세상에 이름을 내지 않으려고 하셨던 선친의 뜻을 따른 것입니다. 책의 전말을 간단히 적어 감회를 표현했으니 독자들이여 선친의 노파심을 기억해 주십시오.

고종 21년갑신1884 12월 상순. 혜암 공의 불초한 아들이 부친을 여의고 피눈물을 머금으며 삼가 씁니다.

본문내용

혜암(惠庵)이 죽은 뒤 아들인 황필수가 《의방활투醫方活套》(〔135장〕 참고)와 《손익본초損益本草》(〔134장〕《의종손익醫宗損益》의 부록인 〈약성가藥性歌〉)를 합하여 도표 형식으로 이 책을 편찬하였다. 《의방활투》를 더욱 발전시켜 사용하기 편리하도록 구성하였고, 이 밖에 〈증맥요결證脈要訣〉·〈용약강령用藥綱領〉·〈석은보유방石隱補遺方〉(석은(石隱)은 혜암의 제자이다)·〈곽란자신사이후집험방霍亂自辛巳以後集驗方〉 등을 함께 수록하여 책의 활용성을 높이고자 하였다.

인물전기

황도연(黃度淵, 1808－1884). 전기는 〔133장〕에서 설명하였다.

황필수(黃泌秀, 생몰 미상). 황도연의 아들로, 호는 신촌(愼村)이다. 유의(儒醫)로서 이름이 높았다. 이 책 외에 《명물기략名物紀略》·《달도達道》 등을 저술하였다.

현공렴(玄公廉, 1876－1932). 자는 미남(渼南), 호는 유재(酉齋)로 혜암의 제자이다.[1] 고종 24년 정해1887 《방약합편》을 증정(增訂) 하였다.

고찰

증상에 따라 처방을 사용하기에 간편하여 제자 현공렴의 증정본(《증정방약합편增訂方藥合編》)도 출간되었으며 현재 활자본이 다수 발행되어 의생 사이에 매우 널리 애독되고 있다. 실제로 사용되고 있는 처방서로서 현대 한국의 대표적인 한의서이다.

---

1 현공렴이 혜암의 제자인지는 확인되지 않았다. 현공렴은 개화기 활동했던 당대 지식 계몽가로서 부친의 영향을 받아 번역과 저술 그리고 출판업에 종사하였다(방효순, 2013).

137. 둔몽집 鈍蒙集

필사본 1책

둔몽자(鈍蒙子) 지음

[전존]

(필자 소장)

개요

고종 8년 신미1871 10월의 저작이다.

내용서지

◎《둔몽집》이준규(李峻奎) 서문[1]

鈍蒙集序

形於上者天也，形於下者地也，形於其兩間者人也。天者輕淸以上浮有五星，地者重濁而下凝有五行，人者應化以中生有五臟，天地人卽一體也，故曰三才明矣。大凡人之爲病，皆由於五運六氣之所行也。五運者，金木水火土也，六氣者，風火暑濕燥寒也。運有主客，氣有主客。主運者，春主木，夏主火，秋主金，冬主水，四季土也。主氣者，春主風，夏火暑，秋主燥，冬主寒，四季濕也。客運者，亦金木水火土也，客氣者，亦風火暑濕燥寒也。主運主氣，百代而不易，時有恒焉，客運客氣，每歲而迭遷，交無定焉。每當主客之運與氣相搏之時，人之五臟六腑，感其化而爲病，五運六氣，豈不重且大乎。

余自少時，遊學於大方家，取考諸書，不見運氣之明，尙庸慨歎，深究其旨，始得內經之論，昭且詳矣。今見鈍蒙之文，快有解焉，敢不欽歟，亦不敬歟。噫，醫之爲

1 원서에는 내용이 생략되어 있지만 역자가 추가하였다.

術，術之至重，人命所關，死生攸係。古聖制之，以濟其夭，可以養生，可以濟世，於生民之用，不可無一日者，而近世論運氣者，與內經相違，論經脉者，與靈樞相訛，論藥石者，與綱目相左，徒尙內傷外感陰虛陽實，不分節候交遷運氣盛衰，其於臨證診脉試藥用鍼，豈有效且驗哉。盖此鈍蒙之論，於斯盡矣至矣。天之流行，地之凝和，人之感化，明莫過於此書，若使專心致知，庶幾有補於醫家要領之萬一云爾。

光武八年秋七月上澣，嘉善大夫 太醫院兼典醫 驪州郡守 李峻奎恒齋生序。

둔몽집 서문

위에서 형체가 이루어진 것이 하늘〔天〕이고, 아래에서 형체가 이루어진 것이 땅〔地〕이며, 그 사이에서 형체가 이루어진 것이 사람〔人〕이다. 하늘은 가볍고 맑아 기운이 위로 떠오르므로 오성(五星)이 있고, 땅은 무겁고 탁하여 기운이 아래에서 응결되므로 오행(五行)이 있으며, 사람은 천지에 감응하여 천지 사이에서 태어나므로 오장(五臟)이 있다. 이렇듯 천지인은 한 몸이므로 삼재(三才)라고 불러야 함이 분명하다. 대체로 사람의 병은 모두 오운과 육기의 운행에서 비롯된다. 오운(五運)이란 금(金)·목(木)·수(水)·화(火)·토(土)이며 육기(六氣)란 풍(風)·화(火)·서(暑)·습(濕)·조(燥)·한(寒)이다. 운(運)에는 주운(主運)과 객운(客運)이 있고, 기(氣)에도 주기(主氣)와 객기(客氣)가 있다. 주운(主運)이란 봄은 목(木)을, 여름은 화(火)를, 가을은 금(金)을, 겨울은 수(水)를, 환절기는 토(土)를 주관한다는 것이다. 주기(主氣)란 봄은 풍(風)을, 여름은 서(暑)를, 가을은 조(燥)를, 겨울은 한(寒)을, 환절기는 습(濕)을 주관한다는 것이다. 객운(客運)이란 오운처럼 금(金)·목(木)·수(水)·화(火)·토(土)이며, 객기(客氣)란 육기처럼 풍(風)·화(火)·서(暑)·습(濕)·조(燥)·한(寒)이다. 주운(主運)과 주기(主氣)는 언제나 바뀌지 않기 때문에 계절마다 일정하며, 객운(客運)과 객기(客氣)는 해마다 번갈아 가기 때문에 교차할 때마다 일정하지 않다. 주운·주기가 객운·객기와 서로 충돌할 때마다 사람의 오장육부는 그 변화에 감응하여 병이 되는 법이니 오운과 육기가 어찌 중차대하지 않겠는가.

나는 어릴 적부터 의술이 뛰어난 분〔大方家〕에게 가서 배우면서 여러 의서를 살펴보았으나 운기(運氣)에 대한 설명을 보지 못하여 늘 그 점이 한탄스러웠다. 그 후에 운기의 의미를 깊이 연구하다가 비로소 《내경內經》의 설명을 접하고 나서 소상히 알 수 있었고 지금 둔몽자(鈍蒙子)의 글을 보고 나자 명쾌하게 이해되니 어찌 흠모하고 존경하지 않을 수 있겠는가. 아, 의술은 기술이지만 기술

중에서도 매우 중요하니 생명이 관련되어 있고 생사가 달려 있기 때문이다. 옛 성인께서 의술을 만드시어 요절하는 백성을 구제하셨기에 생명을 잘 기를 수 있었고 백성을 구제할 수 있었으니 백성들에게는 하루라도 사용하지 않을 수 없는 기술이었다. 그러나 운기에 대한 요즘 글은 《내경》의 의미와 어긋나고, 경맥(經脈)에 대한 글은 《영추》의 의미와 맞지 않으며, 약재에 대한 글은 《본초강목》의 의미와 다르다. 의원으로서 내상(內傷)·외감(外感)·음양(陰陽)·허실(虛實)인지만 중요하게 생각하고 날씨의 변화와 운기의 성쇠를 구분하지 않은 채 임상에서 맥을 짚고 약과 침을 쓰니 어찌 효과가 있겠는가. 둔몽자의 설명은 이 내용을 모두 잘 담고 있는 듯하다. 하늘의 운행과 땅의 변화에 따라 사람이 영향을 받는 이치는 분명코 이 책을 벗어나지 않을 것이니 독자들이 마음을 집중하여 깨달음에 도달한다면 아마 의학자들의 긴요한 지식에 작으나마 보탬이 될 것이다.

광무 8년1904 가을 7월 상순. 가선대부 태의원 겸 전의 여주군수 이준규(李峻奎) 항재생(恒齋生)[2] 서문을 쓰다.

◎ 《둔몽집》 자서(自序)[3]

鈍蒙集序

夫純者盈也，物之始也，序卦居三。蒙者昧也，物之穉也，序卦居四。盈者，塞於天地之間，至通暢茂盛，則塞意亡矣。昧者，暗乎乾坤之後，至敎導發明，則開矣。鈍者蒙之始也，非鈍無以致其蒙，非蒙無以繼其鈍。蒙山穿地，始出於未申也，爲止爲險，旣順而致亨也。非雲雷之象，何以成其鈍，非柔巽之德，何以發其蒙。噫，人之學工，亦猶是焉。如功如磋，則可以濟屯，如琢如磨，則庶乎解蒙。

余自幼歲，氣質魯屯，知覺蒙昧，學之十行，未紀其旨，讀之百篇，未誦其章，人一能之己十之，人十能之己百之。二十未解屯，三十未發蒙，至于四十，似有知覺，惑于其中，如有雲霧。嗟夫，余之魯質，未薰陶於高門矣。屯蒙之意，玩而勉之，記屯誦蒙，朝夕自警。

辛未陽月辛巳，屯蒙子自序。

---

2 항재생(恒齋生) : "항재의 문하생" 정도로 추측되지만 의미가 분명하지 않다. 이후에 고증되기를 바란다.

3 원서에는 내용이 생략되어 있지만 역자가 추가하였다.

둔몽집 서문

대저 둔(純)이라는 것은 '가득함'이니 만물의 시작이요 64괘의 순서상 3번째이다. 몽(蒙)이라는 것은 '어두움'이니 만물이 처음 태어난 것이요 64괘의 순서상 4번째이다. '가득함'은 천지 사이에 꽉 차 막힘이 되었으나 통창(通暢)하고 무성하게 되면 막힌 뜻이 없어질 것이다. '어두움'은 건곤이 막 있은 뒤의 어두움이니 가르치고 이끌어 일깨우면 어둠이 열리게 될 것이다. 둔은 몽의 시작이므로 둔이 아니면 몽에 이를 수 없고, 또 몽이 아니면 둔을 계승할 수 없다. 몽은 산이 땅을 뚫고 나와 아직 펼치기 전에 갓 나온 것이어서 그침이 되고 험함이 되지만 이미 곤의 순함을 가졌으므로 형통에 이르게 된다. 둔괘가 가지고 있는 구름과 우레의 상(象)이 아니면 어떻게 '가득참'을 이룰 것이며, 몽괘가 갖추고 있는 유순한 덕이 아니면 어떻게 '어두움'을 깨우칠 것인가. 아, 사람의 공부도 이와 같구나. 다듬고 문지르면 아둔함〔屯〕을 구제할 수 있고, 갈고 닦으면 어리석음〔蒙〕을 깨우칠 수 있다.

나는 어려서부터 기질이 아둔하고 생각이 어리석어 10번을 배워도 그 요지를 파악하지 못하고 100편의 책을 읽어도 장구 하나를 암송하지 못하였으니 사람들이 1번에 배울 것을 나는 10번에 배우고 사람들이 10번에 배울 것을 나는 100번에 배웠다. 20세가 되어서도 아둔함을 깨우치지 못했고, 30세가 되어서도 어리석음에서 벗어나지 못했으며, 40세가 되어서는 생각이 좀 깨우친 듯했으나 아는 내용도 헷갈려서 마치 운무 속에 있는 것 같았다. 아, 나의 우둔한 기질 때문에 학식 높은 분들의 가르침을 받지 못하였구나. 둔괘와 몽괘의 뜻을 곱씹으며 노력하고 둔괘와 몽괘를 외우며 아침저녁으로 스스로를 경계하리라.

신미년1871 10월 신사일. 둔몽자(屯蒙子)가 직접 서문을 쓰다.

○ 《둔몽집》 둔몽집삼법전서(屯蒙集三法銓序). 내용은 생략한다.[4]

본문내용

오운육기와 질병의 관계를 설명하였다. 이를 설명한 다음 자신의 치험례를 두고

4 글의 제목이 "둔몽집삼법전서(屯蒙集三法銓序)"이기 때문에 원서에서는 "자지(自識)"로 보았으나 내용상 서문이 아니고 "한법 · 토법 · 하법 3가지 방법에 대한 평가"이다.

처방을 실었다. 또 홍진(紅疹)·부인(婦人)·소아(小兒)·두진(痘疹)에 대해 자기의 치료법을 서술하였다.

인물전기

둔몽자(鈍蒙子). 그의 삶에 대해 알려진 사실이 많지 않다.

이준규(李峻奎, 1852-1918). 고종 때 태의원(太醫院) 전의(典醫)로 관직은 여주(驪州) 군수에 이르렀고, 광제원(廣濟院) 제3대 원장을 지냈다. 왕명을 받고 《의방촬요醫方撮要》(〔151장〕 참고)라는 책을 저술하였다.[5]

5 이준규는 함경도 북청군 출생으로 의술이 뛰어나 어의로 천거되었다(김남일, 2011).

138. 구급신서 救急新書

필사본 20권 5책

[전존]

〈 필자 소장 〉

개요

지석영(池錫永)의 장서인(藏書印)을 통해 그의 소장서였음을 알 수 있다. 고금의 중국 의서〈 조선 의서도 드문드문 인용되었다 〉에서 인용하여 각종 병증 아래에 효과가 있는 약재를 싣고 그 사용법을 설명한 책으로, 정밀하고 정확하게 기술된 노작(勞作)이다. 저자를 지석영이라고 확신할 수 없으나 그럴 가능성이 크다.

139. 우두신설 牛痘新說

상 · 하 2편 1책

지석영(池錫永) 지음

[전존]

⟨ 필자 소장 ⟩

개요

고종 22년 을유1885 편찬되어 활자본으로 간행되었다. ⟨ 〔부도35〕 참조 ⟩

내용서지

◎ 《우두신설》 서문[1]

序

天之賦命於人，脩短固不齊，兒生而殤於痘者太半，醫或不能施其技，則君子有不命焉。納言池君未第時，得所謂牛痘法而試之，曰是可以有濟矣。庚辰夏，君從余使日本，訪醫師學焉，盡得其妙而歸，應手輒效，百無一失。其法昉自西土，東來未多年，人始疑之，久而信者日衆，計君之所全活，殆近萬數，施已博矣，而不自秘，彙刻其經驗源流，爲書以廣其傳，將見擧一世咸躋壽域，無復有夭札之患，其功又豈可量也。昔范文正有言，不得爲宰相，願爲良醫，君之心可謂仁矣。以視余，嘗冒其職，而不能澤一民者，不亦多乎哉，爲之序其書，以志余媿。

歲乙酉維夏，道園金宏集書。

서문

하늘이 사람에게 각기 생명을 부여하여 수명의 길고 짧음은 사람마다 진정 같지

1 원서에는 내용이 생략되어 있지만 역자가 추가하였다.

않은 법이다. 그러나 태어나서 두창(痘瘡)으로 죽는 아이가 태반인데 의원도 혹여나 의술을 펼칠 수 없었다면 군자는 이것을 하늘로부터 부여된 수명이 아니라고 할 것이다. 납언(納言)[2] 지석영 군은 과거에 급제하기 전에 우두법(牛痘法)을 배워서 써보고는 이것으로 사람들을 살릴 수 있다고 말한 적이 있다. 고종 17년 경진1880 여름에 그가 나를 따라 일본으로 사행을 갔을 때 일본의 의사를 찾아가 우두법을 배웠고 오묘한 방법을 다 깨친 후 돌아왔다. 그러고 나서는 그가 손 쓸 때마다 바로 효과를 보면서 백 번 중에 한 번의 실패도 없었다. 이 우두법은 서양에서 시작되어 동양에 전래된 지 몇 년 되지 않았다. 처음에는 사람들이 의심하였으나 시간이 지나고 믿는 이가 나날이 많아지면서 지 군이 살린 사람을 헤아려 보면 거의 만 명에 가까웠으니 우두법으로 이미 많은 사람을 치료하였다. 그런데도 그는 우두법을 숨기지 않고 그간의 경험과 우두법의 유래를 모아 판각한 후 책으로 만들어 널리 배포한다고 한다. 온 세상 사람이 다 함께 장수의 영역으로 올라가서 다시는 요절할 걱정이 없어질 광경을 앞으로 보게 될지니 그의 공적을 어찌 헤아릴 수 있겠는가. 옛날에 범 문정(范文正)[3]이 "재상이 될 수 없다면 훌륭한 의원이 되고자 한다."고 말했으니 지 군의 마음은 어질다고 할 만하다. 이 말로 나를 돌아보건대 나는 일찍부터 관직에 있었으나 한 명의 백성에게도 혜택을 주지 못한 적이 참으로 많지 않겠는가. 그를 위하여 책에 서문을 지으면서 나의 부끄러움을 적노라.

고종 22년 을유1885 4월. 도원(道園) 김굉집(金宏集) 쓰다.

◎ 《우두신설》 서문[4]

序

天地以生爲大德, 其或苗焉不秀者, 豈可專咎氣數, 特人爲未至天花之毒, 生靈久矣, 嬰兒蔓染, 十不二三全, 幸而得保, 或轉成奇疾, 困苦其終身, 歲計宇內生齒減以千萬億。自得牛痘, 人始知思患預防, 盖其法至簡, 其功至神, 其利至博, 剏於西而遍五洲, 人無有夭札, 惟我東僻矣謏聞, 賴有池松村納言, 宅心慈悲, 涉重溟尋

2 납언(納言) : 사헌부(司憲府)·사간원(司諫院)의 관원을 언관(言官)이라 하며, 이들이 임금에게 진언(進言)하는 것을 납언이라고 한다.

3 북송(北宋)의 정치가 범중엄(范仲淹)을 가리킨다. 그의 자는 희문(希文), 시호는 문정(文正)이다.

4 원서에는 내용이 생략되어 있지만 역자가 추가하였다.

師，盡得至簡至神至博之妙，歸而試之，自牛而人，以人而牛，靈應捷桴，厥施斯普。於是，國中人士，聞風請業者，日踵門，松村又矻矻不憚煩，叩其囊底而與之。今其傳甚博，心猶以爲未也，又裒輯諸家說，著成一書，行將刊布，一日袖視余，余曰，養生至延年益壽，治國至祈天永命，固一理也，松村旣廣其術，歲可活數十萬命，雖謂順天地之德，幹化育之功，未爲過也。吾子必不敢專有其福，盍歸諸我大君主，仰助萬億年祈永命之本乎。松村曰，諾，是吾志也。

歲乙酉季春晦，篔汀李道宰題。

서문

천지는 만물을 태어나게 하는 것을 중요한 덕목으로 삼는 법이니 더러 싹은 텄으나 꽃피우지 못하고 죽는 아이들에게 하늘의 운기가 어그러졌다고만 탓해서야 되겠는가. 특히 두창(痘瘡, 천연두)에 걸리기 전에는 오래 살 생명이었지만 갓난아이 때 두창에 걸리면 열에 두셋도 살지 못한다. 겨우 목숨을 건졌어도 간혹 기이한 병으로 변하여 죽을 때까지 고통받게 되니 한 해 동안만 헤아려도 우리나라에서 죽는 아이가 수만 명일 것이다. 우두법(牛痘法)을 도입한 후로 사람들은 비로소 두창의 예방법을 알게 되었다. 우두법은 방법이 매우 간단하지만 효과가 대단하고 이로움이 아주 크니 서양에서 시작되어 전 세계에 두루 알려진 후에는 두창으로 요절하는 사람이 없게 되었다. 오직 우리 동방은 구석에 있어 소식이 늦었으나 다행히 납언(納言)인 송촌(松村) 지석영이 자비로운 마음으로 바다를 건너 스승을 찾아가 매우 간단하지만 효과가 대단하고 이로움이 아주 큰 우두법을 모두 터득하였다. 돌아와서 시험해보니 소에서 사람으로 옮기든 사람에서 소로 옮기든 영험한 효과가 북채보다 빠르게 나타났고 그 방법이 널리 퍼졌다. 이렇게 되자 나라 안의 인물 중에 풍문을 듣고 배우기를 청하는 사람들이 매일 문 앞에 이어졌는데 송촌은 번거로워하지 않으면서 부지런히 모든 내용을 꺼내 전수해주었다. 지금 그가 직접 전해준 경우가 매우 많은데도 그는 마음에 오히려 부족하다 여겼기 때문에 여러 사람의 학설을 모아 하나의 책으로 만들어 간행한 후 배포하고자 하였다. 하루는 소매에서 책을 꺼내 나에게 보여주기에 내가 “생명을 잘 길러 오래 살도록 하는 것과 나라를 잘 다스려 국운이 영원하도록 하늘에 기원하는 것은 진실로 같은 이치이다. 송촌 그대는 이미 우두법을 널리 보급하여 한 해에 수십만 명의 목숨을 살렸으니 천지의 덕을 따르고 만물을 기르는 공적을 도왔다 말하더라도 지나치지 않을 것이다. 그대는 분명 혼자 그 복을 차지하지 않을 사람일 테니 어찌 우리 주상께 공을 돌려 천년만년토록 영원한 국운을 기원하실 수 있도록 도와드리지 않을 수 있겠는가.”

라고 하니 송촌은 "네. 그것이 저의 뜻입니다."라고 하였다.

을유년1885 3월 그믐. 운정(篔汀) 이도재(李道宰)가 서문을 쓰다.

◎ 《우두신설》 서문[5]

天之生斯民久矣，聖神代作，凡所以生成化育之功，靡法不備。然逮至中古，若嬰孩之被毒天花者，莫有能禦，往往十不全六七，其幸全而活也，至而瘢眼苔及肢體之廢委者居多，而當其險且變焉，華扁有難醫治，余嘗慨惜於此。

往在丙子，始得見牛痘一書，卽英醫古那氏之創於嘉慶丙辰者也。盖其法甚神，其功利甚博，環瀛萬國，殆無不遍，無一人被痘殤者，惟我一方，見聞褊謏，鮮能有究，噫，其爲風氣所囿，事有未及暢解而然歟。嗣後己卯，余到釜山港，學其法於戶塚積齋氏，歸而試之，應手輒驗，凡種數百，無一或誤，竊以爲幾傳其薪。

庚辰夏，道園金相公之奉使日本也，余又要明確乃術，執鞭東之，得交醫士菊池康庵氏，設心指教，無有秘隱，較諸疇昔所學，其微妙精深，尤逈見不侔矣。東還以後，手所種者，迨近萬數，而皆莫不影響焉。自以爲保嬰孩順經天花之一事，旣得其要領，思欲廣佈刊行，爰輯諸家說，爲上下二篇，上篇備述功效來歷，下篇叙所以接種禁忌之諸般方便，世之爲人父母者，孰不有是心，而其不惻隱於入井之孺子乎。覽此書者，幸不以誕妄置之，各體慈悲之念，疾苦不罹，同躋仁壽之域，長養得宜，則其所以生成化育者，上有聖明在焉，余不敢私有其功云爾。

旹乙酉孟夏浴佛日，幼幼堂居士太原池錫永序。

하늘이 백성을 낳고 시간이 오래 지날 동안 성인과 현인이 대대로 나타났으니 백성을 키우고 가르치려던 노력이 제도마다 구비되어 있지 않은 곳이 없었다. 그러나 중세에 이르러 어린아이들이 두창(痘瘡, 천연두)에 걸렸을 때는 막을 방법이 없어서 10명 가운데 6~7명도 살리지 못하는 경우가 종종 있었고, 다행히 목숨을 건져 살아났더라도 흉터가 남거나 눈이 멀거나 몸에 장애가 생기게 되는 경우가 대다수였다. 또한 증상이 심하고 급변하는 상황에 맞닥뜨리면 화타(華陀)나 편작(扁鵲)이라도 치료하기 어려울 정도였다. 나는 전부터 이런 상황을 안타까워했다.

그러다가 병자년1876에 처음으로 우두법(牛痘法)에 관한 책 하나를 보았는데

5 원서에는 일부 내용만 있지만 역자가 보충하여 실었다.

영국의 의사 제너(Jenner, 古那) 씨가 가경(嘉慶) 병진년1796에 지은 것이었다. 우두법은 방식이 매우 신기하고 효과나 이로움이 매우 좋아서 세계 모든 나라에 퍼지지 않은 곳이 거의 없었고 그로 인해 한 사람도 두창으로 죽는 경우가 없게 되었으나 오직 우리나라만 소식이 늦어 배울 기회가 드물었다. 아, 관습에 얽매여 종두법을 납득하지 못해서 그런 것인가. 그 후 기묘년1879에 내가 부산항에 도착하여 도즈카 세키사이(戶塚積齋) 씨에게 우두법을 배우고 나서 돌아와 시험해보니 손을 쓰는 대로 바로 효과가 있었다. 수백 명에게 접종하면서 한 명도 잘못된 적이 없자 이 방법을 사람들에게 전하자고 가만히 마음먹었다.

경진년1880 여름, 도원(道園) 김 상공(相公, 김굉집金宏集)께서 왕명을 받아 일본으로 사행을 가실 때 나는 또 한 번 이 종두법을 확실하게 배우려고 고삐를 잡고 동쪽으로 떠났다. 일본에서 의사 키쿠치 코오안(菊池康庵) 씨와 교류할 때 그는 신경 써서 가르쳐 주면서 하나도 숨기지 않았으니 지난번 배웠던 우두법과 비교하면 오묘함과 정교함이 더욱 뛰어났다. 일본에서 돌아온 뒤에 직접 접종한 이가 거의 만 명에 이르렀으나 모두 효과를 보았다. 그때부터 갓난아이를 살리기 위해 두창을 순탄하게 겪도록 하는 일 하나만큼은 이미 요령을 터득했다고 여겼다. 책으로 널리 간행하고자 생각하고 나서 여러 학설을 모아 상·하 두 편으로 만들었으니 상편에는 우두법의 효과와 유래를 적었고 하편에는 접종법과 금기 등 여러 가지 방법을 기술하였다. 세상에서 부모 된 사람이라면 누군들 이러한 마음을 가지지 않을 것이며 또 누군들 우물에 빠지려는 어린아이를 측은히 여기지 않겠는가. 이 책을 보는 이들이 다행히 거짓말이라고 여기지 않는다면 각자 자비로운 마음을 실천하여 고통스러운 질병에 걸리지 않게 될 것이고 다 함께 장수의 영역으로 올라가 아이들을 잘 키울 수 있을 것이다. 백성들이 이렇게 잘 살 수 있는 것은 주상전하의 명철함 덕분이니 나는 감히 그 공적을 가지려고 하지 않겠노라.

을유년1885 4월 8일. 유유당거사(幼幼堂居士) 태원(太原) 지석영(池錫永)이 서문을 쓰다.

본문내용

상편에는 우두의 내력을 서술하고, 하편에는 우두 접종법, 두묘(痘苗) 제조법과 축장법(蓄藏法) 등을 기재하였다. 그 목차는 다음과 같다.

◎ 《우두신설》 목차

上篇 : 牛痘考(英國醫士德貞), 牛痘續稿(同人), 種痘論(英國醫士合信氏), 論牛痘來歷(見《萬國公報》), 引痘新書序, 增補牛痘三要序

下篇 : 小兒接種法, 眞痘, 假痘, 種痘時宜辨, 種痘中禁忌, 出痘後須知, 小兒痘漿採取法, 痘苗製造及蓄藏法, 採痘痂收藏法, 犢牛種痘及經過, 犢牛採漿法, 犢牛飼養法, 方藥。〔附圖〕繫牛床圖, 器具類圖。附牛痘行(家兄雪峰氏所著)

인물전기

지석영(池錫永, 1855－1935). 자는 공윤(公胤), 호는 송촌(松村), 본관은 대원(大原)〈충주(忠州)〉이다. 한양에 살았다. 철종 6년을묘1855 5월 15일에 태어났다. 고종 16년기묘1879 25세 때 부산으로 가서 일본이 세운 제생원(濟生院)에서 도즈카 세키사이(戶塚積齋)로부터 우두법(牛痘法)을 배우고 이를 시험하였다. 이듬해 김굉집(金宏集)[6]이 일본 도쿄(東京)에 수신사(修信使)로 갔을 때[7] 그의 수행원으로 도쿄에 가서 다시 키쿠치 코오안(菊池康庵)에게 실제 지도를 받았다. 그런 뒤 돌아와 많은 사람에게 우두법을 시술하였다. 이리하여 고종 22년을유1885 그의 나이 31세 때 《우두신설》을 저술하고 400부를 간행하여 지인들에게 배포하였다. 이것이 조선에서 우두법 보급의 실마리가 된 일이다. 그는 고종 21년갑신1884 30세의 나이로 문과에 급제하였고 이후 발탁되어 동래부사에 이르렀으나 건양 1년병신1896 42세 때 김홍집의 참살에 연루되어 황해도 풍천(豊川)에 유배되었다. 그러나 얼마 후 서울로 돌아와 광무 3년기해1899 45세 때 의학교 설립을 건의하고 그 교장에 임명되었으며, 서양의학 교육에 종사하고 종두 보급에도 힘을 다했다. 후에 대한의원부속의학교(大韓醫院附屬醫學校)의 학관(學官)을 지냈다. 국권피탈 후에는 관직에서 물러나 저술에 힘썼다〈《자전석요字典釋要》라는 명저가 있다〉. 쇼와(昭和) 10년을해1935 2월 1일 81세의 나이로 세상을 떠났다. 조선의 제너(Jenner)로서 만인에게 존경받았다.

6 김굉집(金宏集) : 김홍집(金弘集)의 초명(初名)이다.

7 2차 수신사를 가리킨다. 수신사는 고종 13년(병자1876) 조일수호조규(朝日修好條規) 체결 이후 조선에서 일본에 파견한 외교사절단이다.

고찰

〔115장〕《시종통편時種通編》의 '고찰'에서 서술한 바와 같이 조선에는 사람에서 사람으로 전하는 인두종법(人痘種法)이 이미 시행되고 있었다. 그러나 이것은 불완전하고 부작용이 적지 않아 널리 유포되지 못하였다. 이 책의 출현은 조선 민족을 두창의 재앙으로부터 구한 획기적인 사건일 뿐 아니라 옛 폐단을 고수하던 조선에서 근대 서양 의학의 발달을 촉진하게 한 동기가 되었다(《조선의학사》 활인본 pp.260-265 참조).

140. 제영신편 濟嬰新編

상·하 2권 1책

이재하(李在夏) 등 편찬

[전존]

(필자 소장)

개요

고종 26년 기축1889 영영(嶺營, 대구) 우두국(牛痘局) 간행, 목활자본.

내용서지

◎《제영신편》 서문[1]

序

天生蒸民, 以生爲大, 然天有五運六氣, 人有五臟六腑。於是乎入之虞, 由運由氣感發, 而最關者, 嬰孩之因時令, 由五臟而毒發, 爲天花癘也。幸得時穩, 十全八九, 不得時穩, 十不全三, 以是之故, 四部之民, 殤之者多, 憫之者衆矣, 何幸聖上之德, 彌於寰宇, 靈方保幼之書, 自西以來, 保嬰兒躋壽域, 蓋亦有年。

歲在己丑, 友人錦石, 以南州敎授, 裁濟嬰一書, 示予訂之, 余見其書, 神且簡焉, 誠補世壽民之良方也。考諸衆方, 而誕付愚意, 以之訂焉, 其於慈念普濟, 萬一少補云爾。

是歲五月下澣, 晉陽姜海遠書。

서문

하늘은 백성을 낳으셨으니 만물을 살리는 것을 대덕(大德)으로 삼는다. 그리하

---

1 원서에는 내용이 생략되어 있지만 역자가 추가하였다.

여 하늘에는 오운육기(五運六氣)가 있고 사람에게는 하늘을 본받아 오장육부(五臟六腑)가 있다. 그래서 걱정이 되는 점은 오운이나 육기에 감응하여 병이 발생하는 일인데, 그중에 가장 관련이 깊은 병은 갓난아이가 이상한 기후 때문에 오장으로부터 독기(毒氣)가 발작하여 생기는 두창(痘瘡, 천연두)이다. 다행히 기후가 평온하면 10명 중 8~9명이 낫지만 평온하지 않으면 3명도 낫기 어렵다. 이런 이유로 팔도의 백성 중에 아이를 잃는 일이 많아지고 이를 괴로워하는 이도 많아졌지만 성상의 덕행이 온 나라에 두루 미치고 신효한 방법으로 아이를 치료하는 의서가 서양에서 전해짐으로써 아이들을 살리고 장수의 영역으로 함께 올라갈 수 있게 된 지 몇 년이 되었으니 얼마나 다행인가.

기축년1889에 친구 금석(錦石, 이재하)이 남쪽 고을에서 의학교수를 할 적에 《제영신편》을 만들어 나에게 보여주며 교정을 부탁했다. 내가 그 책을 보니 신기하면서도 간단할 뿐인데도 참으로 세상에 보탬이 되고 사람을 장수케 하는 훌륭한 방법이었다. 여러 책을 검토하고 내 생각을 쓸데없이 덧붙여 교정하였으니 자비로운 마음으로 널리 구제하는 일에 조금이나마 도움이 될 것이다.

기축년1889 5월 하순. 진양(晉陽) 강해원(姜海遠) 쓰다.

◎ 《제영신편》 서문[2]

夫仁者施其術, 智者著其功。噫, 彼衆生參乎三才, 而其或脩短有殊, 罹乎二竪, 免者幾希, 况是天花癘毒, 犯渗嬰孩, 尤所危險, 則仁術難施, 智功莫著矣。際此聖朝, 交涉歐洲, 各通其利, 蓋此牛痘一方, 其來有年, 施牛傳人, 應手輒效, 豈不神妙哉。

是歲春, 余與同志錦石來, 設公局於嶠南, 而錦石以鍊達之才, 欲廣功術, 蒐輯諸說, 鋟梓一編, 其書審簡, 其理精密, 乃聚諸生, 或口傳而心授, 或耳竊而目剽, 上體菁莪化育之盛德, 下制霜薤揶揄之造戲, 益壽延年, 非敢自有, 而養孩保嬰, 庶乎萬一, 畧付謏見, 以俟後之仁智者。

歲己丑季夏上浣, 晉山姜永老春松序。

어진 이는 직접 의술을 베풀고, 지혜로운 이는 연구한 것을 기록하는 법이다. 아, 사람은 삼재(三才) 가운데 하나이나 수명이 각각 다르며 병에 걸리지 않는

2 원서에는 내용이 생략되어 있지만 역자가 추가하였다.

경우가 거의 없다. 게다가 이 두창(痘瘡, 천연두)은 갓난아이에게 해롭기 때문에 더욱 위험하니 어진이라도 의술을 베풀기 어렵고 지혜로운 이라도 연구한 것을 기록하기 어렵다. 이런 때에 우리 성상께서는 서구와 교류하여 각 분야마다 이로움을 받아들이셨다. 그중에 이 우두법은 전래된 지 여러 해가 되었다. 우두(牛痘)를 사람에게 옮기면 손길이 닿을 때마다 곧 효과가 나타나니 어찌 신기하지 않겠는가.

올해1889 봄에 나는 친구 금석(錦石, 이재하)과 경상도에 와서 우두국(牛痘局)을 세웠다. 금석은 숙련된 재주로 우두법을 널리 보급하고자 여러 학설을 모아 책 하나를 간행하였으니 내용은 간결하고 이론은 정밀하였다. 그러고 나서 사람들을 모집하자 누구는 입으로 말하면서 마음으로 전수하고 누구는 귀로 동냥하면서 눈으로 익혀왔다. 위로는 인재를 기르시는 주상의 크신 덕행을 본받고 아래로는 모멸 찬 야유와 조롱을 참아왔으니 사람들을 장수케 하는 일까지는 감히 자부하지 못하겠지만 어린 아이들을 기르고 보호하는 일에는 조금이나마 도움이 될 것이다. 나의 보잘것없는 의견을 덧붙이니 훗날의 어진 이와 지혜로운 이를 기다리노라.

기축년1889 6월 상순. 진산(晉山) 사람 춘송(春松) 강영로(姜永老)가 서문을 쓰다.

◎ 《제영신편》 서문[3]

古語曰, 寧醫十丈夫, 難醫一婦人, 寧醫十婦人, 難醫一小兒, 蓋小兒不能言, 醫家謂之啞科, 雖然嬰兒無七情六慾之傷, 而所祟者不過是天行運氣, 感而爲痘疹也, 則此難醫而亦易醫也。痘疹, 嬰兒之所不能免者耳, 若付之庸醫, 專昧虛實, 襍試陳腐, 則骨格未堅, 腸胃甚脆, 雖欲不受傷, 其可得乎。是以以痘疹而枉夭命者, 十居八九, 究竟辭窮技盡, 則乃歸之於命。吁, 亦可哀而可笑也已, 所謂不死于病而死于醫者非耶。

在昔乙亥, 余遊於涓舘, 得與桂得河訂交, 斯人也, 淹識博愛者也, 每爲我言英國良醫仁愛德華之牛痘法, 聞之灑然, 如瞽能視而聵能聽。嗣後池錫永學得於日人, 崔昌鎭學得於華人, 皆此法也。余雖無似, 亦存心濟物, 遂以此法, 先施畿湖, 隨手而應, 捷於影響, 賴而活者, 殆近萬數, 無一枉命, 痛醫[4]所謂命也者, 是乎否乎。姜

3 원서에는 일부 내용만 있지만 역자가 보충하여 실었다.

永老、姜海遠、趙寅夏，同學同志也，相與設局於嶠南，圖所以廣布一世，遂招致諸生，蒐集群說，滙繁撮要，作爲二編，前人經驗之方，今日施用之法，覽之者可以領會也。孔子曰，父母惟其疾之憂，老子曰，慈故能勇，憂則其心也切，勇則其力也果，普天下爲人父母者，自當不待勸，而猶送後於人也。

歲己丑六月上浣，白夏李在夏書。

옛말에 "10명의 성인 남자를 치료하는 것보다 1명의 부인을 치료하기 어렵고, 10명의 부인을 치료하는 것보다 1명의 어린아이를 치료하기 어렵다."고 하였으니 아마도 어린아이는 말을 하지 못하기 때문일 것이다. 그래서 의원들이 말 못 하는 아과(啞科)라고 부르지 않았던가. 그렇지만 갓난아이는 감정이나 욕심 때문에 손상되는 경우가 없고 병에 걸리는 원인이란 하늘의 운기(運氣) 정도에 불과하니 그것에 감응하여 두창(痘瘡, 천연두)이 되는 것이다. 이것이 갓난아이의 병이 치료하기 어렵기도 하고 한편으로 치료하기 쉽기도 한 까닭이다. 두창은 갓난아이가 피할 수 없는 병이다. 만약 실력 없는 의원에게 맡기면 오로지 증상의 허실만 따져 진부한 처방을 이것저것 사용한다. 그렇게 되면 아직 골격이 단단하지 않고 오장이 매우 연약한 갓난아이에게 손상을 주지 않으려 해도 그게 가능하겠는가. 이 때문에 두창으로 천수를 누리지 못하게 되는 경우가 십중팔구이니 결국 의원이 핑계도 떨어지고 치료법도 바닥나면 그때는 운명으로 탓을 돌리게 된다. 아, 애통한 일이며 어이없는 일이니 이른바 병으로 죽지 않고 의원에게 죽는다고 하는 것 아니겠는가.

내가 예전 을해년1875에 패관(浿舘, 평양)에 갔을 때 계득하(桂得河)와 교우를 맺었다. 그는 사람됨이 박식하고 인자하여 매번 나를 위해 영국의 명의인 에드워드 제너(Edward Jenner, 仁愛德華)의 우두법(牛痘法)에 대해 말하곤 했는데 그 말을 듣고 나자 개운해져서 마치 장님이 눈을 뜨고 귀머거리가 소리를 듣는 것 같았다. 그 후 지석영(池錫永)이 일본인에게 배우고 최창진(崔昌鎭)이 중국인에게 배운 것이 모두 이 우두법이었다. 나는 비록 이들보다 재주가 없지만 사람들을 구제하는 데 뜻을 두고는 마침내 이 우두법을 기호 지방에 먼저 시행해 보았더니 손길이 미칠 때마다 나타나는 효과가 그림자나 소리보다도 빨랐다. 이 방법으로 살린 사람이 거의 만 명에 달하였고 한 명도 죽는 이가 없었으니 실력 없는 의원들이 운명이라고 하는 게 맞겠는가 틀리겠는가. 강영로(姜永老)·강해원(姜海遠)·조연하(趙寅夏)는 같이 공부하고 뜻을 함께한 이들이니 공동으로 경상도에 우두국(牛痘局)을 설립하여 온 세상에 널리 보급하고자 계획하였다. 마침내 여러 사람을 불러 모으고 각 학설을 수집한 다음 번잡한 내용을 제거하고 요점을 추려 두 편으로 책을 만들었다. 이전 사람이 경험한 방법과 지금 사용하는 방법을 함께 실었으니 독자들이 충분히 깨우칠 수 있을 것이다. 공자께서는 "부모는 오직 자식이 병들까 근심한다."고 하셨고, 노자께서는 "자식을 아끼기 때문에 용감할 수 있다."고 하였으니 근심한다는 말은 부모의 마음이 간절하다는 의미이고, 용감할 수 있다는 말은 부모의 노력이 필연이란 의미이다. 온 천하에 부모 된 사람이라면 당연히 권유를 기다리지 않더라도 자식이 다른 사람보다 오래 살기를 바랄 것이다.

기축년1889 6월 상순. 백하(白夏) 이재하(李在夏)가 쓰다.

본문내용

지석영(池錫永)의 《우두신설牛痘新說》(〔139장〕 참고)과 대략 같은 내용으로 군데군데 문장이 바뀐 부분이 보일 뿐 《우두신설》의 모작(模作)이다.

인물전기

이재하(李在夏, 생몰 미상). 호는 금석(錦石), 본관은 백하(白夏)이다. 강영로(姜永老)·강해원(姜海遠) 등과 도모하여 교남(嶠南, 대구)에 우두국(牛痘局)을 설치하고 《우두신설牛痘新說》을 바탕으로 이 책을 편찬하여 우두법 보급에 힘을 기울였다.

---

4 원문에는 '痛醫'로 되어 있으나 문맥상 '庸醫'로 보고 번역하였다.

141. 부녀필지 婦女必知 부녀빌지

순한글 1책

[전존]

(마에마 교오사쿠(前間恭作) 소장)

개요

고종 28년 신묘1891 편찬되었다.

형태서지

1책. **❙판식版式❙** 필사본, 무계, 9행 약 20자, 순한글. **❙지수紙數❙** 총 19매. **❙인기印記❙** 책 첫머리에 "漱美齋私記"(원형)가 있다.

내용서지

책 말미 아랫부분에 발문(跋文)이 있다.[1]

◎ 《부녀필지》 발문

> 아이를 낳기도 전에 나 자신이 늙었으니 후사가 늦어져 구사의 방법을 들은 대로 적어 두었지만 아이를 낳은 뒤에는 다시 마음을 두지 않았었다. 최근에 《산림경제山林經濟》를 보았더니 구사(求嗣)의 방법이 자세하게 기록되어 있었다. 자식을

1 이해를 돕기 위해 해당 내용의 위치를 원서와 다르게 조정하였다.

낳을 젊은 부녀자가 반드시 알아야 하는 절실한 구절을 뽑아 베껴 신부에게 주노라. 신묘1891 납월

본문내용

《임산주의서臨産注意書》〈〔127장〕 참고〉와 유사한 책으로 육아법을 다루었다. 권두제(卷頭題) 아래에 한글로 "부녀자가 마땅히 알아 두어야 할 일이니"라는 할주(割注)가 붙어 있다. 목차는 다음과 같다.

◎ 《부녀필지》 목차

태아를 남아로 하는 법, 남녀태를 아는 법, 태중금기, 매월태살유방, 매일태살유방, 실중매일귀신유방, 음식금기, 태중조리, 임산보호, 유모를 구하고 산모의 젖을 제거하는 법, 젖이 나오게 하는 기도법, 육아법, 산후해독법, 산아목욕, 산모선택법, 젖 먹이는 법, 소아보호법, 육아총론, 소아 머리 자르는 길일, 젖 떼는 날 등

이상의 내용은 《증보산림경제增補山林經濟》〈제3부 〔038장〕 참조〉〈구사求嗣〉의 내용과 대동소이하다. 따라서 《부녀필지》는 이 내용을 한글로 번역한 책으로 보인다.

142. 사의경험방 四醫經驗方 수진본袖珍本 1책

[전존]

〈 행림서원(杏林書院) 소장 〉

개요

4명의 의원〔四醫〕은 이석간(李碩幹) · 채득기(蔡得己) · 박렴(朴濂) · 허임(許任)으로, 대형본(大型本) 《사의경험방》〈〔074장〕 참고〉을 베껴 간편하게 만든 책이다. 그러나 대형본에 있는 〈본초물명本草物名〉은 없다.

형태서지

조선 말기 판본. 1권 1책. **|판식版式|** 수진본, 목판본, 세로 16.5 × 가로 10.5㎝, 반곽 12.5 × 8.5㎝, 14행 24자 **|지수紙數|** 37매.

143. 박시양방 博施良方

1책

[전존]

〈 필자 소장 〉

개요

지은이를 알 수 없다. 50～60년 전에 간행된 듯하다.

형태서지

| 판식版式 | 활자본〈 소자 〉, 반곽 세로 18.5 × 가로 12.0㎝, 13행 24자 **| 지수紙數 |** 6매.

본문내용

민간에서 만들어진 작은 의서이다. 목차는 대략 다음과 같다.

◎ 《박시양방》 목차

救五絶(自溢・溺死・凍死・壓死・中惡死), 安胎催生藥方, 異傳不出天花經驗奇方, 經驗瘧疾奇方, 續附經驗救急良方, 萬金不傳遇仙丹專治胎前難産方, 誤傷救急, 一切中毒救急良方, 預防痰病要訣

144. 금주불환방 金珠不換方

절첩본(折帖本) 1책

[전존]

〈 필자 소장 〉

개요

손에 들어가는 작은 절첩본(折帖本) 1책이다. 간행 연도는 알 수 없으나 40~50년 전에 간행된 것 같다.

형태서지

|판식版式| 목판본, 세로 10.5×가로 5.5㎝, 반곽 약 9×5.5㎝, 7행 20자, 두꺼운 한지에 앞뒤로 인쇄되었다. **|지수紙數|** 60면 〈 판엽(版葉)을 1면(面)으로 했을 때 〉.

본문내용

민간에서 사용할 수 있는 간단한 구급 치료법과 가정 내 일상에서 알고 있어야 할 것을 기재하였다. 여행 같은 때에 휴대하기 편리하게 되어 있다.

◎ 《금주불환방》 목차[1]

十件危病救急方(霍亂、咽喉閉塞、吐血下血、中砒礵毒、尸厥、中惡、脫陽、鬼魘、橫逆産、胎衣不下), 卒中風救急, 治中暑, 治中寒, 鬱冒卒死, 救溺水死, 救凍死, 救餓死, 入

1 원서에는 존재하지 않지만 역자가 추가하였다.

井塚卒死, 湯火傷, 金刃傷, 砲矢傷, 攧撲墮壓傷, 骨折筋斷傷, 耳鼻舌傷斷, 熊虎咬傷, 馬驢騾咬踢傷, 牛傷, 犬咬傷, 蛇咬傷, 蜈蚣咬傷, 蜂叮傷, 簽刺傷, 解諸中毒, 菌毒, 河豚毒, 諸獸肉毒, 諸禽肉毒, 魚蟹毒, 燒酒毒, 豆腐毒, 杏仁毒, 塩滷毒, 烟熏毒, 癰疽灸熨法, 拔疔法, 脣舌腫, 辟瘟疫法, 辟鬼法, 驗胎法, 辨男女法, 轉女爲男法, 小兒延生第一方, 誤呑諸物, 誤呑諸虫, 治匙着口中, 治諸骨鯁在咽, 治諸物入目, 食忌, 妊娠禁忌, 令夫婦相愛, 去妬方, 止小兒哭方, 通神辟邪方, 服松葉方, 山行不飢方, 諸物救荒法, 左元放救荒法, 閣皀山僧救荒法, 百日不飢法, 遠行不飢法, 斗穀活周年法, 終身不飢法, 嚥津法, 辟寒法, 視物如鷹鶻, 行如奔馬, 取水火法, 穿井得泉法, 辟虎狼, 辟蛇, 禁蛙鳴, 辟鼠, 辟蚤虱, 辟蚊蠅, 辟蠹, 治墨汚衣, 治油汚衣, 治漆汚衣, 油燈耐久法, 軟玉石及銅法, 粘磁器方, 粘瓦石方, 種魚法, 樹多果法, 生果收藏法, 曲樹令直法, 一日酒法, 救酸酒法, 千里醋法, 諸物合醬法

145. 잡방집성 雜方集成 가제假題

1책

찬자 미상

[전존]

〈이인영(李仁榮) 씨 소장?〉

개요

앞 뒤 여러 쪽이 떨어져 나가서 서명을 알 수 없다. 간행 연도 미상.

형태서지

| 판식版式 | 목판본, 반곽 세로 9.3×가로 4.8㎝, 사주단변, 무계, 7행 15~16자〈균일하지 않음〉. **| 판심版心 |** 상하어미, 장차(張次)만 적혀 있다. **| 지수紙數 |** 현존 22매.

본문내용

내종(內腫)에서 설부증(舌腐症)까지 78가지 병증에 대한 치료 처방을 기록하였다. 다만 설명은 모두 한글로 되어 있다.

146. 동의수세보원 東醫壽世保元

4권 2책

이제마(李濟馬) 지음

[전존]

(필자 소장)

개요

고종 31년갑오1894 저술되어 광무 5년신축1901 함흥(咸興)에서 신간되었다. 그 뒤 현대 활판으로 여러 차례 간행되었다. (〔부도36〕 참조)

형태서지

4권 2책. **판식版式** 목활자본.

간기(刊記) "大韓光武五年辛丑六月, 咸興郡栗洞契新刊"

내용서지

◎ 《동의수세보원》 신축본 서문[1] (제4판 소재)[2]

觀夫天地人理, 惟一生氣之化機, 而謂其養生之化源曰元也, 謂其立德而保元者曰

1 원서에는 일부 내용만 있지만 역자가 보충하여 실었다.

2 원서에서는 "제3판"이라고 하였으나 수정하였다. 《동의수세보원》은 1945년 해방 이전까지 모두 7차례 간행된 것으로 알려져 있다. 1901년(초간본), 1911년(재간본), 1913년(3판본), 1914년(4판본), 1921년(5판본), 1936년(6판본), 1941년(7판본)이 그것이다. 이를 기준으로 하였을 때 서문은 4판본부터 보인다.

道也，合而名之曰太極，分而名之曰三極，太極生兩儀，兩儀生四象，三極大同之理氣也。所以天行四時，地定四方，人殊四象，而各有消長盈虛之理，化成應變萬殊之氣，究其保養生性之道德，則唯一之元，故謂之萬殊一理也。是以兩儀三極四象五行之性雖殊，而其養生一元之理則一也。以其用之所分性理而論，則四象之人心，從殊喜怒哀樂四偏之感情，竟爲五行之賊，故臟腑之病根所殊也。以其體之所合生元而論，則一理之太極，專係保養優劣二道之修功，終成三極之級，故氣形之治法大同也。

人能誠正中和其性情，則無論四象之人，而不啻無病，乃亨壽福富貴，而名與天齊，故謂其心曰心天，而心神曰天君也，聖人立極之道德，所以謂治心之良醫也。不能誠正中和其性情者，其四偏所感之百病，莫不本乎四象，而竟致六極之禍。然病人，則旣昧治病大要是治心之道，而治病之醫，則又不知病本乎四象，故釀成古今天下之慘禍，而無不束手，歸咎於命，此乃東武李公濟馬氏之所深憂懼，而著此書之大旨也。

噫，十三經傳之聖賢道德，非不嵬嵬，而終難救其不能治心者之病矣。上自炎軒，下至壽三世，醫藥之道與術，非不高明，而至於四象人，病之不可以一方通治者，明矣，豈非古今聖賢之所遺憾者哉。槪東醫壽世保元之書，則其立言雖簡，而治心治病之大要，兼以易知，則究其功澤于世者，豈止於十三經及炎軒三世之書而已哉。先生以聖智之姿，生於東國季世，而老竟不遇，不能行聖人之大道，故其公世之功澤，雖止于此書，而若使天下之人人，一遵此訓，則亦可以立，將來人極于萬億年，而永享无量大康福矣。讀此書者，愼莫但謂東醫之術書，而錯認先生是眞治病之東醫，精究大康之道于書中，則可覺天國不在於別處矣。

先生沒於舊韓光武四年庚子，而其翌歲門人諸氏，爲明先生公世之明德，而始刊此書，間復重版，而永讀者益衆，則是書之將普及于環球，不俟智者而可測。

挽近京城小安洞普及書館主金容俊氏，素以婆心，深慨此書之不能多刊，而不能廣先生之功澤，不顧刊費之浩大，而旣始刊，後謂余嘗受薰陶之澤於先生之門，而要余檢正及序其事，余以何人，徒處蔑學，而敢辭哉。非不知筆之僭妄，而爲述先生之遺志耳，惟希僉君子之厚恕焉。

大正三年上元月 日，誠堂韓教淵序。

하늘과 땅과 사람의 원리〔理〕를 살펴보건대 단지 하나의 생기(生氣)가 변화한 기틀일 뿐이니, 기르고 살리는 변화의 원천을 일러서 '근원〔元〕'이라고 하고, 덕(德)을 세우고 근원〔元〕을 보전하는 것을 일러서 '도리〔道〕'라고 한다. 천지인을 합해서 부를 때는 '태극(太極)'이라고 하며, 나누어 부를 때는 '삼극(三極)'이라고 한다. 태극에서 음양이 나오고 음양에서 사상(四象)이 나오는 현상은 천지인 공통의 원리〔理〕이며 작용〔氣〕이다. 그래서 하늘에는 사계절이 운행되고 땅에는 동서남북이 정해져 있으며 사람에게는 사상인(四象人)의 차이가 있어 각기 사그라들었다가 자라나고 가득 찼다가 텅 비는 원리〔理〕가 있고 변화에 따라 변모하는 무수히 다른 작용〔氣〕이 있다. 하지만 생명과 본성을 기르는 도리를 연구해보면 오직 하나의 근원〔元〕일 뿐이므로 만 가지 다른 현상도 하나의 이치라는 뜻의 '만수일리(萬殊一理)'라고 일컫는 것이다. 그래서 음양·삼극·사상·오행의 특성이 다르더라도 하나의 근원〔元〕를 기른다는 원리는 모두 같다. 근원〔元〕의 작용〔用〕이 나뉘어 나타난 본성〔性理〕이라는 점에서 논한다면 사상인의 마음은 서로 다른 희노애락의 4가지 치우친 감정을 좇아 결국 오행(五行)을 손상하는 원인이 되기 때문에 오장별로 병의 뿌리가 다르게 된다. 근원〔元〕의 본체〔體〕가 합쳐져 나타나는 원기〔生元〕라는 점에서 논한다면 하나의 원리인 태극은 우세하면 보전하고 열등하면 길러주는 2가지 이치에 대한 노력에만 오로지 메어있으나 결국 천지인 삼극의 차이를 만들어내므로 기질이나 형체를 다스리는 방법은 대체로 동일한 것이다.

사람이 그의 본성〔性〕과 감정〔情〕을 올바르면서 조화롭게 유지할 수 있다면 사상인을 논하지 않더라도 병이 없을 뿐만 아니라 결국 부귀와 장수를 누리면서 명성이 하늘과 같아질 것이다. 그러므로 사람의 마음을 '하늘 같은 마음〔心天〕'이라고 부르고 마음속 신령을 '하늘의 군주〔天君〕'라고 부르며, 성인께서 완전하게 이룩하신 도덕을 가리켜 마음을 다스리는 훌륭한 의원이라고 말하는 것이다. 본성과 감정을 올바르면서 조화롭게 유지하지 못하는 사람은 희노애락에 치우친 감정으로 모든 병이 생겨나는 법이니 사상인의 차이에 따라 결국 육기(六氣)의 침범을 받게 되지 않는 경우가 없다. 그러나 환자들은 치료의 요점이 바로 마음을 다스리는 방법에 달려 있다는 사실을 잘 모르고, 병을 치료하는 의원 역시 병이 사상인에 뿌리를 두고 있다는 사실을 모르기 때문에 예나 지금이나 온 세상의 참혹한 화를 자아내고 있으면서 속수무책인 채로 운명을 탓하고 있다. 이것이 바로 동무 이제마 공께서 깊이 걱정하고 두려워하는 문제였으며 이 책을 지은 중요한 이유이다.

아, 13가지 경전에서 전한 성현의 도덕은 위대하지 않은 말이 없으나 마음을 다스리지 못하는 사람의 병을 구제하기는 끝내 어려울 것이다. 위로는 염제와 헌원부터 아래로는 하·은·주 삼대에 이르기까지 의약의 이치와 치료법이 고명하지 못한 것은 아니었으나 사상인에 대해서는 같은 병증에 대해 하나의 처방을 통용할 수 없다는 것이 분명하니 어찌 고금의 성현들께서 아쉬움을 남긴 점이 아니겠는가. 《동의수세보원》은 그 논리가 비록 간단하지만 마음을 치료하고 병을 치료하는 핵심 원리를 모두 쉽게 알도록 만들었으니 세상에 미치는 은택을 따져보면 어찌 13가지 경전이나 염제·헌원 시대부터 삼대에 쓰인 책에 그칠 따름이겠는가. 선생께서는 성현의 자질을 가지고 조선 말엽에 태어나셨으나 노년까지도 결국 관직에 오르지 못하셔서 성인의 위대한 도덕을 세상에 펼 수 없으셨다. 그러므로 세상에 기여한 공적이 비록 이 책에 그치지만 만약에 온 세상 사람마다 한결되게 이 가르침을 실천하게 만든다면 이 또한 성인의 위대한 도덕을 수립하는 것이니 후대 사람들이 만억 년 동안 기준으로 삼아 한없이 건강한 복을 영원토록 누릴 수 있을 것이다. 이 글을 읽는 사람은 부디 이 책을 조선의 의서라고만 말하거나 선생을 그저 병을 잘 치료하던 조선의 의원이라고 착각하지 말아야 한다. 이 책에서 건강한 복을 누리는 방법을 꼼꼼하게 연구한다면 천국이 다른 곳에 있지 않다는 사실을 깨달을 수 있을 것이다.

선생께서 구한말 광무 4년 경자1900에 돌아가시고 나서 그다음 해에 제자들 여러 명이 선생께서 세상에 남긴 밝은 덕행을 밝히기 위하여 처음 이 책을 간행하였고 사이사이에 여러 번 다시 간행하면서 이 책을 오래도록 읽겠다는 사람이 더욱 많아졌으니 이 책이 앞으로 온 세상에 보급되리라는 것은 현자를 기다리지 않고서도 예측할 수 있다.

근래에 경성 소안동(小安洞)에 있는 보급서관(普及書館) 사장 김용준(金容俊) 씨는 평소에 노파심으로 이 책이 많이 출판되지 못하여 선생의 공적을 널리 퍼뜨릴 수 없다는 점을 깊이 안타까워하다가 많은 비용을 생각하지 않고서 출간 작업을 시작한 후 나더러 예전에 선생의 문하에서 직접 배웠으니 내가 원고를 교정하고 일의 전말에 대한 서문을 써달라고 하였다. 내가 얼마나 대단한 사람이라고 그저 보잘것없는 수준에 머무르는 주제에 감히 사양하겠는가. 내가 글을 쓴다는 게 주제넘은 일이라는 것을 모르지 않지만 선생께서 남긴 기록을 계승하고자 할 뿐이니 그저 여러 군자께서는 너그럽게 용서해주시기 바란다.

다이쇼(大正) 3년 갑인1914 정월 대보름. 성당(誠堂) 한교연(韓敎淵) 쓰다.

◎ 《동의수세보원》 갑오본 발문

此書，自癸巳七月十三日始作，晝思夜度，無頃刻休息，至于翌年甲午四月十三日，少陰少陽人論，則略得詳備，太陰太陽人論，則僅成簡約，盖經驗未遍，而精力已憊故也。記曰，開而不達則思，若太陰太陽人，思而得之，則亦何損乎簡約哉。

萬室之邑，一人陶，則器不足也，百家之村，一人醫，則活人不足也，必廣明醫學，家家知醫，人人知病，然後可以壽世保元。

光緒甲午四月十三日，咸興李濟馬，畢書于漢南山中。

이 책을 만들 때 계사년1893 7월 13일부터 시작하여 밤낮으로 연구하기를 잠시도 쉬지 않다가 이듬해 갑오년1894 4월 13일에 이르러서 소음·소양인론은 어느 정도 상세히 갖추어졌으나 태음·태양인론은 겨우 간략한 정도만 갖추었으니 경험이 부족하고 힘이 떨어졌기 때문이다. 《예기禮記》〈학기學記〉에 "보여주기는 하지만 전부 설명하지 않는 까닭은 스스로 생각하게 하려는 것이다."하였으니, 태음·태양인론 부분을 스스로 생각하여 깨닫는다면 간략한 것이 무슨 손해가 되겠는가.

만 가구가 사는 고을에 한 사람이 그릇을 만들면 그릇이 부족할 것이고, 백 가구가 사는 마을에 한 사람이 의원을 하면 사람을 살리기에 부족할 것이다. 그러므로 반드시 의학을 널리 연구하여 집마다 의술을 알게 하고 사람마다 병에 대해 알게 한 후에야 세상 사람을 장수하게 하고 원기를 보전할 수 있을 것이다.

광서(光緖) 갑오년1894 4월 13일. 함흥의 이제마가 한남산(漢南山)에서 집필을 마치다.

◎《동의수세보원》 신축본 발문[3]

嗚呼，公甲午畢書後，乙未下鄕，至于庚子，因本改草，自性命論，至太陰人諸論，各有增刪，而太陽人以下三論，未有增刪，故今以甲午舊本刊行。

大韓光武五年辛丑六月 日，咸興郡栗洞契新刊。

門人 金永寬、韓稷淵、宋賢秀、韓昌淵、崔謙鏞、魏俊赫、李燮垣。

아, 선생께서 갑오년1894에 집필을 마친 후 을미년1895에 고향에 돌아와서 경자년1900까지 이 책을 다시 수정하셨다. 성명론(性命論)부터 태음인의 여러 논설까지는 각각 첨삭하셨으나 태양인부터 뒤의 세 논설은 수정하지 못하셨다. 그러므로 그 부분은 갑오년 옛 원고 그대로 간행한다.

3 원서에는 존재하지 않지만 역자가 추가하였다.

대한 광무 5년 신축1901 6월. 함홍군 율동계(栗洞契)에서 새로 간행하다.

문인 김영관, 한직연, 송현수, 한창연, 최겸용, 위준혁, 이섭원.

본문내용

목차를 게재한다.

◎ 《동의수세보원》 목차

卷一：性命論，四端論，擴充論，臟腑論

卷二：醫源論，少陰人腎受熱表熱病論，少陰人胃受寒裏寒病論，少陰人泛論，張仲景傷寒論中少陰人病經驗設方藥二十三方， 宋元明三代醫家著述中少陰人病經驗行用要藥十三方巴豆藥六方，新定少陰人病應用要藥二十四方

卷三：少陽人脾受寒表寒病論，少陽人胃受熱裏熱病論，少陽人泛論，張仲景傷寒論中少陽人病經驗設方藥十方， 元明二代醫家著述中少陽人病經驗行用要藥九方，新定少陽人病應用要藥十七方

卷四：太陰人胃脘受寒表寒病論，太陰人肝受熱裏熱病論，張仲景傷寒論中太陰人病經驗設方藥四方，唐宋明三代醫家著述中太陰人病經驗行用要藥九方，新定太陰人病應用要藥二十四方，太陽人外感腰脊病論，太陽人內觸小腸病論，本草所載太陽人病經驗要藥單方十種及李梃龔信經驗要藥單方二種， 新定太陽人病應用設方藥二方，廣濟說，四象人辨證論

이제마는 사람을 체질(體質)과 체성(體性)에 따라 4가지 형태, 즉 《주역周易》에서 말한 사상(四象)〈태양(太陽)·소음(少陰)·소양(少陽)·태음(太陰)〉으로 분류하였다. 그는 모든 사람은 이 사상 가운데 어딘가에 해당하며, 이 사상의 차이에 의해 같은 병도 치료 방법이 달라진다고 하였다. 고대 그리스의 4원소설(四原素說) 및 4체액설(四體液說)의 4가지 분류와 유사하다는 점에서 흥미로운 학설이다〈《조선의학사》 pp.378-379 참조〉.

인물전기

이제마(李濟馬, 1837－1900). 호는 동무(東武)이고, 본관은 전주(全州)이다. 진해(鎭海)와 고원(高原)의 군수를 역임한 뒤에 관직에서 물러났고, 함흥에서 의업(醫業)으로 명성을 얻었다. 광무 4년경자1900 63세의 나이로 세상을 떠났다. 의약(醫藥)·복서(卜筮)·명리(命理)·풍감(風鑑)에 통달하였고, 경사(經史)에도 밝았다. 전에 없던 사상의학설(四象醫學說)을 세웠다. 그의 어머니가 회임 중에 제주도에서 온 좋은 말 한 필을 얻는 꿈을 꾸었기 때문에 아이의 이름을 제마(濟馬)라고 하였다고 한다.

고찰

이제마가 주창한 사상의학설 및 그 치료법은 주로 북방인 함경도에서 연원한 것으로 지금도 한창 행해지고 있다. 최근 이제마의 학설을 이은 《동의사상신편東醫四象新編》이라는 책이 간행되었다. 행림서원 주인 이태호(李泰浩) 씨의 《동의사상진료의전東醫四象診療醫典》은 이 학설을 자유자재로 풀이하고 있으므로 일독을 권한다.

147. 종두신서 種痘新書

1책

후루시로 바이케이(古城梅溪) 지음

[전존]

(필자 소장)

개요

광무 2년 무술1898 학부(學部) 편집국(編輯局)에서 간행하였다.

내용서지

◎《종두신서》 서문[1]

種痘新書序

痘之爲名, 天行發斑瘡, 上古未嘗聞之, 或曰東晉葛洪肘後方, 有所著說者, 或曰東漢建武時, 自武陵蠻, 始通中土, 二說未詳孰是。蓋其爲症也, 類如火瘡, 遍滿全身, 脹膿鬠痂, 以時迭作。幾千萬含生, 鮮有得免者, 雖幸而瘳完, 或變姸化醜, 或仍祟成痼, 若閱漫劫而幻氣質。至於外國, 則罹此病而横夭者, 多者百人中太半, 少不下數十餘人, 雖有華佗扁鵲之精於醫者, 莫敢下手, 其戕害於人, 可勝嘆哉。

西曆一千七百六十八年, 英國人禮道窩陶贇然氏, 有志於濟世活人, 窮理時痘之預防, 銳意焦慮三十年, 始攄牛痘之方, 其神竗符驗, 瞭如指掌。先經牛痘者, 能免時痘之厄, 使環地璆林林赤子, 更無横罹夭札之患, 其衛生之功之德, 不啻若千家活佛矣。范文正曰, 良醫之治病, 與良相之治民同一, 仁智之心也, 如贇然氏, 可謂仁智兼盡矣。日本人古城梅溪, 蒐輯是書, 要余刊布, 余欽誦其意, 付之剞劂, 以備衛

1 원서에는 내용이 생략되어 있지만 역자가 추가하였다.

生局釆用焉。

光武二年八月 日，學部編輯局長李庚稙序。

종두신서 서문

'두(痘, 천연두)'라는 글자는 전염되어 생기는 반진이나 창을 의미하며 오랜 옛날에 이 병증을 언급한 예는 들어본 적이 없다. 어떤 이는 동진(東晉)의 갈홍(葛洪)이 지은 《주후방肘後方》에 설명이 있다고 말하고, 또 어떤 이는 동한(東漢) 건무(建武) 연간25-56에 무릉(武陵) 사람들이 처음으로 중원에 옮겼다고 하는데 두 가지 얘기가 맞는지는 확실하지 않다. 두창의 증상은 화상과 비슷하니 온몸 가득 수포가 부풀고 고름이 잡히며 딱지가 앉는 과정이 일정한 시일에 차례로 나타난다. 수많은 사람 중에 걸리지 않는 경우가 거의 없고 다행히 낫는다고 해도 아름다운 얼굴이 추하게 변하거나 남은 독기 때문에 고질병을 얻게 되니 마치 만연한 위협을 느끼고 환자 본인의 기질을 바꿔버린 듯하다. 다른 나라의 경우에 두창에 걸려서 죽은 사람이 많게는 백 명 가운데 태반이고 적더라도 수십 명보다 많다. 비록 화타나 편작처럼 의학에 정통한 의원이라도 손 쓸 엄두를 내지 못할 것이니 두창이 사람에게 끼치는 해를 다 말할 수 있겠는가.

서기 1768년에 영국인 에드워드 제너(Edward Jenner, 禮道窩陶贊然) 씨가 세상을 구제하고 사람을 살리는 데 뜻을 두고 두창의 예방법을 연구하며 30년간 간절하게 고민한 끝에 비로소 우두법(牛痘法)을 전파하였으니 신묘한 효험이 손바닥을 가리키듯이 분명하였다. 미리 우두(牛痘)를 앓은 사람은 두창의 재앙을 피할 수 있었기 때문에 온 세상의 수많은 어린아이가 다시는 요절할 염려가 없게 하였으니 생명을 지키는 공덕으로 말하자면 집마다 부처님이 살아난 것과 다름없었다. 범 문정(范文正) 공께서 "훌륭한 의원이 병을 치료하는 것은 훌륭한 재상이 백성을 다스리는 것과 똑같으니 인자한 이와 지혜로운 이의 마음이다."라고 하였으니 제너 씨는 인자함과 지혜로움을 겸비한 사람이라고 할 수 있을 것이다. 일본인 의사 후루시로 바이케이(古城梅溪) 씨가 이 책을 수집하여 나에게 간행해주기를 요청하였으므로 나는 그의 의도를 칭송하였다. 이제 책을 찍어서 위생국(衛生局)에서 사용할 때를 준비하겠다.

광무 2년무술1898 8월. 학부 편집국장(學部編輯局長) 이경직(李庚稙)이 서문을 쓰다.

◎《종두신서》 자서[2]

自西人創爲種痘之術，人皆賴其利，而韓國之民，未得與于此，其偶行焉者，乃皆舊法，陋而無效，且又其民不習見，相共訝惑不肯就，蓋其夭死而不救者，亦已多矣。

余開醫局於韓京，有年于茲，常以此爲憾，思所以救之，而意謂莫如先易舊法之陋，迨客春始興種痘醫養成所，於爲醫之暇，聚徒授之謬蒙，韓政府嘉獎，徒衆日多，傳其術者，得三十人，此固風氣之會使然，豈余之力哉。然使此三十人者散磋方，各以其術救其民，而嚮之訝惑不肯就者，皆有以知其利而樂趨焉，則夭死之禍可漸去，政府嘉獎之盛意，於此乎不爲空，而余亦附以得成其志，斯乃可喜也已。

初余素不解韓語，其授徒雖片言隻辭，非傳譯不能曉，切恐講說之間，或有錯解，而滋學者之惑。於是爲述其指，勒爲一書，請友人麻川君松次郎，譯以韓文，授徒誦習，學者頗便之。然其書成於一時匆卒之間，唯取便於講說，且請治者日塞門，不能專心精思，誠知脫略疎漏極多，不足以問于世，而其徒或上之學部，學部取見，以爲有裨于世，告余刻之，余不能拒也，則勉而應焉。獨思致精極深，以廣生民之利，世自有人，非如余檮昧者所及，余特爲之擁篲淸路，以企望塵躅耳，君子不咎其僭妄，則幸也。刻成敘作書之由，以冠卷首。

大日本明治三十一年八月，於贊化病院，古城梅溪自序。

서구인이 종두법(種痘法, 우두법)을 창안한 이후로 모든 사람이 그 혜택을 받았으나 대한제국 백성들은 그 소식을 듣지 못하였다. 우연히 종두법을 시행하는 의원이 있으면 다들 구식이라 지저분하면서 효과도 없다고 여겼고 사람들은 자세히 보지도 않은 채 모두 이상하게 여기며 맞아보려고 하지 않았으니 아마 그들 중에는 요절하여 목숨을 구하지 못한 자들이 많았을 것이다.

내가 대한제국의 경성에 의원을 연 지 벌써 몇 년이 되었는데 늘 이 상황을 안타깝게 여겨 그들을 구제할 방법을 고민하였다. 우선 지저분한 구식 방법이라는 인식을 바꾸는 일이 가장 중요하다고 생각되어 지난 봄에 비로소 종두의 양성소(種痘醫養成所)를 열고 나서 진료 중 틈틈이 사람들을 모아 고정관념을 일깨웠다. 대한제국 의정부에서 가상하게 여기며 권장하자 배우려는 사람이 날로 늘어 종두법을 전수해준 이가 30명이 되었다. 이는 참으로 시대 분위기가 맞아 그렇게 된 것이지 어찌 나의 노력 때문이겠는가. 그러고 나서 이 30명에게 여러 지방으로 흩어져 각자 그들의 의술로 그들과 같은 백성들을 구제하게 했더

2 원서에는 일부 내용만 있지만 역자가 보충하여 실었다.

니 예전에는 이상하게 여기며 맞아보려고 하지 않았던 사람들이 모두 유익함을 알아차리고는 기꺼이 맞으러 오는 일이 생겼고 요절하는 재앙이 점차 줄어들었다. 의정부에서 종두법을 가상하게 여기며 적극적으로 권장한 일은 결국 빈말이 되지 않았고 나 역시 그 뜻을 이루도록 부응하였으니 이만하면 기뻐할 만한 일이 아닌가.

예전에 나는 조선말을 이해하지 못하여 수강생들이 말하는 간단한 단어도 통역하지 않으면 알아들을 수 없었기 때문에 조선인들이 설명을 듣고 나서 혹시나 착오가 생겨 더 헷갈리게 될까 봐 매우 걱정했었다. 그래서 말의 의미를 설명하기 위해 책 하나를 엮은 다음 친구인 아사카와 마츠지로(麻川松次郎)에게 부탁하여 조선말로 번역한 후 수강생들에게 익히게 했더니 그들이 매우 편리하게 여겼다. 그러나 이 책은 짧은 시간에 만든 것으로 단지 강의에 편리하게 쓰려고 했을 뿐이었고 치료를 요청하는 이들이 날마다 문전성시를 이뤄서 마음을 다하고 생각을 집중하지 못하였기 때문에 빠지거나 소략한 내용이 아주 많고 세상에 알려지기에 부족하다는 점을 잘 알고 있다. 하지만 수강생 중 어떤 이가 학부(學部)에 이 책을 올려드렸고 학부에서 살펴본 후 세상에 보탬이 된다고 하면서 나에게 간행을 요청하였으니 나는 거절하지 못하고 부지런히 기대에 부응할 따름이다. 내가 생각해 보니 온 힘을 다해 매진하여 백성들을 널리 이롭게 하는 일은 특출난 사람의 몫이지 나같이 우매한 사람이 할 수 있는 일이 아니다. 나는 그저 빗자루를 잡고 길을 청소하며 그분들의 발자취를 발돋움하여 바라볼 뿐이니 훌륭한 분들께서 주제넘다고 책망하지 않으면 다행이다. 이렇게 책이 만들어진 유래를 서문으로 만들어 책 앞에 둔다.

대일본 메이지(明治) 31년 무술1898 8월. 찬화병원(贊化病院)에서 후루시로 바이케이(古城梅溪)가 자서(自序)를 쓰다.

본문내용

◎《종두신서》목차

乙, 次原牛苗痘

丙, 牛苗痘(一, 犢牛接種法, 二, 牛痘의經過, 三, 採苗法, 四, 製苗法)

丁, 人痘苗(人痘苗와牛痘苗의比較)

第四章 : 種痘의手術

甲, 刺種法

乙, 切種法

第五章 : 痘種의經過

第六章 : 種痘經過中의併發症

甲, 種痘丹毒

乙, 種痘梅毒

第七章 : 複種

第八章 : 痘苗保存法

조선인이 이해할 수 있도록 전문(全文)에 한글 번역이 더해져 있다.

인물전기

후루시로 바이케이(古城梅溪, 1860－1931). 오이타(大分) 사람으로 만엔(萬延) 원년 경신1860에 태어나 쇼와 6년 신미1931에 세상을 떠났다. 메이지(明治) 16년 계미1883 오이타현 갑종(甲種) 의학교(醫學校)를 졸업하고, 19년 1886, 병술 경성일본공사관 의관(京城日本公使館醫官)으로 조선에 왔다. 24년(신묘1891) 관직을 사임하고 찬화의원(贊化醫院)을 개업하고 아울러 일본공사관 공의(日本公使館公醫)로 활동하였으며, 동시에 조선인 종두의(種痘醫)를 양성했다. 33년 경자1900 의학교 총교습(醫學校總教習)으로 부임하였고, 36년 계묘1903 청나라 직례총독부 위생고문(直隷總督府衛生顧問)에 초빙되었다가 41년 무신1908에 조선에 돌아와 다시 찬화병원을 경영하였다. 또 실업계(實業界)에도 진출하여 명성을 얻었다. 조선에서 일본 의학계를 창시한 인물이다.

〈 이 책은 일본 사람이 편찬하였으나 대한제국 정부가 발행하였기 때문에 여기에 수록한다 〉

148. 제영신편 濟嬰新編

1책

개요

광무 6년 임인1902 8월에 내부(內部) 위생국(衛生局)에서 현대 활자본으로 간행하였다 ⟨정가 60전(錢)⟩.

영영(嶺營) 우두국(牛痘局)에서 편찬한 《제영신편濟嬰新編》⟨〔140장〕 참고⟩과 이름이 같지만 내용은 전혀 다르다. 이 책의 방법은 모두 현대 서양 기법을 사용한 것들로 진보된 종두서이다.

149A. 콜레라병예방주의서 虎列剌病豫防注意書 1책

개요

광무 6년 임인1902에 의학교(醫學校)에서 편찬하였으며 총 20매 분량이다.

콜레라(虎列剌)라는 괴질은 병균이 입을 통해 인체에 침입하여 유행하는 전염병임을 설명한 뒤 개인의 예방법을 알리고 또 환자를 관리하고 소독하는 방법을 기술한 책이다.

149B. 성홍열예방기사 猩紅熱豫防記事 1책

개요

광무 8년갑진1904 10월에 유행병예방위원회에서 편찬하였으며 총 8매 분량이다.

성홍열의 의미·원인·증후·치료법·예방법을 일반인에게 알리기 위하여 발행한 소책자이다.

150A. 의감중마 醫鑑重磨

6권 3책

이규준(李圭晙) 지음

내용서지

◎ 《의감중마》 서문[1]

醫鑑重磨序

東方有東醫寶鑑書，內醫許浚之所撰也 萬曆中。其書集合古今醫書，上自農軒，下至元明，凡論病藥者，靡不采輯，以類相聚，分門立例，誠醫家之大都市也。然散而無主，雜而不精，大率助陰剝陽，認主爲賊，與素問經旨，有所反馳者，十八九矣。是以方士循墨有驗者，十難二三，而擧世矇矇，莫知其由，承襲之來，殆千數百年矣。

余於素問內經，嘗有所節要者，友人金善久復要余，節約東醫寶鑑，不使後人迷，辭不獲，乃就其書，芟夷繁亂，撮括要領，唯取其有合於經旨者，舊恰至五十卷，今約得六卷卌，如古鏡埋沒塵土，晩得磨拭，則本明猶存，有可以監形而辨色矣。旣畢以還于金友，唯曰，此乃素問之門隧也。至於精微之奧則在經有之，由是而入，庶乎其不迷矣。

의감중마 서문

조선에 《동의보감》이라는 의서가 있으니 내의(內醫) 허준(許浚)이 만력 연간에 편찬한 책이다. 그 책은 고금의 의서를 집대성한 것으로 위로는 신농씨와 헌원의 의서부터 아래로는 원(元)과 명(明)의 의서에 이르기까지 병이나 약에 대해 논한 모든 내용을 수집한 다음 비슷한 내용끼리 모아서 목차에 따라 나누고 체재를

1 원서에는 존재하지 않지만 역자가 추가하였다.

만들었으니 참으로 의학자들이 모인 큰 도시라고 할 만하다. 그러나 글이 산만하여 일관성이 없고 내용이 잡다하여 정밀하지 못한데다가 대부분 음기를 북돋고 양기를 깎아야 한다면서 몸의 주인 격인 양기를 적대시하니 《소문》의 속뜻과 상반되는 경우가 십중팔구이다. 그래서 의원들이 글자대로 치료하여 열에 둘이나 셋도 효험을 보기 어렵지만 온 세상이 몽매하여 그 이유를 알지 못한 채 무턱대고 따른 지 아주 오래되었다.

나는 《황제내경소문》에 대해서 예전에 《황제소문절요》를 지은 적이 있다. 친구 김선구(金善久)가 나에게 《동의보감》을 요약하여 후대 사람들이 헤매지 않게 하라고 여러 번 요청하기에 사양하다가 결국 수락하였다. 그래서 《동의보감》을 보면서 번잡한 부분을 빼고 요지를 골라서 《내경》의 속뜻과 부합되는 부분만을 추렸다. 애초에 거의 50권이나 되던 것을 이제 요약하여 6권의 책으로 만들었으니 비유하자면 옛 거울이 진흙 속에 묻혀있었더라도 나중에 꺼내서 갈고 닦으면 본래의 밝음이 그때까지 남아 있기 때문에 형체를 비추고 모양을 구분할 수 있는 것과 같다. 집필을 마친 후에 친구에게 돌려주었더니 그는 그저 "이 책은 바로 《소문》으로 통하는 대문이라고 할 만하다. 깊은 뜻은 《내경》에 나와 있으니 이 책을 통해 들어가면 거의 헤매지 않을 것이다."라고 하였다.

150B. 소문대요 素問大要

4권 2책

이규준(李圭晙) 지음

[전존]

(행림서원(杏林書院) 소장)

개요

《의감중마》와 《소문대요》 두 책의 간기(刊記)는 "光武丙午初夏, 密陽琴川新刊"이다.

내용서지

◎ 《소문대요》 제지(題誌)[1]

黃帝素問大要題誌

素問誰人所作, 先儒有云, 戰國時人所作, 其果然乎。余觀夫素問之爲書也, 上窮天地陰陽之原, 中通死生幽明之故, 下察昆蟲草木之微, 靡不底極, 非神聖生知, 其孰能與於此。孔子曰, 黃帝生而神靈, 弱而能言, 達死生之理, 知草木之味, 其素問之謂乎。然今觀, 其文支其辭夸, 有衰世之體, 其果戰國時人所爲乎。

夫醫藥者, 亦聖人開物成務之功, 保民贊化之事, 則其宗旨大綱, 盖出於黃帝與岐伯論理天人而傳受, 至周季, 乃演益張皇之也。故其中亦多有前後矛盾者, 乃述者之自爲譸張, 是豈黃帝之終始乎。楊子雲曰, 黃帝託也。昔者姒氏治水土, 而巫步多禹, 扁鵲盧人, 而醫多盧。夫欲售僞者, 必假眞, 禹乎盧乎終始乎。則漢書藝文誌所載黃帝內經十八卷, 非盡黃帝書也。孔安國序尙書曰, 伏羲神農黃帝之書, 是謂三墳, 言大道也。

---

1 원서에는 내용이 생략되어 있지만 역자가 추가하였다.

夫黃帝之書，本與易相表裏，歷乎三代，列之天官，及其演益，而大道反隱，自漢以下，委諸方技，置之賤工，自好之士，不肯顧焉。於是，方士歷手，簡有錯字有訛，有不可讀者，唐太僕王冰，改補而註次之，宋博士高保衡等，裒集而校正之，猶未能辨其僞而覆其本，後之人不能理會，遂廢不讀焉，今世所行者，惟金人劉朱之私書也 劉完素，金人，號河間，朱震亨，元人，號丹溪，其書不根經旨，不原天機，無稽無驗，而黃帝之道，遂絶矣。

嗚呼，黃帝之道絶，而夭札莫濟，此豈非仁人君子之所悶惻者乎。余嘗觀素問，竊有慨然乎心者，間有以是書來問者，乃爲之采其大要，正其訛舛，以與之，或截半篇而略之，或合三兩而節之，或加匡而標之，舊凡八十一篇，今畧得二十五篇，雖未能盡復其本，而大意亦不遠矣。

嗚呼，是書也，邇之事親，遠之壽民，自爲衛身，推之國治，豈獨醫工之所肄，經世之士，亦不可不知也。問者因請一言，遂記其平日擬議者，以附其後云。

閼逢執徐春三月哉生明，石谷山人李圭晙識。

황제소문대요 제지

《소문素問》은 누가 지은 것인가? 선대의 유학자들은 전국시대 사람이 지었다고 하는데 과연 그런가? 내가 《소문》의 내용을 살펴보니 위로는 천지와 음양의 근원을 궁구했고, 가운데로는 생명과 죽음의 원인에 통달했으며, 아래로는 곤충과 초목 같은 미물까지 관찰함으로써 어느 하나 끝까지 미치지 않은 분야가 없다. 태어나면서부터 깨달은 성인의 자질이 아니라면 누가 이 책에 관여할 수 있었겠는가? 공자께서 "황제(黃帝)는 나면서부터 신령하셨고 갓난아기 때부터 말을 하신 분으로 생사의 이치에 통달하셨고 초목의 맛을 알아차리셨다."라고 하셨으니 아마 《소문》을 가리킨 것이리라. 그런데 지금 이 책을 살펴보건대 문장은 지리멸렬하고 단어는 과장되어 말세의 문체가 나타나 있으니 과연 전국시대 사람이 지었겠는가?

무릇 의약이란 성인께서 만물의 이치를 열어 이루신 공적이며 백성을 보호하고 교화하는 사업이니 핵심 내용은 아마 황제와 기백이 하늘과 사람에 대해 토론하면서 주고받은 말에서 나왔겠지만 주(周) 말엽에 이르러 설명을 덧붙이면서 장황해진 것 같다. 그러므로 앞뒤로 모순된 내용이 많이 있으니 이는 설명을 덧붙인 사람이 과장한 것이지 어찌 황제께서 처음부터 끝까지 지으셨겠는가. 양자운(楊子雲)은 이렇게 말하였다. "황제라는 이름은 가탁한 것이다. 옛날에 우(禹)임금께서 홍수와 토지를 잘 다스리자 무당들이 우임금의 걸음걸이를 따라 했고,

편작이 노(盧)나라 사람이라 여러 의원이 자신도 노나라 사람이라고 하였다. 가짜로 행세하려는 사람은 반드시 진짜를 따라 하는 법이니 우임금의 걸음이니 노나라 사람이니 황제께서 처음부터 끝까지 지으셨다느니 하는 것들이 아니겠는가." 따라서 《한서漢書》 〈예문지〉에 실린 《황제내경》 18권은 황제가 전체를 쓴 책이 아니다. 공안국(孔安國)은 《서경書經》 서문에서 "복희씨·신농씨·황제의 책을 일컬어 삼분(三墳)이라 하니 근원적인 이치를 말하였다."고 하였다.

황제의 책은 본래 《역易》과 서로 표리(表裏)가 되지만 하·은·주 삼대(三代)를 거치면서 천관(天官)들에게 맡겨지고 설명이 덧붙게 되자 근원적인 이치는 도리어 가려졌다. 한(漢) 이후로는 의원들에게 맡긴 채 미천한 기술로 방치되면서 지조 있는 선비들은 이 책을 보려 하지 않게 되었다. 이때 의원들의 손을 거치면서 착간이나 오탈자가 생겨 읽을 수 없게 된 것을 당(唐) 때 태복(太僕) 왕빙(王冰)이 보완하면서 주석을 달고 목차를 정리했으며, 송(宋) 때 박사(博士) 고보형(高保衡) 등은 여러 판본을 모아 교정을 하였다. 그럼에도 불구하고 가짜를 가려내지 못하고 본래의 의미를 덮어버렸기 때문에 후대 사람들은 내용을 이해하지 못한 채 결국 덮어두고 읽지 않게 되었고 지금 세상에 돌아다니는 의서는 그저 금(金) 때 유완소(劉完素)와 주진형(朱震亨)이 자신의 의견을 적은 책들이다. (유완소는 금(金) 사람으로 호가 하간(河間)이고, 주진형은 원(元) 사람으로 호가 단계(丹溪)이다.) 그 책들은 경전의 속뜻을 근거 삼지 않고 하늘의 원리를 연구하지 않아서 황당무계할 뿐이니 황제께서 남긴 이치가 마침내 끊어져 버렸다.

아아 황제께서 남긴 이치가 끊어져서 요절하는 이들을 구제할 길이 없으니 이것이 어찌 의원이나 유학자들의 근심거리가 아니겠는가. 내가 예전에 《소문》을 살펴보고 은근히 한탄스러운 마음이 있던 차에 가끔 이 책을 가지고 와서 묻는 이들이 있기에 중요한 요지를 뽑고 틀린 부분을 바로잡은 다음 그들에게 주었다. 어떤 부분은 반으로 줄여서 생략하기도 하고, 어떤 부분은 두세 가지를 합하여 묶어주기도 하고, 어떤 부분은 동그라미를 그려 표시해주기도 했다. 이전에는 총 81편이던 책을 지금은 줄여서 25편으로 만들었으니 비록 그 본래의 의미를 다 복원하지는 못했지만 큰 뜻에서 멀어지지도 않았을 것이다.

아아 이 책이 있어 가까이는 어버이를 섬기게 하고 멀게는 백성들을 오래 살게 할 수 있지만 스스로 몸을 지키게 하고 나라를 다스리는 데에도 적용할 수 있으니 어찌 의원만 익혀야 하는 책이겠는가. 세상을 경영하는 사람 또한 반드시 알아야 할 것이다. 《소문》에 관해 물었던 사람이 한마디를 청하기에 드디어 평소에 따져보던 생각을 기록하여 책 뒤에 붙인다.

갑진년1904 3월 3일. 석곡산인(石谷山人) 이규준(李圭晙) 쓰다.

◎ 《소문대요》 후지(後識)[2]

素問大要後識

石谷翁以經學緖餘, 傍通百家, 常以爲方術之說, 惟黃帝素問, 得合易理, 但世醫失道, 夭札衆生, 由於不讀素問。醫者之不讀素問, 實由於方士私傳, 更演更訛, 竟至於有不可讀故也。

迺悶于時, 節繁撮要, 釐訛刪註, 附以其所自爲說, 使觀者不迷, 盖爲事親者, 不可不知也。鍾淳嘗拜石谷門, 因己病, 問及醫之說。翁曰, 欸, 我非醫也, 欲知醫說, 盍學黃帝。因出其所撮釐者, 以與之曰, 此書不多, 讀之不費日, 有以自得矣。淳歸而讀之, 心中有喜, 驗諸身有果, 試諸人有保, 乃知黃帝之道大矣, 而千載之下, 使我得聞其微言絶緖者, 石谷翁之賜也。

此不可私於一家, 當廣播一世, 使聖人之澤, 衣被無窮, 乃附諸剞劂氏。恐初學難曉, 以所嘗受者, 述方制八法, 又爲之略識句讀而附之, 俾讀者, 有以知翁所理會云。

柔兆敦牂夏四月上旬, 驪州李鍾淳謹識。

소문대요 후지

석곡 선생은 경전을 공부하고 제자백가에도 두루 통달하신 분으로 항상 '의학의 이론 가운데 오직 《황제내경소문》이 《역易》의 이치와 부합하지만 세간의 의원들이 원리를 놓쳐 사람들을 요절하게 만들고 있으니 《소문》을 읽지 않았기 때문이다. 의원들이 《소문》을 읽지 않는 까닭은 바로 옛 의원들이 개인적인 의견을 덧붙여 갈수록 와전되다가 결국 읽을 수 없는 지경에 이르렀기 때문이다.'라고 생각하셨다.

그래서 선생은 세태를 걱정하시면서 번잡한 내용을 줄이고 요점을 간추리며 잘못된 것을 바로잡고 주석을 다는 한편 본인의 설명을 덧붙여서 독자들이 헷갈리지 않게 이 책을 만들었으니 부모를 섬기는 사람이라면 반드시 알아야 하는 내용이다. 나는 예전에 석곡 선생을 찾아뵌 적이 있는데 나의 질병 때문에 의학의 이론에 관해 묻자 선생이 말씀하시기를, "그래. 내가 의원은 아니지만 의학의 이론을 알고자 한다면 어찌 《황제내경》을 공부하지 않을 수 있겠는가."라고 하셨다. 그러고 나서 그분이 간추리고 정리한 것을 꺼내어 주시면서 "이 책은 양이

2 원서에는 내용이 생략되어 있지만 역자가 추가하였다.

많지 않으니 며칠 동안 읽으면 스스로 깨달을 수 있을 것이네."라고 말씀하셨다. 내가 돌아와서 그 책을 읽어보니 마음속에 희열이 생겼다. 자신에게 시험해보았더니 효과가 있었고 다른 사람들에게 시험해보았더니 목숨을 구할 수 있었다. 이제야 황제께서 남기신 원리가 위대하다는 사실을 깨달았으니 천 년 후에 나에게 은미한 의미와 끊어진 실마리를 듣게 해준 것은 석곡 선생의 선물이다.

이런 책을 한 집안에서만 간직할 수는 없는 법이니 마땅히 온 세상에 널리 퍼뜨려서 성인(聖人)의 은택을 영원히 받도록 해야 하므로 판각하는 사람에게 일을 부탁하였다. 초학자들이 이해하기 어려울까 염려되어 그때 받았던 책에 〈방제팔법方制八法〉을 적었고 간략하게 구두(句讀)를 덧붙여 독자들이 석곡 선생의 깨달음을 알아차릴 수 있도록 만들었다.

병오년1906 여름 4월 상순. 여주 이종순(李鍾淳)이 삼가 적다.

인물전기

이규준(李圭晙, 1855-1923). 호는 석곡(石谷). 경상남도의 유의(儒醫)이다. 그의 삶에 대해 알려진 사실이 많지 않다.[3]

3 이규준의 생애에 대해 자세한 연구가 수행되었다(권오민 외, 2009).

151. 의방촬요 醫方撮要

1책

이준규(李峻奎) 지음

[전존]

(필자 소장)

개요

광무 10년 병오1906에 현대 활자본으로 간행되었다.

내용서지

◎ 《의방촬요》 서문[1]

醫方撮要序

曩余承乏內院者數，而就太醫中拔其尤，得李君峻奎，聽其言，則上窮軒岐，旁逮朱張百家，翕如也，觀其施術，則慥慥乎不踰繩尺，而砉然對投，又往往多奇中，殆篤於學而精於理者也。遂與之往來滋久，而交滋深，旣而余塞兌視蔭，而君亦老白首矣，時或道故，未嘗不俯仰累欷也。

君著有撮要一書，蓋嘗承命編摩者，而自恨出之之晩云，間以質余，且問序，將以刊布以惠衆，余諾而閱之，部次井然，辨證確然，變而不畔乎古，約而不遺乎細，雖使不知醫者，尙能瞭如指掌，譬之按簿而驗計也，不亦指南之捷經歟。況著者之苦心，有若許平陽之於寶鑑，康中樞之於新編，不但泯泯而已，則必傳無疑也。竊謂醫之爲道，務在博施而濟衆，君旣周流中外數十年，所施者博，所濟者衆，而又爲是書，嘉惠後人，則其功豈淺鮮哉。君歷典州縣，所至有聲，豈亦以得於醫者，試之理民

1 원서에는 내용이 생략되어 있지만 역자가 추가하였다.

歟。皆可書也，是爲序。

歲乙卯梧秋，大匡輔國崇祿大夫 議政府議政 閔泳奎序。

의방촬요 서문

예전에 내가 내의원(內醫院)을 맡은 적이 몇 번 있었다. 그때 태의(太醫) 가운데 우수한 이를 선발하다가 이준규(李峻奎) 군을 뽑게 되었다. 그의 말을 들어보니 위로는 헌원과 기백에 대해 통달하고 옆으로는 주단계(朱丹溪)·장종정(張從正)과 여러 의학자까지 모두 섭렵한 듯하였고, 그의 의술을 살펴보니 착실하게 정해진 법도를 넘지 않으면서도 초연하게 약을 썼는데 신기하게 적중하는 경우가 많았으니 아마 독실하게 공부하여 이치에 정통한 사람인 듯했다. 그 후로 그와 오랫동안 왕래하면서 우정도 깊어지게 되었다. 이윽고 나는 이목구비가 어두워지면서 늘그막이 되었고 이 군도 늙어서 머리가 하얗게 세었으나 때때로 옛일을 이야기하다 보면 그때마다 생각에 잠기며 누차 탄식하지 않는 적이 없었다.

이 군이 저술한 《의방촬요》는 예전에 주상의 명을 받들어 편찬한 것으로 그는 간행이 늦어져서 안타깝다고 말하면서 중간에 나에게 의견을 묻기도 하였다. 그리고 서문을 요청하면서 앞으로 이 책을 간행하여 백성을 이롭게 하고 싶다고 하기에 나는 알겠다고 하고 책을 살펴보았다. 책은 체재가 질서정연하고 증상을 구별하는 방법이 확연하였으며 치료법을 응용했으면서도 옛 의서에 어긋나지 않았고 간략하면서도 자세함을 잃지 않았으니 의학을 알지 못하는 사람이라도 충분히 손바닥을 가리키는 것처럼 명료하게 알 수 있게 되어 있었다. 비유컨대 회계 장부를 살피면 총액을 추산할 수 있는 것과 같았으니 의학에서 지름길을 알려주는 나침반이라고 할 수 있지 않겠는가. 더욱이 저자가 고심하여 양평군 허준(許浚)이 지은 《동의보감》이나 지중추부사 강명길(康命吉)이 지은 《제중신편》처럼 분량이 많지 않을 뿐 아니라 헷갈리는 말이 결코 없도록 전달하였다. 내 생각은 이렇다. 의학에서 힘써야 할 점은 널리 베풀어 많은 백성을 구제하는 것이니 이 군은 이미 수십 년 동안 도성 안팎을 돌며 널리 의술을 베풀어 많은 백성을 구제하였다. 게다가 이 책을 써서 후대 사람에게 은혜를 베풀었으니 그 공적이 어찌 사소하겠는가. 이 군이 역임했던 고을마다 그의 명성이 자자했으니 의학에서 깨달은 원리를 백성을 다스릴 때 사용한 것이 아니겠는가. 모두 기록할 만한 이야기들이므로 이 말들로 서문을 삼는다.

을묘년1915 7월. 대광보국숭록대부 의정부 의정(議政) 민영규(閔泳奎)가 서문을 쓰다.

◎ 《의방촬요》 서문[2]

醫方撮要序

仁者, 四德之首, 而行仁之效, 莫大乎生。易之辭曰, 天地之大德曰生, 以天地之大之仁而語其德, 則不過曰生而已耳。然人旣有生矣, 而不能無死, 天地之心旣仁矣, 而其氣有舒慘凄溽之變, 養眞調元而順其氣者生, 觸犯戕賊而忤其氣者死。察諸人身之病, 而證之天地之氣候, 過者抑之, 不及者補之, 或因勢而導之, 或度力以攻之, 濟其夭死而納于必生之地者, 惟醫藥是耳。是以自炎黃以降, 明其術而著之書者, 不翅千百家, 其書愈繁而其術愈難精者, 何也。蓋古今習尙, 有不同焉, 四方風土, 有不齊焉, 代變其書, 國異其術, 而且專業之家, 未必兼優學問, 其所爲書, 不能使讀者了然, 此皆所以愈繁而愈難精也。

又希李侍郎, 家世以學術聞, 侍郎早擩庭訓, 文史旣博, 嘗有志當世, 而中年無所遇, 乃歎曰, 古有禱相禱醫者, 其爲濟人一也, 遂取古今四方之書, 深硏確究者, 又數十年, 時維我太皇陛下, 以好生之至仁, 念濟衆之斯普, 命侍郎另撰一書, 必須該而不煩, 簡而易攷。侍郎以十數年所硏究, 徵之已試而質之無疑者, 撰次以成, 籤曰醫方撮要, 將繡梓以進, 乃徼序於余, 余以文字交侍郎, 至是書素懵然, 曷以贊爲然, 吾知侍郎讀書君子也, 又屢典雄郡, 以仁候稱, 又余時與論古文及當世事, 言無不中窾。今是書之作, 出於仁術之餘, 而俾讀者易解, 洵指路之良軌, 導津之慈航也, 豈止醫方書云乎。況我大聖人躋民仁壽之化, 是書之補, 又何如也。

隆熙四年春, 嘉善大夫 奎章閣副提學 鄭萬朝序。

의방촬요 서문

인(仁)은 4가지 덕(德) 가운데 으뜸이고, 인을 실천하는 방법 중에는 살리는 것보다 큰 것이 없다. 《주역周易》 〈계사전繫辭傳〉에서 "천지의 큰 덕행은 살리는 것이다."고 하였으니 천지처럼 큰 존재의 인(仁)에서 덕행을 말하더라도 살리는 것에 불과할 따름이다. 하지만 사람은 이미 태어났으니 죽지 않는 것은 불가능하다. 천지의 마음은 원래 인자하지만 기후에는 따뜻하거나 춥거나 서늘하거나 축축하거나 하는 변화가 있기 때문에 진기(眞氣)를 기르고 원기(元氣)를 조리하면서 기후에 순응하는 자는 살고, 몸에 해로운 일을 하고 기후를 거스르는 자는 죽는 법이다. 사람의 병을 살피고 천지의 기후와 맞춰본 다음 지나친 부분은 억제하고 모자란 부분은 보충하며, 혹은 병의 기세에 따라 밖으로 빼주거나 혹은

2 원서에는 내용이 생략되어 있지만 역자가 추가하였다.

증상의 경중을 헤아려 병을 꺾어야 한다. 이렇게 요절하는 이를 구제하여 반드시 살 수 있는 지경으로 들어가게 하는 것은 오직 의약뿐이다. 이런 까닭에 염제(炎帝)와 황제(黃帝) 이래로 의술을 밝혀 책을 저술한 사람이 수없이 많았으나 책이 많아질수록 의술이 정밀해지기가 더욱 어려워졌으니 어째서인가. 아마도 과거와 현재의 관습이 같지 않고 지역마다 풍토가 같지 않아서 시대마다 내용이 바뀌고 지역마다 의술이 다르게 되었기 때문일 것이다. 게다가 의원들이 반드시 문장까지 뛰어날 필요는 없으므로 그들이 쓴 내용을 독자들이 명확하게 알아들을 수 없기도 했을 것이다. 이런 점들이 책이 많아질수록 의술이 정밀해지기 더욱 어려운 이유이다.

시랑(侍郎)인 우희(又希) 이준규(李峻奎)는 학문으로 소문난 집안 사람이다. 그는 어려서부터 집안에서 가르침을 받아 문장과 역사에 이미 해박하였고 일찌감치 과거에 뜻을 두었으나 중년이 되도록 기회를 얻지 못하였다. 이에 탄식하며 "예로부터 재상 되기를 바라는 사람도 있고 의원 되기를 바라는 사람도 있었으나 사람을 구제하는 면에서는 똑같다."고 말하고는 드디어 동서고금의 서적을 모아 깊이 연구한 지 수십 년이 되었다. 우리 태황폐하께서는 살리기를 좋아하시는 지극히 어진 마음을 가지신 분이니 널리 백성을 구제하시려고 늘 생각하시다가 시랑 이준규에게 명하시어 따로 책 하나를 만들되 반드시 빠짐없이 갖추면서도 번잡하지 않아야 하고 간결하면서도 쉽게 찾을 수 있어야 한다고 하셨다. 그는 십수 년 동안 연구한 것을 바탕으로 이미 시행하면서 증명된 것과 의혹이 없도록 대조한 것을 엮어 책을 완성하고 《의방촬요》라고 표제를 붙인 다음 이제 아름답게 판각하여 진상하려고 한다면서 나에게 서문을 요청하였다. 나는 그와 글로 교류하긴 했지만 이런 의서는 평소에 알지 못하므로 어떻게 뛰어난 의서라고 글을 쓰겠는가. 나는 다만 그가 책을 많이 읽은 사람이라는 점과 그가 누차 큰 고을을 다스릴 적에 인자한 관리로 일컬어졌다는 점을 알고 있다. 또 내가 때때로 그와 옛 문장이나 요즘 벌어지는 사건을 토론할 적에 정곡을 찌르지 않는 말이 없었다. 이제 이 책이 의술의 부족한 부분을 채워 독자들이 쉽게 이해할 수 있게 되었으니 참으로 길을 알려주는 좋은 길잡이이자 나루터로 인도하는 자비로운 배와 같다. 그러므로 이 책이 어찌 단순히 의서에 그친다고 하겠는가. 또한 우리 위대한 성인들께서 백성을 장수의 영역으로 올라가게 하는 일에 이 책의 도움이 또한 얼마나 크겠는가.

융희 4년1910 봄. 가선대부 규장각 부제학(奎章閣副提學) 정만조(鄭萬朝)가 서문을 쓰다.

◎ 《의방촬요》 자서[3]

醫方撮要序

醫藥之書，古昔聖王，所以開物成務、濟民札夭之法也。其術刱自神農黃帝，歷千百年，諸家之說蜂出，其爲書，至於壞牛折軸、充棟庋閣，不勝其多，故辭漸繁而旨漸微，方愈備而意愈晦，或同病而異藥，或同藥而異用，考證則眼眩於閱覽，講究則心迷於疑似，岐路多端，不免亡羊之歎，砂珠相混，或有買鼠之誤矣。是以高明者過之，庸常者不及，而毫釐有差，以至千里之謬者，其患常在乎書多而方繁，人不得以擇乎精也。

惟我皇上陛下，用是之憂，思欲於群書中，刪煩取簡，去冗得緊，撮其最切於對證投劑者，而裒輯之，使賢愚皆得，而易於爲用也。詔臣擔其役，臣遂敢不揆僭越，參以平日講劘之見，訂以諸家表章之論，會衆說而折其衷[4]，集群方而抶其尤，分門彙類，提綱挈領，自醫原至本草，凡一百十一條，依許氏寶鑑例，而引古證，今附之以病論，且用藥之方繫其下，書凡一卷，而名之曰醫方撮要，以進之。蓋其辭簡而意盡，綱擧而目張，一經披覽，令人暸然，如掌紋之入眼而無隱也。噫，是書之作，非敢曰發前人之未發，永有辭於後世，而在聖皇帝裁成輔相之功、濟民壽世之道，以臣無似，亦得以宣恩導和贊化布澤，則其於對揚休命嘉惠後人之意，庶幾有萬一之補云爾。

光武十年丙午八月上澣，從二品嘉義大夫 太醫院兼典醫 務安郡守 臣李峻奎，奉勅謹序。

의방촬요 서문

의약에 대한 책은 오래전 성왕들께서 만물의 이치를 드러내 세상일에 적용하고 요절하는 백성을 구제하셨던 방편입니다. 신농씨과 황제로부터 의술이 시작된 이후로 수천 년을 거치며 의가들의 주장이 벌떼처럼 나타났고, 그들이 만든 책이 수레를 주저앉히거나 집 천장까지 가득 채울 만큼 많아져서 수를 헤아릴 수 없을 정도였습니다. 설명이 점점 많아질수록 속뜻은 점점 감춰졌고 처방이 더욱 많아질수록 의미는 더욱 감춰졌기 때문에 간혹 같은 병에 다른 약을 쓰기도 하고 같은 약을 다르게 사용하기도 합니다. 증상을 찾아보려면 책을 살피느라 눈이 어지러울 지경이고, 맞는지 따져보려면 비슷한 내용 때문에 헷갈릴 지경이었으므로 마치 갈림길이 많아 양을 잃어버리고 탄식하는 일에서 벗어나지 못하

3 원서에는 일부 내용만 있지만 역자가 보충하여 실었다.

는 것과 같습니다. 또한 비슷한 글자가 섞여 있거나 오자가 있기도 합니다. 이 때문에 고명한 사람은 과분할 정도로 깨닫고 보통 사람은 별로 깨닫지 못하니 티끌만 한 차이가 나중에는 천 리만큼의 오류를 초래하게 됩니다. 이러한 병폐의 원인은 언제나 내용이 많고 의서가 다양하여 사람이 핵심을 가려낼 수 없다는 데 있습니다.

우리 황제 폐하께서는 이 문제를 걱정하시다가 여러 책에서 번잡하고 쓸데없는 문장을 제거하고 간결하면서 긴요한 내용만 뽑은 다음 증상에 따라 약을 쓸 때 가장 절실한 것을 모으고 이를 책으로 편찬하여 현명한 사람이든 우둔한 사람이든 모두 이해하고 쉽게 사용하게끔 하고 싶다고 생각하셨습니다. 그러고는 소신을 불러 이 사업을 맡기셨으니 소신은 드디어 주제넘은 일인 줄 알지만 평소에 갈고 닦은 견해를 참고하여 의학자들이 쓴 글을 교정하고 여러 학설을 모아 절충했으며 많은 의서를 모아 뛰어난 내용을 추렸습니다. 그리고 목차에 따라 비슷한 내용을 묶고 강령을 도출함으로써 〈의원醫原〉에서 〈본초本草〉까지 111가지 조문을 만들되 허준의 《동의보감》 체재에 따라 옛 의서의 증상을 인용하였습니다. 이제 증론을 덧붙이고 처방을 그 아래에 달아놓아 책 한 권으로 완성했으니 《의방촬요》라고 이름 붙여 진상하였습니다. 대체로 문장이 간단하면서도 의미를 빠뜨리지 않았고 강령을 제시한 후 항목을 나열했기 때문에 책을 한 번 펼쳐보면 마치 손금이 한눈에 들어와 보이지 않는 곳이 없듯이 사람들이 명료하게 알 수 있게 만들었습니다. 아, 선대 의학자들이 밝히지 못한 것을 밝혀 후세에 영원히 글로 남겼다거나, 황제 폐하의 지나침을 억제하면서 모자람을 북돋는 덕행과 백성을 질병에서 구제하여 오래 살게 만드신 정치의 일환이라고 이 책을 평가하지는 못하겠습니다. 그러나 소신의 부족한 재주로나마 백성들에게 은혜를 베풀고 평화로움으로 인도하며 교화를 돕고 혜택을 퍼뜨릴 수 있다면 황제 폐하의 명령에 보답하고 후대에 혜택을 준다는 점에 있어서 아마 작은 도움이 될 것입니다.

광무 10년 병오1906 8월 상순. 종2품 가의대부 태의원 겸전의 무안군수 소신 이준규(李峻奎)가 명을 받들어 삼가 서문을 씁니다.

4 원문에는 '折其哀'라고 되어 있으나 문맥상 '折其衷'인 듯하다.

본문내용

모든 의서의 내용을 〈의원醫原〉에서 〈본초本草〉(약성가(藥性歌))까지 111조로 나누었는데, 《동의보감》의 방법과 같이 옛 의서의 내용을 인용하고 그 아래 간단한 병론(病論)과 용약(用藥) 방법을 실어 한 권으로 정리하였다.

인물전기

이준규(李峻奎, 1852－1918). 전기는 〔137장〕《둔몽집鈍蒙集》 해제에서 설명하였다.

고찰

이 책은 아마도 관의학파(官醫學派)가 지은 조선 최후의 의서일 것이다.

제2부

중국 의서의 조선 판본

001. **황제팔십일난경** 黃帝八十一難經

002. **천옥집** 川玉集

003. **상한론** 傷寒論

004. **본초괄요** 本草括要

005. **소아소씨병원** 小兒巢氏病源

006. **소아약증병원일십팔론** 小兒藥證病源一十八論

007. **장중경오장론** 張仲卿五臟論

개요

《황제팔십일난경》·《천옥집》·《상한론》·《본초괄요》·《소아소씨병원》·《소아약증병원일십팔론》·《장중경오장론》 이 7종의 의서가 간행되었다는 사실은 《고려사》 권8의 기록을 통해 알 수 있다.

◎ 《고려사》 권8 문종(文宗) 12년 무술1058 9월 1일 기사

九月己巳朔, 忠州牧進新雕黃帝八十一難經、川玉集、傷寒論、本草括要、小兒巢氏病源、小兒藥證病源一十八論、張仲卿五臟論九十九版, 詔置秘閣。

9월 기사일 초하루. 충주목(忠州牧)에서 새로 판각한 《황제팔십일난경》·《천옥집》·《상한론》·《본초괄요》·《소아소씨병원》·《소아약증병원일십팔론》·《장중경오장론》 등 판목 99개를 진상하니 조서를 내려 비각(秘閣)에 비치하게 하였다.

008. 주후방 肘後方
009A. 의옥집 疑獄集
009B. 천옥집 川玉集

〈009B 천옥집은 〔002장〕천옥집과 동일한 책이다〉

개요

《주후방》·《의옥집》·《천옥집》 이 3종의 의서가 판각되었다는 사실도 《고려사》 권8에 기록되어 있다.

◎ 《고려사》 권8 문종(文宗) 13년 기해1059 2월 9일 기사[⊟]

甲戌, 安西都護府使都官員外郎異善貞等, 進新雕肘後方七十三版, 疑獄集一十一版, 川玉集一十版。知京山府事殿中內給事李成美, 進新雕隋書六百八十版。詔置秘閣, 各賜衣襨。

갑술일. 안서도호부사 도관원외랑 이선정(異善貞) 등이 새로 판각한 《주후방》 판목 73개, 《의옥집》 판목 11개, 《천옥집》 판목 10개를 바쳤고, 지경산부사 전중내급사 이성미(李成美)가 새로 판각한 《수서》 판목 680개를 바쳤다. 왕께서 비각(秘閣)에 비치하고 각각 의복을 하사하라는 조서를 내렸다.

고찰

앞의 9종 의서에 대해 약간의 고증을 추가한다.

⊙ 《황제팔십일난경黃帝八十一難經》: 《수지隋志》에 "黃帝八十一難經二卷", 《구당

⊟ 고려에서는 즉위년을 원년으로 하고, 조선에서는 이듬해를 원년으로 한다.

지舊唐志》에 "黃帝八十一難經一卷, 秦越人撰", 《신당지新唐志》에 "秦越人黃帝八十一難經二卷", 《송지宋志》에 "扁鵲注黃帝八十一難經二卷"이라고 기록되어 있다. 모두 대체로 같은 책으로 보인다. 고려의 간본은 송본(宋本)에 근거한 듯하다.

⊙ 《천옥집川玉集》 : 《숭문총목崇文總目》에 "一卷, 宋志不著撰人"이라고 하였다. 조선 초기에 간행된 《의방유취》에 채록되어 있는데, 타키 모토카타(多紀元堅)가 이를 바탕으로 복원하여 채집본(採輯本) 1권을 만들었다. 실전된 서적이지만 이 채집본으로 대강의 내용을 알 수 있다(이 책은 고려 문종 12년 충주판(忠州版)과 문종 13년 안서판(安西版) 2가지 간본이 있었다).

⊙ 《상한론傷寒論》 : 《구당지》와 《신당지》에 "王叔和張仲景藥方十五卷"이라고 하였고, 또 송나라 인종(仁宗) 때 임억(林億) 등이 교정한 《중경상한론仲景傷寒論》 10권이 있다. 고려 판본이 후자에 해당한다고 한다면 시대가 조금 맞지 않는다.[1] (참고로 시마다(島田) 씨는 《고문구서고古文舊書考》 '고려판 《통전通典》' 조문에 고려판 《상한론》의 존재를 기술하였다. 이것의 진위에 대해 앞으로 연구되기를 바란다.)

⊙ 《본초괄요本草括要》 : 《송지》에 "張先懿本草括要詩三卷"이라고 하였다.

⊙ 《소아소씨병원小兒巢氏病源》 : 소원방(巢元方)의 《제병원후론諸病源候論》 가운데 소아 부분에 해당하는 권45~50을 가리킨다.

⊙ 《소아약증병원일십팔론小兒藥證病源一十八論》 : 《숭문총목》에 있는 "小兒藥證一卷, 劉景裕撰"(《의방유취》 채집본(採輯本)이 있다)에 해당하는 것이 아닌가 한다.

⊙ 《장중경오장론張仲卿五臟論》 : 아우렐 스타인(Aurel Stein, 1862－1943)과 폴 펠리오(Paul Pelliot, 1878－1945)의 돈황문서(敦煌文書) 가운데 "張仲景五臟論一卷"이라는 현물이 있다('卿'은 '景'의 피휘(避諱)일까?).

⊙ 《주후방肘後方》 : 《구당지》와 《신당지》에 "葛洪肘後救卒方六卷, 又陶弘景補肘後救卒備急方六卷", 《송지》에 "葛洪肘後備急百一方三卷"이라고 하였다. 후자를 가리키는 것 같다.

---

1 송나라 교정의서국은 1057년에 설립되었고, 여기서 임억 등이 교정한 《상한론》은 치평 2년(을사 1065)에 간행되었다. 따라서 《고려사》 문종 12년(무술1058) 기사에 나타난 《상한론》은 임억의 교정본 출현 이전의 것이다.

⊙《의옥집疑獄集》: 조선 초기의 간행본이 현존하기 때문에 따로 설명한다〈제3부 〔027장〕 참조〉.

또 《고려사》 권7에 다음과 같이 기록되어 있다.

◎ 《고려사》 권7 문종 10년 병신1056 8월 19일 기사

西京留守報, 京內進士明經等諸業擧人, 所業書籍, 率皆傳寫, 字多乖錯。請分賜秘閣所藏九經、漢晋唐書、論語、孝經, 子史, 諸家文集, 醫卜地理, 律算諸書, 置于諸學院。命有司, 各印一本, 送之。

서경 유수가 보고하였다. "서경에서 진사과(進士科)와 명경과(明經科) 등 여러 과거 시험에 응시할 사람이 공부하는 서적은 대부분 필사본으로 되어 있어 틀린 글자가 많습니다. 비각(秘閣)에 소장된 《구경》·《한서》·《진서》·《당서》·《논어》·《효경》과 제자백가의 책, 역사서, 여러 문집(文集), 의학·복서·지리학·율학·산학 등 여러 서적을 각 학원(學院)에 나누어 주어 비치하게 하소서." 왕이 담당 관청에 명령하여 각 1부씩 인출하여 보내주도록 하였다.

위 기사에 따르면 비각(秘閣)에 소장되어 있던 《구경九經》 등 여러 서적을 각 1부씩 인출하여 서경(西京)〈평양〉에 보냈다. 이것이 사실이라면 의서도 포함되었으므로 서명을 알 수는 없지만 의서 간행에 대한 최초의 역사 기록일 것이다.

덧붙여 앞의 문종 대 간행된 의서의 이름 일부는 《조선왕조실록》 가운데 보인다.

◎ 《태종실록》 태종 12년 임진1412 8월 7일 기사

命史官金尙直, 取忠州史庫書冊以進。小兒巢氏病源候論、大廣益會玉篇、鬼谷子、五臟六腑圖、新彫保童秘要、廣濟方、陳郎中藥名詩、神農本草圖、本草要括、五音指掌圖、廣韻、經典釋文、國語、爾雅、白虎通、劉向說苑、山海經、王叔和脈訣口義辨誤、前定錄、黃帝素問、武成王廟讚、兵要、前後漢著明論、桂苑筆耕、前漢書、後漢書、文粹、文選、高麗歷代事迹、新唐書、神秘集、冊府元龜等書冊也。且命曰, 神秘集, 毋得披閱, 而別封以進。上覽其集曰, 此書所載, 皆怪誕不經之說。命代言柳思訥焚之, 其餘下春秋館藏之。

주상께서 사관(史官) 김상직(金尙直)에게 명하여 충주사고의 서적을 가져다 바치게 하였으니 《소아소씨병원후론》·《대광익회옥편》·《귀곡자》·《오장육부도》·《신조보동비요》·《광제방》·진 낭중(陳郎中)의 《약명시》·《신농본초

도》·《본초요괄》·《오음지장도》·《광운》·《경전석문》·《국어》·《이아》·《백호통》·유향(劉向)의 《설원》·《산해경》·《왕숙화맥결구의변오》·《전정록》·《황제소문》·《무성왕묘찬》·《병요》·《전후한저명론》·《계원필경》·《전한서》·《후한서》·《문수》·《문선》·《고려역대사적》·《신당서》·《신비집》·《책부원귀》 등의 책이었다. 또 명하였다. "《신비집》은 펴보지 못 하게 한 채 따로 봉하여 올리라." 주상께서 이 책을 보시고는 "이 책에 실린 것은 모두 괴상하고 불경스러운 이야기들이다."라고 말한 후 대언(代言) 유사눌(柳思訥)에게 명하여 이 책을 불사르게 하고 나머지 책은 춘추관(春秋館)에 내려 보관하게 하였다.

충주사고는 고려시대부터 있었는데, 위와 같이 태종 12년 임진1412에 충주사고에서 춘추관(春秋館)으로 책을 이장하였다. 9종의 의서 가운데에는 중국 판본도 포함되어 있을 터이지만, 그 가운데 《소아소씨병원후론》과 《본초요괄》(본초괄요)은 앞에서 설명한 것과 같이 고려 문종 12년에 충주에서 판각된 판본이라고 생각하지 않을 수 없다. 《조선왕조실록》에서 이들 서명을 접할 수 있다는 사실은 매우 흥미롭다.

참고

위에서 든 8종(《의옥집》을 포함하면 9종) 의서는 판목(版木)의 수가 지나치게 적다. 특히 문종 12년 충주판 《황제팔십일난경》·《천옥집》·《상한론》·《본초괄요》·《소아소씨병원》·《소아약증병원일십팔론》·《장중경오장론》의 판목이 모두 99판이라는 사실은 이해하기 어렵다.[2] 아마도 길고 큰 하나의 판목에 앞뒤로 각각 2장씩 판각한 것이 아닌가 한다. 이에 대해 앞으로 연구되기를 바란다(《의옥집》은 조선 초기 간행본이 현존한다. 제3부 〔027장〕에서 해제하였다. 이것은 지수(紙數)가 40매이다. 문종 13년 안서판의 판목이 11개라고 하였으므로 거의 일치한다).

2 〔007장〕《고려사》 권8 문종 13년 기사 참고

010. 침구동인도 鍼灸銅人圖

2축(軸)

[일실]

개요

태종 15년 영락永樂 13년, 을미1415에 판각하여 반포하였다.

◎ 《동문선東文選》 권93 동인침구소서(銅人鍼灸小序) 〈 윤회(尹淮) 지음 〉

臣謹按明堂正經, 黃帝岐伯, 所以活天下也, 後之爲銅人腧穴者, 祖其意而述之。夫民者, 國之元氣也, 元氣病則身且危矣。上古聖神, 教之禮義, 以養其心志, 爲之衣食, 以養其口體, 申之醫藥, 以調其榮衛, 于以保元氣而壽國脉, 然則鍼灸之術, 斯亦仁政之一端也。

恭惟主上殿下好生之德, 同符前聖, 教養之道, 旣臻其極, 猶且慊然, 視民之疾痛痾痒, 擧切吾身, 而夙夜于懷, 以吾東方介居海隅, 良醫之不易得也, 圖經之或失其眞也, 鍼砭之罕見其全也。永樂乙未夏, 奏請給降銅人, 天子是之, 勑大醫院, 繪畫仰伏二軸以賜, 圖之精密, 毫髮不差, 若目見和扁而耳承師授, 誠活人之指南也。殿下卽命模本鏤板, 頒布中外, 以惠萬世, 其仁民濟衆之念, 調保國脉之慮, 本末備具, 固將擧斯世而躋之仁壽之域, 吁盛矣哉。

소신이 삼가 살펴보건대 《명당정경明堂正經》은 황제(黃帝)와 기백(岐伯)이 천하의 백성을 살리기 위한 책이며 후대에 동인(銅人)에 수혈(腧穴)을 표시한 것은 그 뜻을 근본으로 하여 계승한 것입니다. 백성이란 나라의 원기(元氣)라고 할 수 있으니 원기가 병들면 몸도 위태롭게 될 것입니다. 상고 시대의 성인께서는 예의(禮義)를 가르쳐서 각자의 심지를 기르게 하시고, 의식주를 마련하여 각자의 몸을 기르게 하시며, 의약을 보급하여 몸의 기운을 조절하게 하셨으니 원기(백성)를 보전함으로써 국가의 명맥을 오래도록 유지하기 위함이었습니다. 그렇다면 침을 놓고 뜸을 뜨는 의술 또한 인자한 정치의 한 가지 방편일 것입니다.

삼가 생각건대 주상전하께서는 살리기 좋아하는 덕행에 있어서는 옛 성인과 똑같으며, 백성을 가르치거나 먹고 살게 하려는 정책에 있어서는 이미 지극한 경지에 이르렀음에도 오히려 부족하게 여기시면서 백성이 병으로 고생하는 것을 보면 온통 자기 몸과 같이 여겨 밤낮으로 걱정하셨습니다. 우리나라는 바다 한 모퉁이에 끼어 있기 때문에 명의가 쉽사리 나오기 어렵고 가지고 있는 도경(圖經)은 더러 틀린 곳이 있으며 침의 전모도 살펴보기 어렵습니다. 그래서 영락(永樂) 을미년1415 여름에 침구동인도를 내려 줄 것을 명(明)에 청하였더니 천자께서 알겠다 하시고는 태의원(太醫院)에 명하여 앞면과 뒷면 두 폭을 그려 하사하셨습니다. 그림의 정밀함은 털끝 하나 틀림이 없어 마치 화타(華陀)와 편작(扁鵲)을 마주하여 직접 가르침을 듣는 것 같았으니 참으로 사람을 살리는 지침으로 삼을만하였습니다. 전하께서 즉시 그 그림을 그대로 본떠 목판에 새긴 후 도성과 지방에 반포하도록 명하시어 만세토록 혜택을 주게 하셨으니 백성을 아끼고 구제하려는 마음과 국가의 명맥을 보전하려는 생각이 본말 모두 구비되어 장차 이 세상을 장수의 영역으로 올라갈 수 있게 하셨습니다. 아아 참으로 위대한 일입니다.

◎《동문선》 권38 사사동인도표(謝賜銅人圖表) 〈 윤회(尹淮) 지음 〉

文命誕敷，懷柔旣洽，睿恩聿至，睠顧采隆，拜受以還，感銘何極。竊念小邦地本荒僻，俗皆顓蒙，肆乏傳授之明醫，未精針灸之良術，縱有疾痛，末由攻治，敢露卑情，仰塵聰聽，豈期優渥之寵澤，特降神妙之繪圖，脉絡易尋，宛徹筋骸之束，指陳可敎，庶無絲毫之差，將見扎瘥，變爲耆耋，玆蓋心敦博施，度擴包容，遂令血氣之儔，共被生成之化。謹當益堅節義，更竭忠誠，恪守藩宣，永醫民於一國，嘉與臣庶，恒祝聖於萬年。

문치(文治)의 교화를 널리 펼치시어 나라가 충분히 안정되었고 성은을 뒤따라 내려주시어 은혜가 더욱 풍족합니다. 절하고 받아서 돌아오니 감격하고 명심함이 얼마나 지극한지요. 가만히 생각해 보건대 저희 나라는 땅이 본래 황량한 곳에 있고 사람들이 모두 우매하며 귀국에서 의학을 전수받은 뛰어난 의원이 없고 침구의 오묘한 의술에 정통하지도 못하기 때문에 비록 병이 있더라도 치료하지 못하고 있습니다. 그래서 감히 비천한 저희의 사정을 말씀드려 우러러 총명하신 황제의 이목을 귀찮게 하였더니 도타우신 은택을 내려주실 필요가 없음에도 특별히 신묘한 그림을 내려주셨습니다. 경맥을 찾기 편리하여 힘줄과 뼈가 만나는 곳을 구석구석 알 수 있고 직접 보여주면서 가르칠 수 있어 아마 털끝만큼의 착오도 없게 되리니 이제부터는 요절할 병을 만나더라도 늙은 나이까지 장수할 수 있을 것입니다. 이것은 모두 도타운 마음으로 널리 베푸시고 넓은 도량으로 포용하시어 혈과 기가 있는 저희에게까지 다 같이 살 수 있는 교화를 내리셨기 때문입니다. 삼가 마땅히 더욱 의리를 굳건히 하고 더욱더 충성을 다 바쳐서 삼가 제후국의 도리를 지키며 영원히 온 나라 백성을 치료하고 신민(臣民)과 더불어 언제나 태평성대가 만세토록 이어지기를 축원하겠습니다.

◎《태종실록》 태종 15년 을미1415 4월 22일 기사

遣恭安府尹吳眞如京師，賀千秋也。就咨禮部曰，醫藥活人，實惟重事。本國僻居海外，爲緣鍼灸方書鮮少，且無良醫，凡有疾病，按圖鍼灸，多不見効。如蒙奏聞，給降銅人，取法施行，深爲便益。

주상께서 공안 부윤 오진(吳眞)을 연경에 보내어 천추절(千秋節)을 하례하게 하였다. 명(明)의 예부(禮部)에 자문(咨文)을 보내었다. "의약(醫藥)으로 사람을 살리는 것은 진실로 중대한 일입니다. 우리나라는 외따로 바닷가 끝에 떨어져 있는 데다가 침구서(鍼灸書)에 기대보려 해도 거의 없고 또 훌륭한 의원도 없기 때문에 병에 걸리면 경락도(經絡圖)를 살펴 가며 침도 놓고 뜸도 뜨지만 대부분 효험을 보지 못합니다. 저희가 아뢴 대로 동인(銅人)을 내려주신다면 이것을 기준으로 삼고 침구를 시행할 수 있으리니 대단히 유익할 것입니다."

◎《태종실록》 태종 15년 을미1415 10월 23일 기사

帝賜我銅人圖。千秋使吳眞，回自京師，禮部咨曰，準國王咨，該本國針灸方書鮮少，移咨奏請，給降銅人，取法便益。本部官欽奉聖旨，着太醫院畫兩箇與他去。欽此行移太醫院，綵畫針灸銅人仰伏二軸，就付吳眞領回。……。

명(明) 황제께서 우리나라에 동인도(銅人圖)를 하사하였다. 천추사(千秋使) 오진(吳眞)이 연경에서 돌아와 명(明)의 예부(禮部)에서 내린 문서를 올렸다. 그 내용은 다음과 같다. "조선 국왕의 자문(咨文)에 의하면 '우리나라에 침구서(鍼灸書)가 거의 없어서 자문을 올려 아뢰니 동인(銅人)을 내려주시면 기준으로 삼기에 유익할 것입니다.'하였습니다. 우리 예부에서는 '태의원(太醫院)에서 동인도 2개를 저들에게 주어 보내라.'는 황제의 성지(聖旨)를 받들었습니다. 이에 따라 태의원에 공문을 보내어 인체 앞면과 뒷면을 나타낸 2폭의 침구동인도(鍼灸銅人圖)를 그리게 하여 오진에게 주어 돌려보냅니다." …….

◎ 《태종실록》 태종 15년 을미1415 11월 1일 기사[1]

遣左軍都摠制朴子靑如京師，謝賜銅人圖也。

좌군 도총제 박자청(朴子靑)을 연경에 보내었으니 동인도(銅人圖)를 하사받은 일에 사례하기 위함이었다.

◎ 《태종실록》 태종 15년 을미1415 12월 14일 기사

命刊印鍼灸銅人圖，頒布中外。

주상께서 《침구동인도》를 간행하고 인출한 후 도성과 지방에 반포하도록 명하셨다.

고찰

이상의 기록 (명(明) 측의 기록은 《황명실록皇明實錄》에 있다) 을 통해 《동인도銅人圖》의 간행 과정을 분명히 알 수 있다. 즉, 태종 15년을미1415 여름 4월 오진(吳眞)을 천추사(千秋使)로서 명(明)에 파견하였을 때, 조선은 동쪽 바닷가 끝에 있어 좋은 의원이 없고 침구서도 드무니 동인(銅人)을 내려주기를 청하였다. 영락제(永樂帝)는 태의원에 명령하여 침구동인(鍼灸銅人) 앞면·뒷면 두 폭〔軸〕을 그리게 한 뒤 오진에게 주어 돌려보냈다 (겨울 10월). 태종은 크게 기뻐하며 사은하고 서둘러 이것을 본떠 판각한 다음 도성과 지방에 반포하게 하였다 (12월).

그러나 이렇게 양쪽 정사(正史)에 분명히 기록된 《동인도》는 망실된 것인지, 필자는 이 시기의 《동인도》를 아직 보지 못하였다. 《고사촬요》선조 초기 간본〈팔도책판〉에 "羅州，銅人脈簇圖。晉州，銅人圖。"라고 하였다. 이 《동인도銅人圖》와 《동인맥족도銅人脈簇圖》는 아마도 같은 것이라고 생각한다. 이 두 판목은 태종 때 간행된 뒤 지방에서 판각된 듯하다. 현재 전해지는 조선의 《동인도》는 시대가 흘러 위에서 언급한 것들과는 차이가 있지만 이것들의 뒤를 이은 것이라고 생각한다.

1 원서에는 존재하지 않지만 역자가 추가하였다.

011. 세의득효방 世醫得效方

20권

원(元) 위역림(危亦林) 편찬

개요

이 책의 간본 3종〈간본(1)·(2)·(3)〉에 대해 해제한다.

판본

(1) 원(元) 대의 판본을 복각한 목판본

〈내각문고(內閣文庫) 소장〉

세종 7년 을사1425 춘천부(春川府)에서 개간(開刊)하였다.

형태서지

20권 22책. **|판식版式|** 원(元) 대의 판본을 복각한 목판본, 위·아래·오른쪽 가장자리를 재단하였다. 반곽 18.0×11.5㎝, 11행 22자, 태지(苔紙) 같은 갈색 종이〈고정지(藁精紙)〉에 인출되었다. **|지수紙數|** 서문 10매, 강목(綱目) 1매, 차자(箚子) 및 원(元) 대의 간기(刊記) 5매, 목록 34매, 본문 769매, 발문 2매. **|인기印記|** 제1책 첫머리에 "佐伯侯毛利高標字培松藏書畫之印"이 있다.

내용서지

○ 서문〈"至元四年八月, 承事郎 同知永新州事 王充耘與耕書"〉. 내용은 생략한다.

○ 서문〈"至元三年歲丁丑七月旣望, 嘉禾後學達齋危亦林, 拜手謹書"〉. 내용은 생략한다.

○ 서문 (“至元三年歲在癸未仲夏, 逮寧路官醫提領 陳志頓首謹書”). 내용은 생략한다.

○ 차자(箚子) (“太醫院至三年十一月日, 抄白申行”). 내용은 생략한다.

○ 간기(刊記) (“至元五年太醫院識”). 내용은 생략한다.

◎ 《세의득효방》 발(跋)

古今醫書之行於世者, 非一, 而其對病鍼灸之法, 隨證治療之方, 無不備載者, 莫若此書之爲要也。歲在庚子春川府使權公 尙溫, 得知司諫許公 盤石 家藏一本, 賚示監司韓公 丞顔, 公囑權公, 募工鋟梓, 俾廣厥傳, 未訖而見代, 其後監司睦公 進恭, 柳公 思訥 相繼而督之, 猶未告訖, 今監司韓公 有紋, 都事李君 擁, 上體聖上深仁, 下慮庸醫之誤人, 卽命判春川府事崔公 洵, 監加勸督, 俾訖前功, 欲令業醫者, 得倉扁之術, 逢疾者免夭札之患, 嘉與黎烝之輩, 同躋仁壽之域。嗚呼, 數君子之仁於用心, 夫豈淺淺哉。

皇明洪熙乙巳春二月, 原州儒學敎授官元晃跋。

고금의 의서 중에서 세상에 전파된 경우가 한둘이 아니지만 병에 따른 침구법과 증상에 따른 치료법을 빠짐없이 싣고 있는 책으로는 이 책만큼 요긴한 것이 없다. 경자년1420 춘천부사(春川府使) 권상온(權尙溫) 공께서 지사간(知司諫) 허반석(許盤石) 공의 집안에 보관되어 있던 책 1질을 얻어 감사(監司) 한승언(韓丞顔) 공께 보내드리자 한 감사께서는 각수를 모아 판각하여 널리 전하는 일을 권 공에게 맡겼으나 간행을 마치지 못한 채 이임하게 되었고 후임 감사 육진공(睦進恭) 공과 유사눌(柳思訥) 공께서 서로 이어 이 일을 감독했으나 여전히 마치지 못하였다. 지금 감사이신 한유문(韓有紋) 공께서는 도사(都事) 이옹(李擁) 군과 함께 위로는 성상의 깊이 어진 마음을 본받고 아래로는 용렬한 의원이 환자를 잘못 치료함을 염려하시고는 즉시 판춘천부사(判春川府事) 최순(崔洵) 공에게 명하여 더욱 감독에 신경써서 하던 일을 마무리 짓게 하셨다. 이는 의원들이 창공과 편작의 의술을 깨닫게 하여 병자를 요절할 걱정에서 벗어나게 함으로써 백성들과 함께 기쁘게 장수의 영역으로 올라가고자 하신 것이다. 아, 여러 공들의 인자한 마음 씀씀이가 어찌 얕다고 할 것인가.

홍희 을사년1425 봄 2월. 원주 유학교수관 원황이 발문을 쓰다.

◎ 《세의득효방》 조선 간기(刊記)

監校

前宣務郎江原道醫學敎授官 廉希震。
嘉善大夫判春川府事兼勸農兵馬節制使 崔洵。
經歷所都事奉訓郎試京市署令 李擁。
觀察黜陟使兼兵馬節制使通政大夫戶曹參議 韓有紋。

교감
전 선무랑 강원도 의학교수관 염희진(廉希震).
가선대부 판춘천부사 겸 권농병마절제사 최순(崔洵).
경력소 도사 봉훈랑 시경시서령 이옹(李擁).
관찰점척사 겸 병마절제사 통정대부 호조 참의 한유문(韓有紋).

본문 첫머리에는 원(元) 대의 간기가 있다.

◎ 《세의득효방》 원(元) 간기

建寧路官醫提領 陳志 刊行。
南豐州醫學敎授 危亦林 編集。
江西等處官醫副提擧 余賜山 校正。

건녕로 관의제령 진지(陳志) 간행.
남풍주 의학교수 위역림(危亦林) 편집.
강서등처 관의부제거 여사산(余賜山) 교정.

본문내용

책의 강목(綱目)을 제시하여 내용 설명을 대신한다.

◎ 《세의득효방》 강목(綱目)

大方脈雜醫科(九十一類), 小方脈科(七十一類), 風科(十類, 《風科得效方》), 產科兼婦人雜病科(三十三類, 《新編大全婦人良方》), 眼科(十二類, 《眼科龍木論》), 口齒兼咽喉科(六類, 《口齒咽喉方》), 正骨兼金鏃科(二十九類, 《外科精要》), 瘡腫科(二十四類, 《外科精要》), 鍼灸科(略附各科), 孫眞人養生書(節文附正骨科後)

위의 각과 별로 역대 명의의 방론(方論)과 방서(方書)를 채록하여 정연하게 편집하였다. 일반 총서가 표면적인 지식을 전하는 데 반해 이 책 하나가 있으면 각 분과의 전문지식을 깊이 있는 부분까지 알 수 있다. 이 책이 원(元)에서 명(明) 중기까지 성행한 것은 이러한 가치 때문이다. 덧붙여 강목(綱目) 중에 침구과(鍼灸科)가 있지만 이 간본 속에는 실려 있지 않다.

행림서원 주인 이 씨는 이 간본의 창종과(瘡腫科)에 해당하는 《외과정요外科精要》 1책을 소장하고 있다〈〔042장〕《외과정요》 참고〉.

(2) 갑진자 활자본

〈궁내성(宮內省) 도서료(圖書寮) 소장((2)A)〉

형태서지

20권 15책. 간기(刊記)는 없다〈중종 또는 명종 때 간행되었다〉. **❙판식版式❙** 활자본〈갑진자〉, 세로 31.0×가로 19.5㎝, 반곽 21.5×약 16㎝, 12행 19자, 좌우쌍변. **❙판심版心❙** 흑구, 상하어미, 어미 사이에 "得效方"·장차(張次)가 적혀 있다. **❙지수紙數❙** 강목(綱目) 1매, 지어 및 서문 8매, 목록 64매, 본문 958매. **❙인기印記❙** 책 첫머리마다 "多紀氏藏書印"·"江戶醫學藏書之記"·"醫學校典籍局"·"帝國博物館圖書"가 있다.

내용서지

서(序)·차자(箚子)·고성(告成)은 간본(1)과 배열 순서만 다르고 내용은 동일하다.

본문내용

내용은 간본(1)과 동일하다.

⊙ 도서료의 이종 소장본((2)B) : 도서료에는 간본(2)A와 동일한 또 다른 간본도 소장되어 있다. 이 간본은 위·아래·오른쪽 가장자리가 재단되어 있고, 강목·서·지·목록과 권1·권2·권3이 없으며 나머지 전권이 9책으로 제본되어 있다. 제1책에서 제8책까지는 책 첫머리에 "賀洛許氏", 권21에는 "思胎"라는 붉은 인기(印記)가 있다. 《어서적내력지御書籍來歷志》에서 "조선판 활자본으로 조선인 허 아무개의 개인 인기가 있다. 모지즈키(望月) 소장본이다.〔韓版活字ニシテ韓人許某ノ私印アリ, 望月本〕"라고 한 것이 이 간본을 가리킨다.

⊙ 오사카부립도서관 소장본((2)C) : 오사카부립도서관에 이 간본의 권10(지수紙數 45매) 1책이 있다. 인기(印記)는 없다. 이시자키문고(石崎文庫)에 소장되었던 책이다.

(3) 춘천본(春川本) 및 담양본(潭陽本)

《고사촬요》 만력 13년 간본 〈팔도책판〉에 실려 있다. 필자는 보지 못하였다.

고찰

《경적방고지經籍訪古志》에 아래와 같이 기록되어 있다. 이 가운데 처음의 소자(小字) 목판본은 (1)내각문고 소장본을 가리키고, 활자본은 (2)A도서료 소장 갑진자 활자본에 해당하며, 대자(大字) 목판본은 미처 보지 못하였으나 추측하건대 (3) 《고사촬요》에 있는 춘천판 및 담양판을 말하는 것이 아닌가 한다.

◎ 《경적방고지》의 《세의득효방》

> 世醫得效方 二十卷, 目錄一卷
>
> 朝鮮本三通, 一小字整版, 係元版覆刻 寶素堂藏, 一大字整版 崇蘭館藏, 一活字本 捺吉氏家藏印, 聿修堂藏, 竝據元版而重刊者。

> 《세의득효방》 20권, 목록 1권
>
> 조선 간본 3가지. 하나는 소자(小字) 목판본으로 원(元) 대의 판본을 복각한 것이고(호소도오(寶素堂) 소장), 다른 하나는 대자(大字) 목판본이며(숭란관(崇蘭館) 소장), 마지막 하나는 활자본이다("요시씨 가장(吉氏家藏)"이라고 날인되어 있다. 잇슈우도오(聿修堂) 소장). 모두 원(元) 대 판본에 근거하여 중간한 것이다.

《조선왕조실록》에 《세의득효방》은 세종 12년 경술1430 '십학(十學)의 취재(取才) 때 평가할 서적과 기예(技藝)의 항목' 가운데 보인다. 그리고 단종 3년 을해1455 및 세조 원년[1]에도 이 책의 판본이 여전히 존재하였다는 것을 알 수 있다(간본(1)에 해당한다).[2]

---

1 단종 3년과 세조 원년은 같은 해를 가리킨다.

또 《경국대전》(을사대전)에도 의학 취재 및 의과 시험 강서(講書)로서 기재되어 있다. 조선에서 《세의득효방》은 간단히 《득효방得效方》으로 통했고 조선 전기의 필수 의서였다.

2 제1부 〔016장〕 인용 사료(세종 12년 3월 18일 기사), 제2부 〔024장〕 인용 사료(단종 3년 4월 4일 기사), 〔025장〕 인용 사료(세조 2년 8월 26일 기사)를 참고하라.

012. 신간인재직지방론 新刊仁齋直指方論 직지방直指方 26권

송(宋) 양사영(楊士瀛) 지음

개요

필자가 알고 있는 조선 간본을 해제한다.

판본

(1) 세종 13년 신해1431 활자본

〈 현재 일실되었다 〉

《실록》의 기록을 통해 이 간본의 존재를 알 수 있다.

◎ 《세종실록》 세종 13년 신해1431 5월 11일 기사[1]

禮曹據典醫監牒呈啓，本監生徒專爲習讀醫方，今在本監直指方、傷寒類書、醫方集成、補註銅人經等書，只有唐本各一件，習讀人多，難以共看，令鑄字所印頒。今詳補註銅人經，有圖形，難用鑄字印之，請就有材木慶尙道刊版，其餘三書，令鑄字所各印五十件，分給本監及惠民局濟生院。從之。

전의감에서 올린 첩정(牒呈)에 의거하여 예조에서 아뢰었다. "전의감의 생도는 오로지 의서를 습독해야 하나 지금 전의감에 있는 《직지방》·《상한유서》·《의방집성》·《보주동인경》 등의 책은 다만 중국 간본으로 각 한 권씩만 있기 때문에 습독하는 사람이 많으면 함께 보기 어렵습니다. 그러니 주자소(鑄字所)에서 인

1 원서에는 내용이 요약되어 있으나 역자가 원문을 인용하여 실었다.

> 쇄하여 반포하소서. 지금 《보주동인경》을 자세히 살펴보니 그림이 있어서 활자로 인출하기가 어렵습니다. 목재가 있는 경상도에서 판각하게 하고 《보주동인경》 이외의 3가지 책은 주자소에서 각각 50부를 인출하여 전의감·혜민국·제생원에 나누어 주도록 하소서." 주상께서 그대로 따랐다.

한편 《경적방고지經籍訪古志》 〈보유補遺〉에 실려 있는 송(宋) 목판본과 판식(版式)이 동일하다는 조선 활자본은 이 간본이 아니라 간본(2)를 가리킨다고 생각한다.

(2) 갑진자 활자본

〈 오사카부립도서관 소장 〉

형태서지

26권 7책. **|판식版式|** 위·아래·오른쪽 가장자리를 재단하고 일본에서 개장(改裝)하였다. 12행 19자, 반곽 21.5 × 15.5㎝, 좌우쌍변 〈 단변인 부분도 많음 〉 **|판심版心|** 상하어미, 흑구 〈 흑구가 아닌 곳도 있음 〉, 어미 사이에 "直指方"·장차(張次)가 적혀 있다. **|인기印記|** 제3·4·6책의 첫머리에는 붉은 인장 위에 검은 글씨로 "惠民上"이라고 적혀 있다. **|지수紙數|** 강목(綱目) 3매, 목록 45매, 본문 411매.

내용서지

이 간본에는 서문이 없다. 목록 처음에 "環溪書院刊行"이라는 본래의 송(宋) 대 간기(刊記)가 있고, 권 첫머리마다 아래와 같이 찬자의 이름이 기록되어 있다.

◎ 《신간인재직지방론》 권 첫머리 일부

三山名醫仁齋楊士瀛登父 編撰。

建安儒輩翠峰詹中洪道 校定。

> 삼산(三山)의 명의 인재(仁齋) 양사영(楊士瀛) 등보(登父) 편찬.
>
> 건안(建安)의 유학자 취봉(翠峰) 첨중(詹中) 홍도(洪道) 교정.

본문내용

26권의 강목(綱目)을 제시한다.

◎ 《신간인재직지방론》 강목

卷一：總論
卷二：證治提綱
卷三：風, 寒, 暑, 濕
卷四：風緩, 歷節風, 脚氣
卷五：諸氣
卷六：心氣, 脾胃
卷七：痰涎(附水飲), 嘔吐
卷八：咳嗽(附喘嗽), 聲音
卷九：虛勞(附虛汗), 勞瘵
卷十：漏濁, 夢泄
卷十一：眩運, 驚悸
卷十二：痎瘧
卷十三：吐瀉(附霍亂), 泄瀉
卷十四：瀉痢, 脫肛
卷十五：積熱, 痼冷, 秘澁
卷十六：五疸, 諸淋
第十七：消渴, 脹滿, 虛腫
卷十八：身體(附腰), 腎氣(附木腎)
卷十九：腎臟風癢, 頭風
卷二十：眼目
卷二十一：耳, 鼻, 脣舌, 咽喉, 齒
卷二十二：癰疽, 乳癰, 癌, 痼, 瘭, 丁瘡, 瘰癧, 癭瘤
卷二十三：腸癰, 便毒, 腸風, 諸痔
卷二十四：癮疹風, 丹毒, 癩風, 諸瘡, 疥癬
卷二十五：諸蟲, 蟲毒, 桃生毒, 諸毒
卷二十六：婦人, 血氣, 拾遺

이 강목을 다시 세목(細目)으로 나누어 설명하였다.

판본고찰

갑진자 활자본이기 때문에 간행 시기는 성종 갑진년1484 이후부터 선조 초기까지로 추정할 수 있는데, 아마 중종 때의 것으로 보인다.

과거에 필자는 경성(京城) 한남서림(翰南書林)에서 이 간본의 권24 영본(零本)을 보았는데 12행 19자로 되어 있었고 표제는 "增修仁齋直指方論"이었다. 지금 고찰해 보려고 해도 근거할 것이 없다.

양수경(楊守敬)도 《일본방서지보日本訪書志補》에서 이 판본을 언급하고 고증하였다.

(3) 숙종 4년경 활자본

〈경성대학 도서관, 경성대학 약리학교실, 오사카부립도서관 소장〉

간기(刊記)가 없어 간행 시기를 확정할 수 없지만 숙종 4년무오1678 경이라고 생각한다. 《직지방론의맥진경直指方論醫脈眞經》〈전 경성대학 하야노(早野) 교수 소장본. 〔013장〕 참고〉은 그 내사기(內賜記)를 통해 강희(康熙) 17년에 간행되었음을 알 수 있다. 두 판본의 체재·활자·판식 등이 같기 때문에 이렇게 추정한다.〈〔부도54〕 참조〉

형태서지

26권 6책. **| 판식版式 |** 활자본〈후기 갑인자 대자〉, 세로 35 × 가로 23㎝, 반곽 25.5 × 18.0㎝, 10행 18자. **| 지수紙數 |** 서문 1매, 총목 3매, 목록 35매, 본문 469매.

내용서지

○ 자서(自序)〈"景定甲子良月朔, 三山楊士瀛登父序"〉가 있다.

본문내용

내용은 앞의 간본(1)과 같다.

고찰

《직지방直指方》은 조선 초기부터 말기까지 의학 취재 및 의과 시험 강서(講書)로 채택되어 항상 중요하게 생각되어 온 의서이다. 이 책은 그 이름에서 보이듯 '직지(直指)' 즉 직접 실제를 가리켜 배우는 사람들이 병증에 맞는 처방을 마음속에서 분명하고 쉽게 알 수 있도록 하였고 또한 그 처방이 적절했기 때문에 중요하게 여겨졌다.

양사영의 저술로는 앞에 든 목록 외에 《직지소아방론直指小兒方論》·《상한유서활인총괄傷寒類書活人總括》·《의학진경醫學眞經》·《의맥진경醫脈眞經》이 있다. 위 조선 간본은 남본(藍本)에 근거하였기 때문인지 이것들이 빠져있다. 명(明)의 주숭정(朱崇正)이 간행한 《직지방》에는 《직지소아방론》과 《상한유서활인총괄》이 부유방론(附遺方論)으로서 실려 있다. 《의학진경》은 타키(多紀) 씨의 《의적고醫籍考》에 따르면 20권으로 일실되었다고 하였으며 〈이 조문은 오기?〉, 《의맥진경》은 이와 별도로 따로 간행되었다. 따라서 조선에서 간행된 《직지방》은 옛 송(宋) 대 판본의 모습을 전하고 있기 때문에 중요하다.

013. 직지방론의맥진경 直指方論醫脈眞經

1권 1책

송(宋) 양사영(楊士瀛) 지음

개요

필자가 아는 3종의 간본을 해제한다.

판본

(1) 중종 38년 계묘1543 7월 간본

《실록》을 통해 이 간본의 존재를 알 수 있다. 갑진자 활자본이라고 생각한다. 필자는 보지 못하였다. 아울러 《실록》의 같은 조문에 이 간본을 경상도와 전라도에 보내 각 도에서 개간·유포했다고 하였으므로 지방판(이 경우 목판본)도 있었을 것이다.

◎ 《중종실록》 중종 38년 7월 16일 기사[1]

> 傳曰, 銅人經、直指脈, 各印二十二件, 二十件分置于兩醫司, 二件下送于慶尙、全羅等道, 開刊流布。産書、胎産集, 則各二件印出, 使無難得之弊。蓋因禮曹之啓也。

전교하였다. "《동인경》·《직지맥》은 각각 22부씩 인출한 후 20건은 양의사(兩醫司)에 나누어 보관하고, 2건은 경상도와 전라도에 내려보내 판각한 뒤 배포하게

1 원서에는 존재하지 않지만 역자가 추가하였다.

하라. 《산서》·《태산집》은 각각 2부씩 인출하여 구하기 어려운 폐단이 없게 하라." 이 전교는 예조에서 아뢴 일 때문이었다.

(2) 숙종 4년 무오1678 간본

(하야노(早野) 씨 소장본)

형태서지

|판식版式| 활자본. 세로 34.5 × 가로 22.0㎝, 반곽 25.5 × 18.0㎝, 10행 18자. **|지수紙數|** 총 32매.

내용서지

이 소장본에는 다음과 같은 내사기가 있다. 왕이 서적을 하사하는 일은 보통 책이 간행된 직후에 이루어지므로 이 판본은 숙종 4년 강희 17년, 무오1678에 인출되었을 것이다.

◎ 《직지방론의맥진경》 내사기

康熙一七年六月二十五日, 內賜樂善君潚醫脈眞經一件, 命除謝恩。右承旨 臣 權〔着名〕。

강희 17년1678 6월 25일. 낙선군 이숙(李潚)에게 《의맥진경》 1질을 내리니 답례하지 말라. 우승지 신 권(權)〔착명(着名)〕.

(3) 활자본

(경성대학 도서관 소장본)

형태서지

간행 연도를 알 수 없어 간본(2)와 비교하여 어느 쪽이 먼저인지 판단할 수 없다.

|판식版式| 세로 29.0 × 가로 19.0㎝, 반곽 25.5 × 18.0㎝, 10행 18자. **|지수紙數|** 총 38매.

본문내용

양사영의 서문이 있고, 이어 아래와 같은 내용이 있다. 본문 내용은 간본(2)와 간본(3)이 같다.

◎《직지방론의맥진경》 목차[2]

察脈摠括：三部九候論，臟腑部位論，診候論，脈病消息論，脈病順逆論

脈訣：臟腑定位，七表脈狀 八裏脈狀，七表主病，八裏主病，七表脈，八裏脈，九道脈，五臟脈證，病脈大小順，陰陽脈順逆，孕婦脈，觀形，察色，論祟脈，論絶脈

2 원서에는 내용이 요약되어 있으나 역자가 원문을 인용하여 실었다.

014. 상한유서 傷寒類書

[일실]

개요

《세종실록》을 통해 이 책이 조선 초기에 활자본으로 존재했다는 사실을 알 수 있다.

◎ 《세종실록》 세종 13년 신해1431 5월 11일 기사

禮曹據典醫監牒呈啓，本監生徒專爲習讀醫方，今在本監直指方、傷寒類書、醫方集成、補註銅人經等書，只有唐本各一件，習讀人多，難以共看，令鑄字所印頒。今詳補註銅人經，有圖形，難用鑄字印之，請就有材木慶尙道刊版，其餘三書，令鑄字所各印五十件，分給本監及惠民局濟生院。從之。

전의감에서 올린 첩정(牒呈)에 의거하여 예조에서 아뢰었다. "전의감의 생도는 오로지 의서를 습독해야 하나 지금 전의감에 있는 《직지방》·《상한유서》·《의방집성》·《보주동인경》 등의 책은 다만 중국 간본으로 각 한 권씩만 있기 때문에 습독하는 사람이 많으면 함께 보기 어렵습니다. 그러니 주자소(鑄字所)에서 인쇄하여 반포하소서. 지금 《보주동인경》을 자세히 살펴보니 그림이 있어서 활자로 인출하기가 어렵습니다. 목재가 있는 경상도에서 판각하게 하고 《보주동인경》 이외의 3가지 책은 주자소에서 각각 50부를 인출하여 전의감·혜민국·제생원에 나누어 주도록 하소서." 주상께서 그대로 따랐다.

또 한 해 앞선 세종 12년 경술1430 3월[1], 얼마 뒤인 세조 10년 갑신1464 정월과 성종 2년 신묘1471 5월[2]에도 의학 취재 강서(講書)로서 이 책이 채택되었다. 따라서 이

---

1 제1부 〔016장〕 인용 사료(세종 12년 3월 18일 기사)를 참고하라.

책은 조선 초기에는 상용(常用) 의서였다. 그러나 이후에는 별로 사용되지 않았는지 그 이름이 보이지 않게 되었다.

《상한유서》라는 이름의 책은 타키(多紀) 씨가 《의적고醫籍考》에서 "《상한유서》. 문연각 서목에서 '1부 1책, 빠져있다.'라고 하였다. 필자는 보지 못하였다.〔傷寒類書, 文淵閣書目曰, 一部一冊闕, 未見〕"라고 적은 기록밖에 근거가 없지만, 필자는 이 책이 《인재직지방仁齋直指方》의 관련서인 《상한유서활인총괄傷寒類書活人總括》 7권(〔012장〕 참고)일 것이라고 추정한다.

2 제1부 〔018장〕 인용 사료(세조 10년 정월, 세조 10년 5월 기사)와 제1부 〔023장〕 인용 사료(성종 2년 5월 기사)를 참고하라.

015. 의방집성 醫方集成

원(元) 손윤현(孫允賢) 지음

[일실]

개요

이 책은 《상한유서傷寒類書》(〔014장〕 참고)와 같이 세종 13년 신해1431에 주자소에서 간행되었다. 이 책은 조선 초기에 상용되었던 처방서였다. 즉 세종 12년 경술1430 3월 《세종실록》의 "상정소(詳定所)에서 십학(十學)의 취재(取才) 때 평가할 서적과 기예(技藝)의 항목에 대하여 아뢴" 기록을 보면, 이 책이 의학(醫學) 항목 가운데 채택되어 있다.[1] 또 《향약집성방鄕藥集成方》의 인용서로서 병증을 설명한 의론(醫論) 부분에 종종 보인다. 그러나 그 후 시대가 내려감에 따라 이윽고 사용되지 않게 되었는지 잘 언급되지 않게 되었다.

타키(多紀) 씨는 《의적고醫籍考》에서 이 책이 일실되었다고 하면서 왕원복(王元福)의 서문을 요약하여 실었다.

◎ 《의적고》의 《의방집성》 서문 요약[2]

> 王元福序略曰，文江孫氏集諸方取切要者，各以類編，名爲大成。各類首又取三因及嚴氏諸家之說，合而爲編，庶觀者得其說而求其方，瞭然在目矣。編成求序，鋟梓以廣其傳。使閱方者，一覽而盡得之，可省蓄方之繁，而行遠者，亦可挾以自便，或可爲衛生之一助云。辛酉至治初元，文江王元福序。

왕원복(王元福)의 서문을 요약하면 다음과 같다. 문강(文江) 손 씨가 여러 의서

---

1 제1부 〔016장〕 인용 사료(세종 12년 3월 18일 기사)를 참고하라.

2 원서에는 일부 내용만 있지만 역자가 보충하여 실었다.

에서 중요한 점을 모아 각 문으로 나누어 엮은 뒤 《의방대성》이라고 이름 붙였다. 각 문마다 첫머리에는 《삼인방》, 《엄씨제생방》 등 여러 의가(醫家)들의 의론을 뽑아 놓고 모두 합하여 책을 엮었으니 보는 이가 그 의론을 보고 적합한 처방을 찾을 때 한눈에 쏙 들어오는 듯하다. 책을 완성하자 나에게 서문을 부탁한 후 책을 간행하여 널리 배포하였다. 이 책을 보는 이가 한 번 보면 모두 이해할 수 있도록 중복된 처방들을 생략하였고, 멀리 가는 이가 휴대하여 편리하게 사용할 수 있도록 만들었으니 아마 생명을 구하는 이들에게 작은 도움은 될 것이다. 지치(至治) 원년 신유1321 에 문강(文江) 왕원복이 서문을 쓰다.

016. 신간보주동인수혈침구도경
新刊補註銅人腧穴鍼灸圖經
5권

송(宋) 왕유일(王惟一) 지음, 후인(後人) 보주(補注)

개요

이 책의 남본(藍本)에 해당하는 《동인수혈침구도경》은 북송(北宋) 때 왕유일(王惟一)이 인종(仁宗)의 조칙(詔勅)을 받들어 천성(天聖) 4년에 동인(銅人) 모형을 주조하고 아울러 편찬한 3권의 책이다. 그리고 이 장의 제목인 《신간보주동인수혈침구도경》 5권은 앞의 책을 개정(改訂)하고 보주(補註)한 것으로, 금(金) 대정(大定) 26년 병오1186 "서헌진씨인행(書軒陳氏印行)" 간본이 최초의 간행본이라고 추정되며, 그 뒤 "崇化余志安刊于勤有書堂"이라는 간기(刊記)가 있는 판본이 간행되었다. (아마 대덕(大德) 연간 즈음에 간행된 것 같다. 왜냐하면 현전하는 《증주태평혜민화제국방增註太平惠民和劑局方》의 권말에 "大德甲辰, 余志安刊于勤有堂"이라는 간기가 보이기 때문이다) 이 원(元)의 여지안(余志安) 간본이 조선에 들어온 뒤 이것을 조본(祖本)으로 하여 여러 차례 판각된 것이다.

판본

필자가 조사한 조선 간본은 다음과 같다.

(1) 세종 13년 신해1431 초간본

《세종실록》에 다음과 같이 기록되어 있다. 이것이 조선 초간본이라고 생각한다. 목판본이다.

◎ 《세종실록》 세종 13년 신해1431 5월 11일 기사[1]

禮曹據典醫監牒呈啓，本監生徒專爲習讀醫方，今在本監直指方、傷寒類書、醫方集成、補註銅人經等書，只有唐本各一件，習讀人多，難以共看，令鑄字所印頒。今詳補註銅人經，有圖形，難用鑄字印之，請就有材木慶尙道刊版，其餘三書，令鑄字所各印五十件，分給本監及惠民局濟生院。從之。

전의감에서 올린 첩정(牒呈)에 의거하여 예조에서 아뢰었다. "전의감의 생도는 오로지 의서를 습독해야 하나 지금 전의감에 있는 《직지방》·《상한유서》·《의방집성》·《보주동인경》 등의 책은 다만 중국 간본으로 각 한 권씩만 있기 때문에 습독하는 사람이 많으면 함께 보기 어렵습니다. 그러니 주자소(鑄字所)에서 인쇄하여 반포하소서. 지금 《보주동인경》을 자세히 살펴보니 그림이 있어서 활자로 인출하기가 어렵습니다. 목재가 있는 경상도에서 판각하게 하고 《보주동인경》 이외의 3가지 책은 주자소에서 각각 50부를 인출하여 전의감·혜민국·제생원에 나누어 주도록 하소서." 주상께서 그대로 따랐다.

(2) 중종 38년 계묘1543 간본

《중종실록》에 다음과 같이 기록되어 있다. 중앙에서 인출된 것은 아마도 활자본일 것이고, 경상도와 전라도에서 개간(開刊)된 것은 이것을 복각한 목판본일 것이다.

◎ 《중종실록》 중종 38년 계묘1543 7월 16일 기사[2]

傳曰，銅人經、直指脈，各印二十二件，二十件分置于兩醫司，二件下送于慶尙、全羅等道，開刊流布。産書、胎産集，則各二件印出，使無難得之弊。蓋因禮曹之啓也。

전교하였다. "《동인경》·《직지맥》은 각각 22부씩 인출한 후 20건은 양의사(兩醫司)에 나누어 보관하고, 2건은 경상도와 전라도에 내려보내 판각한 뒤 배포하게 하라. 《산서》·《태산집》은 각각 2부씩 인출하여 구하기 어려운 폐단이 없게 하라." 이 전교는 예조에서 아뢴 일 때문이었다.

---

1 원서에는 내용이 요약되어 있으나 역자가 원문을 인용하여 실었다.

2 원서에는 내용이 요약되어 있으나 역자가 원문을 인용하여 실었다.

(3) 《경적방고지》에 실린 목판본 및 활자본

《경적방고지》〈보유補遺〉에 다음과 같이 실려 있다.

◎ 《경적방고지》〈보유補遺〉 권7의 《신간보주동인수혈침구도경》 5권

新刊補註銅人腧穴鍼灸圖經五卷 元版不記刊行年月，寄所寄樓藏

……。又按，朝鮮國刊此本，凡二通，其一整版 樣式一與此本同，其一活字本 俱藏在寄所寄樓，活字則收藏家間有之，體裁俱與此本同，目錄末竝記崇化余志安刊于勤有書堂 元書軒陳氏印行字。蓋余氏重刊此本 余氏亦元人，和劑局方亦有其刻，而朝鮮本均以余氏爲祖也。整版僅存三卷，活字旣完存，而文字端正，蓋是爲最佳之本云 活字本卷五傍通孔穴圖後云，嘉靖三十二年癸丑孟秋改誤重刊，前行惠民署教授張末石監校。

《신간보주동인수혈침구도경》 5권 (원판(元版)으로 간행 시기는 적혀있지 않다. 기소기루(寄所寄樓) 소장)

……. 고찰. 조선에서 이 서헌진씨 인행본(書軒陳氏印行本)을 바탕으로 만든 판본은 모두 2종류로 한 종은 목판본(형태는 서헌진씨 인행본과 모두 같다)이고, 다른 한 종은 활자본(2종 모두 기소기루에 소장되어 있다. 활자본은 소장가들이 간혹 가지고 있다)으로 체재는 둘 다 서헌진씨 인행본과 같으며 목록 끝에 "숭화(崇化) 연간에 여지안(余志安)이 근유서당(勤有書堂)에서 간행함."이라고 모두 기재되어 있다(원(元) 대의 서헌진씨 인행본과 행자수가 같다). 아마도 여 씨가 서헌진씨 인행본을 중간하였고(여 씨도 원(元) 대 사람으로 《화제국방和劑局方》을 간행하기도 하였다) 조선 간본은 모두 여 씨 간본을 조본(祖本)으로 삼은 듯하다. 목판본이 세 권만 남아 있는 데 비하여 활자본은 완질로 남아 있으면서 글자도 단정하기 때문에 가장 좋은 판본이라고 할 수 있다(활자본 권5 방통공혈도(傍通孔穴圖) 뒤에 "가정(嘉靖) 32년(계축1553) 7월에 오류를 고쳐 중간함. 행 혜민서 교수 장말석(張末石) 교감."이라고 적혀 있다).

여기에서의 목판본은 간본(2)에 나온 지방판 혹은 간본(5)에서 설명할 《고사촬요》에 수록된 판본 가운데 하나에 해당하는 것이라고 생각한다.

여기에서의 활자본은 (2)중종 38년 간본과 다른 것으로 생각되는 장말석(張末石)이 감교(監校)한 새로운 《신간보주동인수혈침구도경》이다. 또 다음에 설명할 (4) 허준(許浚)에게 내린 내사본은 이 간본을 조본(祖本)으로 하는 같은 갑진자 활자본이지만 다른 시기에 간행되었다. 따라서 《신간보주동인수혈침구도경》은 갑진자를 써서 두 차례 간행되었다고 추측할 수 있다.

(4) 허준(許浚)에게 내린 내사본

갑진자 활자본으로 만력(萬曆) 6년에 간행되었다. 이 간본은 일본 궁내성(宮內省) 도서료(圖書寮)에 소장되어 있다. 간기는 없으나 제1책 표지 안쪽 면에 다음과 같은 내사기가 있다. 이 내사기를 통해 만력 6년 즈음에 간행되었음을 알 수 있다. 〈〔부도46〕 참조〉

◎ 《신간보주동인수혈침구도경》 내사기

萬曆六年九月 日，內賜內醫院僉正許浚銅人經一件，命除謝恩。右承旨 臣 金〔着名〕。

만력 6년1578 9월 일. 내의원 첨정(內醫院僉正) 허준(許浚)에게 《동인경》 1질을 내리니 답례하지 말라. 우승지 신 김(金)〔착명(着名)〕

형태서지

5권 2책. **❙판식版式❙** 활자본〈갑진자〉. 표지는 원래 그대로이지만 위·아래·오른쪽 가장자리를 재단하였다. 반곽 21.0×15.5㎝, 사주단변, 12행 19자, 도상이 있다. **❙판심版心❙** 상하어미, 흑구 **❙지수紙數❙** 서문 2매, 목록 6매, 본문 권1 : 25매, 권2 : 25매, 권3 : 19매, 권4 : 30매, 권5 : 30매. **❙인기印記❙** 제1책 첫머리에 "宣賜之記"라는 크고 붉은 인장이 있고, 책 첫머리마다 "醫學圖書"·"蹐蹐壽殿書籍記"·"帝國博物館圖書" 등이 있다.

내용서지

◎ 《신간보주동인수혈침구도경》 서문 일부

翰林學士 兼侍讀學士 景靈宮判官 起復朝奉大夫 尙書左司郎中 知制誥 判集賢院權尙書都省 桂國泗水縣開國男 食邑三百戶 賜紫金魚袋 臣 夏竦，奉聖旨撰。………。天聖四年歲次析木秋八月丙申謹上。

한림학사 겸 시독학사 경령궁판관 기복조봉대부 상서좌사낭중 지제고 판집현원 권상서도성 계국사수현개국남 식읍삼백호 사자금어대 신 하송(夏竦)이 황제의 명을 받들어 짓습니다. ………. 천성 4년1026 8월 병신일(丙申日)에 삼가 올립니다.

목록 뒤에 본래 간본의 간기(刊記)(“崇化余志安刊于勤有書堂”)가 적혀 있다.

본문내용

12경맥의 경혈을 도상으로 나타내고(18개의 도상이 있다) 설명을 덧붙였다.

(5) 《고사촬요》 만력 13년 간본 〈팔도책판〉 소재본

이 《고사촬요》〈팔도책판〉 가운데 전주판(全州版)·밀양판(密陽版)·진주판(晉州版)·평양판(平壤版)이 보인다.

(6) 만력(萬曆) 후기 평양간본(平壤刊本)

(송석하(宋錫夏) 씨 소장본)

형태서지

|판식版式| 목판본, 반곽 18.5×13.0㎝, 12행 19자, 사주단변, 유계. |판심版心| 상하어미, 어미 사이에 “銅人”·권차(卷次)·장차(張次)가 적혀 있다.

책 말미에는 간행 연도가 없는 간기가 있는데, 그중에 “監校, 成均館進士 黃澄。監校, 通訓大夫 前內醫院正 安頊”이라고 적혀 있다. 안욱(安頊, 1553-?)은 선조 36년 만력 31년, 계묘1603 식년시 의과에 급제하였으므로, 만력 후기 간본이라고 추정할 수 있다.

(7) 순치 11년 갑오1654 내의원 중간본

형태서지

5권 2책. |판식版式| 목판본, 반곽 21~22×18.5㎝, 12행 19자, 사주쌍변, 유계. |판심版心| 상하어미, 어미 사이에 “銅人”·권차(卷次)·장차(張次)가 적혀 있다.

이 간본은 여러 차례 인출되어 전존본도 비교적 많다.

(8) 정조 2년경 존재했던 혜민서 소장본

《누판고鏤板考》를 통해 《동인경》의 판목(“印紙三牒十四張”)이 혜민서에 소장되어 있었다는 사실을 알 수 있다. 그러나 필자는 이를 확인할 수 있는 판본을 아직 보지 못했다.

고찰

이 책은 의학 취재 및 의과 시험 강서(講書)였고, 침구서로서 조선 전 기간에 걸쳐 가장 중요시되어 널리 사용되었다. 그 결과 다른 의서에 비해 간본도 많아서 필자가 알고 있는 것만도 10종에 가깝다. 조선에서는 이 책을 간단히 《동인경銅人經》이라고 부른다.

017. 증급유방 拯急遺方

2권 1책

명(明) 섭윤현(葉尹賢) 편찬

개요

《증급유방》은 명나라 사람 섭윤현이 《의가비전수신비용가감십삼방醫家秘傳隨身備用加減十三方》과 《경험급구방經驗急救方》(《창졸구급삼십구방倉卒救急三十九方》)을 각각 상권과 하권으로 삼아 이를 한 질로 합친 다음 서명을 붙인 책이다.

판본

필자가 아는 3종의 간본에 대해 해제한다.

(1) 조선 초기(세종 대?) 간본

〈한남서림(翰南書林) 소장본〉〈[부도37] 참조〉

형태서지

2권 1책. **| 판식版式 |** 목판본, 세로 26.0 × 가로 17.5㎝, 반곽 21.0 × 14.5㎝, 10행 20자, 좌우쌍변, 상하단변. **| 판심版心 |** 흑구, 어미 사이에 장차(張次)가 적혀 있다. **| 지수紙數 |** 상권 : 목록 1매, 본문 17매, 발문 1매, 신침방(神枕方) 2매. 하권 : 목록 1매, 본문 18매, 발문 1매. **| 인기印記 |** "脫悟堂"(세로 6.0 × 가로 2.3㎝)이라는 검은색 음각 인장이 책 첫머리와 말미 그리고 본문 중에 각각 1개씩 찍혀 있다.

내용서지

이 간본에는 상권에 영락(永樂) 11년 장기(蔣夔)의 발문이 있지만, 책 첫머리에 있는 선덕(宣德) 3년 강빈(江賓)의 서문은 떨어져 나갔다(이 서문은 다음에 나올 간본(2)에 있다). 그러나 (2)갑진자 활자본에 없는 조선인이 쓴 발문이 별도로 있다. 이는 매우 흥미로운 글이지만 종이가 찢어져 나가 앞쪽 절반밖에 판독할 수 없다.

◎《증급유방》 조선인 발문(跋文)

右方永嘉尹賢葉侯之所纂也，其神速濟人之效，固非他方之可比也。蓋古之良醫，唯用一物，以痊其疾，後世之醫，多聚其物，以幸得驗，此許胤宗所譏，獵不知兎，廣絡原野者也。是以諸家醫方，或▥危急之病，合衆藥之材，未及速辨[1]，而往往▥▥者有之矣。若此方雖當倉卒之疾，只用單方，辨藥▥易，猶可及救，而得廻生之驗也，然則合衆藥而治病，不若用一物之爲切也。

恭惟主上殿下，軫慮窮民病莫得醫，刊行鄕藥方，廣布中外，肆我監司 ……(以下脫文)

> 이 책은 영가(永嘉) 사람 섭윤현(葉尹賢) 공이 지은 것으로 사람을 구제하는 효과가 귀신같이 빨라 다른 의서와 전혀 비교할 수 없다. 옛날에 훌륭한 의원은 한 가지 약재만으로 질병을 고쳤지만 후세의 의원들은 여러 약재를 많이 모아서 요행히 효과를 거두고 있으니 이런 세태에 대하여 허윤종(許胤宗)은 "사냥할 때 토끼가 어디 있는지 몰라서 들판에 널리 그물을 친 격"이라며 조롱하였다. 이처럼 대부분 의원들의 처방은 위급한 병을 만났을 때도 여러 약재를 합해야 하므로 약재들을 빨리 마련하지 못하여 종종 요절하는 경우가 있을 것이다. 이 책이 있으면 갑작스러운 질병을 맞닥뜨리더라도 단방을 쓰기 때문에 약재를 쉽고 빠르게 마련할 수 있어 오히려 병자를 살려 기사회생시키는 효과를 얻을 수 있을 것이다. 그렇다면 여러 약재를 합하여 치료하는 것보다는 딱 맞는 한 가지 약재를 쓰는 편이 낫지 않겠는가.
>
> 주상전하께서는 궁핍한 백성이 병에 걸려도 치료받지 못함을 걱정하시고는《향약방鄕藥方》을 간행하여 도성 안팎에 널리 배포하셨다. 이에 감사(監司)이신 우리 ▦▦ 공께서 …… (이하 소실됨)

---

1 원서에는 '辨'으로 되어 있으나 문맥상 '辦'인 듯하다. 아래의 '辨藥'도 이와 같다.

위 발문의 마지막 행에 "《향약방鄕藥方》을 간행하여 도성 안팎에 널리 배포하였다"고 하였다. 여기서 《향약방》은 《향약집성방鄕藥集成方》을 가리킨다고 생각한다. 따라서 이 《증급유방》을 조선 초기 간본(아마도 세종 후기인 듯하다)이라고 보면 크게 틀리지 않을 것이다.

또한 세종 후기 간본이라는 추측을 뒷받침하는 증거로 《단종실록》의 기록을 들 수 있다. 이를 통해 단종 2년 이전에 이미 이 책의 판본이 존재하였음을 알 수 있다. 이 간본이 여기에 해당한다고 생각한다.

◎ 《단종실록》 단종 2년 갑술1454 2월 5일 기사[2]

> 先是咸吉道都節制使啓, 本道無業醫者, 又無方書, 故人多横罹夭札。今新設諸鎭, 尤遠京都, 邊將軍民等, 救藥無由。請送方書及其道不産鄕藥與唐藥。下禮曹議之。禮曹報議政府以啓曰, 和劑方、拯急遺方、鄕藥集成方, 各印五件, 幷藥材下送。從之。

이보다 앞서 함길도(함경도) 도절제사가 아뢰었다. "저희 도(道)에는 의술을 업으로 하는 자가 없고 또 의서도 없기 때문에 사람들이 병으로 요절하는 경우가 많습니다. 지금 여러 진(鎭)을 새로 설치하여 도성에서 더욱 멀리 떨어지게 되면서 변장(邊將)과 군민(軍民)들이 약을 구할 길이 없사옵니다. 청컨대 의서와 저희 함길도에서 생산되지 않는 향약(鄕藥)과 당약(唐藥)을 보내주소서." 주상께서 이를 예조(禮曹)에 내려서 의논하게 하였다. 예조에서 의정부에 보고하여 아뢰었다. "《화제방》·《증급유방》·《향약집성방》을 각각 5부씩 인출하여 약재와 함께 내려보내소서." 주상께서 그대로 따랐다.

(2) 갑진자 활자본

(궁내성(宮內省) 도서료(圖書寮) 소장) ([부도44] 참조)

이 간본을 기준으로 《증급유방》의 전모를 해제한다.

▮ 형태서지

2권 1책. **|판식版式|** 활자본(갑진자). 위·아래·오른쪽 가장자리를 재단하고 개장

---

2 원서에는 일부 내용만 있지만 역자가 보충하여 실었다.

(改裝)하였다. 반곽 21.5×16.0㎝, 12행 19자. **| 지수紙數 |** 서문과 목록 4매, 상권 17매, 하권 16매. **| 인기印記 |** 책 첫머리에 "德水李有中章", 책 말미에 "竹素"가 있다.

내용서지

◎ 《증급유방》 서문[3]

昔神農氏嘗百草之味, 以救萬民之疾, 周官設疾醫之政, 以掌萬民之病, 著在簡冊, 爲萬世法, 迨于我朝, 聖聖相承, 咸以至仁厚德, 涵養生類, 內設大醫院, 外置惠民藥局, 其救濟之術惠愛之意, 蔑以加矣, 而利濟之所急者, 莫先於方書焉。昔華陀云, 人有危病, 急如風雨, 須臾不救, 命在頃刻, 信不誣矣。臨江通守永嘉尹賢葉侯, 近得醫家秘用加減十三方, 繼得倉卒急救三十有九方, 其濟人利物, 經驗之效, 固非他方可比。若人得之, 急無方脈之士, 亦可以對證用藥詳審加減, 而疾亦無不瘥焉。葉侯得而寶之, 嘗謂予曰, 諸家醫書浩瀚, 卒難檢閱, 況值危急之時, 請醫不及, 往往夭橫可悼, 每於聽政之餘, 編集諸方, 次第會成一帙, 總而曰拯急遺方, 特鋟梓以廣其傳, 俾予序以識之。予謂侯以科目致身, 以仁慈立政, 凡有利國益民之事, 無所不用其誠。今焉此方一行, 而染病者得以療其病, 窘醫者得以濟其醫, 庶幾倉卒無夭橫之憂, 頃刻有迴生之喜, 其所以立仁政者在是, 所以求民之命者在是, 其所以體皇聖朝愛民之誠者, 亦在是矣。其與蘇耽杏林之惠, 同一揆也。故摭其實, 書諸篇端, 以識其用心如此云。

宣德三年龍集戊申秋朔朝, 臨江府清江縣儒學訓導注賓序。

옛날 신농씨가 백 가지 약재를 맛보아 만백성을 질병에서 구제한 일과 주(周)나라가 질의(疾醫)라는 관직을 두어 만백성의 질병을 관장하게 한 일은 책으로 남겨져 만세토록 규범이 되었다. 우리 명(明) 대에 이르러 성왕들께서 서로 계승하실 때마다 모두 인자한 마음과 도타운 덕행으로 생명을 기르시기 위해 궐 안에 태의원(太醫院)을 설치하고 궐 밖에 혜민약국(惠民藥局)을 두셨으니 백성을 구제하는 의술과 자애로운 마음이 이보다 더할 수 없을 것이다. 그중에 위급한 사람을 구제하는 데 유익한 것으로는 처방서보다 앞서는 것이 없다. 옛날에 화타(華陀)는 "사람이 위급한 병에 걸리면 병증의 변화가 비바람과 같으니 잠깐 사이에 구하지 않으면 목숨이 경각에 달리게 된다."고 하였으니 정말로 헛된 말이 아니다. 임강통수(臨江通守)인 영가(永嘉) 사람 섭윤현(葉尹賢) 공은 근래

3 원서에는 일부 내용만 있지만 역자가 보충하여 실었다.

에 《의가비용가감십삼방》을 구했고 이어서 《창졸구급삼십구방》도 구했으니 사람을 살리고 만물에 유익하다는 점에 있어서 그동안 경험한 효과를 정녕 다른 처방서와 비교할 수 없을 정도였다. 사람들이 이 책의 내용을 알게 된다면 위급할 때 의원이 없더라도 증상에 따라 약을 쓰고 정황을 살펴 가감할 수 있을 것이고 질병도 모두 나을 것이다. 섭윤현 공이 이 책을 구한 후 보배로 여기면서 예전에 나에게 "다른 의학자들의 책은 분량이 많아 갑작스러울 때 찾아보기 어렵기 때문에 정작 위급한 상황에서는 의원이 당도하기 전에 왕왕 요절하게 되니 슬픈 일입니다. 나는 정무를 보는 여가에 여러 의서를 모으고 목차를 짠 뒤 한 책으로 합책하여 《증급유방》이라고 이름 붙였으니 이제 판각하여 널리 보급하고자 합니다."라고 말하며 서문을 써달라고 부탁하였다. 내가 알기로 공은 과거로 입신양명한 후 인자한 마음으로 정무를 보면서 나라와 백성을 이롭게 하는 일이라면 정성을 다하지 않은 적이 없다. 이제 이 책이 보급됨에 따라 병에 걸린 사람은 그 병을 치료할 수 있을 것이고 의술에 진전이 없는 의원은 의술을 향상할 수 있을 것이므로 아마 갑작스럽게 요절할 걱정은 없어지고 순식간에 기사회생하는 기쁨은 생겨날 것이다. 인자한 정치를 펼치는 방법도 여기에 있고, 백성의 생명을 구하는 방법도 여기에 있으며, 황제께서 백성을 아끼시는 정성을 본받는 방법도 여기에 있을 것이다. 이것은 소탐(蘇耽)이나 동봉(董奉)이 의술을 베푼 것과 같은 정도의 사건이다. 그러므로 일의 전말을 엮고 책 끝에 적어서 공의 마음 씀씀이가 이와 같음을 적노라.

선덕 3년 무신1428 가을 초하루 아침에 임강부(臨江府) 청강현(淸江縣) 유학훈도(儒學訓導) 주빈(注賓)이 서문을 쓰다.

○ 발문〈"永樂十一年八月十一日, 敎授臣蔣夔, 拜手謹識"〉. 내용은 생략한다.

■ 본문내용

상권에서는 13가지 처방에 대해 어떤 증상에 효과가 있는지 설명하고 동반되는 증상이 있을 때 다른 약재를 가감하여 사용하는 방법을 기술하였다. 하권에서는 위급함에서 구해내는〔拯急〕 39가지 처방을 기술하였다. 상권의 말미에는 신침법(神枕法)〈병을 없애고 재앙을 막는 베개를 만드는 방법으로, 베개 속을 채우는 약재 처방이다〉을 부록으로 덧붙였다.

◎ 《증급유방》 목차

⊙ 上卷 : 《醫家秘傳隨身備用加減十三方》

一不換金正氣散, 二十神湯, 三生料五積散, 四二陳湯, 五參蘇散, 六香蘇散, 七經驗對金飮子, 八加减玄武湯, 九五苓散, 十四君子湯, 十一小柴胡湯, 十二烏藥順氣散, 十三四物湯

附錄神沈法 幷序

⊙ 下卷 : 《經驗急救方》

治霍亂吐瀉, 治纏喉風喉閉, 治小兒急慢驚風, 治誤中砒霜毒, 治烏沙脹, 治脫陽證, 治人呵欠口不能合, 治風狗咬者, 治魘死者, 治攪腸沙痛, 治吐血下血, 治毒蛇咬者, 治脚手轉筋, 治脚轉筋, 治尸厥驀然死去者, 治下痢膿血熱毒, 治凍死僵直微有氣者, 木香丸治痢疾, 治三焦大熱口舌生瘡咽喉腫塞, 膏藥方, 治孕婦逆生, 治孕婦胎衣不下, 治産後血運心悶氣絶者, 乳香黑虎丹, 治虎傷, 治咳嗽, 治疔腫, 治止瘧散, 治打撲出血悶絶者, 治痢聖飮子, 治墻壁壓死縊死溺死産死四等未久者, 治落水死者, 治火傷悶絶者, 治自縊死者, 痰藥雄黃丸, 治瘧丸子, 常山飮治瘧, 開結枳實丸, 久瀉不止

참고

《어서적내력지御書籍來歷志》에서 다음과 같이 기록한 것이 이 갑진자 활자본이다.

◎ 《어서적내력지》 권3 자부(子部)의 《증급방》

拯急方。韓版活字ニテ韓人德弟南ノ藏本私印アリ, 望月本。

> 《증급방》. 조선 활자본으로 조선인 덕제남(德弟南)의 소장인(所藏印)이 있다.⊟ [4] 모지츠키(望月) 소장본이다.

⊟ 덕수(德水) 이유중(李有中)의 인장일까?

4 필자는 책 첫머리의 인기(印記)를 "德水李有中章"이라고 보았고, 《어서적내력지》에서는 "德弟南賢中印"으로 보고 적었다. 앞으로 고증되기를 바란다.

(3) 《고사촬요》 〈팔도책판〉 소재본

《고사촬요》 만력 13년 간본〈팔도책판〉에 경주판(慶州版)이 수록되어 있다. 필자는 보지 못하였다. 《동경잡기東京雜記》 〈서적書籍〉에 보이는 《증급유방》은 이 간본을 가리킨다고 생각한다.

◎ 《동경잡기》 〈서적〉의 내용 일부[5]

(府藏冊版) …… 拯急遺方 ……

(경주부에서 소장 중인 책판) …… 《증급유방》 ……

고찰

이상과 같이 거듭 간행되었고 《실록》에서도 그 서명이 여기저기 나타난다는 점을 통해 분명히 알 수 있듯이, 《증급유방》은 민간에서 사용할 수 있는 적은 분량의 처방서이자 상용 의서로서 중요하게 여겨졌다. 조선 초기부터 선조 대에 걸쳐서 사용되었다. 그리고 이 책의 상권에 해당하는 《가감십삼방》은 단독으로도 출판되어 애용되었던 것 같다. 다음에서 이에 대해 알려진 사실을 설명하고자 한다.

5 원서에는 내용이 생략되어 있지만 역자가 추가하였다.

018. 가감십삼방 加減十三方

1권

판본

(1) 세조 2년 이전 간본(?)

《세조실록》 세조 2년 병자1456 8월 기사를 통해 조선에서 간행한 《가감십삼방》의 존재를 알 수 있다.[1] 이것은 《증급유방》에 포함된 것인지도 모르지만 이 기사에서 《가감십삼방》의 이름을 접할 수 있다.

(2) 성종 25년 내사본

《성종실록》에 다음과 같이 기록되어 있다. 왕이 직접 만든 간본이다.

◎ 《성종실록》 성종 25년 갑인1494 3월 24일 기사[2]

> 上親書加減十三方, 刊版于內, 印三十餘本, 賜醫員宋欽等各一本。傳于承政院曰, 此方欲頒于諸宰與政院、弘文館、有老親者, 然恐外間以予爲誇示筆跡, 故不頒耳。

> 주상께서 《가감십삼방》을 직접 필사한 뒤 궐 안에서 판에 새겨 30여 부를 찍은 다음 의원 송흠(宋欽) 등에게 각각 1부씩 하사하셨다. 그리고 승정원에 전교하였다. "이 책은 원래 각 재상과 승정원과 홍문관과 늙은 어버이가 있는 자에게

1 제2부 〔025장〕 인용 사료(세조 2년 8월 26일 기사)를 참고하라.

2 원서에는 내용이 요약되어 있으나 역자가 원문을 인용하여 실었다.

> 반포해 주려고 했었다. 그러나 외부에서 나더러 필적을 과시한다고 할까 걱정하여 일부러 반포하지 않을 뿐이다."

(3) 가정(嘉靖) 19년 간본

《경적방고지經籍訪古志》〈보유補遺〉에 "타카시나(高階) 씨 소장본 중에 가정 경자년1540 간본이 있는데 《가감십삼방加減十三方》과 합책으로 되어 있다〔高階氏藏有嘉靖庚子刊本, 合刻加減十三方〕."라는 기록을 통해 이 간본의 존재를 알 수 있다.[3]

3 제6부 〔013장〕 참고

019. 제생방 濟生方

10권

송(宋) 엄용화(嚴用和) 지음

개요

이 책은 송(宋) 대에 엄용화가 지은 《제생방》 10권을 가리킨다고 생각한다. 《세종실록》 세종 12년 경술1430 "상정소(詳定所)에서 십학(十學)의 취재(取才) 때 평가할 서적과 기예(技藝)의 항목에 대하여 아뢴" 기록의 의학 항목에 20여 종의 의서가 거론되었다〈부록 〈《조선왕조실록》에 실린 의서류〉 참조〉.[1] 그 가운데 《제생방》·《제생발수방濟生拔粹方》이 보이므로 의학 취재 때의 필수 의서로서 채택되었음을 알 수 있으나 간행된 사실은 찾아볼 수 없다. 그 뒤로 이 책의 이름은 역사에 등장하지 않는다. 조선 초기 이후로 자연히 사용되지 않게 된 듯하다.〈《제생발수방濟生拔粹方》은 원(元)의 두사경(杜思敬)이 지은 19권의 의서이다. 원(元) 대 간본이 현존한다. 엄용화가 저술한 《제생방濟生方》도 송(宋) 대 간본이 현존한다〉

참고

참고로 《고사촬요》선조 초기 간본〈팔도책판〉에 안동판(安東版) 《제생방》이 실려 있다. 확정할 수는 없지만 이것은 엄용화의 《제생방》이 아니라 진사현(陳士賢)의 《경험제생양방經驗濟生良方》을 가리킨다고 생각한다.〈《제생방》의 조선 간본은 존재하지 않는 것일까? 여기에 포함시키는 것이 바람직해 보이지 않지만 참고삼아 싣는다〉

---

1 아울러 제1부 〔016장〕 인용 사료(세종 12년 3월 18일 기사)를 참고하라.

020. 영류검방 永類鈐方

22권

원(元) 이중남(李仲南) 지음

판본

(1) 세종 20년 무오1438 진주부(晉州府) 개간(開刊) 목판본

(내각문고(內閣文庫) 소장)

형태서지

22권 12책. **|판식版式|** 목판본, 원(元) 대 판본에 근거하여 판각하였다. 표지를 일본식으로 개장(改裝)하였다. 세로 30.0 × 가로 21.0㎝, 반곽 23.5 × 16.5㎝, 13행 27자. **|지수紙數|** 서문 4매, 〈시식첩법施食捷法〉·〈실험십사實驗十事〉·〈도인경법度人經法〉·〈진후육맥診候六脈〉 18매, 본문 총 823매, 발문 1매. **|인기印記|** 제1책 첫머리에 "佐伯侯毛利高標字培松藏書畫之印"이 있다.

내용서지

○ 석류검방서(錫類鈐方序)[1] ("延祐丙辰, 翰林國史院官 滕賓序"). 내용은 생략한다.

○ 자서(自序) ("至順二年辛未至日, 栖碧山中, 李仲南序"). 내용은 생략한다.

◎ 《영류검방》 발(跋)

右永類鈐方, 碧山李仲南所輯書也, 蓋其書蒐輯古今醫書, 條其鈐列, 故諸科之方藥, 一覽瞭然。恭惟我殿下惻慮窮民病莫能醫, 欲以此方頒諸中外, 傳諸永遠, 俾觀者皆知隨病而可醫者也。都觀察朴相 葵、經歷安公 淹慶, 祇承厥命, 俾鋟梓于晉

1 이 책의 본래 서명은 "석류검방(錫類鈐方)"이었으나 후에 "영류검방(永類鈐方)"으로 바뀌었다.

州，適因年歉以停其事，厥後監司閔相 義生、經歷李公 補丁，繼來始役，未訖見代，今監司趙相 瑞康、經歷趙公 講，又來督之，數月告畢。嗟乎，數君子終始厥功，所以嘉惠斯民者，當與此書并流萬世而無窮矣。州牧使陳公 遵、判官柳公 規，又能勉力其事，咸有功於斯者也，故幷及之卷端云。

正統戊午夏四月下瀚，承議郎 晉州牧儒學教授官 昌山成自諄謹跋。

이 《영류검방》은 벽산(碧山) 이중남이 찬집한 책으로 고금의 의서를 모아 그 핵심을 도표로 배치했기 때문에 여러 분야의 처방을 한 눈에 살필 수 있습니다. 우리 전하께서는 궁핍한 백성들이 병에 걸려도 치료할 수 없는 세태를 측은히 여기시고는 이 책을 도성 안팎에 배포하여 영원토록 전함으로써 이 책을 보는 사람 모두가 병에 따라 치료할 수 있는 방법을 알게 하고 싶어 하셨습니다. 도관찰사(都觀察使) 박규(朴葵) 공과 경력(經歷) 안엄경(安淹慶) 공이 명을 받들어 진주에서 판각하려 하였으나 마침 그해에 흉년이 들어 사업을 멈추게 되었고, 그 후 감사(監司) 민의생(閔義生) 공과 경력(經歷) 이보정(李補丁) 공이 뜻을 이어 사업을 재개하였으나 일을 마치지 못하고 이임하였으며, 지금 감사 조서강(趙瑞康) 공과 경력(經歷) 조강(趙講) 공이 다시 감독하면서 몇 달 만에 사업을 마쳤습니다. 아, 여러 공들께서 이 사업을 시작하고 끝맺으려고 했던 이유는 백성에게 은혜를 베풀기 위함이었으니 그 마음은 응당 이 책과 함께 만세토록 전해져 영원할 것입니다. 진주목사 진준(陳遵) 공과 판관(判官) 유규(柳規) 공도 이 사업에 힘을 쏟았고 다른 사람들도 이 책에 공적이 있으므로 권말(卷末)에 함께 적어 둡니다.

정통(正統) 무오년1438 여름 4월 하순. 승의랑 진주목 유학교수관 창산(昌山) 성자순(成自諄)은 삼가 발문을 씁니다.

◎《영류검방》 간기(刊記)

都色，前副長 金蔓，
刻手，禪師 志修、海月、義濟、徐貴等五十人，
監考，前通仕郎 順天儒學教導 鄭良孫，
判官，宣務郎 兼勸農兵馬團練判官 柳規，
牧使，通政大夫 兼勸農兵馬團練使 陳遵。

도색. 전 부장 김만(金蔓).
각수. 승려 지수(志修)·해월(海月)·의제(義濟)·서귀(徐貴) 등 50인.

감고. 전 통사랑 순천 유학교도 정양손(鄭良孫).
판관. 선무랑 겸 권농병마단련판관 유규(柳規).
목사. 통정대부 겸 권농병마단련사 진준(陳遵).

본문내용

매 권 첫머리에 "碧山李仲南集成, 青原孫允賢校定"이라고 적혀 있다. 서문과 본문 사이에 〈선옹갈진군시식첩법仙翁葛眞君施食捷法〉("至元七年辛巳上元日玄明靖刻傳"), 〈집록간요방편제리실험십사集錄簡要方便濟利實驗十事〉, 〈영보도인경법靈寶度人經法〉, 〈진후육맥診候六脈〉을 실었다. 본문 내용은 생략한다.

판본고찰

《실록》 단종 3년을해1455 4월 기사 및 세조 2년병자1456 8월 기사에 《영류검방》 판본의 존재가 보인다.[2] 따라서 단종 3년 이전에 이미 간행되었음을 알 수 있다. 성자순(成自諄)의 발문과 간기에서 알 수 있듯 세종 20년 진주에서 개간된 판본이라고 할 수 있다. 또 확정할 수는 없지만 《고사촬요》만력 13년 간본〈팔도책판〉에 실려 있는 진주판(晋州版)도 아마 같은 판종일 것이다.

(2) 《경적방고지經籍訪古志》〈보유補遺〉에 실려 있는 활자본

《경적방고지》〈보유〉에 조선 활자본이 아래와 같이 보인다.

◎ 《경적방고지》〈보유〉의 《영류검방》

永類鈐方二十二卷 朝鮮國活字本, 楓山秘府藏

元碧山李仲南集成, 青原孫允賢校定, 首有延祐丙辰滕賓序、至順二年自序。按, 懷仙閣所藏與此本同。

《영류검방》 22권 (조선 활자본, 모미지야마비부(楓山秘府)[3]에 소장)

원(元) 대 벽산(碧山) 이중남(李仲南)이 편찬하고 청원(青原) 손윤현(孫允賢)이

2 제2부 〔011장〕 인용 사료(단종 3년 4월 4일 기사)와 제2부 〔025장〕 인용 사료(세조 2년 8월 26일 기사)를 참고하라.

> 교정하였다. 첫머리에 연우 병진년1316 등빈(滕賓)이 지은 서문과, 지순 2년1331의 자서(自序)가 있다. 고찰. 회선각(懷仙閣) 소장본과 같은 판본이다.

이에 근거하면, (1)목판본이 아닌 활자본이 모미지야마문고(紅葉山文庫)에 있었음을 알 수 있다. 회선각(懷仙閣) 소장본은 볼 수 없을지라도 모미지야마문고 소장본은 훗날 볼 수 있기를 기대한다(추측하건데 갑진자 활자본이 아닌가 한다).

---

3 "후잔(楓山)"은 모미지야마(紅葉山)의 별칭으로 "모미지야마"라고도 읽는다. 이 때문에 모미지야마문고(紅葉山文庫)를 모미지야마 문고(楓山文庫), 모미지야마 비각(楓山秘閣), 모미지야마 비부(楓山秘府) 등으로도 표기한다.

021. 찬도방론맥결집성 纂圖方論脈訣集成 4권

고양생(高陽生) 편찬

개요

이 책은 조선에서 《찬도맥纂圖脈》이라는 약칭으로 친숙하다. 편자는 육조(六朝) 때의 고양생(高陽生)이라고 하지만 현전본의 내용은 후대의 것이다. 조선 초기부터 의학 취재 및 의과 시험 강서(講書)로 채택되었으므로 종종 간행되었을 것이다. 그러나 필자는 아래 간본 정도를 보았을 뿐이다〈조선 후기에 사용된 허준(許浚)의 교정본에 대해서는 제1부 〔060장〕 참조〉.

판본

(1) 스에마츠 야스카즈(末松保和) 소장 목판본

〈권1~2의 1책만 존재〉

형태서지

|판식版式| 원(元) 대 판본의 복각본에 가깝다. 세로 24.0×가로 15.5㎝, 반곽 17.5×12.5㎝, 15행 24자, 사주단변, 무계. **|판심版心|** 상하어미, 흑구. **|지수紙數|** 권1 24매, 권2 34매〈이하 일실〉. 얇은 종이가 사용되었다.

본문 가운데에 군데군데 알 수 없는 결자(缺字)를 "■" 기호로 표시하였다.

판본고찰

조선 초기부터 간본이 존재하였다는 사실을 《실록》 단종 3년 4월 기사를 통해 알 수 있다.[1] 이 간본은 그것의 중간본인 듯하다.

(2) 궁내성(宮内省) 도서료(圖書寮) 소장 활자본

형태서지

4권 2책. **|판식版式|** 활자본(갑진자). 표지는 원래 그대로이지만 위·아래·오른쪽 가장자리를 재단하고 개장(改裝)하였다. 반곽 23.0×15.5㎝, 12행 21자. **|지수紙數|** 권1 32매, 권2 49매, 권3 47매, 권4 42매. **|인기印記|** 책 첫머리마다 "元喆架藏記"·"濟壽殿書籍記"·"醫學圖書"·"多紀氏藏書印"·"帝國博物館圖書"가 있다. 간기(刊記)·서문·발문은 없다.

(3) 《고사촬요》〈팔도책판〉 소재본

(필자는 보지 못하였다)

《고사촬요》만력 13년 간본〈팔도책판〉 청주(淸州) 조문에 《찬도맥纂圖脈》, 합천(陜川) 조문에 《찬도맥결纂圖脈訣》이 실려 있다. 전주(全州) 조문에도 《맥결脈訣》이 있지만 이것은 《찬도맥결纂圖脈訣》이 아니라 통진자(通眞子)의 《왕숙화맥결王叔和脈訣》을 가리키는 것이 아닌가 한다(〔039장〕의 〔고찰〕 참조).

고찰

필자가 본 간본(1)과 간본(2)의 《찬도맥》 내용은 허준의 교정본과 거의 같다. 이들 《찬도맥》은 조선 초기부터 전래되어 때때로 교정되기도 하였지만 오류가 많아 참고할 수 없는 상황에 이르렀다. 이 때문에 만력(萬曆) 9년 신사1581에 허준이 상세하고 정확하게 이 책을 교정하게 되었다. 이후 조선 말기까지 이 교정본이 사용되었고, 종종 때 중간되어 의학자의 수요에 부응하였다(〔부도15〕 참조). 교정본에 대해서는 제1부 〔060장〕에서 해제하였다.

고양생이라는 사람의 활동 시기와 《찬도맥》의 편찬 시기가 중국의 육조(六朝) 시대로 알려져 있으나, 책은 변천을 거듭하여 현전본은 오대(五代)보다 더 이후인 북송

1 제2부 〔024장〕 인용 사료(단종 3년 4월 4일 기사)를 참고하라.

(北宋)이나 금(金) 즈음에 만들어졌을 것으로 필자는 추측한다. 왜냐하면 이 책의 인용서에 금(金) 대 장결고(張潔古)의 이름이 보이기 때문이다.

022. 증주태평혜민화제국방 增註太平惠民和劑局方 10권

송(宋) 허홍(許洪) 주석

개요

이 책은 고려에서부터 사용되었고 조선 중기까지 처방을 쓰는 기준으로써 의원들이 반드시 익혀야 할 책이었다. 《화제和劑》 혹은 《화제방和劑方》이라고만 해도 이 책을 가리킨다. 필자가 알고 있는 판본을 나열한다.

판본

(1) 조선 초기 〈단종 2년 이전〉 간본

〈 일실 〉

《단종실록》을 통해 이 간본의 존재를 알 수 있다.

◎ 《단종실록》 단종 2년 갑술1454 2월 5일 기사[1]

> 先是咸吉道都節制使啓, 本道無業醫者, 又無方書, 故人多橫罹夭札。今新設諸鎭, 尤遠京都, 邊將軍民等, 救藥無由。請送方書及其道不產鄕藥與唐藥。下禮曹議之。禮曹報議政府以啓曰, 和劑方、拯急遺方、鄕藥集成方, 各印五件, 幷藥材下送。從之。

이보다 앞서 함길도(함경도) 도절제사가 아뢰었다. "저희 도(道)에는 의술을 업으로 하는 자가 없고 또 의서도 없기 때문에 사람들이 병으로 요절하는 경우가

1 원서에는 내용이 요약되어 있으나 역자가 원문을 인용하여 실었다.

많습니다. 지금 여러 진(鎭)을 새로 설치하여 도성에서 더욱 멀리 떨어지게 되면서 변장(邊將)과 군민(軍民)들이 약을 구할 길이 없사옵니다. 청컨대 의서와 저희 함길도에서 생산되지 않는 향약(鄕藥)과 당약(唐藥)을 보내주소서." 주상께서 이를 예조(禮曹)에 내려서 의논하게 하였다. 예조에서 의정부에 보고하여 아뢰었다. "《화제방》·《증급유방》·《향약집성방》을 각각 5부씩 인출하여 약재와 함께 내려보내소서." 주상께서 그대로 따랐다.

◎《단종실록》 단종 3년 을해1455 4월 4일 기사[2]

議政府據禮曹呈啓，醫書聖惠方、永類鈐方、得效方、和劑方、衍義本草、補註銅人經、纂圖脈經外諸方書，皆無版本，請每於赴京使臣之行，就付麻布貿易。從之。

예조의 첩정(牒呈)에 의거하여 의정부에서 아뢰었다. "의서 중에서 《성혜방》·《영류검방》·《득효방》·《화제방》·《연의본초》·《보주동인경》·《찬도맥경》 등 여러 서적은 모두 책이 없습니다. 청컨대 매번 연경에 가는 사신의 행차 때 포목을 지참시켜서 의서를 구입해 오도록 하소서." 주상께서 그대로 따랐다.

이와 같이 단종 2년 이전에 판본이 존재했음이 분명하다. 게다가 세종 12년 경술1430 3월 "상정소(詳定所)에서 십학(十學)의 취재(取才) 때 평가할 서적과 기예(技藝)의 항목에 대하여 아뢴" 기록에도 이 책이 포함되어 있다.[3] 그러므로 간행 연도가 명시되어 있지 않지만 대략 세종 때 간행되었을 것이다.

(2) 갑진자 활자본

〈 궁내성(宮內省) 도서료(圖書寮) 소장 〉

형태서지

10권 6책. **| 판식版式 |** 위·아래·오른쪽 가장자리를 재단하고 개장(改裝)하였다. 반곽 21.0×15.5㎝, 12행 19자. **| 지수紙數 |** 서문 2매, 목록 18매, 본문 총 520매. **| 인기**

---

2 원서에는 내용이 요약되어 있으나 역자가 원문을 인용하여 실었다.

3 제1부 〔016장〕 인용 사료(세종 12년 3월 18일 기사)를 참고하라.

印記 제1책에서 제4책까지의 책 첫머리에 "牙城魚氏"·"慕山齋藏"이 있다. **기타** 책 첫머리에 있는 "大德甲辰, 余志安刊于勤有堂"이라는 글을 통해 이 판본이 원(元)대 판본을 바탕으로 만들어졌다는 사실을 알 수 있다. 권9〈제5책〉까지는 활자본이고, 권10〈제6책〉은 (3)목판본으로 보충되어 있다.

내용서지

○ 증주화제국방서의(增註和劑局方敍意)〈"旹嘉定改元歲在戊辰日南長至, 勅授太醫助敎 前差充四川總領所 檢察惠民局 許洪謹書"〉. 내용은 생략한다.

(3) 목판본

〈갑진자 활자본의 복각본이다〉〈오사카부립도서관 소장〉

이 판본에는 〈증광태평혜민화제국방지남총론增廣太平惠民和劑局方指南總論〉이 덧붙여져 있는데, 같은 판식(版式)으로 제1책에 합본 되어 하나의 책을 이루고 있다.[4] 여기에 대해서는 〔023장〕에서 해제하였다.

형태서지

10권, 부록 〈지남총론〉 3권, 모두 9책. **판식版式** 원장(原裝), 세로 28.5 × 가로 18.7 ㎝, 반곽 약 20 × 15.3㎝, 사주단변, 유계, 12행 19자, 주쌍행. **판심版心** 상하어미, 흑구, 어미 사이에 "和劑方"·권차(卷次)·장차(張次)가 적혀 있다. **지수紙數** 〈서의敍意〉 2매, 〈진표進表〉 2매, 총목 2매, 목록 18매, 〈지남총론〉 39매, 권1 70매, 권2 41매, 권3 70매, 권4 25매, 권5 71매, 권6 47매, 권7 27매, 권8 48매, 권9 67매, 권10 59매. **인기印記** 책마다 "登印院藏"·"奧田慶安家藏"·"三角氏圖書記", 그리고 한글로 된 검은색 원형 음각 인장이 있다.

내용서지

○ 서의(敍意)〈"旹嘉定改元歲在戊辰日南長至, 勅授太醫助敎 前差充四川總領所 檢察惠民局 許洪謹書"〉. 내용은 생략한다.

---

4 제1책은 서문, 진표(進表), 총목, 목록, 〈지남총론指南總論〉(상·중·하 3권)으로 이루어져있다.

○ 진표(進表)〈"將仕郎 措置藥局 檢閱方書 陳承, 奉議郎 試太醫令 兼措置藥局方書 裴宗元, 朝奉郎 守尙書庫部郎中 提轄措置藥局 陳師文謹上"〉. 내용은 생략한다.

《화제방和劑方》 권1 첫머리에 "勅授太醫助敎 前差充四川總領所 檢察惠民局 許 洪 編註", 권10 마지막에 "大德甲辰, 余志安刊于勤有堂"이라고 기재되어 있다.

본문내용

총목을 게재한다.

◎ 《증주태평혜민화제국방》 총목

卷一 : 治諸風 附 脚氣

卷二 : 治傷寒 附 中暑

卷三 : 治一切氣 附 脾胃積聚

卷四 : 治痰飮 附 咳嗽

卷五 : 諸虛不足 附 骨蒸, 治痼冷 附 消渴

卷六 : 治積熱, 治瀉痢 附 秘澁

卷七 : 治眼目, 治咽喉口齒

卷八 : 治雜病, 治瘡腫傷折

卷九 : 治婦人諸疾 附 產圖

卷十 : 治小兒諸疾, 諸湯, 諸香

外附 : 指南總論 三卷

기타 간본

⊙ 도서료(圖書寮) 소장본 : 체재는 오사카부립도서관 소장본과 같다. 그러나 서문과 목록, 그리고 《지남총론指南總論》이 없다. "大德甲辰, 余志安刊于勤有堂"이라는 간기(刊記)가 있으므로 원(元) 간본에 근거한 조선 중간본이다.

(4) 《고사촬요》 〈팔도책판〉 소재본

《고사촬요》 만력 13년 간본 〈팔도책판〉 공주(公州)에 "和劑", 해주(海州)에 "和劑方", 영월(寧越)에 "和劑", 금산(錦山)에 "和劑", 선산(善山)에 "和劑"라고 수록되어 있다.

이 5종의 지방판 중에 간본(1)이나 간본(3)에 해당하는 책판이 포함되어 있을지도 모른다.

고찰

《화제국방》이라는 책은 현대 약전(Pharmacopoeia) 같은 성격의 처방집으로, 송(宋)의 대표적 기준 처방서이다. 당시 이름난 처방을 모았으나 병의 원인은 포함하지 않았다. 각 처방 아래에 증후를 나열하였는데, 그 증후에 따라 치료 처방을 실은 것이다.

현전하고 있는 《화제국방》 10권본에는 증주본(增註本)과 증광본(增廣本)이 알려져 있다. 《화제국방》은 송(宋) 원풍(元豊) 연간 1078-1085에 초판이 만들어졌고, 대관(大觀) 연간 1107-1110에 중수(重修)되었다. 소흥(紹興) 연간 1131-1162에는 "태평혜민(太平惠民)"이라는 이름이 앞에 붙고 개수(改修)와 증보(增補)가 이루어졌다. 또 보경(寶慶) 연간 1225-1227과 순우(淳祐) 연간 1241-1252에 다시 내용이 더해졌다.[5] 그리고 《지남총론》 3권은 소흥 연간 이후 (허홍(許洪)이 편집했다고 여겨진다)에 첨부되었다. 증주본과 증광본이 성립된 시기는 확정할 수 없지만 모두 송 말기로, 증주본은 가정(嘉定) 원년 무진1208 허홍(許洪)이 주석하였다고 알려져 있다.

조선에서는 원(元) 대 간본 ("大德甲辰, 余志安刊于勤有堂")을 번각(飜刻)한 증주본이 사용되었다. 《화제지남和劑指南》은 필자가 정밀하게 조사할 기회가 없어 확신할 수 없지만 증광본이 만들어질 때 함께 간행되었고 증주본에도 덧붙여져 간행되었다고 생각한다.

조선 전기의 처방은 오로지 이 《화제국방》을 기준으로 사용되었을 만큼 중요한 책으로, 필자가 아는 임진왜란 이전의 옛 판본만 해도 8종에 이른다. 그러나 임진왜란 이후에는 이용되지 않고 자취를 감추었다.

---

5 《화제국방》에서는 다음과 같은 소제목을 두어 각 시기별로 추가된 처방을 구분하였다. 소흥속첨방(紹興續添方)·보경신증방(寶慶新增方)·순우신첨방(淳祐新添方)·오직각증제가명방(吳直閣增諸家名方)·속첨제국경험비방(續添諸局經驗秘方)

023. 증광태평혜민화제국방지남총론
增廣太平惠民和劑局方指南總論

화제지남和劑指南　　상·중·하 3권 1책

개요

이 간본의 체재는 〔022장〕 (3)목판본(오사카부립도서관 소장) 조문에서 설명한 《화제국방》과 같다.

형태서지

3권 1책. **| 지수紙數 |** 상권 14매, 중권 11매, 하권 14매.

이인영(李仁榮) 씨는 이 간본 1책(冊)을 가지고 있다. 이것도 갑진자 활자본을 복각한 목판본이다. 그러므로 위 간본과 같은 것일 듯하다.

고찰

《화제지남》은 용약법에 대한 기준서로 조선 초기부터 의학 취재의 필독서였다. 이는 《실록》 세종 12년 3월 18일 기사를 통해 알 수 있다.[1] 아마도 이즈음부터 《화제방和劑方》과 함께 간행되었을 것이다.

---

1 제1부 〔016장〕 인용 사료(세종 12년 3월 18일 기사)를 참고하라.

덧붙여, 《요안인장서목록養安院藏書目錄》에 "《화제지남》 1책〔和劑指南, 一本〕"이라고 적혀 있고, 《제수관의적비고躋壽館醫籍備考》에 "《화제국방지남총론》 3권 1책 조선 간본. 《화제국방》에 덧붙여져 간행되었다〔和劑局方指南總論, 三卷一冊, 朝鮮國本, 局方附刊〕"라고 실려 있다.

024. 태평성혜방 太平聖惠方

100권

송(宋) 왕회은(王懷隱)이 칙명을 받들어 지음

개요

《성혜방聖惠方》은 송(宋)의 대표적인 의방서로서, 송(宋) 태평흥국(太平興國) 5년 경진980에 왕회은(王懷隱)이 태종(太宗)의 칙령을 받아 편찬하고 순화(淳化) 3년 임진992 전국에 반포한 의서이다. 이 책이 고려에 전래된 것은 현종 7년 병진1016 정월에 곽원(郭元)이 송에서 돌아왔을 때와 현종 13년 임술1023 5월에 한조(韓祚)가 송에서 돌아왔을 때 2번이라고 역사에 기록되어 있다. 이 책은 고려에 들어와 고려 의학에 큰 영향을 끼쳤다. 비록 그 내용을 충분히 소화하여 의학의 발달을 이룰 정도에 이르지는 못하였지만 이것을 금과옥조로 존중하였다. 그리고 고려 후기에는 그다지 활용되지 않았지만, 조선이 개국한 뒤 편찬된 《향약집성방鄉藥集成方》의 주요 의론(醫論) 부분인 "논(論)"은 거의 전부 이 책을 따랐다. 이렇게 《성혜방》의 의론과 처방은 당시 의학을 풍미하였다.

《단종실록》에 아래와 같이 기록되어 있다.

◎ 《단종실록》 단종 3년 을해1455 4월 4일 기사[1]

> 議政府據禮曹呈啓, 醫書聖惠方、永類鈐方、得效方、和劑方、衍義本草、補註銅人經、纂圖脈經外諸方書, 皆無版本, 請每於赴京使臣之行, 就付廝布貿易。從之。

예조의 첩정(牒呈)에 의거하여 의정부에서 아뢰었다. "의서 중에서 《성혜방》·

---

1 원서에는 내용이 요약되어 있으나 역자가 원문을 인용하여 실었다.

《영류검방》·《득효방》·《화제방》·《연의본초》·《보주동인경》·《찬도맥경》 등 여러 서적은 모두 책이 없습니다. 청컨대 매번 연경에 가는 사신의 행차 때 포목을 지참시켜서 의서를 구입해 오도록 하소서." 주상께서 그대로 따랐다.

이 7가지 의서의 간본이 조선에 존재했음은 분명하다. 《성혜방》 이외의 책이 모두 당시 조선에서 간행되었다는 사실은 증거를 통해 확인되므로 《성혜방》도 조선 초기에 간본이 있었을 것이다. 다만 이것은 중국의 원판(原版)인지 모르고, 또 대규모 서적인 까닭에 의문의 여지가 있다. 그러나 《성혜방》이 이용된 것은 조선 초기뿐이고, 그 뒤로는 원(元)·명(明)의 여러 방서가 성행하면서 전면에서 자취를 감추었다(일본 호사문고(蓬左文庫)에 《성혜방》의 남송(南宋) 간본이 있다).

024부록. 성제총록 聖濟總錄

200권

개요

송(宋) 휘종(徽宗)의 정화(政和) 연간에 찬수된 200권의 거질이다. 전국의 명의를 모은 뒤 황실 서고의 책을 내놓고 함께 논의한 끝에 완성되었다. 앞의 《성혜방聖惠方》과 함께 송을 대표하는 의방서이다. 조선 간본은 없지만 궁내성(宮內省) 도서료(圖書寮)에 조선 사람이 필사한 것으로 추정되는 오래된 필사본이 있다(필자는 보지 못하였다). 《도서료한적선본서목圖書寮漢籍善本書目》에 다음과 같이 실려 있다.

◎ 《도서료한적선본서목》 관련 내용

聖濟總錄, 二百卷, 首一卷, 二百四冊, 付錄一卷一冊。

舊鈔本, 前有大德四年焦養直序及佚名氏序, 此本審其書法及紙質, 恐是成于朝鮮人之手筆歟。舊藏駿河文庫而後歸于楓山文庫者云。第百三十一至末冊每冊, 首有秘閣圖書之章印記。 御書籍來歷志所載本。

《성제총록》 200권, 수(首) 1권. 총 204책, 부록 1권 1책.

오래된 필사본으로 책머리에 대덕(大德) 4년1300 초양직(焦養直)의 서문과 지은이를 알 수 없는 서문이 있다. 이 판본은 필법과 지질로 보았을 때 조선 사람이 손으로 필사한 것이 아닌가 한다. 예전에 스루가문고(駿河文庫)에 소장되어 있다가 후에 모미지야마문고(楓山文庫)에 귀속되었다고 한다. 제131책에서 마지막 책까지에는 첫 장에 "비각도서지장(秘閣圖書之章)"이라는 인장이 찍혀 있다. (《어서적내력지御書籍來歷志》에 실려 있는 판본이다)

025. 상한활인지장도 傷寒活人指掌圖

3권

원(元) 오서(吳恕) 지음

개요

필자는 보지 못한 책이다. 《세조실록》에 다음과 같이 기록되어 있다. 따라서 당시에 이미 《상한지장도傷寒指掌圖》 등의 의서가 지방판으로 존재했음을 알 수 있다.

◎ 《세조실록》 세조 2년 병자1456 8월 26일 기사[1]

典醫監提調左參贊姜孟卿啓曰, 醫業必須遍觀諸方, 參考同異, 以時溫習, 所業精熟, 用藥診候, 不致錯誤。今方書稀少, 習讀官十五人, 共看數冊, 讀旣不能專精, 又不能以時溫繹。請內醫院所藏諸方書, 及三醫司醫書, 量給習讀廳, 唐本方書未易多得, 本國刊行, 如和劑方、得效方、永類鈐方、鄕藥集成方、衍義本草、銅人經、加減十三方、服藥須知、傷寒指掌圖等冊, 令所在邑隨宜印送, 藏之本廳。從之。

전의감 제조 좌참찬 강맹경(姜孟卿)이 아뢰었다. "의술은 반드시 여러 의서를 두루 보고 차이를 비교하여 수시로 익혀야만 의술이 정밀해지고, 그 후에야 약을 쓰고 증상을 진찰하는 일에 착오가 생기지 않습니다. 지금 의서가 희소하여 습독관(習讀官) 15인이 몇 가지 책을 돌려가며 보고 있으니 집중하여 자세하게 읽을 수 없을뿐더러 수시로 익히거나 연구하지 못합니다. 청컨대 내의원에 소장된 여러 방서와 삼의사(三醫司)의 의서를 습독청(習讀廳)에 내려주소서. 또 중국의 의서는 많은 부수를 구하기가 쉽지 않으니 우리나라에서 간행하소서. 이를 위해 《화제방》·《득효방》·《영류검방》·《향약집성방》·《연의본초》·《동인경》·

1 원서에는 내용이 요약되어 있으나 역자가 원문을 인용하여 실었다.

《가감십삼방》·《복약수지》·《상한지장도》 등의 책을 소장하고 있는 고을에서 상황에 맞게 간행하게 한 후 그것을 가져와 본 습독청에 비치하게 하소서." 주상께서 그대로 따랐다.

《고사촬요》만력 13년 간본〈팔도책판〉에 실려 있는 전주판(全州版)이 이 지방판에 해당하는 것이 아닌가 한다. 아울러 여기에는 전주판 《상한부傷寒賦》(《상한활인지장도》의 일부)도 실려 있다.

본문내용

장중경(張仲景)의 상한(傷寒)과 관련된 여러 책을 모두 수집하여 그 정수를 모은 뒤 이를 엮어 89가지 도표로 만들고 비슷한 내용끼리 모은 다음 치료 증상과 설명을 실어놓은 책이다. 이 외에 〈상한부傷寒賦〉(팔운병주(八韻幷注))·〈상한맥傷寒脈〉·〈약방요례藥方料例〉·〈약방藥方〉(240개)이 아울러 실려 있다. 책 이름과 같이 상한에 관한 지장도(指掌圖)로서 매우 편리하게 구성되어 있다.

인물전기[2]

오서(吳恕). 호는 몽재(蒙齋)이다. 원(元) 지원(至元) 연간에 활동했던 사람으로 태의원(太醫院) 시의(侍醫)였다.

고찰

조선에서는 《상한론》 계통의 서적이 매우 드물게 사용되었다. 《반계수록磻溪隨錄》 제선강서식(諸選講書式) 의학(醫學)[3] 조문에 《상한론》이 보이지만, 이것이 실제로

2 이해를 돕기 위해 해당 내용의 위치를 원서와 다르게 조정하였다.

3 《반계수록》 권10 〈교선지제하敎選之制下〉 제학선제부(諸學選制附) 제선강서식(諸選講書式) 의학

사용되었다고 생각하기 어렵다. 필자가 알고 있는 상한 계통의 전문서는 《상한활인지장도》와 《쌍종거인활인서雙鍾居人活人書》·《상한유서傷寒類書》 3종 정도이다. 《상한활인지장도》는 조선 전기에 사용되었으나 현전본은 없는 것 같다. 그러나 필사본은 전해지고 있다 (다케다 쿄우서옥(武田杏雨書屋) 소장 켄켄사이(乾乾齋) 소장본 가운데에 조선의 옛 필사본이 있다).[4] 또 일본에도 무로마치(室町) 시대에 전해지면서 조선 간본에 근거했다고 추측되는 필사본이 남아 있다 (앞의 켄켄사이 소장본 가운데 에이로쿠(永祿) 11년(무진1568) 필사본).

참고

참고로, 명(明) 초에 웅균(熊均)이 오서(吳恕) 등의 책을 모아 편찬한 《유편상한활인서괄지장도론類編傷寒活人書括指掌圖論》 (10권, 부록 제강(提綱) 1권) 이라는 책도 있다. 그러나 조선 간본은 이와 상관없고 원(元) 간본에 근거하였다고 생각한다.

(醫學)

4 근래에 국내에서 《상한활인지장도》의 조선 후기 필사본이 발견되어 보고되었다(박훈평, 2021).

026. 삼원참찬연수서 三元參贊延壽書

5권 1책

원(元) 이붕비(李鵬飛) 지음

개요

내각문고(內閣文庫) 소장본을 기준으로 해제한다. 권말(卷末)에 "歲次己卯孟秋, 空同體玄子劉淵然, 重刊于京都治城朝天宮西山道院"이라고 하여 명(明) 건문(建文) 원년 기묘1399 때 중간(重刊)〈명(明) 수원판(修元版)은 도서료(圖書寮)에 있다〉되었다는 간기(刊記)가 있다. 이 간본은 조선 판본으로 세종 20년 무오1438 전주(全州)에서 개간(開刊)되었다.

형태서지

5권 1책. **|판식版式|** 목판본, 위·아래·오른쪽 가장자리를 재단하였다. 사용된 종이는 태지(苔紙)에 가깝다. 반곽 약 18.5 × 12.5㎝. **|지수紙數|** 서문과 목록 3매, 〈인설人說〉 2매, 본문 53매(?). **|인기印記|** 책 첫머리에 "醫學圖書"·"濟壽殿書籍記"·"大學東校典籍局之印"·"帝國博物館圖書", 말미에 다시 "帝國博物館圖書"가 있다.

내용서지

○ 서(序)〈"至元辛卯菊月吉旦, 九華澄心老人李鵬飛序"〉. 내용은 생략한다.

본문내용

처음에 〈인설人說〉을 두었고, 아래와 같이 모두 50항에 걸쳐 연수(延壽)의 방법을 설명하였다.

◎ 《삼원참찬연수서》 목차

권1：天元之壽 ……, 권2：地元之壽 ……, 권3：人元之壽 ……, 권4：神仙救世 ……, 권5：神仙警世 …….

고찰

《경적방고지經籍訪古志》〈보유補遺〉에 다음과 같이 적혀 있다.

◎ 《경적방고지》〈보유〉의 《삼원참찬연수서》

三元參贊延壽書五卷 明修元版, 聿修堂藏

聿修堂又藏朝鮮國刊本, 體式行款, 略與此本同, 末有皇明正統參年歲次戊午孟秋重刊于全州府記。

《삼원참찬연수서》 5권 (명(明) 수원판(修元版), 잇슈우도오 소장본)

잇슈우도오(聿修堂)에도 조선 간본이 소장되어 있는데 체재와 행자수는 명(明)의 수원판(修元版)과 대략 같다. 말미에는 "명 정통 3년 무오년1438 7월에 전주부(全州府)에서 간행함."이라는 간기(刊記)가 있다.

이 간기(刊記)를 통해 내각문고 소장본은 정통(正統) 3년무오1438 7월에 전주에서 명(明)의 수원판(修元版)을 개간한 판본이라는 사실을 알 수 있다. 내각문고 소장본은 초쇄(初刷)가 아니고 후쇄(後刷)에 속하는 것 같다. 또 인기(印記)와 《경적방고지》〈보유〉의 기록을 통해 알 수 있듯 지금 내각문고 소장본은 과거 잇슈우도오(聿修堂)에 소장되어 있었다. 참고로 이 간본은 해제본 외에도 《하청우기河淸寓記》에 실려 있는 미스미(三角) 가문 소장본과 쿠로다 료(黑田亮) 소장본이 있고, 《요안인장서목록養安院藏書目錄》에도 그 이름이 보인다.

연수양로서(延壽養老書)는 사대부의 자기 수양과 어버이 봉양을 위해 조선에서 널리 유행하였다. 지방에 거주하는 사대부들의 상식서(常識書)로서 원(元)의 《거가필용居家必用》도 사용되었는데 이 속에도 《삼원참찬연수서》가 수록되어 있다. 또 뒤에 나올 《양로봉친서養老奉親書》에도[1] 일부가 실려 있다.

1 〔076장〕《수친양로신서壽親養老新書》 권1을 가리키는 듯하다.

027. 온씨은거조도방복약수지
溫氏隱居助道方服藥須知

1권 1책

송(宋) 온대명(溫大明) 지음

개요

궁내성(宮內省) 도서료(圖書寮) 소장본, 조선 초기 원주판(原州版)인 듯하다.

형태서지

1권 1책. **|판식版式|** 송(宋) 대 판본 (“杭州德夫刊”) 의 조선 복각본. 목판본. 본래의 송 대 판본과 유사하여 사용된 종이로 겨우 조선 간본임을 알 수 있다. 세로 26 × 가로 16㎝, 반곽 17.5 × 13.0㎝, 14행 25자 (간혹 26자) **|지수紙數|** 표제(表題) 1매, 서문 1매, 목록 2매, 본문 14매. **|인기印記|** 책 첫머리에 “經筵”·“良靜藏書”가 있다.

내용서지

표제지에 “溫隱居助道方”·“服藥須知·病源詩括”·“助醫胗無一毫之差, 俾服餌有十全之效”·“中和書堂”이라고 적혀 있다.

○ 온씨은거술병원시괄복약수지서(溫氏隱居述病源詩括服藥須知序) (“嘉定丙子中秋日, 學道隱居溫大明謹序”). 내용은 생략한다.

○ 의사감응편(醫士感應篇) (“溫大明謹書幷序”). 내용은 생략한다.

본문내용

"一 治中風氣逆證, 二 治年深惡毒瘡, 三 治中寒中氣證" 이하 모두 77증에 대하여 간단한 치료법을 제시하였다.

고찰

《실록》 세조 2년 병자1456 8월 기사[1]를 통해 조선 간본의 존재를 확인할 수 있고, 이를 바탕으로 이 이전에 이미 지방판이 있었다는 사실도 알 수 있다. 《고사촬요》 만력 13년 간본〈팔도책판〉에도 원주판(原州版)이 있다고 실려 있다. 이들과 도서료(圖書寮) 소장본의 관계는 분명하지 않지만 모두 같은 판본인 듯하다.

참고로 《경적방고지經籍訪古志》〈보유補遺〉에도 이 책에 대해 다음과 같이 설명하였다.

◎ 《경적방고지》〈보유〉의 《온씨은거조도방복약수지》

溫氏隱居助道方服藥須知一卷

按, 是書伊良子氏藏朝鮮刊本。此蓋傳錄者, 亦載在胡文煥百家名書中, 題云海上仙方前集。

《온씨은거조도방복약수지》 1권

고찰. 이 책은 이라코(伊良子) 씨가 소장하고 있으며 조선 간본이다. 이 책에 대한 기록은 호문환(胡文煥)의 《백가명서百家名書》 가운데에도 실려 있는데, "해상선방전집(海上仙方前集)"이라고 표제되어 있다.

이 책은 앞의 《삼원참찬연수서三元參贊延壽書》와 같이 도교 색채가 있는 의서이다.

1 제2부 〔025장〕 인용 사료(세조 2년 8월 26일 기사)를 참고하라.

028. 본초연의 本草衍義

20권

송(宋) 구종석(寇宗奭) 지음

개요

《본초연의》는 보통 《연의본초衍義本草》라고도 부른다. 《증류본초證類本草》와 함께 조선에서 오래전부터 사용된 책이다.

고찰

《실록》 세종 12년 경술1430 3월 기사에 의학 취재의 강서(講書)로 등장한다.[1] 단종 3년 을해1455 이전에 판본이 존재하였다(〔024장〕과 〔025장〕 해제 참조).[2]

이 책이 조선 중기까지 사용되었다는 사실은 아래 《고사촬요》〈서책시준書冊市准〉 및 〈서책인지수書冊印紙數〉를 통해 알 수 있다. 그러나 필자는 불행히도 이 책의 간본을 보지 못하였다.

(가) 《고사촬요》 선조 원년 간본 **〈서책시준〉 일부**

> 本草衍義, 紙五十八帖十二張。 ○價綿布三匹米一斗。
>
> 《본초연의》 종이 58첩 12장. ○비용으로는 면포 3필 또는 쌀 1말.

---

1 제1부 〔016장〕 인용 사료(세종 12년 3월 18일 기사)를 참고하라.

2 제2부 〔024장〕 인용 사료(단종 3년 4월 4일 기사)를 참고하라.

(나) 《고사촬요》광해군 5년 간본 하권 〈서책시준〉 일부

本草衍義，紙五十八帖十二張。 ○價綿布三匹米一斗。

《본초연의》 종이 58첩 12장. ○비용으로는 면포 3필 또는 쌀 1말.

(다) 《고사촬요》숙종 1년 간본 부록 〈서책인지수〉 일부

本草衍義，紙二十九卷六張。

《본초연의》 종이 29권 6장.

(라) 《고사촬요》영조 19년 간본 권4 〈서책인지수〉 일부

本草衍義，二十九卷。

《본초연의》 종이 29권.

029. 신응경 神應經 부附 팔혈구법八穴灸法 1권

명(明) 유근(劉瑾) 지음

판본

(1) 성종 5년 갑오1474 초간본

(2) 《고사촬요》 선조 초기 간본 〈팔도책판〉 소재본. 진주판(晉州版).

위 두 간본은 일실되었는지 필자는 보지 못하였다.

(3) 인조 21년 계미1643 간본

이 판본을 기준으로 해제한다. 〈경성대학 도서관 소장〉 〈〔부도53〕 참조〉

형태서지

|판식版式| 활자본. 세로 34 × 가로 21cm, 반곽 25.5 × 17.0cm. 10행 18자. **|지수紙數|** 총 75매.

내용서지

◎ 《신응경》 서문[1]

1 원서에는 일부 내용만 있지만 역자가 보충하여 실었다.

恭惟我主上殿下之六年也，命禮曹申嚴醫教，設鍼灸專門法，擇其精於術者爲師，而資性明敏者爲弟子，勸勵之法甚悉焉。適有日本釋良心，以神應經來獻，兼傳其本國神醫和介氏丹波氏治癰疽八穴法，其八穴雖未試用，神應經其傳授遠有所自，而所論折量補瀉法，皆古賢所未發者，其取穴，又多有起發古人所未盡處，其所著穴，皆撮其切要，而得效多者，文簡而事周，令人披閱晷刻間，證與穴瞭然在目。聖上嘉歎，命以八穴法付於神應經之末，鋟梓廣布，且以永其傳焉。

臣竊惟醫療之方，藥餌鍼灸，不可偏廢，但藥非本國所産者頗多，大概皆求之中國，而又非盡出於中國也。轉轉市易，得之甚難，豈眞贗陳新之可擇，而貧窮下賤與遠方之人，亦未易遍及也。唯砭焫之方，無費財遠求之勞，採暴合和之難，一鍼一艾，備應無方，運於指掌，辨於談笑，貧富貴賤遠近緩急，無適不宜，況於取效，常在藥力所不及攻處，而其功用神妙，難以備述。庸醫不知，以爲卑辱，至相詬病而不肯爲，故世之病者，生死壽夭，率皆付之巫覡淫祀，豈不哀哉。聖上愍其然，乃設專門，益嚴勸督，適有遐方之獻，不以珍奇可玩之異物，而以此救民濟世之神方，不期而至，以孚我聖上仁民愛物之盛德，夫豈偶然哉。

成化十年十一月二十一日，推忠定難翊戴 純誠明亮經濟佐理功臣 崇祿大夫 西平君 臣韓繼禧謹序。

삼가 생각건대 우리 주상 전하께서 즉위하신 지 6년이 되었을 때 의원 교육에 대해 예조에 엄히 명하시기를 침의에 대한 규정을 마련한 후 침술에 뛰어난 사람을 뽑아 스승으로 삼고 자질이 명민한 사람을 제자로 두도록 하셨으니 이때부터 침술을 장려하는 규정이 전부 갖추어졌습니다. 마침 일본 승려인 양심(良心)이 《신응경》을 가져와 바쳤고, 일본의 신의(神醫)라고 하는 와케(和介) 씨와 탄바(丹波) 씨가 지은 《치옹저팔혈법》까지 함께 전해주었습니다. 그 《팔혈법》은 아직 써보지 않아서 모르겠지만 《신응경》은 옛날부터 전수되어 유래가 있는 책으로 절량보사법(折量補瀉法)을 설명한 부분은 모두 옛 현인들이 밝히지 않은 내용이고, 취혈법(取穴法) 또한 옛사람들이 다 적지 못한 부분까지 많이 밝혀 놓았으며, 혈자리를 표시한 것도 모두 중요한 것을 뽑아 놓았습니다. 이 책으로 효과를 보는 일이 많은 이유는 내용은 간략하지만 쓰임새가 광범위하여 사람들이 책을 잠깐만 읽고도 증상과 그에 해당하는 혈자리가 눈에 일목요연하게 들어오도록 만들어졌기 때문입니다. 성상께서는 기뻐하시며 《팔혈법》을 《신응경》 뒤에 붙여서 인출한 후 널리 반포하여 영원히 전하도록 명하셨습니다.

소신이 가만히 생각해 보니 의술의 방법 중에서 약재와 침구는 어느 한 가지도 치우치거나 버려둘 것이 아닙니다. 그러나 약재는 우리나라에서 나지 않는 경우가 허다하여 대부분 중국에서 구해 오고 있으며 그렇다고 약재들이 전부 중국에서 나는 것도 아닙니다. 시장을 돌아다녀도 구하기가 매우 힘든 지경이니 어떻게 진품과 가품, 묵은 것과 햇것을 가려가며 구하겠습니까. 그러니 가난하거나 시골에 사는 사람들에게는 약재가 두루 미치지 못하는 형편입니다. 하지만 침구법은 비용을 들여 먼 곳에서 구해야 하는 수고나 채취하고 말려서 약을 만들어야 하는 어려움이 없습니다. 침 하나 뜸 하나로 대응할 방법이 무궁하고 손으로 시술하면서 담소하는 사이에 효과가 드러나니 빈부와 귀천, 지역과 증상을 막론하고 알맞지 않음이 없습니다. 더구나 평소 약의 힘으로 치료하지 못하는 부분에서까지 효과를 거두니 그 신묘한 효능을 이루 다 적을 수 없습니다. 용렬한 의사는 이 사실을 모르는 채 침구법을 천시하거나 심지어 서로 모욕하면서 쓰려하지 않습니다. 그러므로 세상의 환자들이 생사와 수명을 모두 무당과 굿에 맡겨버리고 있으니 참으로 애통한 일입니다. 성상께서 이 세태를 가엾게 여기시고 침의에 대한 규정을 마련하여 더욱 엄하게 권장하고 감독하게 하시던 중에 마침 먼 곳 일본에서 바친 것이 감상할만한 진기한 물건이 아니라 백성과 세상을 구제하는 이 책이었습니다. 기대하지 않았던 귀한 책이 조선에 와서 백성을 사랑하고 만물을 아끼시는 우리 성상의 성대한 덕행과 부합하니 어찌 우연이라 하겠습니까.

성화 10년1474 11월 21일. 추충정난익대 순성명량경제좌리공신 숭록대부 서평군(西平君) 신 한계희(韓繼禧)가 삼가 서문을 씁니다.

◎《신응경》 부록 〈팔혈구법八穴灸法〉 첫부분

成化九年癸巳孟冬, 日本國畠山殿所使副官人信州隱士良心言, 我國二百年前有兩名醫, 一爲和介氏, 一爲丹波氏, 此二醫專治癰疽疔癤瘰癧等瘡, 定八處灸法, 甚有神效。

성화 9년 계사년1473 10월. 일본 하타케야마 전소사 부관인(畠山殿所使副官人) 신슈우(信州)의 은사(隱士) 양심(良心)이 말하였다. "우리 일본에 2백 년 전에 명의 두 명이 있었으니 한 명은 와케(和介) 씨이고 다른 한명은 탄바(丹波) 씨이다. 이 두 명의는 오로지 옹저(癰疽)·정절(疔癤)·나력(瘰癧) 등의 부스럼만 치료하여 8곳에 뜸 뜨는 방법을 정립하였으니 효과가 아주 대단했다."

◎ 《신응경》 발문[2]

醫家救人之方，鍼與藥均也。然藥或有難得之物，而鍼則數寸鐵而已，能盡其法，則有起死回生之效，鍼之功用大矣哉。神應一經，最得鍼法之要妙，而兵燹之後，此書甚罕，世之技於此者，皆手自抄寫。臣忝在藥房，以爲內局必有此書，使掌故取來則無也，內局而無此書，此書將絶其傳矣。遂議於諸提調，聚字以印之，因附擇日法於下。噫，求之於書者，固其糟粕，而並與其書而亡之，則梓桑君之妙指，何所據而尋之哉。方今聖明臨御，仁洽生民，痒痾疾痛，呼父母以望救者，擧將賴此而全活，此書之有補於春臺壽域之化者，夫豈淺鮮哉。

時癸未冬，臣 金堉謹跋。

의원들이 사람을 치료하는 방법에서 침과 약이 동일하지만 약재 중에는 간혹 구하기 어려운 것이 있습니다. 침은 몇 치의 쇠바늘일 뿐이지만 침술을 제대로 사용한다면 기사회생시키는 효과가 있으니 침의 효과는 참으로 큽니다. 이 《신응경》은 침술의 핵심을 가장 잘 적어 놓은 책이지만 임진왜란이 끝난 뒤에는 이 책을 보기가 매우 어려워졌기 때문에 세상에서 이 침술을 배우고자 하는 사람들은 다들 손으로 직접 베끼고 있습니다. 소신이 내의원의 직책을 맡았을 때 내의원에는 반드시 이 책이 있으리라 생각하고 기록을 담당한 관원에게 가져오게 하였더니 책이 없었습니다. 내의원에도 이 책이 없으니 이 책은 장차 전해지지 않게 될 것입니다. 이에 드디어 여러 제조와 의논한 후 활자를 모아 인쇄하고 그 아래에 택일법(擇日法)을 덧붙였습니다. 아아 서책을 통해서 침술의 정미로운 부분까지 얻을 수는 없지만 서책마저 다 없어진다면 장상군(長桑君)[3]의 오묘한 의술을 무엇에 의거하여 찾을 수 있겠습니까. 지금은 성상께서 등극하셔서 인자한 은택이 백성들에게 미치고 있으니 온갖 병으로 부모를 애타게 부르면서 구해주기를 바라는 자들이 장차 이 책의 도움으로 모두 살아날 것입니다. 그러니 이 책이 태평성대를 이루고 모두 장수하게 하는 일에 도움 되는 점이 어찌 적다고 하겠습니까.

계미년 1643, 인조 21 겨울에 신 김육(金堉)은 삼가 발문을 씁니다.

---

2 원서에는 일부 내용만 있지만 역자가 보충하여 실었다.

3 장상군(長桑君) : 전국 시대 때 신의(神醫)의 이름으로, 금방(禁方)을 편작에게 전하고 또 약(藥)을 내어 편작에게 복용하게 하고는 홀연히 사라졌다. 그 뒤로 편작이 병자를 보면 오장 안에 있는 병의 원인이 다 보여서 드디어 의술에 정통하게 되었다고 한다. 《사기史記》 권105 〈편작창공열전扁鵲倉公列傳〉

◎ 《신응경》 간기(刊記)[4]

都提調, 奮忠贊謨立紀明倫靖社功臣 大匡輔國崇祿大夫 議政府左議政 兼領經筵監春秋館事 世子傅 青原府院君 臣 沈器遠。
提調, 正憲大夫 戶曹判書 臣 李溟。
副提調, 嘉善大夫 行承政院都承旨 兼經筵參贊官 春秋館修撰官 藝文館直提學 尙瑞院正 臣 金堉。
監印官, 通訓大夫 行內醫院副奉事 臣 安志淵。
監校官, 禦侮將軍 行忠武衛副司果 臣 金尙誠。

도제조. 분충찬모입기명륜정사공신 대광보국숭록대부 의정부 좌의정 겸 영경연감 춘추관사 세자부 청원부원군 신 심기원(沈器遠).
제조. 정헌대부 호조 판서 신 이명(李溟).
부제조. 가선대부 행 승정원 도승지 겸 경연참찬관 춘추관 수찬관 예문관 직제학 상서원 정 신 김육(金堉).
감인관. 통훈대부 행 내의원 부봉사 신 안지연(安志淵).
감교관. 어모장군 행 충무위 부사과 신 김상성(金尙誠).

본문내용

◎ 《신응경》 목차

重刊神應經序(韓繼禧), 神應經序(陳會)

梓桑君鍼道傳宗圖⊟, 百穴法歌, 折量法, 補瀉手法, 穴法圖, 灸四花穴法, 諸風部, 傷寒部, 痰喘咳嗽部, 諸般積聚部, 腹痛脹滿部, 心脾胃部, 心邪癲狂部, 霍亂部, 瘧疾部, 腫脹部, 汗部, 痺厥部, 腸痔大便部, 陰疝小便部, 頭面部, 咽喉部, 耳目部, 鼻口部, 胸背脅部, 手足腰腋部, 婦人部, 小兒部, 瘡毒部, 雜病部, 逐日人神所在。

八穴灸法。

跋(金堉)。

4 원서에는 일부 내용만 있지만 역자가 보충하여 실었다.

인물전기

유근(劉瑾, 생몰 미상). 진회(陳會)(호(號)는 굉강(宏綱))의 수제자이다. 홍희(洪熙) 원년 을사1425에 스승의 《광애서廣愛書》 10권을 1권으로 요약하여 《신응경》을 편찬하였다.

양심(良心, 생몰 미상). 일본의 의승(醫僧)으로, 시나노(信濃) 사람이다. 아버지는 하타 히사아키(秦久秋)이다. 시를 잘 지었고 의서에 밝았다. 그의 시는 《신찬고금집新撰古今集》에 남아 있다.

한계희(韓繼禧, 1423－1482). 자는 자순(子順)이다. 세종 23년 신유1441 진사시에 합격하였고, 세종 29년 정묘1447 식년 문과에 급제하였으며, 이후 집현전에 들어가 경연관(經筵官)을 겸하였다. 학문에 힘쓰고 책 읽기를 좋아했다. 세상 사람들이 '세남비서(世南秘書)'라고 불렀다.[5] 관직은 이조 판서에 이르렀다.

김육(金堉, 1580－1658). 자는 백후(伯厚), 호는 잠곡(潛谷)이다. 인조 때 등과하여 관직은 영의정에 이르렀다. 대동법(大同法) 시행에 힘을 다했다. 《유원총보類苑叢寶》라는 대작도 저술하였다.

고찰

서명인 《신응경》은 편작(扁鵲)의 봉호인 신응후(神應侯)[6]에서 유래하였다.

이상의 내용을 통해 다음과 같은 사실을 알 수 있다. 일본의 승려 양심(良心)이 관령(管領) 하타케야마 요시무네(畠山義統)의 명을 받아 분메에(文明) 5년 성화成化 9년, 성종 4년, 계사1473에 조선에 와서 (당시 사정은 《실록》에 자세하다) 《신응경》 1권과 자국

⊟ 원작자 진회(陳會)의 법통 전승도이다.

5 세남비서(世南秘書)는 당나라 3대 서예가의 한 명이자 당태종의 비서(秘書) 였던 우세남(虞世南, 558－638)을 가리킨다. 한계희가 많은 책을 기억하고 있는 것이 우세남을 닮았다고 해서 '세남비서'(世南秘書)라고 하였다.

6 송(宋) 인종(仁宗) 때 편작(扁鵲)을 '신응후(神應侯)'에 봉하였다.

의 와케(和氣)·탄바(丹波) 두 가문에서 전해지던 〈팔혈구법〉을 성종(成宗)에게 헌상했다. 성종은 다음 해인 성종 5년갑오1474에 한계희(韓繼禧)에게 명하여 이를 간행하게 하였다(초판). 그러나 임진왜란 때 이 책이 소실되어 다시 인조 21년계미1643에 김육(金堉) 등이 내의원의 활자로 중간(重刊)하였다. 이것이 간본(3)이다.

《신응경》은 처음 만들어진 명(明)으로부터 일본에 전해졌고, 성종 5년에 일본 승려 양심(良心)에 의해 와케·탄바 두 가문에서 전해지던 〈팔혈구법〉과 함께 조선에 전래되어 개간되었다. 이후 조선에서 중요하게 사용되었고 인조 21년계미1643에 중간되었다. 그리고 임진왜란 이전 간본이 다시 일본에 건너와 쇼오호오(正保) 2년을유1645에 간행되었다(제5부 〔010장〕 참조). 이처럼 한일 의학 교류의 역사에서 흥미롭고 기구한 운명을 겪었던 책이다.

◎ 《신응경》 간행 계통도

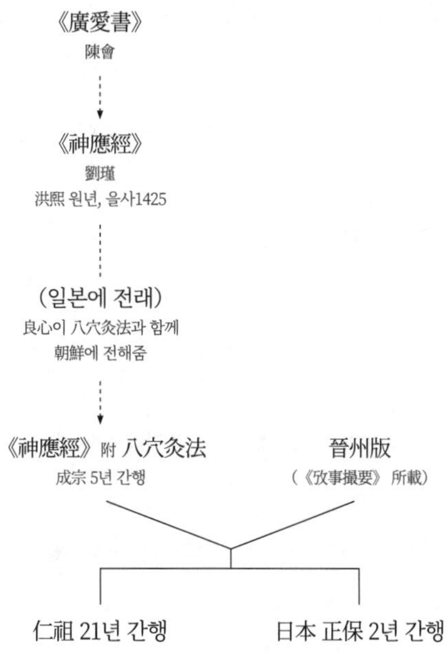

030. 맥경 脈經

10권 5책

진(晉) 왕숙화(王叔和) 지음

개요

《맥경》은 예로부터 제일의 맥학서(脈學書)로 추존되어 왔다. 《실록》에서 세조 10년 갑신1464 정월에 제정된 의학 취재 강서(講書) 가운데 이 책이 보인다.[1] 따라서 아마도 조선 초기에 간행하였다고 생각하지만 분명하지는 않다. 최근 필자는 명(明) 만력(萬曆) 3년경 을해1575 간본에 근거한 조선 판본(교토대학 도서관 소장)을 알게 되었다. 이것은 원래 교토(京都)의 도도(百百) 가문 소장본이었다. 이 판본을 기준으로 해제한다.

형태서지

10권 1책(이 해제본은 합책되어 있으나 원래는 5책임) **|판식版式|** 활자본(갑진자), 본래 표지가 아니고 개장되었다. 28.5 × 22.2㎝, 반곽 약 21 × 17㎝, 사주쌍변, 12행 21자. **|판심版心|** 상하어미, "脈經"·장차(張次)가 적혀 있다. **|지수紙數|** 서문 등 10매, 목록 5매, 본문 10권 185매, 발문 2매, 총 203매.

1 제1부 〔018장〕 인용 사료(세조 10년 정월, 세조 10년 5월 기사)를 참고하라.

내용서지

○ 송교정맥경진정차자(宋校定脈經進呈箚子)〈"熙寧元年, ……, 趙叔度, ……, 高保衡, ……, 孫奇, ……, 林億, ……"〉. 내용은 생략한다.

○ 송각맥경첩문(宋刻脈經牒文)〈"紹聖三年, ……, 向中恕, ……"〉. 내용은 생략한다.

○ 송광서조사중간맥경서(宋廣西漕司重刊脈經序)〈"長樂陳孔碩序"〉. 내용은 생략한다.

○ 원각맥경이문(元刻脈經移文)〈"泰定四年, ……, 朶列禿"〉. 내용은 생략한다.

○ 원각맥경서(元刻脈經序)〈"元泰定四年秋九月二十五日, 東陽柳貫述"〉. 내용은 생략한다.

○ 원각맥경서(元刻脈經序)〈"泰定四年歲次丁卯閏九月既望, 龍興路醫學教授謝縉翁敬書"〉. 내용은 생략한다.

○ 부교맥경수찰(附校脈經手札)〈"徐中行, ……, 萬曆三年二月十日"〉. 내용은 생략한다.

○ 맥경서(脈經序)〈"晉大醫令王叔和譔"〉. 내용은 생략한다.

○ 서맥경후(書脈經後)[2]〈"萬曆三年暮春, 晉安袁表撰"〉. 내용은 생략한다.

고찰

《맥경》은 본래 진(晉) 왕숙화(王叔和)가 지은 것으로, 송(宋) 때 조숙도(趙叔度)·임억(林億) 등이 편차(編次)하여 간행하고, 원(元) 때 이것을 중간하였으며, 만력(萬曆) 3년 을해1575 다시 원표(袁表)가 교정하여 간행하였다. 이 간본을 조선에서 만력 3년 이후〈조선의 간기(刊記)는 없다〉에 활자로 간행한 것이다.

참고

타카시마 유우케에(高島祐啓)·오카다 쇼슌(岡田昌春)이 지은 《제수관의적비고躋壽館醫籍備考》에 "《맥경》 10권 2책. 성화 갑오년 판본을 필사한 조선 필사본을 모사하였다〔脈經, 十卷二冊。影模朝鮮國抄成化甲午本〕"라고 실려 있다. 이를 통해 명(明) 성화(成化) 갑오년1474 판본에 근거한 조선 필사본이 존재하였음을 알 수 있다.

---

2 권말(卷末)에 있다.

031. 주부수진방 周府袖珍方

4권 4책

명(明) 이항(李恒) 지음

개요

《잇슈우도오장서목록聿修堂藏書目錄》의 기록을 통해 이 간본의 존재를 알 수 있다. 필자는 보지 못하였다.

◎ 《잇슈우도오장서목록》의 《주부수진방》

周府袖珍方 四卷四冊，永樂乙未原本，朝鮮活字九冊。成化十八年重刻本，明李恒等撰。

《주부수진방》(4권 4책, 영락 을미년(1415) 원본) 조선 활자본 9책. 성화 18년 임인 1482 중간본. 명(明) 이항(李恒) 등이 지었다.

내용서지

타키(多紀) 씨는 《의적고醫籍考》에 주정왕(周定王)의 서문을 요약하여 아래와 같이 적었다.

◎ 《주부수진방》 서문(序文)[1]

1 《의적고》에는 《수진방袖珍方》 서문의 후반부만 '서략(序略)'이라는 이름으로 실었고, 《조선의서지》에는 다시 그 일부만 실려 있다. 독자의 이해를 돕기 위해여 《수진방》 본래 서문을 전재하였다. 다만 조선 간행본의 모습은 확인할 수 없었기 때문에 명(明) 홍치(弘治) 17년(갑자1504)에 간행된 《신간수진방대전新刊袖珍方大全》을 기준으로 하였다.

昔神農始嘗百草，黃帝命雷公、岐伯制九鍼，著內外經素問之書，無不殫備。設文曰，巫彭初作醫，然世之方書藥法，雖損益隨時而用，大抵祖述黃帝。脈訣出於晉王叔和，病源出於隋巢元方，湯液經出於商伊尹，傷寒論出於漢張機，千金備急出於孫思邈，外臺秘要出於唐王珪，乃上古聖賢，洞明醫道，以救蒼生。且夫人稟天地陰陽而生，豈無風雨不節之勞、喜怒非常之患，由是疾疢而生，苟非醫藥，何以救焉。書曰，若藥不瞑眩，厥疾弗瘳，誠哉斯言也。

予當弱冠之年，每念醫藥，可以救夭傷之命，可以延老疾之生，嘗令集保生餘錄、普濟等方，方雖浩瀚，編輯多訛。至洪武庚午，寓居滇陽，知彼夷方山嵐瘴瘧感疾者多，惜乎不毛之地，里無良醫，由是收集諸方，得家傳應效者，令本府良醫編類，鋟諸小板，分爲四卷，方計三千七十七，門八十一，名曰袖珍。袖者，易於出入，便於巾笥，珍者，方之妙選，醫之至寶，故名袖珍。數年已來，印板模糊，今於永樂十三年春，令良醫等，復校訂正，刊行於世，庶使不失妙方，永玆善事。嗚呼，天高地厚，春往秋來，日陵月替，海水桑田，況人物乎。吾嘗三復思之，惟爲善跡，有益於世，千載不磨。昔太上有立德，有立功，有立言，今吾非以徇名，將以救人之疾苦也，將以於世立功也。時歲乙未季秋，書成，廣行印施，豈曰小補云耳。

옛날 신농씨가 처음으로 온갖 약초를 맛보았으며, 황제는 뇌공(雷公)과 기백(岐伯)에게 명하여 구침(九鍼)을 만들게 하고 《내경內經》·《외경外經》과 《소문》 같은 책을 저술하셨으니 의학 지식이 두루 갖추어지게 되었다. 《설문해자》에서는 무팽(巫彭)이 '의(醫)'자를 처음 만들었다고 하였으나 세상의 의서들은 시대에 따라 내용이 빠지거나 늘었을 뿐 대체로 황제의 책을 계승하였다. 《맥결》은 진(晉) 대 왕숙화(王叔和)로부터 나왔고, 《제병원후론》은 수(隋) 대 소원방(巢元方)으로부터 나왔으며, 《탕액경》은 상(商) 대 이윤(伊尹)으로부터 나왔고, 《상한론》은 한(漢) 대 장기(張機)로부터 나왔으며, 《비급천금요방》은 손사막(孫思邈)으로부터 나왔고, 《외대비요》는 당(唐) 대 왕도(王燾)[2]로부터 나왔으니 상고 시대의 성현들께서는 의학의 원리를 연구하여 백성들을 구제하셨다. 한편 사람은 천지와 음양의 기운을 받아 태어났으니 비바람처럼 절기에 맞지 않는 날씨로 생기는 증상이나 희로애락처럼 치우친 감정으로 생기는 질병이 어찌 없을 수 있겠는가. 그리고 이렇게 질병이 생겨났을 때 의약이 없다면 무엇으로 사람들을 구제하겠는가. 《서경書經》에서 "약을 먹고 눈앞이 아득해지지 않다면 그 병은 낫지 않을 것이다."라고 하였으니 참으로 맞는 말이다.

나는 약관의 나이일 때 의약이란 요절하는 목숨을 구하고 늙거나 병든 삶을 연장하는 방법이라고 생각하곤 했었다. 예전에 《보생여록》·《보제방》 등을 모으게 시켰더니 책의 분량은 많았으나 틀린 내용이 많았다. 홍무 23년1390 전양(滇陽)에 있을 때 변방에는 산람장기나 장학(瘴瘧)에 걸린 사람이 많다는 사실을 알았지만 애석하게도 황폐한 지역이라 마을에 훌륭한 의사가 없었다. 그래서 여러 의서를 모으고 집마다 전해지는 처방 중에 효과가 있는 것을 구하여 중앙의 실력 있는 의원에게 분류하게 하고 작은 판목에 새긴 후 4권으로 나누어 총 3,077개 처방을 81가지 문(門)에 수록하고 '수진(袖珍)'이라는 이름을 붙였다. '수(袖)'는 쉽게 넣었다 꺼냈다 할 수 있고 보관하기 편리하다는 의미이고, '진(珍)'은 처방을 오묘하게 선정하여 의학의 지극한 보배가 된다는 의미이므로 '수진(袖珍)'이라고 한 것이다. 몇 년이 지나 판목이 닳아서 영락 13년을미1415 봄에 실력 있는 의원들에게 다시 교정하여 바로잡게 하고 세상에 간행하였다. 아마 신묘한 의서를 잃어버리지 않았으니 좋은 일이 영원할 것이다. 아, 하늘이 높고 땅이 두텁다는 사실은 변하지 않아도 봄은 가고 가을이 오는 법이며, 해가 저물고 달이 기우는 사실은 변하지 않아도 바다가 뽕밭으로 변하는 법이니 하물며 사람이나 만물은 어떠하겠는가. 내가 예전에 몇 번을 생각해 보아도 이 책은 오직 선한 공적을 이룩하여 세상에 유익하므로 천년이 지나도 닳지 않을 것이다. 옛날에 "최고는 덕행을 이룸〔立德〕이요, 다음은 공적을 이룩함〔立功〕이요, 다음은 문장을 남김〔立言〕이다."는 말이 있으니 지금 나는 명성을 좇는 게 아니라 이제부터 사람들을 질병과 고통에서 구제함으로써 세상에 공적을 이룩하고자〔立功〕하는 것이다. 을미년1415 9월에 책이 완성되어 인쇄하고 널리 배포하니 어찌 조금이나마 세상에 보탬이 된다고 말하지 않겠는가.

인물전기

주정왕(周定王) 주숙(朱橚, 1361－1425). 명(明) 태조(太祖)의 다섯 번째 아들로 《보제방普濟方》·《구황본초救荒本草》를 저술하였다.

이항(李恒, 생몰 미상). 명(明) 홍무(洪武) 연간 초기에 의학으로 이름을 떨쳐 태의원(太醫院)에 추천되어 들어갔다가 후에 발탁되어 주부(周府)의 양의(良醫)가 되었다.

---

2 원문에는 '王珪'라고 되어 있으나 문맥상 '王燾'로 보고 번역하였다.

고찰

명(明) 영락(永樂) 13년을미1415에 간행된 소판(小版)[3]을 조선에서 성종 13년성화成化 18년, 임인1482에 중간하였다고 한다. 그러나 이 간본이 9책으로 되어 있는 것을 보더라도 소형판이 아니라 보통 크기의 판형이었을 것으로 보인다.

3 서문에서 "작은 판목에 새긴 후 4권으로 나누어 ……〔鋟諸小板, 分爲四卷〕"라고 하였다.

032. 구급이방 救急易方

1권 1책

명(明) 조계부(趙季敷) 지음

개요

도서료(圖書寮) 소장본을 기준으로 해제한다. 필자도 1종을 소장하고 있다. 〈〔부도 40〕 참조〉

성종 15년 성화成化 20년, 갑진1484 평양부(平壤府)에서 간행하였다.

형태서지

1권 1책. **| 판식版式 |** 목판본, 위・아래・오른쪽 가장자리를 재단하고 개장(改裝)하였다. 반곽 19.0 × 13.5㎝, 10행 20자. **| 지수紙數 |** 서문 4매, 목록 4매, 본문 85매, 발문 1매. **| 인기印記 |** 책 첫머리에 "佐伯侯毛利高標字培松藏書畫之印"・"躋壽殿書籍記"・"醫學圖書"・"圖書局文庫"・"大學東校典籍局之印", 말미에 "玄益"・"圖書局文庫"가 있다.

내용서지

○ 서(序) 〈"正統六年十二月初吉, 賜進士文林郎河南道監察御使 浚儀趙忠序"〉. 내용은 생략한다. 〈조충(趙忠)은 저자 조계부의 동생이다〉

◎ 《구급이방》 발문

平壤大府也，人物之繁盛，冠於該州，而設醫局購藥，以救民命，久矣。第以無方書可攷，豈非大闕，況此土風氣勁惡，往往民多暴死，須臾不救，宜仁人之軫念也。歲壬寅監司李相國崇元駐節于此，慨然心甚憂之，得救急方一帙，思欲鋟梓廣行，工未訖而見代，今監司朴相國楗繼至，不閱月而訖，而所謂無所不用其極，嗚呼至矣。

歲時成化二十年仲秋下浣，行平壤府教授崔涐謹跋。

평양은 큰 고을로서 사람과 물산이 많고 각 고을의 우두머리이므로 의국(醫局)을 설치하고 약재를 사들여 백성들을 구제한 지 오래되었습니다. 다만 참고할 만한 의서가 없으니 어찌 큰 관건이 아니겠습니까. 더욱이 이 지역은 기후가 거칠어서 종종 많은 백성이 갑자기 죽어갈 때 잠깐 사이에 살리지 못하는 일이 생기곤 하니 의원들이 안타깝게 생각하는 게 당연했습니다. 성화 18년1482에 평양감사 이숭원(李崇元) 공께서 이곳에 부임하시고는 안타까워하면서 마음 깊이 걱정하시다가 《구급방》 한 질을 구한 후 간행하여 널리 보급하고자 생각하셨으나 출간을 마치지 못하고 이임하셨고, 지금의 감사이신 박건(朴楗) 공께서 부임하신 후에 한 달이 되지 않아 출간을 마쳤으니 "군자는 최선을 다하지 않음이 없다."[1]는 말이 아아 지극히 합당합니다.

성화 20년1484 8월 하순. 행 평양부 교수(平壤府教授) 최아(崔涐)는 삼가 발문을 씁니다.

본문내용

성인의 일반적인 구급방(救急方), 즉 오절사(五絶死)·자액사(自縊死)·익수사(溺水死)·하월열사(夏月熱死)·중고사(中蠱死)·중약초독(中藥草毒)·중풍(中風)·두통(頭痛)·소갈(消渴)·대소변폐(大小便閉)·안목제질(眼目諸疾)·이통(耳痛)·오탄침류(誤呑鍼類) 등 모두 150가지 병증에 대한 치료법을 기재하였다. 또 부인문(婦人門) 29가지 병증, 소아문(小兒門) 52가지 병증에 대해서도 같은 형태로 서술하였다.

---

1 《대학장구大學章句》 "그러므로 군자는 최선을 다하지 않음이 없다. 〔是故，君子無所不用其極。〕"

인물전기[2]

조계부(趙季敷, 생몰 미상). 자는 대문(對文), 호는 눌재(訥齋)이다.

고찰

필자가 소장하고 있는 간본은 임진왜란 전에 인출된 것이나 판목(版木)에 보각(補刻)된 곳이 포함되어 있다. 따라서 성종 15년 이후 용도에 따라 자주 출간되었음을 알 수 있다. 《고사촬요》만력 초기 간본〈팔도책판〉에서 "구급방. 평양판〔救急方, 平壤版〕"이라고 한 것은 세조 때의 《구급방》[3]이 아니라 이 《구급이방》을 가리키는 것일지 모른다.

2 이해를 돕기 위해 해당 내용의 위치를 원서와 다르게 조정하였다.

3 제1부 〔025장〕 참고

033. 동원십서 東垣十書

16권(?)

개요

《동원십서》는 그 편집자를 알 수 없다. 동원(東垣)의 후인(後人)인 명(明)의 광택왕(光澤王)이 하나로 합쳤다고 하지만 확인된 학설은 아니다. 모인 책들은 모두 동원이 주장한 "음식과 노권이 안으로 비위를 손상시킨다〔飮食勞倦內傷脾胃〕"는 의론을 조술(祖述)한 것이다. '십서(十書)' 즉 10가지 서적은 《맥경脈經》(송(宋) 최가언(崔嘉彦, 호는 자허紫虛) 지음)·《내외상변혹론內外傷辨惑論》(원(元) 이고(李杲, 호는 동원東垣) 지음)·《비위론脾胃論》(원 이고 지음)·《난실비장蘭室秘藏》(원 이고 지음)·《국방발휘局方發揮》(원 주진형(朱震亨, 호는 단계丹溪) 지음)·《격치여론格致餘論》(원 주진형 지음)·《소회집溯洄集》(원 곤산(昆山) 사람 왕리(王履) 엮음)·《탕액본초湯液本草》(원 왕호고(王好古, 호는 해장海藏, 이고의 문인) 엮음)·《차사난지此事難知》(원 왕호고 엮음)·《외과정의外科精義》(원의 태의(太醫) 재덕지(齋德之) 엮음)를 가리킨다.

판본

《동원십서》의 조선 판본에는 4~5가지 갈래가 있다. 여기에 대해 해제한다.

(1) 성종 19년 무신1488 간본

《성종실록》에 아래와 같이 기록되어 있다.

◎《성종실록》성종 19년 무신1488 10월 11일 기사[1]

同知中樞府事成健，嘗赴京購求醫方，得東垣十書來獻，仍啓曰，臣多疾病，入朝購得此書。今聞內醫院亦有此方而不帙，故敢獻。傳曰，古云，凡爲人子者，要解醫方。予每念斯語，而萬機之間，力未能及。近因大妃違豫，方欲涉獵，而卿進良方，予心乃嘉。其賜馬裝一部。仍下其書于內醫院曰，考帙以啓，具帙則當使刊行。

동지중추부사 성건(成健)이 예전에 중국 북경에 갔을 때 의서를 수소문하여《동원십서》를 구해 돌아와서 주상께 바치면서 아뢰었다. "소신은 질병이 많아서 중국에 들어갔을 때 이 책을 수소문하여 구했습니다. 요즘 듣기에 내의원에도 이 책이 있으나 완질이 아니라 하기에 감히 바칩니다." 주상께서 전교하였다. "옛말에 이르기를 '무릇 부모에게 자식 된 이라면 의서를 알아야 한다.' 하였다. 내가 늘 이 말을 생각하였으나 국정을 맡아 보는 사이에 여력이 없었다. 근일에 대비께서 편찮으셔서 이제야 의서를 섭렵고자 하는 중인데 경이 좋은 의서를 바치니 내 마음이 기쁘구나. 마장(馬裝) 1부를 내려준다." 그러고 나서 그 책을 내의원에 보내면서 말하였다. "완질인지 살펴보고 아뢰라. 완질이라면 마땅히 간행케 하겠다."

성건(成健)이 진상한《동원십서》가 내의원에서 간행되었다고 한다면 이것은 조선에서의 초간본으로서 활자본이었을 것이다.《동원십서》는 그 이후 조선 말기까지 오랫동안 널리 사용되었다.

(2) 을해자 활자본

현존하는 것은 후지타 료사쿠(藤田亮策) 선생이 소장하고 있는 《탕액본초》 하권(下卷)뿐인데, 그마저도 앞뒤로 여러 장이 없어진 영본(零本)이다. (〔부도41〕 참조)

형태서지

|판식版式| 반곽 약 22.0 × 15.0㎝, 9행 17자, 사주단변, 유계. **|판심版心|** 상하어미, 흑구, "湯液本草"・장차(張次)가 적혀 있다.

---

1 원서에는 일부 내용만 있지만 역자가 보충하여 실었다.

이 간본은 《동원십서》 가운데 포함되어 있었다고 생각한다. 이인영(李仁榮) 씨의 고증에 따르면 사용된 활자는 을해자이다. 을해자가 주로 사용되었을 때는 중종 초기에서 선조 초기 사이이다. 그러므로 간본(1)에 해당하는 판본이 아닌가 한다. 〈을해자는 세조 원년에 새롭게 주조되었다. 《의방유취》도 이 활자로 간행되었다. 이후 개주(改鑄)되어 선조 초기까지 의서의 간행에도 사용되었다.〉

(3) 매남서옥(梅南書屋) 간본

목판본으로 판심에 "梅南書屋"이라고 쓰여 있어 '매남서옥 간본'이라고 이름을 붙였으나 필자가 직접 본 것은 토오요오문고(東洋文庫) 소장의 《비위론》 3권 2책뿐이다. 이 판본을 기준으로 해제한다.

형태서지

판식版式 목판본, 세로 28.5 × 가로 19.5㎝, 반곽 약 22.5 × 17.0㎝, 10행 20자. **지수紙數** 서문 1매, 목록 6매, 권상 28매, 권중 32매, 권하 45매. **판심版心** "東垣脾胃"·권명(卷名)·장차(張次)·"梅南書屋"이라고 적혀 있다. **인기印記** 책 첫머리에 "樂浪書齋"·"完山李氏遵道擇中章"·"洒竹文庫" 등이 있다.

내용서지

○ 서(序)〈"己酉七月望日, 遺山元好問序"〉. 내용은 생략한다.

○ 후서(後序)〈"至元丙子三月上巳日, 門生羅天益謹序"〉. 내용은 생략한다.

판본고찰

명종 때부터 선조 때까지 조선에는 보기 드물게 민간 서점이 있었으나〈〔부도65〕 참조〉 매남서옥은 조선의 민간 서점이 아니라 명(明)의 서점이다. 그 이름이 조선 간본의 판심에까지 남게 된 것이다. 성화(成化) 20년갑진1484에 명(明) 매남서옥에서 간행된 《동원십서》 간본이 다케다 쿄우서옥(武田杏雨書屋)에 소장되어 있다.

필자는 아직 조선의 매남서옥 간본을 보지 못하였지만 《잇슈우도오장서목록聿修堂藏書目錄》 가운데에 《난실비장》·《차사난지》·《외과정의》·《국방발휘》·《격치여론》이 보인다. 모두 《동원십서》에 포함된 책들이다. 그러므로 이 책들은 명(明)대 매남서옥에서 간행한 《동원십서》를 조선에서 번각한 간본이라고 생각한다.〈이에 대해서는 〔078장〕부터 〔081장〕까지의 해제에서 다시 설명하였다〉

〈덧붙여, 쇼와(昭和) 48년 5월의 동양서림회(東洋書林會) 《고전적전시즉매목록古典籍展示卽賣目錄》 가운데에 이 간본 11책(낙질?)이 보인다〉

(4) 《고사촬요》〈팔도책판〉 소재본

《고사촬요》선조 초기 간본〈팔도책판〉에 《동원십서》의 나주판(羅州版)이 수록되어 있다. 필자는 보지 못하였다.〈간본(3)에 해당하는 것일까?〉

(5) 영조 41년 을유1765 혜민서(惠民署) 간본

〈필자 소장〉〈〔부도56〕 참조〉

이 간본은 아름답고 큰 10책의 활자본이다. 후대의 판본이지만 간행 부수가 적어서인지 전존본은 그리 많지 않다.[2]

형태서지

16권 10책. **|판식版式|** 혜민서(惠民署) 간행 활자본, 세로 29.5 × 가로 18.5㎝, 반곽 22.0 × 14.5㎝, 10행 20자.

내용서지

○ 《원사元史》의 〈이동원본전李東垣本傳〉〈책 첫머리에 있다〉. 내용은 생략한다.

◎ 《동원십서》 발문[3]

天下之事, 未有不依方而成者, 然依方亦有許多般, 古人以海上單方爲戒, 單方尙

2 이해를 돕기 위해 해당 내용의 위치를 원서와 다르게 조정하였다.

3 원서에는 일부 내용만 있지만 역자가 보충하여 실었다.

4 해상단방(海上單方) : 도가(道家)의 단약 등을 가리킨다.

可戒，况其訛謬鹵莽，愈往而愈失其眞者乎。語曰，經訓一字之誤，流毒萬世，先儒之釋經，必取諸本，考据精詳者，盖愼乎此也。生人之事，不越乎身與心，養心之方，固在於經訓，而養身之方，醫家是已，其不可一日闕，與經訓同，不可與他術數比論也。就醫家論之，若素問靈樞等書，業醫者奉之若六經，至於朱李所論著，在儒家與洛閩箋註同一發揮也。其洞察古今運氣之上下，生人稟賦之厚薄，表裏虛實之同異，補瀉凉熱之分數，莫不毫釐必察，橫竪爲說，有源有委，顚樸不破，後之從事醫家者，莫不遵爲挈令，盖二公俱以儒而爲醫，故其術亦有自來正史本傳可攷也。

東垣十書在醫家尤爲緊要，而局坊所藏本訛謬忒甚，件件各異，不但諸醫之臨講，混淆靡所適從，亥豕魚魯之輾轉不已，幾何而不至於孟浪殺人哉。此無異於經訓之誤流毒萬世，余嘗病之，適提擧惠署，與醫監提調沈公相議，選二司醫官之熟於是書者，爲校正官，取諸本，校讐歸一，仍鳩財力，以活字印若干本，分置二司，役旣訖，識其下方。噫，願爲良醫，范希文少時之宿志也，坐抄藥方，陸敬輿暮年之苦心也，爲之撫卷，三歎不自已也。

上之四十有一年乙酉九月下澣，惠民署提調南陽洪啓禧謹識。

세상의 일은 책에 기대지 않고 이루어지는 것이 없으나 책에 의지하는 방식은 또한 다양합니다. 옛사람은 해상단방(海上單方)[4]을 경계하였으니 해상단방도 오히려 경계해야 하거늘 하물며 그 잘못되고 거칠어진 채 오래되어 참뜻을 잃은 책은 어떻겠습니까. 옛말에 "경전을 잘못 해석한 한 글자가 만세에 해악을 끼친다."고 하였으니 선대 유학자들이 경전을 해석할 때 반드시 여러 판본을 모아 정밀하고 상세하게 고증한 이유는 이 점을 조심하였기 때문일 것입니다. 사람의 일은 몸과 마음을 벗어나지 않습니다. 마음을 기르는 방법은 실로 경전의 가르침에 달려 있고, 몸을 기르는 방법은 바로 의학일 뿐이니 하루라도 거를 수 없는 점이 경전의 가르침과 같아서 다른 기술과 비교할 수 없습니다. 의학자의 입장으로 말하자면 《소문》·《영추》 같은 책은 의술을 업으로 삼는 이들에게 《육경》과 같고, 주진형·이고의 저술은 유학자에게 정자(程子)와 주자(朱子)가 경전에 주석을 단 것과 같이 숨은 뜻을 드러낸 책입니다. 이들은 고금 운기의 오르내림, 사람이 타고난 체질의 강하고 여림, 표리와 허실의 차이, 보사와 온량의 기준에 대해 통찰하면서 작은 부분까지 기필코 살펴 종횡으로 설명하고 근원부터 말단까지 전부 갖추어 깨뜨릴 수 없이 견고한 논리로 삼았기 때문에 후대의 의원들은 그들을 따르며 강령으로 삼았습니다. 이 두 사람은 모두 유학자이면서 의원을 했기 때문에 그들의 의술은 전해오는 역사서의 본전(本傳)에서도 살펴볼 수 있습니다.

《동원십서》는 의학자들에게 아주 긴요합니다. 그러나 혜민서 등에 소장된 판본은 잘못된 곳이 특히 많아 책마다 내용이 다르기 때문에 의원들이 공부할 때 뒤죽박죽 하여 무엇을 기준으로 삼을지 모를 뿐만 아니라 잘못된 글자가 여기저기 끝이 없으니 어찌해야 경솔하게 사람을 죽이지 않게 될 수 있겠습니까. 이는 경전을 잘못 해석하여 만세에 해악을 끼치는 것과 다를 바 없습니다. 제가 예전부터 이를 걱정하던 중 마침 혜민서 제거(提擧)가 되었고 전의감 제조(提調) 심 공과 상의하여 혜민서와 전의감에서 이 책을 잘 아는 의관을 뽑아 교정관으로 삼은 후 여러 판본을 모아 교정하면서 하나로 만들었습니다. 그러고 나서 재원을 모아 몇 질을 활자로 인쇄하여 혜민서와 전의감에 각각 두었습니다. 간행이 끝나고 나서 책 말미에 일의 전말을 기록합니다. 아, 훌륭한 의원이 되고자 한 것은 범중엄(范仲淹)의 젊은 시절 생각이었으며, 앉아서 처방서를 베낀 것은 육지(陸贄)가 늘그막에 한 노력이었으니 책을 넘길 때마다 연거푸 나오는 감탄이 그치지 않습니다.

영조 41년 을유1765 9월 하순. 혜민서 제조 남양(南陽) 홍계희(洪啓禧)는 삼가 적습니다.

인물전기[5]

이고(李杲, 1180－1251). 자는 명지(明之), 호는 동원(東垣)이다. 금(金)·원(元) 시기 사람으로 금원사대가(金元四大家) 가운데 한 사람이다. 비위론(脾胃論)의 종주이다.

홍계희(洪啓禧, 1703－1771). 자는 순보(純甫), 호는 담와(淡窩), 본관은 남양(南陽)이다. 영조 13년 정사1737 별시 문과에 급제하여 후에 이조 판서에 이르렀다. 영조 24년 무진1748 쇼군 도쿠가와 이에시게(德川家重)가 습직(襲職)했을 때 통신사(通信使) 정사(正使)로 뽑혀 일본에 다녀왔다. 문장에 뛰어나 《주자대전朱子大全》을 교정하고 《삼운성휘三韻聲彙》·《경세지장經世指掌》 등을 저술했다.

5 이해를 돕기 위해 해당 내용의 위치를 원서와 다르게 조정하였다.

고찰[6]

추가로, 《동원십서》는 성종 때 전해진 이후 널리 사용되어 영조 때에는 의과 시험 강서(講書)로 채택되었다(《속대전續大典》).

덧붙여, 《동원십서》 가운데 《의루원융醫壘元戎》과 《반론췌영癍論萃英》(모두 원(元) 왕호고 지음)이 더해져 12종의 책으로 이루어진 판본도 있다. 이것은 후인(後人)이 다시 더한 것이다. 조선 간본은 모두 10종의 서적으로 되어 있다.

6 이해를 돕기 위해 해당 내용의 위치를 원서와 다르게 조정하였다.

034. 침구자생경 鍼灸資生經

7권

송(宋) 왕집중(王執中) 지음

개요

《경적방고지經籍訪古志》〈보유補遺〉에서는 회선각(懷仙閣)에 이 책의 조선 간본이 소장되어 있다고 하였고 (《요안인장서목록養安院藏書目錄》에는 "《자생경資生經》 4책〔資生經, 四本〕"이라고 하였다), 《하청우기河淸寓記》에서는 보지 못하였다고 하고 서명만 기록해 놓았다.[1] 필자도 보지 못한 책이다.

《침구자생경》은 송(宋) 왕집중(王執中) (자는 숙권(叔權), 송(宋) 사람)의 저술로, 7권으로 이루어져 있다. 제1권은 여러 경혈을 모두 실었고, 제2권에서 제7권까지는 병증에 따라 목차를 나누고 각각에 대한 침구법을 설명하였다. 조선 전기에는 비교적 잘 사용되었던 책으로, 《향약집성방鄕藥集成方》의 〈침구목록鍼灸目錄〉은 《침구자생경》 제1권에서 인용하여 경혈의 이름·위치·측정법, 자침의 깊이와 뜸의 장수, 금기 등을 채록한 것이다. 이 책은 《경국대전》 (을사대전) 〈제학취재諸學取才〉에서 의학(醫學) 및 침구의(鍼灸醫)의 강서(講書)로도 채택되었다. 그런데 《동인경銅人經》이 널리 유행하면서 이 책을 사용하지 않게 되었고 성종 이후로는 차츰 모습을 감추게 되었다.

이 책은 송(宋) 간본, 원(元) 광근서당(廣勤書堂) 간본, 명(明) 정통정묘(正統丁卯) 간본 등이 있다. 조선 간본은 간행 연도를 알 수 없지만 정통정묘 간본에 근거한 것이고 (《경적방고지經籍訪古志》〈보유補遺〉) 《향약집성방》에 사용된 것은 원(元) 간본이 듯하다.

---

1 《하청우기》를 보면, 목록에는 실려 있으나 "실물을 보지 못하였다〔未見藏本〕"고 적혀 있다. 제6부 〔009장〕 참고.

035. 신간보주석문황제내경소문

新刊補註釋文黃帝內經素問 소문素問

12권

왕빙(王冰) 주석, 임억(林億)·손기(孫奇)·고보형(高保衡) 등 교정, 손조(孫兆) 재교정

개요

필자가 알게 된 이 책의 간본은 다음의 5~6종이지만, 조선에서는 예로부터 의학의 기본서였으므로 이 외의 간본도 존재했을 것이라고 생각한다.

판본

(1) 세이카도오문고(靜嘉堂文庫) 소장 소자(小字) 목판본 및 유사 판본

12권 6책. **|판식版式|** 목판본(목활자본과 유사함), 위·아래·오른쪽 가장자리를 재단하고 개장(改裝)하였다. 반곽 약 24×15.0cm, 12행 21자. **|지수紙數|** 서문 5매, 총목 4매, 본문 385매. **|인기印記|** 책 첫머리마다 "篠原朝臣"·"篠島氏家藏記" 등이 있다. **|기타|** 간기(刊記)는 없다.

이 간본은 목판본인지 목활자본인지 쉽게 구분되지 않지만 목판본이다. 이른바 성종판 《향약집성방鄕藥集成方》(제1부 〔016장〕 참조)과 판식(版式)이 유사하다. 따라서 성종 즈음에 간행된 듯하다.

스에마츠(末松) 씨가 필자에게 준 《소문》은 권6뿐인 영본(零本)으로, 위 세이카도오문고 소장본과 판식이 유사하지만 다른 판본이다. 책의 체재로 보아 원(元) 대 판본을 복각한 것임을 알 수 있다.(〔부도39〕 참조)

(2) 갑진자 활자본 및 복각 목판본

이인영(李仁榮) 씨는 갑진자 활자본을 복각한 목판본을 소장하고 있다. 필자는 보지 못하였지만, 이것으로 갑진자 활자본 《소문》도 존재했다는 사실을 알 수 있다.

덧붙여 《경적방고지經籍訪古志》〈보유補遺〉에 실려 있는 아래 내용은 간본(1)・간본(2)가 아닌가 한다.

◎ 《경적방고지》〈보유〉의 《신간보주석문황제내경소문》[1]

新刊補註釋文黃帝內經素問十二卷, 素問遺編一卷, 運氣論奥三卷, 黃帝內經靈樞十二卷 元至元己卯古林書堂刊本, 聿修堂藏

按, 素靈如明熊宗立本……, 趙府居敬堂本……, 吳悌本……, 素問如朝鮮活字本 聿修堂藏, 朝鮮整版 寶素堂藏, 又崇蘭館有之。末附運氣論奥, 俱行款與活字本同, 靈樞如吳勉學本 醫統正脈所收, 朝鮮活字本 崇蘭館藏版式與素問自別, 皆併爲十二卷, 蓋元版作之傰也。

《신간보주석문황제내경소문》 12권, 《소문유편》 1권, 《운기론오》 3권, 《황제내경영추》 12권 (원(元) 지원(至元) 기묘년 고림서당간본, 잇슈우도오 소장)

고찰. 《소문》과 《영추》 가운데 명(明) 대의 웅종립(熊宗立) 간본 ……, 조부(趙府) 거경당(居敬堂) 간본 ……, 오제(吳悌) 간본 …… 등과, 《소문》 가운데 조선 활자본(잇슈우도오 소장), 조선 목판본(호소도오와 숭란관에 소장되어 있다. 권말(卷末)에 《운기론오》가 붙어있고 행자수는 모두 조선 활자본과 같다) 등과, 《영추》 가운데 오면학(吳勉學) 간본(《고금의통정맥전서》 수록본), 조선 활자본 등은 모두 12권으로 원(元)의 판본을 본뜬 듯하다.

(3) 《고사촬요》〈팔도책판〉 소재본

《고사촬요》 만력 초기 간본 〈팔도책판〉에 충주(忠州)・금산(錦山)・선산(善山)의 3가지 책판이 실려 있으나 필자는 모두 보지 못하였다.

이상 간본(1)・간본(2)・간본(3)은 앞으로 실물이 나타나기를 기다려 비교하지 않는다면 정확성을 담보하기 어렵다.

---

1 원서에는 내용이 요약되어 있으나 역자가 원문을 인용하여 실었다.

(4) 을해자 활자본

황의돈(黃義敦)·이인영(李仁榮) 두 사람은 각자 영본(零本)을 소장하고 있다. 여기에서는 황 씨 소장본을 기준으로 해제한다.〈근래 히로시마현(廣島縣) 미하라(三原) 도서관에 《소문입식운기론오素問入式運氣論奧》 1책이 덧붙여져 간행된 판본 12권 8책이 발견되었다. 다만 권12하(下)는 일실되었다〉

형태서지

현존 권11하와 권12를 1책으로 합하였다. **|판식版式|** 활자본〈을해자〉, 사주단변, 유계, 반곽 23.5×17.0cm, 10행 18자, 소자쌍행. **|판심版心|** 상하어미, 흑구, 어미 사이에 "內經"·권차(卷次)·장차(張次)가 적혀 있다.

내용서지

이 간본의 말미에는 간행관(刊行官)의 이름이 찍혀 있으나 뒤 반절 정도가 탈락되어 해독할 수 없다. 중요한 이름은 알아볼 수 없고 다만 아래와 같이 되어 있다.

◎ 간본(4) 말미의 간행관 성명

宣教郎 前惠民署主 (以下脫文)
朝奉大夫 典醫監主 (以下脫文)
校正, 保功將軍 行司果 典醫監兼 (以下脫文)
監校, 嘉義大夫行僉知中樞 (以下脫文)

선교랑 전 혜민서 주부 (이하탈락)
조봉대부 전의감 주부 (이하탈락)
교정, 보공장군 행 사과 전의감 겸 (이하탈락)
감교, 가의대부 행 첨지중추부사 (이하탈락)

〈'가의대부'라는 품계가 있으므로 가정(嘉靖) 연간 이후에 이 간본이 간행되었음을 알 수 있다. 판식을 볼 때 가정(嘉靖, 1522-1566)·융경(隆慶, 1567-1572) 즈음일 것이다〉

(5) 훈련도감자 활자본, 만력(萬曆) 43년 간본

〈필자 소장〉

형태서지[2]

12권 14책. **|판식版式|** 활자본〈훈련도감자〉, 세로 34×가로 22㎝, 반곽 24.0×17.5㎝, 사주쌍변, 유계, 10행 18자. **|판심版心|** 상하어미, 어미 사이에 "內經"·권차(卷次)·장차(張次)가 적혀 있다. **|지수紙數|** 서문 7매, 목록 3매, 제1책〈권1〉 84매, 제2책〈권2〉 53매, 제3책〈권3〉 55매, 제4책〈권4〉 64매, 제5책〈권5〉 47매, 제6책〈권6〉 48매, 제7책〈권7〉 44매, 제8책〈권8〉 59매, 제9책〈권9〉 37매, 제10책〈권10상〉 61매, 제11책〈권10하〉 84매, 제12책〈권11상〉 65매, 제13책〈권11하〉 58매, 제14책〈권12〉 39매.

내용서지

이 간본의 말미에는 다음과 같은 간기(刊記)가 있다.〈〔부도49〕 참조〉

◎ 간본(5)의 간기(刊記)

萬曆四十三年二月 日, 內醫院奉教刊行。
監校官, 通訓大夫 行內醫院直長 臣 李希憲。
通訓大夫 行內醫院直長 臣 尹知微。

만력 43년1615 2월 일. 내의원에서 교지를 받들어 간행하다.
감교관. 통훈대부 행 내의원 직장 신 이희헌(李希憲).
통훈대부 행 내의원 직장 신 윤지미(尹知微).

필자가 소장하고 있는 이 간본에는 제1책 표지 안쪽에 다음과 같은 내사기(內賜記)가 적혀 있고, 책 첫머리에 "宣賜之記"라는 큰 붉은 인장이 찍혀 있다.

◎ 간본(5)의 내사기

萬曆四十三年六月 日, 內賜議政府右議政鄭昌衍素問一件, 命除謝恩, 行都承旨 臣 李〔着名〕

---

2 이해를 돕기 위해 해당 내용의 위치를 원서와 다르게 조정하였다.

> 만력 43년1615 6월 일. 의정부 우의정 정창연(鄭昌衍)에게 《소문》 1질을 내리니 답례하지 말라. 행 도승지 신 이(李)〔착명(着名)〕

이 간본에는 《소문입식운기론오》 3권 1책 (모두 같은 판식) 이 덧붙여져 간행되었다. 〔036장〕에서 설명하였다.

◯ 교정황제내경소문서(校正黃帝內經素問序) ("高保衡 · 孫奇 · 林億") . 내용은 생략한다.

◯ 황제내경소문서(黃帝內經素問序) ("啓玄子王冰撰云云, ……, 大唐寶應元年歲次壬寅序, ……, 將仕郎守殿中丞孫兆重改誤") . 내용은 생략한다.

(6) 지방판 목판본 12권

앞서 설명한 (5)만력 43년 활자본을 복각한 것이다. 이 판본은 각지에서 출판되었고 보각된 부분도 섞여 있기 때문에 여러 가지 양식을 보인다. 그러나 원류는 하나이다. (〔부도51〕참조)

《교남책록嶠南冊錄》과 《누판고鏤板考》에 경주부(慶州府)에 소장되었던 판목이 실려 있다. 즉, 정조 즈음에 경주부에 판목이 소장되어 있었던 것이다. 이것이 이 지방판 가운데 하나에 해당하는 것 같다.

고찰

당(唐) 왕빙(王冰)이 보응(寶應) 원년에 진(秦) · 한(漢) 시대에 성립된 《소문》의 잔존본을 바탕으로 편차(編次)와 장구(章句)를 정리하고 주석을 더하여 81편 24권을 지었다. 이것을 《왕빙차주본王冰次註本》이라고 한다. 북송(北宋) 가우(嘉祐) 연간에 이르러 임억(林億) · 손기(孫奇) · 고보형(高保衡)이 황제의 명령을 받들어 이 차주본을 교정하고 보주(補註)하였고, 추가로 손기의 아우 손조(孫兆)가 오류를 바로잡아 간행하였다. 현재 이 계통이 주로 전해지고 있다. 송(宋) 가우본(嘉祐本)은 24권이나 원(元) 고림서당(古林書堂)에서 12권으로 바꾸어 간행하였다. 현재 전해지는 《소문》의 조선 간본은 이 원(元) 대 중간본 ("至元己卯菖節, 古林書堂新刊") 을 조본(祖本)으로 삼아 만들어졌다.

036. 소문입식운기론오 素問入式運氣論奧 3권 1책

송(宋) 유온서(劉溫舒) 지음

판본

필자가 접한 2가지 판본에 대해 해제한다.

(1) 을해자 활자본

〈 도서료(圖書寮) 소장본 〉

형태서지

상·중·하 3권 1책. **❙판식版式❙** 활자본〈 을해자 〉, 세로 29.5 × 가로 19.0㎝, 반곽 23.5 × 17.0㎝, 10행 18자, 사주쌍변. **❙판심版心❙** 상하흑구. **❙지수紙數❙** 서문·목록 3매, 도상 2매, 본문 67매.

도서료(圖書寮)에는 이 책의 원(元) 대 간본〈 목판본, 반곽 19.5 × 12.5㎝, 14행 23~24자, 지수(紙數) 서문·목록 4매, 본문 42매 〉이 소장되어 있다. 을해자 활자본은 이 원(元) 간본을 조본(祖本)으로 하였다.

(2) 훈련도감자 활자본

〈 필자 소장 〉〈〔부도50〕 참조 〉

형태서지

〔035장〕에서 설명한 '(5)훈련도감자 활자본, 만력(萬曆) 43년 간본'《소문素問》에 덧붙여져 간행된 것이므로 체재와 판식은 모두 같다. **❙지수紙數❙** 서문 1매, 목록 1매, 도상 2매, 권상 22매, 권중 16매, 권하 29매.

내용서지

○ 서(序) (“朝散郎太醫司業劉溫舒撰, ……, 元符己卯歲丁丑月望日序”). 내용은 생략한다.

위 서문 다음에 “書堂重刻”이라는 기록이 있다. ‘서당(書堂)’은 원(元)의 고림서당(古林書堂)을 가리킨다.

본문내용

현재 통행본과 같으므로 생략한다.

판본고찰

이 간본은 (1)을해자 활자본 (도서료 소장본) 과 꽤 비슷하다. 을해자 활자본을 본떠 만들어진 것 같다.

고찰

《소문》의 간본은 매우 많지만 《소문입식운기론오》의 간본은 적다. 특히 만력 후기 이후로는 드물게 유포되었고, 유포본 《소문》에 덧붙여져 간행되지도 않았다. 그러나 〔035장〕《소문》 간본(2)에서 설명하였듯 《경적방고지經籍訪古志》〈보유補遺〉를 통해 위 2종 판본 이외에 《소문입식운기론오》가 덧붙어진 《소문》 목판본의 존재를 알 수 있다. 이 때문에 추가로 기록한다.

(근래 히로시마현(廣島縣) 미하라(三原) 도서관에서 《소문》에 덧붙여져 간행된 《소문입식운기론오》 을해자 활자본이 발견되었다)

037. 건곤생의 乾坤生意 와 건곤생의비온 乾坤生意秘蘊

《건곤생의》 2권 5책
《건곤생의비온》 1권 2책

명(明) 주권(朱權) 지음

[전존]

〈 도서료(圖書寮) 소장 〉

형태서지

|판식版式| 명(明) 대 판본〈간행 연도 미상〉의 복각본. 목판본, 위・아래・오른쪽 가장자리를 재단하고 개장(改裝)하였다. 반곽 약 22.5 × 약 14㎝, 10행 22자. **|지수紙數|** 《건곤생의》: 서문 7매, 본문과 목차 모두 286매. 《건곤생의비온》: 본문과 목차 모두 91매. 《건곤생의》의 제2책과 제5책은 필사본으로 보충되어 있다. **|인기印記|** 책 첫머리마다 "多紀氏藏書印"・"廣壽院架藏記"・"躋壽殿書籍記"・"醫學圖書"・"大學東校典籍局之印"이 있다.

내용서지

○ 건곤생의서(乾坤生意序)〈작자 미상〉, 내용은 생략한다.

○ 소문병기기의보명집중간서(素問病機氣宜保命集重刊序)〈"成化十有四年……黃明善序"〉. 내용은 생략한다.

《소문병기기의보명집素問病機氣宜保命集》의 중간서가 실려 있는 것은 이 간본과 함께 간행되었기 때문이 아닌가 한다.

본문내용[1]

본문 내용은 생략한다. 본문 첫머리에 "遐齡洞天太乙丹房編"이라고 기록되어 있다. 도교적인 의서이다.

인물전기

주권(朱權, 1378－1448). 명(明) 태조(太祖)의 16째 아들로 영왕(寧王)에 봉해졌다. 늘그막에 스스로 은거하며 신선술에 심취하여 구선(臞仙)이라는 호를 지었다. 고금에 다시 없는 많은 책을 저술하였다. 의서로는 《신은방神隱方》·《주후신추肘後神樞》·《수역신방壽域神方》·《활인심법活人心法》·《건곤생의乾坤生意》 등이 있다.

1 이해를 돕기 위해 해당 내용의 위치를 원서와 다르게 조정하였다.

038. 의안방 醫眼方

1권 1책

명(明) 고정신(顧鼎臣) 지음

[전존]

(내각문고(內閣文庫) 소장)

개요

중종 35년 경자1540 경주부(慶州府) 개간(開刊). 이 책의 정식 명칭은 《곤산고공의안론병방崑山顧公醫眼論幷方》이다.

형태서지

1권 1책. ❙판식版式❙ 목판본, 위·아래·오른쪽 가장자리를 재단하고 개장(改裝)하였다. 반곽 20.0×15.5㎝, 10행 19자.[1] ❙지수紙數❙ 본문 8매, 발문 1매.

내용서지

◎ 《의안방》 중재발(重梓跋)[2]

壬辰秋八月, 應峻病目甚, 逾月而愈, 猶蒙蒙焉, 即迎風淚泫然下也。間謁事于亞堂未齋[3]顧翁, 則示所著家刻治目方論, 迺按治之, 不五日而目冏然以明, 則嘆曰, 嗟乎, 夫畿輔之民, 病目而弗治, 與治弗良者, 無筭也。公之方若論, 易簡若此而

1 상하흑구, 어미 사이에 "醫眼方"·장차(張次)가 기재되었다.

2 원서에는 일부 내용만 있지만 역자가 보충하여 실었다.

弗布，夫孰得而家諭焉。于是卽舊本重梓于公署俾傳之，盖廣庶以博，公仁人之惠云耳。

是歲冬十二月望日，屬吏平湖屠應峻謹識。

임진년1532 가을 8월에 제가 눈병이 심하게 걸려 한 달이 지나 좋아지긴 했으나 눈은 여전히 흐릿하며 바람을 맞으면 눈물이 주르륵 흘렀습니다. 그때쯤 아당(亞堂, 당상관)이신 미재(未齋) 고옹(顧翁, 고정신顧鼎臣)을 배알할 때 직접 저술하여 집에서 간행한 《치목방론治目方論》을 보여주신 후 책의 내용을 찾아 치료해 주시자 5일이 안 되어 눈이 환하게 밝아졌습니다. 저는 감탄하면서 "아아 북경의 백성 중에는 눈병을 앓아도 치료하지 못하거나 치료해도 낫지 않는 경우가 셀 수 없이 많습니다. 공의 처방과 설명이 이렇게 쉽고 간단한데도 널리 퍼지지 않았으니 누군들 이 책을 구하여 집마다 알려주고 싶어 하지 않겠습니까."라고 말하였습니다. 그러고 나서 얼마 후에 관청에서 옛 판본을 다시 판각하여 전파하였으니 백성들에게 널리 전해진 것은 공의 인자한 마음 덕분이지 않겠습니까.

이해 12월 보름에 속리(屬吏)인 평호(平湖) 사람 도응준(屠應峻)이 삼가 적습니다.

◎ 《의안방》 발문(跋文)

人之有眼，猶天之有日月，所關豈不大哉。眼苟病矣，無以察是非辨黑白，而痛澁之苦亦難形言。醫治之方多矣，而未有若此書之簡而易也。己亥夏偶得於燕都，荊布患眼疾有月，按而治之，卽有神效。是歲秋適尹玆府，命工鋟梓，以廣其傳云。

嘉靖庚子孟春上浣，唐城洪愼重叔書。

사람의 눈은 하늘의 해나 달과 같으니 중요함이 어찌 크지 않겠는가. 눈에 병이 들면 옳고 그름을 살피거나 검고 흰 것을 가릴 수 없는 데다가 아프고 가려운 고통도 이루 표현하기 어렵다. 눈을 치료하는 처방은 많으나 이 책처럼 간단하고 쉬운 것은 이제껏 없었다. 기해년1539 여름에 연경에서 우연히 구한 후에 한 달 넘게 눈병을 앓고 있는 아내를 이 책의 내용대로 치료하였더니 효과가 매우 좋았다. 이해 가을에 경주부윤(慶州府尹)으로 부임한 후 각수에게 판각하게 하여 이 책을 널리 전하는 바이다.

3 《의안방》에는 '末齋'라고 되어 있으나 문맥상 '未齋'의 오기이므로 수정하였다.

가정 19년 경자1540 정월 상순에 당성(唐城, 남양) 홍신(洪愼, 자는 중숙重叔) 적다.

이 발문 다음에 "慶州府開刊"이라고 기록되어 있다.

본문내용[4]

팔물해독환(八物解毒丸)·이물탕(二物湯)·임신오기(姙娠五忌)·소아오의(小兒五宜)에 대해 기술하였고, 신질섭생(愼疾攝生) 부분에서 〈천금방론千金方論〉·〈동파수록東坡手錄〉의 학설을 실었다. 독서할 때 눈의 양생법(養生法)·야극노인안마법(埜極老人按摩法)을 설명하고, 이어 조유법(照乳法)·구법(灸法)·치목질제방법(治目疾諸方法)·세안방(洗眼方)을 싣고 가장 끝에는 조염법(照鹽法)을 서술하였다.

인물전기

홍신(洪愼, 생몰 미상). 본관은 당성(唐城)[5]이다. 경주부윤(慶州府尹)을 지냈다. 그의 삶에 대해 알려진 사실이 많지 않다.

고찰

《고사촬요》 만력 13년 간본〈팔도책판〉에 이 책의 경주판(慶州版)이 실려 있다. 《동경잡기東京雜記》〈서적書籍〉의 "醫眼方"도 이 간본과 같은 것이라고 생각한다. 안과서(眼科書)로서는 조선 전기부터 《용목론龍木論》 등이 알려졌지만, 이 책은 조선에서 간행된 최초의 안과 전문서로 보인다. 일본 분카(文化) 11년 미야모토 사이신(宮本采眞) 씨는 이 간본을 근거로 《의안방》을 간행하였다. (제5부 〔024장〕 참조)

---

4 이해를 돕기 위해 해당 내용의 위치를 원서와 다르게 조정하였다.

5 당성(唐城) : 경기도 남양(南陽)의 옛이름이다.

039. 신간통진자보주왕숙화맥결
新刊通眞子補註王叔和脈訣

3권 1책

[전존]

〈 호사문고(蓬左文庫) 소장 〉

개요

간행 연도는 분명하지 않지만 가정(嘉靖) 연간에서 만력(萬曆) 전기 사이인 듯하다.

형태서지

3권 1책. **|판식版式|** 목판본, 일본식으로 개장(改裝)되었다. 세로 30.0 × 25.5㎝, 반곽 23.0 × 17.5㎝, 단변, 유계, 10행 18자. **|지수紙數|** 목록 4매, 권1 34매, 권2 25매, 권3 30매, 부록 1매. **|인기印記|** 책 첫머리에 "張府內庫圖書"・"張藩圖書"가 있다.

본문내용

서문과 발문은 없다.

권1 : '診候入式歌', '心臟歌', '肝臟歌'로 시작됨

권2 : '論七表脈', '乳脈歌', '三部浮脈歌'로 시작됨

권3 : '左右手診脈歌', '左手寸口心部脈歌'로 시작되어 '小兒生死脈', '小兒外證一十五歌'로 끝난다.

본문의 말미에 "萬氏濟生良方, 小兒諸病" 1매가 덧붙여져 있다.

고찰

중국에서 옛부터 《왕숙화맥결王叔和脈訣》에 대한 설이 여러 가지 있었다. 《삼인방三因方》에는 아래와 같이 적혀 있다.

◎ 《의적고》의 《삼인방》 인용부

陳言曰, 脈爲醫門之先。是以聖人示教, 有精微氣象之論, 後賢述作, 爲太素難經之文。仲景類集於前, 叔和詮次於後, 非不昭著。六朝有高陽生者, 剽竊作歌訣, 劉元賓從而解之, 遂使雪曲應稀, 巴歌和衆, 經文溺於覆沒[1], 正道翳於詖辭, 良可歎息。[2]

진언(陳言)이 《삼인방》에서 말하였다. 맥은 의학에서 가장 우선적이다. 이 때문에 성인께서 가르침을 베풀 때 맥의 기상(氣象)에 대해 정밀하게 설명하셨고, 현인들은 성인의 가르침을 계승하여 《태소》와 《난경》을 지었으며, 앞세대에서는 장중경(張仲景)이 분류하여 모으고, 뒷세대에서는 왕숙화(王叔和)가 체계를 두어 설명하였으니 그 이치가 밝게 드러났다. 육조(六朝) 시대에 고양생(高陽生)이라는 자가 이를 표절하여 가결(歌訣)로 만들었고 송(宋)의 유원빈(劉元賓, 자는 자의子儀, 호는 통진자通眞子)이 이에 대해 해설하였다. 이렇게 되자 마침내 백설곡(白雪曲)처럼 전아한 노래에는 화답하는 사람이 거의 없게 되고 파인(巴人)처럼 쉬운 노래에는 대중 전체가 화답하는 것처럼 되었다. 경전이 침몰하는 배처럼 가라앉고 올바른 원리가 곡해하는 말에 가려졌으니 참으로 탄식할 일이다.

맥서(脈書)의 연원을 보면, 옛날 진(晉)의 왕숙화가 그 학문을 크게 이루어 《맥경脈經》을 저술하였고, 육조(六朝)(?)의 고양생이 이를 가결(歌訣)로 엮어 《맥결脈訣》(《찬도방론맥결纂圖方論脈訣》?)을 편찬하였으며, 송(宋) 유원빈이 이것을 좇아 보주본(補註本)을 내놓았다(〔021장〕 참조).

이 해제본은 임진왜란 때 일본에 건너간 것인데, 호사문고에 같이 있는 허준(許浚)

---

1 원서에는 '覆瓿'로 되어 있으나 《삼인방》에 의거하여 '覆沒'로 수정하였다.

2 해당 문장은 《의적고醫籍考》에서 인용한 내용이다. 《삼인방》에는 '脈爲醫門之先'과 '是以聖人示敎' 사이에 내용이 더 있다.

의 《언해구급방諺解救急方》〈제1부 〔063장〕 참조〉[3]과 마찬가지로 스루가오유스리혼(駿河御讓本)에는 들어가 있지 않다.

《고사촬요》만력 초기 간본〈팔도책판〉에 전주판(全州版) 《맥결》이 실려 있다. 이 《맥결》은 《찬도맥결纂圖脈訣》이 아니라 《통진자맥결通眞子脈訣》이라고 생각한다. 따라서 이 해제본은 전주판이 아닌가 한다.

또 태종 12년임진1412 8월 《실록》 기사에서, 충주사고(忠州史庫)〈국가에서 설립한 문고(文庫)로 고려부터 이어져왔다〉의 서책을 춘추관(春秋館)으로 옮길 때 그 서책 가운데 《왕숙화맥결》이 있다고 하였다.[4] 이 책이 어떠한 계통인지 상세히 알 수 없지만 아마도 앞서 본 통진자(通眞子)나 결고노인(潔古老人)〈장원소(張元素, 자는 결고潔古), 금(金) 사람〉이 주석을 단 《왕숙화맥결》의 부류라고 생각한다.

---

3 호사문고에 소장된 책은 《구급방救急方》으로 허준의 《언해구급방》과는 다른 책이다. 해당 부분 역자주를 참고하라.

4 제2부 〔009장〕 인용 사료(태종 12년 8월 7일 기사)를 참고하라.

040. 신간의가필용 新刊醫家必用

단권

명(明) 손응규(孫應奎) 지음

개요

내각문고(內閣文庫) 소장본을 기준으로 해제한다. 명종 대 1546-1567에 간행되었다.

형태서지

3책. **| 판식版式 |** 활자본〈을해자〉, 위·아래·오른쪽 가장자리를 재단하고 개장(改裝)하였다. 반곽 23.0 × 16.5㎝, 사주쌍변, 9행 17자. **| 지수紙數 |** 서문 6매, 목록 4매, 본문 92매, 발문 3매. **| 인기印記 |** 책 첫머리에 "佐伯侯毛利高標字培松藏書畫之印"이 있다.

내용서지

○ 신간의가필용서(新刊醫家必用序)〈"嘉靖辛丑春三月既望, 賜進士中順大夫 湖廣按察司副使 前戶科左給事中 洛陽孫應奎識"〉. 내용은 생략한다.

○ 의가필용서(醫家必用序)〈"張裕書"〉. 내용은 생략한다.

○ 중간의가필용서(重刊醫家必用序)〈"嘉靖戊申元日之吉, 張玭"〉. 내용은 생략한다.

◎《신간의가필용》발(跋)

余嘗見醫書, 立方處藥, 厥類千百, 而世醫行用, 僅能一二者, 豈非古今風氣之不一, 疾病證候之不同, 而效驗遲速之有所異乎。每欲抄出今世要用之藥, 以便考閱, 以救其急, 而未能也。適見權左尹纘公曰, 近得一醫書, 名曰醫家必用, 要切之藥, 盡萃于此。子爲芸閣提調, 盍速印而廣布諸。曰, 是余之志也, 敢不承教。遂以鑄字印之。嗚呼, 今之人得一奇方, 則祕而私之, 不以示人。然則左尹公欲廣是書, 以濟夭扎, 其用心果何如哉。他日有爲推擴此心, 則其民物之蒙惠澤者, 庸有旣乎。

前者, 趙令晟, 以明醫雜著之藥無其名, 遂製新名, 而今考此書, 則本有舊名。恐世醫眩於命藥, 表而出之如左。

嘉義大夫 禮曹參判 兼同知義禁府春秋館事 尹春年謹跋。

補陰散 趙名補陰瀉火湯

驅邪湯 趙名柴胡二朮湯

寧胃散 趙名苓連芍藥湯

燥濕湯 趙名朮苓芍藥湯

淸金飮 趙名杏仁三味子湯

人參飮 趙名解暑補氣湯

當歸飮 趙名消暑補血湯

淸氣飮 趙名消暑益元湯

參薷飮 趙名却暑淸健湯

薑朮散 趙名溫中化滯湯

제가 의서를 살펴보니 새로 처방을 만들고 약재를 구성한 경우가 수만 가지나 되었으나 세상의 의원들이 쓰고 있는 것은 겨우 한두 가지 정도일 뿐이니 고금의 기후가 다르고 각 질병의 증상이 다르기 때문에 효험의 속도가 달라진 게 아니겠습니까? 요즘 시대에 요긴하게 쓸 수 있는 처방을 초록하여 손쉽게 찾아보고 위급한 환자를 살리고 싶은 마음이 늘 있었으나 아직 실행하지 못하고 있었습니다. 그러다가 좌윤(左尹) 권찬(權纘) 공을 만났을 때 그가 "근래에 《의가필용》이라는 의서 한 권을 구했는데 중요하고 요긴한 약들이 죄다 이 속에 들어 있다네. 그대가 교서관(敎書館)의 제조(提調) 직책을 맡고 있으니 한시바삐 인쇄하여 널리 유포시키지 않아서야 되겠는가?"라고 말하기에 "제 생각도 그렇습니다. 말씀을 받들지 않을 수 있겠습니까."라고 대답하고는 마침내 활자를 주조하여 인쇄하였습니다. 아, 요즘 사람들은 진기한 책 하나를 구하면 감춘 채 자신만 보면서 남들에게 보여주지 않습니다. 그런즉 좌윤 공께서 이 책을 널리 유포시켜 요절하는 사람들을 구하고자 하신 그 마음 씀씀이는 정말 얼마나 대단합니까. 이후로도 이렇게 인자하신 마음을 확충해 나간다면 백성과 만물들에게 은택을 끼치는 일이 무궁무진하지 않겠습니까.

이전에 의영고 영(義盈庫令) 조성(趙晟)은 《명의잡저》에 처방 이름이 없다고 생각하여 결국 새로운 이름을 지었지만 지금 이 책을 보니 본래 예전에 쓰던 이름이 있었습니다. 세상의 의원들이 약 이름을 착각할까 걱정되어 아래와 같이 표시해서 드러냅니다.

가의대부 예조 참판 겸 동지의금부춘추관사 윤춘년(尹春年)이 삼가 발문을 씁니다.

보음산 조 씨가 보음사화탕(補陰瀉火湯)으로 이름하였다.

구사탕 조 씨가 시호이출탕(柴胡二朮湯)으로 이름하였다.

영위탕 조 씨가 금련작약탕(芩連芍藥湯)으로 이름하였다.

조습탕 조 씨가 출령작약탕(朮苓芍藥湯)으로 이름하였다.

청금음 조 씨가 행인삼미자탕(杏仁三味子湯)으로 이름하였다.

인삼음 조 씨가 해서보기탕(解暑補氣湯)으로 이름하였다.

당귀음 조 씨가 소서보혈탕(消暑補血湯)으로 이름하였다.

청기음 조 씨가 소서익원탕(消暑益元湯)으로 이름하였다.

삼유음 조 씨가 각서청건탕(却暑淸健湯)으로 이름하였다.

강출산 조 씨가 온중화체탕(溫中化滯湯)으로 이름하였다.

본문내용

처방집이다. 사군자탕(四君子湯)・보중익기탕(補中益氣湯)・십전대보탕(十全大補湯)・사물탕(四物湯) 등 131개 처방에 대해 그 효능을 기술하였고, 책 말미에는 납월호합인진환(臘月好合茵蔯丸)을 부록으로 실었다.

이 간본 말미에 "新刊醫家必用卷之一終"이라고 한 것은 원본이 1권이 아니라 여러 권수로 이루어질 수 있음을 의미하지만, 전해지는 《의가필용》은 1권본인 것 같다. 타키(多紀) 씨의 《의적고醫籍考》에도 1권으로 기록되어 있다.

인물전기

윤춘년(尹春年, 1514-1567). 자는 언구(彦久), 호는 창주(滄洲), 본관은 파평(坡平)이다. 중종 38년 계묘1543 식년 문과에 급제하였고, 윤원형(尹元衡)에게 의탁하여 입신하였다. 관직은 예조 참판과 이조 판서에 이르렀다. 윤원형이 실각한 후 향리에 은거하였다. 성격이 경박했으나 학문에서 일가를 이루어 제자가 많았다. 평소 주색을 좋아하지 않았으며 불교에 심취하였다. 명종 22년 정묘1567에 세상을 떠났다.

고찰

윤춘년의 발문에 연도 기록이 없기 때문에 간행 연도를 분명히 알 수 없다. 그러나 그가 예조 참판을 지낼 때 윤원형의 신임을 얻었던 듯하고, 윤원형의 권력이 강성했던 것은 명종 초부터 명종 20년까지이므로 이 책은 아마도 명종 중기에 간행되었을 것이다.

도서료(圖書寮)에도 이 간본이 소장되어 있다. 다만 1책으로 합본 되어 있다. 책 첫머리에 "久昌院藏書"·"多紀氏藏書印"·"躋壽殿書籍記"·"醫學圖書"라는 인기(印記)가 있다.

또 《세이키도오선본서목成簣堂善本書目》에도 같은 간본이 아래와 같이 실려 있다.

◎ 《세이키도오선본서목》의 《신간의가필용》

> 新刊醫家必用一卷一冊，明孫應奎撰，朝鮮銅活字印本，九行行十七字。尹春年および張裕、張玭 嘉靖 の原序あり，伊澤、森兩氏舊藏。

> 《신간의가필용》 1권 1책. 명(明) 손응규(孫應奎) 지음. 조선 동활자본. 9행 17자. 윤춘년(尹春年)의 발문 및 장유(張裕)·장빈(張玭)(가정(嘉靖) 연간)의 원서(原序)가 있다. 이자와(伊澤)·모리(森) 두 사람이 예전에 소장하였던 책이다.

추가로, 이 간본을 가지고 만든 일본 번각본도 있다〈제5부 〔021장〕 참조〉.

041. 신간황제내경영추집주
新刊黃帝內經靈樞集註

12권 3책

송(宋) 전경(田經) 교정

(도서료(圖書寮) 소장)

개요

필자가 아는 이 책의 간본은 도서료 소장본뿐이므로 이를 기준으로 해제한다. (〔부도42〕 참조)

간행 연도 미상 (중종 때 간행된 듯하다). 원(元) 지원(至元) 기묘년 고림서당(古林書堂) 신간본(新刊本)에 근거한 간본이다.

형태서지

12권 3책. **❙판식版式❙** 활자본 (을해자. 활자의 형태는 실록자(實錄字) 모양으로 갑인자(甲寅字)보다 조금 견고하나 반듯하지는 않다), 원장(原裝) 그대로, 세로 33.0 × 20.5㎝, 반곽 23.5 × 17.0㎝, 사주단변, 유계, 흑구, 10행 18자. **❙지수紙數❙** 서문 2매, 목록 4매, 본문 198매. **❙인기印記❙** 제1책 첫머리에 "東井文庫", 제3책 첫머리에 알 수 없는 붉은 인장과 그 안에 "典醫監上"이라는 묵서(墨書)가 있다. 책 첫머리마다 "多紀氏藏書印"·"醫學圖書"·"躋壽殿書籍記"·"帝國圖書之章"이 있다.

내용서지

○ 서(序) (“宋紹興乙亥仲夏望日, 錦官史崧題”). 내용은 생략한다.

본문내용

본문 첫머리에 “歷城縣儒學教諭 田經校正”이라고 적혀 있고, 〈구침십이원제일九鍼十二願第一〉부터 〈옹저제팔십일癰疽第八十一〉까지 (원(元) 간본은 24권이었으나 현재는 모두 12권이다) 모두 81편에 관해서 서술하였다. 현전하는 《영추靈樞》와 내용이 같다.

고찰

이 책의 제목은 “黃帝內經靈樞集註”이지만 〔부도42〕에서도 알 수 있듯이 매 권의 내제(內題)는 “黃帝素問靈樞集註”라고 되어 있다. 원(元) 고림서당(古林書堂)에서 개판(開版)할 때 《소문素問》과 합하여 한 질로 만들었기 때문에 이렇게 되었다고 생각한다.

이인영(李仁榮) 씨는 이 간본의 1책 (권5)을 소장하고 있다.

042. 외과정요 外科精要

3권 2책

송(宋) 진자명(陳自明) 지음

[전존]

〈 내각문고(內閣文庫) 소장 〉

개요

간행 연도 미상 〈 중종 때로 추정 〉

형태서지

3권 2책. **▎판식版式▎** 활자본 〈 을해자 〉, 위・아래・오른쪽 가장자리를 재단하고 개장(改裝)하였다. 반곽 22.5 × 15.5㎝, 9행 17자, 도상(圖象) 포함. **▎지수紙數▎** 서문 3매, 발문 2매, 목록 9매, 상권 38매, 중권 30매, 하권 51매.

내용서지

○ 자서(自序) 〈 "景定癸亥孟秋, 寶唐習醫 陳自明良甫序" 〉. 내용은 생략한다.

○ 이사립 서발(李嗣立序跋) 〈 "慶元歲在柔兆執徐律中大呂中澣日, 遂江李迅嗣立書" 〉. 내용은 생략한다.

○ 오기여 서발(伍起予序跋) 〈 "開禧丁卯十月旦日, 江南西路提刑鄒應龍爲之序跋, 刊于章貢" 〉. 내용은 생략한다.

고찰

《경적방고지經籍訪古志》 권8에서 다음과 같이 언급한 조선 활자본이 이 간본인 듯하다〈 제5부 〔025장〕 참조 〉.

◎ 《경적방고지》의 《외과정요》

外科精要三卷 朝鮮國活字本，楓山秘府藏

按，此本蓋與鹿門舊藏相同。

《외과정요》 3권 (조선 활자본, 모미지야마비부(楓山秘府)에 소장되어 있다).

고찰. 이 책은 로쿠몬(鹿門)이 소장했던 책과 서로 같은 듯하다.

참고로 위역림(危亦林)의 《세의득효방世醫得效方》〈〔011장〕 참고〉 가운데 창종과(瘡腫科)가 《외과정요》에 해당한다.

043. 의방집략 醫方集略

7권 7책

명(明) 곽감(郭鑒) 지음

개요

내각문고(內閣文庫) 소장본을 기준으로 해제한다.

간행 연도 불명 (중종 즈음으로 추정)

형태서지

7권 7책. **❙판식版式❙** 활자본 (을해자), 위・아래・오른쪽 가장자리를 재단하고 개장(改裝)하였다. 반곽 23.0 × 16.0㎝, 사주쌍변, 9행 17자. **❙지수紙數❙** 본문・목록 모두 447매, 발문 2매. **❙인기印記❙** 제1책 첫머리에 "佐伯侯毛利高標字培松藏書畫之印"이 있다.

내용서지

◎ 《의방집략》 후서[1] (권말에 있다)

序醫方集略後

1 원서에는 일부 내용만 있지만 역자가 보충하여 실었다.

余闇於節宣，日抱宿疴。往爲刑吏，讞獄江左，務殷損神，事竣返泗河之墟，病益棘，衆委之不可起，賴歸德閔，守材醫視全活，迨今德之。北上猶羸瘠，不堪事事，遂引疾乞歸。靜藏自適，迺得銳情於醫，遜蒐古方，摸序協則，辨物分類，雖掇其要而未盡也。病小愈，銓補地曹，政暇延致名術，探索玄奧。時江左俞氏橋、夏津王氏東陽、維楊胡氏鐸、金華劭氏泰、京師朱氏祿，皆工於方技，爲衆所重。因各出醫案及秘方，相與參究品評，積歲成帙，復取舊集褎益之，名曰醫方集略。乙巳居內憂，邑侯海州楊公，閱而珍之，忻欲就梓，復錫誨言，以弁簡端，此其澤人利物，固仁者之用情也。噫，余寡昧，述群見以便自調，歇謂必傳，而斟裁劑量，亦惟執方，而舊者有以變通之耳，若夫妙參兩之用，順性命之理，弛張損益，不泥軒岐而超悟筌蹄，顒俟醫國宗工，嗣有以開我。

嘉靖乙巳孟夏望日，丹泉郭鑒書。

의방집략 후서(後序)

나는 건강 관리에 어두워 나날이 묵은 병을 끼고 살았다. 예전에 형리(刑吏)가 되어 강좌(江左) 지역에서 죄인을 심문하다가 많은 업무로 신경이 쇠약해진 후 일을 마치고 사하(泗河) 지역으로 돌아올 무렵에는 병이 더욱 심해져 여러 사람이 부축해도 일어나지 못하였다. 다행히 덕민(德閔)에게 찾아가 몸을 추스르고 의원의 간호를 받아 온전히 회복되었으니 지금까지 살 수 있었던 것은 그 덕분이다. 그러나 북쪽으로 올라와서는 다시 수척해져 어떤 일도 감당할 수 없게 되었고 결국 병을 이유로 귀향을 요청했다. 조용히 지내면서 의학에 뜻을 두고는 옛 의서를 널리 모은 후 순서와 원칙을 정하고 내용을 분류하면서 의서의 요지를 엮긴 했지만 완성하지 못하였다. 병이 조금 나아진 후 호조(戶曹)에서 일하면서 틈틈이 명의들을 초청하여 의학의 원리를 연구하였으니 당시 강좌(江左)의 유교(俞橋), 하진(夏津)의 왕동양(王東陽), 유양(維楊)의 호탁(胡鐸), 금화(金華)의 소태(劭泰), 경사(京師)의 주록(朱祿)은 모두 의술이 뛰어나 사람들의 칭송을 받는 명의들이었다. 그들이 각각 의안(醫案)과 비방(秘方)을 내놓고 서로 참고하고 평가하면서 여러 해 만에 책이 완성되자 예전에 모았던 원고까지 더한 후 《의방집략》이라고 이름 붙였다. 가정 24년 을사1545 에 모친상을 당했을 때 읍후(邑侯)인 해주(海州)의 양(楊) 공께서 읽어보고 귀하게 여기시고는 흔쾌히 간행하려고 하였고 훌륭한 글까지 내려주셔서 책 앞에 두었다. 사람과 만물에 은택을 끼치는 이러한 행적은 참으로 인자한 분의 마음 씀씀이일 것이다. 아아 나는 부족한 사람이라 여러 견해를 적어서 나의 몸조리를 편하게 하려는 것이었으니 도중에 멈춘 원고가 간행될 줄 알았겠는가. 그리고 약재의 분량을 정한 것은 의서를 그대로 따랐으나 예전의 원고는 나에게 맞게 변통한 부분이 있으니 천지의 운행을 연구하고 본성의 이치를 따르는 사람이라면 분량을 늘리건 뺐건 간에 헌원과 기백의 글에 얽매이지도 않고 틀린 분량의 함정도 뛰어넘을 것이다. 나라를 치료하는 뛰어난 의원을 삼가 기다리노니 후대에 나를 깨우칠 사람이 있을 것이다.

가정 24년 을사1545 4월 15일에 단천(丹泉) 곽감(郭鑒)이 쓰다.

본문내용

◎ 《의방집략》 목차

卷一：學醫之法, 謹醫藥守禁忌論, 服藥法, 論病因治法, 論七方, 論十劑, 脾胃門, 內傷門, 虛損門

卷二：論怔忡驚悸健忘癲狂癇無睡之症, 遺精門, 赤白濁門, 淋門, 疝門, 血門

卷三：氣門, 痰門, 火門, 鬱門, 眩運門, 泄瀉門, 痢門, 咳嗽門

卷四：瘧門, 消渴門, 風門, 傷寒門, 暑門, 濕門, 霍亂門

卷五：吐酸門, 喘門, 厥門, 反胃門, 水氣門, 黃疸門, 脚氣門, 痿門, 痔漏門, 眼目門, 牙齒門, 腰痛門, 腹痛門, 心痛門, 頭痛門, 脇痛門, 耳門, 口門, 咽喉門, 痲木門, 損傷門

卷六：婦人門

卷七：小兒門, 瘡瘍門

각 문(門)에는 먼저 의론(醫論) 부분을 두었는데, 《경經》에 근거하여 그 문에 속하게 된 이유를 설명한 다음 여기에 여러 주장들을 "부론(附論)"으로 인용하여 보충하였다. 이어 치료 처방을 서술하였다.

고찰

도서료(圖書寮)에도 제국박물관(帝國博物館)에서 이관되어 온 이 간본이 소장되어 있다. 이 소장본은 원장(原裝) 그대로이며, 크기는 세로 31 × 가로 20㎝, 6책 (권2와 권3이 합책됨)으로 되어 있다. 책 첫머리마다 "醫學圖書"·"濟壽殿書籍記"·"帝國博物館圖書"라는 인기(印記)가 있다.

044. 의학정전 醫學正傳

8권 8책

명(明) 우단(虞摶) 지음

판본

필자가 알고 있는 5~6가지 간본에 대해서 해제한다.

(1) 갑진자 활자본

〈 필자 소장본, 오사카부립도서관 소장본, 이인영(李仁榮) 씨 소장본 〉

필자가 소장하고 있는 갑진자 활자본은 권1만 남아 있고 나머지 일곱 권은 후에 찍은 목판본으로 보충되어 있다. 이 제1책에 서문과 목록이 포함되어 있으므로 필자 소장본을 기준으로 해제한다.

형태서지

8권. **| 판식版式 |** 활자본〈갑진자〉, 반곽 22.0×15.5㎝, 12행 20자, 사주단변. **| 판심版心 |** 상하어미, 흑구, 어미 사이에 "醫學正傳"·권차(卷次)·장차(張次)가 적혀 있다. **| 기타 |** 책 첫머리에 정덕(正德) 을해년 우단의 서문이 2매에 걸쳐 있다. 이 부분은 을해자로 인출되었고 9행 17자로 되어 있다.

내용서지

○ 의학정전서(醫學正傳序)〈"正德乙亥正月之望, 花溪恒德老人虞摶序"〉. 내용은 생략한다.

○ 의학정전후재서(醫學正傳後再叙)〈"嘉靖辛卯春之吉, 莆田史梧識"〉. 내용은 생략한다.

본문내용

본문 내용은 생략한다. 본문 첫머리에 아래와 같이 기록되어 있다.

◎《의학정전》 본문 첫머리

花溪恒德老人虞摶天民 編集。

姪孫虞守愚惟明 校正。

화계항덕노인 우단(虞摶, 자는 천민天民) 편집.

질손(姪孫)인 우수우(虞守愚, 자는 유명惟明) 교정.

처음에 〈의학혹문醫學或問〉 51조를 싣고, 이어 중풍문(中風門)부터 권6 파상풍문(破傷風門)까지 62문(門)을 두었으며, 권7~8의 부인·소아를 합하여 모두 71문으로 나누어 설명하였다. 하나의 문마다 《내경內經》에서 중요한 부분을 채록하여 '논(論)'으로 삼고, 이어 '맥법(脈法)'(주로 《왕숙화맥경王淑和脈經》에서 채록하였다)을 기술하였으며, 그 뒤에 치료법(역대 명의 및 자기가 경험한 처방이다)을 실었다.

기타 간본

⊙ 오사카부립도서관 소장본(본래 미스미(三角) 가문 소장본이다)

5책(권1·2·4·5·7)뿐으로 3책(권3·6·8)은 일실되었다. **|판식版式|** 판식은 필자 소장본과 같다. 개장되었다. **|인기印記|** 책 첫머리에 "炑品山"(향로 모양)·"碧雲翁"(종 모양)·"眞鄕"(정사각형 모양)·"覺"(향로 모양)이 있고, 책 첫머리마다 "三角氏圖書記"(직사각형 모양)가 있다.

제5책(권7) 마지막에는 "嘉靖甲子六月, 柳唱準淵氏贈〔着名〕"이라는 묵서(墨書)가 적혀있다. 책의 주인은 분명하지 않지만 유창(柳唱)(전기 미상)으로부터 받은 책이다. 따라서 이 갑진자 활자본은 명종 19년가정嘉靖 43년, 갑자1564 이전에 간행되었을 것이다. 이 간본은 권수(卷首)에 서문이 없다.

⊙ 이인영(李仁榮) 소장본

1책(권6)뿐이다.

(2) 갑진자 활자본에 근거했다고 생각되는 목판본

도서료(圖書寮) 소장본을 기준으로 해제한다. 이 책 말미에는 "天文十三, 小野家寶"라는 지어(識語)가 있다. 명(明)에서 《의학정전》이 처음 간행된 것은 가정(嘉靖) 10년 신묘1531("金陵三山街書肆, 松亭吳江繡梓") 이기 때문에 가정 10년과 텐분(天文) 13년 갑진1544 사이에 이 조선 간본이 만들어졌을 것이다.

형태서지

8권 8책(권3이 없어져 현재 7책뿐이다) **|판식版式|** 목판본, 원장(原裝), 세로 34 × 가로 21㎝, 반곽 22.5 × 17.0㎝, 12행 20자. **|지수紙數|** 서문 · 총목 · 범례 8매, 본문과 목록 모두 594매(다만 권3은 일실되었다) **|인기印記|** 책 첫머리마다 "退村居士" · "多紀氏藏書印" · "聿修堂" · "江戶醫學藏書之記"가 있고, 제1책 말미에 "柳原"이 있다. **|기타|** 제7책 말미에 "聿修堂"이 있다. 제7책 마지막에 "天文十三, 小野家寶"라고 붉은색 글씨로 쓰여 있다.

내용서지

- ○ 의학정전서(醫學正傳序)("正德乙亥正月之望, 花溪恒德老人虞摶序"). 내용은 생략한다.
- ○ 의학정전후재서(醫學正傳後再叙)("嘉靖辛卯春之吉, 莆田史梧識"). 내용은 생략한다.

판본고찰

이 목판본이 가정 10년 이후에 조선에서 간행되어 텐분(天文) 13년 이전에 일본에 건너왔다는 추측이 사실이라고 한다면, 활자본이 나온 뒤에 이것을 근거로 목판본이 만들어진다는 일반적 관례에 따라 앞의 갑진자 활자본은 가정 10년 이후 얼마 되지 않아 이 목판본보다 먼저 인출되었다고 판단하지 않으면 안 된다. 그러나 간본(1)과 간본(2)는 반곽 크기에서 차이가 있고, (2)목판본이 (1)활자본보다 앞설지도 모르므로 필자는 여기에 의문을 품고 있다. 앞으로 연구되기를 바란다.

(3) 《고사촬요》 〈팔도책판〉 소재본

《고사촬요》만력 초기 간본〈팔도책판〉에 전주판(全州版)이 실려 있다. 필자는 아직 보지 못했으나 간본(2)가 이 전주판인지 모른다.

(4) 장서각(藏書閣) 소장 목판본

형태서지

8권 8책. **|판식版式|** 목판본, 위·아래·오른쪽 가장자리를 재단하고 개장(改裝)하였다. 반곽 22.0×16.5㎝, 11행 24자. **|지수紙數|** 서문 3매, 범례 2매, 본문과 목록 모두 647매. **|인기印記|** "李王家圖書之章"이 있다.

판본고찰

임진왜란 이후 숙종 1년 즈음에 간행된 《고사촬요》에 전주판이 실려 있는데, 이 간본이 여기에 해당하는 듯하다. 즉, 임진왜란 때 책판이 사라지게 되자 다시 전주에서 새로 판각한 것이다. 이 소장본은 인쇄 상태가 깔끔하므로 초기 인출본에 속하는 것 같다.

(5) 정조 무렵 전존 판본, 전주판(全州版)과 대구판(大邱版)

《교남책록嶠南冊錄》(성대중(成大中) 편찬)에 "의학정전. 백지 21속 2절, 판목이 간간이 닳음〔醫學正傳, 白紙二十一束二折, 間刓〕"이라고 하였고, 또 《누판고鏤板考》에 "의학정전 8권. 호남관찰영 소장, 판목이 닳고 누락됨, 인지 17첩 19장 1편. 영남관찰영 소장, 판목이 닳고 누락됨, 인지 17첩 19장 1편〔醫學正傳八卷, 湖南觀察營藏, 刓欠, 印紙十七牒十九張一片。嶺南觀察營藏, 刓欠, 印紙十七牒十九張一片〕"이라고 하였다. 따라서 정조 즈음에 전주(全州)와 대구(大邱)에 닳고 누락된 판목이 소장되어 있었다는 사실을 알 수 있다. 이 판목은 아마도 간본(4)에 해당하며 오래 써서 닳은 것인 듯하다. 그런데 그 이후에도 필요에 따라 자주 인출하여 판목이 더 닳게 되자 순조 때에 이르러 완영(完營, 전주全州)에서 새로 판각하게 되었다(다음 간본 (6) 참조).

필자가 가지고 있는 《의학정전》 간본 중에 (4)장서각 소장본과 판식이 같으나 사이사이에 닳거나 누락된 판목을 보각(補刻)하여 인쇄 상태가 나쁜 것이 있다. 이 간본이 《누판고》에 실린 판목으로 인쇄한 것이라고 생각한다.

(6) 순조 19년 내의원 교정 완영 중간본

〈필자 소장〉〈〔부도57〕 참조〉

형태서지

8권 8책. **|판식版式|** 아름답고 큰 목판본, 세로 34 × 23㎝, 반곽 23 × 18㎝, 사주쌍변, 11행 20자. **|지수紙數|** 총 634매. **|인기印記|** 책 말미에 "歲己卯季夏, 內醫院校正, 完營重刊"이라고 적혀 있다.

필자 소장본은 원래 혜민서에 비치되었던 선본(善本)이었다.

고찰

《의학정전》은 《의학입문醫學入門》〈〔087장〕 참고〉과 함께 조선 후기에 유행하며 명(明) 의학의 기본서로 여겨졌다. 이에 의과 시험 강서(講書)로 채택되었고〈《속대전續大典》〉 중요하게 사용되었다. 따라서 조선 의서 판본이 수적으로 적은 가운데서도 꽤 많은 판본이 알려져 있다.

045. 이동원용약진주낭 李東垣用藥珍珠囊

1권 1책

금(金) 이고(李杲) 지음

개요

필자는 이 간본을 나카무라세키토쿠도오서점(中村積德堂書店)의 호의로 직접 볼 수 있었다. 간기(刊記)가 없어 간행 연도를 분명히 알 수 없지만 조선 전기에 간행된 듯하다. 〈〔부도38〕 참조〉

형태서지

1권 1책. **| 판식版式 |** 목판본, 일본식으로 개장(改裝)되었다. 반곽 약 21 × 13.0㎝, 좌우쌍변, 10행 20자. **| 판심版心 |** 상하흑구, 상어미, "珍珠囊"이라고 적혀 있다. **| 지수紙數 |** 서문 2매, 목록 1매, 본문 42매 〈그림 6매 포함〉, 발문 1매. **| 인기印記 |** 책 첫머리에 "壽安堂"·"山中氏藏書"가 있다.

내용서지

○ 서(序) 〈"洪武丁丑秋八月, 包山兪貞木序"〉. 내용은 생략한다.

◎ 《이동원용약진주낭》 발(跋)

> 書坊舊刊藥性眞珠囊, 以余家所藏本校之, ……, 命醫學刊之, 俾人人見之, 獲惠人之意焉。

洪武三十一年秋，將仕左郎 蘇州醫學正科 安陽韓伯翼謹識。

서방(書坊)에서 예전에 간행하였던 《약성진주낭》을 우리 집안 소장본으로 교정하고 …… 의학(醫學)에게 명하여 간행함으로써 사람마다 볼 수 있도록 하였으니 사람들에게 혜택을 주려는 의도일 것입니다.

홍무 31년1398 가을. 장사좌랑 소주의학정과 안양(安陽) 한백익(韓伯翼)은 삼가 씁니다.

본문내용

약물처방학에 해당하는 서적이다. 목차를 게재한다.

◎ 《이동원용약진주낭》 목차

十二經藥象所入圖，藥象氣味主治法度，五藏主治藥象，制方之法，主治藥象隨證治病，各經引用，五藏補瀉，用藥凡例，藏府瀉火之藥，五味所用，藥象氣味主治心法，用藥分兩例，用藥生熟例，用藥身梢例，用藥丸散例，古今方劑分兩例，藏府生剋爲夫妻子母，眞珠囊藥味口訣，隨證製方用藥口訣

고찰

《진주낭珍珠囊》(혹은 《진주낭眞珠囊》)의 원작자는 이고(李杲, 호는 동원東垣)의 스승이다. 《진주낭》의 원작은 망실되었고 현존하는 것은 "東垣"의 이름이 덧붙여진 것으로, 후대 사람이 동원의 이름을 가탁했다고 의심되는 책이다(《사고전서총목제요四庫全書總目提要》·《본초강목本草綱目》). 명종 2년 정미1547 간행된 《동원처방용약지장진주낭東垣處方用藥指掌珍珠囊》(〔046A장〕 참고)도 있지만, 여기에 해제한 책은 홍무 31년 무인1398 명(明) 중간본에 근거한 번각본이다. 두 가지 모두 계통과 내용이 유사하지만, 《동원처방용약지장진주낭》은 누락되어 있는 곳이 많아 이 해제본보다 상당히 간략하다. 《진주낭》의 원작은 망실되었지만 현전본이 그 대강을 전하고 있다. 게다가 이 해제본은 보다 나은 모습을 전해주는 듯하다.

046A. 동원처방용약지장진주낭 東垣處方用藥指掌珍珠囊

2권 1책

금(金) 이고(李杲) 지음

개요

내각문고(內閣文庫) 소장. 명종 2년 정미1547 경 간행.

형태서지

|판식版式| 명(明) 홍치판(弘治版)의 번각본, 2권 1책. 위・아래・오른쪽 가장자리를 재단하고 개장(改裝)하였다. 반곽 17.5 × 약 12㎝, 10행 20자. **|지수紙數|** 서문 1매, 목록 2매, 상권 8매, 하권 15매. **|인기印記|** 책 첫머리에 "佐伯侯毛利高標字培松藏書畫之印"・"淺草文庫"가 있다.

내용서지

◎《동원처방용약지장진주낭》 서문

> 東垣李杲, 明之以醫, 鳴金元之際, 著者甚多, 世有刻本傳布, 而處方用藥珠囊, 尤明白簡易, 醫方切用之書也。得之者多秘而不傳, 予初得之鄕里農家, 然多殘闕, 近於御醫黃君楚祥所補足之, 遂刻梓傳布之, 俾我聖代仁民之澤云。
>
> 成化戊子仲春上丁日, 河邢讓遜之題。

동원(東垣) 이고(李杲)는 의학에 밝아 금(金)·원(元) 시기에 이름을 떨쳤다. 지은 책이 많아 세상에 판각되어 유포되었는데, 《처방용약진주낭》은 특히 내용이 분명하고 간단하기 때문에 의서 중에서도 절실한 책이다. 이 책을 가진 사람은 대부분 숨겨두고 남에게 주지 않기 때문에 내가 처음으로 시골 농가에서 이 책을 구했으나 빠진 부분이 많았다. 근래에 어의 황초상(黃楚祥) 군이 빠진 부분을 보충한 후 마침내 판각하여 전파하니 성인들께서 백성을 아끼시던 은택을 나에게 시키신 것이리라.

성화 4년 무자1468 2월 첫 번째 정일(丁日)[日]. 하형(河邢) 양손지(讓遜之) 쓰다.

책 말미에 간기(刊記)〈"弘治癸丑歲秋八月朔, 桂堂重刊"〉가 있다.

본문내용

서명에서 보이듯 "처방용약(處方用藥)을 분명하게 가리키는〔指掌〕 귀중한 주머니〔珍珠囊〕"로, 조선 초기에 약을 쓸 때 참고했던 책이라고 생각한다. 〔045장〕 참조.

[日] 공자의 제향일이다.

047A. 맥결이현비요 脈訣理玄秘要 1권

송(宋) 유개(劉開) 지음

개요

내각문고(內閣文庫) 소장. 명종 2년 정미1547 경 간행 (〔부도43〕 참조)

형태서지

판식版式 명(明) 간본을 복각한 목판본, 세로 25 × 가로 15㎝, 반곽 18.0 × 12.5㎝, 10행 18자. **지수紙數** 총 16매. **인기印記** 표지에 "昌平坂學問所", 책 첫머리에 "日本政府圖書"·"圖書局文庫", 책 말미에 "昌平坂學問所"·"圖書局文庫"가 있다.

내용서지

○ 서(叙) ("嘉靖七年秋七月既望, 西虹司馬泰書"). 내용은 생략한다.

책 말미에 발문(跋文)이 있다.

◎ 《맥결이현비요》 발문

東垣珍珠、劉氏脈訣二書, 皆出於近代, 而實醫家之秘寶也。前掌苑鄭礁士潔氏, 頃歲偶得於燕京以歸, 此在中國大所罕有, 吾東方蓋始見者也。予愛重之, 倩李惟一傳寫, 合爲一部, 來刊于任所, 以助壽民者之妙用云。

嘉靖丁未春, 洪州牧使宋之翰識。

《동원진주낭》·《유씨맥결》 두 책은 모두 근래에 나타났으나 실로 의학자의 보배라고 할 수 있으니 장원(掌苑)을 지낸 정렴(鄭磏, 자는 사결士潔) 씨가 작년에 연경에서 우연히 구하여 가져온 것이다. 이들은 중국에서도 매우 드문 책으로 우리 조선에서는 아마 처음 보는 책일 것이다. 내가 매우 애지중지하면서 이유일(李惟一)에게 부탁하여 베끼고 한 책으로 합친 뒤 부임지에서 간행하니 백성을 장수케 하려는 이가 유용하게 쓰는 데 도움이 되었으면 한다.

가정 26년 정미1547 봄. 홍주목사 송지한(宋之翰) 적다.

본문 앞에는 아래와 같이 찬자의 이름이 적혀 있다.

◎《맥결이현비요》 찬자 성명

前太醫 劉開復眞撰。

前制幹門人 嚴子禮用和圖說。

後學 王和鼎編集。

奉訓大夫平江路府判 黃儀校正。

전 태의 유개(劉開, 자는 복진復眞) 지음.

전 제간문인(制幹門人) 엄자례(嚴子禮, 자는 용화用和) 도설.

후학 왕화정(王和鼎) 편집.

봉훈대부 평강로부판 황의(黃儀) 교정.

본문내용

◎《맥결이현비요》 목차

인물전기

정렴(鄭磏, 1506－1549). 《정북창방鄭北窓方》이라는 저술이 있다. 전기는 제1부〔055장〕에서 설명하였다.

송지한(宋之翰, 1493－1563). 홍주목사(洪州牧使)를 지냈다. 그의 삶에 대해 알려진 사실이 많지 않다.

고찰

위에서 살펴본 송지한의 발문을 통해 《동원처방용약지장진주낭東垣處方用藥指掌珍珠囊》(〔046장〕 참고)과 이 해제본이 동일한 시기에 간행되었음을 알 수 있다.

046B 동원처방용약지장진주낭과 047B. 맥결이현비요의 합책

1책

개요

도서료(圖書寮) 소장본. 이 책은 《동원처방용약지장진주낭》(〔046A장〕 참고)과 《맥결이현비요》 두 책이 합본 된 것으로, 《맥결이현비요》의 발문(〔047A장〕 참고)을 통해 이 합본 1책이 본래의 모습이라는 사실을 알 수 있다. 첫머리에 "梅溪醉翁"·"多紀氏藏書印"·"躋壽殿書籍記"·"醫學圖書"의 인기(印記)가 찍혀 있다. 《경적방고지經籍訪古志》〈보유補遺〉에 실린 간본이 이 책을 가리킨다.

필자는 같은 간본 하나를 조선에서 구입하여 소장하고 있다.

048. 구선활인심법 臞仙活人心法

3권

명(明) 주권(朱權) 지음

판본

필자가 알게 된 2가지 간본에 관해 설명한다.

(1) 가정(嘉靖) 20년 간본

(세이키도오문고(成簣堂文庫) 소장)

《세이키도오선본서목成簣堂善本書目》에 다음과 같이 적혀 있다.

◎ 《세이키도오선본서목》의 《신각경본활인심법》 부분

> 新刻京本活人心法、二巻 附 一巻、旧題明朱權撰、二冊、朝鮮嘉靖刊本、十行二十字、玄州道人涵虛子編と題す、嘉靖二十年順興安玹序自序等及び安等の列銜あり。

《신각경본활인심법》 2권 부록 1권. 옛 제목이 "명(明) 주권(朱權) 지음"으로 되어 있고 2책으로 이루어진 가정(嘉靖) 연간의 조선 간본이다. 10행 20자, 현주도인 함허자(玄州道人涵虛子)가 지었다고 제목에 붙어 있다. 가정 20년 순흥(順興) 안현(安玹)의 서(序)와 자서(自序) 등이 있고, 또 안현 등의 직함이 나열되어 있다.

필자는 직접 보지 못하여 자세히 알 수 없지만, 목판본으로 조선 초간본이라고 추정한다.

(2) 가정 29년 간본

〈 도서료(圖書寮) 소장 〉

책 말미에 간기(刊記)〈"嘉靖庚戌歲, 慶州府新刊"〉가 있다.

형태서지

합권 1책. **|판식版式|** 목판본, 원장(原裝), 세로 35.5 × 가로 22㎝, 반곽 24.5 × 17.5 ㎝, 9행 17자. **|지수紙數|** 서문 · 목록 2매, 상권 28매, 하권 44매〈도상 포함〉. **|인기印記|** 책 첫머리에 "保靜堂藏" · "江戶醫學藏書記" · "多紀氏藏書印" · "大學東校典籍局之印" · "帝國博物館圖書" · "耐辱居士"〈종 모양〉 · "安東大獻後學金直哉景魚章", 책 말미에 "存誠藥室" · "康壽"〈솥 모양〉 등이 있다.

내용서지

○ 서(序)〈"前南極沖虛妙道眞君臞仙書"〉. 내용은 생략한다.

본문내용

권 첫머리에 "玄州道人涵虛子編"이라고 하였다. 신선술 수양에 대한 설명, 도인(導引) 방법, 영험하고 비밀스러운 처방 등을 기술한 도교의서(道敎醫書)이다. 도인도(導引圖) 8폭이 포함되어 있다. 그 목록을 제시하면 다음과 같다.

◎ 《구선활인심법》 목차

> 保和湯, 和氣丸, 養生之法, 治心, 導引法, 六字法, 保養精神, 補養飮食, 玉笈二十六方, 加減靈秘十八方

인물전기

구선(臞仙, 1378－1448). 명(明) 태조(太祖)의 황자 주권(朱權)의 자호(自號)이다. 〔037장〕《건곤생의乾坤生意》 해제 참조. 함허자(涵虛子)도 그의 호인 듯하다.

안현(安玹, 1501－1560). 자는 중진(仲珍), 호는 설강(雪江), 본관은 순흥(順興)이다. 중종 16년 신사1521 별시 문과에 급제하였다. 청백리로 이름이 났으며 관직은 좌의정에 이르렀다. 의서에 밝아 항상 내외(內外)의 의국(醫局)을 관장하였다. 명종 15년 경신1560 60세의 나이로 세상을 떠났다.[1]

고찰

《고사촬요》 만력 초기 간본〈팔도책판〉 가운데 나주판(羅州版)·경주판(慶州版)·진주판(晉州版)이 실려 있다. 이 경주판은 간본(2) 도서료(圖書寮) 소장본과 일치한다. 또 《동경잡기東京雜記》〈서적書籍〉에 보이는 《활인심법活人心法》도 여기에 해당하는 것 같다. 간본(1) 세이키도오문고(成簣堂文庫) 소장본은 필자가 보지 못하여 나주판인지 진주판인지 확정할 수 없다.

덧붙여 일본 조오(承應) 2년 계사1653에 간행된 《활인심법》은 위 조선 간본(2)의 복각본이다. 〈〔부도74〕 참조〉

1 이해를 돕기 위해 해당 내용의 위치를 원서와 다르게 조정하였다.

049. 경험제생양방 經驗濟生良方

11권 8책

명(明) 진사현(陳士賢) 지음

개요

내각문고(內閣文庫) 소장본을 기준으로 해제한다(현존 6책, 권1·7·8은 일실됨).

명(明) 가정(嘉靖) 간본("嘉靖四十年正月上元, 雲南布政使司刊"이라는 간기(刊記)가 있다)의 조선 복각본이다. 조선에서의 간행 연도는 알 수 없으나 명 간본이 간행되고 수년 뒤에 간행되었을 것이다.

형태서지

11권 8책(이 가운데 2책은 일실됨). **|판식版式|** 목판본, 세로 28×가로 16.5㎝, 반곽 약 20×13.5㎝, 9행 20자. **|지수紙數|** 서문 3매, 총목 2매, 〈의지醫指〉 11매, 〈맥결脈訣〉 34매, 〈본초本草〉 29매, 본문 337매(권1·7·8 일실됨), 발문 1매. **|인기印記|** 책 첫머리마다 "躋壽殿書籍記"·"醫學圖書"·"日本政府圖書" 등이 있다.

내용서지

○ 서(敍)("嘉靖戊午歲仲春望日, 賜進士出身 通奉大夫 浙江布政使司 左布政使 閩希齋陳士賢撰"). 내용은 생략한다.

○ 발(跋)("嘉靖戊午歲二月旣望, 浙江右布政使 太原寇陽跋"). 내용은 생략한다.

본문내용

옛 처방을 모아 목차에 따라 나누어 정리한 책이다. 본문 첫머리에 〈의지醫指〉·〈맥결脈訣〉·〈본초요략本草要略〉(약성가)이 있다.

050. 오장도 五藏圖

개요

《고사촬요》 선조 초기 간본〈팔도책판〉에 있는 전주판(全州版)과 진주판(晉州版)을 통해 이 간본의 존재를 알 수 있다.

《오장도》라고 하는 것은 아마도 송(宋) 경력(慶曆) 연간에 오간(吳簡) 〈간혹 영간(靈簡)이라고도 하는데 이는 잘못인 듯하다〉이 저술한 《구희범오장도歐希範五藏圖》를 가리키는 것 같다. 이 책의 대강을 알기 위해 타키(多紀) 씨의 《의적고醫籍考》 내용을 인용한다.

◎ 《의적고》의 《구희범오장도》[1]

〔吳氏 簡 歐希範五臟圖〕佚

趙與時曰，慶曆間，廣西戮歐希範及其黨，凡二日剖五十有六腹，宜州推官靈簡，皆詳視之，爲圖以傳於世。王莽誅翟義之黨，使太醫尚方，與巧屠共刳剝之，量度五藏，以竹筳導其脈，知所終始，云可以治病，然其說今不傳。 賓退錄

鄭景璧曰，世傳歐希範五藏圖，此慶曆間杜杞待制治廣南賊歐希範所作也。希範本書生，桀黠有智數，通曉文法，嘗爲攝推官。乘元昊叛西方有兵時，度王師必不能及，乃與蒙幹嘯聚數十人，聲搖湖南。朝廷遣楊畋討之不得，乃以杞代。杞入境，卽僞招降之說，與之通好，希範猖獗久，亦幸苟免，遂從之，與幹挾其酋領數十人皆至。杞大爲燕犒，醉之以酒，已乃執於坐上，翌日盡磔於市，且使皆剖腹，刳其腎

1 원서에는 일부 내용만 있지만 역자가 보충하여 실었다.

腸，因使醫與畫人，一一探索，繪以爲圖。未幾，若有所睹，一夕登圊，忽臥於圊中，家人急出之，口鼻皆流血。微言歐希範以拳擊我，三日竟卒。劇談錄

楊介曰，宜賊歐希範被刑時，州吏吳簡，令畫工就圖之以記，詳得其證。吳簡云，凡二日剖歐希範等五十有六腹，皆詳視之。喉中有竅三，一食一水一氣。互令人吹之，各不相戾。肺之下則有心肝膽脾，胃之下有小腸，小腸下有大腸。小腸皆瑩潔無物，大腸則爲滓穢，大腸之傍則有膀胱。若心有大者小者方者長者斜者直者有竅者無竅者，了無相類。唯希範之心則紅而硾，如所繪焉。肝則有獨片者，有二片者，有三片者。腎則有一在肝之右微下，一在脾之左微上，脾則有在心之左。至若蒙幹，多病嗽，則肺且膽黑。歐詮少得目疾，肝有白點，此又別內外之應，其中黃漫者脂也。僧幻雲史記標注引存眞圖

〔오간의 구희범오장도〕 일실

조여시(趙與時)가 말하였다. 송(宋) 경력(慶曆) 연간1041-1048에 광서(廣西) 지역에서 구희범(歐希範)과 그 잔당을 죽였다. 총 이틀 동안 56명의 배를 가르면서 의주 추관(宜州推官) 영간(靈簡, 오간吳簡)은 모두의 뱃속을 자세히 살펴본 뒤에 이를 그림으로 그려 세상에 전하였다. 왕망(王莽)이 적의(翟義)의 무리를 주살했을 때 태의(太醫)와 상방(尙方)으로 하여금 솜씨 좋은 백정과 함께 살을 벗기고 배를 가르게 한 후 오장의 무게와 크기를 재는 한편 대오리로 핏줄을 따라가면서 시작과 끝나는 곳을 알아냈고 이를 바탕으로 질병을 치료할 수 있다고 했으나 그 설명은 현재 전해지지 않는다. 《빈퇴록賓退錄》

정경벽(鄭景壁)이 말하였다. 세상에 전해지는 《구희범오장도》는 경력 연간에 천장각대제(天章閣待制) 두기(杜杞)가 광남(廣南)의 반역자 구희범을 처단한 뒤에 그린 것이다. 구희범은 본래 유생으로서 흉포하고 교활하며 지략이 있고 법규에 통달하여 일찍이 섭추관(攝推官)이 되었다. 이원호(李元昊)가 반란을 일으켜 서쪽 지역에 전쟁이 발발한 시기를 틈타 천자의 군대가 틀림없이 오지 못하리라고 판단하고는 구희범은 몽간(蒙幹)과 함께 수십 명을 불러 모았는데 그 기세는 호남(湖南)을 떠들썩하게 하였다. 조정에서는 양전(楊畋)을 파견하여 토벌하게 했으나 실패하였고 그다음 두기(杜杞)에게 토벌을 대신하도록 하였다. 두기는 경내에 들어간 후 항복하면 살려주겠다는 회유책을 거짓으로 써서 그들과 우호적인 관계를 맺었다. 구희범이 창궐한 지 오래되었음에도 요행히 겨우 죽음만 면한 상태였기 때문에 마침내 두기의 제안에 따라 몽간과 함께 그들의 부하 수십 명을 거느리고 다 같이 두기의 진영에 이르렀다. 두기는 그들을 위해 크게 잔치를 베풀어 술로 취하게 한 뒤에 그 자리에서 체포하였다. 다음날 이들을 저잣거리에서 처형하는 한편 모두의 배를 가르고 장부를 도려내게 하였다. 그러고 나서 의원과 화공에게 하나하나 탐색한 후 그림으로 그려내게 하였다. 오래 지나지 않아 그 그림을 본 어떤 자가 어느 날 저녁에 화장실에 갔다가 갑자기 똥통에 빠져 가족들이 서둘러 꺼냈으나 입과 코에서 모두 피가 흘러나왔다. 그가 죽어가는 목소리로 "구희범이 주먹으로 나를 때렸다." 말하고, 3일 뒤에 결국 죽었다. 《극담록劇談錄》

양개(楊介)가 말하였다. 의주(宜州)의 역적 구희범이 처형당할 때 의주의 관리였던 오간(吳簡)이 화공을 시켜 오장을 그림으로 그리고 기록하게 함으로써 그 모양을 자세히 볼 수 있었다. 오간이 다음과 같이 말하였다. "이틀 동안 구희범 등 56명의 배를 갈라 모두 자세히 보았다. 목구멍에는 3개의 구멍이 있으니 식도(食道)·수도(水道)·기도(氣道)인데 사람들에게 동시에 불어보게 하니 각각 섞이지 않았다. 폐의 아래에는 심장·간장·쓸개·비장이 있고, 위장 아래에 소장이 있으며, 소장 아래에 대장이 있었다. 소장은 전체에 아무것도 없이 깨끗하고, 대장에는 찌꺼기가 있으며, 대장의 옆에는 방광이 있었다. 심장은 큰 것, 작은 것, 네모난 것, 긴 것, 기운 것, 곧은 것, 구멍이 있는 것, 구멍이 없는 것 등의 차이가 있어 전혀 같은 모양이 없었다. 오직 구희범의 심장은 붉으면서 눌려 있었으니 그려 놓은 바와 같다. 간장은 1엽인 것, 2엽인 것, 3엽인 것이 있었다. 신장 중의 하나는 간장의 오른쪽 조금 아래에 있고, 하나는 비장의 왼쪽 조금 위에 있었으며, 비장은 심장의 왼쪽에 있었다. 몽간은 기침을 자주 하였으니 폐장과 쓸개가 검었고 구희범은 눈병을 조금 앓고 있었으니 간장에 하얀 점이 있었다. 이 결과로 다시 한번 인체에서 안과 밖이 서로 주고 받는 영향을 구별할 수 있었다. 몸속에 누렇고 질펀한 것은 지방이다." 승려 환운(幻雲)의 《사기부표史記附標》 주석에서 인용한 《존진도存眞圖》

《성호사설유선星湖僿說類選》에서 안정복(安鼎福)은 《오장도》에 대해 "근래에 전해지는 오장도〔今世傳五藏圖〕"라고 하였다. 그렇다면 영조·정조 당시에는 전해진 《오장도》가 있었던 것이 아닌가 한다.

051. 상한부 傷寒賦

개요

《고사촬요》만력 13년 간본〈팔도책판〉에 《상한부》의 전주판(全州版)이 실려 있다. 이것이 어떠한 책인지 자세히 알 수 없지만, 오서(吳恕)의 《상한지장도傷寒指掌圖》 가운데 〈상한부傷寒賦〉만을 간본으로 만든 것이 아닌가 한다.[1]

1 〔025장〕 참고

052. 십약신서 十藥神書

2권

원(元) 갈건손(葛乾孫, 자는 가구可久) 지음

개요

《경적방고지經籍訪古志》〈보유補遺〉의 기록을 통해 조선 간본의 존재를 알 수 있다.

◎ 《경적방고지》〈보유〉의 《십약신서》

十藥神書二卷 朝鮮國刊本, 京師

首有寧獻王序及目錄, 不載葛氏二序, 卷首題古豳胡雲翱家傳書林厚德堂重刊。此本分爲二卷, 體式與前本異, 上卷末有崔知悌灸法, 乃寧獻王刊行時所附, 下卷載治傳屍勞蟲總法, 諸蟲證狀藥方靈符, 亦見急救仙方第十卷十一卷中, 未知何人所錄。元祿庚午刊本, 卷不分上下, 體式略與此同。

《십약신서》 2권 조선 간본, 경사(京師) 소장

책 첫머리에 영헌왕(寧獻王)의 서문과 목록이 있고 갈가구(葛可久)의 서문 2종은 실려 있지 않다. 권수의 표제에 "고빈(古豳) 호운고(胡雲翱)의 가전(家傳) 판본이다. 후덕당(厚德堂) 서림에서 중간(重刊)하였다."라고 적혀 있다. 이 책은 2권으로 나누어져 있고 체재는 앞의 책[日]과 다르다. 상권 말미에 〈최지제구법崔知悌灸法〉이 있으니 영헌왕이 간행했을 때 부록으로 있던 것이다. 하권에는 〈치전시노충총법治傳屍勞蟲總法〉과 〈제충증상약방영부諸蟲證狀藥方靈符〉가 있다. 이는 《구급선방急救仙方》 권10~11 속에서도 보이지만 누가 지은 것인지 알 수 없다. 일본 겐로쿠(元錄) 경오년1690 간본은 상·하권으로 나눠지 않았으나 체재는 이 책과 대략 비슷하다.

[日] 《육성재의서六醒齋醫書》에 수록된 《십약신서》를 가리킨다.

생각건대 이 간본도 가정(嘉靖)에서 만력(萬曆) 초기 사이에 간행되어 임진왜란 때 일본에 전래된 책인 듯하다.

053. 신편진맥수지 新編診脈須知 와 진맥요결 診脈要訣

《신편진맥수지》 5권

《진맥요결》 3권

명(明) 오홍(吳洪) 지음

개요

필자는 보지 못하였다. 《잇슈우도오가장의서목聿修堂架藏醫書目》과 《하청우기河淸寓記》에 각각 아래와 같이 적혀 있다.

◎ 《잇슈우도오가장의서목》의 《진맥수지》와 《진맥요결》

診脈須知五卷、診脈要訣三卷，合刻二冊，朝鮮本。晉王叔和著、瑯琺吳洪仲廣解。

> 《진맥수지》 5권과 《진맥요결》 3권을 합한 2책. 조선 간본. 진(晉) 왕숙화(王叔和)가 짓고, 낭법(瑯琺) 오홍(吳洪, 자는 중광仲廣)이 풀이하였다.

◎ 《하청우기》의 도도(百百) 〈무쓰노카미(陸奥守)〉 가문 소장본 일부

朝鮮本新編診脈須知五卷、診脈要訣三卷。合釘一冊。瑯琺吳洪仲廣解義。

> 조선판 《신편진맥수지》 5권·《진맥요결》 3권. 1책으로 합하여 묶었다. 낭법(瑯琺) 오홍(吳洪, 자는 중광仲廣)이 풀이하였다.

또 《고사촬요》만력 13년 간본〈팔도책판〉에 전주판(全州版)이 실려 있다. 잇슈우도오(聿修堂) 소장본 및 도도(百百) 가문 소장본은 이 전주판에 해당하는 것 같다.

054. 단계선생의서찬요 丹溪先生醫書纂要 상·하 2권 2책

명(明) 노화(盧和) 지음

판본

(1) 도서료(圖書寮) 소장본

형태서지

정덕(正德)·가정(嘉靖)·융경(隆慶) 간본

2권 2책. **|판식版式|** 목판본, 위·아래·오른쪽 가장자리를 재단하고 개장(改裝)하였다. 반곽 20.0×14.5㎝, 10행 22자. **|지수紙數|** 서문 1매, 목록 6매, 상권 107매, 하권 116매. **|인기印記|** 책 첫머리마다 "群仙堂藏書記"·"江戶醫學藏書之記"가 있다.

내용서지

◎《단계선생의서찬요》서(序)

……, 則有丹溪朱先生出焉, 先生婺之義烏人, 諱震亨, 字彦修, 丹溪乃後人以所居之地稱之也, ……, 後顯其醫于朝, 太宗文皇帝賜祭其墓, 由是名益重, 四方慕之, 皆丹溪先生之善於醫也。……

成化甲辰春三月吉旦, 東陽盧和書于易庵。

……, 단계(丹溪) 선생이 나타나셨다. 선생은 무주(婺州) 의오(義烏) 사람으로 이름은 진형(震亨)이고 자는 언수(彦修)이다. '단계(丹溪)'는 후대 사람들이 선생의 거처를 지칭한 것이다. …… 후에 조정에 선생의 의술이 알려져 태종문황제(太宗文皇帝)께서 선생의 묘에 제문을 내리셨다. 이 때문에 선생의 명성은 더욱 커지고 사방에서 흠모하였으니 모두 단계 선생이 의학에 밝았기 때문이다. ……

> 성화 갑진년1484 봄 3월 초하루 아침에 동양(東陽) 노화(盧和)가 역암(易庵)에서 쓰다.

본문내용

이 책은 주단계의 중요한 처방을 모아 그의 뜻을 계승한 의서이다. 상·하 2권으로 중풍(中風)·상한(傷寒)·온역(瘟疫)·내상(內傷)·서(暑)에서부터 손상(損傷)·부인증(婦人證)·소아증(小兒證)까지 78가지 병증에 대해 증상을 간단히 서술하고 여러 가지 처방을 게재하였다. 목록 부분에 다수의 처방이 게재되어 있으나 이것은 각 병증문에 포함된 처방이다.

판본고찰

《고사촬요》만력 13년 간본〈팔도책판〉에 예천판(醴泉版)이 실려 있다. 이 간본이 여기에 해당한다고 생각한다.

(2) 임오 경주부 중간본(壬午慶州府重刊本)

〈 필자 소장 〉

책 말미에 간기(刊記)〈"壬午五月 日, 慶尙道慶州府重刊"〉가 있다. 임오년이 언제인지 판단하기 어렵지만 아마도 임진왜란 후인 인조 20년 임오1642이 아닌가 한다.

형태서지

2권 2책. **❙판식版式❙** 목판본, 세로 29.0 × 가로 20.5㎝, 반곽 약 20 × 17.5㎝, 10행 22자. **❙지수紙數❙** 앞과 같음.

내용서지

○ 서문과 본문. 내용은 생략한다.

판본고찰

이 간본(2)와 간본(1)을 비교해 보면, 서문·목록·내용·행자수는 모두 같다. 그러나 간본(2)의 반곽 가로 폭이 더 넓고 또 책 말미에 앞서 제시한 간기가 있다는 점이 다르다. (1)도서료(圖書寮) 소장본 쪽이 더 오래되었고, 간본(2)는 도서료 소장본에 근거해 중간된 것이다. 《고사촬요》숙종 1년 간본〈서책인지수書冊印紙數〉에 보이는 "丹溪纂要, 五卷十七張", 혹은 《동경잡기東京雜記》〈서적書籍〉의 "丹溪纂要", 혹은 《누판고鏤板考》의 "醫書纂要, 慶州府藏, 印紙五牒十七張" 가운데 하나에 해당되는 듯하다.

고찰

다케다 쿄우서옥(武田杏雨書屋)에 성화(成化) 20년갑진1484 원판(原版)이라고 생각되는 《단계찬요》 4권 4책이 있다. 이 명(明) 간본이 흥미를 끄는 이유는 조선 간본이 인출될 때 남본(藍本)으로 사용되었기 때문이다. 이 간본에는 제3책에 2페이지, 제4책에 3페이지 필사로 보충된 부분이 있고, 책 말미에 "內醫院假官 通訓大夫 李元誠, 重校正, 通訓大夫 內醫院直長 金允誾"이라고 적혀 있다. 제3책에 필사로 보충된 부분은 일실된 본문의 내용을 보충한 것으로 생각되지만, 제4책에 보충된 부분은 "治腫脹法, 補中治濕湯"으로 위의 이원성과 김윤은 두 사람이 단계가 남긴 처방에 기초하여 자기의 경험례를 실은 것이다. 더구나 이 글 속에 "嘉靖乙巳春"이라고 하였기 때문에 대략 이때 내의원에서 교정되었고, 그리고 이 교정본에 근거해 간본(1)이 인출된 것이다. 따라서 《단계선생의서찬요》의 계통은 다음과 같다.

◎ 《단계선생의서찬요》 간행 계통도

成化 20년 (갑진1484)
明版
4권 4책, 10행 22자
盧和 撰

↓

嘉靖 24년 (을사1545) 무렵
조선 초간, 醴泉版?
2권 2책, 10행 22자
李元誠 · 金允誾 校訂

↓

壬午年 慶州府 간행
重刊
2권 2책, 10행 22자

인물전기

김윤은(金允誾, 생몰 미상). 의원(醫員)이다. 명종 대의 대표적인 학의(學醫)였다. 유지번(柳之蕃)과 함께 《달학이해방疸瘧易解方》을 저술하였다[1]〈《실록》〉.

이원성(李元誠, 생몰 미상). 그의 삶에 대해 알려진 사실이 많지 않다.

1 제1부 〔042장〕을 참고하라.

055. 신간혜민어약원방 新刊惠民御藥院方

24권

개요

이인영(李仁榮) 씨는 이 책의 영본(零本) 6권 2책(남아 있는 것은 권6~8, 권18~20)을 소장하고 있다. 그에 따르면 연산군·중종 즈음의 을해자 활자본으로 내용과 권수는 《일본방고지日本訪古志》에서 말한 원(元) 지원(至元) 간본 24권과 일치한다고 한다.

형태서지

|판식版式| 활자본(을해자), 사주단변, 유계, 반곽 세로 22.0 × 가로 15.5㎝, 9행 17자, 주쌍행. **|판심版心|** 흑구.

고찰

《어약원방御藥院方》(〔056장〕 참고)에 있는 고명(高鳴)의 서문에서 "御藥院壬寅所刊方書版"이라고 한 것이 이 24권본(또는 20권으로 만들어졌는지 권수에 대해 필자는 알지 못한다)인지 확신할 수 없다. 그러나 고려가 원(元)에 복속된 기간에 원(元) 간본이 고려에 쉽게 유입되었을 것이다. 따라서 24권본에 이어 11권본(〔056장〕 참고)이 전해져 두 가지 모두 번각·인출되었다고 추정한다.

임인년은 원(元) 태종(太宗) 14년1242으로, 이 해 초에 《어약원방》(금(金)에서 전해진 처방도 수록되었다) 이 새로 간행되었다. 이후 고명(高鳴)이 서문을 쓴 지원(至元) 4년 정묘1267에 허국정(許國禎) (타키(多紀) 씨는 《의적고醫籍考》에서 허국정이 지었다고 고증하였다) 이 틀린 것을 바로잡고 빠진 것을 보충한 뒤 개정(改訂)하여 《어약원방》을 만들었는데, 이것이 지원(至元) 30년 계사1293에 간행 (계사신간(癸巳新刊)) 되었다고 한다.

이 책의 출현으로 《어약원방》이 2가지 계통으로 현존한다는 사실을 알 수 있고, 이들 현전본을 통해 《어약원방》의 대강을 살필 수 있다. 그러므로 이들 현전본은 금·원 초기 의학을 고찰하는 데 중요한 자료가 된다. 이러한 점에서 이 간본이 중요하다고 생각한다.

《신간혜민어약원방》 24권이 임인년 초간본에 해당한다고 생각하지만 아직 이를 확정할 수는 없다.

056. 어약원방 御藥院方 **계사신간어약원방**癸巳新刊御藥院方 11권

원(元) 허국정(許國禎) 등 지음

개요

원(元) 간본에 근거하여 인출한 갑진자 활자본으로 중종·명종 즈음에 간행되었다. 내각문고(內閣文庫) 소장본을 기준으로 해제한다.

형태서지

11권 5책. **|판식版式|** 활자본〈갑진자〉, 위·아래·오른쪽 가장자리를 재단하고 개장(改裝)하였다. 반곽 21.0×15.5㎝, 12행 19자. **|지수紙數|** 서문 1매, 목록 12매, 본문 374매. **|인기印記|** 제1책 첫머리에 "佐伯侯毛利高標字培松藏書畫之印"이 있다.

내용서지

◎《어약원방》서(序)[1]

聖朝以三代相生養之道，域民於仁壽，惟血氣之屬，不能無病，又立醫師，掌醫之政令，如周制而加詳焉。醫之術固深大，概已效之方，爲前人所寶藏者，尤爲難得。太醫提點榮祿許公，概二三僚友，取御藥院壬寅所刊方書版，正其訛，補其缺，求其

1 원서에는 일부 내용만 있지만 역자가 보충하여 실었다.

遺亡而附益之，將宏肆流傳，俾人人如在良毉左右。余嘉其用心從而敍述之。自仲景傷寒論論證處方之後，後世以方爲書者，無雷[2]數百家，至御藥院號稱大備，蓋裒集諸家之善，而增損持擇，雖湯液齊和，昭然無纖芥畸件，殆與黃帝內外經、扁鵲八十一難相表裏，其功用豈淺淺哉。雲起太山，膚寸而合，不崇朝而徧雨乎天下，格物君子，請以是觀之。

至元丁卯八月九日，翰林直學士 河東高鳴序。

성인께서는 3대에 걸쳐 살리고 기르는 방법으로 백성들을 장수하도록 만들었으나 혈(血)과 기(氣)로 이루어진 생명은 병이 없을 수 없으므로 다시 의사(醫師)라는 관직을 만들고 의료 행정을 관장하게 하였으니 주(周)나라 제도 이후로 더욱 자세해졌다. 의술은 매우 깊고 넓은 법이니 효과가 있는 처방은 옛사람이 대부분 보물처럼 감추었기 때문에 구하기가 매우 어렵다. 태의원 제점(太醫院提點)인 영록(榮祿) 허(許) 공은 동료 2~3명과 함께 어약원(御藥院)에서 임인년에 간행한 책판을 구하여 틀린 글자를 바로잡고 떨어진 부분을 보충한 후 빠진 내용을 찾아 덧붙임으로써 앞으로 널리 전파하여 각 사람마다 곁에 훌륭한 의원을 둔 것처럼 만들고자 하였다. 나는 그들의 마음 씀씀이가 흐뭇하여 요청에 따라 서문을 쓰게 되었다. 장중경(張仲景)이 《상한론》에서 증상을 논하고 처방을 만든 후로부터 후세에 처방으로 책을 만든 사람이 무려 수백 명에 달하지만 《어약원방》에 이르러서야 명칭이 크게 정리되었다. 여러 의서의 좋은 내용을 모은 후 말을 더하거나 덜어냈으며 처방의 용량도 분명하여 터럭만큼도 흐트러진 경우가 없기 때문에 아마 《황제내경》·《황제외경》·《편작팔십일난경》과 서로 보완이 될 것이니 그 영향이 어찌 미미하겠는가. 구름이 태산에서 일어나 조금씩 모여들다가 아침이 지나기 전에 천하에 두루 비를 내리듯이 사물의 이치를 궁리하는 군자들께서는 이렇게 살펴주시길 청하노라.

지원 정묘년1267 8월 9일. 한림직학사 하동(河東) 고명(高鳴)이 서문을 쓰다.

서문 다음에 목록이 실려 있다. 그 끝에 "頤眞堂記"〈종 모양〉·"平陽府司家印"〈칠현금 모양〉이라는 원(元) 간본의 2가지 인기(印記)가 있다.

---

2 無雷 : 북경대 소장본과 문맥을 고려하여 "無慮"로 보고 번역하였다.

본문내용

권별 목차는 아래와 같다.

◎ 《어약원방》 목차

卷一：治風藥門，卷二：治傷寒門，卷三：治一切氣門(上)，卷四：治一切氣門(下)，卷五：治痰飮門，卷六：補虛損門，卷七：治積熱門、治泄痢門，卷八：治雜病門，卷九：治咽喉口齒門，卷十：治眼目門、洗面藥門、治瘡腫傷折正骨門，卷十一：治婦人諸疾門、治小兒諸疾門。

각 문(門)에 효과 있고 적절한 고금의 처방을 골라 수록하고 각 처방이 특히 어떤 증상에 특효가 있는지 설명한 뒤 분량과 복용법을 기술하였다. 원(元) 관약국(官藥局)의 기준이 되는 처방집이다.

고찰

이 간본은 《경적방고지經籍訪古志》〈보유補遺〉에 나오고, 또 타키(多紀) 씨의 《의적고醫籍考》와 양수경(楊守敬)의 《일본방서지日本訪書志》에서도 고증된 바가 있다. 일본에는 간세이(寬政) 10년에 막부(幕府) 의관(醫官) 센가 요시히사(千賀芳久)가 이 간본을 좇아 활자로 번각하여 인쇄하였다 〈제5부 〔023장〕 참조〉.

참고

참고로 《어약원방》은 조선 초기인 세종 12년 경술 1430에 의학 취재 강서(講書) 가운데 그 이름이 보인다.[3] 이후 조선 중기까지 사용되었다. 《신간혜민어약원방新刊惠民御藥院方》〈〔055장〕 참고〉이 원본(原本)에 해당하며, 조선에서도 《신간혜민어약원

---

3 제1부 〔016장〕 인용 사료(세종 12년 3월 18일 기사)를 참고하라.

방》이 먼저 간행되고 그 뒤에 《계사신간어약원방癸巳新刊御藥院方》이 인출되었다고 필자는 생각한다.

057. 신편부인대전양방 新編婦人大全良方

24권 9책

송(宋) 진자명(陳自明) 지음

개요

도서료(圖書寮) 소장본을 기준으로 해제한다. (〔부도45〕 참조) 갑진자 활자본이다. (〔060장〕 부록 "갑진자로 인출된 의서" 참조) 중종·명종 때 간본이다.

형태서지

24권 9책. **|판식版式|** 활자본(갑진자), 위·아래·오른쪽 가장자리를 재단하였다. 반곽 21.0×약 15㎝, 12행 19자. **|지수紙數|** 서문 2매, 목록 40매, 부문(附文) 8매, 본문 538매(도상 포함). **|인기印記|** 책 첫머리마다 "東井文庫"·"竹內氏藏書印"·"江戶醫學藏書之印"·"多紀氏藏書印"·"帝國博物館圖書", 책 말미마다 "東井文庫"·"丹波元堅"·"茝庭"이 있다.

내용서지

○ 서(序)("嘉熙元年八月良日, 建康府明道書院醫諭 臨川陳自明良父序"). 내용은 생략한다.

이 책 말미에 타키 모토카타(多紀元堅)가 쓴 글이 다음과 같이 적혀 있다.

◎ 《신편부인대전양방》 책 말미의 지어(識語)

婦人良方，世所多有者，薛立齋增注本耳，立齋之書，大抵藉古人以攄己見，固不爲作者計，却爲其累矣。熊道軒補遺本，猶寥寥罕傳，而人爭珍之，況於此朝鮮國所刊陳氏眞本乎。越智氏懷仙閣多蓄朝鮮刻本，是書殊有缺脫．此本元出自半井氏東井文庫，輾轉易主，遂歸于余，首尾完好，實爲難得之秘笈，豈可不寶愛耶。

天保三年元黓執徐三月，丹波元堅識。

《부인양방》 중에 사람들이 많이 가지고 있는 것은 설기(薛己, 호는 입재立齋)가 증보하고 주석한 책이다. 입재의 책은 대개 옛사람을 빌어 자신의 견해를 펼친 것이므로 분명코 진자명의 의도가 아니며 도리어 이해에 방해가 된다. 웅균(熊均, 자는 종립宗立, 호는 도헌道軒)의 보유본(補遺本)도 거의 전해지지 않아서 사람들이 다투어 보배로 여기고 있으니 하물며 조선에서 간행한 이 진자명의 진본은 어떻겠는가. 오치(越智) 씨의 회선각(懷仙閣)에는 조선 간본이 많이 소장되어 있는데 그가 소장한 《부인양방》은 떨어지거나 찢어진 부분이 꽤 있다. 이 책은 본래 나카라이(半井) 씨의 토오이문고(東井文庫)에서 나온 것으로 여기저기 주인이 바뀌다가 마침내 나에게 왔다. 처음부터 끝까지 완전하면서도 상태가 좋아 참으로 구하기 힘든 비급이니 어찌 보물처럼 아끼지 않을 수 있겠는가.

덴포(天保) 3년 임진1832 3월에 탄바 모토카타(丹波元堅)가 적다.

본문내용

책의 강목(綱目) 8문(門)을 제시한다 〈 서문 이외에 약간 탈락된 곳은 타키 모토카타(多紀元堅)가 자필로 보충하였다 〉.

◎ 《신편부인대전양방》 강목(綱目)

調經門，衆疾門，求嗣門，胎教門，妊娠門，坐月門，産難門，産後門

고찰

타키 모토카타(多紀元堅)는 앞서 살펴본 지어(識語)에서 이 간본이 《부인양방》의

본 모습을 전하고 있으므로 보배로 여겨야 한다고 적었다. 얻기 어려운 비급임을 보여주는 2~3가지 고증을 더 싣는다.

◎ 《경적방고지經籍訪古志》 보유(補遺) 일부

新編婦人大全良方二十四卷 朝鮮國活字本，自序缺補鈔。存誠藥室藏

宋醫學臨川陳自明良甫編集，每卷首捺東井文庫印，懷仙閣亦有藏本。

新刊婦人大全良方零本二卷 存廿三廿四二卷，古鈔本。寶素堂藏

每半面十二行，行廿四五字不一。

按，陳氏眞本世唯有朝鮮國刊本，而此本亦未經後人增修，比之韓本，小有異同。或是從元刊傳鈔者，雖僅僅零冊亦足貴重。

《신편부인대전양방》 24권 조선 활자본. 자서(自序)가 빠져서 베껴 넣었다. 존성약실(存誠藥室) 소장

송(宋) 대의 의학자 임천(臨川) 진자명(陳自明, 자는 양보良甫)이 편집하였다. 권 첫머리마다 "東井文庫"라는 인장(印章)이 찍혀 있다.[一] 회선각(懷仙閣) 소장본도 있다.[二]

《신간부인대전양방》 영본(零本) 2권 23권 · 24권만 남아있으며 오래된 필사본이다. 호소도오(寶素堂) 소장

반 장 기준으로 12행이며 자수는 24~25자로 한결같지 않다.

고찰. 진자명의 진본은 현재 오직 조선의 간본만 존재한다. 이 책은 후인(後人)이 덧붙이거나 수정을 하지 않았고 조선 간본과 비교하면 조금 차이가 있다. 더러 이 책처럼 원본을 바탕으로 필사한 책도 있으니 비록 겨우 몇 책만 남아 있지만 귀중한 책이라 할 만하다.

◎ 《일본방서지보日本訪書志補》 일부

新編婦人良方二四卷 影鈔本

森立之訪古誌稱陳氏眞本唯朝鮮活字本，而未載其行款字數。又載新刊殘本二卷，

[一] 여기서 말한 간본은 지금의 도서료(圖書寮) 소장본이다.

[二] 《요안인장서목록養安院藏書目錄》에 나오는 것과 같은 책일까?

每半頁十二行，行廿四五字不等。此本半頁十二行，行十九字，有小島學古疊文印，與仁齋直指，同裝一櫝。仁齋直指爲朝鮮活字本，此亦從朝鮮活字本出無疑。故其篇幅、行款、字數、裝式悉與之合。按此書四庫著錄， 載有元勤有堂刊本。而近代藏書家如張氏愛日精廬、陸氏皕宋樓、丁氏八萬卷樓[1]、黃氏士禮居均不載，則其傳本之稀可知。日本雖有朝鮮活字本， 亦惟存誠藥室及懷仙閣有之， 且亦多補鈔。日本醫家以其書難得也，故亦多展轉傳鈔。余以此書中土罕傳也，故旣得小島精鈔本， 又購得尋常抄本二通 行款皆不改。他日或不終絶焉。宣統庚戌四月五日，宜都楊守敬記。

或謂此鈔本小島學古，並未稱從朝鮮活字本出，而余乃質言是朝鮮本，未免臆斷。蓋余又得熊宗立婦人良方補遺殘本，存第三至第六一冊，又自十三至十八一冊，又自十九至二十四一冊，不知何人所校。其中引韓本異同，皆與此本合，益知此從朝鮮本出，斷斷然矣。同日守敬再記。

《신편부인양방》 24권 영초본(影抄本)

모리 타츠유키(森立之)는 《경적방고지經籍訪古志》에서 “진자명(陳自明)의 진본은 오직 조선의 활자본뿐이다.”라고 하였으나 행자수를 적지 않았다. 또 《신간부인대전양방》 잔본(殘本) 2권을 수록하면서 반 장 기준으로 12행이며 자수는 24~25자로 한결같지 않다고 하였다. 이 판본은 반 장 기준으로 12행 19자이며 “小島學古”라는 전서 인장이 있고 《인재직지방仁齋直指方》과 같은 책궤에 들어 있다. 《인재직지방》이 조선 활자본이니 이 판본 역시 조선 활자본이 틀림없다. 그러므로 크기·행자수·표지가 모두 동일하다. 《사고전서四庫全書》에 실려 있는 이 책을 살펴보면 원(元) 대 근유당(勤有堂) 간본이 실려 있다. 그러나 근대 장서가 중에 장금오(張金吾)의 애일정려(愛日精廬), 육심원(陸心源)의 벽송루(皕宋樓), 정국전(丁國典)의 팔천권루(八千卷樓), 황비열(黃丕烈)의 사례거(士禮居)와 같은 장서목록에는 모두 실려 있지 않으니 이 판본의 희귀함을 알 수 있다. 일본에 비록 조선 활자본이 있으나 그 역시 존성약실(存誠藥室)과 회선각(懷仙閣)에만 있는 데다가 많은 곳이 가필로 보충되어 있다. 일본 의가(醫家)들이 이 책을 구하기 어려웠기 때문에 필사본이 많이 유통되었다. 나는 이 책이 중국에서도 흔하지 않다고 여겼으므로 코지마 나오카타(小島尙質)의 정서본을 구한 다음 흔히 볼 수 있는 필사본 2종도 구입하였으니(행자수를 수정하지 않고 필사한 것이다.) 앞으로는 실전되는 일이 없을 것이다. 선통(宣統) 경술년1910 4월 5일. 의도(宜都) 양수경(楊守敬) 적다.

혹자는 이 필사본의 원본과 코지마 가쿠고(小島學古) 소장서를 모두 조선 활자본이라고 할 수는 없으므로 내가 조선 활자본이라고 딱 잘라 말한 것은 억측이라고 말하였다. 나는 또한 웅균(熊均, 자는 종립宗立)의 《부인양방보유婦人良方補遺》의 잔본(殘本)을 구하였는데 권3~6까지의 1책, 권13~18까지의 1책, 권19~24까지의 1책이 남아 있었고 누가 교정하였는지는 알 수 없었다. 《부인양방보유》의 잔본에서 조선 간본 인용 부분을 비교한 결과 2종 모두 이 필사본과 부합했으므로 이 필사본이 조선 활자본을 바탕으로 했음을 더욱 분명히 알 수 있었다. 같은 날 양수경이 다시 적다.

참고

치쿠젠(筑前) 고(故) 마에마 교오사쿠(前間恭作) 옹은 이 간본과 같은 갑진자 활자본〈1책 결본〉을 소장하고 있었다〈이 소장본에는 "武縣庫籍"·"茂紀" 등의 장서인(藏書印)이 있다. 그의 사후에 토오요오문고(東洋文庫)에 들어갔다〉. 근래에 또 오사카부립도서관에 편입된 나라(奈良) 이시자키문고(石崎文庫)에도 같은 갑진자 활자본〈본래 미스미(三角) 가문 소장본이라고 생각한다. 낙질로 권1~권8만 현존한다〉이 있다. 따라서 필자가 알고 있는 현전본은, 회선각(懷仙閣) 소장본이 망실된 듯하기 때문에 도서료 소장본을 포함하여 3가지이다. 분가(文化) 2년에 조선 활자본을 필사한 필사본이 내각문고(內閣文庫)에 있는데, 이 필사본에는 타키 모토야스(多紀元簡)가 써넣은 발문이 있다고 한다.〈필자는 보지 못하였다〉

1 《일본방서지보》에는 "八萬卷樓"라고 되어 있으나 문맥상 "八千卷樓"로 보고 번역하였다.

058. 옥기미의 玉機微義

50권 13책

명(明) 서용성(徐用誠) 지음, 명(明) 유순(劉純) 이어 증보

개요

도서료(圖書寮)에 조선 간본이 존재한다. 갑진자 활자본. 명종 즈음에 간행되었다.

형태서지

50권 13책. **|판식版式|** 활자본〈갑진자〉, 위・아래・오른쪽 가장자리를 재단하고 개장(改裝)하였다. 반곽 약 23×15.5cm, 12행 20자. **|판심版心|** 상하흑구. **|지수紙數|** 서문 6매, 목록 67매, 본문 758매. **|인기印記|** 책 첫머리마다 "小島氏圖書印"・"江戶醫學圖書之印"・"大學東校典籍局之印"・"帝國博物館圖書" 등이 있다.

내용서지

○ 서(序)〈"正統己味正月癸卯, 光祿大夫 少師 兵部尙書 兼華蓋殿大學士 廬陵楊士奇序"〉. 내용은 생략한다.

○ 서(序)〈"洪武丙子九月初吉, 吳興莫士安序"〉. 내용은 생략한다.

○ 서(序)〈"洪武丙子三月朔旦, 吳陵劉純序"〉. 내용은 생략한다.

○ 서후(書後)〈"正統庚申春二月望日, 陝西等處承宣布政使司 右布政使 會稽王暹書, 左布政使 郭堅等同校正"〉. 내용은 생략한다.〈이 곳은 을해자로 찍었고, 9행 17자이다〉

본문내용

전본(傳本)이 있으므로 생략한다.

고찰

이 간본은 명(明) 정통(正統) 간본을 번각한 것이다. 일본의 케이쵸(慶長) 활자본은 이 조선 판본을 근거로 간행되었다. 덧붙여 중국에서는 정덕(正德) 1년 병인1506에 중간본이 간행되었고, 일본에서 에도(江戶) 중기에 이 중간본을 목판본으로 간행하였다.

059. 의림유증집요 醫林類證集要 10권 20책

명(明) 왕새(王璽) 지음

개요

전해지는 간본으로는 도서료(圖書寮) 소장본과 오사카부립도서관 소장본(나라(奈良) 이시자키(石崎) 씨가 이관하였다. 원래 미스미(三角) 가문 소장본이었다)이 있다. 같은 간본이므로 도서료(圖書寮) 소장본을 기준으로 해제한다.

형태서지

10권 20책. **| 판식版式 |** 활자본(갑진자), 원장(原裝). 세로 30 × 가로 20㎝, 반곽 21.5 × 16.0㎝, 12행 19자. **| 지수紙數 |** 서문 2매, 범례 1매, 총목 2매, 지(識) 1매, 본문 1784매. **| 인기印記 |** 책 첫머리마다 "養心齋"·"畑玄宿"·"能鄙子印"·"廣壽院架藏記"·"多紀氏藏書印"·"畑道意家藏", 책 말미에 "畑玄俊家藏書"가 있다.

내용서지

○ 서(序)("正德乙亥春月日, 少谷道者鄭善夫序"). 내용은 생략한다.

○ 서(序)("成化壬寅二月癸卯, 節制甘肅諸軍事 平羌將軍總兵官 右軍都督部都督 同知榮祿大夫 孤竹王璽序"). 내용은 생략한다.

◎ 《의림유증집요》 지어(識語)[1]

醫林類證集要, 乃節制甘肅諸軍總兵官平羌將軍都督王公手集之書也。凡古今聖賢良方秘術, 與夫載諸遺經, 紀諸人舌, 鐫諸碑石, 曾收奇效者, 悉採而輯之, 復專以本草內經爲主, 外者各醫師家議說, 與經旨藥性不相背馳者, 爰作論斷, 始於中風, 終於小兒, 凡十卷。然病有大小, 而無不經之論, 藥有精粗, 而無不效之方。張掖耆老鄉土彭澧、胡霽、楊政、謝釗、周廣、張玉等, 惜秘藏於一人一己之私, 遂各損己資, 鳩工鋟梓, 以廣其傳。是知向所未知之病、定見之藥, 今皆得以知見, 俾養老慈, 將有以惠人於無窮矣, 噫, 王公之用心, 何其仁哉。

成化壬寅歲, 春德堂刊謹識。

《의림유증집요》는 절제감숙 제군총병관(節制甘肅諸軍總兵官) 평강장군 도독(平羌將軍都督)이신 왕새(王璽) 공께서 손수 편집한 책입니다. 공께서는 고금의 성현들께서 지은 훌륭한 처방과 의술, 그리고 전해지는 경전에 실린 내용·입으로 전해지는 내용·비석에 새겨진 내용 중에서 예전부터 효과가 뛰어났던 것을 모두 채록하여 모으셨습니다. 그런 뒤 오로지 《본초경》과 《내경》을 중심에 두고, 그 외에 각 의학자들의 논설들 중에 《내경》의 요지나 《본초경》의 약성과 대립하지 않는 것을 두셨습니다. 이렇게 책을 구성하였으니 중풍에서 소아까지 모두 10권입니다. 그리하여 병증에는 경중이 있으나 경전에 나오지 않은 설명이 없고, 처방에는 약력의 차이가 있으나 효과 없는 처방이 없습니다. 장액(張掖) 지방의 원로인 팽풍(彭澧)·호제(胡霽)·양정(楊政)·사조(謝釗)·주광(周廣)·장옥(張玉) 등은 비급을 한 사람만 소장한다면 애석하다면서 드디어 각자 본인의 재산을 내놓아 각수를 모으고 판각한 후 널리 배포하였습니다. 이로써 예전에 알지 못했던 병증이나 약재에 대한 일정한 견해를 알 수 있게 되었기 때문에 지금 당장은 모두가 이 내용을 알게 되어 연로하신 부모님을 봉양할 수 있고 앞으로는 무궁토록 사람들에게 은택을 끼칠 수 있을 것입니다. 아아 왕 공의 마음 씀씀이는 어찌도 이렇게 인자하신지요.

성화 임인년1482. 춘덕당(春德堂)이 간행하면서 삼가 적습니다.

1 원서에는 일부 내용만 있지만 역자가 보충하여 실었다.

본문내용

앞의 지어(識語)의 내용을 통해 대강을 알 수 있으므로 생략한다.

고찰

《도서료한적선본서목圖書寮漢籍善本書目》에 실려 있는 이 간본은 권3하에서 권9하까지 13책이 빠져있으나, 누락되었던 13책이 최근 제실박물관(帝室博物館)으로부터 이관되어 왔다. 이를 합하면 완질이 된다.

추가로 오사카부립도서관에 소장된 이 간본은 10권 20책이며 양식도 앞의 것과 같다. 다만 위·아래·오른쪽 가장자리를 재단하고 개장(改裝)하였다. 각 책에는 장서인 등이 없다.

060. 의설 醫說

10권 5책

송(宋) 장고(張杲) 지음

개요

필자가 열람한 내각문고(內閣文庫) 소장본〈현존 권5~10의 3책?〉에 대해 해제한다.

간기(刊記)는 없으나 가정(嘉靖) 39년인 명종 15년 경신1560에 간행되었다.〈〔고찰〕 참조〉

형태서지

10권 5책. **|판식版式|** 활자본〈갑진자〉, 위·아래·오른쪽 가장자리를 재단하고 개장(改裝)하였다. 반곽 약 21×15.5cm, 12행 19자 **|인기印記|** 책 첫머리마다 "多紀氏藏書印"·"江戶醫學藏書之記"·"日本政府圖書"·"大學東校典籍局之印" 등이 있다.

내용서지

○ 책 말미에 여러 가지 발문〈"嘉靖甲申春三月中澣, 星江彭方書", "嘉靖甲申首夏末瀚, 檇季李以制書", "開禧丁卯七月, 建安江疇跋", "寶慶丁亥十二月望日, 東陽徐杲書"〉이 있다. 내용은 생략한다.

고찰

《경적방고지經籍訪古志》〈보유補遺〉에 잇슈우도오(聿修堂)에 소장되어 있는 이 간본에 대해 다음과 같이 기록되어 있다.

◎ 《경적방고지》〈보유〉의 《의설》

醫說 朝鮮國活字擺印本, 聿修堂藏

此本全與瀋府本同, 蓋據以活字擺印者 佚南山道人序。卷首副紙裏面有朝鮮人題書曰, 嘉靖三十九年八月日, 內賜承政院左副承旨柳昌門醫說一件, 命除謝恩。都承旨 臣 李〔着名〕[1]。卷首捺宣賜之記朱印。

《의설》 조선 활자본. 잇슈우도오(聿修堂) 소장

이 책은 전체가 심부본(瀋府本)[日]과 같으니 심부본을 가지고 활자로 인쇄한 듯하다(남산도인(南山道人)의 서문은 빠져있다). 앞표지 안쪽 면에 조선 사람이 다음과 같이 적어 놓았다. "가정 39년1560 8월 일. 승정원 좌부승지 유창문(柳昌門)에게 《의설》 1부를 하사하니 답례하지 말라. 도승지 신 이(李) 〔착명(着名)〕". 책 첫머리에는 "선사지기(宣賜之記)"라는 붉은 인장이 찍혀 있다.

또 《하청우기河淸寓記》에는 후쿠이(福井) 숭란관(崇蘭館)에 같은 활자본이 소장되어 있다고 실려 있다.

◎ 《하청우기》의 《의설》

醫說 朝鮮本。此本多紀にあり, 嘉靖三十九年八月日, 內賜行司直柳之蕃醫說一件, 命除謝恩, 都承旨 臣 李〔着名〕[2]。

《의설》(조선 간본이다. 이 책은 타키(多紀)도 소장하고 있다). 다음과 같이 적혀 있다. "가정 39년(1560) 8월 일. 행 사직 유지번(柳之蕃)에게 《의설》 1부를 하사하니 답례하지 말라. 도승지 신 이〔착명(着名)〕".

---

1 원서에는 '李判五行'이라고 되어 있으나 《경적방고지》를 확인한 결과 성(姓) 아랫부분은 착명(着名)이므로 수정하였다.

日 가정 병오년(1546) 심번(瀋藩)의 남산도인(南山道人) 번각본을 가리킨다.

2 원서와 《하청우기河淸寓記》 원문에는 모두 "李商"이라고 되어 있으나 탈초의 오류로 보여 "李〔着

유창문(柳昌門)과 유지번(柳之蕃) 내사본(內賜本)에 기록된 내용을 통해 가정(嘉靖) 39년에 간행된 간본임을 알 수 있다.

《잇슈우도오가장의서목聿修堂架藏醫書目》에 다음과 같이 기록되어 있다.

◎ 《잇슈우도오가장의서목》의 《의설》

> 醫說, 十卷五冊。本朝萬治二年刻本, 宋張杲季明著, 依朝鮮本、瀋藩本、嘉靖本參對。

> 《의설》 10권 5책. 일본 만지(萬治) 2년 기해1659 간본. 송(宋) 장고(張杲, 자는 계명季明)가 저술하였다. 조선 판본·심번 판본·가정 판본을 참고하여 대교하였다.

이처럼 일본에서 《의설》이 출간될 때 조선 간본이 대교본(對校本)으로 사용되었다.

인물전기[3]

유창문(柳昌門, 1514-1570). 자는 흥백(興伯), 본관은 진주(晉州)이다. 중종 35년 경자1540 별시 문과에 급제하였고, 전라도관찰사·형조 참판을 지냈다.

유지번(柳之蕃, 생몰 미상). 중종 후기에서 인조·명종 전기에 걸쳐 의관(醫官)을 역임했으며, 명종 5년 경술1550에 《황달학질치료방黃疸瘧疾治療方》을 저술하였다.

名]"이라고 수정하였다.

3 이해를 돕기 위해 해당 내용의 위치를 원서와 다르게 조정하였다.

060부록. 갑진자로 인출된 의서

〈〔부도44〕·〔부도45〕·〔부도46〕 참조〉

지금까지 해제한 《동인경》·《직지방》·《부인양방》·《득효방》·《증급유방》·《의림집요》·《화제국방》·《어약원방》·《의설》, 《의학정전》·《옥기미의》, 《맥경》·《찬도맥》·《소문》은 모두 같은 활자로 인쇄되었다. 반곽의 크기에 작은 차이가 있고, 또 앞의 9종은 모두 12행 19자, 《의학정전》과 《옥기미의》는 12행 20자, 《맥경》·《찬도맥》·《소문》은 12행 21자이다. 그러나 이들은 모두 갑진자로 인출되었다. 또 명시할 수는 없지만, 이외에도 갑진자로 인출된 의서는 몇 종에 머물지 않을 것이다.

동활자(銅活字)인 갑진자는 성종 15년갑진1484 8월에 《구양수집歐陽修集》의 글자 모양을 본떠 주조되었다. 다른 일반 활자보다 작고 우아하게 만들어졌다. 이 활자는 처음 주조되었을 때부터 선조 초기까지 증주(增鑄)되거나 개주(改鑄)되면서 대략 90년간 사용되었다. 〈세조 원년 을해자 계통의 판본도 많다. 각 장을 참조하라〉

061. 속의설 續醫說

10권

명(明) 유변(俞辨) 지음

개요

《요안인장서목록養安院藏書目錄》과 《잇슈우도오가장의서목聿修堂架藏醫書目》에 각각 다음과 같이 적혀 있다. 이를 통해 조선 간본이 있었다는 사실을 알 수 있다. 필자는 보지 못하였다. 이 간본도 《의설醫說》과 같이 갑진자로 인출되었다고 생각한다.

◎ 《요안인장서목록》 일부

> 續醫說，一本。

> 《속의설》 1책.

◎ 《잇슈우도오가장의서목》 일부

> 續醫說，十卷二冊。本朝萬治元年刻本，明俞辨子容著，依嘉靖原本，朝鮮本校勘。

> 《속의설》 10권 2책. 일본 만지(萬治) 원년 무술1658 간본. 명(明) 유변(俞辨, 자는 자용子容)이 지었다. 가정(嘉靖) 원본을 바탕으로 했고 조선 간본으로 교감하였다.

《속의설》은 가정(嘉靖) 원년 임오1522에 저술되어 가정 13년 갑오1534 즈음에 간행되었다.

062. 의서대전 醫書大全 신편명방유증의서대전新編名方類證醫書大全 24권

명(明) 웅균(熊均) 지음

개요

《요안인장서목록養安院藏書目錄》에 아래와 같이 적혀 있다. 조선 간본이라고 생각하지만 확정하기는 어렵다.

◎ 《요안인장서목록》 일부

醫書大全, 七本。

《의서대전》 7책.

《의서대전》은 정통(正統) 11년 병인1446 웅균(熊均, 자는 종립宗立)이 지은 책으로, 성화(成化) 3년 정해1467 이 되어서야 간행되었다. 일본에서도 다이에이(大永) 8년 무자1528 사카이(堺)의 아사이노 소즈이(阿佐井野宗瑞)가 이를 그대로 본떠서 간행하였다. 이것이 일본 의서 간행의 효시이다.

063. 물청자속해팔십일난경 勿聽子俗解八十一難經 6권

명(明) 웅균(熊均) 지음

개요

아래와 같은 《잇슈우도오가장의서목聿修堂架藏醫書目》의 기록을 통해 이 간본의 존재를 알 수 있다.

◎ 《잇슈우도오가장의서목》 일부

勿聽子俗解八十一難經，六卷。朝鮮國刻本，明熊均宗立著。

《물청자속해팔십일난경》 6권. 조선 간본. 명(明) 웅균(熊均, 자는 종립宗立)이 지었다.

참고

이 책은 정통(正統) 3년 무오1438에 저술되었으나 (원간본(原刊本)은 성화(成化) 8년(임진 1472) 웅씨중화당본(熊氏中和堂本)인 듯하다) 간행이 언제 되었는지 필자는 알지 못한다.

덧붙여 일본에는 텐분(天文) 5년 병신1536에 승려 잇바쿠(一柏)가 에치젠(越前)에서 교정하여 번각한 《신편속해팔십일난경도요新編俗解八十一難經圖要》 1권 1책, 그리고 겐나(元和) 1615-1624 초에 목활자로 복간된 《신간물청자속해팔십일난경新刊勿聽子俗解八十一難經》 (도요(圖要) 1권, 본문 6권) 등이 있다.

064. 외과발휘 外科發揮

8권

명(明) 설기(薛己) 지음

개요

《요안인장서목록養安院藏書目錄》 가운데 아래와 같이 기록되어 있다. 필자는 보지 못하였다. 가정(嘉靖) 7년경 설기(薛己, 호는 입재立齋)의 저술이다.

◎ 《요안인장서목록》 일부

外科發揮，二本。

《외과발휘》 2책.

064부록. 의방대성발제 醫方大成發提

1권

개요

《요안인장서목록養安院藏書目錄》 가운데 아래와 같이 기록되어 있다. 이것은 《신증의방대성발제新增醫方大成發提》 1권 1책 (목활자, 8행 15자, 간기 "慶長八年癸卯臘月既望, 洛陽醫德堂刊") 과 같은 책이라고 생각한다. 일본 판본은 조선 판본을 조본(祖本)으로 하여 만들어진 것이 아닌가 한다.

◎ 《요안인장서목록》 일부

> 大成發提，一本。

《대성발제》 1책.

065. 본초발휘 本草發揮

3권

명(明) 서용성(徐用誠) 지음

개요

《요안인장서목록養安院藏書目錄》에 조선판 《본초발휘》 2종이 실려 있다. 타키(多紀) 씨의 《의적고醫籍考》에 따르면, 제목이 이 이름인 책에는 활수(滑壽)의 책 1권과 서용성의 책 3권이 있다. 이 간본은 후자를 가리킨다. 이 책은 홍무(洪武) 연간 1368-1398에 단계(丹溪)의 제자인 서용성(徐用誠, 자는 언순彦純)이 지었다.

066. 십사경발휘 十四經發揮

3권

원(元) 활수(滑壽) 지음

개요

이 책은 《경국대전》〈을사대전〉에 나오듯이 침구의(鍼灸醫) 취재 강서(講書)로 조선 초기부터 사용되었다. 《요안인장서목록養安院藏書目錄》에 아래와 같이 적혀 있기 때문에 간본도 존재하였음을 알 수 있다.

◎ 《요안인장서목록》 일부

> 十四經發揮，一本。

> 《십사경발휘》 1책.

067. 침구집방 鍼灸集方 침구집서鍼灸集書

개요

아래와 같은 《요안인장서목록養安院藏書目錄》의 기록을 통해 이 책의 존재를 알 수 있으나 어떤 책인지 확정할 수는 없다. 타키(多紀) 씨가 《의적고醫籍考》에서 명(明) 양순(楊珣)이 지었다고 적은 《침구집서鍼灸集書》 2권이 이에 해당되는 듯하나 분명하지 않다. 또 《경국대전》(을사대전)에 침구의(鍼灸醫) 취재 강서(講書)로 실려 있는 《침구지남鍼灸指南》·《자오유주子午流注》·《옥룡가玉龍歌》·《침경적영집鍼經摘英集》 등을 모은 책인지도 모른다. 이 책이 나타나기를 기대한다.

◎ 《요안인장서목록》 일부

鍼灸集方, 四本。

《침구집방》 4책.

068. 맥어 脈語

2권

명(明) 오곤(吳昆) 지음

개요

아래와 같은 《요안인장서목록養安院藏書目錄》의 기록을 통해 조선 판본의 존재를 알 수 있다. 원간본이 만력(萬曆) 14년 병술1586 에 간행되었으므로 조선 간본은 이 이후부터 만력 20년 임진1592 임진왜란 이전 사이에 간행되었을 것이다.

◎ 《요안인장서목록》 일부

鶴皐山人脈語，一本。

《학고산인맥어》 1책.

인물전기

오곤(吳昆, 1552－1620). 자는 산보(山甫), 호는 학고(鶴皐)이고, 흡현(歙縣) 사람이다. 이 외에 《의방고醫方考》 6권을 저술하였다.

〈필자는 《의방고》도 조선 판본이 존재했다고 생각한다. 일본 게이초(慶長) 연간에 이도쿠도(醫德堂)에서 《맥어》와 《의방고》를 활자본으로 간행할 때 조선 판본까지도 참고 자료로 사용한 것으로 보인다〉

069. 명의잡저 明醫雜著

1권 1책

명(明) 왕륜(王綸) 지음

개요

《잇슈우도오장서목록聿修堂藏書目錄》에 다음과 같이 적혀 있다. 이것이 조선 사람의 필사본과 간행본의 존재를 보여준다고 생각한다.

◎ 《잇슈우도오장서목록》 일부

> 明醫雜著，一卷一冊，朝鮮人抄筆刊本。
>
> 《명의잡저》 1권 1책. 조선인의 필사본과 간행본.

《고사촬요》 만력 13년 간본〈팔도책판〉에 능성판(綾城版)이 실려 있다. 능성판이 이 간본에 해당하며 설기(薛己)가 주해한 《명의잡저》 6권은 아닌 듯하다.[1] (1권본 《명의잡저》는 홍치(弘治) 15년(임술1502) 즈음에 저술되어 간행되었다. 설기는 가정(嘉靖, 1522-1566) 연간의 인물로, 설기가 주해한 6권본은 언제 저술되어 간행되었는지 알 수 없다. 이 6권본의 권1과 권2는 절재(節齋) 왕륜(王綸)의 〈의론醫論〉을 주해한 것이다)

1 현재 조선 간본의 존재는 확인되지 않고 있다. 그러나 일본에서 조선 간본을 바탕으로 《명의잡저》를 몇 차례 새로 간행하였다. 현재 일본 교토대학(DIG-KYOT-208), 와세다대학(ヤ09 00355, ヤ09 01063) 등에 소장되어 있다. 이 일본 간본의 권두제는 "新刊明醫雜著"이며, 조성(趙晟)의 간기("……, 嘉靖辛亥仲夏箕城後人趙晟書")가 실려 있다.

070. 절재의론 節齋醫論

1권 1책

명(明) 왕륜(王綸) 지음

개요

《존경각한적서목尊經閣漢籍書目》을 통해 이 간본의 존재를 알 수 있다. 《절재의론》은 《명의잡저明醫雜著》 권1의 〈의론醫論〉을 가리킨다. 따라서 〔069장〕의 해제본과 같은 간본이라고 생각한다. 그러나 필자는 마에다(前田) 존경각(尊經閣)에 있다는 이 간본을 보지 못하였다. 앞으로 자세히 연구되기를 바란다.

인물전기

왕륜(王綸, 생몰 미상). 자는 여언(汝言), 호는 절재(節齋)이고, 자계(慈谿) 사람이다. 《명의잡저明醫雜著》·《본초집요本草集要》 등을 저술하였다.

071. 식물본초 食物本草

2권

명(明) 노화(盧和) 지음

개요

아래와 같이 《하청우기河淸寓記》에 이라코(伊良子) 씨 소장본으로 기록된 내용을 통해 이 간본의 존재를 알 수 있다.

◎ 《하청우기》 일부

盧和食物本草, 朝鮮本二冊, 東陽盧和集, 嘉靖乙酉狄沖序, 嘉靖丙戌姚文淸序。

노화(盧和)의 《식물본초》 조선 간본 2책. 동양(東陽) 노화가 찬집하였다. 가정(嘉靖) 을유년1525 적충(狄沖)의 서문과 가정 병술년1526 요문청(姚文淸)의 서문이 있다.

또 마에마 교오사쿠(前間恭作)의 《선책명제鮮冊名題》에 의하면, 만력(萬曆) 30년 임인1602 내의원활자로 찍힌 이 책이 미쓰이문고(三井文庫)에 소장되어 있다고 하나 (원래 아사미(淺見) 씨 소장본이었다) 필자는 보지 못하였다. 그런데 《미암일기眉巖日記》에 선조 2년기사1569 12월에 의원 박한무(朴漢懋)가 유희춘(柳希春)에게 《식물본초》 1책을 보냈다고 하였다. 이 책이 조선 판본이라고 한다면 《하청우기》에 기재된 책과 같은 판종이라고 생각한다. 그렇다면 《식물본초》는 임진왜란 전후로 간행된 것이 된다.

◎ 《미암일기》 기사년1569 12월 23일 기사[1]

朴大哉 海 遺稻十石來，扶助營造也。鄭咸平 岡玉、鄭生公裕、尹寬中來訪，食物本草一冊來，乃醫員朴漢懋所送也。

박해(朴海)가 쌀 10섬을 보내와 공사를 도왔다. 전 함평군수 정강옥(鄭岡玉)·정공유(鄭公裕)·윤관중(尹寬中)이 찾아왔다. 《식물본초》 1종을 가지고 왔으니 의원 박한무(朴漢懋)가 보낸 것이었다.

1 원서에는 내용이 요약되어 있으나 역자가 원문을 인용하여 실었다.

072. 식품집 食品集

2권

명(明) 오록(吳祿) 지음

개요

《요안인장서목록養安院藏書目錄》 및 《관의가보官醫家譜》〈요안인(養安院)〉에 그 이름이 보인다.〈제6부〔002장〕참고〉 필자는 보지 못하였다.

073. 박물지 博物志

10권

진(晉) 장화(張華) 지음, 주일용(周日用) 등 주석

074. 속박물지 續博物志

10권

당(唐) 이석(李石) 지음

개요

토오요오문고(東洋文庫) 소장본. 가정(嘉靖)・융경(隆慶)・만력(萬曆) 초기 사이에 간행되었다. 명(明) 홍치(弘治) 18년을축1505에 도목(都穆)이 《박물지》와 《속박물지》를 간행하였다. 《박물지》는 진(晉)의 사공(司空) 장화(張華, 자는 무선茂先)가 짓고 여남(汝南) 사람 주일용(周日用) 등이 주석한 책이고, 《속박물지》는 《박물지》를 모방하여 당(唐) 전도관원외랑(前都官員外郎) 농서(隴西) 사람 이석(李石)이 지은 책이다. 해제본은 이 명 간본을 조선에서 번각한 간본이다.

형태서지

두 책 각각 10권 3책. **|판식版式|** 목판본, 태지(苔紙) 같이 누렇게 변한 종이에 인쇄되었다. 지방판에 속한다. 세로 30.5 × 가로 18.0㎝, 반곽 21.5 × 14.5㎝, 10행 18자. **|지수紙數|** 《박물지》 : 본문 63매, 발문 1매, 《속박물지》 : 본문 77매, 발문 1매.

내용서지

◎ 《박물지》 발문

張茂先嘗采歷代四方奇物異事, 著博物志四百, 晉武帝以其太繁, 俾刪爲十卷, 今所傳本是也。……。弘治乙丑春二月, 工部主事姑蘇都穆記。

장화(張華, 자는 무선茂先)가 역대 전국의 기묘한 물건과 이채로운 사건을 수집하여 《박물지》 400권을 저술하였으나 진(晉)의 무제(武帝)가 분량이 지나치게 많다고 여겨 10권으로 축약하게 하였으니 현재 전해지는 책이 그것이다. ……. 홍치 을축년1505 봄 2월. 공부 주사 고소(姑蘇, 소주蘇州) 도목(都穆)이 적다.

◎ 《속박물지》 발문

方舟先生胸中有老氏藏室, 取張華博物志, 倣而續之, ……。門人廸功郎眉山簿黃公泰謹跋。

방주(方舟, 이석李石) 선생이 노씨장실(老氏藏室) 같은 장서실을 꿈꾸며 장화(張華)의 《박물지》를 구한 후 이를 본떠 속편을 만들었다. ……. 문인 적공랑(廸功郎) 미산부(眉山簿) 황공태(黃公泰)가 삼가 발문을 쓰다.

◎ 《속박물지》 후기(後記)

……, 是書在宋嘗有版刻, 而今罕傳, 予同年賀君志同, 近刻博物志, 訖工, 復取而刻之, ……。弘治乙丑春三月, 工部主事姑蘇都穆記。

……, 이 책은 일찍이 송(宋) 때 판각하여 지금은 전해지는 것이 아주 드물다. 나와 동갑인 하지동(賀志同)이 근래에 《박물지》 판각을 끝냈고 나는 다시 그 책을 구해 판각하였다. …… 홍치 을축년1505 봄 3월. 공부주사 고소(姑蘇, 소주蘇州) 도목(都穆) 적다.

본문내용

《박물지》에서 의학과 관련된 부분은 권3과 권4이다. 내용은 생략한다.

고찰

《고사촬요》선조 초기 간본〈팔도책판〉에 이 책의 남원판(南原版)이 실려 있다. 해제본이 이에 해당한다고 생각한다. 또 《경적방고지經籍訪古志》 권5에 "조선 간본, 쇼헤이코오(昌平黌)[1] 소장〔朝鮮國刊本, 昌平學藏〕"이라고 설명된 《박물지》 및 《속박물지》도 이 간본과 같은 판종이다. 또한 요네자와(米澤)도서관에 나오에 야마시로노카미 가네츠구(直江山城守兼續)가 소장했었던 《속박물지》 1종이 소장되어 있다. 이것도 같은 판종인 듯하다.

1 "昌平學"은 에도막부의 직할 교육기관이었던 쇼헤이코오를 가리키는 듯하다. 쇼헤이자카학문소(昌平坂學問所)라고도 한다.

075. 산거사요 山居四要

4권

원(元) 왕여무(汪汝懋) 지음

개요

《경적방고지經籍訪古志》 보유(補遺)에 다음과 같이 적혀 있다.

◎ 《경적방고지》 〈보유〉의 《산거사요》

山居四要 四卷 朝鮮國刊本, 懷仙閣藏。

元汪汝懋編輯, 陳止善校正, 徐仁文繕寫, 首有至正庚子錢塘楊彝序。每半版十行行廿字。

按, 高階氏藏有嘉靖庚子刊本, 合刻加減十三方。

《산거사요》 4권 조선 간본, 회선각(懷仙閣) 소장

원(元) 대 왕여무(汪汝懋) 편집, 진지선(陳止善) 교정, 서인문(徐仁文) 정서. 책 첫머리에 지정(至正) 경자년1360에 쓴 전당(錢塘) 사람 양이(楊彝)의 서문이 있다. 반 장 기준으로 10행 20자이다.

고찰. 타카시나(高階) 씨 소장본 중에 가정(嘉靖) 경자년1540 간본이 있는데, 《가감십삼방加減十三方》과 합책으로 되어 있다.

이를 통해 마나세(曲直瀨) 씨의 회선각에 《산거사요》의 조선 간본이 있었고, 교토(京都) 궁정의(宮廷醫) 타카시나 가문에도 《가감십삼방加減十三方》과 합책된 가정(嘉靖) 19년 경자1540 간본이 소장되어 있었음을 알 수 있다(《가감십삼방》은 〔017장〕과 〔018장〕 참고).

《고사촬요》 선조 초기 간본 〈팔도책판〉에 진주판(晉州版)이 실려 있다. 《경적방고지》에 나오는 간본이 이 진주판이라고 생각한다.

판본

⊙ 오오츠카 토오(大塚鐙) 소장본

근래에 오오츠카 토오 씨의 소장본을 볼 수 있었기에 추가로 기록한다. 앞에서 설명한 간본의 판목(版木)이 인멸(湮滅)되지 않고 남겨진 듯한데, 임진왜란 이전 판을 토대로 후대에 2~3회 보각(補刻)하여 50~60년 전에 새로 찍은 간본인 듯하다. 이 판본을 기준으로 해제한다.

형태서지

4권 1책. **|판식版式|** 목판본〈보각(補刻) 되었음〉, 반곽 27.4 × 15.0~15.5㎝, 사주쌍변, 10행 20자. **|판심版心|** 상하어미〈어미가 없는 판도 있음〉. **|지수紙數|** 서문 2매, 목록 2매, 본문 67매.

내용서지

○ 서(序)〈"至正庚子臘月, 奉訓大夫 江浙 行樞密院判官 天台劉仁本序"〉. 내용은 생략한다.

본문내용

◎ 《산거사요》 목차

> 卷之一：攝生之要, 卷之二：養生之要, 卷之三：衛生之要, 卷之四：治生之要。
> 附 文房必用、行廚備急、省心法言。

고찰[1]

마나세 겐사쿠(曲直瀨玄朔)의 《산거사요발췌山居四要拔萃》 (제5부 〔001장〕 참조) 는 그가 임진왜란에 출전하였을 때 밀양현(密陽縣)에서 노획한 위 간본에서 내용을 발췌하여 일본어로 번역한 것이다.

《산거사요》와 같은 책은 지식인이 재야에 기거할 때 구비해 두고 애독하던 책으로, 널리 유행하여 조선 후기 《산림경제山林經濟》 (제3부 〔037장〕 참조) 등의 출현에 영향을 주었다.

1 이해를 돕기 위해 해당 내용의 위치를 원서와 다르게 조정하였다.

076. 수친양로신서 壽親養老新書

4권 3책

송(宋) 진직(陳直) 지음, 원(元) 추현(鄒鉉) 이어 지음

판본

필자가 조사한 간본은 2종이다.

(1) 활자본

《제수관의적비고躋壽館醫籍備考》에 다음과 같이 적혀 있다.

◎ 《제수관의적비고》 일부

壽親養老新書, 四卷三冊。韓本活字版, 望三英所藏, 後其孫三作獻之於官, 收在楓山秘庫。詳見于御書籍來歷志。

《수친양로신서》 4권 3책. 조선 활자본이다. 모지즈키 산에이(望月三英)가 소장하였다가 후에 그의 후손 모지즈키 산사쿠(望月三作)가 관청에 바쳐 모미지야마 비부(楓山秘府)에 수장되어 있다. 자세한 것은 《어서적내력지御書籍來歷志》에 나온다.

《어서적내력지御書籍來歷志》에는 다음과 같이 적혀 있다.

◎ 《어서적내력지》 일부

壽親養老新書。韓版活字ニテ望月三英藏本ナリ。三英モト醫家ノ書ニ富ム。其孫三作保守スルコト能ハズ、因リテ其請ニ從ヒ、官ニ收ム。是其一也。後望月本ト云フ者皆同シ。

《수친양로신서》. 조선 활자본으로, 모지츠키 산에이(望月三英)의 소장본이다. 산에이는 원래부터 의서를 많이 가지고 있었다. 그 후손 모지츠키 산사쿠(望月三作)가 잘 보관할 수 없어서 이 때문에 그의 청에 따라 관청에 수장하였다. 이 책은 그 가운데 하나이다. 이후 "모지츠키(望月) 소장본"이라고 하는 것은 모두 이와 동일하다.

이처럼 모지츠키 산에이(望月三英)가 소장했었던 활자본이 있었다. 〈 필자는 보지 못하였다 〉

(2) 목판본

〈 도서료(圖書寮) 소장, 경성대학 도서관 소장 〉 〈 〔부도48〕 참조 〉

형태서지

4권 3책. **❙판식版式❙** 목판본, 반곽 21.0 × 17.5㎝, 사주쌍변, 10행 19자, 주쌍행. **❙판심版心❙** 상하어미, 흑구, "壽親書"・권차(卷次)・장차(張次)가 적혀 있다. **❙지수紙數❙** 총 234매.

내용서지

○ 서(序) 〈 "至正壬午中秋, 范陽張士弘載拜書" 〉. 내용은 생략한다.

○ 서(序) 〈 "大德丁未中元, 撫西麓危徹孫序" 〉. 내용은 생략한다.

○ 서(序) 〈 "大德乙巳冬至節日, 同郡泰寧玉窓黃應紫德夫敬書" 〉. 내용은 생략한다.

본문내용

◎《수친양로신서》 목차

권1 : 養老奉親書

권2 : 古今嘉言善行七十二事

권3 : 太上玉軸六字氣訣、食後將息法、養性、安車、遊山具(등등에 대해 설명하고 처방을 게재하였다)

권4 : 保養、服藥、貯藥、熖閣(등등에 대해서 기술하고 처방을 실었다)

권1 양로봉친서(養老奉親書)는 송(宋) 진직(陳直)이 지은 것이고, 뒤의 세 권은 대덕(大德) 11년에 추현(鄒鉉)이 이어 편찬한 것으로, 이들을 모아 《수친양로신서》라고 한 것이다.

판본고찰

도서료 소장본 및 경성대학 소장본은 모두 판식이 같다. 경성대학 소장본은 규장각 소장본으로 권수(卷首)에 "內賜"·"弘齋"·"承華章" 등의 인기가 찍혀 있다. "홍재(弘齋)"는 정조의 아호(雅號)이다. "승화(承華)"는 승화루(承華樓)를 가리키는데 궁궐 안에 있는 서고(書庫)의 이름이다. 즉, 경성대학 소장본은 정조의 수택본(手澤本)이다.

《고사촬요》 선조 초기 간본〈팔도책판〉에 연안판(延安版)·성주판(星州版)·고성판(固城版) 《수친양로서壽親養老書》가 있다. 이들 서명에 "新"자가 없으나 (〔077장〕《수친양로서壽親養老書》 해제 참조) 《수친양로신서》도 포함된다고 생각한다.

이 외에도 이들의 중간본이 종종 시중에 보인다. 그러나 나중에 인출을 거듭했기 때문에 상태가 조악하다.

고찰

《수친양로신서》의 초간본은 아마도 을해자 활자본으로 간본(1) 모지츠키 산에이 소장본이 이에 해당하며, 이 활자본에 근거하여 간본(2)의 각종 목판본이 번각되었을 것이다. 활자본은 중종·명종 때, 목판본은 명종·선조 초기 무렵에 간행된 듯하다. 정확한 사실은 앞으로 연구되기를 바란다.

077. 수친양로서 壽親養老書

1권 1책

원(元) 추현(鄒鉉) 지음

개요

제목이 이렇게 붙어 있지만 《수친양로신서壽親養老新書》(〔076장〕 참고)의 권2 〈고금가언선행칠십이사古今嘉言善行七十二事〉를 단행본으로 만든 책이다. 1책으로 이루어진 간단한 수양서이다. 《고사촬요》에 연안판(延安版)·성주판(星州版)·고성판(固城版) 《수친양로서》가 있으나(〔076장〕 참고) 모두 이 책을 가리킨다고 볼 수 없으며 《수친양로신서》도 포함한다고 생각한다.

필자가 본 도서료(圖書寮) 소장본을 기준으로 해제한다.

형태서지

간기(刊記)가 없으나 명종·선조 초기에 인출되었다고 생각한다.

1권 1책. **|판식版式|** 목판본, 세로 28×가로 18㎝, 반곽 17.5×14.5㎝, 9행 17자. **|지수紙數|** 총 36매. **|인기印記|** 책 첫머리에 "吉家氏藏"·"稱意館藏書記"·"淺草文庫", 책 말미에 "昌平坂學問所"가 있다.

내용서지

◎ 《수친양로서》 발문㊀

鄒敬直翁絃之高祖叔祖二母夫人，皆年過九十，備極榮養，翁亦稀年，桂子蘭孫，盈庭戲綵，青山流水，竹色花香，鳩杖[1]鸚杯，蒼顔玄鬢，見者謂不老地行仙。蓋是書緝於陳令尹，而備於公，不私其驗，至繡梓，翁之用心仁也。危徹孫書。

경직옹(敬直翁) 추현(鄒絃)께서는 고조・숙조(叔祖)와 할머니 두 분을 모두 90세가 넘도록 지극정성으로 봉양하셨고, 경직옹 또한 70세까지 많은 자손에게 효성스럽게 봉양을 받았다. 그는 산과 물과 대나무와 꽃향기를 벗 삼아 지내면서 나이가 많았어도 얼굴이 희고 터럭이 검었기 때문에 그를 본 사람들은 늙지 않는 지상의 신선이라고 하였다. 아마도 이 책은 영윤(令尹) 진직(陳直)이 엮었던 것을 경직옹께서 가지고 있던 것 같다. 이 책을 혼자 보지 않고 간행하셨으니 경직옹의 마음 씀씀이가 참으로 인자하도다. 위철손(危徹孫)이 쓰다.

㊀ 이 발문은 〔076장〕《수친양로신서》의 서문(“大德丁未中元，撫西麓危徹孫序”)과 내용이 거의 비슷한데 이 서문에서 발췌하여 적은 것이다.

1 원서에는 “鳩枕”으로 되어있으나 문맥상 “鳩杖”인 듯하다.

078A. 차사난지 此事難知

2권 1책

원(元) 왕호고(王好古) 지음

개요

《잇슈우도오장서목록聿修堂藏書目錄》에 다음과 같이 적혀 있다.

◎《잇슈우도오장서목록聿修堂藏書目錄》 일부

> 此事難知，二卷一冊，收在東垣十書中，朝鮮梅南書屋刊。[一]

《차사난지》 2권 1책. 《동원십서》 속에 실려 있다. 조선의 매남서옥 간행본.

[一] 어떤 판본에 '梅'를 '海'로 쓴 것은 잘못이다.

078B. 외과정의 外科精義

2권 1책

원(元) 재덕지(齋德之) 지음

개요

《잇슈우도오장서목록聿修堂藏書目錄》에 다음과 같이 적혀 있다.

◎ 《잇슈우도오장서목록》 일부

> 外科精義，二卷一冊，收在東垣十書中，朝鮮梅南書屋刊。

《외과정의》 2권 1책. 《동원십서》 속에 실려 있다. 조선의 매남서옥 간행본.

고찰

앞의 기록에 따르면 매남서옥에서 《동원십서》가 간행되었고, 그 영본(零本)이 잇슈우도오(聿修堂)(에도의학관(江戶醫學館) 타키(多紀) 씨의 당호(堂號))에 소장되어 《잇슈우도오장서목록》에 실린 것으로 보인다. 또 《비위론脾胃論》(〔033장〕 참고. 《동원십서》 가운데 실려 있다)도 매남서옥 간본이다. 다음에 다룰 5종의 서적도 그러하다. 그런데 매남서옥은 명(明)의 서점이다. 《동원십서》를 통해 매남서옥 간본이 명(明) 성화(成化) 연간 1465-1487에 존재했음을 알 수 있기 때문이다(다케다 쿄우서옥(武田杏雨書屋)에 매남서옥 간본의 영본(零本)이 소장되어 있다). 따라서 이 조선 판본은 명 매남서옥 간본 《동원십서》의 번각본 가운데 하나라고 이해할 수 있다(〔033장〕 《동원십서》 참조).

079A. 난실비장 蘭室秘藏

3권 3책

원(元) 이고(李杲) 지음

개요

《잇슈우도오장서목록聿修堂藏書目錄》에 다음과 같이 적혀 있다.

◎ 《잇슈우도오장서목록》 일부

蘭室秘藏，三卷三冊，收在醫統正脈中，朝鮮梅南書屋刊。

《난실비장》 3권 3책. 《의통정맥전서》 속에 실려 있다. 조선의 매남서옥 간행본.

079B. 내외상변혹론 內外傷辨惑論

3권

원(元) 이고(李杲) 지음

개요

《비위론脾胃論》(〔033장〕 간본(3) 참고)과 함께 이고의 주요 저작이다. 필자는 보지 못하였으나 매남서옥(梅南書屋) 간본의 존재를 알 수 있다.

080A. 국방발휘 局方發揮

1권 1책

원(元) 주진형(朱震亨) 지음

개요

역시 《잇슈우도오장서목록聿修堂藏書目錄》에 다음과 같이 적혀 있다.

◎ 《잇슈우도오장서목록》 일부

> 局方發揮, 一卷一册, 收在醫統正脈中, 朝鮮梅南書屋刊。

《국방발휘》 1권 1책. 《의통정맥전서》 속에 실려 있다. 조선의 매남서옥 간행본.

080B. 격치여론 格致餘論

1권 1책

원(元) 주진형(朱震亨) 지음

개요

역시 《잇슈우도오장서목록聿修堂藏書目錄》에 다음과 같이 적혀 있다.

◎ 《잇슈우도오장서목록》 일부

格致餘論, 一卷一冊, 收在醫統正脈中, 朝鮮梅南書屋刊。

《격치여론》 1권 1책. 《의통정맥전서》 속에 실려 있다. 조선의 매남서옥 간행본.

고찰

앞의 《난실비장》·《국방발휘》·《격치여론》은 《의통정맥전서醫統正脈全書》 속에도 수록되어 있지만 《동원십서東垣十書》로서 더 잘 알려져 있다. 게다가 조선에서 《동원십서》가 간행된 것은 두세 번에 그치지 않지만, 《의통정맥전서》와 같이 규모가 큰 의서가 간행되었다는 사실은 필자가 과문해서인지 듣지 못하였다. 또 《의통정맥전서》는 만력(萬曆) 29년 신축1601에 초간되었으므로 조선에서 번각되었다면 이 시기 이후에 간행되었을 것이다. 따라서 이 세 책이 《의통정맥전서》 속에 실려 있다는 《잇슈우도오장서목록》의 기록은 타키(多紀) 씨 혹은 아마도 문인(門人)이 별생각 없이 쓴 것이라고 여겨야 할 것이다.

081. 의경소회집 醫經溯洄集

1권 1책

원(元) 왕리(王履) 지음

개요

《잇슈우도오장서목록聿修堂藏書目錄》에 다음과 같이 기록되어 있다.

◎ 《잇슈우도오장서목록》 일부

醫經溯洄集, 一卷一冊, 收在東垣十書中, 朝鮮刊本。

《의경소회집》 1권 1책. 《동원십서》 속에 실려 있다. 조선 간본.

《잇슈우도오장서목록》에서 《동원십서東垣十書》에 포함된 다른 책은 모두 "조선 매남서옥 간행본〔朝鮮梅南書屋刊〕"이라고 하였는데, 이 책은 단지 "조선 간본〔朝鮮刊本〕"이라고만 적었다. 그러나 이 책도 매남서옥 간본을 바탕으로 한 조선 판본이라고 생각한다.

082. 경사증류대관본초 經史證類大觀本草 목록 포함 31권

송(宋) 당신미(唐愼微) 지음

개요

알려진 간본의 판식은 모두 동일하며, 여러 종의 전존본이 전해진다. 도서료(圖書寮) 소장본을 기준으로 해제한다.

간기(刊記)가 없다. 원(元) 간본(“大德壬寅孟春, 宗文書院刊行”)의 조선 번각본이다. 간행 시기를 확정할 자료는 없으나 아마도 조선 초기부터 간행되었다고 추정한다. 고려 때에 원(元) 간본이 전해졌을 것이고, 조선 초기부터 이 책이 본초학의 기준서로써 중요하게 사용되었기 때문이다. 여기에 소개할 간본은 이 계통을 이은 중간본인 듯하다.

형태서지

목록 포함 31권 14책. **|판식版式|** 목판본, 원장(原裝), 세로 33.5 × 가로 20.5㎝, 반곽 22.5 × 16.0㎝, 12행 23자, 주쌍행. **|지수紙數|** 서문 2매, 목록 37매, 본문 1156매, 발문 1매. **|인기印記|** 책 첫머리마다 “堀本文庫”가 있다.

내용서지

○ 서(序)(“大觀二年十月朔, 通仕郎 行杭州仁和縣尉 管句學事 艾晟序”). 내용은 생략한다.

《도경본초圖經本草》의 가우(嘉祐) 7년 서문이 책 말미에 덧붙여져 있다.

본문내용

널리 알려진 서적이므로 본문 내용은 생략한다.

《대관본초大觀本草》의 원본 계통을 이은 책으로 《본초연의本草衍義》(〔028장〕 참조)는 포함되어 있지 않다. 이렇게 《증류본초證類本草》의 본래 모습을 그대로 전하고 있으므로 중요하게 여겨야 한다. (대덕(大德) 간본에는 《본초연의》가 덧붙여져 간행되었다)

기타 간본

⊙ 내각문고(內閣文庫) 소장본

31권(목록 포함)을 10책으로 제본하였다. **|판식版式|** 위·아래·오른쪽 가장자리를 재단하고 개장(改裝)하였다. **|인기印記|** 책 첫머리마다 "淺草文庫"·"日本政府圖書", 책 말미마다 "昌平坂學問所"가 있다.

⊙ 오오모리기념문고(大森記念文庫) 소장본

오사카부립도서관에서 발간한 쇼와(昭和) 3년 《본초도서전람목록本草圖書展覽目錄》에 담긴 내용을 싣는다.

◎ 《본초도서전람목록》 일부

《經史證類大觀本草》、十冊(目共三十一卷內一冊、新寫ヲ以テ補フ)、宋唐愼微撰、卷首ニ、天保八丁酉年仲春據政和本校合、彫蟲窩主人越範及ビ白井光太郎博士ノ識語アリ、其要ニ曰、此書ハ豊太閤文祿朝鮮役中浮田秀家彼地ニ於テ戰利品トシテ獲得スル所ノモノナリ、後、曲直瀨養安院浮田氏夫人ノ大患ヲ治シ效アルニヨリ謝禮トシテ之ヲ受ク、此書ハ蓋シ元ノ大德中宋版《大觀本草》ヲ模刻セルモノヨリ朝鮮ニ於テ更ニ板刻セルモノナレバ、宋版元版共ニ支那ニ佚シ此版式朝鮮ニ存セルニ因リ僅ニ唐愼微編集ノ「經史証類備急本草』ノ旧態ヲ窺知ス可キモノナレバ、最貴重ス可キノ刻本トス、本書第十一第十二卷ノ欠本ハ帝室図書寮ノ完本ニヨリ、補寫セリ云々。

《경사증류대관본초》 10책(목록 포함 31권, 그중에 1책은 새로 적어 보충하였음). 송(宋) 당신미(唐愼微) 지음. 책 첫머리에 "덴포(天保) 8년정유1837 2월 《정화본초政和本草》에 근거하여 교감한 뒤 판본을 만들었다."고 하는 조충와(彫蟲窩) 주인 월범(越範)과 시라이 미츠타로오(白井光太郎) 박사의 지어(識語)가 있다. 요컨대, 타이코오(太閤) 도요토미 히데요시(豊臣秀吉)가 벌인 임진왜란에서 우키다 히데이에(浮田秀家)가 조선에서 전리품으로 이 책을 얻었고, 그 후 마나세(曲直瀨) 요안인(養安院)이 우키다(浮田) 씨 부인의 큰 병을 치료한 사례로 이 책을 받았다. 이 책은 아마도 원(元) 대덕(大德) 연간에 송판(宋版) 《대관본초大觀本草》를 그대로 본떠서 판각하고 조선에서 이를 다시 판각한 것으로, 송판(宋版)과 원판(元版)이 모두 중국에서 일실되었기 때문에 이 판본으로 겨우 당신미(唐愼微)가 편집한 《경사증류비급본초經史證類備急本草》의 옛 모습을 엿볼 수 있다. 따라서 가장 귀중한 판본이다. 이 책에서 일실된 제11권・제12권은 도서료(圖書寮)에 소장된 완본으로부터 보충하여 필사해 넣었다고 한다.

"白井氏藏書"・"養安院藏書" 외에 1개의 인기(印記)가 찍혀 있다. 용지의 질은 좋지 않다. 후쇄본으로 보인다.

참고

일본 안에이(安永) 4년을미1775에 모지츠키 산에이(望月三英) 씨가 간행한 《대관본초》는 이 조선 간본을 복각한 것이라고 한다(제5부 〔022장〕 참조).

083. 소흥교정경사증류비급본초도
紹興校定經史證類備急本草圖

필사본 5책

〈 행자수가 일정하지 않다. 각 장에 그림이 하나씩 있다 〉

개요

쇼와(昭和) 3년 오사카부립도서관에서 열린 본초도서전람회(本草圖書展覽會)에서 교토(京都) 오오모리문고(大森文庫)의 이 필사본이 전시되었다. 《본초도서전람목록本草圖書展覽目錄》에 송(宋) 당신미(唐愼微)가 짓고 고소공(高紹功) 등이 교정하였다고 적혀 있었다. 그리고 다음과 같은 시라이(白井) 씨의 지어가 실려 있었다〈 덧붙여 이 필사본은 쇼와(昭和) 8년에 복각되었다 〉.

◎ 시라이(白井) 씨의 지어

> 本書原本ハ幕府医官曲直瀨氏收藏ニシテ朝鮮伝來本ナリト云フ, 云々。

> 이 책의 원본은 막부의관(幕府醫官) 마나세(曲直瀨) 씨가 소장하고 있던 조선 전래본이라고 한다. ……

이처럼 임진왜란 때 조선에서 가져온 책 가운데 이 책의 원본에 해당하는 간본이 요안인(養安院)에 있었던 듯하나 정확한 것은 알 수 없다. 앞으로 연구되기를 바란다〈 근래에 《소흥본초紹興本草》의 전체 필사본이 발견되었고 오카니시 타메토(岡西爲人) 씨의 해설이 덧붙여져 영인되었다 〉.

084. 중수정화경사증류비용본초 重修政和經史證類備用本草

서례(序例) 포함 31권 25책

송(宋) 조효충(曹孝忠) 등이 칙명을 받들어 교감(校勘)함

개요

이 간본은 명(明) 성화(成化) 4년 무자1468 중간본 (반곽 26.0 × 17.5㎝, 12행 23자) 을 복각한 조선 활자본이다.

간기(刊記)가 없으나 간행 연대는 선조 10년 만력萬曆 5년, 정축1577 이다 (뒤에 설명할 이와세문고(巖瀨文庫) 소장본 참고) .

내각문고(內閣文庫) 소장본을 기준으로 해제한다. (〔부도47〕 참조)

형태서지

서례(序例) 포함 31권 25책. **❙판식版式❙** 활자본 (을해자) , 원장(原裝)은 보존되었으나 위・아래・오른쪽 가장자리를 재단하였다. 세로 33.5 × 가로 21.0㎝. 반곽 25.5 × 17.5㎝, 10행 19자, 소자쌍행. **❙판심版心❙** 흑구. **❙지수紙數❙** 서문 9매, 〈소출경사방서所出經史方書〉 5매, 목록 48매, 서례(序例) 110매, 본문 1374매, 책 첫머리와 말미에 간행기 8매. **❙인기印記❙** 제23책 첫머리에 "大醫院印"이라는 큰 인기가 있다.

내용서지

제1책에는 아래와 같은 내용들이 수록되어 있다.

○ 중간본초서(重刊本草序)〈"成化四年歲次戊子冬十一月旣望, 資善大夫 兵部尙書 兼翰林學士知制誥 經筵官 淳安商輅序"〉

○ 중수본초지기(重修本草之記)〈"泰和甲子下己酉冬日, 南至晦明軒謹記"〉

○ 중수증류본초서(重修證類本草序)〈"歲己酉孟秋望日, 貼溪痲革信之序"〉

○ 정화신수경사증류비용본초서(政和新修經史證類備用本草序)〈"政和六年九月一日, 中衛大夫 康州防禦使 句當龍德宮總轄 修建明堂所醫藥提擧 入內醫官編類聖濟經提擧 太醫學 臣曹孝忠謹序"〉

○ 증류본초소출경사방서(證類本草所出經史方書)

○ 경사증류대관본초서(經史證類大觀本草序)〈"大觀二年十月朔, 通仕郎 行杭州仁和縣尉 管句學事 艾晟序"〉

○ 간기(刊記)〈"大德壬寅孟春, 宗文書院刊行"〉

○ 목록(目錄)

제2책·제3책에는 서례(序例)가 수록되어 있다.

제4책부터 제25책까지 본문이 실려 있다.

제25책〈권30〉의 말미에는 다음의 내용들이 기록되어 있다.

○ 보주본초주칙(補注本草奏勅)〈"嘉祐二年八月三日, ……。嘉祐五年八月十二日進"〉

○ 도경본초주칙(圖經本草奏勅)〈"嘉祐三年十月, ……。至七年十二月一日進呈, 奉勅鏤板施行"〉

○ 증류본초교감관서(證類本草校勘官敍)〈"政和六年七月二十九日, 奉勅校勘, 同校勘官……龔壁, ……, 同校勘官……曹孝忠"〉

○ 한림학사우문공서증류본초후(翰林學士宇文公書證類本草後)〈"……。皇統三年九月望, 成都宇文 虛中 書"〉

○ 〈"……大德丙午歲仲冬望日, 平水許宅印"〉

○ 성화 4년 무자1468 겨울 11월 16일 중간〔成化四歲次戊子冬十一月旣望重刊〕〈"…… 揚昇督工, …… 梅詡重校, …… 劉肅重錄, …… 朱廣同錄"〉

본문내용

본문 내용은 생략한다.

고찰

이 간본은 명(明) 성화본(成化本)을 번각한 것이므로 《본초연의本草衍義》가 본문 가운데 편입되어 있다(권마다 제목 아래 "己酉新增衍義"라고 적혀 있다). 학술적으로 《증류본초證類本草》의 본래 모습을 알려면 《대관본초大觀本草》([082장] 참고)를 택해야 할 것이다.

이 간본은 25책으로 이루어진 선본(善本)으로 양질의 한지를 사용하였고 인쇄 상태도 좋다. 현재 전해지는 《정화본초政和本草》 계통 서적으로는 내용도 뛰어나다. 《경적방고지經籍訪古志》에서도 좋은 판본이라고 평가하였다.

◎ 《경적방고지》 일부[1]

重修政和經史證類備用本草三十卷目錄一卷。 明成化重刊元大德丙午刊本，聿修堂藏

……。又按，段玉裁說文解字注曰，果人之字，自宋元以前本草，方書詩歌紀載，無不作人字，自明成化重刊本草，乃盡改仁字，於理不通。又曰，金泰和間所刊本草，皆作人藏袁廷檮所。是知彼土存有金板。然通藝錄僅擧隆慶本，則雖成化本，亦不多有。蓋明代據成化本而重雕者不一，而足皆非佳刻，唯朝鮮國活字擺印本，能存其舊云。

《중수정화경사증류비용본초》 30권과 목록 1권. (명(明) 대 성화(成化) 연간에 원(元) 대덕(大德) 병오년(1306) 간본을 중간한 것이다. 잇슈우도오(聿修堂) 소장)

……. 고찰. 단옥재(段玉裁)는 《설문해자주說文解字注》에서 "과일의 씨를 뜻할 때 '인(人)'자는 송(宋) 대와 원(元) 대 이전의 《증류본초》부터 의서·시가(詩歌)에 이르기까지 모두 '인(人)'자로 적혀 있으나 명(明) 대 성화(成化) 연간에 중간된 《증류본초》부터는 모두 '인(仁)'자로 바꾸었기 때문에 의미가 통하지 않게 되었다."라고 하였고, 또 "금(金) 태화(泰和) 연간에 간행된 《증류본초》에는 모두 '인(人)'으로 되어 있으며 원정도(袁廷檮)의 집에 소장되어 있다."라고 하였다. 이를 통해 중국에 금(金) 대의 판본이 존재했다는 사실을 알 수 있다. 그러나 《통예록通藝錄》에도 겨우 융경(隆慶) 연간 1657-1572의 판본만 거론하고 있으니 성화 연간 1465-1487의 판본조차 많이 남아 있지 않았던 것 같다. 명(明) 대 성화 연간의 판본을 바탕으로 중간(重刊)한 것이 하나가 아니나 모두 판각이

1 원서에는 존재하지 않지만 역자가 추가하였다.

좋다고 할 수 없고 오직 조선 활자본만이 이 원본의 옛 모습을 보존하고 있다고 한다.

기타 간본

⊙ 도서료(圖書寮) 소장본

|판식版式| 위 · 아래 · 오른쪽 가장자리가 재단되지 않은 원장(原裝) 상태이다. 세로 34 × 가로 21.5㎝. **|인기印記|** 책 첫머리마다 "江戶醫學藏書之印" · "帝室博物館圖書"가 있다.

⊙ 이와세문고(巖瀨文庫) 소장본

미카와(參河)의 이와세문고에 이 간본이 있다는 사실은 나카오 만조(中尾万三) 씨가 소개하였다(《일본약보日本藥報》 제7년 제17호). 이 간본에 "養安院藏書"라는 인기(印記)가 있다. 또 제1책 앞표지 안쪽 면에 다음과 같은 내사기(內賜記)가 적혀 있다. 이 내사기를 통해 이 간본이 만력(萬曆) 5년 정축1577에 간행되었다고 확정할 수 있다.

◎ 이와세문고 소장본 내사기

> 萬曆五年二月 日, 內賜司諫院大司諫崔顒政和本草一件, 命除謝恩。右承旨 臣 張〔着名〕

> 만력 5년1577 2월 일. 사간원 대사간 최옹(崔顒)에게 《정화본초》 1질을 내리니 답례하지 말라. 우승지 신 장(張)〔착명〕

최옹(崔顒). 자는 경숙(景肅), 호는 남강(南岡), 본관은 삭녕(朔寧)이다. 명종 때 벼슬에 올라 한림(翰林), 삼사(三司), 이조의 낭관을 거쳐 대사간(大司諫)이 되었고, 호당(湖堂)에 선발되었으며 참판(參判)(종2품)에 이르렀다.

그런데 위 간본과 별도로 이와세문고 목록에 《정화본초》에 대해 다음과 같이 실려 있다.

◎ 이와세문고 목록 일부

政和本草二冊，唐愼微著，朝鮮活字本，零本，畔田伴存舊藏，金澤文庫藏印。

《정화본초》 2책. 당신미(唐愼微)의 저작으로 조선 활자본이며 영본(零本)이다. 쿠로다 토모아리(畔田伴存)가 소장했던 책으로 가나자와문고(金澤文庫)의 장서인(藏書印)이 찍혀 있다.

이 가나자와문고의 장서인(藏書印)이 새것(붉은 인장)에 속한다 해도, 만력(萬曆) 5년에 간행된 《정화본초》에 찍혀 있다는 것은 의문을 품게 한다. 필자는 보지 못하였으므로 정확한 것은 앞으로 연구되기를 바란다(최근에 이것은 가짜 도장이며 가나자와문고에 속하는 것이 아니라는 사실을 알았다. 세키(關) 씨의 《가나자와문고 연구金澤文庫の硏究》 참조).

⊙ 세이카도오문고(靜嘉堂文庫) 소장본

11책으로 제본되어 있다. 책 첫머리에 실린 서문의 순서는 내각문고(內閣文庫) 소장본과 다르고, 인쇄 상태와 용지의 질도 나쁘다.

⊙ 존경각(尊經閣) 소장본

《존경각한적서목尊經閣漢籍書目》에 아래와 같이 적혀 있다. 필자는 보지 못하였다.

◎ 《존경각한적서목》 일부

重修政和經史證類備用本草三十一冊，朝鮮活字版。

《중수정화경사증류비용본초》 31책. 조선 활자본.

⊙ 다케다 쿄우서옥(武田杏雨書屋) 소장본

필자는 보지 못하였다.

085. 신간주석소문현기원병식
新刊註釋素問玄機原病式

2권 1책

원(元) 유완소(劉完素) 지음, 설시평(薛時平) 주석

개요

간기(刊記)가 없어 간행 연도를 알 수 없지만 여기서 소개할 필자 소장본이 숙종·영조 때 인출되었다고 생각되므로 이것의 조본(祖本)은 임진왜란 이전에 간행된 듯하다.

형태서지

2권 1책. **| 판식版式 |** 목판본, 세로 30 × 가로 21㎝, 반곽 21 × 18㎝, 10행 22자. **| 지수紙數 |** 정도제(程道濟) 서문 5매, 원서(原序) 14매, 목록 1매, 권상 28매, 권하 32매.

내용서지

○ 서(序)〈"大定二十二年九月日, 安國軍節度使 開國侯 程道濟序"〉. 내용은 생략한다.

○ 서(序)〈"河間處士劉完素守眞撰"〉. 내용은 생략한다.

본문내용

◎ 《신간주석소문현기원병식》 목차

五運主病：諸風掉眩皆屬肝木, 諸痛痒瘡瘍皆屬心火, 諸濕腫滿皆屬脾土, 諸氣膹鬱病痿皆屬肺金, 諸寒收引皆屬腎水
六氣爲病：風類, 熱類, 濕類, 火類, 燥類, 寒類

본문 권 첫머리에 다음과 같이 이름이 나열되어 있다.

◎ 《신간주석소문현기원병식》 권 첫머리 일부

河間 劉守眞 撰集, 魏博 薛時平 註釋, 南州 劉一杰 校正, 繡谷 吳繼宗 重訂, 金谿 吳起祥 刊行

> 하간 유수진 편찬, 위박 설시평 주석, 남주 유일걸 교정, 수곡 오계종 중정, 금계 오기상 간행.

고찰

《소문현기원병식》이라는 책 이름은 《소문素問》의 오묘한 뜻에 대해 해설하고 이것을 오운(五運)・육기(六氣)의 현기(玄機)에 귀납시켜 병의 근원을 찾아 법식으로 삼았다는 의미이다.

《소문현기원병식》의 전존본에는 명(明)의 오면학(吳勉學)이 간행한 《하간육서河間六書》본과 이 설시평(薛時平) 주석본이 있다. 이 간본은 후자의 조선 판본으로서, 전존본이 적다.

086. 편작창공열전 扁鵲倉公列傳 사기史記 열전列傳 중

개요

《사기》 권105, 열전 제45 〈편작창공열전〉의 원(元) 간본을 조선에서 간행한 것으로 필자는 보지 못하였다. 일본에서 타키 모토카타(多紀元堅)가 가에이(嘉永) 3년경술 1850 개조(開雕)한 《영송본편작창공전影宋本扁鵲倉公傳》에는 호리카와 츠요시(堀川濟)의 《영송본편작창공전고이影宋本扁鵲倉公傳攷異》가 덧붙여져 간행되었다. 이 《영송본편작창공전고이》를 교정(校訂)할 때 사용한 자료 가운데 조선 간본을 볼 수 있다. 또 이 조선 간본(원(元) 간본을 바탕으로 하였고, 간행 연도는 판각되어 있지 않다)에 근거하여 일본 활자본(조선 간본을 바탕으로 하였고, 간행 연도는 판각되어 있지 않다. 에도(江戶) 초기 활자본일까?)이 과거에 간행되었다고도 기록되어 있다.

이 책은 전기(傳記)이지만, 그 속에 치험례가 포함되어 있어 의사들이 모두 중요하게 여긴다.

087. 의학입문 醫學入門

8권

명(明) 이천(李梴) 지음

판본

알고 있는 간본에 대해 설명한다.[1]

(1) 훈련도감자 초간본

(필자는 보지 못하였다.)

필자는 추정을 통해 초간본(1)의 존재를 알았다. 즉, 아래 설명할 간본(2)는 초기 목판본으로서, 훈련도감자 활자본(1)의 복각본이라고 생각한다. 보통 부수(部數)가 많고 널리 배포하려는 책은 먼저 중앙 관청에서 활자로 인쇄하고(그렇게 하면 내용을 정확하게 살피고 교정할 수 있다) 그런 다음 이 활자본을 지방에 내려보낸다. 그러면 각 지방에서는 이를 목판본으로 복각하고 그 판목(版木)은 보관해 두었다가 이후 이를 가지고 책을 다시 인출한다. 이것이 조선에서 서책을 간행하던 관습이라고 할 수 있다. 거의 같은 시기에 간행된 《동의보감》만력 41년, 광해군 5년, 계축1613 간행이나 《황제내경소문黃帝內經素問》만력 43년 간행도 그러하지만 《의학입문》도 이 전철을 밟았다고 보면 틀림없을 것이다.(뒤에 나오는 간본(4) 김이교(金履喬)의 지(識) 참고)

1 《의학입문》 조선 간본에 대해 자세한 연구가 수행되었다(박훈평, 2017).

(2) 초기 목판본

〈필자 소장〉〈〔부도52〕 참조〉

형태서지

수권(首卷) 및 7권 16책. **|판식版式|** 목판본, 세로 33.0×가로 21.5㎝, 반곽 24.5×18.0㎝, 사주쌍변. 10행 19자. **|판심版心|** 상하어미, 상어미 위에 권차(卷次), 어미 사이에 편제목·장차(張次)가 적혀 있다. **|지수紙數|** 서문 1매, 수권(首卷)〈목록 3매, 집례 4매, 도상 5매, 〈용약검방총목用藥檢方總目〉 38매, 〈석방釋方〉 6매, 〈음자音字〉 6매, 〈역대의학성씨歷代醫學姓氏〉 29매, 〈원도통설原道統說〉 3매, 〈음즐陰騭〉 3매, 〈보양保養〉 12매, 〈운기運氣〉 16매〉 125매, 제1권 149매, 제2권 138매, 제又2권 200매, 제3권 144매, 제4권 120매, 제5권 140매, 제6권 103매, 제7권 144매.

내용서지

○ 서(序)〈"醫學入門引 …… 萬曆乙亥仲春上丁日, 南豊李梴謹述"〉. 내용은 생략한다.〈만력(萬曆) 3년, 선조 8년, 을해1575〉

판본고찰

간본(1)에 근거한 복각본으로 초기 간본에 속한다고 생각한다.

(3) 간본(2)를 보각(補刻)한 중간본

보각을 해 넣었지만 닳거나 누락된 곳이 있는 판본이 있다. 이것은 간본(2)에 근거한 후대 중간본이라고 생각한다. 덧붙여 필자가 소장하고 있는 《고사촬요》숙종 1년 간본의 필사본〈서책인지수書冊印紙數〉에 "의학입문, 지(紙) 30권, 전주〔醫學入門, 紙三十卷, 全州〕"라고 적혀 있다. 따라서 간본(2)와 간본(3)은 전주(全州)에서 간행된 듯하다.

(4) 순조 18년 무인내국중교개간본(戊寅內局重校改刊本)

형태서지

모두 19책. **|판식版式|** 목판본, 아름답고 큰 판본. 세로 33.0×가로 21.5㎝, 반곽

23.5×18.0㎝, 10행 19자, 사주쌍변. **|판심版心|** 상어미만 있고 하어미는 없다. 다른 것은 간본(3)과 같다.

내용서지

이 간본에는 아래와 같은 조선의 제후(題後)가 실려 있고, 간기(刊記)(“內局重校戊寅改刊”)가 있다.

◎ 《의학입문》 중간의학입문 제후[2]

題重刊醫學入門後

右醫學入門, 皇明李梴所輯, 源流該而門路正, 學醫者視爲指南。書成於萬曆庚辰, 其傳刻於我國。要在壬辰兵火以後, 與陽平君許浚所撰東醫寶鑑相後先, 醫書版刻之在國中, 僅此數書耳。戊寅春, 不佞提擧內醫院, 諸醫云, 昨年冬本院取旨, 命兩南道臣印進入門及寶鑑, 寶鑑則嶺湖南皆印進, 唯入門湖南舊有版, 已刓弊不得印。夫醫書之存亡而醫學之盛衰係焉, 是本院憂也, 盍提擧之圖之。遂更奏取旨, 取關東蔘貢剩錢, 自內院募工而刻之, 蓋有味乎, 諸醫之言也。不佞嘗宦遊南北, 往往於僻遠州閭間, 得散帙諸古方, 皆國初所印, 徵其版無一見存, 以是知醫書之刻, 昔多而今無也。醫道亦隨以少衰, 豈非其驗歟。凡人之於技術, 必通於性而成於習, 稟其性者, 不恒有, 倘有之, 或所習之具, 不接於耳目, 何所通而成術乎。書廣布矣, 而使家眇而戶習, 人與書相遭, 亦必有名世者, 出其間, 吾於是刻也, 竊有俟焉。

上之二十年庚辰孟秋, 安東金履喬謹識。

중간의학입문 제후(題後)

이 《의학입문》은 명(明)의 이천(李梴)이 지은 것으로 원류(源流)가 갖춰져 있고 체계가 정연하여 의학을 배우는 사람들이 나침반처럼 여깁니다. 책은 만력 경진년1580에 완성되었고 전해진 판본이 우리나라에서도 판각되었습니다. 중요한 점은 임진왜란을 겪은 뒤 양평군(陽平君) 허준(許浚)이 지은 《동의보감》과 비슷한 시기에 우리나라 안에서 간행된 의서는 겨우 몇 가지뿐이라는 점입니다. 무인년 봄에 제가 내의원 제거(內醫院提擧)로 있을 때 여러 의관이 말하기를 “작년 겨울에 우리 내의원에서 교지(敎旨)를 받은 후 전라도와 경상도 관찰사에게 명

2 원서에는 일부 내용만 있지만 역자가 보충하여 실었다.

하여 《의학입문》과 《동의보감》을 인출하여 올리게 하였더니 《동의보감》은 전라도와 경상도에서 모두 인출하여 올렸으나 전라도에서는 《의학입문》 옛 판목이 닳아 인출할 수 없다고 하였습니다. 의학의 흥망성쇠는 의서가 있느냐 없느냐에 달려 있기 때문에 이 일은 우리 내의원의 걱정거리이니 제거께서 다시 도모해야 하지 않겠습니까."라고 하였습니다. 마침내 다시 주상께 아뢰어 교지를 얻고 관동(關東) 지방에서 공물로 올려야 하는 인삼값에서 남은 돈을 받은 후 내의원에서 직접 각수를 모아 판각하였으니 의관들의 말이 열매를 맺은 것이 아니겠습니까. 제가 예전에 전국 각지에 부임할 때 종종 벽촌에 있는 집안에서 일실된 옛 의서를 얻곤 했는데 모두 조선 초기에 인출한 것이었습니다. 판목이 하나도 남아 있지 않은 것을 보면 의서를 판각하는 일이 예전에는 많았으나 지금은 없다는 사실을 알 수 있습니다. 의학의 정신도 그에 따라 쇠락하였으니 어찌 의서가 없기 때문에 생긴 결과가 아니겠습니까. 무릇 사람은 기술을 익힐 때 반드시 적성에 맞아야 하며 학습을 통해 완성해야 하는 법입니다. 적성을 가진 사람은 흔하게 있지 않기도 하거니와 만약 그런 사람이 있다 하더라도 학습할 도구를 직접 접하지 못한다면 어떻게 적성에 맞는 기술을 완성할 수 있겠습니까. 책을 널리 배포하여 집마다 보고 학습하게 함으로써 사람이 책과 서로 만나게 한다면 기필코 세상에 명성을 떨칠 사람이 그중에 나올 것이니 저는 이번 간행 후에 은근히 그런 사람을 기다려 봅니다.

순조 20년 경진1820 7월. 안동(安東) 김이교(金履喬)는 삼가 적습니다.

이 간본의 말미에는 교정(校正)과 감인(監印)에 참여한 사람들의 이름이 나열되어 있다.

◎ 간본(4)의 교정자 및 감인자 성명

校正, 崇祿大夫 行知中樞府事 吳千根, 折衝將軍 僉知中樞府事 兼五衛將 玄在德, 折衝將軍 僉知中樞府事 兼五衛將 慶輯。

監印, 折衝將軍 僉知中樞府事 兼五衛將 玄在德, 折衝將軍 僉知中樞府事 兼五衛將 慶輯。

교정. 숭록대부 행 지중추부사 오천근(吳千根), 절충장군 첨지중추부사 겸 오위장 현재덕(玄在德), 절충장군 첨지중추부사 겸 오위장 경집(慶輯).

감인. 절충장군 첨지중추부사 겸 오위장 현재덕, 절충장군 첨지중추부사 겸 오위장 경집.

인물전기

김이교(金履喬, 1764－1832). 자는 공세(公世), 호는 죽리(竹里), 본관은 안동(安東)이다. 정조 13년 기유1789 식년 문과에 급제하였고, 관직은 대제학·우의정에 이르렀다. 순조 32년 임진1832 69세의 나이로 세상을 떠났다.

오천근(吳千根, 1759－?). 본관은 해주(海州)이다. 정조 4년 경자1780 식년 의과(式年醫科)에 급제하였고 내의·지중추부사을 지냈으며 수의(首醫)가 되었다.

현재덕(玄在德, 1771－?). 호는 엄산(弇山), 본관은 천녕(川寧)이다. 정조 13년 기유1789 식년 의과에 급제하였고 내의·지중추부사를 지냈으며 4년간 수의(首醫)를 맡았다. 또 명필로 세상에 이름을 떨쳤다.

경집(慶輯, 1776－?). 본관은 청주(淸州)이다. 순조 원년 신유1801 의과에 급제하였고, 관직은 내의·지중추부사에 이르렀다.

(5) 융희(隆熙) 3년 활자본

표지 안쪽 면에 "隆熙三年三月日, 內下醫學入門壹秩"이라고 적혀 있고, 책 첫머리마다 "承憲府醫官廳"이라는 1치(寸) 크기의 사각형 붉은 인장이 있는 책을 경성(京城) 한남서림(翰南書林)에서 보았다. 그러므로 간행 연도를 융희 3년 기유1909 으로 확정한 것이다. 조선 가장 말기에 《의학입문》이 간행되었다는 점은 고개를 갸우뚱하게 만든다.

형태서지

모두 19책. **| 판식版式 |** 활자본 (사용된 활자는 아마도 조선 말기에 제작된 듯하다), 세로 33 × 가로 21.5㎝, 반곽 24 × 18㎝, 사주단변. **| 판심版心 |** 상하어미. 다른 것은 앞의 간본들과 같다.

본문내용

간본(2)·(3)·(4)·(5) 모두 같다. 목록의 대강을 제시한다.

◎ 《의학입문》 총목

卷首：集例, 先天圖, 天地人物氣候圖, 明堂仰伏圖, 臟腑圖, 用藥檢方總目, 釋方, 音字, 歷代醫學姓氏, 原道統, 陰騭, 保養, 運氣

卷一：經絡, 臟腑, 觀形察色, 聽聲審音, 問證, 診脈, 鍼灸

卷二：本草

卷三：溫暑, 傷寒, 傷寒用藥賦, 傷寒總方, 內傷, 內傷總方

卷四：雜病提綱, 雜病分類

卷五：婦人門, 小兒門, 外科

卷六：雜病用藥賦

卷七：婦人小兒外科用藥賦, 雜病婦人小兒外科總方, 通用古方詩括, 急救方, 怪疾, 治方, 習醫規格

고찰

《의학입문》은 명(明) 후기에 저술된 대표적인 종합의서로서 의학 전반의 지식을 얻는 데 참으로 적당한 책이다. 그러므로 조선에서는 임진왜란 이후로 중국 의서 가운데 가장 많이 이용되었고, 마침내 순조 31년신묘1831에는 의과 시험 강서(講書)로 채택되었으며, 지금까지도 여전히 의생(醫生) 사이에 널리 애독되고 있다. 조선 후기 이후로, 조선 의서 중에서는 《동의보감》을 꼽고 중국 의서 중에서는 《의학입문》을 첫 번째로 지목할 정도로 중요하게 여겨졌다.

088. 증보만병회춘 增補萬病回春

10권

명(明) 공정현(龔廷賢) 지음

판본

필자가 아는 판본을 설명한다.

(1) 갑인자 활자본

(조선 후기 갑인자)

아래와 같은 《주자사실鑄字事實》의 기록을 통해 이 간본의 존재를 알 수 있다.

◎ 《주자사실》 임진자(壬辰字) 기록

英宗朝壬辰, 正宗大王在東宮, 仰請大朝, 以甲寅字所印心經、萬病回春二書, 爲字本, 鑄十五萬字, 藏于芸館, 是爲壬辰字。

영조 48년임진1772 정조 대왕께서 동궁에 있을 때 갑인자로 인출한 《심경》·《만병회춘》 2책을 글자 견본으로 삼아 15만자를 주조한 후 교서관(校書館)에 보관하도록 영조께 청하였으니 이것이 임진자이다.

그런데 이 《만병회춘》 갑인자 활자본은 현종 9년무신1668에 만들어진 교서관활자(校書館活字)[1]로 인쇄되었다고 생각한다. 그러므로 갑인자 활자본 《만병회춘》은 현종 말년 즈음에 간행되었을 것이다.

1 교서관활자 : 현종 9년(무신1668)에 김좌명(金佐明)이 수어청(守禦廳)에서 갑인자(甲寅字)를 개주(改鑄)한 동활자이다. 무신자(戊申字)·운각활자(芸閣活字)라고도 한다.

(2) 숙종 대 옛 한구자 활자본

〈 필자 소장 〉〈〔부도55〕 참조 〉

10권. **| 판식版式 |** 활자본 〈 옛 한구자(韓構字) 〉[2], 반곽 약 23 × 14.5㎝, 11행 22자, 주쌍행, 사주쌍변. **| 판심版心 |** 상하어미, 어미 사이에 "回春"・권차(卷次)・장차(張次)가 적혀 있다.

책 첫머리에 《증보만병회춘》 서(序) 〈 공정현(龔廷賢) 〉가 있고, 이어 범례와 목록 〈 권1~권10 〉이 있다. 본문 첫머리에 "大醫院醫官 金谿雲林龔廷賢編輯"이라고 적혀 있다.

(3) 영조 29년(?) 간본

〈 영영간본(嶺營刊本) 〉

위 (2)한구자 활자본의 복각본이라고 생각한다.

10권. **| 판식版式 |** 목판본, 반곽 22.5 × 15.0㎝, 11행 22자. 다른 것은 간본(2)와 같다.

《영조실록》에 아래와 같이 기록되어 있다.

◎ 《영조실록》 영조 29년 계유1753 9월 23일 기사

> 領議政金在魯, 請東醫寶鑑及增補萬病回春, 令嶺營刊版, 允之。……。
>
> 영의정 김재로(金在魯)가 《동의보감》과 《증보만병회춘》을 영영(嶺營)에서 간행할 것을 청하니 주상께서 윤허하였다. …….

또 《누판고鏤板考》에 다음과 같이 기록되어 있다.

◎ 《누판고》의 《증보만병회춘》

> 增補萬病回春, 嶺南觀察營藏, 印紙十九牒十九張。

---

2 옛 한구자 : 한구자는 숙종 5년 이전에 처음 주조되었다. 이후 정조 6년(임인1782)에 다시 주조되었고, 철종 8년(정사1857)에 또 다시 주조되었다. 정조 연간의 것을 재주한구자 또는 임인자라고 부르고 철종 연간의 것을 삼주한구자라고 부른다. 필자는 이들을 서로 구분하기 위해 숙종 연간의 것을 "옛 한구자"라고 지칭한 듯하다.

《증보만병회춘》. 영남관찰영 소장. 인지(印紙) 19첩 19장.

이 두 가지 판본은 서로 같은 것으로 한구자 활자본에 근거한 목판본이라고 생각한다.

고찰

필자의 좁은 식견으로, 일본에 전래된 《만병회춘》은 금릉서방(金陵書坊) 주봉봉(周封峰)의 신간본과 여문서림(閭門書林) 섭용계(葉龍溪)의 중간본을 바탕으로 번각한 8권본이다. 또 중국 판본도 8권본인 것 같다. 그러나 조선의 《만병회춘》은 《증보만병회춘》이라고 표제되어 있고 교정한 사람도 간행한 서점 이름도 없이 10권으로 이루어져 있다. 양자의 내용은 대동소이하지만 《증보만병회춘》에는 반드시 증보된 부분만 있지 않고 오히려 내용을 줄인 곳도 있다. 증보된 쪽이 일반적으로 나중에 만들어지는 것이 상례이며, 거의 모든 경우에 그렇다고 할 수 있을 것이다. 앞으로 자세히 연구되기를 바란다.[3]

---

3 조선에서 간행된 《증보만병회춘》에 대해 자세한 연구가 수행되었다(양영준, 2007).

089. 군중의약 軍中醫藥

1권 1책

명(明) 왕명학(王鳴鶴) 지음

개요

간기(刊記)는 없으나 효종・현종 때 간행되었다고 생각한다. (경성대학 도서관 소장)

형태서지

1권 1책. **| 판식版式 |** 활자본, 세로 37.5 × 가로 21㎝, 반곽 25.0 × 16.5㎝, 9행 17자. **| 지수紙數 |** 총 18매.

본문내용

◎ 《군중의약》 목차

輯醫藥說, 疫氣諸病捷說 및 治法(처방 제시), 折傷金瘡說, 破傷風論(처방 제시), 行軍煙火所傷, 冬月手足皸裂(처방 제시), 救五絶死(溺水死, 木石壓死, 夏月塗中熱死, 冬月凍死, 中百毒急死)

군진(軍陣)에 직접 필요한 치료법으로, 요점만 잘 간추려 서술하였다.

090. 두과휘편 痘科彙編

4권 2책

청(淸) 적옥화(翟玉華) 지음

개요

순조 7년 숭정崇禎 기원 후 세 번째 정묘년, 1807 영영(嶺營)〈경상도〉에서 관찰사 윤광안(尹光顔)이 간행한 《두과휘편》의 조선 중간본이다.

형태서지

책의 체재와 판식은 생략한다.

내용서지

◎ 《두과휘편》 서(序)

國俗稱痘爲西神，蓋是疾之行，每自關西始，以及於諸路，惟嶺南則罕至，以是嶺人多年至耆耋而未經痘者。挽近則不然，比歲有痘，豈疾亦有古今之殊所願，其俗專事祈禳，不習醫藥，雖業醫者亦不知治痘之法，往往致悞人命，甚可傷憫。余持嶺節之明年春，痘疹大熾，廣求方書，得翟氏痘科彙編凡四卷，其論症制方，最爲詳備，遂證其譌舛，梓印而布之列邑，倘使窮鄉人士，得以攷覽，隨證著驗，轉相倣習，而免於冥擿，則非小幸也。昔金慕齋按本道，曾鋟行痘方，今其版本已無存者，余之此擧，欲追慕齋之事，以寓范公願爲良醫，坡老喜傳方藥之意，庶[1]有裨於聖朝壽民之化云爾。

旹崇禎三丁卯三月上旬，慶尙道觀察使尹光顔題。

우리나라 풍속에 두창을 서신(西神) 탓이라고 하는 이유는 아마도 두창이 유행할 때마다 관서(關西) 지방에서 시작하여 각 지역으로 퍼지기 때문인 듯하다. 오직 경상도에는 두창이 유행하는 일이 거의 없으니 경상도 사람들은 늙을 때까지 두창을 겪지 않는 경우가 많다. 그러나 최근에는 그렇지 않아 몇 년 동안 경상도에 두창이 유행했으니 어찌 병에 걸리는 사람이 시대마다 다르기 때문이겠는가. 경상도의 풍속은 굿과 기도만 일삼은 채 의약을 익히지 않기 때문에 의원이라 하더라도 두창의 치료법을 알지 못하여 자주 목숨을 잃게 만들고 있으니 매우 가슴 아픈 일이다. 내가 경상도에 부임한 이듬해 봄에 두창이 크게 치성했을 때 널리 의서를 구하다가 적량(翟良)의 《두과휘편》 4권을 구하였다. 이 책은 증상 설명과 처방 구성이 매우 상세하였으므로 마침내 잘못된 글자를 수정한 뒤 인출하여 각 고을에 보급하였다. 시골의 선비라도 이 책을 보면 증상에 따라 효험을 얻을 수 있을 것이니 이제부터라도 서로 따라 하고 익혀서 죽음을 면하게 된다면 크게 다행이겠다. 옛날에 모재(慕齋) 김안국(金安國) 공께서 이곳 경상도를 다스리실 때 두창 처방집을 간행한 적이 있으나 지금은 그 판목이 남아있지 않다. 내가 이 책을 간행하는 일은 모재 공의 사업을 추종하면서 범중엄(范仲淹)이 좋은 의원 되기를 원하던 의미와 소동파(蘇東坡)가 기쁘게 《소심양방蘇沈良方》를 남겼던 의미를 빗대고자 하는 것이니 아마 주상께서 백성을 장수하게 만드시는 교화에 도움이 되지 않겠는가.

숭정(崇禎) 기원 후 세 번째 정묘년1807 3월 상순. 경상도 관찰사 윤광안(尹光顔) 쓰다.

○ 원서(原序). 내용은 생략한다.

인물전기

윤광안(尹光顔, 1757－1815). 자는 복초(復初), 호는 반호(盤湖), 본관은 파평(坡平)이다. 정조 10년병오1786 별시 문과에 급제하였고 관직은 판서(判書)에 이르렀다. 저서로 《윤충헌실기尹忠憲實記》가 있다.

1 원본이 마멸되어 정확히 알 수 없으나 문맥상 "庶幾"인 듯하다.

091. 두진정론 痘疹定論

4권 2책

청(淸) 주순하(朱純嘏) 지음

[전존]

〈 필자 소장 〉

개요

청(淸) 간본을 순조 8년 무진1808 10월 일선(一善)[1]에서 번각한 간본이다.

형태서지

4권 2책. **❙판식版式❙** 목판본, 반곽 약 18 × 13㎝, 사주단변, 무계, 10행 20자. **❙지수紙數❙** 표제 1매, 서문 9매, 목록 3매, 권1 28매, 권2 35매, 권3 10매, 권4 27매.

내용서지

○ 서(序) 〈"乾隆三十有四年歲在己丑日, 在柳雲間沈大成撰"〉. 내용은 생략한다.

○ 후발(後跋) 〈"年家媚弟秦大問牧伯氏, 頓首拜撰"〉. 내용은 생략한다.

○ 자서(自序) 〈"康熙五十二年歲在癸巳春三月上浣之吉, 大醫院御醫 豫章朱純嘏玉堂氏謹識"〉. 내용은 생략한다.

---

1 일선(一善) : 경상도 선산군 일선읍으로, 현재의 구미시이다.

092. 두진회통 痘疹會通

5권

청(淸) 증정(曾鼎) 지음

개요

건륭(乾隆) 51년 병오1786 청(淸) 증정(曾鼎)이 저술한 《두진회통》을 순조 34년 갑오1834에 경상도에서 간행한 간본이다. 간기(刊記)(“甲午中夏, 嶺營鋟梓, 嶺營藏版”)가 실려 있다.

내용서지

○ 건륭 51년 고학렴(高學濂)의 서(敍)와 자서(自序)가 있다. 내용은 생략한다.

본문내용

고금의 서적을 아울러 두창(痘瘡)에 대해 자세히 서술하였고, 말미에는 마진론(痲疹論)을 덧붙였다. 인두종두법(人痘種痘法)도 간단하게나마 실려 있다.

093. 보유신편 保幼新編

1권 1책

개요

간행 연도를 알 수 없으나 목판본으로 판식은 수십 년을 넘기지 않는다.

내용서지

◎《보유신편》서(序)[1]

經曰寧醫十丈夫，難醫一小兒。夫小兒也，臟腑脆嫩，氣血未定，經絡脈息，軟弱如絲毫，易虛易實，乍冷乍熱，口不能言證情，手不能指病處，苟不考其方而先爲之所，則當局者迷，終不免束手待盡，其爲病博施，姑舍是，自家之荐遭兒慽，心常痛之。昨年秋，浮屠正訓袖示一冊子曰，此古皇明成斯文，逸其名號，無忌先生所撰，保幼新編也。論症制方最爲詳備，而世醫之等視文具，流傳爛紙，訓恐久而漫滅，蕩甁鉢，付剞劂，幸先生之惠一言，弁諸首也。

余于醫學，實昧昧焉，不能有以測其說之淺深，重以衰病倥偬，經歲不遑。近于舊簏中，間閱其所傳本，蓋其說原於古經，附以新方，刪繁撮要，無浩博難尋之患。參運氣，化五行，察陰陽，看日時，對證輒效，如持左契。今得廣其流布，家藏而人誦之，雖非學爲方者，開卷了然，及時投劑，俾赤子旣殊而回甦之，共登慈航，同躋壽域。夫儒之斥佛，以其用功於虛無寂滅而止耳，今乃于甁水枯淡中，有此竭心力念，及壽民之方，孰謂吾儒之所未能者，以浮屠氏而能之乎。余于是益痛其見之之晚，

1 원서에는 일부 내용만 있지만 역자가 보충하여 실었다.

而僕僕愧而敍。

龍集乙巳七夕，勿齋病夫盧光履撰。

경전에서 "열 명의 장부를 치료하는 것보다 한 명의 소아를 치료하는 것이 어렵다."고 하였다. 소아는 장부가 연약하고 기혈이 안정되지 않았으며 경락과 맥이 가는 실처럼 연약하여 쉽게 허증과 실증이 변하고 갑자기 냉증과 열증이 바뀌지만 입으로 증상을 말할 수 없고 손으로 아픈 곳을 가리킬 수 없기 때문일 것이다. 책을 찾아보지 않고 우선 치료부터 한다면 상황에 당면한 사람들은 당황하여 결국 속수무책으로 죽음을 기다리거나, 혹은 아이가 아파서 이리저리 치료를 시작했다가 중간에 치료를 멈추어 의원 자신이 아이를 죽게 만들고 있으니 나는 평소에 이런 세태를 가슴 아파했다. 작년 가을에 승려 정훈(正訓)이 책 하나를 소매에서 꺼내 보여주며 "이것은 옛날 중국에서 만들어진 책으로 이름이 잊힌 무기선생(無忌先生)이란 분이 지은 《보유신편》입니다. 증상 설명과 처방 구성이 매우 상세하나 세상의 의원들이 닳도록 읽어 이리저리 돌아다니다가 종이가 떨어졌습니다. 소승은 책이 오래되어 사라질까 걱정스러워 시주를 많이 받아서 판각을 맡겼으니 바라옵건대 선생의 귀한 말씀을 책 앞에 놓고 싶습니다."라고 하였다.

나는 의학을 전혀 모르기 때문에 내용의 수준을 가늠할 수 없었고 더구나 쇠약하고 병들어 한 해 넘도록 경황이 없었다. 근래에 오래된 상자 속에서 간간이 그가 준 책을 보았더니 내용은 옛 경전에 바탕을 두고 새로운 처방을 덧붙이되 번잡한 것은 줄이고 긴요한 것을 추려냈으니 장황하여 찾지 못할 걱정이 전혀 없었다. 또한 하늘의 운기(運氣)를 참고하고 땅의 오행(五行)을 따르며 음양(陰陽)의 기운을 살피고 일시(日時)를 판단했기 때문에 증상에 따라 바로 효과를 보리라는 것이 부절을 맞추는 듯 명확했다. 지금 널리 유포하여 집마다 보급하고 사람마다 읽게 한다면 처방을 배우지 않은 사람이라도 일목요연하게 찾고 필요할 때 약을 먹여 거의 죽어가던 아이도 다시 살게 하리니 목숨을 구제하는 배에 함께 올라타고 장수의 영역으로 다 같이 올라갈 수 있을 것이다. 유학이 불교를 배척한 이유는 불교의 목적이 허무적멸에 그치기 때문일 뿐이다. 그런데 지금 승려 중에 이렇게 몸과 마음을 다하는 사람이 있으니 백성을 살리는 이 책에 대해서 우리 유학자가 아직도 못하고 있는 일을 감히 승려가 했다고 누가 말하겠는가. 그래서 나는 이 책을 늦게 검토한 것이 더욱 애통하고 거듭 부끄럽다. 이렇게 서문을 쓰노라.

을사년1845 7월 7일. 물재(勿齋)의 병든 노인 노광리(盧光履) 짓다.

본문내용

소아의 각 병증을 운기(運氣)·유행(流行)·학모지후(瘧母之候) 등 113조로 나누고, 각각의 주요한 증상을 간단히 설명한 다음 처방을 실었다.

고찰

무기선생(無忌先生)이 이 책을 저술하였다고 서문에 적혀 있다. 무기(無忌)는 명(明) 사람인 듯하지만 전기는 알려지지 않았다. 일찍이 조선에 전해졌던 책이 한참 뒤인 조선 말기에 이르러 간행되었다고 생각한다.[2]

⊟ 서문의 '을사(乙巳)'는 1905년일까? 노광리의 전기도 알 수 없다.

2 《보유신편》의 저자가 주촌(舟村) 신만(申曼)이라는 연구 결과가 발표되었다(양승률, 2011).

제3부

의약 관련 조선 서적

001. 신편집성마의방우의방

新編集成馬醫方牛醫方

2권 1책

권중화(權仲和) · 한상경(韓尙敬) · 조준(趙浚) · 김사형(金士衡) · 방사량(房士良) 등 지음

[전존]

판본

필자가 알고 있는 이 책의 간본은 다음과 같다.

(1) 정종 원년 건문建文 원년, 기묘1399 강원도(江原道) 초간본

(2) 갑진자 활자본 (중종 · 명종 간본)

(3) 목판본

(가) 선조 13년 만력萬曆 8년, 경진1580 전주부(全州府) 간본

(나) 광해군 8년 만력 44년, 병진1616 의주(義州) 간본

(다) 인조 11년 숭정崇禎 6년, 계유1633 제주(濟州) 간본

(4) 에도(江戶) 전기 일본 복각본 (전주부 간본에 근거함)

필자가 알기로 현전본에 2가지 체재가 있다. 이에 대해 해제한다.

(2) 갑진자 활자본

(황의돈(黃義敦) 씨 소장본)

형태서지

1책 **| 판식版式 |** 활자본 (갑진자). 반곽 세로 25.0 × 가로 17.5㎝, 14행 23자, 사주단변, 도상(圖像) 포함, 도상이 있는 면에는 상부에 그림이 있고 하부에 글씨 (10행 13자 활자판) 가 있다. 아쉽게도 황씨 소장본은 앞뒤 몇 장이 떨어져 나갔다. (필자는 황의돈 씨 소장본 이외에 이 간본의 존재를 알지 못한다)

(3) 목판본

〈 전주 · 의주 · 제주 간본은 판식이 대략 동일하다 〉

숭정 6년 간본을 기준으로 해제한다. 〈 필자 소장 〉

형태서지

《마의방》 1권 · 《우의방》 1권, 합책 1책. **| 판식版式 |** 목판본, 세로 32 × 가로 21㎝, 반곽 25.0 × 17.5㎝, 사주단변, 유계, 10행 17자, 소자쌍행, 도상(圖像)이 많이 포함됨. **| 판심版心 |** 흑구 〈 백구로 된 부분도 있음 〉. **| 지수紙數 |** 《마의방》 총 93매, 《우의방》 총 20매. **| 기타 |** 책 말미에 간기(刊記) 〈 "崇禎六年 月, 濟州刊" 〉 가 있다.

숭정 6년 간본의 현전본은 드물지 않다. 경성대학 도서관 소장본 〈 〔부도62〕 참조 〉, 이나바 이와키치(稻葉巖吉) 씨 소장본 등이 있다. 근래 이나바 씨 소장본이 중국에서 축소영인 되었다.

이인영(李仁榮) 씨는 선조 13년 전주부 간본 〈 이 소장본은 간기가 떨어져 나갔다 〉 을 소장하고 있다 〈 필자는 보지 못하였다 〉. 에도 전기 일본에서 이 전주부 간본을 복각하였는데 〈 이 간본은 많이 현존한다 〉 조선의 간기가 그대로 찍혀 있을 뿐만 아니라 인각(印刻) 체재까지 비슷하다. 그리고 《고사촬요》 만력 13년 간본에도 전주판이 실려있다. 이런 점을 통해서도 선조 13년 간본의 존재를 알 수 있다.

광해군 8년 의주 간본은 현전본이 보이지 않지만 다케다 쿄우서옥(武田杏雨書屋)에 복각본이 소장되어 있으므로 그 존재를 분명히 알 수 있다. 대체로 이들 목판본은 거의 판식이 같은데 조본(祖本)은 아마도 정종 원년 강원도 초간본이었을 것이다.

내용서지

◎ 마의방서(馬醫方序)[1]

> 新編集成馬醫方序
>
> 馬之於天地間, 其用大矣。周禮不掌於獸人目, 夏官大司馬以總焉, 重其用也。蓋

---

1 원서에는 일부 내용만 있지만 역자가 보충하여 실었다.

國之大事戎政也。戎非馬，無以制敵挫變、奮武威而安邦國也。豈徒曰任重致遠，置郵傳命而已哉。是以甲天下曰萬乘，貳天下曰千乘，乘乘馬也。天下國家之大小强弱，皆以是第之，其重也，爲何如。驂服廢矣，自上達下，直便於鞍馬之歸，其有功於天下也，尤爲重。夫良駿之蹄，世所同欲，戎武之備，國不可弛，人之求之也，飢渴不足喩也。噫，亦血氣耳，或勞逸之，不中其體，或水草之，不適其宜，一有病萌，遂委於無知賤隸之手，其愈也，幸耳非其巧也。便稱之曰獸醫，彼不知經孫絡，敢望其明竅穴審藥性，以適其病也耶。嗚呼。誣鍼妄藥，幾喪奇毛，非徒害命，抑亦傷財。古人譏其不智，有曰如庸醫之治良馬，信乎其不智且不仁也。

左政丞平壤伯趙公浚，右政丞上洛伯金公士衡，體上至仁，當醫國壽民之餘，推廣是心，以及於物，乃與醴泉伯權公仲和，西原君韓公尙敬等，撰集馬方。於是經以伯樂之經，緯以元朝之訣，撮諸書可效之方，採東人已試之術，以成是編，鏤梓周流，樂與三韓，廣開耳目。庶幾隨病得方，因方下手，使有性無言之類，獲免札瘥，以保其生，費錢豢養之家，不失其利，以期其用。始于一時，終之百世，豈不萬萬有利於大東家國也哉。子孟氏云，仁民而愛物。於我公幸親見之。

建文元年蒼龍已卯仲呂既望，奉列大夫 典醫少監 知濟生院事 南陽房士良序。

신편집성마의방 서문

말은 천지지간에 그 쓰임이 중대하다. 《주례周禮》에서 수인(獸人)이 말을 관장하지 않고 병부의 대사마(大司馬)가 총괄한다 했으니 그 쓰임이 중요하기 때문이다. 국가의 대사(大事)는 전쟁이다. 전쟁에서 말이 없으면 적들을 제압하여 변란을 꺾을 수 없고 무위를 떨쳐 나라를 편안하게 할 수 없으니 말의 쓰임이 어찌 무거운 짐을 지고 먼 길을 가거나 역마로 명령을 전달하는 일에서 그치겠는가. 이 때문에 천하의 황제국을 만승(萬乘)의 나라라고 하고 제후국을 천승(千乘)의 나라라고 하니 승(乘)은 전차를 끄는 말을 뜻한다. 이렇듯 세상의 나라들은 크기나 국력에 상관없이 모두 말의 숫자로 서열을 세우니 그 중대함이 얼마나 큰가. 말로 전차를 끄는 방식이 폐지된 후로는 지위고하와 관계없이 바로 타기 편한 안마(鞍馬, 안장을 얹은 말) 방식으로 바뀌었으니 천하의 모든 일에 말의 공로가 더욱 중요하게 되었다. 잘 달리는 말은 세상 사람들이 다 원하는 바이고 전쟁용 말은 국가 차원에서 소홀할 수 없으니 사람들이 말을 요구하는 분위기는 기갈(飢渴)이란 말로 비유하기에도 부족하다. 아아 말 또한 혈(血)과 기(氣)가 흐르는 생명체일 뿐이다. 혹사하고 방치하면서 말을 적당하게 기르지 않거나 물이나 여물을 알맞게 먹이지 않으면 매한가지로 병이 싹트게 되어 결국 무지하고 천한 자의 손에 맡겨지게 되니 병이 낫는 것은 치료 솜씨 때문이 아니라 요행일 뿐이다. '수의(獸醫)'라고 부르기는 하지만 그들은 경락을 알지 못하니 수혈(腧穴)을 찾고 약성을 따져 말의 병증에 알맞게 치료하기를 어찌 바라겠는가. 아아 아무렇게나 침(鍼)을 놓고 함부로 약(藥)을 써서 기특한 짐승을 잃는다면 말의 목숨만 해치는 게 아니라 재산도 없어지는 것이다. 그래서 옛사람들은 수의들의 무지함을 조롱하여 말하길 "용렬한 의원이 훌륭한 말을 치료하고 있으니 참으로 지혜롭지도 못하고 인자하지도 않도다."라고 하였다.

좌정승 평양백(平壤伯) 조준(趙浚) 공과 우정승 상락백(上洛伯) 김사형(金士衡) 공께서는 지극히 인자하신 주상전하의 마음을 본받아 나라와 백성 구제하는 일을 하다가 그 마음을 확장하여 미물에까지 미치게 하였다. 이에 예천백(醴泉伯) 권중화(權仲和) 공과 서원군(西原君) 한상경(韓尙敬) 공 등과 함께 말의 치료법〔馬方〕을 편찬하였다. 이때, 준마를 잘 감별한다는 백락(伯樂, 손양孫陽)의《상마경相馬經》과 원나라의 가결(歌訣)을 씨줄과 날줄로 엮은 뒤 여러 책에서 효과 있는 처방을 모으고 우리나라에서 이미 검증된 침술을 찾아내 이 책을 완성하였다. 이제 판목에 새겨 두루 퍼뜨려 온 백성과 함께 누리고 우리의 견문을 넓힌다면 증상에 따라 처방을 찾고 처방에 따라 손을 쓸 수 있게 되리니 성정은 있으나 말 못 하는 짐승은 질병에서 벗어나 생명을 보존하게 될 것이고, 돈을 들여 가축을 기르는 집안은 재산을 잃지 않음으로써 앞으로 국가에서 쓰이게 될 것이다. 한 시절에 시작된 일이 백세 동안 지속될 것이니 어찌 우리나라에 영원토록 이롭지 않겠는가. 맹자께서 말하길 "백성에게 인자하게 대하되 만물을 아끼라."고 하였으니 우리 공들 덕분에 다행히 이런 세상을 직접 보는구나.

건문 원년1399 창룡 기묘년 4월 16일. 봉렬대부 전의 소감 지제생원사 남양 방사량(房士良)이 서문을 짓다.

◎ 우의방서(牛醫方序)[2]

新編牛醫方序

嘗觀周禮, 至牛人所掌有曰, 供祭祀則享牛, 軍旅則犒牛, 以至讌饗射禮, 皆用牛, 而農無及焉。且遂人之治野, 則有千夫澮、萬夫川, 而亦不及牛。是遺其重, 而不之書以示天下與萬世, 信周公未成書也。以今觀之, 其菑其畬, 縱橫其畝, 一牛之力, 奚啻十夫之力也哉。噫, 一牛也, 而何其用之博耶, 以之祭天, 則天神格, 以之

2 원서에는 일부 내용만 있지만 역자가 보충하여 실었다.

祀廟，則人鬼享，斯民朝夕之命，軍國經費之資，皆其力也。其有感於天地，有功於民社，大矣。

左政丞平壤伯趙公浚，右政丞上洛伯金公士衡，體上至懷，已於國初，痛禁私宰，不忍之心，著之甲令，可謂仁之至義之盡也。且念血氣之類，焉能常保陰陽。愆伏流爲疾疫，飢飽勞逸等爲病源，苟失醫治，徒善何裨。乃與醴泉伯權公仲和，西原君韓公尙敬等，撰集醫方，於是採古摭今，鈞神摘驗，以成是篇，繡梓印頒，以惠中外。噫，我公一念之仁，橫被于時，登民春臺，措國泰華，旁及于牛馬無知之類，咸浴其好生之澤，如此之曲且盡也。吾知其仁聲仁聞，直與天地相終始云。

建文元年蒼龍己卯仲呂旣望，奉列大夫 典醫少監 知濟生院事 南陽房士良序。

신편우의방 서문

예전에 《주례周禮》를 살펴보니 우인(牛人)이 관장하는 일 부분에 '제사에 바치는 것은 향우(享牛)이고, 군대에서 쓰는 것은 고우(犒牛)이다.'라고 말하였고, 연회와 향사례(鄕射禮)에 이르기까지 모두 소를 썼으나 농사에 쓰는 소에 대해서는 언급하지 않았다. 또한 평야를 관장하는 수인(遂人) 항목에서는 '농부 천 명이 있으면 수로가 있어야 하며, 만 명이 있으면 강이 있어야 한다.'는 기록이 있으나 역시 소를 언급하지 않았다. 소의 귀중함을 빠뜨리고 천하 만세에 글로 남기지 않았으니 참으로 주공(周公)은 책을 미처 완성하지 못한 것이리라. 요즘 일로 살펴보건대 처음 개간하는 밭이든 잘 개간된 밭이든 그 이랑을 이리저리 갈아엎을 때 소 한 마리의 힘이 어찌 장부 열 명의 힘 정도겠는가. 아, 소 한 마리일 뿐이지만 그 쓰임이 참으로 넓구나. 하늘에 제사 지내면 천신이 이르고 종묘에 제사 지내면 신령이 흠향하며 백성의 생업과 군대의 경비에 이르기까지 모든 것이 소의 덕택이다. 하늘과 땅을 감동하게 할 수 있고 백성과 사직을 이바지할 수 있으니 소는 참으로 위대하도다.

좌정승 평양백(平壤伯) 조준(趙浚) 공과 우정승 상락백(上洛伯) 김사형(金士衡) 공께서는 주상전하의 지극한 마음을 본받아 이미 개국 초기에 민가에서의 도살을 엄금하여 차마 하지 못하는 마음을 법령에 적어 놓았으니 인(仁)과 의(義)가 극진하다 할 수 있다. 한편 소 역시 혈(血)과 기(氣)가 흐르는 생명체이니 어찌 항상 음양이 조화로워 건강할 수만 있겠는가. 나쁜 기운이 숨어 있다가 유행하여 역질이 되기도 하고 혹사하고 방치하거나 여물을 알맞게 먹이지 않으면 병이 들기도 하니 그때 제대로 치료하지 못한다면 치료하려는 선한 마음만으로 무슨 도움이 되겠는가. 이에 예천백(醴泉伯) 권중화(權仲和) 공과 서원군(西原君) 한

상경(韓尙敬) 공 등과 함께 수의서를 찬집하기로 한 후 고금의 처방을 모으고 신효하고 경험된 처방을 가려 뽑아 이 책을 완성하였으니 이제 판목에 새겨 반포하고 도성 안팎에 혜택을 전하고자 한다. 아, 우리 공들의 한결같은 인자함이 이 시대에 널리 퍼져 백성들을 장수의 영역으로 오르게 하고 나라를 태평성대로 만들면서도 마소 같은 미물에까지 파급되어 모든 사람과 만물들이 호생지덕(好生之德, 생명을 잘살게 하려는 마음)을 누리게 하시니 참으로 곡진하도다. 내가 공들의 인자한 마음씨를 잘 아노니 분명 천지와 더불어 영원할 것이다.

건문 원년1399 창룡 기묘년 4월 16일. 봉렬대부 전의 소감 지제생원사 남양 방사량(房士良)이 서문을 짓다.

본문내용

◎《마의방》목차

良馬相圖, 良馬旋毛之圖, 相毛旋歌, 相壽夭, 辨駑馬形狀之圖, 相齒圖, 放血法[一], 相馬捷法, 養馬法, 飼父馬令不鬪之法, 飼征馬硬實之法, 東人經驗牧養之法, 五勞論(筋勞、骨勞、皮勞、氣勞、血勞), 七傷論(寒傷、熱傷、水傷、飢傷、飽傷、肥傷、走傷), 三十四馬病狀圖幷藥[二], 點痛論, 薑芽論, 混睛虫論, 胡骨把胯論, 察口危論, 十八大病, 診候馬病脈, 骨名之圖, 穴名之圖, 伯樂鍼經, 擇血忌日, 馬本命, 六陽六陰圖[三]

五臟[四], 風門, 五臟汗, 五臟黃, 諸黃門(肘黃、內黃、內外黃、外黃、節黃、蹄黃、膝黃、地黃), 諸脹門(傷飽、中穀、脹滿、誤食毒物、版腸、系糞、大小便不通、赤白濁、尿血), 骨眼門, 諸熱門, 溫疫門, 鼻顙門, 諸瘡門, 喉腫門, 打破門, 瘙蹄門, 疥瘡門, 雜病門[五]

[一] 침을 찔러 사혈시키는 방법

[二] 말의 병 34가지에 대해 각각 도상을 제시하고 치료법을 서술함

[三] 이상 총론

[四] 폐부(肺部)·심부(心部)·간부(肝部)·비부(脾部)·신부(腎部)에 대해 논하고 각 증상에 치료법을 제시함

[五] 이상 각론

◎ 《우의방》 목차

相牛法, 選擇造牛廠吉地論, 養牛雜忌論, 蓋造牛廠利便年月日論, 相牛形狀及毛色論[六][七], 溫疫門, 眼病門, 鼻病門, 口舌病門, 咽喉病門, 心病門, 肺病門, 咳嗽門, 脹病門, 糞血門, 尿血門, 中惡門, 瘦病門, 疥病門, 産病門, 蹄病門, 雜病門[八]

인물전기

권중화(權仲和), 조준(趙浚), 김사형(金士衡). 이들의 전기는 제1부 〔012장〕에서 설명하였다.

한상경(韓尙敬, 1360－1423). 자는 숙경(叔敬), 호는 신재(信齋), 본관은 청주(淸州)이다. 고려 때 문과에 급제하여 밀직사 우부대언(密直司右副代言)이 되었다. 태조 이성계에게 중용되어 충청도관찰사가 되었고, 서원군(西原君)에 봉해졌다. 태종 때 호조 판서가 되었고 영의정을 지냈다. 세종 5년계묘1423에 64세의 나이로 세상을 떠났다.

방사량(房士良, 생몰 미상). 고려 공양왕 때 중랑장(中郎將)으로 전의 시승(典醫寺丞)을 겸직했다. 당시 "시무11조〔時務十一事〕"를 올렸고 왕이 받아들였다. 《향약제생집성방鄕藥濟生集成方》 편찬에 참여하였다. 《마의방》의 서문을 쓸 때 관직은 "전의 소감(典醫少監) 지제생원사(知濟生院事)"였다.

고찰

이 《마의방》·《우의방》은 정종 원년건문 원년, 기묘1399 4월 강원도에서 《향약제생집성

[六] 소의 모습과 털 색을 9개 도상으로 설명하였다.

[七] 이상 총론

[八] 이상 각론

방》에 덧붙여 간행되었다. 〈제1부 〔012장〕 참조〉 조선 전기부터 마정(馬政)을 국가의 중대사로 여긴 결과였다. 이 책은 원(元)의 마방(馬方)을 토대로 삼고 거기에 동인(東人)이 경험한 기술을 채록하여 편찬되었다. 조선 수의학에서 가장 중요한 저술이다.

현전하는 각 목판본은 정종 원년 초간본의 모습을 그대로 전하고 있다고 생각한다. 이러한 면에서도 몹시 흥미로운 책이다.

이 책은 오랜 세월 사용되어 숙종 때 《마경초집馬經抄集》이 편찬될 때까지 존속되었다.

002. 마의서 馬醫書

서거정(徐居正) 지음

[일실]

개요

《세조실록》에 다음과 같이 기록되어 있다.〈세조 때는 즉위년을 원년으로 했다. 《실록》의 기록을 따른다. 이하 같다〉

◎ 《세조실록》 세조 12년 병술1466 4월 14일 기사

命中樞府同知事徐居正, 編緝馬醫書。上留心馬政, 訪問喂養理治之法於諸臣及衛士, 各以所見聞經驗之事陳啓。至是, 命居正撰次。

중추부 동지사 서거정(徐居正)에게 명하여 마의서(馬醫書)를 편찬하게 하였다. 주상께서 말을 관리하는 것에 마음을 두면서 말을 먹이고 기르고 다스리는 법을 여러 신하와 병사에게 물었더니 각각 보고 듣고 경험한 일을 진술해 아뢰었다. 그러고 나서 서거정에게 명하여 편찬하게 한 것이다.

이 서거정의 《마의서》는 위와 같이 《실록》에 분명히 기록되어 있으나 이용되지 않은 것 같다. 또 전존본의 존재도 듣지 못했다.

003A. 안기집 安驥集 의 언해서

003B. 수우경 水牛經 의 언해서

[모두 일실]

개요

《성종실록》에 다음과 같이 기록되어 있다.

◎ 《성종실록》 성종 25년갑인1494 4월 2일 기사[1]

傳于承政院曰, 安驥集、水牛經飜譯事, 已令李昌臣、李琚、權五福爲之。牛宜於耕, 馬宜於乘, 皆不可闕。今之治牛馬病者, 皆用賤見之方, 而不倣於古, 故不能治療, 或致其死, 宜急飜譯, 印頒中外, 以至閭巷父老, 無不周知可也。

승정원에 전교하였다. "《안기집》·《수우경》을 번역하는 일은 이미 이창신(李昌臣)·이거(李琚)·권오복(權五福)에게 시켰다. 소는 논밭을 갈아야 하고, 말은 타고 다녀야 하므로 모두 빠뜨릴 수 없다. 지금 우마(牛馬)의 병을 치료하는 자들이 모두 자기 생각대로 처방을 쓰면서 옛 방법을 따르지 않기 때문에 우마를 치료하지 못하고 혹은 죽게 만들기도 한다. 마땅히 빨리 번역하여 도성과 지방에 반포함으로써 민간의 촌부에 이르기까지 두루 알지 못하는 자가 없도록 하는 것이 좋겠다."

《안기집安驥集》은 송(宋)·금(金)·원(元)의 각 〈예문지藝文志〉에, 《수우경水牛經》은 《사고전서총목四庫全書總目》에 그 이름이 보인다. 이들 각 한 부가 조선에 전해져 한글로 풀이된 다음 인출되어 반포된 듯하다.

---

1 원서에는 내용이 요약되어 있으나 역자가 원문을 인용하여 실었다.

004A. 우양저염역병치료방 牛羊猪染疫病治療方 1권 1책

004B. 우마양저염역병치료방 牛馬羊猪染疫病治療方 1권 1책

[모두 전존]

판본

원서(原序) 및 숭정(崇禎) 중간본 발문(跋文)을 통해 다음과 같은 판본의 존재를 알 수 있다.

1. 중종 36년 가정嘉靖 20년, 신축1541 교서관 19건 인출본
2. 중종 36년 즈음의 각 도 간본
3. 선조 11년 만력萬曆 6년, 무인1578 간본
4. 인조 14년 숭정崇禎 9년, 병자1636 간본
5. 인조 22년 순치順治 원년, 갑신1644 간본

다음으로 필자가 본 간본 3종에 대해 그 체재를 적는다. (서문과 발문은 뒤에 모아 제시한다)

(1) 《우양저염역병치료방》

(오카다 노부토시(岡田信利) 소장)

1권 1책. 간본(2) 궁내성(宮內省) 소장본과 유사한 활자본이지만 여기에는 책 제목에 "馬"자가 빠져있다. 또 권응창(權應昌)의 계목(啓目)과 판부(判付)[1]의 경우, 간본(2)는 9행 17자인데 비해 여기에는 9행을 쌍행으로 하여 18행 17자로 되어 있다. 이 책이 '馬'자가 있는 간본(2)보다 오래된 판본이다. 아마도 중종 36년 초간본 같다. 권수(卷首)에 "養安院藏書"라는 인기(印記)가 있다. 《요안인장서목록養安院

1 원서에는 "원서(原序)"로 되어 있으나 "계목과 판부"로 수정하였다. 이하 같다.

藏書目錄》의 "우역방 1책〔牛疫方, 一本〕"이라고 한 것이 이에 해당한다고 생각한다 (만력 13년 간본 《고사촬요》〈팔도책판〉에 보이는 창원(昌原)의 《우벽방牛癖方》은 이 책의 지방판인 것 같다). '馬'자가 없는 이 책이야말로 진정한 우역방(牛疫方)이다.

(2) 《우마양저염역병치료방》

(궁내성(宮內省) 도서료(圖書寮) 소장)

1권 1책. **| 판식版式 |** 활자본, 위·아래·오른쪽 가장자리를 재단하고 개장(改裝)하였다. 반곽은 세로 23.0×가로 약 16㎝, 9행 17자. **| 지수紙數 |** 서문 3매, 본문 15매. **| 인기印記 |** 책 첫머리에 "養松"·"佐伯侯毛利高標字培松藏書畵之印"이 있다. **| 기타 |** 같은 활자로 인출된 《간이벽온방簡易辟瘟方》(제1부 〔038장〕 참조)과 합책되어 있다.

이 책은 (3)숭정 9년 간본의 발문 중에 기록된 만력 6년 (《실록》 선조 11년(무인1578) 기사에 전년부터 팔도에 대역(大疫)이 돌고 우마역(牛馬疫)도 크게 치성하였다고 하였다)[2] 간본에 해당하는 것 같다. 또 《요안인장서목록》에 있는 "우마양저치료 1책〔牛馬羊猪治療, 一本〕"도 이 간본을 가리킨다고 생각한다 (내용은 간본(1)과 몇몇 자구가 다르다). (만력 13년 간본 《고사촬요》〈팔도책판〉 가운데 보이는 청주판(淸州版) 《우마치료방牛馬治療方》은 이 책의 지방판 같다).

(3) 숭정 9년 간본

(간본(2)와 서명이 같다) (오쿠타이라 타케히코(奧平武彥) 씨 소장) (〔부도63〕 참조)

1권 1책. **| 판식版式 |** 목판본 ((2)활자본의 복각본), 반곽 세로 22.5×가로 약 16㎝, 9행 17자, 한글이 들어 있다. **| 지수紙數 |** 서문 3매, 본문 15매, 발문 2매 (내용은 간본(2)와 같다).

(4) 순치 개간본의 필사본 1책

(필자 소장)

인조 22년 순치順治 원년, 갑신1644 에 인조가 교서관(校書館)에 명하여 《우역방牛疫方》

---

2 《조선왕조실록》에서 해당 부분을 찾을 수 없었다.

에 새로 효과가 확인된 처방 2~3가지를 덧붙여 수백 부를 인출한 다음 각 고을에 나누어 보냈다. 이 필사본에 있는 이식(李植)의 발문에 이와 같이 기록되어 있다. ⟨필자는 간본을 보지 못하였다⟩

내용서지

◎《우마양저염역병치료방》의 계목과 판부[1]

平安道觀察使尙震書狀據，曹啓目節該，粘連啓下是白有亦。

今年春節分，本道牛疫大熾，多致染斃爲白去乙，曹以治療之法，醫方相考啓下導良，受敎內節該，事知理馬乙用良，相當藥材，上下賫持，刻日下送，隨方治療爲白乎矣，醫司所無之物，令本道監司，廣求治療爲白乎旀，賫去藥材段置，皆是鄕藥易得之物，不足爲白去等，道以隨宜准備，用使內亦，受敎爲白有置。

本道牛疫，至今寢息不冬，便亦多斃，至爲可慮是白昆，令本道監司，前行移受敎關內，辭緣相考，牛疫染斃，村里良中，藥物這這備給，各其官事知醫生乙用良，趂時分往，救療爲白乎矣，前矣啓下治療方法外，他書良中，牛叱不喩，六畜染疫治療之方，散載亦多爲白置。

牛疫亦，平安一道叱不喩，他道良中置，多有染斃之處爲白沙餘良，羊猪等段置，京外染疫，致斃亦多爲白去等，右良諸畜染疫治療方法乙，竝只相考，京外良中，謄書廣布，使之依方治療，宜當爲白在果，諸方文字，鄕村窮巷民人等，解見不得叱不喩，藥名乙良置，解和不得爲白沙餘良，轉轉謄寫之際，多致誤寫，據而治療，必應無驗，可慮是白昆，令醫司藥理文字通解醫員等擇定，上項諸畜染疫治療方文乙，吏讀諺文爲等如，兩件解釋，藥名乙良置，鄕名以書寫成冊，令校書館，十九件，刻日印出，十件乙良，本曹及典牲署、司畜署、五部、典醫監、惠民署爲等如分上，九件乙良，開城府及八道，急送分送，令各道，卽時刻板，多印分送于各官，染疫爲乎追乎，檢擧治療何如。

嘉靖二十年十一月二十五日，左承旨 臣 權應昌次知啓，依允。

---

[1] 각 간본에 실려 있다.

평안도 관찰사 상진(尙震)의 장계부터 본조에서 아뢰었던 요약문 등을 첨부한 것이다.

올해 봄에 평안도에 우역병이 크게 일어나 많이 전염되어 폐사했으나 본조에서 의서를 상고하여 치료법을 내려보낸다. 수교(受敎)의 요점은 '사리에 밝은 이마(理馬, 사복시의 관직)에게 필요한 약재를 내주고 속히 파견하여 처방에 따라 치료하되 의학 관청에 없는 약재는 평안도 감사에게 널리 구하게 하여 치료하라.'고 하셨고, 또 '가지고 간 약재들도 모두 쉽게 구할 수 있는 향약재지만 부족하거든 도리어 마땅히 상비되어 있어야 할 약재까지 사용하라.'고 수교하셨다.

본 평안도의 우역병은 아직도 사그라지지 않아 문득 많이 폐사될까 지극히 걱정스러우니 본 평안도 감사에게 전에 받았던 수교의 내용을 관문(關文)으로 보내어 말을 살피게 함으로써 우역병에 전염되어 폐사된 소가 있는 마을에는 약재를 낱낱이 갖추어 지급하게 하고, 각 지방 관아의 사리에 밝은 의학생도들에게 때에 맞춰 나누어 가서 치료하게 해야 합니다. 그리고 이전에 내려보내신 치료법 이외에 다른 책에는 소뿐만 아니라 육축(六畜)의 전염병 치료 방법이 있는 경우도 많다고 합니다.

소의 전염병은 평안도뿐만 아니라 다른 도에도 전염되어 폐사한 곳이 많이 있고, 양이나 돼지 등도 도성과 지방에서 전염병에 전염되어 폐사하는 경우가 많이 있으니 앞서 말씀드린 여러 가축의 전염병 치료법을 모두 상고한 후 도성과 지방에 베껴서 널리 배포하여 책을 보고 치료하게 하는 것이 합당할 것입니다. 각 의서들은 한문으로 되어 있어 시골의 가난한 백성들이 이해하지 못할 뿐만 아니라 약재 이름조차도 알지 못하고 이리저리 베끼는 중에 잘못 쓴 글자가 많이 있기 때문에 책을 보고 치료해도 응당 효과가 없을까 걱정입니다. 의학 관청의 의원 중에 약재와 문리에 밝은 사람들을 뽑아 각종 가축의 전염병 치료법을 이두와 한글 두 가지로 해석하게 하고 약재명이라도 한글로 표기하여 책을 만들어야 합니다. 그러고 나서 교서관에서 19부를 속히 인출하게 하여 10부는 본조와 전생서·사축서·오부(五部)·전의감·혜민서에 각각 보내고, 9부는 개성부와 팔도에 급히 보내 각 도에서 즉시 판각하여 많이 찍게 한 후 각 고을 관아에 보내어 전염병이 발생할 때마다 상부에 보고하고 치료하게 함이 어떻습니까.

가정(嘉靖) 20년 신축1541 11월 25일에 좌승지 신 권응창(權應昌)이 담당자로서 아뢰자 그대로 윤허하셨다.

◎《우마양저염역병치료방》 숭정 중간본 발문[3]

牛疫方後跋

今上十四年丙子夏，平安黃海兩道，牛疫大熾，至秋猶不止，延入京畿，以及湖西。朝廷患之，工曹參判尹毅立，出其先人所藏內賜諺解馬牛治療方一冊，乃嘉靖二十年奉教撰著，而萬曆六年，又因牛疫，再刊以頒者也。司僕寺提調李曙見大喜，具由以聞，上卽付校書館，印布中外。

蓋國朝百餘年間，牛疫凡三發，而我列聖暨我殿下，憂民軫農之意，前後一揆。且壬辰兵火，書籍散失，百無一二存者，獨此書，獲全於灰燼之餘，待時以效其用，噫亦異哉。臣鳴吉時忝校書提調，實主其剞劂之役，略敍其事於卷尾，以識之云。

崇禎九年九月十七日，……，完城君崔鳴吉書。

우역방 후발(後跋)

인조 14년 병자1636 여름에 평안도와 황해도에서 우역(牛疫)이 치성하여 가을이 되어도 여전히 사라지지 않고 경기도로 들어오더니 호서지방까지 퍼졌습니다. 조정에서 이 상황을 우려하자 공조 참판 윤의립(尹毅立)은 선친이 소장하고 있던 내사본(內賜本)《언해마우치료방》1책을 내놓았습니다. 이 책은 가정(嘉靖) 20년 신축1541에 중종의 하교를 받들어 만들어진 것을 만력(萬曆) 6년 무인1578에 우역이 돌았을 때 재간하여 반포한 것입니다. 사복시 제조 이서(李曙)가 이 책을 보고 매우 기뻐하며 연유를 갖추어 아뢰니 주상께서 바로 교서관에 내려 도성과 각 도에 인출하여 반포하게 하셨습니다.

건국 이후 100여 년 동안 조선에서 우역이 3번 발생하였는데 우리 선왕들과 우리 주상전하께서는 백성들과 농사를 걱정하시는 마음이 모두 한결같았습니다. 그리고 임진왜란으로 책이 소실되어 백에 하나둘도 남지 않은 상황에서 이 책만 전쟁 속에서 온전히 남아 때맞춰 그 쓰임을 드러낼 수 있게 되었으니 아아 신기한 일입니다. 소신 최명길은 이때 교서관 제조로 있으며 실제로 책 판각하는 일을 주관하였으므로 일의 전말을 책 뒤에 간략하게 서술하여 기록하는 바입니다.

숭정 9년 병자1636 9월 17일에 …… 완성군(完城君) 최명길(崔鳴吉)이 씁니다.

3 원서에는 일부 내용만 있지만 역자가 보충하여 실었다.

◎《우마양저염역병치료방》 순치 개간본 발문[4]

跋

今付牛疫方跋，丙子丁丑間，牛疫熾發，國內農畜殆盡，其時自太僕寺刊行治療方一冊，傳布未廣，而因兵亂蕩佚不傳。今年牛疫又發，兩西一時狀聞，屬有侍臣之言上申，令該曹卽校局，刻版印出數百件，分送州縣，而又以新出得效方二三條，付于後焉。

然念，雖有萬全良藥，病者不受，則良醫亦未知之何，此方之行，愚民視爲無益，不肯勤力必用，則此非處方之誤也。家喩戶飭，使擇其中易得材料，終始醫治者，寔在字牧之官盡心與否耳，其尙勉之哉。

順治元年十二月十五日，……，經筵春秋館事李植書。

발문

지금 붙어 있는 우역방의 발문은 병자년1636과 정축년1637 사이에 우역이 치성하여 온 나라의 농사짓는 가축이 거의 죽게 되었을 때 붙인 것이다. 그때 태복시(太僕寺)에서 《치료방治療方》 1책을 간행하였으나 널리 배포되지 못하였고 병자호란으로 유실되어 전해지지 않게 되었다. 올해 우역이 다시 발생하여 평안도와 황해도에서 동시에 장계로 알려왔고 시신(侍臣)의 말을 덧붙여 아뢰자 주상께서 해당 부서인 교서관(校書館)에 명하여 이 책 수백 질을 간행하고 전국에 나누어 배포하게 하셨다. 아울러 여기에 다시 새로 효과가 확인된 처방 2~3가지를 그 뒤에 덧붙였다.

생각건대, 비록 만병을 고치는 좋은 약이 있어도 병자가 받지 않으면 훌륭한 의원도 어찌해야 할지 알 수 없는 법이다. 이 책이 유통되어도 어리석은 백성들이 무익하다고 여겨 힘껏 사용하려 하지 않는다면 이것은 처방의 잘못이 아니다. 집마다 가르치고 권면하면서 쉽게 구할 수 있는 약재를 고르게 하여 끝내 치료하는 문제는 참으로 목민관이 마음을 다하느냐 아니냐에 달렸을 뿐이니 더욱 힘쓸지어다.

순치 원년 갑신1644 12월 15일에 …… 경연 춘추관사 이식(李植)이 쓰다.[三]

4 원서에는 일부 내용만 있지만 역자가 보충하여 실었다.

[三] 이식(李植)의 전기는 생략한다.

본문내용

《신편집성마의방우의방新編集成馬醫方牛醫方》·《증류본초證類本草》·《신은방神隱方》·《산거사요山居四要》·《사림광기事林廣記》·《편민도찬便民圖纂》에서 반추동물인 소·양·돼지의 염역(染疫)〈지금의 우역(牛疫)에 해당한다. 이후에 말의 염역(染疫)이 더해졌다〉 치료에 필요한 간단한 치료 방법을 채록하여 1권으로 만든 책이다. 이두와 한글로 쓰여 있다.

인물전기

권응창(權應昌, 1505－1568). 자는 경우(景遇), 호는 지족당(知足堂), 본관은 안동(安東)이다. 중종 23년 무자1528 식년 문과에 급제하여 이른 나이에 명망을 얻었고, 관직은 이조 판서에 이르렀다. 선조 1년 무진1568에 세상을 떠났다.

최명길(崔鳴吉, 1586－1647). 자는 자겸(子謙), 호는 지천(遲川), 본관은 전주(全州)이다. 선조 19년 병술1586에 태어나 선조 38년 을사1605 증광 문과에 급제하였다. 인조반정과 병자호란 때 남한산성에서의 화의에서 공을 세워 완성군(完城君)에 봉해지고 영의정에 올랐다. 인조 25년 정해1647에 세상을 떠났다. 《지천집遲川集》을 저술하였고 또 여러 서적의 간행〈《조선의서지》에 그와 관련된 책만도 중간(重刊) 《향약집성방鄉藥集成方》·《마경대전馬經大全》·《고사촬요》가 있다〉에 관여하였다. 전란 후 국가 재건에 힘을 다하였다.

고찰

위의 계목과 판부 그리고 발문을 통해 조선 전기·중기에 있었던 우역(牛疫)의 유행 상황을 대강 알 수 있다. 중종 36년 신축1541 2월부터 평안도에 우역이 크게 유행하여 다른 도로 퍼졌고, 또 소와 돼지가 폐사하기에 이르렀다. 그해 11월에 가축 치료방을 향촌의 사람들도 이해하기 쉽도록 이두와 한글로 쓰고 약명은 향명(鄉名)으로 적게 하여 책을 만들었다. 이것을 교서관에서 19부 인출하여〈활자본〉

10부를 경성의 여러 관아에, 나머지 9부를 개성부 및 팔도에 나누어 보냈다. 또 각 도에서 즉시 이를 토대로 판각하여 염역(染疫)이 일어난 지역으로 보내고 이어 그 치료가 어떻게 되었는지 여부를 살피게 하였다.

위와 같이 당초 교서관본과 각 도 판본이 인출되었다. 교서관본은 수가 적어 아마도 전존되지 않는다고 하더라도〈(1)오카다 노부토시(岡田信利) 소장본이 여기에 해당하지 않을까 한다〉 각 도 판본은 전해졌을 가능성이 높다고 생각한다. 그러나 필자는 아직 이런 지방 간본을 보지 못하였다. 《고사촬요》만력 13년 간본〈팔도책판〉에 청주판(清州版)과 창원판(昌原版)이 실려 있는데, 이것이 각 도 판본일 것이다.

(2)궁내성 소장본은 만력 6년 재간본에 해당한다고 보면 틀림없다고 생각한다. (3)숭정 9년 중간본은 만력 재간본을 복각한 것이며, (4)순치 원년 개간본은 새로운 증정본(增訂本)이다.〈이들의 간행 시기는 모두 당시 우역(牛疫)의 유행 시기와 부합한다. 우역에 대해서는 《조선학보朝鮮學報》 제34집에 실린 〈조선우역사고朝鮮牛疫史考〉를 보라〉

005. 신간참보침의마경대전 新刻參補鍼醫馬經大全 4권

명(明) 마사문(馬師問) 지음

[전존]

개요

숭정(崇禎) 6년 계유1633 중간된 《향약집성방鄕藥集成方》과 판식이 같다. 활자본〈훈련도감자, 소자〉, 숭정(崇禎) 7년 이서(李曙) 간행, 춘(春)·하(夏)·추(秋)·동(冬) 4집 4책.

필자가 본 것은 한남문고(翰南文庫)에 소장된 동집(冬集) 1책뿐이다. 이것의 지수(紙數)는 본문 41매, 발문 2매이며, 행자수는 15행 20자이다.

내용서지

동집(冬集) 말미에 있는 이서의 발문(跋文)에 《마경대전馬經大全》 4책이 간행된 전말이 기술되어 있다.

○ 이서의 발문〈"崇禎七年甲戌四月, 崔鳴吉跋"〉. 내용은 생략한다.

인물전기

이서(李曙, 1580－1637). 자는 인숙(仁叔), 호는 월봉(月峰)이다.[1] 무과에 급제하

1 본관은 전주(全州)이다.

여[2] 장단부사(長湍府使)가 되었다. 계해년1623 인조반정 때 병사를 모아 의거했으며 병자호란 때에도 큰 공을 세웠다. 정사원훈(靖社元勳)에 녹훈되었고 완풍부원군(完豐府院君)에 봉해졌다.

참고

이 《마경대전》은 명(明)의 저작이다. 《켄켄사이가장화서목록乾乾齋架藏和書目錄》에 이 조선 간본과 같은 것으로 보이는 추집(秋集) 1책이 실려 있다〈필자는 보지 못하였다〉. 일본 에도(江戶) 중기 교토(京都)에서 명(明) 간본의 복각본이 간행되었다〈제5부 〔006장〕 참조〉.

2 선조 36년(계묘1603).

006. 마경초집언해 馬經抄集諺解

2권 2책

[전존]

(이인영(李仁榮) 씨, 경성대학 도서관 소장)

개요

숙종 8년 강희康熙 21년, 임술1682 간행. 찬자 미상. 간기(刊記)는 없으나 이인영(李仁榮) 씨가 소장하고 있는 '송시열(宋時烈)에게 내린 내사본'을 통해 간행 연도를 알 수 있다. 이 내사본에는 다음과 같은 내사기(內賜記)가 있다.

◎ 《마경초집언해》 내사기

⊠⊠[1]二十一年十月十六日, 內賜領中樞府事宋時烈馬經諺解一件, 命除謝恩。同副承旨 臣 李〔着名〕。

강희 21년1682 10월 16일. 영중추부사 송시열(宋時烈)에게 《마경언해》 1질을 내리니 답례하지 말라. 동부승지 신 이(李)〔착명〕

형태서지

상·하 2권 2책. **|판식版式|** 활자본, 세로 36×가로 22㎝, 반곽 26.0×17.0㎝, 사주쌍변, 유계, 10행 20자, 주쌍행, 도상 포함. **|지수紙數|** 상책(上冊) : 목록 4매, 본문 117매. 하책(下冊) : 목록 3매, 본문 122매. **|인기印記|** 이인영 씨 소장본에는 위의 내사기 외에 "宣賜之記"·"蘇浩莊"(송시열의 당호(堂號))이라는 인기가 있다.

---

[1] "⊠⊠"은 모명배청(慕明排淸) 학자 송시열이 청의 연호인 강희(康熙)를 스스로 지운 것이다.

내용서지

이 책은 크게 총론과 각론으로 나누어진다.

◎《마경초집언해》 목차[1]

論馬有父母, 相良馬圖, 相良馬歌, 相良馬法, 辨駑馬形狀法倂圖, 相凶馬法, 辨三羸五駑法, 相馬壽夭法, 相馬齒法倂圖, 相旋毛吉凶歌倂圖, 診脈法倂圖, 臟腑本脈, 諸脈形狀, 四時平和太過不及脈, 諸脈主病, 死脈, 察口色法倂圖, 察色賦, 馬無疾歌, 馬有疾歌, 定五臟形症歌, 馬有天生三疾, 馬有不治三危, 辨馬八傷, 論馬卒死, 養馬法, 三飮三喂, 馬遠回喂養法, 放牧有法, 飼征馬令硬實法, 水火二口法倂圖, 劃鼻法倂圖, 刀砧日, 血忌日, 血支日, 馬本命日, 放血法, 馬血脈流轉有減, 兒騍稟氣不同, 行鍼有道, 骨名圖, 六陽六陰圖, 穴名圖, 前面六門後面四門圖, 諸穴門, 馬有三十六般起臥病, 點痛論, 十六般蹄頭痛, 四傷, 瘡黃兩症不同論(이상 총론)

馬患陰腎黃倂圖, 馬患心黃倂圖, 馬患遍身黃倂圖, 馬患慢腸黃倂圖, 馬患束顙黃倂圖, 馬患混睛虫倂圖, 馬患骨眼倂圖, 馬患內障眼倂圖, 馬患肝經風熱倂圖, 馬患肝熱傳眼倂圖, 馬患鬣胃吐草倂圖, 馬患冷痛倂圖, 馬患脾氣痛倂圖, 馬患胃冷吐涎倂圖, 馬患宿水停臍倂圖, 馬患胃寒不食草倂圖, 馬患傷水起臥倂圖, 馬患冷腸瀉瀉倂圖, 馬患新駒奶瀉倂圖, 馬患脫肛倂圖, 馬患薑芽倂圖, 馬患熱痛倂圖, 馬患舌瘡倂圖, 馬患心經熱倂圖, 馬患心痛倂圖, 馬患揭鞍風倂圖, 馬患肺風毛燥倂圖, 馬患項脊恡倂圖, 馬患破傷風倂圖, 馬患胡骨把胯倂圖, 馬患心熱風邪倂圖, 馬患寒傷腰胯痛倂圖, 馬患冷拖竿倂圖, 馬患腎冷腰拖倂圖, 馬患脾虛濕邪倂圖, 馬患肺寒吐沫倂圖, 馬患肺敗倂圖, 馬患肺壅倂圖, 啌嗽論, 馬患喉骨脹倂圖, 馬患黑汗倂圖, 馬患敗血凝蹄倂圖, 馬患胸髆痛倂圖, 馬患腎虛倂圖, 馬患腎經痛倂圖, 馬患胞轉倂圖, 馬患溺血倂圖, 馬患垂縷不收倂圖, 馬患草噎倂圖, 馬患肚脹倂圖, 馬患傷料倂圖, 馬患前結倂圖, 馬患中結倂圖, 馬患後結倂圖, 馬患胎氣胎風倂圖, 馬患蜱虫咬袖倂圖(이상 52조에 걸쳐 말의 질환을 그림과 함께 설명하였다), 疔毒倂圖, 搽疥方, 治馬打破脊梁方, 治馬傷蹄方, 治馬附骨疽方, 治馬蝶瘡方, 治馬疥瘡方, 瘟疫門, 馬有五十四般死證歌(이상 각론)

---

1 원서에는 일부 내용만 있지만 역자가 보충하여 실었다.

이 《마경초집》은 명(明) 마사문(馬師問)의 《마경대전馬經大全》을 초집(抄集)했다고 하지만 조선 초기에 간행된 《신편집성마의방新編集成馬醫方》을 조술(祖述)한 곳이 많다. 특히 총론에서 이를 볼 수 있다. 그러나 각론 질병 부분은 대부분 《마경대전》의 내용을 따랐다.

고찰

조선 전기에 오랫동안 사용했던 《신편집성마의방》은 이제 옛것이 되었고, 임진왜란 후 간행된 《마경대전》을 채용할 필요도 있었다. 그리하여 두 책을 절충하여 이 책을 편찬·간행한 것이다. (《조선의학사》 활판본 pp.364-366 참조)

이 책은 본래 활자본이지만 이를 복각한 목판본도 있다. 또한 필사본도 많이 전해진다.

장유(張維)의 《계곡집谿谷集》에 〈마경언해서馬經諺解序〉가 있다. 내용은 다음과 같다.

◎ 《계곡집》 권7 〈마경언해서〉[2]

人與物竝育天地間，得氣有偏正，賦形有鉅細，然其含生則均也。古之人推仁民之心，以及於物，雖昆蟲魚鼈之微，皆欲遂其生，況六畜之用於人者乎。畜之類莫如馬，其爲用可謂大矣，故有國者莫不以馬政爲重。夫欲馬之蕃，在於善其養而除其疾而已，馬之爲物，其五藏六府經絡血脈，略與人同，而寒熱燥濕飢飽勞佚，皆足以致疾，不究其理，無以盡其治，此馬醫諸經之所以作也。

國家廄牧之政，皆轄於冏寺，完豐府院君李公曙，實爲提調，常念馬病之難治，而馬醫之懵於術也，旣鋟行馬經四卷，又輯節其要義，譯以諺語，剞劂而廣布之，將使輿儓廝役，皆得以按方施治，瞭然於心目，其用心亦勤矣。古者馬政，莫備於周官，旣設校牧庾圉之職，分理其事，而又有巫馬掌養疾馬，相醫而藥攻馬疾焉，夫治馬而至於兼用巫醫，聖人之致其纖悉乃如此。然則完豐公之纂是書，亦可謂合於經義矣。余幸忝寮寀，樂觀厥成而爲之序云。

2 원서에는 일부 내용만 있지만 역자가 보충하여 실었다.

사람과 만물은 모두 하늘과 땅 사이에서 길러지는 존재이니 타고난 기질이 다르고 부여된 모습이 제각각이지만 생명이 있다는 점에서는 동일하다. 옛사람들은 백성을 아끼는 마음을 만물까지 확장하여 곤충이나 물고기 같은 미물이라 하더라도 모두의 생명을 살려 주려고 노력하였으니 하물며 사람에게 쓸모 있는 육축(六畜)[3]의 경우는 어떠했겠는가. 육축 중에서는 말 만한 것이 없으니 그 쓸모가 위대하다고 할 수 있다. 그러므로 왕이라면 말 관리를 중시하지 않는 경우가 없었다. 대저 말을 번식시키는 일은 잘 키우고 병을 치료해 주는 데 달렸을 뿐이다. 말이라는 동물은 오장육부와 경락(經絡)·혈맥(血脈) 등이 대략 사람과 같아서 온도와 습도나 여물의 분량 또는 혹사하거나 오래 묶어놓거나 하는 이유로 모두 병이 들 수 있기 때문에 그러한 이치를 파악하지 못하면 치료를 제대로 할 수 없다. 이것이 바로 말을 치료하는 여러 책이 만들어지게 된 이유이다.

국가에서 말을 기르는 일은 모두 사복시(司僕寺)의 관할이다. 완풍부원군(完豐府院君) 이서(李曙) 공께서 사복시의 제조로 계시면서 말의 병은 치료하기 어렵다는 점과 마의(馬醫)들이 의술에 어둡다는 점을 늘 염려해 오던 중에 이윽고 《마경馬經》 4권을 간행하였고㊂, 다시 중요한 내용만을 간추려 한글로 번역한 후 이를 새겨 널리 유포시켰다. 그리하여 앞으로는 노비라도 책을 찾아가며 치료할 수 있을 만큼 환히 알 수 있게 만드셨으니 이 공의 마음 씀씀이가 참으로 성실하였기 때문이다. 옛날에 말을 관리하는 일로는 《주례周禮》보다 잘 갖추어진 기록이 없다. 일단 교인(校人)·목사(牧師)·유인(庾人)·어사(圉師)의 관직을 설치하여 담당 업무를 나눈 데다가 무마(巫馬)까지 두어 병든 말을 보살펴 주고 마의(馬醫)를 도와 약으로 치료하게 하였다. 말을 치료할 때 무마와 마의를 동시에 지원했으니 말에 대해 성인께서 세심하게 관심을 기울이심이 이와 같았다. 그렇다면 완풍군이 이 책을 찬술한 것 역시 경전의 뜻에 부합된다고 말할 수 있을 것이다. 내가 때마침 이 공과 함께 동료로 일하면서 책의 완성을 보게 된 것이 기쁘기에 이렇게 서문을 쓰게 되었다.

이에 따르면 《마경대전》 4권을 이서(李曙)〈전기는 〔005장〕에서 설명하였다〉가 간행하였다고 할 수 있으며, “다시 중요한 내용만을 간추려〔又輯節其要義〕” 이하 내용처럼 새로 이 초집 언해서가 만들어졌다고 할 수 있다.

---

3 여섯 가축인 소·말·돼지·양·닭·개를 뜻한다.

㊂ 앞에서 설명한 《마경대전馬經大全》을 가리킨다.

007. 농상집요 農桑輯要

7권 1책

원(元) 사농사(司農司) 편찬

[전존]

〈 송석하(宋錫夏) 소장 〉

개요

원(元) 사농사(司農司)에서 지은 《농상집요》의 중간본을 고려 공민왕 21년 홍무洪武 5년, 임자1372에 강양(江陽)에서 개판(開版)한 것이다. 송석하(宋錫夏) 소장본은 후쇄본(後刷本)으로 조선 초기 간행본이라고 생각한다.

형태서지

책 제목은 "元朝正本重刊農桑輯要"로 되어 있다. 7권 1책. **|판식版式|** 목판본, 반곽 세로 24.5 × 가로 16.0㎝, 사주단변, 무계, 12행 25자. **|판심版心|** 어미가 없는 것, 상・하에 있는 것, 중앙에 있는 것이 있어 불규칙. **|지수紙數|** 서문 2매, 권상 29매, 권중 31매, 권하 40매, 중간후서(重刊後序) 1매, 조선후서(朝鮮後序) 2매.

책 첫머리에 서문〈"至治壬戌秋九月, 蔡文淵序"와 "王磐序"〉이 있다. 책 말미에 후서(後序)〈"至元癸酉八月, 孟祺後序"와 "至元二年, 重刊後序", 또 이색(李穡)의 후서(後序)와 설장수(偰長壽)의 서후(書後)〉가 있고, 가장 마지막에 간기(刊記)〈"洪武五年壬子八月日, 江陽開版云云"〉가 있다.

고찰

본문은 7권이지만 이 간본에는 이것을 상(上)・중(中)・하(下) 삼부(三部)로 나누었고, 각각 원본에 없는 "음의(音義)"〈조선에서 붙인 주석인 듯하다〉를 덧붙였다. 이 책은 동아시아의 농서로서 중요하게 여겨졌다. 조선의 옛 판본인 이 간본은 원(元) 간본의 원형을 그대로 전하고 있으면서 "음의(音義)" 등이 덧붙여져 있어 조선의 농상서(農桑書)로서도 중요한 의미가 있다. 중국 원본은 아마도 일실되어 버린 듯하다. 그러므로 이 조선 간본은 《농상집요》 전존본 가운데 가장 오래된 선본(善本)으로 동아시아 농학(農學)에서 가장 중요한 자료라고 할 수 있다.

덧붙여 이 간본에 있는 "본초(本草)" 부분은 의약(醫藥)을 연구하는 데 좋은 자료가 된다고 생각한다.

《고사촬요》만력 13년 간본〈팔도책판〉에 이 책의 합천판(陜川版)이 실려 있고, 안동(安東)에 《농상집촬農桑集撮》의 책판이 있다고 하였다(《농상집촬》은 《농상집요》와 같은 책이 아니라 별도의 책이라고 생각해야 할까?). 이때까지 조선 초기 간본을 토대로 한 판목이 합천 등에 존속된 듯하다(필자는 보지 못하였다). 《농상집요》는 《사시찬요四時纂要》와 함께 많이 사용된 농서였다.

008. 농서 農書 · 농서언해 農書諺解

[일실]?

개요

《세종실록》에 다음과 같이 기록되어 있다.

◎ 《세종실록》 세종 10년 무신1428 윤4월 13일 기사[1]

傳旨慶尙道監司, 咸吉平安兩道地品好, 而無知之民, 泥於舊習, 農事齟齬, 未盡地力。欲採可行良法, 使其傳習, 道內耕種耘穫之法, 五穀土性所宜及雜穀交種之方, 訪之老農, 撮要成書以進。且農書一千部, 以國庫米豆, 換紙印進。

경상도 감사에게 전교하였다. "함길도(함경도) · 평안도 두 도는 토질은 좋건만 무지한 백성들이 옛 습관에 얽매여 농사에 차질이 생기고 지력을 제대로 사용하지 못하므로 시행할 만한 좋은 방법을 모아서 그들에게 익히게 하려고 한다. 현재 해당 도에서 경작하고 수확하는 방법과 오곡에 따라 알맞은 토질과 잡곡을 번갈아 심는 방법에 대하여 늙은 농부에게 물은 다음 요점을 모아 책으로 만들어 올리도록 하라. 또 국고의 양곡을 종이로 바꿔서 《농서》 1천 부를 인출하여 올리라."

세월이 흐른 뒤 《중종실록》에 다음과 같이 기록되어 있다.

---

1 원서에는 내용이 요약되어 있으나 역자가 원문을 인용하여 실었다.

◎ 《중종실록》 중종 13년 무인1518 4월 1일 기사[2]

同知中樞府事金安國啓曰, 臣爲慶尙道觀察使, 觀其道人心風俗, 頹弊乃極。今者上方有志於轉移風俗, 故臣欲體至意, 變革頑風, 而竊思其要, 取古人之書, 可以善俗者, 詳加諺解, 頒道內以敎之。此等書冊, 臣有志修撰, 而第緣事務煩劇, 未遑詳悉, 錯誤必多。今方別設撰集廳, 印出文籍, 此等書, 使之更加讎校, 印頒八道, 則於淬勵風化, 庶有小益也。……, 如農書、蠶書, 乃衣食之大政, 故世宗朝飜以俚語, 開刊八道。今亦頗致意務本之事, 故臣亦加諺解。……。

동지중추부사 김안국(金安國)이 아뢰었다. "신이 경상도 관찰사로 있을 때 그곳의 인심과 풍속을 보니 매우 쇠락하고 피폐했습니다. 지금 주상께서 풍속의 변화에 뜻을 두시므로 소신은 그 지극하신 의도를 본받아 피폐한 풍속을 혁신하고자 합니다. 가만히 그 요령을 생각해 보니 옛 서적 중에서 풍속을 바로잡을 수 있는 것을 뽑아 거기에 한글 풀이를 붙인 후 도내에 배포하여 가르치는 것이었습니다. 소신이 그런 책들을 편찬하고는 있었으나 공무가 과중하여 미처 자세히 살피지 못하였으므로 착오가 필시 많을 것입니다. 지금 별도로 찬집청(撰集廳)을 설치하여 책을 인출하고 있으니 이 책들을 다시 교정한 뒤 인출하여 팔도에 배포하면 풍속을 혁신하는 데 조금이나마 도움이 될 것입니다. …… 《농서》와 《잠서》는 옷을 짓고 음식을 먹는 데 중요한 정책 수단이기 때문에 세종 대에 한글로 번역하여 팔도에서 개간(開刊)하였습니다. 지금도 농업을 힘쓰는 일에 뜻을 두고 있으므로 신 또한 한글 풀이를 붙이게 되었습니다. ……."

이 《농서》는 조선 사람의 저술이라고 생각한다.

한편 《고사촬요》만력 13년 간본〈팔도책판〉에 진양(進陽)・전주(全州)・담양(潭陽)・안동(安東)・진주(晉州)・평양(平壤) 각지에 이 책의 책판이 보인다. 이들은 아마도 각 지역에서 만들어진 중종판(中宗版)의 번각본인 듯하다. 농서라는 특성상 이렇게 여러 지역에서 간행되었겠지만, 필자는 보지 못하였다. 앞으로 자세히 연구되기를 바란다.

《중종실록》 중종 38년 기사에 다음과 같이 기록되어있다. 이 책은 앞의 《농서》와는 다른 책이다.

---

2 원서에는 내용이 요약되어 있으나 역자가 원문을 인용하여 실었다.

◎《중종실록》 중종 38년 계묘1543 11월 5일 기사[3]

以東魯王氏 大明人也 農書, 下于政院曰, 農桑灌漑之事, 備在其中, 開刊廣布, 使民庶皆得見之, 則至爲美矣。開刊與否, 議于大提學成世昌, 以啓。

동로(東魯)[4] 왕씨(王氏)[5](중국 사람이다)의 《농서》를 승정원에 내리면서 일렀다. "농상(農桑)과 관개(灌漑)에 관한 것이 이 책에 갖추어져 있으니 간행하여 널리 배포한 후 백성들이 모두 볼 수 있게 하면 아주 좋겠다. 간행 여부를 대제학 성세창(成世昌)과 의논한 후 아뢰라."

3 원서에는 내용이 요약되어 있으나 역자가 원문을 인용하여 실었다.

4 옛 노(魯)나라의 땅을 산동(山東)·산서(山西)로 나누어 동로(東魯)·서로(西魯)라 한다.

5 원(元) 동평(東平) 사람 왕정(王禎)이다.

009. 농사직설 農事直說

1권

정초(鄭招) · 변효문(卞孝文) 지음

[전존]

개요

《세종실록》에 다음과 같이 기록되어 있다.

◎ 《세종실록》 세종 11년 기유1429 5월 16 기사[1]

命摠制鄭招等，撰農事直說。其序曰，農者，天下國家之大本也，自古聖王，莫不以是爲務焉。帝舜之命九官十二牧也，首曰，食哉惟時。誠以粢盛之奉，生養之資，捨是，無以爲也。恭惟太宗恭定大王，嘗命儒臣，掇取古農書切用之語，附註鄕言，刊版頒行，敎民力本。及我主上殿下，繼明圖治，尤留意於民事，以五方風土不同，樹藝之法，各有其宜，不可盡同古書，乃命諸道監司，逮訪州縣老農，因地已試之驗具聞。又命臣招，就加詮次，臣與宗簿少尹臣卞孝文，披閱參考，祛其重複，取其切要，撰成一編，目曰農事直說。農事之外，不雜他說，務爲簡直，使山野之民曉然易知。旣進，下鑄字所，印若干本，將以頒諸中外，導民厚生，以至於家給人足也。臣竊觀周詩，周家以農事爲國，歷八百餘年之久。今我殿下惠養斯民，爲國長慮，豈不與后稷、成王同一揆範乎。是書雖小，其爲利益，可勝言哉。

총제(摠制) 정초(鄭招) 등에게 명하여 《농사직설》을 편찬하게 하였다. 그 서문에 다음과 같이 쓰여있다. "농사는 천하의 위대한 근본이니 옛 성왕들로부터 농사에 힘쓰지 아니한 경우는 없었습니다. 순(舜)임금이 9관(官)과 12목(牧)에 명하실 적에 '먹거리는 농사 시기에 달렸다.'라고 첫마디를 적으셨으니 진실로 제사에 올릴 음식과 살아가기 위한 양식은 농사 없이 만들어질 수 없기 때문입니다. 위대하신 태종 공정대왕(太宗恭定大王)께서는 예전에 문신들에게 명하시어

1 원서에는 내용이 요약되어 있으나 역자가 원문을 인용하여 실었다.

옛날 농서(農書) 중에 사용하기 절실한 말들을 뽑고 한글로 설명을 단 후 판각하고 반포함으로써 백성들이 농사를 힘쓰도록 가르치셨습니다. 또 우리 주상 전하께서는 그 가르침을 계승하여 나라를 잘 다스릴 때 특히 백성들의 일에 관심을 가지셨습니다. 각 지방의 풍토가 다르기 때문에 곡식을 심고 가꾸는 방법에 각각 알맞은 방법이 있으니 옛날 책과 전부 같을 수 없다 여기시고는 각 도의 감사(監司)에게 명하여 각 고을의 나이 많은 농부들을 찾아다니게 한 후 지역마다 효과를 경험한 방법들을 각각 아뢰게 하셨습니다. 그리고 소신에게 명하시어 목차를 구성하게 하셨으니 소신과 종친부 소윤(少尹) 변효문(卞孝文)은 낱낱이 살피고 비교하면서 중복된 말을 지우고 가장 요긴한 말만 모은 후 하나의 책을 완성하고 제목을 《농사직설》이라고 하였습니다. 농사 외에 다른 설명은 섞지 않았고 간단하면서 그대로 따라 할 수 있도록 노력하여 시골의 백성들도 한눈에 쉽게 알게 하였습니다. 책을 진상하니 주자소(鑄字所)에 보내어 소량을 인출하도록 명하셨으니 앞으로 이 책을 도성과 지방에 반포하여 백성을 풍요로운 삶으로 인도하시면 마침내 집마다 넉넉하고 사람마다 풍족하게 될 것입니다. 소신이 《시경》을 보았더니 주나라도 농사를 근본으로 통치하여 8백여 년의 오랜 세월을 이어갔다고 합니다. 지금 우리 주상 전하께서도 백성을 잘 기르시어 나라의 장구한 계획을 실천하고 계시니 어찌 후직(后稷)이나 성왕(成王)과 동일한 모범이 되지 않으시겠습니까. 이 책이 비록 작긴 하지만 앞으로 얼마나 이로운 책이 될지 다 말할 수 없을 것입니다."

판본

《고사촬요》만력 13년 간본〈팔도책판〉을 통해 전주(全州)와 무장(茂長)에 책판이 있었음을 알 수 있다. 이 외에도 많은 판본이 있었을 것이다.(예를 들어 다음에 제시하는 것과 같음) 그러나 이들의 고판본(古版本)은 전존되는 것이 드물다. 우리가 쉽게 볼 수 있는 것은 신속(申洬)의 《농가집성農家集成》(〔021장〕 참고) 가운데에 수록되어 있는 이 책이다. 이것은 물론 세종 당시의 원형이 아니고 신속에 의해 다소 수정된 것이다.

전존본 가운데 오래된 것으로 《금양잡록衿陽雜錄》과 합책된 만력(萬曆) 9년 간본이 있다(《경성서물동호회회보京城書物同好會會報》 16호, 후지타 료사쿠(藤田亮策)의 기술). 이 가운데 한 종은 경성대학 도서관 소장본으로 형태는 다음과 같다.

1권 1책. **|판식版式|** 목판본, 반곽 세로 약 18×가로 약 14㎝, 사주쌍변, 오사란(烏絲欄), 10행 17자. **|판심版心|** 상하흑구, 어미 사이에 "農說" 혹은 "衿陽"이라고 적혀 있다. **|지수紙數|** 《농사직설》 9매, 《금양잡록》 29매.

또한 아래와 같은 내사기(內賜記)가 적혀 있다.

◎ 《농사직설》 경성대학 도서관 소장본 내사기

> 萬曆九年辛巳十二月 日, 內賜春川府使朴承任農事直說一件, 命除謝恩。右副承旨 臣 盧〔着名〕

> 만력 9년1581 12월 일. 춘천부사 박승임(朴承任)에게 《농사직설》 1질을 내리니 답례하지 말라. 우부승지 신 노(盧)〔착명〕

일본 오야마다 토모키요(小山田與淸)의 《송옥총화松屋叢話》 권1에 임진왜란 때 가져온 이 책 간본에 대한 기록이 남아 있다. 그것은 앞의 경성대학 도서관 소장본과 같이 《농사직설》과 《금양잡록》의 합책(合冊)으로, 만력 9년 12월 이조 판서 정랑(正郞) 김찬(金讚)에게 내린 내사본이다. 또 시라이 미츠타로오(白井光太郎) 씨는 《본초학논고本草學論攷》 제1책에서 만력 9년 12월 우참찬 이문형(李文馨)에게 내린 내사본으로 "養安院藏書"라는 인기(印記)가 있는 동일한 간본에 대하여 설명하였다.

010. 금양잡록 衿陽雜錄

1권

강희맹(姜希孟) 지음

[전존]

개요

조위(曹偉)가 성종 23년 임자1492 2월에 이 책의 서문을 썼으므로 이 때 초간 되었다고 생각한다. 저자인 강희맹(姜希孟)이 세상을 떠난 것은 성종 14년 계묘1483이므로, 이로부터 수년 전 그가 금양(衿陽)〈지금의 시흥군(始興郡)〉에 한거(閑居)할 때 보고 듣고 경험한 농사 방법을 수집하여 이 책을 저술하였던 것 같다. 예리한 관찰이 돋보이는 조선의 출중한 농서(農書)이다.

판본

오래된 간본으로는 만력(萬曆) 9년 간본이 알려져 있다〈〔009장〕 참조〉. 이 책은《농가집성農家集成》 가운데에도 수록되어 있어서 쉽게 내용을 살필 수 있다.

인물전기

강희맹(姜希孟, 1424－1483). 자는 경순(景醇), 호는 사숙재(私淑齋)·운송거사(雲松居士), 본관은 진주(晉州)이다. 형은 인재(仁齋) 강희안(姜希顔)이다. 세종 6년 갑진1424에 태어나 세종 29년 정묘1447 문과에 장원으로 급제하였고 관직은 이조판서에 이르렀다. 성종 14년 계묘1483 60의 나이로 세상을 떠났다. 세조·예종·성종 때 문학에 힘쓴 공적이 크다.

011. 양잠방 養蠶方

이행(李行) 지음, 곽존중(郭存中) 주해(注解)

[일실]

개요

《태종실록》에 다음과 같이 기록되어 있다.

◎ 《태종실록》 태종 17년 정유1417 5월 20일 기사[1]

京畿採訪判官權審，進黃眞絲與繭。初前藝文館大提學李行，於農桑輯要內，抽出養蠶方，自爲經驗，所收倍常，遂版刊行于世。國家慮民間未解華語，命議政府舍人郭存中，將本國俚語，逐節夾註，又版刊廣布，然非我國素習，皆不樂爲之。至是，命擇各道閑曠有桑之地，分遣採訪，屬典農寺奴婢，免其雜役，使之養蠶，以示民間，又令後宮親自養焉，多有所得。

경기 채방판관 권심(權審)이 명주실과 누에고치를 진상하였다. 애초에 전 예문관 대제학 이행(李行)이 《농상집요》 속에서 양잠법을 뽑아낸 후 스스로 경험해 보았더니 수확이 보통 때의 배나 되었기 때문에 마침내 간행하여 세상에 전하였다. 조정에서는 민간에서 한문을 이해하지 못할까 염려하여 의정부 사인 곽존중(郭存中)에게 명하여 우리말로 구절마다 주석을 단 후 간행하여 배포하였다. 그러나 우리나라에서 평소에 쓰던 방법이 아니었기 때문에 모두 양잠을 즐겨하지 않았다. 이렇게 되자 각 도의 묵은 땅 중에 뽕나무가 있는 곳을 택하여 채방사(採訪使)를 나누어 보내도록 명하는 한편 전농시(典農寺)에 속한 노비에게 잡역을 면제하고 그들에게 양잠을 시켜 민간에 보여주었다. 또 후궁들에게 직접 양잠하게 명하였더니 많은 소득이 있었다.

---

1 원서에는 내용이 요약되어 있으나 역자가 원문을 인용하여 실었다.

이행(李行)이 원(元) 사농사(司農司)의 《농상집요農桑輯要》(공민왕 21년(임자1372) 고려에서 중간되었다. 〔007장〕 참고) 에서 내용을 뽑아내 《양잠방》을 저술하였고[2], 곽존중(郭存中)이 여기에 주해(註解)를 덧붙여 이 책을 간행하였다.

2 원서에서는 "養蠶方"을 서명으로 보았으나 《태종실록》의 내용을 보면 "양잠법" 정도의 의미로 보인다.

012A. 잠서 蠶書

[일실]

012B. 잠서주해 蠶書註解

서강(徐岡) · 이근(李覲) 주해(註解)

[일실]

개요

《세조실록》에 다음과 같이 기록되어 있다.

◎ 《세조실록》 세조 5년 기묘1459 1월 30일 기사[1]

命藝文直提學徐岡，司憲監察李覲，撰蠶書註解。

예문관 직제학 서강(徐岡) · 사헌부 감찰 이근(李覲)에게 명하여 《잠서주해》를 편찬하게 하였다.

《세종실록》에 다음과 같이 기록되어 있다.

◎ 《세종실록》 세종 21년 기미1439 3월 9일 기사[2]

禮曹據咸吉道觀察使關啓，　請於富居縣送朝服及六典、律文、農蠶書、三綱行實。從之。

예조에서 함길도(함경도) 관찰사의 관문(關文)에 의거하여 아뢰었다. "청컨대 부거현(富居縣)에 조복(朝服)과 《육전》 · 《율문》 · 《농잠서》 · 《삼강행실》을 보내주소서." 주상께서 그대로 따랐다.

1 원서에는 내용이 요약되어 있으나 역자가 원문을 인용하여 실었다.

2 원서에는 내용이 요약되어 있으나 역자가 원문을 인용하여 실었다.

여기서 《농잠서農蠶書》는 단일 서적일 수도 있지만 《농서農書》와 《잠서蠶書》(각각 〔008장〕과 〔012장〕 참고)를 합하여 지칭했을 가능성도 있다.

013. 잠서 蠶書

양성지(梁誠之) 지음

[일실]

개요

《세조실록》에 다음과 같이 기록되어 있다. 〔012장〕《잠서蠶書》와 이름이 같으나 다른 책이다.

◎ 《세조실록》 세조 5년 기묘1459 8월 20일 기사[1]

御札下承政院曰，予欲省作蠶書，以便觀者，使易擧行，親披數日，雖有可省之語，亦不可太省。且此一卷之書，非爲浩汗難窮，但其中誤句訣、誤注釋者，須要校正刊行。如是則欲全觀者全觀，省觀者省觀矣。以我國人才，輕改古書，必致甚錯，反不如存古之愈也。遂命行大護軍梁誠之考校。

승정원에 어찰(御札)을 내렸다. "내가 《잠서》를 간략히 줄여서 보는 이가 편하게 보고 쉽게 따라 할 수 있도록 하고자 친히 며칠 동안 펼쳐보았으나 줄일 만한 말이 있더라도 너무 줄일 수는 없었다. 또 이 한 권의 책은 양이 많아 연구하기 어려운 것이 아니라 그 속에 글귀가 틀리고 주석이 잘못되었기 때문이니 반드시 교정하여 간행해야 한다. 이렇게 하면 전부를 보려고 하는 사람은 전부를 보고, 줄여서 보려고 하는 사람은 줄여서 볼 수 있을 것이다. 우리나라 사람의 학식으로 옛글을 경솔히 고친다면 반드시 많은 착오를 초래하게 될 것이니 도리어 옛글을 그대로 두는 것만 못하게 될 것이다." 결국 행 대호군 양성지(梁誠之)에게 명하여 책을 교정하도록 하였다.

1 원서에는 내용이 요약되어 있으나 역자가 원문을 인용하여 실었다.

◎ 《세조실록》 세조 5년 기묘1459 10월 1일 기사[2]

行上護軍梁誠之新撰蠶書以進。

행 상호군 양성지(梁誠之)가 새로 편찬한 《잠서》를 바쳤다.

2 원서에는 내용이 요약되어 있으나 역자가 원문을 인용하여 실었다.

014. 잠서언해 蠶書諺解

최항(崔恒) · 한계희(韓繼禧) 한글 풀이[諺解]

[일실]

개요

《세조실록》에 다음과 같이 기록되어 있다. 그러나 어떤 《잠서》를 원본으로 하여 한글로 번역하였는지는 분명히 알 수 없다.

◎ 《세조실록》 세조 7년 신사1461 3월 14일[1]

命知中樞院事崔恒、右承旨韓繼禧等文臣三十餘人，用諺字譯蠶書。

지중추원사 최항(崔恒) · 우승지 한계희(韓繼禧) 등 문신 30여 명에게 명하여 《잠서》를 한글로 번역하게 하였다.

고찰

《고사촬요》 만력 13년 간본 〈팔도책판〉에 전주판(全州版) · 안동판(安東版) · 평양판(平壤版) 《잠서》와 회양판(淮陽版) · 정선판(旌善版) 《양잠방養蠶方》이 실려 있다. 이를 통해 앞서 살펴본 각종 《잠서》 · 《양잠방》의 지방판이 존재했음을 알 수 있다〈필자는 보지 못하였다〉.

1 원서에는 내용이 요약되어 있으나 역자가 원문을 인용하여 실었다.

015A. 계주서 戒酒書

유의손(柳義孫) 지음

[일실]

개요

《세종실록》에 다음과 같이 기록되어 있다.

◎ 《세종실록》 세종 15년 계축1433 10월 28일[1]

教旨。

蓋聞酒醴之設，非以崇飮，所以奉神明，享賓客，養高年者也。是以因祭而飮，以獻酬爲節，因射而飮，以揖讓爲禮。鄕射之禮，所以敎親睦也，養老之禮，所以尙齒德也。然猶曰，賓主百拜而酒三行，又曰，終日飮酒而不得醉，則先王所以制酒禮而備酒禍者，至矣盡矣。降及後世，俗習不古，惟荒腆是務，故禁酒之法雖嚴，而終不能救其禍，可勝歎哉。

夫酒之爲禍甚大，豈特糜穀費財而已哉。內弱心志，外喪威儀，或廢父母之養，或亂男女之別，大則喪國敗家，小則伐性喪生，其所以瀆亂綱常、敗毁風俗者，難以枚擧，姑指其一二可戒可法者言之。商辛周厲，以此而亡其國，東晋之俗，以此而亡人之國。鄭大夫伯有，窟室夜飮，卒爲子皙所焚。前漢校尉陳遵，每大飮，賓輒關門投轄，使于匈奴，醉而遇害。後漢司隷校尉丁沖，數過諸將飮酒，爛腸而死。晋尙書右僕射周顗，能飮酒一石，偶有舊對來，欣然共飮大醉，及醒使視，客已腐脅而死。後魏夏侯史性好酒，居喪不戚，醇醪不離於口，弟妹不免飢寒，於是昏酣而死，此誠可戒者也。

1 원서에는 내용이 요약되어 있으나 역자가 원문을 인용하여 실었다.

周武王作酒誥之書, 以訓商民, 衛武公作賓筵之詩, 以自警責。晉元帝頗以酒廢事, 王導深以爲言, 帝命引觴覆之, 遂絶。元太宗日與大臣酣飮, 耶律楚材乃持酒槽金口進曰, 此鐵爲酒所蝕, 尙致如此, 況人之五臟, 有不損耶。帝悟因勑左右, 日進酒三鍾而止。晉陶侃每飮酒有定限, 或勸少進, 侃悽愴良久曰, 年少曾有酒失, 亡親見約, 故不敢踰。庾袞父在, 常戒袞以酒, 後每醉輒自責曰, 予廢先人之訓, 何以訓人。乃於墓前, 自杖二十, 此誠可法者也。

且以我國之事言之。昔新羅之敗於鮑石亭, 百濟之滅於落花巖, 靡不由此, 而高麗之季, 上下相師, 沈湎自恣, 竟底於亡, 此亦殷鑑之不遠也, 可不戒哉。

惟我太祖肇造丕基, 太宗繼述, 修明政敎, 垂憲萬世, 群飮之禁, 著在令甲, 以革舊染之俗, 以致維新之化。予以否德, 叨承丕緖, 夙夜祗懼, 以圖治安, 鑑往昔之覆轍, 遵祖宗之成憲, 示之以禮, 糾之以法。予之用心, 非不至也, 而惟爾臣民, 以酒失德者, 比比有之。是前朝衰微之風, 猶未殄絶, 予甚憫焉。嗚呼, 酒之釀禍, 若是之慘, 而尙不覺悟, 亦何心哉。縱不能以國家爲念, 獨不顧一身之性命乎。朝臣有識者, 尙且如此, 閭巷小民, 何所不至。獄訟之興, 多出於此。始之不謹, 則末流之弊, 誠可畏也。此予之所以考古證今, 反覆告戒者也。咨爾中外大小臣民, 其體予至懷, 視前人之得失, 爲今日之勸戒, 毋好飮以廢事, 勿過飮以成疾。各敬爾儀, 式遵無彝之訓, 剛制于酒, 庶臻於變之風。惟爾禮曹, 體此至意, 曉諭中外。

藝文應敎柳義孫之辭也。遂命鑄字所模印, 頒于中外。

주상이 다음과 같이 교지(敎旨)를 내렸다.

듣자 하니 술을 마련하는 이유는 술을 즐겨 마시려는 게 아니라 천지신명을 받들고 빈객을 대접하며 노인을 봉양하기 위한 것이라고 한다. 그렇기 때문에 제사를 지내며 마실 때는 술잔을 올리거나 돌리는 예절이 있고, 향사례(鄕射禮)를 하며 마실 때는 읍양(揖讓)하는 예절이 있다. 향사례의 예절은 친목을 권장하기 위함이고 노인 봉양의 예절은 연장자의 덕행을 높이기 위함이다. 그렇더라도 오히려 '손님과 주인이 백 번 절하는 동안 술을 세 차례 돌린다.'고 하시고, 또 '이렇게 하면 종일 술을 마셔도 취할 수 없다.'고 하셨으니 선왕께서 술의 예절을 제정하면서 술의 폐해에 대비한 것이 참으로 극진하였다. 후대로 내려와 풍속이 예전과 같지 못하게 되면서 오직 술을 탐닉하는 것에만 힘쓰게 되었기 때문에 술을 금지하는 법이 엄중하더라도 결국 술의 폐해를 구제하지 못하게 되었으니 정말로 한탄스러운 일이다.

술의 폐해는 매우 크니 어찌 곡식을 낭비하고 재물을 허비하는 일뿐만이겠는가.

술이란 안으로는 정신을 손상하고 겉으로는 예절을 잃게 하거나 부모를 봉양하지 않거나 남녀의 구별을 문란하게 하니 크게는 나라를 잃거나 집안을 몰락시키고 작게는 성격을 버리거나 목숨을 잃게 만든다. 술이 질서를 문란하게 만들고 풍속을 무너뜨린 일은 하나하나 열거하기 어렵지만 우선 그중에서 경계할 사건과 본받을 사건 몇 가지를 지적하여 말해보겠다. 상(商)의 주왕(紂王)과 주(周)의 여왕(厲王)은 술 때문에 그 나라를 망하게 하였고, 동진(東晉)은 술 때문에 다른 나라를 망하게 하였다. 정(鄭)의 대부 백유(伯有)는 땅굴에서 밤에 술을 마시다가 마침내 자석(子晳)에게 불태워져 죽었다. 전한(前漢)의 교위(校尉) 진준(陳遵)은 늘 술을 많이 마시던 사람으로 손님이 오면 문득 문을 잠그고 열쇠를 우물에 던져버리곤 했는데 흉노(凶奴)에 사신으로 갔을 때 술에 취하여 살해되었다. 후한(後漢)의 사예교위(司隷校尉) 정충(丁沖)은 자주 여러 무관을 찾아다니면서 술을 먹더니 창자가 문드러져 죽었다. 진(晉)의 상서 우복야 주개(周顗)는 술 한 섬을 거뜬히 마시는 사람으로 한 번은 친구가 와서 기쁘게 함께 술을 마시고 몹시 취했다가 술이 깨고 나서 보니 손님은 이미 과음으로 옆구리가 썩어서 죽어 있었다. 후위(後魏)의 하후사(夏候史)는 술을 좋아하는 성격으로 상을 치르면서도 슬퍼하지 않은 채 좋은 술을 입에서 떼지 않았고 아우와 누이는 굶주림과 추위를 면치 못하였는데 마침내 그는 술에 취한 상태로 죽었다. 이것들은 참으로 경계해야 하는 사건이다.

주(周)의 무왕(武王)은 《서경》의 〈주고酒誥〉를 지어 상(商)의 백성들을 훈계하였고, 위(衛)의 무공(武公)은 《시경》의 〈빈연賓筵〉을 지어 자신을 경계하였다. 진(晉)의 원제(元帝)가 술 때문에 자주 일을 하지 못하게 되었을 때 왕도(王導)가 깊이 경계하여 말하자 원제가 술잔을 엎어 버리라고 명령하고는 드디어 술을 끊었다. 원(元) 태종(太宗)이 날마다 대신들과 술에 빠져 지내자 야율초재(耶律楚材)가 드디어 술통의 금속 주둥이를 가지고 가서 진상하며 아뢰기를 '이 쇠붙이가 술에 삭는 것도 이와 같은데 하물며 사람의 오장육부가 술에 손상되지 않을 수 있겠습니까.'라고 하니 황제가 깨달은 후 좌우의 신하들에게 칙명을 내려 하루에 술 석 잔을 올리고 나서 멈추도록 하였다. 진(晉)의 도간(陶侃)은 술 마실 때마다 주량을 정한 사람으로 어떤 사람이 조금만 더 먹으라고 권하면 그는 한참 동안 슬픈 얼굴을 하다가 말하기를 '젊었을 때 술을 먹고 실수한 일이 있어서 돌아가신 아버지와 약속했기 때문에 감히 그 약속한 주량을 넘지 않습니다.'고 하였다. 유곤(庾袞)의 아버지는 생전에 항상 유곤에게 술을 조심하라고 하셨는데 아버지가 돌아가신 후 그는 술에 취할 때마다 문득 자책하기를 '내가 선친의 훈계를 저버리고 어찌 남을 훈계할 수 있겠는가.' 하고는 드디어 아버지의 무덤 앞에서 스스로 매 20대를 쳤다고 한다. 이것들은 참으로 본받을 만한 사건이다.

그리고 우리나라의 일을 가지고 말해보겠다. 옛날 신라는 포석정에서 패망하였고 백제는 낙화암에서 멸망했으니 술 때문이 아닌 경우가 없고, 고려 말엽에는 윗사람 아랫사람이 주거니 받거니 술에 빠져 제멋대로 방자하게 굴다가 마침내 멸망하기에 이르렀다. 이것들도 역시 거울로 삼기에 부족하지 않으니 경계하지 않아서야 되겠는가.

생각건대 우리 태조께서는 위대한 왕업(王業)의 터전을 만드시고 태종께서는 뜻을 이어 정치와 교화를 닦아 밝히셨으니 만세에 법전을 마련하셨다. 여럿이 모여 술 마시는 것을 금지하는 조문이 법전에 적혀 있기 때문에 오랜 악습을 개혁할 수 있었고 새로운 변화를 이룰 수 있었다. 나는 부덕한 자질이지만 외람되게 왕위를 계승한 이후로 밤낮으로 조심하고 두려워하면서 정치의 안정을 도모하였고, 지나간 옛날의 실패를 거울삼고 선왕들께서 마련한 법전을 준수하면서 예절에 맞게 행동하고 규범에 맞게 몸가짐을 단속하였다. 나의 마음 씀씀이가 이렇게 정성을 다하지 않은 적이 없건만 그대들 신민(臣民)들은 술 때문에 실수하는 일이 가끔 있는 듯하다. 이것은 이전 왕조의 쇠약하였던 풍습이 아직도 완전히 끊어지지 않았기 때문이니 나는 매우 걱정스럽다. 아아, 술이 재앙을 부름이 이처럼 참혹하건만 아직도 깨닫지 못하니 그것은 도대체 무슨 마음이란 말인가. 비록 국가의 장래를 생각하지는 못할망정 제 한 몸의 생명도 돌아보지 않는단 말인가. 관원 중에 배웠다는 자들도 오히려 이와 같으니 저잣거리의 백성들이 어찌 똑같이 하지 않겠는가. 옥사나 송사가 많이 생기고 있으니 이것도 대부분 술 때문에 시작된다. 지금 시점에 술을 삼가지 않으면 나중의 폐해는 정말로 두려워할 만한 일이 될 것이다. 이것이 바로 내가 옛 일화를 들어 현재를 비춰보면서 거듭거듭 말하고 경계시키는 까닭이다. 중앙이건 지방이건 지위가 높건 낮건 그대들 신민들은 나의 간절한 생각을 본받아 옛사람들의 본받을 점과 경계할 점을 살피고 오늘의 권면과 경계를 실천해야 할 것이니 술을 즐기느라 업무를 그르치는 일이 없게 하고 과음하다가 병을 부르는 일이 없게 하라. 각자가 그대들의 몸가짐을 다잡으면 술을 달고 살지 말라는 훈계를 준수할 수 있을 것이고 굳게 술을 절제하면 풍습을 변화시킬 수 있을 것이다. 너희 예조(禮曹)에서는 나의 간절한 뜻을 본받아 중앙과 지방에 분명히 전하라.

예문관 응교(應教) 유의손(柳義孫)이 기초한 글이다. 마침내 주자소(鑄字所)에서 그대로 본떠서 인출한 뒤 중앙과 지방에 반포하게 하였다.

015B. 주계문 酒戒文

이행(李荇) 지음

[전존]

개요

《중종실록》에 다음과 같이 기록되어 있다. 김희수(金希壽)가 글씨를 썼다.

◎ 《중종실록》 중종 9년 갑술1514 11월 11일[1]

知製教李荇製酒戒以進。其詞曰，嗚呼，酒之流禍，易溺難救，亡國喪身，恒由於此。自古戒禁者存，沈酗者滅，稽之方策，得失俱載，予雖不言，人尚克知之。昔有儀狄，造酒而甘，大禹慮遠，疎而絶之，亦有妹邦，荒腆于酒，武王憂之，酒誥是作，聖人之憂世慮禍，深矣。予觀今之大小臣庶，戒酒者少，崇飮者多，浸淫成俗，罔有德將，沈湎伐性，不自知悔，此厥不戒，末流奈何。予德不能化，深用爲悼。粤稽先王，肇制酒禮，一獻百拜，終日不得醉。今之用酒，必及於亂，廢事失儀，而敗其德，縱飮不止，終喪厥身。厥身且不自愛，遑恤德禮，故我世宗戒酒有書，曉諭丁寧，其所以防酒禍者，至深且切。汝雖不有予言，其不念我祖宗遺意乎。會飮抵罪，著在令甲，禁酒之制，亦非不密。雖然，禁人以法，不若禁之於心，予今有命，禁在汝心。汝心不禁，何所不至。在位有職，尚或如是，況在愚民，其能戒哉。變移之機，寔在朝廷，凡厥庶官，各制乃心，無酗于酒，無失汝儀，無廢汝事，無喪汝身，思無負予言。亦令士庶，觀感知戒，革其舊習，同臻仁壽之域，以成我馨香之治。

傳曰，以此曉諭中外。

지제교 이행(李荇)이 〈주계문酒戒文〉을 지어 올렸다. 그 글은 다음과 같다. “아, 술의 중독은 빠지기 쉬워도 구제하기는 어려우니 나라를 멸망시키고 몸을 상하

1 원서에는 내용이 요약되어 있으나 역자가 원문을 인용하여 실었다.

게 하는 이유가 항상 이 때문이다. 예로부터 술을 경계하여 금한 경우는 존속하고 술에 빠진 경우는 멸망하는 법이니 서적을 찾아보면 득실이 모두 실려 있기 때문에 내가 말하지 않더라도 사람들은 충분히 알고 있을 것이다. 옛날에 의적(儀狄)이 술을 만들고 나서 맛있게 여기자 우임금은 장래를 염려하여 그를 멀리하다가 관계를 끊었고, 매방(妹邦)이 술에 탐닉하자 무왕은 이를 걱정하여 〈주고酒誥〉를 지었으니 성인께서 세상을 걱정하고 해악을 염려함이 이처럼 깊으셨다. 내가 요즘의 높고 낮은 신민(臣民)을 살펴보니 술을 경계하는 사람은 적고 즐겨 마시는 사람은 많다. 술에 차츰차츰 빠져드는 일이 풍속이 되어 덕을 행하는 사람이 없어지고 술에 빠져 생명을 해치는데도 스스로 뉘우칠 줄을 모르니 지금 경계하지 않는다면 나중에 가서는 어찌 되겠는가? 내가 부덕하여 신민을 감화시키지 못하니 매우 슬픈 일이다. 아아 선왕(先王)의 일을 상고해 보니 술의 예법을 처음 만들 적에 한 번 술잔을 올리고는 백 번 절하게 하였으므로 종일토록 마셔도 취할 수 없었다. 그런데 지금 술을 마실 때는 반드시 난잡한 지경에 이르고 있으니 업무를 하지 못하고 몸가짐을 잃은 채 선왕의 덕행을 무너뜨릴 뿐만 아니라 끊임없이 마구 마시다가 결국에는 자신의 건강까지 망치고 있다. 자신의 몸도 스스로 아끼지 않으니 덕행과 예절을 생각할 겨를이 있겠는가. 그러므로 우리 세종께서 술을 경계하는 글을 지어 간곡하게 타이르셨으니 술의 해악을 방지하려는 뜻이 아주 깊고도 간절하였다. 너희들이 내 말을 마음에 두지 않더라도 우리 선왕께서 남기신 말은 염두에 둬야 하지 않겠는가? 모여서 술을 마시다가 벌을 받는 것은 법전에 나와 있고 술을 금지하는 제도가 세밀하지 않은 것도 아니다. 그렇지만 사람을 법으로 금지하는 것보다는 마음에서 우러나 스스로 금지하는 편이 나은 법이니 내가 지금 말하려는 의도는 금주가 너희의 마음에 달려 있다는 것이다. 너희의 마음에서 스스로 금주하지 않는다면 무슨 짓인들 못 하겠는가? 지위가 있고 직책이 있는 자도 오히려 이와 같은 지경이니 하물며 어리석은 백성들이 경계하여 그치겠는가? 풍속을 변화시키는 관건은 바로 조정에 달려 있으니 모든 관원은 각자 제 마음을 억제하면서 술에 빠지지 말고 몸가짐을 잃지 말도록 함으로써 너희의 업무를 못 하는 경우가 없게 하고 너희의 건강을 상하게 하는 일도 없게 하라. 늘 염두에 두면서 내 말을 저버리는 일이 없게 하라. 또한 백성들이 내 말을 깨닫고 술을 경계할 줄 알게 하여 악습을 타파한다면 장수의 영역으로 함께 나아가 태평성대를 이룰 수 있을 것이다."

전교하기를 "이 글을 도성과 지방에 분명히 전하라." 하였다.

고찰

《고사촬요》만력 13년 간본〈팔도책판〉에 "전주, 계주방〔全州, 戒酒方〕", "구례, 계주방〔求禮, 戒酒方〕"이라는 기록이 보인다. 《계주서》(〔015A장〕)와 《계주문》(〔015B장〕) 두 책의 지방판인 듯하다. 후세에는 영조가 지은 《어제계주윤음御製戒酒綸音》(〔044장〕 참조)이 있다.

016. 구황벽곡방 救荒辟穀方

세종 명찬(命撰)

[일실]

개요

《구황촬요救荒撮要》(〔018장〕 참고)에 있는 신속(申洬)의 발문을 통해 이 책의 존재를 알 수 있다. 즉, 세종은 기근일 때 굶주리는 백성들을 구제하기 위한 구황 정책의 하나로 《벽곡방辟穀方》을 간행하였다. 이 책의 원본은 물론 일실되었으므로 《구황촬요》를 통해 그 내용을 알 수 있을 뿐이다.

또 세종은 《경제육전經濟六典》에 구황(救荒)에 쓸 수 있는 품목들을 실었다고 한다. 《경국대전주해經國大典註解》를 통해 그 일면을 알 수 있다.

017. 구황절요 救荒切要

1권

안위(安瑋) · 홍윤창(洪胤昌) 지음

[전존]

〈 세이키도오(成簣堂) 소장 〉

개요

《세이키도오선본서목成簣堂善本書目》에 다음과 같이 적혀 있다.

◎ 《세이키도오선본서목》 일부

忠州救荒切要，一卷，朝鮮安珠、洪胤昌撰，一冊，嘉靖活字印本，七行行十五字，嘉靖二十年安玲跋，刻字の各官員、印出油匠、粧冊油匠の姓名あり，活字拙樣，曲直瀨氏養安院舊藏。

충주(忠州) 《구황절요》 1권, 조선 안위 · 홍윤창 지음, 1책. 가정 연간의 활자본, 7행 15자. 가정 25년 안위의 발문, 글씨를 새긴 관원, 인출한 장인, 장정한 장인의 이름이 있다. 활자가 좋지 않다. 마나세(曲直瀨) 씨 요안인(養安院)이 소장했던 책이다.

《요안인장서목록養安院藏書目錄》에도 아래와 같이 실려 있다.

◎ 《요안인장서목록》 일부

救荒切要，一本。

《구황절요》 1책.

필자는 보지 못하였다. 《구황촬요救荒撮要》〈〔018장〕 참고〉의 전신인 듯하다.

인물전기

안위(安瑋, 1498－1563). 자는 백진(伯珍), 본관은 순흥(順興)이다. 중종 16년 신사 1521 별시 문과[1]에 급제하였다. 군사 전략에 밝았고 관직은 병조 판서에 이르렀다. 명종 18년 계해 1563에 세상을 떠났다.

1 원서에는 "성종 신해 문과"라고 되어 있으나 오류이므로 수정하였다.

018. 구황촬요 救荒撮要

1권

[전존]

개요

세종 대에 《구황벽곡방救荒辟穀方》이 왕명으로 만들어졌고, 중종 대에 《구황절요救荒切要》가 저술되었다. 명종 대에 이들 가운데 가장 중요한 것을 뽑고 여기에 한글 풀이를 덧붙여 《구황촬요》라는 서명으로 책을 간행하였다. 현종 원년 경자1660에 신속(申洬)이 이 《구황촬요》에 자신이 지은 《구황보유방救荒補遺方》을 덧붙여 한 책으로 간행하였다(책 이름은 동일하게 《구황촬요》이다). 이하 신속(申洬)의 간본을 중심으로 해제한다.

판본

알려진 《구황촬요》의 판본은 대략 다음 4종이다.

(1) 명종 9년 가정嘉靖 33년, 갑인1554 간본, 초간본.

(2) 인조 17년 숭정崇禎 12년, 기묘1639 간본, 김육(金堉) 중수본(重修本)

(3) 현종 원년 순치順治 17년, 경자1660 간본, 《구황보유방救荒補遺方》과 합책, 신속(申洬) 편저

(4) 숙종 12년 숭정崇禎 기원후 병인년, 1686 간본, 박치유(朴致維) 간행.(내용은 간본(3)과 동일하다. 조선에서는 명(明)의 연호를 계속 사용하였다)

간본(1)은 가정 33년 이택(李澤)의 진휼청(賑恤廳) 계목(啓目)[1]과 《실록》(명종 9년 11월 25일 기사), 간본(2)는 김육(金堉)의 발문과 신속(申洬)의 발문과 《실록》(인조

17년 4월 8일 기사), 간본(3)은 신속의 발문과 송시열(宋時烈)의 서문, 간본(4)는 간기(刊記)("崇禎紀元後丙寅夏四月下瀚, 武城田以采朴致維謹梓")를 통해 각각 그 존재를 확인할 수 있다. 이들 간본의 체재 및 전존 상황은 다음과 같다.

(1) 명종 9년 초간본

처음 진휼청에서 찍어 배포한 간본은 을해자 활자본으로 보인다. 이후 이에 근거하여 지방에서 책판이 만들어졌다.

◎《명종실록》 명종 9년 갑인1554 11월 25일 기사[2]

賑恤廳啓曰, 蓄穀賑飢, 雖爲救荒之本, 穀乏民飢, 則不可坐視而莫爲之所。我世宗大王旣著救荒辟穀方, 又以備荒之物, 載諸經濟大典, 以救萬世蒼生之命, 可謂至矣。邇者連歲大侵, 湖嶺二南尤甚。國家遣使賑救, 又抄救荒之最要者, 集爲一方, 翻以諺字, 名曰救荒撮要, 印布中外, 使家諭戶曉, 斯實救民良方。近來吏慢民頑, 不究荒政, 歲一失稔, 人且喁顒望哺, 終顚溝壑, 而京城則習尙侈靡, 尤以粥溢爲羞, 朝餐美食, 暮已絶炊。今此良方, 若不嚴勑, 則復廢不行。請遍諭中外, 使人無不諳解。上從之。

진휼청에서 아뢰었다. "곡식을 저장했다가 굶주린 사람들을 구제하는 것이 비록 구황(救荒)의 근본이기는 하나, 곡식이 모자라더라도 백성들이 굶주리고 있을 때 대책을 마련하지 않고 방관해서는 안 됩니다. 우리 세종대왕께서는《구황벽곡방》을 저술하셨고 또 흉년에 대비할 수 있는 것들을《경제대전》에 실어 놓아 만세토록 창생을 구제하게 하셨으니 업적이 지극하다 하겠습니다. 근래에는 해마다 큰 흉년이 들었는데 영남과 호남 두 도가 더욱 심하였습니다. 조정에서는 진휼사(賑恤使)를 보내 구제하는 한편 구황에 가장 요긴한 것들을 뽑고 모아서 하나의 책으로 만든 후 한글로 번역하여 이름을《구황촬요》라 한 다음 인출하여 도성과 지방에 반포함으로써 집마다 알게 하였으니 이는 실로 민생들을 구제하는 좋은 방책입니다. 요즘에 관리들은 태만하고 백성들은 완악하니 관리들은 구황에 관한 정책을 강구하지 않고 백성들은 한 번만 작황이 나쁘더라도 입을 빼끔거리며 먹여주기를 바라다가 마침내는 도랑에 뒹굴며 죽게 됩니다. 그리고

---

1 원서에는 '원서(原序)'라고 하였으나 수정하였다.

2 원서에는 존재하지 않지만 역자가 추가하였다.

도성은 사치를 좋아하는 풍습이 있고 특히 죽 먹는 것을 부끄럽게 여겨 아침에는 좋은 밥을 먹지만 저녁에는 굴뚝에 연기가 끊깁니다. 이번에 반포한 좋은 책도 엄격하게 신칙하지 않는다면 또 다시 버려 두고 활용하지 않을 것이니 바라건대 도성과 지방에 두루 타이르셔서 모르는 사람이 없게 하소서." 주상이 이를 그대로 따랐다.

고(故) 시라이 미츠타로오(白井光太郎) 씨 소장본은 활자로 된 초간본이라고 생각한다〈《본초학논고本草學論攷》 제1책에 설명이 실림〉.

이인영(李仁榮)·황의돈(黃義敦) 두 사람의 소장본은 초간본의 복각본으로 형태는 다음과 같다.

1권 1책. **|판식版式|** 활자본〈을해자〉을 복각한 목판본, 반곽 세로 22.5×가로 15.5㎝, 9행 17자, 사주쌍변, 한글 포함. **|판심版心|** 흑구. **|지수紙數|** 진휼청 계목〈이택(李澤) 지음〉 1매, 본문 12매〈발문 등 없음〉

《고사촬요》선조 초기 간본〈팔도책판〉에 있는 경주판(慶州版)〈《동경잡기東京雜記》〈서적書籍〉에 보이는 것과 같은 것일까〉은 명종 9년 초간 직후의 지방판으로 앞의 이인영·황의돈 소장본에 해당하는 듯하다.

(2) 인조 17년 김육(金堉) 중수본(重修本)

뒤에 나오는 신속(申洬)의 발문에 김육(金堉, 호는 잠곡潛谷) 중수본이 언급되어 있다. 뒤에 언급할 김육의 발문과 《인조실록》을 통해서도 이 중수본의 존재를 분명히 알 수 있다. 김육이 발문에서 "덧붙여 간행하였다"고 한 《벽온방辟瘟方》은 《간이벽온방簡易辟瘟方》일 듯하다.〈필자는 보지 못하였다〉

◎ 《인조실록》 인조 17년 기묘1639 4월 8일 기사

頒賜救荒撮要一冊。

《구황촬요》 1부를 하사하였다.

(3) 현종 원년 신속(申洬) 초간본

〈이 간본도 전존본이 많지 않다〉〈수원고등농림학교 및 필자 소장〉

1권 1책. **|판식版式|** 목판본, 반곽 세로 20.0 × 가로 16.0㎝, 10행 17자, 한글 포함. 사주쌍변. **|판심版心|** 상하어미, "救荒撮要" 또는 "救荒補遺"라고 적혀 있다. **|지수紙數|** 서문〈송시열(宋時烈)의 서문 및 이택(李澤)의 진휼청 계목〉 3매, 〈촬요撮要〉 9매, 〈보유방補遺方〉 21매, 발문〈신속(申洬)의 발문〉 1매.

마에마 교오사쿠(前間恭作) 씨 소장본은 위와 유사하지만 《벽온신방辟瘟新方》과 합책되어 있는 판본이다. 이것은 서유구(徐有榘)의 《누판고鏤板考》 기록에 해당하는 것인 듯하다.

◎ 《누판고》의 《구황촬요》

救荒撮要一卷、辟瘟方一卷，海西觀察營藏。

《구황촬요》 1권, 《벽온방》 1권. 해서관찰영 소장.

신속(申洬)이 부임한 서원(西原)〈청주(淸州)〉에서 초간되었다고 생각되는 간본(3) 이외에, 앞의 《누판고鏤板考》와 필자가 소장한 《고사촬요》숙종 1년 간본의 필사본에 해주판(海州版)의 기록이 있기 때문에 이 간본이 다른 지방에서도 간행되었음을 알 수 있다. 오사카부립도서관에도 같은 종류의 판본 하나가 소장되어 있다.

(4) 박치유(朴致維) 간본

박치유(朴致維)는 경성(京城)의 서점주로 보인다.[3] 그는 이 외에 《농가집성農家集成》·《효경대전孝經大全》 등을 출판하였다. 이 《구황촬요》는 숙종 12년 병인1686("崇禎紀元後丙寅")에 출판된 뒤 여러 번 판을 거듭하였다〈최근에는 이것에 근거하여 석판본이 출간되었다〉.

1권 1책. **|판식版式|** 목판본, 반곽 세로 20 × 가로 17㎝, 12행 24자. **|지수紙數|** 서문

3 전라도 태인(泰仁)에서 전이채(田以采)와 박치유(朴致維)가 여러 책을 방각본으로 출간하였다(부길만, 2002).

2매, 〈촬요撮要〉 6매, 〈보유방補遺方〉 13매, 발문 1매.

◎ 《구황촬요》 박치유(朴致維) 간기(刊記)[4]

崇禎紀元後丙寅夏四月下澣, 武城田以采、朴致維謹梓。

숭정(崇禎) 기원 후 병인년1686 여름 4월 하순에 무성(武城, 태인)에서 전이채(田以采)・박치유(朴致維)는 삼가 판을 새기다.

내용서지

○ 진휼청(賑恤廳) 계목(啓目)[5]("嘉靖三十三年十一月二十四日, 右副承旨臣李澤次知"). 내용은 생략한다.

○ 서(序)("庚子九月 日, 崇祿大夫 判中樞府事 宋時烈序"). 내용은 생략한다.

◎ 《구황촬요》 김육 발문[6]

救荒撮要跋

此是明廟朝賑恤之遺法也, 臣深感聖祖救民之意, 適值年凶, 鏤版廣布, 仍附辟瘟方于後, 冀斯民之不至於塡壑, 而被聖祖之餘澤也。

時己卯正月日, 守忠淸道觀察使 臣金堉, 稽首謹書。

구황촬요 발문

이 책은 명종 때에 진휼(賑恤)하던 전례이니 소신은 선왕께서 백성을 구제하시려는 뜻에 깊이 감복하였습니다. 흉년을 당하여 목판에 새겨 널리 배포하면서 《벽온방》도 뒤에 붙이니 백성들이 죽음에 이르지 않고 선왕의 은택을 입기를 바랍니다.

인조 17년기묘1639 정월. 수 충청도 관찰사 소신 김육(金堉)이 머리를 조아려 삼가 적습니다.

4 원서에는 존재하지 않지만 역자가 추가하였다.

5 원서에는 '원서(原序)'라고 하였으나 수정하였다.

6 원서에는 일부 내용만 있지만 역자가 보충하여 실었다.

◎ 《구황촬요》 신속 발문

新刊救荒撮要跋

昔我世宗大王, 嘗以爲民飢闕食救之無術, 遂錄荒政中辟穀方, 以示民, 使自救死。明廟朝亦因賑饑, 抄其最要, 翻以俚諺, 裨民易曉, 名曰救荒撮要, 頒示中外, 此實禹稷奏庶艱鮮之意也。歷時滋久, 印本無多, 潛谷金相國重修鏤版, 而散逸殆盡, 見而知者蓋尠矣。

今洬叨守是邑, 不幸連歲大侵, 公私赤立, 然亦不敢立而視死, 謹將是書重行剞劂, 又考醫方所記及聞見所得, 如西山啖蕪閣阜種芋之法, 皆以附見下方, 目以補遺, 合爲一編。將以廣布窮閭, 庶幾究聖祖惠鮮之心, 使我後民皆得以利其利, 而於聖上恫身猶己之仁, 亦不無萬一之補云爾。工旣告訖, 僭不自揣, 略敍顚末如右。

時庚子九月下澣, 通政大夫 行西原縣監 西原鎭兵馬僉節制使 臣 申洬, 拜手稽首謹跋。

신간구황촬요 발문

옛날에 우리 세종대왕께서는 굶주리는 백성들을 구제하기에 한계가 있다 여기시고 마침내 기근 구제의 일환으로 벽곡(辟穀)하는 방법을 기록하여 백성에게 보여줌으로써 스스로 죽음에서 벗어날 수 있게 하셨습니다. 명종께서도 진휼(賑恤)을 위해 가장 요긴한 방법을 추리고 한글로 번역하여 백성들이 쉽게 알도록 한 후 《구황촬요》라 이름하고 도성 안팎에 반포하셨습니다. 이 일들은 실로 우임금과 후직(后稷)이 척박한 환경에서도 백성들에게 곡식과 고기를 먹인 일과 같은 의미입니다. 세월이 흐르고 찍은 책이 많지 않아 잠곡(潛谷) 김육(金堉)이 다시 목판에 새겨 간행하였으나 그마저도 흩어지고 사라져서 직접 보거나 아는 사람이 드물 것입니다.

지금 신이 이 고을에 부임한 후 불행히 해마다 큰 기근이 들어 관청과 백성의 창고가 모두 텅텅 비었지만 한편으로는 죽어 가는 백성을 가만히 볼 수도 없기 때문에 조심스레 이 책을 다시 판각하기로 하였습니다. 또한 의서에 기록되거나 보고 들은 내용까지 모았으니 채서산(蔡西山, 채원정蔡元定)이 냉이를 씹으며 허기를 채운 일화나 각조산(閣皀山)의 스님이 토란을 심어 굶어 죽지 않은 이야기 등을 모두 뒷부분에 붙여 '보유'라고 표시한 후 합하여 한 책으로 만들었습니다. 이제 이 책을 가난한 백성에게 널리 배포하려 하니 선왕께서 은택을 베푸시던 마음을 헤아려서 우리 백성 모두가 그 도움을 이롭게 여기게 만들 수 있다면 성상께서 백성을 자신처럼 여기시는 인자한 마음에도 작은 보탬이 될 것입니다.

> 일이 모두 마무리되어 소신의 주제를 헤아리지 못한 채 대략 전후의 사정을 위와 같이 적습니다.
>
> 현종 원년경자1660 9월 하순. 통정대부 행 서원현감(西原縣監) 서원진 병마첨절제사(西原鎭兵馬僉節制使) 소신 신속은 절하고 머리를 조아리며 삼가 발문을 씁니다.

본문내용

목차에 요지를 게재한다. 각 조문에는 한글 풀이가 붙어 있다.

◎《구황촬요》목차

〈救荒撮要〉: 飢困將死人救活法, 飢腫人治療法, 取松葉末法, 取楡皮汁法, 作松葉粥法, 作楡皮餅法, 作糗法, 千金酒法, 取穀末法, 沈醬法, 作糝法

〈救荒補遺方〉: 雜物食法(松葉、桔梗、木麥、葛根、薯蕷、栗、芋、蠟、黑豆、粳米、糯米、青粱米、蔓菁子), 辟穀絶食方, 不畏寒法, 造淸醬法, 謫仙燒酒方, 薺菜, 朮, 羊蹄根, 芋, 柿, 烏芋, 荏子, 黃精, 天門冬, 百合, 何首烏, 藕, 胡麻, 白脂麻, 菟絲子, 旋葍根, 黃栗, 黑豆, 萎蕤, 警民編

인물전기

신속(申洬, 1600－1661). 자는 호중(浩仲), 호는 이지(二知), 본관은 고령(高靈)이다. 선조 33년경자1600에 태어나 현종 2년신축1661에 세상을 떠났다. 인조 2년갑자1624에 진사에 올랐으며 품계는 통정대부, 관직은 목사에 이르렀다. 이 책 외에《농가집성農家集成》을 간행하였다.

019. 구황보유방 救荒補遺方

신속(申洬) 지음

[전존]

이 책은 신속(申洬)의 《구황촬요救荒撮要》 가운데 포함되어 있다〈 〔018장〕 간본(3) 참조 〉.

020. 사시찬요초 四時纂要抄 · 사시찬요 四時纂要

[전존]

개요

《사시찬요》는 당(唐) 한악(韓鄂)이 5권으로 저술하였다. 고려시대에도 사용되었다고 추측되며, 조선에서는 건국 초기부터 (《세종실록》 세종 5년 6월 기사에 보임) 사용되었다. 《사시찬요초》는 누가 필사하였는지 알 수 없지만 일찍부터 조선 사람이 초록한 책으로서 조선 실정에 맞게 만든 것이라고 생각한다. 이것은 《농가집성農家集成》 가운데 수록되어 있다. 또 단독으로 전해지는 필사본도 있다.

◎ 《세종실록》 세종 5년 계묘1423 6월 1일[1]

傳旨戶曹, 各道行移, 蕎麥耕種, 考農桑輯要、四時纂要及本國經驗之方, 趁時勸耕。

> 주상께서 호조에 전교를 내렸다. "각 도에 공문을 보내어 메밀을 경작하게 하되, 《농상집요》·《사시찬요》 및 우리나라에서 경험한 방법대로 시기에 따라 경작할 것을 권면하라."

판본

《사시찬요》의 조선 간본이 발견되었다. 도쿄(東京) 야마모토서점(山本書店)에서 쇼와(昭和) 36년 신축1961에 모리야 미츠오(守屋美都雄) 씨의 자세한 해제를 붙여

1 원서에는 존재하지 않지만 역자가 추가하였다.

영인본을 발행하였다. 《사시찬요》는 당나라 말기 한악이 지은 책으로 의약 관련 내용도 포함되어 있으므로 고찰해야 할 자료라고 할 수 있다. 조선 간본 가운데 조선 초기 간본은 일실되었고,[2] 이번에 영인된 것은 "萬曆十八年, 慶尙左兵營開刊" 이라는 간기(刊記)가 있는 간본이다. 이렇게 영인본이 출판되어 다행스럽다.

---

2 원서에는 "세종 5년에 간행된 것"이라고 하였다. 그러나 《세종실록》 세종 5년 6월 기사에 언급되어 있을 뿐이지 당시에 간행된 것은 아니므로 '조선 초기 간본'이라고 수정하였다. 이 '조선 초기 간본'은 태종 대 만들어진 계미자 간본이다. 지난 2017년 예천에서 발굴되어 학계에 소개되었고 역주본도 출간되었다(최덕경 역, 2017; 남권희, 2018; 배영동, 2018).

021. 농가집성 農家集成

1책(합책)

신속(申洬) 편찬

[전존]

개요

이 책은 효종 6년 을미1655에 공주목사 신속(申洬)이 〈권농교문勸農敎文〉(《국조보감國朝寶鑑》에 보임)·《농사직설農事直說》(세종 대 간행)·〈권농문勸農文〉(주자(朱子)의 책에 보임)·《금양잡록衿陽雜錄》(강희맹(姜希孟) 지음)·《사시찬요초四時纂要抄》 다섯 편을 합하여 한 책으로 엮은 것으로, 이듬해 출간되었고 이후 각지에서 여러 차례 간행되었다.

판본

전존본이 3종 있으나 그 해제는 생략한다. 그리고 이 책의 후출본(後出本)으로 신속이 증보한 《구황촬요救荒撮要》가 덧붙여져 간행된 간본도 있다.[1]

인물전기

신속(申洬). 전기는 〔018장〕에서 설명하였다.

1 《농가집성》 판본에 대해 자세한 연구가 수행되었다(박선희·이혜은, 2017).

022. 해동농서 海東農書

서호수(徐浩修) 지음

[일실]?

개요

필자는 보지 못하였다.

인물전기

서호수(徐浩修, 1736－1799). 자는 양직(養直), 본관은 달성(達城)이다. 영조 12년 병진1736에 태어나 영조 41년을유1765 식년 문과에 급제하였고, 관직은 이조 판서에 이르렀다. 정조 대에 세상을 떠났다. 저서로는 《연행기燕行記》 4권이 있다.

023. 의약론 醫藥論

세조(世祖) 지음

개요

《세조실록》에 다음과 같이 적혀 있다. 간본뿐만 아니라 임원준(任元濬)의 주해문(註解文)도 전하지 않는다. 세조가 지은 본문은 《세조실록》에 수록되어 남아 있다.

◎ 《세조실록》 세조 9년 계미1463 12월 27일 기사[1]

上製醫藥論, 以示韓繼禧、盧思愼及兒宗等, 命任元濬出註印頒。

論曰, 夫治病用藥, 變吉凶, 弄造化, 定禍福, 只在卞寒熱對治而已, 乘盛衰早圖而已, 八種之醫, 所莫窺也。人之始得病也, 氣猶盛, 藥力易行, 亦可施烈藥, 及其勞困, 藥力不行, 亦不得施烈藥, 則無如之何矣。故曰乘盛衰而早圖也。寒則必有熱, 熱則必有寒, 內外中間多少未分, 非深得妙處者難卞。至如酒痢而泄瀉, 以爲冷而報熱藥, 則痢不止而成他證, 若飮氷水, 愈多愈美。是知熱極生冷, 冷極生熱。故曰卞寒熱而對治也。瘡疹傷寒之劑, 不外是耳。大抵用藥, 如是而已, 若氣敗心喪, 人理已傾, 則不如勿藥焉。

何謂八種之醫。一者心醫, 二者食醫, 三者藥醫, 四者昏醫, 五者狂醫, 六者妄醫, 七者詐醫, 八者殺醫。心醫者, 敎人常使心安。病者勿動其心, 殆時苟無大害, 必曲從其願, 心安則氣安故也。有與病者對酒不醒者, 此非心醫也。食醫者, 以爲口所甘食也。口甘而氣安, 口苦而已苦, 食有寒熱, 可以對治, 何籍苦辛枯草腐根。有不禁過食者, 此非食醫也。藥醫者, 只知按方, 循文用藥, 雖至危困, 勸藥不撤者也。昏醫者, 臨危先迷, 當急便緩, 昏昏如失, 罔知所措, 見事不知某事, 聞言不知

---

1 원서에는 존재하지 않지만 역자가 추가하였다.

其趣, 兀然坐睡, 無所施爲者也。狂醫者, 無詳審而遽用烈藥鍼砭等, 亦無忌諱, 自言我見鬼而擊勝焉, 如遇巫祀, 輒入醉舞者也。妄醫者, 命藥無, 或當不與議, 而往參不已者也。詐醫者, 心欲爲醫, 謬爲醫行, 實專不知者也。殺醫者, 小有聰明, 自以爲足, 未更世事, 未通人天, 曾無慇惻之心, 固守好勝之志, 東以折西, 先言而後求於心, 求而不得, 附會而莫合其義, 豈不愧於識者。姑且矜於迷人, 慢忽神人, 種植迷業, 今無現厄, 何時改轍。是之謂殺醫。殺醫者, 非愚而自是非他, 陵慢之徒也。最下無所用, 當殺其一身, 莫殺其他身。又有無心之醫者, 必爲生本無生。無生無病, 無病無醫, 無醫無事。

주상께서 《의약론》을 지어서 한계희(韓繼禧)·노사신(盧思愼)과 어린 종친들에게 보인 후 임원준(任元濬)에게 명하여 주해(註解)를 달아서 인쇄하고 반포하게 하였다. 그 내용은 다음과 같다.

무릇 병을 치료하고 약을 사용할 때 길흉(吉凶)을 바꾸고 조화(造化)를 부리며 화복(禍福)을 결정하는 것은 다만 한증과 열증을 분별하여 그에 따라 치료하고 실증과 허증을 헤아려 일찌감치 조치하는 데 달려 있을 따름이니 이는 8가지 등급의 의원 중에서도 쉽게 엿보지 못하는 경지이다. 사람이 병에 걸린 초기에는 기운이 아직 왕성하여 약이 쉽게 듣기도 하고 강한 약재를 쓸 수도 있으나, 기운이 노곤할 때는 약이 잘 듣지도 않고 강한 약도 쓸 수 없으니 결국 어찌할 도리가 없게 된다. 그러므로 "실증과 허증을 헤아려 일찌감치 조치해야 한다."고 말한 것이다. 한증에는 반드시 열이 나고 열증에는 반드시 오한이 있는 법이지만 내인과 외인 사이에 구분이 잘되지 않는 경우에는 오묘한 이치를 깊이 깨우친 사람이 아니라면 구분하기 어렵다. 주리(酒痢)로 설사를 하는 경우에 냉증으로 여기고서 뜨거운 성질의 약재로 대응하면 설사가 멎지 않고 다른 증상까지 생기는데 만약 얼음물을 마시게 했다면 많이 마실수록 더욱 효과가 좋았을 것이다. 이를 통하여 열증이 극심하면 냉증이 생기고 냉증이 극심하면 열증이 생긴다는 이치를 알 수 있다. 그러므로 "한증과 열증을 분별하여 그에 따라 치료한다."고 말한 것이다. 창진(瘡疹)이나 상한(傷寒) 같은 병에 쓰는 처방도 여기에서 벗어나지 않는다. 대저 약을 쓰는 방법이 이와 같을 따름이니 기운이 무너지고 정신이 없어 의식을 차리지 못하고 있다면 약을 쓰지 않는 편이 나을 것이다.

무엇을 8가지 등급의 의원이라고 하는가 하면 첫째가 심의(心醫)요, 둘째가 식의(食醫)요, 셋째가 약의(藥醫)요, 넷째가 혼의(昏醫)요, 다섯째가 광의(狂醫)요, 여섯째가 망의(妄醫)요, 일곱째가 사의(詐醫)요, 여덟째가 살의(殺醫)이다. 심의(心醫)는 사람들의 마음을 항상 편안하게 만든다. 환자의 마음이 동요하지 않으면 대부분 큰 고비가 전혀 없을 것이고 분명코 의원의 말을 잘 따르게 될 것이다. 마음이 편안하면 기운도 안정되기 때문이다. 환자를 본다는 사람이 정신을 차리지 못할 정도로 술을 마신 적이 있다면 그는 심의가 아니다. 식의(食醫)는 입맛이 돌게 하여 음식을 달게 먹도록 만든다. 입이 달면 기운이 안정되고 입이 쓰면 몸이 괴로워지기 때문이다. 음식에도 차거나 뜨거운 성질이 있어서 증상에 따라 치료할 수 있으니 어찌 맛이 쓰거나 맵게 치우친 마른 풀이나 썩은 뿌리 약재에만 의지할 것인가. 과식을 금지하지 않는 자가 있다면 그는 식의가 아니다. 약의(藥醫)는 그저 책을 찾아 적혀 있는 대로 약을 쓰면서 위급한 고비라 하더라도 멈추지 않고 약을 권하는 자이다. 혼의(昏醫)는 위급할 때는 먼저 당황하고 촌각을 다툴 때는 우유부단하면서 멍하니 실성한 듯 어쩔 줄 모르는 자이다. 이들은 일이 생겼을 때 무슨 일인지 알아채지 못하고 말을 들어도 무슨 뜻인지 알아듣지 못한 채 그저 우두커니 잠자코 앉아서 아무런 조치도 못 하는 자들이다. 광의(狂醫)는 자세히 살피지도 않은 채 갑자기 강한 약재나 침폄(鍼砭) 등을 거리낌 없이 쓰는 자이다. 이들은 "나는 귀신을 만나도 때려잡을 수 있다."고 호언장담하지만 무당이 굿만 하더라도 재빨리 방에 들어가 미친 듯이 춤을 추는 자들이다. 망의(妄醫)는 처방할 약이 떠오르지 않거나 혹은 의약(議藥)에 참여하지 못했으면서도 굳이 가서 치료하기를 마다하지 않는 자이다. 사의(詐醫)는 의원이 되고 싶은 마음은 있으나 그릇된 의술을 행하니 사실 의학을 전혀 알지 못하는 자들이다. 살의(殺醫)는 조금 총명하다면서 자신의 의술에 만족하지만 세상의 일을 겪어보지도 못했고 인도(人道)와 천도(天道)에 통달하지도 못한 자들이다. 이들은 측은하게 여기는 마음 없이 호승심만 고집하다가 이쪽 논리로 저쪽 논리를 꺾으며 먼저 말을 뱉은 다음 마음에 호소한다. 호소해도 안 되면 억지로 이유를 갖다 붙이지만 이치에 맞지 않으니 어찌 의학을 잘 아는 사람에게 부끄럽지 않겠는가? 일단 잘 모르는 사람에게는 뽐내고 정말 뛰어난 의원을 얕보면서 미혹한 짓을 저지르고 다니니 지금 당장 드러나는 변고가 없다 한들 어느 시절에 그 업보를 고치겠는가. 이런 자들을 살의라고 한다. 살의는 어리석은 사람이 아니라 자기는 옳고 남들은 틀렸다면서 능멸하고 거만하게 구는 무리이다. 최악의 쓸모없는 사람이니 자기 한 몸을 죽이더라도 남들을 죽이지는 말아야 할 것이다. 이 밖에 의학에 관심이 없는 의원도 있다. 겉으로는 분명히 환자를 살리려고 하나 애초에 살리려는 생각이 없다. 환자를 살리려는 생각이 없으니 병에 대한 관심도 없고, 병에 대한 관심이 없으니 치료가 되지 않고, 치료가 되지 않으니 아무 일도 없게 된다.

본문내용

본문에서는 세조가 용약(用藥)에 대한 자신의 의견을 말하고, 의사를 심의(心醫)·식의(食醫)·약의(藥醫)·혼의(昏醫)·광의(狂醫)·망의(妄醫)·사의(詐醫)·살의(殺醫)로 구분하였다. 이렇게 풍자훈성(諷刺訓誠)을 집어넣어 신하가 평소 가져야 할 마음가짐을 논한 것이다〈원문은 《조선의학사》 p.150 참조〉.

024. 응골방 鷹鶻方

이문열(李文烈) 지음

[전존]

개요

김세렴(金世濂, 호는 동명東溟)이 지은 《해사록海槎錄》에 임도춘(林道春)과 김세렴이 이 책에 관해 묻고 답한 내용이 있다. 또 《오주연문장전산고五洲衍文長箋散稿》 제47책 〈지조응전종류변증설鷙鳥鷹鸇種類辨證說〉에서도 이 책의 이름을 볼 수 있다. 조선총독부 도서관에 안정복(安鼎福)이 소장하였던 이 책의 옛 필사본이 있으나 책의 본 모습은 알기 어렵다.

인물전기[1]

이문열(李文烈, 생몰 미상). 호는 조년(兆年), 본관은 성산(星山)이다. 이 책은 고려 충혜왕 때 저술되었다.

참고

매〔鷹〕에 관해서는 궁내성(宮內省) 식부직(式部職)에서 펴낸 《방응放鷹》이 상세한데, 조선의 매에 관해서도 서술되어 있다.

1 이해를 돕기 위해 해당 내용의 위치를 원서와 다르게 조정하였다.

025. 신증응골방 新增鷹鶻方

전 1권

이염(李爓) 지음

[전존]

개요

조선 인종 때 이염(李爓)은 《응골방鷹鶻方》(〔024장〕 참고)을 증정(增訂)하였다. 이것이 《신증응골방》으로, 조선 간본은 전해지지 않는 것 같고 일본 판본을 통해 그 존재를 알 수 있다(제5부 〔004장〕 참조). 이나바 이와키치(稻葉巖吉) 씨는 본래 마에다(前田) 존경각(尊經閣)에 소장되어 있었던 일본의 옛 필사본을 소중히 소장하고 있다.

참고

덧붙여, 《고사촬요》선조 초기 간본〈팔도책판〉에 진주판(晉州版) 《응골방鷹鶻方》이 보인다. 이것이 이 책의 조선 간본을 가리키며, 이 간본이 일본에 건너가 재삼 개간된 것이다.

026. 양화소록 養花小錄

1권

강희안(姜希顔) 지음

[전존]

개요

세조 전기에 저술되었다. 이인영(李仁榮) 씨가 알려준 2가지 옛 간본에 대해 해제한다.

판본

(1) 이인영 씨 소장본

성종 4년 계사1473 함양(咸陽) 간본 《진산세고晉山世稿》 권4 《양화소록》.

1권. **▎판식版式▎** 목판본, 반곽 세로 19 × 가로 14㎝, 사주단변, 유계, 11행 19자. **▎판심版心▎** 흑구.

(2) 최남선 씨 소장본

▎판식版式▎ 갑인자 활자본으로 추정, 단변, 유계, 8행 15자. **▎지수紙數▎** 서문 2매, 본문 53매.

책 첫머리에 성종 5년 갑오1474 1월에 동생 강희맹(姜希孟)이 쓴 서문[1]이 있다.

---

1 "龍集甲午孟春上澣, 舍弟晉山姜希孟景醇謹敍"

본문내용

첫머리에 이 책을 저술한 이유를 적고, 이어 다음과 같은 제목 아래 정원을 꾸미고 꽃을 기르는 여러 가지 방법을 설명하였다. 뛰어난 내용이다.

◎《양화소록》 목차

老松, 萬年松, 烏斑竹, 菊花, 梅花, 蘭蕙, 瑞香花, 蓮花, 石榴花(百葉附), 梔子花, 四季花(月季附), 山茶花, 紫薇花, 日本躑躅花, 橘樹, 石菖蒲, 怪石, 種盆內花樹法, 催花法, 百花忌宜, 取花卉法, 養花法, 排花盆法, 收藏法, 養花解

인물전기

강희안(姜希顔, 1417－1464). 자는 경우(景愚), 호는 인재(仁齋), 본관은 진주(晉州)이다. 세종 23년 신유1441 식년 문과에 급제하였고 관직은 집현전 직제학에 이르렀다. 세조 10년 갑신1464에 세상을 떠났다. 그는 세상에서 시(詩)·서(書)·화(畵) 삼절(三絶)로 불렸다. 세조 즉위년에 만들어진 을해자는 그의 필적을 본뜬 것이다. 아우 강희맹(姜希孟)도 학문에 뛰어나 《금양잡록衿陽雜錄》(〔010장〕 참고)을 저술하였다.

고찰

앞서 해제한 옛 간본은 보기 드물지만, 책의 내용은 유포본(流布本)인 《진산세고晉山世稿》를 통해 쉽게 살펴볼 수 있다.

이 책은 일본에 전래되어 본초학자에게 이용되었다. 마츠오카 도우엔(松岡道遠)의 필사본("享保九甲辰年仲冬校了恕庵", 내각문고(內閣文庫) 소장)이나 오노 란잔(小野蘭山) 소장본(오노 란잔이 직접 적은 《박물서목博物書目》(토오요오문고東洋文庫 소장) 가운데 보인다. 그는 《본초강목계몽本草綱目啓蒙》에 이 책을 인용하였다)이 전해지고 있다.

시라이 미츠타로오(白井光太郎)는 자신이 저술한 《본초학논고本草學論攷》 제1책에 《양화소록》에 대해 흥미로운 해설을 실었다.

027. 의옥집 疑獄集

상·중·하 1책

진(晉) 화응(和凝)·화몽(和㠓) 지음

개요

이인영(李仁榮) 씨는 이 책의 조선 초기 간본을 소장하고 있다. 희귀본이다.

형태서지

상·중·하 합권 1책. **| 판식版式 |** 목판본, 반곽 세로 20.0×가로 약 13.0㎝, 사주단변, 무계, 11행 20자. **| 판심版心 |** 흑구, 흑어미, "獄 上中下"·장차(張次)가 적혀 있다. **| 지수紙數 |** 발문과 간기(刊記)까지 40매. **| 기타 |** 글씨는 구양순체.

내용서지

◎《의옥집》발문(跋文)

疑獄集，魯公和氏父撰、子續之書也。凡獄之可疑，與意料之所不及者，無所不載，折獄者，據此爲按，以辨情僞，則有法外之遺姦，何所不摘。大低折獄者，非稚良而惑於誣妄，訴寃者，不自伸而陷於夭絶，則積怒傷和，以致災變，非細故也，可不嘆哉。

通判宜寧南君珪，致意於斯，謹以家藏此集，告于判牧廣陵李相國養蒙，相國曰，歲在壬辰，我朝頒降無寃錄，俾司獄者，悉知用刑之方，予觀此集，雖不及於其錄，然觀此集，推其哀敬之心，極辨明，使刑罰不失其中，則於聖上欽恤之心好生之德，亦有小補云。盖圖鋟梓以廣頒，則乃告監司孟相國，相國亦樂許之，於時募工鳩材，不日告成。於戲，數公哀矜之心、敬忌之至，不可不知。故書之示于後。

通善郎 洪州儒學教授官 田藝謹跋。

《의옥집》은 노국공(魯國公) 화응(和凝)이 편찬하고 그의 아들인 화몽(和㠓)이 보충하여 완성한 책이다. 의혹이 있을 법한 옥사의 판결과 증거가 불충분한 경우를 모두 실어 놓았으므로 사건을 판결하는 사람이 이 책에 근거하여 따져본 후 진위를 판단하면 법령 밖으로 빠져나가려는 간악한 자가 있더라도 잡지 못하는 경우가 없을 것이다. 대개 판결하는 이가 어리석지 않더라도 거짓에 속거나, 또는 억울함을 호소하는 이가 무죄를 입증하지 못하고 죽음에 처한다면 쌓이는 분노와 손상된 화기(和氣)가 재앙을 불러올 것이므로 결코 작은 일이 아니다. 그러니 탄식하지 않을 수 있겠는가.

통판(通判)인 남규(南珪, 본관은 의령宜寧) 군이 이 일에 뜻을 두고 조심스레 집에 보관하고 있던 이 책에 대해 판목(判牧)인 상국(相國) 이양몽(李養蒙, 본관은 광릉廣陵) 공께 말하였다. 이 공께서는 "임진년에 우리 조정에서 《무원록》을 반사하여 옥사를 담당하는 이들이 형벌을 집행하는 방법을 전부 알게 만든 적이 있었지. 내가 이 책을 보니 비록 《무원록》에는 미치지 못하지만 이 책을 본 후 애틋한 마음을 미루어 매우 명백하게 판결함으로써 형벌을 지나치지도 모자라지도 않게 만든다면 성상께서 백성을 긍휼히 여기시는 마음과 생명을 아끼는 덕행에 조금이나마 보탬이 될 것이네."라고 하셨다. 그래서 판각하여 널리 배포하고자 계획을 세우고 감사(監司)인 상국 맹사성(孟思誠) 공께 말씀드렸더니 맹 공께서도 기뻐하며 허락하셨기에 각수(刻手)를 뽑고 재료를 모아 얼마 후에 완성하였다. 아아 여러 공들께서 백성을 애틋하게 여기는 마음과 조심히 삼가시는 뜻을 알아차리지 못해서는 안 될 것이다. 그러므로 이렇게 발문을 적어 후세에 남기노라.

통선랑 홍주 유학교수관 전예(田藝)는 삼가 발문을 쓰다.

◎ 《의옥집》 간기(刊記)

永樂戊戌五月日，洪州刊。

資憲大夫 忠淸道觀察黜陟使 孟思誠。

영락(永樂) 무술년1418 5월에 홍주(洪州)에서 간행하다.
자헌대부 충청도 관찰출척사 맹사성(孟思誠)

고찰

위의 발문으로 알 수 있듯 태종 12년영락永樂 10년, 임진1412에 《무원록無冤錄》(명(明) 간본 《무원록》이다. 세종 20년(무오1438) 최치운(崔致雲)이 이 《무원록》에 주석을 덧붙여 《신주무원록新註無冤錄》을 지었다)이 반포되었고, 이후 태종 18년영락 16년, 무술1418에 홍주(洪州)에서 《의옥집》이 간행되었다.

《고려사》를 통해 고려에서 《의옥집》이 간행되었음을 알 수 있다. 이 옛 고려판 《의옥집》은 망실되었을 가능성이 크다. 그러므로 지금 이 해제본은 조선 초기 간본으로서 원본에 가까운 현존 유일본이라고 할 수 있다.

◎ 《고려사》 문종 13년기해1059 2월 9일 기사[1]

> 甲戌, 安西都護府使都官員外郎異善貞等, 進新雕肘後方七十三版, 疑獄集一十一版, 川玉集一十版。知京山府事殿中內給事李成美, 進新雕隋書六百八十版。詔置秘閣, 各賜衣襨。

1059년 2월 9일 갑술일. 안서도호부사 도관원외랑 이선정(異善貞) 등이 새로 판각한 《주후방》 판목 73개, 《의옥집》 판목 11개, 《천옥집》 판목 10개를 바쳤고, 지경산부사 전중내급사 이성미(李成美)가 새로 판각한 《수서》 판목 680개를 바쳤다. 왕께서 비각(秘閣)에 비치하고 각각 의복을 하사하라는 조서를 내렸다.

참고로 《고사촬요》만력 13년 간본〈팔도책판〉에 영천판(永川版) 《의옥집》이 실려 있다. 이 역시 다른 한 가지 판본이다(필자는 보지 못하였다).

---

1 원서에는 내용이 요약되어 있으나 역자가 원문을 인용하여 실었다.

028. 신주무원록 新註無冤錄

상·하 2권

최치운(崔致雲) 등 주석

[전존]

개요

세종 20년 정통正統 3년, 무오1438에 원고가 만들어지고, 정통 5년에 초판이 반포되었으며, 정통 12년에 재판이 만들어졌다. (〔부도58〕·〔부도59〕 참조)

그 뒤에 여러 차례 필요에 따라 중간되었다. 《고사촬요》 선조 초기 간본〈팔도책판〉에도 원주판(原州版)·남원판(南原版)·경주판(慶州版)(《동경잡기東京雜記》〈서적書籍〉에 기록된 것과 같은 것일까?)·진주판(晉州版)이 실려 있다. 정조 2년 무술1778 각 도 간본을 조사한 《누판고鏤板考》에도 충주목(忠州牧)과 관서관찰영(關西觀察營)에 소장된 책판 2종류가 보인다. 이처럼 여러 종류의 판본이 존재했으나 여기에서는 그 가운데 경성대학 도서관 소장 활자본(조선 중기 이후에 인출된 것으로 옛 판본이라고 할 수는 없다)을 골라 해제한다.

형태서지

2권 1책. **❙판식版式❙** 활자본, 반곽 세로 28.0 × 가로 17.0㎝, 11행 23자. **❙지수紙數❙** 총 102매.

내용서지

책 첫머리에 명(明) 간본의 서문("至大改元, ……東甌王與序", "洪武十七年, ……臨川羊角山叟序"),

조선 초판의 서문(“正統三年十一月, ……柳義孫序”)이 있고, 말미에 조선 재판의 발문(“正統十二年丁卯, ……孫肇瑞跋”)이 있다.

경성대학 도서관 소장 활자본에는 조선 초판의 발문(“正統五年庚申正月, ……崔萬理跋”)이 없다. 이 발문은 일본 판본에 나타나므로 제5부 〔007장〕에 실었다.

◎ 《신주무원록》 왕여(王與) 서문[1]

新註無寃錄序

漢張釋之 張姓, 釋之名 爲廷尉 刑官, 天下無寃民, 于定國 于姓, 定國名 爲廷尉, 民自以不寃。盖獄重事也, 治 理也 獄固難, 斷 決也 獄尤難。然獄之關於人命者, 唯檢屍爲至難, 毫釐之差 十絲爲毫, 十毫爲釐, 言其小也, 生死攸繫, 苟定驗不明, 雖善於治獄斷獄者, 亦未如之何也。已昔宋惠父 宋姓, 惠父字 念獄情之失, 由定驗之誤, 曾編洗寃錄, 趙逸齋 趙姓, 逸齋齋名 又訂 丁定切, 平議也 平寃錄, 于寃而至於洗至於平, 是猶鑿龍門以決澎湃 澎蒲行切, 湃普拜切, 澎湃水勢也, 固不若長江大河, 滔滔汩汩, 安流晝夜之無聲也。

欽惟聖朝, 愼于庶獄, 敬明乃罰, 天下無寃民, 當不專美於漢。予濫叨案牘 官名 之寄, 歷試檢覆 檢初檢, 復再檢 之難, 因觀洗寃平寃二錄, 互有損益, 遂以省部見降 見音現, 見降猶言今降也 考試程式 程式法例也, 爲持循之本, 參攷異同, 分門編類。凡檢驗格例, 序于卷首, 遵而行之, 庶幾謹之於始, 民自不寃, 僭目曰無寃錄。若夫道以德齊以禮, 必有承流宣化, 仰副聖天子無刑之期者, 是編亦奚以爲。

至大改元長至日 冬至日也, 東甌王與 東甌地名, 王與姓名 書于儒志山舍 儒志齋名。

신주무원록 서문

한나라 장석지(張釋之)가 정위(廷尉, 옥사 담당 관리)가 되었을 때 천하에 원통한 백성이 없었고, 우정국(于定國)이 정위가 되었을 때 백성들이 원통해 하지 않았다. 옥사(獄事)는 중요한 일이다. 옥사를 관장하는 일은 참으로 어렵고, 옥사를 판정하는 일은 더욱 어렵다. 그런데 옥사 가운데 사람의 생명과 관련된 것은 오직 검시이니 이 일은 지극히 어렵다. 털끝만 한 차이에도 생사가 달려 있으니 만약 검시 결과가 분명하지 않으면 옥사를 관장하고 판정하는 데 뛰어난 사람이라도 어찌할 수 없다. 옛날 송자(宋慈, 자는 혜보惠父)는 옥사의 실수가 검시 결과의 오류 때문이라고 생각하여 진작에 《세원록》을 편찬하였고, 조일재

1 원서에는 존재하지 않지만 역자가 추가하였다.

(趙逸齋)는 그 후에 《평원록》을 교정하였다. 아아 원통하게 되었더라도 누명을 씻어주고 무죄로 회복시켜주는 일은 우임금이 용문(龍門)까지 운하를 파서 홍수를 다스린 일과 같다고 할 수 있지만 장강(長江)과 대하(大河)가 넘실넘실 밤낮으로 소리 없이 자연스레 흐르는 것보다는 못하다고 할 수 있다.

삼가 생각건대 우리 원나라에서는 옥사를 신중히 판결하고 최대한 엄격한 기준으로 벌을 주기 때문에 천하에 원통한 백성이 없으니 한나라의 장석지와 우정국만 칭송받을 일이 아니다. 내가 분에 넘치게 안독(案牘, 문서 담당 관리)이 되어 초검(初檢)과 복검(覆檢)의 어려움을 한참 겪으면서 《세원록》과 《평원록》 두 책을 살펴보고 각각의 내용을 빼거나 더하던 중에 마침내 중앙에서 내려보낸 고시(考試, 조사 방법)와 정식(程式, 절차)을 규범으로 삼아 차이를 비교하고 목차에 따라 비슷한 내용을 묶었다. 검시의 총론과 공문의 서식을 책 앞에 두었으니 이대로 시행하면 아마 처음부터 조심하게 되어 백성이 원통해 하지 않을 것이므로 외람되지만 《무원록》이라고 이름하였다. 옥사 담당 관리들이 백성들을 덕행으로 인도하고 예의에 맞게 다스린다면 필시 원통한 백성이 없게 하시려는 정신을 계승하고 형벌을 주지 않고자 하신 선황제들의 뜻에 부응할 수 있으리니 이 책이 무슨 쓰임이 있겠는가.

지대 원년 무신1308 동지에 동구(東甌) 사람 왕여(王與)가 유지산사(儒志山舍)에서 쓰다.

◎ 《신주무원록》 양각산수(羊角山叟) 서문[2]

新註無寃錄序

上古聖人治天下，豈欲加刑於民哉。刑之蓋不得已而用也。是故皐陶明刑期無刑，文王克明德愼罰，此三代所以刑措也 措，委置也。三代而下，漢之文景，囹圄空虛 囹圄，獄也，亦幾刑措。世降淳澆 堅堯切，薄也，訟獄繁興，雖至聰明，莫究枉直，檢驗之頃，或違法則 法也，以致罪戾 罪也，此洗寃，平寃錄之所以作也。然洗寃不如民自以不寃，平寃又不若天下之無寃，此東甌王氏無寃錄之所以繼作也。

是編蓋專爲 去聲 重罪者設，其間致死非一端，爲式非一事，立法非一致，蓋無所不備。有官君子用之，足以輔乃斤斤 紀覲反，察之明也 之明，行其顯顯之公，免乎責罰

2 원서에는 존재하지 않지만 역자가 추가하였다.

之及，成其職分之能，若是則雖未至刑措，庶幾其可以無寃也。欽惟天朝律祖 法也 於唐，若網在綱，莫非期於無寃也。是編殆使之無違乎律令者耶。

洪武甲子，來建陽 建陽地名，始見之，時天台金銘令 天台地名，金姓，銘名，令職也，括蒼金榮中丞 括蒼地名，金姓，榮中名，丞職也，金華金瑛簿 金華地名，金姓，瑛名，簿主簿，典史爲北方何貞 典史職也，何姓，貞名，掌刑曹爲北方員資 掌刑曹職也，員姓，資名，一時敬愼相率，公直相尙，奉行律令，兼得是編，若駕輕車就熟路也。官吏共謀，重 平聲 鋟諸梓，乃寬其袠 音秩，編袠也，大其刻，與居官者共之，俾盡其位官奉職之善，亦推己及人之心也。咸囑予敍其端，余嘉是編之有助，重刊之有尙，於是乎序。

時洪武十七年歲閼 阿葛切 逢困敦 大歲在甲曰閼逢，子歲名曰困敦，臨川羊角山叟序 臨川地名，羊角山名。

신주무원록 서문

오랜 옛날 성인께서 천하를 다스리실 때 어찌 백성에게 형벌을 내리려고 하셨겠는가. 형벌은 아마 부득이하여 사용하셨을 것이다. 그러므로 고요(皐陶)께서는 형벌을 명시하되 형벌이 없기를 기약하였고, 문왕께서는 힘써 덕행을 밝히고 형벌을 삼가셨다.[一] 이것이 하(夏)·상(商)·주(周) 세 왕조가 형벌을 내버려 둔 이유이다. 세 왕조 이후 한나라 문제(文帝)와 경제(景帝) 때도 감옥이 비어 있었다고 하니 역시 거의 형벌을 내버려 둔 셈이다. 그 후 시간이 흘러 순박했던 풍습이 야박해지면서 송사(訟事)와 옥사(獄事)가 많아져서 매우 총명한 사람이라도 시비를 가릴 수 없고 검험(檢驗)할 때 더러 원칙을 어겨 벌을 주기도 하였으니 이것이 《세원록》·《평원록》이 만들어진 이유이다. 그러나 원통함을 씻어주는 것〔洗寃〕보다는 처음부터 원통한 사람이 없는 편이 낫고, 원통함을 회복시키는 것〔平寃〕보다는 세상에 원통할 일이 없는 편〔無寃〕이 나으니 이것이 동구(東甌) 사람 왕여(王與)가 《무원록》을 뒤이어 만든 이유이다.

이 책은 오로지 중죄인 때문에 만들어진 것으로 내용 중에 죽게 되는 경우가 한 가지가 아니고, 보고서 양식도 한 가지가 아니며, 지침도 한 가지가 아니니 아마 빠뜨린 내용이 없을 것이다. 관직에 있는 분께서 이 책을 사용하면 정황을 분명하게 살필 수 있도록 도움을 얻을 수 있고 공정한 판결을 할 수 있으며 틀린 형벌을 주는 일이 없어지고 맡은 임무도 제대로 성취할 수 있을 것이다. 만약 그렇게 된다면 비록 형벌을 내버려 두는 경지에 이르지는 못하더라도 거의 원통할 일이 없게〔無寃〕 만들 수 있을 것이다. 삼가 생각건대 우리 명나라의 법률은 당나라의 법률을 본받아 조리가 분명하니[二] 원통함이 없기를 의도했기 때문이다. 이 책도 당연히 이러한 율령(律令)에 어긋나지 않도록 만들어졌다.

나는 홍무 17년갑자1384 건양(建陽)에 와서 처음 이 책을 보았다. 그때 김명(金銘)이 천태령(天台令)으로, 김영중(金榮中)이 괄창승(括蒼丞)으로, 김영(金瑛)[3]이 금화주부(金華主簿)로, 하정(何貞)이 북방(北方)의 전사(典史)로, 원자(員資)가 북방(北方)의 장형조(掌刑曹)로 있었는데 이들과 함께 한결같이 조심하자며 서로 이끌고 공정하게 올곧자며 서로 권면하면서 법률을 받들어 판결할 때 이 책까지 나왔으니 가벼운 수레를 몰고 익숙한 길을 가는 것과 같이 막힘이 없었다. 관리들이 함께 도모하여 이 책을 중간하면서 책을 큰 글자로 넉넉하게 찍은 후 현직 관리들과 공유함으로써 각자의 직위와 업무에서 최선을 다하도록 만들었으니 이 또한 나의 심정으로 사람들의 마음을 헤아리려는 마음이었다. 모두 나에게 서문을 써달라고 부탁하기에 나는 이 책이 도움이 된다는 점과 중간이 잘 되었다는 점을 기뻐하며 이렇게 서문을 쓴다.

홍무 17년갑자1384에 임천(臨川) 사람 양각산 늙은이〔羊角山叟〕가 서문을 쓰다.

◎《신주무원록》 유의손(柳義孫) 서문[4]

新註無冤錄序

昔元朝東甌王氏，增損洗寃平寃二錄，編輯是書，以傳于世，蓋欲使天下無寃民也。然文頗艱深，人未能盡解，以致檢覆難明，疑獄尙繁，良可歎已。恭惟我主上殿下，以好生之德，行不忍之政，軫念赤子或陷于非辜，乃命吏曹參議臣崔致雲、判承文院事臣李世衡、藝文館直提學臣卞孝文、承文院校理臣金滉等，俾着音註。於是參授本文，博考他書，事窮波源，字究窠穴，詳加註釋，并附音訓。今乃徹編以進，遂令鋟梓廣布，仍命臣序其卷端。

臣義孫伏觀此書，人之致死，固非一端，檢屍亦非一式，凡獄之可疑與夫意料之所不及者，無所不載。二錄之義，至王氏而乃備，王氏之書，至今日而益明，誠萬世法

[二] 《서경書經》〈강고康誥〉“너의 크게 드러난 아버지 문왕께서 능히 덕을 밝히고 형벌을 삼가셨다.〔惟乃丕顯考文王，克明德愼罰〕”

[三] 《서경書經》〈반경 상盤庚上〉“그물은 벼릿줄이 걸려 있어야 가닥이 잡혀 헝클어지지 않는 것과 같다.〔若網在綱，有條而不紊〕”

3 ‘김영(金瑛)’ : 프랑스동양언어문화학교 소장 필사본에는 ‘부영(傅瑛)’으로 되어 있다.

4 원서에는 일부 내용만 있지만 역자가 보충하여 실었다.

家之準繩也。嗚呼，死者不可復生，斷者不可復續，檢驗之頃，毫釐或差，則寃怨之所由生，可不愼歟。後之司獄者，據此爲按，隨事考註，以致其詳，以領其要，益體聖上欽恤之意，哀矜敬忌，鑒其枉直，權其輕重，則安有刑罰失中，而召怨傷和者哉。我朝鮮億萬世活民命而壽國脈者，必將有賴於斯焉。

正統三年十一月日，中訓大夫 集賢殿直提學知製敎 經筵侍讀官 臣柳義孫奉敎序。

신주무원록 서문

예전에 원나라 때 왕여(王與)가 《세원록》과 《평원록》 두 책의 내용을 빼거나 더하여 이 《무원록》을 만들고 세상에 전하였으니 아마 세상에 원통한 백성을 없애고 싶어서였을 것입니다. 그러나 문장이 꽤나 어려워서 사람들이 완전히 이해할 수 없었기 때문에 검시를 분명히 하기 어려워 의혹이 생기는 옥사가 여전히 많았으니 참으로 한탄할 일입니다. 우리 주상전하께서는 생명을 아끼시는 마음으로 인자한 정치를 펼치시면서 백성들이 무고함에 빠지는 일을 애통해하시고는 이조 참의 최치운(崔致雲)・판승문원사(判承文院事) 이세형(李世衡)・예문관 직제학 변효문(卞孝文)・승문원 교리 김황(金滉) 등에게 명하여 독음과 주석을 달게 하셨습니다. 이에 본문의 앞뒤를 참고하고 다른 책을 널리 조사한 후 사건은 원인을 궁구하고 글자는 기원을 연구하여 주석과 풀이를 자세히 덧붙이면서 독음과 뜻을 달았습니다. 책을 완성하여 주상께 올렸더니 드디어 간행하여 널리 반포하라 명하셨고, 소신에게는 책 앞에 서문을 지으라 하셨습니다.

소신이 이 책을 살펴보니 사람이 죽게 되는 경우가 참으로 한 가지가 아니고 검시하는 방법도 한 가지가 아니었는데 의혹이 생길 만한 옥사의 사례들과 생각이 미치지 못할 정황들이 빠짐없이 실려 있었습니다. 《세원록》과 《평원록》에 실린 내용의 의미가 원나라 때 왕여에 이르러 정리되었고, 왕여의 《무원록》이 오늘에 이르러 더욱 명확해졌으니 참으로 영원히 형법 담당자의 기준으로 삼을 만합니다. 아아 죽은 자는 다시 살아날 수 없고 잘린 몸은 다시 붙일 수 없는 법입니다. 검시하는 순간에 털끝만큼이라도 착오가 있으면 원통함이 생겨나는 원인이 되니 신중하지 않을 수 있겠습니까. 이제부터 옥사를 담당하는 관리가 이 책에 근거하여 따져보고 사건에 따라 주석을 참고한다면 내용을 상세히 알게 되고 핵심을 깨닫게 되어 성상께서 백성을 긍휼히 여기시는 마음을 더욱 본받을 수 있을 것입니다. 그렇게 되면 관리들이 긍휼히 여기고 형벌을 꺼리는 마음을 가진 채 사건의 시비를 살피고 처벌의 경중을 저울질할 테니 어찌 형벌이 적절하지 못하여 원통함을 부르고 화기(和氣)를 해치는 일이 생기겠습니까. 우리 조선에서 영원토록 백성의 생명을 살리고 국가의 명맥을 유지하는 일에 분명 이 책에서 받는 도움이 있을 것입니다.

정통 3년무오1438 11월. 중훈대부 집현전 직제학 지제교 경연 시독관 소신 유의손(柳義孫)은 교지를 받들어 서문을 씁니다.

◎ 《신주무원록》 손조서(孫肇瑞) 발문[5]

夫刑者, 輔治之具, 豈聖人之得已哉。苟或檢復之間, 頃刻不謹, 而毫釐有差, 則濫及無辜, 而死者不復生, 斷者不復續, 民之寃抑, 可勝嘆哉。安能辟以止辟, 而致中和於天地乎。

恭惟我主上殿下, 深念于玆, 惟王氏無寃錄, 屍形檢格, 瞭然明白, 誠法官之規矩, 爰命儒臣吏曹參議崔致雲等, 詳加音釋, 以解艱深, 又命江原道監司兪孝通, 鋟梓原州, 以廣頒布, 其軫念蒼生如保赤子之慮, 何其至矣。

然刊版邈在遐方, 肆以嶺南諸郡, 未易得見, 使檢官而不得領其要, 訟民而不得蒙其澤, 是可恨已。今▥▥▥[6]府尹鄭相國發、通判朴君延世, 俱悶斯弊[7], 募工鳩材, 刊諸本府, 不月而功訖, 無官不依其例, 無人不承其惠。吁, 上副 聖心, 下惠民生, 豈曰小輔哉。

正統十二年丁卯臘月哉生明, 教授官 承訓郎 直城孫肇瑞敬跋。

형법이란 정치를 돕는 수단이니 성인이라 한들 그만둘 수 있겠는가. 만약 초검(初檢)과 복검(復檢) 때 잠시라도 조심하지 않다가 털끝만 한 착오라도 생기면 무고한 사람이 늘어나지만 죽은 자는 다시 살릴 수 없고 잘린 신체는 다시 이어붙일 수 없는 법이니 백성들의 원통함과 억울함을 탄식하지 않을 수 있겠는가. 어떻게 하면 형법으로 범죄를 그치게 하여 세상의 평화를 이룰 수 있겠는가.

우리 주상전하께서는 이 문제를 깊이 고민하시다가 오직 왕여(王與)의 《무원록》이 시신의 상태와 검험(檢驗, 검시)의 조목에 대해 일목요연하게 분명하므로 형법 집행관의 지침으로 삼을만하다고 여기셨다. 이에 유신(儒臣) 이조 참의 최치운(崔致雲) 등에게 명하여 글자의 음과 뜻을 자세히 덧붙여 난해한 곳을 풀이하게 하셨다. 그러고 나서 강원도 감사 유효통(兪孝通)에게 명하여 원주에서 이 책을 판각한 후 널리 반포하게 하셨다. 갓난아이를 돌보듯 백성을 깊이

5 원서에는 일부 내용만 있지만 역자가 보충하여 실었다.

염려하시는 마음이 어찌나 이렇게도 지극하신가.

그러나 판목이 먼 곳에 소장되어 있어 경상도의 여러 지역에서는 쉽게 구해 볼 수 없었기 때문에 검관(檢官, 검시관)은 검시의 요점을 깨달을 수 없고 송사를 하는 백성들은 그 혜택을 받지 못하고 있으니 이것이 한스러울 뿐이었다. 지금 경주 부윤(慶州府尹)인 상국(相國) 정발(鄭發) 공과 통판(通判)인 박연세(朴延世) 군이 이러한 폐단을 함께 고민하시다가 각수와 목재를 모아 본 경주부에서 간행을 시작한 후 한 달이 못 되어 사업을 마쳤으니 이제는 검관들이 전례를 따르지 못하는 경우가 없어질 것이며 백성들이 그 혜택을 보지 못하는 일도 없어질 것이다. 아아 위로 성상의 마음에 부응하고 아래로 백성에게 혜택을 주었으니 어찌 도움이 작다 하겠는가.

정통(正統) 12년정묘1447 12월 3일. 교수관(教授官) 승훈랑(承訓郎) 직성(直城, 일직一直) 손조서(孫肇瑞)가 삼가 발문을 쓰다.

본문내용

상권은 총론에 해당하며 주로 검험(檢驗)의 방법을 기술하였고, 하권은 각론에 해당하며 각 사망 원인에 따른 법의학적 지식을 설명하였다. 상권에 실려 있는 지원(至元)·원정(元貞)·대덕(大德)·지대(至大)·연우(延祐) 연간에 이르는 50년간의 원(元) 대 검험의 실례는 원의 제반 의학 상황이나 형법상의 문제 등을 엿볼 수 있는 유익한 자료가 될 수 있을 것이다.

하권은 아래와 같은 경우에 대해 상세히 설명하였다. 그 설명이 매우 실제적이고 현대 설명과 거의 일치하여 감복스럽다.

◎ 《신주무원록》 사망 원인[8]

勒死, 自縊死, 落水投河死, 相毆後落水死, 棒毆死, 刃傷死, 刺死, 尸首異處, 拳手

6 이유는 알 수 없으나 인출할 때부터 3글자를 비워 두었다.

7 여러 간본에는 이 부분이 모두 닳아서 글자를 판독할 수 없으나 프랑스동양언어문화학교 소장 필사본(국립중앙도서관 영인 M古3-2002-63)에 근거하여 보충하였다.

8 원서에는 일부 내용만 있지만 역자가 보충하여 실었다.

足踢死，辜內病死，自割死，毒藥死，火燒死，湯潑死，病患死，凍死，餓死，杖瘡死，罪囚被勘死，驚誠死，攧死，壓死，馬踏死，車碾死，被人鍼灸當下致死，雷震死，虎咬死，酒食醉飽死，外物壓塞口鼻死，硬物癮兙[9]死，蛇蟲傷死，男子作過死，白僵乾瘁死，蟲鼠犬咬傷死

인물전기

최치운(崔致雲，1390－1440). 자는 백경(伯卿)，호는 조은(釣隱)，본관은 강릉(江陵)이다. 태종 17년 정유1417 식년 문과에 급제하였고 관직은 이조 판서에 이르렀다. 평생 술을 좋아하고 기행을 많이 했으나 청렴하고 욕심 없는 선비였다. 《무원록》에 주석을 달고 또 율문(律文)을 강해(講解)하였다.

고찰

명(明)의 《무원록》을 자국민이 쉽게 익혀 현장에서 편하게 활용할 수 있도록 최치운 등이 주석을 붙이고 아울러 독음과 뜻을 단 책이다. 후세에 이것을 토대로 《증수무원록》이 편찬되었다. 또 《신주무원록》은 일본에서 법의학서로 이용되었고 《무원록술無冤錄述》의 원본이 되었다. 왕여(王與)가 지은 최초의 《무원록》은 이미 없고 명(明) 간본 《무원록》도 일실되었을 것이므로, 송(宋) 《세원집록洗冤集錄》의 원(元) 대 간본이 남아 있다 하더라도 (다케다 쿄우서옥(武田杏雨書屋) 소장) 아마도 이 책은 법의학서 중 가장 좋은 책 가운데 하나일 것이다.

---

9 《신주무원록》의 주석에서 '은점(隱墊)'이라고 하였다.

참고

참고로 동양의 법의학서 전존 계통을 아래에 도표로 제시한다. 〈 조선의 법의학에 관해서는 《조선의학사》 활인본 pp.137-138, pp.233-236 참조 〉

◎ 동아시아 법의학서 전존 계통도

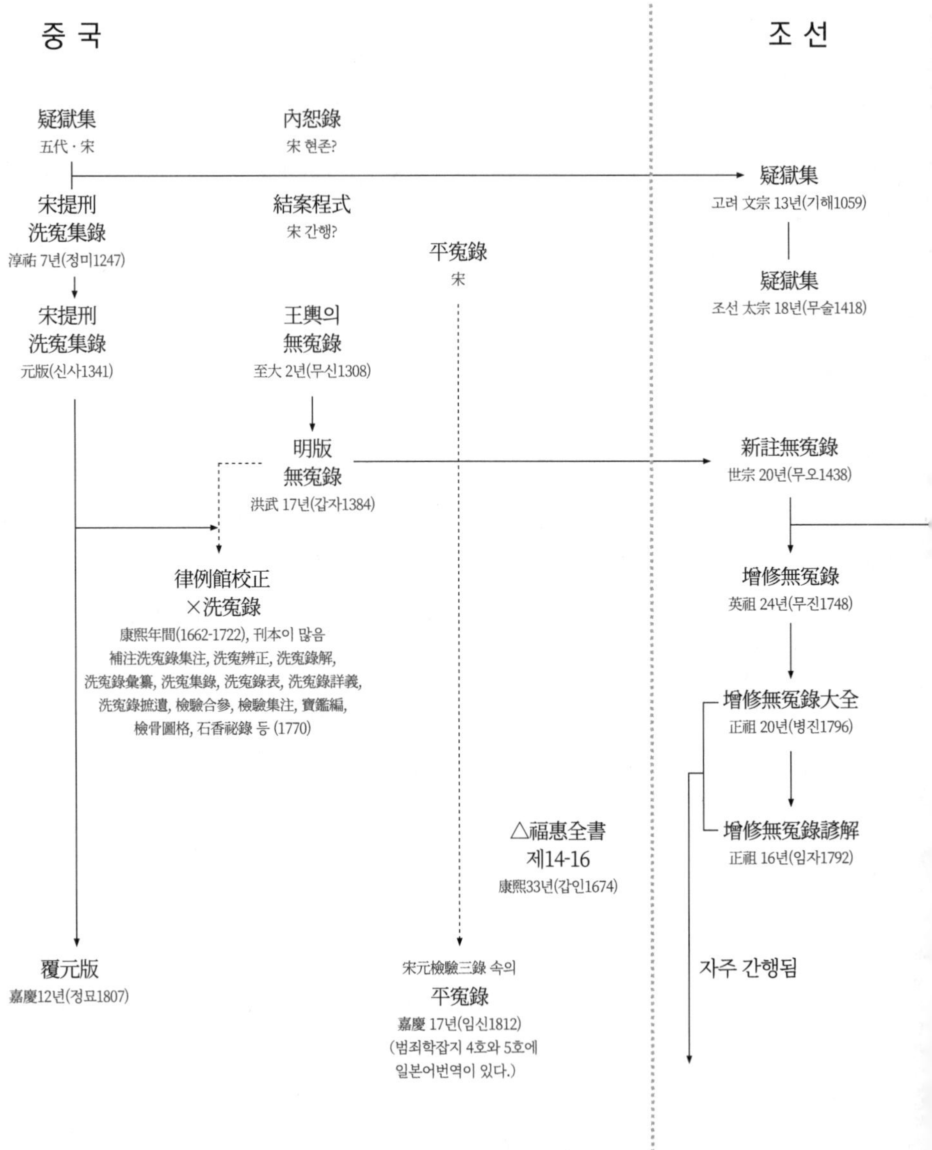

일 본

(하야시 라잔(林羅山)이 읽었다)

檢屍狀式
世宗 21년

新註無寃錄
日本版 江戶전기

新註無寃錄和解
江戶전기 和譯 (寫本)

無寃錄述
元文 원년 완성,
明和 5년(무자1768) 간행.
寬政 11년, 嘉永 7년,
明治 24 ~ 34년까지 자주 간행

檢使辨疑 (寫本)
元文 즈음(1736-1740)

檢使秘鑑
檢法秘鑑 (天保 5년)
檢使階梯 (天保 6년)
등 (寫本)

審理錄 (寫本)
純祖 원년(신유1801)

檢要 · 欽欽新書 등
純祖 22년(임오1822)

△福惠全書訓譯
嘉永 2년(을유1849)

△福惠全書和解
明治 7년(갑술1874)

×洗寃錄 (刊本)

撿屍考
奧宮編, 明治 10년(정축1877)

(서양계통)

窮理外科則의 제7편
文化 13년(병자1816)
新宮 譯

泥氏斷訟醫學
明治 12년(기묘1879)

泥氏斷訟醫學 增補版
明治 15년(임오1882)

變死檢察法
林、渡邊 譯, 明治 12년(기묘1879)

死體檢屍考
日比 編, 明治 13년(경진1880)

(이하 생략)

029. 검시장식 檢屍狀式

[일실]

개요

《세종실록》에 다음과 같이 기록되어 있다.

◎ 《세종실록》 세종 21년 기미1439 2월 6일 기사

命漢城府，刊行檢屍狀式。又傳旨各道觀察使及濟州安撫使，刊版摸印，頒諸道內各官。

> 한성부에 명하여 《검시장식》을 간행하게 하였다. 그리고 각 도의 관찰사와 제주의 안무사에게 전교하여 목판에 새겨 인출한 후 도내 각 고을에 반포하게 하였다.

◎ 《세종실록》 세종 28년 병인1446 5월 15일 기사[1]

議政府據刑曹呈啓，檢屍狀式，令本曹刊板印出，字號施行踏印，漢城府及各部分送，明白置簿。五部初檢後檢屍狀，直報本曹。又漢城府復檢，以其狀移本曹。詳覆司專掌初復檢狀內同異，相考施行。從之。

> 형조에서 올린 첩정(牒呈)에 의거하여 의정부에서 아뢰었다. "《검시장식》을 저희 형조가 판각하여 인출하되 번호를 붙이고 관인(官印)을 찍어 한성부와 각 관청에 나누어 보낸 뒤 명부를 확실히 작성해 두게 하소서. 오부(五部)에서는 초검(初檢)한 뒤에 검시장(檢屍狀)을 바로 저희 형조에 보고하게 하고, 한성부

1 원서에는 내용이 요약되어 있으나 역자가 원문을 인용하여 실었다.

는 복검(復檢)한 뒤 검시장을 저희 형조에 이첩하게 하며, 상복사(詳覆司)에서는 초검과 복검의 검시장 내용의 차이를 전담하도록 상고하여 시행하소서." 주상께서 그대로 따랐다.

《검시장식》은 검험(檢驗)의 실제 방법을 규정한 것으로, 시장식(屍帳式)〈조선 말기 시장(屍帳)은 남아 있다〉에 해당한다. 《신주무원록新註無冤錄》은 관청에서 사용했던 검험 기준서이고, 《검시장식》은 관청에서 미리 정한 검시 기록 양식이다.

《고사촬요》 만력 초기 간본〈팔도책판〉에 원주판(原州版)이 실려 있다.

덧붙여 시장(屍帳)의 일례를 든다.〈조선 말기의 것〉 세로 1자 8치, 가로 약 6자 정도의 한지에 검시에 필요한 항목과 정면·후면의 인체 형상을 미리 목판으로 찍어 놓았다. 검시할 때 손상된 시체와 대조하여 각 항목 아래 특이 사항을 기입하고, 그 앞뒤에 연월일, 입회인 이름, 검관(檢官)〈호장(戶長)·기관(記官)·장교(將校)·형방(刑房)·율생(律生)·의생(醫生) 등〉의 이름을 기록하였다.〈[부도81] 참조〉

030A. 증수무원록 增修無冤錄

상 · 하 2편

구택규(具宅奎) 증수(增修)

030B. 증수무원록대전 增修無冤錄大全

상 · 하 2편

구택규 증수, 구윤명(具允明) · 김취하(金就夏) 등 중정(重訂)

031. 증수무원록언해 增修無冤錄諺解

3권

서유린(徐有隣) 한글 풀이[諺解]

판본

(1) 영조 24년 무진1748 9월《증수무원록》간행

(2) 정조 20년 병진1796《증수무원록대전》간행

(3) 정조 16년 임자1792《증수무원록언해》간행

(1)《증수무원록》

상 · 하 2편 1책. **| 판식版式 |** 목판본, 반곽 세로 25.0 × 가로 18.5cm, 10행 20자. **| 지수紙數 |** 범례 2매, 자훈(字訓) 1매, 목록 3매, 상편 20매, 하편 38매. 서문과 발문은 없다. **| 기타 |** 책 말미에 "嘉善大夫 行龍驤衛 副司直 臣具宅奎, 奉敎編纂"이라는 기록이 있다(김두종(金斗鍾) 씨 소장). 간행 연도는《실록》을 통해 알 수 있다.

(2)《증수무원록대전》

상 · 하 2편 1책. **| 판식版式 |** 활자본, 세로 32 × 가로 20cm, 반곽 21.5 × 15.0cm, 10행 20자. **| 지수紙數 |** 총 77매. **| 기타 |** 정조 21년 정사1797 대구에서 간행하였다는 간기(刊

記)〈"丁巳七月, 嶺營新刊"〉가 있는 목판본도 있다. 이것은 중앙의 활자본을 복각한 것이다.〈〔부도60〕 참조〉

(3) 《증수무원록언해》

3권 2책. **❙판식版式❙** 활자본, 세로 33 × 가로 21㎝, 반곽 21.5 × 15.0㎝, 10행 20자, 한글이 있다. **❙지수紙數❙** 총 196매.〈〔부도61〕 참조〉

내용서지

◎ 《증수무원록대전》 발문[1]

上之十四年, 命前刑曹判書 臣 徐有隣, 黐諺增修無冤錄, 越二年, 復命刊印以進。蓋是書卽 臣 久明曾就, 先 臣 所纂增修無冤錄, 有所添潤, 仍以舊名者也。書成記于卷後, 藏之私篋, 有隣以爲今爲公家文字, 宜有以更詳其顚末, 俾後人知之。臣迺拜稽而言曰, 夫聽獄之難, 莫如殺傷, 蓋檢驗之際, 眞僞多變, 毫釐之間, 枉直易錯, 苟無精思巧法, 運用於辭聽之外, 則雖有公心直道, 難以得其情實, 關於人之死生者, 有如是矣。無冤錄未出之前, 號稱神明者, 亦可數也, 未知有何方術, 鉤深發微, 能令犯者不能遁, 枉者得以伸, 而雖如張于之使民無冤, 其所以曲盡纖妙, 未必若此書者也, 司民命者, 其可不盡心乎哉。

昔我英宗大王, 大德深仁, 同符重華, 律度量衡, 無不燦然, 而惻怛之意, 恒在欽恤, 旣命諸臣, 纂修續大典, 而先 臣 與焉, 又以無冤錄多有眩錯, 特命先 臣 編定之。於是乎, 冗者刊, 闕者補, 綱領節目, 開卷瞭然, 而至於字句之疑晦者, 旣弁一通之訓, 又有逐條之釋, 亦已極其詳盡, 無復底蘊。然此乃中原行會之文字方言固多, 而造語又簡, 創見者猶難遽曉, 臣 嘗留意於補註, 而未果就也, 有律學教授金就夏者, 深於律文, 樂與之成, 其所添註者, 加增字以別之, 而本文之增删修正者, 間亦之, 庶乎訓詁義例之間, 殆無所遺漏, 而顧此爲書倫類, 雖別而脈絡相連, 必於平時, 講貫融會而後, 方可以參互錯綜, 能有活法, 不然而倉卒急遽之頃, 始欲考散漫之條, 決疑亂之案, 則秖見其思慮未周, 視聽不審, 尋常應文之間, 亦無以自主張, 而率

---

1 원서에는 일부 내용만 있지만 역자가 보충하여 실었다.

不免爲胥吏輩因緣賣弄之資而已，文字之詳，有不足恃，註釋之明，亦無所賴，可不懼歟。

惟我殿下祖述憲章，遹追前聖禮樂刑政，咸修俱備，而凡於議讞，尤致意焉，今此翻諺刊印之命，亦有以仰夫至仁至明之德，同天地而並日月，孰不欽歎而攢祝也哉。斯役也，有隣實主之，前刑曹正郎兪漢敦參證之，而律學別提韓宗祐效力爲多，別提朴在新亦與焉，而終始看詳者，就夏也夫。然後訓釋愈明，而旨義隨著，雖愚婦愚夫，亦可得以家喩戶說，殆如指掌，苟使司法者，試加講究，則功力不甚費，貫通不甚難，而舞弄無所容，情僞無所逃，今以後庶幾無倖逭之歎、濫及之患，將不知得伸者幾何，得活者幾何，而惟聖明好生洽民之德，不啻功垂一世，必復澤流萬代，猗歟盛哉。

爲臣子而參是役者，誰不與有榮焉，而在臣則抑有甚焉，先臣於典律獄訟，得法外之意，屢典州郡，生全者多，嘗曰士大夫不可不知律，如臣不肖，無能爲役，而幸逢盛際，獲覩是書之成，何敢曰少補萬一，而其於記事之實義，不敢辭，略爲之言如此云爾。

當宁二十年丙辰秋，輔國崇祿大夫 前行 判中樞府事 綾恩君 致仕奉朝賀 臣具允明謹跋。

전하께서 재위 14년1790에 전 형조 판서 서유린(徐有隣)에게 《무원록》을 한글로 번역하고 내용을 증보하라 명하셨으나 2년을 넘겨 이제 간행을 보고하며 책을 진상합니다. 이 책은 소신이 오래전부터 훤히 알고 가까이했던 것으로 선대의 신하가 편찬했던 《증수무원록》을 첨삭하고 윤문한 다음 예전의 서명을 붙인 것입니다. 서유린은 책이 완성되자 발문을 권말에 적고 개인 책 상자에 보관하였으니 '지금은 공문에 쓰는 문장으로 지었으니 일의 전말을 다시 상세하게 다듬어 후대 사람들에게 알리는 편이 좋겠다.'라고 생각했기 때문입니다. 소신은 바로 절을 하고 "옥사(獄事)를 판단할 때 어려움으로는 살인사건만 한 것이 없는 법이니 아마 검시할 때 진위가 자주 바뀌고 작은 차이로 진실과 거짓이 쉽게 어긋나기 때문일 것입니다. 깊은 생각과 정교한 방법으로 관련자들의 진술 이외에서 실마리를 찾지 못한다면 공정한 마음이나 곧은 기개를 가졌다 해도 진실을 알기 어렵습니다."고 말했으니 사람의 생사와 관련된 일이기 때문에 이렇게 어려운 것입니다. 《무원록》이 나오기 전에도 신통하다고 하는 방법이 몇 가지 있었다고 합니다. 어떤 방법인지 모르겠으나 깊은 물에 낚시를 드리워 숨은 진실을 드러낸다면 범인이 도망갈 수 없고 억울한 사람이 답답함을 풀 수 있게 만들 수 있었을 테지만 아무리 장석지(張釋之)·우정국(于定國) 같은 사람이 백성을 원통하지 않게 만들었더라도 세세하고 깊은 내용까지 구석구석 모두 갖추었다는 점에서는 이 책만 같지 못할 것입니다. 그러니 백성의 목숨을 맡은 사람이라면 마음을 다하지 않아서야 되겠습니까.

옛날에 우리 영조 대왕께서는 큰 덕과 깊은 인자함이 순임금과 부합하신 분으로 도량형을 제정하신 일 등 빛나는 업적이 아닌 경우가 없지만 한편으로는 백성을 측은하게 여기는 마음으로 늘 신중하게 형벌을 행하시면서 이윽고 신하들에게 《속대전續大典》을 편찬할 것을 명하셨고 선대의 신하[⊟]를 편찬에 참여시키셨습니다. 그리고 《무원록》에는 애매하거나 틀린 부분이 많으므로 선대의 신하에게 이를 바로잡아 펴내도록 특별히 명하셨습니다. 이제 드디어 쓸데없는 내용은 없어지고 빠진 부분은 보완되었으니 각 강령과 조목이 책을 펼치면 일목요연해졌고 정확히 알 수 없는 구절에 대해서는 단번에 이해되도록 뜻풀이를 달았습니다. 또한 조문마다 해석을 두되 이미 자세한 부분에는 해석을 다시 중복하지 않았습니다. 그러나 이 책에는 중국의 문서에서 사용되는 생소한 단어나 방언이 매우 많고 새로운 단어를 만들거나 축약했기 때문에 처음 보는 사람은 곧바로 이해하기가 유난히 어려웠습니다. 소신은 예전에 이 책을 증보하고 주해하려는 뜻을 가지고 있었으나 결국 완성하지 못하고 있다가 율학교수(律學敎授) 김취하(金就夏)가 법률 문서에 해박했기 때문에 그와 함께 기꺼이 완성할 수 있었습니다. 그때 덧붙인 주석은 증(增)자를 붙여 구별했으나 본문을 직접 더하거나 삭제하거나 수정한 경우도 간간이 있습니다. 아마 책 전체의 의미에 대한 해석은 빠뜨린 부분이 거의 없을 테지만 이 책의 체재를 생각해 보면 증(增)자를 붙여 구별했더라도 맥락이 서로 이어지기 때문에 반드시 평소에 연구하고 전체적으로 이해해야만 그 후에 서로 유기적으로 연결되어 살아있는 지침이 될 것입니다. 그렇게 하지 않고 급박한 순간에야 비로소 산만한 조목들을 찾아가며 어지러운 사안들을 결정하려고 하면 넓게 생각하지 못하게 되거나 보고 들어도 진실을 살피지 못하게 될 것이고, 평소에 책을 읽더라도 역시 스스로 주장할 수 없는 수준이라면 서리들에게 마음대로 농락당하는 대상이 되는 상황에서 대부분 벗어나지 못할 것입니다. 상세한 문장도 믿기 부족한 부분이 있고 명확한 주석도 의지하지 못하는 부분이 있으니 조심하지 않을 수 있겠습니까.

우리 주상전하께서 법전을 계승하여 저술하실 때 이전 성군들의 예악(禮樂)과 형정(刑政)을 존중하면서 내용을 전체적으로 수정하고 항목을 빠짐없이 갖추셨으며 옥사를 논의하는 일에 대해서는 특히 신경을 쓰셨습니다. 지금 이렇게 한글로 번역하여 인출하라는 명령을 통해 지극히 인자하시고 지극히 명철하신 덕행을 우러러볼 수 있으니 천지나 일월과도 같은 공적에 대해 누군들 감탄하고 찬미하지 않겠습니까. 이번 간행 사업은 서유린[三]이 실질적으로 주관하고, 전 형조 정랑 유한돈(兪漢敦)이 참고하고 교정했으며, 율학 별제 한종우(韓宗祐)도 힘을 많이 보탰고, 별제 박재신(朴在新)도 참여했습니다. 무엇보다 시종일관 속속들이 살핀 사람은 김취하일 것입니다. 간행 후에는 뜻풀이가 더욱 명확해져 문장의 의미가 저절로 드러나기 때문에 비록 학문을 하지 않은 백성이라 하더라도 집마다 깨우치고 설명해주면 대부분 손바닥을 가리키는 것처럼 쉽게 알아들을 수 있을 것입니다. 법을 담당하는 사람에게 적용하고 연구하게 한다면 공력을 많이 들이지 않고도 전체적으로 이해하기가 그다지 어렵지 않을 것이며 서리들의 농락이 판치더라도 용납되지 않고 거짓으로 증언하더라도 도망갈 곳이 없게 될 것입니다. 지금 이후에는 아마 요행히 무죄 받는다는 한탄이나 형벌이 지나치다는 근심이 없어지리니 앞으로 원통함이 없게 될 자가 얼마나 될지, 살아날 자가 얼마나 될지 알지 못하겠습니다. 무엇보다 주상전하의 살리기를 좋아하시는 마음과 백성을 포용하시는 덕행은 한 시대에 공적을 세울 뿐만 아니라 그 은택이 분명코 만세토록 흐르리니 참으로 대단하고 성대한 일입니다.

신하 된 사람으로서 이번 간행 사업에 참여한 사람 중에 누가 영예로운 마음을 가지지 않겠습니까마는 소신에게 있어서는 특히 더합니다. 선대의 신하가 옥사를 판결할 때 법전 너머의 의도를 깨달았기 때문에 각 고을을 담당할 때마다 살아난 사람이 많았으니 예전에 '사대부라면 법률을 반드시 알아야 한다.'고 말을 하곤 했습니다. 소신의 부족한 재주로는 능히 이번 사업을 할 수 없었으나 다행히 전하의 태평성대를 만나 이 책이 완성됨을 볼 수 있었으니 어찌 감히 만에 하나 조금이나마 도움이 된다고 말하겠습니까. 그저 간행 사업의 사실과 의미를 적으라는 명을 감히 사양하지 못하고 대략 말을 한 내용이 이와 같습니다.

정조 20년 병진1796 가을. 대광보국숭록대부 전 행 판중추부사 능은군(綾恩君) 치사봉조하(致仕奉朝賀) 소신 구윤명(具允明)은 삼가 발문을 씁니다.

[二] 구택규(具宅奎)를 가리킨다.

[三] 서유린(徐有隣)은 전 형조 판서(刑曹判書)였다.

본문내용

목차의 대강을 아래 제시한다.

◎ 《증수무원록대전》 목차

⊙ 上篇：檢覆

檢覆總說， 檢式(洗罨法、四時變動、白僵屍、壞爛屍、檢骨、開棺檢驗、無憑檢驗屍、免檢)，屍帳式(仰面、合面)，關文式

⊙ 下篇：條例

胎傷死，勒縊死(白縊、自勒、被勒、被殺假作自縊、移屍)，溺水死(白溺、被溺、被殺假作自溺、辨生前死後)，毆打死(被打、死後假作打)，口齒咬傷死，刃傷死(自害、被殺、辨生前死後、屍首異處)，火燒死(困老病失火、被燒、被殺假作火燒、辨生前死後)，湯潑死，中毒死(生前中毒、死後假作中毒、蟲、果實金石藥、鼠莽草、砒霜野葛、金蠶糞、酒、蠱、菌草、巴豆、水銀、鹽滷、氷片)， 病患死(病患饑凍求乞、邪魔中風、中暗風、傷寒、時氣、中暑、被針灸、辜內病死、男子作過)，凍死，餓死，攧死跌死，壓死(壓塞口鼻、老人被擣、隱塾)，驚謊死，人馬踏死，車碾死，雷震死，酒食醉飽死，虎咬死，癲狗咬傷死，蛇蟲傷死，雜錄(晝夜之分、滴血、檢地、論人身骨條)

해설은 생략하지만, 이 가운데에는 과학적이고 상세하며 정확하기 그지없어 현대 법의학 설명과 비교해도 손색이 없는 것도 있다.

인물전기

구택규(具宅奎, 1693－1754). 자는 성오(性五), 호는 존재(存齋), 본관은 능성(綾城)이다. 숙종 19년 계유1693에 태어났다. 숙종 40년 갑오1714 증광 문과에 급제하였고 관직은 한성판윤에 이르렀다. 영조 30년 갑술1754에 세상을 떠났다. 뛰어난 치적(治績)으로 명망이 있었다.

구윤명(具允明, 1711－1797). 자는 사정(士貞), 호는 겸산(兼山), 구택규의 아들이다. 숙종 37년 신묘1711에 태어났다. 영조 19년 계해1743 정시 문과에 급제하였고 사국(史局)에 들어갔다. 가선대부가 되어 능은군(綾恩君)을 습봉(襲封)하였으며, 관직은 예조 판서, 품계는 보국숭록대부에 이르렀다. 정조 21년정사1797에 세상을 떠났다. 이 책 외에 《전율통보典律通補》를 저술하였다.

서유린(徐有隣, 1738－1802). 자는 원덕(元德), 본관은 대구(大邱)이다. 영조 14년무오1738에 태어났다. 영조 42년병술1766 정시 문과에 급제하였고 관직은 이조 판서에 이르렀다. 순조 2년임술1802에 세상을 떠났다.

김취하(金就夏, 생몰 미상). 율학교수(律學敎授). 그의 삶에 대해 알려진 사실이 많지 않다.

고찰

《증수무원록》은 영조 20년갑자1744 구택규가 왕명에 따라 여러 서적을 고찰하여 《신주무원록》을 수정·증보하고 여기에 주석을 덧붙인 책으로 영조 24년무진1748에 간행되었다. 그 후 그의 아들 구윤명은 율학교수 김취하 등과 함께 이를 다시 중정(重訂)하여 집에 보관하고 있었는데, 정조 14년경술1790 정조가 서유린에게 명하여 이 책을 한글로 풀이하게 한 후 《증수무원록언해》라고 이름 짓고 2년 뒤에 간행하였다. 그리고 《증수무원록대전》은 이보다 늦은 정조 20년병진1796 간행되어 반포되었다. 이 책은 영조·정조 두 대에 걸쳐 마음을 쏟아 노력하여 얻은 업적으로 동양에서 가장 탁월한 법의학 전문서로 여겨진다.

032. 심리록 審理錄

32권

홍인호(洪仁浩) 편찬, 홍의호(洪義浩) 이어 증보

개요

정조가 재위했던 25년 동안 각 도의 형옥(刑獄) 결안(決案)을 정리한 책으로, 사례 1,100건을 수록하였다. 홍인호(洪仁浩)가 처음 대부분을 편찬하였고, 후에 동생 홍의호(洪義浩)가 이어 증보하여 순조 원년신유1801에 완성하였다. 정조의 명으로 편찬되었고 왕 자신이 교열에 참여했기 때문에 《홍재전서弘齋全書》에도 수록되어 있다.

사례 가운데 《무원록無寃錄》을 인용한 곳도 적지 않기 때문에 《무원록》의 실제 운용 상황을 엿볼 수 있다.

033. 검요 檢要

필사본 2권 2책

[전존]

(경성대학 도서관 소장)

개요

이 책은 《무원록無冤錄》의 부족한 곳을 보완하기 위해 편찬되었다. 순조 때에 완성되었고 저자는 알려지지 않았다.

《무원록》은 주로 물증에 대한 사실만을 기재하였으나, 이 책은 범죄 심리 측면을 서술하였다. 또 《무원록》 기사(記事)의 시비를 가렸으며 실증례를 제시하여 설명하였다. 그리고 검험에 필요한 속담 같은 말을 실었다.

본문내용

◎ 《검요》 목차[1]

上卷 : 被刺致死, 被踢致死, 被踢內損致死, 折肋致死, 折項致死, 被擠致死, 被壓致死, 被打致死, 各招, 被打後病患致死, 揮擲後病患致死, 飮滷致死(附摘奸), 服砒礵致死, 自縊致死, 被打後自縊致死, 一獄兩檢

下卷 : 自溺致死, 因病致死, 醉後中風卒死, 氣窒致死, 飢餓中因鬪氣窒死, 會查, 未檢查報, 正犯, 干犯, 被告, 干連, 屍親臚列, 嫌格, 奪位, 結辭

1 원서에는 일부 내용만 있지만 역자가 보충하여 실었다.

참고 조선의 법의학 관련서

앞서 설명한 《신주무원록新註無冤錄》, 《증수무원록增修無冤錄》, 《심리록審理錄》, 《검요檢要》(같은 이름의 다른 서적도 있다) 외에 《흠흠신서欽欽新書》(순조 22년(임오1822) 정약용(丁若鏞)이 형옥(刑獄)의 검안(檢案)을 모아 논평을 붙인 책으로, 종종 《무원록》을 인용하였다), 《추관지秋官志》(정조 5년(신축1781) 박일원(朴一源) 지음. 책 속 옥안(獄案)에 《무원록》을 인용하였다), 《법규유편法規類編》(광무 5년(신축1901) 완성. 책 속에 《증수무원록》을 전재하였다), 근래의 《사법품보司法稟報》(고종 32년(을미1895)에서 광무 10년(병오1906)까지의 질의와 보고를 법부(法部)에서 정리한 것이다) 등이 있다.

조선의 법의학은 동아시아에서 특수한 사정 아래에서 특이하게 발달하였는데, 그 중심을 이루는 것은 《무원록》으로 법령과 마찬가지로 중요하게 여겨졌다.

034. 요집 要集

1권 1책

[전존]

(이인영(李仁榮) 씨 소장)

개요

책 앞뒤 여러 장이 떨어져 나가 책 이름은 알 수 없지만 판심에 적힌 "要集"을 제목으로 삼는다.

형태서지

1권 1책. **| 판식版式 |** 활자본, 반곽 세로 18.0 × 가로 11.0㎝.

내용은 〈약명藥名〉, 〈국기國忌〉, 〈복제식服制式〉, 〈노비결송정한奴婢決訟定限〉, 〈팔도정도八道程途〉로 구성되어 있다. 〈약명藥名〉 부분은 갑진자가 아니라 을해자로 8행 15자이나 〈국기國忌〉 이후는 갑진자로 찍혀 있고 9행 16자로 되어 있다.

내용서지

이 간본은 중종 때 인출되었다. 이는 〈국기國忌〉의 마지막이 중종의 탄신 연월일로 끝맺음 된 것을 통해 알 수 있다.

본문내용

〈약명藥名〉 부분은 대략 14매로, 처방의 명칭과 구성 약재의 용량이 실려 있고 그 아래에 효능이 기술되어 있다. 중종 때 상용(常用)되었던 탕약을 알 수 있는 자료이므로 흥미롭다.

고찰

어숙권(魚叔權)이 《고사촬요》 원서(原序)에서 《요집》과 《제왕기년帝王紀年》을 모아 《고사촬요》를 지었다고 했는데, 그가 말한 《요집》이 이 책에 해당한다.

035. 고사촬요 攷事撮要

개요

《고사촬요》는 기년(紀年)·사대교린(事大交隣) 그 밖에 일반 관리가 일상에서 유의해야 할 사항을 항목에 따라 기술한 책으로 일종의 작은 백과전서(百科全書)이다. 명종 9년 갑인1554에 어숙권(魚叔權)이 처음으로 《고사촬요》를 지은 뒤 영조 47년 신묘1771 서명응(徐命膺)이 이름을 고쳐 《고사신서攷事新書》를 지을 때까지 그 사이에 적어도 십수 회 수정을 반복하여 간행되었다.

이 책에는 의약과 관련된 항목도 있다. 이를 통해 각 시대에 사용된 약품(藥品)·잡방(雜方)·구급방(救急方)·토산(土産) 등을 알 수 있으므로 조선 중·후기 의약 연구에 있어서 좋은 자료가 된다. 또 〈팔도정도八道程途〉 속의 '각지책판(各地冊版)', 〈서책시준書冊市准〉, 〈서책인지수書冊印紙數〉의 항목이 있는데, 이를 통해 각 시기에 유통된 서책을 알 수 있다. 본 《조선의서지》에서도 중요한 자료로 사용하였다〈제6부 〔001장〕 참고〉.

판본

다음으로 필자가 알고 있는 《고사촬요》의 간본을 설명한다.

(1) 가정(嘉靖) 33년 명종 9년, 갑인1554 초간본

어숙권(魚叔權) 원찬(原撰), 일실됨.

어숙권 초간본의 전존본에 대해서는 듣지 못하였다. 그런데 《요집要集》〈〔034장〕 참고〉이 《고사촬요》의 남본(藍本)이므로, 이것과 간본(2)를 비교하면 대략의 내용을 엿볼 수 있다.

(2) 융경(隆慶) 2년 선조 원년, 무진1568 간본

〈 송석하(宋錫夏) 씨 소장 〉

1책. **|판식版式|** 활자본〈 을해자 〉.

〈기년紀年〉이 융경 2년에서 끝나므로 이때 인출되었을 것이다.

(3) 만력(萬曆) 4년 선조 9년, 병자1576 7월 간본

〈 덴리대학교(天理大學校) 도서관 코기도오(古義堂) 소장, 송석하 씨 소장 〉〈〔부도65〕 참조 〉

상・하 2권 1책. **|판식版式|** 목판본. **|지수紙數|** 서문〈 어숙권 〉 1매, 상권 47매, 하권 48매.

이 간본은 앞의 (2)융경 2년 간본에 근거한 것으로 약간 추가된 곳도 있지만 내용은 거의 같다. 〈기년〉도 융경 2년으로 끝난다.

코기도오 소장본은 원래 아시카가학교(足利學校)의 도강(都講) 산요 겐키츠(三要元佶)가 소장했었던 책으로 완질이다. 책 말미에 다음과 같이 조선에 민간 서점의 존재를 나타내는 희귀한 간기(刊記)가 있다.

◎ 《고사촬요》 코기도오 소장본 간기

> 萬曆四年七月 日，水標橋下北邊，二第里門入，河漢水家刻版，買者尋來。

> 만력 4년1576 7월 일. 수표교(水標橋) 하류 북쪽 2번째 집 인근 이문(里門)[1] 안쪽에 있는 하한수(河漢水) 집에서 목판을 새겼으니 살 사람은 찾아오시오.

---

1 이문(里門) : 조선시대에 도둑을 단속할 목적으로 마을 입구에 세워 두었던 문이다. 세조 11년(을유1465) 11월 8일 《세조실록》 기사에 한양에 이문을 설치했다는 기록이 보인다.

(4) 만력 4년 선조 9년, 병자1576 간본

〈 소장자는 기억나지 않는다 〉

1책. 〈기년〉은 만력 4년 병자1576 에서 끝난다.

(5) 만력 13년 선조 18년, 을유1585 간본

〈 이인영(李仁榮) 씨 소장 〉

1책. 〈기년〉은 만력 13년 을유1585 에서 끝난다.

(6) 만력 41년 광해군 5년, 계축1613 간본

〈 경성대학 도서관 규장각 소장 〉

〈기년〉은 만력 40년 임자1612 에서 끝난다. 박희현(朴希賢)이 이어 지었다.
상・하 2권 2책. **▎판식版式▎** 활자본 〈 훈련도감서국용활자(訓鍊都監書局用活字) 〉
이 간본은 근래 경성대학에서 《규장각총서奎章閣叢書》〈서書〉제7로 영인되었다.

(7) 숭정(崇禎) 9년 인조 14년, 병자1636 간본

〈 경성대학 도서관 소장? 〉

상・중・하 3권 3책.
〈기년〉은 숭정 8년 을해1635 에서 끝난다. 이식(李植) 등이 이어 지었다.

(8) 강희(康熙) 14년 숙종 1년, 을묘1675 간본

〈 필자 소장 〉

상・중・하 3권, 부록 1권, 모두 3책.
〈기년〉은 숭정 8년 을해1635 에서 끝이 난다. 그러나 〈본조기신本朝忌辰〉에 효종의 이름이 있고, 〈탄생誕生〉에 현종이 보이며 게다가 동궁(東宮) 〈 현종 8년(정미1667)에 세자가 되었다 〉과 빈궁(嬪宮) 〈 현종 12년(신해1671) 세자빈이 되었다 〉도 실려 있다. 또한 이 간본 가운데 "康熙十四年正月"이라는 내사기(內賜記)가 있는 간본이 있다. 따라서 숙종 1년 혹은 그 전 해의 간본일 것이다. 후기 갑인자 활자본이다.

(9) 강희 23년 숙종 10년, 갑자1684 개편본(改編本)

〈 필자는 보지 못하였다 〉

《실록》에 다음과 같이 기록되어 있다.

◎ 《숙종실록》 숙종 10년 갑자1684 8월 3일 기사[2]

……。九萬曰，事大交隣文書，藏置承政院，而丙子以前，故判書李植，抄續攷事撮要，其後散佚不收，宜令提調一人句管，編成一帙，以作掌故之資。壽恒請令副提調崔錫鼎，主管編輯。上允之。……。

……. 남구만(南九萬)이 말하였다. "사대(事大)·교린(交隣)의 문서는 승정원에 보관해 두어 병자년1636 이전에는 고(故) 판서(判書) 이식(李植)이 《속고사촬요》를 초록할 수 있었습니다. 그 뒤에는 문서가 흩어져 없어지더라도 수습하지 않고 있으니 제조 한 사람에게 이를 관리하고 한 부로 묶어서 연혁을 알 수 있는 자료를 만들어야 합니다." 김수항(金壽恒)이 부제조 최석정(崔錫鼎)에게 이 일을 주관하여 모으도록 할 것을 청하니 주상께서 윤허하였다. …….

(7)숭정 9년 간본 다음에 〈부록附錄〉이 덧붙여져 증보된 (8)강희 14년 간본이 있지만 양자의 내용은 대동소이하다. 반면 최석정(崔錫鼎)이 개수(改修)한 이 판본은 근본적으로 수정된 듯하다. 아마도 다음에 설명할 (10)영조 19년 간본과 체재가 같았을 것이다.

(10) 영조 19년 계해1743 간본

〈 필자 소장 〉

4권 4책. 4권본으로 전기 교서관인서체자(校書館印書體字)[3]로 인쇄되었다.

---

2 원서에는 내용이 요약되어 있으나 역자가 원문을 인용하여 실었다.

3 원서에서는 "노론활자(老論活字)"라고 하였다. 마에마 교오사쿠(前間恭作)는 활자를 만든 김좌명(金佐明)이 노론(老論)에 속한다고 하여 전기 교서관인서체자를 노론활자라고 명명하였다. 그러나 김좌명이 활자를 만들었다는 주장에도 오류가 있고 현재 통용되는 명칭도 "교서관인서체자"이므로 이를 수정하였다(권오덕, 2018). 한편, 이 영조 19년 간본이 전기 교서관인서체자(노론활자)가 아니라 사역원 목활자 즉, 경서정음자(經書正音字)로 만들어졌다는 주장도 있다(김치우, 1972).

《영조실록》에 다음과 같이 기록되어 있다. 이 간본이 여기에 해당한다고 생각한다.

◎ 《영조실록》 영조 19년 계해1743 3월 5일 기사[4]

教曰，受教輯錄，不可不續成。如吏郎翰薦之變通也，鞫廳之除壓膝烙刑也，以儒爲名者之勿送捕廳也，非軍務而用棍，則喉院提奏也，外方圓杖之申禁也，曾經朝官者，藩閫毋敢擅自刑棍也，此皆當爲法於後世者。其令載之受教，使兩館提學主管刊印。攷事撮要亦令芸閣印出，而五禮儀亦多添入者矣。……。

전교하였다. "《수교집록》은 속편을 만들지 않을 수 없다. 이조 낭관(吏曹郎官)과 한림(翰林)의 추천 방식을 변경한 것, 국청(鞫廳)에서 압슬(壓膝)과 낙형(烙刑)을 없앤 것, 학자로 이름난 사람은 포청(捕廳)에 보내지 말게 한 것, 병영 일이 아니나 곤장을 쓸 경우 후원(喉院, 승정원)에서 먼저 아뢰게 한 것, 지방의 둥근 곤장을 금지한 것, 중앙 관직을 지냈던 자에게는 지방 관리가 감히 제멋대로 곤장형을 집행하지 못하도록 한 것들은 모두 후세에 법으로 삼아야 한다. 그것을 《수교집록》 속편에 싣고 양관(兩館, 홍문관과 예문관)의 제학(提學)에게 간행을 주관하게 하라. 그리고 《고사촬요》를 운각(芸閣, 교서관)에서 인출하게 하고 《오례의》 또한 보충할 것이 많다." …….

(11) 영조 중기 간본

〈 경성대학 도서관 소장 〉

5권 5책. 전기 교서관인서체자로 인쇄되었고 5권으로 되어 있지만 (10)영조 19년 간본과 내용이 완전히 같다. 간본(10)의 권1이 간본(11)에서 권1과 권2로 나누어져 있고, 사용된 활자는 같지만 다소 차이가 있으며 〈 간본(10)은 단정하다 〉, 간본(11)의 반곽 세로 길이가 조금 더 길 뿐이다. 다만 활자의 모습을 통해 간본(10) 쪽이 더 오래전에 인쇄되었음을 알 수 있다.

두 간본 모두 〈기년〉은 숭정 8년에서 끝나지만 〈본조기신〉에 경종이 적혀 있고, 또 〈탄일〉에 영조 일족(一族)의 탄일(誕日)이 실려 있으므로 영조 중기에 간행된 듯하다.

4 원서에는 내용이 요약되어 있으나 역자가 원문을 인용하여 실었다.

(12) 《고사신서攷事新書》

15권 7책. 서명응(徐命膺) 등 편(編).

영조 47년 신묘1771에 《고사촬요》를 체계적으로 개정·증보하고 서명도 《고사신서》로 바꾸어 편찬한 뒤 간행(刊行) 한 책이다(〔036장〕 참고).

본문내용

《고사촬요》 간본(6)과 (8)을 기준으로 의약 관련 사항을 해제한다.

(6) 만력 41년 광해군 5년, 계축1613 박희현(朴希賢) 증수본(增修本)

상권 : 〈대명기년大明紀年〉부터 17항, 하권 : 〈접대인사례接待人事例〉부터 21항.

이 안에 의약과 관련된 것은 〈잡방雜方〉·〈생약매일량본국가치生藥每一兩本國價値〉·〈숙약일복가치熟藥一服價値〉가 있다.

〈잡방〉에는 복약기(服藥忌)·식기(食忌)·제조주법(諸造酒法)·마의방(馬醫方) 등을 기술하였다.

〈생약매일량본국가치〉("以綿布及米市准") 에는 당시 각 약재의 가격을 기록하였다. 예를 들면 다음과 같다.

◎ 《고사촬요》〈생약매일량본국가치〉 예시

> 麝香 綿布二匹。琥珀 米一斗三升，今加綿布二匹。犀角、白蛇香 各綿布一匹，米二斗五升。……。
>
> 사향(면포 2필). 호박(쌀 1말 3되. 지금은 면포 2필을 더해 주어야 한다). 서각·백사향(각 면포 1필, 쌀 2말 5되). …….

〈숙약일복가치〉("以米市准") 에는 아래와 같은 증상에 대해 각종 처방을 싣고 1회 복용 분량의 가격, 효능 및 복용방법을 설명하였다. 예를 들면 다음과 같다.

◎ 《고사촬요》 〈숙약일복가치〉 병증

諸風, 中風, 中寒風, 熱痛風, 破傷風, 痲木, 痿證, 傷寒, 瘟疫, 眩暈, 頭痛, 暑證, 痢疾, 瀉泄, 證濕, 燥證, 火熱, 心熱, 內傷, 咳逆, 嘔吐, 諸氣, 膈噎虛, 虛煩, 虛損, 心證, 腫脹, 積聚, 鬱證, 痰飮, 咳嗽, 哮喘, 心痛, 腹痛, 脾胃, 眼疾, 鼻證, 耳病, 咽喉, 齒疾, 脇痛, 腰痛, 疝證, 諸淋, 秘結, 痔疾, 脚氣, 瘿瘤, 瘡瘍, 傷折, 傷損, 癮疹, 血證, 血熱, 脾熱, 汗證, 消渴, 黃疸, 瘧疾, 婦人, 小兒[5]

◎ 《고사촬요》 〈숙약일복가치〉 예시

清心元 一丸, 八升, 今減四升。○治諸風恍惚或發狂顚, 每服一元, 溫水化下食後, 小兒驚癎, 竹葉湯化下。

청심원(1알에 쌀 8되, 지금은 4되로 줄었다. ○온갖 풍사(風邪)로 정신이 온전치 못하거나 전광(癲狂)이 생겨난 경우에 매번 1알씩 따뜻한 물에 녹여 식후에 먹는다. 소아의 경간에는 죽엽탕(竹葉湯)에 녹여 먹는다)

(8) 강희 14년 숙종 1년, 을묘1675 간본

상권 : 〈기년紀年〉, 중권 : 〈중조기신中朝忌辰〉부터 〈문묘종향文廟從享〉까지 모두 14항. 하권 : 〈접대왜인사接待倭人事〉부터 〈잡방雜方〉·〈팔도정도八道程途〉까지 모두 18항이 실려있다.

이 안에 의약과 관련된 내용으로 〈잡방雜方〉이 있다. 즉, "治血汗衣裳方, 治油汗衣服方, 食菌方, 服藥忌, 食諸果忌, 食魚忌, 食鳥獸忌, 物性相反, 臘藥服法, 治小兒痘瘡方, 治痘毒上攻方, 韋仲將合墨法, 俗例造墨法, 救酒法, 救酸法, 屠蘇酒, 內局香醞法, 紅露酒, 煮酒, 栢子酒, 胡桃酒, 荷香酒, 白霞酒, 浮蟻酒, 釀醋法"을 기술하였고, 이어 "養馬法, 治馬不進水草方, 治馬大小便不通, 治馬小便不通, 治馬眼骨法, 治馬泄瀉方, 治馬疥法"[6] 등 마의방(馬醫方) 몇 가지를 실었다. 납약복법(臘藥服法)에는 청심원(清心元)·소합원(蘇合元) 등 33개의 처방을 열거하고, 말미에 아래와 같이 기술하였다.

5 《고사촬요》 해당 부분에 두주(頭注)로 적혀 있다.

6 원서에는 일부 내용만 있지만 역자가 보충하여 실었다.

◎ 《고사촬요》 〈납약복법〉 말미 내용

臘劑各種証治與使用之法, 雖詳載方書, 而考閱未易, 且遠外窮鄕, 雖刀圭, 未知下用之方, 人多病之, 玆摘古方要語, 刊印以傳。

각 납약의 치료 증상과 사용법은 의서에 상세히 기재되어 있지만 찾아보기 쉽지 않기도 하고 먼 곳이나 시골에 사는 사람들은 납약이 있어도 복용법과 사용법을 알지 못하여 매우 불편해했다. 이에 옛 의서의 긴요한 말들을 추리고 책으로 간행하여 세상에 전한다.

또 〈부록〉 속에는 '잡용속방(雜用俗方)'〈'除蚤蝨法'·'治菌毒法'·'治犬咬' 등 일상 질환의 치료법〉, '두창경험방(痘瘡經驗方)'〈제1부 〔078장〕에서 해제한 《두창경험방痘瘡經驗方》의 초록이다〉, '치곽란(治霍亂)', '치중서(治中暑)', '벽온제방(辟瘟諸方)', '마의방·우의방(馬醫方、牛醫方)'을 상당히 자세히 기술하였다.

인물전기[7]

어숙권(魚叔權). 호는 야족당(也足堂), 본관은 함종(咸從)이다. 관직은 학관(學官)에 이르렀다. 이 책 외에 《패관잡기稗官雜記》를 저술하였다.

7 이해를 돕기 위해 해당 내용의 위치를 원서와 다르게 조정하였다.

036. 고사신서 攷事新書

15권 7책

서명응(徐命膺) 지음

개요

영조 47년 신묘1771 에 저술되어 간행되었다. 〈필자 소장〉

형태서지

15권 7책. **|판식版式|** 활자본, 반곽 세로 22.0 × 가로 15.0㎝, 10행 20자. **|지수紙數|** 총 542매.

내용서지

◎ 《고사신서》 서(序)[1]

攷事新書序

事必待攷而立，天之事旋轉斡運，是也，而攷之然後，歲差可推，日之事升降上下，是也，而攷之然後，躔次可步與。凡風立之順毛，泝流之順鱗，有物必有事，有事必有法，苟攷其故，理自不僭，况於人事之委曲者乎。千歧萬逕，有常有變，隨其所值，各殊其則，而聽名易失，見聞難盡，非有所攷，何以應機，宜於倉卒哉。卽其順

1 원서에는 일부 내용만 있지만 역자가 보충하여 실었다.

者逆之, 衡者縱之, 施措錯於前, 而禍患隨於後, 亦必至之勢。嗚呼, 事誠不可以不攷也。

己丑秋, 余提擧芸館, 先是館欲印攷事撮要, 以舊本踈略, 謀且增刪, 閱三歲更四提擧, 未就也。相國金公陽澤, 屢爲言于余, 余汰繁冗, 補緊要, 列門戶, 屬校理鄭忠彥, 參訂校勘, 然後歸之相國, 又多損益, 以付諸剞劂, 名以攷事新書, 書凡十有五卷。庶宦遊四方, 窮居絶峽, 旁無書籍, 以固陋爲病者, 得有所攷, 不迷於事, 故曰事誠不可以不攷, 又曰事必待攷而立。

上之四十七年辛卯孟夏, 正憲大夫 吏曹判書 兼知經筵春秋館事 藝文館提學 徐命膺序。

고사신서 서문

무슨 일이든 반드시 참고할 것이 있어야 이룰 수 있는 법이다. 하늘의 일이란 돌고 운행하는 것이니 이를 참고한 후에야 매년의 미세한 차이를 계산할 수 있고, 해의 일이란 뜨고 지는 것이니 이를 참고한 후에야 해의 궤적을 잴 수 있지 않겠는가. 무릇 바람이 불면 터럭을 눕게 만들고 물이 흐르면 비늘을 가지런하게 만들듯이 대상이 있으면 반드시 사건이 생기고 사건이 있으면 반드시 기준이 생기니 기준이 생긴 까닭을 참고한다면 일의 처리가 자연스러워져 차질이 생기지 않는다. 하물며 사람이 겪는 온갖 일들에 있어서랴. 온갖 경우에 변치 않는 것과 변하는 것이 있고 마주치는 상황에 따라 각각 대응을 달리해야 하기도 한다. 그뿐만 아니라 사람의 총명함이나 명성은 쉽게 사라지고 모든 일을 경험하기는 어렵기 때문에 참고할 책이 없다면 무엇으로 갖가지 일에 대응하여 매순간 적합하게 처리할 수 있겠는가. 그런즉 순방향을 역방향으로 바꾸고 가로로 있던 것을 세로로 옮기듯이 일 처리에 필요한 내용을 책 앞에 놓고 질병에 필요한 내용을 뒤에 붙인 구성은 당연한 이치이다. 아아 무슨 일에든 정말로 참고하지 않을 수 없도다.

기축년 가을에 나는 교서관(校書館) 제거(提擧)로 임명되었다. 교서관에서는 이전에 《고사촬요》를 인출하려다가 예전에 찍었던 책이 소략하므로 증보하여 인출하기로 계획하였으나 3년 동안 4명의 제거가 바뀌는 동안에도 완성하지 못하였다. 상국(相國) 김양택(金陽澤) 공에서는 이 일을 누차 나에게 말씀하셨기에 나는 번잡한 것을 없애고 요긴한 것을 보충하며 목차를 가지런하게 만든 후 교리(校理) 정충언(鄭忠彦)에게 부탁하여 교정과 교감을 하였다. 그 후에 김 상국께 원고를 보냈고 김 상국께서 한 번 더 여러 가지를 수정하신 다음 판각을 맡길 수 있었다. 서명을 《고사신서》라고 하였으니 책은 총 15권이다. 여러 관원이 전국 각지에 부임하여 산골짜기에서 떨어져 살면서 근방에 책이 없어 근거삼지 못함을 아쉬워하는 경우에 이 책처럼 참고할 자료가 있다면 어떤 일에도 미혹되지 않을 것이다. 그러므로 "무슨 일이든 반드시 참고할 것이 있어야 이룰 수 있는 법이다."라고 말한 것이고 또한 "무슨 일에든 정말로 참고하지 않을 수 없도다."라고 말한 것이다.

영조 47년 신묘1771 4월. 정헌대부 이조 판서 겸 지경연춘추관사 예문관 제학 서명응(徐命膺)이 서문을 쓰다.

본문내용

아래와 같이 내용을 구분하고 이를 다시 세목으로 나누어 관리가 일생생활에 유의해야 할 일을 적었다.

◎ 《고사신서》 목차

天道門, 地理門, 紀年門, 典章門, 儀禮門, 行人門, 文藝門, 武備門, 農圃門, 牧養門, 日用門, 醫藥門

〈의약문醫藥門〉에는 "忌錫鐵藥, 諸藥食忌, 服藥用法, 解諸中毒"부터 "治疔腫, 治癮疹, 痘瘡經驗方"까지 96가지 항목에 걸쳐 간단한 치료법 등을 기재하였다.

인물전기

서명응(徐命膺, 1716－1787). 자는 군수(君受), 호는 보만재(保晩齋), 본관은 달성(達成)이다. 영조 30년 갑술1754 증광 문과에 급제하였고 부제학·이조 판서를 역임하였으며 연경에 사행을 다녀왔다. 그 뒤 대제학이 되었고 판중추부사를 지냈다. 정조 11년 정미1787 에 세상을 떠났다. 《보만재집保晩齋集》을 저술하였다.

고찰

서문에 분명히 적혀 있듯, 영조 45년 기축1769 에 교서관에서 예전의 《고사촬요》(〔035장〕 참고)가 소략하여 수정·증보하여 인출하고자 계획하였으나 3년 동안 완성하지 못하였다. 이에 서명응은 상국(相國) 김양택(金陽澤)의 말을 듣고 번잡한 것을 제거하고 긴요한 것을 보충하여 교리(校理) 정충언(鄭忠彦)에게 교정하게 하였고, 또다시 많이 덜고 더하였다. 이렇게 완성되어 영조 47년 신묘1771 《고사신서》라는 이름으로 간행되었다.

참고로 《보만재총서保晩齋叢書》(60권 31책) 제31책에 농원(農園)·목양(牧養)·일용(日用)·의약(醫藥)이 수록되어 있는데, 이것은 《고사신서》의 해당 부분과 내용이 같다(〔037장〕《산림경제山林經濟》 고찰 참조).

037. 산림경제 山林經濟

필사본 4권 4책

홍만선(洪萬選) 지음

[전존]

(필자 소장)

개요

필자는 원본이자 판하본(版下本)[1]이라고 생각되는 홍만선(洪萬選)의 《산림경제山林經濟》를 소장하고 있다. 이를 기준으로 해제한다. ([부도64] 참조)

숙종 41년 (을미1715, 홍만선이 죽은 해로 당분간 이를 저작 연도로 삼는다) 즈음의 저작이다. 간본은 존재하지 않는다.

형태서지

4권 4책 (4권은 16조로 나뉨). **| 판식版式 |** 필사본, 세로 27.0 × 가로 17.0㎝, 10행 20자, 무계. **| 지수紙數 |** 제1책 : 서문 2매, 〈복거卜居〉 11매, 〈섭생攝生〉 31매, 〈치농治農〉 29매, 〈치포治圃〉 12매, 제2책 : 〈종수種樹〉 11매, 〈양화養花〉 17매, 〈양잠養蠶〉 8매, 〈목양牧養〉 22매, 〈치선治膳〉 43매, 제3책 : 〈구급救急〉 76매, 〈구황救荒〉 10매, 〈벽온辟瘟〉 5매, 〈벽충辟蟲〉 10매, 제4책 : 〈치약治藥〉 54매, 〈선택選擇〉 22매, 〈잡방雜方〉 13매.

---

1 판하본(版下本) : 간행 되기 전 마지막 원고본을 가리킨다.

내용서지

◎《산림경제》 서문

山林經濟序

山林與經濟異途，山林獨善其身者樂之，經濟得意當世者辦之。其異若是，而亦有所同者存焉，蓋經者經理庶務，濟者普濟羣品，廊廟而有廊廟之事業，則是廊廟之經濟也，山林而有山林之事業，則是山林之經濟也。所處之地雖異，其爲經濟則一也。

宗弟洪○○○○[2]甫，博雅君子也。世以公輔期，卒路於公車，乃從蔭道，屢典州郡，輒有聲績，而非其志也。遂思自放於山林，輯成一書，分爲四大卷，其目曰卜居也、攝生也、治農也、治圃也、種樹也、養花也、養蠶也、牧養也、備膳也、救急也、救荒也、辟瘟也、辟蟲也、理藥也、涓吉也、雜方也，凡十六條，總而名之曰山林經濟，考据也精而覈，證引也詳而博，蓋以活國而理民者，移之於花木，以經邦而體道者，施之於園圃，○○[3]可謂跡山林而心經濟者也。

向使○○居廊廟，布斯術於當世，則吾東方數千里，農不庠[4]，蠶不殭，樹而繁，蓺而茁，生而蹐壽域，藥而濟夭死，畜犬蕃息，物得其所，飮食起居，莫不敵宜[5]，利民之政，益民之道，纖悉無遺。而今乃約其術，自見於山林，雖有窮達大小之異，而謂之經濟者，非夸語也。世之享鍾鼎者，未必皆有經濟之業，而○○乃於山林，獨以經濟爲任，苦心勞思，著爲此書，其視於當路之素餐者，果何如也。邵堯夫詩曰，莫道野外無事業，也能康濟自家身。○○之志，其亦出於此乎。是書也，有關於生人日用，實合家有而戶藏，故今湖南伯宗人錫輔，將付剞劂氏，以廣其傳，其意甚盛，乃以一言弁其首而歸之。

時著雍閹茂無射上浣，宗人豐山後人洪萬宗于海[6]書。

산림경제 서문

산림(山林)과 경제(經濟)는 길을 달리한다. 산림이란 벼슬하지 않고 초야에서 한몸을 잘 지니려는 사람이니 자연을 즐긴다는 의미이고, 경제란 당세에 벼슬하는 사람이니 정치를 한다는 의미이다. 산림과 경제가 이같이 다르지만 공통된 점도 있다. 경(經)이란 여러 업무를 처리한다는 뜻이고, 제(濟)란 널리 중생을 구제한다는 뜻이다. 조정에는 조정에서 해야 하는 사업이 있으니 이것이 곧 조정의 경제이고, 산림에는 산림에서 해야 하는 일이 있으니 이것이 곧 산림의 경제이다. 그러니 처지는 비록 다르지만 경제라는 점에서는 같다.

집안 아우뻘인 홍만선(洪萬選) 사중(士中)[7]은 박식하고 고상한 군자이다. 모두 재상이 되리라 기대하여 과거 공부를 하다가 음직으로 관직에 올라 여러 고을을 맡아 다스렸다. 그때마다 명성과 업적이 높았으나 이는 그가 하고 싶은 일이 아니었다. 마침내 스스로 산림에 묻혀 살자고 생각한 후 산림에서 필요한 책 하나를 완성했으니 총 4권으로 되어 있다. 그 목차를 보면 복거(卜居)·섭생(攝生)·치농(治農)·치포(治圃)·종수(種樹)·양화(養花)·양잠(養蠶)·목양(牧養)·비선(備膳)·구급(救急)·구황(救荒)·벽온(辟瘟)·벽충(辟蟲)·이약(理藥)·연길(涓吉)·잡방(雜方)의 총 16조목인데, 이를 묶어 《산림경제》라 이름 붙였다. 이 책은 고증한 내용이 정밀하고 정확하며 사례가 자세하고도 광범위하다. 이는 아마 사중(士中)이 국가를 살리고 백성을 다스리는 방책을 초목 기르는 일로 옮긴 것이며, 나라를 다스리고 도학을 실천할 방책을 농장 가꾸는 일로 나타낸 것이니 사중은 산림에 있으면서도 경제에 마음을 둔 사람이라고 할 만하다.

만약 사중이 조정에 들어가 이러한 방책을 당세에 펴게 되었더라면 우리 조선 수천 리에 농사는 병들지 않고 누에는 말라 죽지 않으며, 나무는 무성해지고 곡식은 잘 자라며, 백성들은 장수의 영역으로 올라가고 의약으로 요절을 구제하며, 가축은 잘 번식하고 만물들이 적재적소에 있게 되며, 음식과 주거가 어느 하나 마땅하지 않은 것이 없게 되는 등 결국 백성을 이롭게 하는 일과 백성에게 유익한 길이라면 모두 다 하여 조금도 유감이 없게 되었을 것이다. 이제 그가 이러한 방책을 요약하여 직접 산림에 적용했으니 비록 귀천이나 규모의 차이는 있지만 이를 '경제'라 한다 해도 지나친 말은 아닐 것이다. 벼슬하여 큰 부귀를 누리는 자라고 해서 모두 경제의 성과를 내는 것이 아닌데 사중은 산림에서 홀로 경제를 자기의 임무로 삼아 노심초사하며 이 책을 지었으니 아무런 공도 없이 녹봉을 타 먹는 자들에 비추어보면 과연 얼마나 대단한가. 소옹(邵雍, 자는 요부堯夫)의 시에 "초야라고 사업이 없다 말게나, 내 몸 내 집 다스림도 사업이라오."라고 하였으니 사중의 꿈도 아마 이러한 데서 나온 것이리라. 이 책은 백성들의 일상생활에 관한 것이니 실로 집마다 간직함이 마땅하다. 그러므로 지금 호남 관찰사로 있는 집안사람 홍석보(洪錫輔)가 이제 판각하여 널리 유포시키려 한다. 그의 뜻이 매우 훌륭하므로 이에 간단히 서문을 써서 보낸다.

무술년1718, 숙종 44년 9월 상순. 집안사람 풍산(豐山) 후인 홍만종(洪萬宗, 자는 우해宇海) 쓰다.

드물게 전해지는 원본 《산림경제》에 서문까지 있는 것은 아마도 필자 소장본 한 가지뿐이라고 생각한다. 서문 가운데 "萬選士中"이 지워져 있는 것을 통해 홍만선 자손의 가장본(家藏本)임을 알 수 있다. 홍만선 사후 3년 뒤인 숙종 44년 무술1718에 집안사람 홍석보(洪錫輔)가 간행하고자 하여 홍만종(洪萬宗)이 서문을 썼으나 간행되지 못하였고 판하본 그대로 그 집에 전해졌던 것 같다.

본문내용

4권 속에 실려 있는 16조는 앞의 체재 및 서문에 언급되었으므로 생략한다. 이 16조를 다시 세목(細目)으로 나누어 중국과 조선 자료를 배치하고 사이사이 자기의 설명을 실어 분명하게 기술하였다. 또 내용 중에 향명(鄕名)이나 한글 풀이가 많이 포함되어 있고, 또 말미에는 다수의 인용서명 (아래에서 설명하였다) 이 실려 있어 (《증보산림경제增補山林經濟》 및 《고사신서攷事新書》에는 삭제되어 있다) 학자들에게 매우 참고가 된다. 원본인 본서가 특히 귀중한 까닭이다.

인용서는 모두 숙종 대와 그 이전의 책들이다. 의서에는 민간에서 사용된 경험방(經驗方)도 많이 포함되어 있는데, 이들은 지금 전해지지 않기 때문에 《산림경제》에 인용된 내용은 유문(遺文)이라 할지라도 중요하다.

◎ 《산림경제》에 인용된 조선 서적

《類說》(《芝峯類說》), 《養花錄》(강희안(姜希顔) 저작), 《攷事撮要》, 《月沙日記》, 《衿陽雜錄》(강희맹(姜希孟) 저작), 《自警編》, 《直說》(《農事直說》), 《救荒》(《救荒撮要》), 《俗方》(민간방), 《李國美方》, 《許方》, 《全方》, 《尹方》, 《白醫方》, 《吳方》, 《文生方》,

---

2 원문에 '○○○○'로 적혀 있는데, "萬選士中"으로 보고 번역하였다.

3 원문에 '○○'로 적혀 있는데, "士中"으로 보고 번역하였다. 이하 같다.

4 원문에는 '庠'으로 되어 있으나 '痒'으로 보고 번역하였다.

5 원문에는 '敵宜'로 되어 있으나 문맥상 '適宜'인 듯하다.

6 원문에는 "于海"로 되어 있으나 "宇海"로 보고 번역하였다.

7 사중(士中) : 홍만선(洪萬選)의 자(字)

《西原方》, 《智異山僧方》, 《聞見方》, 《寶鑑》(《東醫寶鑑》), 《許浚經驗方》, 《許任經驗方》, 《鍼灸經驗方》, 《痘瘡經驗方》(박진희朴震禧 저작), 《牛馬醫方》(《新編集成馬醫方牛醫方》) 등

◎ 《산림경제》에 인용된 중국 서적

《纂要》(《四時纂要》), 《神隱》(명明 영헌왕寧獻王 《臞仙神隱書》), 《必用》(《居家必用》), 《四要》(《山居四要》), 《事文》(《事文類聚》), 《本草》(《證類本草》), 《說文》, 《爾雅》, 《選擇書》, 《格物叢話》, 《閑情錄》, 《閑情錄補》, 《列朝詩選》, 《叢書》(《壽養叢書》), 《修身秘錄》, 《知非錄》, 《歐陽記》, 《福壽全書》, 《厚生訓纂》, 《河南師說》, 《抱朴子》, 《孟子》, 《道書》, 《東坡集》, 《黃山谷修水記》, 《小窓淸記》, 《得效方》(《世醫得效方》), 《正傳》(《醫學正傳》), 《直指方》, 《東垣十書》, 《湯液本草》, 《博物志》, 《丹心》(《丹溪心法》), 《回春》(《萬病回春》), 《入門》(《醫學入門》) 등

인물전기

홍만선(洪萬選, 1643－1715). 자는 사중(士中), 호는 유암(流巖), 본관은 풍산(豊山)이다. 홍주국(洪柱國)의 아들로 인조 21년 계미1643에 태어났다. 진사시에 합격하였고 음보(蔭補)로 벼슬에 올랐다. 경관(京官)은 사복시 정(司僕侍正)·장악원 정(掌樂院正), 외관(外官)은 목사(牧使)를 지냈다. 가는 곳마다 관리와 백성들은 노래로 그를 기리며 근세에 으뜸가는 선량한 관리라고 칭송했다. 처는 진사 이열(李悅)의 딸이다. 숙종 41년 을미1715 73세의 나이로 세상을 떠났다. 《산림경제》 외에 저작은 보이지 않는다. 그는 진정한 산림학자였다.

고찰

홍만선의 《산림경제》는 숙종 때부터 발흥한 조선 고유 학문의 성과로 탄생한 박물학 서적으로, 이후 발달한 박물학의 선구(先驅)이며 학술적으로 저술된 중요한 저작이다. 이 원본 《산림경제》와 《증보산림경제》(〔038장〕 참고)를 비교하자면, 후자

는 내용이 배로 늘었으나 서술이 조잡하고 인용서목이 기록되어 있지 않으며 한글 풀이도 없어 연구 자료로서의 가치는 오히려 줄어들었다.

《산림경제》는 숙종 41년 을미1715 즈음 홍만선에 의해 찬술되어 사대부 사이에서 귀중하게 여겨졌으나, 후대에 사람에서 사람으로 필사되면서 급기야 원작자 홍만선의 이름은 잊히게 되었다. 《예문고藝文攷》(《동국문헌비고東國文獻備考》 소재)를 저술한 이만운(李萬運)과 이유준(李儒準)조차 박세당(朴世堂)의 저술이라고 잘못 기술하였다. 또 《고사촬요》를 이은 서명응(徐命膺)의 《고사신서攷事新書》 영조 47년, 신묘 1771에서는 저자의 이름도 말하지 않은 채 거의 모든 원문을 수록하였다. 즉, 《고사신서》 권10 이하 〈농포문農圃門〉·〈목양문牧養門〉·〈일용문日用門〉·〈의약문醫藥門〉에는 홍만선 《산림경제》의 해당 부분이 거의 모두 그대로 실려 있다. 그러나 인용 서목은 물론 주석도 삭제되었고 한글도 바뀌었다. 이리하여 서명응이 지은 책이라고 잘못 알려지게 되었다. 또, 영조 42년 병술1766 즈음에 유중림(柳重臨)이 《산림경제》를 증보할 때도 원작자를 알지 못하였으니(《증보산림경제》 서문 참조) 그 본문 속에 홍사중(洪士中)이라고 분명히 기록되어 있음에도 불구하고 홍만선은 완전히 잊힌 상태였다. 게다가 근래 조선연구회(朝鮮研究會)가 일본어로 번역한 《조선박물지朝鮮博物志》(《증보산림경제》를 일본어로 번역하고 제목을 바꾼 책)에서, 아오야기 쓰나타로(青柳綱太郎) 씨는 책 첫머리의 자서(自序)를 통해 정약용(丁若鏞)의 저술이라고 하였다. 이리하여 마침내 《산림경제》는 일반에 정약용의 저술로 인식되기에 이르렀다. 여기저기 모두 오류가 생겨서 고칠 수 없게 되어버렸다. 그러므로 본 해제에서 종래의 착각을 일깨우고 잘못을 바로잡아 《산림경제》의 편저를 다음과 같이 정리한다.

◎ 《산림경제》와 《증보산림경제》[⊟]

《산림경제山林經濟》

숙종 41년 경, 홍만선(洪萬選) 저술

↓

《증보산림경제增補山林經濟》

영조 42년 경, 유중림(柳重臨) 증보

⊟ 《조선朝鮮》 쇼와(昭和) 11년 3월호 〈산림경제고山林經濟考〉 참조

이 책의 인용서목에 들어 있는 조선 서적 가운데 《이국미방李國美方》·《허방許方》·《전방仝方》·《윤방尹方》·《백의방白醫方》·《오방吳方》·《문생방文生方》·《서원방西原方》·《지리산승방智異山僧方》 등은(제1부 [080장]·[081장]·[082장] 참조) 임진왜란 이후에 조선에서 유행한 의서로서 《산림경제》 편찬에 중요하게 사용되었다. 그러나 필자는 지금 이에 관해 설명할 수 있는 지식을 가지고 있지 않다. 앞으로 연구되기를 바란다.

038. 증보산림경제 增補山林經濟

16권

유중림(柳重臨) 증보(增補)

[전존]

개요

영조 42년 병술1766 즈음에 유중림(柳重臨)이 홍만선(洪萬選)의 《산림경제山林經濟》(〔037장〕 참고)를 증보하여 이 책을 지었다. 필사본으로 전해지며 적지 않게 유포되었다. 다이쇼(大正) 3년 조선연구회(朝鮮研究會)가 이 책을 다산(茶山) 정약용(丁若鏞)의 저작으로 잘못 보고 《조선박물지朝鮮博物志》로 제목을 바꾼 다음 일본어로 번역하여 활자본으로 발행하였다.

내용서지

◎ 《증보산림경제》 서문[1]

天地間百千萬事，何嘗不有其則，亦何嘗不有其言，有其書哉。然其在人也，貴賤窮達，不能無號名之殊，其於事也，爲之各有所當宜。今夫處在山林窮且賤焉者之事也，木石鳥獸之爲伴，較乎居城市而貴而達者事，若勢逈然，有不相同。從古聖賢，於達則兼善天下，言之無不備矣。彼其終身伏匿堪巖之下者，亦非若蚯蚓食槁壤飮黃泉而已也。則凡所以頓放吾一身，酬酢事爲，豈可無言語文字，循以爲日用常行之則也哉。如許由高士，隱於箕山穎水之側，杖頭一瓢，猶以爲煩於耳而去之，是於區區身家之念，固有所不屑矣。人非能盡然，世之嘉遯丘園，高尙其事，亦不

1 원서에는 일부 내용만 있지만 역자가 보충하여 실었다.

可但以洋洋者樂飢，一林樊一飮啄之微，或不預於其處之之方，安且久於其居者，吾未之見焉，此山林經濟書之所以作也。

顧此書，不詳作者何人，傳之自何時，槪觀乎編內所敍，莫非是士之窮居不得志者，安貧食力之要訣。但其爲書，卷秩太少，綱領條目，或多踈漏不盡之歎。文城柳君重臨大而，爲是之病，頗留意衍成，費功積有年所，古今書籍之稍涉於山家清趣者，靡不蒐羅而剔抉之，逐日增補，隨事塗點，或別立門戶，附見己意者，亦十二三，爲編總十有六，爲目二十有八，多寡視舊本倍之，始自卜居・治農・種樹・養花之法，終之以棋經・筆訣・山野游賞之樂，一開卷，擧皆瞭然於心目之間，其在鄕村閑僻之人，誠不可一日無此書，大而之用心，可謂勤矣。

大而少嘗以青衿生，登名上舍，間從韎韋跗注之君子，執事京軍門，中歲入太醫內院，受西班祿，出而少試諸民社之間，是皆非平昔所自喜也，乃其性豪宕善飮酒，大有燕趙間傑俠風度，又酷好爲古歌，詩篋中所蓄幾百篇，聲調率多瀏漓感激，世之齷齪唫㖥者，莫或髣髴其一二。然阨於時，旣不克展布，外雖施施，其中磊砢不自得，今爲此書，盖有托焉者然也。大而嘗謂余言吾非狂者，世尙目我以狂，狂何所容於世，早晩當拚棄斗廩，委軀於寬閑之野、寂寞之濱，以發舒吾狂，送吾不盡之年，子其爲我序此書，庶幾作他日受用之資也。嗟夫，吾素知大而爲人，大而不徒語者，其所謂狂，豈眞病於心然歟。吾見其踐此言行此書，會有期，故不暇悶其狂，而且書此于卷首，以證其約.

歲丙戌處暑，西河任希聖子時序。

천지 사이의 온갖 일들에 어찌 법칙이 없겠으며 또한 어찌 그에 대한 설명이나 책이 없었겠는가. 그러나 사람이란 귀천과 벼슬에 따라 호칭의 차이가 없을 수 없고 각자가 일삼는 것에 마땅한 소임을 다해야 한다. 지금 산속에 사는 비천하고 벼슬이 없는 사람의 일은 나무・돌・짐승과 함께 사는 일들이니 도시에 사는 부귀하고 벼슬하는 사람의 일과 비교하면 일삼는 것이 전혀 다르다. 예로부터 성현들께서는 벼슬에 오르면 천하를 이롭게 하여 세상에 관한 모든 설명을 갖추어 두셨다. 저 평생 바위 아래 숨어 사는 사람이라도 지렁이처럼 마른 흙만 먹고 흙탕물만 마실 수는 없는 노릇이다. 그러므로 내 한 몸을 산림에 두고서 이런저런 일을 할 때 어찌 좇아서 일상생활의 법칙으로 삼을 말이나 글이 없겠는가. 허유(許由) 같은 고매한 분은 기산(箕山)과 영수(潁水) 근처에 은거하면서 장대 끝의 표주박 하나마저 오히려 시끄럽다고 내다 버리셨으니 보잘것없는 몸뚱이를 가진 한 인간이라는 생각에 있어서 분명 탐탁지 않은 부분이 있으셨을 것이다. 모든 사람이 그렇게 할 수 있는 것도 아니고 산림에 기꺼이 숨어 산림에서 일삼는 것을 고상하게 여기면서 그저 넓은 풍광만 보며 즐겁게 굶는 일도 불가능하다. 은거하며 사는 한 사람 한 사람은 매우 적지만 혹시라도 일에 대처하는 방식을 대비하지 않고서 편안하고 오래도록 은거하는 경우를 나는 아직 보지 못했다. 이것이 《산림경제》를 지은 까닭이다.

이 책은 지은이가 누구인지 언제부터 전해졌는지 나와 있지 않지만 책 속의 내용을 훑어보니 궁핍하게 살면서 벼슬에 오르지 못한 선비가 현실에 만족하면서 스스로 살아가기 위한 요결이 분명하다. 다만 책의 분량이 너무 적고 주제와 내용 중에 빠지거나 충분하지 못한 것이 있다는 문제가 있었다. 문성(文城) 유중림(柳重臨, 자는 대이大而) 군이 이를 병폐로 여긴 후 심혈을 기울여 완성하기까지 몇 년 동안 공을 들였으니 고금의 서적 가운데 산림에서 살아가는 데 조금이라도 관계된 내용을 수집했다가 버리기도 하면서 하루하루 증보하지 않은 적이 없었다. 예전의 책을 내용에 따라 권점으로 구별하였고 더러 별도의 주제로 나누었으며 자기 견해를 덧붙인 것이 열 중에 두세 가지였다. 책은 총 16권이고 주제는 28가지이니 예전의 책과 비교했을 때 분량이 배로 늘었다. 복거(卜居)·치농(治農)·종수(種樹)·양화(養花)의 방법에서 시작하여 기경(棋經)·필결(筆訣)과 산야(山野)를 감상하는 즐거움으로 끝맺었으니 한 번 책을 펼치면 눈앞에 일목요연하다. 시골에 사는 사람에게는 참으로 하루라도 없어서는 안 될 책이니 대이가 이 책을 만들 때 참으로 근면했던 덕분이리라.

대이는 어릴 때 이미 유생으로서 성균관 상재(上齋)에 이름을 올렸고 중간에 무관으로 종사하며 도성의 군문(軍門)에서 일을 맡았었다. 장년이 되어서는 내의원 내의로 들어가 군직의 녹봉을 받았고 도성 밖으로 나와 의술을 백성들에게 시험한 적도 있다. 다만 이 일들은 모두 자신이 평소에 좋아하던 일이 아니었으니 그는 성격이 호탕하고 술을 잘 마시며 연나라와 조나라 시대 호걸들의 풍모를 많이 가지고 있었다. 그리고 옛 시가(詩歌) 짓기를 매우 좋아했는데 상자 속에 모아 둔 몇백 편이 대부분 활달하면서 감동적인 성조였기 때문에 세상에서 악착같이 대구를 맞춰가며 시가를 읊조리는 사람이라면 그의 시가 한두 개를 따라하지 않는 이가 없었을 정도였다. 그러나 시대의 상황에 막혀 벼슬의 뜻을 펼치지 못하게 되자 겉으로는 비록 멀쩡히 웃었으나 마음으로는 뛰어난 재능을 펼치지 못함을 납득하지 못했을 터이니 지금 이 책을 만든 이유도 아마 산림에 의탁하고 싶다는 마음을 담은 게 아니겠는가. 대이가 예전에 나를 보며 말하기를 "저는 말만 번드르르하고 실천이 뒤따르지 않는 광자(狂者)가 아닙니다. 하지만 세상에서는 여전히 저더러 광자라고 하니 미친놈이 어떻게 세상에서 살 수 있겠습니까. 조만간 벼슬을 버리고 한가로운 평야와 조용한 물가에 몸뚱이를 맡겨서 저의 광증을 풀어놓고 저의 남은 생을 보내려고 하니 당신께서는 저를 위해 이 책에 서문을 써주십시오. 그러면 아마 훗날에 참고할 만한 자료를 만들 수 있을 것입니다."고 하였다. 아아 나는 평소에 대이가 어떤 사람인지 알고 있으니 그는 허투루 말을 하지 않는 사람이다. 그가 말한 광증이라는 것이 어찌 진짜로 가슴에 병이 나서 그렇겠는가. 나는 이 말을 실천하고 이 책을 전할 때를 보고 있었으니 이제 그때가 되었다. 그러므로 광자라던 그의 생각으로 우울해할 틈도 없이 책머리에 이 글을 써서 그와의 약속을 지키노라.

병술년1766 처서(處暑)에 서하(西河) 임희성(任希聖, 자는 자시子時)이 서문을 쓰다.

본문내용

◎ 《증보산림경제》 목차

卜居, 治農, 種樹, 養花, 養蠶, 牧養, 治圃, 攝生, 種德, 治膳(附食忌), 救荒, 辟寒, 辟瘟, 辟蟲, 家政, 求嗣, 養兒, 救急, 增補四時纂要, 田家占候, 選擇, 褋方, 格物抄, 淸齋位置, 碁經, 筆訣, 山野樂, 東國山水錄

향촌살이에 필요한 것들을 기술하였는데, 이 가운데 의약과 관련된 것은 '섭생(攝生)', '벽온(辟瘟)', '구급(救急)'으로 그 속에 참고할 만한 속방(俗方)이 있다.

인물전기

유중림(柳重臨, 1705－1771). 자는 대이(大而)[2], 본관은 문화(文化)이다. 두의(痘醫)였던 지사(知事) 유상(柳瑺)의 후손이다.[3] 진사에 올랐고[4], 영조 때 의약동참을 지냈다.

2 호는 문성(文城)이다.

3 유상의 서자이다.

4 경종 1년(신축1721)의 일이다.

참고

이 책의 최근 간행본으로는 조선연구회(朝鮮硏究會)에서 펴낸 《조선박물지》〈아오야기 쓰나타로(靑柳綱太郎)의 일본어 번역본이다〉, 경성 회동서관(匯東書館)에서 펴낸 《증정현토산림경제增正懸吐山林經濟》〈유경종(劉敬鍾)이 국한문 혼용으로 번역하여 다이쇼(大正) 7년에 간행하였다〉 등이 있다.

039. 임원경제지 林園經濟志

필사본 113권 52책

서유구(徐有榘) 지음

[전존]

(오사카부립도서관, 경성대학 도서관 소장)

개요

순조 대 1801-1834의 저작으로, 간본은 없다.

백과전서(百科全書)로 편찬된 대규모 저작으로, 아래의 십육지(十六志)로 이루어져 있다.

◎ 《임원경제지》 십육지 목록

본리지(本利志), 관휴지(灌畦志), 예원지(藝畹志), 만학지(晩學志), 전공지(展功志), 위선지(魏鮮志), 전어지(佃漁志), 정조지(鼎俎志), 섬용지(贍用志), 보양지(葆養志), 인제지(仁濟志), 향례지(鄕禮志), 유예지(遊藝志), 이운지(怡雲志), 상택지(相宅志), 예규지(倪圭志)

의약과 관련된 것은 아래와 같다.

◎ 《임원경제지》 의약 관련 목록

보양지(葆養志) 권52~59 : 총서(總敍) · 정기신(精氣神) · 기거음식(起居飮食) · 수진(修眞) · 복식(服食) · 수친양로(壽親養老) · 구사육영(求嗣育嬰) · 양생월령표(養生月令表)

인제지(仁濟志) 권60~87 : 내인(內因) · 외인(外因) · 내외겸인(內外兼因) · 부과(婦科) · 유과(幼科) · 외과(外科) · 비급(備急) · 부여(附餘)

위 의학 관련 부분이 대략 36권을 차지한다. 기술이 자세하고 그 인용서목 중에 많은 의서가 포함되어 있으나 본문을 편찬할 때 내용 모두를 인용서 원문에 근거하여 인용했다고 보기는 어렵다.[1] 박물학 서적 가운데 조선 최대 규모의 저술로서 많은 노력이 기울여진 서적이라고 말할 수 있으나 의학 범주에서만 본다면 이 책의 학문적 가치는 낮다.

인용서목에서 조선 의서만 참고삼아 발췌하면 아래와 같다.

◎《임원경제지》에 인용된 조선 의서

《東醫寶鑑》本朝許浚。
《醫方類聚》本朝。
《衛生方》本朝朴雲。
《廣濟秘笈》本朝李景華。
《濟衆新編》本朝康命吉。

인물전기

서유구(徐有榘, 1764－1845). 자는 준평(準平), 호는 풍석(楓石), 본관은 달성(達城)이다. 서명응(徐命膺)의 손자이고 서호수(徐浩修)의 아들이다. 영조 40년갑신1764에 태어나 정조 14년경술1790 증광 문과에 급제하였고 관직은 이조 판서에 이르렀다. 헌종 11년을사1845에 세상을 떠났다. 문장이 뛰어나고 백가(百家)에 두루 밝았으며, 무엇보다 이용후생(利用厚生)의 도(道)에 통달하였다. 《풍석집楓石集》 등의 저술이 있다.

고찰

서유구 자신의 원본이거나 그의 가문에 소장되었던 원본으로 보이는 31책 한 질이 오사카부립도서관에 소장되어 있다. 판심(版心)에 "自然堂經室"이라고 쓰여 있다.

---

1 이에 대한 후속 연구가 발표되었다(박상영, 2013).

혼자 힘으로 이룩한 이 노작(勞作)에 존경심을 금할 수 없다.

조선의 박물학 서적은 《산림경제山林經濟》〈〔037장〕〉로부터 《증보산림경제增補山林經濟》〈〔038장〕〉로 이어졌고, 내용과 체계는 바뀌었지만 이 《임원경제지》에서 큰 성취를 보게 되었다.

040. 소문사설 謏聞事說

필사본 1책

이표(李杓) 지음

[전존]

(아유카이 후사노신(鮎貝房之進) 소장)

개요

아유카이(鮎貝) 씨는 의원(醫員)을 하고 있는 한 늙은 내관(內官)의 소장본을 원본으로 하여 필사한 이 책 한 부를 소장하고 있다. 저자는 숙종・경종 때 역관(譯官)이었던 이표(李杓)로 보인다.

본문내용

이 책은 온돌(溫突)을 만드는 방법, 물고기나 새를 잡는 방법, 착유기(搾油機), 농구(農具), 식치방(食治方) (치료를 위해 음식 처방을 만드는 방법), 이 외에 일상에서 사용되는 여러 가지 방법 등을 담고 있다.

인물전기

이표(李杓). 자는 천로(天老), 본관은 금산(金山)이다. 숙종 22년 병자1696 식년 역과(譯科)에 급제하였고 관직은 한학교회(漢學教誨) 정(正)에 이르렀다. 숙종 41년 을미1715에 북경으로 사행을 다녀왔다.

이시필(李時弼, 1657－1724). 호는 성몽(聖夢), 본관은 경주(慶州)이다. 숙종 4년 무오1678 식년 의과에 급제하였다. 1711년 동지사(冬至使)를 따라 청나라에 다녀왔

고, 내의(內醫)・동지중추부사(同知中樞府事)를 지냈다.[1]

1 현재는 이 책의 저자를 숙종~영조 대에 의관이었던 이시필로 보기도 한다. 이에 원서에는 없지만 그의 전기를 추가한다.

041. 민천집설 民天集說

필사본 상 · 하 2권 1책

두암(斗庵) 지음

[전존]

〈 필자 소장 〉

개요

《산림경제山林經濟》와 궤를 같이하는 내용이 담겨 있는 책이다. 영조 28년 임신1752에 두암(斗庵)〈 전기 미상 〉이라는 사람이 편찬하였다〈“崇禎紀元後三壬申季冬, 斗庵書”〉.

본문내용

본문은 아래와 같이 나뉘며, 각 문은 다시 여러 세목으로 나뉘어 설명되었다. 박물학 서적으로서 참고할 가치가 있다.

◎《민천집설》 목차

天文門, 農圃門, 牧養門, 飮食門, 種樹門, 家居門, 占吉凶雜方, 穀品總名

042. 색경 穡經

필사본 건·곤 2책

박세당(朴世堂) 지음

[전존]

(이왕가장서각(李王家藏書閣) 소장)

개요

중국 농서를 알맞게 정리하여 편찬한 책으로, 출중한 책이라고 할 수는 없다. 마에마(前間) 씨의 재산루(在山樓)에 이 책의 증집본(增集本)이 있다.

인물전기

박세당(朴世堂, 1629－1703). 자는 계긍(季肯), 호는 서계(西溪), 본관은 반남(潘南)이다. 현종 1년 경자1660 증광 문과에 급제하였고 관직은 중추부사에 이르렀다. 그 후 벼슬에서 물러나 관직을 맡지 않고 재야에 있으면서 명성을 날렸다. 숙종 2년 병진1676 에 《색경》을 지었다.

043. 죽교편람 竹僑便覽

필사본 3책

한석효(韓錫斅) 지음

[전존]

(경성대학 도서관 소장)

개요

철종 즉위년 기유1849의 저작이다.[1]

본문내용

제1책은 상례(喪禮), 제2책은 제례(祭禮)에 대해 서술하였고, 제3책은 박물(博物)에 대한 내용으로 치농(治農)을 비롯해 의약(醫藥)·양생(養生)을 수록하였다. 제3책의 목차는 아래와 같다.

◎ 《죽교편람》 제3책 목차

> 治農, 治圃, 種樹, 養畜, 占候, 救荒, 省嗜慾, 節飮食, 保身體, 愼起居, 導引, 服食, 醫藥, 養生, 養心志, 科式

1 《죽교편람》에 대해 자세한 연구가 수행되었다(박훈평, 2022).

044. 어제계주윤음 御製戒酒綸音

1책

영조(英祖) 지음

[전존]

(경성대학 도서관 소장)

형태서지

영조 33년 정축1757의 간기(刊記) ("丁丑十一月 日, 芸閣藏版")가 있다.

1책. **| 판식版式 |** 목판본, 반곽 세로 24.5 × 가로 17.0㎝, 9행 18자, 한글이 포함되어 있다. **| 지수紙數 |** 총 35매.

내용서지

◎ 《어제계주윤음》 권말(卷末) 간기

令芸館木版刊印, 藏于五處史閣, 京而政院、玉堂、翰苑、春坊、政府、六曹、京兆、柏府、薇垣, 外而八道三府, 分藏, 而板本藏芸閣。 丁丑十一月初五日, 所下傳教。

교서관에 목판으로 간행하게 한 뒤 다섯 사고(史庫)에 소장하고, 도성에는 승정원・홍문관・예문관・시강원・의정부・육조(六曹)・한성부・사헌부・사간원에, 지방에는 팔도와 삼부(三府, 개성부・광주부・강화부)에 나누어 두게 하며, 판목은 교서관에 두게 하였다. 정축년(1757) 11월 5일에 내리신 전교이다.

본문내용

계주(戒酒)에 대한 윤음(綸音)으로, 전반부에서는 한문에 한글로 토를 붙여 본문을 적었고, 후반부에서는 이를 다시 한글만으로 풀이하였다. 대신(大臣)과 고위 관리 이하 모든 관원, 그리고 도성의 부로(父老)에게 교시한 것이다. 술 중독의 해로움을 설명하고 음주를 경계하였으며 치료법까지 실었다. 그런데 이 윤음은 넌지시 당쟁의 폐단을 드러내면서 경계해야 할 일을 설파한 것으로도 해석된다.

◎《영조실록》 영조 33년 11월 1일 기사[1]

上召大臣卿宰, 又以戒酒綸音誕告, 其文曰, 惟我股肱卿宰, 越我百僚, 咸聽予諭。嗚呼, 昔人云, 宮中好高髻, 四方高一尺。今之群工之不戒酒, 寔由寡躬之咎, 庶民之不遵令, 亦由寡躬之不誠。因此而上負陟降, 下閼霈典, 寔予之咎, 寔予之咎。何謂上負陟降, 一自禁酒後, 每承慈聖稱美之教, 因山纔訖, 今歲不盡, 而非徒不止, 甚至會飮, 陟降有知, 其以寡躬謂能禁乎否乎。此所謂上負陟降也。何謂下閼霈典, 噫, 今春霈典, 往牒所無, 而至於犯酒者, 或恐弛禁, 一竝不赦。今因處分, 而取覽徒流案, 則其數將至十百, 若此不已, 將不知至於幾十百。此卽予不敎, 而令民陷法也。思之及此, 不覺懍然。於春大赦不能放焉, 是豈同慶之意。而今雖一竝放釋, 何與於赦典哉。此所謂下閼霈典也。其將何顔, 行朔祭於孝昭殿, 亦將何顔, 拜眞殿乎。噫, 酒乃尤物也。頃者宣諭, 小民之感動, 何可必, 而只諭父老, 不及卿宰, 此豈董子正朝廷而正萬民之意乎。今曉祭畢後, 仍泣奏殿中曰, 臣曁後嗣王, 或有不戒酒之事, 諸臣雖不知, 於昭陟降, 若鑑之照。群臣或知而不諫, 或身犯其戒者, 亦降大何[2], 使海東臣庶, 無面慢之態。噫, 上自股肱, 下至百僚, 體予爲宗社苦心, 其銘其佩, 莫替予意, 必以無刑爲期, 使我元元, 罔陷於大戾。

주상께서 대신과 고위 관리들을 불러 계주(戒酒)하라는 윤음(綸音)을 크게 알렸다. 그 글은 다음과 같다. "우리 중직을 맡은 대신들로부터 멀리 여러 관료는 모두 나의 유시(諭示)를 들으라. 아, 옛사람이 이르기를 '궁궐에서 상투 높이기를 좋아하면 궁궐 밖 사방에서는 상투를 한 자 높인다.'고 하였다. 지금 여러 관원이 술을 삼가지 않는 것은 진실로 과인의 잘못 때문이며, 백성들이 그 명령을 따르지 않는 것도 역시 과인이 성실히 지키지 않기 때문이다. 그래서 위로는 오르내리시는 신령의 기대를 저버리고 아래로는 백성에게 대규모 사면의 은택이 내릴 길을 막았으니 정녕 나의 잘못이고 참으로 나의 허물이다. '위로는 오르내리시는 신령의 기대를 저버렸다.'는 말은 무슨 뜻인가. 한 번 금주하겠다 한 뒤로 늘 왕대비께 칭찬을 받았으나 장례가 막 끝나고 올해가 끝나기도 전에 금주하지 않았고 심지어 여럿이 모여 마시기까지 하였으니 오르내리시는 신령을 염두에

1 원서에는 존재하지 않지만 역자가 추가하였다.

됐다면 과인이 금주했겠는가 하지 않았겠는가? 이것이 '위로는 오르내리시는 신령의 기대를 저버렸다.'는 말의 뜻이다. '아래로는 백성에게 대규모 사면의 은택이 내릴 길을 막았다.'는 말은 무슨 뜻인가. 아, 금년 봄에 대규모 사면의 은택은 과거에 없던 일이지만 금주를 범한 자에 있어서는 혹시라도 금주령이 해이해질까 걱정되어 아무도 사면하지 않았다. 지금 죄인에 대해 처분을 하려고 명부를 보았더니 그 수가 천 명 가까이 된다. 계속 이대로 가다가는 앞으로 몇천 명이나 될지 모르겠다. 이는 내가 제대로 가르치지 못하여 백성들을 법에 빠뜨린 것이다. 생각이 여기에 미치니 나도 모르게 모골이 송연해진다. 봄의 대규모 사면에서 석방하지 못하였으니 이 어찌 경사를 함께 누리자는 뜻이라 하겠는가? 게다가 지금 당장 전부 석방한다고 하더라도 어떻게 대규모 사면에 동참했다고 하겠는가? 이것이 '아래로는 백성에게 대규모 사면의 은택이 내릴 길을 막았다.'는 말의 뜻이다. 장차 무슨 낯으로 효소전(孝昭殿)[3]에 삭제(朔祭)를 거행하겠으며 또 무슨 낯으로 진전(眞殿, 선원전)에 배알하겠는가. 아아 술은 참으로 나쁜 것이로다. 그러니 얼마 전에 내린 유시(諭示)가 어떻게 백성들을 감동하게 하겠는가. 그저 백성들에게만 유시한 꼴이 되고 고위 관리들은 듣지 않고 있으니 이것이 동중서(董仲舒)가 말한 '조정을 바로 잡아야 만민을 바르게 인도할 수 있다.'는 뜻이 아니겠는가? 오늘 새벽 제사가 끝난 뒤 과인이 전각에 남아 거듭 울면서 아뢰기를 '소신이나 다음 왕이 술을 삼가지 못하는 일이 있을 때 혹시라도 신하들은 모르더라도 신령께서는 밝게 오르내리시며 거울처럼 비추어 주소서. 신하들이 혹시 알면서도 간언하지 않거나 그들 자신이 금주를 어기거든 큰 벌을 내리시어 조선의 신하와 백성들에게 소홀히 여기는 태도가 없도록 하소서.' 하였다. 아아 위로는 중직을 맡은 대신들로부터 아래로는 여러 관료에 이르기까지 모두가 사직을 위한 과인의 괴로운 마음을 본받고 가슴에 새김으로써 내 뜻을 바꾸지 않게 한다면 필시 형벌이 필요하지 않게 되리니 우리 백성들을 큰 죄에 빠지지 말게 하라."

---

2 大何 : "太阿"로 보고 번역하였다.

3 숙종의 계비 인원왕후(仁元王后) 김씨(金氏)의 혼전(魂殿)이다. 인원왕후는 1757년 3월에 승하하였다.

◎ 《영조실록》 영조 33년 11월 4일 기사[4]

命前後戒酒綸音，編成一冊，使芸閣刊布。

계주(戒酒)에 대한 최근의 윤음(綸音)을 한 책으로 엮어서 운각(芸閣, 교서관)에서 간행하고 배포하게 하라고 명하였다.

4 원서에는 존재하지 않지만 역자가 추가하였다.

045. 삼기소지 蔘芪小識

탁본 1첩(帖)

영조(英祖)가 글씨를 씀

[전존]

(경성대학 도서관 소장)

개요

영조 46년 경인1770 영조가 "蔘芪性偏, 大小宜審"이라는 8자를 직접 써서 내의원에 내리고, 또 그 뜻을 부연한 '소지(小識)'를 직접 지었다. 이것을 홍봉한(洪鳳漢)에게 명하여 쓰게 하고 이를 새겨 탁본으로 만든 것이다.

형태서지

| 판식版式 | 탁본(拓本) 1첩(帖), 세로 38 × 가로 24㎝

본문내용

전문을 게재한다.

◎ 어필(御筆)

蔘芪性偏, 大小宜審。

인삼과 황기는 성질이 서로 다르니 상황에 따라 잘 살펴서 써야 한다.

◎ 어제(御製)

夫蔘者，百草之聖，故予自幼信焉，況近世氣稟異於昔人。而大抵於予頃年議理中湯時，大駭小怪，於今一貼未準，亦大駭小怪，俄者旣諭，而此何故哉，亦時體之一端也，豈一諭而止哉。今將八字下內局，仍刊，使今日大小臣僚咸知，而書此靜思。今予之敎，體孔聖過不及之訓，述鄒聖勿助長之戒，而于今世道莫知書下之意，此後其或有排斥蔘補者，則此其弊卽予啓之也。特書小識，令都提擧書于下方並刊焉，大書小識兼看，則誠直而溫寬而栗之意也。

都提調 大匡輔國崇祿大夫 領中樞府事 臣 洪鳳漢，奉敎謹書。

庚寅二月 日。

인삼은 모든 약재 중에서도 성약이라고 한다. 나도 이 말을 어려서부터 경험해서 확신하고 있거늘 옛사람보다 기질이 떨어지는 요즘 사람들에게는 어떠하겠는가. 그런데 내가 몇 년 전에 이중탕(理中湯)에 대해 의논할 때 깜짝 놀랐으며 약간 이상하기도 했고, 지금 하루에 1첩도 적당하지 않다는 말에도 깜짝 놀랐으며 약간 이상하기도 하다. 얼마 전에 충분히 타일렀는데 지금도 이러니 왜 그러는가. 아마 요즘 분위기의 영향일 테니 어찌 한 번 타이른다고 그만두겠는가. 지금 '삼기성편 대소의심(蔘芪性偏 大小宜審)' 8자를 내의원에 내리니 이 글귀를 새겨 현재 대소신료들에게 모두 깨닫게 하고자 한다. 이 소지(小識)를 쓰면서 깊이 생각하라. 지금 나의 말은 과유불급(過猶不及)이라는 공자의 가르침을 체득한 것이며 조장(助長)하지 말라는 맹자의 경계를 계승한 것이다. 그런데도 요즘에는 내려보낸 글귀의 의미를 사람들이 깨닫지 못하니 이후에 혹시라도 인삼으로 보한다는 이치를 부정하는 사람이 있다면 그의 잘못을 내가 직접 깨우쳐 주겠다. 특별히 부연하는 소지(小識)를 적어 내의원 도제조(都提調)에게 8글자 아래쪽에 쓰게 하고 한꺼번에 새기도록 하노라. 8글자는 큰 글씨로 쓰고 설명은 작은 글씨로 써서 함께 보도록 하였으니 강하게 말하지만 온화하게 타이르려는 뜻이고 부드럽게 말하지만 조심하라는 의미이다.

도제조 대광보국숭록대부 영중추부사(領中樞府事) 소신 홍봉한(洪鳳漢)은 명을 받들어 삼가 씁니다.

경인년1770 2월 일.

고찰

"蔘芪"에서 "蔘"은 인삼(人蔘)을, "芪"는 황기(黃芪)를 가리킨다. 《약성가藥性歌》에 "인삼은 맛이 달아 원기를 크게 보하니 갈증 그치고 진액 만들며 영위 조화시키는구나〔人蔘味甘大補元氣, 止渴生津調榮養衛〕", "황기는 따뜻한 성질로 땀 거두고 겉 든든히 하며 부스럼 밀어내고 새살 돋우니 기허에 적게 쓰지 마소〔黃芪性溫收汗固表, 托瘡生肌氣虛莫少〕"라고 하였다. 인삼은 군주를 의미하며 힘을 내는 약이고, 황기는 신하를 의미하며 힘을 도와 나쁜 것을 정리하는 약이다. 그러므로 보통 인삼을 처방할 때 황기를 함께 사용하여 두 약재의 효력을 증강하고 조화를 꾀한다. 이러한 의미에서 영조는 대소신료들이 당쟁의 폐단에 대해 경계하도록 하기 위해 이에 부연하여 소지(小識)를 만들어 나누어준 것이다.

참고

참고로 덧붙인다.

◎ 《임하필기》 인삼지칭(仁蔘之稱)

初仁蔘之仁, 卽人字也。純祖中年, 命內醫院, 湯劑方文, 改以仁字, 仍爲定規, 公私文書, 皆用是字。聖主德意, 推而可仰也。

애당초 인삼의 '인(仁)'은 '인(人)' 자였다. 순조 연간에 탕제의 약방문을 인(仁)자로 고치도록 내의원에 명한 후 정식 명칭이 되었고 공문서와 사문서에 모두 이 글자를 쓰게 되었다. 주상전하의 인자한 마음은 생각할수록 우러러볼 만하다.

046. 약원일기 藥院日記

3백여 권

(필자는 보지 못하였다)

개요

이유원(李裕元)이 지은 《임하필기林下筆記》고종 8년, 신미1871에 다음과 같이 적혀 있다.

◎ 《임하필기》 제26책 〈가고문헌可考文獻〉 일부

……, 此外有藥院日記三百餘卷, 自仁祖朝以下悉具之。……。

…… 이 외에 《약원일기》 3백여 권이 있으니 인조 대 이후로 모두 갖추어져있다. ……

경성대학 도서관・규장각・이왕가장서각에는 소장되어 있지 않다.[1] 왕실 전약국(典藥局) 같은 곳에 있지 않을까 한다. 이 책에는 왕실 일가의 안부와 질병, 약방 신하와 의관의 출입, 매일 진료 상황 등이 상세히 기록되어 있다고 생각한다. 나타나기를 간절히 고대한다.

참고

《지사공유사知事公遺事》(백광현(白光炫)의 행적과 그의 경험방을 기록한 책이다. 백광현은 현종・숙종

1 장서각에 조선 말기 때의 《약방일기藥房日記》 10책(K2-3613), 《태의원일기太醫院日記》 16책(K2-5077), 《춘추일기春秋日記》 18책(K2-3617)이 소장되어 있다.

때 인물이다. 제1부 〔085장〕 참조) 지어(識語)에 백광현의 경험방을 《약원원지藥院院誌》에서 베껴 썼다고 하였다. 이 《약원원지》는 《약원일기》와 같은 계열의 서적이라고 생각한다.

◎ 《지사공유사》 지어[2]

> 右十六條神效經驗方，適載藥院院誌，故謄書之。

> 이상 16개 항목은 신효했던 경험 사례로 마침 《약원원지》에 실려 있었기 때문에 베껴 쓴 것이다.

2 원서에는 내용이 요약되어 있으나 역자가 원문을 인용하여 실었다.

047. 약방등록 藥房謄錄

대형 필사본 1책

[전존]

〈 경성대학 도서관 규장각 소장 〉

개요

내의원에서 연내에 사용하기 위해 반드시 구비해야 하는 납약(臘藥)의 수량을 기록한 등록(謄錄)이다. 납약의 종류는 《납약증치방臘藥症治方》이나 《고사촬요》에 기재되어 있는 것과 큰 차이가 없다. 영조·정조 때에 쓰인 것이다.

048. 여제등록 厲祭謄錄

필사본 1책

[전존]

〈 경성대학 도서관 규장각 소장 〉

개요

인조 15년 정축1637에서 영조 11년 을묘1735 사이에 행해진 여제(厲祭)[1]에 대해 기록한 책이다.

[1] '厲'는 '癘'라고도 하는데, 여질(癘疾)이 유행할 때 이를 피하기 위해 행해진 제사이다. 경성이나 각 지방에 있는 여단(厲壇)에서 제사를 못 받는 귀신이나 역신(疫神)에게 제사 지냈다.

049. 산실청총규 産室廳總規

필사본 1책

[전존]

〈 다케다 쿄우서옥(武田杏雨書屋) 소장 〉

개요

중궁(中宮)이 출산할 때 설치된 산실청(産室廳)의 규칙서(規則書)이다. 표지 우측 상단에 "을해년에 정리함〔乙亥釐正〕"이라고 적혀 있는데[1] 을해년이 언제인지 분명하지 않지만 영조 이후의 것인 듯하다.

1 이해를 돕기 위해 역자가 추가한 구절이다. 을해년은 고종 12년(1875)이다.

050. 혜국지 惠局志

필사본 1책

강위빙(姜渭聘) 지음, 변태항(卞泰恒) 수정 · 증보

(필자는 보지 못하였다)

개요

《조선도서해제朝鮮圖書解題》에, 숙종 45년 기해1719 제거(提擧) 조태구(趙泰耉)가 낭관(郎官) 강위빙(姜渭聘)으로 하여금 혜민서(惠民署)의 관청지를 만들게 하였고, 정조 2년 무술1778 에 구임(久任) 변태항(卞泰恒)이 이를 수정 · 증보하였으며, 고종 11년 갑술1874 강위빙의 6대손 강해수(姜海秀)가 이를 필사한 책 (규장각 소장본) 이라고 하였다. (조태구와 강위빙은 동시대 인물이 아니다. 이 해제에 착오가 있다고 생각한다)[1]

인물전기

조태구(趙泰耉, 1660－1723). 자는 덕수(德叟), 호는 소헌(素軒) · 하곡(霞谷), 본관은 양주(楊州)이다. 숙종 9년 계해1683 에 생원이 되고 숙종 12년 병인1686 별시 문과에 급제하였다. 관직은 영의정에 이르렀다.

강위빙(姜渭聘, 1671－?). 자는 군망(君望), 본관은 진주(晉州)이다. 혜민서 의원을 지냈다. 경종 2년 임인1722 의약동참이 되었고 당상관인 통정대부에 올랐다.[2]

1 조태구와 강위빙은 17세기 후반에 활동했던 동시대 인물이다. 16세기 후반에 동명의 강위빙(姜渭聘, 1569－1637)이 활동한 기록이 있기 때문에 이러한 혼란이 야기되었다.

2 원서에는 변태항의 전기만 있으나 이해를 돕기 위해 역자가 조태구와 강위빙의 전기를 추가하였다.

변태항(卞泰恒, 1730－1783). 자는 사구(士久), 본관은 밀양(密陽)이다. 영조 6년 경술1730에 태어나 영조 30년갑술1754 증광 의과에 급제하였고 관직은 구임(久任)에 이르렀다.

051. 광제원존안 廣濟院存案

필사본 1책

[전존]

(경성대학 부속의원 도서실 소장)

개요

광무 3년 기해1899 4월 병원관제(病院官制)[1]가 공포됨에 따라 의학교(醫學校) (광무 3년(기해1899) 3월 설립)[2]와 함께 광제원(廣濟院)이 설립되었다. 이 책은 같은 해 6월 7일에서 광무 6년 임인1902 11월 3일에 이르기까지 광제원의 일을 적은 일지(日誌)로, 사령(辭令)·보고(報告)·조회(照會)·지령(指令)·훈령(訓令)·통첩(通牒)·청구서(請求書)·병원세칙(病院細則)·종두규칙(種痘規則)·의사규칙(醫士規則)·약품순시규칙(藥品巡視規則) (한약중독약극약종(韓藥中毒藥劇藥種) - 임신금기약(姙娠禁忌藥), 양약중독약극약종(洋藥中毒藥劇藥種) - 독약(毒藥) - 극약(劇藥))·관등봉급령(官等俸給令) 등을 싣고 있다. 관립의원(官立醫院)에 대한 대강을 알 수 있는 좋은 자료이다 (광무 6년부터 대한의원(大韓醫院)이 설립된 융희(隆熙) 원년까지의 기록은 없다).

---

1 광무 3년 4월 26일 칙령 제14호 병원관제(病院官制).

2 광무 3년 3월 24일 칙령 제7호 의학교관제(醫學校官制).

052. 지봉유설 芝峯類說

20권 10책

이수광(李睟光) 지음

[전존]

(경성대학 도서관 소장)

개요

광해군 6년 만력萬曆 42년, 갑인1614에 저술되어 간행되었다.

형태서지

20권 10책. **|판식版式|** 목판본, 반곽 세로 19.5 × 가로 16.0cm, 10행 20자.

내용서지

○ 서문과 발문. 내용은 생략한다.

본문내용

아래와 같이 주제를 나누어 중국과 조선의 옛 책에서 기사를 채록하여 실었다. 또 자기가 듣고 본 것도 다수 덧붙였다. 이런 논설이 3,435조문에 이른다.

◎ 《지봉유설》 대목(大目)

天文, 時令, 災異, 地理, 諸國, 君道, 兵政, 官職, 儒道, 經書, 文字, 文章, 人物, 性行, 身形, 語言, 人事, 雜事, 技藝, 外道, 宮室, 服用, 食物, 卉木, 禽獸

그 가운데 의약에 관련된 것은 아래와 같다.

◎ 《지봉유설》 의약 관련 내용

身形部 : 容貌, 心神, 外形, 毛髮, 夢寢
人事部 : 壽夭, 疫病, 死亡
食物部 : 食餌, 酒, 穀, 菜, 果, 藥
卉木部 : 花, 草, 竹, 木
禽獸部 : 鳥, 獸, 鱗介, 蟲豸

인물전기

이수광(李睟光, 1563－1628). 자는 윤경(潤卿), 호는 지봉(芝峯)이다. 가계는 《선원록璿源錄》에 나온다. 명종 18년계해1563에 태어나 선조와 광해군을 모셨고 관직은 이조 판서에 이르렀다. 인조 6년무진1628 66세의 나이로 세상을 떠났다. 사람됨이 고상하고 지조가 있었으며 문장에 해박했다. 이 책 외에 《지봉집芝峯集》 등 다수의 저술이 있다.

고찰

이 책은 조선 특유의 내용을 많이 담고 있고 고증적인 백과전서(百科全書) 형태로 편찬되어 있기 때문에 조선 의학을 역사적으로 연구하는 데 중요한 자료를 제공한다.

053. 성호사설 星湖僿說

필사본 30권 30책

이익(李瀷) 지음

[전존]

(경성대학 도서관 소장)

054. 성호사설유선 星湖僿說類選

활자본 10권

안정복(安鼎福) 지음

개요

《성호사설星湖僿說》은 이익(李瀷)이 평생의 기록을 편집한 책으로, 〈천지문天地門〉·〈만물문萬物門〉·〈인사문人事門〉·〈경사문經史門〉·〈시문문詩文門〉으로 나누어져 있다. 《성호사설유선》은 그의 제자인 안정복(安鼎福)이 《성호사설》에서 번잡한 것을 삭제하고 긴요한 것을 추린 다음 다시 나누어 엮은 것으로, 열람하기 매우 편리하다. 고증이 명확하고 다룬 분야가 넓어 세상 사람들이 칭송하였다. 그 가운데 의약과 관련된 기사도 있어 참고할 가치가 크다. 《성호사설》의 원본은 경성대학 도서관 이외에는 전해지는 곳을 듣지 못했으나, 《성호사설유선》은 최근 2가지 종류의 활자본이 만들어져 유포되었다.

본문내용

《성호사설유선》 가운데 의약과 관련 있는 것은 다음과 같다.

◎ 《성호사설유선》 의약 관련 내용

권2 상(上) : 〈인사문人事門〉 가운데 '질병(疾病)'
권5 하(下) : 〈기예문技藝門〉 가운데 '의약(醫藥)'

권10 중(中) : 만물편(萬物篇) 가운데 〈금수문禽獸門〉, 〈초목문草木門〉 등

인물전기

이익(李瀷, 1681－1763). 자는 자신(子新), 호는 성호(星湖), 본관은 여주(驪州)이다. 숙종 7년 신유1681에 태어나 과거에 뜻을 두지 않고 재야에서 지내다가 영조 39년 계미1763 83세의 나이로 세상을 떠났다. 천리와 인사를 통달하였고 고금의 지식을 섭렵하였던 세상에 이름난 큰 선비였다. 저술은 이 책 외에 《역경질서易經疾書》와 문집이 있으니 후인들에게 다행스러운 일이다.

안정복(安鼎福, 1712－1791). 전기는 제1부 〔094장〕에서 설명하였다.

055. 오주연문장전산고 五洲衍文長箋散稿

필사본 60책

이규경(李圭景) 지음

[전존]

(최남선(崔南善) 소장, 경성대학 도서관 소장)

개요

숙종 때의 저술이다. 최남선(崔南善) 씨는 이 책의 저자 자필본 (작은 책자에 세필(細筆)로 정밀하게 적혀 있다) 을 소장하고 있다. 경성대학 도서관 소장본은 이것의 전사본이다.

본문내용

조선을 중심으로 기타 중국 및 다른 지역의 고금(古今) 사물에 대하여 크거나 작거나 고상하거나 저속하거나에 관계없이 의심스럽거나 잘못된 학설이라고 여겨지는 것에 대해 그때그때 자유롭게 고증한 책이다. 고증이 해박하여 참고할 만한 기사를 많이 포함하고 있다. 의약과 관련된 논설에는 아래와 같은 것들이 있다.

◎ 《오주연문장전산고》 의약 관련 내용

支體釋名辨證說, 痲疹辨證說, 鍼砭灸辨證說, 人葠詩文辨證說, 種痘辨證說, 大黃辨證說, 溫泉辨證說, 烟草辨證說, 術數醫藥辨證說, 滴血合血定倫辨證說, 新增鄕藥集成方辨證說, 增補山林經濟辨證說, 醫藥辨證說, 辟痘稀痘辨證說, 人體內外總象辨證說, 病異醫異辨證說, 藥料多應辨證說, 禳醫月令辨證說, 人身藏府骨度辨證說, 奇經八脈辨證說, 蘇沈良方辨證說, 痘疫有神辨證說, 辟瘟疫以火辨證說 등

인물전기

이규경(李圭景, 1788－?). 자는 백규(伯揆), 호는 오주(五洲) 또는 소운거사(嘯雲居士), 본관은 전주(全州)이다. 이덕무(李德懋)의 손자로 헌종 때의 학자이다.

056. 열하일기 熱河日記 속 금료소초 金蓼小抄 부附 산거경험방 山居經驗方

박지원(朴趾源) 지음

[전존]

개요

《열하일기》는 박지원(朴趾源)이 청 건륭제(乾隆帝)의 칠순(七旬)을 축하하기 위한 사절로서 정조 4년경자1780 6월에서 8월까지 연경(燕京) 및 열하(熱河)에 다녀왔을 때의 행적을 기록한 책이다. 이 가운데 〈금료소초〉는 의약과 관련된 부분인데, 서양의학의 일면을 볼 수 있어 당시 조선 상황에 비추었을 때 흥미로운 기록이다.

내용서지

아래에 책 첫머리의 글을 싣는다.

◎ 〈금료소초〉 서문

吾東醫方未博，藥料不廣，率皆資之中國，常患非眞，以未博之醫，命非眞之藥，宜其病之不效也。余在漠北，問大理尹卿嘉銓曰，近世醫書中，新有經驗方，可以購去者乎。尹卿曰，近世和國所刻小兒經驗方最佳，此出西南海中荷蘭院，又西洋收露方極精，然試之多不效，大約四方風氣各異，古今人禀質不同，循方診藥，又何異趙括之談兵乎。正續金陵瑣事，亦多錄入近世經驗，又有蓼洲漫錄，又茗翡草木注、橘翁草史略、寒溪胎教、靈樞外經、金石同異考、岐伯侯鯖、醫學紺珠、百華精英、小兒診治方，俱近世扁倉所錄，京師書肆中，俱可有之。余旣還燕，求荷蘭小兒方及西洋收露方，俱不得，其他諸書，或有粤中刻本云，書肆中俱不識名目。偶閱香祖筆記，得其所錄金陵瑣事及蓼洲漫錄，其元書，未必皆醫方，而貽上所錄，俱係經驗。余故拈其數十則錄之，餘外誌記及古方雜錄之載筆記中者，併爲抄錄，目之曰金蓼小抄。余山中無醫方，併無藥料，凡遇痢瘧，率以臆治，而亦時偶中，則今併錄于下以補之，爲山居經驗方。燕巖氏題。

우리나라는 의서가 많지 않고 약재도 풍부하지 않아 거의 모두 중국에 의존하고 있기 때문에 항상 진품이 아닐까 걱정해야 한다. 박학하지 못한 의원이 진품이 아닌 약재로 약을 지어주니 병이 낫지 않는 게 당연하다. 내가 열하(熱河)에 갔을 때 대리시경(大理寺卿) 윤가전(尹嘉銓)에게 "요즘 의서 중에 새로운 경험방이 있다면 구입해 갈 수 있겠습니까."하고 물었더니 그는 "근래 일본에서 판각한 《소아경험방小兒經驗方》이 가장 좋은데, 이 책은 서남해(西南海)에 있는 하란(荷蘭, 네덜란드)의 병원에서 나왔다고 합니다. 또 서양의 《수로방收露方》이란 책이 매우 정미로우나 시험해보면 대부분 효과가 없었으니 대체로 지역에 따라 기후가 다르고 시대에 따라 사람들의 체질이 다르기 때문일 것입니다. 책에 써진 글자대로만 진단하고 약을 쓴다면 조괄(趙括)이 병법을 논하는 것과 무엇이 다르겠습니까.[1] 《금릉쇄사金陵瑣事》와 《속금릉쇄사續金陵瑣事》에도 근래의 경험방들이 많이 수록되어 있고 《요주만록蓼洲漫錄》도 그렇습니다. 그리고 《초비초목주苕翡草木注》·《귤옹초사략橘翁草史略》·《한계태교寒溪胎敎》·《영추외경靈樞外經》·《금석동이고金石同異考》·《기백후청岐伯侯鯖》·《의학감주醫學紺珠》·《백화정영百華精英》·《소아진치방小兒診治方》 등은 모두 근세의 편작과 창공이라고 할 만한 명의들이 지은 책으로 북경의 서점에 가면 모두 구할 수 있을 것입니다."라고 하였다. 나는 북경으로 돌아와 하란(荷蘭)의 《소아경험방》과 서양의 《수로방》을 구해보았으나 둘 다 구하지 못하였다. 그 밖에 다른 책들에 대하여 혹자는 광동(廣東) 지역 간행본이 있다고 말했으나 서점에서는 전부 그 서명을 들어보지 못했다고 하였다. 우연히 《향조필기香祖筆記》를 보다가 《금릉쇄사》와 《요주만록》에 대한 기록을 발견했다. 그 책들은 전체가 의서는 아니었지만 이상(貽上, 왕사정王士禛)이 베낀 부분은 전부 경험방이었다. 나는 짐짓 수십 조문을 뽑아 베끼고 이 밖에 지기(誌記, 책의 구절을 인용한 기사) 몇 개와 옛 처방이 섞여 있는 필기(筆記, 책에 없는 기사)를 함께 베낀 후 《금료소초》라 이름 붙였다. 내가 사는 산중에는 의서도 없고 약재도 없으므로 이질이나 학질에 걸리면 대부분 추측하여 치료하였으나 때때로 잘 들어맞기도 하였으니 이제 이 내용을 아래에 추가로 적어 넣어 산중 생활의 경험방〔山居經驗方〕으로 사용하려고 한다. 연암(燕巖)이 쓰다.

인물전기

박지원(朴趾源, 1737－1805). 전기는 제1부 〔112장〕《익감》 해제에서 설명하였다.

1 조괄(趙括) : 중국 전국시대 때 조(趙)의 장수 이름. 그는 병법에 통달하였으나 현실에서 잘 적용하지 못하여 전투에서 패배하였다.

057. 종저보 種藷譜

1권

서유구(徐有榘) 지음

[전존]

(경성대학 도서관 소장)

개요

순조 34년 갑오 1834 저작. 갑오완영개인(甲午完營開印).[1]

형태서지

1권 1책. **❙판식版式❙** 활자본, 반곽 세로 약 20 × 가로 15㎝, 10행 19자. **❙지수紙數❙** 서문 2매, 본문 26매.

내용서지

◎ 《종저보》 서문[2]

數百穀之名者曰，三穀各二十，菓蔬各二十，總之爲百穀。是故穀不熟曰饑，菜不熟曰饉，菓菜濟人之功，與三穀等如此矣。番藷在菓蓏中最後出，可以賙饑，可以延年，又可以禦蝗而弭旱，誠奇種也。始自閩廣，殆遍天下，獨我東近始，購種於日

1 간기(刊記)로 보이지만 현전본에서 이를 확인하지 못하였다. 다만 고려대학교 소장본(청구기호 : 대학원 C5-A8) 표지 안쪽면에 "種藷譜一冊，甲午完營開印，南原府藏"이라고 적혀 있다.

2 원서에는 일부 내용만 있지만 역자가 보충하여 실었다.

本, 沿海若而邑, 僅得傳殖, 而峽野之民, 不識藷爲何物, 非果風土不宜, 職由傳種蒔壅之不得其方耳。

歲甲午, 余巡按湖南, 見蘆嶺南北, 往往有平疇衍壟, 一望汙萊, 詢之土人, 曰往値己巳甲戌之饑, 佃戶流亡, 鎡基不入者久矣。噫, 天與之時, 地與之產, 皆所以養人也, 而特因人工之不逮, 抛天之時, 錮地之產, 橫計於土地所失者, 將不知爲幾千萬億, 竪計於歲年, 巧曆何以窮其數哉。誠使八口之家, 凡有荒陂隙地, 輒種藷數十百區, 則其至死不饑, 何渠讓於汶山之蹲鴟, 而一任呰窳, 殆若越人之視秦瘠, 彼轉轘溝壑者何辜也。余爲是懼, 亟訪藷種於產藷州郡, 頒諸列邑, 且取皇明徐玄扈甘藷疏、我東姜金二氏之譜, 彙類編纂, 用聚珍字擺印廣布, 以諗其種藝之法焉。

嗟乎, 蒲亭之菓菜程限, 渤海之百本薤一畦韭, 彼誠何術哉。仲長子之言, 曰叢林之下, 爲倉庾之坻, 魚鼈之堀, 爲耕稼之場者, 君長所用心也。多方勸相, 畝鍾窖收, 無年代匱, 有年儲穀, 民無歲死, 土毋人曠, 于以仰贊我聖上裁成輔相之䧺化, 願與今日牧民之長, 交相勖之。

上之三十四年甲午季春, 湖南巡察使徐有榘, 書于觀風軒中。

백곡(百穀)의 명칭들을 헤아려 보면 양(粱)·도(稻)·숙(菽) 세 곡류가 각각 20가지씩이고 과일과 채소가 각각 20가지씩이니 모두 합해 백곡이라고 한다. 또한 기근(饑饉)이라는 단어에서 곡류가 여물지 않은 것이 '기(饑)'이고 채소가 여물지 않는 것이 '근(饉)'이니 과일과 채소가 사람을 구제하는 공로는 세 곡류와 동등하다고 할 수 있을 것이다. 고구마〔番藷〕는 열매〔菓蓏〕 가운데 가장 나중에 나오므로 배고픔을 달랠 수 있고 목숨을 연장할 수 있는 데다가 벌레와 가뭄에도 강하니 참으로 신기한 작물이다. 고구마는 민주(閩州)와 광주(廣州)에서 시작하여 천하에 두루 퍼졌으나 유독 우리나라는 최근에야 일본에서 종자를 사와 바닷가에 있는 몇몇 마을에서 겨우 심고 있을 뿐이고 내륙에 사는 백성들은 고구마가 어떤 것인지 알지 못한다. 결국 고구마를 심지 않는 이유는 풍토에 맞지 않아서가 아니라 단지 종자를 구하지 못했거나 땅속에 심는 방식을 알지 못했기 때문이다.

순조 34년 갑오1834 나는 호남순찰사(湖南巡察使)로 부임하여 노령(蘆嶺)의 남북 지역을 살펴보았더니 곳곳에 평지인데도 묵히는 땅이 있어 한 눈에도 황무지 같았다. 그곳 백성에게 물으니 이전 기사년과 갑술년의 기근 때 농부들이 떠나서 농사를 짓지 못한 지 오래라고 하였다. 아아 하늘이 계절을 만들고 땅이 물산을 생산하는 것은 모두 사람을 기르기 위함이다. 그러나 사람의 노력이 미치지 못한 탓에 하늘이 준 계절을 내던지고 땅이 준 물산을 막게 되었다. 망가진 토지를 더하면 몇만 곳일지 알 수 없으며 방치한 세월까지 곱하면 셈을 잘하는 사람이라도 어떻게 그 숫자를 다 헤아리겠는가. 만약 식구가 8명인 집에 황무지가 있어 수십 수백의 고구마를 심는다면 죽을 때까지 굶주리지 않을 텐데 어찌 문산(汶山)의 토란〔蹲鴟〕 같이 굶주림에서 벗어날 방법을 사양하겠는가. 또 백성들에게 맡겨둔 채 나태하게 지낸다면 강 건너 불구경하는 것과 같으니 죽음의 구렁텅이에서 구르고 있는 저 백성들은 무슨 죄인가. 나는 이를 걱정하여 급히 고구마를 심는 고을에서 고구마 종자를 구하여 각 마을에 나누어주었다. 한편 명나라 서현호(徐玄扈)가 쓴 《감저소甘藷疏》와 우리나라 강필리(姜必履)의 《감저보甘藷譜》와 김장순(金長淳)의 《감저신보甘藷新譜》를 구해 비슷한 내용끼리 모으고 책으로 정리한 후 취진자(聚珍字)로 인쇄하여 널리 퍼뜨림으로써 고구마를 심고 키우는 방법에 대해 자세히 보급하였다.

포정장(蒲亭長) 구람(仇覽)은 백성들에게 정해진 숫자대로 과일과 채소를 재배하게 하였고 발해 태수(渤海太守) 공수(龔遂)는 한 사람 당 백 뿌리의 염교와 한 뙈기의 부추를 심게 함으로써 백성들을 먹여 살렸을 뿐이니 그들이 특별한 술법을 부린 것이겠는가. 또한 중장자(仲長子)의 말에 "우거진 숲을 창고로 쓰고 강과 바다를 경작지로 만드는 일이 바로 지도자가 신경 써야 할 일이다."라고 하였다. 고구마를 다방면으로 권장함으로써 밭마다 수확하고 구덩이에 보관하게 만들면 해마다 식량을 대신해야 할 걱정이 없어지고 해마다 곡식을 저장할 일이 생기리니 백성들은 해마다 굶어 죽지 않고 땅은 황폐해지지 않게 될 것이다. 아아 이 책으로 우리 주상께서 백성을 잘 기르시는 융성한 교화에 일조하였도다. 이제 팔도의 위정자들이 서로 권면하기를 원하노라.

순조 34년 갑오1834 3월. 호남순찰사 서유구(徐有榘)가 관풍헌(觀風軒)에서 쓰다.

본문내용

◎ 《종저보》 목차

敍源, 傳種, 種候, 土宜, 耕治, 種栽, 壅節, 移揷, 剪藤, 收採, 製造, 功用, 救荒, 麗藻

위와 같은 목차 순서로 《서현호감저소徐玄扈甘藷疏》(서현호는 서광계(徐光啓)이다) · 《강씨감저보姜氏甘藷譜》 · 《김씨감저보金氏甘藷譜》 · 《증보산림경제增補山林經濟》 · 《일본종저방日本種藷方》 · 《화한삼재도회和漢三才圖會》 · 《남방초목장南方草木狀》 · 《이물지異物志》 · 《광지廣志》 · 《군방보群芳譜》 · 《패사유편稗史類編》 · 《북학의北學議》 · 《행포지杏蒲志》를 인용하여 편집하였고, 곳곳에 '案'이라는 첫머리를 붙이고 자신의 설명을 실었다. 주요 인용서는 명(明)의 《서현호감저소》(《농정전서農政全書》 권27에 있다) 와 조선의 《강씨감저보》 · 《김씨감저보》 3가지이다.

인물전기

서유구(徐有榘, 1764－1845). 전기는 〔039장〕에서 설명하였다.

고찰

이 책은 전해지는 간본이 적고(시라이문고(白井文庫)에 1종이 있다) 주로 필사본으로 전해지고 있다.[3] 체계적으로 서술되어 있어 이런 종류의 단행본으로서는 출중한 편이다. 조선에서의 고구마 전래를 고찰하는 데 좋은 자료이다.(《조선의학사》 pp.225-226 "고구마의 전래" 부분 참조)

서유구의 저술에는 대작인 《임원경제지林園經濟志》, 그리고 이 책 외에 《난호어목지蘭湖漁牧志》 · 《옹희지饔饎志》가 있다.

---

3 간본은 규장각(奎5600), 고려대학교(대학원 C5-A8, 신암 C5-A8), 일본 오사카부립도서관(韓8-33), 미국 컬럼비아대학교, 버클리대학교 등에, 필사본은 국립중앙도서관(古9155-1), 고려대학교(대학원 C5-A8A), 동국대학교(D 635.22-서67ㅈ), 일본 토오요오문고(東洋文庫) 등에 소장되어 있다.

058. 강씨감저보 姜氏甘藷譜

1권

강필리(姜必履) 지음

[일실]

개요

《종저보種藷譜》(〔057장〕)의 서문을 통해 이 책의 존재를 알 수 있다. 또《임원경제지林園經濟志》에도 보이는데 강씨의 이름을 필교(必敎)라고 기록하였다. 일실된 서적이지만《종저보種藷譜》를 통해 그 내용을 대강 알 수 있다.

인물전기

강필리(姜必履, 1713-1767). 자는 석여(錫汝), 본관은 진주(晉州)이다. 영조 23년 정묘1747 정시 문과에 급제하였다. 고구마 종자를 한양에 보급하였다.[1]

강필교(姜必教, 1722-?). 자는 유방(幼方), 본관은 진주(晉州)이다. 강필리의 친동생이지만 생부 강전(姜槇)의 재종형제인 강취(姜檇)의 양자로 입적되었다.

1 원서에는 "혹은 필교(必教)라고 한다."고 하여 강필리와 강필교를 동일인물로 설명하였으나, 이는 오류이므로 내용을 수정하고 보충하였다.

059. 감저신보 甘藷新譜 김씨감저보金氏甘藷譜

1권

김장순(金長淳) 지음

[일실]?

개요

《감저신보》는 강필리(姜必履)의 《감저보甘藷譜》(〔058장〕 참고)에 대비하여 붙은 명칭이다. 《김씨감저보》라고도 하는데, 실제로는 김장순(金長淳)과 그의 친구 선종한(宣宗漢)의 공저(共著)로 보인다. 《종저보種藷譜》를 통해 그 내용을 엿볼 수 있다.

060. 종삼보 種蔘譜

[일실]?

개요

영조·정조 때 저술인 듯하다. 필자는 보지 못하였다. 서유구의 《임원경제지林園經濟志》(〈관휴지灌畦志〉 권4의 약류(藥類) 가운데 '인삼(人蔘)' 부분)를 통해 이 책의 존재를 알 수 있다.

본문내용

내용도 《임원경제지》를 통해 엿볼 수 있다. 다음과 같은 내용이 실려 있다.

◎ 《종삼보》 목차

土宜, 種藝, 論蔘不易生, 論蔘不易長, 護養, 醫法, 收採, 收種, 瑣言 등

061. 종삼법 種蔘法

1권

박유철(朴有哲) 지음, 김택영(金澤榮) 수정 · 증보

[일실]?

개요

박유철(朴有哲)의 《종삼법》은 철종 · 고종 초년 즈음에 편찬되어 간행되었다. 현재는 일실된 것 같다.

융희(隆熙) 4년경술1910 증수된 《중경지中京誌》[1]〈조선광문회(朝鮮光文會) 발행본이 있다〉 권 2 〈토산土産〉의 '인삼(人蔘)' 부분을 통해 이 책의 존재와 내용을 알 수 있다.

◎ 《중경지》 〈토산土産〉 일부[2]

> 人蔘。本非土産，而中間居人得南種爲圃。藥土灌養曰養蔘，平田直種曰直蔘。蒸造包蔘入柵互市，故柵內有高麗人蔘局。○金澤榮修演朴山人有哲種蔘法曰，…… 至隆熙二年戊申，爲日本人所管焉。金澤榮撰。[3]

인삼. 본래 개성에서 나지 않았으나 그사이에 그곳에 살던 사람이 남쪽의 종자를 얻어 밭에서 재배하기 시작하였다. 인삼이 나 있는 땅에 물을 주면서 기른 것을 '양삼(養蔘)'이라고 하고 평탄한 밭에 직접 심은 것을 '직삼(直蔘)'이라고 한다. 쪄서 말린 포삼(包蔘)[4]을 가지고 책문(柵門)[5]에 들어간 뒤 교역에 사용하였으므로 책문 안에 고려인삼국(高麗人蔘局)[6]이 있었다. ○김택영(金澤榮)이 수정 · 증보한 산인(山人) 박유철(朴有哲)의 《종삼법》에는 다음과 같은 내용이 있다. …… 융희(隆熙) 2년1908에 이르러 일본인의 소관이 되었다. 김택영 지음.

---

1 《중경지》: 개성부의 지방지. 1824년 김이재(金履載)가 당시에 전하던 읍지를 합편하여 만들었다.

2 원서에는 일부 내용만 있지만 역자가 보충하여 실었다.

3 "○金澤榮" 이하 내용은 융희 4년(1910) 《중경지》 증수본에서 추가된 내용이다. 생략된 부분은

본문내용

종자의 채취법, 묘포(苗圃) 만드는 법, 비토(肥土) 만드는 법, 시부(蒔附) 방법, 관수법(灌水法), 해가리개 제작과 그 개폐(開閉), 비료(肥料), 옮겨심기 등에 대해 기재되어 있다. 현재 개성 지방에서 행해지는 방법과 비교할 때 큰 차이가 없다.

《종삼법》 내용이다.

4 포삼(包蔘) : 조선 정부가 공인한 수출용 인삼으로, 주로 쪄서 말린 홍삼(紅蔘) 형태였다. 정조 21년(정사1797) 청국 사행 때 역관(譯官)에게 인삼을 가져가 팔 수 있도록 한 포삼제(包蔘制)에서 유래한 명칭이다.

5 책문(柵門) : 조선과 청(淸)의 국경 관문으로, 압록강에서 서북쪽으로 120여리 떨어진 곳에 있었다.

6 고려인삼국(高麗人蔘局) : 청(淸)과의 인삼 무역을 위해 요동지방에 설치했던 관청이다.

062. 방산쇄록 芳山瑣錄

[일실]

개요

《오주연문장전산고五洲衍文長箋散稿》 권12 속에 〈인삼시문변증설人蔘詩文辨證說〉이 있는데, 여기에 《종삼보種蔘譜》(〔060장〕 참고)·《종삼방種蔘方》과 함께 이 책의 이름이 보인다. 내용은 알려지지 않았다.

◎ 《오주연문장전산고》 인사편(人事篇) 기예류(技藝類) 의약(醫藥) 인삼시문변증설[1]

……, 我東亡名氏種蔘譜, 闕名氏芳山瑣錄, 亦編種蔘方, 竝未該備。……。

…… 우리나라에는 작자 미상의 《종삼보》와 작자 미상의 《방산쇄록》이 있고 《종삼방》도 편찬되었다고 하나 모두 제대로 남아있지 않다. …….

1 원서에는 내용이 요약되어 있으나 역자가 원문을 인용하여 실었다.

063. 어보 魚譜 자산어보茲山魚譜[1]

필사본 3권

정약전(丁若銓) 지음

(필자는 보지 못하였다)

개요

시라이 미츠타로오(白井光太郎)가 쓴 〈조선에서 수집한 고서에 대하여朝鮮採集の古書に就て〉(《본초학논고本草學論攷》 제1책 중) 속에 다음과 같이 적혀 있다.

◎ 《본초학논고》 〈조선에서 수집한 고서에 대하여〉 일부

> 魚譜三卷, 嘉慶甲戌洌水丁銓[日][2]所著, 此書著者黑山島謫居中の作にして, 第一卷に鱗魚七十餘種, 第二卷に無鱗類四十餘種、介類六十餘種, 第三卷に雜類四種、海禽四種、海獸一種、海草三十五種, を記載せり。

> 《어보魚譜》 3권. 가경 19년순조 14년, 갑술1814 열수(洌水) 정약전(丁若銓)의 저술이다. 이 책은 저자가 흑산도에 귀양 가 있던 중 만든 책으로 제1권에 인어류(鱗魚類) 70여 종, 제2권에 무린류(無鱗類) 40여 종・개류(介類) 60여 종, 제3권에 잡류(雜類) 4종・해금(海禽) 4종・해수(海獸) 1종・해초(海草) 35종을 수록하였다.

---

1 《자산어보》로 더 많이 알려져 있으므로 역자가 추가하였다.

日 원문의 "丁銓"은 오기이다.

2 《어보》에 "丁銓"이라고 적혀있다. 오기라기 보다는 이름에서 돌림자를 빼고 쓰는 용례를 따른 것으로 보인다.

인물전기

정약전(丁若銓, 1758-1816). 자는 천전(天全), 호는 자산(玆山), 본관은 나주(羅州)이다. 다산(茶山) 정약용(丁若鏞)의 큰형이다. 영조 34년 무인1758에 태어나 정조 14년 경술1790 증광 문과에 급제하였고 관직은 좌랑(佐郎)에 그쳤다. 서학(西學)에 연좌되어 흑산도에 유배되었고, 귀양 중이던 순조 14년 갑술1814에 이 책을 저술하였다.

064. 시명다식 詩名多識

4권 2책

정학상(丁學祥) 지음

〈 필자는 보지 못하였다 〉[1]

개요

《시경詩經》을 읽을 때 초목(草木)·조수(鳥獸)의 이름을 아는 데 참고하기 위하여 《금경禽經》·《채보菜譜》·《이아爾雅》·《본초本草》 등을 근거로 초(草)·곡(穀)·목(木)·채(菜)·조(鳥)·수(獸)·충(蟲)·어(魚) 8문(門)으로 나누어 자세하게 서로 검토한 책이다〈《조선도서해제朝鮮圖書解題》〉.

인물전기

정학상(丁學祥, 1783－1859). 초명(初名)은 학연(學淵), 호는 유산(酉山)으로 다산 정약용의 아들이다. 철종 3년 임자1852에 처음 벼슬에 나아갔고 철종 10년 기미1859에 세상을 떠났다. 의학과 박물학에 정통했고 조선에 왔던 프랑스 선교사로부터 의술을 전수받았다고 한다.

1 규장각(奎5591-v.1-2)에 소장되어있다.

065. 구황초략 救荒草略

이정리(李正履) 지음

〈 필자는 보지 못하였다 〉

개요

홍직필(洪直弼)이 지은 《매산집梅山集》〈묘지명墓誌銘〉 가운데 이정리(李正履)의 전기가 실려 있다.[1] 그 내용을 통해 이정리가 《구황초략》을 저술하였다는 사실을 알 수 있다. 그러나 필자는 보지 못하여 그 내용을 해제할 수 없다.

인물전기

이정리(李正履, 1783－1843). 자는 심부(審夫), 호는 순계(醇溪), 본관은 전주(全州)이다. 가계는 《선원록璿源錄》에 나온다. 헌종 원년을미1835 증광 문과에 급제한 뒤 전적(典籍)이 되었고, 서장관(書狀官)으로서 연경에 사행을 다녀왔다. 북청부사(北青府使)로 부임하여 임지에서 세상을 떠났으니 헌종 9년계묘1843 61세 때의 일이다. 일찍이 글로 이름이 났고, 정책의 득실과 민생의 휴척(休戚)에 관심이 많았다. 이 책 외에 《시문집詩文集》·《독서만필讀書漫筆》·《춘추고례春秋考例》·《독사평측讀史平仄》 등의 저술이 있다.

---

1 《매산집》 권43 〈묘지명〉 순계이공묘지명(醇溪李公墓誌銘)

066. 도문대작 屠門大嚼

허균(許筠) 지음

〈 필자는 보지 못하였다 〉

개요

병이(餠餌)·과실(果實)·어육(魚肉)·소채(蔬菜)·차(茶)·주(酒)·밀(蜜)·유(油)·반(飯) 등 조선 음식 백 수십 종을 적었다.

인물전기

허균(許筠, 1569－1618). 자는 단보(端甫), 호는 교산(蛟山), 본관은 양천(陽川)이다. 선조 27년갑오1594 정시 문과에 급제하였다. 시를 잘 지었고 당대에 독보적인 문장가였다. 하지만 성격이 경박하고 품행이 좋지 않아 선비들로부터 소외되어 하급 관료에 머물렀다. 그러나 늘그막에 대북(大北)에 속하여 마침내 관직이 참찬(參贊)에 이르렀다. 《수호전水滸傳》을 좋아하여 이것을 본떠 《홍길동전洪吉童傳》을 지었다.

067. 식경 食經

필사본 1책

장영(張英) 지음

개요

이 책은 《이와세문고도서목록巖瀨文庫圖書目錄》에 조선 간본으로 실려 있다. "飯有十二合說"이라고 기재된 속제목처럼 아래와 같이 12조로 나누어 그 의미를 설명하였다. 8장에 불과한 얇은 책자이다.

본문내용

◎ 《식경》 목차

稻, 炊, 肴, 蔬, 脩, 菹, 羹, 茗, 時, 器, 地, 侶

인물전기[1]

장영(張英, 생몰 미상). 그의 삶에 대해 알려진 사실이 많지 않다.

1 이해를 돕기 위해 해당 내용의 위치를 원서와 다르게 조정하였다.

068. 규합총서 閨閤叢書

1책

[전존]

〈 마에마 교오사쿠(前間恭作) 소장 〉

개요

고종 6년 동치同治 8년, 기사1869 1월 간행

◎ 《규합총서》 권수(卷首)의 간기(刊記)[1]

규합총서 동치긔사밍츈신간. 친화실장판

규합총서 동치 기사년1869 1월 신간. 친화실〔贊化堂〕장판

형태서지

1책. **| 판식版式 |** 목판본, 반곽 세로 21.0 × 가로 14.5㎝, 12행 24자, 모두 한글로 적혀 있다. **| 지수紙數 |** 목록 1매, 본문 29매.

본문내용

《산림경제山林經濟》 〈치선治膳〉에 해당하는 내용이다. 즉, 각종 양주법(釀酒法), 조장법(造醬法), 지물(漬物)을 만드는 방법, 어육조리방(魚肉調理方), 분면병이

1 원서에는 존재하지 않지만 역자가 추가하였다.

(粉麵餠飴)의 제조법, 제과법(製菓法), 의류염색법(衣類染色法) 등을 부녀자가 이해하기 쉽도록 전부 한글로 적었다.

◎ 《규합총서》 목차[2]

주사의(酒食議), 봉임칙(縫紝則), 산가락(山家樂), 청낭결(青囊訣), 술수략(術數略)

고찰

마에마 교오사쿠(前間恭作) 씨에 따르면, 이 책은 서유본(徐有本)의 아내[3]가 저술한 내용을 원본으로 하여 만들어진 듯하다고 한다. 가나자와 쇼자부로(金澤庄三郎) 씨가 소장한 필사본이 그 원본에 해당하며, 이 해제본은 그 필사본을 정리하고 요약하여 수정한 책이라고 한다.

2 원서에는 존재하지 않지만 역자가 추가하였다.

3 곧 빙허각(憑虛閣) 이씨(李氏)이다.

069. 동판수진일용방 銅版袖珍日用方

1첩(帖)

저자 미상

[전존]

〈 이인영(李仁榮) 소장 〉

개요

고종 9년 임신1872 간본이다. 책 첫머리 표제가 "銅版袖珍日用方(同治辛未好古堂鑄)"이라고 되어 있다. 이 간본은 이 동판본을 복각한 것이다.

형태서지

| 판식版式 | 1첩(帖), 세로 8.7 × 가로 4.0㎝, 반곽 가로 7.2 × 세로 3.8㎝, 행자수 불규칙, 단변, 무계.

본문내용

아래와 같은 내용을 수록하였고, "當宇九年(同治十一年)壬申"의 역일대소(曆日大小) 및 일영시표(日影時表)를 덧붙였다.

◎ 《동판수진일용방》 목차

婚書式, 弔狀式, 答弔式, 虞祭祝, 忌祭祝, 通文套, 八道程里記, 八道地圖, 列聖繼統圖, 誕日, 國忌, 各司各營稱號, 冠葬宜忌, 嫁聚宜忌, 入宅宜忌, 移安宜忌, 入學宜忌, 祭祀, 上官赴任, 立石宜忌, 기타 宜忌數種, 男女命生氣所法, 甲子五行干支等, 單方藥治, 雜方 등

〈단방치약單方治藥〉에는 유정(遺精)부터 마진(痲疹)까지의 병증에 대한 약 127가지 치료 처방을 수록하였다(이상은 이인영 씨에게서 들은 것이다).

070. 잠상촬요 蠶桑撮要

1책

이우규(李祐珪) 엮음

개요

고종 21년 광서光緖 10년, 갑신1884 5월에 지어 간행하였다 (간기 "靑鶴館開雕"). 목판본.

내용서지

○ 서(序) ("光緖甲申夏五月上浣, 靑鶴館主識"). 내용은 생략한다.

본문내용

본문 내용은 생략한다.

인물전기

이우규(李祐珪, 1854－?). 자는 성천(聖天), 본관은 한산(韓山)이다. 철종 5년 갑인1854에 태어났다. 고종 22년 을유1885에 내무부 주사(內務府主事)에 임명되었고, 관직은 나주군수에 이르렀다.

참고

경성대학 도서관에 《잠상촬요》를 베껴 한글로 풀이한 《잠상집요蠶桑輯要》라는 제목의 책이 있다.

071. 불설천존각온황신주경 佛說天尊却瘟瘇神呪經 1책

박영묵(朴永黙) · 김현래(金顯來) 지음

개요

저자는 대한국삼보귀의신사(大韓國三寶歸依信士) 성담(性潭) 박영묵(朴永默), 혜운(慧運) 김현래(金顯來)이다. 융희(隆熙) 무신년1908에 중간(重刊)되었다.

제목처럼 벽온방(辟瘟方)으로서 부처의 가호(加護)를 비는 주문과 그 실제 사용 방법을 수록한 책이다. 한글 풀이를 덧붙여 일반인들도 독송하기 쉽도록 하였다. 또 불설벽온부(佛說辟瘟符)〈부적〉도 실려 있다.

072A. The Korean Repository

[전존]

〈 경성대학 도서관 소장 〉

개요

이 책의 제1권 제1호가 고종 29년 메이지明治 25년, 임진1892 1월 한양에서 발행되었다. 같은 해 12월부터 휴간되었다가 3년 뒤인 1895년 1월에 다시 제2권이 이어 발행되었고 제5권1898년까지 출간되었다.

미국 개신교 선교사 등이 조선에 대해 연구한 논문을 실은 최초의 잡지로, 학술적으로 참고할 바가 많고 의약과 관련된 논문도 10여 편 실려 있다. 주요한 것은 다음과 같다.

◎ The Korean Repository 의약 관련 논문

1 Opium in Korea Vol. I . p.35
2 Beginning of medical work in Korea Vol. I . p.335
3 Medicaments in Korea Vol. II . p.159
4 Asiatic cholera in Korea Vol. II . p.274
5 Cholera in Seoul Vol. III. p.339
6 Medical impression Vol. III. p.238
7 Disease in Korea (part I) Vol. IV. p.90
7 Disease in Korea (part II) Vol. IV. p.207
8 Landis, Eli Barr, M.D. Vol. V . p.180
9 Korean pharmacopoeia. Vol. V . p.448

072B. The Korea Review

개요

The Korean Repository 다음에 간행된 잡지이다. 1901년에서 1906년까지 모두 6권이 발간되었다. 참고할 만한 의약 기사는 적지만 읽어볼 가치가 있다.

072C. Transactions of the Korea branch of the Royal Asiatic Society

개요

1900년 제1권이 발행되었고, 휴간된 해도 있으나 여러 해 동안 출간되었다. 조선에 관한 논문을 싣고 있다. 이 가운데는 우수한 것도 있다. 아래에 의약과 관련된 2가지 논문을 소개한다.

⊙ 1915년 Ⅵ권 N.H.Bowman : History of Korean Medicine. p.321.

32페이지 분량의 짧은 글로 조선 의학 외형의 한 단면을 기술하고 있다.

⊙ 1931년 XX권 H.H.Underwood : Occidental Literature on Korea, from early times to 1930.

노작(勞作)으로 조선의학사 연구에도 참고 가치가 높다.

073. 이향견문록 里鄕見聞錄

필사본 1책

유재건(劉在建, 호는 겸산兼山)[1]

[전존]

〈 경성대학 도서관 소장 〉

개요

필사본으로 전해진다. 민간의 야사(野史)나 명신록(名臣錄) 등에 실려 있는 학자(學者)・명인(名人)・기인(奇人)의 전기를 모아 수록하였다.

본문내용

제9권에 〈의인전醫人傳〉이 있다. 양예수(楊禮壽)・허준(許浚)・안덕수(安德壽)・유상(柳瑺)・백광현(白光炫)・이익성(李益成)・김응립(金應立)・피재길(皮載吉)・신침의(申鍼醫)・이동(李同)・최운(崔雲)・이희복(李喜福)・송학천(宋學天)・조광일(趙光一)의 전기와 언행이 적혀 있다.

---

1 원서에서 "겸산거사(兼山居士)"라고 하였으나 수정하였다.

074. 의과방목 醫科榜目

활자본 2권 2책

[전존]

(필자 소장)

개요

연산군 4년 홍치弘治 11년, 무오1498 부터 고종 28년 광서光緖 17년, 신묘1891 까지 158회에 걸쳐 시행된 식년(式年) 및 증광(增廣) 의과시험 급제자의 인명록으로, 이름 아래 자(字)·생년(生年)·관명(官名)·가계(家系) 및 향관(鄕貫)을 기록한 책이다.

조선의학사 연구에 필수적인 책이다.

075. 의과선생안 醫科先生案

필사본 1책

[전존]

〈 필자 소장 〉

개요

앞의 《의과방목醫科榜目》과 거의 같은 내용이다. 이 책은 의과 급제자가 집에 소장하고 있으면서 차례로 급제자를 써넣고 또 모자란 부분을 추가한 것으로, 내용이 《의과방목》보다 상세하다. 〈〔부도66〕 참조〉

076. 의등제보 醫等第譜 필사본 1책

077. 의과보 醫科譜 필사본 1책

078. 의과팔세보 醫科八世譜 필사본 1책

079. 의감음보 醫監蔭譜 필사본 1책

[모두 전존]

(모두 필자 소장)

개요

4가지 책은 모두 의과 벼슬을 했던 사람들을 향관(鄕貫)에 따라 분류하고 그 이름과 관직명을 도표식으로 기록한 계보(系譜)이다.

부록. 지리지

《경상도지리지慶尙道地理志》, 《경상도속찬지리지慶尙道續撰地理志》, 《세종실록지리지世宗實錄地理志》, 《신증동국여지승람新增東國輿地勝覽》, 《고사촬요》〈〔035장〕 참고〉, 《고사신서攷事新書》〈〔036장〕 참고〉, 《임원경제지林園經濟志》〈〔039장〕 참고〉, 《육전조례六典條例》, 《여재촬요輿載撮要》, 《대한지지大韓地誌》

열거한 책 속에는 조선 각지의 물산, 특히 약재류(藥材類)〈토공(土貢)·종양약재(種養藥材) 등〉가 자세하게 수록되어 있다. 조선 의약사 연구에서 빼놓을 수 없는 중요한 자료이다. 그 대강은 《조선의학사》 곳곳에서 언급하였으므로 여기에서는 참고하기 위하여 서명만 언급하였다. 필자는 이 책들로부터 약재류를 채록한 뒤 몇 종의 채집본(採輯本)을 만들어 편하게 쓰고 있다.

제4부

조선 의서의 중국 판본

001. 동의보감 東醫寶鑑

판본

《동의보감》의 중국 판본은 여러 종류가 존재한다.

(1) 건륭판(乾隆版)

건륭(乾隆) 28년 영조 39년, 계미1763 간행되었다. 25책. 〈건륭 31년의 서문이 있는 가경(嘉慶) 원년 중간본도 있다〉

◎《동의보감》중국 건륭판 서문[1]

> 序
>
> 東醫寶鑑者, 乃明時朝鮮陽平君許浚所撰也。按朝鮮俗, 素知文字, 喜讀書, 許又世族, 萬曆間, 篈筬筠兄弟三人, 俱以文鳴, 女弟景樊才名, 復出厥兄之右, 九邊諸國, 最爲傑出者也。其言東醫者何, 國在東故醫言東也。昔李東垣著十書, 以北醫而行於江浙, 朱丹溪著心法, 以南醫而顯于關中, 今陽平君僻介外蕃, 乃能著書, 行於華夏, 言期足傳, 不以地限也。言寶鑑者何, 日光穿漏, 宿陰解駁, 分肌劈腠, 使人開卷, 瞭然光明似鑑也。昔羅益之著衛生珤鑑, 龔信著古今醫鑑, 皆以鑑名, 不嫌夸也。
>
> 竊嘗論之, 人惟五藏, 病止七情, 其間禀受有偏全, 漸染有淺深, 證變有通塞兩候, 脉動有浮中沉三部, 諦而察之, 如晦斯劃, 莫可越也, 如燎斯晰, 莫可蔽也。知大黃可以導滯而不知其寒中, 知附子可以補虛而不知其遺毒, 罔攸濟矣。是以至人治病

1 원서에는 일부 내용만 있지만 역자가 보충하여 실었다.

於未起之前, 不治於旣成之後, 病旣成而始治, 策斯下矣, 而復委決於庸醫, 豈有瘳哉。甚而懷私利者, 以無疾人爲功, 初從事者, 至於費人爲學, 大易勿藥之占, 南人無恒之戒, 若早爲此輩發覆也。扁鵲有言, 人之所病, 病疾多, 醫之所病, 病道少, 然自軒岐而後, 代有名醫, 迄今著述之繁, 幾於汗牛充棟, 不患其少矣, 而術有驗有不驗, 豈古人各以所見爲說歟。擇不精者, 語不詳, 執於一者, 賊乎道, 欲療人之病而不療人之心, 欲療人之心而不通人之意故也。

今觀是編, 先之以內景, 泝其原也, 次之以外形, 疏其委也, 次之以雜病, 辨其證也, 終之以湯灸, 定其方也。中所援引, 自天元玉冊以曁醫方集略, 計八十餘種, 率吾中土之書, 其東國所撰者, 不過三種而已。循古人之成法, 而能神而明之, 補缺憾於兩間, 播熙陽於四大。業已上獻闕廷, 見推國手矣。顧書藏秘閣, 世罕得窺。前鹾使山左王公, 建節臨粵, 憫時醫多誤, 專人赴都鈔錄, 未及梓行, 隨以事去順德。明經左君翰文, 予總角交也, 慨然思鋟版廣其傳, 約費三百餘緡, 畧無吝色。蓋心則濟人利物之心, 事則調陽燮陰之事, 天下之寶, 當與天下共之, 左君之仁大矣。刻成, 屬予爲序, 遂喜而書其端。

時乾隆三十一年歲在丙戌蘭秋上浣, 原任湖南邵陽醴陵興寧桂陽縣事 充庚午壬申癸酉丙子四科湖廣鄕試同考官 番禺凌魚撰。

서문

《동의보감》은 명(明) 때 조선의 양평군(陽平君) 허준(許浚)이 지은 책이다. 생각건대 조선 사람들은 예전부터 한문을 알고 글 읽기를 좋아했다. 허씨(許氏)는 그중에서도 명망 있는 집안으로 만력 연간에 허봉(許篈)·허성(許筬)·허균(許筠) 형제 3명이 모두 문장으로 명성을 떨쳤고, 누이동생 초희(楚姬, 자는 경번景樊, 호는 난설헌蘭雪軒)는 오빠들보다도 재주가 특출났으니 주변 나라 중에서 가장 뛰어난 사람들이다. 책 이름을 왜 '동의(東醫)'라고 했느냐 하면 나라가 동쪽에 있으므로 의(醫)자 앞에 동(東)을 붙인 것이다. 예전에 이동원(李東垣)은 《동원십서東垣十書》를 저술하고 북의(北醫)로서 강소(江蘇)와 절강(浙江) 지역에서 활동하였고, 주단계(朱丹溪)는 《단계심법丹溪心法》을 저술하고 남의(南醫)로서 관중(關中) 지역에서 행적을 남겼다. 지금 양평군은 변방에 있는 나라 사람이지만 책을 저술하여 그 책이 중국에 유행하게 되었으니 역시 말이 세상에 전해질 만하면 국경으로도 막을 수 없는 법이다. 책 이름을 왜 '보감(寶鑑)'이라고 했느냐 하면 햇빛이 새어들면 오래된 어둠이 사라지면서 살결까지 분명히 드러나듯 사람들이 이 책을 펼치면 일목요연하게 거울처럼 분명해지기 때문이다. 예전에 나익지(羅益之)가 《위생보감衛生寶鑑》을 짓고, 공신(龔信)이 《고금의감古今醫鑑》을 지을 때 모두 '감(鑑)'자를 이름에 사용하면서 마음껏 성과를 드러냈다.

예전부터 생각건대 사람에는 단지 오장(五臟)이 있고 병에는 그저 칠정(七情)이 있을 뿐이다. 다만 그중에 사람은 체질의 편차가 있고, 병은 병사가 침입한 깊이가 다르며, 증상의 변화는 통함과 막힘 두 가지 변화가 있고, 맥의 움직임은 부(浮)·중(中)·침(沈) 세 종류로 나뉘니, 이것들을 자세히 살핀 후에는 밭을 두렁으로 나누면 넘지 못하는 것처럼 각각을 구분할 수 있고 횃불이 밝으면 빛을 가릴 수 없는 것처럼 각각이 환히 드러날 것이다. 대황(大黃)이 배출시킨다는 효능만 알고 뱃속을 차갑게 만든다는 부작용을 알지 못하거나, 부자(附子)가 양허(陽虛)를 보한다는 효능만 알고 독성을 남긴다는 부작용을 알지 못한다면 사람을 치료할 수 없을 것이다. 그러므로 지극한 경지에 오른 지인(至人)은 병이 생기기 전에 병을 다스리기 때문에 병이 된 후에 치료할 일이 없는 법이다. 병이 된 후에 비로소 치료하는 것도 서투른 대책이거늘 실력 없는 의원에게 치료를 맡기기까지 한다면 어찌 나을 수 있겠는가. 심지어 욕심에 눈이 먼 자들은 멀쩡한 사람에게 약을 쓰고, 의술을 배우기 시작한 자들은 환자를 이용하여 의술을 시험해보고 있으니 《주역周易》에서 '약을 쓰지 않아도 낫는다〔勿藥有喜〕'는 점사(占辭)나 《논어論語》에서 '항심(恒心)이 없으면 무당이나 의원도 될 수 없다'던 경계는 예전부터 이런 무리 때문에 밝혀 놓은 것이다. 편작이 말하기를 '사람들은 질병이 많을까 걱정하고, 의원들은 치료법이 적을까 걱정한다.' 하였으나 헌원(軒轅)과 기백(岐伯) 이후로 시대마다 명의들이 나타나면서 지금까지 의서가 늘어나 한우충동(汗牛充棟)할 만큼 많아졌으니 치료법이 적을까 하는 걱정은 필요 없다. 그런데도 치료는 효과가 있기도 하고 없기도 하니 어찌 옛사람들께서 각자의 견해대로 적었기 때문이겠는가? 책을 정밀하게 선택하지 못하면 설명이 자세하지 않고 하나의 이론에 집착하면 의학 전체의 이치를 해치게 된다. 이 때문에 사람을 치료할 때 병을 치료하려고만 하고 마음은 치료하지 못하게 되거나 마음을 치료하려고만 하고 환자의 의중은 헤아리지 못하게 되는 것이다.

지금 이 책을 살펴보니 먼저 〈내경內景〉에서는 몸의 근원을 찾아가고, 다음으로 〈외형外形〉에서는 몸의 구석구석을 설명하였으며, 다음으로 〈잡병雜病〉에서는 여러 가지 증상을 변별하였고, 〈탕액湯液〉과 〈침구鍼灸〉로 끝맺으면서 책을 마무리하였다. 여기에서 인용한 책은 《천원옥책》에서 《의방집략》까지 총 80여 종으로 대부분 우리 중국의 책들이고 조선 사람이 지은 책은 3종에 지나지 않을 뿐이다. 그러나 이 책은 옛사람들께서 만든 모범을 따르되 충분히 신명한 부분이 있으니 세상에서 부족했던 부분을 보충했다 할 만하고 사람들에게 따스한 볕을 비춘다 할 만하다. 책을 완성하여 조정에 헌납하자 양평군은 국수(國手)로 추앙 받았다. 돌아보건대 이 책은 황실 비각(秘閣)에 소장되었기 때문에 직접 본 사람들이 드물었다. 전 염운사(鹽運使)였던 산좌(山左) 왕 공께서 관직을 받고 광동 지역에 부임하였을 때 당시 의원들이 치료에 자주 실패하는 것을 걱정하고는 사람을 도성으로 보내 이 책을 베껴오도록 하였으나 간행을 끝마치지 못하고 그곳을 떠나게 되었다. 그러자 총각 때부터 친구였던 순덕(順德) 사람 명경과(明經科) 출신 좌한문(左翰文) 군은 개탄하면서 이 책을 찍어 널리 전파하리라 생각하고 약 300여 민(緡)의 돈을 쓰면서도 아끼는 기색이 없었다. 그는 사람을 구제하고 만물을 이롭게 하는 데 마음을 두고 음양을 조화롭게 하는 일에 몰두하였으니, 천하의 보배인 이 책을 당연히 천하 사람들과 함께 누려야겠다는 좌 군의 뜻은 매우 어질다 할 것이다. 판각을 마치고 나에게 서문을 부탁하기에 기뻐하며 일의 전말을 쓴다.

건륭 31년병술1766 7월 상순. 호남・소양・예릉・홍녕・계양의 현사를 역임하였고, 경오・임신・계유・병자년 네 차례 호광(湖廣) 지역 향시(鄕試)에서 동고관(同考官)을 담당했던 번우(番禺) 사람 능어(凌魚)가 쓰다.

(2) 일본 간본에 근거한 광서(光緖) 연간 복각본

광서 16년고종 27년, 경인1890에 간행되었다. 일본에서 간행한 《동의보감》 재판본을 구두(句讀)와 훈점(訓點)만 제거하고 청(淸)에서 복각하여 간행한 것으로, 일본 판본에 있는 후지와라 노부아츠(藤原信篤) 및 미나모토 겐쯔우(源元通)의 서문이 모두 실려있다.[2] 25책.〈〔부도67〕 참조〉

◎ 《동의보감》 중국 광서 연간 복각본의 민췌상 서문[3]

東醫寶鑑序

東醫寶鑑二十三篇，朝鮮國醫許浚，奉其國君之敎而纂，日本醫官源元通，爲之訓訂。卷首有序㑹享保癸卯者，乃皇朝雍正紀元之歲，然浚爲是書，不著年月，不詳其何時人。案之所引歷代醫方，殆作於明季者與。其書以內景外形襍病湯液鍼砭五者爲大綱，各以其類列爲目，又析爲子目，條分而件繫之。每擧一類，必攷其原

2 제5부 〔028장〕《정정동의보감訂正東醫寶鑑》 참조

3 원서에는 일부 내용만 있지만 역자가 보충하여 실었다.

始，究其終極，證以脈法然後，羅列諸方，必詳必備，釐然秩然。所引書，一軌於正，各注所從，出示非臆斷，誠醫學中徵實之書也。特首篇內景，旣襲黃庭以爲名，復於條例申言其旨，至謂道得其精醫得其麤，宗尙老氏之說，自蹈於虛，斯異乎徵實者之所爲矣。

夫醫之爲教也，上古聖人，嘗味艸木，分別氣味，以療諸疾病，祇欲以祛人之所害，而得終其天年，非謂有醫而人可無死也。天之生萬物也，一艸木之細，滋長衰落，各有時，一昆蟲之微，胎息委蛻，亦有時，人之生也，少而壯，壯而衰，衰而死，皆常道也。顧人旣靈於萬物，其欲亦遂勝於萬物，欲勝，故喜怒哀樂戰於中，富貴利達擾於外，於是乎，寒暑陰陽，得抵隙以入，而札瘥夭昏之患以興，使世有良醫，而人能免於札瘥夭昏，得如周官所謂十全爲上者，且不可必，又安得而有長生不死之道乎。如其有之，則徐福何以遁於海，文成不當罹於刑，而不死之藥，宜有傳於世也。所謂古之良醫，必切脈望色聽聲寫形，猶懼未至，而暇爲謬悠荒遠之說乎哉。其爲謬悠荒遠之說者，乃方士之故習，非醫宗之正軌。

且古人之製方也，探索病源，參攷藥性，配以君臣之位，酌以輕重之宜，非偶然爲之而已，而浚又謂古方分兩太多，卒難備用，改從古今醫鑑、萬病回春，每劑折作七八錢或一兩，以爲多寡適中，此尤不學之過矣。夫古時升斗權衡，本不與今同。陳無擇云，漢錢文曰半兩，則漢方當用半兩錢，二枚爲一兩，徐大椿親見漢時六升銅，量容今一升二合，皆有根據，非若千金方之以古三兩爲今一兩，以古三升爲今一升，猶爲鑿空而談也。是古方分兩，固未嘗多，浚旣不深攷，輒用刪改，武斷孰甚焉。

惟其蒐采多古書，條理分明，引據賅洽，有足裨於談軒岐之學者，惜乎，溺於異氏之說，又果於師心自用，自玷其書，故特揭之，以破閱者之惑，所貴畧其疵而其醇可也。乾隆間有順德左翰文刊本，無日本人序，而有番禺凌魚序，謂得之秘閣鈔傳者，行世已久，屢經翻雕，漫漶舛錯，不可讀，是本猶東瀛原刻，校刊俱審，朱君曜之購諸番舶，以原序未能發明全書之要，因屬余，更書之如此。

光緒十有六年春王正月，華亭閔萃祥撰。

동의보감 서문

《동의보감》 23권은 조선의 어의 허준(許浚)이 국왕의 교지를 받들어 편찬하고 일본의 의관 미나모토 겐쯔우(源元通)가 훈(訓)을 달고 교정한 것이다. 책 머리 서문의 '교호(享保) 계묘년'은 우리 청나라 옹정(雍正) 원년이다. 그러나 허준이 이 책을 만든 때는 연도가 적혀 있지 않아서 언제적 인물인지 자세히 알 수 없다. 인용한 역대의방(歷代醫方)을 살펴보니 아마도 명나라 말엽에 지어진 듯하다. 이 책은 〈내경內景〉·〈외형外形〉·〈잡병雜病〉·〈탕액湯液〉·〈침구鍼灸〉의 5가지를 대강(大綱)으로 하고, 각 대강별로 유사한 내용을 나열하여 목(目)을 삼았으며, 목별로 다시 나누어 자목(子目)을 만든 후 조문을 구분하여 내용을 배치하였다. 하나의 주제를 거론할 때마다 반드시 최초의 서적부터 고찰하여 마지막 결론까지 궁리했고, 증상과 맥법을 설명한 뒤에 여러 처방을 나열하여 빠짐없이 자세하고 가지런히 정리되어 있으며, 인용한 문장에는 하나같이 정확하게 각 출처를 주석으로 달아 그 내용이 억측이 아님을 드러냈으니 참으로 의서 중에서도 사실에 근거한 책이라고 할 만하다. 다만 첫 편인 〈내경內景〉은 《황정경黃庭經》을 답습하여 편명으로 삼은데다가 내용에서도 도가의 의미를 공공연히 말하고, 심지어 "도가는 이치의 정밀함을 얻었고 의학은 이치의 대강만을 얻었다."라고까지 하여 노자(老子)의 사상을 숭상하고 스스로 허황됨에 뛰어들었으니 이는 사실에 근거하는 사람이 할 일과는 다르다.

무릇 의약으로 교화한다는 것은 상고 시대 성인께서 초목을 맛보고 초목의 기미(氣味)를 구분하여 질병에서 낫게 하는 것이었으니 그저 사람에게 해로운 것을 제거하여 수명을 제대로 마치게 하고자 했을 뿐 의학으로 사람을 죽지 않게 만들었다는 의미가 아니다. 천지가 만물을 만들고 나서 하나의 작은 초목이라도 움트고 자라고 시들고 떨어질 때 각각 정해진 시간이 있고, 하나의 미미한 곤충이라도 잉태하고 태어나고 허물을 벗을 때 역시 정해진 시간이 있다. 사람이 태어난 후 아이에서 어른으로, 어른에서 노인으로, 그런 뒤 죽음에 이르는 것은 모두 정해진 이치이다. 생각건대 사람은 만물보다 영험하게 태어났으니 욕망도 결국 만물보다 강하다. 욕망이 강하므로 속에서 희노애락의 감정이 다투거나 겉에서 부귀영달의 욕심이 들끓기 쉬우니, 이때 한서(寒暑)나 음양의 사기(邪氣)가 이 틈을 비집고 들어오면 요절할 걱정이 불거지게 된다. 세상에 훌륭한 의원이 있어 그 의원이 요절할 걱정에서 벗어나게 할 수 있다 치고, 가령 《주례周禮》〈천관총재天官冢宰〉에서 말한 "열이면 열 명 모두를 치료하는 최상급 의원"과 같은 사람을 만난다 하더라도 기필할 수는 없는 법이니 어찌 장생불사하는 방법이 있을 수 있겠는가. 만약 그러한 방법이 있었다면 서복(徐福)은 바다로 도망가지 않았어야 하고, 문성(文成)은 사형을 당하지 않았어야 하며[4] 장생불사의 약도 당연히 세상에 전해졌어야 한다. 옛날의 훌륭한 의원이라고 하는 사람은 반드시 맥을 짚고 안색을 보며 목소리를 듣고 몸을 살피면서도 오히려 놓친 것이 있을까 두려워했으니 어느 겨를에 황당무계한 이야기를 했겠는가. 황당무계한 이야기를 하는 것은 방사(方士)들의 오랜 습성이지 의원들의 정상적인 행태가 아니다.

또 옛 사람들께서 처방을 만들 때는 병의 원인을 찾고 약성을 참고하여 군약(君

藥)과 신약(臣藥)의 조합을 맞추고 적합한 분량을 정했으니 우연히 만든 것이 아니다. 그러나 허준은 옛 처방의 분량이 매우 많아 갑자기 마련하기 어렵다면서 《고금의감》·《만병회춘》을 따라 분량을 고치기를 매 한 첩이 7~8돈에서 1냥 정도 되도록 줄이고 약재의 분량을 맞추었으니 이는 학문이 매우 부족하여 생긴 잘못이다. 옛날의 도량형은 오늘날과 같지 않다. 진무택(陳無擇)은 "한나라의 동전에 '반 냥'이라고 적혀 있으니 한나라 때 만든 처방은 반량전(半兩錢)을 기준으로 해야 하므로 반량전 2개를 1냥으로 삼는다."라고 하였고, 서대춘(徐大椿)은 직접 한나라 때 6되짜리 구리 그릇을 보고 그 용량이 지금의 1되 2홉이라고 하였다. 이들은 모두 근거로 삼을 만하니 《천금방》에서 근거 없이 "옛날의 3냥이 지금의 1냥이고, 옛날의 3되가 지금의 1되이다."라고 한 말과는 같지 않다. 이렇게 옛 처방의 분량이 사실 많지 않았으나 허준이 깊이 따져보지 않고 경솔히 줄였으니 독단으로 고친 것이 얼마나 심한가.

이 책은 옛 방서를 많이 모았으면서도 조리가 분명하고 인용서가 다양하여 헌원(軒轅)과 기백(岐伯)의 학문을 말하는 이들을 돕기에 충분하다. 다만 이단의 글에 빠지고 또한 독단으로 고친 결과를 만들어 스스로 책에 흠결을 냈다는 점은 아쉽다. 그러므로 특별히 이 사실을 드러내어 독자들의 의혹을 깨뜨리려는 것이니 얼마 안 되는 결점을 작게 여기고 대부분의 진국을 만끽한다면 괜찮다는 점이 중요하다. 건륭 연간에 순덕(順德) 사람 좌한문(左翰文)의 간행본에는 일본 사람의 서문은 없고 번우(番禺) 사람 능어(凌魚)의 서문이 있었다. 서문에서 말하기를 이 책은 황실 비각(秘閣)에서 구하여 베껴서 전한 것이라고 하였으나 세상에 유통된 지 이미 오래되어 여러 번 번각하는 동안 닳거나 글자에 오류가 생겨 제대로 읽을 수 없게 되었다. 지금 간행하려는 책은 오히려 일본에서 처음 판각하여 교정된 내용과 간행 상태가 모두 분명하다. 주요지(朱曜之) 군이 외국 상선에서 구매한 후 본래 서문에서 책 전체의 요지를 밝혀 놓지 않았다면서 나에게 서문을 부탁하였으므로 이와 같은 말을 덧붙여 쓴다.

광서 16년 경인1890 정월에 화정(華亭) 사람 민췌상(閔萃祥)이 짓다.

---

4 서복(徐福)은 진 시황(秦始皇)의 명을 받고 불사약을 찾아 동해로 떠난 후 돌아오지 않았다고 한다. 문성(文成)은 한 무제 때의 방사인 소옹(少翁)을 가리키는데 한 무제가 소옹을 문성장군(文成將軍)에 임명했다가 뒤에 그가 속임수를 쓴다는 사실을 알고 처형하였다고 한다.

(3) 민국 통행 석판본

예를 들어 상해 천경당서국(千頃堂書局) 간행본, 상해 광익서국(廣益書局) 간행본 등이 있다. 또 최근 북경 인민위생출판사(人民衛生出版社)에서 완영중간본(“歲甲戌仲冬內醫院校正完營重刊”, 순조 14년 간행)을 1페이지당 2단으로 구성하여 영인하였다.

고찰

번우(番禺) 사람 능어(凌魚)는 그의 서문에서, 건륭 28년계미1763에 좌한문(左翰文)이 비각(秘閣)에 간직된 《동의보감》을 세상 사람들이 보기 어렵다는 점을 안타깝게 여겨 이 책을 사비로 간행하였다고 하였다. 민췌상(閔萃祥)은 광서 16년경인1890에 건륭판(乾隆版)은 닳거나 글자에 오류가 생겨 제대로 읽을 수 없게 되었고 무역을 통해 들어온 일본 판본은 교정된 내용과 간행 상태가 모두 분명하므로 이를 복각하였다라고 기술하였다. 이처럼 《동의보감》은 청 대에 2종의 간본이 세상에 유통되었고, 현대에는 석판본(石版本)이나 조선판 영인본이 유포되어 널리 사용되고 있다(제1부〔066장〕과 제5부〔028장〕 참조).

002. 제중신편 濟衆新編

개요

이 책의 중국 판본에는 "嘉慶丁丑年鐫, 京都經國堂藏版"이라는 간기(刊記)가 있다. 즉, 가경(嘉慶) 22년 순조 17년, 정축1817 북경에서 번각된 것으로, 조선 정조 23년 초간으로부터 20년 뒤에 간행된 간본이다. 정미하게 인쇄되었다.

형태서지

8권 7책. **| 판식版式 |** 목판본, 반곽 세로 22.5 × 가로 약 14㎝, 10행 21자.

오사와 마사루(大澤勝) 씨는 대유(大儒) 김정희(金正喜)의 글이 들어 있는 이 간본을 소장하고 있다(제1부 〔116장〕 참조).

003. 침구택일편집 鍼灸擇日編集

1책

[전존]

개요

광서(光緖) 16년 경인1890에 나가걸(羅嘉杰) 씨가 일본 타키(多紀) 가문에서 소장했던 조선의 옛 필사본을 상해(上海)에서 복각한 책이다.〈〔부도68〕 참조〉 경송본(景宋本) 《비급구법備急灸法》과 합책되어 간행되었다. 나가걸은 원저자 전순의(全循義)·김의손(金義孫)을 명(明) 사람이라고 잘못 소개하였다〈제1부 〔022장〕 참조〉.

004. 신편집성마의방우의방 新編集成馬醫方牛醫方

개요

근래 이나바 이와키치(稻葉巖吉) 씨는 자신이 소장하고 있던 이 책의 숭정(崇禎) 간본을 축소하여 영인하고 책갑에 넣어 중국에서 간행하였다(제3부 〔001장〕 참조).

005. 답조선의문 答朝鮮醫問

1권

명(明) 왕응린(王應遴) 지음

〈이 책은 중국 책에 속하므로 편집 형편상 여기에 싣는다〉

개요

천계(天啓) 4년 인조 2년, 갑자1624 조선의 내의원 정(正) 최순립(崔順立)·안방정(安邦正)·윤지미(尹知微)는 부경사(赴京使) 사행을 수행하여 북경에 체류하던 중 명나라 왕응린(王應遴)과 의학에 관한 문답을 나누었다. 왕응린은 이 때 나누었던 문답 24조와 답하지 못한 질문 10조를 자신의 《잡집雜集》 가운데 수록하였다. 이것이 일본에 건너가 교호(享保) 5년 경자1720에 라쿠도(洛東)에서 나가오카 쿄사이(長岡恭齋)의 후서(後書)가 덧붙여져 간행되었다.

형태서지

❙판식版式❙ 미농지(美濃紙)[1] 크기. **❙지수紙數❙** 총 32매. **❙기타❙** 표제에는 "朝鮮醫問答"이라고 되어 있다.

인물전기

윤지미(尹知微). 선조 후기의 의관이다〈전기는 제2부 〔068장〕에서 설명하였다〉.

---

1 미농지(美濃紙) : 일본의 종이 규격으로, 대략 세로 약 27×가로 약 39㎝ 정도 크기이다.

고찰

조선 의원과 외국 의원의 의학 관련 문답집 가운데 조선과 일본 사이에 이루어진 것은 일본에서 다수 공표되어 있으나 조선과 중국 사이의 것은 필자의 소견으로는 이 책뿐이다. 더구나 조선 자체에서 간행된 이런 종류의 간행물은 이제까지 찾아볼 수 없었다. 앞으로 정밀하게 조사해 본다면 다소 발견될 수도 있다고 생각한다.

부록. 유진보 留眞譜 에 실려 있는 조선판 의서

청(淸) 양수경(楊守敬)은 광서(光緖) 27년 신축1901 자신이 엮은 《유진보》에 보기 드물다고 생각되는 조선 옛 의서의 판식을 본떠 인쇄하여 싣고 서지학적 설명을 달았다. 그 가운데에 이른바 성종판(成宗版) 《향약집성방鄕藥集成方》(〔부도69〕 참조)과 갑진자 활자본 《신간보주동인수혈침구도경新刊補註銅人腧穴鍼灸圖經》을 그대로 본뜬 견본이 수록되어 있어 흥미롭다.

참고로 양수경은 《일본방서지日本訪書志》 및 《일본방서지보日本訪書志補》에서도 조선판 의서에 대해 고증하였다.

제5부

조선 의서의 일본 판본과 관련서

001. 산거사요발췌 山居四要拔萃

필사본 1책

마나세 겐사쿠(曲直瀨玄朔) 발췌 및 번역

[전존]

(궁내성(宮內省) 도서료(圖書寮) 소장)

개요

덴쇼(天正) 20년 선조 25년, 임진1592 임진왜란 중에 저술되었다.

형태서지

1책. **|판식版式|** 필사본, 횡본(橫本), 세로 12 × 가로 22㎝, 무계. **|지수紙數|** 총 35매. **|인기印記|** 책 첫머리에 "醫學圖書"·"躋壽殿書籍記"·"多紀氏藏書印"이 있다.

내용서지

◎ 《산거사요발췌》 발(跋)

日本國前博陸殿下, 將擊大明, 旣被遣前駈於朝鮮矣。于時藝陽太守宰相羽林郎豊臣輝元公, 在開寧縣, 而偶爾得沈痾, 予依殿下之命, 不遠千里, 于以療之。經歷密陽館之日, 幸得山居四要一部, 披而觀之, 則飮食起居之妙術、保生治疾之彙方, 常銘座右, 而寅昏可玩味之書也。相公聞之, 就予請以倭語書寫焉, 不克辭讓, 而走兎毫以應公求云爾。

天正卄年龍集壬辰仲冬下澣日, 東洛下延命院玄朔, 書于開寧靑秀樓下。

일본국 전 칸파쿠(關白) 전하[1]께서 명나라를 정벌하려고 조선에 선봉대를 파견하셨다. 이때 게에요오 타이슈(藝陽太守) 사이쇼오(宰相) 우린로오(羽林郎) 도요토미 데루모토(豊臣輝元)[2] 공께서 개령현(開寧縣)에 계실 때 마침 깊은 병에 걸렸고 나는 전하의 명을 받은 후 천 리가 멀다 하지 않고 가서 치료하였다. 그 후 밀양관에서 지내던 날에 《산거사요》 1질을 우연히 얻어 넘겨보면서 살펴보았더니 음식·생활의 요령들과 양생·치료의 방법들이 담겨 있어 항상 좌우명으로 삼고 새벽부터 저녁까지 음미할 만한 책이었다. 공께서 이 책에 대한 얘기를 들으시고 나를 불러 일본어로 책을 베껴 쓰라 부탁하시기에 사양할 수 없어 토호필(兎毫筆)을 움직여 공의 요청에 부응하는 바이다.

덴쇼 20년 임진1592 11월 하순. 토오라쿠(東洛) 소속 엔메에인(延命院) 겐사쿠(玄朔)가 개령현 청수루 아래서 쓰다.

본문내용

일본어로 기술되어 있다. 원(元) 왕여무(汪汝懋)가 지은 《산거사요山居四要》 4권에서 발췌하여 번역한 것이다. 목차는 다음과 같다.

◎ 《산거사요발췌》 목차

攝生之要：一起居格言，二起居雜忌，三起居之宜，四營宅避忌，五人事防閑，六蒞官警誡

養生之要：一服藥忌宜，二飮食雜忌，三飮食反忌，四解飮食毒，五飮食之宜，六法製餕敗，七辟穀救荒

衛生之要：一諸風，二傷寒，三感冒，四痢瘧，五心痛，六面部腿足，七眼耳目鼻，八牙齒咽喉，九咳嗽咯血，十瘡癬腫毒，十一雜病，十二諸急證，十三打撲損傷，十四諸咬傷，十五六畜病，十六新增雜方

治生之要：一十二月禳法，二種花果疎菜法，三文房必用，四省心法言、養性保命，五立身持已，六理家接物，七居官蒞政

1 전 칸파쿠(關白) 전하：도요토미 히데요시(豊臣秀吉)를 가리킨다.

2 도요토미 데루모토(豊臣輝元)：모리 데루모토(毛利輝元)를 가리킨다. 덴쇼 16년(무자1588) 도요토미 히데요시(豊臣秀吉)로부터 "도요토미(豊臣)"라는 성(姓)을 하사받았다.

인물전기

마나세 겐사쿠(曲直瀨玄朔, 1549-1632). 이름은 마사츠구(正紹), 호는 토오세이(東井)이다. 초대(初代) 마나세 도산(曲直瀨道三)이 여동생의 아들인 그를 길러 후계자로 삼았다. 덴쇼(天正) 9년 신사1581 승전(昇殿)[3]을 허가받아 어맥(御脈)을 짚었고, 11년 칙지(勅旨)에 의해 도산(道三)이라는 칭호를 이어받았다. 이어서 호우인(法印)으로 승진하여 엔메에인(延命院)이라는 호를 받았으며 그 후 엔쥬인(延壽院)으로 바꾸었다. 덴쇼 20년 분로쿠文祿 원년, 임진1592 조선 출병을 수행하였다. 간에이(寬永) 8년 신미1631 83세의 나이로 세상을 떠났다. 《의방명감醫方明鑑》·《상산방常山方》·《제민기濟民記》·《엔쥬인절지延壽院切紙》·《의학지남편醫學指南篇》·《의학천정기醫學天正記》·《사어록師語錄》·《주능독註能毒》·《일용식성日用食性》·《연수촬요延壽撮要》·《양생물어養生物語》 등 많은 저술을 남겼다.

고찰

앞에 든 마나세 겐사쿠의 발문에는 매우 흥미롭게도 이 책의 편찬 과정이 뚜렷하게 기록되어 있다. 덴쇼(天正) 20년 분로쿠文祿 원년에 모리 데루모토(毛利輝元)가 조선에 출정하여 개령(開寧)에 있을 때 마침 병이 걸렸다. 이 때문에 마나세 겐사쿠가 나고야(名護屋)에서 바다를 건너 그의 치료를 맡았다. 그 후 밀양(密陽)을 지날 때 《산거사요》를 얻어 열어보니 음식·생활의 요령들과 양생·치료의 방법들이 기재되어 있어 가까이에 두고 음미하기에 부족함이 없었다. 테루모토(輝元)가 이를 듣고 마나세 겐사쿠에게 일본어로 번역하도록 하였고, 마나세 겐사쿠가 그 요구에 응한 것이다. 이것이 《산거사요발췌》이다.

교토대학 도서관 후지카와문고(富士川文庫)에도 필사본 1책이 있다. 이 책에는 겐사쿠(玄朔)의 발문 뒤에 추가로 다음과 같은 지어(識語)가 있다.

---

3 승전(昇殿) : 일본 덴노의 처소에 들어가는 일을 가리킨다.

◎ 《산거사요발췌》 지어

斯一本者，所奉獻輝元公之案牘也．毛利伊豫守大江元淸，就予見求此草書，無絡踰墻遁，故傳寫之，庶幾口不絶誦此集，則忽躋壽域者必矣，至祝至祝。

癸巳孟春念一。

> 이 책은 모리 데루모토(毛利輝元) 공께서 봉헌한 문서이다. 모리 이요노카미 오에 모토키요(毛利 伊豫守 大江元淸)[4]께서 나를 부르시기에 가서 뵙고 이 책을 베껴서 벼슬을 사양하고 은둔하여 사는 명맥이 끊이지 않도록 청했더니 책을 주시고는 베끼게 하셨다. 이 책의 내용을 입에서 끊이지 않고 암송한다면 어느 순간 장수의 영역으로 올라가게 될 것이 분명하다. 그렇게 되기를 지극히 빌고 비나이다.
>
> 계사년1593 1월 21일.

도서료(圖書寮) 소장본과 후지카와문고(富士川文庫) 소장본 모두 마나세 겐사쿠의 자필본은 아니라 하더라도 그에 근접한 진기한 책이라고 생각한다.

《산거사요》의 조선 간본은 제2부〔075장〕에서 해제하였다. 마나세 겐사쿠가 밀양에서 얻은 《산거사요》는 조선 간본이 분명하다. 《산거사요》는 조선에서도 애독되었던 책으로서 《산림경제山林經濟》 등에 많이 인용되었다.

참고

분카(文化) 연간에 고토오 호오센(後藤奉先)이 간행한 타키 모토노리(多紀元德)의 《양생가팔십일수養生歌八十一首》라는 작은 책자에 이 《산거사요발췌》의 기거격언(起居格言)·기거잡기(起居雜忌)·기거지의(起居之宜)·음식잡기(飮食雜忌)·음식반기(飮食反忌)·해음식독(解飮食毒)·음식지의(飮食之宜)가 덧붙여져 출간되었다.

---

4 오에 모토키요(大江元淸) : 호이다 모토키요(穗井田 元淸)로 모리 테루모토(毛利輝元)의 삼촌이다. 오에(大江)는 본성(本姓)이다.

002. 명의전략 名醫傳略

상·하 2책

요시다 소준(吉田宗恂) 지음

개요

이 책은 요시다 소준이 편찬한 중국 의인전(醫人傳)으로 조선 의학과 직접 관련은 없으나 책 속에 조선 사람 강항(姜沆)의 서문이 실려 있다. 한일 의학 교류에 관심이 있기 때문에 여기에서 해제한다. 간행본은 3종이 알려져 있다.

판본

(1) 초간본. 아래의 중간본을 통해 이 초간본의 존재를 미루어 알 수 있다.

(2) 간에이(寬永) 3년 병인1626 활자본〈간기 "寬永第三歲舍丙寅季春, 良日梅壽重刊"〉

(3) 간에이(寬永) 10년 정축1637 목판본〈간기 "寬永十年十一月吉旦, 田原仁左衛門刊行"〉〈필자 소장〉

내용서지

○ 서(序)〈"慶長丁酉春正月望日, 又玄子識"〉. 내용은 생략한다.

◎ 《명의전략》 강항(姜沆)의 서문

> ……, 予是遠人也, 雖不得及見意安, 而得與其弟子理安遊, 其淵源所自, 蓋已想見, 而理安遂示余以名醫傳略, 且叩余以序文焉。噫, 余自日東來, 不得見一篇文字, 韓山一片石, 又安敢望哉, 及見意安編述及其序文, 則如見九肋鱉一角麟, 不覺

再拜起敬，遂不敢以蕪拙辭焉。……。

戊戌臈月日，朝鮮國 宣務郎 前刑部員外郎 戶部郎中 菁川姜沆序。

…… 나는 타지 사람으로 비록 이안(意安)을 만나지는 못하였으나 그의 제자 이안(理安)과 어울렸는데 그의 학문적 연원은 아마도 자기의 견해인 듯했다. 이안(理安)이 마침내 나에게 《명의전략》을 보여주면서 서문을 부탁하였다. 아아 내가 일본으로 온 이후로 한 구절의 문장도 보지 못하였으니 한산(韓山)의 한 조각 비석과 같이 훌륭한 글을 어찌 바랬겠는가. 그러나 이안(意安)의 책과 그 서문을 보니 아홉 늑골을 가진 자라나 하나의 뿔을 가진 기린처럼 훌륭한 문장이라 나도 모르게 존경심이 생겨나 두 번 절하였고, 결국 글재주가 형편없다는 이유로 서문을 사양할 수 없게 되었다. …….

무술년 12월. 조선 선무랑 전 형부 원외랑(刑部員外郎) 호부 낭중(戶部郎中) 청천(菁川, 진주晉州) 강항(姜沆)이 서문을 쓰다.

본문내용

상고시대부터 명(明)에 이르기까지 중국 명의(名醫)의 전기를 여러 책에서 인용하여 모은 것으로 각 인물의 저서도 기록되어 있다.

인물전기

요시다 소준(吉田宗恂, 1558－1610). 요시다 소오케에(吉田宗桂)〈호는 이안(意庵)이다. 명(明)에 건너가 세종(世宗)의 질병을 치료하였다고 한다〉의 둘째 아들〈첫째 아들은 스미노쿠라 료이(角倉了以)〉로, 이안(意庵)의 뒤를 이어 요시다 이안(吉田意安)으로 개명하고 호를 유우겐시(又玄子)라고 하였다. 도요토미 히데츠구(豐臣秀次)를 섬긴 뒤 이에야스(家康)를 섬겼다. 게이초(慶長) 15년 경술1610 53세의 나이로 세상을 떠났다. 저술이 많은데 《녹문수필鹿門隨筆》에 따르면 조선 사신을 초청했을 때의 필담집도 있다고 한다.

강항(姜沆, 1567－1618). 자는 태초(太初), 호는 수은(睡隱), 본관은 진주(晉州)이

다. 명종 22년정묘1567에 태어나 선조 26년계사1593 별시 문과에 급제하였다. 관직은 공조 좌랑과 형조 좌랑에 이르렀다. 정유재란 때 영광(靈光)에서 의병을 일으켰으나 성과를 내지 못하고 일본군에 사로잡혀 순천(順天)을 거쳐 일본에 압송되었다. 순천에서 이요(伊予)로 보내져 오사카(大坂)로 옮겨졌고 마침내 후시미성(伏見城)에 머물게 되었다. 선조 33년경자1600 여름 즈음이 되어 가족과 함께 고향으로 돌아갔다. 후시미(伏見)에 있을 때 일본의 여지(輿地)·관호(官號) 및 강약(强弱)의 형세를 기록한 뒤 사람을 통해 본국으로 보내자 선조가 치하하여 이를 비변사에 내렸다. 이후 고향에 칩거하며 제자를 기르다가 광해군 10년무오1618에 세상을 떠났다. 강항은 어려서부터 문장에 뛰어났고 경사백가에 밝았으며 붓을 대면 책이 만들어져 일찍이 초고를 작성한 적이 없었다고 한다. 사방에서 배우려는 사람들이 문하로 모여들었으니 남쪽에서 뛰어나다 이름난 자들은 그의 문하에서 배출된 경우가 많았다. 약간의 저술을 남겼는데, 잘 알려진 것은 억류 중에 보고 들은 것을 적은 《건차록巾車錄》으로 후에 문인들이 이것을 《간양록看羊錄》이라고 개칭하였다.

고찰

강항은 정유재란 때 포로로 잡혀 후시미에 있을 때 요시다 소준의 제자 이안(理安)에게 부탁받아 《명의전략》의 서문을 썼다. 그의 저작 《간양록》에도 이안(意安)과 이안(理安)에 대해 적혀 있어 대강의 상황을 알 수 있다. 즉, 〈적중문견록賊中聞見錄〉 조문에 다음과 같이 기록되어 있고, 그 이외에도 두 군데에 비슷한 내용이 실려 있다. 《간양록》은 당시에 일본의 정황을 알려주는 중요한 보고서였을 것이다.

◎ 《간양록》 〈임진정유입구제장왜수壬辰丁酉入寇諸將倭數〉 일부

小臣自來倭京, 欲得倭中虛實, 間日與倭僧相接, 其中解文字識事理者, 不無其人。有醫師意安理安者, 數來見小臣於琅瑠中, ……。

소신이 왜국 수도에 온 뒤부터 일본의 허실을 탐지하고자 간간이 그곳의 승려와 접촉해 보니 그중에 문자를 이해하고 사리에 밝은 자가 없지 않았습니다. 의사(醫師)인 이안(意安)과 이안(理安)이란 자가 구금된 곳으로 소신을 만나러 자주 찾아왔었고 …….

또 강항은 후지와라 세이카(藤原惺窩, 1561－1619)에게 주자학을 전했고 그의 문집에 서문을 썼다.

003. 임이관이비전서 林二官耳秘傳書 와 조선류의서 朝鮮流醫書

개요

이 두 책은 《속중국의학서목續中國醫學書目》에 보인다. 이 책들은 일본 필사본으로 1책으로 합책되어 있다. 《속중국의학서목》에 있는 기록은 다음과 같다.

◎ 《속중국의학서목》의 《임이관이비이전서》의 내용

林二官耳秘二傳書[1] 和文, 七枚

注, 末葉朱記曰, 此書所載諸方, 近日試用, 而有奏奇效于意慮之外者, 殆十數人矣, 則知專門師承之學, 固不可廢棄也。文政十三年八月卄六日記。

《임이관이비전서》(일본어, 7매)

주기. 마지막 장에 붉은색으로 다음과 같이 기록되어 있다. "이 책에 실려 있는 여러 처방을 근래에 사용해보니 뜻밖에 대단한 효과를 거둔 경우가 거의 십수 명이었다. 그러므로 전문적으로 의학을 익히고 있는 이들에게 알려서 절대 없어지게 않게 해야 할 것이다. 분세이(文政) 13년1380 8월 26일에 기록하다."

◎ 《속중국의학서목》의 《조선류의서》의 내용

朝鮮流醫書 漢文, 五枚

---

1 원문에는 '秘二傳書'라고 되어 있으나 '二'는 연문인 듯하다.

注，末葉墨記曰，林二官未詳何時何處人，治耳方世無顯門。朝鮮流方書，從來無傳之者。二書尾張殿書庫所秘藏，實係圓覺院殿所博採儲之一矣。近淺井正翼，奉命繕錄，余又遙助其學，故能得錄而傳焉。庚寅三月廿八日，圓齋後人小島質，識於蒼橘簃中。

조선류의서 (한문, 5매)

주기. 마지막 장에 검은색으로 다음과 같이 기록되어 있다. "《임이관이비전서》는 언제 어느 곳에 사는 이가 지었는지 알 수 없으나 귓병을 치료하는 의서로는 세상에 없던 전문서이다. 《조선류방서朝鮮流方書》도 지금까지 세상에 전해지지 않던 책이다. 두 책은 오와리덴(尾張殿) 서고(書庫)에 소장되었던 것으로 본래 엔카쿠인(圓覺院)이 널리 수집해 놓은 책 가운데 하나였다. 근래 아사이 마사시게(淺井正翼)가 명을 받아 필사할 때 나 또한 이 일을 거들었기 때문에 책을 베껴서 전할 수 있게 되었다. 경인년 3월 28일. 엔사이 후인(圓齋後人) 코지마 카타(小島質)가 소오세키이(蒼橘簃)에서 쓰다."

고찰

귓병 치료에 능숙했거나 의서에 해박했던 사람 〈 명(明) 사람 혹은 조선 사람 〉이 임진왜란 때 포로가 되었다가 치방(治方)을 남겼거나 경험방을 전한 것이 아닌가 한다. 엔카쿠인(圓覺院) 〈 도쿠가와 요시미치(德川吉通) 오와리번(尾張藩) 4대 번주(藩主) 〉이 이 두 책을 얻었고, 후에 아사이 마사시게(淺井正翼)・코지마 카타(小島質) 두 학의(學醫)가 희귀본으로 여겨 이 책을 필사했다는 점이 흥미롭다.

004. 신증응골방 新增鷹鶻方

1책

조선 이염(李燗) 지음

개요

이염(李燗)이 인조 대에 경흥(慶興)에 유배되었을 때 전해오던 《응골방鷹鶻方》을 증정(增訂)하여 이 책을 저술하였다.

판본

조선 간본은 없고, 필자가 알고 있는 전존본은 다음과 같다.

(1) 일본 옛 필사본 ⟨이나바 이와키치(稻葉巖吉) 씨 소장본⟩ : 카가(加賀) 마에다(前田) 존경각(尊經閣)에 소장되었던 책이다 ⟨총독부에서 펴낸 《조선사朝鮮史》에 도판이 있다⟩.

(2) 활자본 ⟨쿠하라문고(久原文庫) 소장본⟩ : **❙판식版式❙** 9행 17자, 무계, 주쌍행. **❙지수紙數❙** 25매.

(3) 남서당(南書堂) 간본 ⟨간기(刊記) "寛永甲戌初秋, 二條鶴屋町, 南書堂刊行"⟩

(4) 교토서림(京都書林) 간본 ⟨간기(刊記) "京都書林, 寺町通松原上ル町西側, 菊野七郎兵衛版行"⟩ : **❙판식版式❙** 9행 17자. **❙지수紙數❙** 24매.

본문내용

◎ 《신증응골방》 목차

鷹賦, 相鷹歌[一], 鷹鶻總論, 調養雜說(水、食、臂、呼、肌、鴟、放、雉、地、時、安、羽、鈴、架、逸), 救急方, 經驗方, 養鷹鑑戒, 聞見常談[二]

인물전기[1]

이염(李爓, 1518－1553). 자는 경회(景晦), 본관은 성주(星州)이다. 조선 중종에서 명종 때까지 활동했던 인물로 관직은 예조 정랑에 이르렀다.

참고

이 책에 근거하여 만들어진 일본의 응서(鷹書)로는 아래와 같은 것들이 있다.

⊙ 《응골방국자해鷹鶻方國字解》 : 서문 ("寬延己巳之秋八月望, 鳴梅卿") 이 있다.

⊙ 《조요록調鷂錄》 : 호시야마 스에쿠니(星山陶國)가 만력(萬曆) 기묘년1579 2월에 저술한 책이다. 이 책에서는 조양(調養)하는 법을 자세히 설명하였는데, 책 속에 《신증응골방》의 〈조양잡설調養雜說〉을 일본어로 번역하여 실었다.

[一] 이상 위언심(魏彦深) 엮음

[二] 이상 이염(李爓) 엮음

1 이해를 돕기 위해 해당 내용의 위치를 원서와 다르게 조정하였다.

005. 신편집성우마의방 新編集成牛馬醫方 4책

개요

이 책에 관해서는 제3부〔001장〕에서 자세히 해제하였다. 일본 간본은 만력(萬曆) 8년 경진1580 전주부(全州府) 간본을 복각하여 판식과 자형까지 그대로 답습하였다. 때문에 보통의 일본 간본과는 다른 모습이 되었다. 간기(刊記)가 없으나 에도(江戶) 전기 〈간에이(寬永)·겐로쿠(元祿) 사이?〉에 간행된 듯하다.

참고 《우과촬요牛科撮要》 부附 기과(驥科)

횡본(横本) 1책, 총 30매. 일본어. 간기(刊記)는 "梅林堂壽梓". 책 말미에 "大坂心齋橋, 筋淡路町, 嶝口太兵衛彫刻"이라고 적혀 있다.

이 책에 있는 소와 말의 삽화는 《신편집성우마의방》과 비슷하다. 아마도 이를 참고하여 편찬한 듯하다. 서문 〈"享保第五龍集庚子仲冬念日, 攝陽之野人桃林子書"〉이 있다. 이것의 간세이(寬政) 판본도 있다.

006. 마경대전 馬經大全

개요

《왜판서적고倭版書籍考》 겐로쿠元祿 15년 간행 권5에 다음과 같이 적혀 있다.

◎ 《왜판서적고》의 《마경대전》

> 馬經大全，八冊，朝鮮人の作なり，編者の名なし，又參補馬經大全あり，是は倭本になし。

> 《마경대전》 8책은 조선 사람의 저작으로 저자의 이름은 없다. 또 《참보마경대전參補馬經大全》이 있는데, 이것의 일본 간본은 없다.

위 기록에 오류가 없다면 이 《마경대전》이라는 책은 숭정(崇禎) 7년 갑술1634에 이서(李曙)가 활자로 인쇄한 조선 간본(제3부 〔005장〕 참조)의 번각본으로 보인다. 그렇지만 《마경대전》은 본래 명(明)에서 저작되었으므로 《왜판서적고》 편자가 조선 사람의 저작이라고 말한 것은 착각이 아닌가 한다.

참고

참고로 《참보침의마경대전參補鍼醫馬經大全》 춘·하·추·동 4집 8책(명(明) 마사문(馬師問) 편집)의 경우 명(明) 간본을 바탕으로 한 일본의 복각본(에도(江戶) 중기)이 존재한다. 이 일본 간본은 언제 간행되었는지 분명하지 않지만 아마도 겐로쿠(元祿) 15년 임오1702 이후에 간행된 듯하다. 앞으로 연구되기를 바란다.

007. 신주무원록 新註無寃錄

2권 2책

개요

일본 판본은, 정통(正統) 5년경신1440 초간된 《신주무원록》을 조술(祖述)한 판본에 근거하여 번각한 것으로, 간기(刊記)가 없으나 에도(江戶) 전기와 중기 사이에 간행된 듯하다.

형태서지

2권 2책. **|판식版式|** 목판본, 반곽 세로 20.5 × 가로 15.5㎝, 9행 17자, 주쌍행. **|지수紙數|** 서문 6매, 목록 3매, 권상 63매, 권하 88매, 발문 2매.

내용서지

○ 서(序)("至大改元, ……東甌王與序"). 내용은 생략한다.

○ 서(序)("洪武十七年, ……臨川羊角山叟序"). 내용은 생략한다.

○ 서(序)("正統三年十一月, ……柳義孫序"). 앞에서 서술하였다.[1]

1 제3부 〔028장〕에 위의 3가지 서문을 모두 전재하였다.

◎ 《신주무원록》 최만리(崔萬理) 발문 ⊟

夫無冤錄，眞司獄者指南也。若檢復一失，則雖使皐陶治之，必未得其要領，刑獄之差，皆由於此。恭惟我殿下，深念于玆，爰命文臣等，將古註无冤錄，更詳訓釋，又抽出檢屍格例與法式，別爲裒然後，開卷瞭然，如示諸掌。歲己未春，迺命監司臣兪孝通，鋟梓以廣其傳，卽令鳩工聚材，將刊于原州牧，適農務方殷，事未施行而見代，臣繼承之，始事於季秋，斷手于冬季。嗚呼，是書編輯於皇元，至我朝而註解詳明。自今典獄者，各盡乃心，據此檢驗，咸庶中正，俾民無冤，以副聖上恤民謹刑之意。

庚申春正月日，通政大夫 江原道觀察黜陟使 兼兵馬節制使 兼監倉 安集 轉輸 勸農官學事 提調 刑獄 公事 知招討營田事[2] 臣崔萬里，拜手稽首敬▥[3]。

《무원록》은 참으로 옥사(獄事)를 주관하는 사람의 나침반과 같습니다. 만약 초검이나 복검에서 한 번이라도 실수하면 비록 고요(皐陶)[4]에게 판결하게 하더라도 분명 핵심을 얻기 어려울 것이니 옥사의 잘못이 모두 여기에서 비롯됩니다. 우리 주상 전하께서는 이를 깊이 염려하시다가 문신들에게 명하여 옛 주석이 달린 《무원록》에 다시 훈(訓)과 설명을 자세히 달게 하고 검시 지침과 문서 양식까지 뽑아서 별도로 모으게 했더니 책을 펼치면 손바닥을 보듯 일목요연하게 정리되었습니다. 세종 21년 기미 1439 봄에 강원도 감사 유효통(兪孝通)에게 판각하여 널리 반포하도록 명하시니 감사는 즉시 각수를 뽑고 목재를 모아서 원주(原州)에서 간행하려고 하였으나 농번기를 맞아 사업이 시행되지 못한 채 이임하게 되었습니다. 소신은 뒤를 이어 부임한 후 늦가을에 사업을 시작하여 늦겨울에 마무리하였습니다. 아아 이 책은 원나라에서 만들어졌으나 우리 조선에 전해진 이후에 주석과 설명이 자세하고 분명해졌습니다. 이제부터는 옥사를 담당하는 이가 각자 마음을 다하여 이 책을 근거로 검시한다면 모든 옥사가 치우치지 않고 정확하여 백성들이 원통하지 않게 될 것이고, 마침내 성상께서 백성을 걱정하고 형벌을 신중히 하시려는 뜻에 부응할 수 있을 것입니다.

세종 22년 경신 1440 봄 정월. 통정대부 강원도 관찰출척사 겸 병마절제사 신 최만리(崔萬里)는 절하고 머리를 조아리며 삼가 적습니다.

⊟ 유포된 조선 간본에는 정통 5년 최만리의 발문이 실려 있지 않다.

2 "兼監倉"부터 "營田事"까지 26자는 감사(監司)의 역할을 설명하는 관용구이므로 번역에서 생략하였다. 《세종실록》 세종 5년 12월 7일 기사 참고.

고찰

이 책의 본래 간본에 대해서는 제3부 〔028장〕을 참고하라.

3 원문의 글자가 지워져서 판독할 수 없으나 '跋'이나 '識' 같은 글자로 추측된다.

4 고요(皐陶) : 중국 고대 순(舜)임금의 신하로 형법을 관장하고 옥(獄)을 만들었다고 한다.

008. 화해신주무원록 和解新註無冤錄

필사본 2책

(필자 소장)

개요

에도(江戶) 전기에 만들어진 필사본으로, 《신주무원록新註無冤錄》의 서문・발문과 상・하 2권의 전문을 싣고 각 문단에 일본어 해석을 추가한 책이다. 누가 번역하였는지 분명하지 않지만 원문의 의미를 모두 적절하게 풀어냈으므로 상당한 학식을 갖춘 인물이었을 것으로 보인다. 이 번역본의 하권을 조술(祖述)하여 《무원록술無冤錄述》([009장] 참고) 을 만들었다고 생각한다.

009. 무원록술 無寃錄述

상·하 2권 2책

개요

간기(刊記)는 다음과 같다.

◎《무원록술》 간기[1]

明和五年戊子六月刻成, 嘉永七年甲寅八月補刻。浪花書林。松村五兵衛、柳原喜兵衛。

메이와(明和) 5년무진1768 6월 판각이 끝났고 가에이(嘉永) 7년갑인1854 8월에 보각하였다. 나니와서림(浪花書林)에서 마츠무라 고헤에(松村五兵衛)·야나기하라 키헤에(柳原喜兵衛)가 간행하였다.

형태서지

| 판식版式 | 목판본, 무계, 가타가나 일본어로 쓰임. **| 지수紙數 |** 총 62매.

1 원서에는 내용이 요약되어 있으나 역자가 원문을 인용하여 실었다.

내용서지

◎ 《무원록술》 지어(識語)

斯邦嚮ニ無寃錄ト云ヘル書ヲ印行セリコレ元ノ王氏編輯スル所ニシテ朝鮮國ノ諸學士音註ヲ加フル所ナリ斯邦ニ翻刻セルハ何ノ年何某刻セルト云事審ナラス且版モ丙王ノ災ニ値ケルヤ今ハ見ル事鮮シ頃日ソノ書ヲ知テ求ル人多シ因テコレヲ再印行セント欲ス爰ニ泉南ノ河合某ナル者家ニ貽ス所ノ無寃錄述アリ是カノ無寃錄ノ內ニテ斯邦ニ無用ノ事ヲ除キ捨テ采用ニ便アル事ヲ擧テコレヲ譯シタル書ナリ是ヲ以テ善價ヲ求メント謀ル然ルニ今ヤ斯邦律令明正ナンソ此書ヲ借用ヒ玉フ事有ンヤ然レドモ但王氏ノ務アルソノ湮滅セン事モ惜ムベケレハ遂ニ梓ニ繡テ聊且回顧ノ君子ヲ待ト云爾。明和五年戊子初秋日，東都崇文堂識。

우리 일본에서 앞서 《무원록》이라고 말하는 책을 간행하였으니, 이는 원나라 왕씨가 편집한 책으로 조선의 여러 학사(學士)들이 음주(音註)를 덧붙인 것이다. 우리나라에서 번각된 것은 언제 누가 한 일인지 알 수 없고, 또 목판도 화재로 소실되어 지금은 찾아보기 어렵다. 근래 이 책을 알고 구하는 사람이 많기 때문에 재간행을 하고자 하였다. 그런데 센난(泉南)의 카와이(河合) 아무개라는 이의 집에 전해지던 이 《무원록술》이 있었으니, 이는 《무원록》 속에서 우리 일본에 불필요한 것을 삭제하고 적용하기 편리한 것을 추린 뒤 이를 번역한 책이었다. 이 때문에 좋은 가격을 얻어내고자 꾀하였다. 그러나 지금 우리 일본의 율령(律令)은 공명정대하므로 어찌 이 책을 빌려 쓰는 일이 있을 수 있겠는가. 하지만 왕씨가 힘써 만든 책이 사라지는 일도 애석하므로 마침내 판목에 새겨 돌아볼 이들을 기다리노라. 메이와(明和) 5년 무자1768 초가을에 토오토(東都) 숭문당(崇文堂)에서 쓰다.

책 첫머리에 다음과 같은 서문과 발문이 있다.

○ 무원록서언(無寃錄緖言)〈"元文元年, 泉州河合甚兵衛源尙久識"〉. 내용은 생략한다.

○ 원판(元版) 무원록서(無寃錄序)〈"至大改元, 東甌王與書于儒志山舍"〉. 내용은 생략한다.

○ 명판(明版) 무원록서(無寃錄序)〈"洪武十七年, 臨川羊角山叟序"〉. 내용은 생략한다.

○ 조선판 신주무원록서(新註無寃錄序)〈"正統三年, 柳義孫奉敎序"〉. 내용은 생략한다.

○ 조선판 발(跋)〈"正統五年, 崔萬理跋"〉. 내용은 생략한다.〈〔007장〕에 실었다〉

본문내용

목록만 게재한다.

◎ 《무원록술》 목록

卷之上 : 仰面合面圖 幷 支體分所名, 檢法, 辨親生血屬滴骨親法 幷 齊王綜事

卷之下 : 勒死, 自縊死, 落水投河死, 相毆後落水死, 棒毆死, 刃傷死, 擧手足踢死, 自割死, 毒藥死, 火燒死, 湯潑死, 病患死, 凍死, 餓死, 杖瘡死, 驚謔死, 攧死又跌死, 壓死, 馬踏死 幷 角觸着, 車輾死, 鍼灸卽死, 雷震死, 虎咬死, 酒食醉飽死, 外物壓塞口鼻死, 蛇蟲傷死, 男子作過死, 自僵死, 蟲鼠犬咬傷, 死後仰臥停泊微赤黃色, 壞亂死

고찰

《신주무원록新註無冤錄》 하권을 초록하여 일본어로 번역한 책으로 일본의 대표적 법의학서가 되었다.

이 책은 메이와(明和) 5년무자1768에 초간된 뒤, 간세이(寬政) 11년기미1799 · 가에이(嘉永) 7년갑인1854에 중간(重刊)되어 에도(江戶) 후기에 널리 사용되었다. 메이지(明治) 시대가 되어서도 그 이용 가치를 잃지 않아서 메이지 24년신묘1891에 양장본으로 간행되었다.

010. 신응경 神應經

1책

개요

일본 간본은 조선 초간본(혹은 《고사촬요》에 실려 있는 진주(晋州) 중간본)의 번각본이다. 간기(刊記)는 다음과 같다.

◎ 《신응경》 간기

正保二年五月吉日，二條鶴屋町 田原仁左衛門 開板。

> 쇼오호오 2년1645 5월 1일. 니조오도리츠루야초오에서 타하라 니자에몬(田原仁左衛門)이 간행하다.

형태서지

1권 1책. **| 판식版式 |** 목판본, 반곽 세로 21 × 가로 16㎝. **| 지수紙數 |** 서문 6매, 〈팔혈구법〉 1매, 〈재상군침도전종도〉 1매, 본문 60매.

본문내용

한계희(韓繼禧)의 서(序), 원서(原序), 〈팔혈구법八穴灸法〉의 지(識) 및 내용, 〈재상군침도전종도梓桑君鍼道傳宗圖〉, 본문 등으로 구성되어 있다.

참고

《왜판서적고倭版書籍考》에 다음과 같이 기록되어 있다.

◎ 《왜판서적고》의 《신응경》

神應經。一卷あり，……，日本刊本には巻首に，昔日本の兩名醫和氣氏、丹波氏腫物を治する八處の灸法を載せたり，此事朝鮮の韓繼禧が神應經の序にも出たり，成化九年十月に日本畠山殿より朝鮮に使者を遣す，其時の副使沙門良心と云者，神應經を持參して朝鮮國王に獻上し，且又日本の神醫和氣氏、丹波氏癰疽を治する八穴の法を傳ふ，因て件の灸法を神應經の末に入て版行すと記したり，倭本に彼灸法を巻首に置は，作者の本意に非ず，……。

《신응경》. 1권이다. …… 일본 간행본에는 책 첫머리에 옛날 일본의 두 명의(名醫) 와케(和氣) 씨・탄바(丹波) 씨가 종기를 치료하기 위해 8곳에 뜸을 썼던 방법을 수록해 놓았다. 이 일은 조선 한계희(韓繼禧)의 서문에 다음과 같이 나온다. "성화(成化) 9년 10월에 일본 하타케야마(畠山)가 조선에 사신을 보냈는데, 이 때 부사(副使) 승려 양심(良心)이라는 자가 《신응경》을 가져와 조선 국왕에게 바치면서 일본의 신의(神醫)인 와케 씨와 탄바 씨가 옹저(癰疽)를 치료했던 '팔혈법(八穴法)'을 함께 전하였다. 이에 이 구법(灸法)을 《신응경》 말미에 더하여 간행하였다."고 기록되어 있다. 일본 간본에는 이 구법을 책 첫머리에 두었는데, 작자의 본래 의도가 아니다. …….

명(明)에서 만들어진 《신응경》은 먼저 일본에 전해졌고, 이후 무로마치(室町) 시대에 와케(和氣) 씨・탄바(丹波) 씨의 〈팔혈구법〉과 함께 조선에 헌상되었다. 조선에서는 이 책을 〈팔혈구법〉과 함께 간행하였다. 아마도 임진왜란 때 조선의 초간본이나 지방판이 다시 일본에 전래되었을 것이다. 이후 이 간본처럼 일본에서 출판되었다. (제2부 〔029장〕 《신응경》 참조)

011. 옹저팔혈구법해 癰疽八穴灸法解

1책

무라이 추우(邨井杶) 지음

(필자 소장)

개요

지수(紙數) 20여 매 분량의 작은 필사본으로, 서명에 보이듯 '팔혈구법(八穴灸法)' (팔혈(八穴)은 두부(頭部) 2혈, 수부(手部) 2혈, 배복부(背腹部) 2혈, 족부(足部) 2혈이다) 을 이해하기 쉽도록 자신의 설명을 추가하고 일본어로 해석한 것이다.

와케(和氣) 씨・탄바(丹波) 씨가 〈팔혈구법〉을 전하였다는 사실은 조선 한계희(韓繼禧)의 《신응경神應經》 서문을 통해 알 수 있다. 그의 서문에는 "일본 승려인 양심(良心)이 《신응경》을 가져와 바쳤고 일본의 신의(神醫)라고 하는 와케 씨와 탄바 씨가 지은 《치옹저팔혈법治癰疽八穴法》까지 함께 전해주었습니다〔有日本釋良心, 以神應經來獻, 兼傳其本國神醫和介氏丹波氏治癰疽八穴法〕"라고 적혀 있다.[1] 〈팔혈구법〉의 방법은 조선판 《신응경》 속에 함께 실려 간행되었다. 〈팔혈구법〉이 덧붙여져 간행된 이 조선판 《신응경》이 일본에 전해져 유행하게 된 것이다.

본문내용

무라이 추우(邨井杶)는 책 첫머리에 《화한삼재도회和漢三才圖會》에 기술된 〈팔혈구법〉의 유래와 《신응경》 서문에 있는 팔혈구법에 관한 사실을 요약하여 적었고, 이어 저자 자신의 해제를 실었다. 이 해제에는 다음과 같이 적혀 있다.

---

1 제2부 〔029장〕 해제에 있는 '한계희 서문' 참조

◎ 《옹저팔혈구법해》 해제 일부

> 덴메이(天明) 3년 계묘1783 9월에 저자가 심한 유종(乳腫) 환자에게 온갖 치료를 하였으나 낫지 않아서 팔혈구법을 시행하려 하였는데, 부인의 경우 유방의 크기에 따라 뜸자리의 기준이 달라 정하기 어려웠다. 이것을 여러 의서에서 찾아보아도 그 방법이 없었고 또 여러 사람에게 물어보았으나 기준을 아는 사람이 없었다. 그러던 중 우연히 꿈속에서 돌아가신 아버지가 정확한 방법을 알려주셔서 이를 사용해 낫지 않던 유종을 완치시킬 수 있었다. 이것은 참으로 기이한 경험이다. 이리하여 여기에 《팔혈구법해》를 지어 자손들에게 보인다.

인물전기

무라이 추우(邨井杶, 1733－1815). 호는 킨잔(琴山)이다. 구마모토(熊本)의 질의(疾醫)로 요시마스 토도(吉益東洞)에게 수학하고 고방(古方)을 주창하였다. 분카(文化) 13년 병자1816 83세로 세상을 떠났다. 저서에는 《의도이천년안목편醫道二千年眼目篇》·《유취방의類聚方議》·《속약징續藥徵》·《화방일만방和方一萬方》 등이 있다.

012. 의학정전 醫學正傳

8권 8책

명(明) 우단(虞摶) 지음

[전존]

〈 오사카부립도서관 소장 〉

개요

게이초(慶長) 2년정유1597 간행된 활자본 《의학정전》은 다음 간기(刊記)와 같이 조선판 《의학정전》을 참고하여 교정되었다.

◎ 《의학정전》 간기

扶桑國平安城西洞院居住甫庵道喜，苟以愚意，刊一字之板，而印玆書，校支那三韓之兩本，宗其正者也。雖然字字可多舛差，若有博覽之妙手斲泥者，幸甚。

旹慶長第二丁酉初夏中澣。

일본 헤이안조오(平安城) 니시노토오인(西洞院)에 사는 오세 도오키(小瀨道喜, 호는 호안甫庵)는 활자판으로 이 책을 찍기로 마음먹고 중국과 조선의 두 판본으로 교감하였으니 정확함을 추구하고자 한 것이었다. 그렇다 하더라도 글자마다 틀린 곳이 많을 수 있으니 박식한 분께서 신묘한 솜씨로 잘못된 곳을 바로잡아준다면 매우 다행이겠다.

게이초(慶長) 2년 정유년1597 4월 중순.

인물전기

오세 도오키(小瀨道喜, 1564－1640). 호는 호안(甫庵)이다. 도요토미 히데츠구(豊臣秀次)의 시의(侍醫)를 맡았고 여러 서적을 활자로 간행하였다. 다음의 두 책도 그가 간행하였다.

013. 십사경발휘 十四經發揮

3권 1책

원(元) 활수(滑壽) 지음

개요

◎ 《십사경발휘》 간기(刊記)

慶長元年十二月上瀚，日本洛陽西洞院住甫庵道喜模行焉。

게이초(慶長) 원년 병신1596 12월 상순. 일본 라쿠요오(洛陽) 니시노토오인(西洞院)에 사는 오세 도오키(小瀨道喜, 호는 호안甫庵)가 그대로 본떠서 간행한다.

카와세 카즈마(川瀨一馬) 씨는 《고활자판의 연구古活字版の硏究》에서 이 책은 활자의 양식뿐 아니라 본문도 조선 간본을 따른 것이라고 하였다 (행자수를 모방했기 때문에 그러하다고 할 수 있다) .

014. 동원십서 東垣十書

22권 20책

개요

◎《동원십서》 간기(刊記)

慶長丁酉刻梓。洛之甫庵道喜。

게이초(慶長) 정유년1597에 판각하다. 라쿠요오(洛陽)의 오세 도오키(小瀨道喜, 호는 호안甫庵).

이 역시 조선 간본을 조술(祖述)한 책이라고 생각한다.

015. 옥기미의 玉機微義

본문 50권 목록 1권, 총 8책

명(明) 서용성(徐用誠) 지음

개요

마나세 겐사쿠(曲直瀨玄朔) 교정, 슈인켄 겐주(松印軒玄忠) 개판(開版), 게이초(慶長) 10년 간행, 활자본.

이 책은 정통(正統) 판본과 조선 판본으로 교정하여 만들어졌다〈제2부〔058장〕《옥기미의》 참조〉.

016. 구선활인심법 臞仙活人心法

3권 1책

〈 필자 소장 〉

개요

이 책 말미에 다음과 같이 적혀 있다.

◎ 《구선활인심법》 간기

嘉靖庚戌歲, 慶州府新刊。

承應貳 癸巳 曆九月吉日, 寺町三條上町, 山本五兵衛尉刊板。

가정(嘉靖) 경술년1550 경주부 신간(新刊).

조오(承應) 2년 계사1653 9월 1일. 테라마치 산조오 우에쵸에 사는 야마모토 고헤에조오(山本五兵衛尉) 간행.

즉, 가정 29년 경술1550 경주부(慶州府) 간본〈 제2부 〔048장〕 참조 〉의 일본 번각본이다. 〈〔부도74〕 참조 〉

《잇슈우도오가장의서목聿修堂架藏醫書目》에 이 번각본이 소개되어 있고, 《왜판서적고倭版書籍考》 권5에도 다음과 같이 기재되어 있다.

◎ 《왜판서적고》의 《구선활인심법》

臞仙活人心法。三巻あり, 仙術修養の說, 靈秘の藥方を擧たり, 臞仙を涵虛子と云, 皇明太祖の皇子なり, 仙術を好みたる人なり。

《구선활인심법》. 3권이다. 선가(仙家)의 수양법과 장수하는 약처방을 수록하였다. 구선(臞仙)은 함허자(涵虛子)라고 하는데, 명(明) 태조(太祖)의 황자(皇子)로 신선술을 좋아했던 인물이다.

017. 의설 醫說

10권 5책

송(宋) 장고(張杲) 지음

018. 속의설 續醫說

10권 2책

명(明) 유변(俞辨) 지음

개요

《의설》은 만지(萬治) 2년 기해1659에 조선 판본·심번(瀋藩) 판본·가정(嘉靖) 판본을 참고하여 교정·간행되었고, 《속의설》은 만지(萬治) 원년 무술1658에 가정 원본·조선 판본으로 교감(校勘)하여 간행되었다.[1]

1 제2부 〔060장〕과 〔061장〕 참조

019. 박물지 博物志

10권

장화(張華) 지음

020. 속박물지 續博物志

10권

이석(李石) 지음

개요

일본에서 명(明) 홍치(弘治) 18년 을축1505 도목(都穆)의 발문이 있는 조선 번각본 (제2부 〔073장〕과 〔074장〕 참조)에 근거하여 《박물지》와 《속박물지》를 다시 간행하였다 (《경적방고지經籍訪古志》 권5). 《왜판서적고倭版書籍考》 권6에 이 간본에 대해 실려 있다. 간행 연도는 알 수 없다.

◎ 《왜판서적고》의 《박물지》와 《속박물지》[1]

正續博物志。正十巻，張華博物志の抜粋なり，大明都穆跋 。續十巻，隴西李石編り都穆跋おり。

《박물지》와 《속박물지》. 《박물지》 10권, 장화(張華)의 《박물지》를 발췌한 책으로, 명(明) 도목(都穆)의 발문이 있다. 《속박물지》 10권, 농서(隴西) 이석(李石)이 지었고 도목의 발문이 있다.

1 원서에는 존재하지 않지만 역자가 추가하였다.

021. 의가필용 醫家必用

2책

개요

간기(刊記)가 없다. 횡본(橫本). 내용은 물론 조선인이 쓴 서문·발문 등과 그 편성 순서까지 조선 간본 (제2부 〔040장〕 참조) 과 모두 같다.

022. 증류본초 證類本草

31권(목록 포함) 25책

송(宋) 당신미(唐愼微) 지음

〈 모지츠키 산에이(望月三英) 씨의 번각본 〉

개요

이 간본은 행자수, 광곽의 크기, 내용까지 조선판 《경사증류대관본초經史證類大觀本草》와 똑같다.

내용서지

그러나 이 간본에는 책 첫머리에 있는 애성(艾晟)의 원서(原序) 뒤에 3가지 서문과 발문이 더 있고, 책 말미에도 서사간기(書肆刊記)가 추가되었다.

○ 신각경사증류본초제발(新刻經史證類本草題跋) 〈"安永乙未仲秋轂旦, 江都醫官望草玄"〉. 내용은 생략한다.

○ 번각증류본초서(翻刻證類本草序) 〈"明和庚寅暮秋, 秘書林敬識"〉. 내용은 생략한다.

○ 번각증류본초서(翻刻證類本草序) 〈"明和己丑年孟春, 江都醫官望三英"〉. 내용은 생략한다.

◎ 《증류본초》 서사간기[1]

安永四年乙未十月。
生白堂, 東都日本橋新右衛門町, 中津嘉兵衛。
大觀堂, 東都本石町十軒店, 弁河清六。

안에이 4년 을미1775 10월.

1 이해를 돕기 위해 해당 내용의 위치를 원서와 다르게 조정하였다.

세에와쿠도오. 토오토 니혼바시 신에몬마치. 나카츠 카헤에.

타이칸도오. 토오토 혼고쿠마치의 열 번째 가게. 나미카와 세이로쿠.

고찰

일본인의 서문에 조선 간본을 번각하였다고 기록되어 있지는 않지만, 《경적방고지經籍訪古志》와 《경적답문經籍答問》에 그렇다고 분명히 기록되어 있으므로 조선판의 번각본이라고 보면 틀림없을 것이다.

◎ 《증류본초》 일본 간본 계통도

원(元) 대덕(大德) 임인년 종문서원(宗文書院) 중간본

↓

조선 번각본 (조선 전기)

↓

모지츠키 산에이 씨 번각본

023. 계사신간어약원방 癸巳新刊御藥院方

11권 5책

원(元) 허국정(許國禎) 지음

개요

원(元) 간본을 모방한 갑진자 활자본 《계사신간어약원방》〈제2부 〔056장〕 참조〉을 좇아 간세이(寬政) 10년 무오1798 에도막부 의관 센가 요시히사(千賀芳久)가 건륭(乾隆) 연간의 취진판(聚珍版) 형식[1]을 본떠 250부가량을 활자로 인쇄하였다. 이 간본 끝에는 탄바 모토야스(丹波元簡)의 발문과 센가 요시히사의 지어(識語)가 있다. 또 타키(多紀) 씨의 《의적고醫籍考》에, 탄바 모토야스가 건의하여 이 간본 몇 부를 나가사키(長崎)의 친다이(鎭臺) 분고노카미(豊後守) 히다 요리츠네(肥田賴常)를 통해 청(淸)의 상인 심경첨(沈敬瞻)에게 보내 중국에 전하고자 하였으나 그 후의 소식은 없다고 적혀 있다.

◎ 《의적고》 권51의 《어약원방》[2]

> 許氏 國禎 御藥院方。……。按，……，佐伯毛利君 高標 所藏係朝鮮國活板，蓋依元本而配印者。寬政戊午冬，千賀芳久倣乾隆聚珍之式，刷印是書二百五十部，請先子跋之。庚申春，先子建言，以數部付崎陽鎭臺豐後守肥田賴常，送淸商沈敬瞻。爾來闃無消息，不知何故。

1 청(淸) 건륭(乾隆) 39년(1774) 궐내 무영전(武英殿)에서 사고전서(四庫全書) 가운데 중요한 책을 골라 목활자로 인쇄하였는데, 이 책들을 '무영전 취진판총서(聚珍版叢書)'라고 하였다. 취진판 혹은 취진본이라고 하면 이 총서의 체재를 본따 만든 목활자 간행본을 가리킨다. 반곽이 9행 21자로 이루어져있다.

2 원서에는 내용이 요약되어 있으나 역자가 원문을 인용하여 실었다.

허국정의 《어약원방》. ……. 고찰 …… 사이키(佐伯)의 모리 타카스에(毛利高標) 군 소장본은 조선 활자본으로 아마도 원(元) 대의 판본을 모방한 듯하다. 간세이(寬政) 무오년1798 겨울, 센가 요시히사(千賀芳久)가 건륭 연간의 취진판(聚珍版) 형식을 본떠 이 책 250부를 인쇄하고 나의 아버지에게 발문을 부탁하였다. 경신년1800 봄, 아버지께서 몇 부를 나가사키(長崎)의 친다이(鎭臺) 분고노카미(豐後守) 히다 요리츠네(肥田賴常)에게 부탁하여 청(淸) 상인 심경첨(沈敬瞻)에게 보내라고 충고하셨다. 그 이후로 아무 소식이 없으니 어떻게 되었는지 알 수 없다.

024. 의안방 醫眼方

1권 1책

명(明) 고정신(顧鼎臣) 지음

개요

중종 35년 경자1540 조선 경주부(慶州府) 간본〈제2부 〔038장〕 참조〉을 미야모토 사이신(宮本采眞) 씨가 교열하고, 분카(文化) 11년 갑술1814 겨울 토오토서림(東都書林) 만큐우도오(萬笈堂) 하나부사 헤이키치(英平吉)가 번각한 책이다. 미농지(美濃紙)[1] 반절 크기로, 내용은 조선 간본과 같다. 다만 책 첫머리에 미야모토 사이신(宮本采眞)의 서문〈"文化甲戌秋九月, 采眞藤篤"〉이 덧붙여져 있다.〈이 간본은 교토대학(京都大學) 도서관 후지카와문고(富士川文庫)에 소장되어 있다〉

◎ 《의안방》 간기(刊記)[2]

文化十一年甲戌冬, 東都書林, 萬笈堂英平吉。

분카(文化) 11년 갑술1814. 토오토서림(東都書林). 만큐우도오(萬笈堂) 하나부사 헤이키치(英平吉).

1 미농지(美濃紙) : 일본의 종이 규격으로, 대략 세로 약 27×가로 약 39㎝ 정도 크기이다.

2 원서에는 내용이 생략되어 있지만 역자가 추가하였다.

025. 외과정요 外科精要

3권

송(宋) 진자명(陳自明) 지음

개요

에도의 관의(官醫) 쓰가루 이하쿠(津輕意伯) 씨가 간행한《진본외과정요眞本外科精要》의 발문 ("寬政丁巳仲秋初吉, 東都侍醫津輕意伯健壽譔") 을 보면,《외과정요》에 전해오는 이본(異本)이 많아 진위를 가리기 어려운 부분이 적지 않기 때문에《진본외과정요》을 교정할 때《의방유취醫方類聚》(제1부 〔017장〕 참조) 를 참고했다고 하였다. 또 '소지(小識)'에는,《외과정요》의 조선 간본으로 다시 대교하였다고 적혀 있다(이《외과정요》의 조선 간본에 대해서는 제2부 〔042장〕 참조).

◎《진본외과정요》소지

戊午冬精要刻成, 將刷行, 偶得見韓本, 乃是鹿門望氏之舊藏, 文字有與前所校諸本不同者, 更參對, 標記上方, 以續刻之, 因思宇宙之大有何等異本, 唯願後賢重訂爾。已未初夏, 健壽識。

무오년 겨울《외과정요》의 판각이 완성되어 간행하려고 할 때 우연히 조선 간본을 볼 수 있었다. 이 조선 간본은 로쿠몬 모치(鹿門望) 씨가 예전부터 소장하고 있던 책으로 앞서 비교한 다른 판본과 같지 않은 글자가 있었기 때문에 한 번 더 참고하여 책판 위쪽에 표기한 후 판각을 계속하였다. 이 넓은 세상에 다른 이본들이 왜 없겠는가. 뒷날의 현명한 사람이 다시 교정하기를 바랄 뿐이다. 기미년 4월에 켄주(健壽) 쓰다.

026. 수양총서유집 壽養叢書類輯

4권 4책

조선 이창정(李昌庭) 지음

[전존]

(내각문고(內閣文庫) 소장)

개요

만력(萬曆) 48년 광해군 12년, 경신1620의 저작이다. 간분(寬文) 9년 기유1669 초겨울 무라카미 사부로우베(村上三郎兵衛)가 간행하였다.

형태서지

4권 4책. **| 판식版式 |** 목판본, 반곽 세로 21 × 가로 16㎝, 10행 18자, 무계. **| 지수紙數 |** 서문 2매, 목록 1매, 본문 158매, 발문 3매.

내용서지

◎ 《수양총서유집》 서(序)

……, 或時洛溢一道人來, 出壽養叢書, 而示余曰, 此書也, 自朝鮮傳來及我朝, 予攤而閱之, 是攝生之書其最善者也, 簡而取要, 略而拔粹, 上自養氣全神, 下到調節食物之忌, 靡不該載也。……, 故斯書鋟梓, 以爲濟生保生之一具, 豈無補矣哉。杏林一枝久保氏立菴元叔漫序。

…… 언젠가 교토에서 한 도인이 와서 《수양총서유집》을 꺼내 나에게 보여주며 말하였다. "이 책은 조선에서 우리 일본으로 전래된 것으로 내가 펼쳐보면서 훑어보았더니 섭생에 대한 책 가운데 가장 좋았습니다. 분량이 적으면서 요점을

추렸고 항목이 적으면서도 정수를 뽑아 놓았으니 기운을 수양하고 정신을 온전히 만드는 형이상의 방법부터 음식의 금기를 조절하는 형이하의 방법까지 싣지 않은 내용이 없습니다." …… 그러므로 이 책을 출판하여 백성을 구제하고 생명을 보호하는 도구의 하나로 삼고자 하니 어찌 도움이 되지 않겠는가. 의학에 몸담고 있는 쿠보 타츠야스(久保立菴, 자는 겐슈쿠元叔)가 붓 가는 대로 쓰다.

○ 조선의 원 발문〈"萬曆庚申仲夏, 華陰散人無求翁謹跋"〉. 내용은 생략한다.

고찰

제1부 〔070장〕을 참조하라.

027. 침구경험방 鍼灸經驗方

상·중·하 3책

조선 허임(許任) 지음

개요

허임이 지은 《침구경험방》의 일본 판본으로, 오사카(大坂)의 의사 야마카와 준안(山川淳菴)이 간행하였다. 간기(刊記)는 "享保十年乙巳歲十一月, 大坂吳服町書林, 岡田三郎右衛門"이다 〈제1부 〔071장〕 참조〉.

형태서지

3책. **|판식版式|** 목판본, 반곽 세로 20.0 × 가로 15.5㎝, 6행 16자, 무계. **|지수紙數|** 서문·목록 12매, 본문 119매.

내용서지

◎ 일본판 《침구경험방》 서문[1]

朝鮮鍼灸經驗方序

鍼灸經驗方, 朝鮮國名醫許任之所著, 而其國首相金氏, 命以鏤梓, 布之于四方, 使國人識鍼灸之要, 所以助仁濟之道之書也。

1 원서에는 일부 내용만 있지만 역자가 보충하여 실었다.

予少時曾遊學於朝鮮，稱習之餘，間接醫人，數聽說鍼灸爲醫家之要，又行見鍼灸醫病，其效最捷，就扣其所用之方法，則壹是皆因許氏經驗方學以然者也，而覽其所著，要而不煩，簡而無遺，所謂撮百家之要，闡千古之秘者也。宜哉，有夫學之者，各達其術，能至其妙。獨以朝鮮呼爲鍼刺之最，素有聲于中華，實不誣矣。

夫國之有彥，猶山有良木也，國以彥光，山以材名。美哉，金許二氏，以良相醫，無缺救濟。古人云，不爲良相，願爲良醫，今顧他所爲，各一出於古人所欲而長，以爲仁人醫國之鑑也，而其所救活，終是幾億兆哉。

吁嗟，德孰加焉，今兹以予所韞之許氏經驗方，投之于剞劂氏，散之于四方，與好生諸君子共之，可見金許二賢之美，遐溢異域，令名不與草木朽，遺澤與天地之等壽。虖，術可不盡乎。有覽之人，日將月就，能達其要，能窮其妙，不汲於衒徇，只孜於救濟，則殆幾於志士仁人之用心云爾。

享保十年歲在乙巳暮春三月，山川淳菴書。

조선 침구경험방 서문

침구경험방은 조선의 명의 허임(許任)이 지은 책으로, 그 나라 재상 김류(金瑬)가 판각을 명하고 팔도에 배포함으로써 백성들이 침구법의 요체를 알게 하고자 하였으니 어진 마음으로 백성을 구제하려는 주상의 뜻에 도움이 된 책이라고 할 수 있다.

나는 어린 시절부터 조선에서 유학하였다. 그때 배우는 틈틈이 의원들을 만났는데 침구법이 의학의 요점이라는 말을 자주 들었다. 또 침으로 병을 치료하는 것을 견학해보니 그 효과가 매우 빨랐고, 사용했던 방법을 물어보면 하나같이 허임의 침구경험방을 익혀서 그러하다고 하였다. 그래서 그 책을 보니 요약되어 번잡하지 않고 간략하면서도 빠진 것 없이 여러 학설의 요지를 뽑아 천고의 비밀을 드러낸 것이라고 할 만하였다. 옳거니, 배우는 자가 각자 그 침술에 통달하면 신묘한 경지에 이를 수 있도다. 침구법만큼은 조선이 제일이라고 하는 소리가 평소 중국까지 소문났다고 하더니 실로 허황한 말이 아니로다.

나라에 걸출한 인물이 있는 것은 산에 훌륭한 나무가 있는 것과 같고, 나라가 걸출한 인물로 빛나는 것은 산이 훌륭한 목재로 이름나는 것과 같다. 좋구나, 김류와 허임이 훌륭한 재상과 의원으로서 백성을 구제하는 데 부족함이 없음이여. 옛사람이 "좋은 재상이 못 된다면 좋은 의원이 되고자 한다."고 하였다. 지금 두 사람이 한 일을 돌아보니 각자 옛사람이 하려던 것에 하나씩 진출하여 그 일을 잘 해냄으로써 백성을 인자하게 대하고 나라를 치료하는 귀감이 되었으니 그들로 인하여 구제받는 사람들이 앞으로도 무수히 많을 것이다.

아아 여기에 누가 덕행을 덧붙일 수 있겠는가마는 이제 내가 간직해 온 허임의 침구경험방을 각수에게 맡기고 사방에 전파함으로써 생명을 소중히 하는 분들과 함께 나누고자 하니 김류와 허임 두 분의 아름다운 업적이 머나먼 다른 나라까지 넘침을 볼 수 있을 것이다. 그리하여 영예로운 이름은 초목과 함께 시드는 일이 없을 것이며 후세에 남긴 은택은 천지와 함께 영원할 것이다. 아아 의술에 노력을 다하지 않을 수 있겠는가. 이 책을 보는 이들이 나날이 다달이 진보하여 책의 요지를 통달하고 침술의 신묘함을 궁구하면서 솜씨를 뽐내지 않고 오로지 구제하는 데 힘쓴다면 재상과 의원의 마음 씀씀이와 거의 같아지지 않겠는가 하노라.

교호(享保) 10년 을사1725 3월 늦봄. 야먀카와 준안(山川淳菴) 적다.

○ 서(序) 〈이경석(李景奭)〉. 내용은 생략한다. 〈제1부 〔071장〕에 실었다〉

○ 서(序) 〈허임(許任)〉. 내용은 생략한다. 〈제1부 〔071장〕에 실었다〉

고찰

오사카의 의사 야마카와 준안〈전기 미상〉이 젊어서 조선에 유학할 때 조선에 침구법이 성행하는 것을 보고 개인적으로 《침구경험방》을 간행하였다고 한다. 〈서문에 보인다〉 이런 부분이 흥미롭다.

028. 정정동의보감 訂正東醫寶鑑

25권 25책

조선 허준(許浚) 지음, 미나모토 겐쯔우(源元通) 훈정(訓訂)

개요

초간본 간기(刊記)〈"享保九甲辰年仲夏吉旦, 京都油小路六角下ル町, 書林 栂井藤兵衛"〉

재간본 간기〈"享保九甲辰年仲夏刻成, 寬政十一己未年仲冬求版, 大坂書林, 和泉屋善兵衛、河內屋喜兵衛、河內屋太助、河內屋吉兵衛"〉

형태서지

25권 25책. **|판식版式|** 목판본, 반곽 세로 22.0×가로 15.5㎝. **|지수紙數|** 총 1,750매.

내용서지

◎《정정동의보감》서문[1]

訂正東醫寶鑑序

東醫寶鑑二十五卷, 朝鮮國醫許浚所輯也。分辨內景、外形、湯液、鍼灸、雜病, 而古今衆說, 如察諸於掌, 可謂醫業校稽之一助乎。此書齎來者寡, 故世人罕知之。於是命醫官法眼源元通, 加之訓訂, 附之剞劂, 使僕爲之序。

---

1 원서에는 일부 내용만 있지만 역자가 보충하여 실었다.

按醫亦學問之道也，其教多術焉，未有其學不明而其術精者，欲明其學，則不可不以多讀書矣。近世之醫有恒言曰，治病而已，奚必讀書然後治病，是言之戾也。治病之法，豈其書之外乎哉。今夫方技之肱非不折，而所見者異也，所見者異，則疑惑錯亂，其弊係於死生一大事，可不愼歟。其學明則不疑惑，其術精則不錯亂，如其治案瞭瞭然，非富靑囊者不能焉。醫之書，蓋百無數，雖博覽之人，敢以一朝一夕而究測之乎，況貲財乏用之輩，安能藏蓄之乎。苟爲讀書然後治病，則數十年間空拳張圍，何益之有。此書行則無此累焉，凡百姓之疾病，得免於死亡，而衛生之道，大補於後世矣。於戱，官之慮當世與後世者，可以對揚焉因序。

享保八年癸卯孟春中旬。從五位下守大學頭 藤原朝臣信篤謹識。

林鳳岡

정정동의보감 서문

《동의보감》 25권은 조선의 허준이 지은 책입니다. 〈내경內景〉·〈외형外形〉·〈탕액湯液〉·〈침구鍼灸〉·〈잡병雜病〉으로 나누어 고금의 모든 학설을 손바닥 보듯 살폈으니 의서를 비교하고 고찰하는 데 도움이 된다고 할 만합니다. 이 책은 전래된 양이 적어 사람들이 거의 알지 못합니다. 그래서 우리 일본 조정에서는 의관(醫官)인 호우겐(法眼) 미나모토 겐쯔우(源元通)에게 명하여 글자에 뜻을 달고 교정한 후 새로 판각하게 하였고 나에게는 서문을 쓰게 하셨습니다.

소신이 생각건대 의학도 하나의 학문입니다. 의학을 가르칠 때 대부분 의술을 가르치지만 학문에 밝지 못하면서 의술이 뛰어난 경우는 없고 학문에 밝고자 하면 책을 많이 읽을 수밖에 없습니다. 요즘 의원들은 "병을 치료하면 그뿐이지 왜 반드시 책을 읽은 뒤에 치료해야 하는가."하고 늘 말하지만 이 말은 틀렸습니다. 병을 치료하는 방법이 어찌 책을 벗어나겠습니까. 지금 팔이 부러지도록 치료를 많이 한 의원이라도 경험한 것이 다를 수 있고, 때마다 경험이 다르다면 결국 의혹이 생기고 혼란스럽게 됩니다. 이러한 폐단은 생사와 관련된 큰 문제이니 신중하지 않아서야 되겠습니까. 학문이 밝아지면 의혹이 없어지고 의술이 뛰어나면 혼란스럽지 않게 되는 법이니 치료할 방법을 분명히 하려면 청낭(靑囊)이 가득한 것처럼 의서에 해박하지 않고서는 할 수 없습니다. 의서는 무수히 많아서 비록 박학한 사람이라도 하루아침에 통달할 수 없을 만큼 많으니 재산이 부족한 사람들이 어떻게 그 책들을 소장할 수 있겠습니까. 의서를 전부 읽은 뒤에 병을 치료하려면 수십 년간 손가락을 빨아야 하는 처지가 되니 어떤 이득이 있겠습니까. 이 책이 간행되면 이러한 문제가 없어질 테니 백성이 질병에 걸렸을 때 죽음에서 벗어날 수 있고, 생명을 보호하는 일에 훗날까지 큰 도움이 될 것입니다. 아아 우리 일본 조정에서 지금과 후세까지 염려하시는 마음을 받들어 서문을 씁니다.

교호(享保) 8년 계묘1723 정월 중순. 주고이게(從五位下)로서 다이가쿠노카미(太學頭)를 맡고 있는 후지와라 아손 노부아츠(藤原朝臣信篤)가 삼가 씁니다.

◎《정정동의보감》 발문[2]

恭奉 鈞命題訂正東醫寶鑑後

盖聞天以保民之任，付諸聖人，聖人建保民之教，詔於萬世，爲教化以全其性，爲醫藥以濟其生，是愛生仁民之道也。 大君親政，法令大備，教化普布，陰陽得位，夏夷懷德矣。爲政之餘，於醫事藥物，用台慮最切。

嘗有朝鮮國許浚所編述， 東醫寶鑑爲其書也。分內景、外形、雜病、湯液、鍼灸之類，各類之下，提繫自靈素已下，歷代諸賢之書，而摘萃治例，蒐輯方劑，都作二十五卷，實保民之丹經，醫家之秘笈也。

今大君欲使此書壽梓垂不朽，是欲令醫家之乏藏書者，得便其撿考，民庶之抱疾苦者，得全其死生也。業醫者，以此書浹洽胸臆之中，而遇病施治，則取效奏功，如鼓應枹，然則民命與此書俱得壽，庶幾不負慈生仁民之旨，民庶亦得大幸矣。於戲，至仁厚惠，闔國浴恩澤，豈可不仰歡乎。命 微臣 加訓點，劉覽周編，則間有字畫之漫漶，文言之錯誤，卽質諸本書，而悉整補焉。壬寅仲春朔建筆，至仲冬終功而奏上，便許可焉，辱褒寵成功，特賜叙法眼位，且欣躍且恐嘆，奈老境無日，報君恩何矣。再命題後跋，微臣 固不文，且加以衰耄，雖不勝其事，嚴命不可固辭，誠惶稽首題後。

享保癸卯春正月上元日。醫官法眼源元通謹撰。

쇼군의 명을 받들어 짓습니다 정정동의보감 발문

언젠가 듣건대 하늘은 백성을 보살피라는 임무를 성인께 주셨고 성인께서는 백성을 보살피는 가르침을 수립하여 만세토록 내리셨으니 한편으로는 백성을 교화하여 본성을 온전하게 만드시고 한편으로는 의약으로 다스려 생명을 구제하셨다고 합니다. 이것이 생명을 아끼고 백성을 인자하게 대하는 방법입니다. 쇼군께

원서에는 내용이 생략되어 있지만 역자가 추가하였다.

서 친히 정무를 돌보시자 법령이 크게 정비되고 백성들이 널리 교화되면서 음양이 제 위치를 지키게 되고 중앙과 변방이 은혜에 감복하게 되었습니다. 한편 정무를 돌보시는 여가에는 치료와 약재에 대해 아주 절실하게 심려하셨습니다.

예전에 조선의 허준(許浚)이 저술한 책이 있으니 《동의보감》이 그 책입니다. 〈내경內景〉·〈외형外形〉·〈잡병雜病〉·〈탕액湯液〉·〈침구鍼灸〉로 주제를 나눈 후 각 주제 아래 《영추》·《소문》 이하 역대 여러 명의의 책을 인용해 둔 다음 치험례를 뽑고 처방을 수집하여 모두 25권으로 만들었으니 참으로 백성을 보살피는 요결이자 의학자의 비급이라 할 만합니다.

지금 쇼군께서 이 책을 간행하여 없어지지 않게 하시려는 이유는 바로 책이 부족한 의원들에게 치료법을 찾기 편하게 하여 질병에 걸린 백성에게 제 명을 온전히 살게 하고자 함일 것입니다. 의원들이 이 책을 가슴속에 새기고 환자를 치료한다면 북채로 북이 울리듯이 빠르게 효과를 얻을 것입니다. 그렇게 되면 백성들의 생명과 이 책 모두 장수할 수 있을 테니 쇼군께서 백성을 아끼시는 뜻에 반하지 않을 것이요 백성들도 커다란 행운을 얻게 될 것입니다. 아아 지극히 인자하신 마음과 넘치시는 은혜로 온 나라에 은택을 베풀어주시니 어찌 우러러 기뻐하지 않을 수 있겠습니까. 소신에게 명하여 글자의 훈(訓)과 표점을 더하게 하시고 모든 편을 두루 살펴 틀린 글자나 잘못된 문장이 있으면 본래의 책과 비교하여 전부 교정하고 보충하게 하셨습니다. 교호(享保) 7년 임인1722 2월 1일에 붓을 들어 11월에 간행을 마치고 진상하자 윤허하시고 성공에 대해 포상하시면서 특히 소신에게 호우겐(法眼)의 지위를 하사하시니 뛸 듯이 기쁘기도 하고 한탄이 나올 만큼 걱정스럽기도 하였습니다. 늘그막이라 쇼군의 은혜를 갚을 날이 부족하니 어찌한단 말입니까. 그 후에 발문을 지으라 명하셨습니다. 소신은 참으로 문장이 서투른데다 늙기까지 하여 비록 그 일을 감당할 수 없었으나 쇼군의 엄명을 고사할 수 없어 정성스럽고 황망한 마음으로 머리를 숙여 발문을 씁니다.

교호(享保) 8년 계묘1723 정월 보름. 의관(醫官) 호우겐(法眼) 미나모토 겐쯔우(源元通)가 삼가 씁니다.

고찰

《정정동의보감》은 에도막부가 글자에 뜻을 달고 교정하여 간행하였고, 오사카에서도 판을 구하여 재간행하였다. 오사카의 재간본은 중국에 전해져 광서(光緖) 16년 경인1890에 다시 간행되었다. 〈〔부도67〕참조〉

〈제1부 〔066장〕과 제4부 〔001장〕 참조〉

029. 동의보감탕액류화명 東醫寶鑑湯液類和名 2권 2책

니와 쇼오하쿠(丹羽正伯) 지음

(필자는 보지 못하였다)

개요

무라야마 토쿠준(村山德淳)이 지은 《박물관서목해제략博物館書目解題略》 제22권에 다음과 같이 적혀 있다.

◎ 《박물관서목해제략》 일부

東醫寶鑑湯液類和名, 丹羽元機撰ス, 序跋ナシ, 巻末ニ享保十一年仲春丹羽正伯元機謹拜識トアリ, 幕府ノ命ヲ奉テ撰スルモノナラン。

《동의보감탕액류화명》. 니와 겐키(丹羽元機) 지음. 서문과 발문은 없음. 권말(巻末)에 "享保十一年仲春, 丹羽正伯元機謹拜識"라는 지어(識語)가 있으며, 막부(幕府)의 명을 받아 지어진 책이 아니다.

간본의 유무는 알 수 없다.

인물전기

니와 쇼오하쿠(丹羽正伯, 1691－1756). 겐로쿠(元祿) 4년에 태어나 호레키(寶曆) 6년에 세상을 떠났다. 이노우 쟈쿠스이(稻生若水)에게 본초(本草)를 배웠고 《보구유방普救類方》 및 《서물유찬庶物類纂》의 편찬에 참여하였으며, 막부의 명에 따라 치바(千葉) 타키다이노약원(瀧台野藥園)을 경영하였다.

030. 동의보감탕액편약명한칭
東醫寶鑑湯液編藥名韓稱

필사본 1책

[전존]

〈 다케다 쿄우서옥(武田杏雨書屋) 소장 〉

개요

《동의보감》 탕액편 수(水)·토(土)·곡(穀)·인(人)·금(禽)·수(獸)·어(魚)·충(蟲)·과(果)·채(菜)·초(草)·목(木)·옥(玉)·금(金) 각 부(部)에 실려 있는 약재 이름을 적은 책으로, 한글명을 붉은 글씨로 쓰고 일본어 번역을 덧붙였다.

| 지수紙數 | 총 37매.

031. 동의보감탕액편언자화해
東醫寶鑑湯液編諺字和解

필사본 1책

오다 이쿠고로(小田幾五郎) 번역

[전존]

〈 다케다 쿄우서옥(武田杏雨書屋) 소장 〉

개요

쓰시마(對馬) 다이츠우지(大通詞)인 오다 이쿠고로(小田幾五郎)가 《동의보감》의 초부상(草部上)·초부하(草部下)·석부(石部)·금부(金部) 약재들을 일본어로 번역한 책이다. 한문 약재명 아래에 그에 대한 한글 이름을 기록하고 거기에 조선 발음을 가타카나로 표기한 뒤 아울러 일본어 번역을 병기하였다.

| 지수紙數 | 반지(半紙)[1] 13매.

1 반지(半紙) : 일본의 종이 규격으로, 대략 세로 33×가로 24㎝ 정도 크기이다.

032. 조선약명해 朝鮮藥名解

필사본 1책

사쓰마(薩摩) 박방관(朴方貫) 번역

[전존]

(다케다 쿄우서옥(武田杏雨書屋) 소장)

개요

이 책은 《타카기슌잔사비급高木春山舍秘笈》 가운데 수록된 1책이다. 임진왜란 포로의 후손[俘裔]인 박씨(朴氏) 집안은 대대로 통역으로 시마즈번(島津藩)에서 벼슬을 하였는데 자손 가운데 박방관(朴方貫)이라는 사람이 느낀 바가 있어서 가업을 동생에게 물려주고 자신은 평생 의사로 은거하며 같은 번(藩)의 본초학자인 소오한(曾槃)에게 본초를 배웠다. 이때 소오한은 박방관에게 일본의 고어 중에 조선에 전해졌으나 지금은 모르는 것이 있다고 말하고 조선 약재 이름을 번역해달라고 부탁했다. 이에 박방관은 《동의보감》에 실린 약재의 한글 이름에 음훈(音訓)을 붙여 이것을 일본어로 번역하였다. 완성된 것은 간세이(寬政) 9년 4월이다 (책 첫머리에 있는 박방관의 서문에 근거하였다).

033. 의방유취 醫方類聚 일본판

266권 264책

[전존]

〈 이왕직 전의국(李王職典醫局), 내각문고(內閣文庫), 제국도서관, 교토대학(京都大學) 도서관 등에 소장 〉

개요

책 첫머리 표제에 "倣朝鮮國活字原本縮刻, 醫方類聚, 學訓堂聚珍版", 책 말미에 "文久紀元辛酉仲春月, 江戶學訓堂活字排印"이라고 적혀 있다. 〈 〔부도72〕·〔부도73〕 참조 〉 가에이(嘉永) 5년 임자1852 4월 번각(飜刻)에 착수하여 분큐우(文久) 원년 신유1861 2월에 완성하였다.

형태서지

조선 성종 8년 정유1477 원간본 〈 을해자 활자본. 제1부 〔017장〕 참조 〉을 바탕으로 일본 분큐우(文久) 원년에 완성된 축각(縮刻) 목활자본. 266권, 목록 1권, 264책. **|판식版式|** 세로 24 × 가로 15.5㎝ 반지(半紙)[1] 크기, 반곽 15.0 × 11.5㎝, 9행 17자, 무계. **|지수紙數|** 한 책에 대략 100여 매.

내용서지

◎ 《의방유취》 취진판(聚珍版)[2] 서문

1 반지(半紙) : 일본의 종이 규격으로, 대략 세로 33 × 가로 24㎝ 정도 크기이다.

2 취진판(聚珍版) : 목활자본의 다른 이름이다. 중국 청(淸) 건륭제(乾隆帝)가 사고전서(四庫全書)

聚珍版醫方類聚序

醫之爲道，廣矣大矣，蓋自非學淹貫古今，融會群言，無以能應萬變奏回天之功，而況能筆之於書，以貽後生，則宜乎難其人也。嘗竊求之，其網羅薈萃，稱集大成者，未有如朝鮮國所輯醫方類聚也。其書不詳出于何代何人，然所援引書，乃止于明永樂間，而其國許浚東醫寶鑑曰，本國祖宗朝命文官醫官撰集。金安國慕齋集梁文襄公碑銘，敘稱校進醫方類聚。梁名誠之，正統六年進士，歷任六主，以成化十三年沒。然則當時編纂年歲，亦約略可知耳。書凡二百六十六卷，卷爲厚冊，其所採摭，凡一百五十餘部，而宋元佚書，亦復爲不尠，蓋篇帙之富，爲見存醫籍之冠，學者猶鑄山爲銅，煮海爲鹽，眞方術之大觀，濟生之寶筏也。

但是書世僅傳一部，云文祿之役，將師加藤淸正所獲。後二百年，先教諭得之一醫家，什襲藏弆之，又每拔其粹，以供臨處之用，而時或有借貸謄錄者，亦每苦篇帙浩瀚，往往不能果。同僚喜多邨士栗，旣博通其學，恨是書之最裨人世，而世絶罕傳本，遂鳩精工，附之聚珍版，同志聞之抃躍，各醵金以助其貲，士栗於是益加勉勵，將陸續告竣，可謂盛矣。原本所缺凡十二卷，士栗倩弘前醫員澁江道純，參攷諸家，略補足之，其功亦不可沒也。抑夫我大府厚恤民隱，甚重醫術，施藥劑濟孤貧，設庠舍誘醫生，救艱療厄之具，靡不畢備。士栗入爲侍直，兼教諭醫庠，今又有此盛擧，俾學者得以能應萬變奏回天之功，其仰體國家好生之德，而拯黔黎之夭札者，其在于斯乎，其在于斯乎。

大日本嘉永五年四月朔，江戶侍醫尙藥兼醫學教諭丹波元堅撰。

취진판 의방유취 서문

의학의 이치는 넓고도 크다. 아마도 의학을 배울 때 고금의 책과 여러 논설을 꿰뚫어 이해하지 않으면 수많은 변화에 대응하고 하늘의 뜻을 되돌리는 효과를 낼 수 없기 때문이리라. 게다가 그것을 책으로 써서 후대에 남기는 일은 적임자를 찾기 어려운 것이 당연하다. 예전부터 그런 책을 찾아본 결과 고금의 책을 망라하고 모아서 집대성했다고 할 만한 책으로는 조선에서 편찬한 《의방유취》만한 것이 없었다. 이 책이 언제 누구에게서 만들어졌는지는 분명하지 않다. 그러나 인용한 서적이 명(明) 영락 연간1403-1424에서 그쳤고, 그 나라 허준이 지은 《동의보감》에 "《의방유취》는 우리 조선의 조종(祖宗)께서 문관과 의관(醫官)에게 명하여 지었다."고 하였다. 또 김안국(金安國)의 《모재집》에 실린 〈양문

가운데 중요한 책을 골라 목활자로 인쇄한 책을 "취진판(聚珍版)"이라고 지칭하면서 유래되었다.

양공신도비명梁文襄公神道碑銘〉에 "《의방유취》를 교정하여 진상하였다."는 기록이 있다. 양 공의 이름은 성지(誠之)로 정통 6년 신유1441에 진사가 되었고 여섯 임금을 두루 섬긴 뒤 성화 13년 정유1477[3]에 죽었다고 되어 있다. 이를 통해 당시에 이 책이 편찬된 연대를 대략 알 수 있다. 책은 총 266권에 각 권은 후지(厚紙)로 만들었고 인용한 서적은 모두 150여 종이며 이 중에는 송·원 대에 일실된 책도 적지 않으니 책의 방대함으로는 현존하는 의서 가운데 으뜸이다. 배우는 이에게는 산을 녹여서 만든 구리나 바닷물을 끓여서 만든 소금처럼 의학의 정수와 같으니 참으로 의술의 대작이요 생명을 구제하는 보배로운 뗏목이다.

다만 이 책은 우리 일본에 한 질만 전해지는데 분로쿠(文祿) 연간의 전쟁(임진왜란) 때 장수였던 카토오 키요마사(加藤淸正)가 가져온 것이라고 한다. 그 후 200년이 지나 선대의 교유(敎諭, 아버지인 모토카타元堅)께서 어느 의원 집안에서 구하여 꽁꽁 싸맨 채 보관해 두시면서 자주 책의 요점을 뽑아 환자를 치료할 때 사용하셨다. 간혹 책을 빌려 베끼려는 사람들이 있었으나 매번 방대한 분량에 힘들어하면서 결국 베끼지 못하였다. 동료인 키타무라 시리츠(喜多村士栗)는 의학에 박식한 사람으로 세상 사람들에게 큰 도움을 줄 이 책이 세상에 거의 전해지지 않는다는 점을 한탄하다가 마침내 솜씨 좋은 각수들을 모아 취진판(聚珍版)으로 만들기 시작하였고 동료들은 소식을 듣고 매우 기뻐하며 각각 돈을 모아 비용에 보탰다. 시리츠(士栗)는 이에 더욱 힘을 내면서 판각을 계속하여 사업을 끝냈으니 참으로 대단하다. 원본에서 빠진 권이 총 12권이었으나 시리츠가 히로사키(弘前)의 의원인 시부에 미치즈미(澁江道純)에게 부탁하여 여러 의서를 참고하여 대략 보충해 놓았으니 그의 공적 또한 빼놓을 수 없다. 무엇보다 우리 쇼군께서는 백성의 고통을 불쌍히 여기시고 의술을 특히 중시하는 분으로 약을 제공하여 가난한 이들을 구제하고 학교를 지어 의생(醫生)을 가르치고 계시니 궁핍함을 구제하는 일부터 질병을 치료하는 일까지 모두 완비하셨다. 시리츠가 시의(侍醫)가 되어 의생들을 가르치는 직분까지 겸하고 있을 때 지금 이 책까지 성대하게 간행되었으니 의학을 배우는 사람들이 수많은 변화에 대응하고 하늘의 뜻을 되돌리는 효과를 낼 수 있을 것이다. 생명 살리기를 좋아하는 쇼군의 덕행을 우러러 본받아서 요절하는 백성을 구제하는 일이 이 책에 달려 있지 않겠는가. 이 책에 달려 있을 것이다.

일본 가에이(嘉永) 5년 임자1852 4월 1일. 에도(江戶) 시의(侍醫) 상약(尙藥) 겸 의학관 교유 타키 모토카타(多紀元堅)가 짓다.

인물전기

키타무라 나오히로(喜多村直寬, 1804－1876). 자(字)는 시리츠(士栗), 어릴 때 안사이(安齋)로 불리다가 아버지의 야스마사(安正)라는 칭호를 이었다. 호는 고우소(栲窓)이고 말년의 호는 코우죠(香城)이다. 당호(堂號)는 가쿤도오(學訓堂)이다. 덴포(天保) 12년 신축1841 의학관(醫學館) 교유(敎諭)가 되었다. 이어서 니시마루오쿠이시(西丸奥醫師)가 되었고 가에이(嘉永) 2년 기유1849 호우겐(法眼)에 임명되었다. 후에 오쿠이시(奥醫師)로 돌아왔으나 동료와 뜻이 맞지 않아 은퇴하였다. 메이지(明治) 9년 병자1876 《의방유취》를 조선에 보낸 일로 조정에서 금품을 하사받았다. 같은 해 12월, 73세의 나이로 세상을 떠났다.

시부에 카네요시(澁江全善, 1805－1858). 자(字)는 미치즈미(道純), 호는 추사이(抽齋)이다. 히로사키번(弘前藩)의 유의(儒醫)이다. 의학(醫學)은 이자와 란켄(伊澤蘭軒)에게, 유학(儒學)은 카리야 에키사이(狩谷棭齋)·이치노 메이안(市野迷庵)에게 배웠다. 당시 장서가·교열가로 명성을 얻었다. 모리 타츠유키(森立之)와 함께 《경적방고지經籍訪古志》를 지었다. 안세이(安政) 5년 무오1858에 54세의 나이로 세상을 떠났다.

타키 모토카타(多紀元堅, 1795－1857). 보통 안슈쿠(安叔)라고 불리며, 자는 에키주우(亦柔), 호는 사이테에(茝庭)이다. 아버지는 타키 모토야스(多紀元簡)로 호는 케에잔(桂山)이다. 형은 타키 모토타네(多紀元胤)로 호는 리유한(柳沜)이다. 타키(多紀) 씨는 탄바(丹波) 씨의 후예로 대를 이어 에도 후기에 의권(醫權)을 장악했다. 덴포(天保) 2년 신묘1831 의학관(醫學館)의 강서(講書)가 되었고 덴포 11년 경자1840 시의(侍醫)에 부임하였으며 호우겐(法眼)에 임명되었고 이어 호우인(法印)이 되었다. 학식이 풍부하고 의술이 정미했다. 《상한론술의傷寒論述義》·《금궤요략술의金匱要略述義》·《잡병광요雜病廣要》·《여과광요女科廣要》·《약치통의藥治通義》·《시환독아서時還讀我書》 등을 저술하였다. 안세이(安政) 4년 정사1857 에 60세의 나이로 세상을 떠났다.

---

3 양성지의 실제 졸년(卒年)은 성화 18년(임인1482)이다.

고찰

《의방유취》에 대해서는 제1부 〈조선 고유 의서〉에서 개술하였다. 앞서 타키 모토카타가 서문에서 '의서의 으뜸〔醫籍之冠〕', '의술의 대작〔方術之大觀〕'이라고 하였듯, 현존하는 의서 가운데 가장 방대한 분량으로 의학을 고증하는 데 빼놓을 수 없는 자료이다. 가에이(嘉永) 5년 4월에 키타무라 나오히로(喜多村直寬)의 노력으로 원간본(原刊本)을 바탕으로 한 축각(縮刻) 목활자본이 계획되었고, 동료들은 이를 돕기 위해 자금을 모았다. 이렇게 중단 없이 간행한 결과 약 10년만인 분큐우(文久) 원년 2월에 총 266권이 완성될 수 있었다. 원간본에는 12권이 누락되어 있었는데(제6부 〔010장〕《잇슈우도오가장서목聿修堂架藏書目》 해제 가운데 《의방유취》 조문 참조) 시부에 추사이가 여러 서적을 참고하여 대략 보충한 끝에 완본(完本)이 될 수 있었다.

타키 모토카타의 증손(曾孫)인 타키 타카노리(多紀崇德) 씨가 소장하고 있는 《의관제서부류醫官諸書付留》라는 필사본에, 이 책 출간을 위해 쇼군(將軍) 수중의 자금을 하사해달라는 청원서〔願書〕와 하사한 자금의 수령증〔請取〕이 적혀 있다는 사실을 모리 준자부로(森潤三郎) 씨가 찾아내었다. 그가 《중외의사신보中外醫事新報》 1206호에 그간의 사정을 자세히 설명해 놓았으므로 여기서는 생략한다.

참고

모리 준자부로 씨는, 이 간본의 인쇄용지에 보통지(普通紙)(두꺼운 재질)와 박엽(薄葉)(아마도 특별히 제작한 것으로 시부에 카네요시가 번주(藩主)인 쯔가루(津輕) 가문에 헌상했던 책으로 보인다) 2가지 종류가 있고, 책 판심(版心) 아래쪽에 "嘉平刻"이라고 적혀있으므로 활자 제작은 기궐사(剞劂師) 키무라 카헤이(木村嘉平)(3대인 키무라 후사요시(木村房義)로, 메이지(明治) 19년 63세로 세상을 떠났다)가 하였다고 말하였다. 또 이 간본은 너무 분량이 많아 간행 부수는 100부 이내였을 것으로 추정하였다. 실제로 현재 전해지고 있는 것이 많지 않다. 필자는 내각문고(內閣文庫) 소장본 2부, 제국도서관・교토대학(京都大學) 도서관(도도(百百) 가문 기증본)・이왕직 전의국(李王職典醫局)(일본 정부의 헌상본)・다케다 쿄우서옥(武田杏雨書屋)(키타무라(喜多村) 가문 소장본) 소장본 각 1부를 보았다.(〔부도73〕 참조)

설명 1876년 일본이 조선에 기증한 취진판《의방유취》

19세기 서구 문명의 물결은 중국을 뒤덮고 일본을 흔들어 놓았으니 조선 홀로 이 물결에서 벗어날 수는 없었다. 마침내 일본의 끈기 있는 교섭의 결과, 고종 13년 메이지(明治) 9년 병자1876 2월에 조일수호조규(朝日修好條規)가 체결되었고, 이로 말미암아 조선은 개항(開港)의 첫발을 내딛게 되었다. 이 조일수호조규 체결 때 《의방유취》는 신기하고도 중요한 역할을 하였다.

메이지 9년 양력 2월 10일 전권대신(全權大臣) 쿠로다 키요타카(黑田淸隆)・부대신(副大臣) 이노우에 카오루(井上馨)・외무대승(外務大丞) 미야모토 코이치(宮本小一) 일행이 조선 강화부(江華府)에 도착하였고 같은 해 27일에 조일수호조규를 체결하였다. 5~6월 두 달에 걸쳐 예조 참의 김기수(金綺秀)는 수신사(修信使)로 일본에 파견되었고, 이어 7~8월에 미야모토 코이치가 다시 조선에 와서 조일수호조규부록(朝日修好條規附錄) 및 통상장정(通商章程)에 조인하였다.

이사관(理事官) 미야모토 코이치는 7월 3일에 도쿄(東京)를 출발하였는데, 떠날 때 조선 정부에 줄 기증품의 하나로 일본판 《의방유취》가 선택되었다. 키타무라 나오히로가 이사관의 조선행 소식을 듣고 《의방유취》가 조선에서 일실되었으므로 자신이 에도막부 의관으로 있던 때 간행한 《의방유취》 266권 한 질과 함께 자신이 저술한 몇 종의 책을 헌정하겠다고 신청했던 것이다. 선물로서 정말 적합했기 때문에 이사관은 기꺼이 그의 청을 받아들여 군함 아사마(淺間)호〈코르벳〉에 실어 조선에 가지고 와서 예조 판서 김상현(金尙鉉)을 통해 조선 정부에 이것을 선물하였다. 이것에 관해 이사관이 예조 판서에게 보낸 증정수속(贈呈手續)의 서한이 남아 있다.

◎ 이사관 미야모토 코이치가 예조 판서 김상현에게 보낸 서한

〔狀袋〕奉書

(表) 禮曹判書閣下。宮本小一。

(裏) 醫方類聚 三函, 傷寒論疏義 十冊, 傷寒論六經析義 一冊, 金匱要略疏義 六冊, 傷寒論劄記 一冊, 經方權衡略記 一冊, 蚘志 三冊, 多疾彙箋 三冊, 越俎藥誌 一冊。

〔卷紙〕奉書

逕啓者，醫方類聚二百六十六卷，貴國文官醫官所撰集，我邦喜多村士栗附之聚珍版，成一部。蓋士栗會聞，此書今佚於貴國，而獨存於我也。慨然校理捐貲以附版，是在距今三十餘年前。士栗好古篤志之人，曾爲醫官而今老矣，聞下官有此行也，寄一部曰，願獻呈之朝鮮政府，以博其傳，且寓不忘其本之意也。故今賴閣下紹介，將以表士栗積年之用心，不屬徒勞。雖然溟海遼遠，士栗所聞不能保其無誤，故先而質之御醫通訓大夫龍仁縣令洪氏，而後果信其旣佚於貴國而不傳也。士栗年方過古稀，而其意謂聊於貴國醫學有所補闕幸甚，小官感其秉心之公也。今擧全部閣下，請貴政府納焉。士栗所著醫書數部，今倂附贈，其書目備在別幅，肅此敬具。

明治九年八月二日，宮本小一。

禮曹判書閣下。

〔봉투〕 봉서지(奉書紙)[4]

(겉면) 예조 판서 합하께. 미야모토 코이치(宮本小一) 드림.

(속면) 《의방유취》 3상자, 《상한론소의》 10책, 《상한론육경절의》 1책, 《금궤요략소의》 6책, 《상한론차기》 1책, 《경방권형약기》 1책, 《회지》 3책, 《다질휘전》 3책, 《월조약지》 1책.[日]

〔내용〕 봉서지

다음과 같이 아뢰옵니다. 《의방유취》 266권은 귀 조선의 문관과 의관이 찬집한 책으로 우리 일본의 키타무라 시리츠(喜多村士栗)가 취진판(聚珍版)으로 판각하여 또 다른 1부를 만들었습니다. 시리츠(士栗)가 마침 소문을 들으니 이 책은 지금 귀 조선에서 실전되었고 우리 일본에만 남아 있는 듯하다고 하여 개연히 책을 교정하고 사재를 들여 간행하였으니 이것이 지금으로부터 30여 년 전 일입니다. 시리츠는 옛것을 좋아하고 독실한 사람으로 예전에 의관(醫官)으로 활동했으나 지금은 노쇠해졌습니다. 제가 이번에 귀 조선에 사행한다는 소식을 듣자 1질을 보내며 "바라건대 조선 조정에 이 책을 헌정하여 널리 전하고자 합니다."라고 하면서 '근본을 잊지 않고자 한다〔不忘其本〕'는 뜻을 보내왔습니다. 그러므로 지금 합하(閤下)께 소개하여 시리츠가 여러 해 동안 마음 쓴 일이 헛된 노력이 아니었음을 표명하는 바입니다. 그렇지만 우리 일본은 바다 건너 멀리 떨어져 있어 시리츠가 들은 소문이 틀림없다고 보장할 수 없기 때문에 먼저 어의인 통훈대부 용인현령(龍仁縣令) 홍(洪) 공에게 물었었고 그 뒤에 이 책이 귀 조선에서 실전되어 남아 있지 않다는 사실을 확신하게 되었습니다. 시리츠는 이제 70세가 넘었는데 오직 귀 조선의 의학에서 빠진 부분이 채워진다면 매우 다행이겠다는 뜻을 전해 왔기에 공유하고자 하는 그의 마음에 저는 감동하였습니다. 지금 전질을 합하께 올리니 귀 조선 조정에서는 받아주시기를 부탁드립니다. 시리츠가 저술한 의서 몇 종도 지금 함께 드리며 서명은 별지에 적어 놓았습니다. 삼가 이만 줄입니다.

메이지(明治) 9년 병자1876 8월 2일 미야모토 코이치(宮本小一) 드림.

예조 판서 합하께.

자국에서 일실되었던 《의방유취》를 다시 만난 의관(醫官) 홍현장(洪顯章)〈어의, 통훈대부, 용인현령〉 등은 매우 기뻐하며 귀중하게 여겼다고 한다〈아사다 소하쿠(淺田宗伯)가 지은 키타무라 나오히로의 묘비명(墓碑銘)〉. 당시 조선에 증정된 《의방유취》는 현재까지도 이왕직 전의국(李王職典醫局)〈창덕궁 안에 있음〉에 비치되어 있다.

미야모토 코이치가 조선에서 돌아온 후〈메이지 9년 9월 20일 도쿄(東京) 도착〉, 키타무라 나오히로의 성의에 보답하기 위해 '대원군(大院君)이 그린 난초 두 폭'〈아마도 이사관이 경성에 있을 때 이미 알고 교류하던 김기수에게 받은 것. 필자 소장〉에 더하여 '외무성(外務省) 관용 괘선지에 앞의 서한 내용을 필사한 것'과 그 서한의 답장 즉 '예조 판서가 이사관 앞으로 보낸 답장을 필사한 것'〈모두 필자 소장〉을 그에게 주었다. 이사관이 예조 판서에게 보낸 서한은 앞에 적은 것과 같은 문장이므로 다시 적을 필요가 없지만, 예조 판서가 이사관 앞으로 보낸 답장 또한 그간의 사정을 말해주는 좋은 자료이므로 아래 싣는다.〈〔부도80〕 참조〉

◎ 예조 판서 김상현이 이사관 미야모토 코이치에게 보낸 답장
〈외무성 관용 괘선지, 미농지(美濃紙)〉[5]

寄惠醫方類聚二百六十六卷, 竝貴邦人士栗所著醫書諸種, 謹準札照, 納于政府。仰惟閤下流通古書, 嘉惠鄰邦之至意, 不勝感歎, 況醫方類聚本是弊邦人著撰之書, 而見佚久矣, 士栗捐貲附版, 憑玆使軺, 率勤投惠, 俾圖壽傳於本國, 其心之公又可

---

4 봉서지(奉書紙) : 닥나무로 만든 고급 종이

⊟ 봉투 안쪽의 이 책 이름은 다른 사람이 추가해 넣은 것으로 보인다.

5 미농지(美濃紙) : 미노쿠니(美濃國, 지금의 기후현)에서 생산된 우수한 품질의 종이이다. 크기는 대략 세로 약 27×가로 약 39㎝ 정도이다.

感也。皇侃之論語議疎，中國佚而無傳，因貴國而得其舊本，刊入於知不足齋叢書中，廣布天下，今醫方類聚，亦自貴國而得之，士栗與閤下之功，甚大矣。顧此素昧兪扁之業，士栗所著諸書，雖未及瀏覽，而可諒其術之精博也，㤀此奉覆。

丙子六月十五日，金尙鉉端肅。〔印〕

理事官 閤下。

보내주신 《의방유취》 266권과 귀 일본인 시리츠(士栗)가 지은 의서 몇 종은 편지에 적어주신 대로 조정에 드렸습니다. 삼가 생각건대 합하께서 옛 책을 보내주시니 이웃 나라의 지극한 뜻이 감사하여 감탄을 금할 수 없습니다. 게다가 《의방유취》는 본래 우리 조선인이 지은 책이나 실전된 지 오래되었습니다. 시리츠가 사재를 들여 목판으로 찍고 조선 사행길에 보내기까지 내내 부지런히 도움을 주면서 우리 조선에 이 책이 오래 전해지기를 도모하였으니 공유하려는 그의 마음이 매우 감격스럽습니다. 황간(皇侃)의 《논어의소》는 중국에서 실전되었으나 귀 일본에서 옛 책을 구한 후 지부족재총서(知不足齋叢書) 속에 넣어 간행함으로써 천하에 널리 유포된 적이 있었습니다. 지금 《의방유취》 또한 귀 일본 덕에 얻었으니 시리츠와 합하의 공이 매우 큽니다. 다만 저는 평소 의학에 어두워 시리츠가 저술한 책들에 대해서는 비록 유창하게 볼 수준이 아니지만 그의 의술이 정미롭고 박학하다는 점은 알 수 있었습니다. 삼가 이렇게 답장을 드립니다.

병자년1876 6월 15일. 김상현(金尙鉉) 드림.〔인장〕

이사관(理事官) 합하께.

이사관 미야모토 코이치는 일본으로 돌아온 후에 키타무라 나오히로에게 위와 같이 대원군(大院君)이 그린 난(蘭) 그림 두 폭과 오고 간 서한의 사본을 왕이 내린 약간의 하사금(下賜金)과 함께 선물하였다. 그러나 그때는 키타무라 나오히로가 이미 죽은 뒤였기 때문에(병자년 12월 9일 임종) 이들 물품은 유족에게 주어졌고 키타무라 나오히로는 살아서 이 기쁨을 맛볼 수 없었다. 이후 이 물건들은 쿠리모토(栗本) 가문에 전해졌고 지금은 공교롭게도 필자가 소장하게 되었다.

인물전기

미야모토 코이치(宮本小一, 1836－1916). 호는 카모키타산진(鴨北散人), 에도 막부의 신하. 장년에 쇼헤이코오(昌平黌)[6]에서 수학하였다. 시문(詩文)을 잘 지었다. 메이지(明治) 초에 외무성(外務省)에 근무하며 조선 개항(開港)에 힘썼다. 그 후 원로원 의관(元老院議官)에 임명되었고 또 귀족원 의원(貴族院議員)에 칙선(勅選)되었으며 많은 업적을 남겨 정이위훈이등(正二位勳二等)에 봉해졌다. 성격이 강직하고 기벽(奇癖)이 있어 공공사업에 재산을 아끼지 않고 썼다. 다이쇼(大正) 5년 병진1916 10월 18일 향년 81세로 세상을 떠났다.

김기수(金綺秀, 1831－1894). 자는 계지(季芝), 호는 창산(倉山), 본관은 연안(延安)이다. 고종 12년 을해1875 문과에 급제하여 참판에 이르렀다. 문필(文筆)로 명성을 얻었다. 메이지 9년 병자1876 수신사(修信使)로 일본에 건너가 조선과 일본의 외교에 힘을 다하였다.

김상현(金尙鉉, 1811－1890). 자는 위사(渭師), 호는 경당(經堂), 본관은 광주(光州)이다. 철종 10년 기미1859 문과에 올라 이조 판서에 이르렀고 대제학(大提學)이 되었다. 고종 27년 경인1890에 세상을 떠났다.

이처럼 《의방유취》는 에도 말기에 일본에서 번각되어 고증의학(考證醫學) 발전에 크게 기여하였고, 조선이 개항하여 일본과 국교를 수립할 때 조선에 선물로 건네져 두 나라의 우호에 도움을 주었다 (참고문헌 : 쇼와(昭和) 12년 9월호 《조선朝鮮》에 실린 〈의방유취醫方類聚〉).

---

6 쇼헤이코오 : 에도막부의 직할 교육기관이다. 쇼헤이자카학문소(昌平坂學問所)라고도 한다.

034. 의방유취 醫方類聚 채집본 採輯本

개요

고증학파(考證學派) 학의(學醫)들이 망실된 의서를 《의방유취》로부터 채록하여 복원한 소위 "《의방유취》 채집본" 가운데 필자가 알고 있는 것을 아래에 싣는다.

종류

(1) 《기바오장론耆婆五臟論》

1권 1책.

◎ 《제수관의적비고躋壽館醫籍備考》의 설명

> 耆婆五臟論一卷一冊。醫方類聚採輯本，不著撰人名氏。攷舊唐書經籍志，五藏論一卷，新唐書亦同，則其書係於唐代，編輯不知矣。嘉永辛亥，喜多村直寬活字刷印，傳于世。

> 《기바오장론》 1권 1책. 《의방유취》 채집본으로 저자는 알려지지 않았다. 《구당서舊唐書》 〈경적지經籍志〉를 보면 "《오장론》 1권"이라는 구절이 있고, 《신당서新唐書》에도 동일하다. 그러므로 이 책은 당(唐) 대에 엮어진 듯하나 어떤 체재였는지는 알지 못하겠다. 가에이(嘉永) 신해년1851에 키타무라 나오히로(喜多村直寬)가 활자로 인쇄하여 세상에 전파하였다.

《오장론》은 일찍이 망실된 책이었으나 분세이(文政) 3년경진1820에 타키 모토타네

(多紀元胤)가 《의방유취》에서 초록하여 복원하였고, 가에이(嘉永) 4년 신해1851 에 키타무라 나오히로(喜多村直寬)가 취진판 《의방유취》(〔033장 참고〕)의 목활자를 가지고 간행하였다.

(2) 《상한괄요시傷寒括要詩》

3권 1책.

◎ 《제수관의적비고》의 설명

宋劉元賓撰。錄出于朝鮮國所輯醫方類聚中。丹波元胤曰, 按, 劉元賓, 自號通眞子, 是書以仲景舊論, 裁爲詩括, 又以剩義爲註。註中有所發明, 朱氏活人書, 多襲其語。詩凡一百一十二篇, 每篇七言四句, 末附醫方三十九道。收在朝鮮國人手編醫方類聚中, 較其所自言, 數實倍之。先子曰, 意子儀始作六十篇, 後人補之者, 鄭漁仲唯見其初集, 故稱一卷。弟堅從類聚中錄出, 釐爲二卷, 今仍著錄於此。讀書後志所著, 似此一書。

송(宋) 대 유원빈(劉元賓)의 저작으로 조선의 《의방유취》 중에서 채록한 채집본이다. 탄바 모토타네(丹波元胤)가 말하였다. "고찰. 유원빈의 자호(自號)는 통진자(通眞子)로 이 책은 장중경(張仲景)의 《상한론》을 시가(詩歌) 체재로 변경하고 내용을 덧붙여 주석으로 달았다. 주석의 설명은 주굉(朱肱)의 《활인서》를 인용한 구절이 많다. 시가(詩歌)는 모두 112편으로 각 편은 7자씩 4구절이며 말미에 의론과 처방 39가지를 덧붙였다. 조선 사람이 만든 《의방유취》 속에 수록되어 있으며 저자의 말과 비교하면 실제로는 개수가 2배 정도 된다. 우리 아버지 모토야스(元簡)께서는 '내 생각에는 자의(子儀, 유원빈의 자字)가 애초에 60편을 만들고 나머지는 후인이 보충한 듯하다. 정초(鄭樵, 자는 어중漁仲)만이 처음의 모습을 보았기 때문에 1권이라고 하였다.'고 말씀하셨었다. 나의 아우 모토카타(元堅)가 《의방유취》에서 채록하여 2권으로 정리하였으니 그 연유를 지금 여기에 적어둔다. 《독서후지讀書後志》[1]에 적힌 것이 이 책일 것이다."[2]

---

1 《독서후지讀書後志》: 조공무(晁公武)가 지은 《군재독서지郡齋讀書志》의 속편인 《후지後志》를 가리킨다.

2 《독서후지》에 "通眞子傷寒訣, 一卷"이라고 적힌 것을 가리킨다.

(3) 《천옥집川玉集》

1권 4책.

◎ 《제수관의적비고》의 설명

宋亡名氏。係醫方類聚採輯本。

송(宋) 대 저작으로 저자는 알려지지지 않았다. 《의방유취》 채집본이다.

(4) 《천금월령千金月令》

2권 1책.

◎ 《제수관의적비고》의 설명

醫方類聚採輯本。

《의방유취》 채집본(採輯本)이다.

당(唐) 손사막(孫思邈)이 지었다고 한다.

(5) 《간요제중방簡要濟衆方》

1권 1책, 송(宋) 주응(周應) 등 지음.

◎ 《제수관의적비고》의 설명

醫方類聚採輯本。宋周應撰。按, 宋史仁宗紀云, 皇祐三年五月乙亥, 頒簡要濟衆方, 按方劑, 救民疾, 是也。丹波元堅曰, 是書陳晁二氏竝不著錄, 惟唐愼微、劉完素引之, 而朝鮮國醫方類聚, 載藏府一類。其方出聖惠者, 僅薏仁散、酸棗人丸、硇砂丸三方, 餘皆彼書所無, 不知何故也。平胃散一方, 世爲出局方, 不知其本於是書, 自餘諸方, 亦多可資用者矣。

《의방유취》 채집본(採輯本)으로 송(宋) 대 주응(周應) 등이 지었다. 고찰. 《송사宋史》 〈인종기仁宗紀〉에 "황우(皇祐) 3년1051 5월 을해. 《간요제중방》을 반포하여 처방을 제공하고 백성의 질병을 구제하였다."고 한 것이 이것이다. 탄바 모토카타(丹波元堅)가 말하였다. "이 책은 진진손(陳振孫)의 《직재서록해제直齋書錄解題》와 조공무(晁公武)의 《군재독서지郡齋讀書志》에 모두 기록되어 있지 않고, 오직 당신미(唐愼微)와 유완소(劉完素)가 인용하였을 뿐이다. 또 조선의 《의방유취》에 이 책의 〈장부臟腑〉 한 부분이 실려 있다.[3] 《태평성혜방》에서 이 책을 인용한 처방은 의인산(薏仁散)·산조인환(酸棗人丸)·요사환(硇砂丸) 3가지 뿐이고, 다른 처방은 전부 《태평성혜방》에 없으니 까닭을 알지 못하겠다. 세상 사람들은 평위산(平胃散)이란 처방이 《태평혜민화제국방》에서 나왔다고 하지만 실제로는 이 책에서 기원하였다는 것을 알지 못한다. 그 밖의 여러 처방도 쓸 만한 것이 많다."

(6) 《신교만전방神巧萬全方》

12권 6책, 송(宋) 유원빈(劉元賓) 지음.

◎ 《제수관의적비고》의 설명

宋劉元賓撰。醫方類聚採聚本。丹波元胤曰，是書輯在于醫方類聚中，弟堅嘗爲錄出。跋曰，右宋劉元賓子儀撰，其方藥採之於聖惠者，十居七八，多可施用。其論說亦原本古人，間加己見。至如其擧傷寒各治，辨中風諸證，最爲賅備，頗有發明。奈何世久失傳，元明諸家罕徵引者。今撿醫方類聚中所載，按條掇拾，雖未復舊觀，然大要略具矣。仍謹依類排纂，詳加訂正，從宋史原目，釐爲十二卷云。

송(宋) 대 유원빈(劉元賓)의 저작으로 《의방유취》 채집본(採輯本)이다. 탄바 모토타네(丹波元胤)가 말하였다. "《의방유취》에 실려 있는 내용을 예전에 아우 모토카타(元堅)가 채록한 것이다." 발문에 이런 내용이 있다. "이 책은 송(宋) 대 유원빈(劉元賓, 자는 자의子儀)이 지었다. 책의 처방과 약재 중 《태평성혜방》에서 채록한 것이 10개 중 7~8개이고 대부분 사용할 만하다. 의론은 본래 고인(古人)이 말했던 것이며 사이사이에 자기 견해를 더하였다. 상한(傷寒)의 각 증상에 대한 치료법을 열거하는 부분과 중풍의 각 증상을 변별하는 부분 같은 경우는 아주 구체적이며 설명이 꽤 자세하다. 알 수 없는 이유로 세상에서 오래전에 실전되었기 때문에 원(元)·명(明) 대 의가들이 인용하는 경우가 드물었을 뿐이

---

3 《의방유취》 〈오장문五臟門〉에 《간요제중방簡要濟衆方》의 〈변오장적취법辯五藏積聚法〉·〈변오장칠신위병법辯五藏七神爲病法〉·〈변사시오장맥태과불급소주병법辯四時五藏脈太過不及所主病法〉이 실려 있다. 이 외에도 여러 처방들이 《의방유취》 각 부분에 보인다.

다. 지금 《의방유취》 속에 실린 부분을 찾아 조문마다 엮었으니 비록 옛 모습을 복원하지는 못했지만 핵심은 대략 갖추게 되었다. 그러고 나서 삼가 병증에 따라 배열하고 상세히 교정한 뒤 《송사宋史》에 나오는 원본의 목차대로 20권을 만들었다."

북송(北宋) 희령(熙寧) 연간 1068-1077의 책이다.

(7) 《이간귀일易簡歸一》

1권 1책, 원(元) 서약허(徐若虛) 지음.

◎ 《제수관의적비고》의 설명

醫方類聚採輯本。元徐正善撰。丹波元胤曰，醫方類聚中所載王氏易簡方，與德膚書不同，不知出于何人。其體例亦類錄四家，而成編，豈徐若虛所著歟。山本萊園允嘗輯爲一卷，雖非完壁，使覽者易於運用也。

《의방유취》 채집본으로 원(元) 대 서정선(徐正善)의 저작이다. 탄바 모토타네(丹波元胤)가 말하였다. "《의방유취》 가운데 실려 있는 《왕씨이간방王氏易簡方》은 덕부(德膚)[4]의 《이간방易簡方》과 다르며 누가 만든 책인지 알 수 없다. 책의 체재도 4명의 책을 분류하여 적은 것이니 어떻게 서약허(徐若虛)만의 저작이겠는가.[5] 야마모토 라이엔인(山本萊園允)이 예전에 1권으로 채록하였으니 비록 완벽하지는 않지만 보는 이들이 쉽게 활용할 수 있다."

(8) 《위생십전방衛生十全方》

1권 1책.

---

4 덕부(德膚) : 남송(南宋)의 의원 왕석(王碩)의 자(字)이다.

5 왕석(王碩)의 《이간방易簡方》이 나온 뒤 이 책을 증보하여 손지녕(孫志寧)의 《증수이간방론增修易簡方論》, 시발(施發)의 《속이간방론續易簡方論》, 노조상(盧祖常)의 《이간규무방易簡糾繆方》 등이 만들어졌다. 서약허는 이 네 명의 책을 모으고 증보하여 《이간귀일》을 만들었다.

◎ 《제수관의적비고》의 설명

醫方類聚採輯本。宋夏德懋撰。

《의방유취》 채집본으로 송(宋) 대 하덕무(夏德懋)의 저작이다.

(9) 《오씨집험방吳氏集驗方》

1권 1책.

◎ 《제수관의적비고》의 설명

宋吳得夫撰。醫方類聚採輯本。

송(宋) 대 오득부(吳得夫)의 저작으로 《의방유취》 채집본이다.

(10) 《관견대전양방管見大全良方》

5권 3책, 송(宋) 진자명(陳自明) 지음.

◎ 《제수관의적비고》의 설명

……。此書世無刊本，散見于醫方類聚各証門，乃丹波元堅採輯本也。

……. 이 책은 세상에 전해지는 간본이 없다. 《의방유취》 각 병증문에 산재되어 있는데 탄바 모토카타(丹波元堅)가 채집본으로 만들었다.

(11) 《주씨집험방朱氏集驗方》

10권 10책, 송(宋) 주좌(朱佐) 지음. 송(宋) 말기의 책이다.

◎ 《제수관의적비고》의 설명

……。是編分風寒諸門，采掇議論，詳盡曲當。凡所載宋氏[6]醫書，多不傳之秘笈，又從當時善本錄出，如小兒病源方論長生丸塌氣丸，較影抄本爲詳，是書醫方類聚各証門亦引之，醫官船橋經中恒採錄，得十卷。……。

……. 이 책은 풍(風)·한(寒) 등 각 문(門)으로 나뉘어 있고 수록된 의론이 자세하고 합당하다. 인용한 송(宋) 대의 의서들은 대부분 전해지지 않은 비급인

데다가 당시의 선본에서 채록한 것이다. 《소아병원방론小兒病源方論》의 장생환(長生丸)과 탑기환(塌氣丸) 같은 부분을 현재 남아 있는 필사본과 비교해 보면 이 책이 더욱 자세하다. 이 책은 《의방유취》 각 병증문에도 인용되어 있으니 의관(醫官) 후나바시 케이쥬 고(船橋經中恒)가 채록하여 10권으로 만들었다. …….

(12) 《경험비방經驗秘方》

8권 8책. 원(元) 초기의 책이다.

◎ 《제수관의적비고》의 설명[7]

醫方類聚採輯本。元亡名氏撰。

《의방유취》 채집본이다. 원(元) 대의 서적으로 작자는 미상이다.

(13) 《경험양방經驗良方》

15권 8책.

◎ 타키(多紀) 씨 《의적고醫籍考》의 설명

按，右二書，元人所著，輯在于醫方類聚中，弟堅錄出之。……。

고찰. 이 2가지 책(《경험비방經驗秘方》·《경험양방經驗良方》)은 원(元) 사람의 저작으로 《의방유취》에 실려 있는 것을 아우 모토카타(元堅)가 채록하였다. …….

◎ 《제수관의적비고》의 설명[8]

醫方類聚採輯本。元亡名氏撰。

《의방유취》 채집본이다. 원(元) 대의 서적으로 작자는 미상이다.

---

6 원문에는 '宋氏'라고 되어 있으나 문맥상 '宋代'인 듯하다.

7 원서에는 존재하지 않지만 역자가 추가하였다.

8 원서에는 존재하지 않지만 역자가 추가하였다.

(14) 《시원단효방施圓端效方》

3권 2책.

◎ 타키(多紀) 씨 《의적고》의 설명

……。按，是書亦是醫方類聚採輯本，弟堅繕錄成編。

……. 고찰. 이 책 역시 《의방유취》 채집본으로 아우 모토카타(元堅)가 채록하여 책으로 만들었다.

◎ 《제수관의적비고》의 설명[9]

醫方類聚採輯本。

《의방유취》 채집본이다.

(15) 《연하성효방煙霞聖效方》

2권 2책.

◎ 《제수관의적비고》의 설명

醫方類聚採輯本。

《의방유취》 채집본이다.

(16) 《담헌방澹軒方》

1권 1책.

◎ 《제수관의적비고》의 설명[10]

醫方類聚採輯本。

《의방유취》 채집본이다.

---

9 원서에는 존재하지 않지만 역자가 추가하였다.

10 원서에는 존재하지 않지만 역자가 추가하였다.

(17)《의림방醫林方》

1권 1책.

◎《제수관의적비고》의 설명

醫方類聚採輯本。以上五書，未詳撰者，然各証門所援，味其方論，似成于元人。

《의방유취》 채집본이다. 이상 5가지 책(《시원단효방施圓端效方》·《연하성효방煙霞聖效方》·《담헌방澹軒方》·《담헌방澹軒方》[11]·《의림방醫林方》)은 저자를 알 수 없으나 각 문에서 인용한 서적과 처방의 설명을 음미해보니 원(元) 사람이 만든 것으로 보인다.

(18)《수월노반경修月魯般經》

1권 1책.

◎《제수관의적비고》의 설명

醫方類聚採輯本。元亡名氏撰。

《의방유취》 채집본이다. 원(元) 대의 서적으로 작자는 미상이다.

(19)《수월노반경후록修月魯般經後錄》

2권 1책.

◎《제수관의적비고》의 설명

醫方類聚採輯本。元亡名氏撰。

《의방유취》 채집본이다. 원(元) 대의 서적으로 작자는 미상이다.

(20)《용수보살안론龍樹菩薩眼論》

1권 1책. 수(隋)·당(唐) 때의 의서이다.

---

11 원문에는 《담헌방澹軒方》이 2번 중복되어 있으나 정황상 1건은 《담료방澹寮方》인 듯하다.

◎ 《제수관의적비고》의 설명[12]

此書朝鮮國醫方類聚所輯，龍樹菩薩眼論，卽是也。丹波元堅錄出，以爲一卷。趙希辨曰，右佛經龍樹大士者，能治眼疾，或假其說，集治七十二種目病之方。

이 《용수보살안론》은 조선의 《의방유취》에서 모은 것이다. 탄바 모토카타(丹波元堅)가 채록하여 1권으로 만들었다. 조희변(趙希辨)[13]이 말하였다. "불경(佛經)에 나오는 용수대사(龍樹大士)는 눈병을 잘 치료하는 사람으로 이 책은 어떤 사람이 그 명성에 가탁하여 72가지 눈병의 치료법을 모은 것이다."

(21) 《창과통현론瘡科通玄論》

1권 1책.

◎ 《제수관의적비고》의 설명

醫方類聚採輯本。明楊得春撰。

《의방유취》 채집본으로 명(明) 대 양득춘(楊得春)의 저작이다.

(22) 《소아약증小兒藥證》

1권 1책, 송(宋) 유경유(劉景裕) 지음. (제2부 〔009장〕 참조)

◎ 《제수관의적비고》의 설명

醫方類聚採輯本。宋劉景裕撰。劉[14]元胤曰，是書久佚，弟堅從醫方類聚，各門所輯錄出，裒爲一編。

《의방유취》 채집본으로 송(宋) 대 유경유(劉景裕)가 지었다. 모토타네(元胤)가 말하였다. "이 책은 오래전에 일실되었으나 나의 아우 모토카타(元堅)가 《의방유취》 각 문(門)에서 내용을 채록하고 모아서 1책으로 만들었다."

---

12 원서에는 일부 내용만 있지만 역자가 보충하여 실었다.

13 조희변(趙希辨) : 남송(南宋) 대의 사학자로 조공무(晁公武)가 지은 《군재독서지郡齋讀書志》 및 《독서후지讀書後志》를 간행하였다.

14 원문에는 '劉元胤'이라고 되어 있으나 문맥상 '劉'자는 연문인 듯하다.

(23) 《보동비요保童秘要》

2권 2책, 송(宋) 유완소(劉完素) 지음.

《의방유취》 채집본. 타키(多紀) 씨가 이것을 채집하였다〈〈한토소아과사료漢土小兒科史料〉, 《의담醫談》 제52호〉.

◎ 《제수관의적비고》의 설명[15]

> 醫方類聚採輯本。
>
> 《의방유취》 채집본이다.

(24) 《제생속방濟生續方》

8권, 송(宋) 엄용화(嚴用和) 지음.

◎ 타키(多紀) 씨 《의적고》의 설명

> ……。按. 是書世不見其傳, 叔父筠菴君得之一門人。……, 然其本爛鈔多訛, 方評不與序中所言符, 元胤從醫方類聚各證門所輯, 點勘釐正, 併補二評十二方, 始爲完全焉。
>
> ……. 고찰. 이 책은 세상에 전해지는 것이 없었으나 슈쿠후 인안(叔父筠菴) 군이 한 문인(門人)에게 구하였다. …… 그러나 그 판본은 훼손되고 베낀 부분에 오류가 많아 처방에 대한 설명이 서문에서 말한 것과 부합하지 않는다. 탄바 모토타네(丹波元胤)가 《의방유취》의 각 병증문에서 내용을 모아 표점과 교감을 하여 정리한 후 추가로 처방 설명 2개와 처방 12개를 더하여 비로소 완전하게 만들었다.

〈덧붙여 《경적방고지》〈보유補遺〉에도 이 책에 대한 기록이 있다. 제6부 〔013장〕 참조〉

(25) 《왕씨집험방王氏集驗方》

5권 5책, 원(元) 왕동야(王東野) 지음.

---

15 원서에는 존재하지 않지만 역자가 추가하였다.

◎ 타키(多紀) 씨 《의적고》의 설명

……。按是書收在于朝鮮國醫方類聚中，弟堅錄出，以還原目。

……. 고찰. 이 책은 조선의 《의방유취》 속에 수록되어 있는데, 아우 모토카타(元堅)가 채록한 후 원래 목차에 따라 정리하였다.

원(元) 대덕(大德) 연간의 책이다.

(26) 《활유구의活幼口議》

20권, 원(元) 증세영(曾世榮) 지음.

◎ 코치 젠세츠(河內全節)가 지은 〈한토소아과사료漢土小兒科史料〉(《의담醫談》 제52호)의 설명

多紀柳沜跋に，弟茝庭，嘗從朝鮮國醫方類聚中錄出成編。

타키 리유한(多紀柳沜)[16]의 발문에서 그의 아우 타키 사이테에(多紀茝庭)[17]가 조선의 《의방유취》에서 채록하여 책으로 만들었다고 하였다.

(27) 《영해묘결嬰孩妙訣》

2권, 송(宋) 탕민망(湯民望) 지음.

《의방유취》 채집본이 있다(〈한토소아과사료漢土小兒科史料〉, 《의담醫談》 제52호).

(28) 《식의심감食醫心鑑》

1권, 당(唐)(당 말기) 잠은(昝殷) 지음.

타키 모토카타(多紀元堅)가 재칩하고 모리 노리유키(森約之)가 교정한 책을 나진옥(羅振玉)이 손에 넣어 민국(民國) 13년에 활자로 간행하였다.

---

16 타키 리유한(多紀柳沜): 타키 모토타네(多紀元胤)이다. 리유한(柳沜)은 그의 호(號)이다.

17 타키 사이테에(多紀茝庭): 타키 모토카타(多紀元堅)이다. 사이테에(茝庭)는 그의 호(號)이다.

(29) 《산보産寶》

3권, 당(唐) 잠은(昝殷) 지음.

◎ 타키(多紀) 씨 《의적고》의 설명[18]

……, 友人船橋經中 恒, 從類聚錄出, 以經閉帶下竝妊娠爲上卷, 以坐月產難爲中卷, 以產後諸證爲下卷。……。

…… 친구 후나바시 케이쥬(船橋經中) 고(恒)가 《의방유취》에서 채록한 것으로 경폐(經閉)·대하(帶下)·임신(妊娠)을 상권으로, 좌월(坐月)·난산(難產)을 중권으로, 산후의 여러 증상을 하권으로 만들었다. …….

(30) 《산서産書》

1권, 송(宋) 왕악(王嶽) 지음.

◎ 타키(多紀) 씨 《의적고》의 설명[19]

……, 按, 是書久佚, 特朝鮮國醫方類聚中所收, 殆爲完璧。弟堅錄出, 以爲一卷, 可謂發幽光於數百年湮晦之餘。……。

고찰. 이 책은 오래전에 실전되었으나 오직 조선의 《의방유취》 속에 수록되어 있으며 거의 완벽한 상태이다. 나의 아우 탄바 모토카타(丹波元堅)가 이것을 채록하여 1권으로 만들었으니 수백 년 동안 잊혔던 와중에 한 줄기 빛을 비추게 했다고 할 수 있다. …….

(31) 《쇄쇄록瑣碎錄》

3권, 송(宋)〈남송(南宋) 초기로 추정〉 진엽(陳曄) 지음.

(32) 《간기방簡奇方》

---

18 《제수관의적비고》에도 인용 부분이 동일하게 적혀있다.

19 《제수관의적비고》에도 인용 부분이 동일하게 적혀있다.

(33) 《신효방新效方》

(34) 《비예백요방備預百要方》

(35) 《주후방肘後方》[㊀] 등

㊀ 현전본에 빠진 부분이 있으므로 《의방유취》를 바탕으로 교정하여 보충할 필요가 있다.

035. 의림촬요초 醫林撮要抄

필사본 1책

타키 모토타네(多紀元胤) 자필본

[전존]

〈 교토대학(京都大學) 도서관 후지카와문고(富士川文庫) 소장 〉

개요

이 책은 타키 모토타네(多紀元胤)〈 호(號)는 리유한(柳沜)이다 〉가 양예수(楊禮壽)〈 홍농후인 퇴사옹(弘農後人退思翁) 〉가 지은 《의림촬요醫林撮要》〈 제1부 〔059장〕 참조 〉 가운데에서 자신이 모르는 의서에서 인용된 처방을 초록하여 만든 작지만 유용한 의서이다. 타키(多紀) 씨가 의서를 폭넓게 수집하였으나 여기에까지 이르렀다는 점은 감탄하지 않을 수 없다.

형태서지

1책. **|판식版式|** 필사본. 반곽 세로 18 × 가로 14㎝, 11행 24자. **|판심版心|** "聿修堂"이라고 적혀 있다. **|지수紙數|** 괘선지 24매〈 〈역대의학성씨歷代醫學姓氏〉 2매, 본문 22매 〉. **|인기印記|** "多紀氏藏書印"이 있다.

본문내용

첫머리에 〈역대의학성씨歷代醫學姓氏〉를 초록하였고, 본문에는 《의림촬요醫林撮要》 원본 권1 및 권2의 〈중풍문中風門〉·〈상한문傷寒門〉〈 부附 중한中寒·감모感冒 〉·〈온역문瘟疫門〉〈 부附 하마온蝦蟆瘟·대두천행大頭天行 〉에서 일실되었다고 생각되는 의서를 출전으로 하는 처방과 조선의 속방(俗方)을 뽑아 필사해두었다.

이 책의 인용서명은 다음과 같다.

◎《의림촬요초》 인용 서목

《濟衆方》, 《名醫常用方》, 《必用方》, 《何氏方》, 《青囊集》, 《醫家大方》, 《本朝經驗》, 《中朝質問方》, 《本國退思翁所製方》, 《烟霞方》, 《經驗救急方》, 《吳松張杏園方》, 《河中樞方》, 《經驗秘方》, 《中書李五山傳》, 《徽府秘方》, 《本國鄭北窓所製》, 《惡病(疾)治療方》, 《俗方》, 《藥性論》, 《本朝選常用經驗方》, 《中朝傳習》 등

036. 침구극비전 鍼灸極秘傳

1권

키무라 모토사다(木村元貞) 지음

[전존]

(필자 소장)

형태서지[1]

안에이(安永) 7년 무술, 1778 나니와서림 삼서당(浪花書林三書堂)에서 간행하였다. 작은 책자본이다.

내용서지

◎ 《침구극비전》 서문[2]

叙

河賢治者，爲余言，我聞之故老，德本之治病，不待制齊，刺輸取絡而濟，恒居多也，余讀梅花方，而可異焉，齊和脉胗，以至灸灼，諄諄說之，無行言以涉乎鍼也。後遇木太仲負笈詢業於余，觀其所爲，鍼術之巧，屢見奇效，因叩其所傳，乃探其橐中，取一小冊視之，則德本鍼家書也。讀之，取病之法，輸撮其樞要，刺審其淺深，區病證，著禁數，至于運手之妙，氣息之應，悉不遺其秘蘊，其言簡而易記，約而易行，經云，知其要者，一言而終，苟非實驗乎，安能拔粹若此之精者耶。翁之於鍼術，河生之言，果不誣也。梅花方之不言及焉，瞭然氷釋矣。然此書累傳之久，錯置亥豕，紛厠不一，太仲隨是正之，旁發其餘緒，猶之披雲霧覩青天也，何其愉快哉。今欲

---

1 이해를 돕기 위해 해당 내용의 위치를 원서와 다르게 조정하였다.

2 원서에는 존재하지 않지만 역자가 추가하였다.

上木而與同好共之，取正於余，書其略以歸之。太仲名元貞，陸奥人也，河賢治信濃人，翁之外戚之裔也。

安永戊戌春，台州源元凱識。

서문

카와 켄지(河賢治)라는 사람이 나에게 말하기를 “제가 어르신께 들으니 나가타 쿠혼(長田德本)께서 환자를 치료할 때는 약 짓기를 기다리지 않고 침을 놓고 피를 내어 사람을 살리는 경우가 늘 대부분이었다고 합니다.”라고 하였다. 그러나 나는 쿠혼(德本)이 지은 《매화방梅花方》을 읽고 나서 이상하다는 생각이 들었다. 처방과 진맥부터 침구법에 이르기까지 차근차근 설명되어 있을 뿐 침술을 섭렵했다는 일화나 얘기가 없었기 때문이었다. 나중에 키무라 타추우(木村太仲)가 책보를 짊어지고 나에게 의술을 배우러 왔을 때 그의 의술을 살펴보았더니 뛰어난 침술로 누차 대단한 효과를 나타내곤 했다. 그래서 무엇을 전수받았는지 물어보았더니 그는 책보 속을 뒤적이다가 작은 책자 하나를 꺼내어 나에게 보여주었다. 그것은 쿠혼의 침구서였다. 책을 읽어보니 병을 치료하는 방법에서 수혈에 대해서는 핵심을 모아놓았고, 자침에 대해서는 깊이를 자세히 적어 놓았으며, 병증을 구분하고 금기 몇 가지를 명시해 두었고, 손을 놀리는 요령과 호흡에 응하는 방법에 대해서까지 비법들을 하나도 빠뜨리지 않았다. 책에 적혀 있는 말이 간단하면서 외우기 쉬웠고 요약되었으면서 따라하기 쉬웠다. 이 책이야말로 '요지를 알면 한마디 말로 끝난다'고 하는 《내경》의 말을 실제로 경험할 수 있는 책이 아니겠는가. 침술의 정수를 뽑은 것이 어쩌면 이렇게도 뛰어나단 말인가. 쿠혼 옹의 침술에 대한 카와 켄지 군의 말이 과연 틀리지 않았다. 그제야 《매화방》에서 침술에 대한 언급이 없었던 이유가 얼음이 녹듯 명확해졌다. 그러나 이 책은 오랫동안 여러 번 베껴 전해지면서 글자가 틀리거나 내용이 들쭉날쭉 일정하지 않은 점이 있었기 때문에 타추우가 올바르게 교정을 하고 내용 옆에 자세한 설명을 밝혀 놓았다. 그러자 마치 안개가 걷히고 맑은 하늘을 보는 것처럼 되었으니 이 얼마나 유쾌한 일인가. 이제 그가 책을 간행하여 의원들과 공유하고자 한다면서 나에게 질정을 받겠다고 가져왔기에 그간의 일을 대략 적어서 돌려보낸다. 타추우의 이름은 모토사다(元貞)이며 무츠(陸奥) 사람이다. 카와 켄지는 시나노(信濃) 사람으로 쿠혼 옹의 외가 쪽 후손이다.

안에이(安永) 무술년1788 봄에 다이슈(台州) 미나모토 겐가이(源元凱) 쓰다.

◎ 《침구극비전》 서문[3]

敘

凡物博則多方皆宜，而及其臨機，事煩易惑，約則精一必中，而至其應變，技窮受敗，物無兼美，誰昔然，博而能約，是其難哉。余鄉木子愼覃，精於鍼灸，嘗試術於平安數年，所經驗亦多矣。本有所傳之書，今修次其書，緣飾以已意，錄爲一小冊，公之世，病症悉列，輸穴明備，便於懷袖，易於檢閱，可謂約而不失博矣。若夫其所受授有淵源，最爲可珍寶，詳于台州先生序中，玆不復贅焉。

安永戊戌，題於平安。東奧滕晁明。

서문

모든 사물이란 내용이 많으면 다방면에 모두 적합할 테지만 막상 그 내용을 사용하려고 하면 내용이 번잡하여 헷갈리기 쉬운 법이고, 반대로 내용이 요약되어 있으면 한 방면에는 분명 적중할 테지만 막상 그 내용을 응용할 때가 되면 활용도가 떨어져 실패하게 되는 법이다. 모든 사물은 이 두 가지를 겸비할 수 없으니 옛날부터 그렇게 한 사람이 누가 있겠는가. 내용이 많으면서도 요약되기란 참으로 어려운 일이다. 우리 고향의 키무라 타추우(木村太仲)는 신중하면서도 예리한 사람으로 침구법에 정통하여 예전부터 몇 년 동안 헤이안(平安)에서 침술을 펼쳤고 경험한 환자도 매우 많다. 그는 본래부터 전수받은 책이 있었는데 이번에 그 책을 정리하고 본인의 생각을 붙여서 하나의 작은 책자로 만든 후 세상에 전파하였다. 이 책에는 온갖 병증이 죄다 나열되어 있고 수혈(輸穴)들이 분명하게 적혀 있으며 품에 넣고 다니기에도 편리하고 찾아보기에도 쉬우니 요약되어 있으면서도 광범위함을 놓치지 않았다고 할 만하다. 그가 전수받은 침구법에는 연원이 있으니 매우 진기한 보물이 될 것이다. 자세한 내용은 다이슈(台州) 선생의 서문에 나와 있으니 다시 덧붙이지 않는다.

안에이(安永) 무술년1778에 헤이안(平安)에서 쓰다. 토오오쿠(東奧) 토오 초오메이(滕晁明).

3 원서에는 존재하지 않지만 역자가 추가하였다.

◎《침구극비전》 자서[4]

自序

斯一巻ハ昔慶長年間甲斐ノ國ノ良醫長田德本ト云人 梅花無盡藏ノ作者也，朝鮮國ノ醫官金德邦ト云人ヨリ授リシ術ナリ。其後田中知新ニサツケテヨリ傳來リテ其家々ニ秘シテ，傳ルニ口受ヲ以テシ，或ハ其門ニ入ルトイヘ切紙ヲ以テ授テ，全備スル人稀ナリ。吾京師遊學ノ頃，術ヲ大坂ノ原泰庵先生ニ學ヒテ兩端ヲ叩ク。其後每々試ニ，寔ニ死ヲ活スフシハシハ也。予思フニ，金モ山ニ藏シ珠モ淵ニ沈メ置ハ何ノ益カアラン。矧ヤ醫術ハ天下ノ民命ニカヽルモノナリ。是ヲ家ニ朽サンフ，醫ヲ業トスル者ノ道ニ非スト。此故ニ傳受口訣ノ條々一事モ遺サス書アラハシテ世ニ公ニスル者ナリ。能此書ニ心ヲヒソメハ，簡ニシテ得ル處大ナルヘシ。世ノ術ニ志ス人々，此法ヲ以テ弘ク世ニ施サハ，予カ本懷ナリ。

陸奥福島 木邨太仲元貞 書。

자서

이 한 권의 책은 옛날 게이초(慶長) 연간1596-1615 카이노쿠니(甲斐國)의 명의인 나가타 쿠혼(長田德本)이라는 사람(《매화무진장梅花無盡藏》의 작가이다)이 조선의 의관 김덕방(金德邦)이라는 사람으로부터 전수받은 침술이다. 그 후 타나카 치신(田中知新)에게 전수된 이후에는 그 집안에서 대대로 비전(秘傳)되어 전수될 때는 구술에 의하거나 혹은 그 문하에 들어간다고 하더라도 요점만을 메모로 전수해주었기 때문에 그 침술의 전체를 갖춘 사람이 드물었다. 나는 경사(京師)에서 유학할 때 이 침술을 오사카의 하라 타이안(原泰庵) 선생에게 배워 의심을 모두 해소하였다. 그 후 매번 시험할 때마다 진정 죽은 자를 살린 것이 여러 번이었다. 나는 이렇게 생각하였다. “금덩이가 산에 숨겨져 있다거나 진주가 연못에 가라앉아 있다면 무슨 이익이 있겠는가? 하물며 의술이란 것은 천하 백성들의 목숨과 관련된 것이다. 이것을 집안에서 썩히는 것은 의술을 업으로 삼는 자의 도리가 아니다.” 이 때문에 전수받은 구결(口訣)의 각 조목을 하나도 빠뜨리지 않고 적어서 세상에 공간(公刊)하고자 하는 것이다. 이 책에 푹 빠질 줄 안다면, 간명하면서도 얻는 것은 몹시 클 것이다. 의술에 뜻을 둔 세상 사람들이 이 침법을 널리 세상에 베풀게 하는 것이 내가 속으로 바라는 바이다.

무츠노(陸奥)의 후쿠시마(福島)에서 키무라 타추우(木村太仲) 모토사다(元貞) 쓰다.

4 원서에는 일부 내용만 있지만 역자가 보충하여 실었다.

037. 조선인삼경작기 朝鮮人蔘耕作記

1책

타무라 겐유(田村元雄) 지음

개요

이곳에 수록할 성격의 책은 아니지만 조선 인삼 재배의 주요 문헌이므로 참고 삼아 싣는다. 메이와(明和) 원년갑신1764 간행되었고 본문은 일본어이며 조선 인삼 재배법이 그림으로 설명되어 있다.

내용서지

◎ 《조선인삼경작기》 후서(後序)[1]

人參耕作記後序

蓋朝鮮種人參之傳我日本也，有年於茲，往享保中，對州宗侯奉台命，徵之朝鮮，併百濟遼東二種十數實獻之，有司奉命，頒種諸武毛二州，培養得宜，生繁衍，漸傳四方，今將億兆也。於是乎，寶曆癸未，家君元雄等，固奉台命製之，至夫人就用之，起死回生，全無異朝鮮產。士庶翻然覺其有益，競求子種根種之法，勢得不待異竟產，而藥用足矣，不亦美乎。於戲，穆穆聖君，可謂恭賡前聖之志，廣澤達天下矣哉。先是世未貫種法時，家翁閱諸書，以述耘鋤培養之法，名曰人蔆耕作記，業已行于世，爾後有復所發明，或交方言而表好惡，或錯俗語以示始末，以附耕作記之後，輯成一卷，再上梓，翁意惟要卑於言而貴於行也。讀者莫以語之拙，忽採種之

1 원서에는 일부 내용만 있지만 역자가 보충하여 실었다.

際也。是專在敬聖慮而啓耕夫之志而已。

時明和改元甲申秋，田村善之識。

인삼경작기 후서(後序)

조선의 인삼이 우리 일본에 전해진 지 이제 몇 년이 되었다. 예전 교호(享保) 연간1716-1735에 쓰시마(對馬)의 소코오(宗侯)가 쇼군의 명을 받들어 조선에서 종자를 가져왔고 아울러 백제(百濟)와 요동(遼東) 지역에서 나는 2종의 인삼 열매 십 수 개를 함께 바쳤다. 담당 관리가 명을 받들어 무슈(武州)와 케슈(毛州)[2] 두 지역에 종자를 나누어 준 후 잘 자라고 번성하여 점점 전국에 퍼졌으니 지금은 셀 수 없이 많아졌다. 그러던 중 호레키(寶曆) 13년계미1763에 우리 아버지 모토오(元雄)[3]와 다른 분들께서 쇼군의 명대로 약을 만들어 미다이도코로(御台所, 쇼군의 정실부인)께 나아가 사용한 후 기사회생하셨으니 조선의 인삼과 전혀 다르지 않았다. 그러자 백성들도 갑자기 인삼의 유익함을 알아채고 앞다투어 씨앗으로 심거나 뿌리로 심는 방법을 찾아다녔다. 결국 다른 나라의 인삼을 기다리지 않아도 약으로 사용하기에 충분해졌으니 참으로 좋지 아니한가. 아아 훌륭하신 쇼군께서는 선대 쇼군들의 뜻을 공경히 계승하셔서 큰 은택을 세상에 퍼뜨리셨다고 할 만하다. 예전에 사람들이 인삼 심는 방법을 알지 못했을 때 우리 할아버지께서는 여러 책을 살펴본 후 심고 기르는 방법을 기록하고 나서 '인삼경작기(人蔘耕作記)'라고 이름 붙이셨다. 그 책은 이미 세상에 간행되었으나 그 후에 다시 알아낸 사실이 있어, 더러 방언을 병기하여 좋고 나쁨을 표시하거나, 혹은 속어를 섞어서 처음과 끝을 나타내거나 하여 책 뒷부분에 붙인 뒤 한 책으로 편집하여 다시 판각하였다. 우리 할아버지께서는 알아듣기 쉽게 말해야 하며 실행이 중요하다고 늘 생각하셨다. 독자들은 말이 변변치 않다고 하여 채취하거나 파종할 때를 소홀히 하지 말라. 이는 오로지 쇼군의 뜻을 받들어 인삼을 경작하는 사람들의 생각을 일깨우려고 했을 뿐이다.

메이와(明和) 원년갑신1764 가을에 타무라 요시유키(田村善之) 쓰다.

---

2 무슈(武州)는 무사시노쿠니(武藏國)로 현재의 사이타마현(埼玉縣), 도쿄도(東京都), 가나가와현(神奈川縣) 일대이다. 케슈(毛州)는 코즈케노쿠니(上野國)와 시모즈케노쿠니(下野國)를 합친 지역으로, 현재의 지금의 군마현(群馬縣)과 도치기현(栃木縣) 일대이다.

3 모토오(元雄) : 타무라 란스이(田村藍水)의 별호(別號)이다.

○ 자발(自跋)〈"明和甲申"〉. 내용은 생략한다.

◎ 서(序)[4]

人參耕作記序

盖國朝自古生參，式內往往載其所貢，夫果參乎，非參耶，古之所有，今所無耶，亦未可知，至種參之法，恬乎無聞。昭代惠民慈惠之盛，參之眞者，亦從而出，至若令朝鮮國錫貢參若干根，魚目益分焉。享保中植之掖苑白山諸所，置監領之，於是下種栽培之方，畬[5]滋精矣。結子之後，收以賜列國頒諸司，比年蕃衍，遂至使都人買子藥舖，家種戶植，如夫生養，盖知者鮮矣。都下坂登業醫，嘗傳種參法，頃著人參耕作記，便以國字，雖則閭閻之民，瞭然視諸掌，所謂炎帝鞭艸，雷公炮製不怠，則及旃，乃資瑤光散氣，上人壽春臺，則昭代惠慈之化，未必無小補，非余曰能知三品辨五葉，暫題卷端擬序。

延享五年龍集戊辰二月。醫官藤立泉。

인삼경작기 서문

우리 일본에서는 옛날부터 인삼이 났다고 하니 문서 속에 종종 인삼을 공납한 일이 실려 있다. 그러나 그것이 과연 인삼인가, 인삼이 아닌가? 아니면 옛날에는 있었으나 지금은 없어졌는가? 이는 잘 모르겠으나 인삼을 파종하는 방법조차도 전혀 들어본 적이 없다. 요즘에는 우리 쇼군께서 백성을 아끼시는 마음이 성대하여 인삼 진품이 여기저기에서 나오고 있고 조선에서 주는 약간의 인삼 덕분에 진위를 더욱 분별할 수 있게 되었다. 교호(享保) 연간1716-1735에 궁전의 정원〔掖苑〕과 하쿠산(白山) 등지에 인삼을 심고 감독을 두어 관리하게 하였더니 이때 씨를 뿌리고 재배하는 방식이 더욱 정밀해졌다. 씨앗을 맺은 후에 수확하여 각 지역에 나누어 주고 여러 관청에 분배하여 매년 번식시켰더니 마침내 교토(京都) 사람들이 약재상에서 씨앗을 사서 집마다 종자를 심게 되기는 하였으나 인삼을 기르는 방법에 대해서는 잘 아는 사람이 드물었다. 교토에서 의원을 하는 사카토(坂登)는 예전에 인삼 파종법을 전했던 사람으로 얼마 전에 《인삼경작기》를 저술하면서 우리 일본 글자를 사용하여 민간의 백성들이라 하더라도 손바닥 보듯 일목요연하게 이해할 수 있도록 만들었으니, 염제(炎帝, 신농씨)께서 힘써 본초를 맛보시고 뇌공(雷公)께서 부지런히 포제법을 연구하신 것과 비슷하다 할 수 있다. 이 책의 출간은 바로 별빛이 달을 관통하듯 제왕이 탄생하실 징조이

---

4 원서에는 내용이 생략되어 있지만 역자가 추가하였다.

며 백성들을 장수의 영역으로 올라가게 하는 일이니 우리 쇼군께서 백성을 아끼시는 마음에 작은 보탬이 없지는 않을 것이다. 인삼의 상중하 삼품(三品)을 감별하는 것이나 오엽(五葉)으로 연수를 변별하는 것은 내가 말할 만한 일이 아니니 이렇게 책 앞에 서문을 쓰노라.

엔쿄오(延享) 5년 무진1748 2월. 의관 후지 리센(藤立泉).

○ 서(序) 〈"明和甲申, 福山舜調"〉. 내용은 생략한다.

○ 발(跋) 〈"田村善之"〉. 내용은 생략한다.

5 원문에 '畬'로 되어 있으나 문맥상 '畧'인 듯하다.

038. 본초강목계몽 本草綱目啓蒙 에 인용된 조선 의서

개요

《본초강목계몽》 48권은 에도 후기에 오노 란잔(小野蘭山)이 구술하고 손자인 오노 모토타카(小野職孝)가 교정하여 쓴 책이다. 그 후 이구치 모치유키(井口望之)가 이를 중정(重訂)하였다. 오노 란잔이 자신의 풍부한 지식을 바탕으로 《본초강목本草綱目》의 약재를 일본어로 풀이한 것으로, 에도 시대 제일의 본초서이다. 이 책 가운데에는 조선 의서도 인용되어 있어 조선 본초학 연구에도 매우 중요한 자료이다.

◎ 《본초강목계몽》에 인용된 조선 의서

《醫方類聚》, 《鄕藥本草》, 《鄕藥採取月令》, 《村家方》, 《訓蒙字會》[日], 《東醫寶鑑》, 《芝峯類說》

오노 란잔이 자필로 쓴 《박물서목博物書目》〈토오요오문고(東洋文庫)에 소장, 1책〉이라는 책에는 《동의보감》·《양화소록養花小錄》·《응골방鷹鶻方》·《촌가방村家方》·《향약본초鄕藥本草》가 수록되어 있다. 이는 그가 조선의 책을 보고 인용하였다는 위의 사실을 뒷받침해 준다.

[日] 자전(字典)으로 중종 13년(무인1518) 최세진(崔世珍)의 저술이다. 이 책 속에 본초 이름이 많이 실려 있다.

038부록. 관취방요보 觀聚方要補 와 구급선방 救急選方 에 인용된 조선 의서

개요

에도의학관(江戶醫學館) 탄바 모토야스(丹波元簡)가 지은 《관취방요보》 10권과 《구급선방》 2권은 고금의 대표적 처방을 모은 책이다. 이 속에 《의림촬요》·《동의보감》·《향약집성방》·《이종준자금단방李宗準紫金丹方》 등에서 인용한 처방이 수록되어 있다. (《본조경험방本朝經驗方》이라는 서명이 보이지만, 이는 일본에서 전해내려오는 옛 경험방서이다.)

이 밖에 조선 의서를 참고한 일본 서적을 폭넓게 찾아본다면 상당한 수에 이를 것이다. 《본초강목계몽》나 《관취방요보》는 그 일면을 보여줄 뿐이다.

039. 계림의사 鷄林醫事

1책

코이케 마사나오(小池正直) 지음

[전존]

〈 필자 소장 〉

형태서지

메이지(明治) 20년 정해1887 9월 출판. **❙판식版式❙** 국반절판(菊半截版)[1]. **❙지수紙數❙** 서문·목록 12쪽, 상편 167쪽, 하편 70쪽.

내용서지

◎ 《계림의사》 서(序)

余友小池醫學士，嘗奉命航朝鮮，駐釜山港者二年，乃者欲出其爲濟生醫院長之日所著鷄林醫事，以付活版，徵序余，……。明治二十年九月，於高崎分營，羽前渡邊述撰。

나의 친구 의학사(醫學士) 코이케 마사나오(小池正直)는 일찍이 명을 받고 조선으로 건너가 부산항에서 머무른 지 2년이 되었다. 제생의원장이었을 때 저술한 《계림의사》를 얼마 전에 꺼내서 활자로 찍으려고 한다면서 나에게 서문을 부탁하였다. ……. 메이지(明治) 20년1887 9월 타카사키(高崎) 분영(分營)에서 우젠(羽前) 와타나베 주츠(渡邊述) 씀.

○ 자서(自序) 〈"明治二十年九月上浣，於陸軍省醫務局，小池正直識"〉. 내용은 생략한다.

---

1 국반절판(菊半截版) : 일본의 종이 규격으로, 대략 세로 15.1 × 가로 10.9㎝ 정도 크기이다.

본문내용

대략의 목차를 싣는다.

◎ 《계림의사》 목차

上編 : (1)地形, (2)氣候, (3)風俗, (4)人品, (5)人物, (6)度量衡, (7)舟輿, (8)樂器 及 雜品, (9)織物, (10)三物(金石類、動物類、食物類), (11)衣服, (12)居住, (13)飮食

下篇 : (1)醫院位置 及 造構, (2)醫院備品, (3)醫員職員 及 事務, (4)患者景況(甲 : 日本患者, 乙 : 朝鮮患者)

內科病 : 肺勞, 脚氣病, 間歇熱

外科病 : 限病, 花柳病, 畸形病, 未詳病, 稀有病

蠻民病 : 蝎癬, 煙管傷, 灸鍼傷, 輕粉中毒, 燼石中毒, 蠻民療法, 地方病, 寄生病

補遺 : 鱉腹, 肝臟病, 半身不遂症, 齲齒

고찰

육군 1등 군의(軍醫) 코이케 마사나오가 메이지(明治) 16년1833에서 18년까지 2년간 부산의 제생의원장(濟生醫院長)으로 부임해 있으면서 보고 듣고 조사한 것을 엮은 책이다. 일본인으로서 조선의 의료 사정을 널리 조사한 일은 이 책을 효시로 한다. 당시의 의료 상황을 알기 위해 빠뜨릴 수 없는 자료라고 생각한다.

이 책은 후에 모리 린다로오(森林太郎)에 의해 독일어로 번역되어 'Zwei Jahre in Korea'라는 제목으로 International Archiv für Ethnographie(Bd Ⅳ, 1891)에 게재되었다.

040. 인천일본의원기록 仁川日本醫院紀錄

다나카 치카유키(田中親之)의 원고

[전존]

〈 이데즈키 자부로(出月三郎) 씨 소장 〉

개요

메이지(明治) 16년1883 1월에 인천이 개항된 후 이곳에 일본 영사관이 설립되면서 의원(醫院)이 함께 들어섰다. 육군 3등 군의(軍醫) 다나카 치카유키(田中親之)가 같은 해 10월에서 19년 3월까지 만 2년 5개월간 이 의원의 초대 원장으로 부임하였다. 이 책은 당시의 기록으로 모두 비망록인데다 초고이다. 총 395장이며 책의 쪽 수는 600페이지까지 표기되어 있다.

본문내용

이 기록은 내용에 따라 아래의 3가지로 나눌 수 있다.

(1) 반년마다 중앙의 군의부(軍醫部)에 제출한 보고서류

〈월별병류별환자표月別病類別患者表〉, 〈상태별병류별환자표轉歸別病類別患者表〉, 〈종두표種痘表〉, 〈청우한난표晴雨寒暖表〉, 〈부보附報〉 등.

반년을 주기로 작성된 보고서의 각 표에는 '비고(備考)'란이 있는데, 다나카는 자신이 관찰하고 경험한 조선 특유의 질병, 환자의 증감, 원무(院務)의 상황 등에 대한 설명을 이곳에 적어 놓았다. 이 외에 재임했던 2년 5개월간의 〈진료월보診療月報〉나 〈진단서診斷書〉 철이 있다.

(2) 다나카 자신의 개인 기록

상관에게 보낸 건의서 및 편지, 도쿄(東京)에서 인천에 부임하기까지의 기행문, 조선의 풍속에 관한 기록, 온돌 구조에 대한 기록, 메이지(明治) 18년 을유1885 콜레라 유행의 기록, 같은 해 재귀열(再歸熱) 유행의 기록(이것은 조선에서 만들어진 최초의 정확한 보고이다), 같은 해 폐디스토마의 기록 등 모두 유용하고 흥미로운 내용이다.

(3) 메이지(明治) 17년 12월 갑신정변 때의 기록

이 사변으로 일본군 및 거류민 40명이 살해되어 시체가 인천에 옮겨졌다. 당시 응급 치료소가 되었던 인천의원에서 본 사변의 상황, 부상병의 진단과 치료, 시체의 검안 등을 기록한 서류철이다. 한 의원(醫院)의 기록이지만 이 사변에 대한 1차 사료로 볼 수 있다.

이 책에 대한 자세한 내용은 《조선학보朝鮮學報》 제29집을 참고하라.[1] 초고 그대로이지만 앞의 《계림의사鷄林醫事》와 우열을 가리기 어려운 내용을 담고 있다.

---

1 필자가 《조선학보》 제29집에 실은 〈메이지16~19년 인천일본의원기록에 대하여明治十六~十九年仁川日本医院記錄について〉라는 논고를 가리킨다.

041. 조선의어유집 朝鮮醫語類集

1책

스즈키 유우조오(鈴木裕三) 지음

[전존]

(제국도서관 소장)

개요

메이지(明治) 27년 갑오1894 해군군의회(海軍軍醫會) 편찬, 도쿄(東京) 간행. 26페이지의 작은 책자이다.

해군군의회 회원 스즈키 유우조오(鈴木裕三)가 인천에서 정리하여 보낸 기고문을 출판한 책으로, 조선에서 관용적으로 사용하는 의학 용어를 이로하(イロハ) 순서로 열거하였다.

※ 이 이후의 내용은 일본 의약 문답서이다.

(《조선의학사》 활인본 pp.312-317 〈조선통신사가 일본에 방문했을 때에 나눈 의학 교류〉에서 이에 대해 개괄하였으므로 참고하라)

042. 상한의담 桑韓醫談

2권 2책

기타오 슌포(北尾春圃) 지음

[전존]

〈 필자 소장 〉

개요

숙종 39년 계사1713 간행. 간기(刊記)는 "正德三年, 皇都書肆, 万屋喜兵衛版行"이다.

형태서지

상・하 2권 2책. **판식版式** 목판본, 반곽 세로 19 × 가로 14㎝, 9행 18자. **지수紙數** 총 42매. 〈〔부도76〕 참조〉

내용서지

◎ 서(序)[1]

桑韓醫談序

夫醫肇于聖神，再來通人達才代起，繼其緖，發其蘊，所著者以巨萬計。後世本素難，取先哲所各得者，以成一家之學，則醫道之能事畢矣。家君當壯菴，齡踰知命，常告予三昆季曰，醫之爲術，以知虛實爲要。我臨病之間，思指下難明之語，候心下虛實，探腎間動氣，以察命門之衰不衰，然後知虛實，日就月將。雖如有所理會，

---

1 원서에는 일부 내용만 있지만 역자가 보충하여 실었다.

未能達四診，間過三十年，桑楡景迫，壯歲難追，豈不嘆乎。或入家見其父兄之病，爲其子弟者，置身無地，執藥擇淚，業醫者對之，計利顧名，則仁術之云哉。冀不以利汙義，以欲傷行矣。或曰，醫者只可見病，而勿見外物，至哉此言也，可謂能識醫道者也。兒曹繼家志，謹之勿怠焉。嗚呼，家君志於醫之切，雖如此生質鈍椎，才能不過凡庸，無足采者，然不至誤治而殺人者，以先覺所自得之要，幸存之所以耳。去歲辛卯朝鮮信使，來聘于東都，止宿於濃州大垣，家君與其醫官奇斗文，論理問病，筆語成篇。京洛書肆某，數請壽梓，仍附錄予三昆季所與家君論者，出與之，應其需云。

時正德壬辰七月之吉。北尾權春倫書。

상한의담 서문

무릇 의학 분야는 성인께서 창시하신 이래 이치에 통달한 사람들이 대대로 나타나 성인께서 남기신 실마리를 계승하고 함축된 의미를 밝혔기 때문에 저술된 책이 매우 많다. 후세 사람으로서 《소문》과 《난경》을 바탕으로 현인들이 각각 깨달은 내용을 취해 일가라고 할 만한 학문을 성취한다면 의학 분야에서 할 수 있는 일을 모두 마쳤다고 할 수 있다. 우리 아버지 도소안(當壯菴, 기타오 슌포北尾春圃의 호號)은 50세가 넘으셨는데 항상 우리 삼형제에게 "의술은 허실을 알아차리는 것이 핵심이다."라고 말씀하셨다. 나는 임상에서 '손가락만으로 맥을 짚어서는 분명히 알아차리기 어렵다.'는 옛말을 생각하면서 심화(心火)의 허실을 따지고 신수(腎水)의 기운을 탐지함으로써 명문(命門)이 쇠약한지 아닌지를 살핀 후에 허실을 알아차릴 수 있게 되었고 날로달로 의술이 발전하였다. 이치를 깨우치는 듯했지만 결국 망문문절 사진(四診)에 통달하지 못한 채 30년이 지났다. 늘그막이 되어 젊었을 때로 돌아갈 수 없으니 어찌 탄식하지 않겠는가. 누군가 집에 들어와서 부모나 형이 병 든 모습을 본다면 자식이나 아우 된 사람은 몸 둘 바를 몰라 하며 약을 올리면서 눈물을 흘리는 법이거늘 의원이란 사람이 환자를 대할 때 이익을 따지고 명성을 추구한다면 인술(仁術)이라고 할 수 있겠는가. 이익 때문에 의리를 더럽히지 말고 욕심 때문에 행동을 실수하지 않았으면 좋겠다. 혹자가 "의원은 병만 보고 그 밖의 것을 보지 말라."고 하였으니 지당하도다 이 말씀이여, 의학의 도리를 잘 알고 있다고 할 만하도다. 우리 삼형제는 가업을 계승한 후 늘 조심하며 의술을 게을리하지 않았다. 아아 아버지께서 의학에 두신 뜻이 이처럼 절실함에도 우리가 이렇게 자질이 둔하고 재능이 뛰어나지 못하여 아버지의 뜻을 전부 만족시키지 못하고 있도다. 그렇지만 잘못된 치료로 환자를 죽이지는 않았으니 선현들께서 깨달은 요지를 다행히 마음에 새기고 있었기 때문일 것이다. 작년 신묘년1711에 조선통신사가 토오토(東都)에 가면서 노슈(濃州)의 오가키(大垣)에서 머무를 때 아버지께서 조선의 의관(醫官) 기두문(奇斗文)과 이치를 논하며 병에 관해 물었던 적이 있는데 그때의 필담을 모아 책으로 만들었다. 에도(京洛)의 어떤 책방에서 여러 차례 간행을 청하기에 우리 삼형제가 아버지와 논한 것을 덧붙여 내어주며 그의 요청에 응하노라.

쇼토쿠(正德) 2년 임진1712 7월 1일. 기타오 켄슌린(北尾權春倫) 쓰다.

○ 발(跋)〈"正德壬辰初秋之望, 岡行義"〉. 내용은 생략한다.

본문내용

저자 기타오 슌포(北尾春圃)가 쇼토쿠(正德) 원년신묘1711 12월 1일 밤 조선통신사 일행이 오가키(大垣)의 도겐잔(桃源山) 젠쇼지(全昌寺)에 머무를 때 조선통신사 양의(良醫)[2] 기두문(奇斗文)을 찾아가 나눈 문답에 자신의 의론(醫論)을 덧붙여 정리한 책이다. 즉, 통역이 시작된 뒤 인삼(人蔘)과 관련하여 사삼(沙蔘) 및 만삼(蔓蔘)〈그림으로 제시함〉의 진위 감정을 질문하고, 척추의 만성염증과 소아 감리(疳痢)에 열이 있는 증상에 대한 치료 처방을 물었다. 슌포는 난치 환자의 실제 진료를 청하였고, 노채(勞瘵)의 치료 처방을 물었으며, 중경(仲景)이 말한 상한(傷寒)과 온열(溫熱)의 병에서 장결(臟結)이 된 증상에 대해 듣고자 하였다. 다음으로 슌포 자신이 아들을 위해 만든 의론(醫論) 6개 조문을 기두문에게 선사하고 옳고 그름을 물은 다음 의론의 뒤에 붙인 치법에 대해 비평을 청하였다. 부록으로 슌포의 셋째 아들이 위의 의론과 치법 가운데 이해하기 어려운 곳에 대해 아버지에게 질문한 내용을 실었다.

---

2 원서에서는 "의관(醫官)"이라고 하였으나 수정하였다. 이하 같음.

인물전기

기타오 슌포(北尾春圃, 1658－1741). 자는 이쿠히토(育仁), 호는 도소안(當壯菴), 노슈(濃州) 오가키(大垣)의 의원이다. 그의 아들 중 첫째의 호(號)는 슌치쿠(春竹), 둘째의 호는 슌린(春倫)〈서문의 작자〉, 셋째의 호는 도센(道仙)이다.

기두문(奇斗文, 생몰 미상). 호는 상백헌(嘗百軒). 품계는 조산대부, 관직은 전연사 직장(典涓司直長)으로 숙종 37년 쇼토쿠正德 원년, 신묘1711 일본 칸파쿠(關白) 미나모토 이에노부(源家宣)의 취임 축하를 위해 정사(正使) 조태억(趙泰億), 부사(副使) 임수간(任守幹), 종사관(從事官) 이방언(李邦彥)이 파견되었을 때 양의(良醫)로서 수행하였다.

043. 계림창화집 雞林唱和集

15권 15책

[전존]

(교토대학(京都大學) 도서관 소장)

개요

쇼토쿠(正德) 원년 숙종 37년, 신묘1711 조선통신사가 방문했을 때 여정 중 각지에서 문인(文人)들과 나눈 시문창화(詩文唱和)와 문답필담(問答筆談)을 모은 책이다. 간기(刊記)는 "正德壬辰夏五月, ……"이다.

본문내용

의학과 관련된 내용은 다음과 같다.

권4에 이노우 쟈쿠스이(稻生若水)와 이동곽(李東郭) (이현(李礥)) 이 본초, 특히 벚꽃에 대해 나눈 필담, 쟈쿠스이와 남범수(南泛叟) · 기두문(奇斗文)의 필담이 포함되어 있다.

권5에 재차 쟈쿠스이와 이동곽의 문답이 실려 있고, 권14에 슌안(春菴) (타케다 사다나오 (竹田定直)) 과 기두문 사이의 의약 관련 문답이 있다 (당시 이동곽은 쟈쿠스이가 저술한 《서물유찬庶物類纂》의 서문을 썼다) .

인물전기[1]

이현(李礥, 1654－1718). "제술관. 전 호조 좌랑 이현. 자는 중숙(重叔), 호는 동곽

(東郭)이다. 갑오년에 태어나 을묘년에 진사가 되었고 계유년에 문과에 장원을 한 뒤 정축년 중시에 급제하여 안릉태수를 지냈다. 〔製述官。前佐郎, 李礩, 字重叔, 號東郭, 生甲午, 乙卯進士, 癸酉文科壯元, 丁丑重試及第, 曾爲安陵太守〕"[2]

타케다 사다나오(竹田定直, 1661－1745). 호는 슌안(春菴). 치쿠젠슈(筑前州) 하카타(博多)의 유신(儒臣)이다.

조선에서 온 의원은 아래 3명이다.[3]

기두문(奇斗文, 생몰 미상). "양의(良醫). 전 직장 기두문. 호는 상백헌(嘗百軒), 품계는 조산대부이고 관직은 전연사 직장(典涓司直長)이다. 장의동(壯義洞)에 거주한다〔良醫。前直長, 奇斗文, 號嘗百軒, 朝散大夫, 典涓司直長, 住壯義洞〕"(일본 측에서는 "양의(良醫)"라고 적었다).

현만규(玄萬奎, 생몰 미상). "의원. 전 주부(前主簿) 현만규〔醫員。前主簿, 玄萬奎〕"

이위(李渭, 생몰 미상). "의원. 부사용(副司勇) 이위〔醫員。副司勇, 李渭〕"

---

1 원서에는 주석으로 설명되어 있으나 읽기 편하도록 본문으로 정리하였다.

2 이하 인용 표시된 내용은 《계림창화집》 권두(卷頭)에서 조선통신사 관원을 소개한 원문이다. 원서에는 요약되어 있지만 역자가 추가하여 실었다.

3 이해를 돕기 위해 해당 내용의 위치를 원서와 다르게 조정하였다.

044. 양동창화후록 兩東唱和後錄

1책

[전존]

〈 교토대학(京都大學) 도서관 소장 〉

개요

간기(刊記) “正德二年歲次壬辰季春, 浪速書林, 村上淸三郞、植田伊兵衛壽梓”

쇼토쿠(正德) 원년 신묘1711 가을 9월에 조선통신사가 난바(難波)에 배를 대고 머무를 때 침의(鍼醫) 무라카미 게이난(村上溪南)과 아들 슈난(周南) 등이 쓰시마(對馬)의 의사(醫士) 가케하시 세이안(梯靖庵)의 권유로 통신사 일행의 숙소를 방문하여 기두문(奇斗文)과 침술에 대해 나눈 문답을 실은 책이다.

인물전기[1]

무라카미 게이난(村上溪南, 생몰 미상). 호(號)는 쇼사이(樵齋)이다. 대를 이어 침술을 업으로 삼았다. 그의 선조는 김덕방(金德邦)의 의술을 전수받았다고 한다.

〈 김덕방에 대해서는 〔036장〕 참조 〉

무라카미 슈난(村上周南, 생몰 미상). 게이난의 아들로, 호(號)는 우오사이(得應齋)이다.

기두문(奇斗文, 생몰 미상). “조선의 의관으로, 품계는 선무랑, 관직은 전연사 직장이다〔雞林醫官, 宣務郞, 典涓司直長〕”[2]

---

1 원서에는 주석으로 설명되어 있으나 읽기 편하도록 본문으로 정리하였다.

2 인용 표시된 내용은 《양동창화후록》 책 첫머리에서 기두문(奇斗文)을 소개한 원문이다.

045. 조선인필담 朝鮮人筆談

필사본 1책

[전존]

⟨ 교토대학(京都大學) 도서관 후지카와문고(富士川文庫) 소장 ⟩

개요

교호(享保) 4년 기해1719 조선에서 온 의원 백홍전(白興詮)과 양의(良醫) 권도(權道)가 일본인과 나눈 문답을 수록한 책이다. 백홍전은 조선에서는 의서로서 《동원십서東垣十書》·《동인경銅人經》·《정화본초政和本草》·《의학정전醫學正傳》·《만병회춘萬病回春》을 주로 사용한다고 말하였다.

인물전기[1]

백홍전(白興詮, 생몰 미상). 자는 군평(君平), 호는 서초(西樵)이다.

권도(權道, 1678－?). 자는 대원(大原), 호는 비목(卑牧)·비목재(卑牧齋)이다.[2]

---

1 원서에는 주석으로 설명되어 있으나 읽기 편하도록 본문으로 정리하였다.

2 원서에는 존재하지 않지만 역자가 추가하였다.

046. 조선지신견각 朝鮮之申遣覺

조선에서 전래된 약품 기록朝鮮より申來藥品寫 필사본 1책

[전존]

(교토대학(京都大學) 도서관 후지카와문고(富士川文庫) 소장)

개요

이 책은 한일 간 의약 교류를 살피기에 좋은 자료라고 생각한다. 교호(享保) 8년 계묘1723에서 14년기유1729 사이에 일본과 조선의 약재와 의서 교역에 관한 기록이다.

조선에 요청한 의서로 《두창집요痘瘡集要》·《마경馬經》·《동의보감》이 보인다.

047. 화한인삼고 和漢人蔘考

1권 1책

가토 겐준(加藤玄順) 편찬

[전존]

〈 필자 소장 〉

개요

간기(刊記) "延享五年梓行, 安永三年補正刊行"

형태서지

1권 1책. **|판식版式|** 목판본, 그림 포함됨. **|지수紙數|** 총 24매 〈 단행본으로는 《치리경험治痢經驗》의 부록으로 합본되어 간행된 것이 있다 〉.

내용서지

◎ 서(序)

……, 予友加藤玄順號篤齋, 京師人也, 嘗遲遲去父母之國, 移尾陽, 今居參河, 而承先師之槖籥, 自著治痢經驗, 附以和漢人參考, ……。

延享丙寅孟冬, 勢州久居平岡宗安書。

> …… 나의 친구 가토 겐준(加藤玄順)은 호(號)가 토쿠사이(篤齋)이고 교토 사람이다. 일찍이 고향에서 멀리 떠나 비요(尾陽)로 거처를 옮겼다가 지금은 미카와(參河)에 살고 있다. 스승의 학문을 계승하여 직접 《치리경험》을 저술하고 《화한인삼고》를 덧붙였다. ……。

엔쿄오(延享) 3년 병인1736 10월에 세슈(勢州) 히사이(久居) 사람 히라오카 쇼안(平岡宗安)이 쓰다.

○ 자서(自序), 발(跋)〈"疫辺操"〉. 내용은 생략한다.〈이 서문과 발문은 《치리경험》에 실려 있다〉

본문내용

이 책은 《화한인삼고和漢人蔘考》〈켄사이(謙齋)가 적은 것이다〉, 《화한인삼고후편和漢人蔘考後編》〈니시 쇼오지(西章次) 부자(父子)가 지은 《인삼고人蔘考》를 토쿠사이(篤齋)가 보충하고 수정한 것이다〉, 《화한인삼고후편부록和漢人蔘考後編附錄》〈토쿠사이가 구술한 것이다〉 및 《인삼고추가人蔘考追加》〈켄사이의 유고(遺稿)를 토쿠사이가 보충한 것이다〉의 4편으로 이루어졌다.

⊙ 《화한인삼고》: 이노우 쟈쿠스이(稻生若水)의 인삼론(人蔘論)을 제시하고, 켄사이가 조선 의관(醫官)과 만나 여러 삼(蔘)에 대해 문답한 필담과 도록(圖錄)을 실었다. 즉 인삼 노두(蘆頭)와 잔뿌리에 대해 질문하였고, 자국에서 소인삼(小人蔘)이라고 불리며 대나무처럼 뿌리가 가로로 자라는 것에 관해 물었으며, 인삼 채취법에 대해 듣고, 《증류본초證類本草》에 실려 있는 저주인삼(滁州人蔘)·노주인삼(潞州人蔘)·연주인삼(兗州人蔘)·위승군인삼(威勝軍人蔘)의 그림을 제시하고 조선 인삼이 어느 쪽과 유사한지 물었다.

⊙ 《화한인삼고후편》: 조선인삼(朝鮮人蔘)·판사(判事)·당인삼(唐人蔘)·삼수(蔘鬚)·죽절삼(竹節蔘)·살마인삼(薩摩人蔘)·인삼엽(人蔘葉)·해아삼(孩兒蔘)·고모쯔삼(御物蔘)·광동삼(廣東蔘)·탕삼(湯蔘)·생옥삼(生玉蔘)·화삼(和蔘)·살주종(薩州種) 등 각종 인삼에 대해 고찰하였다.

⊙ 《화한인삼고후편부록》: 저자가 자신의 주장을 서술하였다.

⊙ 《인삼고추가》: 나가사키(長崎)·교토〔京〕·오사카(大坂)에서 상인들이 사용하는 인삼 이름의 목록, 즉 기시손(京蔘, キシソン)·한스(ハンス)·타우타이(唐大, タウタイ)·나미한스(竝ハンス)·에히테(海老樣, エヒテ)·코세(札, コセ)·쯔쯔미(包, ツツミ)·고모쯔(御物, ゴモツ)·후쿠(服, フク)에 대해 설명하였다.

인물전기

백홍전(白興詮, 생몰 미상). 자는 군평(君平), 호는 서초(西樵), 의관(醫官)이다.

장응두(張應斗, 생몰 미상). 호는 국계(菊溪), 조선통신사 종사관(從使官)의 서기(書記)였다.

위와 같이 《화한인삼고》에 적혀 있다.

가토 겐사이(加藤謙齋, 1669－1724). 이름은 추지츠(忠實), 자는 에이추(衛忠), 호는 겐사이(謙齋)・우소오도오진(烏巢道人)이다. 교토에서 의원으로 활동하며 명성을 얻었다. 《의료수인서醫療手引書》 등의 저서가 있다. 또 패사소설(稗史小說)을 즐겨 《가마쿠라실기鎌倉實記》를 저술하였다. 교호(享保) 9년 56세의 나이로 세상을 떠났다.

가토 겐준(加藤玄順, 1699－1785). 자는 이시(懿之), 호는 슈토쿠안(主篤菴)・토쿠사이(篤齋)로 겐사이(謙齋)의 아들이다. 《치리경험》 외에 아버지의 유고를 보충하고 수정하여 《중방규거대성衆方規矩大成》・《화한인삼고》 등을 저술하였다.

고찰

교호(享保) 4년 기해1719 11월 초하루 조선통신사(도쿠가와 요시무네(德川吉宗) 쇼군의 취임 축하를 위해 파견된 사신단으로 정사(正使) 홍치중(洪致中), 부사(副使) 황선(黃璿), 종사관(從事官) 이명언(李明彦) 등이 인솔하였다) 일행이 교토의 혼노지(本能寺)에 머물 때 가토 겐사이가 의관 백홍전・장응두와 인삼에 대해 나눈 필담을 정리한 책이다. 훗날 아들 토쿠사이(篤齋)가 이를 보충・수정하고 여기에 그 밖의 인삼고(人蔘考)를 덧붙여 간행하였다.[1]

1 엔쿄오(延享) 5년(무진1748) 판각하였으나 안에이(安永) 3년(갑오1774)에서야 아들 가토 겐준이 간행하였다.

048. 양관창화집 兩關唱和集

전·후 2권

오구라 다다시(小倉貞)[1] 편찬

(필자는 보지 못하였다)

개요

교호(享保) 4년 조선통신사가 일본을 방문하고 돌아갈 때 나가토슈(長門州) 아카마가세키(赤間關)와 스오슈(周防州) 류몬세키(龍門關)에서 나가토슈의 문인 등과 나누었던 시문창화집(詩文唱和集)이다. 필자는 보지 못하여 내용을 알 수 없지만, 엮은이 오구라 다다시(호는 쇼사이尙齋)의 집안은 대대로 번의(藩醫)를 지냈고, 또 돌아가는 길에 하기번의(萩藩醫) 오카다 히토시오(岡田一入)가 가미노세키(上關)에서 시모노세키(下關)까지 배 안에 함께 있었다고 하였으므로 (《보오초오의학사防長醫學史》에 따름) 의약 관련 문답도 포함되어 있을 것이라고 생각한다.

1 원서에는 "小倉貞實"로 되어 있으나 수정하였다. 오구라 다다시(小倉貞)는 이름이 다다시(貞), 자(字)가 지쓰소(實操), 호(號)가 쇼사이(尙齋)로 알려져 있다.

049. 아이노시마고취 藍島鼓吹

1권

오노 시코(小野士厚) 지음

개요

교호(享保) 연간에 간행되었다. 치쿠젠(筑前)의 아이노시마(藍島)에서 조선통신사 일행과 창화(唱和)한 시문(詩文) 등을 같은 지방 사람 오노 시코(小野士厚)가 엮은 책이다. 식물도(植物圖)와 조선국도(朝鮮國圖)가 포함되어 있다. 필자는 보지 못하였다.

050. 상한훈지집 桑韓塤篪集

11권 11책

[전존]

〈 교토대학(京都大學) 도서관 소장 〉

개요

교호(享保) 4년 기해1719 조선통신사가 왔을 때의 창화필담집(唱和筆談集)으로, 이 속에 의약과 관련된 내용이 포함되어 있다. 교호(享保) 5년 간행되었다.

본문내용[1]

권3에 기타오 슌린(北尾春倫)이 비목(卑牧)・소심헌(小心軒)과 나눈 의약 관련 문답, 권4에 마찬가지로 슌린과 소심헌이 나눈 문답, 권8에 이다 겐키(飯田玄機)와 비목이 나눈 문답, 권9에 이다 류케이(飯田隆慶)・하야시 요시카타(林義方)와 나눈 문답이 수록되어 있다.

인물전기[2]

이다 겐키(飯田玄機, 생몰 미상). 자는 도조(道琱), 보슈(防州) 이와무라(巖邑)의 의사이다.

---

1 이해를 돕기 위해 해당 내용의 위치를 원서와 다르게 조정하였다.

2 원서에는 주석으로 설명되어 있으나 읽기 편하도록 본문으로 정리하였다.

이다 류케이(飯田隆慶, 생몰 미상). 자는 겐케이(玄啓), 호는 칸사이(寬齋), 교토〔京城〕의 의사이다.

하야시 요시카타(林義方, 생몰 미상). 자는 겐테에(玄貞), 호는 고사이(剛齋), 쵸슈(長州) 하기죠(萩城)의 의사이다.

권도(權道, 1678－?). "양의(良醫) 1원. 부사과(副司果) 권도(權道). 자는 대원(大原), 호는 비목(卑牧)이다. 지금 42세이다.〔良醫一員。副司果權道, 字大原, 號卑牧, 今年四十二〕"[3]

백흥전(白興詮, 생몰 미상)·김광사(金光泗, 생몰 미상). "의원(醫員) 2원. 별제 백흥전. 자는 군평(君平), 호는 서초(西樵)이다. 부사과 김광사. 호는 소심헌(小心軒)이다.〔醫員二員。別提白興詮, 字君平, 號西樵。副司果金光泗, 號小心軒〕"

3 이하 인용 표시된 내용은 《상한창화훈지집》에서 "조선 통신사 관직과 성명〔韓使官職姓名〕"을 소개한 원문이다.

051. 대려필어 對麗筆語

1책

마에다 미치하쿠(前田道伯) 지음

[전존]

〈 교토대학(京都大學) 도서관 후지카와문고(富士川文庫) 소장 〉

개요

필자는 보지 못하였다. 엔쿄오(延享) 5년 무진1748 조선통신사가 왔을 때 마에다 미치하쿠(前田道伯)가 그들과 나눈 필담을 정리한 책이라고 생각한다.

052. 한객필담 韓客筆譚

필사본 1책

타치바나 겐쿤(橘元勳) 지음

[전존]

(다케다 쿄우서옥(武田杏雨書屋) 켄켄사이(乾乾齋) 소장)

개요

태의령(太醫令) 타치바나 겐쿤 (이마오지 겐쿤(今大路元勳)) 이 엔쿄오(延享) 5년 무진1748 5월 명을 받고 토오토(東都)에서 조선통신사, 주로 양의(良醫) 조숭수(趙崇壽)와 만나 나눈 의약 관련 문답을 1권으로 정리한 책이다. 타치바나 겐쿤의 자필본 같다.

《소문素問》 가운데 의문점에 관해 토론하였고, 여러 가지 본초, 특히 인삼에 대해 질문하였으며, 조선에서 사용하는 의서를 물어 조선 의학의 추세를 알아내고자 하였다. 《향약집성방》·《의림촬요》·《동의보감》·《태산언해胎産諺解》·《두창언해痘瘡諺解》·《침구경험방》·《경험방經驗方》·《천육집千六集》·《남계집南溪集》·《제재집濟齋集》이 언급되어 있다.

내용서지

◎ 서문[1]

延享五年戊辰五月，朝鮮國信使，來朝於東都，臣 元勳奉命，接見使客，略問方產未聞，以資多識，實非淸平之餘化，何夫得然乎。元勳固有受教于韓人之嫌，談說翩翩，聊示國學之有餘，以故無議論之補過者云爾。

---

1 원서에는 존재하지 않지만 역자가 추가하였다.

太醫令 朝散大夫 橘元勳識。

엔쿄오(延享) 5년 무진1748 5월 조선의 통신사가 토오토(東都)에 방문했을 때 소신 켄쿤(元勳)은 쇼군의 명을 받들어 사신 일행을 접견하면서 알려지지 않았던 조선의 물산에 대해 몇 가지를 묻고 이를 통해 알게 된 것이 많았습니다. 실로 태평성대의 넉넉한 교화가 아니었다면 어찌 그렇게 할 수 있었겠습니까. 소신은 조선인들이 기피함에도 불구하고 가르침을 얻었고 필담을 계속하면서 자못 우리 일본의 학문이 뛰어나다는 사실을 보였으므로 아마 여기에 보충할 내용이 없으리라 생각됩니다.

태의령 조산대부(朝散大夫) 타치바나 겐쿤은 삼가 씁니다.

053. 상한장갱록 桑韓鏘鏗錄 · 의담 醫談

《의담》 1권

모모타 아타카(百田安宅) 지음

[전존]

〈 교토대학(京都大學) 도서관 소장 〉

개요

《상한장갱록》 3권에 《의담》이 덧붙여져 3책으로 간행되었다. 간기(刊記) "寬延紀元戊辰冬十一月, 皇都書林, 圓屋淸兵衛櫻行"

형태서지

4권 3책. **|판식版式|** 목판본, 무계. **|지수紙數|** 총 59매 〈《의담》은 12매〉.

내용서지

○ 《상한장갱록》 서(序) 〈"寬延紀元戊辰閏十月, 曾有原"〉. 내용은 생략한다.

◎ 《의담》 서(序)

> 桑韓鏘鏗錄醫譚序
>
> 金峯百醫生, 今玆夏, 於浪花津邑之精舍, 所交會于韓客之筆話詩文, 綴爲一書, 号桑韓鏘鏗錄矣。此書也, 百氏對于活菴、探玄、松齋之輩, 則論談於醫道, 遇于矩軒、濟庵、海皐之徒, 則贈答於詩文, 其筆戰之間沛然, 而乃猶有欲破堅拉强之勢, 其猛又可愛焉。奧百氏依人之求, 今爲梓刻, 而乞予序, 予前爲官舍之吏務, 故恒見聞於百氏之筆話, 則以予言謂序, 亦爲有由耶。

寬延元戊辰季秋日，奥軌同直救題。

雲菴衣笠 親賢，恭書于平安服膺齋。

상한장갱록의담 서문

의생(醫生) 모모타 긴포(百田金峰)가 올 여름에 나니와(浪花)의 해변에 있는 절에서 조선인과 교제하며 나누었던 필담과 시문(詩文)을 하나의 책으로 엮고 《상한장갱록》이라고 이름 붙였다. 모모타 씨는 조선의 활암(活菴)·탐현(探玄)·송재(松齋) 등과 만나 의학에 대해 담론을 나누었고, 규헌(矩軒)·제암(濟庵)·해고(海皐) 등과 만나 시문을 주고받았다. 필담을 나누는 중에 논박이 쏟아졌음에도 불구하고 오히려 견고한 논리를 논박하고자 하는 기세가 있었으니 그 맹렬했던 기개는 더욱 칭찬할 만하다. 오오슈(奥州)의 모모타 씨는 사람들의 요구에 따라 이제 책을 찍으며 나에게 서문을 부탁했다. 나는 전부터 관청에서 일했기 때문에 모모타 씨의 필담에 대해서 항상 보고 들어왔으니 나의 말을 서문으로 써달라는 부탁 역시 이러한 이유가 아니겠는가.

간엔(寬延) 원년 무진1748 9월. 오오슈(奥州)의 키도오(軌同) 미나모토 지키큐우(源直救)가 문장을 짓다.

운안(雲菴) 키누가사 신겐(衣笠親賢)이 헤이안(平安)의 후쿠요오사이(服膺齋)에서 삼가 글씨를 쓰다.

본문내용[1]

모모타 아타카와 양의(良醫)인 활암(活菴) 조숭수(趙崇壽)가 나눈 의약 관련 문답을 기록하고, 뒤에 제술관 학사(學士) 박경행(朴敬行)과 3명의 서기(書記) 이봉환(李鳳煥)·유후(柳逅)·이명계(李明啓), 그리고 조숭수와 창화(唱和)한 시문(詩文)을 덧붙였다. 《의담》의 내용은 다음과 같다.

1 이해를 돕기 위해 해당 내용의 위치를 원서와 다르게 조정하였다.

◎ 《의담》 내용

骨蒸, 火動, 鼓脹, 噎膈, 溫泉, 癭瘤, 瘰癧, 痼積, 諸病多寡, 汗吐下方, 平生保養服藥, 小兒養育, 處劑兩目輕重, 分量, 諸子同坐雜話, 人蔘製法, 藥草類 등

인물전기

모모타 아타카(百田安宅, 생몰 미상). 자는 시산(子山) 또는 헤이카쿠(平格), 호는 킨포(金峰)이다. 나니와(浪華) 사람이다.

조숭수(趙崇壽, 생몰 미상). 자는 숭재(崇哉), 호는 활암(活菴)이다.

고찰

도쿠가와 이에시게(德川家重) 쇼군(將軍)의 취임을 축하하기 위해 파견된 조선통신사 일행 (정사(正使) 홍계희(洪啓禧), 부사(副使) 남태기(南泰耆), 종사관(從事官) 조명채(曹命采)) 이 간엔(寬延) 원년 무진1748 5월 나니와(浪華)를 지날 때 모모타 아타카가 양의(良醫) 조숭수를 방문해 의학에 관해 문답을 나누었다. 이 문답에 당시 창화(唱和)했던 시문(詩文)을 덧붙인 책이다.

054. 상한의문답 桑韓醫問答

3권 3책

카와무라 슌코(河村春恒) 지음

[전존]

(교토대학(京都大學) 도서관 소장)

개요

간엔(寬延) 원년 무진1748 간행. 간기(刊記) "東武書肆, 須原茂兵衛梓".

내용서지

◎ 발(跋)[1]

題桑韓醫問答後

夫醫之於業也, 博矣遠矣, 凡軒歧而下, 浡海長沙, 載籍浩浩, 窺之者, 或安小成, 徒探支流, 若其泝淵源者, 實寥寥乎, 又彼望洋者, 驚嘆其無涯, 瞪目獨語而已, 其難爲名也, 天下滔滔之是也。今玆延享戊辰之年, 高句麗修聘來, 河君子升, 與其良醫趙崇壽醫員二主簿等, 筆語交酬, 以游泳淵海, 觀其混混洋洋, 蓋謂淄澠之滋味, 涇渭之淸濁, 不至其地, 則眞僞難辨焉, 今或得其人而聞其語, 亦萬里之外可以決焉, 雖然自非觀海者, 則誰敢當此哉。若詩若文, 縱奇一時, 使韓人拭目者, 豈啻芙蓉千仞哉。但夫仰視而謂徒假手於彼國者, 則井蛙不可語海之比也, 河君之擧, 可謂能探淵海乎。

余同僚, 岡胥儆者, 河君之先人, 滄洲先生之門也, 乃亦傍投書趙良醫, 以言其志, 筆底瀾汗, 云使韓客刮目也, 亦可謂滄洲先生家學揄揚益廣也。胥儆者, 蓋其先信

1 원서에는 내용이 생략되어 있지만 역자가 추가하였다.

陽人，後移于北越村上，與余累世通家，河君辱於余，亦因胥傚，而幸獲近函丈，則義不可黙，聊敢一言，以告世之滔滔者也。自一逍遙游泳于瀰泫澄深之間也，而淄澠之滋薄，涇渭之清濁，可以分辨也。乃先所謂瞪目獨語而已者，則海之一粟，豈足論焉。於此乎書。

寬延改元之秋，東都 渡得正誌，友人 澤安親書。

상한의문답 제후(題後)

의학자가 해야 할 일은 넓고도 먼 법이니 헌원(軒轅)과 기백(歧伯) 이후로 편작과 장중경에 이르기까지 서적이 매우 많다. 책을 어느 정도 본 사람 중에 일부는 작은 성취에 안주하여 쓸데없이 말류만 탐구하고 있으니 근원적인 이치를 찾는 이가 매우 적고, 광대한 서적을 관망하는 사람은 끝없이는 광대함에 경탄하면서 눈을 크게 뜨고 혼잣말을 할 뿐이니 그 이름을 드러내기 어렵다. 세상은 이렇게 흘러왔다. 지금 엔쿄오(延享) 무진년1748에 조선에서 통신사가 왔을 때 카와무라 슌코(河村春恒, 자는 시쇼子升) 군은 양의(良醫)인 조숭수(趙崇壽) 및 두 의원과 함께 필담으로 교류하고 근원적인 이치를 얘기하면서 넓고 넓은 의학의 바다를 관망하였으니 아마도 '치수(淄水)와 승수(澠水)의 맛이 좋은지 나쁜지, 경수(涇水)와 위수(渭水)의 물이 맑은지 탁한지는 직접 그곳에 가보지 않으면 진위를 판단하기 어려운 법이지만 만약 그 지역의 사람을 만나 그의 말을 듣는다면 만리 밖에서도 확실히 알 수 있다.'라고 말할 수 있을 것이다. 그렇지만 넓은 의학의 바다를 관망할 수 있는 사람이 아니라면 누가 이렇게 할 수 있겠는가. 한 시대를 풍미하여 조선인들을 깜짝 놀라게 할 만한 시문(詩文)으로 말할 것 같으면 어찌 연꽃처럼 빼어난 문장이 천 길 만큼 쌓여있을 뿐이겠는가. 다만 우러러보기만 하면서 생각 없이 조선인에게 손을 빌리기만 한다면 바다를 논하지 못하는 우물 안 개구리와 마찬가지일 것이다. 그러니 카와무라 군의 이번 필담은 넓은 의학의 바다를 탐구했다고 말할 수 있지 않겠는가.

나의 동료 오카 쇼코오(岡胥傚)는 카와무라 군의 아버지이며 쇼오슈우(滄洲) 선생의 문인이다. 그도 별도로 조 양의와 서신을 교환하면서 그의 생각을 말했는데 붓끝에 호방한 기운이 넘쳐 조선인이 깜짝 놀랐다고 하니 역시 쇼오슈우 선생의 학문을 선양하고 널리 전했다고 할 만하다. 쇼코오의 선대는 신요(信陽) 사람으로 후대에 에치코(越後)의 무라카미(村上)로 이주하면서 우리 집안과는 대대로 친분이 있는 집안이다. 카와무라 군이 나에게 서문을 부탁하긴 했으나 그 역시 쇼코오를 따라서 스승님께 직접 배웠으니 필담의 내용은 수정할 점이 없을 것이다. 조금이나마 감히 한마디 말로 그저 그렇게 흘러온 세상의 사람들에게 고한다. 카와무라 군이 넘실거리는 깊은 의학의 바다에서 한 번 노닐었으니 이제부터 이 책을 읽으면 치수(淄水)와 승수(澠水)의 맛이 좋은지 나쁜지, 경수(涇水)와 위수(渭水)의 물이 맑은지 탁한지 구별할 수 있을 것이다. 앞에서 말한 '눈을 크게 뜨고 혼잣말을 할 뿐'이라는 경지는 넓은 바다의 좁쌀 한 톨만큼 적을 테니 어찌 논할 수 있겠는가. 이렇게 서문을 쓴다.

간엔(寬延) 원년 무진1748 가을. 토오토의 와타리 토쿠마사(渡得正)가 글을 짓고, 친구 사와 야스치카(澤安親)가 쓰다.

인물전기

카와무라 슌코(河村春恒, 생몰 미상). 이 책에는 "카와 슌코(河春恒)"라고 기재되어 있다. 자는 시쇼(子升) 또는 조인(長因), 호는 겐도(元東)이다. 에도(江戶)의 관의(官醫)였다.

고찰

엔쿄오(延享) 무진 6월에 카와무라 슌코와 조선의 양의(良醫) 조숭수(趙崇壽)가 나눈 의약 관련 문답을 모은 책이다. 필자는 이 책의 영본(零本)밖에 볼 수 없었으므로 내용 설명은 뒷날로 미룬다.

055. 반형한담 班荊閒譚 한인창화산물필어韓人唱和産物筆語 2권 2책

나오미 류(直海龍) 지음

[전존]

(필자 소장)

개요

간기(刊記) "寬延紀元戊辰初冬, 衣棚通姉小路程上町 平安書肆, 万屋作右衛門壽梓".

조선통신사 일행이 엔쿄오(延享) 원년무진1748 4월 27일 에도(江戶)로 가기 위해 오사카(大坂)의 빈관(賓館)에 머물 때, 또 같은 해 6월 27일 돌아가는 길에 헤이안(平安)의 빈관에 머물 때, 나오미 류(直海龍)가 통신사 일행 중 특히 양의(良醫) 조숭수(趙崇壽, 호는 활암活菴)에게 본초에 관해 질문한 내용을 모은 책이다. 부록으로 우테에(宇鼎)가 지은 《화한용자식和漢用字式》을 실었는데, 이것은 20여 종 본초의 한글 향명(鄕名)을 일본어의 이로하(イロハ) 순서에 맞추어 실은 것이다.

형태서지

상·하 2권 2책. **|판식版式|** 미농지(美濃紙)[1] 반절 크기. **|지수紙數|** 본문 상권 11매, 하권 17매, 부록 6매.

책 첫머리에 서문 3수(首), 책 말미에 발문 2수가 있다.

---

1 미농지(美濃紙) : 일본의 종이 규격으로, 대략 세로 약 27 × 가로 약 39㎝ 정도 크기이다.

본문내용

본초에 관한 필담이 주요 부분을 차지한다. 도홍경(陶弘景)의 《명의별록名醫別錄》에 설명된 인삼에 대해 저자 나오미 류가 품었던 의문을 몇 조에 나누어 질문하였고, 악설(握雪)・백주사(白舟砂)・혜초(蕙草)・장송(長松) 등에 관하여 가르침을 받았다. 또 풍수(楓樹)・해당(海棠)・앵도(櫻桃)・목엽화(木葉花)〈화석(化石)〉・대조(大棗)・오미자(五味子)・목단(牧丹)・산호동(珊瑚桐)・목근(木槿) 등에 대해 묻고, 《양화소록養花小錄》 가운데 동백(冬柏)・백일홍(百日紅)・향불(向佛)・해당(海棠)・금자(錦子) 각각의 명칭 차이를 질문하였다. 그 외에 현토군(玄兎郡)의 소재, 고려의 음악, 일본의 고문자(古文字)〈소라이(徂徠)〉에 관해 문답하고, 또 조숭수(趙崇壽)가 휴대하고 있던 약롱(藥籠)과 약낭을 보여달라고 부탁하며 그 속의 약재 제조법을 배우고자 하였다.

인물전기

나오미 류(直海龍, 생몰 미상). 자는 겐슈(元周), 호는 고사이(衡齋), 엣추(越中) 사람이다. 헤이안(平安)에서 의업(醫業)에 종사하였고 본초학에 밝았다.

고찰

이 책은 주로 본초에 관한 내용을 담고 있다. 단순한 문답집이지만 본초학 측면에서 조선에 대해 알고자 했던 에도 중기의 모습이 드러나 있다. 이 방면의 자료로서 참고할 가치가 있다.

056. 선린풍아 善隣風雅 부록附錄

[전존]

〈 교토대학(京都大學) 도서관 소장 〉

개요

간기(刊記) "寬延元戊辰年九月, 文臺屋多兵衛"

오후(尾府, 오와리尾張)에서 홍계희(洪啓禧)가 인솔한 조선통신사 일행과 필담을 나눈 서간이다. 후편 권하(卷下)에 있는 〈부록附錄〉에는 사토 요코(佐藤養浩)가 양의(良醫) 조숭수(趙崇壽)와 나눈 의약 관련 문답이 실려 있다. 내용은 아래와 같다.

◎ 《선린풍아》〈부록〉 내용

素問, 至人眞人聖人, 君相二火, 厥陰陽明, 本草常山條, 龔氏回春紅鉛條, 同書虛勞門, 下疳瘡

인물전기[1]

사토 요코(佐藤養浩, 생몰 미상). 자는 엔추(圓仲), 호는 이안(頤菴)이다.

1 원서에는 주석으로 설명되어 있으나 읽기 편하도록 본문으로 정리하였다.

057. 한사훈지집 韓槎塤篪集

상·하 2권 2책

아이다 도쿠(合田德) 지음

[전존]

(교토대학(京都大學) 도서관 소장)

개요

간엔(寬延) 원년 무진1748에 간행된 듯하다.

간엔 무진년 6월 오치(越智)의 아이다 도쿠와 조선통신사가 나누었던 창화집이다. 권하(卷下)에 양의(良醫) 조숭수(趙崇壽)와 나누었던 의약 관련 문답이 약간 실려 있다.

인물전기[1]

아이다 도쿠(合田德, 생몰 미상). 자는 하쿠규(伯求), 호는 다이케이(泰溪) 혹은 가요산진(華陽山人)이다.

1 원서에는 주석으로 설명되어 있으나 읽기 편하도록 본문으로 정리하였다.

058. 한객치험 韓客治驗

1권 1책

하구치 준소(樋口淳叟) 지음

[전존]

〈 교토대학(京都大學) 도서관 후지카와문고(富士川文庫) 소장 〉

개요

간기(刊記) "寬延二巳五月藏版".

형태서지

1권 1책. **| 판식版式 |** 목판본. **| 지수紙數 |** 서문 2매, 자지(自識) 4매, 본문 13매.

내용서지

○ 서(序)〈"寬延二己巳三月, 田中牧齋素行甫記"〉. 내용은 생략한다.

◎ 지(識)

自藝州鎌刈贈來書翰

正騎舡格軍, 致傷於火藥者, 症情危重, 非但渠之自分必死, 舟中人莫不危之, 而專賴足下, 往來診病, 隨症投藥, 以至於起死回生。此外諸舡沙格中病者亦多, 而幷皆救護, 俱得復常, 一行上下, 孰不感歎。三使道到大坂, 聞此報, 俾卽致謝, 而因行期, 卒迫未果, 趁卽擧行, 到鎌刈後, 更爲告達, 自三行次, 各有所送, 深致報謝之意, 幸足下領之。

戊辰七月日, 上上官 子淳朴僉知〔印〕, 季深玄僉知〔印〕, 大年洪僉知〔印〕。

浪華醫士樋口道與公。

正使道所送，藥果伍立，大口魚參尾，扇子貳柄，黃筆貳柄，眞墨貳笏。

副使道所送，扇子貳柄，石魚貳束。

從事道所送，扇子貳柄，石魚貳束。

延享四年夏五月，承官命，治韓客於無戻川舡中，韓客始疑本邦醫藥，予爲之辨曰，本邦醫流，皆軒岐之徒也，不曾出張劉李朱之藩圍也。藥品選用國産之佳者，凡人參、五味子之類，用貴國之産，地黃、當歸、黃連之類，用本邦之産，其餘品選用中華及諸番之佳者。診察法無他，以望聞問切爲要，其外按腹候背，又考口鼻之氣息，以三部九候分六淫七情之病。藥劑大小，煎法多少，服法緩急，則以貴邦所撰東醫寶鑑爲規矩，然則何疑之有矣。好生之士，臨病生，猶豫怠修養，必有妨生路云爾。韓客終解疑，請治療，其治驗如左。

浪華醫士樋口道與識。

게이슈(藝州) 카마가리(鎌刈)에서 보내온 서한

정사(正使)가 탄 정사기선(正使騎船)의 격군(格軍, 선원) 중에 화약(火藥)에 다친 이가 증상이 매우 위중하여 자신도 곧 죽게 되리라 생각했을 뿐 아니라 배 안의 사람들도 모두 위급하게 여겼으나 귀하에게 맡기자 와서 병을 살피고 증상에 따라 약을 투여하여 기사회생시키셨습니다. 이 외에 배에 타고 있던 여러 사공(沙工, 선장)과 격군(格軍) 중에도 병자가 많았는데 모두 치료하여 다 회복되었으니 일행이 상하를 막론하고 누군들 감탄하지 않았겠습니까. 삼사(三使, 정사・부사・종사관)가 오사카(大坂)에 이르러 이 보고를 듣고 감사를 전하려 하였으나 여정의 기한이 촉박하여 결국 그리하지 못하였고, 카마가리(鎌刈)에 도착한 뒤 다시 아뢰자 정사・부사・종사관이 각각 차례로 선물을 보내와 깊은 감사의 마음을 전해왔으니 귀하께서 받아주신다면 좋겠습니다.

무진년1748 7월. 상상관(上上官, 당상역관堂上譯官) 첨지(僉知) 박자순(朴子淳)〔인(印)〕, 첨지 현계심(玄季深)〔인(印)〕, 첨지 홍대년(洪大年)〔인(印)〕

나니와(浪華) 의사(醫士) 히구치 도오요(樋口道與) 공께.

정사(正使)가 보내온 것 : 약과(藥果) 5개, 대구 3마리, 부채 2개, 황모필 2자루, 진묵(眞墨) 2개.

부사(副使)가 보내온 것 : 부채 2개, 조기 2속(束).

종사관(從事官)이 보내온 것 : 부채 2개, 조기 2속(束).

> 나는 엔쿄(延享) 4년1747 5월에 명을 받고 시리나시가와(尻無川)에 정박한 배 안에서 조선인을 치료하였다. 처음에는 조선인들이 우리 일본의 의약을 의심하기에 나는 이렇게 변론하였다. "우리 일본의 의원은 모두 헌원(軒轅)과 기백(岐伯)을 따르고 예전부터 장중경(張仲景)·유하간(劉河間)·이동원(李東垣)·주단계(朱丹溪)의 의약에서 벗어난 적이 없습니다. 약재는 각 나라에서 나는 것 중에 효능이 좋은 것을 선택하여 씁니다. 인삼과 오미자 등은 귀 조선에서 나는 것을 쓰고, 지황·당귀·황련 등은 우리 일본에서 나는 것을 쓰며, 나머지 약재는 중국이나 주변 나라에서 나는 것 중에 효능이 좋은 것을 사용합니다. 진단하는 방법도 다르지 않습니다. 망진(望診)·문진(聞診)·문진(問診)·절진(切診)을 핵심으로 삼되 그 밖에 배를 눌러보거나 등을 살펴보기도 하고 또 입과 코의 숨을 관찰하면서 삼부구후(三部九候)의 맥에 따라 육음(六淫)이나 칠정(七情)의 병을 진단합니다. 약재의 용량, 달이는 시간, 복용하는 방법은 귀 조선에서 만든 《동의보감》을 기준으로 삼습니다. 그러니 무엇을 의심할 수 있겠습니까. 생명을 존중해야 하는 의원이 환자를 대하면서 오히려 수련을 게을리하면 필시 살아날 방법을 방해하게 될 뿐입니다." 그러자 조선인들이 결국 의심을 풀고 치료를 청하였다. 당시의 치험(治驗, 치료경험)은 다음과 같다.
>
> 나니와(浪華) 의사(醫士) 히구치 도오요(樋口道與) 쓰다.

본문내용

본문에는 당시의 "치험(治驗)" 14가지를 기록하였다. 이어 "의문(疑問)" 항목을 덧붙였는데, 히구치 준소가 인삼(人蔘)·호구삼관법(虎口三關法)·약일첩(藥一貼)·전자수분량(煎煮水分量) 등에 관한 질문하고 양의(良醫) 활암(活菴) 조숭수(趙崇壽)가 그에 대해 대답한 내용을 실었다.

인물전기

히구치 준소(樋口淳叟, 생몰 미상). 자는 도오요(道與), 호는 세이네이(生寧)로, 나니와(浪華)의 의원이다.

고찰

위의 지(識)는 짧은 글이지만 당시 조선과 일본의 의학 양상을 한 측면에서 살필 수 있는 자료이므로 흥미롭다.

059. 화한창화록부록 和韓唱和錄附錄

1책 1책

무라카미 히데노리(村上秀範) 엮음

[전존]

(교토대학(京都大學) 도서관 소장)

개요

간엔(寬延) 원년 무진1748 조선통신사가 왔을 때 양의(良醫) 조숭수(趙崇壽, 호는 활암活菴)와 다나카 쓰네요시(田中常悅, 호는 쇼코嘯皐)가 나누었던 의약 관련 문답이 이 책 가운데 포함되어 있다. (《화한창화록和韓唱和錄》은 일본과 조선 양국 13인의 시(詩)·부(賦)·필담을 모은 2권의 책으로 무라카미 히데노리가 엮었다. 이 《부록附錄》은 별도의 1책으로 되어 있다)

060. 화한의화 和韓醫話

2권 1책

야마구치 다다오키(山口忠居) 지음

[전존]

(교토대학(京都大學) 도서관 소장)

개요

간기(刊記) "明和二乙酉年八月吉旦, 書林, 京都堀川通佛光寺下ル町 錢屋七郎兵衛, 尾州名古屋本町壹町目 風月堂孫助, 同町 菱屋利兵衛, 同九町目 同九兵衛"

형태서지

상・하 2권 1책. **|판식版式|** 목판본. **|지수紙數|** 총 20매.

내용서지

◎ 서(序)[1]

和韓醫話序

醫豈易言哉。醫者則所關係者大矣。下藥一匕, 立死活人, 任非宰相, 而秉司命之權。古人曰, 欲爲醫者, 上知天文, 下知地理, 中知人事, 三者俱明然後, 可以語人之疾病, 嗚呼, 醫豈易言哉。後世庸醫, 不講一書, 不諳一方, 信口說證, 隨意施藥, 不亦殆哉。湛玄則不然, 篤信好學, 多方參會, 旁及品物之學, 賦詩著文, 與僕從

1 원서에는 일부 내용만 있지만 역자가 보충하여 실었다.

遊者，有年于此矣。

甲申歲，韓使來聘，僕小相于賓館，湛玄亦從僕，與韓醫慕庵李氏者，以筆代話，慕庵極稱其有志於道，問對移時，且授以參葉散方，至意懇篤，竭歡而後已。湛玄錄其筆語，以爲一卷，鋟于梓公于世，請序於僕，知己所需，不得固辭矣，强書數字，以弁卷端云爾。

旹明和紀元甲申臘月日，張藩書室監 松平秀雲題。

화한의화 서문

의학을 어찌 쉽게 말할 수 있으리오. 의학은 관계된 바가 중대하다. 약 한 술을 먹이면 죽어가던 사람이 살아나니 재상의 권력은 없으나 목숨 다루는 권한을 쥐고 있다. 옛사람은 "제대로 된 의원 노릇을 하려면 위로 천문(天文)을 깨우치고 아래로 지리(地理)를 깨우치며 그 사이의 인사(人事)까지 깨우쳐서 천지인 삼재(三才)가 모두 분명해진 뒤에야 사람의 질병에 대해 말할 수 있다."고 하였으니, 아아 의학을 어찌 쉽게 말할 수 있으리오. 요즘 실력 없는 의원들은 책 하나 읽지 않고 처방 하나 외우지 못한 채 입으로만 증상을 설명하고 생각나는 대로 약을 주고 있으니 참으로 위태롭지 않은가. 야마구치 다다오키(山口忠居, 자는 단겐湛玄)는 그렇지 않은 사람으로 독실하게 학문을 좋아하여 많은 의서를 탐독한 것은 물론, 박물학이나 시문에도 조예가 깊다. 나와 어울린 지는 몇 년 정도 되었다.

갑신년1764에 조선통신사가 왔을 때 나는 빈관(賓館)에서 접객하는 역할을 맡았고 단겐도 나를 따라와 조선 의원인 모암(慕庵) 이좌국(李佐國)과 필담을 나누었다. 모암은 그가 의학에 뜻이 있음을 매우 칭찬하였고, 문답을 나눈 지 꽤 지나서는 삼엽산(參葉散) 처방까지 주었으니 금세 정이 들어 실컷 즐거워하다가 헤어졌다. 단겐이 이 필담을 베껴서 한 권의 책으로 만들고 인쇄하여 세상에 공개할 때 나에게 서문을 부탁하기에 절친한 친구의 부탁을 거절할 수 없어 억지로 몇 글자 써서 책 앞에 둔다.

메이와(明和) 원년갑신1764 12월. 오와리번(尾張藩) 서실감(書室監) 마쓰다이라 슈운(松平秀雲) 쓰다.

○ 서(序)（"門人松浦壽師"）. 내용은 생략한다.

○ 발(跋)（"撰者山口安齋"）. 내용은 생략한다.

본문내용

이 책은 조선통신사 일행이 나고야(名古屋)를 지날 때 오와리번(尾張藩)의 의원 야마구치 다다오키와 조선 의관(醫官) 이좌국(李佐國)이 오와리번 다이유잔(大雄山) 쇼코인(性高院)의 빈관(賓館)에서 서로 만나 의학에 관해 필담으로 나눈 문답을 1책으로 정리한 것이다. 상권은 호레키(寶曆) 14년갑신1764 2월 3일 에도(江戶)로 가는 길에, 하권은 같은 해 4월 29일 돌아가는 길에 이루어진 대화를 담았다.

상권에서는 이름을 말하고 면담을 요청하는 것을 시작으로, 《사창옥형서痧脹玉衡書》에 대해 이야기하고, 각기(脚氣) 및 돌연사에 대해 질문한 뒤, 《중경상한론仲景傷寒論》·《단계심법丹溪心法》 등 의서에 대해 의견을 나누었다. 또 안자이(安齋)는 일본에서 찍어낸 《외대비요방外臺秘要方》을 자랑하였다.

하권에는 쇼토쿠(正德) 연간에 조선에서 온 기두문(奇斗文)〈전기는 〔042장〕에서 설명하였다〉에 대해 적고, 노채(勞瘵) 치료의 좋은 방법을 물었으며, 두창에 대해 문답하고, 나고야 지방에 유행하는 하야데(颶風)〈지금의 역리(疫痢)〉에 대해 이야기하였다. 마지막에는 인삼의 진위 감정법 및 인삼잎의 주치에 대해 질문하였다.

인물전기

야마구치 다다오키(山口忠居, 생몰 미상). 자는 단겐(湛玄), 호는 안자이(安齋). 고토(皇都)에서 야마와키 토오요오(山脇東洋)의 문인이 되었고 특히 뜸에 대해 잘 알았다. 나고야로 돌아와 의원으로 활동하며 명성을 얻었다.

이좌국(李佐國, 1733－?). 자는 성보(聖甫), 호는 모암(慕庵)이다.

이 호레키(寶曆) 14년영조 40년, 갑신1764의 사행은 칸파쿠(關白) 도쿠가와 이에시게(德川家重)가 물러나고 도쿠가와 이에하루(德川家治)가 습직(襲職)한 것을 축하하기 위해 파견된 사절로, 정사(正使) 조엄(趙曮)·부사(副使) 이인배(李仁培)·종사관(從事官) 김상익(金相翊) 이하 488인으로 구성되었다. 이좌국은 양의(良醫)로서 일본에 왔고 관직은 부사과(副司果)였으며 나이는 30세였다.

061. 상한필어 桑韓筆語

1권 1책

야마다 세이친(山田正珍) 지음

[전존]

〈 필자 소장 〉

개요

간기(刊記) "寶曆十四甲申四月日, 東都書肆, 本町三町目, 西村源六, 尙古堂藏".

내용서지

◎ 서(序)[1]

桑韓筆語序

寶曆歲舍甲申之春, 朝鮮國信使寔來修聘, 禮也。當是之時, 都下學士大夫, 莫不通剌操觚, 與其學官書記, 唱酬賡和。圖南菅公宗俊, 亦與焉, 其適蕃館, 凡十二次, 輯錄其詩文筆語若干篇, 題曰桑韓筆語。每會製述官良醫三書記武官伴倘小童等, 往復探討, 頗數百條, 其猥雜煩冗者, 自以爲土苴, 芟刪幾盡。夫朝鮮與吾大東, 壤地不相接, 語言不相通, 然至其心效華夏之文雅, 力追風騷之絶響, 則鈞之而已矣。是以自非以筆換舌, 雄辨解頤, 安能可得交兩國之歡哉。筆語之不可以已也, 蓋如斯乎。是書繕寫竣役, 而後舍之凡側不顧, 因書賈某頻來懇請, 遂乃許上木。

圖南菅公世官醫業, 麟嶼先生之遺愛, 藏書萬卷, 人稱富有矣。此行也, 韓人每見圖南, 贊其穎脫敏捷, 以奇童稱焉, 良醫亦驚其少年才學優長, 特達軒岐之道, 兼明

1 원서에는 일부 내용만 있지만 역자가 보충하여 실었다.

本草之學，而數謂後生可畏也。宜哉，家學之所由出，固得其宗。麟嶼先生初見于徂來翁，委質於吾師春臺先生，而圖南公亦爲余疏附，是故余深感其有淵源，以忘其固陋，應需叙其梗槩爾。

東都稻垣長章穉明父識。

상한필어 서문

호레키(寶曆) 갑신년1764 봄 조선통신사가 우리 일본을 방문한 것은 예법에 따른 것이다. 당시 에도(江戶)의 학자나 관료 치고 필담을 나누고 싶다고 기별을 넣어 조선의 학자・관료・서기(書記)와 창화하지 않은 사람이 없었다. 도난(圖南) 스가(菅) 공 소슌(宗俊)[2]도 그들과 어울리면서 통신사의 객사에 총 12차례 방문하였고 이때 나눈 시문(詩文)과 필담 일부를 옮겨 적은 후 《상한필어》라고 제목을 붙였다. 그는 제술관(製述官)・양의(良醫)・세 서기(書記)・무관(武官)은 물론 사환들까지 만나면서 주고받은 질문과 토론들이 거의 수백 건이나 되었으나 그중에 잡다하거나 쓸데없는 말들을 스스로 군더더기라 여겨 거의 다 삭제하였다. 무릇 조선과 우리 일본은 땅이 이어져 있지 않고 말이 통하지 않지만 중국의 시문을 숭상하여 뛰어난 문장을 힘껏 추구한다는 점은 똑같을 것이다. 이렇게 필담으로 말을 대신할 수 없었다면 기쁘게 문답하면서 두 나라가 교류하는 즐거움이 어떻게 있었겠는가. 필담을 멈추지 못하던 까닭은 아마 이 때문일 것이다. 이 책 필사하는 일을 마치고 나서 책상 옆에 둔 채 돌아보지 않다가 어느 날부터 서점의 아무개가 자주 찾아와 간절히 청하기에 마침내 간행을 허락하게 되었다.

도난 스가 공은 대대로 의관(醫官)을 지낸 집안 사람으로 돌아가신 야마다 린소(山田麟嶼) 선생께서 아끼시던 만여 권의 책을 소장하고 있어 사람들이 장서가라고들 한다. 이번 통신사 행차 때 조선인들은 도난 공을 볼 때마다 뛰어남과 똑똑함을 칭찬하면서 기동(奇童, 신동)이라고 불렀다. 양의(良醫)도 그가 어린 나이에 재능과 학문이 뛰어남에 놀라워하면서 특히 의학에 통달하고 본초까지 해박하여 여러 차례 후생가외(後生可畏, 후배들의 학식에 경탄함)라고 말하였다. 가학에서 비롯된 학문으로 으뜸이 되었으니 참으로 마땅하도다. 야마다 린소 선생께서 처음 오규 소라이(荻生徂徠) 어르신을 찾아뵈었을 때 나의 스승이신 다자이 슌다이(太宰春臺) 선생에게 인사를 드리셨고 도난 공도 그때 나와 친교를 맺었다. 이렇게 나는 우리의 인연에 깊은 감회를 느껴 문장의 부족함도 잊은 채 부탁에 따라 일의 전말을 적는다.

토오토의 이나가키 나가아키(稻垣長章, 자는 치묘穉明) 쓰다.

○ 서(序)（"醫官村岡彭題"）. 내용은 생략한다.

본문내용

조선통신사 일행이 에도(江戶) 빈관(賓館)에 머물 때 2월 23일에서 3월 8일까지 대략 12차에 걸쳐서 야마다 세이친이 제술관(製述官)·의관(醫官)（이좌국(李佐國)과 이민수(李民壽)）·서기(書記)·무관(武官)·반당(伴倘) 등과 필담했던 시문(詩文)과 약간의 문답을 모은 것이다.

의약과 관계있는 조문을 꼽아 보면 다음과 같다. 야마다 세이친은 양의(良醫) 이좌국에게 허준(許浚)의 《동의보감》에 실려 있는 여러 종의 약물에 관해 물었고, 《내경內經》·《갑을경甲乙經》 경락설(經絡說)의 옳고 그름에 대해 질문하였으며, 자신이 저술한 《골도변오骨度辨誤》를 보이며 서문을 부탁하였다. 또 노채(勞瘵)의 치료법을 물었고, 조선과 일본에서 나는 장석(長石)·이석(理石)의 차이를 질문하였으며, 《금궤요략金匱要略》의 감초분밀탕(甘草粉蜜湯) 가운데 '분(粉)'에 대해 의견을 청하였다. 인삼 제법에 대해 질정하여 결국 이좌국에게서 따로 적은 인삼 제법 기록을 받았고, 의학에 대한 열정과 총명한 재능을 칭찬받았다. 또 《천금방千金方》 및 《금궤요략金匱要略》에 실린 약재 중 난형(欒荊)·적소(赤消)에 대해 질문하고, 마란(馬蘭) 잎의 중국 명칭을 물었다.

다음으로, 이민수에게 만년청엽(萬年靑葉)을 보이며 조선에서의 이름을 물었으나, 그로부터 "그것은 약재를 채취하는 이들의 일이니 어떻게 알겠는가〔此乃採藥軍事, 何以知乎〕"라는 답변을 받았다. 여기에서 두 사람은 약재 채취에 대한 지식이 의원에게 필요한지 아닌지에 대해 논쟁하였다. 그 후에 서로 시문을 교환하고 조선의 사정을 질문하는 등의 내용이 실려 있다.

---

2 성(姓)은 스가(菅), 씨(氏)는 야마다(山田), 이름은 세이친(正珍), 자는 소슌(宗俊), 호는 도난(圖南)이다.

인물전기[3]

야마다 세이친(山田正珍, 1749-1787). 자는 소슌(宗俊), 호는 도난(圖南)이다. 당시 16세였다.

이민수(李民壽, 생몰 미상). 호는 삼계(三桂)이다. 당시 정사(正使)의 반인(伴人)으로 품계는 통덕랑(通德郞)이었으며 의학에 밝았다.

3 원서에는 주석으로 설명되어 있으나 읽기 편하도록 본문으로 정리하였다.

062. 왜한의담 倭韓醫談

2권

사카가미 요시유키(坂上善之) 지음

[전존]

(교토대학(京都大學) 도서관 소장)

개요

호레키(寶曆) 14년 갑신1764 경 간행. 간기(刊記) "百花街藏".

형태서지

상・하 2권 1책. **| 판식版式 |** 목판본. **| 지수紙數 |** 총 50매.

내용서지

○ 서(序)("寶曆甲申夏四月, 東國石宣明撰"). 내용은 생략한다.

◎ 인(引)

倭韓醫談引

今茲寶曆十四甲申歲春二月，朝鮮信使，率文武員官及庶吏，朝聘，同十六日入都，衣冠儀仗，蔚蔚乎可觀。善之日聞事於有司，以經上意。於是乎，同二十日，造淺艸與諸學士及良醫，會於本願之客舘，是日也，於客堂，或以詩，或以筆語，二十一日又往。良醫適有疾，引余於私客舍，厥后咸卽客舍，所問則人蔘幷他物，傍及方法病論。凡良醫所答，率多檃括，而余不究問者，是亦待賓之道也，不然豈不知魚目與玉辨之哉，觀者察焉。

西湖坂上善之識。

왜한의담 인(引)

지금은 호레키(寶曆) 14년 갑신1764 봄 2월이다. 문무관과 여러 관원을 거느린 조선통신사가 우리 일본에 방문하여 이달 16일에 에도로 들어갈 때 보니 의관과 행렬이 화려하여 볼만하였다. 나는 날마다 담당 관리에게 그날의 일을 듣고 쇼군께 아뢰는 직책이었다. 이달 20일에 아사쿠사(淺草)에 가보니 우리 일본 사람들이 여러 학자와 양의(良醫)들과 함께 혼간지(本願寺)의 객사에 모여 있었다. 이날은 객사에서 누구는 시문으로 교류하고 누구는 필담을 나누었다. 그리고 21일에 통신사 무리가 다시 떠났다. 양의가 마침 몸 상태가 좋지 않다며 나를 자신의 숙소로 데려가자 모두 숙소로 따라왔다. 모두 인삼과 다른 약재에 관해 묻고 그 밖의 여러 치료법과 병증에 대해서도 질문하였는데 양의의 답변은 대부분 틀린 점을 교정해 주는 식이었다. 내가 더 캐묻지 않은 이유는 손님에 대한 예우 때문이었으니 그런 게 아니라면 어찌 옥석을 가릴 줄 몰라서 그랬겠는가. 독자들은 시비를 잘 살펴보길 바란다.

세이코(西湖)의 사카가미 요시유키(坂上善之) 쓰다.

본문내용

사카가미 요시유키가 아사쿠사(淺草)의 객관(客館) 혼간지(本願寺)에서 조선의 여러 학자 및 양의(良醫) 이좌국(李佐國)과 만나 나눈 문답이 실려 있다. 먼저 인삼에 대해 자세히 묻고, 해채(薤菜)·용골(龍骨) 등 약재의 효용과 화완포(火浣布)의 제법·약재의 포제법 등을 질문하였다. 또 조선의 전문의〈대인의(大人醫)·소아의(小兒醫)·두의(痘醫)·종의(腫醫)·침의(鍼醫)·안의(眼醫)·적취의(積聚醫)·부인의(婦人醫)〉에 대해 묻고, 《상한론傷寒論》 가운데 2~3가지 조문에서 의문 나는 부분을 질문하였다. 이 외에 2~3가지 문답과 창화했던 시문을 추가하여 만든 책이다.

인물전기[1]

사카가미 요시유키(坂上善之, 생몰 미상). 호는 세이코(西湖), 에도(江戶) 사람이다.

---

1 이해를 돕기 위해 해당 내용의 위치를 원서와 다르게 조정하였다.

063. 양동투어 兩東鬪語

2책

마쓰모토 오키나가(松本興長) 지음

[전존]

〈 교토대학(京都大學) 도서관 소장 〉

개요

간기(刊記) “明和元年甲申歲十一月, 東武書肆, 淺草御堂前 辻村五兵衛, 下谷稻荷町 越後屋藤兵衛”

내용서지

○ 서(序) 〈“明和改元冬, 南溟江忠囿撰”〉. 내용은 생략한다.

○ 서(序) 〈“明和改元甲申季冬, 東都醫官野呂實和元順識”〉. 내용은 생략한다.

본문내용

호레키(寶曆) 14년갑신1764 봄, 에도(江戶) 아사쿠사(淺草) 혼간지(本願寺)에서 토오토(東都) 구과(口科) 시의(侍醫)인 호우겐(法眼) 마쓰모토 요시이치(松本善甫)의 큰아들 마쓰모토 오키나가와 조선통신사 일행 사이에 오갔던 시문과 문답을 수록한 책이다. 의약 관련 문답은 양의(良醫) 이좌국(李佐國)과 나누었는데, 이좌국은 환자를 진찰하며 그 모습을 보여주고 설명하였다. 또 40세 이상에서 발생한 설창(舌瘡)〈설암(舌癌)에 해당함〉에 대해서 상세한 문답을 나누었다.

인물전기[1]

마쓰모토 오키나가(松本興長, 1730－1784). 자는 센리(千里), 호는 료안(良庵)이다.

1 원서에는 주석으로 설명되어 있으나 읽기 편하도록 본문으로 정리하였다.

064. 계단앵명 鷄壇嚶鳴

1책

키타야마 쇼(北山彰) 지음

[전존]

(교토대학(京都大學) 도서관 소장)

개요

메이와(明和) 원년갑신1764 경 간행.

호레키(寶曆) 14년갑신1764 정월 조선통신사 일행이 나니와(浪華) 혼간지(本願寺) 객관에 묵을 때 키타야마 쇼가 남두민(南斗旻)과 나누었던 필담이 담겨 있다.

본문내용

필담 가운데 흥미로운 한 조문을 싣는다.

◎ 《계단앵명》 본문 일부

問：吾邦有好事之醫，屠割官刑之死腸，審規其臟腑布置名數色澤，著藏志論一篇，云內經言府藏爲十二焉，今已檢之，知有九枚之藏，大腸獨在，不見小腸，慢引尚書周禮雜家之書以證之，知素問所謂藏府布置五行配當之說者黜之，謂亡一當吾業者，貴邦亦有此說耶，足下所見如何。

答：貴邦學者好吐奇論，未知其俗，別有奇腸乎。吾邦一準由軒岐舊則，不復求新說，割而知之者，愚者爲也，不割識之者，聖者之能也，君勿惑。

질문 : 우리 일본에 호사꾼 의사가 있는데 나라에서 형벌을 받아 죽은 자의 내장을 갈라보고 장부의 위치와 이름과 개수와 색깔을 관찰하여 《장지론藏志論》 한 권을 저술하였습니다. 그 책에서 "《내경》에서 장부(臟腑)가 12개라고 하였으나 지금 내가 확인해 보니 9개라는 것을 알았다. 대장만 있었고 소장은 보지 못했다.

《상서尙書》·《주례周禮》와 여러 학자의 책을 두루 가져다 비교해 보니 《소문》에서 말한 장부 위치와 오행 배속에 대한 설명을 버려야 한다는 것을 알았다."라고 하며 한결같이 우리들이 업으로 삼아온 것을 부정했습니다. 조선에도 이러한 주장이 있습니까? 귀하의 의견은 어떠합니까?

답변 : 귀 일본의 학자들은 신기한 이야기를 좋아하는군요. 일본의 풍속은 잘 모르겠으나 따로 신기한 내장이 있겠습니까. 우리 조선에서는 한결같이 헌원과 기백의 옛 법칙을 기준으로 삼지 새로운 설명을 찾지 않습니다. 배를 갈라보고 아는 것은 우매한 사람이 하는 일이고, 갈라보지 않고 아는 것은 성인의 능력입니다. 귀하께서는 미혹되지 마십시오.

인물전기[1]

키타야마 쇼(北山彭, 1731－1791). 자는 겐쇼(元章), 호는 기쓰안(橘庵), 세이비(世美)라고 불렸다. 카와치(河內) 사람이다.

남두민(南斗旻, 1725－?). 자는 천장(天章), 호는 단애(丹崖)이다.

---

1 원서에는 주석으로 설명되어 있으나 읽기 편하도록 본문으로 정리하였다.

065. 나가토계갑문사 長門癸甲問槎

2권

다키 나가가이(瀧長愷) 지음

개요

호레키(寶曆) 13년 계미1763 12월 하기번의(萩藩醫) 다키 나가가이는 번(藩)의 명령으로 마가세키(馬關)에 가서 조선통신사와 필담하였다. 그리고 이듬해 갑신년 5월 조선통신사가 돌아갈 때도 가미노세키(上關)까지 배웅 나가 접대하고 시모노세키(下關)까지 동행하였다. 이때 의약 관련 문답도 이루어졌다고 생각한다. 그러나 필자는 이 책을 보지 못하였다.

인물전기[1]

다키 나가가이(瀧長愷, 1709－1773). 호는 가쿠다이(鶴臺)이다.

1 원서에는 주석으로 설명되어 있으나 읽기 편하도록 본문으로 정리하였다.

제6부

조선 의서 목록류

001. 고사촬요 攷事撮要 팔도책판 八道冊版 가운데 의서 목록

개요

《고사촬요》에 대해서는 제3부〔035장〕에서 설명하였다. 여기에서는 책 속에 실려 있는 〈팔도책판〉에서 의서류만을 뽑아 《고사촬요》의 출판 연대 순서로 게재한다.

판본

(1) 융경 2년 · 만력 4년 · 만력 13년 간본 《고사촬요》의 〈팔도책판〉

융경(隆慶) 2년 선조 원년, 무진1568 간본과 만력(萬曆) 4년 선조 9년, 병자1576 간본(〔부도 65〕 참조)과 만력 13년 선조 18년, 을유1585 간본을 묶었다. 이들은 간행 연도 차이가 적고 실려 있는 목록에 다소 차이가 있지만 대략 같다고 할 수 있기 때문이다. 여기에서는 이인영(李仁榮) · 송석하(宋錫夏) 두 분께서 알려주신 만력 13년 간본을 채택해 초록하였다.

참고로, 모리스 쿠랑의 《조선도서목록朝鮮圖書目錄》(〔016장〕 참고)에 실려 있는 각 지방 책판목록은 사실 이들 간본에 근거한 것이다.

◎ 만력 13년 간본 《고사촬요》〈팔도책판〉의 의서류 목록

忠州：素問

清州：纂圖脉，救急方，牛馬治療方

公州：和劑

延安：壽親養老書

海州：簡易方，和劑方

春川：得效方

原州：服藥須知隱居助道方，無寃錄，救急簡易方，檢屍格式

淮陽：農書，養蠶方

寧越：和劑

旌善：養蠶

襄陽：食療纂要

錦山：素問，和劑，治腫秘方

全州：傷寒賦，銅人經，戒酒書，農事直說，三元延壽書，蠶書，辟瘟方，農書，救急簡易方，醫學正傳，諺解産書，診脈須知，脈訣，傷寒指掌圖，馬醫方，五臟圖，(蠶書)[1]

茂長：農事直說

南原：救急簡易方，博物志，無寃錄，村家救急方，村家救急簡易方

谷城：養生大要

潭陽：得效方，農書

求禮：戒酒方

光州：瘡疹方

羅州：活人心法，銅人脈簇圖，東垣十書

綾城：明醫雜著

光陽：辟瘟方

尙州：食療纂要

醴泉：丹溪纂要

安東：農桑集撮，農書，蠶書，濟生方

善山：素問，和劑方

星州：壽親養老書

陜川：救急簡易方，纂圖脈訣，農桑輯要

慶州：活人心法，無寃錄，蠶書，拯急遺方，瘡疹方，醫眼方，救荒撮要

密陽：銅人經，産要書

永川：疑獄集

昌原：牛癖方

晉州：神應經，山居四要，永類鈐方，農書，無寃錄，御醫方，活人心法，村家救急方，辟瘟方，銅人圖，五臟圖，鷹鶻方

昆陽：救急簡易方

固城：壽親養老書

平壤：救急方，農書，蠶書，銅人經，黃疸瘧方，治疱易驗

(2) 강희 14년 간본《고사촬요》의 〈서책인지수書冊印紙數〉

숙종 1년융희隆熙 14년, 을묘1675 무렵 간본 〈부록附錄〉에 보이는 〈서책인지수〉에서 의서류를 초록하였다.

◎ 강희 14년 간본《고사촬요》〈서책인지수〉의 의서류 목록[⊟]

本草衍義 紙二十九卷六張（全州）

醫學入門 紙三十卷（全州）

醫學正傳 紙十六卷六張（全州）

丹溪纂要 紙五卷十七張（慶州）

醫林撮要 紙二十八卷

鄕藥集成方 紙四十九卷十八張

東醫寶鑑 紙四十一卷（全州）

經驗方 紙二卷一張（全州）

痘瘡集 紙三卷十四張（安東）

二養編 紙五卷十五張（永川）

農家集成 紙一卷五張（全州・大丘）

芝峯類說 紙十九卷十三張（全州・星州・陜川）

救荒撮要 紙一卷七張（海州）

無寃錄 紙二卷十張（慶州）

---

1 괄호 안은 허봉(許篈)이 속찬했을 때 증보한 부분이다.

⊟ 필자가 소장하고 있는 이 당시 혹은 조금 후대 필사본에는 위의 〈서책인지수〉 아래에 출판지가 기입되어 있다. 가장 오른쪽 괄호 안의 출판지는 이에 근거하여 필자가 추가로 적었다.

(3) 영조 19년 간본 《고사촬요》의 〈서책인지수〉

영조 19년계해1743 간본에 실려 있는 〈서책인지수〉 가운데 의서류는 아래와 같다.

◎ 영조 19년 간본 《고사촬요》〈서책인지수〉의 의서류 목록

本草衍義 二十九卷
醫學入門 三十卷
醫學正傳 十六卷
丹溪纂要 六卷
醫林撮要 二十八卷
東醫寶鑑 四十二卷
經驗方 二卷一張
二養編 五卷十五張
農家集成 一卷五張

002. 요안인장서 養安院藏書 가운데 조선 의서 목록

개요

요안인(養安院)은 초대(初代) 마나세 쇼오린(曲直瀨正琳)이 분로쿠(文祿) 4년 을미 1595 오오기마치테에(正親町帝) 때에 호우인(法印)에 서임된 후 게이초(慶長) 5년 경자1600 고요오제에테에(後陽成帝)로부터 받은 가호(家號)이다. 그 후 대대로 이 칭호를 세습하여 에도(江戶) 말기까지 사용하였다.

요안인에 소장된 서적은 초대 마나세 쇼오린의 소장본을 토대로 후손들이 증가시킨 것이다. 일부는 교호(享保) 2년 정유1717에 불타 없어졌으나 (《관의가보官醫家譜》: 마나세 요안인 호우인(曲直瀨養安院法印), 다케다 쿄우서옥(武田杏雨書屋) 켄켄사이(乾乾齋) 소장본에 보임) 학문을 좋아했던 5대 마나세 마사아키라(曲直瀨正珪) (곧 오치 운무(越智雲夢)이다) 때 대략 모두 갖추어졌을 것이라고 추정된다. 그 이후 여러 대를 거쳐 에도(江戶) 말기까지 전해졌으나 메이지(明治) 연간에 이르러 결국 산일(散佚)되었다. 이리하여 우리가 현재 각지에서 드문드문 볼 수 있는 상태에 이르게 된 것 같다.

한편, 회선루(懷仙樓) (또는 회선각(懷仙閣))에 대해서는 살펴보아야 한다. 이것은 마나세 마사아키라 때에 자기 집안의 서고(書庫)에 붙였다고 생각되는 문고 이름으로 (당시 서고가 칸다(神田)에 있었기 때문에 일반인들은 신몬문고(神門文庫)라고 불렀다고 한다) 이 명칭은 그 후 메이지 초기까지 사용되었다. 서고 안에는 의서가 많았기 때문에 의학관(醫學館)의 타키(多紀) 가문과 함께 제일이라고 불렸다고 한다 (《경적방고지經籍訪古志》〈보유補遺〉 모리 타츠유키(森立之) 발문). 그렇다고는 해도 '요안인장서'는 요안인 가문에 소장되었던 장서 자체를 가리키고 문고 이름은 아니었던 듯하다. 그리고 "養安院藏書"라는 도장이 찍힌 장서는 5대 마나세 마사아키라까지의 것으로 보이며, 현재 존재하는 책을 보아도 그런 느낌이 든다. 또 실물을 많이 검토하고 하는 말은 아니지만, 더 거슬러 오르면 그 도장은 주로 초대 마나세 쇼오린의 장서(“養安” 혹은 “養安院”이라는 인장도 있다)에 찍혔던 것 같다. 그러하다고 한다면 이 “養安院藏書”는 교호 2년에 일부 불타 없어졌지만 남은 책이 회선루에 소장되었고, 또 알 수 없는 사고로 산일된 것도 있겠지만 후대에 모은 책에 섞여 들어가 메이지 초기까지 전해졌다고 추정할 수 있다.

이 초대 요안인장서의 근간을 형성한 것은 두말할 것도 없이 조선 간본이며, 중국 간본도 있었지만 여기에는 조선에 전해진 중국 간본이 포함된다. 이들 책은 우키다 히데이에(宇喜多秀家) 혹은 타이코오(太閤) 도요토미 히데요시(豊臣秀吉)로부터 받은 것으로, 임진왜란 때 조선에서 가지고 온 ‘수 척의 배’, 혹은 ‘수십 상자’, 혹은 ‘몇 대의 수레’, 혹은 ‘수천 권의 책’이라고 할 만한 분량이었다(《녹문수필鹿門隨筆》·《일화일언一話一言》·《선철총담先哲叢談》·《황국명의전皇國名醫傳》·《관의가보官醫家譜》에 보인다). 그런데 나누어 줄 때 마나세 쇼오린이 의원이었음을 다소 고려한 탓인지 요안인장서에는 의약서와 그 관련서가 많고 역사서나 문집류는 적다.

관련자료

요안인장서의 목록을 알기 위해 필자가 현재 조사하고 있는 주요한 자료로 2가지 책이 있다.

(1) 《요안인장서목록養安院藏書目錄》

오오츠카 토오(大塚鐙) 선배께서 알려주신 “요안인장서(養安院藏書)”라는 표제의 목록이다. 그런데 이 필사본에는 일본 책은 실려 있지 않고 조선 책과 중국 책만 게재되어 있다. 훨씬 후대에 아마도 서점 관계자가 바쁜 와중에 적은 것이라고 생각한다. 정밀하지 않고 근거한 원본을 밝힐 수도 없다.

(2) 《회선루서목懷仙樓書目》

《증정국서해제增訂國書解題》에 실려 있지만, 필자는 오랫동안 보지 못하였다. 그러다 최근 내각문고(內閣文庫)의 후쿠이 타모츠(福井保) 선배께서 이 책이 소장되어 있다고 말씀해주시고 그 내용을 알려주셨다. 참고로, 이 필사본은 간포(寬保)

연간 이후 얼마 되지 않은 시기에 만들어졌고 에도 말기에 필사되었다고 한다.

조선 의서 목록

오사카부립도서관 소장본(1)과 내각문고 소장본(2)을 토대로 그 가운데에서 거의 분명하다고 생각되는 조선 의서를 추리고, 여기에 《관의가보官醫家譜》 가운데 교호 2년 불에 타 없어지고 남았다고 실려 있는 의서 목록 19종과 유서(儒書) 목록 29종〈이 목록 뒤에 "이 외에도 조선 간본을 소지하고 있어 세상에 내놓을 수 있는 것이 많습니다〔右之外朝鮮刻本所持仕候得共世上ニ多ク御座候聞認不申候〕"라고 적혀있다〉에 보이는 것〈'◆'로 표시함〉을 추가하여 하나의 목록으로 묶었다. 그리고 필자가 알고 있는 "養安院藏書"라는 인장이 찍혀 있는 현전본과 《경적방고지經籍訪古志》〈보유補遺〉에 회선각 소장이라고 실려 있는 것 등을 주석으로 기록하였다. 참고삼아, 요안인장서는 아니지만 현재 도서관이나 장서가가 같은 종류의 조선 간본을 소장하고 있는 경우에 '◇'로 표시하였다. 이렇게 '요안인장서 가운데 조선 의서 목록'을 작성하여 싣는다.

◎ 요안인장서 가운데 조선 의서 목록

가. 조선 고유 의서

紫金丹方	1本	◆◇	
産書該錄	2本	◆◇	《태산요록胎産要錄》에 보이는 《산서집록産書集錄》과 같은 책인 듯하다.
瘡疹集	3本	◆	《회선루서목懷仙樓書目》에 "6本"이라고 보인다.
治腫秘方	1本	◆◇	교토대학 후지카와문고(富士川文庫)에, 《치종비방治腫秘方》·《구급양방救急良方》이 1책으로 합책된 것에 "養安院藏書"의 인장이 있다.
治腫指南	1本	◆◇	교토대학 후지카와문고에, 오치 운무(越智雲夢)에게 빌린 간본을 타키모토야스(多紀元簡)가 필사한 것이 있다.
鍼灸擇日	2本	◇	타키(多紀)가 소장했던 조선의 옛 필사본을 광서(光緖) 연간에 중국에서 복각한 것이 있다.
簡易辟瘟方	1本	◆◇	
村家救急方	1本	◆◇	
痘瘡易解方	1本		
妊娠最要方	1本	◆◇	

救急良方 1本	◇	《회선루서목》에는 《치종비방》과 합책되었다고 하였다.
治疱方 1本		
諸疝治方 1本		중국 서적인지도 모르나 잠시 여기에 싣는다.
普救錄 1本		중국 서적인지도 모르나 잠시 여기에 싣는다. 《회선루서목》에 "조선 필사본〔朝寫〕"이라고 하였다.
養生大要 1本		중국 서적인지도 모르나 잠시 여기에 싣는다. 《요안인장서목록》에서 중국 서적에 포함되어 있지만, 조선 간본도 있다.

나. 중국의서의 조선 판본

養生論 1本		《양생주론養生主論》이라고 한다면 권수가 맞지 않다. 앞의 《양생대요養生大要》인지도 모른다.
壽親養老書 3本	◆◇	
直指方 6本	◆◇	《경적방고지經籍訪古志》에 회선각 소장본이 보인다.
婦人大全 8本	◆◇	《경적방고지》에 회선각 소장본이 보인다.
外科發揮 2本		
活人心方(法) 2本	◇	
得效方 11本	◆◇	
資生經 4本		《경적방고지》에 회선각 소장본이 보인다.
鍼灸集方(書) 4本	◆	
醫方集略 5本	◆◇	
永類鈐方 9本	◆◇	《경적방고지》에 회선각 소장본이 보인다.
本草大全 10本	◇	오오모리문고(大森文庫)의 《대관본초大觀本草》에 "養安院藏書"라는 인장이 있고, 이와세문고(巖瀨文庫)의 《정화본초政和本草》에 "養安院藏書"라는 인장이 있다.
本草發揮 2本		
醫書大全 7本		
山居四要 1本	◆◇	《경적방고지》에 회선각 소장본이 보인다.
神應經 1本	◇	
醫家必用 1本	◇	
和劑局方 8本	◆◇	
和劑指南 1本	◇	
大成發揮提 1本	◇	게이초(慶長) 8년 이도쿠도 모리조(醫德堂守三)가 목활자로 개판(開版)한 《신증의방대성발휘제新增醫方大成發揮提》의 원본인 듯하다
醫眼論 1本	◆◇	
續醫說 1本		
十四經發揮 1本		
鶴皐山人脈語 1本		

纂圖方(脈) 2本	◇	
救急易方 1本	◇	
食品集 2本	◆	《회선루서목》에 "조선 필사본〔朝寫〕"이라고 하였다.
食物本草 重刊		《요안인장서목록》에서 중국 서적에 포함되어 있지만 조선 간본이 있기 때문에 잠시 여기에 싣는다.
醫說 5本		《요안인장서목록》에서 중국 서적에 포함되어 있지만 조선 간본이 있기 때문에 잠시 여기에 싣는다.
三元延壽		《요안인장서목록》에서 중국 서적에 포함되어 있지만 조선 간본이 있기 때문에 잠시 여기에 싣는다.
附 奇效良方 20本		내각문고(內閣文庫)에 조선 간본이 존재한다고 하지만, 지금 잠시 의심을 남겨둔다.

다. 의약 관련서

牛疫方 1本	◇	고(故) 오카다 노부토시(岡田信利) 씨가 소장했던 《우양저염역병치료방牛羊豬染疫病治療方》에 "養安院藏書"라는 인장이 있다
牛馬羊猪治療 1本	◇	
馬醫方 1本	◆◇	
救荒切要 1本	◆◇	세이키도오(成簣堂)에 소장된 이 책에 "養安院藏書"라는 인장이 있다.
農事直說 1本	◆◇	고(故) 시라이 미츠타로오(白井光太郎) 씨 소장서로, 만력 9년 간행된 《금양잡록衿陽雜錄》과 합본된 이 책에 "養安院藏書"라는 인장이 있다
攷事撮要 1本	◆◇	

이 목록은 전사본에 근거하고 있기 때문에 오탈자가 있다. 앞으로 증보되고 개정되기를 바란다.

(《조선학보朝鮮學報》 제1집에 실려 있는 졸고 〈요안인장서 가운데 조선 의서養安院藏書中の朝鮮医書〉를 참고하라)

003. 해동문헌총록 海東文獻總錄 가운데 의서

개요

《해동문헌총록》은 김휴(金烋)가 편찬하였다 ("崇禎十年丁丑"의 자서(自序)가 있다).

조선 의서 목록

《해동문헌총록》은 '목록(目錄)' 부분만 이전부터 식자들 사이에 알려졌었다. 그러나 최근 본문도 발견되어 1969년에 원본 필사본이 모두 영인되어 간행되었다. 그런데 필자는 아직 본문 전체를 조사하지 못하였다. 따라서 '목록' 부분에서 의서를 골라 아래에 게재하여 둔다.

◎ 《해동문헌총록》〈의약류醫藥類 부附 침구鍼灸·양생養生 등〉 목록[1]

01 《어의촬요御醫撮要》 최종준(崔宗峻) (이하 고려)

02A 《향약방鄕藥方》 삼화자(三和子)

02B 《향약간이방鄕藥簡易方》

03 《향약제생집성방鄕藥濟生集成方》 조준(趙浚) 등 (이하 조선)

04 《신증향약집성방新增鄕藥集成方》 유효통(兪孝通)·노중례(盧重禮) 등

05 《의방유취醫方類聚》

1 《해동문헌총록》 영인본을 근거로 목록을 수정하여 게재하였다.

06 《의문정요醫門精要》 허종(許琮)

07 《동의보감東醫寶鑑》 허준(許浚)

08 《의림촬요醫林撮要》

09 《구급이해방救急易解方》 윤필상(尹弼商)·홍귀달(洪貴達) 등

10 《촌가구급방村家救急方》

11 《언해구급방諺解救急方》 허준

12 《간이벽온방簡易辟瘟方》 김순몽(金順蒙)·유영정(劉永貞) 등

13 《분문온역이해방分門瘟疫易解方》 김안국(金安國) 등

14 《달학이해방疸瘧易解方》 유지번(柳之蕃)·김윤은(金允誾)

15 《언해두창집요諺解痘瘡集要》 허준

16 《신찬벽온방新纂辟瘟方》 허준

17 《벽역신방辟疫神方》 허준

18 《식료찬요食療纂要》 전순의(全循義)

19 《산서産書》

20 《태산요록胎産要錄》 노중례(盧重禮)

21 《신선태을자금단방神仙太乙紫金丹方》 이종준(李宗準)

22 《진맥도診脈圖》 정도전(鄭道傳)

23 《의학변증지남醫學辯症指南》

24 《침경요결鍼經要訣》 유성룡(柳成龍)

25 《이생록頤生錄》 정유인(鄭惟仁)

26 《위생방衛生方》 박운(朴雲)

27 《수양총서유집壽養叢書類輯》

28 《우마치료방牛馬治療方》

29 《우벽방牛癖方》

인물전기[2]

김휴(金烋). 자는 겸가(謙可), 호는 경와(敬窩), 본관은 의성(義城)이다. 인조 5년

2 이해를 돕기 위해 해당 내용의 위치를 원서와 다르게 조정하였다.

정묘1627에 사마시에 급제하였다. 여헌(旅軒) 장현광(張顯光)의 제자로, 여헌의 권유로 해동의 문헌을 모아 해제하였다.

004. 삼한기략 三韓紀略 문적휘 文籍彙 가운데 의서류

개요

《삼한기략》은 이토우 토우가이(伊藤東涯)의 《소술잡초紹述雜抄》 가운데에 포함되어 있다. 〈문적휘〉는 《삼한기략》에 덧붙은 내용이다.

◎ 《삼한기략》 권6 〈문적휘〉 서언(緖言)

> 西韓之土, 編著素稀, 加之近世參, 貨雖貢, 而文字岡來[1]。今播上國者, 皆壬辰之所俘, 爰輯慵齋叢話、攷事撮要所擧, 加以覩聞之所及, 著其卷帙撰人之大略, 爲文籍彙。

조선의 책은 일본에 본래부터 드물었다. 최근 들어 인삼이나 약재가 들어오고 있지만 책은 들어오지 않았다. 현재 일본에 있는 조선의 책은 모두 임진년에 노획한 것이다. 그래서 《용재총화》·《고사촬요》의 기사를 모으고 내가 보고 들은 것을 더하여 조선 책의 권수와 저자 등 대략적인 사항을 적어 〈문적휘〉를 만들었다.

조선 의서 목록

여기에서는 이 〈문적휘〉에서 의서류를 뽑아 싣는다.

1 원문에는 '岡來'로 되어 있으나 문맥상 '罔來'인 듯하다.

◎ 《삼한기략》〈문적휘〉 가운데 의서류 목록

東醫寶鑑二五卷。崇錄大夫陽平君許浚撰。

醫林撮要。楊禮壽撰。

芝峯類說。記烟草事，一名談婆姑，是婦人名，患痰服烟草而效，故名云。其種本自倭國。

神應經。成化十年，崇祿大夫西平君韓繼禧序云，日本國 畠山殿所使副官人 信州隱士 良心來獻，兼傳其本國神醫和介氏丹波氏治癰疽八穴法。

攷事撮要二卷。司勇魚叔權著，嘉靖甲寅序，倣事林廣記、居家必用體，記大明紀年，及其國官制地理等。

鄕藥集成方八十五卷。通政大夫 成均大司成 直修文殿知製教 權採序，舊證三百三十八而今爲九百五十九，舊方二千八百三而今爲一萬七百六，且附以鍼灸法一千四百七十六條、鄕藥本草及炮製法。

村家救急方。

食療纂要。

《동의보감》 25권. 숭록대부 양평군 허준 지음.

《의림촬요》. 양예수 지음.

《지봉유설》. 연초(담배)에 대한 일화가 적혀있다. 연초는 '담파고'라고도 부르는데, 이는 어떤 부인의 이름으로 가래가 차는 병을 앓다 연초를 먹고 효과를 보았기 때문에 그런 이름이 붙었다고 하였다. 또 연초는 본디 일본에서 전래되었다고 하였다.

《신응경》. 성화 10년1474 숭록대부 서평군 한계희의 서(序)에서 "일본 하타케야마 전소사 부관인(畠山殿所使副官人) 신슈우(信州)의 은사(隱士) 양심(良心)이 《신응경》을 가져와 바쳤고 일본의 신의(神醫)라고 하는 와케(和介) 씨와 탄바(丹波) 씨가 지은 《치옹저 팔혈법》까지 함께 전해주었다."라고 하였다.

《고사촬요》 2권. 사용(司勇) 어숙권이 지은 가정 갑인년1554 서(序)에서 《사림광기》와 《거가필용》의 체재를 본따 명나라 연호별 약력 및 조선의 관제・지리 등을 적었다고 하였다.

《향약집성방》 85권. 통정대부 성균관 대사성 직 수문전 지제교 권채의 서문에서 "이전에 338개였던 병증이 지금은 959개가 되었고, 이전에 2,803개였던 처방이 지금은

10,706개가 되었으며, 또한 침구법 1,476조와 향약본초 및 포제법을 덧붙였다."라고 하였다.

《촌가구급방》.

《식료찬요》.

005. 의학원학범 醫學院學範 가운데 조선 의서

개요

《의학원학범》 3권은 하타 류안(畑柳安)이 편찬한 책으로, 덴메이(天明) 6년 병오 1786 경 헤이안의학원(平安醫學院)에서 간행되었다. 그는 이 책에 7종의 조선 의서를 싣고 비평하였다. 참고 자료로 볼 수 있도록 적어 둔다. (〔부도79〕 참조)

조선 의서 목록

◎ 《의학원학범》에 실려 있는 조선 의서 목록

醫林撮要、醫方集略、村家急方、食療纂要、醫方類聚、鄉藥集成方、東醫寶鑑。

是七書, 西韓所編集。

醫林撮要, 內醫鄭敬先撰之, 楊禮壽校正。

醫方類聚, 朝鮮祖宗命文官醫官撰集, 自千金、外臺、聖惠、聖濟, 以下至永類鈐方等, 類纂以編之, 錯綜未及衷。

鄉藥集成方八十五卷, 宣德之間, 命儒臣及醫員, 依鄉藥簡易方增添之, 舊證三百三十八今爲九百五十九, 舊方二千八百三而今爲一萬七百六, 且附以鍼灸法一千四百七十六條, 鄉藥本草及炮製法。通政大夫權採序之。

其餘三書失撰名。

東醫寶鑑二十五卷, 命崇祿大夫許浚撰之, 分類纂集, 皆後世末流之醫方, 崇尚襲信, 而多取醫鑑、回春之說及方。……。

《의림촬요》·《의방집략》·《촌가구급방》·《식료찬요》·《의방유취》·《향약집성방》·《동의보감》.

이 7가지 책은 조선에서 만들어졌다.[一]

《의림촬요》. 내의(內醫) 정경선이 저술하고 양예수가 교정하였다.

《의방유취》. 조선 세종이 문관(文官)과 의관(醫官)에게 명하여 찬집한 책으로, 《천금방》·《외대비요》·《태평성혜방》·《성제총록》부터 《영류검방》 등에 이르기까지 주제별로 모아 편찬하였으나 논지가 뒤섞여 일관되지는 못하다.

《향약집성방》 85권. 선덕 연간 1426-1435에 유신(儒臣)과 의원(醫員)에게 명하여 《향약간이방》을 증보하여 만들었다. 이전에 338개였던 병증이 지금은 959개가 되었고, 이전에 2,803개였던 처방이 지금은 10,706개가 되었으며, 또한 침구법 1,476조와 향약본초 및 포제법을 덧붙였다. 통정대부 권채가 서문을 썼다.

나머지 3가지 서적은 저자 이름을 알 수 없다.

《동의보감》 25권. 숭록대부 허준에게 명하여 찬집하였다. 모두 후대의 지엽적인 의서를 주제별로 모았다. 공신(龔信)을 숭상하여 《고금의감》·《만병회춘》의 학설과 처방을 많이 실었다.

[一] 《의방집략》은 조선 의서가 아니고 중국의서이다. 따라서 여기에서는 설명하지 않는다.

006. 경적답문經籍答問 가운데 조선 의서

개요

《경적답문》은 서점을 운영했던 마쓰자와 노센(松澤老泉)（요시다 코톤(吉田篁墩)・이치노 메이안(市野迷庵)・카리야 모치유키(狩谷望之)와 동시대 사람으로 이들과 교류했던 인물이다）이 적은 기록이다.

조선 의서 목록

이 책 속에 실려 있는 조선 의서를 기재한다.（국서간행회본國書刊行會本에서 발간한 《해제총서解題叢書》에서 인용하였다）

(1) 조선 의서의 일본 판본

◎ 《경적답문》 가운데 조선 의서의 일본 판본 목록

東醫寶鑑。
神應經。
新編集成馬醫方附牛醫方。

(2) 조선 의서 혹은 중국 의서의 조선 판본

마쓰자와 노센이 취급했거나 보고 들었던 조선 의서 또는 중국 의서의 조선 판본이다.

◎ 《경적답문》 가운데 조선 의서 혹은 중국 의서의 조선 판본 목록

醫林撮要。

鄉藥集成方。二版有り

東醫寶鑑。

永類鈐方。 井上卯兵衛をもって佐伯書庫へ入る

鍼灸圖經。 舟木嘉助より多木へ納む ㉠

證類大觀本草。 望月三英先生御藏刻本韓本相見え申候

仁齋直指方。

《의림촬요》.

《향약집성방》. 2가지 판본이 있다

《동의보감》.

《영류검방》. 이노우에 우베에(井上卯兵衛)가 소유했다가 사이키서고(佐伯書庫)에 들어갔다

《침구도경》. 후나키 카스케(舟木嘉助)에서 타키(多紀)에게 들어갔다

《증류대관본초》. 모지츠키 산에이(望月三英) 선생의 어장각본(御藏刻本)과 조선 간본을 서로 비교해드렸다

《인재직지방》.

㉠ "多木"는 타키(多紀)이다.

006부록. 전적진경 典籍秦鏡 가운데 조선 의서

〈 서점의 목록이므로 앞의 책에 덧붙여 싣는다 〉

개요

《전적진경》은 에도(江戶)의 쇼오코도오(尙古堂) 서점 주인 타구치 아키요시(田口明良)의 비망록이지만 내용이 뛰어나다. "文化十稔癸酉孟夏"의 자서(自敍)가 있다 〈 그러나 책이 만들어진 것은 덴포(天保) 14년(계묘1843)인 듯하다 〉.

조선 의서 목록

'일본고전전집(日本古典全集)' 총서본을 바탕으로 그 속에 실려 있는 조선 의서를 게재한다.

◎《전적진경》 가운데 조선 의서 목록

醫方集略。朝鮮本 全七冊。

東醫寶鑑。朝鮮本 全二十五冊。

目錄(上下)二本, 內景篇(中目四卷)四本, 外形篇(中目四卷)四本, 雜病篇(中目十一卷)十一本, 湯液篇(中目三卷)三本, 鍼灸篇(無卷附)一本。

東醫寶鑑。卦入十行 朝鮮本 全二四冊。

但目錄(上下)二本, (本文)內景・外景・雜病・鍼灸(中目本數), 湯液篇(中目三卷)二本也, 右四通ハ前ニ各同斷也。

東垣十書。朝鮮本 全十二冊。

仁齋直指方。朝鮮本 全七冊。

新註無寃錄。朝鮮本 中目上下全二冊。

同右。鮮國撰寫本 中目上下全二冊。

《의방집략》. 조선 간본, 전7책.

《동의보감》. 조선 간본, 전25책.

목록(상·하) 2책, 내경편(목록 포함 4권) 4책, 외형편(목차 포함 4권) 4책, 잡병편(목차 포함 11권) 11책, 탕액편(목차 포함 3권)3책, 침구편(단권) 1책.

《동의보감》. 유계 10행, 조선 간본, 전24책.

목록(상·하) 2책, (본문)내경·외형·잡병·침구(목록 포함 책 수), 탕액편(목록 포함 3권) 2책만 남아 있다. 탕액편 앞의 네 편은 위에 나온 권책 수와 동일하다.

《동원십서》. 조선 간본, 전12책.

《인재직지방》. 조선 간본, 전7책.

《신주무원록》. 조선 간본, 목록 포함 상·하 전 2책.

《신주무원록》. 조선 필사본, 목록 포함 상·하 전 2책.

007A. 숭란관의서목崇蘭館醫書目 가운데 조선 의서

개요

《숭란관의서목》은 경사(京師)의 후쿠이(福井) 씨가 숭란관(崇蘭館)에 소장했던 의서 목록으로, 게이오(慶應) 2년 병인1866 8월에 모리 타츠유키(森立之)가 적은 것이다.

필사본 1책. 제국도서관(帝國圖書館) 소장.

조선 의서 목록

백여 종의 선본을 싣고 있으나 여기에서는 조선판 의서만을 뽑아 적는다〈뒤에 나올 《하청우기河淸寓記》에 있는 숭란관 소장본을 아울러 대조하여 적는다〉.

◎《숭란관의서목》에 실려 있는 조선 의서 목록

新刊補註釋文黃帝內經素問 十二卷六冊，朝鮮版，田經校正。
鄕藥集成方 八十五卷(附鄕藥本草)，朝鮮兪孝通等。
神巧萬全方 十二卷十冊，醫方類聚採輯本，宋劉元賓。
痘瘡集要 二卷一冊，抄本，朝鮮許浚。
壽親養老書 一卷一冊，朝鮮刊本，元鄒鉉。
壽養叢書類輯 四卷，寬文己酉刊行，朝鮮無求翁。

《신간보주석문황제내경소문》 12권 6책, 조선 판본, 전경(田經) 교정.[一]
《향약집성방》 85권 (부록 향약본초), 조선 유효통 등.
《신교만전방》 12권 10책, 의방유취 채집본, 송(宋) 유원빈.

《두창집요》 2권 1책, 필사본, 조선 허준.

《수친양로서》 1권 1책, 조선 간본, 원(元) 추현.

《수양총서유집》 4권, 간분(寬文) 기유년1669 간행, 조선 무구 옹.

인물전기

후쿠이 요오테에(福井榕亭, 1753－1844). 이름은 쥬(需), 자는 코쿄(光享), 호는 요오테에(榕亭)이다. 후쿠이 후우테에(福井楓亭)의 큰아들로 경사(京師)의 의원이었다. 천조(天朝)의 어의(御醫)가 되어 의박사(醫博士) 겸 단바노카미(丹波守)에 부임하였고, 쇼오시이노죠오(正四位上)에 올랐다. 여러 대에 걸쳐 서화·서적·물품을 수집하여 그 수집품이 몇 개의 창고에 가득했다고 한다. 코오카(弘化) 원년갑진1844 정월에 92세의 나이로 세상을 떠났다.

⊟ 이 책은 《경적방고지經籍訪古志》에 나온다.

007B. 도도 百百 가문의 의서목록고본 醫書目錄稿本

개요

쿄토(京都)의 궁정의(宮廷醫) 도도 가문의 장서 목록으로, 도도 나아(百百絢)가 적었다〈교토대학 도서관 소장〉. 이 책은 4책으로 되어 있는데, 그 일부에 의서의 옛 간본이 집록되어 있고 여기에 조선 의서 4종이 실려 있다〈《하청우기河清寓記》(〔009장〕 참고)에 있는 도도 가문 소장본을 아울러 대조하여 적는다〉.

조선 의서 목록

◎ 《의서목록고본》의 조선 의서 목록

仁齋直指方。朝鮮本 宋楊士瀛。
世醫得效方。後至元三年, 朝鮮本 元危亦林。
婦人良方。嘉熙元年, 朝鮮本, 眞本 宋陳自明。
銅人圖經。朝鮮本, 元版 宋王惟一。

《인재직지방》 조선 간본. 송(宋) 양사영.
《세의득효방》 후지원(後至元)[1] 3년(정축1337), 조선 간본. 원(元) 위역림.
《부인양방》 가희(嘉熙) 원년(정유1237), 조선 간본, 진본(眞本). 송(宋) 진자명.
《동인도경》 조선 간본, 원판(元版). 송(宋) 왕유일.

---

1 원(元)에서 '지원(至元)'이라는 연호는 1264~1294년과 1335~1340년에 모두 2번 사용되었다. 후지

《의방유취醫方類聚》 채집본 31종도 게재되어 있으나 여기에서는 생략한다.

원(後至元)은 후자를 가리킨다.

008. 호소도오장의적목록 寶素堂藏醫籍目錄 가운데 조선 의서

개요

《호소도오장의적목록》은 코지마 호소(小島寶素)가 소장했던 의서 목록으로, 안세이(安政) 6년 기미1859 3월 모리 노리유키(森約之)가 교정하고 기록한 것이다.

필사본 1책, 제국도서관(帝國圖書館) 소장.

조선 의서 목록

조선판 의서 및 《의방유취》 채집본을 여기에 싣는다.

◎ 《호소도오장의적목록》에 실려 있는 조선 의서 목록

增註太平惠民和劑局方，零本一卷第九ノ一冊，朝鮮國刊本。
仁齋直指方，二十六卷六冊，鈔朝鮮國刊本，楊士瀛。
世醫得效方，二十卷十八冊，鈔朝鮮國刊本，危亦林。
世醫得效方，零本三冊，朝鮮國刊本。
丹溪先生醫書纂要，二卷二冊，朝鮮國刊本，盧和。
丹溪先生醫書纂要，二卷二冊，朝鮮國刊本。
新編婦人大全良方，二四卷九冊，鈔朝鮮國活字本，陳自明。
新編婦人大全良方，零本一卷，朝鮮國活字本，第十一冊，橘正福重雕。

經史證類大全本草，三十一卷，序目一卷，十二冊，朝鮮國重刊，大德壬寅宗文書院本，序目第一闕，從聿修堂藏本新補寫，第十三第十四舊闕，和氣朝臣成庸鈔補斯本，爲和氣氏舊藏本也，宋唐愼微。

處方用藥指掌珍珠，一卷一冊，鈔朝鮮國刊本，元李杲。

五藏論，一卷一冊，醫方類聚採輯本，唐闕名。

川玉集，一卷一冊，醫方類聚採輯本，宋亡名氏。衛生十全方合冊。

簡要濟衆方，一卷一冊，醫方類聚採輯本，周應等。

吳氏集驗方，一卷一冊，醫方類聚採輯本，吳得夫。

衛生十全方，一卷一冊，醫方類聚採輯本，夏德懋。

王氏集驗方，五卷二冊，醫方類聚採輯本，王東野。

修月魯般經後錄，二卷一冊，醫方類聚採輯本，亡名氏。

産寶，三卷一冊，醫方類聚採輯本。

瘡科通玄論，一卷一冊，醫方類聚採輯本，明楊得春。

龍樹菩薩眼論，一卷一冊，醫方類聚採輯本。五藏論合冊。

《증주태평혜민화제국방》, 영본(零本) 1책(권9), 조선 간본.

《인재직지방》 26권 6책, 조선 간본의 필사본, 양사영.

《세의득효방》 20권 18책, 조선 간본의 필사본, 위역림.

《세의득효방》, 영본 3책, 조선 간본.

《단계선생의서찬요》 2권 2책, 조선 간본, 노화.

《단계선생의서찬요》 2권 2책, 조선 간본.

《신편부인대전양방》 24권 9책, 조선 활자본의 필사본, 진자명.

《신편부인대전양방》, 영본 1권(제11책), 조선 활자본, 귤정복 중간.

《경사증류대전본초》 31권, 서문과 목록 1권, 총 12책, 조선 중간본. 대덕 임인년 1302 종문서원 간행본. 누락된 서문과 목록 1권은 잇슈우도오(聿修堂) 소장본을 토대로 새로 필사해 넣었다. 제13~14권은 예전에 누락되었다. 와케아손 죠요오(和氣朝臣成庸)가 이 간본을 필사하고 빠진 것을 보충한 것이 와케(和氣) 씨가 소장했던 책이다. 송(宋) 당신미.

《처방용약지장진주낭》 1권 1책, 조선 간본의 필사본. 원(元) 이고.

《오장론》 1권 1책, 《의방유취》 채집본, 당(唐) 저자 미상.

《천옥집》 1권 1책, 《의방유취》 채집본, 송(宋) 저자 미상. 《위생십전방》과 합책

《간요제중방》 1권 1책, 《의방유취》 채집본, 주응 등.

《오씨집험방》 1권 1책, 《의방유취》 채집본, 오득부.
《위생십전방》 1권 1책, 《의방유취》 채집본, 하덕무.
《왕씨집험방》 5권 2책, 《의방유취》 채집본, 왕동야.
《수월노반경후록》 2권 1책, 《의방유취》 채집본, 저자 미상.
《산보》 3권 1책, 《의방유취》 채집본.
《창과통현론》 1권 1책, 《의방유취》 채집본, 명(明) 양득춘.
《용수보살안론》 1권 1책, 《의방유취》 채집본. 《오장론》과 합책

인물전기

코지마 호소(小島寶素, 1797－1849). 이름은 나오카타(尙質), 자는 가쿠고(學古), 호는 호소(寶素), 통칭(通稱)은 키안(喜庵)이며 뒤에 순안(春庵)으로 바꾸었다. 에도막부 의관(醫官)으로 가에이(嘉永) 원년 10월에 52세의 나이로 세상을 떠났다. 카리야 에키사이(狩谷棭齋)·이치노 메이안(市野迷庵)·이자와 란켄(伊澤蘭軒)·시부에 추사이(澁江抽齋)·모리 키엔(森枳園) 등과 교유하였다. 장서가·교열가로 명성을 얻었다. 《경적방고지經籍訪古志》 편찬에 온 힘을 기울였다.

009. 하청우기 河清寓記 가운데 조선 의서

개요

《하청우기》는 코지마 호소(小島寶素)가 덴포(天保) 13년 임인 1842 9월부터 12월까지 공무를 띠고 상경했을 때 틈을 내 닌나지(仁和寺), 후쿠이(福井) 씨의 숭란관(崇蘭館), 이라코(伊良子) 씨의 센시도오(千之堂), 타카시나(高階) 씨의 의성서원(醫聖書院), 미스미(三角) 가문, 오기노(荻野) 가문, 하타(畑) 가문, 도도(百百) 가문 등 궁중부 의가(醫家)를 방문하여 그곳에 소장된 희귀서를 보고 손이 가는 대로 써서 남긴 의서 목록이다. 이것은 쿄토(京都)에 있었던 조선 옛 의서의 존재를 알 수 있는 중요한 자료이다.

필사본 1책으로 제국도서관에 소장된 이 책은 모리 타츠유키(森立之)가 필사한 것인데, 이 때문에 모리 타츠유키의 저작으로 잘못 알려졌었다. 모리 준자부로(森潤三郎)〈모리 오가이(森鷗外)의 동생이다〉는 이 책을 고증하여 코지마 호소가 남긴 기록이라고 결론지었다. 필자는 이에 대해 친절한 가르침을 받았다.

아래는 이 책에서 조선 의서를 뽑아 열거한 것이다. 그러나 이 책은 코지마 호소가 잊지 않기 위해 대략 적은 것이기 때문에 기록이 뒤섞이고 배열에 오류가 없다고 보장할 수 없다.

조선 의서 목록

◎ 《하청우기》에 실려 있는 조선 의서 목록

⊙ 福井崇蘭館藏書

醫說 朝鮮本 此本多紀にあり

嘉靖三十九年八月日，內賜行司直柳之蕃醫說一件，命除謝恩。都承旨臣李〔着名〕[1]

續醫說 朝鮮本

素問 朝鮮本，五六補寫，附運氣論奧

袖珍方 朝鮮版

⊙ 醫聖書院藏本

胎產要錄 上下卷

村家救急方 一卷，朝鮮本

嘉靖戊戌夏六月，聞韶金正國國弼識。隆慶六年壬申八月列署

⊙ 百百(陸奧守)家藏本

壽親養老新書 四卷三冊，朝鮮本

神應經 朝鮮版，整版

卷末墨之，意安法眼子息清江齋，附與于予也，淨算

婦人良方 朝鮮本，第一第二補寫

新編診脈須知 五卷 診脈要訣 三卷，合釘一冊，朝鮮本，琅琊吳洪仲廣解義

⊙ 伊良子(千之堂)藏本

服藥須知病源詩括 朝鮮國重刊

中和書堂本，杭州德夫刊行

盧和食物本草 朝鮮本，二卷，東陽盧和集

嘉靖乙酉狄沖序，嘉靖丙戌姚文清序

補注銅人經

嘉靖三十二年癸丑孟秋，改誤重刊。前行惠民署教授張末石監校

得效方 二十卷，朝鮮整版小字

⊙ 三角(典藥少允紀伊守)家藏本

仁齋直指方 朝鮮本

醫家必用 朝鮮本

三元延壽書 朝鮮本

⊙ 千山萬井樓

得效方 二十卷，朝鮮大字整版，十八、十九、二十欠本

醫方集略 七卷，高平丹泉郭鑒，朝鮮本

瘡疹集 朝鮮本

纂圖脈訣 三冊，朝鮮國萬曆整版

⊙ 未見藏本

太平廣記 十，朝鮮大本

資生經 朝鮮本

⊙ 北山學校ニ朝鮮本多シ

⊙ 후쿠이(福井) 씨 숭란관(崇蘭館) 소장서

《의설》 조선 간본. 이 책은 타키(多紀)도 소장하고 있다.[一]

"가정 39년(1560) 8월 일. 행 사직 유지번(柳之蕃)에게 《의설》 1부를 하사하니 답례하지 말라. 도승지 신 이〔착명(着名)〕"

《속의설》 조선 간본.

《소문》 조선 간본, 권5·6은 필사해 보충함. 《운기론오》를 덧붙임.

《수진방》 조선 판본판본.[二]

⊙ 의성서원 소장본[三]

《태산요록》 상·하 2권.

《촌가구급방》 1권, 조선 간본.

"가정 무술년(1538) 여름 6월에 문소(聞韶) 김정국(金正國, 자는 국필國弼)이 적다.", "융경 6년(임신1572) 8월 열서(列署)"

⊙ 도도(百百)(무츠노카미) 가문 소장본

《수친양로신서》 4권 3책, 조선 간본.[四]

《신응경》 조선 판본, 목판본.

권말에 소장기록이 있다. "이안 호우겐의 아들 세에사이(淸江齋)가 나에게 주었다. 죠오산(淨算)"

《부인양방》 조선 간본, 제1~2책은 필사하여 보충함.

《신편진맥수지》 5권. 《진맥요결》 3권. 1책으로 합하여 묶었다. 낭법(瑯琺) 오홍(吳洪, 자는 중광仲廣)이 풀이하였다.[五][六]

⊙ 이라코(센시도오) 소장본

《복약수지병원시괄》 조선 중간본.

중화서당본 항주(杭州) 덕부(德夫) 간행[七]

노화(盧和)의 《식물본초》 조선 간본, 2권. 동양(東陽) 노화 찬집.

가정 을유년(1525) 적충(狄沖)의 서문과 가정 병술년(1526) 요문청(姚文淸)의 서문이 있다

《보주동인경》

"가정 32년(계축1553) 7월에 오류를 고쳐 중간함. 행 혜민서 교수 장말석(張末石) 교감."

《득효방》 20권, 조선 소자(小字) 목판본.

⊙ 미스미(三角)(전약료(典藥寮) 소윤(少允) 키이노카미) 가문 소장본[八]

《인재직지방》 조선 간본.

《의가필용》 조선 간본.

《삼원연수서》 조선 간본.

⊙ 천산(千山) 만정루(萬井樓)[九]

《득효방》 20권, 조선 대자 목판본, 권18・19・20 일실.[十]

《의방집략》 7권, 고평(高平) 사람 곽감(郭鑒, 자는 단천丹泉), 조선 간본.

《창진집》 조선 간본.[十一]

《찬도맥결》 3책, 조선 만력(萬曆) 목판본.

⊙ 보지 못한 소장서[十二]

《태평광기》 10책, 대형 조선 간본.

《자생경》 조선 간본.

⊙ 북산학교(北山學校)에 조선 간본이 많음[十三]

---

1 원서와 《하청우기河淸寓記》 원문에는 모두 "李商"이라고 되어 있으나 탈초의 오류로 보여 "李〔着名〕"이라고 수정하였다.

[二] 《경적방고지經籍訪古志》에 수록된 잇슈우도오(聿修堂) 소장본은 이 간본과 같으나 유창문(柳昌門)에게 내사된 것이다.

[三] 《숭란관의서목》(〔007A장〕)과 함께 보라.

[三] 의성서원은 타카시나(高階) 씨이다.

[四] 이 간본은 《경적방고지》 〈보유補遺〉에 보인다.

[五] 《잇슈우도오가장의서목》에 이 간본이 보인다.

[六] 도도(百百) 가문 《의서목록고본醫書目錄稿本》(〔007B장〕)과 함께 보라.

[七] 이 간본은 《경적방고지》에도 보인다.

[八] 미스미 가문 소장본의 대부분은 나라(奈良)의 이시자키문고(石崎文庫)를 거쳐 모두 오사카부립

도서관으로 들어갔다.

[九] 천산(千山) 만정루(萬井樓)가 어떤 집안인지 필자는 알지 못한다.

[十] 《경적방고지》〈보유〉에 실려 있는 《득효방》 3가지 간본 가운데 대자(大字) 목판본이 여기에 해당하는 듯하다.

[十一] 임원준(任元濬)의 저작으로, 제1부 〔023장〕에서 해제하였다. 《잇슈우도오가장의서목》에도 보인다.

[十二] 도도(百百) 가문 소장본인 듯하다.

[十三] 북산학교(北山學校)는 하타(畑) 씨의 의학원(醫學院)일까?

010A. 잇슈우도오가장서목 聿修堂架藏書目 가운데 조선 의서

개요

이 의서 목록의 첫머리에 "享和壬戌之冬十一月, 丹波元簡識"라고 쓰여 있으므로 자필본이라고 생각한다. 판심(版心)에는 "躋壽館"이라고 적혀 있다. 목판본 2책, 교토대학(京都大學) 후지카와문고(富士川文庫) 소장본.

의학관(醫學館) 화재 전 타키(多紀) 가문이 소장했던 의서 목록이다. 이 가운데 망실된 책도 있으나 지금까지 해제해 온 조선 의서 목록류에 이 《잇슈우도오가장서목》에 실린 책이 많이 보인다. 조선 의서 고증에 중요한 자료이다. 조선 의서를 발췌하여 아래에 싣는다.

조선 의서 목록

◎ 《잇슈우도오가장서목》에 실려 있는 조선 의서 목록

婦人大全良方, 二十四卷附錄一卷九冊, 依朝鮮刻陳氏原本影抄。

救急易解方, 一冊, 朝鮮本, 嘉靖癸未開刊, 朝鮮尹弼商奉教撰。

醫說, 十卷五冊, 本朝萬治二年刻本, 宋張杲季明著, 依朝鮮本、瀋藩本、嘉靖本參對。

續醫說, 十卷二冊, 本朝萬治元年刻本, 明俞辨子容著, 依嘉靖原本、朝鮮本校勘。

東醫寶鑑, 二十五冊, 萬曆四十年朝鮮原本, 朝鮮許浚奉教撰。

明醫雜著，一卷，朝鮮人抄本，明王綸汝言著。

診脈須知五卷 診脈要訣三卷，合刻二冊，朝鮮本，晉王叔和著、瑯琺吳洪仲廣解。

三元參贊延壽書，五卷一冊，正統戊午朝鮮重刊本，元李鵬飛著。

纂圖方論脈訣集成，四卷二冊，朝鮮本。

乾坤生意二卷 秘韞一卷，七冊，朝鮮刻本，明臞仙撰。

增註和劑局方，十卷六冊，朝鮮國翻刻勤有堂本。

醫方集略，七卷五冊，抄朝鮮刊本，明丹泉郭鑒類編。

永類鈐方，二十三卷九冊，抄朝鮮國本，元李仲南著。

瘡疹集，抄朝鮮本，朝鮮任元濬奉教撰。

補註銅人鍼灸圖經，三卷二冊，抄朝鮮國翻刻余志安勤有書堂本，宋王惟一奉敕撰。

壽親養老書，四卷三冊，抄朝鮮刻本，宋陳直著、元雛鉉續編。

醫說，十卷五冊，朝鮮刻本。

醫林集要，十卷二十冊，朝鮮刻本，明孤竹王璽集。

鄉藥集成方，八五卷二十九冊，宣德八年朝鮮國原本，朝鮮盧重禮、朴允德等奉教撰。

紫金丹方，一卷，抄朝鮮弘治丁巳原本，朝鮮慵齋病叟李宗準仲鈞經驗刊施。

拯急遺方，二卷，抄朝鮮重刊宣德戊申刻本，明葉尹賢梓刻。

治腫秘方，一卷，抄朝鮮嘉靖己未刻本，朝鮮任彥國撰。

治腫指南，二卷一冊，抄朝鮮刻本，不著撰人名氏，案此亦任彥國所撰。

村家救急方，一卷，抄朝鮮嘉靖戊戌刻本，明金正國國弼撰。

痘疹集要，一冊，抄朝鮮刻本，朝鮮許浚奉教撰。

疸瘡易解方，二卷一冊，抄朝鮮刻本，明柳之蕃奉教撰。

答朝鮮醫問，一卷，抄本，明王應遴堇父撰。

臞仙活人心法，三卷，本朝承應癸巳翻刻朝鮮嘉靖庚戌本。

勿聽子俗解八十一難經，六卷，朝鮮國刻本，明熊均宗立著。

鍼灸經驗方，三卷，本朝享保乙巳翻刻朝鮮刻本，朝鮮許任著。

神應經，一卷，本朝正保二年翻刻洪熙原本，明陳會善同撰。

醫方類聚，二百六十二卷，朝鮮刻本，不著撰人姓氏，欠第一、第四、第五、第百十六、第百二十、第百四十八、第百四十九、第百五十五、第百五十六、第百八十九、第二百九、第二百二十およそ一二卷， 案東醫寶鑑云本朝祖宗時命諸醫官所撰。

政和本草，三十卷二十三冊，朝鮮國依成化戊子重刊本，活字版。

東垣指掌珍珠囊，一卷。

脈訣理玄秘要，一卷，朝鮮本，珍珠囊合一冊。

素問入式運氣論奧，二卷一冊，朝鮮本，宋朝散郎太醫學司業劉溫舒撰。

《부인대전양방》 24권, 부록 1권, 모두 9책. 진자명의 원본을 판각한 조선 간본을 모사한 것이다.

《구급이해방》 1책. 조선 간본. 가정(嘉靖) 계미년1523 개간본. 조선 윤필상이 왕명을 받고 지었다.

《의설》 10권 5책. 일본 만지(萬治) 2년기해1659 간본. 송(宋) 장고(張杲, 자는 계명季明)가 저술하였다. 조선 판본·심번 판본·가정 판본을 참고하여 대교하였다.

《속의설》 10권 2책. 일본 만지(萬治) 원년무술1658 간본. 명(明) 유변(兪辨, 자는 자용子容)이 지었다. 가정(嘉靖) 원본을 바탕으로 하였고 조선 간본으로 교감하였다.

《동의보감》 25책. 만력(萬曆) 40년 조선 원본. 조선 허준(許浚)이 왕명을 받고 지었다.

《명의잡저》 1권. 조선인의 필사본. 명(明) 왕륜(王綸, 자는 여언汝言)이 지었다.

《진맥수지》 5권과 《진맥요결》 3권을 합한 2책. 조선 간본. 진(晉) 왕숙화(王叔和)가 짓고, 낭법(瑯琺) 오홍(吳洪, 자는 중광仲廣)이 풀이하였다.

《삼원참찬연수서》 5권 1책. 정통 무오년1438 조선 중간본. 원(元) 이붕비(李鵬飛)가 지었다.

《찬도방론맥결집성》 4권 2책. 조선 간본.

《건곤생의》 2권과 《건곤생의비온》 1권, 모두 7책. 조선 간본. 명(明) 구선(臞仙)이 지었다.

《증주화제국방》 10권 6책. 조선에서 근유당본(勤有堂本)을 번각한 것이다.

《의방집략》 7권 5책. 조선 간본을 필사한 것. 명(明) 곽감(郭鑒, 자는 단천丹泉)이 편찬하였다.

《영류검방》 23권 9책. 조선 간본을 필사한 것. 원(元) 이중남(李仲南)이 지었다.

《창진집》. 조선 간본을 필사한 것. 조선 임원준(任元濬)이 왕명을 받고 지었다.

《보주동인침구도경》 3권 2책. 여지안(余志安)의 근유당본(勤有堂本)을 번각한 조선 간본을 다시 필사한 것. 송(宋) 왕유일(王惟一)이 왕명을 받고 지었다.

《수친양로서》 4권 3책. 조선 간본을 필사한 것. 송(宋) 진직(陳直)이 짓고 원(元)

추현(雛鉉)이 이어 지었다.

《의설》 10권 5책. 조선 간본.

《의림집요》 10권 20책. 조선 간본. 명(明) 왕새(王璽, 호는 고죽孤竹)가 엮었다.

《향약집성방》 85권 29책. 선덕 8년 계축1433 조선 원본. 조선의 노중례(盧重禮)·박윤덕(朴允德) 등이 왕명을 받고 지었다.

《자금단방》 1권. 조선의 홍치 정사년1497 원본을 필사한 것. 조선의 용재(慵齋) 병수(病叟) 이종준(李宗準, 자는 중균仲鈞)이 경험한 것을 펴냈다.

《증급유방》 2권. 조선에서 중간한 선덕 무신년1428 간본을 필사한 것. 명(明) 섭윤현(葉尹賢)이 판각하였다.

《치종비방》 1권. 가정 기미년1559 조선 간본. 조선 임언국(任彦國)이 지었다.

《치종지남》 2권 1책. 조선 간본을 필사한 것. 저자 성명이 적혀있지 않다. 이 역시 임언국이 지은 것으로 생각된다.

《촌가구급방》 1권. 가정 무술년1538 조선 간본. 명(明) 김정국(金正國, 자는 국필國弼)이 지었다.[1]

《두진집요》 1책. 조선 간본을 필사한 것. 조선 허준이 왕명을 받고 지었다.

《달학이해방》 2권 1책. 조선 간본을 필사한 것. 명(明) 유지번(柳之蕃)이 왕명을 받고 지었다.[二]

《답조선의문》 1권. 필사본. 명(明) 왕응린(王應遴, 자는 근보堇父)이 지었다.

《구선활인심법》 3권. 일본 조오(承應) 계사년1653에 가정 경술년1550 조선 간본을 번각한 것.

《물청자속해팔십일난경》 6권. 조선 간본. 명(明) 웅균(熊均, 자는 종립宗立)이 지었다.

《침구경험방》 3권. 일본 교호(享保) 을사년1725에 조선 간본을 번각한 것. 조선 허임(許任)이 지었다.

《신응경》 1권. 일본 쇼오호오(正保) 2년 을유1645에 홍희 연간1425의 원본을 번각한 것. 명(明) 진회(陳會, 자는 선동善同)가 지었다.

《의방유취》 262권. 조선 간본. 편찬자 이름은 적혀 있지 않다. 결권은 권1·4·5·116·120·148·149·155·156·189·209·220으로 총 12권이다. 《동의보감》을 살펴보니 "조선의 조종(祖宗)께서 당시 의관들에게 명하여 편찬하였다."라고 적혀 있다.

《정화본초》 30권 23책. 조선에서 성화 무자년1468 중간본에 근거하여 만든 활자본.

《동원지장진주낭》 1권.

《맥결이현비요》 1권. 조선 간본. 《진주낭》과 1책으로 합책되었다.

《소문입식운기론오》 2권 1책. 조선 간본. 송(宋) 조산랑 태의학 사복 유온서(劉溫舒)가 지었다.

---

1 김정국은 명(明) 사람이 아니라 조선 사람이다.

日 유지번은 명(明) 사람이 아니라 조선 사람이다.

010B. 잇슈우도오가장기 聿修堂架藏記

개요

필사본 1책, 타키 레키소(多紀櫟窓) 선생의 서문과 발문이 있다. 시부에 추사이(澁江抽齋)의 필사본이다〈코오다 시게토모(幸田成友) 씨 소장〉.

타키 모토야스(多紀元簡)가 지은 책으로, 시부에 추사이가 덴포(天保) 4년계사1833에 제1권 본초(本草)·의경(醫經) 두 가지를 코지마 호소(小島寶素)에게 빌려 베낀 후 직접 표점을 추가하고 교정한 필사본이다. 본초·의경 29종을 해제했다고 하나 필자는 보지 못하였다.

011A. 잇슈우도오장서목록 聿修堂藏書目錄 가운데 조선 의서

개요

판심(版心)에 "醫學館"이라고 적혀 있는 괘선지에 기록되어 있지만 지어(識語)가 없어 언제 편찬되었는지 알 수 없다. 아마도 문인(門人)이 기록한 듯하다. 《잇슈우도오가장의서목聿修堂架藏醫書目》(〔010A장〕 참고)에 실려 있는 장서의 태반이 분카(文化) 3년병인1806 3월 의학관(醫學館) 화재로 소실되고 나서, 그 이후에 모은 책들을 정리한 목록인 듯하다. 전자와 중복된 책도 있지만, 그곳에 없는 조선 의서도 수록되어 있다.

필사본 1책, 교토대학(京都大學) 후지카와문고(富士川文庫) 소장

조선 의서 목록

◎ 《잇슈우도오장서목록》에 있는 조선 의서 목록

經史證類大觀本草, 三十一卷十一冊, 朝鮮配印活字版。
重修政和經史證類備用本草, 三十卷序目二十三冊, 朝鮮本, 依成化戊子本, 活版。
蘭室秘藏, 三卷三冊, 收在醫統正脈中, 朝鮮梅南書屋刊。
此事難知, 二卷一冊, 收在東垣十書中, 朝鮮梅南書屋刊。
外科精義, 二卷一冊, 收在東垣十書中, 朝鮮梅南書屋刊。
局方發揮, 一卷一冊, 收在醫統正脈中, 朝鮮梅南書屋刊。

格致餘論，一卷一冊，收在醫統正脈中，朝鮮梅南書屋刊。

醫經溯洄集，一卷一冊，收在東垣十書中，朝鮮刊本。

明醫雜著，一卷一冊，朝鮮人抄筆刊本。

丹溪醫書纂要心法，六卷三冊，朝鮮刊本，明盧和註。

醫方集略，七卷五冊，抄本，朝鮮刊本。

增註太平惠民和劑局方，十卷，欠一卷、六卷、七卷，朝鮮版，附 指南總論一卷，朝鮮活版。

周府袖珍方 四卷四冊，永樂乙未原本，朝鮮活字九冊，成化十八年重刻本，明李恒等撰。

醫學正傳，八卷四冊，朝鮮版，嘉靖辛卯刻。

痘瘡易解方，一卷一冊，朝鮮版抄本，明柳之蕃。

臞仙活人心法，三卷三冊，承應癸巳刊，影抄朝鮮刊本。

三元參贊延壽書，五卷一冊，正統戊午重校本，朝鮮刊本。

新刊補註銅人腧穴鍼灸圖經，五卷二冊，朝鮮國翻鏤余志安刊本。

素問入式運氣論奥，三卷一冊，朝鮮國刻本。

醫說，十卷，朝鮮零本第一、第二，宋張杲撰。

醫說，十卷五冊，朝鮮國刊本。

答朝鮮醫問，一卷一冊，抄出王應遴雜集中，享保庚子刊本。

《경사증류대관본초》 31권 11책. 조선 배인(配印) 활자본.

《중수정화경사증류비용본초》 30권, 서목 포함 23책. 조선 간본. 성화 무자년 1468 간본에 근거하여 만든 활자본.

《난실비장》 3권 3책. 《의통정맥전서》 속에 실려 있다. 조선의 매남서옥 간행본.

《차사난지》 2권 1책. 《동원십서》 속에 실려 있다. 조선의 매남서옥 간행본.

《외과정의》 2권 1책. 《동원십서》 속에 실려 있다. 조선의 매남서옥 간행본.

《국방발휘》 1권 1책. 《의통정맥전서》 속에 실려 있다. 조선의 매남서옥 간행본.

《격치여론》 1권 1책. 《의통정맥전서》 속에 실려 있다. 조선의 매남서옥 간행본.

《의경소회집》 1권 1책. 《동원십서》 속에 실려 있다. 조선 간본.[一]

《명의잡저》 1권 1책. 조선인의 필사본과 간행본.

《단계의서찬요심법》 6권 3책. 조선 간본. 명(明) 노화(盧和)가 주석하였다.

《의방집략》 7권 5책. 조선 간본을 필사한 것.

《증주태평혜민화제국방》 10권, 1·6·7권 누락. 조선 판본. 부록 《지남총론》 1권. 조선 활자본.

《주부수진방》 4권 4책, 영락 을미년(1415) 원본 조선 활자본 9책. 성화 18년 임인1482

중간본. 명(明) 이항(李恒) 등이 지었다.

《의학정전》 8권 4책. 조선 판본. 가정 신묘년1531 간본.

《달학이해방》 1권 1책. 조선 판본의 필사본. 명(明) 유지번(柳之蕃)이 지었다.[三]

《구선활인심법》 3권 3책. 일본 조오(承應) 계사년1653 간본으로 조선 간본을 번각한 것.

《삼원참찬연수서》 5권 1책. 정통 무오년1438 중교본(重校本)으로 조선 간본.

《신간보주동인수혈침구도경》 5권 2책. 조선에서 여지안(余志安)의 간본을 번각한 것.

《소문입식운기론오》 3권 1책. 조선 간본.

《의설》 10권. 조선 간본. 영본(零本) 제1・2권. 송(宋) 장고(張杲)가 지었다.

《의설》 10권 5책. 조선 간본.

《답조선의문》 1권 1책. 《왕응린잡집》 속에서 뽑아낸 것. 일본 교호(享保) 경자년1720 간본.

[二] 위 6종 책은 《동원십서》와 《의통정맥》에 포함되었다고 하였으나 《의통정맥》의 조선 간본은 존재하지 않는다. 따라서 《의통정맥》 속에 실려 있다고 한 것은 착오이다. 《동원십서》 속이라고 수정되어야 한다.

[三] 유지번은 명(明) 사람이 아니라 조선 사람이다.

011B. 잇슈우도오장의서목록 聿修堂藏醫書目錄

개요

필사본 1책. 분카(文化) 8년 신미1811에 문인(門人)인 와타나베 아키라(渡邊昶)〈와타나베 케에스케(渡邊奎輔)〉가 모아 적은 책이다. "聿修堂" 괘선지를 사용하였고, 란케에(藍溪)〈타키 모토노리(多紀元德)〉·케에잔(桂山)〈타키 모토야스(多紀元簡)〉의 저술 목록을 덧붙였다〈야스다문고(安田文庫) 소장〉. 필자는 보지 못했다.

011C. 존성약실의서목 存誠藥室醫書目

개요

필사본 1책, 오가와 쿄오(小河翹)·카와바타 신(河端進) 공저.〈타키 토쿠소(多紀崇德) 씨 소장〉

필자는 보지 못하였으나 책의 존재는 모리 준자부로(森潤三郎) 씨의 《타키씨의 사적多紀氏の事蹟》을 통해 알 수 있다. 분명히 알 수는 없지만, 앞에서 살펴본 2가지 목록 이후에 만들어진 것 같다. 싣고 있는 책은 589종으로, 중국 의서 423종, 일본 의서 162종, 조선 의서 4종이다. 이 조선 의서는 조선 고유 의서만을 거론한 것이라고 하더라도 앞의 2가지 목록과 뒤에 설명할 《제수관의적비고躋壽館醫籍備考》에 비해 아주 적고, 중국 및 일본 의서 역시 적다. 따라서 이 서목은 약실(藥室)에 비치해 두었던 것으로, 타키(多紀) 가문 소장서 전부가 아니라고 생각한다.〈타키(多紀) 씨 및 그의 제자가 적은 타키 가문 소장서 목록은 상당수 존재하지만 그 전모를 살피는 데는 뒤에 설명할 《제수관의적비고》가 좋다〉

012. 켄카도오서목 蒹葭堂書目 가운데 조선 의서

개요

이 서목의 내제(內題)는 "書籍法帖物產目錄"이다. 오사카(大坂) 키무라 코오쿄오(木村孔恭)의 서적 및 수집품 목록으로, 아마도 그가 말년에 적어 둔 것 같다.(이 책들은 그가 죽은 뒤에 관고(官庫)에 소장되었다고 한다) 필자가 본 것은 오사카부립도서관에 소장된 전사본(傳寫本) 2책이다. 여기에 수록된 조선 의서를 아래에 게재한다(이 외에 조선 간본으로 생각되는 것이 몇 종 있으나, 여기에는 채록하지 않는다).

조선 의서 목록

◎ 《켄카도오서목》에 실려 있는 조선 의서 목록

農事直說，一冊，刊本。
菁川養花小錄，一冊，寫本。
太乙紫金丹方，一冊，寫本。
治腫指南，一冊，寫本。
鄉藥本草，四冊，寫本。
東醫寶鑑，二十五冊，和刻本。
朝鮮醫問答，一冊，和刻本。
農事直說，一冊，刊本。
菁川養花小錄，一冊，寫本。
太乙紫金丹方，一冊，寫本。

治腫指南，一冊，寫本。
鄉藥本草，四冊，寫本。
東醫寶鑑，二十五冊，和刻本。
朝鮮醫問答，一冊，和刻本。

인물전기

키무라 코오쿄오(木村孔恭, 1736－1802). 자는 세에슈쿠(世肅), 통칭(通稱) 츠보이야타키치로(坪井屋多吉郎) 또는 키치에몬(吉右衛門)이라고 불렸다. 호는 손사이(巽齋)・켄카도오(蒹葭堂)이며, 나니와(浪華) 사람이다. 술 만드는 일을 하였고 매우 부유하였다. 학문을 좋아하여 많은 사람과 교류하였고, 견문이 넓고 재주가 많았으며 특히 본초학에 정통했다. 교와(享和) 2년에 67세의 나이로 세상을 떠났다.

013. 경적방고지 經籍訪古志 보유 補遺 가운데 조선판 의서

개요

《경적방고지》는 안세이(安政) 3년 병진1856 편찬되어 광서(光緖) 11년 메이지明治 18년, 을유1885 상해(上海)에서 간행되었다. 〈보유補遺〉 2책은 전부 의서로 이루어졌기 때문에 《의적방고지醫籍訪古志》라고도 한다. 국서간행회(國書刊行會)에서 간행한 《해제총서解題叢書》에도 수록되어 있어 편리하게 열람할 수 있다.

내용서지

○ 서문과 발문. 내용은 생략한다.

◎ 부언(附言)

經籍訪古志附言

……, 從來著錄家, 於醫書多略, 而是編比他家殊詳者。我邦所傳醫籍, 最稱繁富, 而櫟窗丹波先生, 竭力收集, 柳沜、茝庭二先生, 皆能繼其志, 儲蓄益夥, 而柳沜先生, 著有醫籍攷一書, 其於醫家一類, 靡不網羅。此錄之成, 其嗣曉湖君、孫棠邊君, 爲之綿蕝, 更有寶素、酌源二藏, 並錄入之, 而茝庭先生, 又加之訂正, 是以所記獨爲完全也。但體例旣異, 則別爲一類, 以置於後焉。……

澁江全善道純, 森立之立夫同識。

경적방고지 부언

…… 기존에 책의 목록을 적은 사람들은 의서에 대해 대부분 소략하게 다루었으나 이 책은 다른 책에 비하여 제법 상세하다. 우리 일본에 전해지는 의서는 매우 많다고 할 수 있으니 타키 레키소(多紀櫟窓) 선생께서 힘을 다해 수집하셨고, 타키 리유한(多紀柳沜)과 타키 사이테에(多紀茝庭) 두 선생도 모두 그 뜻을 계승하여 책을 모아 더욱 많아진데다가 리유한(柳沜) 선생은 《의적고醫籍考》를 저술하여 의가류(醫家類) 전체를 망라하셨다. 이 《경적방고지》가 완성된 후에도 그의 아들 타키 게우코(多紀曉湖)와 손자 타키 토오헨(多紀棠邊) 군이 보충한 내용이라고 표시하고 호소도오(寶素堂) 코지마 나오카타(小島尙質)·샤쿠겐도오(酌源堂) 이자와 란켄(伊澤蘭軒) 두 분의 소장서를 모두 적어 넣은 다음 사이테에(茝庭) 선생이 한 번 더 교정하였으니 이로써 기록한 내용이 비로소 완전해졌다. 다만 체재가 달라 별도로 묶어 책 뒤에 보유(補遺)로 두었다. …….

시부에 카네요시(澁江全善) 미치즈미(道純), 모리 타츠유키(森立之) 리츠후(立夫)가 함께 적다.

조선 의서 목록

◎ 《경적방고지》〈보유〉에 실려 있는 조선판 중국 의서 목록

⊙ 新刊補註釋文黃帝內經素問十二卷, 運氣論奧三卷, 黃帝內經靈樞十二卷

素問如朝鮮活字本 聿修堂藏, 朝鮮整版 寶素堂藏, 又崇蘭館有之。末附運氣論奧, 俱行款與活字本同, 靈樞如吳勉學本 醫統正脈所收, 朝鮮活字本 崇蘭館藏版式與素問自別, 皆倂爲十二卷, 蓋元版作之偭也。

⊙ 註解傷寒論 元代刊本, 聿修堂藏, 此本, 朝鮮國醫方類聚所引文字頗同。

⊙ 經史證類大觀本草三十一卷, 目錄一卷 元大德壬寅宗文書院刊本, 聿修堂藏

……。又按, ……, 朝鮮國嘗有翻刻, 而享保中醫官望三英覆刻行世, 訛字轉多。

⊙ 重修政和經史證類備用本草三十卷, 目錄一卷 明成化重刊元大德丙午刊本, 聿修堂藏

……, 成化本, 亦不多有。蓋明代據成化本而重雕者不一, 而足皆非佳刻, 唯朝鮮國活字擺印本, 能存其舊云。

⊙ 新刊補註銅人腧穴鍼灸圖經五卷 元版不記刊行年月, 寄所寄樓藏

……。又按，朝鮮國刊此本，凡二通，其一整版 樣式一與此本同，其一活字本 俱藏在寄所寄樓，活字則收藏家間有之，體裁俱與此本同，目錄末竝記崇化余志安刊于勤有書堂 元書軒陳氏印行字。蓋余氏重刊此本 余氏亦元人，和劑局方亦有其刻，而朝鮮本均以余氏爲祖也。整版僅存三卷，活字既完存，而文字端正，蓋是爲最佳之本云 活字本卷五傍通孔穴圖後云，嘉靖三十二年癸丑孟秋，改誤重刊，前行惠民署教授張末石監校。

⊙ 鍼灸資生經七卷 明正統丁卯刊本，缺六七二卷。聿修堂藏

……，又有朝鮮國刊本 懷仙閣藏。

⊙ 脈訣理玄秘要一卷，東垣珍珠囊一卷，朝鮮國刊本，聿修堂藏

前太醫劉開復眞撰，前制幹門人嚴子禮用和圖說，後學王和鼎編集，奉訓大夫平江路府判黃儀校正。

首有嘉靖七年司馬泰序，末有嘉熙五年劉開跋，嘉靖丁未宋之翰跋 八分書。

⊙ 類編傷寒活人書括指掌圖論十卷 明刊本，聿修堂藏

按，吳恕指掌圖原本，世失其傳，今得藉是書而存，則雖明代增修彙刻之書，亦不可廢也。又醫方類聚所引爲吳氏原書，學者宜從錄出校訂，參以是書，別爲一書，則亦足以見吳氏舊本，則與宋代傷寒諸方，併傳亦可也。

⊙ 增廣太平惠民和劑局方十卷，指南總論三卷

朝鮮本則有活字本二通，其一據余志安本者 聿修堂藏，每卷有醫官岡氏印，享保中官刻，據此本校正，其一銅版本 聿修堂藏，僅存一冊。

⊙ 溫氏隱居助道方服藥須知一卷

首有嘉定丙子中秋日自序。按，是書伊良子氏藏朝鮮刊本。

⊙ 醫說十卷 朝鮮國活字擺印本，聿修堂藏

此本全與潘府本同，蓋據以活字擺印者 佚南山道人序。卷首副紙裏面有朝鮮人題書曰，嘉靖三十九年八月日，內賜承政院左副承旨柳昌門醫說一件，命除謝恩。都承旨 臣 李〔着名〕[1]。卷首捺宣賜之記朱印。

⊙ 嚴氏濟生續方一卷 舊抄本，醫官湯河氏藏

按，此本爛鈔多譌，柳沜先生據醫方類聚，補二評十二方，始爲完全，刻之于衛生彙編中。

⊙ 仁齋直指方論二十六卷

懷仙閣酌源堂竝藏，有朝鮮國活字刊本，體式一與此本同。

⊙ 癸巳新刊御藥院方十一卷 朝鮮國活字本，楓山秘府藏

首載至元丁卯河東高鳴序、目錄，末有鍾様頤眞堂記、琴様平陽府司家印二印，按，是書櫟窓先生審攷爲元許國禎所著，寬政戊午醫官千賀芳久活字印行。

⊙ 永類鈐方二十二卷 朝鮮國活字本，楓山秘府藏

元碧山李仲南集成，青原孫允賢校定，首有延祐丙辰滕賓序、至順二年自序。按，懷仙閣所藏，與此本同。

⊙ 世醫得效方二十卷，目錄一卷

又朝鮮本三通，一小字整版，係元版覆刻 寶素堂藏，一大字整版 崇蘭館藏，一活字本，捺吉氏家藏印，聿修堂藏，竝據元版而重刊者。

⊙ 十藥神書二卷 朝鮮國刊本，京師(名脫)

首有寧獻王序及目錄， 不載葛氏二序， 卷首題古豳胡雲翺家傳書林厚德堂重刊。此本分爲二卷，體式與前本異，上卷末有崔知悌灸法，乃寧獻王刊行時所附，下卷載治傳屍勞蟲總法，諸蟲證狀藥方靈符，亦見急救仙方第十卷十一卷中，未知何人所錄。元祿庚午刊本，卷不分上下，體式略與此同。

⊙ 秘傳眼科龍木總論十卷 應永廿七年舊抄粘葉本，躋壽館藏

按，醫方類聚所載龍樹菩薩眼論，是隋唐間物，與此不同，得效方有龍木論一卷，亦別一書。

⊙ 外科精要三卷 朝鮮國活字本，楓山秘府藏

按，此本蓋與鹿門舊藏相同。

按，寬政丁巳醫官津輕意伯 健壽 刊而行之，校以醫方類聚及鹿門望氏舊藏朝鮮本，事詳其跋中 係櫟窓先生代撰。

⊙ 新編婦人大全良方二十四卷 朝鮮國活字本，自序缺補鈔，存誠藥室藏

宋醫學臨川陳自明良甫編集，每卷首捺東井文庫印，懷仙閣亦有藏本。

按，陳氏眞本，世唯有朝鮮國刊本，而此本亦未經後人增修，比之韓本，小有異同。

⊙ 三元參贊延壽書五卷 明修元版，聿修堂藏

聿修堂又藏朝鮮國刊本，體式行款，略與此本同，末有皇明正統參年歲次戊午

孟秋，重刊于全州府記。

⊙ 壽親養老新書四卷

按，百百氏藏朝鮮國刊本，未見。

⊙ 山居四要四卷 朝鮮國刊本，懷仙閣藏

元汪汝懋編輯，陳止善校正，徐仁文繕寫，首有至正庚子錢塘楊彝序。每半版十行行廿字。按，高階氏藏有嘉靖庚子刊本，合刻加減十三方。

⊙ 《신간보주석문황제내경소문》 12권，《운기론오》 3권，《황제내경영추》 12권

《소문》 가운데 조선 활자본(잇슈우도오 소장)，조선 목판본(호소도오와 승란관에 소장되어 있다. 권말(卷末)에 《운기론오》가 붙어있고 행자수는 모두 조선 활자본과 같다) 등과，《영추》 가운데 오면학(吳勉學) 간본(《고금의통정맥전서》 수록본)，조선 활자본 등은 모두 12권으로 원(元)의 판본을 본뜬 듯하다.

⊙ 《주해상한론》 (원(元) 간본，잇슈우도오 소장본). 이 판본은 조선 《의방유취》에 인용된 글자와 거의 같다.

⊙ 《경사증류대관본초》 31권，목록 1권 (원(元) 대덕 임인년(1302) 종문서원 간본이다. 잇슈우도오 소장)

……. 고찰. …… 조선에서 예전에 번각을 하긴 했으나 일본 교호(享保) 연간에 의관(醫官) 모지츠키 산에이(望月三英)가 복각하여 세상에 배포하면서 틀린 글자가 갑자기 많아졌다.

⊙ 《중수정화경사증류비용본초》 30권과 목록 1권. (명(明) 성화 연간에 원(元) 대덕 병오년(1306) 간본을 중간한 것이다. 잇슈우도오 소장)

……，성화 연간1465-1487의 판본도 많이 남아 있지 않았던 것 같다. 명(明) 성화 연간의 판본을 바탕으로 중간(重刊)한 것이 한둘이 아니나 모두 판각이 좋다고 할 수 없고 오직 조선 활자본만이 옛 모습을 보존하고 있다고 한다.

⊙ 《신간보주동인수혈침구도경》 5권 (원(元) 판본으로 간행 시기는 적혀 있지 않다. 기소기루(寄所寄樓) 소장)

고찰. 조선에서 이 서헌진씨 인행본(書軒陳氏印行本)을 바탕으로 만든 판본은 모두 2종류로 한 종은 목판본이고(형태는 서헌진씨 인행본과 모두 같다)，다른 한 종은 활자본으로(2종 모두 기소기루에 소장되어 있다. 활자본은 소장가들이 간혹 가지고 있다) 체재는 둘 다 서헌진씨 인행본과 같으며 목록 끝에 모두 “숭화(崇

化) 연간에 여지안(余志安)이 근유서당(勤有書堂)에서 간행함."이라고 기재되어 있다(원(元)의 서헌진씨 인행본과 행자수가 같다). 아마도 여 씨가 서헌진씨 인행본을 중간하였고(여 씨는 원(元) 사람으로 《화제국방和劑局方》을 간행하기도 하였다) 조선 간본은 모두 여 씨 간본을 조본(祖本)으로 삼은 듯하다. 목판본은 세 권만 남아 있으나 활자본은 완질로 남아 있으면서 글자도 단정하기 때문에 가장 좋은 판본이라고 할 수 있다(활자본 권5 방통공혈도(傍通孔穴圖) 뒤에 "가정 32년(계축1553) 7월에 오류를 고쳐 중간함. 행 혜민서 교수 장말석(張末石) 교감."이라고 적혀 있다).

⊙ 《침구자생경》 7권 (명(明) 정통 정묘년(1447) 간본. 2권(권6・7)이 없음. 잇슈우도오 소장)

……, 또 조선 간본(회선각(懷仙閣) 소장)도 있다.

⊙ 《맥결이현비요》 1권, 《동원진주낭》 1권 (조선 간본, 잇슈우도오 소장)

"전 태의(太醫) 유개(劉開, 자는 복진復眞) 지음, 전 제간문인(制幹門人) 엄용화(嚴用和, 자는 자례子禮) 도설(圖說), 후학 왕화정(王和鼎) 편집, 봉훈대부 평강로부판(平江路府判) 황의(黃儀) 교정."[2]

책 첫머리에 가정 7년 사마태(司馬泰)의 서문이 있고, 권말에 가희 5년 유개(劉開)의 발문과 가정 정미년 송지한(宋之翰)의 발문(예서(隷書)로 쓰여 있다)이 있다.

⊙ 《유편상한활인서괄지장도론》 10권 (명(明) 간본, 잇슈우도오 소장)

고찰. 오서(吳恕)의 《지장도》 원본은 세상에서 실전되었다가 지금은 이 책을 통해 내용이 전해지고 있으니 명(明) 대에 증수하여 모아 찍은 책이더라도 폐기할 수 없다. 또 《의방유취》에서 오서의 책 원본을 인용하였으니 공부하는 사람이 여기에서 베끼고 교정한 후 이 책과 비교하여 별도의 책을 만든다면 오서의 책 원본을 알기에 충분할 것이다. 이렇게 한다면 송(宋) 대 상한에 대한 온갖 처방을 모두 전파할 수 있을 것이다.

⊙ 《증광태평혜민화제국방》 10권, 《지남총론》 3권

조선 간본에는 활자본 2가지가 있다. 한 가지는 여지안(余志安) 간본에 근거한 것(잇슈우도오 소장, 권마다 의관(醫官) 오카(岡) 씨의 인장(印章)이 있다. 일본 교호(享保) 연간의 관각본(官刻本)은 이 판본으로 교정되었다)이고, 다른 한 가지는 동판본(銅版本)(잇슈우도오 소장본으로 1책만 있다)이다.

⊙ 《온씨은거조도방복약수지》 1권

책 머리에 가정 병자년1216 8월의 자서(自序)가 있다. 고찰. 이 책은 이라코(伊良子) 씨가 소장하고 있으며 조선 간본이다.

⊙ 《의설》 10권 (조선 활자본, 잇슈우도오 소장)

이 책은 전체가 심부본(瀋府本)과 같으니 심부본을 가지고 활자로 인쇄한 듯하다(남산도인(南山道人)의 서문은 빠져있다). 앞표지 안쪽 면에 조선 사람이 다음과 같이 적어 놓았다. "가정 39년1560 8월 일. 승정원 좌부승지 유창문(柳昌門)에게 《의설》 1부를 하사하니 답례하지 말라. 도승지 신 이(李) 〔착명(着名)〕". 책 첫머리에는 "선사지기(宣賜之記)"라는 붉은 인장이 찍혀 있다.

⊙ 《엄씨제생속방》 1권 (오래된 필사본, 의관(醫官) 유가와(湯河) 씨 소장)

고찰. 이 판본은 불분명하게 필사하여 잘못된 곳이 많다. 리유한(柳沜, 타키모토타네多紀元胤) 선생이 《의방유취》에 근거하여 추가로 처방 설명 2개와 처방 12개를 더하여 비로소 완전하게 만들었다. 《위생휘편》 속에 판각되어 있다.

⊙ 《인재직지방론》 26권

회선각(懷仙閣)과 샤쿠겐도오(酌源堂) 소장본 중에도 모두 조선 활자 간본이 있는데, 판식이 모두 송(宋) 목판본과 같다.

⊙ 《계사신간어약원방》 11권 (조선 활자본, 모미지야마비부(楓山秘府) 소장)

책 첫머리에 지원 정묘년에 지은 하동(河東) 고명(高鳴)의 서문과 목록이 실려 있다. 권말에는 종 모양의 '이진당기(頤眞堂記)'와 거문고 모양의 '평양부사가인(平陽府司家印)' 두 가지 인장이 찍혀 있다. 고찰. 이 책은 타키 레키소(多紀櫟窓) 선생이 살펴보기에 원(元) 허국정(許國禎)이 지은 것이며, 일본 간세이(寬政) 무오년에 의관인 센가 요시히사(千賀芳久)가 활자본으로 인쇄한 것이라고 한다.

⊙ 《영류검방》 22권 (조선 활자본, 모미지야마비부(楓山秘府)에 소장)

원(元) 대 벽산(碧山) 이중남(李仲南)이 편찬하고 청원(青原) 손윤현(孫允賢)이 교정하였다. 첫머리에 연우 병진년1316 등빈(滕賓)이 지은 서문과, 지순 2년1331의 자서(自序)가 있다. 고찰. 회선각(懷仙閣) 소장본과 같은 판본이다.

⊙ 《세의득효방》 20권, 목록 1권

조선 간본 3가지. 하나는 소자(小字) 목판본으로 원(元) 대의 판본을 복각한 것이고(호소도오(寶素堂) 소장), 다른 하나는 대자(大字) 목판본이며(숭란관(崇蘭館) 소장), 마지막 하나는 활자본이다("요시씨 가장(吉氏家藏)"이라고 날인되어 있다. 잇슈우도오(聿修堂) 소장). 모두 원(元) 대 판본에 근거하여 중간한 것이다.

⊙ 《십약신서》 2권 (조선 간본, 경사(京師)에 있다 (소장자 미상))

책 첫머리에 영헌왕(寧獻王)의 서문과 목록이 있고 갈가구(葛可久)의 서문 2종은 실려 있지 않다. 권수의 표제에 "고빈(古豳) 호운고(胡雲翱)의 가전(家傳) 판본이다. 후덕당(厚德堂) 서림에서 중간(重刊)하였다."라고 적혀 있다. 이 책은 2권으로 나누어져 있고 체재는 《육성재의서六醒齋醫書》에 수록된 《십약신서》와 다르다. 상권 말미에 〈최지제구법崔知悌灸法〉이 있으니 영헌왕이 간행했을 때 부록으로 있던 것이다. 하권에는 〈치전시노충총법治傳屍勞蟲總法〉과 〈제충증상약방영부諸蟲證狀藥方靈符〉가 있다. 이는 《구급선방急救仙方》 권10~11 속에서도 보이지만 누가 지은 것인지 알 수 없다. 일본 겐로쿠(元錄) 경오년1690 간본은 상・하권으로 나뉘지 않았으나 체재는 이 책과 대략 비슷하다.

⊙ 《비전안과용목총론》 10권 (오오에에(應永) 27년 옛 필사본 호접장, 제수관(躋壽館) 소장)

고찰. 《의방유취》에 실려 있는 《용수보살안론》은 수(隋)・당(唐) 시기의 것으로 이 책과 다른 책이다. 《득효방》의 《용목론》 1권도 별도의 책이다.

⊙ 《외과정요》 3권 (조선 활자본, 모미지야마비부(楓山秘府) 소장)

고찰. 이 책은 로쿠몬(鹿門)이 소장했던 책과 서로 같은 듯하다.

고찰. …… 일본 간세이(寬政) 정사년에 의관(醫官) 쓰가루 이케토시(津輕健壽, 자는 이하쿠意伯)가 《외과정요》를 간행하면서 《의방유취》와 모지츠키 산에이(望月三英, 호는 로쿠몬鹿門) 씨가 소장하였던 조선 간본으로 교정하였다는 사실이 발문 중에 있다(타키 레키소 선생이 대신 지었다).

⊙ 《신편부인대전양방》 24권 (조선 활자본. 자서(自序)가 빠져서 베껴 넣었다. 존성약실(存誠藥室) 소장)

송(宋)의 의학자 임천(臨川) 진자명(陳自明, 자는 양보良甫)이 편집하였다. 권 첫머리마다 "東井文庫"라는 인장이 찍혀 있다. 회선각(懷仙閣) 소장본도 있다.

고찰. 진자명의 진본은 현재 오직 조선의 간본만 존재한다. 호소도오(寶素堂)에 소장된 옛 필사본 영본(零本)도 후인(後人)이 덧붙이거나 수정을 하지 않았는데, 조선 간본과 비교하면 조금 차이가 있다.

⊙ 《삼원참찬연수서》 5권 (명(明) 수원판(修元版), 잇슈우도오 소장)

잇슈우도오(聿修堂)에 또 다른 조선 간본이 소장되어 있다. 체재와 행자수가 이 책과 대략 같고 말미에는 "명 정통 3년 무오년1438 7월에 전주부(全州府)에서 간행함."이라는 간기(刊記)가 있다.

⊙ 《수친양로신서》 4권

고찰. 도도(百百) 씨가 조선 간본을 소장하고 있으나 보지 못하였다.

⊙ 《산거사요》 4권 (조선 간본, 회선각(懷仙閣) 소장)

원(元) 왕여무(汪汝懋) 편집, 진지선(陳止善) 교정, 서인문(徐仁文) 글씨. 책 첫머리에 지정 경자년1360에 쓴 전당(錢塘) 양이(楊彝)의 서문이 있다. 반 장 기준으로 10행 20자이다. 고찰. 타카시나(高階) 씨 소장본 중에 가정 경자년1540 간본이 있는데 《가감십삼방加減十三方》과 합책으로 되어 있다.

또 이들 외에, 조선 의서 《의방유취醫方類聚》를 참고하여 주해(注解)를 더한 의서도 적지 않다. 즉, 《갈선옹주후비급방葛仙翁肘後備急方》·《대송신수태평성혜방大宋新修太平聖惠方》·《태의장자화선생유문사친太醫張子和先生儒門事親》·《유편경험의방대성類編經驗醫方大成》·《경효산보經效産寶》·《전씨소아약증진결錢氏小兒藥證眞訣》에서 이러한 설명이 보인다.

덧붙여 《경적방고지》는 중국 의서만 해제하였고 조선 고유 의서는 다루지 않았다.

인물전기

시부에 카네요시(澁江全善, 1805－1858). 호는 추사이(抽齋). 전기는 제5부 〔033장〕 일본판 《의방유취》 해제에서 설명하였다.

---

1 원서에는 '李判五行'이라고 되어 있으나 《경적방고지》를 확인한 결과 성(姓) 아랫부분은 착명(着名)이므로 수정하였다.

2 《맥결이현비요》 권 첫머리에 적혀 있는 내용이다.

모리 타츠유키(森立之, 1807－1885). 자는 리츠후(立夫), 호는 키엔(枳園)이고, 요치쿠(養竹)라고 불렀다. 대대로 빈고(備後) 후쿠야마번(福山藩)의 의원으로, 의학관 강사(醫學館講師)가 되었다. 교열에 뛰어났고 본초에 정통하여 《신농본초경神農本草經》을 교정하였고 《본초경약명화고本草經藥名和攷》·《유상의화遊相醫話》 등을 지었다. 메이지(明治) 18년에 79세의 나이로 세상을 떠났다.

위 목록에서 장서가로 언급된 잇슈우도오(聿修堂)·존성약실(存誠藥室)은 모두 타키(多紀) 씨, 숭란관(崇蘭館)은 쿄토(京都) 후쿠이(福井) 씨, 호소도오(寶素堂)는 코지마(小島) 씨, 회선각(懷仙閣)은 마나세(曲直瀨) 씨, 기소기루(寄所寄樓)는 야마자키(山崎) 씨, 샤쿠겐도오(酌源堂)는 이자와(伊澤) 씨를 가리킨다. 모미지야마비부(楓山秘府)는 모미지야마문고(紅葉山文庫)로 내각문고(內閣文庫)의 전신이다.

고찰

모리 키엔(森枳園)과 시부에 추사이(澁江抽齋)가 《경적방고지》의 주요 편자이지만, 카리야 에키사이(狩谷棭齋), 이치노 메이안(市野迷庵), 이자와 란켄(伊澤蘭軒)과 이자와 하켄(伊澤柏軒), 타키 레키소(多紀櫟窓)와 타키 리유한(多紀柳沜)·타키 사이테에(多紀茝庭)·타키 게우코(多紀曉湖)·타키 토오헨(多紀棠邊), 코지마 호소(小島寶素)와 코지마 슌기(小島春沂), 쿠시모토 료쿠이(久志本綠漪), 카이호 교손(海保漁村), 호리카와 슈안(堀川舟庵) 등도 이 책 편찬에 관여하여 힘을 쏟았다. 이들 대부분은 의학자이다. 따라서 일반 목록학에는 의서가 생략되지만, 이 책에서는 8권 가운데 2권에 걸쳐 〈의가류醫家類〉가 있고 이것이 후학인 우리 의학자들에게 혜택을 주고 있다.

014. 제수관의적비고 躋壽館醫籍備考 가운데 조선판 의서 등

개요

7권 4책, 타카시마 유우케에(高島祐啓)·오카다 쇼순(岡田昌春) 공저. 메이지(明治) 10년 정축1877 3월 발행, 선신당장(善信堂藏)〈제국도서관 소장, 교토대학(京都大學) 도서관 후지카와문고(富士川文庫) 소장〉.

이 책에는 1,390종에 이르는 의서가 수록되어 있는데, 이 가운데 조선판 의서와 《의방유취》 채집본(採輯本)도 상당수 실려 있다.

조선 의서 목록

◎《제수관의적비고》에 실려 있는 조선판 의서 목록

新刊補註釋文黃帝內經素問, 十二卷二冊。朝鮮國刊本, 闕自第四卷至第十一卷。
新刊黃帝內經靈樞集註, 十二卷三冊。朝鮮國刻本。
重修政和經史證類備用本草, 三十卷, 序目錄一卷, 二十三冊。成化戊子刊本, 朝鮮國活字印行。
經史證類大觀本草, 三十卷, 目錄一卷, 十二冊。朝鮮國刊本。
處方用藥指掌珍珠囊, 一卷一冊。朝鮮國刊本, 合脈訣理玄。
脈訣理玄秘要, 一卷一冊。抄本, 此書係珍囊合裝, 朝鮮國刊本。
脈經, 十卷二冊。影模朝鮮國抄成化甲午本。

新刊補註銅人腧穴鍼灸圖經，五卷二冊。鈔朝鮮國活字版。淺田惟常曰，醫黌所藏朝鮮國彫本銅人經二卷，每卷鈐宣賜之記四字，書筴尾云，萬曆六年九月日，內賜內醫院僉正許浚銅人經一件，命除謝恩，右承旨臣金〔着名〕。

新刊補註銅人腧穴鍼灸圖經，五卷三冊。朝鮮國刊本，闕第四第五二卷。

新刊補註銅人腧穴鍼灸圖經，五卷二冊。鈔朝鮮國活字版。

神應經。和刻，正保二年刊。

增註太平惠民和劑局方，十卷六冊。朝鮮國刊本。

和劑局方指南總論，三卷一冊。朝鮮國刊本，局方附刊。

仁齋直指方，二十六卷八冊。鈔朝鮮國刊本。

世醫得效方，二十卷十六冊。元危亦林撰，朝鮮國刊本。

醫林集要，十卷二十冊。明王璽撰，朝鮮國活字版。

明醫雜著，一卷一冊。朝鮮國抄本。

新編婦人大全良方，二十四卷九冊。鈔朝鮮國活字本，是編刻於勤有書堂，猶爲自明原本。

醫說，十卷五冊。朝鮮國活字版。

答朝鮮醫問，一卷一冊。明王應遴撰，王氏雜集中本。

三元參贊延壽書，五卷一冊。元李鵬飛撰，朝鮮國刊本。

壽親養老新書，四卷三冊。韓本活字版，望三英所藏，後其孫三作，獻之於官，收在楓山秘庫，詳見于御書籍來歷志。

素問入式運氣論奥，三卷一冊。朝鮮國重刊本。

耆婆五藏論，一卷一冊。唐佚名氏撰，醫方類聚採輯本。

傷寒括要詩，三卷一冊。宋劉元賓撰，(同上)

川玉集，一卷一冊。宋亡名氏，(同上)

千金月令，二卷一冊。(同上)

簡要濟衆方，一卷一冊。宋周應等撰，(同上)

神巧萬全方。(同上)

易簡歸一，一卷一冊。元徐若虛撰，(同上)

衛生十全方，一卷一冊。宋夏德懋撰，(同上)

吳氏集驗方，一卷一冊。宋吳得夫撰，(同上)

管見大全良方，五卷三冊。宋陳自明撰，(同上)

朱氏集驗方，十卷十冊。宋朱佐撰，(同上)

經驗秘方，八卷八冊。元亡名氏撰，(同上)

王氏集驗聚[1]，五卷五冊。元王東野撰，(同上)
經驗良方，十五卷八冊。元亡名氏撰，(同上)
施圓端效方，三卷二冊。(同上)
煙霞聖效方，二卷二冊。(同上)
澹軒方，一卷一冊。(同上)
醫林方，一卷一冊。(同上)
修月魯般經，一卷一冊。(同上)
修月魯般經後錄，一卷一冊。(同上)
龍樹菩薩眼論，一卷一冊。(同上)
瘡科通玄論，一卷一冊。明楊得夫撰，(同上)
小兒藥證，一卷一冊。宋劉景裕撰，(同上)
保童秘要，二卷二冊。金劉完素撰，(同上)

《신간보주석문황제내경소문》 12권 2책. 조선 간본, 제4권에서 제11권까지 빠져 있다.

《신간황제내경영추집주》 12권 3책. 조선 간본

《중수정화경사증류비용본초》 30권, 서문·목록 1권, 모두 23책. 성화 무자년 간본, 조선 활자본

《경사증류대관본초》 30권, 목록 1권, 모두 12책. 조선 간본

《처방용약지장진주낭》 1권 1책. 조선 간본, 《맥결이현비요》와 합책되어 있다.

《맥결이현비요》 1권 1책. 필사본, 이 책은 《동원진주낭》과 합책되어 있다, 조선 간본

《맥경》 10권 2책. 성화 갑오년1474 판본을 필사한 조선 필사본을 모사하였다.

《신간보주동인수혈침구도경》 5권 2책. 조선 활자본을 필사한 것이다. 아사다 코레츠네(淺田惟常)가 말하였다. "의학교에 소장되어 있는 조선판 《동인경》 2권에는, 권마다 '宣賜之記'라는 네 글자의 인장이 찍혀 있고, 책 한쪽에는 '만력 6년(1578) 9월. 내의원 첨정(內醫院僉正) 허준(許浚)에게 《동인경銅人經》 1질을 내리니 답례하지 말라. 우승지 신 김(金)〔착명(着名)〕'이라고 적혀있다."

《신간보주동인수혈침구도경》 5권 3책. 조선 간본, 두 권(제4·5)이 빠져있다.

《신간보주동인수혈침구도경》 5권 2책. 조선 활자본을 필사한 것

《신응경》. 일본 간본, 쇼오호오(正保) 2년 을유1645 간행㊁

《증주태평혜민화제국방》 10권 6책. 조선 간본

《화제국방지남총론》 3권 1책. 조선 간본, 《화제국방》에 덧붙여져 간행되었다.

《인재직지방》 26권 8책. 조선 간본을 필사한 것이다

《세의득효방》 20권 16책. 원(元) 위역림(危亦林) 지음, 조선 간본

《의림집요》 10권 20책. 명(明) 왕새(王璽) 지음, 조선 활자본

《명의잡저》 1권 1책. 조선 필사본

《신편부인대전양방》 24권 9책. 조선 활자본을 필사한 것이다. 이 책은 근유서당(勤有書堂)에서 판각된 것으로 진자명(陳自明)의 원본인 듯하다.

《의설》 10권 5책. 조선 활자본

《답조선의문》 1권 1책. 명(明) 왕응린(王應遴) 지음, 《왕응린잡집王應遴雜集》 속에 있다.

《삼원참찬연수서》 5권 1책. 원(元) 이붕비(李鵬飛) 지음, 조선 간본

《수친양로신서》 4권 3책. 조선 활자본, 모지츠키 산에이(望月三英) 소장, 후에 그의 자손 모지츠키 산사쿠(望月三作)가 관청에 헌납하여 모미지야마비부(楓山秘府)에 수장되었다. 자세한 사실은 《어서적내력지》에 보인다.

《소문입식운기론오》 3권 1책. 조선 중간본

《기바오장론》 1권 1책. 당(唐) 저자 미상, 《의방유취》 채집본

《상한괄요시》 3권 1책. 송(宋) 유원빈(劉元賓) 지음, (상동)

《천옥집》 1권 1책. 송(宋) 저자 미상, (상동)

《천금월령》 2권 1책. (상동)

《간요제중방》 1권 1책. 송(宋) 주응(周應) 등 지음, (상동)

《신교만전방》 (상동)

《이간귀일》 1권 1책. 원(元) 서약허(徐若虛) 지음, (상동)

《위생십전방》 1권 1책. 송(宋) 하덕무(夏德懋) 지음, (상동)

《오씨집험방》 1권 1책. 송(宋) 오득부(吳得夫) 지음, (상동)

《관견대전양방》 5책 3책. 송(宋) 진자명(陳自明) 지음, (상동)

《주씨집험방》 10권 10책. 송(宋) 주좌(朱佐) 지음, (상동)

《경험비방》 8권 8책. 원(元) 저자 미상, (상동)

《왕씨집험방》 5책 5책. 원(元) 왕동야(王東野) 지음, (상동)

《경험양방》 15책 8책. 원(元) 저자 미상, (상동)

《시원단효방》 3권 2책. (상동)

《연하성효방》 2권 2책. (상동)

《담헌방》 1권 1책. (상동)

《의림방》 1권 1책. (상동)

《수월노반경》 1권 1책. (상동)

《수월노반경후록》 1권 1책. (상동)

《용수보살안론》 1권 1책. (상동)

《창과통현론》 1권 1책. 명(明) 양득부(楊得夫) 지음. (상동)

《소아약증》 1권 1책. 송(宋) 유경유(劉景裕) 지음. (상동)

《보동비요》 2권 2책. 금(金) 유완소(劉完素) 지음. (상동)

이 외에도 조선 판본이라고 생각되는 책이 있으나 명시되지 않았기 때문에 싣지 않는다.

고찰

이 책은 노작(勞作)이다. 앞에 살펴본 각종 잇슈우도오(聿修堂) 서목(書目)과 함께 비교・고찰하면, 타키(多紀) 가문이 소장했던 모든 의서, 나아가서는 조선 의서에 대해 알 수 있다. 타키 가문이 일본 의학계의 종주라고는 하지만 조선 의서까지 두루 깊이 연구했다는 사실에 절로 머리가 숙여진다. 타키 집안과 동료들의 노력은 현대에도 조선 의학 연구에 혜택을 주고 있다.

---

1 원서와 《제수관의적비고》에 "王氏集驗聚"라고 되어 있으나 "王氏集驗方"의 오기(誤記)이다.

日 조선 간본을 번각한 것이다.

015. 누판고 鏤板考 가운데 의서

개요

정조 2년 무술1778에 각 도(道)에서 관청과 개인이 소장하고 있던 간본(刊本)의 존재 여부를 조사하였다. 이 결과를 바탕으로 간본들을 목차에 따라 나눈 뒤 간행 연혁·권질의 수·판목 상태 등을 수록한 책이 《누판고》이다. 순조 중기에 완성되었고, 서유구(徐有榘)가 편찬했다고 전해진다. 이 책에 있는 의서를 발췌하여 싣는다.

조선 의서 목록

◎ 《누판고》에 실려 있는 의서 목록

新註無冤錄，崔致雲等奉教註

忠州牧藏(刓)，印紙二牒十一張一片。關西觀察營藏，印紙三牒二張

補註黃帝內經素問 十二卷

慶州府藏，印紙二十二牒五張

纂圖脈訣 四卷，許浚奉教訂

惠民署藏，印紙五牒十五張一片

銅人鍼灸經 五卷

惠民署藏，印紙三牒十四張

醫學正傳 八卷

湖南觀察營藏(刓欠)，印紙十七牒十九張一片。嶺南觀察營藏(刓欠)，印紙十七牒十九張一片

醫書纂要 三卷

慶州府藏(刓欠), 印紙五牒十七張

增補萬病回春 十卷

嶺南觀察營藏, 印紙十九牒十七張

廣濟秘笈 三卷, 李景華撰

關北觀察營藏, 印紙七牒五張

東醫寶鑑 二十五卷, 許浚奉敎撰

湖南觀察營藏(刓), 印紙三十八牒。嶺南觀察營藏(刓), 印紙四十九牒十七張

救荒撮要 一卷, 辟瘟方 一卷

海西觀察營藏(刓欠), 印紙十張

《신주무원록》, 최치운(崔致雲) 등이 왕명을 받고 주석하였다.

충주목 소장(판목이 닳음) : 인지(印紙) 2첩(牒) 11장(張) 1편(片). 관서관찰영 소장 : 인지 3첩 2장

《보주황제내경소문》 20권

경주부 소장 : 인지 22첩 5장

《찬도맥결》 4권, 허준(許浚)이 왕명을 받고 교정하였다.

혜민서 소장 : 인지 5첩 15장 1편

《동인침구경》 5권

혜민서 소장 : 인지 3첩 14장

《의학정전》 8권

호남관찰영 소장(닳고 누락됨) : 인지 17첩 19장 1편. 영남관찰영 소장(닳고 누락됨) : 인지 17첩 19장 1편

《의서찬요》 3권

경주부 소장(닳고 누락됨) : 인지 5첩 17장

《증보만병회춘》 10권

영남관찰영 소장 : 인지 19첩 17장

《광제비급》 3권, 이경화(李景華) 지음

관북관찰영 소장 : 인지 7첩 5장

《동의보감》 25권, 허준(許浚)이 왕명을 받고 지었다.

호남관찰영 소장(닳음) : 인지 38첩. 영남관찰영 소장(닳음) : 인지 49첩 17장

《구황촬요》 1권, 《벽온방》 1권

해서관찰영 소장(닳고 누락됨) : 인지 10장

〈 1첩(牒)은 백지(白紙) 20장(張)을 가리키고, 1장(張)은 백지 1매(枚), 1편(片)은 백지 1매(枚)의 절반에 해당한다. 1편(片)을 가지고 보통 조선 책자의 한 책판 즉 양반판(兩半版)을 인쇄할 수 있다 〉

016. 모리스 쿠랑의 한국서지 Bibliographie Coréenne 가운데 의서류

개요

Courant, Mourice: **Bibliographie Coréenne**. Libraire de la Société Asiatique de I'Ecole des Langues Orientales Vivantes, Paris, 3 vols, 1894-1896.

이 책은 조선 연구 여명기의 기본 업적이다. 저자의 넓은 식견과 노력에 놀랄 수밖에 없다.

여기에서는 이 가운데 의서류를 채록하여 모두 103종을 거론하였다. 이 의서들은 쿠랑이 직접 보고 들은 것도 있지만 대개는 고문헌을 섭렵한 뒤 그곳에 기재된 책을 바탕으로 서명을 열거한 것이다. 특히 우리는 〈보유Supplemant a la Bibliographie coréenne〉1901 가운데 《고사촬요》로부터 인용하였다고 하는 출판지명이 적힌 32종의 고판(古版) 의서에 주의해야 한다. 최근까지 이것이 《고사촬요》 몇 년 판을 근거로 한 내용인지 알 수 없어 우리의 탐구심을 애태웠다. 그런데 다행히 송석하(宋錫夏)·이인영(李仁榮) 두 분의 연구로 융경(隆慶) 2년 간본과 만력(萬曆) 4년·13년 간본이 발견되었고〈제3부〔035장〕참조〉, 이들 간본에 근거한 것임이 밝혀졌다.[1] 이렇게 오랜 의문이 풀리면서 연구가 한 단계 진보하게 되었다.

쿠랑의 《한국서지》〈본편本編〉에 실려 있는 의서 목록은 조선 후기의 것이 많은데, 이것 모두 필자가 《조선의서지》에서 이미 해제하였기 때문에 다시 수록하지 않는

1 이들 3종의 《고사촬요》에 실려 있는 〈팔도책판〉은 내용이 대동소이하다. 제6부〔001장〕《고사촬요》 참조

다. 또 〈보유〉 부분의 의서 목록은 《고사촬요》 해제 ((001장) 참고) 에서 이미 제시하였으며 새로운 각도에서 보인 것에 불과하기 때문에 중복하여 싣지 않았다.

참고

참고로, 쿠랑은 이 《한국서지》를 편찬하면서 아래 13개 소장처의 소장본을 바탕으로 조선 서적을 조사하였는데 오직 모스크바에 있는 것만 빠뜨렸다고 하였다. 그 광범위한 조사 범위가 놀라울 뿐이다. 이 소장처들은 유럽에 조선 서적이 분포된 모습을 엿보는 데도 도움이 된다.

◎ 모리스 쿠랑이 조사한 소장처 목록

01 규장각(奎章閣) 소장본
02 경성(京城) 사역원(司譯院) 소장본
03 경성(京城) 천주교회문고(天主敎會文庫) 소장본
04 경성(京城) 프랑스 영사관 소장본
05 빅터 꼴랭 드 쁠랑시(Victor Collin de Plancy, 1853－1922)[日] 수집본
06 아놀드 비씨에르(A. Vissière, 1858－1930) 씨 수집본
07 프랑스 내셔널문고의 지나부(支那部) 가운데 소장본
08 파리 기메 박물관(Musée Guimet)에 보관된 바라(Varat) 씨 수집본
09 파리 동양어학교(l'Ecole des Langues Orientales) 문고본
10 대영박물관(British Museum) 동양부(東洋部)의 간본(刊本)·필사본
11 베를린 게오르그 폰 데어 가벨렌츠(Georg von der Gabelentz, 1840－1893) 씨 수집본
12 장 보베(Jean Beauvais) 씨 수집본
13 저자 모리스 쿠랑(Maurice Courant, 1865－1935) 수집본

[日] 당시 조선 주재 프랑스 영사

부록. 선책명제 鮮冊名題 가운데 의서

개요

여러 가지 도서목록을 폭넓게 조사하고 자신이 보고 들은 것을 덧붙여 조선 서적 전체를 정리한 책이다. 조선 서적을 사기(史記)·기주(記註)·의주(儀注)·정교(政敎)·지리(地理)·전기(傳紀)·유문(儒門)·도석(道釋)·방술(方術)·문예(文藝)의 10편(篇) 68류(類)로 나누고 각각에 간결하게 해제를 붙였다. 12권 12책의 대작이다. 저자 마에마 교오사쿠(前間恭作)의 자필본이 있는데, 그가 세상을 떠난 뒤 토오요오문고(東洋文庫)에 수장되었다. ⟨이 책의 자매편으로 50음 순으로 분류한 《고선책보古鮮册譜》 3책이 토오요오문고에서 간행되었다⟩

부록. 현존 조선 의서를 수록하고 있는 도서목록

지금까지 소개한 도서목록 외에도 조선 의서를 싣고 있어 곁에 두고 반드시 참고해야 할 목록이 적지 않다. 주된 것은 다음과 같다.

◎ 현존 조선 의서를 수록하고 있는 도서 목록

01 《조선고서목록朝鮮古書目錄》 조선고서간행회(朝鮮古書刊行會), 메이지(明治) 44년(1911)

02 《조선총독부도서목록朝鮮總督府圖書目錄》 조선 판본, 다이쇼(大正) 2년(1913) 및 10년(1921)

03 《조선도서해제朝鮮圖書解題》 조선총독부(朝鮮總督府), 다이쇼 8년(1919) (영인본 최근 간행)

04 《이왕가장서각고도서목록李王家藏書閣古圖書目錄》 쇼와(昭和) 10년(1935)

05 《내각문고한서목록內閣文庫漢書目錄》 메이지 23년(1890) 및 다이쇼 3년(1914) (신정본(新訂本)은 쇼와 31년(1956) 간행)

06 《제실화한도서목록帝室和漢圖書目錄》 궁내성(宮內省) 도서료(圖書寮), 다이쇼 5년(1916) (개정본(改訂本)이 최근 발간?)

07 《도서료한적선본서목圖書寮漢籍善本書目》 쇼와 6년(1931)

08 《토오요오문고조선본분류목록東洋文庫朝鮮本分類目錄》 쇼와 14년(1939)

09 《교토제국대학후지카와본목록京都帝國大學富士川本目錄》 쇼와 17년(1942)

10 《켄켄사이가장화서목록乾乾齋架藏和書目錄》 후지나미 고이치(藤浪剛一) 소장서, 쇼와 18년(1943)

이들은 현전본 (01번 제외) 을 수록한 목록이다. 여기 실려 있는 의서들은 거의 모두 《조선의서지》에서 해제하였으므로 생략한다.

부기(附記)

필자가 20여 년간 조선의학사 연구를 위해 수집한 조선 의서 및 관련서는 본서 편찬 후 산일(散佚)될 것을 걱정하여 모두 오사카(大阪)의 다케다연구소(武田硏究所) 도서관에 넣어 두었다. '조선의학연구도서(朝鮮醫學硏究圖書)'로 영구 보관되어 후속 연구자에게 이바지할 것이다.

부록

1. 《조선왕조실록》에 실려 있는 의서류

2. 《대전회통大典會通》에 보이는 의서

3. 일본에 전해진 조선 의서의 옛 판본에 대하여

4. 업적을 중심으로 본 한중일 의학 대조 연표

5. 한중일 의학 교류사 조감鳥瞰

1. 《조선왕조실록》에 실려 있는 의서류

개요

《조선왕조실록》은 편년체(編年體)로 기록된 역사서로서 천하의 보물이라고 할 수 있다. 본래 역사 기록물이므로 의약과 관련된 기사는 비교적 적다. 특히 조선 후기에는 의약 관련 기록이 더욱 적다. 하지만 그 속에서 의서와 의약 관련서를 뽑아 여기에 싣고 각각에 간단한 주석을 덧붙여 둔다. 조선 의서를 개관하는 데 중요한 자료가 될 수 있을 것이다. 다만 《조선왕조실록》은 방대한 역사서이므로 빠뜨린 것이 있을지 모른다. 바로잡아지기를 기대한다.

《조선왕조실록》 수재 의약서 및 관련서[1]

⊙ 《향약혜민경험방鄕藥惠民經驗方》

〔태조 2년 계유1393 정월 29일〕 김희선(金希善)이 각 도에 의학교수를 보내어 큰 고을에 의국을 하나씩 설치한 후 이 책을 강습하게 할 것을 청하였다.

⊙ 《사림광기事林廣記》

〔태종 원년 신사1401 12월 9일〕 사은사(謝恩使) 이서(李舒) 등이 명(明)에서 돌아와 이 책을 올렸다.

1 내용의 왜곡을 줄이기 위해 《조선왕조실록》 해당 기사를 찾아 참고하여 번역하였다. 이 과정에서 원서의 오류나 불분명한 표현들을 수정하였다. 이에 대해서는 일일이 밝히지 않았다.

⊙ 《소아소씨병원후론小兒巢氏病源候論》·《오장육부도五臟六腑圖》·《신조보동비요新彫保童秘要》·《광제방廣濟方》· 진 낭중(陳郎中)의 《약명시藥名詩》·《신농본초도神農本草圖》·《본초요괄本草要括》·《왕숙화맥결구의변오王叔和脈訣口義辯誤》·《황제소문黃帝素問》

〔태종 12년 임진1412 8월 7일〕 충주(忠州) 사고(史庫)의 서적을 가져다 바치고 춘추관(春秋館)에 내려 보관하게 하였다.[日]

⊙ 《동인도銅人圖》

〔태종 15년 을미1415 10월 23일〕 오진(吳眞)이 명(明)에서 황제가 준 《동인도》를 가지고 왔다.

〔같은 해 12월 14일〕 《침구동인도鍼灸銅人圖》를 간행하였다.

⊙ 《농상집요農桑輯要》·《양잠방養蠶方》

〔태종 17년 정유1417 5월 24일〕 이행(李行)이 《농상집요》에서 내용을 뽑아내 《양잠방》을 저술하였고,[2] 여기에 곽존중(郭存中)이 주해(註解)를 덧붙여 간행하였다.

⊙ 《사시찬요四時纂要》

〔세종 5년 계묘1423 6월 1일〕 각 도에 공문을 내어 메밀을 경작하게 하되, 《농상집요》·《사시찬요》 및 우리나라에서 경험한 방법대로 시기에 따라 경작할 것을 권면하였다.

⊙ 《농서農書》

〔세종 10년 무신1428 윤4월 13일〕 농사짓는 방법을 늙은 농부에게 물은 다음 요점을 모아 책으로 만들어 올리도록 하고, 또 《농서》 1천 부를 인출하게 하였다.

⊙ 《농사직설農事直說》

〔세종 11년 기유1429 5월 16일〕 정초(鄭招)와 변효문(卞孝文)에게 명하여 《농사직설》

日 기사에 언급된 서적 가운데 의서는 위의 9종뿐이다.

2 원서에서는 "養蠶方"을 서명으로 보았으나 《태종실록》의 내용을 보면 "양잠법" 정도의 의미로 보인다.

을 만들도록 하였다.

⊙ 《직지맥直指脈》·《찬도맥纂圖脈》·《직지방直指方》·《화제방和劑方》·《상한유서傷寒類書》·《화제지남和劑指南》·《의방집성醫方集成》·《어약원방御藥院方》·《제생방濟生方》·《제생발수방濟生拔粹方》·《쌍종처사활인서연의雙鍾處士活人書衍義》·《연의본초衍義本草》·《향약집성방鄕藥集成方》·《침구경鍼灸經》·《보주동인경補註銅人經》·《난경難經》·《소문괄素問括》·《성제총록聖濟總錄》·《위씨득효방危氏得效方》·《두씨전영竇氏全嬰》·《부인대전婦人大全》·《서죽당방瑞竹堂方》·《백일선방百一選方》·《천금익방千金翼方》·《우마의방牛馬醫方》

〔세종 12년 경술1430 3월 18일〕 상정소(詳定所)에서 유학(儒學)·무학(武學)·한이학(漢吏學)·자학(字學)·역학(譯學)·음양학(陰陽學)·의학(醫學)·악학(樂學)·산학(算學)·율학(律學) 10가지 학술 분야 취재(取才) 때 평가할 서적과 기예(技藝)의 항목에 대해 아뢰었다.[二]

⊙ 《산학계몽算學啓蒙》

〔세종 12년 경술1430 10월 23일〕 주상이 계몽산(啓蒙算)을 배우다.

⊙ 《직지방直指方》·《상한유서傷寒類書》·《의방집성醫方集成》·《보주동인경補註銅人經》

〔세종 13년 신해1431 5월 11일〕 전의감(典醫監) 생도(生徒)의 습독서(習讀書)인 이 책들은 지금 중국본 1질만 있을 뿐이니 앞의 3책은 주자소(鑄字所)에서 각각 50부씩 인출하도록 하고, 《보주동인경》은 도상이 있으므로 경상도에서 판각하게 하였다.

⊙ 《향약집성방鄕藥集成方》·《향약제생집성방鄕藥濟生集成方》·《백일선방百一選方》·《이간방易簡方》·《촬요撮要》·《경험양방經驗良方》

〔세종 15년 계축1433 6월 1일〕 황자후(黃子厚)가 상언(上言)하였다. "《향약방鄕藥方》[三]은 분량이 많고 이해하기 어렵습니다. …… 옛사람이 말하는 '《백일선방》', 또는 '《이간

[二] 의학(醫學) 분야의 서적은 위와 같다.

[三] 《향약집성방鄕藥集成方》이다.

[四] 《촬요撮要》는 아마도 고려(高麗) 《어의촬요방御醫撮要方》의 약칭인 듯하다.

방》', 혹은 '《촬요》'[四], 혹은 '《경험양방》'이 있습니다. 신은, 이 《향약방》 안에 여러 병증에 대한 의론은 그대로 두고 삭제하지 않으며, 이렇게 경험으로 확인된 좋은 처방을 정성스럽게 뽑고 간략하게 모은 다음, 각각 그 처방 밑에 약재의 우리말 이름과 독성의 유무, 노소(老少)의 복용법 등을 주석으로 달기를 바랍니다. 그리하여 어리석은 백성으로 하여금 쉽게 알게 한다면, 처방을 맞게 쓰고 병을 쉽게 고칠 수 있을 것입니다." 유효통(兪孝通)·노중례(盧重禮)가 《향약집성방鄕藥集成方》 85권을 만들어 바치고, 권채(權採)가 여기에 서문을 썼다.

⊙ 《계주서戒酒書》

〔세종 15년 계축1433 10월 28일〕 유의손(柳義孫)에게 짓게 하고 주자소(鑄字所)에서 인출하여 반포하게 하였다.

⊙ 《태산요록胎産要錄》

〔세종 16년 갑인1434 3월 5일〕 노중례(盧重禮)에게 명하여 《태산요록》을 편찬하게 하고 주자소(鑄字所)에서 인출하여 반포하게 하였다. 《태산요록》 상권에는 아이를 배었을 때 가르치고 기르는 방법을 상세히 논하였고, 하권에는 갓난아이를 건강하게 보호하는 방법을 실었다.[五]

⊙ 《농사직설農事直說》

〔세종 19년 정사1437 7월 23일〕 인쇄하여 반포하였다.

⊙ 《검시장식檢屍狀式》

〔세종 21년 기미1439 2월 6일〕 한성부에 명하여 《검시장식》을 간행하게 하고, 또 각 도 관찰사와 제주 안무사에게 전교하여 목판에 새겨 인출한 후 도내 각 고을에 반포하게 하였다.

⊙ 《농잠서農蠶書》

〔세종 21년 기미1439 3월 9일〕 부거현(富居縣)에 조복(朝服)과 《육전六典》·《율문律

[五] 《성종실록》 성종 3년 3월 기사 및 《경국대전》(을사대전)에 보이는 《태산집요》와 아마도 동일한 책 같다.

文》·《농잠서農蠶書》·《삼강행실三綱行實》을 보냈다.

⊙《여제의주厲祭儀注》

〔세종 22년 경신1440 6월 29일〕 예조(禮曹)에서 지어 올렸다.

⊙《대전본초大全本草》

〔세종 23년 신유1441 5월 18일〕 의관(醫官)의 계(啓)에 따라 《대전본초》에 실린 뇌부(雷斧)·뇌설(雷楔)을 도성 안팎에 명하여 찾도록 하였다.

⊙《침구경鍼灸經》

〔세종 24년 임술1442 2월 15일〕 취재(取才)할 때 삼의사(三醫司)에서 모두 《침구경》을 고강하게 하였다.

⊙《보주동인경補註銅人經》·《향약집성방鄕藥集成方》·《본초本草》·《화제和劑》

〔세종 24년 임술1442 2월 25일〕 함길도에 새로 설치한 각 고을에 이 책들을 보내어 생도들을 가르치게 하였다.

⊙《대장경大藏經》의 의방(醫方)

〔세종 26년 갑자1444 5월 13일〕 주상께서 《대장경》에 의방(醫方)이 있다는 말을 듣고 그 판본이 있는 흥천사(興天寺)에 의원을 보내 살펴보게 하였다.

⊙《성제총록聖濟總錄》

〔세종 27년 을축1445 4월 26일〕 각 도 감사(監司)에게 이 책을 구하도록 하였다.

⊙《의방유취醫方類聚》

〔세종 27년 을축1445 10월 27일〕 김예몽(金禮蒙)·유성원(柳誠源)·민보화(閔普和) 등에게 명하여 여러 책을 수집하여 각 분야에 따라 분류하여 모은 뒤 합하여 한 책을 만들게 하고, 문관(文官)과 의관(醫官)에게 감수하게 하여 3년 만에 완성되었다. 이름을 《의방유취》라고 하사하였다.

⊙《검시장식檢屍狀式》

〔세종 28년 병인1446 5월 15일〕 《검시장식》을 정하여 형조(刑曹)에서 간행하게 하

였다.

⊙ 《화제방和劑方》·《증급유방拯急遺方》·《향약집성방鄕藥集成方》

〔단종 2년갑술1454 2월 5일〕 함길도의 변장(邊將)과 군민(軍民)에게 이 3가지 서적 각 5부와 약재를 내려보냈다.

⊙ 《성혜방聖惠方》·《영류검방永類鈐方》·《득효방得效方》·《화제방和劑方》·《연의본초衍義本草》·《보주동인경補註銅人經》·《찬도맥경纂圖脈經》

〔단종 3년을해1455 4월 4일〕 위의 의서 외에도 여러 서적 모두 책이 없으므로 북경(北京)에 가는 사신에게 사오도록 하였다.

⊙ 《화제방和劑方》·《득효방得效方》·《영류검방永類鈐方》·《향약집성방鄕藥集成方》·《연의본초衍義本草》·《동인경銅人經》·《가감십삼방加減十三方》·《복약수지服藥須知》·《상한지장도傷寒指掌圖》

〔세조 2년병자1456 8월 26일〕 의서가 적고 중국 간본도 구하기 어려우므로 이 책들을 소장하고 있는 고을에서 상황에 맞게 간행하게 한 후 올려보내도록 하였다.

⊙ 《본초本草》·《찬도纂圖》·《직지방直指方》·《득효방得效方》·《화제지남和劑指南》

〔세조 4년무인1458 3월 11일〕[因] 예조(禮曹)의 의학 습독 정책에 따라 위의 의서를 가장 우선하여 습독하도록 하였다.

⊙ 《의방유취醫方類聚》

〔세조 4년무인1458 4월 6일〕 《의방유취》는 권수가 매우 많아 갑자기 간행하기는 어려우니 우선 요점만 간추린 책을 가지고 각 문(門)에 따라 익히게 하였다.

⊙ 《잠서주해蠶書註解》

〔세조 5년기묘1459 1월 30일〕 서강(徐岡)·이근(李覲)에게 명하여 이 책을 편찬하게 하였다.

[因] 《실록》에 따르면 세조 때는 즉위년을 원년으로 하였다.

⊙《잠서蠶書》

〔세조 5년 기묘1459 10월 1일〕 양성지(梁誠之)가 새로 편찬한 이 책을 올렸다.

⊙《의방유취醫方類聚》

〔세조 5년 기묘1459 11월 30일〕 양성지(梁誠之)에게 명하여 교정하도록 하였다.

⊙《잠서언해蠶書諺解》

〔세조 7년 신사1461 3월 14일〕 최항(崔恒)·한계희(韓繼禧)에게 명하여 《잠서》를 한글로 번역하도록 하였다.

⊙《황제소문黃帝素問》

〔세조 7년 신사1461 10월 6일〕 의학 취재(取才) 때에 《황제소문》을 아울러 풀이하게 하였다.

⊙《직지방直指方》·《찬도맥결纂圖脈訣》·《창진집瘡疹集》·《산서産書》·《장자화방張子和方》[3]

〔세조 8년 임오1462 2월 14일〕 예조(禮曹)에서 '의서습독관의 장권(奬勸) 조목'에 대한 계(啓)를 올려 이 책들을 습독의서(習讀醫書)로 정하였다.

⊙《의약론醫藥論》

〔세조 9년 계미1463 12월 27일〕 주상께서 《의약론》을 짓고 임원준(任元濬)에게 명하여 주해(註解)를 달아 인쇄하고 반포하게 하였다.

⊙《소문素問》·《장자화방張子和方》·《소아약증직결小兒藥證直訣》·《창진집瘡疹集》·《상한유서傷寒類書》·《외과정요外科精要》·《부인대전婦人大全》·《산서産書》·《직지방直指方》·《동인경銅人經》·《대전본초大全本草》·《맥경脈經》

〔세조 10년 갑신1464 정월 2일〕 의원 취재(取才)의 강서(講書)를 새로 정하였는데, 각 품계(品階)에 따라 이 의서 중에서 2~3가지를 골라 풀이하도록 하였다.

---

3 《세조실록》과 원서에 "張子華方"으로 되어 있으나 오기(誤記)이므로 수정하였다.

⊙ 《마의서馬醫書》

〔세조 12년 병술1466 4월 14일〕 서거정(徐居正)에게 명하여 편찬하게 하였다.

⊙ 《구급방救急方》

〔세조 12년 병술1466 6월 13일〕 각 도에 《구급방救急方》을 각기 2부씩 내려보냈다.

⊙ 《본초本草》·《득효방得效方》

〔세조 14년 무자1468 8월 6일〕 여러 서적과 함께 이 책들을 최호원(崔灝元)과 안효례(安孝禮)에게 하사(下賜)하였다.

⊙ 《소문素問》·《본초本草》·《직지방直指方》·《찬도맥纂圖脈》·《외과정요外科精要》·《창진집瘡疹集》·《장자화방張子和方》·《득효방得效方》·《부인대전婦人大全》·《상한유서傷寒類書》·《자생경資生經》·《화제방和劑方》

〔성종 2년 신묘1471 5월 25일〕 의원은 봄 분기에 앞의 6가지 책을, 가을 분기에는 뒤의 6가지 책을 고강(考講)하여 취재(取才)하게 하였다.

⊙ 《찬도맥纂圖脈》·《창진집瘡疹集》·《직지방直指方》·《구급방救急方》·《부인대전婦人大全》·《득효방得效方》·《태산집요胎産集要》·《동인경銅人經》·《화제방和劑方》, 《본초本草》·《자생경資生經》·《십사경발휘十四經發揮》

〔성종 3년 임진1472 3월 14일〕 예조(禮曹)에서 의사(醫司)의 제조(提調)와 함께 의학(醫學)의 장권(奬勸) 조목을 마련하였다. 그 하나로 봄 1월에는 《찬도맥》 이하 2가지 책을, 여름 4월에는 《구급방》 이하 2가지 책을, 가을 7월에는 《태산집요》 이하 2가지 책을, 겨울 10월에는 《본초》 이하 2가지 책을 나누어 고강(考講)하여 취재(取才)하게 하였다.

⊙ 《신증본초新增本草》

〔성종 6년 을미1475 6월 5일〕 한명회(韓明澮)가 여러 책과 함께 《신증본초》 1질을 올렸다.[七]

[七] 《신증본초新增本草》란 향약본초(鄕藥本草)를 새로 증보한 것이라고 생각되지만 자세히 알 수 없다.

⊙ 《의서유취醫書類聚》[八]

〔성종 8년 정유1477 5월 20일〕 30질을 인출하여 올렸다.

⊙ 《직지맥直指脈》·《동인경銅人經》·《가감십삼방加減十三方》·《태평혜민화제국방太平惠民和劑局方》〈부인문婦人門〉[4]·《산서産書》

〔성종 9년 무술1478 2월 16일〕 예조(禮曹)에서 의녀(醫女)의 장권(奬勸)과 고과(考課)에 대한 조목을 아뢰었는데, 이 책들을 의녀가 읽을 책으로 하였다.

⊙ 《향약집성방鄕藥集成方》

〔성종 9년 무술1478 10월 29일〕 간행하여 널리 배포하였다.

⊙ 《향약본초鄕藥本草》[九]

〔성종 9년 무술1478 2월 25일〕 본초서에 실려 있지 않더라도 병을 치료하여 효험을 본 약을 《향약집성방》〈본초本草〉의 뒷부분에 추가하게 하였다.

⊙ 《구급방救急方》

〔성종 10년 기해1479 2월 13일〕 세조가 명하여 찬집한 《구급방》에 실려 있는 약재 가운데 중국에서 나는 것은 백성들이 쉽게 얻을 수 없으므로 향약(鄕藥)으로 된 의서를 찬집하였다.

⊙ 《무원록無冤錄》

〔성종 14년 계묘1483 10월 14일〕 이극균(李克均)이 《검시격식檢屍格式》[5] 및 《무원록》에 사용된 척도(尺度)의 문제를 제기하였다.

⊙ 《신증동국여지승람新增東國輿地勝覽》

〔성종 18년 정미1487 2월 10일〕 명하여 인출하였다.[十]

[八] 곧 《의방유취》이다.

4 원서에는 "《和劑》·《婦人門》"으로 되어 있으나, 문맥상 《태평혜민화제국방》의 〈부인문〉을 가리키므로 수정하였다.

[九] 《향약집성방鄕藥集成方》의 본초 부분이다.

5 원서에서 말한 "《검시격식》"은 《성종실록》에서 확인할 수 없었다.

⊙ 《향약집성방鄕藥集成方》

〔성종 19년 무신1488 9월 20일〕《향약집성방》에 실려 있는 약 중에서 일상에서 쓰기에 절실한 것을 초록하고 한글로 번역한 뒤 활자로 인쇄하여 민간에 배포하도록 하였다.[十]

⊙ 《동원십서東垣十書》

〔성종 19년 무신1488 10월 11일〕 성건(成健)이 중국 북경에 가서 구매한 이 책을 올렸다. 내의원에 내려 간행하도록 하였다.

⊙ 《신찬구급간이방新撰救急簡易方》

〔성종 20년 기유1489 5월 30일〕 윤호(尹壕) 등이 이 책 9권을 올리자, 모든 도의 감사(監司)에게 각기 인출하도록 하였다.

⊙ 《득효방得效方》

〔성종 20년 기유1489 8월 26일〕 일본 사신에게 《득효방》, 동파(東坡)의 시(詩), 두보(杜甫)의 시, 황산곡(黃山谷)의 시, 《시학대성詩學大成》 등의 서책을 주었다.

⊙ 《신찬구급간이방新撰救急簡易方》

〔성종 20년 기유1489 9월 21일〕 내의원에서 새로 편찬한 이 책을 올리자 윤호(尹壕) 등에게 각기 상을 내렸다.

⊙ 《활민대략活民大略》

〔성종 21년 경술1490 3월 4일〕 윤효손(尹孝孫)이 중국에서 산 《활민대략》 등의 책을 올렸다.

⊙ 《의방요록醫方要錄》

〔성종 24년 계축1493 2월 15일〕 허저(許秖)가 이 책 3권을 지어 올리자 내의원에서 교정하여 간행하도록 하였다.

[九] 《신증동국여지승람》〈각지토산各地土産〉 부분에 다수의 약재가 실려 있다.

[十] "언해향약본초초(諺解鄕藥本草抄)"라고 할 만한 책일 것이다.

⊙ 《사문유취事文類聚》

〔성종 24년 계축1493 9월 29일〕 교서관(校書館)에서 이 책을 인출하여 올리자 90부를 문신(文臣)에게 반사(頒賜)하였다.

⊙ 《가감십삼방加減十三方》

〔성종 25년 갑인1494 3월 24일〕 주상이 이 책을 직접 필사한 뒤 궐 안에서 간행하여 의원들에게 하사하였다.

⊙ 《안기집安驥集》·《수우경水牛經》

〔성종 25년 갑인1494 4월 2일〕 이창신(李昌臣)·이거(李琚)·권오복(權五福)이 번역한 이 책들을 간행하여 반포하였다.

⊙ 《주계문酒戒文》

〔중종 9년 갑술1514 11월 11일〕 이행(李荇)이 지어 올렸다.

⊙ 《찬도纂圖》·《영추靈樞》·《난경難經》

〔중종 13년 무인1518 3월 10일〕 근래 의서를 인출하지 않았기 때문에 이 책들은 전혀 남아있지 않게 되었다.

⊙ 《농서農書》·《잠서蠶書》·《벽온방辟瘟方》·《창진방瘡疹方》

〔중종 31년 병신1536 4월 1일〕 김안국(金安國)이 한글로 풀이한 《여씨향약呂氏鄕約》·《정속正俗》·《이륜행실二倫行實》 및 이 4가지 책 등을 인출하여 널리 반포하였다.

⊙ 《속벽온방續辟瘟方》·《벽온방辟瘟方》·《의방유취醫方類聚》

〔중종 20년 을유1525 정월 23일〕 《의방유취》에는 온병(瘟病)을 물리치는 방법 외에 역병(疫病)을 고치는 방법도 많았으므로 이것을 초록하여 약과 함께 함경도·평안도 등에 내려보내고, 《속벽온방》이라고 이름 붙여 인출한 뒤 도성 안팎에 배포하였다.[主]

[主] 이 《속벽온방》은 《간이벽온방》에 해당한다.

⊙ 《동인경銅人經》·《직지맥直指脈》·《산서産書》·《태산집胎産集》

〔중종 38년 계묘1543 7월 16일〕《동인경》·《직지맥》을 각각 22부씩 인출하여 20건은 양의사(兩醫司)에 나누어 보관하고, 2건은 경상도·전라도에 내려보내 판각한 뒤 배포하게 하였다. 또 《산서》·《태산집》을 각각 2부씩 인출하여 구하기 어려운 폐단을 없게 하였다.

⊙ 《농서農書》

〔중종 38년 계묘1543 11월 5일〕원(元) 동평(東平) 사람 왕정(王禎)이 지은 《농서農書》를 개간하였다.

⊙ 《황달학질치료방黃疸瘧疾治療方》

〔명종 5년 경술1550 11월 10일〕각 도 모든 고을의 첨사(僉使)와 만호(萬戶)에게 인출(印出)하여 반포하게 하고, 또 감사(監司) 및 주(州)·부(府)처럼 큰 고을 수령들에게 인출하여 그 지역 백성들에게 나누어 주게 하였다.

⊙ 《구황촬요救荒撮要》

〔명종 9년 갑인1554 11월 25일〕진휼청의 계(啓)에 따라, 구황에 가장 요긴한 것들을 뽑아 한글로 번역하여 《구황촬요》라고 이름 붙이고 인출하여 도성과 지방에 반포하였다.

⊙ 《구황촬요救荒撮要》

〔선조 26년 계사1593 9월 9일〕진휼(賑恤)할 때에 《구황촬요》의 기록을 바탕으로 상실(橡實)·송피(松皮)처럼 초식(草食)에 쓸 수 있는 것 등을 준비해두도록 하였다.

⊙ 《동의보감》

〔광해군 2년 경술1610 8월 6일〕허준(許浚)이 편찬을 마치고 올렸다.

⊙ 《동의보감》

〔광해군 3년 신해1611 11월 21일〕충청도·전라도·경상도에 내려보내 간행하도록 하였으나, 권질이 많고 소주(小註)가 두 줄로 쓰여 있어 착오가 생길 염려가 있으므

로 내의원에서 활자로 인출하게 하였다.[十三]

⊙ 《간이벽온방簡易辟瘟方》

〔광해군 4년 임자1612 12월 22일〕 여역(癘疫)이 치성하므로 교서관(校書館)에서 《간이벽온방簡易辟瘟方》을 많이 인출하여 반사하게 하였다.[十四]

⊙ 《구황촬요救荒撮要》

〔인조 17년 기묘1639 4월 8일〕 이 책을 반사하였다.

⊙ 《벽온방辟瘟方》

〔효종 4년 계사1653 2월 27일〕 예조(禮曹)에서 가려 뽑아 간행한 《벽온방》[6]을 각 도에 반포하였다.[十五]

⊙ 《농가집성農家集成》

〔효종 6년 을미1655 11월 3일〕 공주목사(公州牧使) 신속(申洬)이 이 책을 만들어 올렸다.

⊙ 《구황촬요救荒撮要》

〔현종 원년 경자1660 11월 4일〕 신속(申洬)이 《구황촬요》를 만들어 올렸다.[7]

⊙ 《의방醫方》

〔숙종 9년 계해1683 12월 3일〕 창성군(昌城君) 이필(李佖)이 《의방》을 올렸다.[8]

[十三] 인출을 마친 것은 광해군 5년 11월이다.

[十四] 이 《간이벽온방》에 이어 허준의 《신찬벽온방》, 그리고 별도로 《벽역신방》이 간행되어 반사되었다.

6 원서에는 "《벽온방辟瘟方》"이라고 되어 있으나 《효종실록》에는 "禮曹抄刊辟瘟諸方"이라고 되어 있다.

[十五] 이 다음에 안경창(安景昌)이 이 지은 《벽온신방辟瘟新方》이 만들어졌다.

7 《현종실록》에서는 이어 이 책을 인쇄하여 팔도에 반포하라고 명하였다고 하였다.

8 《숙종실록》에 "《의방》"이라는 명칭은 보이지 않는다. 대신 "명(明)의 학자들이 신종(神宗)에게 올린 책의 내용을 뽑고, 아울러 두창(痘瘡) 후에 몸조리하는 방법을 채록하여 하나의 서책으로 만들었다."고 하였다.

⊙ 《고사촬요》

〔숙종 10년 갑자1684 8월 3일〕 승정원에 보관해 두었던 문서로 이식(李植)이 《속고사촬요續攷事撮要》를 초록할 수 있었으나, 그 뒤에 문서가 흩어져 없어지더라도 수습하지 않고 있으므로 이를 관리해야 한다고 남구만(南九萬)이 청하자, 주상이 최석정(崔錫鼎)으로 하여금 이를 주관하여 모으도록 하였다.

⊙ 버려진 아이를 거두어 돌보는 방법[9]

〔숙종 21년 을해1695 12월 19일〕 진휼청(賑恤廳)의 계사(啓辭)에 따라 버려진 아이를 거두어 돌보는 방법을 정하여 팔도에 반포하였다.

⊙ 《적수현주赤水玄珠》

〔경종 2년 임인1722 10월 11일〕 역관(譯官) 황하성(黃夏成)이 이 책 1질 51책을 개인적으로 사서 내의원에 바쳤다.

⊙ 《벽온신방辟瘟新方》

〔영조 3년 정미1727 윤3월 12일〕 이 책을 한성의 오부(五部)에서 필사하여 도성 백성에게 두루 나누어 주고, 인출하여 팔도와 양도(兩都, 개성과 강화)에 보내도록 하였다.

⊙ 《고사촬요攷事撮要》

〔영조 19년 계해1743 3월 5일〕 교서관(校書館)에서 인출하게 하게 하였다.

⊙ 《무원록無寃錄》

〔영조 24년 무진1748 9월 9일〕 이 책을 중간(重刊)하여 팔도에 반포하였다. 그러나 자구(字句)가 어긋난 곳이 많고 중간에 이해하기 어려운 부분도 많았기 때문에 구택규(具宅奎)에게 주관하여 증보하도록 하였다.

⊙ 《동의보감》·《증보만병회춘增補萬病回春》

---

9 원서에는 《유기아수양법遺棄兒修養法》이라는 서적으로 보았으나 《숙종실록》을 근거로 수정하였다.

〔영조 29년 계유1753 9월 23일〕 이 책들을 영영(嶺營)에서 간행하도록 하였다.

⊙ 《계주윤음戒酒綸音》

〔영조 33년 정축1757 11월 4일〕 1책으로 엮어 교서관(校書館)에서 간행하여 배포하게 하였다.

⊙ 《진역방疹疫方》·《두과휘편痘科彙編》

〔정조 10년 병오1786 5월 28일〕 칠곡(漆谷) 사람 박상돈(朴尙敦)과 진천(鎭川) 사람 남기복(南紀復)이 엮은 《진역방》을 올렸다. 혜민서(惠民署)에서, 충청도에서 올라온 의서는 그 내용이 제대로 된 치료법이 아니고, 경상도의 의서는 《두과휘편》을 위주로 하면서 마진(痲疹) 치료법을 첨삭한 것으로 매우 자세하므로 이것을 양의사(兩醫司)에서 한글로 번역하여 팔도에 내려보내야 한다고 아뢰었다.

⊙ 《무원록언해無寃錄諺解》

〔정조 15년 신해1791 3월 15일〕 《무원록》은 본문을 이해하기 어려우므로 구윤명(具允明)에게 명하여 한글로 풀이하도록 하였는데, 그 결과 이 책이 만들어졌다.

⊙ 《증수무원록언해增修無寃錄諺解》

〔정조 16년 임자1792 11월 20일〕 교서관에 명하여 이 책을 간행하여 반포하도록 하였다.

⊙ 《증수무원록언해增修無寃錄諺解》

〔정조 18년 갑인1794 6월 28일〕 교서관에 명하여 이 책을 간행하여 반포하도록 하였다.[10]

⊙ 《증수무원록언해增修無寃錄諺解》

〔정조 20년 병진1796 11월 3일〕 관서(關西) 및 양남(兩南)의 감영에 명하여 이 책을 간행하여 배포하게 하였다.[11]

---

10 원서에는 존재하지 않지만 역자가 추가하였다.

11 원서에는 존재하지 않지만 역자가 추가하였다.

⊙ 《증수무원록增修無冤錄》

〔정조 21년 정사1797 4월 16일〕 율학(律學)의 취재(取才) 때에 이 책을 고강(考講)하게 하였다.

⊙ 《심리록審理錄》

〔정조 23년 기미1799 11월 6일〕 홍의호(洪義浩)가 그의 형 홍인호(洪仁浩)에 이어 《심리록》을 편집하고 교정하였다.

⊙ 《제중신편濟衆新編》·《수민묘전壽民妙詮》

〔정조 23년 기미1799 12월 11일〕 주상이 세자로 있을 때 10년 동안 역대의 모든 의서를 모두 골고루 열람하였다. 허준의 《동의보감》은 상세하지만 글이 번잡하고 의미가 중복되었으므로, 이에 《수민묘전》 9권을 편찬하였다. 또 강명길(康命吉)에게 명하여 따로 의서를 편찬하게 하니, 이것으로 《제중신편》 9권이 만들어졌다. 이를 주자소에 넘겨 간행하여 반포하도록 하였다.

⊙ 《의학입문醫學入門》·《찬도맥纂圖脈》·《동인경銅人經》

〔순조 31년 신묘1831 8월 30일〕 의과(醫科)의 강서(講書)를 바꾸어 9책으로 정하고, 갑오년1834 식년시 의과 초시를 시작으로 시행하였는데, 《의학입문》·《찬도맥》은 보지 않고 풀이하게 하고, 《동인경》은 보고 풀이하도록 하였다.

※ 《삼국사기》 및 《고려사》에 보이는 의서는 《조선의학사》(활인본 pp.12-15 및 pp.42-69 곳곳)에 실려 있다.

2. 《대전회통 大典會通》에 보이는 의서

개요

《대전회통大典會通》〈예전禮典〉의 "의과시(醫科試)" 및 "취재(取才)" 항목에 의서가 보인다. 조선 의학에서 기본 학습서로 여겨졌던 중요한 책들이기 때문에 아래에 발췌해 둔다. 〈〔부도77〕 참조〉

조선 의서 목록

본문 중에 "〔原〕"은 《경국대전經國大典》, "〔續〕"은 《속대전續大典》, "〔增〕"은 《대전통편大典通編》, "〔補〕"는 《대전회통大典會通》을 나타낸다.

◎ 《대전회통》 권3 예전(禮典)

【醫科初試】

〔原〕 [額數] 十八人, 典醫監錄名試取 〔續〕式年增廣同, 大增廣則加四人。

○ [講書] 纂圖脈、銅人經誦, 直指方、得效方、婦人大全、瘡疹集、胎産集要、救急方、和劑方(指南則誦)、本草、經國大典臨文。〔續〕纂圖脈、銅人經 背誦。〔補〕銅人經臨文, 直指方、本草、經國大典 臨文, 見原典, 素問、醫學正傳、東垣十書 幷新增, 臨文, 其餘諸書今廢。〔補〕醫學入門 新增, 背誦。 ○〔續〕典醫監提調同本監官二員, 該監差定試取。

【醫科覆試】

〔原〕 [額數] 九人, 本曹同本監提調, 錄名試取 〔續〕式年增廣同, 大增廣則加二人

○ [講書] 同初試 ○〔續〕典醫監提調(單望)同本監官二員試取。

【取才】

〔原〕諸學四孟月本曹同提調取才，無提調處則同該曹堂上官取才。 醫學，纂圖脈、銅人經，已上誦，年五十歲以上，則背誦，凡醫學誦者同。瘡疹集、直指方、救急方、婦人大全、得效方、胎産集要、和劑方、本草、資生經、十四經發揮，已上臨文。鍼灸醫，纂圖脈、和劑指南、銅人經，已上誦，直指脈、鍼經指南、子午流注、玉龍謌、資生經、外科精要、十四經發揮、鍼經摘英集，已上臨文。……

○內醫院官員 五十歲以下，四孟月，提調抽試三書，定等第，啓移吏曹，陞降授職 初入屬時亦依上試取。〔續〕諸學取才時本曹堂上官有故，則本曹堂上官同該院郎官取才，無郎官處提調有故，則本曹堂上官郎官取才。 醫學，纂圖脈、銅人經，背誦，直指方、本草，以上見原典，素問、東垣十書、醫學正傳，新增，以上臨文，其餘諸書今廢。鍼灸醫，同入醫學取才，而諸書今廢。素問背誦者，別給倍畫，等畫者先計。……

【의과 초시(初試, 예비시험)】

〔원〕[정원] 18인. 전의감에서 접수한 후 시험을 본다. 〔속〕식년시(式年試)와 증광시(增廣試)는 동일하다. 대증광시(大增廣試)는 4인을 추가한다.

○ [강서(講書, 시험 과목)] 《찬도맥》과 《동인경》은 암송한다. 《직지방》·《득효방》·《부인대전》·《창진집》·《태산집요》·《구급방》·《화제방》(《화제지남》은 암송한다)·《본초》·《경국대전》은 책을 보고 풀이한다. 〔속〕《찬도맥》·《동인경》(책을 보지 않고 암송한다. 〔보〕《동인경》은 책을 보고 풀이한다)·《직지방》·《본초》·《경국대전》(책을 보고 풀이한다. 《경국대전》에 나온다)·《소문》·《의학정전》·《동원십서》(모두 추가된 책으로 책을 보고 풀이한다. 나머지 책은 현재 폐지되었다). 〔보〕《의학입문》(새로 추가되었다. 책을 보지 않고 암송한다). ○ 〔속〕전의감 제조는 전의감의 관원 2인을 감독관으로 임명하여 시험을 감독한다.

【의과 복시(覆試, 본시험)】

〔원〕[정원] 9인. 예조에서는 전의감 제조와 함께 접수를 받은 후 시험을 보게 한다. 〔속〕식년시와 증광시는 동일하다. 대증광시는 2인을 추가한다.

○ [강서(講書, 시험 과목)] 초시와 동일하다. ○ 〔속〕전의감 제조(단독 후보)는 전의감의 관원 2인과 함께 시험을 감독한다.

【취재(取才, 평가)】

〔원〕각 학과에서는 1·4·7·10월에 예조에서 제조를 대동하여 취재한다. 제조 자리가 비어 있는 경우에는 해당 관청의 당상관을 대동하여 취재한다. 의학(醫學) : 《찬도맥》과 《동인경》. 이상은 암송한다. 50세 이상은 책을 보지 않고 암송한다. 의학에서 암송은 이와 동일하다. 《창진집》·《직지방》·《구급방》·《부인대전》·《득효방》·《태산집요》·《화제방》·《본초》·《자생경》·《십사경발휘》. 이상은 책을 보고 풀이한다. 침구의(鍼灸

醫) : 《찬도맥》·《화제지남》·《동인경銅人經》 이상은 암송한다. 《직지맥》·《침경지남》·《자오유주》·《옥룡가》·《자생경》·《외과정요》·《십사경발휘》·《침경적영집》 이상은 책을 보고 풀이한다. …….

○ 내의원 관원은(50세 이하) 1·4·7·10월에 내의원 제조가 3종의 책을 뽑아서 시험한 후 등급과 순위를 정하여 이조에 아뢰어 보고하고 승급시키거나 강등하여 직분을 준다. 처음 발령받았을 때에도 위와 같이 취재한다. 〔속〕각 학과의 취재 시 예조의 당상관이 사정이 있거든 해당 관청의 당상관이 내의원의 낭관(郎官)을 대동하여 취재하고, 낭관 자리가 비어 있거나 제조가 사정이 있거든 예조의 당상관과 낭관이 취재한다. 의학. 《찬도맥》·《동인경》은 책을 보지 않고 암송한다. 《직지방》·《본초》 이상은 《경국대전》에 나온다. 《소문》·《동원십서》·《의학정전》(새로 추가되었다) 이상은 책을 보고 풀이한다. 나머지 책은 현재 폐지되었다. 침구의(鍼灸醫). 의학과 동일하게 취재하되 여러 책들은 현재 폐지되었다. 《소문》을 보지 않고 암송하는 경우에는 별도로 2배의 점수를 주며 동점일 경우에 우선권을 준다. …….

해제

《찬도맥纂圖脈》·《동인경銅人經》·《직지방直指方》·《득효방得效方》·《부인대전婦人大全》·《창진집瘡疹集》·《태산집요胎產集要》·《구급방救急方》·《화제방和劑方》·《화제지남和劑指南》·《본초本草》·《소문素問》·《의학정전醫學正傳》·《동원십서東垣十書》·《의학입문醫學入門》·《자생경資生經》·《직지맥直指脈》·《외과정요外科精要》에 대해서는 이미 앞에서 각각 현전본을 가지고 해제하였다.

그러나 《십사경발휘十四經發揮》·《침구지남鍼灸指南》·《자오유주子午流注》·《옥룡가玉龍歌》·《침경적영집鍼經摘英集》에 대해서는 그렇게 설명하지 않았기 때문에 필자의 부족한 지식으로 아래에 해제를 덧붙인다.

(1)《십사경발휘十四經發揮》

3권

원(元) 활수(滑壽) 지음

이 책은 의학 및 침구의(鍼灸醫) 취재(取才) 때의 필수 강서(講書)이지만, 필자는 조선 필사본을 간간이 보기만 했을 뿐 간본(제2부 〔066장〕 참조)은 보지 못하였다(필자는 일본 에도시대 간본이 조선에 건너와 개장되어 사용된 것을 본 적이 있다). 이 책은 명당경맥(明堂經脈)에 대한 책으로 아래에 활수의 서문을 채록하여 내용 설명을 대신한다.

◎《십사경발휘》 자서[1]

自序

人爲血氣之屬，飮食起居，節宜微爽，不能無疾。疾之感人，或內或外，或小或大，爲是動，爲所生病，咸不出五藏六府、手足陰陽。聖智者興，思有以治之，於是而入者，於是而出之也。上古治病，湯液醪醴爲甚少，其有疾，率取夫空穴經隧之所統繫，視夫邪之所中爲陰爲陽，而灸刺之，以驅去其所苦。觀內經所載服餌之法，纔一二，爲灸者四三，其他則明鍼刺，無慮十八九，鍼之功其大矣。厥後方藥之說肆行，鍼道遂寢不講，灸法亦僅而獲存。鍼道微而經絡爲之不明，經絡不明，則不知邪之所在。求法之動中機會，必捷如響，亦難矣。

若昔軒轅氏岐伯氏斤斤問答，明經絡之始末，相孔穴之分寸，探幽摘邃，布在方冊。亦欲使天下之爲治者，視天下之疾，有以究其七情六淫之所自，及有以察夫某爲某經之陷下也。某爲某經之虛若實，可補瀉也，某爲某經之表裏，可汗可下也。鍼之灸之藥之餌之，無施不可，俾免夫嚬蹙呻吟，抑已備矣。遠古之書，淵乎深哉，於初學或未易也。及以靈樞經本輸篇，素問骨空等論，裒而集之，得經十二，任督脈云行腹背者二，其隧穴之周於身者，六百五十有七。攷其陰陽之所以往來，推其骨空之所以駐會，圖章訓釋，綴以韻語，釐爲三卷，目之曰十四經發揮。庶幾乎發前人之萬一，且以示初學者，於是而出入之嚮方也。烏乎，攷圖以窮其源，因文以求其義，尙不戾前人之心。後之君子，察其勤而正其不逮，是所望也。

至正初元閏月六日，許昌滑壽自序。

1 원서에는 일부 내용만 있지만 역자가 보충하여 실었다.

자서

사람은 혈(血)과 기(氣)로 이루어진 존재이니 음식과 생활이 조금이라도 적합하지 않으면 질병이 생기지 않을 수 없다. 질병이 사람에게 생겨나면 내상(內傷)이 되기도 하고 외감(外感)이 되기도 하며, 작은 병이 되기도 하고 큰 병이 되기도 하며, 시동병(是動病)이 되기도 하고 소생병(所生病)이 되기도 하나 모두 오장육부와 수족의 음양 경맥에서 벗어나지 않는다. 성인들께서 나타나셨을 때 병을 치료할 수 있다 생각하시고는 어떤 병사(病邪)가 침입하면 해당 병사를 몰아내셨다. 상고 시대의 치료법에서는 탕약을 쓰는 경우가 매우 적었다. 질병이 있으면 대부분 관련된 경혈과 경맥을 찾고 병사(病邪)가 침입한 곳이 음경(陰經)인지 양경(陽經)인지 잘 살핀 후 뜸을 뜨거나 침을 놓아 병을 몰아냈다. 《내경》에 실려 있는 탕약 치료법을 살펴보면 겨우 1~2가지이지만, 뜸을 뜨는 치료법은 3~4가지이고 나머지는 분명 침을 놓는 방법으로 무려 18~19가지이니 침의 쓰임이 매우 컸다. 그 후로 처방과 약재에 대한 학설이 성행하면서 침법은 결국 방치되어 연구되지 않았고 뜸법 또한 겨우 살아남은 정도였다. 침법이 거의 사라지면서 경락에 대한 설명도 분명하지 않게 되었고 경락에 대한 설명이 분명하지 않게 되자 병사(病邪)가 있는 곳을 알아차리지 못하게 되었다. 시의적절한 침법을 찾았다면 필시 메아리처럼 효과가 빨랐을 테지만 이 또한 어려워졌다.

옛날 헌원(軒轅)과 기백(岐伯)께서는 분명하게 질문하고 답하시면서 경락(經絡)의 시작점과 끝점을 밝히시고 경혈의 위치를 설명하심으로써 오묘한 이치를 탐구하고 숨겨진 원리를 드러내어 책에 남기셨다. 이는 또한 천하에 질병을 치료하는 자들에게 천하의 질병을 살펴서 칠정(七情)이나 육음(六淫)이 생긴 곳을 궁리할 수 있게 하신 일이고, 또 어떤 질병에 어떤 경맥의 기운이 무너졌는지 살필 수 있게 하신 일이다. 어떤 질병에 어떤 경맥이 허하거나 실한지 알아야 보하거나 사할 수 있고, 어떤 질병이 어떤 경락의 표리에 있는지 알아야 한법(汗法)이나 하법(下法)을 쓸 수 있다. 침을 놓든 뜸을 뜨든 약이나 음식을 먹든 옳지 않은 치료는 없으니 고통에서 벗어나게 하는 방법은 이미 모두 갖추어져 있다. 먼 옛날의 책에 담긴 뜻은 깊고도 깊으니 새로 배우는 사람에게는 쉽지 않을 것이다. 이에 《영추》 〈본수편本輸篇〉과 《소문》 〈골공론骨空論〉에서 내용을 모아 12경맥을 찾았고, 배와 등을 지난다고 하는 임맥(任脈)과 독맥(督脈) 2가지와 온몸에 퍼져있는 657가지 혈을 찾았다. 음경(陰經)과 양경(陽經)이 왕래하는 부위를 연구하고 뼈마디가 모이는 부위를 따져본 뒤 그림으로 나타내고 뜻을 푼 다음 가괄(歌括)로 엮어 3권으로 정리하고 《십사경발휘》라는 제목을 붙였다. 선대의 짧은 말에 대한 의미를 밝혀 이제 초학자에게 제시하니 이 책으로부터 시작한다면 앞으로 공부할 방향을 거의 잡을 수 있을 것이다. 아아 그림을 고찰하여 근원을 연구하고 설명을 바탕으로 속뜻을 찾는다면 아마 선대의 마음과 어긋나지 않을 것이다. 훗날의 군자들이여 노력한 점은 헤아려주시고 부족한 점은 바로잡아주시기 바란다.

지정 원년 신사1341 윤월 6일. 허창(許昌) 활수(滑壽) 서문을 쓰다.

활수(滑壽, 14세기). 자는 백인(伯仁), 호는 앵녕생(櫻寧生)이다. 경사(經史)와 제가(諸家)에 두루 밝았고 특히 의학에 조예가 깊어 그의 의술이 오(吳)·초(楚) 지역에 알려졌다. 지은 책으로는 《십사경발휘》 이외에 《소문초素問抄》·《난경본의難經本義》·《진가추요診家樞要》 등이 있어 세상에 유행하였다.

(2) 《침구지남鍼灸指南》

1권

원(元) 두걸(竇傑) 지음

필자는 보지 못하였다. 그러나 타키(多紀) 씨의 《의적고醫籍考》를 통해 이 책의 대강을 알 수 있다. 또 《경적방고지經籍訪古志》〈보유補遺〉에는 《침구사서鍼灸四書》 가운데 《신간두한경편집침경지남新刊竇漢卿編集鍼經指南》 1권이 보인다. 이것이 이 책을 가리키는 것이 아닌가 한다.

두걸(竇傑). 자는 한경(漢卿)이다. 원(元) 세조(世祖) 때 벼슬하여 대사(大師)에 봉해졌다. 의학으로 당대에 이름을 떨쳤다. 침구법에 깨달은 바가 있어 《침구지남》을 저술하였다.

(3) 《자오유주子午流注》

1권

필자는 보지 못하였다. 그런데 《사이키모리후헌납서목佐伯毛利侯獻納書目》(도서료(圖書寮) 소장) 가운데 "子午流注鍼經, 一, 南唐何若愚"이라고 하였고, 《경적방고지》〈보유〉에 명(明) 성화간본(成化刊本) 《신간자오유주침경新刊子午流注鍼經》이 있으며, 또 타키(多紀) 씨 《의적고》에 "子午流注鍼經, 三卷, 存"이라고 하였으므로 현전본도 있을 듯하다. 궁내성(宮內省) 도서료(圖書寮)에 《신간자오유주침경정형가결新刊子午流注鍼經井滎謌訣》 2권과 부록 3권이 1책으로 되어 있는 명(明) 간본이 있고, 앞의 《신간두한경편집침경지남》 1권도 다른 책 2권과 합책되어 있다.

(4) 《옥룡가玉龍歌》

1권

양(楊) 씨 지음

필자는 보지 못하였다. 타키(多紀) 씨 《의적고》에 "《옥룡가》에 보이는 120개 혈은 시침할 수 있는 혈인데, 당시 사람들이 다르게 이해할까 염려했기 때문에 이 노래를 만들어 생명을 보위하는 보배로 삼았다.〔玉龍一百二十穴, 有穴行鍼, 恐時人有差別, 故作此歌, 以爲衛生之寶焉〕"라고 적혀 있다. 또 《사고전서제요四庫全書提要》에 원(元) 왕국서(王國瑞)가 지은 《편작신응침구옥룡경扁鵲神應鍼灸玉龍經》 1권이 실려 있는데, 이것은 《옥룡가》를 조술(祖述)하여 만들어진 듯하다.

(5) 《침경적영집鍼經摘英集》

1권

이 책은 원(元) 두사경(杜思敬)의 《제생발수濟生拔粹》 가운데 실려 있다. 《제생발수》는 원(元) 두사경이 금·원 시대 명의들의 저술을 모아 만든 책으로 19권으로 이루어져 있다. 《제생발수》는 《실록》 세조 12년 3월 기사에 의학 취재 강서(講書)로 이름이 보인다.[2] 이 《제생발수》가 일찍이 공식적으로 채택되었고 그 결과 《침경적영집》이 여기에서 떨어져 단독으로 간행된 듯하다. 침구의 실제 시술 방법으로 구침식(九鍼式)·절량취수혈법(折量取腧穴法)·보사법(補瀉法)·용침호흡법(用鍼呼吸法)을 간단히 기술하고, 치병직자결(治病直刺訣)이라는 제목 아래 주요한 질환에 대한 침구 치료 방법을 설명하였다.

---

2 제1부 〔016장〕 인용 사료(세종 12년 3월 18일 기사)를 참고하라.

3. 일본에 전해진 조선 의서의 옛 판본에 대하여

필자는 《조선의서지》 편찬을 위해 조사를 진행하던 중에 궁내성(宮內省) 도서료(圖書寮) 및 내각문고(內閣文庫) 등 유명한 일본 도서관에 조선 의서의 옛 판본 다수가 소장되어 있다는 사실을 알고 연구하고 싶은 마음을 이기지 못하여 쇼와(昭和) 6년1931 11월 하순 경 업무에 틈을 내서 도쿄(東京)로 서적 탐방을 위한 여행을 떠났다. 하지만 한정된 짧은 시일동안 이 의서들을 모두 조사하기는 불가능했다. 그러나 다행히 경성대학의 사전 위촉과 도서료 및 여타 도서관 직원의 친절한 도움으로 도쿄에 소장된 조선 의서의 대강을 살필 수 있었다. 지금 생각해도 감사하기 그지없다. 여기에서 알게 된 사실이 매우 많아 당시까지의 생각을 완전히 수정할 수밖에 없게 되었다.

이어 이듬해 쇼와(昭和) 7년1932 4월 상순 도쿄에서 의학회총회(醫學會總會)가 개최되었을 때 다시 도서료 및 내각문고에서 조사할 기회를 얻었고, 또 도쿄대학(東京大學) 도서관·토오요오문고(東洋文庫)·세이카도오문고(靜嘉堂文庫)·제국도서관·교토대학(京都大學) 도서관(후지카와문고(富士川文庫) 소장본) 등에 소장된 조선 의서까지 볼 수 있는 기쁨을 얻었다. 그다음 해와 다다음 해에도 부족하다고 생각되는 것을 조사하였고, 다케다 쿄우서옥(武田杏雨書屋)에서도 켄켄사이(乾乾齋) 소장본을 중심으로 조선 의서를 찾아 헤맸다. 이것에 기초하여 필자가 생각한 것들을 아래에 간단히 적는다.

《경적방고지經籍訪古志》 부분에서 약간 언급했듯이, 이 의서들은 현재 조선에서 거의 모두 망실되었다고 생각한다. 이들은 임진왜란 이전의 옛 판본으로서 하나같이 보기 드문 것들뿐이다. 경성대학 도서관(규장각 소장본, 구(舊) 궁위영장본(宮衛營藏本)을 포함) · 이왕가장서각(李王家藏書閣) · 총독부 도서관 및 기타 조선의 여러 장서가(하야노 타츠조오(早野龍三) 씨 · 이인영(李仁榮) 씨 · 송석하(宋錫夏) 씨 · 황의돈(黃義敦) 씨 · 최남선(崔南善) 씨 등)의 장서 가운데에서는 안타깝지만 매우 조금만 보인다. 필자의 조사에 따르면 조선에는 이 가운데 20종 정도가 그것도 대부분 낙질의 형태로 존재할 뿐이다(《조선의학사》 활인본 pp.325-328 〈일본에 전해진 조선 고판본 의서 - 현전본 총목록〉 참조).

이 옛 판본 의서류는 필자가 본 것만도 70여 종이 있고, 그 가운데 대부분은 중국 의서의 번각본(본국인 중국에서 망실된 의서도 적지 않다)이다. 그러나 번각본이라도 조선에서 간행되었으므로 당시 조선 의학의 발달을 살피기에 충분하다. 이 많은 옛 판본 의서가 현존한다는 사실과 세월에 따라 도서가 망실되는 정도를 함께 고려할 때 당시에는 더욱 많은 의서가 저술되어 간행되었을 것이라고 생각한다. 이를 통해 조선 전기에 의학 발달이 뚜렷하였음을 알 수 있다.

그런데 조선 전기와 동시대의 무로마치(室町) 전국시대 일본의 의학 발달을 의서 간행이라는 측면에서 서로 비교해 보면, 당시 일본에는 의서 간행이라고 할 만한 것이 정말 매우 적었다. 다이에이(大永) 8년 무자1528 사카이판(堺版)[1] 《의서대전醫書大全》이 그 효시로 여겨질 정도로(그 외에 중국 의서의 간행은 1~2종) 일본 의학은 조선 의학보다 훨씬 뒤떨어져 있었다.

그렇지만 임진왜란을 기점으로 역전되어 조선은 국력이 갑자기 쇠하면서 조선 후기에 의학이 쇠퇴하였고, 일본은 에도(江戶) 태평기에 들어서 의학이 융성하였다. 무로마치(室町) 시대의 것도 있었겠지만 임진왜란 때 조선 전기의 의서가 대량으로 일본에 전해졌기 때문이다.

◎ 문고서물취급방사서(文庫書物取扱方伺書)의 기록

朝鮮版之儀 者 慶長前後迄者多く渡來有之由候得共其後 者 新渡更ニ無之世上ニ稀成品ニも有之且 者 朝鮮版之內 者 ニ宋版より受來候舊書も有之候得 者 是又引分置朝鮮版本 與 相唱可申 與 奉存候

---

1 사카이판(堺版) : 일본 중세 후기 이즈미노쿠니(和泉國) 사카이(堺, 오사카 남부)에서 출간된 간본을 지칭한다. 모두 목판본이다.

게이초(慶長) 전후까지는 조선 판본이 많이 건너왔습니다. 그렇지만 그 후 새로 건너온 판본이 없어서 세상에서 희귀한 물건이 된 것도 있습니다. 그리고 조선 판본 속에는 송(宋) 간본에서 유래한 옛 책도 있는 듯합니다. 또 이것을 따로 두고 조선 판본이라고 해야 한다고 생각합니다.

위의 글은 분카(文化) 13년병자1816 서물봉행(書物奉行) 곤도 쥬죠(近藤重藏) 등이 문고서물취급방사서(文庫書物取扱方伺書)(모리 타츠유키(森立之)의 《모미지야마문고와 서물봉행紅葉山文庫と書物奉行》에서 인용)에 기록한 것으로, 의서에 국한된 것은 아니지만 이로부터 임진왜란 때(혹은 그 이전) 많은 의서가 일본에 왔고 게이초(慶長) 연간 이후로는 드물었다는 사실을 알 수 있다. 이를 조금 더 구체적으로 설명하자면 다음과 같다. 무로마치 시대에는 아시카가(足利) 쇼군 이하 막료와 호족들이(특히 야마구치(山口)의 오오우치(大內) 가문) 각자 조선과 빈번하게 교역을 하였다. 이때 서적도 상당수 전해졌을 것이라고 생각한다. 그러나 아무래도 시대가 오래전이고 또 전란기가 있었기 때문에 이 시기에 전래되었다고 보이는 책은 드물다. 일시에 대량의 책이 일본에 전래된 것은 결국 임진왜란 때였다. 이 중 주목할 만한 것은 우키다 히데이에(宇喜多秀家)가 가져온 책이다(제6부 〔002장〕 참조). 이후 에도(江戶) 시대에 들어서 조선과 평화로운 교류가 이루어졌으나 제한적인 교류였다. 특히 숙종 후기에는 국가에서 서적의 국외 반출을 금지하였다. 또 임진왜란 후 조선은 국력이 쇠락하여, 영조·정조의 부흥기가 있었음에도 의학은 발전하지 못하였고 의서류의 간행도 적었다. 이리하여 일본으로 의서가 전래되는 일도 드물게 되었다.

조선에서 전래된 책을 소장하고 있는 곳 가운데, 요안인장서(養安院藏書)를 제외하고 가장 큰 곳은 에도 막부의 관고(官庫) 모미지야마문고(紅葉山文庫)이다. 이에야스(家康)는 학문을 숭상하는 데 마음을 두어 일본을 평정한 뒤 귀중한 도서를 많이 수집하여 모미지야마문고의 근간을 마련하였다. 이후 대대로 쇼군들이 그 뜻을 이었고 또 제후 및 여러 가문에게 헌상받거나 사들여 문고의 장서가 점차 더 많아지게 되었다. 특히 매우 많은 양이 헌상 된 사이키코(佐伯侯) 모리 이세노카미 타카스에(毛利伊勢守高標) 소장본 가운데 조선 의서가 적지 않다. 한편, 에도 후기에 이르러 고증학이 발흥하여 의학계에도 고증의학 연구자가 배출되었다. 누대에 걸친 타키(多紀) 가문의 업적이 가장 두드러지고, 그 외에 이자와 란켄(伊澤蘭軒)·시부에 추사이(澁江抽齋)·코지마 호소(小島寶素)·모리 타츠유키(森立

之) 등이 저마다 장서가이자 교열가로 세상에 이름을 드러냈다. 이들의 노력으로 《경적방고지經籍訪古志》라는 명저가 탄생하였다. 또 교토(京都)에는 후쿠이 요오테에(福井榕亭)의 숭란관(崇蘭館)과 대를 이은 궁정(宮廷) 의사들이 있었고〈코지마 호소의 《하청우기河淸寓記》에 자세하다〉, 오사카(大阪)에는 켄카도오(蒹葭堂) 키무라(木村) 씨 등이 많은 서적을 가지고 있었다. 이렇게 모미지야마문고와 학문을 숭상했던 여러 다이묘 및 의학자들의 덕택으로 여러 의서〈조선 의서의 옛 판본〉가 망실되지 않고 현재까지 전해지게 되었다.

일본 내에서 조선 의서의 옛 판본이 소장된 상황을 대략 정리하면 다음과 같다. 내각문고(內閣文庫)의 조선 의서 일부는 궁내성(宮內省) 도서료(圖書寮)에 이관되었으나 아직 엄연히 존재한다. 제후 및 의학자의 소장서는 산실된 것도 있으나 장서가 가장 많았던 의학관(醫學館)의 타키(多紀) 가문이 소장했던 의서〈제6부 참조〉는 주로 도서료에 소장되어 있다. 또 교토대학(京都大學) 도서관〈후지카와문고(富士川文庫) 소장본〉·토오요오문고(東洋文庫)·세이카도오문고(靜嘉堂文庫)·호사문고(蓬左文庫)·우에노(上野) 제국도서관·다케다 쿄우서옥(武田杏雨書屋) 등에도 그 수는 적지만 각각 조선 의서의 옛 판본이 소장되어 있다. 또 아직 조사하지 못하였으나 기타 각 지역 도서관과 여러 장서가〈양수경(楊守敬) 등이 메이지(明治) 초기에 일본에서 구입하여 중국에 가져간 것 등이 있다〉도 적으나마 소장하고 있을 것이라고 생각한다. 그런데 이번 태평양전쟁 때의 공습으로 이들 중에 불타 소실되었거나 피난 도중에 행방불명된 책이 어느 정도 생겼을 것이다.

◎ 조선 고판 의서의 일본 전래 계통 약도(略圖)

〈 실선과 점선은 관계의 정도를 표시 〉

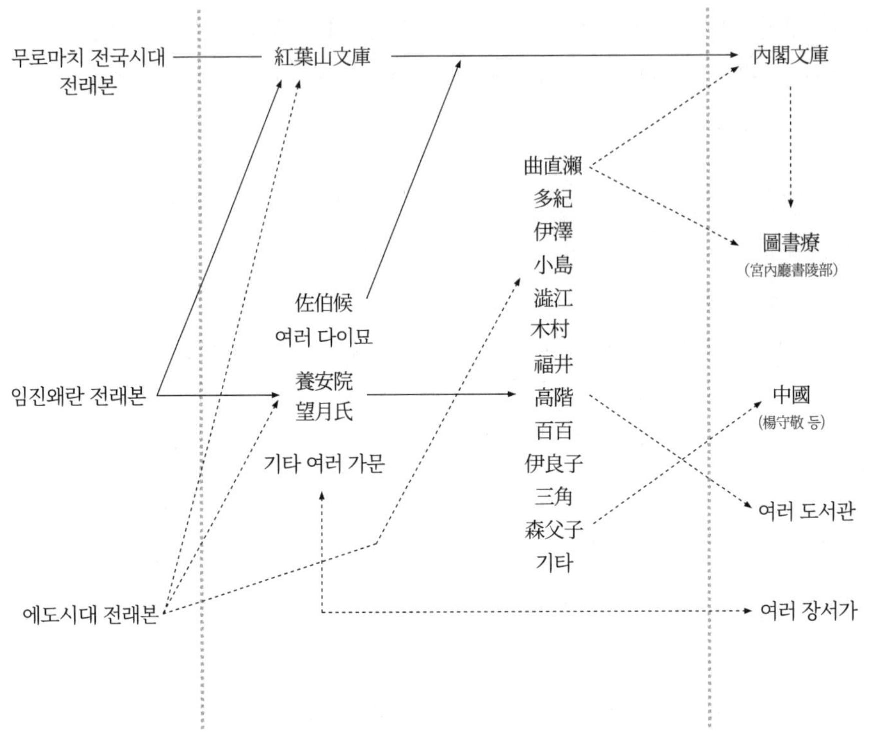

4. 업적을 중심으로 본 한중일 의학 대조 연표

조선 의학의 업적을 한눈에 이해할 수 있고, 아울러 중국 의학의 전파 양상까지도 파악할 수 있도록 엮은 연표이다. 그리고 간단하지만 일본과 서양 의학의 변천사도 포함시켰다.

그러므로 이 연표를 통해 전 동아시아 의학의 발전과 교류를 서로 비교하여 조감할 수 있을 것이다.

연표에 실려 있는 업적은 그 시대에 저술되어 후대에도 영향을 미친 대표작을 선정하였고, 출처는 가급적 원전을 찾아 정확성을 기했다. 연구자가 곁에 두는 자료로 사용한다면 다행이겠다. 앞으로 보충되고 수정되기를 바란다.

※ 연표는 권말에 실었다.

5. 한중일 의학 교류사 조감 鳥瞰

머리말

일본과 한국은 중국 대륙의 동쪽으로 이어져 세 나라가 함께 공존하며 문화적으로 긴밀하게 연결되어 있다. 따라서 지리민족학적으로는 중국문화구역이라고 한다. 고대로부터 섬나라 일본은 선진국인 중국 대륙으로부터 가교가 되는 한반도를 통해 문화를 받아들였다. 문화는 높은 곳에서 낮은 곳으로 흐른다. 문화의 흐름은 시대가 내려오면서 각 지배층의 흥망 또는 권력자의 교체 혹은 상호 침략 전쟁에 따라 다양한 모습이 되었고, 근대에 들어서 서양 문화가 전해지면서 이 흐름은 역전되거나 복잡하게 되기에 이르렀다. 앞으로 어떤 양상으로 나타날지 알 수는 없지만 교류의 끈은 끊을 수 있는 것이 아니다. 이러한 문화의 전파와 교류는 의학에서도 유사하다.

일본과 중국의 의학 교류에 대해서는 선행연구로 명료해졌으나〈오카니시 타메토(岡西爲人)의《중국 본초의 도래와 그 영향中國本草の渡來と其影響》이 뛰어나다〉 중간의 한국 의학에 대해서는 현재까지 명확하지 않은 채로 남아 있다. 한국과 일본, 한국과 중국 사이에 큰 공백이 있는 것이다. 따라서 일본과 중국의 관계도 소략함을 면할 수 없었다. 필자는 30년에 걸쳐 한국 의학의 역사를 연구하고 몇 해 전에《조선의학사 및 질병사》·《조선의서지》 등을 저술하여 출판하였다. 이것으로 한국 의학에 대해 분명히 알 수 있게 되자 한중일 상호 간에 있었던 사건 또한 더욱 명확하게 살필 수 있었다. 따라서 본고에서는 이를 바탕으로 교류(交流)라는 문제에 대해 생각해 보고자 한다.

중국은 메소포타미아·이집트·인더스와 함께 세계 문명의 발상지로 여겨진다. 현생 인류가 수만 년 전에 아시아 중부에서 이동하였고 그 가운데 황색 피부에 검은 직모를 가진 호모 사피엔스(Homo Sapiens), 곧 한족(漢族)이 황하유역(黃河流域)에 정착하였다. 이리하여 황하유역에 문명이 발생하고, 이것이 양쯔강 방면으로 확장되어 중국 문화를 형성하였다. (중국 문화가 고대에 서방 여러 국가의 문화로부터 영향을 받았다고 말하는 사람도 있다. 그러나 이것이 피상적인 생각이라는 것은 말할 것도 없다. 중국 문화가 서방 여러 국가에 전해져 그 발달에 이바지한 면도 적지 않다. 중국 문화는 거대하며 그 고유성은 엄연한 것이다)

한국 문화는 표면적으로 중국 문화를 좇아 모방하였다고 하지만 이런 설명은 합당하지 않다. 한국은 중국과 환경 풍토가 다르고, 게다가 이곳에 정착한 민족의 고유 문화가 고대로부터 존재하며 면면히 현재에 이르고 있다. 일본 문화도 이와 같아 중국에서 영향을 받기는 하였으나 일본 고유 문화가 배양되었다.

그렇기는 하지만, 중국이 한국과 일본 문화의 모체라고 하는 것은 분명한 사실이다. 최근을 제외하고 한국 및 일본의 문화는 중국 문화로부터 영향을 받아왔다. 이것은 의학 방면에서도 그러하다. 여기에서는 시대 순으로 비교하면서 그 변천 과정을 고찰하고자 한다.

1. 상고시대

(대략 기원전 500년 - 기원후 220년)

[중국] 복희(伏羲)·신농(神農)·황제(黃帝)는 제쳐 두고라도, 중국에는 하(夏)·은(殷)을 이은 주(周) 말기에 의학이 발달하였다. (의술이 발달하여 학문으로 되었다) 《주례周禮》에는 이미 의학의 분과(分科)가 기재되어 있고, 전국시대에는 명의 편작(扁鵲)이 나타났다. 《소문素問》·《영추靈樞》·《난경難經》과 같은 책들이 이 시대에 출현하였지만, 현전하는 《소문》·《영추》(모두 황제와 기백(岐伯)이 묻고 답하는 형식으로 이루어져 있다)는 전한(前漢) 말기, 《난경》(편작이 지었다고 전해진다)은 후한(後漢) 때 대략 성립하였다. 물론 이들은 모습이 변하였지만 면면히 전해졌다고 여겨진다. (이러한 의학 서적이 성립할 수 있었던 것은 전한 말기부터 일어난 교감학(校勘學) 때문인지도 모른다. 그리고 이 시대에 고대의 무속적 의술에서 벗어나 음양학설이 의학을 설명하는 데 도입되어 단순한 치료 처방에서 학문으로 체계화되었다) 이 책들을 통해 상고시대 의학을 엿볼 수 있고, 당시 의학이 이미 진보되었음을 알 수 있다. 덧붙여 《전한서前漢書》〈예문지藝文志〉를 살펴보면 기원후 100년경

까지의 의학 관련 저술에 대해 많이 알 수 있다. 후한 말기에는 장중경(張仲景)이 나타나 경험변증의학(經驗辨證醫學)을 크게 완성하여 《상한론傷寒論》·《금궤요략金匱要略》 등의 명저를 남겼다. 본초학의 효시인 《신농본초경神農本草經》도 후한 시기에 출현하였다고 알려져있다. 외과(外科) 수술 마취법으로 유명한 화타(華陀)도 장중경 전후로 나타났다.

[한국] 기자(箕子)가 은(殷) 말기에 한반도에 와서 조선을 세웠다고 《사기史記》에 기술되어 있으나 이것은 잘못된 것 같다. 한반도가 중국 문화를 접한 것은 진(秦)·한(漢)에 들어서면서부터일 것이다. 전한(前漢) 시대에 한반도에 한(漢)의 식민지가 생겨 기원전 108년 한(漢)의 사군(四郡)〈낙랑(樂浪)·현도(玄菟)·진번(眞蕃)·임둔(臨屯)이 이후 422년간 이어진다〉이 설치되었다. 그 가운데 이름이 잘 알려진 것은 낙랑(樂浪)과 대방(帶方)〈후한(後漢) 말기에 낙랑과 대방이 된다〉이다. 한반도에 한(漢)의 문화가 농후하게 이식되었고〈이는 발굴된 유적으로 명백히 밝혀졌다〉 한(漢)의 의학도 전해졌으라는 점은 말할 것도 없지만 그에 대해 자세히 알 수는 없다〈단편적이나마 《설문해자說文解字》·《후한서後漢書》 등에서 동식물 이름의 예를 엿볼 수 있다〉.

[일본] 일본과 중국의 교류는 중국쪽 사료를 통해 알 수 있다. 《전한서》〈지리지地理志〉·《후한서》〈동이전東夷傳〉·《위지魏志》〈왜인전倭人傳〉에 나타난 양국의 교류는 낙랑군(樂浪郡) 설치에 자극을 받아 일어난 듯하다. 치쿠젠(筑前)의 스쿠오카모토(須玖岡本)와 미쿠모(三雲)의 유적〈전한 시대의 유물이 매장되어 있다〉 등은 이를 보여주는 물증이다. 당시의 일본은〈서기 원년 전후〉 야요이식(弥生式) 토기 시대에서 벗어나 금석병용(金石併用) 시대였으므로 의학이라는 것을 논하기는 어렵다.〈한(漢)의 의학과 비교할 것도 없이 낙랑 주변에 있었던 종족의 의술과 비슷한 수준이었을 것이다〉 덧붙여 일본 정사(正史)에 최초로 기록된 한반도와의 교류는 스진 덴노(崇神天皇) 65년 기원전 33년? 때의 일로, 이것은 2백 수십 년을 내리지 않을 수 없다. 기원후 3세기의 야마타이코쿠(邪馬台國)는 이 시대나 다음 시대에 포함되어야 할 것이다. 아무튼, 이 시대부터 중국과 한국과 일본의 교류가 있었다.

2. 삼국(三國)시대부터 남북조(南北朝) 말기까지

(대략 기원후 220년 - 581년)

[중국] 중국의 삼국(三國) (위(魏) · 촉(蜀) · 오(吳)) · 서진(西晋) · 동진(東晋) · 남북조(南北朝) 시대이다. 이 시기 의학은 한(漢)을 이어받아 임상 경험을 중시하는 경향이 있었으며, 불교와 도교의 영향도 많이 받았다 (보통 불교의 영향을 강조하지만, 중국에서는 도교의 영향이 훨씬 강하다). 대표적인 것은 왕숙화(王叔和)의 맥학(脈學) (《맥경脈經》), 갈홍(葛洪)의 경험방 (《주후비급방肘後備急方》), 도홍경(陶弘景)의 본초학(本草學) (《신농본초경집주神農本草經集註》) 이고, 처방서 중에서도 뛰어난 것이 많았다. 이들 의학이 한반도에 유입되었고 한반도에서 배양된 뒤 일본으로 건너갔다. 또 직접 중국에서 일본으로 전해진 것도 있었을 테지만 알 수 없다. (문화에 현격한 차이가 있었으므로 받아들이기 어려웠을 것이다)

[한국 · 일본] 이하 당시 중국에 해당하는 기간을 (1) · (2) · (3) 3가지로 나누어 한국과 일본에 대해 함께 기술한다.

(1) 동진(東普) 말기에서 남조(南朝)의 송(宋) · 제(齊) · 양(梁) 시기에 왜국(倭國)의 다섯 왕(王) (산(讚) · 친(珍) · 세에(濟) · 코오(興) · 부(武)) 이 사신을 보낸 일은 일본의 연대 미상 고분시대 때이다. 기타큐슈(北九州)에서 동쪽으로 옮겨와 나니와(難波)에 수도를 두고 카와치(河內)에 거주하며 한국을 끼고 중국과 교통한 오진 덴노(應神天皇) · 닌토쿠 덴노(仁德天皇)에서 시작되는 시대 (5세기 초) 는 일본의 통일된 문화가 잉태된 새로운 시대의 시작이었다. 의학에 있어서 알 수 있는 것이 없지만 당시 혹은 이전 시대 대륙의 의학을 살펴보면 조금이나마 근거가 될만한 것을 얻을 수 있을 것이다. 오진 덴노 시대에 왕인(王仁)이 백제에서 건너온 일, 인교 덴노(允恭天皇) 때 코무와치무카무키무(金波鎭漢紀) (미시나(三品) 씨에 따르면, 김씨 성(姓)이 생겨난 것은 통일신라시대이므로 이는 맞지 않는 일이라고 한다) 가 덴노의 병을 치료한 일, 유랴쿠 덴노(雄略天皇) 때 뛰어난 자를 보내달라는 일본의 요청으로 본래 고구려인이나 백제에 귀화하였고 후에 나니와노쿠스시(難波藥師)의 선조가 된 토코쿠(혹은 토코라이, 德來)를 백제에서 일본에 보낸 일 등은 막연하지만 안개 속에서 옅은 빛이 비치는 듯한 기분이 든다. (지금까지의 기술은 《고사기古事記》 · 《일본서기日本書紀》에만 근거한 것으로, 중국 · 일본 · 한국의 사료와 비교하여 각 방면에서 과학적인 수정을 거치지 않으면 안 된다)

덧붙여, 일본에서 연대가 정확해지는 시기는 대략 긴메이 덴노(欽明天皇) 때로 기원후 540년 이후이다. 일본만큼은 아니지만 한국도 고대에는 시대가 내려와서야 연대가 분명해진다. 〈나카(那珂) 저, 미시나(三品) 증보. 《증보상세년기고增補上世年紀考》〉

(2) 한국의 삼국시대는 고구려·백제·신라 시대이다. 일본의 거류지를 포함한 가야를 합하여 4국(?) 시대라고도 할 수 있다. 중국은 위에서 서술한 대로 대략 서진(西晋)에서 양(梁)까지, 일본은 상고시대로부터 아스카(飛鳥) 시대 초기까지이다. 한국에서 고구려·백제는 중국 의학을 수용하여 각각의 국력에 따라 의학을 발달시켰다. 가야는 일본·한국·중국 간 소용돌이의 중심지로 〈스에마츠 야스카즈(末松保和) 저《임나흥망사任那興亡史》〉, 일본 권력의 전진기지로서 한국에 들어온 중국 문화와 의학을 일본에 전하는 매개 역할을 하였다. 따라서 일본에서는 한국 전통 의학이 오로지 사용되었고, 한국 전통 의학은 중국 전통 의학에 의해 배양된 것이었다. 그러므로 당시 일본은 중국과 그다지 직접적인 관계가 없었다고 생각한다.

이 시대의 의료 사료(史料)는 적다. 내가 지은 《조선의학사》 제1편에 가능한 한 모아 기술해 두었으므로 여기에서는 생략하고 한두 가지만 적어 둔다. 한국 의학을 일본에 분명히 전하여 일본 의학을 부흥시켰다고 할 수 있는 것은, 긴메이 덴노(欽明天皇) 14년553과 15년에 백제에 의박사(醫博士)·채약사(採藥師)의 교대를 요청하는 기록이다. 이렇게 순번에 따라 교대한 백제인들이 일본에 온 기록은 《일본서기日本書紀》에 이때밖에 보이지 않지만, 그 이전에도 있었고 한두 번으로 끝났을 것 같지 않다. 또 스이코 덴노(推古天皇) 10년602에 "백제의 승려 관륵(觀勒)이 일본에 와서 역본(曆本)과 천문(天文)·지리서(地理書)와 둔갑(遁甲)·방술서(方術書)를 바쳤다. …… 야마시로노오미 히타테(山背臣 日立)는 방술(方術)을 배웠다."고 하였다. 의박사(醫博士)는 백제의 관직 이름으로 의학을 교육하는 의학자이고, 방술(方術)은 단순히 의술만이 〈《한서漢書》〈예문지藝文志〉의 방기략(方技略)에는 의경(醫經)·경방(經方)·방중(房中)·신선(神仙)이 담겨 있고, 육조(六朝)에서는 도교(道敎)가 성행하였다〉 아니고 방사(方士)가 시행하는 기술도 포함한다고 해석해야 할 것이다.

앞에서 기술한 것과 같이 일본은 남선(南鮮)[1] 일부에 거주하였는데, 일본부(日本

---

1 남선(南鮮) : 일제강점기 조선총독부가 조선을 북선(北鮮)·서선(西鮮)·중선(中鮮)·남선(南鮮)으로 나눈 것으로, 현재의 전라도와 경상도를 가리킨다.

府)는 562년에 멸망하였으나 당시 한국으로부터 귀화하는 사람이 많았고 그 지역에 살고 있던 일본인도 귀환하였다〈키치 다이조오(吉大尙)가 그러하다. 자손 중에 키노타노요로시(吉田宜)가 있다. 나라노쿠스시(奈良藥師)라고 불렸다〉.[2] 게다가 시대는 거슬러 올라가지만 313년에 낙랑이 멸망하여 한인(漢人) 계통의 한국인이 남선(南鮮)으로 이주하였고, 이들도 일본으로 건너갔다.〈한인(漢人)·신한인(新漢人)이라고 하는 것도 낙락·대방의 중국인을 포함한 것이다. 오(吳) 사람이나 진(秦) 사람이라고 불렸던 이들 가운데에도 한국에 귀화한 중국인이 있었다고 생각한다〉 또한, 백제663와 고구려668가 멸망한 뒤, 이곳으로부터 많은 수의 유민이 일본에 건너와 귀화하였다. 덴지 덴노(天智天皇)662-670 때에 그 수가 가장 많았다. 이리하여 일본의 문화와 의학은 한국과 같은 수준까지 이르렀다.

(3) 아스카(飛鳥) 시대에는 의사를 쿠스시(藥師)라고 하였는데, 이들은 주로 난바(難波) 및 그 주변〈해외 교통의 요충지로서 일본은 이 주변을 발판으로 삼았다〉 혹은 아스카(飛鳥) 지방에 살았다. 나니바노쿠스시(難波藥師)〈선조는 유랴쿠 덴노(雄略天皇) 때에 백제에서 일본에 보내진 백제의 의사 토코쿠(德來)로, 5세손이 에니치(惠日)이다〉, 야마토노쿠스시노오미(倭藥使主)〈긴메이 덴노(欽明天皇) 때 약전(藥典)·명당도(明堂圖)를 가지고 일본에 온 오(吳) 사람 지총(知聰)의 아들 젠나오미(善那使主)에게 내려진 성(姓)이다. 아마도 대방(帶方) 한인(漢人)의 후예로 한국에 귀화했던 자라고 생각한다. 그러므로 이 약전(藥典)과 명당도(明堂圖)는 중국의 것(그렇다면 육조(六朝)의 의약서일 것이다)이라 하더라도 한국 실정에 맞게 바뀐 것으로 보인다. '오미(使主)'는 본래 '오미(臣)'와 같은 듯하지만 한국에서 넘어온 자에게 주로 붙여졌다〉, 하치타노스쿠시(蜂田藥師)〈야마토노쿠스시노오미(和藥使主)와 그 선조가 같다. 하치타노쿠스시후미누시(蜂田藥師文主)의 자손 중에 《본초화명本草和名》을 지은 후카네 스케히토(深根輔仁)가 있다〉 등을 들 수 있다. 당시 쿠스시 집단을 약부(藥部)라고 불렀는데, 이것은 백제의 관서(官署) '약부'에서 유래하였다고 생각한다. 이 외에 한국 의인(醫人)으로 유명한 이는, 오사다(ㅊ혼)야스(麻田(答本)陽春)〈시와 문장에 능하여 《만엽집万葉集》을 냈다〉, 견수사(遣隋使)와 견당사(遣唐使)로 수행했던 스쿠시에니치(醫惠日)〈토코쿠(德來)의 자손이다〉, 후쿠인(福因)〈아치오미(阿知使主)의 자손이다〉, 덴무 덴노(天武天皇)의 시의(侍醫) 오쿠(億仁)〈백제인으로 선조는 고구려인이다. 시토리베쿠스시오미(後部藥使主)일까?〉 등이 있다.

---

2 키치 다이조오(吉大尙)는 백제의 관리로, 백제 멸망 후 일본으로 건너가 기치타노무라지(吉田連)라는 성(姓)을 받았다. 후손인 기치타노무라지 요로시(吉田連宜) 이후 대대로 의료관사를 역임하였다(서보경, 2017).

이상은 한국계 의인(醫人) 또는 한국에서 귀화하였다고 생각되는 사람들의 일부이다. 아스카 시대 의사의 대부분은 귀화한 사람이거나 그들의 자손으로 이루어졌다고 할 수 있다. 이것이 나라(奈良) 시대에서 헤이안(平安) 시대까지 계승되어 상고시대 의학은 그들에 의해 유지되고 발전되어 왔다. 이른바 '한의방(韓醫方)'은 아스카 시대에 성행하였고 나라 시대에도 시행되었으며 헤이안 초기까지 온전히 존속하였다. 이들 귀화한 의인들은 한의방(韓醫方)만 고집했던 것이 아니라 수·당 의학을 수용하는 데에도 힘썼다. 그렇지만 견수사(遣隋使)와 견당사(遣唐使)가 파견되어〔623년에 에니치(惠日)와 후쿠인(福因)이 일본으로 돌아왔다〕 수(隋)·당(唐)과의 교류가 시작되었고 다이카개신(大化改新)645년[3]이 있었으나 당시에는 아직 수·당 의학이 실제로 사용될 수 있는 수준에 이르지는 못하였고 나라(奈良) 중기 이후가 되어서야 부상하기 시작한다. 타이호오(大寶) 원년701과 요오로오(養老) 2년718에 의질령(醫疾令)이 반포되었으나 실시되었다고 보기는 어렵다〔의생(醫生)의 필수 과목이 덴표호지(天平寶字) 원년(757)에 개정되었는데, 성과가 좋지 않았던 것이다〕.[4] 이는 당(唐)을 모방하는데 불과했을 뿐 내용을 소화하지는 못했기 때문으로 보인다.

3. 수(隋)·당(唐) 〔대략 581-907년〕

[중국] 수·당 시대에는 앞 시대 각 방면에서 발전을 보인 의학을 계승하여 통합하고 더욱 전문화했으며, 여기에 불교〔인도 의학〕와 도교, 그리고 서방 여러 국가의 영향을 받아 내실 있는 의학이 되었다〔《수서隋書》·《구당서舊唐書》·《신당서新唐書》의 각 〈경적지經籍志〉를 보라〕. 수(隋) 때 《제병원후론諸病源候論》, 당(唐) 때 《천금요방千金要方》·《천금익방千金翼方》·《신수본초新修本草》·《외대비요外臺秘要》 등 후세에 전해진 저명한 책이 출현하였다. 특정하여 칙찬(勅撰)된 민간용 방서(方書)로는 《개원광제방開元廣濟方》이나 《정원광리방貞元廣利方》 등이 있다. 이들 책은 신라

---

3 다이카개신(大化改新) : 645년에 나카노오에 황자(中大兄皇子)가 정변을 일으키고 실시한 정치개혁을 가리킨다.

4 타이호오(大寶) 원년(701)에 법령인 타이호오율령(大寶律令)이 반포되었고, 요오로오(養老) 2년(718)에 이를 수정한 요오로오율령(養老律令)이 만들어졌다. 당시 책임자의 사망으로 잠시 중단되었다가 757년이 되어서야 시행되었다.

에도 전해졌고 일본에도 유입되었다. 당(唐) 후기에는 국력이 쇠약하여 이렇다 할 의서가 없다.

[한국] 통일신라시대로 들어서면서 당(唐)과의 교류가 빈번하여 의학도 당(唐)의 영향을 받았다. 효소왕(孝昭王) 원년 임진692에 의학생(醫學生)의 학습서가 정해졌다. 《본초경本草經》·《갑을경甲乙經》·《소문경素問經》·《침경鍼經》·《맥경脈經》·《명당경明堂經》·《난경難經》으로, 이는 당령(唐令)을 본뜬 것이다. 일본 타이호오율령(大寶律令)과 요오로오율령(養老律令)의 내용도 이와 유사하지만, 신라 쪽이 일본보다 앞선다 (이들 책은 당(唐) 시대에 만들어진 책은 아니지만 의학의 기본서로서 이른바 '의경(醫經)'에 해당하므로 이렇게 정해진 것이다). 한편, 승려 의학이 널리 행해졌는데, 그 예로 《신라법사방新羅法師方》이 있다 (이 책의 유문(遺文)이 《의심방醫心方》 속에 보인다. 일본에 귀화한 신라의 의인(醫人)이 지은 책이 아니라 통일신라 중기의 책이라고 생각한다). 통일신라는 일본과의 관계에서 벗어나 강력한 국가가 되었다. 신라와 일본과의 관계는 밀접하지 못하였고 사절은 형식에 불과했다 (《연희식延喜式》에 신라 사신의 내용이 보인다). 호오키(寶龜) 10년 기미779 경에는 공식적으로 사행이 단절되었다.

[일본] 나라(奈良) 시대에 이르러서는 한반도 의학이 더 이상 전해지지 않았다. 이전 시대부터 한반도에서 귀화한 의인(醫人)에 의해 의학계가 지배되고 있었고, 그들은 이전 시대의 의학 위에 수·당 의학을 채용하였다. 전술한 바와 같이 수·당 의서가 일본에 전해졌다 (《신수본초新修本草》의 텐표오(天平) 3년(신미731) 전사본이 현재 전해진다). 나라 시대의 의학은 승려 의학이 주류를 이루었는데, 유명한 이는 감진(鑑眞)으로 의원은 아니었지만 본초(本草)와 의방(醫方)에 정통하였다. 이리하여 당(唐) 의학이 불교 의학과 더불어 유행하였다. 견당사(遣唐使)는 십여 차례에 그쳤지만 사무역(私貿易)은 많이 이루어졌다. 아스카(飛鳥) 시대에는 삼한(三韓)을 징검다리 삼아 이른바 '북로(北路)'를 이용해 당(唐)으로 들어갔으나, 신라가 독립 강국이 된 뒤에는 (몬토쿠 덴노(文德天皇) 이후) 신라의 수로(水路) 안내를 받거나 혹은 독자적인 남로(南路)를 많이 이용하였다. 남로를 이용하면서 난파되거나 조난되는 일이 속출하였다. 때문에 당(唐)과의 교류도 소원해져 칸표오(寬平) 6년 갑인894에는 단절되게 되었다 (헤이안(平安) 시대에 들어서 견당사(遣唐使)는 2회뿐이었다). 하지만 사적으로 당(唐)의 상선(商船)이 내항하는 일은 자주 있었다. 이마저도 제한되고 말았는데, 당시 경제 사정의 악화가 중요한 원인이라고 생각한다.

헤이안(平安) 시대 초기는 소극적인 쇄국주의의 시기였다(약재의 수급도 어려워졌다). 이 때문인지, 《대동유취방大同類聚方》808이나 《금란방金蘭方》868 또는 《본초화명本草和名》918과 같이 국내 의방(醫方)을 모으고 국산 약재를 가지고 편찬된 고유 의서가 나타났다. 국산 약재의 채취법은 《풍토기風土記》 등에 보이고 《연희식延喜式》905-927에도 실려 있다. 이는 한국의 채약사들에 의해 시작되어 전승되었을 것이다. 이 고유한 의학의 발흥은 당시 대외 관계에서 비롯된 국내 사정의 결과(수동적 일본화(日本化))로 보아야 하며, 나라 시대에 당(唐) 문화를 시종 모방한 데 대한 국수적인 반동도 아니고 일본 문화와 일본 의학의 수준이 향상된 것이라고도 볼 수 없다고 나는 생각한다.

뒤이어 나온 《의심방醫心方》984은 그 당시까지 전해진 수(隋)・당(唐)・육조(六朝)의 의학을 모아 만들어진 책으로, 현재 고증학의 관점에서는 천하의 보물로 알려졌지만 수입한 당(唐) 의학을 소화하여 체화하는 데 이르지는 못하였다. 독창성이 적고 왕실이나 귀족을 위한 의학에 영합한 책이다. 이를 가지고 헤이안 시대의 의학이 탁월했다고 말한다면 생각이 부족하다고 말하지 않을 수 없다. 쇼소인(正倉院)[5]의 보물을 가지고 텐표오(天平)의 문화를 함부로 칭송하는 것은 당(唐) 문화의 크기를 모르는 어리석음을 보여주는 것과 같다. 쇼소인의 보물은 세계적인 것이고 《의심방》도 고증의학의 방면에서 비할 바 없이 귀중한 자료이지만, 이들은 현재 남아 있기 때문에 귀한 것이지 그 당시의 위대함을 보여주는 것은 아니라고 나는 생각한다. 이후 《의심방》은 귀족 사회에서만 의학의 보고(寶庫)로 귀중하게 여겨져 그 이후로 발전하지 못하였다. 송(宋) 의학이 도입되기 시작한 것은 헤이안 말기에 이르러서이다.

참고로 《의심방》의 인용서와 함께 《일본국현재서목록日本國現在書目錄》898의 〈의방가醫方家〉에 기재된 의서(1309권 163종)는 당시까지 전해져 현존하고 있었던 책들로, 이를 통해 수・당 의학이 일본에 끼친 영향을 일부 살펴볼 수 있다.

---

5 쇼소인 : 일본 나라현에 위치한 창고로, 나라 시대를 중심으로 한 다수의 일본의 전통 미술공예품들을 소장하고 있다. 《의심방》도 이곳에 소장되어 있다.

4. 오대(五代)

〈 대략 907-960년 〉

오대(五代)·십국(十國)·거란(契丹)은 전쟁으로 정신없고 혼란한 시대였지만 문화적으로 뒤처졌다고 할 수 없고 오히려 높게 평가할 부분도 있다. 일본도 고려도 대륙과의 교류는 있었으나〈 고려는 사행(使行), 일본은 승려의 입국을 통해 〉 의학에 대한 것은 명확하지 않다.

5. 송(宋)

〈 대략 960-1297년 〉

[중국] 송(宋) 초기에 《태평성혜방太平聖惠方》992 100권이 황명으로 편찬되었다. 의서는 아니지만 같은 시기에 백과전서(百科全書)인 《태평어람太平御覽》 1000권도 만들어졌다〈 이 시대에 일본에서는 《의심방醫心方》이 출현하였다. 중국은 항상 시대적으로 앞선다 〉. 북송(北宋) 중기에 임억(林億) 등이 《소문素問》·《상한론傷寒論》·《천금방千金方》 등 중요 의서를 교정하여 간행하였다. 《증류본초證類本草》1108가 편찬되었고, 《성제총록聖濟總錄》1118 200권도 출간되었다. 이 시기의 의학은 성리학의 영향을 받아 오운육기(五運六氣) 학설〈 운기의학 〉이 성행하며 발전하였다. 남송(南宋)에서도 저명한 서적이 많이 만들어졌다.

[한국] 고려에서는 《태평성혜방》을 조기에 입수하였고1016, 1058년에는 의생(醫生)의 학습서로 쓰기 위해 당시 송(宋)에서 사용되던 의서 8종을 간행하였다. 또 송(宋)의 의관(醫官)이 종종 고려에 와서 의생을 지도하였다. 고려 전기의 의학은 송(宋) 의학에 기반한 것이었다. 이른바 '성혜학(聖惠學)'이 성행하여 후세까지 이어졌다. 고려 전기는 헤이안(平安) 후기에 해당한다. 고려와 일본 사이에 사신이나 상인의 왕래가 때때로 있었지만 국가적으로 깊은 관계는 맺고 있지 않았다. 당시 양국 사이 나라 사정 때문이다.〈 고려 문종(文宗) 33년(기미1079)에 왕의 풍비(風痺)를 치료할 의원을 일본에 요청한 일이 있다. 탄바 마사타다(丹波雅忠) 등의 파견이 의논되었고, 오에노 마사후사(大江匡房)가 쓴 유명한 「편작하득입계림지운(扁鵲何得入雞林之雲)」이라고 하는 회신이 보내졌다. 이것은 이야기로 흥미로울 뿐이지 의학에 대한 것은 아니다 〉

[일본] 일본에는 헤이안(平安) 중기에 테우넨(奝然)이 송에 들어간 뒤로 승려가 건너간 일은 많았다. 헤이안 후기부터 이들을 통해 의서가 일본에 전해졌다. 《태평

어람太平御覽》은 지쇼(治承) 3년 기해1179에 다이라노 기요모리(平淸盛)가 입수하였고〈이 이후로 일본에 의서가 많이 수입되었다〉《태평성혜방太平聖惠方》도 유입되었으며〈가나자와문고(金澤文庫)에 남송(南宋) 판본이 현존하고 있다〉 약재도 송(宋)으로부터 수입되었다. 다음으로 가마쿠라(鎌倉) 시대에 들어서, 묘오안 에이사이(明菴榮西)가《태평어람》과《대관본초大觀本草》를 바탕으로《끽차양생기喫茶養生記》1214를 엮었다.〈모리 시카조오(森鹿三)의《끽차양생기》교주(校註) 참고〉 카지와라 쇼오젠(梶原性全)의《돈의초頓醫抄》1303는《태평성혜방》을,《만안방万安方》1315은《성제총록》〈이것은 1300년에 간행된 원(元) 대덕(大德) 연간의 중교본(重校本)이다〉을 주요하게 참고하였다.〈이시하라 아키라(石原明). 카지와라 쇼젠의 생애(梶原性全の生涯).《일본의사학잡지日本醫史學雜誌》. 6(2) : 4.〉 토후쿠지(東福寺)의《후몬인장서목록普門院藏書目錄》에는 30여 종의 의서가 보이는데, 벤엔(弁円)이 1240년에 가지고 돌아온 것들 같다. 여기에는 남송(南宋)의 의서(醫書)가 많다〈도서료(圖書寮)에 소장된 남송 간본《위씨가장방魏氏家藏方》에 후몬인(普門院)의 인기(印記)가 있다〉. 요컨대, 헤이안 중기 이후부터 가마쿠라 시대에는 북송과 남송의 의학을 조술(祖述)하였다.《화제국방和劑局方》이 성행한 시기는 더 뒤인 것 같다〈《화제국방》은 송(宋)의 원풍(元豊) 연간인 1080년 무렵 처음으로 만들어졌다. 남송이 들어서면서 '태평혜민(太平惠民)'이라는 이름이 앞에 붙고 수정·증보되어 증주본(增注本)·증광본(增廣本)이 남송 중기 이후에 출현하였다. 주진형(朱震亨)이《국방발휘局方發揮》에서 말하였듯이 남송(南宋)과 원(元) 대에 이 책이 성행하였다. 따라서 일본에는 가마쿠라 후기부터 무로마치(室町) 중기 사이에 유행하였다고 생각한다〉.

6. 금(金)·원(元)

〈대략 1115-1368년〉

[중국] 금·원 시대에는 유완소(劉完素)·장종정(張從正)·이고(李杲)·주진형(朱震亨) 사대가(四大家)를 비롯하여 이름난 의가들이 나타나〈주진형의 몰년은 원(元) 말기인 1358년이다〉 저마다 학설을 세우고 의학에 체계를 부여하였다. 그러나 이 새로운 학설은 당시에 제한적으로 활용되었고, 여전히 널리 성행하던 것은 앞 시대에서 내려온 송(宋)의 의학이었다.〈당시 치료에는《화제국방》이 제일이었다〉 이러한 계통을 답습한 원(元)의 대표적인 책으로는 위역림(危亦林)의《세의득효방世醫得效方》1337이 있다〈송(宋)·원(元) 의학 총서(叢書)의 모습을 띠고 있다. 줄여서《득효방得效方》으로 불리며 조선 전기, 그리고 일본에서 사용되었다〉.〈송(宋)·원(元) 시대에 아라비아 의학이 소개되었으나 중국 의학에 영향을 미쳤

다고 할 수는 없다〉

[한국] 고려 후반에는 원(元)의 속국으로 강제로 복속되었다. 원의 의학이 고려에 전해졌으나 나라가 피폐하고 왜구(倭寇)가 창궐하여 이를 받아들일 힘이 없어서 고려 전기의 의학을 보존하고 고유 의학이 행해진 정도에 그쳤다. 금원사대가의 학설이 유입된 것은 조선 전기에 이르러서이다.

[일본] 1274년과 1281년 두 차례에 걸쳐 원(元)의 일본 원정이 있었고, 이어 겐무 중흥(建武の中興)[6] 시기에는 왜구(倭寇)가 창궐하였다. 〈1346-1392년 사이에 활동이 가장 극심하였다〉 이 때문에 일본과 원의 교류가 제한되어 원(元)의 배는 일본에 오지는 못하였지만 일본의 배를 통한 교역은 자주 이루어졌다. 원(元)으로 건너간 승려는 많았지만 의학적인 부분에서는 기록할 만한 일이 적다. 〈원(元)에 건너간 승려에 의해 의학 지식이 수입되었다. 《만안방万安方》에 인용된 대덕(大德) 연간의 중교본(重校本) 《성제총록》 같은 책이 그것이다. 그렇지만 이들은 주로 남송 계열의 서적이었던 것 같다〉

이주의학(李朱醫學)[7]을 일본에서 주창하기 시작한 이는 타시로 산키(田代三喜)로 알려져 있다. 이는 무로마치(室町) 중기부터이다. 새로운 학설이 전파되고 이를 수용하는 데는 상당히 긴 시간이 필요하다. 《복전방福田方》1363경의 인용서는 주로 원(元) 이전의 책으로 원(元) 대의 책은 매우 적다.

7. 명(明)

〈대략 1368-1662년〉

[중국] 명의 의학은 금·원 의학을 받아들이고 여기에 예로부터 내려온 의학을 융합하여 성립되었다. 명 초기에는 여전히 의학 유파에 편승하지 않은 송(宋)·원(元) 의학이 주로 이용되었는데, 그 대표작으로 《의서대전醫書大全》1446이 있다. 홍치제(弘治帝)의 성화(成化) 연간부터 명(明)에 맞게 변형된 의학 유파로서의 이주의학(李朱醫學)이 성행하였다. 관련된 책으로 《동원십서東垣十書》·《단계심법부여

---

6 겐무 중흥 : 가마쿠라 막부 멸망 후인 1333년 6월부터 1335년 11월까지를 가리킨다. 겐무 신정(建武の新政)이라고도 한다.

7 이주의학 : 일본에서 이고·주진형의 의학 사상을 바탕으로 한 의학 유파를 가리킨다. 통상 금원사대가 의학과 비슷한 의미로 사용한다.

丹溪心法附餘》·《명의잡저明醫雜著》·《의학정전醫學正傳》·《의학입문醫學入門》·《만병회춘萬病回春》 등이 있다. (명(明) 말기에 만들어진 《본초강목本草綱目》은 근대 박물학(博物學)의 으뜸으로서, 특히 일본 에도(江戶) 시대 박물학에 강한 영향을 미쳤다). (명 말기 서양 의학의 전래는 당시 중국 의학에 영향을 주지 못하였다)

[한국] 조선과 명(明)의 관계는 밀접하였다. 조선은 명을 종주국으로 받들었다. 조선 초기에는 뛰어난 군주가 연이어 즉위하였고 경제적인 문제와도 맞물려 독자적인 의학을 지향하였다. 그 결과 이른바 '향약의학(鄕藥醫學)'이 집대성되었고(《향약집성방鄕藥集成方》 85권이 1433년에 만들어졌다), 이는 실질적인 성과로 이어졌다. 같은 시기, 당(唐)·송(宋)·원(元)·명(明) 초의 의서 153종의 원문을 그대로 모은 《의방유취醫方類聚》 266권도 간행되었다. 그리고 명(明) 의학의 큰 물결이 들어왔다. 명(明)에 맞게 변형된 이주의학(李朱醫學)이 주를 이루었는데 조선은 이에 전적으로 의존하기에 이르렀다. 이리하여 조선은 전래된 의서 가운데 자국에 유용한 책을 모두 번각(飜刻)하였다. 조선 전기에 이렇게 간행된 책의 수는 내가 아는 것만도 백수십 종에 달하며, 그 절반 이상이 현존한다. 이들 조선 전기 의서는 임진왜란 때 많은 수가 일본에 건너갔다(일본의 의학자는 명(明) 간본과 별도로 이들 조선 의서를 존중하여 에도(江戶) 초기 의학 발전을 위해 이용하였다. 그러나 이것은 명 의학을 받아들이는 데 간접적인 역할을 한 정도였다). 아즈치모모야마(安土桃山) 시대[8] 이전 일본에서 간행된 의서는 《의서대전醫書大全》 외 1~2종에 그친 데 비해 조선에서는 이처럼 다수의 의서가 간행되었다. 당시 양국 학술 수준의 정도를 보여준다. 명 의학과 조선 의학을 결합하여 만들어진 책으로 허준의 명저 《동의보감》1613이 있다. 이 책은 조선 말기까지 널리 쓰였고, 일본과 중국에도 전해져 사용되었다.

[일본] 명(明) 초기 무로마치(室町) 시대에는 왜구(倭寇)가 창궐하였으나 아시카가 요시미쓰(足利義滿)가 단속을 강화한 뒤로 효과가 있었다. 그러나 아시카가 요시모치(足利義持) 때에 다시 명과의 교류가 단절되어 밀무역(密貿易)이 성행하자 왜구도 함께 늘어났다. 도요토미 히데요시(豊臣秀吉)가 전국을 통일하고 나서야 왜구가 사라졌다. 그사이 교류가 허용되던 시기에는 교역이 이루어지는 한편 명으

---

8 아즈치모모야마 시대 : 오다 노부나가(織田信長, 1534-1582)와 도요토미 히데요시(豊臣秀吉)가 정권을 장악했던 시대를 가리킨다.

로 가는 승려가 많아졌고, 의학자도 이 시기에 많은 이가 명으로 건너갔다. 타케타 쇼오케에(竹田昌慶)・겟코(月湖)・타시로 산키(田代三喜)・나카라이 토시나가(半井利長) 나카라이 아키치카(半井明親) 부자・사카 조오운(坂淨運)・요시다 소오케에(吉田宗桂)・카네모치 시게히로(金持重弘) 등이 유명하다. (조선 성종 4년에 하타케야마(畠山)의 부사(副使) 양심(良心)이 명(明)의 《신응경神應經》을 와케(和氣)・탄바(丹波) 두 사람이 전한 팔혈구법(八穴灸法)과 함께 조선에 바친 일이 있었다. 이것은 《대장경大藏經》을 구하기 위해 부수적으로 한 일에 불과하다) (조선 전기에 쓰시마(對馬) 소씨(宗氏)와 통상조약을 맺고 교류하였지만 밀접한 관계는 아니었다)

무로마치 시대에 타시로 산키(田代三喜)가 명에 다녀와 이주의학(李朱醫學)을 주창한 이후 마나세 도산(曲直瀨道三)에 의해 일본에 이주의학이 확립되었다 (그의 주요 저서로 《계적집啓迪集》(1574)이 있다) . 이는 도산류(道三流) 이주의학으로서 에도(江戶) 전기・중기에 성행하였다. 이 이주의학은 명 후기 의학 전래에 따른 것이었다.

타시로 산키 이전의 의학은 명 초기의 의학 (송・원 의학으로 이주의학이 아닌 것) 이었다. 이 시기를 대표하는 책이 《의서대전》이었으므로 일본에서 《의서대전》이 번각된 것이다. 이 책의 간행은 당시 의학계의 요구에 따른 것으로, 《의서대전》의 의론(醫論)은 (《의방대성론醫方大成論》은 당시의 의론이다) 후에 멀리 에도 전기에도 널리 사용되었고, 이주의학이 성행했을 때도 가치를 잃지 않았다. 덧붙여 송・원・명 초 의학을 바탕으로 편찬된 《속첨홍보비요초續添鴻寶秘要抄》1508 역시 이주의학을 포함하지 않았다.

천주교 전래에 따른 이른바 "남만홍모의학(南蠻紅毛醫學)"은 외과(外科) 분야에 진보를 가져왔다.

8. 청(淸) (대략 1662-1912년)

[중국] 청(淸)의 의학은 변화가 매우 심하였다. 각 의설(醫說)이 서로 뒤섞였다. 숭고파(崇古派)・경험파(經驗派)・절충파(折衷派)・고증파(考證派)가 잇달아 나타났다. 제일가는 명저로는 황명에 의해 편찬된 《의종금감醫宗金鑑》1749 90권이 있다.

청 초기에는 천주교 선교사에 의해 서양의학이 도입되었으나 열매를 맺지는 못하였다. 청 말기에는 개신교 선교사에 의해 영국・미국의 의학이 전래되었다. 또 일본으로부터도 새로운 의학이 전해졌다. 전자와 관련된 책으로는 중국에 건너온 영미 의사의 저술을 중국어로 번역한 의서가 있는데, 50여 가지가 알려져 있다. 후자와 관련된 책은 주로 메이지(明治) 시대의 일본 의서를 중국어로 번역한 정복보(丁福保)의 정씨의학총서(丁氏醫學叢書)가 있는데, 164종에 달한다. 이를 통해 청 의학은 서양 근대 의학을 받아들이게 되었다.

[한국] 일본과 청의 침략이 있고 나서 조선 중기의 국력은 쇠퇴하였다. 조선과 청의 교류는 1년에 몇 차례의 사행(使行)과 이에 수반되는 교역을 통해 빈번히 이루어졌다. 그러나 청의 압박으로 이전의 명(明)처럼 가깝게 지내지 못하였고, 숭명사상(崇明思想)이 조선 사회에 깊이 뿌리 내려갔다. 조선 민족의 고집이 더해져, 1613년에 완성된 《동의보감》과 명 후기의 《의학정전醫學正傳》·《의학입문醫學入門》 등을 조술(祖述)한 의학이 조선 말기까지 오로지 사용되었다. 그 사이에 조선 고유의 경험 의학도 나타났다. 《의종금감》과 같은 책이 얼마간 사용되는 데 그쳤을 뿐, 청에서 생겨난 숭고파·절충파·고증파의 의학에는 관심을 두지 못하였다. 이를 받아들일 만한 여유가 없었다.

조선 말기에는 일본 의학이나 영미 의학이 조선에 알려졌다. 영미의 한역서(漢譯書)와 정복보(丁福保)의 총서를 통해 서양 근대 의학이 전해졌고, 일본과 미국의 지도로 점점 발전의 길로 들어섰다.

일본으로의 통신사(通信使) 사행에 대해 덧붙인다. 일본과 조선 사이에는 도요토미 히데요시(豊臣秀吉)가 죽은 뒤로 도쿠가와(德川)와 화의(和議)가 수립되었고 쇼군이 바뀔 때마다 조선에서 축하를 위해 통신사(通信使)를 보냈다. (일본으로부터의 답례는 쓰시마(對馬)에서 대행하였는데, 이는 사소한 일이었다) 통신사는 게이초(慶長) 12년 정미 1607에서 분카(文化) 8년 신미 1811까지 12번이 있었는데, 한 번에 많게는 490명에서 적게는 260명이 수행하였다. 또 축하하는 일이므로 모든 행사가 대규모로 거행되었다. 일본 백성으로서는 일생에 한 번 볼까 말까한 성대한 행사로, 글 쓰는 선비들은 시문(詩文)을 주고받았으며, 의사들은 평소의 궁금증을 풀기 위해 질문을 퍼부었다. 의약 관련 질문에 대비해 조선에서는 사행 때마다 양의(良醫) 1명[9]을 선발하여 통신사에 포함시켰다. 이 의약 관련 문답은 시문집(詩文集)과 함께 즉시 간행되었

9 원서에는 "양의 2명"이라고 하였으나 보통 양의 1명을 파견하였으므로 수정하였다.

다. 에도 초기의 것은 드물지만, 의학 관련서만도 30종 가까이 존재한다. 그러나 이것은 의약 관련 문답으로 의문을 해소하는 데 도움이 되었을 뿐 일본 의학에 영향을 미친 것은 물론 아니었다. 참고로 한국과 일본 사이의 무역은 조약이 체결되어 쓰시마(對馬) 소씨(宗氏)를 통해 정기적으로 사행과 함께 이루어졌으며, 이와 함께 밀무역도 이루어졌다. 《동의보감》과 같은 책이 일본에 전해졌으나 그 수는 대단히 적었다. 《동의보감》은 에도 중기에 일본에서도 간행되었다.

[일본] 일본과 청 사이에는 나가사키(長崎)를 관문으로 하여 청(淸)의 문화와 의학이 일본에 유입되었지만 자유롭게 교류할 수 있는 통로는 좁았다. 청의 의사가 일본에 귀화한 경우도 있었으며 그중 뛰어난 사람도 있었다. 또한 의서도 많이 전래되었다. 청의 숭고학(崇古學)과 고증학(考證學)이 일본 학술계에 영향을 준 것과 마찬가지로 의학계에도 영향을 주었다. 그러나 이 시기에는 일본 의학의 수준이 청과 비교해 손색이 없었고, 따라서 독자적인 노선을 따라 이주의학을 대신해 경험복고의학(經驗復古醫學)·절충의학(折衷醫學)·고증의학(考證醫學)을 일으켰다. ⟨ 이들 의학은 청으로부터 영향을 받았으나 오히려 더욱 훌륭하게 발전하여 후에 청에 받아들여진 것도 적지 않다. 《잇슈우도오의학총서律修堂醫學叢書》·《황한의학총서皇漢醫學叢書》·《중국의학대성中國醫學大成》 등을 보라 ⟩

한의학만으로는 진정한 과학으로서의 의학을 발전시킬 수 없다. 서양의 자연과학에 입각하여 직접 시험하고 실증하여 만들어진 체계적인 의학을 채용하지 않으면 발달을 기대할 수 없다. 일본 의학은 이에 비로소 서양 근세 부흥기부터 발달하여 온 과학적 의학을 난의학(蘭醫學)[10]을 통해 받아들였다. 즉, 야마와키 토오요오(山脇東洋)의 해부(解剖) ⟨ 《장지藏志》(1759) ⟩ 로부터 시작된 새로운 의학은, 스기타 겐파쿠(杉田玄白) 등의 《해체신서解體新書》1774를 비롯한 많은 번역으로 이어졌다. 또 1800년에는 후세야 소테키(伏屋素狄) 등이 과학에 기초를 두고 직접 해부를 시행하기도 하였다. 카가와 겐에츠(賀川玄悅)의 산과학(産科學), 하나오카 세이슈(華岡青洲)의 외과학(外科學)도 직접적인 실천에서 비롯된 학문의 성과이다. ⟨ 서양 의학 교육은 막부 말기 나가사키에서 시작되었다 ⟩

---

10 난의학 : 당시 일본에서 네덜란드 의학을 지칭하던 말이다. 네덜란드로부터 전래된 학문을 난학(蘭學)이라고 하였다.

9. 현대

[중국] 중화민국(中華民國)에서는 신해혁명(辛亥革命) 전후부터 새로운 학문이 부흥하였는데, 의학은 주로 일본 의학을 준용하였다. 공산당 정부가 수립된 뒤에는 소련 의학이 유입되었다. 한편, 고대로부터 내려온 전통 의학인 중국 의학은 고유 의학으로서 엄연히 존재하며 계속하여 시대에 맞게 새로운 발전을 기약하고 있다. (깊이 뿌리 내린 형이상의 문화는 중국이 대륙이기 때문에 견고하여 변화하기 어렵겠지만, 형이하의 의학은 서양과 다른 모습을 보인다고 하더라도 차츰 과학으로서 체계화될 것이다)

[한국] 조선에는 을사늑약 이후부터 일제강점기 동안 일본 의학이 이식되었다. 그리하여 일본 의학과 같은 수준까지 높아질 수 있었다. 일본 패망 후에는 일본 의학의 토대 위에 남한에는 미국 의학이 들어섰고, 북한에는 소련 의학이 도입되었다(이것의 영향은 적었다).

[일본] 에도 막부 말기부터 메이지(明治) 초기에 걸쳐 영미 의학이 유입되었다. 그러나 메이지 시기에 일본은 독일 의학을 채용하였다. 이후 국력의 향상과 더불어 의학이 급속히 진보하였다. 다이쇼(大正) 시대에는 비로소 자립하여 열강과 견줄만한 의학을 가지기에 이른다. 1945년 패전 후로는 미국 의학이 두드러지게 밀려들어오고 있는데 머지않아 이를 소화하게 될 것이다.

맺음말

각국 사이의 의학 전파와 교류라는 것은 물이 높은 곳에서 낮은 곳으로 흐르듯이 진보된 쪽에서 지체된 쪽으로 흐른다(낮은 문화는 높은 문화를 갈구하는 법이다) 그러나 거기에는 시간 차이가 존재한다.(옛날에는 길었고 근대에 이르러 짧아졌다) 그리고 그 시대 국가의 흥망, 정치의 변화, 교류의 친소(親疎), 전쟁의 유무, 경제의 상황, 그 밖에 제반 사정이 관련된다. 그래서 그 전파와 교류에 질과 양과 속도(빠름·느림·정지)가 덧붙여져 다양한 모습을 보인다. 근대에는 그 모습이 복잡해졌고 현대에는 서로 뒤섞이게 되었다.

중국·한국·일본에 관해 기술한 글이지만, 위의 내용은 세계 각국 사이에도 통용된다. 이 교류 관계를 알고 또 다른 문화사(文化史)를 검토하여 이러한 지식을 한 나라의 의학사 연구에 추가한다면 그 내용은 더욱 충실하고 정확해질 것이다.

〈 중국 주변의 인도・투르키스탄・페르시아・아라비아, 특히 서양 여러 나라와의 의학 교류를 조금 서술하려고 하였지만 생략하였다. 또 조로아스터교・브라만교・불교・유교・도교・이슬람교・기독교 등 여러 종교가 의학에 미친 영향도 아울러 연구할 필요가 있다. 각각 의학과 결합하여 발생한 나라로부터 전래되었기 때문이다 〉

〈 질병사(疾病史), 특히 전염병사(傳染病史)에서 전염병의 전파는 특히 흥미롭다. 질병의 발생은 의학 성립의 토대가 된다. 이것은 특히 세계사적 관점에서 논할 필요가 있다 〉

중국・한국・일본의 의학 교류사에 대한 나의 조감(鳥瞰)은 동아시아에만 국한된 것이며, 더구나 단순한 조감이기 때문에 마음에 차지 않지만 세계 의학 연구의 한 자락을 세우는 데 도움이 된다면 다행이겠다. 〈 1960년 11월 6일. 조선학회(朝鮮學會) 연설 〉

부기(附記). 필자는 1972년 봄에 《체계세계의학사體系世界醫學史》를 편찬하여 간행하였다. 이 책은 위에서 적은 동아시아 의학에서 시작하여 이를 세계 의학의 영광스러운 무대에 올리고 한데 뭉쳐 넓은 시야에서 인류 의학사를 논한 것이다. 참고해 주시면 좋겠다.

부도附圖

여기에 실린 도판은 조선 의서와 의약 관련서 가운데 대표적이라고 생각되는 책들로, 희귀한 것을 택한 것은 아니다. 도판의 순서는 조선 의서의 경우 저작 연대를, 중국 의서의 경우 조선에서 간행된 순서를 대체로 따랐다. 그러나 이름이 같은 책은 간행 연도가 다르더라도 같이 모아놓았다. 도판이 정교하지 못한 이유는 각 책마다 인쇄된 연대와 농담이 다르고, 훼손된 부분이 있는 경우도 있으며, 또한 여러 해 동안 수집하면서 당시 상황에 맞게 촬영하였기 때문이다. 널리 헤아려주시기를 바란다. 각 도판에 대한 설명은 본문 중에도 수록하였으니 참조하기를 바란다.

부도 목차 모두 80종

목차 왼쪽 번호는 도판번호, 오른쪽 숫자는 참조할 본문의 페이지

제1부 조선 고유 의서 모두 36종

제2부 중국 의서의 조선 판본 모두 21종

제3부 의약 관련 조선 서적 모두 9종

제4부 조선 의서의 중국 판본 모두 3종

제5부 조선 의서의 일본 판본과 관련서 모두 7종

참고도판 모두 5종

제1부 조선 고유 의서

[부도01]부터 [부도36]까지

도판에 대한 설명은 1945년 즈음에 작성한 것이다.

"세로 × 가로"는 반곽(半郭)의 크기를 나타낸다.

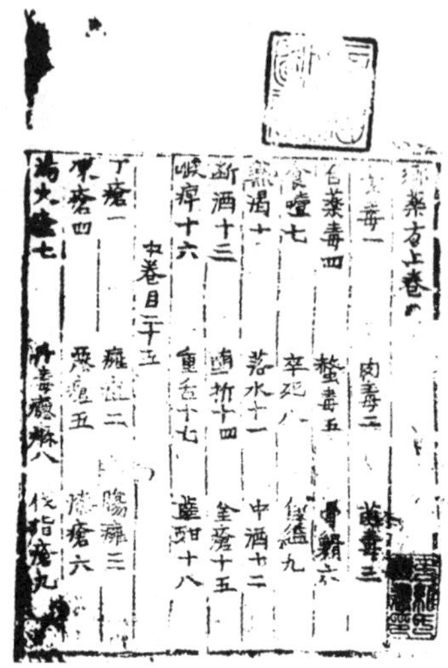

01. 《향약구급방》 책 첫머리의 목록

목판본. 20.5 × 15㎝. 영락 정유 간본(永樂丁酉刊本). 궁내성 도서료 소장

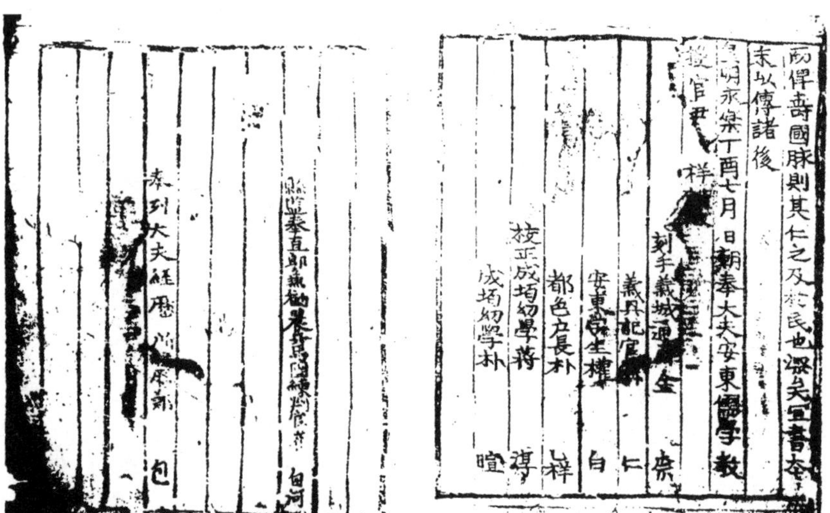

02. 《향약구급방》 발문 말미와 간기

목판본. 20.5 × 18㎝. 영락 정유 간본(永樂丁酉刊本). 궁내성 도서료 소장

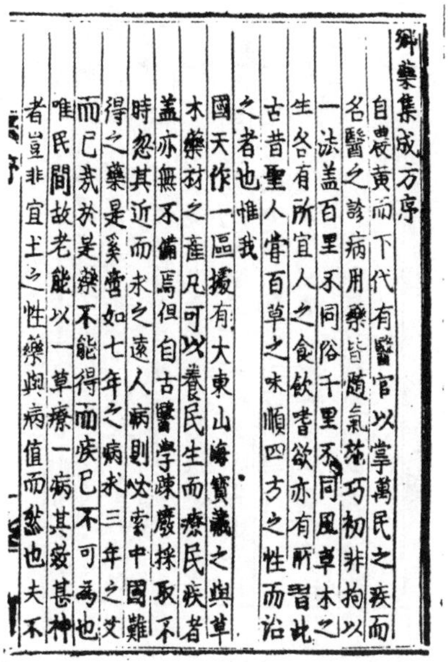

03.《향약집성방》 책 첫머리 서문

훈련도감자. 20.5 × 14㎝. 숭정(崇禎) 6년 중간본. 하야노 타츠조오(早野龍三) 씨 소장

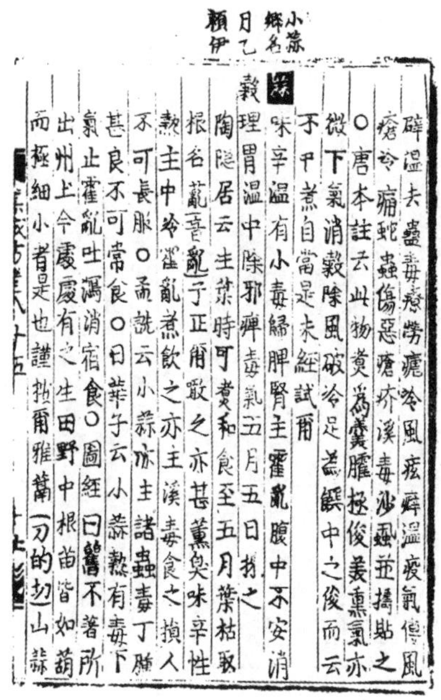

04.《향약집성방》 권85 산(蒜) 조문

훈련도감자 소자. 20.5 × 14㎝. 숭정 6년 중간본. 하야노 타츠조오 씨 소장

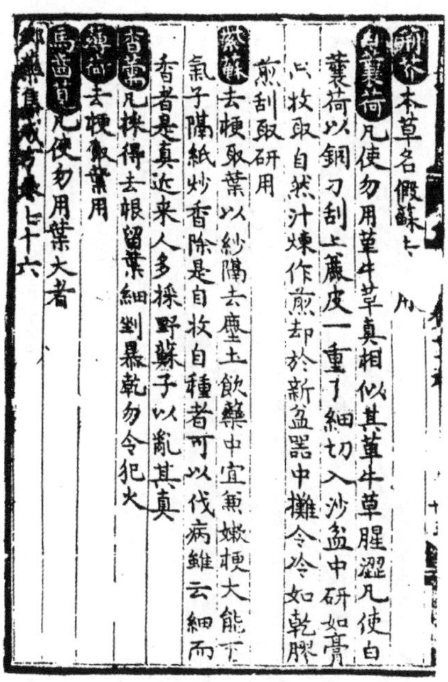

05.《향약집성방》 권76 말미

만력(萬曆) 이전 소자 목판본. 약 20 × 14.5㎝. 소위 성종판. 다케다 쿄우서옥(武田杏雨書屋) 소장

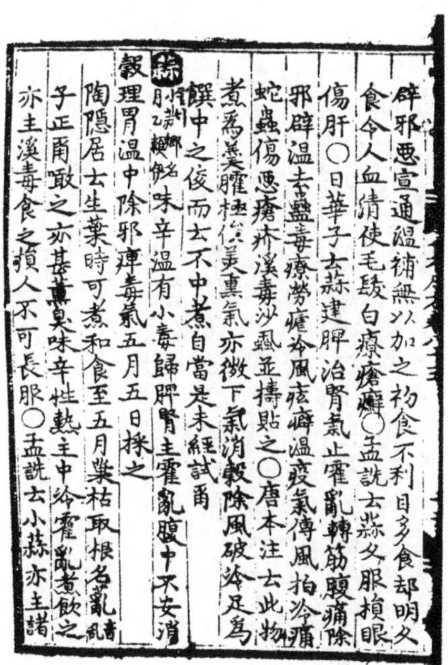

06.《향약집성방》 권85 〈채부菜部〉 산(蒜) 조문

만력 이전 소자 목판본. 약 20 × 14.5㎝. 소위 성종판. 경성대학 도서관 소장

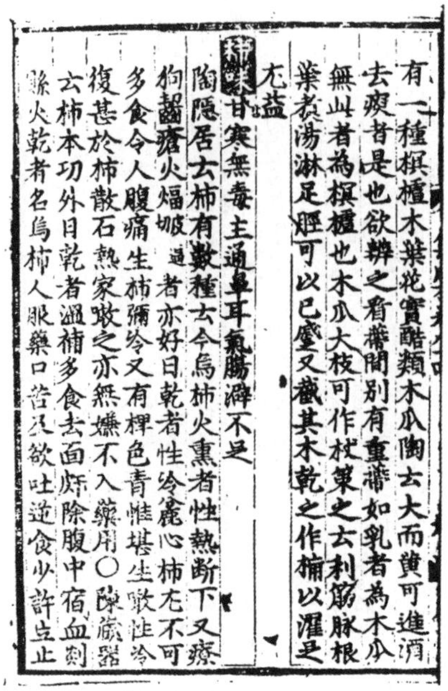

07. 《향약집성방》 권85 〈과부果部〉
모과(木瓜) · 시(柿) 조문

만력 이전 소자 목판본. 약 20 × 14.5㎝. 소위 성종판의 보각본, 경성대학 도서관 소장

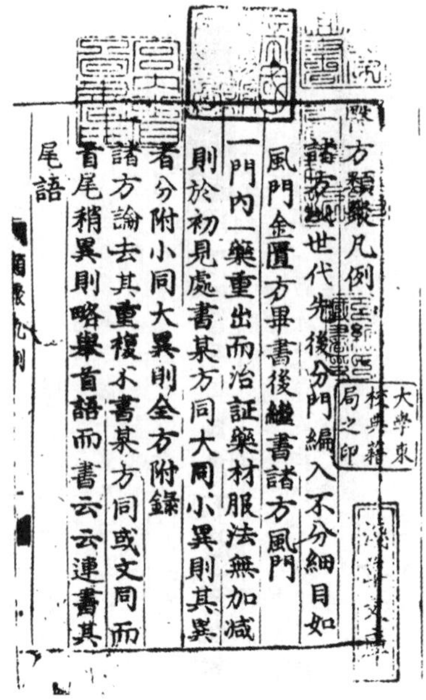

08. 《의방유취》 범례 첫머리

을해자. 22 × 16㎝. 성종 8년 간본, 궁내성 도서료 소장

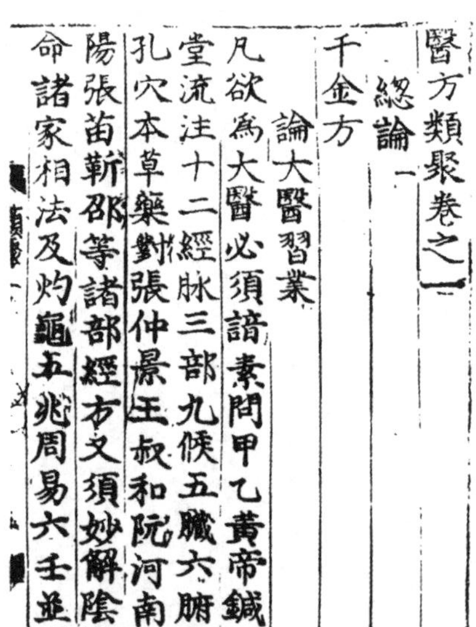

09. 《의방유취》 권1 첫머리

을해자. 22 × 16㎝. 성종 8년 간본, 궁내성 도서료 소장

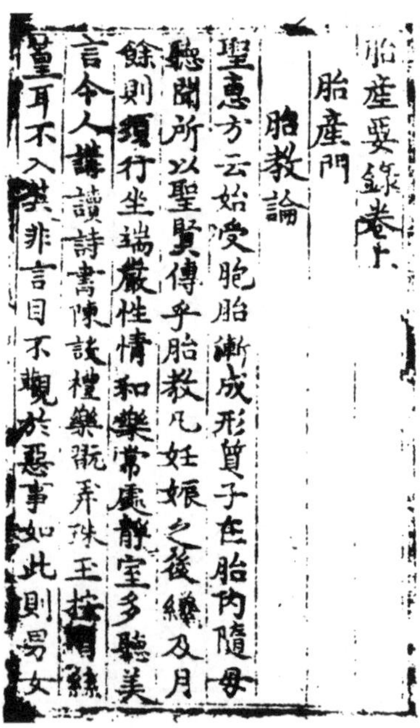

10. 《태산요록》 권상 첫머리

목판본. 약 18 × 11㎝. 조선 전기 간본, 필자 소장

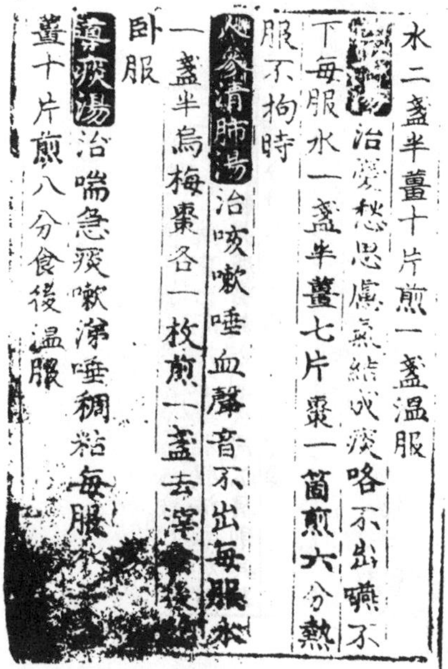
水二盞半薑十片煎一盞溫服
□□湯 治憂愁思慮氣結成痰咯不出嚥不
下每服水一盞半薑七片棗一箇煎六分熱
服不拘時
人參清肺湯 治咳嗽唾血聲音不出每服水
一盞半烏梅棗各一枚煎一盞去滓食後
臥服
導痰湯 治喘急痰嗽涕唾稠粘每服
薑十片煎八分食後溫服

11. 《구급이해방》 제33엽(葉)

을해자. 22 × 15.5㎝. 중종 대 간본. 서울 행림서림 소장

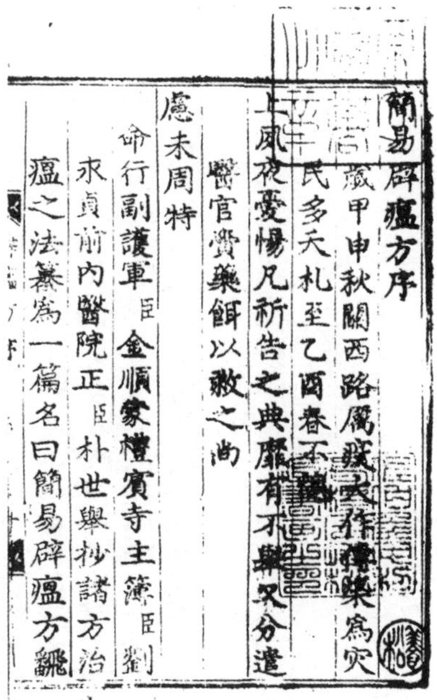
簡易辟瘟方序
歲甲申秋關西路厲疫大作傳染爲灾
民多夭札至乙酉春不熄
上夙夜憂惕凡祈告之典靡有不舉又分遣
醫官齎藥餌以救之尚
慮未周特
命行副護軍臣金順蒙禮賓寺主簿臣劉
永貞前內醫院正臣朴世擧抄諸方治
瘟之法兼爲一篇名曰簡易辟瘟方

12. 《간이벽온방》 책 첫머리 서문

을해자. 23 × 16㎝. 만력 6년 간본. 궁내성 도서료 소장

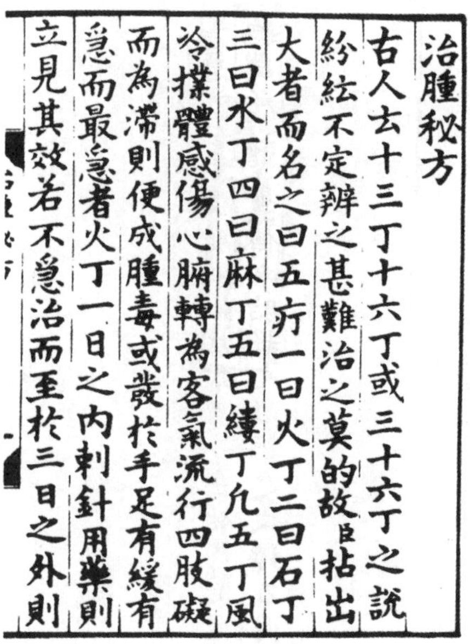
治腫秘方
古人云十三丁十六丁或三十六丁之說
紛紜不定辨之甚難治之莫的故臣拈出
大者而名之曰五疔一曰火丁二曰石丁
三曰水丁四曰麻丁五曰縷丁凡五丁風
冷撲體感傷心腑轉爲客氣流行四肢凝
而爲滯則便成腫毒或發於手足有緩有
急而最急者火丁一日之內刺針用藥則
立見其效若不急治而至於三日之外則

13. 《치종비방》 본문 첫머리

목판본. 21 × 16㎝. 명종 14년 간본. 궁내성 도서료 소장

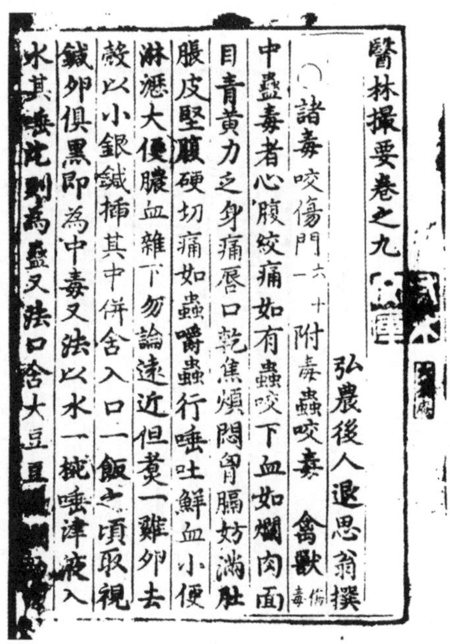
醫林撮要卷之九
弘農後人退思翁撰
○諸毒咬傷門 六十 附毒蟲咬毒 禽獸毒傷
中蠱毒者心腹絞痛如有蟲咬下血如爛肉面
目青黃力乏身痛唇口乾焦煩悶胸膈妨滿肚
脹皮堅顔硬切痛如蟲嚼蟲行唾吐鮮血小便
淋瀝大便膿血雜下勿論遠近但煑一雞卵去
殼以小銀鍼插其中併含入口一飯之頃取視
鍼卵俱黑卽爲中毒又法以水一椀唾津液入
水其唾沈則爲蠱又法口含大豆

14. 《의림촬요》 권9 첫머리

후기 갑인자. 25 × 16.5㎝. 현종 대 간본. 필자 소장

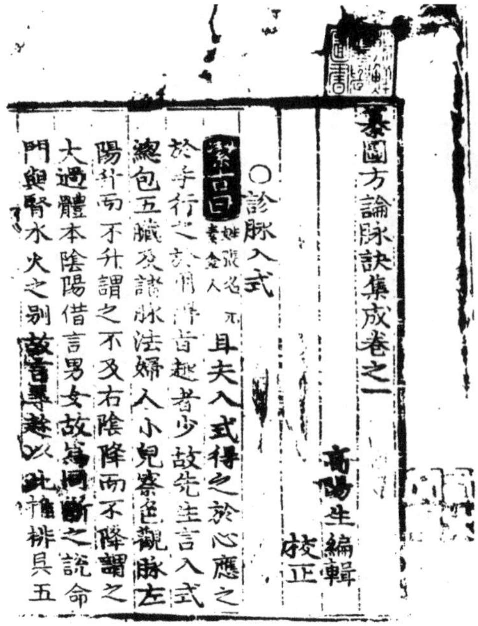

15. 《찬도방론맥결집성》 권1 첫머리

목판본. 22.5 × 16.5㎝. 만력 41년 초간본. 필자 소장

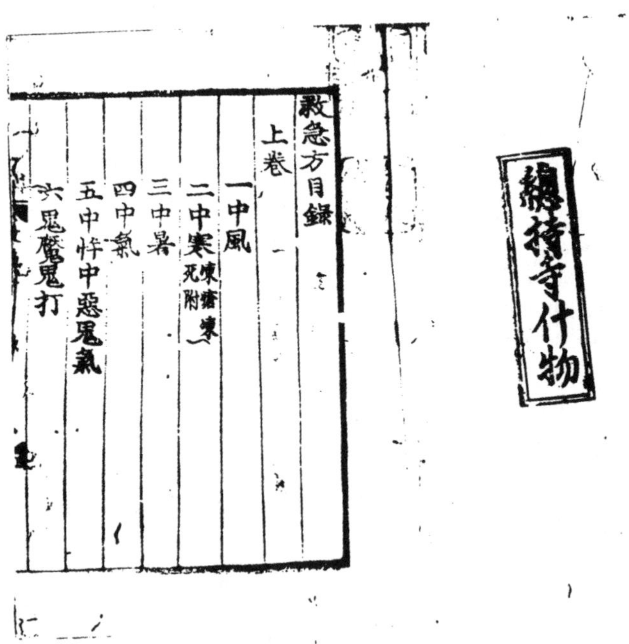

16. 《구급방》 책 첫머리의 목록

목판본. 21 × 15.5㎝. 선조 후기 간본. 호사문고(蓬左文庫) 소장

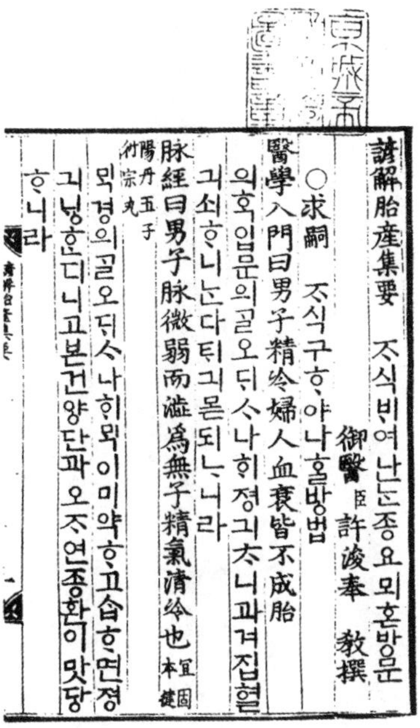

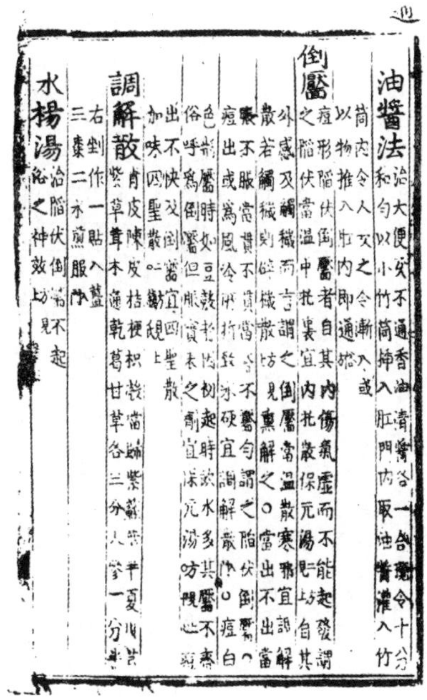

17.《언해태산집요》 책 첫머리

목판본. 23.5 × 19㎝. 만력 36년 간본. 경성대학 규장각 소장

18.《동의보감》 잡병편(雜病篇) 권11 〈두창痘瘡〉 도엽(倒靨) 조문

훈련도감자 대소자. 25 × 18㎝. 만력 41년 초간본. 필자 소장

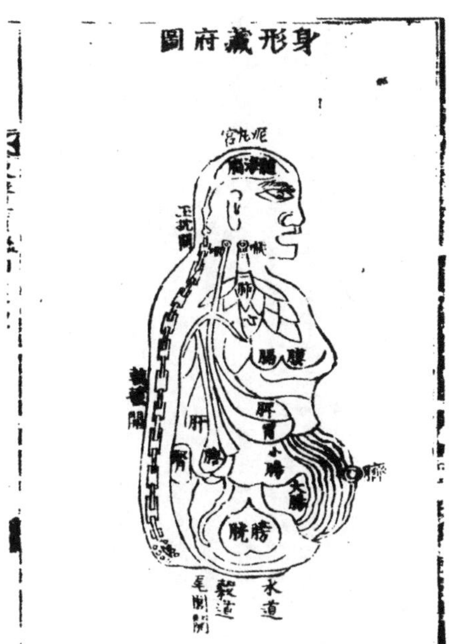

19.《동의보감》 내경편(內景篇) 권1 첫머리

목판본. 25 × 18㎝. 조선 후기 후쇄본. 필자 소장

20.《동의보감》 신형장부도(身形臟腑圖)

목판본. 25 × 18㎝. 순조 대 중간본. 필자 소장

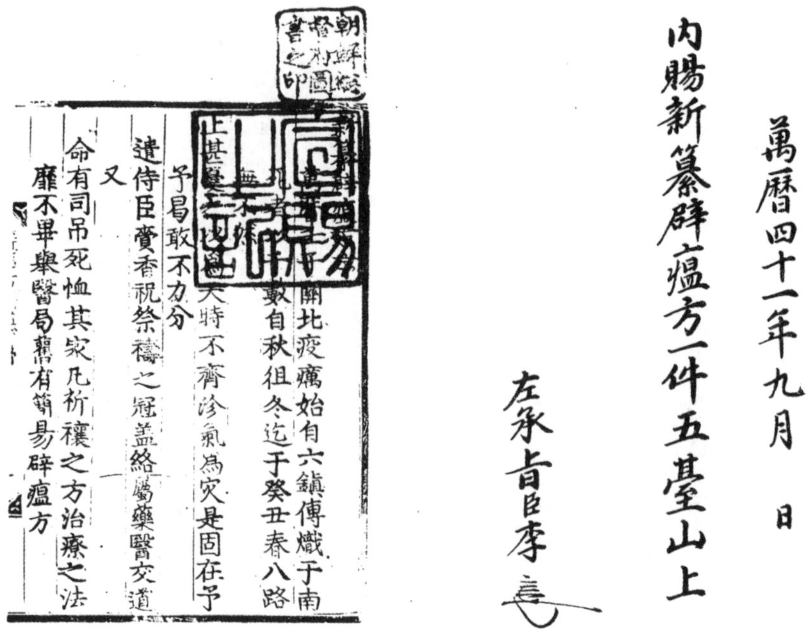

21.《신찬벽온방》 책 첫머리 내사기와 서문

훈련도감자. 24 × 17㎝. 만력 41년 간본. 경성대학 도서관 소장

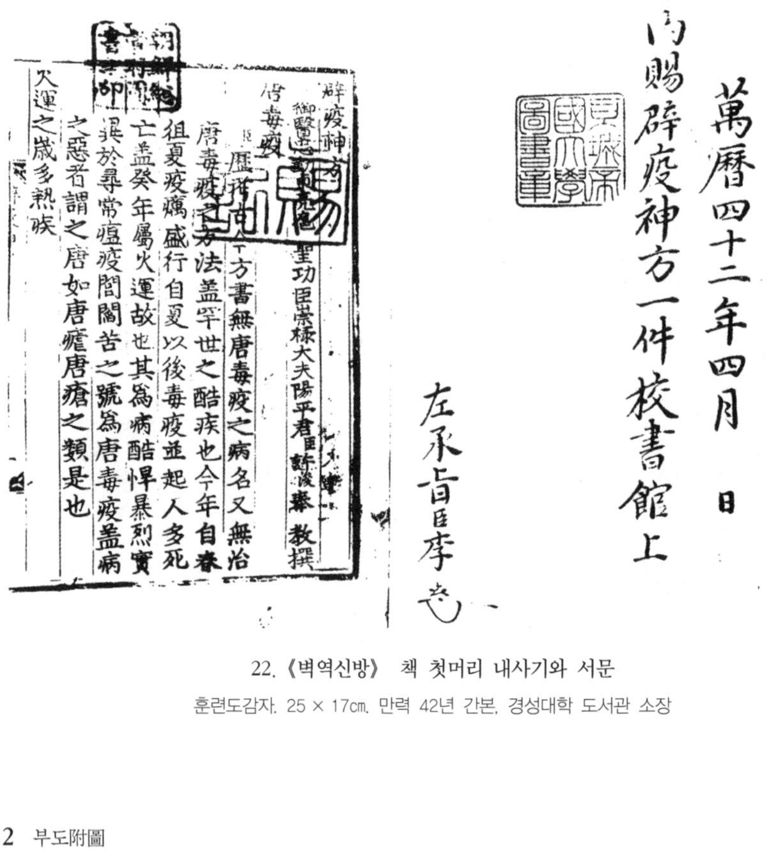

22.《벽역신방》 책 첫머리 내사기와 서문

훈련도감자. 25 × 17㎝. 만력 42년 간본. 경성대학 도서관 소장

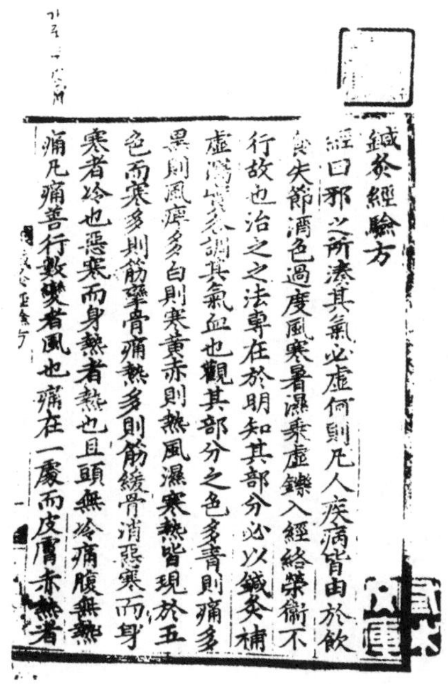

鍼灸經驗方
經曰邪之所湊其氣必虛何則凡人疾病皆由於飲
食失節酒色過度風寒暑濕乘虛鑠入經絡榮衛不
行故也治之之法專在於明知其部分必以鍼灸補
虛瀉實調其氣血也觀其部分之色多青則痛多
黑則風痺多白則寒黃赤則熱風濕寒熱皆現於五
色而寒多則筋攣骨痛熱多則筋緩骨消惡寒而身
寒者冷也惡寒而身熱者熱也且頭無冷痛腹無熱
痛凡痛善行數變者風也痛在一處而皮膚赤熱者

23.《침구경험방》 책 첫머리 서문

목판본. 23.5 × 18㎝. 인조 22년 간본. 필자 소장

24.《사의경험방》〈물명物名〉 말미와 본문 첫머리

목판본. 29 × 20㎝. 효종 대 간본. 필자 소장

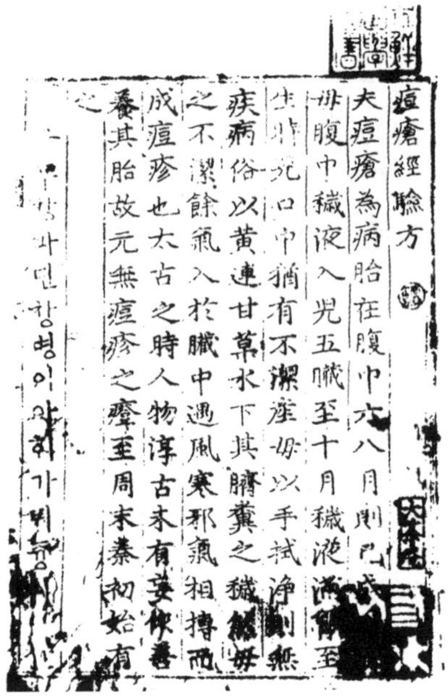

痘瘡經驗方

夫痘瘡為病胎在腹中六八月則已成形腹中穢液入兒五臟至十月穢液滿腹至生時兒口中猶有不潔產婦以手拭淨則無疾病俗以黃連甘草水下其臍糞之穢然毋之不潔餘氣入於臟中遇風寒邪氣相搏而成痘疹也太古之時人物淳古未有妄慾善養其胎故元無痘疹之癠至周末秦初始有之

25.《두창경험방》 본문 첫머리

목판본. 20 × 16㎝. 현종 대 간본. 필자 소장

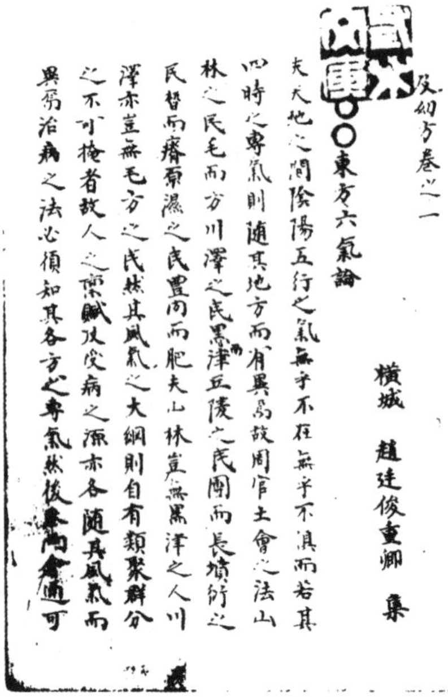

及幼方卷之一

東方六氣論

橫城 趙廷俊重卿 集

26.《급유방》 권1 첫머리

필사본. 대략 반지(半紙) 크기. 영조 · 정조 대 필사. 필자 소장

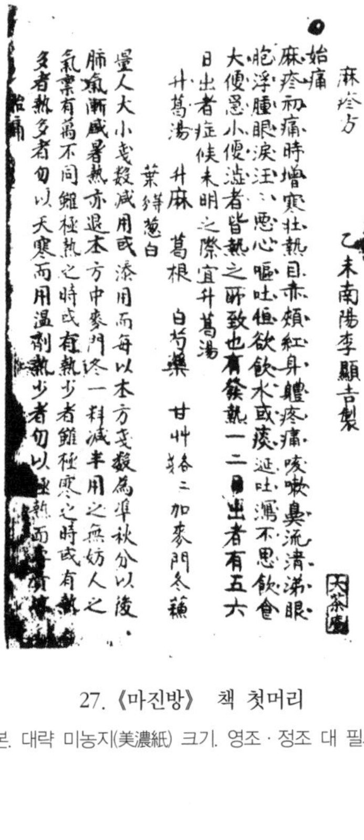

麻疹方

乙未南陽李顯吉製

27.《마진방》 책 첫머리

필사본. 대략 미농지(美濃紙) 크기. 영조 · 정조 대 필사. 필자 소장

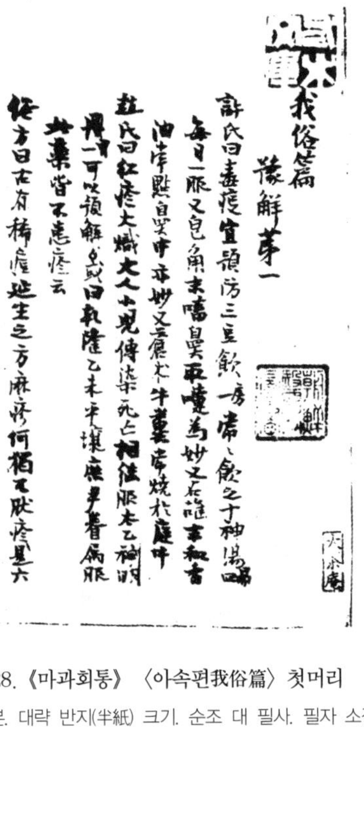

我俗篇

發解第一

28.《마과회통》〈아속편我俗篇〉첫머리

필사본. 대략 반지(半紙) 크기. 순조 대 필사. 필자 소장

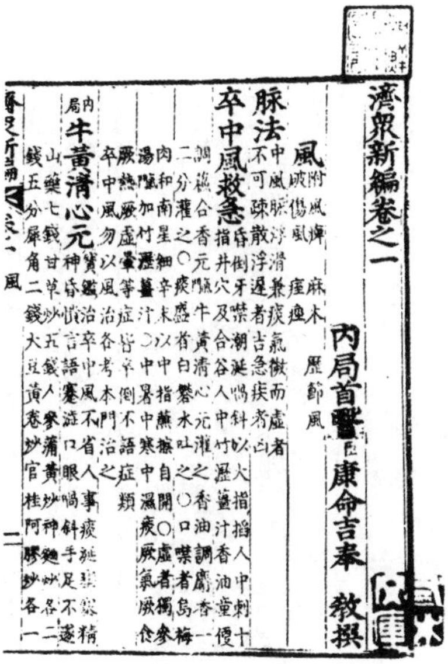

29. 《제중신편》 권1 첫머리

목판본. 24.5 × 18㎝. 정조 22년 간본. 필자 소장

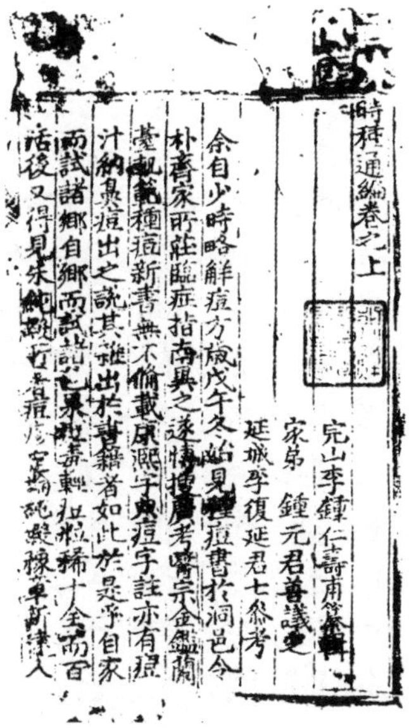

30. 《시종통편》 책 첫머리 서문

목판본. 21.5 × 14.5㎝. 순조 17년 간본. 필자 소장

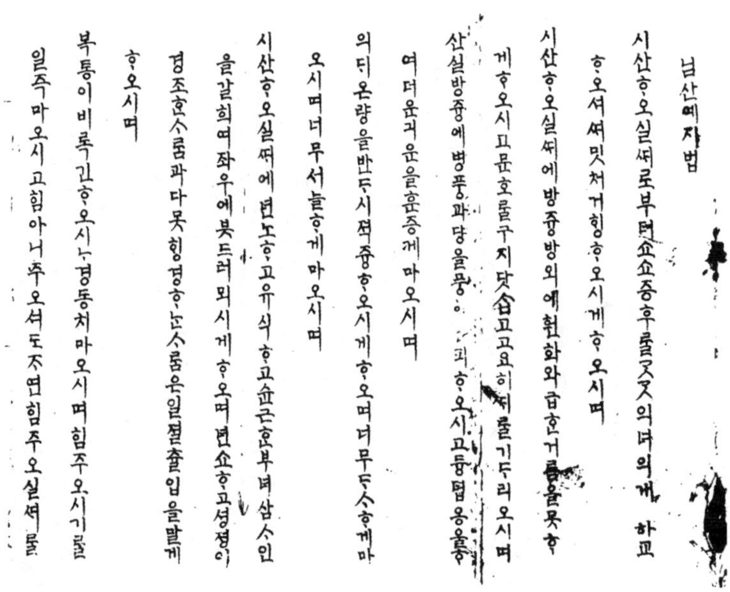

31. 《님산예지법》

순조 대 필사. 절첩장. 28.8 × 203㎝. 모두 한글. 필자 소장

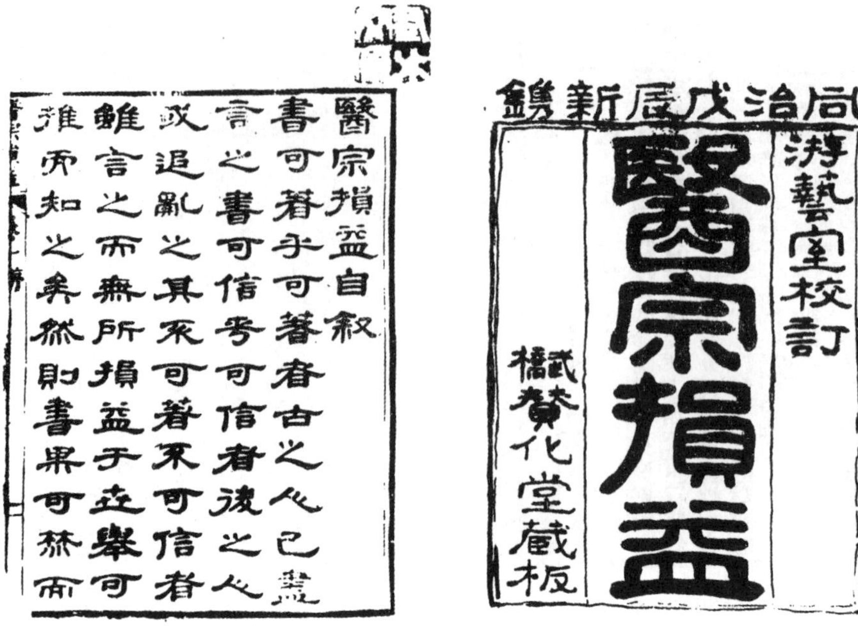

32. 《의종손익》 책 첫머리 표제기(表題記)와 서문
목판본. 약 20 × 15㎝. 동치(同治) 무진년 간본. 필자 소장

33. 《의종손익》 황도연상(黃度淵像)
목판본. 약 20 × 15㎝. 동치 무진년 간본. 필자 소장

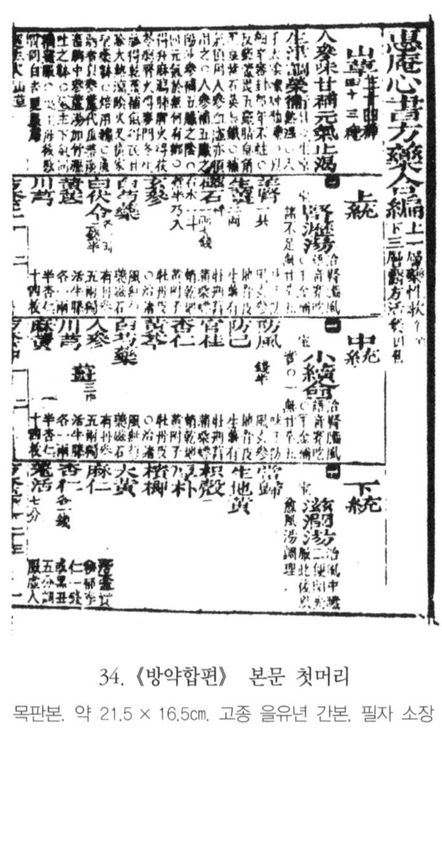

34. 《방약합편》 본문 첫머리
목판본. 약 21.5 × 16.5㎝. 고종 을유년 간본. 필자 소장

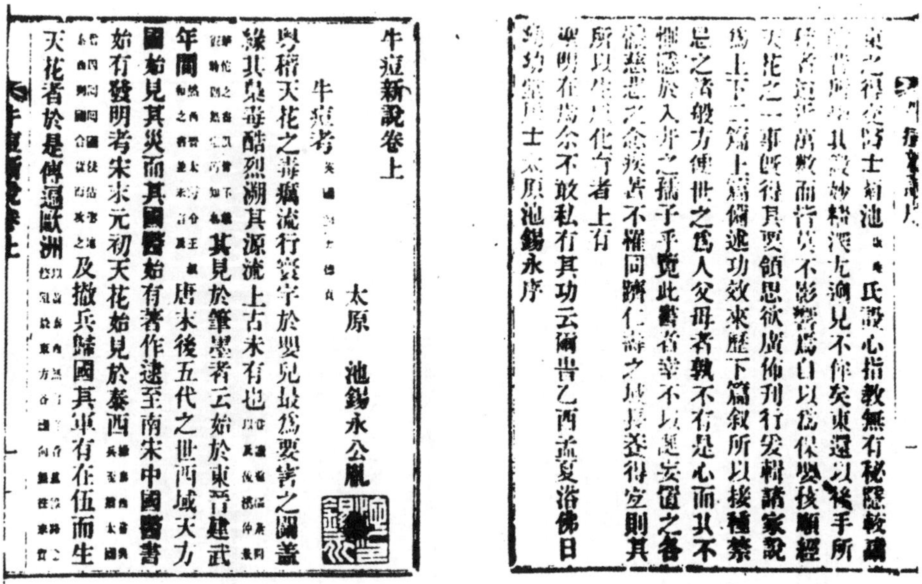

牛痘新說卷上

牛痘考 [illegible] 太原 池錫永公胤

粤稽天花之毒癘流行寰宇於嬰兒最爲要害之關蓋

緣其梟毒酷烈溯其源流上古未有也 [illegible]

[illegible] 其見於筆墨者云始於東晋建武

年間 [illegible] 唐末後五代之世西域天方

國始見其災而其國醫始有著作逮至南宋中國醫書

始有發明者宋末元初天花始見於泰西 [illegible]

[illegible] 及撤兵歸國其軍有在伍而生

天花者於是傳遍歐洲 [illegible]

[illegible]

[illegible] 氏設心指教無有秘隱 [illegible]

[illegible] 是之諸般方便世之爲人父母者孰不有是心而其不

[illegible]

所以生生化育者上有

聖明在焉余不敢私有其功云爾 [illegible] 乙酉孟夏洛佛日

[illegible] 士太原池錫永序

35. 《우두신설》 자서(自序) 말미와 권상 첫머리

활자본. 16.5 × 12.5㎝. 고종 을유년 간본. 필자 소장

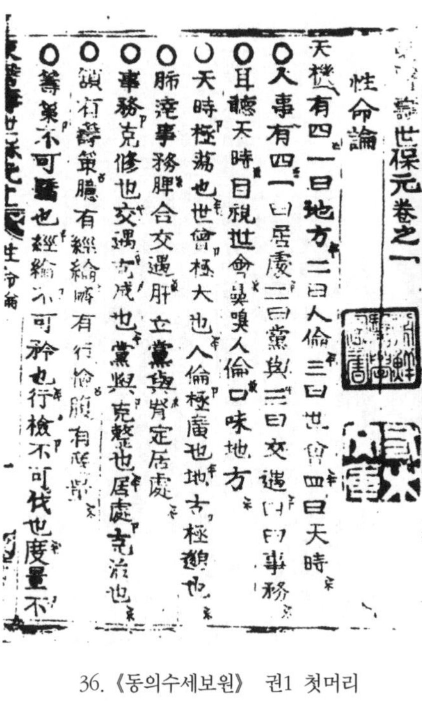

東醫壽世保元卷之一

性命論

天機有四一曰地方二曰人倫三曰世會四曰天時

○人事有四一曰居處二曰黨與三曰交遇四曰事務

○耳聽天時目視世會鼻嗅人倫口味地方

○天時極蕩也世會極大也人倫極廣也地方極邈也

○肺達事務脾合交遇肝立黨與腎定居處

○事務克修也交遇克成也黨與克整也居處克治也

○頷有籌策臆有經綸臍有行檢腹有度量

○籌策不可驕也經綸不可矜也行檢不可伐也度量不

36. 《동의수세보원》 권1 첫머리

조선 말기 활자. 22.5 × 17㎝. 광무(光武) 5년 간본. 필자 소장

제2부 중국 의서의 조선 판본

[부도37]부터 [부도57]까지

37. 《증급유방》 발문 첫머리

목판본. 21 × 14.5㎝. 조선 초기 간본, 서울 한남문고(翰南文庫) 소장

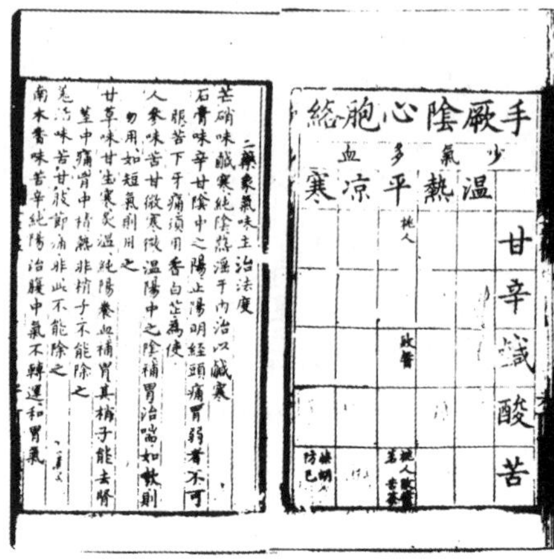

38. 《이동원용약진주낭》 본문 일부

목판본. 21 × 13㎝. 조선 초기 간본, 모처 소장

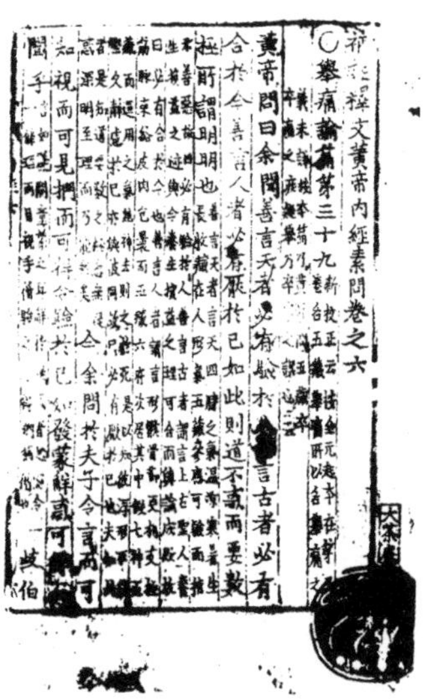

39. 《보주석문황제내경소문》 권6 첫머리

목판본(원(元) 간본의 복각본). 24 × 15㎝. 조선 초기 간본, 필자 소장

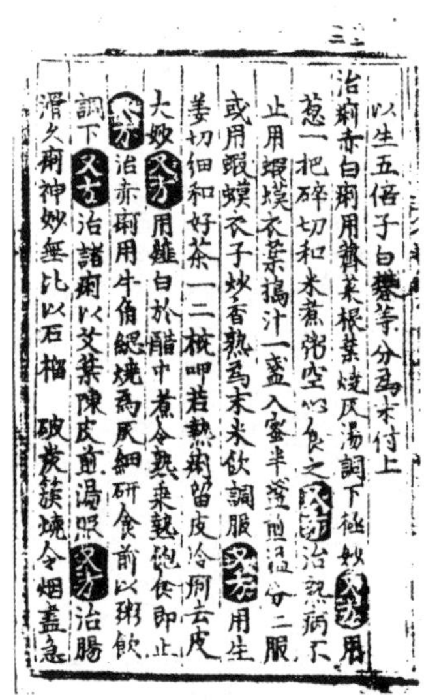

40. 《구급이방》 치리(治痢) 조문

목판본. 19 × 13.5㎝. 성종 15년 간본, 필자 소장

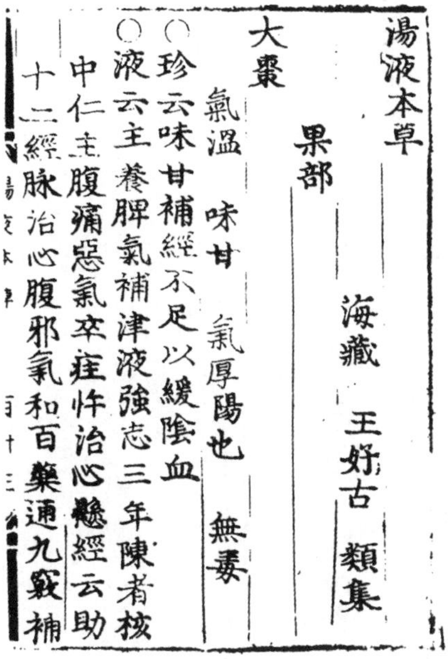
湯液本草
海藏 王好古 類集
果部
大棗 氣溫 味甘 氣厚陽也 無毒
○珍云味甘補經不足以緩陰血
○液云主養脾氣補津液強志三年陳者核
中仁主腹痛惡氣卒疰忤治心懸經云助
十二經脈治心腹邪氣和百藥通九竅補

41. 《탕액본초》 권하 〈과부果部〉 첫머리

을해자. 22 × 15㎝. 성종 대 간본. 후지타 료사쿠(藤田亮策) 씨 소장

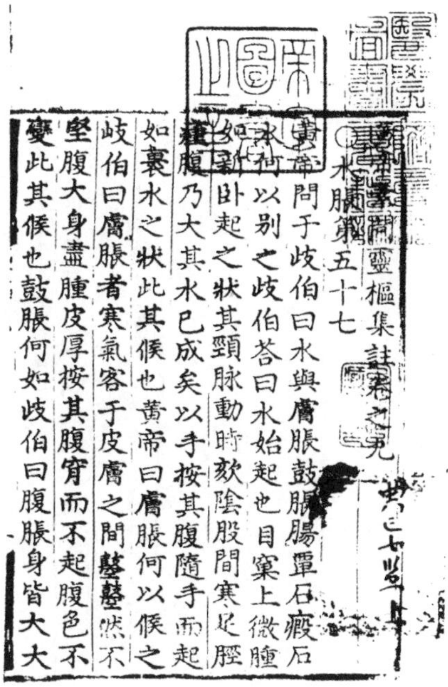

42. 《신간황제소문영추집주》 권9 첫머리

을해자. 23.5 × 17㎝. 성종 · 중종 대 간본. 궁내성 도서료 소장

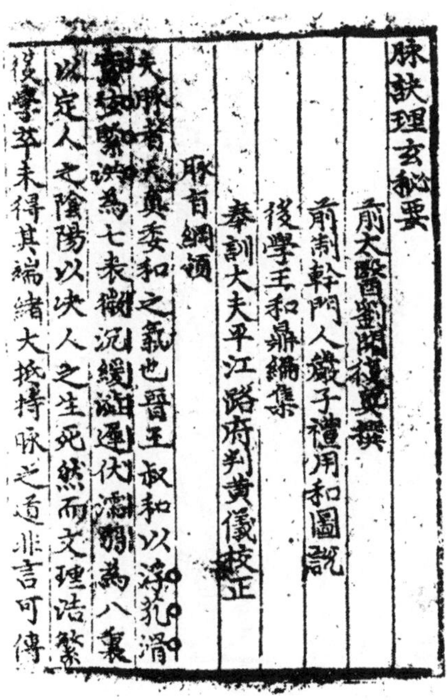

43. 《맥결이현비요》 본문 첫머리

목판본. 18 × 12.5㎝. 가정(嘉靖) 26년 간본. 필자 소장

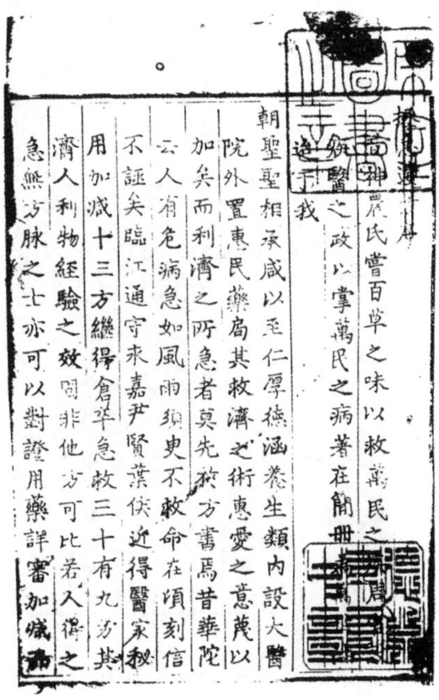

44. 《증급유방》 책 첫머리 서문

갑진자. 21.5 × 16㎝. 중종 · 명종 대 간본. 궁내성 도서료 소장

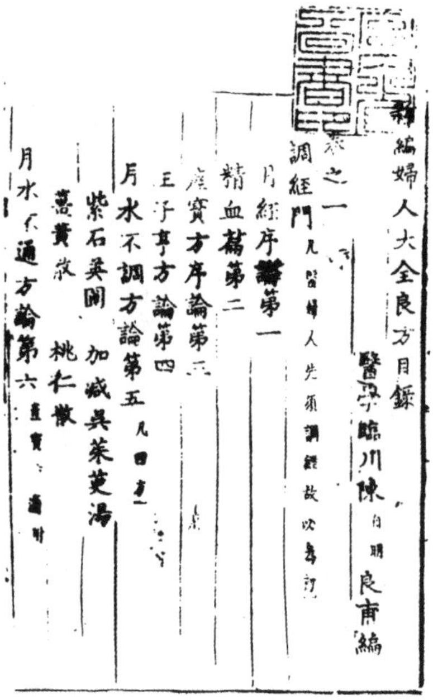

45. 《신편부인대전양방》 권1 목록

갑진자. 21 × 15㎝. 중종 · 명종 대 간본. 궁내성 도서료 소장

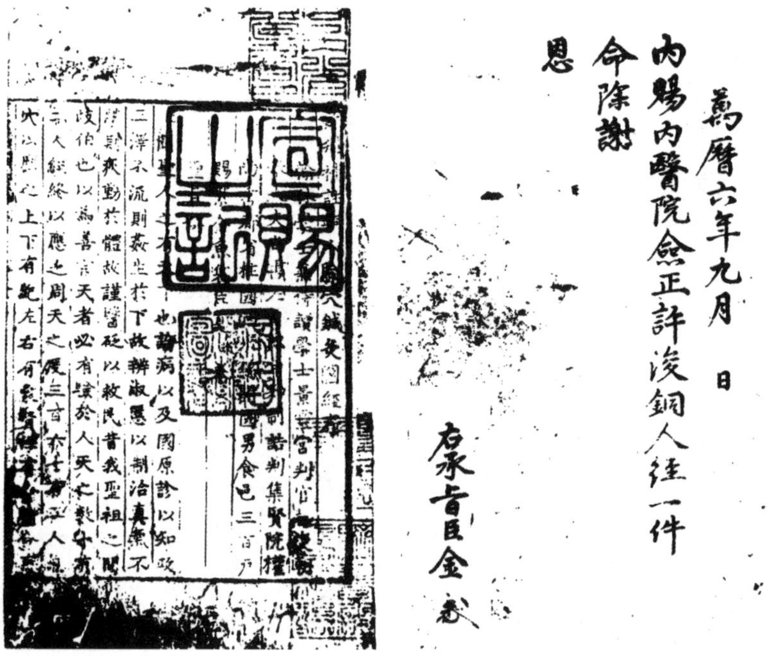

46. 《신간보주동인수혈침구도경》 책 첫머리 내사기와 서문

갑진자. 21 × 15.5㎝. 만력 6년 간본. 궁내성 도서료 소장

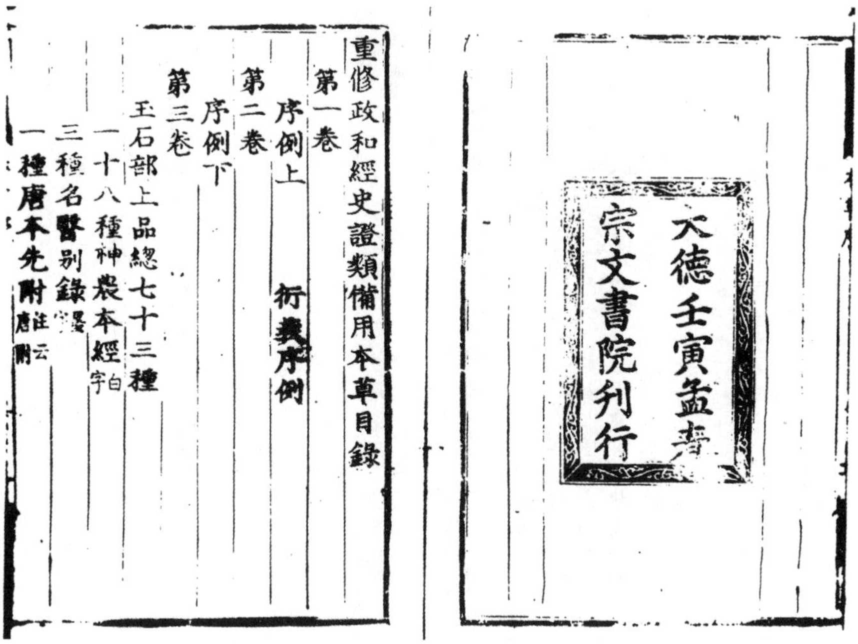
大德壬寅孟春
宗文書院刊行

重修政和經史證類備用本草目錄
第一卷
序例上 衍義序例
第二卷
序例下
第三卷
玉石部上品總七十三種
一十八種神農本經 白字
三種名醫別錄 墨字
一種唐本先附 注云唐附

47. 《중수정화경사증류비용본초》 원(元) 간본의 간기와 목록 첫머리

을해자. 25.5 × 17.5㎝. 만력 5년 간본. 궁내성 도서료 소장

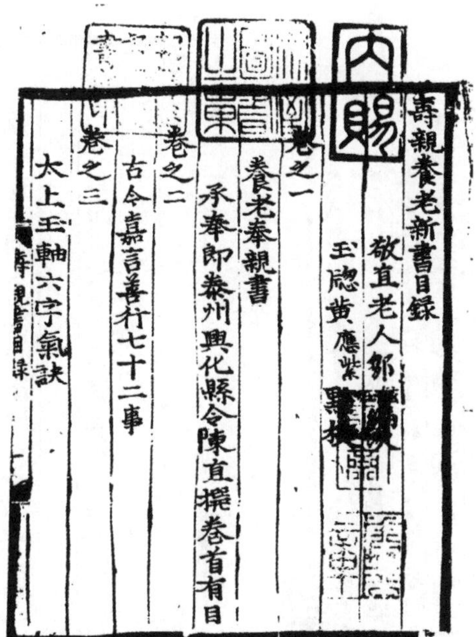
壽親養老新書目錄
敬直老人鄒鉉
王㦚黃應紫
卷之一
養老奉親書
承奉郎泰州興化縣令陳直撰卷首有目
卷之二
古今嘉言善行七十二事
卷之三
太上玉軸六字氣訣

48. 《수친양로신서》 목록 첫머리

목판본. 21 × 17.5㎝. 명종 · 선조 대 간본. 경성대학 규장각 소장

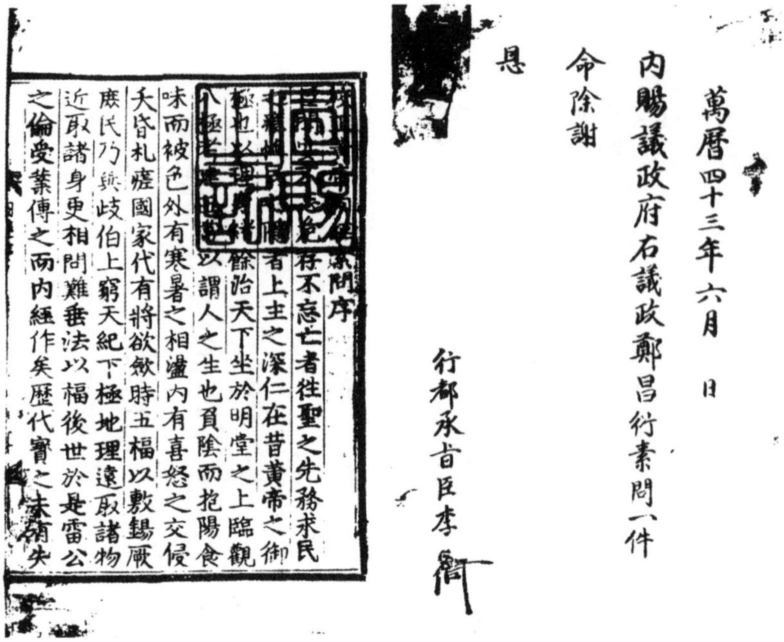

素問序
存不忘亡者往聖之先務求民
者上主之深仁在昔黄帝之御
餘治天下坐於明堂之上臨觀
以謂人之生也負陰而抱陽食
味而被色外有寒暑之相盪內有喜怒之交侵
夭昏札瘥國家代有將欲斂時五福以敷錫厥
庶民乃與岐伯上窮天紀下極地理遠取諸物
近取諸身更相問難垂法以福後世於是雷公
之倫受業傳之而內經作矣歷代寶之未有失

萬曆四十三年六月 日
內賜議政府右議政鄭昌衍素問一件
命除謝
恩
行都承旨臣李

49. 《신간보주석문황제내경소문》 책 첫머리 내사기와 서문

훈련도감자. 24 × 17.5㎝. 만력 43년 간본. 필자 소장

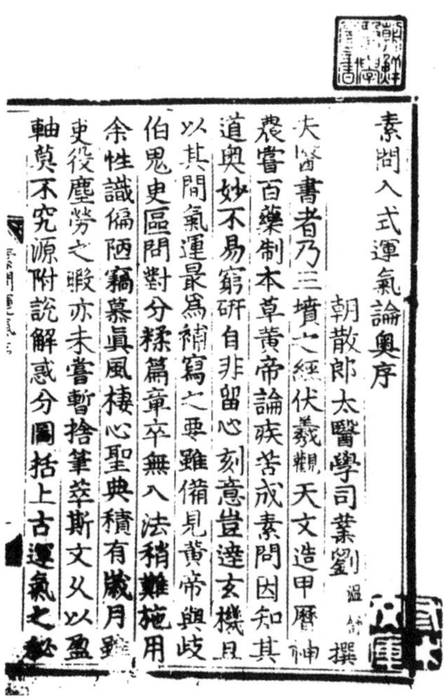

素問入式運氣論奧序
朝散郎太醫學司業劉溫舒撰
夫醫書者乃三墳之經伏羲觀天文造甲曆神
農嘗百藥制本草黄帝論疾苦成素問因知其
道奧妙不易窮研自非留心刻意豈達玄機且
以其間氣運最爲補寫之要雖備見黄帝與岐
伯鬼臾區問對分𨤲篇章卒無入法稍難施用
余性識偏陋竊慕眞風棲心聖典積有歲月雖
吏役塵勞之暇亦未嘗暫捨筆舉斯文久以盈
軸剪不究源附說解惑分圖括上古運氣之秘

50. 《소문입식운기론오》 서문 첫머리

훈련도감자. 24 × 17.5㎝. 만력 43년 간본. 필자 소장

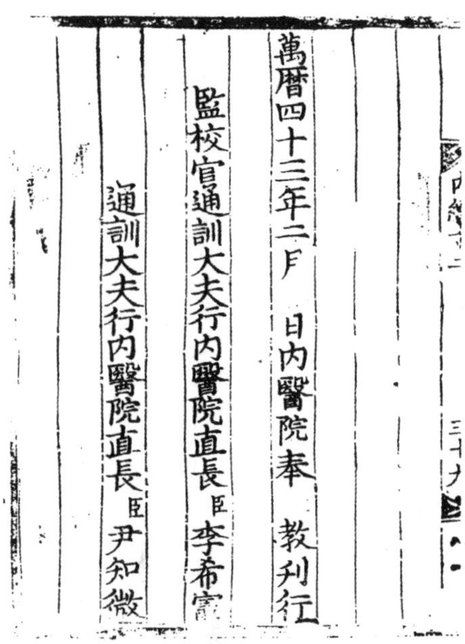

萬曆四十三年二月 日內醫院奉 教刊行
監校官通訓大夫行內醫院直長臣李希憲
通訓大夫行內醫院直長臣尹知微

51. 《신간보주석문황제내경소문》 책 말미의 간기

목판본(훈련도감자 활자본의 복각본). 24 × 17.5㎝. 필자 소장

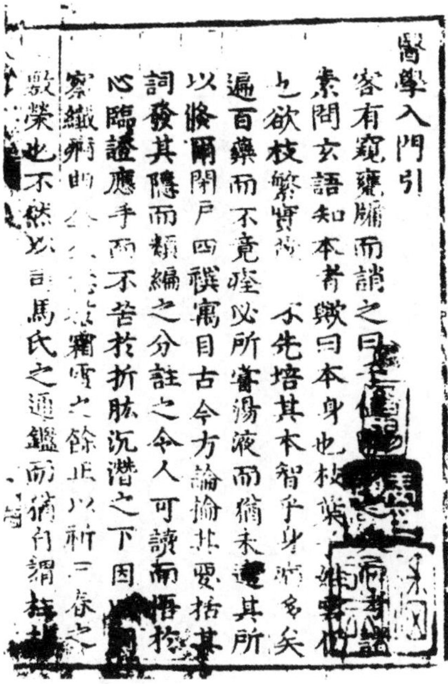

醫學入門引

52.《의학입문》 책 첫머리 인(引)

목판본. 24.5 × 18㎝. 광해군 · 인조 대 간본, 필자 소장

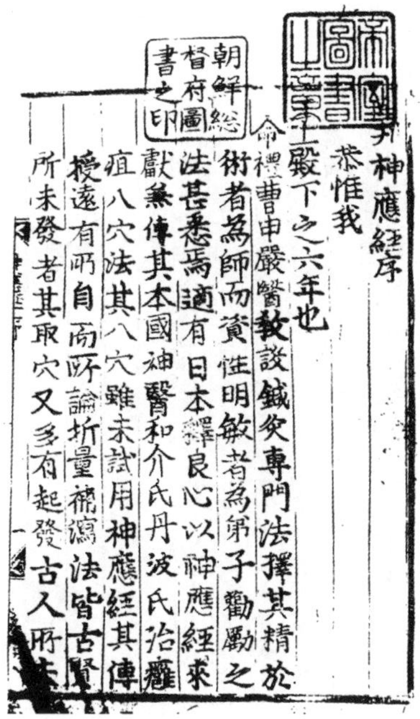

神應經序
恭惟我
殿下之六年也
命禮曹申嚴醫教設鍼灸專門法擇其精於
術者為師而資性明敏者為弟子勸勵之
法甚悉焉適有日本釋良心以神應經來
獻兼傳其本國神醫和介氏丹波氏治癰
疽八穴法其八穴雖未試用神應經其傳
授遠有所自而所論折量補瀉法皆古賢
所未發者其取穴又多有起發古人所未

53.《중간신응경》 책 첫머리 서문

훈련도감자. 25.5 × 17㎝. 인조 21년 간본, 경성대학 규장각 소장

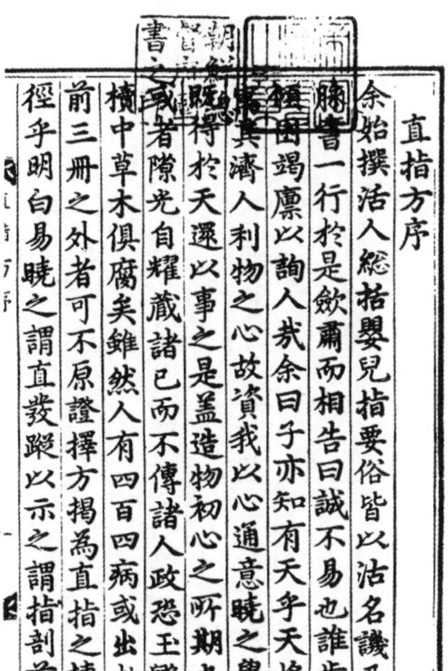

直指方序
余始撰活人總括嬰兒指要俗皆以活名識及
書一行於是欽肅而相告曰誠不易也誰肯
困竭廩以詢人哉余曰予亦知有天乎天將
其濟人利物之心故資我以心通意曉之學
得於天還以事之是蓋造物初心之所期也
或者隙光自耀藏諸已而不傳諸人政恐王毀
櫝中草木俱腐矣雖然人有四百四病或出於
前三冊之外者可不原證擇方揭為直指之捷
徑乎明白易曉之謂直發蹤以示之謂指剖前

54.《신간인재직지방론》 권1 서문 첫머리

후기 갑인자. 25.5 × 18㎝. 숙종 4년 대 간본, 필자 소장

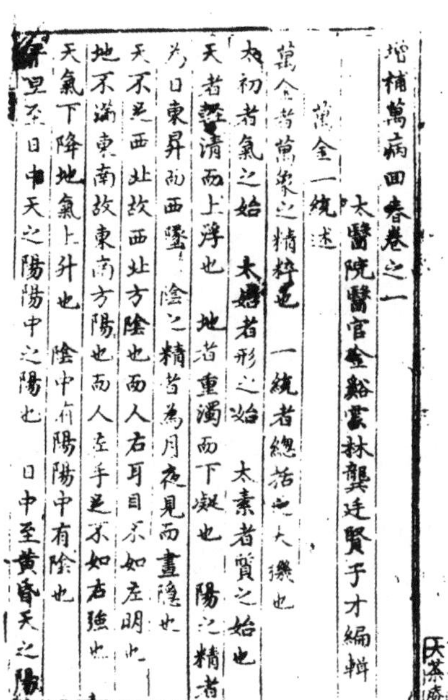

增補萬病回春卷之一
太醫院醫官金谿雲林龔廷賢子才編輯
萬金一統述

55.《증보만병회춘》 권1 첫머리

초기 한구자. 23 × 14.5㎝. 숙종 대 간본, 필자 소장

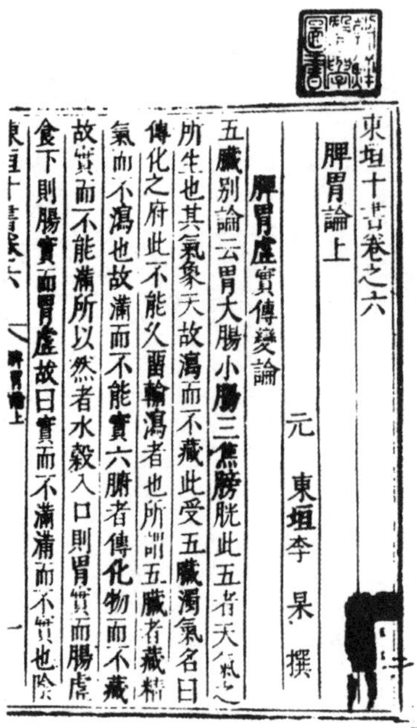
東垣十書卷之六

脾胃論上

元 東垣李 杲 撰

脾胃虛實傳變論

五藏別論云胃大腸小腸三焦膀胱此五者天氣之所生也其氣象天故瀉而不藏此受五藏濁氣名曰傳化之府此不能久留輸瀉者也所謂五藏者藏精氣而不瀉也故滿而不能實六腑者傳化物而不藏故實而不能滿所以然者水穀入口則胃實而腸虛食下則腸實而胃虛故曰實而不滿滿而不實也陰

56. 《동원십서》 비위론 권상 첫머리

전기 교서관인서체자. 22 × 14.5㎝. 영조 을유년 간본, 필자 소장

醫學正傳序

夫醫之爲道民命死生所繫其責不爲不重籍或不經儒術業擅偏門懵然不知正道不反幾于操刃以殺人乎粵自神農嘗百藥製本草軒岐著素問越人作難經皆所以發明天地人身陰陽五行之理卓爲萬世醫家祖不可尚已厥後名醫代作躡聖門而探玄微者未易悉舉又若漢張仲景唐孫思邈金之劉守眞張子和李東垣輩諸賢繼作皆有纂述而神巧之運用有非常人所可及也其所以辨內外異攻補而互相發明者一皆祖述素難而引伸觸類之耳其授受相承悉自正學中來也吾邑丹溪朱彦脩先生

57. 《의학정전》 책 첫머리 서문

목판본. 23 × 18㎝. 순조 갑인년 개간본(改刊本), 필자 소장

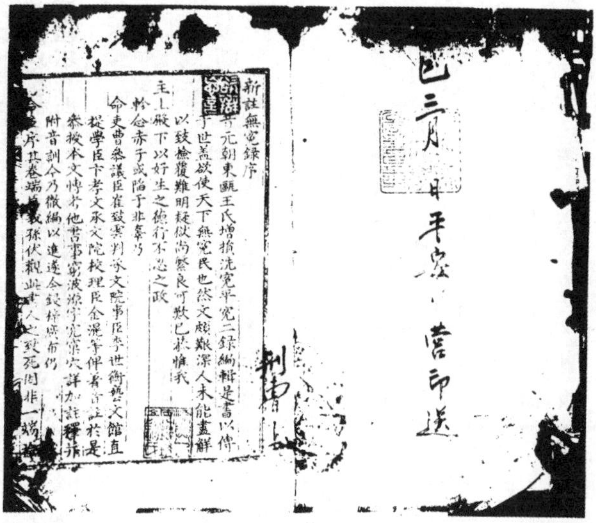

58. 《신주무원록》 책 첫머리 인송기(印送記)와 서문

목판본. 24 × 17㎝. 조선 중기 간본. 경성대학 도서관 소장

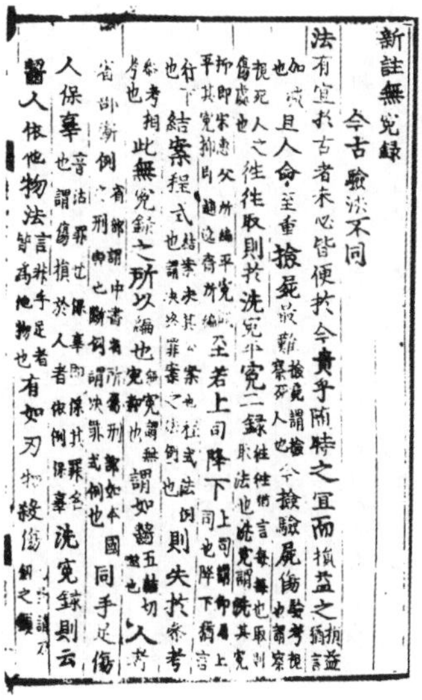

59. 《신주무원록》 본문 첫머리

지방 활자. 28 × 17㎝. 조선 후기 간본. 경성대학 도서관 소장

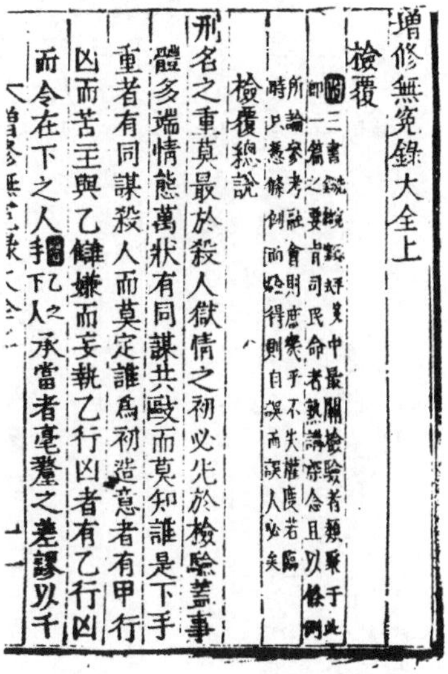

60. 《증수무원록대전》 상편 첫머리

목판본(활자본의 복각본). 21.5 × 15㎝. 정조 대 간본. 필자 소장

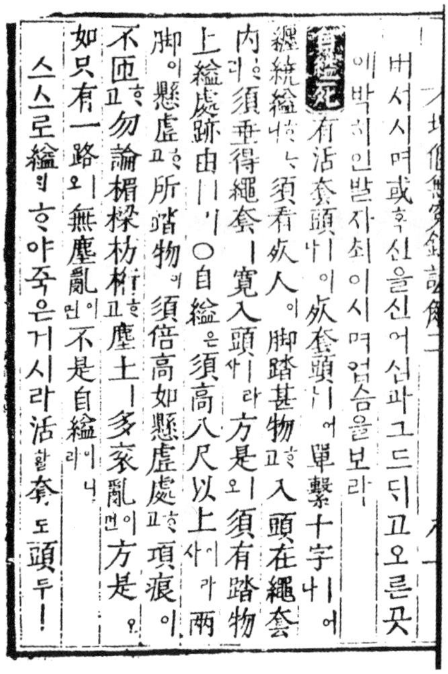

61.《증수무원록언해》 81엽(葉) 자액사(自縊死) 조문

활자본. 21.5 × 15㎝. 정조 16년 간본. 필자 소장

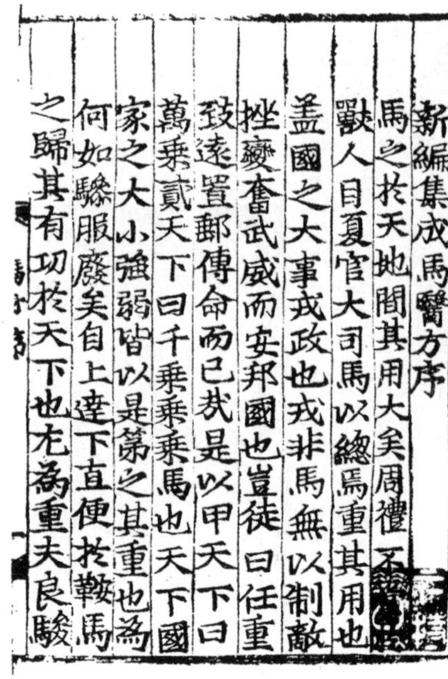

62.《신편집성마의방》 책 첫머리 서문

목판본. 25 × 17.5㎝. 숭정 6년 제주 간본. 경성대학 도서관 소장

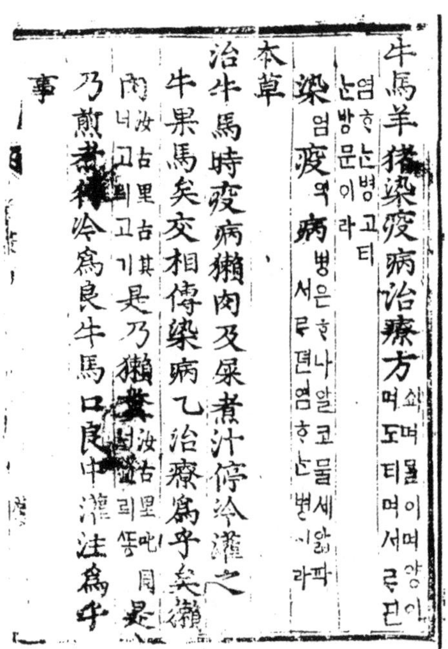

63.《우마양저염역병치료방》 본문 첫머리

목판본. 23 × 16㎝. 숭정 9년 간본. 오쿠타이라 타케히코(奧平武彦) 씨 소장

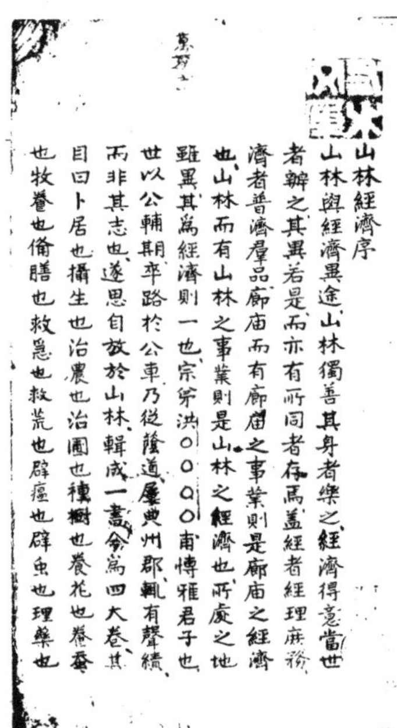

64.《산림경제》(판하본) 책 첫머리 서문

필사본. 전체 27 × 17㎝. 숙종 후기 필사. 필자 소장

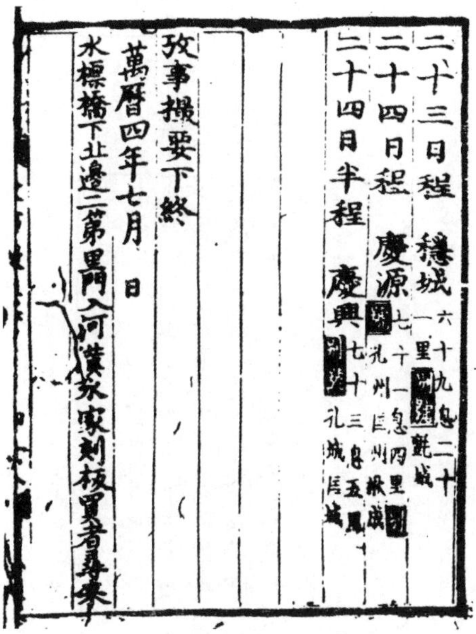

65. 《고사촬요》 책 말미의 간기

목판본. 23.5 × 17.5㎝. 만력 4년 간본. 덴리도서관(天理圖書館) 코기도오(古義堂) 소장

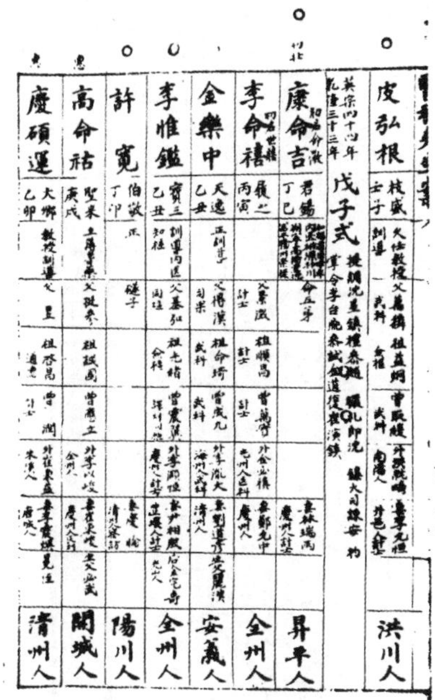

66. 《의과선생안》 영조 무자년 조문

필사본. 약 27 × 19㎝. 고종 중기 필사. 필자 소장

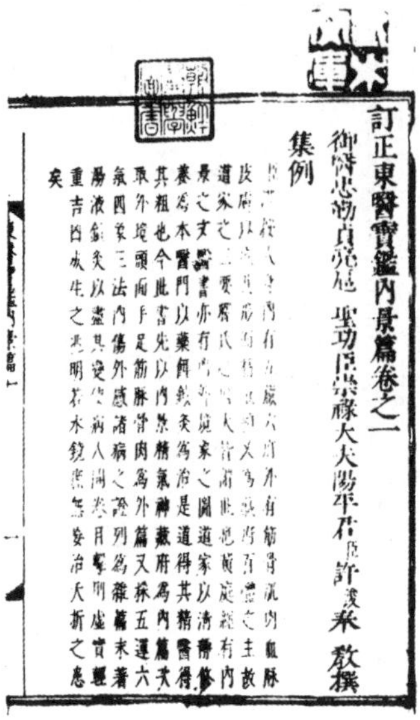

67. 《정정동의보감》 내경편(內景篇) 권1 첫머리

목판본. 22 × 15.5cm. 일본 교호(享保) 간본의 광서(光緖) 16년 복각본. 필자 소장

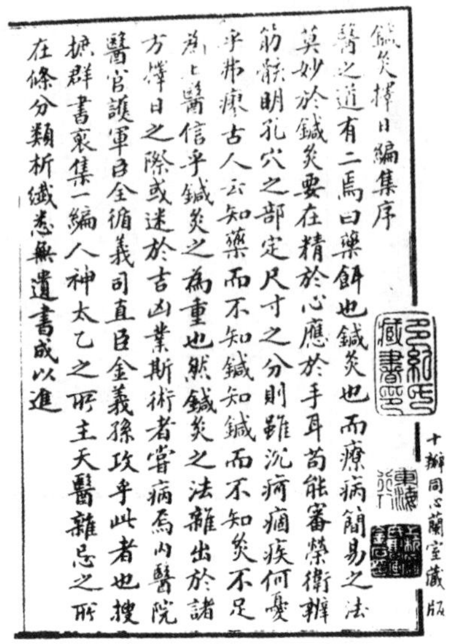

68. 《침구택일편집》 책 첫머리 서문

조선 전기 필사본의 모인본(模印本). 21 × 14.5cm. 광서(光緖) 16년 상해(上海) 간본. 필자 소장

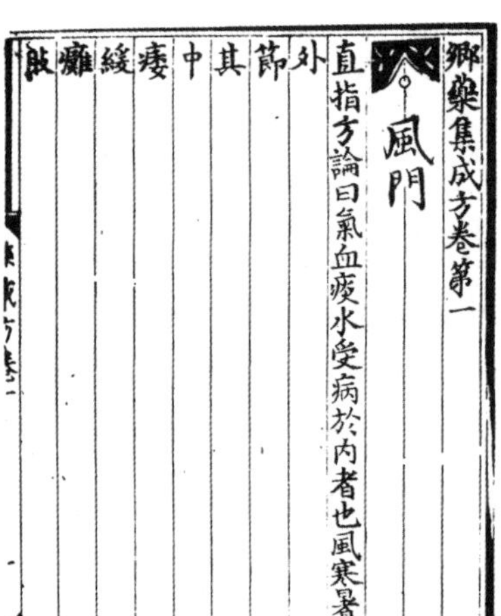

69. 《유진보》에 실린 《향약집성방》 판식 견본

제5부 조선 의서의 일본 판본과 관련서 [부도70]부터 [부도76]까지

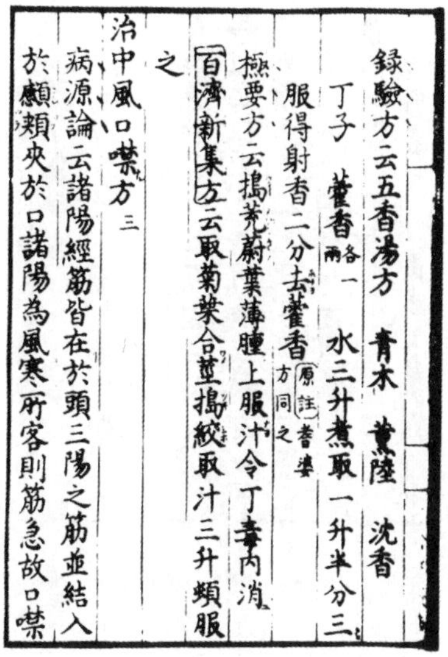
錄驗方云五香湯方 青木 薰陸 沈香
丁子 藿香各一兩 水三升煮取一升半分三
服得射香二分去藿香〔原註〕書要方同之
極要方云搗茺蔚葉薄腫上服汁令丁毒內消
百濟新集方云取菊葉合莖搗絞取汁三升頓服
之
治中風口噤方三
病源論云諸陽經筋皆在於頭三陽之筋並結入
於頷頰夾於口諸陽為風寒所客則筋急故口噤

70. 《의략초》에 실린 《백제신집방》

목판본. 미농지 크기. 간세이(寬政) 7년 간본. 필자 소장

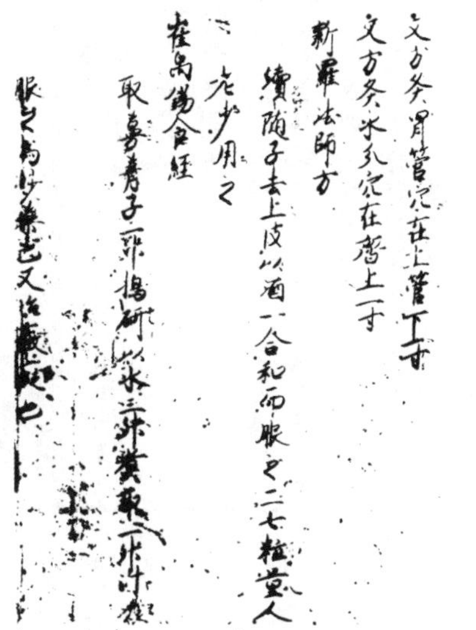

71. 《의심방》에 실린 《신라법사방》

닌나지(仁和寺) 소장본의 쇼와(昭和) 10년 영인본. 1엽(葉)의 크기 27.5 × 10.5㎝.

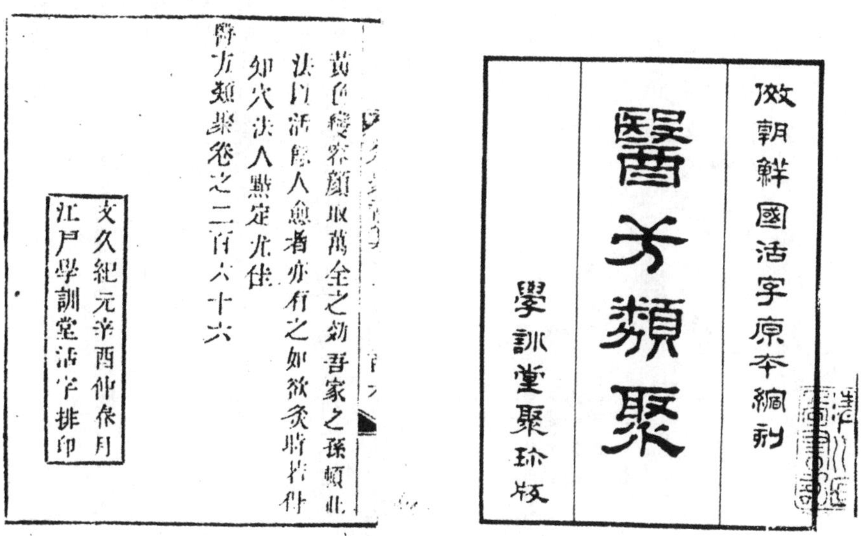
醫方類聚卷之二百六十六

文久紀元辛酉仲秋月
江戶學訓堂活字排印

倣朝鮮國活字原本編刻
醫方類聚
學訓堂聚珍版

72. 일본판 《의방유취》 책 말미의 간기와 표제지

목활자. 15 × 11.5㎝. 분큐우(文久) 신유년 간본. 교토대학 도서관 소장

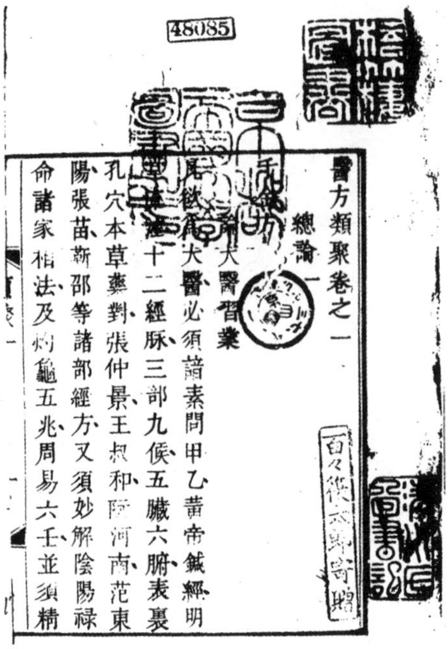

醫方類聚卷之一
總論一
大醫習業
凡欲爲大醫必須諳素問甲乙黃帝鍼經明堂流注十二經脉三部九候五臟六腑表裏孔穴本草藥對張仲景王叔和阮河南范東陽張苗靳邵等諸部經方又須妙解陰陽祿命諸家相法及灼龜五兆周易六壬並須精

73. 일본판《의방유취》 권1 첫머리

목활자. 15 × 11.5cm. 분큐우 신유년 간본. 교토대학 도서관 소장

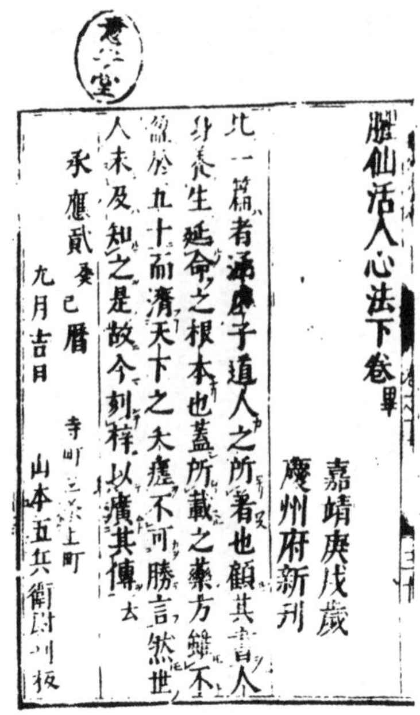

臞仙活人心法下卷畢
嘉靖庚戌歲
慶州府新刊
此一篇者涵虛子道人之所著也顧其書人身養生延命之根本也蓋所載之藥方雖不盈於五十而濟天下之夭瘧不可勝言然世人未及知之是故今刻梓以廣其傳云
承應貳癸巳暦
九月吉日
寺町三条上町
山本五兵衛尉開板

74.《구선활인심법》 책 말미의 간기

목판본. 20.5 × 14cm. 조오(承應) 2년 간본. 필자 소장

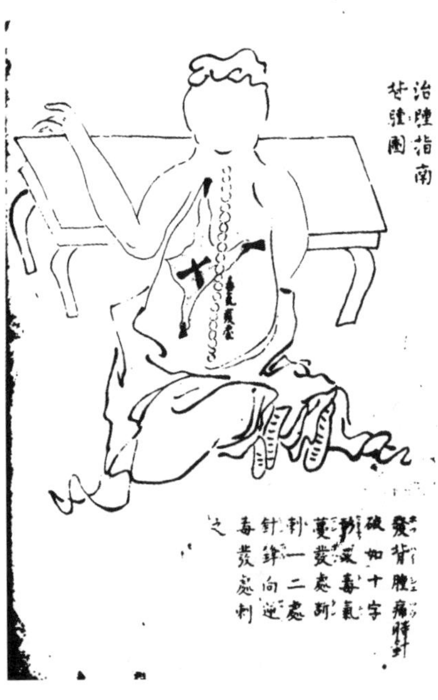

75.《치종지남》 배종도(背腫圖) 부분

대략 반지(半紙) 2배 크기. 덴메이(天明) 5년 필사본. 교토대학 후지카와문고(富士川文庫) 소장

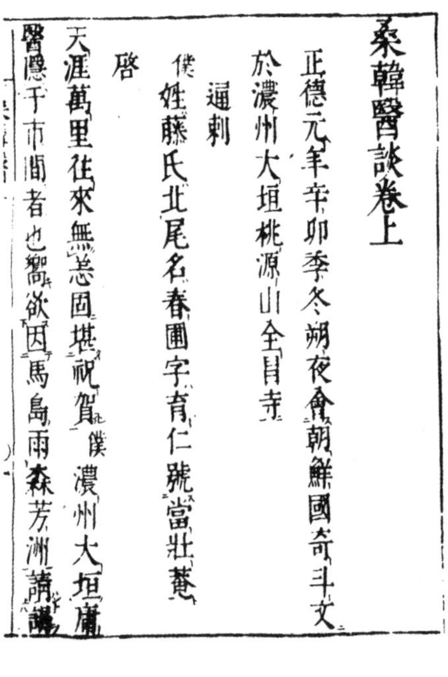

桑韓醫談卷上
正德元年辛卯季冬朔夜會朝鮮國奇斗文於濃州大垣桃源山全昌寺
通刺
僕姓藤氏北尾名春圃字育仁號當壯菴
啓
天涯萬里往來無恙固堪祝賀僕濃州大垣廣醫隱于市間者也嚮欲因馬島雨森芳洲請謁

76.《상한의담》 권상 첫머리

목판본. 19 × 14cm. 쇼토쿠(正德) 2년 간본. 필자 소장

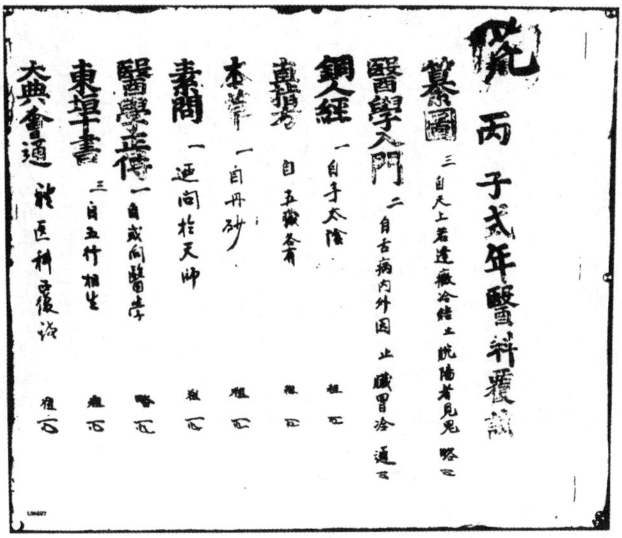

77. 고종 병자 식년 의과 복시(丙子式年醫科覆試) 성적표

종이 한 장. 크기 대략 55 × 60㎝. 경성대학 도서관 소장

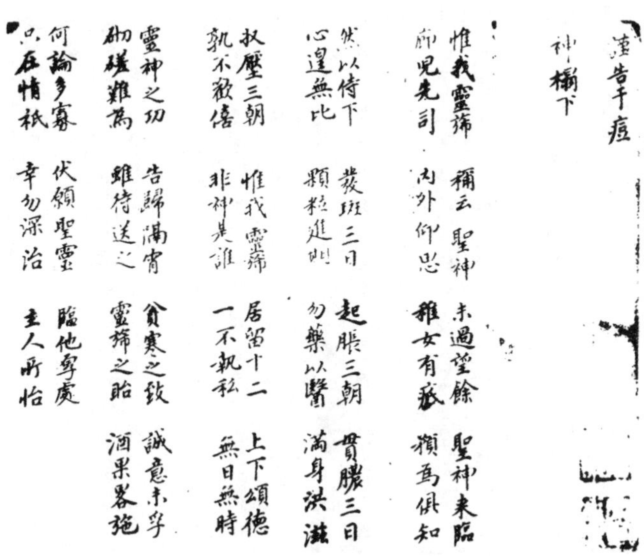

78. 두신(痘神)에 대한 제사문(祭祀文)

종이 한 장. 조선 후기 필사. 32.5 × 38.5㎝. 필자 소장

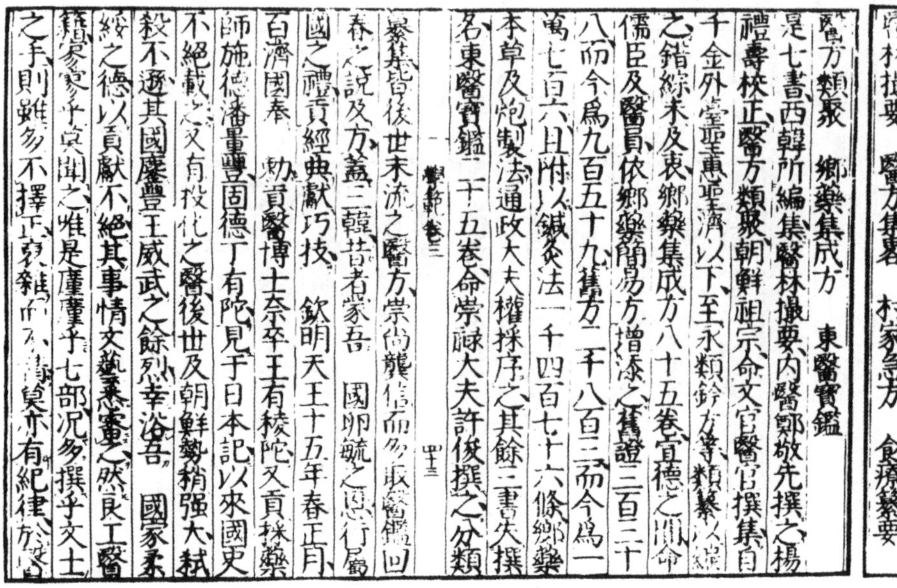

醫林撮要 醫方集畧 村家急方 食療纂要

醫方類聚 鄕藥集成方 東醫寶鑑
是七書西韓所編集醫林撮要內醫鄭敬先撰之楊
禮壽校正醫方類聚朝鮮祖宗命文官醫官撰集自
千金外臺聖惠聖濟以下至永類鈐方等類聚以為
之錯綜未及東鄕藥集成方八十五卷宣德七[illegible]命
儒臣及醫員依鄕藥簡易方增添之舊證三百三十
八而今爲九百五十九舊方二千八百三而今爲一
萬七百六且附以鍼灸法一千四百七十六條鄕藥
本草及炮製法通政大夫權採序之其餘二書失撰
名東醫寶鑑二十五卷命崇祿大夫許浚撰之分類
纂集皆後世末流之醫方崇尚龍信而多取醫鑑回
春之說及方義三韓昔者象吾 國[illegible]之恩行屬
國之禮貢經典獻巧技 欽明天王十五年春正月
百濟國奉 勅貢醫博士奈卒王有稜陀又貢採藥
師施德潘量豐固德丁有陀見于日本記以來國史
不絶載之又有投化之醫後世及朝鮮勢稍强大弑
殺不遜其國歷豐王威武之餘烈幸浴吾 國家柔
綏之德以貢獻不絶其事情文藝悉審之然良工醫
籍[illegible]聞之唯是廑廑乎七部況多撰乎文士
之手則雖多不擇[illegible]亦有紀律於[illegible]

79. 《의학원학범》 가운데 조선 의서 조문

목판본. 미농지 크기. 덴메이(天明) 6년 경 간본. 필자 소장

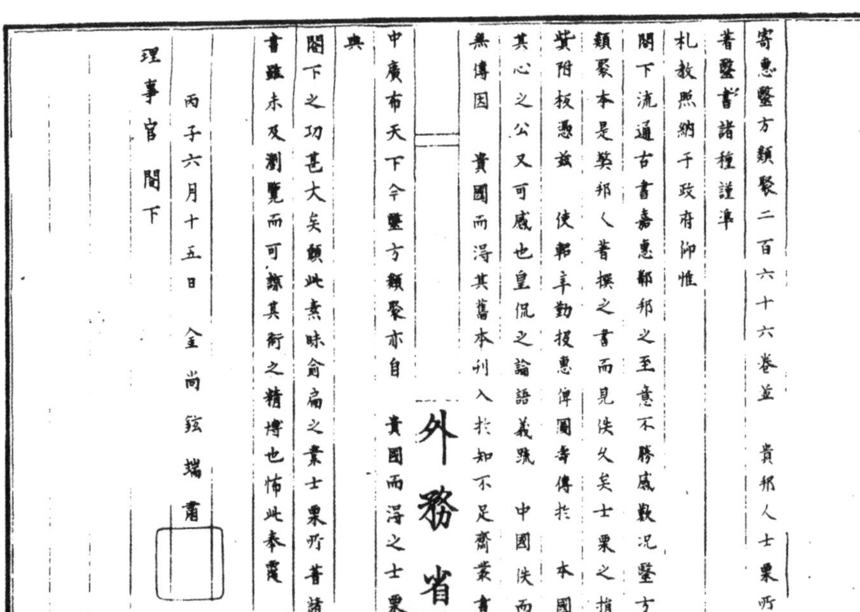

寄惠醫方類聚二百六十六卷並 貴邦人士衆所
著醫書諸種謹準
札教照納于政府仰惟
閣下流通古書嘉惠鄰邦之至意不勝感戢況醫方
類聚本是敝邦人著撰之書而見佚久矣士衆之捐
貲附板悉玆 使鄙邦勤授惠俾圖帝傳於 本國
其心之公又可感也皇侃之論語義疏 中國佚而
無傳因 貴國而得其舊本刊入於知不足齋叢書
中廣布天下今醫方類聚亦自 貴國而得之士衆
外務省
與
閣下之功甚大矣顧此素昧俞扁之業士衆所著諸
書雖未及瀏覽而可諒其術之精博也佈此奉覆
丙子六月十五日 金尚鉉 端肅
理事官 閣下

80. 일본판 《의방유취》 기증에 대한 예조 판서의 사례 편지

미농지. 괘선지. 메이지(明治) 9년 병자년. 필자 소장

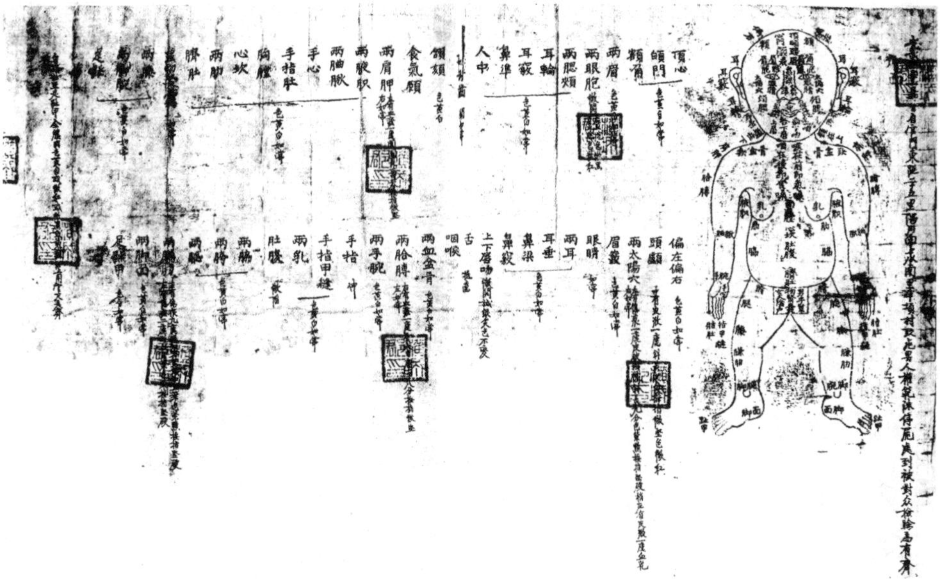

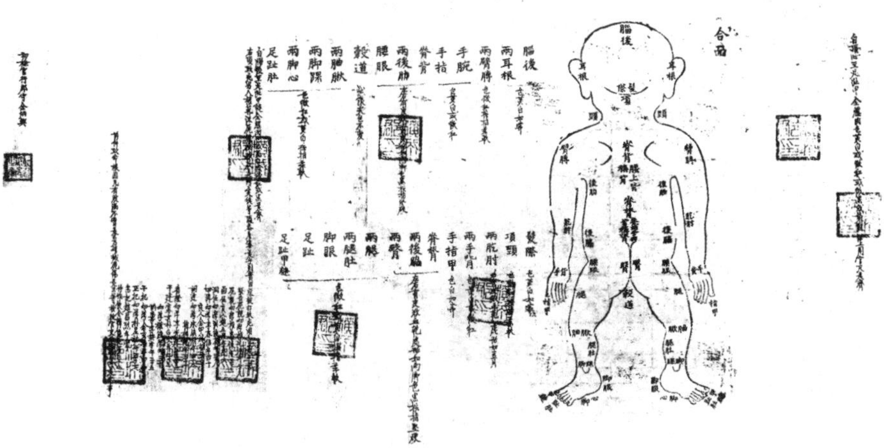

81. 시장(屍帳)의 일례[1]

조선 말기. 세로 1자 8치 × 가로 6자 정도. 한지

1 원서에는 겉표지 안쪽면에 있으나 내용상 이곳에 옮겨 두었다.

색인

서명

인명 및 고유명사

후기後記

이제 《조선의학사 및 질병사朝鮮醫學史及疾病史》에 이어 《조선의서지朝鮮醫書誌》를 간행하니 긴 여정의 무거운 짐을 내려놓는 듯이 마음이 편해진다. 이 책은 조선 의학과 관련된 현존하는 기초 자료에 대한 서지학적 연구로서, 조선 의약에 대한 심화 연구, 또 중국 및 일본의 의사학 연구뿐 아니라 일반 서지학 연구에도 도움이 되리라 생각한다. (위의 두 저서와 합하여 3부작이 되는 《조선의사연표朝鮮醫史年表》는 너무나 내용이 많기 때문에 출판을 미루게 되었다) 그리고 이번 세계대전과 특히 한국동란으로 문헌이 적지 않게 소실되었을 것이므로 이 책이 이웃 나라 학계에 받아들여져 학술 발전에 이바지한다면 저자로서 매우 기쁠 것이다.

쇼와(昭和) 31년1956 8월

재후기再後記

이번 남오사카인쇄센터(南大阪印刷センター)의 야마다 타다시(山田正) 부장(部長)의 배려로 새롭게 개장(改裝)한 증수판(增修版)을 이렇게 보기 좋게 간행하여 보급할 수 있어서 저자로서 매우 기쁘다. 베풀어주신 두터운 마음에 대해 깊이 감사의 말씀을 드리는 바이다.

쇼와(昭和) 48년1973 1월

번역 참고문헌

〈논문〉

구현희. 황도순 수택본(手澤本) 연행일기(燕行日記)의 발굴과 의의. 한국의사학회지 2018;31(2):17-26.

권오덕. 한국 금속활자 인쇄술 연구의 논쟁점 분석. 경북대학교(박사). 2018.

권오민 외 4인. 이규준의 생애와 사상적 경향. 한국의사학회지. 2009;22(1):7-13.

김상현. 두창경험방의 편집본과 그 활용에 대한 연구. 대한한의학원전학회지. 2020;33(1):81-88.

김준태, 윤창열. 윤초창의 생애와 초창결에 관한 연구. 대한한의학원전학회지. 1992;6:189-227.

김치우. 고사촬요의 판종고. 한국비블리아학회지. 1972;1:123-141.

남권희. 계미자본 사시찬요의 서지적 연구. 한국도서관정보학회. 2018;49(2):25-58.

박상영. 인제지의 조선 후기 의사학적 위상과 의의 – 미키 사카에의 "재인용[孫引]" 지적과 "학술가치" 평가에 대한 재검토. 한국실학연구. 2013;25:531-575.

박선희, 이혜은. 농가집성의 판본 연구. 서지학연구. 2022;90:133-161.

박훈평. 17-18세기 조선 간행 동의보감 목판본에 대한 서지학적 연구. 한국의사학회지 2015;28(1):25-37.

박훈평. 새로 발견된 조선 전기 의학서 태산집요 연구. 장서각. 2016;36.

박훈평. 조선 간행 의학입문 판본에 대한 서지학적 연구. 한국의사학회지. 2017;30(2):33-44.

박훈평. 이종인(李鍾仁)의 시종통편(時種通編) 연구. 2020. 동신대학교(박사).

박훈평. 새로 발견된 조선 간본 상한지장도 연구. 대한한의학원전학회지. 2021;34(2):63-74.

박훈평. 한석효의 죽교편람 의약 내용 연구. 대한한의학원전학회지. 2022;35(2): 33-40.

방효순. 일제강점기 현공렴의 출판활동. 근대서지. 2013;8:594-622.

부길만. 조선시대 방각본 출판의 특성에 관한 연구. 2002. 한양대학교(박사).

서보경. 고대 일본의 키노타노요로시(吉田宜) 연구. 일본학. 2017;45:189-224.

신승운. 朝鮮初期의 醫學書 食療纂要에 對한 硏究. 서지학연구. 2008;40:121-151.

양승률. 주촌(舟村) 신만(申曼)의 보유신편(保幼新編)편찬과 주촌신방(舟村新方). 장서각. 2011;25:52-77.

양영준. 조선의서 증보만병회춘에 대한 연구. 경희대학교(박사). 2007.

오재근. 황도연(黃度淵)의 의학과 그의 또 다른 이름 황도순(黃道淳). 대한한의학원전학회지. 2017;30(3):11-40.

오준호. 침구택일편집(鍼灸擇日編集)과 의방유취(醫方類聚)의 관계 연구. Korean Journal of Acupuncture. 2011;28(1):101-112.

오준호. 19-20세기 조선 의가들의 본초강목 재구성하기. 한국의사학회지. 2013;26(2):1-7.

유이태 저, 안상우 외 역. (국역) 실험단방. 2010. 한국한의학연구원.

유철호. 유이태(劉以泰) 생애와 마진편(麻疹篇) 연구. 2015. 경희대학교(박사).

이정현. 급유방 판본 연구. 한약정보연구회지. 2018;6(2):239-249.

이정현. 오준호. 판본별 교감을 통한 동의보감의 정본화. 한국의사학회지. 2018 ;31(1) :57-70.

이진수. 조선 후기 양생사상에 관한 연구. 한국도교문화학회. 1994;8:149-255.

정순덕. 허준(許浚)의 언해구급방(諺解救急方)에 대한 연구. 경희대학교 대학원(박사). 2004.

정순덕. 구급방(救急方)의 의사학적 연구. 경희대학교 대학원(박사). 2009.

최진우. 안상우. 몽수 이헌길(李獻吉)의 마진서(麻疹書) 판본 비교 고찰. 한국의사학회지. 2006;19(2):67-85.

〈단행본〉

김남일. 근현대 한의학 인물실록. 들녘. 2011.

박훈평. 조선시대 의관 총목록. 한국한의학연구원. 2018.

박훈평. 조선 홍역을 앓다. 민속원. 2018.

배영동. 계미자본 사시찬요 연구. 민속원. 2018.

이정현. 한의학 고서 목록. 한국한의학연구원. 2019.

한악 저. 최덕경 역. 사시찬요 역주. 세창출판사. 2017.

〈온라인 자료〉

국립중앙도서관. 국립중앙도서관 (www.nl.go.kr)

국사편찬위원회. 승정원일기 (sjw.history.go.kr/main.do)

국사편찬위원회. 조선왕조실록 (sillok.history.go.kr)

국사편찬위원회. 한국사데이터베이스 (db.history.go.kr)

규장각한국학연구원. 규장각한국학연구원 (yu.snu.ac.kr)

일본 공문서관. 디지털아카이브 (www.digital.archives.go.jp)

일본 교토대학. 교토대학귀종자료 디지터아카이브 (rmda.kulib.kyoto-u.ac.jp)

일본 국회도서관. 디지털 컬렉션 (dl.ndl.go.jp)

일본 오사카부립도서관. 오사카e컬렉션 (www.library.pref.osaka.jp/site/oec)

일본 와세다대학. 고전적총합 데이터베이스 (www.wul.waseda.ac.jp/kotenseki)

한국고전번역원. 한국고전종합DB (db.itkc.or.kr)

한국학중앙연구원. 디지털장서각 (jsg.aks.ac.kr)

한국학중앙연구원. 조선시대 대일외교 용어사전 (waks.aks.ac.kr/rsh/?rshID=AKS-2012-EBZ-2101)

한국학중앙연구원. 한국민족문화대백과사전 (encykorea.aks.ac.kr)

한국학중앙연구원. 한국학 디지털 아카이브 (yoksa.aks.ac.kr)

한국한의학연구원. 한의학고전DB (mediclassics.kr)

역자후기

낯선 곳으로 여행을 떠날 때 좋은 가이드북을 참고하면 시행착오를 줄이고 더 즐거운 경험을 쌓을 수 있다. 새로운 분야를 공부할 때도 이와 다르지 않다. 먼저 그 길을 걸었던 이들의 연구 결과를 참고하면 공부의 수고로움을 덜 수 있다. 그러므로 어떤 분야에 입문할 때 가장 좋은 출발점은 가이드북에 해당하는 서적을 찾아 정독하는 것이다.

《조선의서지》는 한국 전통 의학의 역사를 알기 위해 가장 먼저 살펴보아야 할 출발점이 되는 책이다. 이 책은 의서 자체를 대상으로 이루어진 깊고 방대한 조사 결과로서, 한국 의학사 연구에 필요한 기본 소재들을 거의 모두 담고 있다. 역사 연구는 학문 특성상 과거 기록을 떠나 이야기할 수 없다. 그런 점에서 기본 사료와 의서를 다루고 있는 이 책은 의학사 연구서 중에서도 가장 중요한 서적이다.

한국 의학사 연구에 효시가 된 책이지만, 본문 내용이 다소 뒤섞여 있어 가독성이 좋지 않다. 이번 번역에서는 저자의 의도에서 맞게 책의 내용을 최대한 체계적으로 정돈하였다. 또 사료가 생략되거나 요약되어 있어 참고하기 불편한 점도 있다. 이에 1차 사료를 찾아 지면이 허락하는 한 전체를 싣고 우리말로 번역해 두었다. 이 때문에 지면이 크게 늘고 책도 무거워졌으나 중역의 오류를 피하고 독자들이 다시 찾아보는 수고를 덜기 위함이니 양해 부탁드린다.

번역 초기에는 《조선의서지》 이후로 업데이트된 의사학 연구 성과를 추가하고자 하였으나, 방대한 원고 분량에 밀려 최소한의 오류 수정에 그치고 말았다. 부디 독자들께서 최신 연구 성과를 참고하여 내용을 이해해 주시기를 바란다. 또한 책에 언급된 고서의 현재 소장 정보를 조사하여 덧붙이려는 계획도 시간에 쫓겨 이루지 못하였다. 때마침 《한의학 고서 목록》(이정현 편저)이라는 훌륭한 공구서가 간행되었으므로 이 책을 소개하는 것으로 마음의 짐을 던다.

이 번역서는 동료이자 인생 선배인 이정현 선생님의 가르침 덕분에 출간될 수 있었다. 부족을 메워 주시고 잘못을 바로잡아 주신 선생님께 깊이 감사드린다. 아울러 방대한 원고를 흔쾌히 검토해 주신 박훈평 선생님, 그리고 친소를 따지지 않고 조언을 아끼지 않으신 여러 연구자분께도 감사드린다.

특별히 감사드려야 할 분들이 더 있다. 바로 학술 데이터베이스와 관련된 분들이다. 역자는 정확한 번역을 위해 저자의 발자취를 따라 그가 보았던 고서와 사료를 열람해야 했다. 발품을 팔아 이 작업을 했다면 이 번역서는 영영 나오지 못했을 것이다. 골방에서 '손품'으로 이 작업을 대신 할 수 있었던 것은 모두 국사편찬위원회 〈조선왕조실록DB〉, 한국고전번역원 〈한국고전종합DB〉, 한국한의학연구원 〈한의학고전DB〉, 일본 공문서관 〈디지털아카이브〉, 일본 국회도서관 〈디지털 컬렉션〉 등과 같은 다양한 학술 데이터베이스 덕택이다. 학술 데이터베이스는 공로자가 뚜렷하지 않기 때문에 학계에서 그 공로를 인정받지 못하는 경향이 있다. 이런 분위기에도 불구하고 훌륭한 학술 기반을 마련해 주시고 지금도 가꾸어나가고 계신 관계자분들께 깊이 감사드린다.

저자 **미키 사카에**(三木榮, 1903－1992)
일본의 의사학자이다. 일제강점기에 조선에 건너와 조선 의학사를 연구하였다. 경성제국대학 조교수를 지냈다. 《조선의학사 및 질병사朝鮮醫學史及疾病史》(1955), 《조선의서지朝鮮醫書誌》(1956), 《조선의사연표朝鮮醫事年表》(1985) 등을 저술하여 한국 의사학 연구에 초석을 마련하였다.

역자 **오준호**
한국의 지식 노동자이다. 현재 한국한의학연구원에서 한국 전통 의학을 더 깊이 이해하기 위해 한의학 서적들을 뒤적이고 있다. 한의학과 의사학 분야의 논문과 역서를 다수 발표하였다.

조선의서지 朝鮮醫書誌

저자 미키 사카에
역자 오준호

펴낸곳 문진
펴낸날 2022년 12월 20일
주소 대전광역시 유성구 대학로 31 한진오피스텔 2004호
전화 042-933-6510
이메일 woungsa@hanmail.net
홈페이지 munjin.co.kr

ISBN 979-11-87638-82-7 93010

값 98,000원

독자 의견 및 오류 신고 (QR코드) : https://forms.gle/GUSPTSmEpmuYTa9J7

중국			
1616 後金 天命 順治	天啓 崇禎 1662	…합	《保赤全書》[1585] 《內經註證發微》[1586] 《萬病回春》[1587] 《本草綱目》[1596] 《傷寒論條辨》[1593] 吳勉學《古今醫統正脈全書》[1601] 《證治準繩》[1602–1608] 《壽世保元》[1615] 《神農本草經疏》 《外科正宗》[1617] 《濟陰綱目》[1620] 《類經》[1624] 테렌츠(Johann Terrenz Schreck)의 《泰西人身說概》[1621–1630] 《黴瘡秘錄》[1632] 吳有性《溫疫論》 《景岳全書》 喻昌《傷寒尙論》·《寓意草》·《醫門法律》[1658]
清	康熙	숭고파·경험파의 출현	李中梓《士材三書》[1667] 《醫方集解》[1683] 《本草備要》[1694] 《石室秘錄》[1687] 《張氏醫通》[1695]
	雍正 乾隆		《痘疹定論》[1713] 《古今圖書集成》醫部 《難經經釋》[1727] 《醫宗金鑑》[1749] 《種痘新書》[1741] 《醫學源流論》[1757] 《喉科指掌》[1757] 《蘭臺軌范》[1764] 《本草綱目拾遺》[1765]
	嘉慶	영미의학 도입	알렉산더 피어슨(Alexander Pearson)의 《咭唎國新出種痘奇書》[1805]
	道光		《引痘略》[1819] 《醫林改錯》[1830] 《本草萬方鍼線》[1832] 피터 파커(Peter Parker) 중국에 옴 [1834] 벤저민 홉슨(Benjamin Hoson) 중국에 옴 [1839]
	咸豊		《陳修園醫書》 영국 의사 홉슨(Hoson) 미국 의사 존 글래스고 커 (John Glasgow Kerr)의 漢譯書가 전래됨[1850–1854]
	光緖	일본의학 채용	丁福保《醫學叢書》
1912 中華民國 (中華人民共和國)		新醫學을 채용함	中西醫學 공존 (東亞醫學硏究所)

한국			
朝鮮時代	1592 임진왜란	의존기	다수의 明 醫書가 간행됨 《治腫秘方》[1599] 《治腫指南》 《醫林撮要》 (許浚)
	光海君 仁祖	東醫寶鑑 및 李朱醫學을 조술함 / 조선 고유 경험방의 출현	《諺解胎産集要》 《諺解痘瘡集要》[1601] 《東醫寶鑑》[1613] 《新纂辟瘟方》[1613] 《辟疫神方》[1613]
	孝宗		《鍼灸經驗方》[1644] 《四醫經驗方》
	肅宗		《痘瘡經驗方》 《山林經濟》[1715]
	英祖		醫科試書: 纂圖脈·銅人經·直指方·本草·素問·醫學正傳·東垣十書[1746] 李獻吉《痲疹方》[1755]
	1777 正祖 純祖	서양의학의 유입	《廣濟秘笈》[1790] 《增修無冤錄》[1796] 《痲科會通》[1798] 《濟衆新編》[1799] 《時種通編》[1817]
	高宗	簡易醫學	醫科試書: 纂圖脈·銅人經·直指方·本草·素問·醫學正傳·東垣十書·醫學入門[1866] 《醫宗損益》[1868] 《方藥合編》[1885]
	甲午改革 1894	서양의학의 유입	池錫永《牛痘新說》[1885] 알렌(Horace Newton Allen)[1884] 에비슨(Oliver R. Avison)[1893] 조선에 옴 《東醫壽世保元》[1894]
1910 일제강점기		일본의학 의존	(朝鮮醫學會)
1945 남북분단			

일본		
		(曲直瀨道三)
1574 安土桃山	李朱醫學 유행	《啓迪集》[1574] 南蠻醫學의 전래 다수의 조선의서를 가져옴 [1581]
1603 江戶時代	李朱醫學 後世方派의 성행	(永田德本) 紅毛流外科 도입 《本草綱目》 전래 [1607] 《醫家七部書》가 사용됨 (名古屋玄醫) (後藤艮山) 《大和本草》[1709] 《和漢三才圖會》[1712] 《東醫寶鑑》 간행 [1724]
	경험복고의학	《一本堂藥選》[1729] 《無冤錄述》[1736] (吉益東洞) (山脇東洋) (賀川子玄)
	절충의학 和蘭의학	《藏志》[1759] 《産論》[1769] 《解體新書》[1774] 多紀氏躋壽館 [1765] → 醫學館 (杉田玄白)
	親試實證의학 발생	《內科選要》[1792] (伏屋素狄) (華岡靑洲) 《本草綱目啓蒙》[1803] 지볼트(Philipp Franz von Siebold) 일본에 옴 [1823]
	서양의학과 전통의학 대립	《醫籍考》[1826] 《瘡科秘錄》[1837] 폼페(Johannes Lijdius Catharinus Pompe van Meerdervoort) [1857] 헵번(James Curtis Hepburn) [1859] 윌리스(William Willis) [1861] 일본에 옴 《醫方類聚》 간행[1862]
1868 明治	서구(독일)의학을 바탕으로 신의학 발흥	서양의서의 번역본 간행 일본의학회 설립[1890] (北里柴三郞) (稻田龍吉)
1912 大正 昭和	자립의학	자립의학서 간행
		1945 미국 의학 도입

서양
Vesalius Paré 1600
Harvey Malpighi Sydenham 1700
Boerhaave Morgagni Jenner Bichat 1800
Laennec J. Müller Bernard Skoda Pasteur Virchow Koch 1900
Ehrlich Pavlov Domagk Fleming 2000